Finanzinstrumente im IFRS-Abschluss von Nicht-Banken

Jürgen Stauber

Finanzinstrumente im IFRS-Abschluss von Nicht-Banken

Ein konkreter Leitfaden zur Bilanzierung und Offenlegung

2. Auflage

This product has been checked by
Printforce bv, the Netherlands

45009

Jürgen Stauber
Bonn, Deutschland

ISBN 978-3-8349-3377-5   ISBN 978-3-8349-3826-8 (eBook)
DOI 10.1007/978-3-8349-3826-8

Die Deutsche Nationalbibliothek verzeichnet diese Publikation in der Deutschen Nationalbibliografie; detaillierte bibliografische Daten sind im Internet über http://dnb.d-nb.de abrufbar.

Springer Gabler
© Springer Fachmedien Wiesbaden 2012
Dieses Werk einschließlich aller seiner Teile ist urheberrechtlich geschützt. Jede Verwertung, die nicht ausdrücklich vom Urheberrechtsgesetz zugelassen ist, bedarf der vorherigen Zustimmung des Verlags. Das gilt insbesondere für Vervielfältigungen, Bearbeitungen, Übersetzungen, Mikroverfilmungen und die Einspeicherung und Verarbeitung in elektronischen Systemen.

Die Wiedergabe von Gebrauchsnamen, Handelsnamen, Warenbezeichnungen usw. in diesem Werk berechtigt auch ohne besondere Kennzeichnung nicht zu der Annahme, dass solche Namen im Sinne der Warenzeichen- und Markenschutz-Gesetzgebung als frei zu betrachten wären und daher von jedermann benutzt werden dürften.

Lektorat: Anna Pietras

Gedruckt auf säurefreiem und chlorfrei gebleichtem Papier.

Springer Gabler ist eine Marke von Springer DE. Springer DE ist Teil der Fachverlagsgruppe Springer Science+Business Media
www.springer-gabler.de

Vorwort

Bereits wenige Wochen nach Drucklegung der 1. Auflage dieses Buchs haben sich die Rahmenbedingungen an den Finanz- und Kapitalmärkten ab Mitte September 2008 wesentlich geändert: ausgehend von einer Banken- bzw. Hypothekenkreditkrise, die später eine europäische Staatsschuldenkrise hervorgerufen hat, befindet sich die Eurozone seit geraumer Zeit in einer Wirtschafts- und Finanzkrise, die kein Ende zu nehmen scheint.

Mitverantwortlich für diese Krise wurde unter anderem auch die Rechnungslegung von Finanzinstrumenten gemacht. So hätte die verpflichtende Zeitbewertung von komplexen Wertpapieren und Ausleihungen in den Bankbilanzen quasi wie ein „Brandbeschleuniger" gewirkt und mit dem Einbrechen der Marktwerte der Hypothekenkredite die Schieflage vieler Kreditinstitute noch verstärkt. Zudem galten die mangelnde Transparenz und das fehlende Verständnis für Finanzprodukte einschließlich der damit verbundenen Risiken als Kritikpunkte.

Das IASB hat auf die Kritikpunkte schnell reagiert: schon kurz nach Ausbruch der Bankenkrise wurden erste Änderungen an den Regelungen zur Bilanzierung und Offenlegung von Finanzinstrumenten in IAS 32, IAS 39 und IFRS 7 vorgenommen. Dieser Überarbeitungsprozess setzt sich bis heute fort; auch hier ist fast kein Ende absehbar. Der „große Wurf" will dem IASB mit IFRS 9 gelingen, der IAS 39 ab dem Jahr 2015 ersetzen soll. Von den Änderungen sind leider stets auch die im Mittelpunkt dieser Abhandlung stehenden Nicht-Banken betroffen, da IAS 32, IAS 39 (IFRS 9) und IFRS 7 branchenübergreifend gelten.

Insofern war eine Überarbeitung der 1. Auflage angebracht; die 2. Auflage enthält die folgenden wesentlichen Neuerungen:

- Der Abschnitt zu den Anwendungsbereichen ausgewählter Bilanzposten (▶ 3.3.6) ist um einige Sachverhalte erweitert worden.

- Bei den Ausführungen zum Bilanzausweis wurden die ab 2014 zu erfüllenden Offenlegungspflichten zur Saldierung von Finanzinstrumenten (▶ 3.6.1) eingefügt; ferner sind darin jetzt Vorgaben zur Fristigkeitseinstufung enthalten (▶ 3.6.3).

- Die Abschnitte zu den Umwidmungen von finanziellen Vermögenswerten (▶ 3.7; 6.4.7) basieren nun auf den 2008 geänderten Bilanzierungs- und Angabepflichten.

Vorwort

- An diversen Stellen, vor allem aber im Rahmen der Ausführungen zum beizulegenden Zeitwert (▶ 3.8.2) sowie zur Erstbewertung (▶ 3.9), wurden die ab 2013 anzuwendenden Vorschriften des IFRS 13 integriert.

- IFRIC 19 machte eine Überarbeitung der Erläuterungen zur Ausbuchung von finanziellen Verbindlichkeiten (▶ 3.13.2) notwendig.

- Auf Grund der Amendments zu IFRS 7 in den Jahren 2009 und 2010 mussten die Passagen zu den Angabepflichten in Verbindung mit Liquiditätsrisiken (▶ 5.4.3) sowie im Zusammenhang mit der Übertragung von finanziellen Vermögenswerten (▶ 6.2.5.3) geändert werden.

- Die Ausführungen dazu, in welchen Fällen Warentermingeschäfte gesamthaft als derivative Finanzinstrumente anzusetzen sind (▶ 6.6.3.1) und unter welchen Voraussetzungen man etwaige in Finanzverbindlichkeiten eingebettete Derivate zu trennen hat (▶ 6.7.6), wurden entsprechend des aktuellen Diskussionsstands in der Literatur erweitert.

- Der Abschnitt zu emittierten eigenen Anteilen enthält jetzt Erläuterungen zur Erfassung von Kosten eines Börsengangs (▶ 6.8.6.2) sowie zu Auslegungsfragen in Bezug auf die Eigenkapitaleinstufung von Anteilen an Personengesellschaften (▶ 6.8.1.5).

- Schließlich wurde der Abschnitt zur Bilanzierung und Offenlegung einzelner Sachverhalte um Kreditzusagen (▶ 6.12) und um Finanzinstrumente in Verbindung mit Unternehmenszusammenschlüssen (▶ 6.16) ergänzt.

Für die erneute Überarbeitung der Texte danke ich Frau BARBARA KETTERLE.

Auf die Darstellung der Regelungen in IFRS 9 wird bewusst verzichtet. Zum einen hätte dies den Umfang der Abhandlung gesprengt. Zum anderen befindet sich IFRS 9 derzeit noch zu großen Teilen im Entwicklungsstatus; die bereits finalen Vorschriften werden von der EU erst dann in europäisches Recht übernommen, wenn IFRS 9 komplett vorliegt. Vor dem Hintergrund des anspruchsvollen Restprogramms sowie der erst nach vollständiger Veröffentlichung von IFRS 9 erfolgenden EU-Übernahme ist es zudem fraglich, ob die geplante verpflichtende Erstanwendung in 2015 tatsächlich so kommen wird. Zumindest in der EU könnte es durchaus sein, dass IAS 39 noch einige Zeit länger als die verbleibenden 2,5 Jahre Regelungsgrundlage bleibt.

Über Anmerkungen, Fehlerhinweise und Verbesserungsvorschläge würde ich mich sehr freuen (www.IFRSdirekt.de bzw. stauber@IFRSdirekt.de).

Bonn, im Juli 2012　　　　　　　　　　Jürgen Stauber

Inhaltsübersicht

Vorwort V

Abkürzungs- und Symbolverzeichnis XXVII

1 Einführung 1
    1.1   Zielgruppen, Zielsetzung und Aufbau des Buchs 1
    1.2   Bedeutung von Finanzinstrumenten für Nicht-Banken 4

2 Finanzwirtschaftliche Grundlagen 7
    2.1   Zinstheorie 7
    2.2   Währungstheorie 28
    2.3   Zins- und Devisenmärkte 31
    2.4   Instrumente zur Kreditaufnahme und Kreditsicherung 34
    2.5   Alternative (nicht-kreditbezogene) Finanzierungsinstrumente ... 52
    2.6   Finanzderivate 59

3 Grundlagen zur Bilanzierung und Offenlegung 77
    3.1   Relevante Vorschriften 77
    3.2   Finanzinstrumente nach IAS 32 85
    3.3   Anwendungsbereich von IAS 32, IAS 39, IFRS 7 99
    3.4   Bewertungskategorien 155
    3.5   Bilanzansatz 166
    3.6   Bilanzausweis 170
    3.7   Umwidmungen 177
    3.8   Wertmaßstäbe 185
    3.9   Erstbewertung 214
    3.10   Folgebewertung 225
    3.11   Wertberichtigung 239
    3.12   Transaktionen und Posten in Fremdwährung 257
    3.13   Ausbuchung 264
    3.14   Erfassung von Aufwendungen und Erträgen 272
    3.15   Trennung eingebetteter Derivate 284
    3.16   Grundlagen zur Bilanzierung und Offenlegung
               von Sicherungsbeziehungen 289

Inhaltsübersicht

4 Darstellung im Abschluss **323**
    4.1   Bilanzielle Darstellung 323
    4.2   Zuordnung innerhalb der GuV 335

5 Risikoberichterstattung **345**
    5.1   Veröffentlichungsalternativen 345
    5.2   Qualitative Angabepflichten zu Risiken 346
    5.3   Risikodefinitionen nach IFRS 7 347
    5.4   Quantitative Angabepflichten zu Risiken 348

6 Herkömmliche Bilanzierung und Offenlegung einzelner Sachverhalte **381**
    6.1   Zahlungsmittel und Zahlungsmitteläquivalente 381
    6.2   Forderungen aus Lieferungen und Leistungen 384
    6.3   Sonstige (nicht-operative) Forderungen und Ausreichungen 414
    6.4   Gehaltene Wertpapiere und Unternehmensanteile 421
    6.5   Finanzderivate 445
    6.6   Warentermingeschäfte 485
    6.7   Nicht-hybride Finanzverbindlichkeiten 505
    6.8   Emittierte eigene Anteile 534
    6.9   Emittierte Wandelschuldverschreibungen 573
    6.10   Emittierte Optionsschuldverschreibungen 596
    6.11   Finanzgarantien 599
    6.12   Kreditzusagen 613
    6.13   Sonstige Verbindlichkeiten 619
    6.14   Finanzielle Sicherheiten 621
    6.15   Finanzinstrumente in Verbindung mit Miet- und Leasingverträgen 628
    6.16   Finanzinstrumente in Verbindung mit Unternehmenszusammenschlüssen 640

7 Bilanzierung und Offenlegung einzelner Sicherungsbeziehungen **675**
    7.1   Absicherungen gegen Zinsrisiken 675
    7.2   Absicherungen gegen Währungsrisiken 706

8 Ausblick **737**

Literaturverzeichnis **739**

Stichwortverzeichnis **759**

Inhaltsverzeichnis

Vorwort V

Abkürzungs- und Symbolverzeichnis XXVII

1 Einführung 1
   1.1   Zielgruppen, Zielsetzung und Aufbau des Buchs 1
   1.2   Bedeutung von Finanzinstrumenten für Nicht-Banken 4

2 Finanzwirtschaftliche Grundlagen 7
   2.1   Zinstheorie 7
       2.1.1   Basis-Zinsbegriffe 7
       2.1.2   Zinsrechnung 8
       2.1.3   Referenzzinssätze 9
       2.1.4   Barwert und Diskontierungsfaktor 9
       2.1.5   Effektivzinssatz und Agio/Disagio 10
       2.1.6   Tilgungsvarianten 12
       2.1.7   Zinsstruktur 12
       2.1.8   Bestimmung von Nullkuponzinssätzen 14
       2.1.9   Kassa- versus Terminzinssätze 16
       2.1.10 Risiken in Verbindung mit Zinsinstrumenten 17
              2.1.10.1 Kreditrisiko 17
              2.1.10.2 Zinsänderungsrisiken 19
       2.1.11 Bewertung von Zinsinstrumenten 20
              2.1.11.1 Preis- bzw. Bewertungskonzepte 20
              2.1.11.2 Bestimmung der Zins- und Tilgungszahlungen ... 21
              2.1.11.3 Diskontierung und Risikoberücksichtigung 22
              2.1.11.4 Basis Point Value 25
   2.2   Währungstheorie 28
       2.2.1   Preis- versus Mengennotierung 28
       2.2.2   Kassa- versus Terminwechselkurse 28
       2.2.3   Umrechnung von Zahlungsströmen 29
       2.2.4   Währungsrisiken 30

Inhaltsverzeichnis

2.3	Zins- und Devisenmärkte		31
	2.3.1	Grundlagen	31
	2.3.2	Euromarkt	32
	2.3.3	Terminmärkte	33
	2.3.4	Geld- und Briefnotierungen	33
2.4	Instrumente zur Kreditaufnahme und Kreditsicherung		34
	2.4.1	Kurz- bis mittelfristige Kreditfinanzierungsinstrumente	34
		2.4.1.1 Überblick	34
		2.4.1.2 Finanzierung über spezialisierte Finanzinstitutionen	35
		2.4.1.3 Finanzierung über die Finanzmärkte	37
	2.4.2	Langfristige Kreditfinanzierungsinstrumente	38
		2.4.2.1 Überblick	38
		2.4.2.2 Schuldscheindarlehen	39
		2.4.2.3 Schuldverschreibungen	39
	2.4.3	Kreditzusagen	45
	2.4.4	Kreditsicherungsinstrumente	47
		2.4.4.1 Grundlagen und Überblick	47
		2.4.4.2 Personalsicherheiten	48
		2.4.4.3 Realsicherheiten	50
2.5	Alternative (nicht-kreditbezogene) Finanzierungsinstrumente		52
	2.5.1	Verkauf von Forderungen (Factoring, Forfaitierung)	52
	2.5.2	Verbriefungen (ABS-Transaktionen)	54
	2.5.3	Leasing	58
2.6	Finanzderivate		59
	2.6.1	Grundlagen und Einordnung	59
	2.6.2	Systematisierung von Finanzderivaten	61
	2.6.3	Swapgeschäfte	65
		2.6.3.1 Zinsswaps	65
		2.6.3.2 Währungsswaps	68
	2.6.4	Forward- und Future-Geschäfte	70
		2.6.4.1 Forward Rate Agreements	70
		2.6.4.2 Devisentermingeschäfte	71
		2.6.4.3 Zins- und Währungs-Futures	73
	2.6.5	Optionsgeschäfte	74
		2.6.5.1 Zinsbegrenzungsvereinbarungen	74
		2.6.5.2 Devisenoptionen	75

3 Grundlagen zur Bilanzierung und Offenlegung ...77

- 3.1 Relevante Vorschriften ...77
  - 3.1.1 Primäre Standards und zugehörige Interpretationen ...77
  - 3.1.2 Sekundäre Standards ...83
  - 3.1.3 Nicht behandelte Standards ...84
- 3.2 Finanzinstrumente nach IAS 32 ...85
  - 3.2.1 Begriff und Überblick ...85
  - 3.2.2 Finanzielle Vermögenswerte ...87
  - 3.2.3 Finanzielle Verbindlichkeiten ...88
  - 3.2.4 Eigenkapital- versus Schuldinstrumente ...89
  - 3.2.5 Weitere Abgrenzungen ...92
    - 3.2.5.1 Derivative versus originäre Instrumente ...92
    - 3.2.5.2 Eingebettete versus eigenständige derivative Finanzinstrumente ...94
    - 3.2.5.3 Finanzgarantien versus Versicherungsverträge nach IFRS 4 ...95
- 3.3 Anwendungsbereich von IAS 32, IAS 39, IFRS 7 ...99
  - 3.3.1 Überblick ...99
  - 3.3.2 Nach IAS 39 bilanzierte Finanzinstrumente ...101
    - 3.3.2.1 Ausnahmen vom Anwendungsbereich des IAS 39 ...101
    - 3.3.2.2 „Klassisch" nach IAS 39 bilanzierte Finanzinstrumente ...102
    - 3.3.2.3 Anhand von „Sondervorschriften" nach IAS 39 bilanzierte Finanzinstrumente ...103
    - 3.3.2.4 Anwendungsbereich des IFRS 7 ...104
  - 3.3.3 Primär oder vollumfänglich nach anderen Standards bilanzierte Finanzinstrumente ...104
  - 3.3.4 Nicht-bilanzwirksame Finanzinstrumente ...105
  - 3.3.5 Ausnahmen vom Anwendungsbereich des IFRS 7 und des IAS 32 ...106
  - 3.3.6 Anwendungsbereiche ausgewählter Bilanzposten ...107
    - 3.3.6.1 Unternehmensanteile und Beteiligungen ...107
    - 3.3.6.2 Termingeschäfte auf Unternehmensanteile ...116
    - 3.3.6.3 Leasingforderungen und –verbindlichkeiten ...120
    - 3.3.6.4 Eigene Eigenkapitalinstrumente und nicht-beherrschende Anteile am Eigenkapital ...121
    - 3.3.6.5 Derivate auf nicht-finanzielle Posten ...122

Inhaltsverzeichnis

		3.3.6.6	Wetterderivate	126
		3.3.6.7	Forderungen und Verbindlichkeiten aus Fertigungsaufträgen	126
		3.3.6.8	Finanzgarantien	130
		3.3.6.9	Kreditzusagen	131
		3.3.6.10	Nach IFRS 5 als „zur Veräußerung gehalten" klassifizierte Finanzinstrumente	133
		3.3.6.11	Deckungskapital für personalbezogene Verpflichtungen	139
		3.3.6.12	Finanzinstrumente in Verbindung mit Unternehmenszusammenschlüssen	144
		3.3.6.13	Bedingte Kaufpreisbestandteile und Kaufpreiseinbehalte beim Erwerb und der Veräußerung von nicht-finanziellen Vermögenswerten	149
3.4	Bewertungskategorien			155
	3.4.1	Überblick		155
	3.4.2	Abgrenzung zu Klassen nach IFRS 7		156
	3.4.3	Zuordnungskriterien		158
		3.4.3.1	Kredite und Forderungen	158
		3.4.3.2	Bis zur Endfälligkeit gehaltene Finanzinvestitionen	158
		3.4.3.3	Zur Veräußerung verfügbare finanzielle Vermögenswerte	161
		3.4.3.4	Erfolgswirksam zum beizulegenden Zeitwert bewertete finanzielle Vermögenswerte und finanzielle Verbindlichkeiten	161
		3.4.3.5	Zu fortgeführten Anschaffungskosten bewertete finanzielle Verbindlichkeiten	162
		3.4.3.6	Zuordnungsschema für finanzielle Vermögenswerte	162
	3.4.4	Angabepflichten		163
		3.4.4.1	Buchwerte	163
		3.4.4.2	Beizulegende Zeitwerte nach Klassen	164
3.5	Bilanzansatz			166
	3.5.1	Vorbemerkungen		166
	3.5.2	Allgemeine Ansatzregel		166
	3.5.3	Ansatz schwebender Geschäfte		167
		3.5.3.1	Begriff des schwebenden Geschäfts und der festen Verpflichtung	167

		3.5.3.2	Ansatz fester Verpflichtungen zum Kauf oder Verkauf von Gütern oder Dienstleistungen 167
		3.5.3.3	Ansatz derivativer Finanzinstrumente 167
	3.5.4	Ansatz marktüblicher Käufe oder Verkäufe 168
		3.5.4.1	Begriff des marktüblichen Kaufs oder Verkaufs 168
		3.5.4.2	Alternative Ansatzzeitpunkte 169
		3.5.4.3	Angabepflichten 169
	3.5.5	Besonderheiten bei Unternehmenszusammenschlüssen 169
3.6	Bilanzausweis 170
	3.6.1	Saldierung 170
	3.6.2	Änderung des Aktiv/Passiv-Ausweises 174
	3.6.3	Fristigkeitseinstufung 174
3.7	Umwidmungen 177
	3.7.1	Begriff und Ursachen 177
	3.7.2	Umwidmungsmöglichkeiten 178
		3.7.2.1	Überblick 178
		3.7.2.2	Umwidmungen aus der Bewertungskategorie FAFVPL 180
		3.7.2.3	Umwidmungen aus den Bewertungskategorien LaR, HtM 181
		3.7.2.4	Umwidmungen aus der Bewertungskategorie AfS 182
	3.7.3	Angabepflichten 184
3.8	Wertmaßstäbe 185
	3.8.1	Überblick 185
	3.8.2	Beizulegender Zeitwert 186
		3.8.2.1	Begriff 186
		3.8.2.2	Bewertungstechniken 188
		3.8.2.3	Input-Daten 191
		3.8.2.4	Bewertungshierarchie 195
		3.8.2.5	Verlässliche Bestimmbarkeit 198
		3.8.2.6	Angabepflichten 198
	3.8.3	Fortgeführte Anschaffungskosten 204
		3.8.3.1	Begriff und Berechnung 204
		3.8.3.2	Effektivzinsmethode 205
		3.8.3.3	Weitere Vorgaben 206
	3.8.4	Anschaffungskosten 213

Inhaltsverzeichnis

3.9	Erstbewertung		214
	3.9.1	Wertmaßstab und dessen Ableitung	214
	3.9.2	Erfassung von Unterschiedsbeträgen (Day 1 Profits/Losses)	217
	3.9.3	Beispiele für gesonderte Fair-Value-Bewertungen	220
	3.9.4	Angabepflichten bei Unterschiedsbeträgen (Day 1 Profits/Losses)	222
	3.9.5	Berücksichtigung von Transaktionskosten	224
3.10	Folgebewertung		225

- 3.10.1 Finanzielle Vermögenswerte 225
  - 3.10.1.1 Überblick 225
  - 3.10.1.2 Vorschriften im Einzelnen 226
- 3.10.2 Finanzielle Verbindlichkeiten 229
  - 3.10.2.1 Überblick 229
  - 3.10.2.2 Vorschriften im Einzelnen 229
- 3.10.3 Besonderheiten bei Unternehmenszusammenschlüssen 231
- 3.10.4 Nutzung der Fair-Value-Option 231
  - 3.10.4.1 Begriff und Hintergründe 231
  - 3.10.4.2 Anwendungsfälle und -beispiele 232
  - 3.10.4.3 Angabepflichten 236

3.11 Wertberichtigung 239

- 3.11.1 Begriff und Ursache 239
- 3.11.2 Erfassungsarten und Untersuchungsprinzipien 240
- 3.11.3 Testhäufigkeit und Erfassungskriterien 243
- 3.11.4 Bestimmung und Erfassung der Wertberichtigungsbeträge 247
  - 3.11.4.1 Differenzierung und Angabepflichten 247
  - 3.11.4.2 Zu fortgeführten Anschaffungskosten bewertete Posten 247
  - 3.11.4.3 Erfolgsneutral zum beizulegenden Zeitwert bewertete Posten 249
  - 3.11.4.4 Zu Anschaffungskosten bewertete Posten 251
- 3.11.5 Besonderheiten bei Wertaufholungen im Zwischenabschluss 252
- 3.11.6 Vereinnahmung von Zinserträgen nach einer Wertminderung 253

3.12 Transaktionen und Posten in Fremdwährung 257

- 3.12.1 Begriffe 257
- 3.12.2 Erstmalige Erfassung von Fremdwährungstransaktionen 258
- 3.12.3 Folgebewertung von Fremdwährungsposten 259
  - 3.12.3.1 Reihenfolge der Bewertungsschritte 259

		3.12.3.2	Monetäre versus nicht-monetäre Posten	260
		3.12.3.3	Umrechnung monetärer Posten	260
		3.12.3.4	Umrechnung nicht-monetärer Posten	263
3.13	Ausbuchung			264
	3.13.1	Finanzielle Vermögenswerte		264
	3.13.2	Finanzielle Verbindlichkeiten		266
		3.13.2.1	Ausbuchungsgründe im Überblick	266
		3.13.2.2	Erfassung von Gewinnen/Verlusten aus dem Abgang	266
		3.13.2.3	Besonderheiten bei der Rückzahlung durch Ausgabe von eigenen Eigenkapitalinstrumenten	267
		3.13.2.4	Ausbuchung und Neueinbuchung bei wesentlichen Vertragsänderungen	269
3.14	Erfassung von Aufwendungen und Erträgen			272
	3.14.1	Überblick		272
	3.14.2	Transaktionskosten		274
	3.14.3	Zinsen		275
	3.14.4	Dividenden		279
	3.14.5	Sonstige Entgelte		281
	3.14.6	Angabe der Nettoergebnisse		282
3.15	Trennung eingebetteter Derivate			284
	3.15.1	Trennungs- bzw. Ansatzbedingungen		284
	3.15.2	Zeitpunkt der Trennungsprüfung		286
	3.15.3	Bilanzierung bei Trennungspflicht		288
		3.15.3.1	Überblick	288
		3.15.3.2	Bewertung	288
3.16	Grundlagen zur Bilanzierung und Offenlegung von Sicherungsbeziehungen			289
	3.16.1	Ökonomische versus bilanzielle Absicherungen		289
	3.16.2	Risikoarten und betroffene Rechenwerke		290
	3.16.3	Notwendigkeit spezieller Regelungen		291
	3.16.4	Grund- und Sicherungsgeschäfte		292
		3.16.4.1	Grundgeschäfte	292
		3.16.4.2	Sicherungsinstrumente	298
	3.16.5	Arten bilanzieller Sicherungsbeziehungen: Überblick und generelle Angabepflichten		301

Inhaltsverzeichnis

    3.16.6   Anwendungsvoraussetzungen 303
    3.16.7   Effektivitätsbeurteilung 306
        3.16.7.1   Generelle Vorgaben 306
        3.16.7.2   Gängige Methoden im Überblick 308
    3.16.8   Arten von Sicherungsbeziehungen: Bilanzierungsmethodik und spezifische Angabepflichten 314
        3.16.8.1   Fair Value Hedge 314
        3.16.8.2   Cash Flow Hedge 315
        3.16.8.3   Net Investment Hedge 319
    3.16.9   Beendigung der Sicherungsbeziehung 320
    3.16.10 Besonderheiten bei Unternehmenszusammenschlüssen 322

4 Darstellung im Abschluss 323
  4.1   Bilanzielle Darstellung 323
    4.1.1   Vermögenswerte und Schulden 323
        4.1.1.1   Vorgaben nach IAS 1 und IFRS 7 323
        4.1.1.2   Umsetzung in der Praxis 325
        4.1.1.3   Eigener Bilanzgliederungsvorschlag 328
        4.1.1.4   Kontierung und Angabepflichten 330
    4.1.2   Eigenkapital 331
        4.1.2.1   Ausweisvorgaben und Angabepflichten nach IAS 1 331
        4.1.2.2   Umsetzung in der Praxis 333
  4.2   Zuordnung innerhalb der GuV 335
    4.2.1   Vorgaben nach IAS 1 und IFRS 7 335
    4.2.2   Umsetzung in der Praxis 336
    4.2.3   Eigener Gliederungsvorschlag zum Finanzergebnis 341
    4.2.4   Kontierung und Angabepflichten 342

5 Risikoberichterstattung 345
  5.1   Veröffentlichungsalternativen 345
  5.2   Qualitative Angabepflichten zu Risiken 346
  5.3   Risikodefinitionen nach IFRS 7 347
  5.4   Quantitative Angabepflichten zu Risiken 348
    5.4.1   Generelle (übergreifende) Anforderungen 348
    5.4.2   Angabepflichten zu Kreditrisiken 351
        5.4.2.1   Anforderungen im Überblick 351
        5.4.2.2   Maximale Ausfallrisikobeträge 353

	5.4.2.3	Kreditqualität nicht Not leidender Posten	354
	5.4.2.4	Überfälligkeitsanalysen	356
	5.4.2.5	Einzelwertberichtigungsanalysen	358
5.4.3	Angabepflichten zu Liquiditätsrisiken		359
	5.4.3.1	Anforderungen im Überblick	359
	5.4.3.2	Fälligkeitsanalyse	360
	5.4.3.3	Liquiditätsrisikosteuerung	365
5.4.4	Angabepflichten zu Marktrisiken		366
	5.4.4.1	Anforderungen im Überblick	366
	5.4.4.2	Übergreifende Vorgaben zu Sensitivitätsanalysen	368
	5.4.4.3	Sensitivitäten zum Zinsrisiko	371
	5.4.4.4	Sensitivitäten zum Wechselkursrisiko	374
	5.4.4.5	Sensitivitäten zu sonstigen Preisrisiken	376
	5.4.4.6	Value-at-Risk-Modelle	377
	5.4.4.7	Angaben bei Unrepräsentativität	378
	5.4.4.8	Erhebungsaspekte	379

6 Herkömmliche Bilanzierung und Offenlegung einzelner Sachverhalte ... 381

6.1	Zahlungsmittel und Zahlungsmitteläquivalente		381
	6.1.1	Begriffe	381
	6.1.2	Kategorisierung	381
	6.1.3	Bilanzierung	382
	6.1.4	Angabepflichten	383
6.2	Forderungen aus Lieferungen und Leistungen		384
	6.2.1	Kategorisierung	384
	6.2.2	Ansatz und Ausweis	384
	6.2.3	Regelmäßige Bewertung	385
	6.2.4	Wertberichtigung	385
		6.2.4.1 Gruppenuntersuchung als maßgebliches Prinzip	385
		6.2.4.2 Vorgaben zur Gruppenwertberichtigung	386
		6.2.4.3 Berücksichtigung von Warenkreditversicherungen	388
		6.2.4.4 Praxisbeispiel zur Gruppenwertberichtigung	389
	6.2.5	Ausbuchung	395
		6.2.5.1 Überblick, Grundlagen und Prüfschritte	395
		6.2.5.2 Abwicklung	399
		6.2.5.3 Verkauf und Verbriefung	399
	6.2.6	Angabepflichten	414

Inhaltsverzeichnis

6.3 Sonstige (nicht-operative) Forderungen und Ausreichungen ... 414
    6.3.1 Posten ... 414
    6.3.2 Kategorisierung ... 415
    6.3.3 Bilanzierung ... 415
    6.3.4 Angabepflichten ... 417
    6.3.5 Praxisbeispiele ... 417
        6.3.5.1 Ausgereichtes festverzinsliches Darlehen (LaR) ... 417
        6.3.5.2 Unverzinsliches Mitarbeiterdarlehen (LaR) ... 419
6.4 Gehaltene Wertpapiere und Unternehmensanteile ... 421
    6.4.1 Posten ... 421
    6.4.2 Kategorisierung ... 421
    6.4.3 Ansatz und Ausweis ... 422
    6.4.4 Erstbewertung ... 422
    6.4.5 Folgebewertung ... 423
        6.4.5.1 Bewertungskategorie AfS ... 423
        6.4.5.2 Bewertungskategorie HtM ... 425
        6.4.5.3 Bewertungskategorie FAFVPL ... 425
    6.4.6 Vorgaben zur Zeitwertbestimmung ... 426
        6.4.6.1 Börsennotierte Posten ... 426
        6.4.6.2 Nicht-börsennotierte Posten ... 426
    6.4.7 Bilanzierung bei Umwidmungen ... 427
    6.4.8 Ausbuchung ... 429
    6.4.9 Angabepflichten ... 429
    6.4.10 Praxisbeispiele ... 430
        6.4.10.1 Erworbene festverzinsliche Staatsanleihe (HtM) ... 430
        6.4.10.2 Erworbene festverzinsliche Unternehmensanleihe in Fremdwährung (AfS) ... 433
        6.4.10.3 Erworbene börsennotierte Unternehmensanteile (AfS) ... 441
        6.4.10.4 Erworbene GmbH-Anteile (AfSC) ... 443
6.5 Finanzderivate ... 445
    6.5.1 Posten ... 445
    6.5.2 Kategorisierung ... 446
    6.5.3 Ansatz und Ausweis ... 447
    6.5.4 Erstbewertung ... 448
    6.5.5 Folgebewertung ... 449
    6.5.6 Buchungsvarianten für Zinsswaps und FRAs ... 450
    6.5.7 Ausbuchung ... 452

	6.5.8	Angabepflichten	453
	6.5.9	Praxisbeispiele	454
		6.5.9.1 Forward Rate Agreement	454
		6.5.9.2 Receiver-Zinsswap	460
		6.5.9.3 Devisentermingeschäft	467
		6.5.9.4 Devisenswap	470
		6.5.9.5 Währungsswap	474
		6.5.9.6 Zins-/Währungsswap	480
6.6	Warentermingeschäfte		485
	6.6.1	Vorbemerkungen	485
	6.6.2	Kategorisierung	486
	6.6.3	Ansatz	487
		6.6.3.1 Gesamter Vertrag als Derivat	487
		6.6.3.2 Eingebettete Derivate	496
	6.6.4	Bewertung	499
		6.6.4.1 Gesamter Vertrag als Derivat	499
		6.6.4.2 Eingebettete Derivate	499
	6.6.5	Ausbuchung	500
	6.6.6	Angabepflichten	500
	6.6.7	Erhebungsprozess	501
	6.6.8	Praxisbeispiel: Terminkauf von Weizen (eingebettetes Fremdwährungsderivat)	502
6.7	Nicht-hybride Finanzverbindlichkeiten		505
	6.7.1	Posten	505
	6.7.2	Kategorisierung	506
	6.7.3	Ansatz und Ausweis	507
	6.7.4	Erstbewertung	507
	6.7.5	Folgebewertung	508
	6.7.6	Trennung, Bilanzierung und Ausweis eingebetteter Derivate	508
		6.7.6.1 Überblick	508
		6.7.6.2 Restlaufzeitverlängerungen	509
		6.7.6.3 Kündigungsrechte	510
		6.7.6.4 Zinsderivate	513
		6.7.6.5 Zinsbegrenzungsvereinbarungen	515
		6.7.6.6 Fremdwährungsderivate	516
		6.7.6.7 Behandlung mehrerer eingebetteter Derivate	516
		6.7.6.8 Bilanzierung	517

Inhaltsverzeichnis

		6.7.6.9	Ausweis	517
	6.7.7	Ausbuchung		517
	6.7.8	Angabepflichten		518
		6.7.8.1	Anforderungen zu Darlehensverbindlichkeiten	518
		6.7.8.2	Weitere Anforderungen	519
	6.7.9	Praxisbeispiele		520
		6.7.9.1	Emittierte Nullkuponanleihe (nicht-börsennotiert)	520
		6.7.9.2	Emittierte festverzinsliche Anleihe in Fremdwährung (börsennotiert)	522
		6.7.9.3	Emittierte variabel verzinsliche Medium Term Note (börsennotiert)	531
6.8	Emittierte eigene Anteile			534
	6.8.1	Abgrenzung von Eigen- und Fremdkapital		534
		6.8.1.1	Erfassungsarten von Finanzinstrumenten bei der Emission	534
		6.8.1.2	Abgrenzungsprinzip und -kriterien von IAS 32	537
		6.8.1.3	Zahlungsverpflichtungen	538
		6.8.1.4	Erfüllung in eigenen Eigenkapitalinstrumenten	544
		6.8.1.5	Ausnahmeregelungen für bestimmte Instrumente	547
		6.8.1.6	Prüfung auf Umklassifizierung	555
	6.8.2	Kategorisierung		555
	6.8.3	Bilanzierung bei und nach der Emission		556
		6.8.3.1	Ausschließliche Erfassung im Eigenkapital	556
		6.8.3.2	Ausschließliche Erfassung im Fremdkapital	556
	6.8.4	Bilanzierung bei Umklassifizierung		559
		6.8.4.1	Änderungen der Vertragsbedingungen bzw. Gegebenheiten	559
		6.8.4.2	Kündbare Instrumente und Verpflichtungen in der Liquidation	560
	6.8.5	Bilanzierung beim Rückkauf		561
	6.8.6	Erfassung von Aufwendungen und Erträgen		567
		6.8.6.1	Erfassungsprinzip	567
		6.8.6.2	Erfassung von Transaktionskosten	568
	6.8.7	Angabepflichten		572
6.9	Emittierte Wandelschuldverschreibungen			573
	6.9.1	Vorbemerkungen		573
	6.9.2	Trennung der Eigen- und Fremdkapitalkomponente		573

6.9.3		Trennung weiterer eingebetteter Derivate	576
6.9.4		Kategorisierung	577
6.9.5		Ansatz und Ausweis	577
6.9.6		Erstbewertung	578
6.9.7		Folgebewertung	579
6.9.8		Wandlung bei Fälligkeit	580
6.9.9		Frühzeitige Rücknahme bzw. Rückkauf	581
6.9.10		Sonstige Änderungen der Vertragsbedingungen	582
6.9.11		Angabepflichten	584
	6.9.11.1	Anforderungen bei mehreren eingebetteten Derivaten	584
	6.9.11.2	Weitere Anforderungen	584
6.9.12		Praxisbeispiele	585
	6.9.12.1	Emittierte Wandelanleihe mit derivativem Eigenkapitalinstrument	585
	6.9.12.2	Emittierte Wandelanleihe mit derivativem Fremdkapitalinstrument	593
6.10 Emittierte Optionsschuldverschreibungen			596
6.10.1		Vorbemerkungen	596
6.10.2		Klassifizierung des Bezugsrechts	597
6.10.3		Trennung weiterer eingebetteter Derivate	597
6.10.4		Kategorisierung	597
6.10.5		Bilanzierung	598
6.10.6		Angabepflichten	599
6.11 Finanzgarantien			599
6.11.1		Vorbemerkungen	599
6.11.2		Ansprüche und Verpflichtungen	600
6.11.3		Kategorisierung	600
6.11.4		Bilanzierung beim Garantiegeber	601
	6.11.4.1	Ansatz	601
	6.11.4.2	Ausweis	601
	6.11.4.3	Erstbewertung	602
	6.11.4.4	Folgebewertung	603
	6.11.4.5	Ausbuchung	606
6.11.5		Bilanzierung beim Garantienehmer und Schuldner	606
6.11.6		Angabepflichten	607
6.11.7		Garantieverhältnisse im Konzern	608

		6.11.8	Praxisbeispiele	609
			6.11.8.1 Begebene Bürgschaft mit ratierlich gezahlter Prämie	609
			6.11.8.2 Begebene Bürgschaft ohne Prämie	611
	6.12	Kreditzusagen		613
		6.12.1	Vorbemerkungen	613
		6.12.2	Kategorisierung	613
		6.12.3	Bilanzierung beim Zusagengeber	614
		6.12.4	Bilanzierung beim Zusagennehmer	617
		6.12.5	Angabepflichten	618
	6.13	Sonstige Verbindlichkeiten		619
		6.13.1	Posten	619
		6.13.2	Kategorisierung	619
		6.13.3	Bilanzierung	619
		6.13.4	Angabepflichten	621
	6.14	Finanzielle Sicherheiten		621
		6.14.1	Vorbemerkungen	621
		6.14.2	Kategorisierung	623
			6.14.2.1 Barsicherheiten	623
			6.14.2.2 Unbare Sicherheiten	623
		6.14.3	Bilanzierung von Barsicherheiten	623
			6.14.3.1 Ansatz	623
			6.14.3.2 Ausweis	624
			6.14.3.3 Bewertung	624
			6.14.3.4 Ausbuchung	624
		6.14.4	Bilanzierung unbarer Sicherheiten	625
			6.14.4.1 Ansatz, Bewertung und Ausbuchung	625
			6.14.4.2 Ausweis	626
		6.14.5	Angabepflichten	627
			6.14.5.1 Anforderungen bei gestellten Sicherheiten	627
			6.14.5.2 Anforderungen bei gehaltenen Sicherheiten	627
			6.14.5.3 Weitere Anforderungen	628
	6.15	Finanzinstrumente in Verbindung mit Miet- und Leasingverträgen		628
		6.15.1	Vorbemerkungen	628
		6.15.2	Kategorisierung	629
		6.15.3	Bilanzierung von Forderungen und Verbindlichkeiten	630
			6.15.3.1 Finanzierungsleasingverhältnisse	630

Inhaltsverzeichnis

	6.15.3.2	Operating- und sonstige Miet- und Leasingverhältnisse 632
6.15.4		Trennung eingebetteter Derivate 633
6.15.5		Angabepflichten 635
6.15.6		Praxisbeispiel zum Finanzierungsleasing 635
6.16		Finanzinstrumente in Verbindung mit Unternehmenszusammenschlüssen 640
	6.16.1	Bedingte Gegenleistungen 640
	6.16.1.1	Vorbemerkungen 640
	6.16.1.2	Einstufung einer Übertragungsverpflichtung als Fremd- oder Eigenkapitalinstrument 642
	6.16.1.3	Kategorisierung 645
	6.16.1.4	Ansatz, Ausweis und Erstbewertung 645
	6.16.1.5	Folgebewertung 647
	6.16.1.6	Ausbuchung 649
	6.16.1.7	Angabepflichten 650
	6.16.2	Termingeschäfte auf Unternehmensanteile 650
	6.16.2.1	Vorbemerkungen 650
	6.16.2.2	Berücksichtigung bei der Prüfung auf Beherrschung 652
	6.16.2.3	Termingeschäfte zum Kauf von Unternehmensanteilen 654
	6.16.2.4	Termingeschäfte zum Verkauf von Unternehmensanteilen 671
	6.16.2.5	Kombinationen aus Termingeschäften 673

7 Bilanzierung und Offenlegung einzelner Sicherungsbeziehungen 675

7.1	Absicherungen gegen Zinsrisiken 675
7.1.1	Absicherung des Zeitwerts einer festverzinslichen Anleihe gegen Zinsänderungsrisiken mittels Zinsswap 675
7.1.1.1	Ausgangslage 675
7.1.1.2	Designation und Dokumentation der Sicherungsbeziehung am 16.01.X1 676
7.1.1.3	Prospektiver Effektivitätstest am 16.01.X1 676
7.1.1.4	Bilanzierung am 16.01.X1 (Emission der Anleihe, Abschluss des Zinsswap) 678
7.1.1.5	Retrospektiver Effektivitätstest am 31.03.X1 (Q1 X1) 679

Inhaltsverzeichnis

	7.1.1.6	Bilanzierung am 31.03.X1 (Q1 X1)	680
	7.1.1.7	Prospektiver Effektivitätstest am 31.03.X1	681
	7.1.1.8	Retrospektiver Effektivitätstest am 30.06.X1 (Q2 X1)	682
	7.1.1.9	Bilanzierung am 30.06.X1 (Q2 X1)	683
	7.1.1.10	Prospektiver Effektivitätstest am 30.06.X1	685
	7.1.1.11	Bilanzierung am 16.07.X1 (1. Zins- und Ausgleichszahlung)	685
	7.1.1.12	Retrospektiver Effektivitätstest am 30.09.X1 (Q3 X1)	686
	7.1.1.13	Bilanzierung am 30.09.X1 (Q3 X1)	687
	7.1.1.14	Prospektiver Effektivitätstest am 30.09.X1	688
	7.1.1.15	Retrospektiver Effektivitätstest am 31.12.X1 (Q4 X1)	689
	7.1.1.16	Bilanzierung am 31.12.X1 (Q4 X1)	689
	7.1.1.17	Angaben im Jahresabschluss X1	691
	7.1.1.18	Prospektiver Effektivitätstest am 31.12.X1	693
	7.1.1.19	Bilanzierung am 16.01.X2 (2. Zins- und Ausgleichszahlung)	693
	7.1.1.20	Retrospektiver Effektivitätstest am 31.03.X2 (Q1 X2)	693
	7.1.1.21	Beendigung der Sicherungsbeziehung	694
7.1.2		**Absicherung der Auszahlungen aus einem künftigen variabel verzinslichen Darlehen gegen Zinsänderungsrisiken mittels Forward-Zinsswap**	**695**
	7.1.2.1	Ausgangslage	695
	7.1.2.2	Designation und Dokumentation der Sicherungsbeziehung am 21.04.X1	696
	7.1.2.3	Bilanzierung am 21.04.X1 (Abschluss des Forward-Zinsswap)	697
	7.1.2.4	Retrospektiver Effektivitätstest am 30.06.X1 (Q2 X1)	698
	7.1.2.5	Bilanzierung am 30.06.X1 (Q2 X1)	698
	7.1.2.6	Retrospektiver Effektivitätstest am 30.09.X1 (Q3 X1)	699
	7.1.2.7	Bilanzierung am 30.09.X1 (Q3 X1)	699
	7.1.2.8	Bilanzierung am 21.10.X1 (Aufnahme des Darlehens)	700
	7.1.2.9	Retrospektiver Effektivitätstest am 31.12.X1 (Q4 X1)	700
	7.1.2.10	Bilanzierung am 31.12.X1 (Q4 X1)	701
	7.1.2.11	Angaben im Jahresabschluss X1	701
	7.1.2.12	Retrospektiver Effektivitätstest am 31.03.X2 (Q1 X2)	704
	7.1.2.13	Bilanzierung am 31.03.X2 (Q1 X2)	704

	7.1.2.14	Bilanzierung am 21.10.X2 (1. Zins- und Ausgleichszahlung)	705
7.2	Absicherungen gegen Währungsrisiken		706
	7.2.1	Absicherung des Zeitwerts einer festen Verkaufsverpflichtung gegen Währungsrisiken mittels Devisentermingeschäft	706
		7.2.1.1 Ausgangslage	706
		7.2.1.2 Designation und Dokumentation der Sicherungsbeziehung am 19.07.X2	706
		7.2.1.3 Bilanzierung am 19.07.X2 (Abschluss des Devisentermingeschäfts)	707
		7.2.1.4 Retrospektiver Effektivitätstest am 30.09.X2 (Q3 X2)	708
		7.2.1.5 Bilanzierung am 30.09.X2 (Q3 X2)	708
		7.2.1.6 Retrospektiver Effektivitätstest am 31.12.X2 (Q4 X2)	709
		7.2.1.7 Bilanzierung am 31.12.X2 (Q4 X2)	710
		7.2.1.8 Angaben im Jahresabschluss X2	711
		7.2.1.9 Bilanzierung am 16.02.X3 (Lieferung; Fälligkeit des Devisentermingeschäfts)	712
	7.2.2	Absicherung künftiger Auszahlungen aus einem Warenkauf gegen Währungsrisiken mittels Devisentermingeschäft	714
		7.2.2.1 Ausgangslage	714
		7.2.2.2 Designation und Dokumentation der Sicherungsbeziehung am 11.11.X1	714
		7.2.2.3 Bilanzierung am 11.11.X1 (Abschluss des Devisentermingeschäfts)	715
		7.2.2.4 Prospektiver Effektivitätstest am 11.11.X1	715
		7.2.2.5 Retrospektiver Effektivitätstest am 31.12.X1 (Q4 X1)	716
		7.2.2.6 Bilanzierung am 31.12.X1 (Q4 X1)	717
		7.2.2.7 Angaben im Jahresabschluss X1	718
		7.2.2.8 Prospektiver Effektivitätstest am 31.12.X1	720
		7.2.2.9 Mitteilung über Lieferverzug am 05.01.X2	721
		7.2.2.10 Retrospektiver Effektivitätstest am 31.03.X2 (Q1 X2)	721
		7.2.2.11 Bilanzierung am 31.03.X2 (Q1 X2)	722
		7.2.2.12 Prospektiver Effektivitätstest am 31.03.X2	723
		7.2.2.13 Retrospektiver Effektivitätstest am 02.06.X2 (Fälligkeit des Devisentermingeschäfts)	724
		7.2.2.14 Bilanzierung am 02.06.X2 (Fälligkeit des Devisentermingeschäfts)	724

Inhaltsverzeichnis

		7.2.2.15	Bilanzierung am 30.06.X2 (Lieferung; Q2 X2)	725
		7.2.2.16	Bilanzierung am 31.07.X2 (Zahlung der Waren)	726
		7.2.2.17	Angaben im Jahresabschluss X2	726
	7.2.3		Absicherung einer Auslandsbeteiligung gegen Währungsrisiken mittels Fremdwährungsanleihe	727
		7.2.3.1	Ausgangslage	727
		7.2.3.2	Designation und Dokumentation der Sicherungsbeziehung am 15.09.X4	728
		7.2.3.3	Prospektiver Effektivitätstest am 15.09.X4	729
		7.2.3.4	Retrospektiver Effektivitätstest am 30.09.X4 (Q3 X4)	730
		7.2.3.5	Bilanzierung am 30.09.X4 (Q3 X4)	731
		7.2.3.6	Prospektiver Effektivitätstest am 30.09.X4	732
		7.2.3.7	Retrospektiver Effektivitätstest am 31.12.X4 (Q4 X4)	732
		7.2.3.8	Bilanzierung am 31.12.X4 (Q4 X4)	733
		7.2.3.9	Angaben im Jahresabschluss X4	734
		7.2.3.10	Bilanzierung am 15.04.X9 (Verkauf der Auslandsbeteiligung)	736

8 Ausblick 737

Literaturverzeichnis 739

Stichwortverzeichnis 759

Abkürzungs- und Symbolverzeichnis

€ .... Euro
£ .... Britisches Pfund Sterling
$ .... US-Dollar
¥ .... Japanische Yen
% .... Prozent
& .... und
∑ .... Summe
§, §§ .... Paragraph(en)
Δ .... Delta(s)
Ø .... Durchschnitt
< .... kleiner (als)
≤ .... kleiner gleich
> .... größer (als)
≥ .... größer gleich
./. .... abzüglich

A

a .... y-Abschnitt der Regressionsgeraden
a.A. .... anderer Ansicht
A_0 .... Anfangsauszahlung
ABS .... Asset Backed Securities
Abs. .... Absatz
Abschn. .... Abschnitt
act .... actual
AfS .... Available-for-Sale Financial Assets (Zur Veräußerung verfügbare finanzielle Vermögenswerte; Bewertungskategorie)
AfSC .... zu Anschaffungskosten (at Cost) bewertete AfS
AfSFV .... zum Fair Value bewertete AfS
AG .... Application Guidance (Anwendungsleitlinien)
AK .... Anschaffungskosten
AktG .... Aktiengesetz

Aufw. .... Aufwand

B

B .... Bilanz
b .... Steigung der Regressionsgeraden
Bankverb. .... Bankverbindlichkeit
BB .... Betriebs-Berater (Zeitschrift)
BC .... Basis for Conclusions (Grundlagen für die Schlussfolgerungen)
BE .... Beteiligungsergebnis
BGB .... Bürgerliches Gesetzbuch
BilReG .... Bilanzrechtsreformgesetz
BP .... Basispunkt(e)
BPV .... Basis Point Value
bspw. .... beispielsweise
BW .... Barwert
BWA .... Buchwertanpassung
bzw. .... beziehungsweise

C

c_t .... jährlicher Kuponzinssatz der Periode t
$c_{t,T}$ .... Kupon-Terminzinssatz von Periode t bis Periode T
ca. .... circa
CDS .... Credit Default Swap
CF_t .... Cashflows der Periode t
CFH .... Cash Flow Hedge
CP .... Commercial Paper
cs .... Credit Spread (Bonitätsrisikoaufschlag)
CTA .... Contractual Trust Arrangement

D

D_t .... Diskontierungsfaktor der Periode t

XXVII

Abkürzungs- und Symbolverzeichnis

DB	Der Betrieb (Zeitschrift)
d.h.	das heißt
DAX	Deutscher Aktienindex
DCF	Discounted Cash Flow
DRS	Deutscher Rechnungslegungs Standard
DStR	Deutsches Steuerrecht (Zeitschrift)
DTG	Devisentermingeschäft

E

e	Wert der Störvariablen im Regressionsmodell
EEX	European Energy Exchange (Terminbörse)
eingeb.	eingebettetes
EK	Eigenkapital
EP	prospektive Effektivität
ER	retrospektive Effektivität
ERS	Entwurf eines Rechnungslegungsstandards (des IDW)
Ertr.	Ertrag
EU	Europäische Union
EUREX	European Exchange (Terminbörse)
EURIBOR	European Interbank Offered Rate
EWB	individuelle Einzelwertberichtigung

F

F	Terminzins
F.	Framework (for the Preparation and Presentation of Financial Statements)
f., ff.	folgende
FAFVPL	Financial Assets at Fair Value Through Profit or Loss (Erfolgswirksam zum beizulegenden Zeitwert bewertete finanzielle Vermögenswerte; Bewertungskategorie)
FAHfT	Financial Assets Held for Trading (Zu Handelszwecken gehaltene finanzielle Vermögenswerte; Unterkategorie von FAFVPL)
FAK	fortgeführte Anschaffungskosten
FB	Finanz Betrieb (Zeitschrift)
FE	sonstiges Finanzergebnis
FK	Fremdkapital
FLAC	Financial Liabilities Measured at Amortised Cost (Zu fortgeführten Anschaffungskosten bewertete finanzielle Verbindlichkeiten; Bewertungskategorie)
FLFVPL	Financial Liabilities at Fair Value Through Profit or Loss (Erfolgswirksam zum beizulegenden Zeitwert bewertete finanzielle Verbindlichkeiten; Bewertungskategorie)
FLHfT	Financial Liabilities Held for Trading (Zu Handelszwecken gehaltene finanzielle Verbindlichkeiten; Unterkategorie von FLFVPL)
Fn.	Fußnote
Ford.	Forderung(en)
FRA	Forward Rate Agreement
FRN	Floating Rate Note oder kurz Floater
FV	Fair Value
FVH	Fair Value Hedge
FVO	Fair-Value-Option (Unterkategorie von FAFVPL bzw. FLFVPL)
FVPL	Financial Assets/Liabilities at Fair Value Through Profit or Loss (siehe FAFVPL, FLFVPL)
FX	Foreign Exchange(s) bzw. Wechselkurs(e)
FX-Aufwand	Aufwand aus der Währungsumrechnung
FX-Betrag	Fremdwährungsbetrag
FX-Ertrag	Ertrag aus der Währungsumrechnung
FX-Risiko	Währungsrisiko
FX-Swap	Währungsswap
FX-Umrechnung	Währungsumrechnung

Abkürzungs- und Symbolverzeichnis

G
GB .... Geschäftsbericht(e)
Gewinn-RL .... Gewinnrücklagen
GG .... Grundgeschäft
ggf. .... gegebenenfalls
gl.A. .... gleicher Ansicht
GmbH .... Gesellschaft(en) mit beschränkter Haftung
GmbHG .... Gesetz betreffend die Gesellschaften mit beschränkter Haftung
GU .... Großunternehmen
GuV .... Gewinn- und Verlustrechnung
GWB .... Gruppenwertberichtigung

H
HE .... Handelsergebnis
HFA .... Hauptfachausschuss (des IDW)
HfS .... Held for Sale (Zur Veräußerung gehalten; Klassifikation nach IFRS 5)
HfT .... Held for Trading (Unterkategorie von FAFVPL bzw. FLFVPL)
HGB .... Handelsgesetzbuch
hist. .... historisch
Hrsg. .... Herausgeber
HtM .... Held-to-Maturity Investments (Bis zur Endfälligkeit gehaltene Finanzinvestitionen; Bewertungskategorie)
hyp. .... hypothetisch

I
i .... Zinssatz
i^A .... ausländischer risikoloser Zinssatz
i^{eff} .... Effektivzinssatz
i^I .... inländischer risikoloser Zinssatz
i_1 .... jährlicher Zinssatz
i_2 .... unterjähriger Zinssatz
I .... Nominal- oder Kuponzins
i.V.m. .... in Verbindung mit
i.W. .... im Wesentlichen

IAS .... International Accounting Standards
IASB .... INTERNATIONAL ACCOUNTING STANDARDS BOARD
IDW .... INSTITUT DER WIRTSCHAFTSPRÜFER (Deutschland)
IE .... Illustrative Examples (erläuternde Beispiele)
IFRG .... International Financial Reporting Group (von KPMG)
IFRIC .... INTERNATIONAL FINANCIAL REPORTING INTERPRETATIONS COMMITTEE (heute IFRS IC)
IFRS .... International Financial Reporting Standards
IFRS IC .... INTERNATIONAL FINANCIAL REPORTING STANDARDS INTERPRETATIONS COMMITTEE (früher IFRIC)
IG .... Guidance on Implementing (Implementierungshinweise)
IN .... Introduction (Einführung)
Ineff. .... Ineffektivität
IRZ .... Zeitschrift für internationale Rechnungslegung

J
j .... Laufzeitvariable
JA .... Jahresabschluss

K
Kapital-RL .... Kapitalrücklage
KoR .... Kapitalmarktorientierte Rechnungslegung (Zeitschrift)
KMU .... kleine und mittlere Unternehmen
KonTraG .... Gesetz zur Kontrolle und Transparenz im Unternehmensbereich

L
L&L .... Lieferungen und Leistungen
LaR .... Loans and Receivables (Kredite und Forderungen; Bewertungskategorie)
Leasingford. .... Leasingforderung

XXIX

Abkürzungs- und Symbolverzeichnis

Leasingverb. ....Leasingverbindlichkeit
LIBOR....................London Interbank Offered Rate
Lieferverpfl. ....Lieferverpflichtung
LIFFE ....London International Financial Futures and Options Exchange (Terminbörse)

M
M ....aktueller Kassawechselkurs
M_t ....Terminwechselkurs zum Zeitpunkt t
m ....Anzahl der Zinszahlungstermine
m.E. ....meines Ermessens
m.V.a. ....mit Verweis auf
m.w.V. ....mit weiteren Verweisen
MA........................Mitarbeiter
Max.......................Maximalwert
Min........................Minimalwert
Mio. ....Millionen
Mrd. ....Milliarden
MTN ....Medium Term Note

N
n.............................Anzahl der Zinstage
NIH.......................Net Investment Hedge
Nr. ....Nummer
NV........................Nettovermögen
NW ....Nominal- bzw. Nennwert

O
o.Ä. ....oder Ähnliches
o.O. ....ohne Ort
OCI ....Other Comprehensive Income (sonstiger Gesamterfolg)
OTC ....Over-the-Counter

P
P, M......................Indizes für Preis- oder Mengennotierung
p.a. ....per annum (pro Jahr)
PET......................prospektiver Effektivitätstest
PiR.......................Praxis der internationalen Rechnungslegung (Zeitschrift)
PoC......................Percentage of Completion
PPA ....Purchase Price Allocation
Prämienford. ....Prämienforderung
PwC.....................PRICEWATERHOUSECOOPERS

R
R^2 ....Bestimmtheitsmaß
RET......................retrospektiver Effektivitätstest
rev. ....revised
RH ....Rechnungslegungshinweis (des IDW)
RIC ......................RECHNUNGSLEGUNGS INTERPRETATIONS COMMITTEE
Rz. ....Randziffer

S
S&P......................STANDARD & POOR'S
S. ....Seite
SCI.......................Statement of Comprehensive Income
SE........................Societas Europaea (Europäische Gesellschaft)
SFAC ....Statement of Financial Accounting Concept
SFAS ....Statement of Financial Accounting Standard
SI.........................Sicherungsinstrument
SIC ....STANDING INTERPRETATIONS COMMITTEE

T
t, T ....Periodenvariablen
T€, T$, T£, T¥ ......Tausend Euro, Tausend US-Dollar, Tausend Britische Pfund, Tausend Japanische Yen
TK ....Transaktionskosten
TRS ....Total Return Swap

U
u.a. ....und andere
u.Ä. ....und Ähnliches
UK ....United Kingdom
UKo....................Umsatzkosten
Umwid. ....Umwidmung
US.......................United States
USA....................United States of America

Abkürzungs- und Symbolverzeichnis

US-GAAP .... US-amerikanische Generally Accepted Accounting Principles
usw. .... und so weiter

V
Verb. .... Verbindlichkeit(en)
vgl. .... vergleiche

W
Wandelanl. .... Wandelanleihe
WBK .... Wertberichtigungskonto
WE .... Währungsergebnis
Wertänd. .... Wertänderung
Wertaufhol. .... Wertaufholung
Wertmind. .... Wertminderung
WPg .... Die Wirtschaftsprüfung (Zeitschrift)
WpHG .... Wertpapierhandelsgesetz
www .... world wide web

X
x .... erklärende Variable im Regressionsmodell
X0, X1, X2 usw. ... Jahresvariablen

Y
y .... zu erklärende Variable im Regressionsmodell

Z
$z_{t(j)}$ .... Zero-Zinssatz (Nullkuponzinssatz) für die Laufzeit t bzw. j
$z_{t,T}$ .... Zero-Terminzinssatz von Periode t bis Periode T
z.B. .... zum Beispiel
ZB .... Zinstagebasis
ZE .... Zinsergebnis
Zinsverb. .... Zinsverbindlichkeit
ZWS .... Zins-/Währungsswap

1 Einführung

1.1 Zielgruppen, Zielsetzung und Aufbau des Buchs

Die Abhandlung richtet sich primär an die mit der Abwicklung und Bilanzierung von Finanzinstrumenten betrauten Personen in Konzernen, deren operative Geschäftstätigkeiten *nicht* unmittelbar in Verbindung mit finanziellen Sachverhalten stehen. Diese Unternehmen werden hier als „Nicht-Banken" bezeichnet. Dabei handelt es sich in erster Linie um Industrie- und Handelsunternehmen. Darunter fallen aber auch Telekommunikations-, Medien- und Technologiekonzerne. Ferner sind damit Versorger sowie Unternehmen der Chemie-, Pharma-, Reise- und Logistikbranche gemeint. Nicht zur eigentlichen Zielgruppe des Buchs gehören Finanzdienstleistungskonzerne wie Versicherungen und insbesondere Banken. Eine differenzierte Betrachtung erscheint notwendig, da für die Rechnungslegung von Finanzinstrumenten zwar keine branchenspezifischen IFRS-Vorschriften gelten, sich in der Praxis allerdings wesentliche Unterschiede zwischen Banken und Nicht-Banken bezüglich der Bilanzierung und Offenlegung sowie vor allem im Hinblick auf die bilanzielle Darstellung bzw. den Ausweis solcher Posten feststellen lassen.

Nicht-Banken

Eine exakte Abgrenzung von Banken und Nicht-Banken anhand des Umfangs der betrieblichen Tätigkeit mit Finanzinstrumenten ist jedoch ggf. nicht eindeutig möglich. So betreiben bspw. Automobilkonzerne als einst typische Industrieunternehmen heute in der Regel Finanzgeschäfte (Kreditvergaben, Versicherungen usw.) in wesentlichem Ausmaß.[1] Ferner lässt sich beobachten, dass auch vormals reine Logistikunternehmen ihre Geschäftstätigkeiten zunehmend um Bank- und Versicherungsdienstleistungen erweitern[2] und Handelsunternehmen Finanzdienstleistungen in großem Umfang anbieten.[3]

---

1 Siehe z.B. die GB 2006 von BMW, DAIMLERCHRYSLER, VOLKSWAGEN.
2 Als prominentes Beispiel sei hier der Konzern DEUTSCHE POST WORLD NET genannt, der über die POSTBANK Finanzdienstleistungen in wesentlichem Umfang betreibt.
3 So wurde bspw. das Konzernergebnis vor Zinsen und Steuern der OTTO GROUP im Geschäftsjahr 2007/2008 zu 80% über Konsumentenkredite sowie Debitoren- und Forderungsmanagement erzielt, vgl. FRANKFURTER ALLGEMEINE ZEITUNG vom 20.06.08.

1 Einführung

Die meisten Nicht-Banken werden hingegen Finanzinstrumente überwiegend zur Finanzmittelaufnahme sowie zum Risikomanagement halten. Letzteres betrifft vor allem den Einsatz von derivativen Finanzinstrumenten zu Absicherungszwecken.[4] Zur kurz- und langfristigen Fremdkapitalbeschaffung werden in der Regel verzinsliche Kredite in verschiedenen Formen eingesetzt. Darüber hinaus greifen Nicht-Banken auch häufig auf alternative (nicht-kreditbezogene) Finanzierungsformen (Verkauf und Verbriefung von Forderungen, Leasing) zurück. Nicht betrieblich gebundene Mittel werden normalerweise in Unternehmensanteile (z.B. Aktien, Beteiligungen) oder verzinsliche Instrumente investiert. Vielfach kommt es bei den genannten Einsatzformen zur Inanspruchnahme der Finanzmärkte (Geld- und Kapitalmarkt).

Mitarbeiter in Rechnungswesen und Treasury

Innerhalb von Nicht-Banken sind Mitarbeiter im Konzernrechnungswesen und im Konzerntreasury die wesentlichen Zielgruppen der Abhandlung. Die Verantwortung für die Erstellung des Abschlusses (inklusive Anhang) liegt zwar überwiegend im Konzernrechnungswesen. Das Management und die Dokumentation von Finanzinstrumenten erfolgt jedoch in der Regel über Konzerntreasury: Dieser Bereich ist zum einen im Rahmen der Investitions- und Finanzierungstätigkeiten mit dem Liquiditäts- und Zinsmanagement, der Mittelanlage und der Eigen- und Fremdkapitalaufnahme betraut. Zum anderen unterliegt dem Konzerntreasury häufig das finanzielle Risikomanagement und -reporting in Form der Durchführung von Sicherungsmaßnahmen sowie der Dokumentation und Berichterstattung finanzieller Risiken.

Fokus auf Schnittstellenfunktionen

Das Buch soll auch dazu dienen, Informationsunterschiede der beiden Zielgruppen zu verringern, und zielt insofern auf die Vermittlung von Wissen an Mitarbeiter, die an den Schnittstellen zwischen Rechnungswesen und Treasury tätig sind, ab. Die sachgerechte Bilanzierung und Offenlegung von Finanzinstrumenten erfordert nämlich sowohl rechnungswesenspezifische als auch finanzwirtschaftliche Kenntnisse. Gleichfalls ist es für Konzerntreasury-Tätigkeiten hilfreich (wenn nicht gar notwendig), die entsprechenden Bilanzierungs- und Offenlegungsvorgaben zu kennen. Dies gilt in besonderem Maße, sofern – wie in der Praxis häufig zu beobachten – Konzerntreasury nicht nur als zentraler Ansprechpartner und Datenlieferant zur Erstellung der Angaben zu Finanzinstrumenten dient, sondern auch für die bilanzielle Abbildung von Sicherungsbeziehungen verantwortlich ist.

Vor dem Hintergrund der letztgenannten Zielsetzung und mit Blick auf die Einsatzzwecke von Finanzinstrumenten für Nicht-Banken werden in Abschnitt 2 zunächst die Grundlagen aus finanzwirtschaftlicher Sicht gelegt. Hierbei wird erst einmal auf wesentliche, auch für die Bilanzierung und Offenlegung von Finanzinstrumenten bedeutende Aspekte zur Zins- und

---

[4] Zum Risikomanagement von Nicht-Banken weiterführend vgl. MAULSHAGEN/TREPTE/WALTERSCHEIDT (2008), S. 116-148.

Zielgruppen, Zielsetzung und Aufbau des Buchs 1.1

Währungstheorie (Zins- und Tilgungskonzepte, Zinssätze und -struktur, Risiken, Bewertung, Wechselkurse) eingegangen. Ferner soll ein Überblick über die Zins- und Devisenmärkte gegeben werden. Da bei Nicht-Banken Finanzinstrumente vor allem auf der Passivseite der Bilanz stark vertreten sind, werden anschließend die gängigen Kreditfinanzierungsinstrumente beschrieben. In diesem Zusammenhang wird auch auf die zur Kreditsicherung eingesetzten Instrumente einzugehen sein – schon allein deshalb, weil es sich bei diesen ggf. um Finanzinstrumente nach IFRS handelt. Darüber hinaus werden auch die Grundlagen nicht-kreditbezogener Finanzierungsinstrumente vermittelt, denn bei diesen stehen gleichfalls überwiegend Finanzinstrumente im Fokus. Abschnitt 2 endet schließlich mit einer Einführung in das Themengebiet der Finanzderivate. Dabei werden die hier behandelten Derivate-Formen in Bezug auf die für die Bilanzierung und Offenlegung relevanten Merkmale und Bewertungsmodalitäten erläutert.

Abschnitt 3 vermittelt die Grundlagen aus Rechnungswesensicht. Es werden die für die Bilanzierung und Offenlegung von Finanzinstrumenten einschlägigen Vorschriften vorgestellt. Es handelt sich zunächst um die Regeln zur herkömmlichen Rechnungslegung. Ferner thematisiert Abschnitt 3 auch die speziellen Vorschriften zur bilanziellen Abbildung von Sicherungsbeziehungen.

In Abschnitt 4 werden Aspekte bezüglich der Darstellung von Finanzinstrumenten im Abschluss von Nicht-Banken diskutiert. Dies betrifft einerseits die Frage, welche Gliederungsvorschriften und -möglichkeiten im Hinblick auf den Bilanzausweis bestehen. Andererseits wird diskutiert, welchen Ergebnisteilen Aufwendungen und Erträge aus Finanzinstrumenten in der Gewinn- und Verlustrechnung (GuV) zugeordnet werden müssen bzw. können. Für beide Bereiche beinhaltet Abschnitt 4 Ausführungen dazu, wie die nach IFRS bilanzierenden und im DEUTSCHEN AKTIENINDEX (DAX) vertretenen Nicht-Banken die Vorgaben umsetzen.

Charakteristisch für den Aufbau dieses Buchs ist es, dass die über IFRS 7 vorgeschriebenen Angabepflichten soweit möglich nicht separat, sondern mit den entsprechenden Bilanzierungsregeln *zusammen* beschrieben werden. Dies erweist sich für die Angaben zur Bilanz, zur GuV und zum Eigenkapital sowie für die weiteren Angaben als zweckmäßig. Hingegen besteht bei der Berichterstattung zu Risiken aus Finanzinstrumenten vielfach nicht unmittelbar ein Bezug zur Bilanzierung. Daher werden die Offenlegungsvorschriften zu Risiken gesondert in Abschnitt 5 dargestellt.

Mit den Abschnitten 6 und 7 wird bezweckt, die zuvor diskutierten Grundlagen zu vertiefen und anhand von Beispielen aus Theorie und Praxis zu untermauern. Abschnitt 6 geht dabei zunächst wiederum auf die herkömmliche Rechnungslegung von Finanzinstrumenten ein: Es werden Bilanzierungs- und Offenlegungsaspekte einzelner Gruppen bzw. Ausprägungen

Einführung

von finanziellen Vermögenswerten und finanziellen Verbindlichkeiten diskutiert. In Abschnitt 7 wird die bilanzielle Abbildung von Sicherungsbeziehungen genauer dargestellt. Anhand von Praxisbeispielen werden die für die meisten Nicht-Banken wesentlichen Zins- und Währungssicherungen erörtert.[5]

Abschnitt 8 geht schließlich kurz auf künftige Entwicklungen bei der Bilanzierung und Offenlegung von Finanzinstrumenten ein. Es werden langfristige Tendenzen zu Änderungen der momentan gültigen Vorgaben thematisiert.

1.2 Bedeutung von Finanzinstrumenten für Nicht-Banken

Tabelle 1-1 enthält Kennzahlen für die zum 31.12.2006 im DAX befindlichen Nicht-Banken.[6] Aufgeführt sind die Maximal-, Minimal- und Durchschnittswerte (Min, Max, Ø) der Buchwerte bestimmter Finanzinstrumente-Posten in Relation zur Bilanzsumme. Die Zahlen wurden den Geschäftsberichten von 2006 entnommen.[7]

Zwar bestimmt sich die Bilanzsumme der einbezogenen Konzerne nicht überwiegend aus Finanzinstrumenten, wie dies in der Regel bei Finanzdienstleistungsunternehmen der Fall ist. Über Tabelle 1-1 wird jedoch deutlich, dass auch die Aktiv- und die Passivseite von Nicht-Banken maßgeblich von Finanzinstrumenten geprägt sein kann.

---

[5] Einer Studie von PwC zum Sicherungsverhalten börsennotierter Unternehmen zufolge haben Zins- und Währungsrisiken die größte Bedeutung für Nicht-Banken; ferner sind Rohstoffpreisrisiken für bestimmte Branchen (Verbrauchsgüter- und Grundstoffindustrie) relevant, vgl. dazu WALTERSCHEIDT/KLÖCKNER (2009), S. 321f.

[6] Berücksichtigt wurden die Werte der DAX-Unternehmen ADIDAS, ALTANA, BASF, BAYER, BMW, CONTINENTAL, DAIMLERCHRYSLER, DEUTSCHE LUFTHANSA, DEUTSCHE POST, DEUTSCHE TELEKOM, E.ON, FRESENIUS, HENKEL, INFINEON, LINDE, MAN, METRO, RWE, SAP, SIEMENS, THYSSENKRUPP, TUI und VOLKSWAGEN. Auf die Nennung der Gesellschaftsform wird auch im Folgenden verzichtet. Siehe dazu und zur Zusammensetzung des Indizes zu diesem Zeitpunkt www.deutsche-boerse.com.

[7] Bei THYSSENKRUPP handelt es sich um den GB 2005/2006. Die Buchwerte der Posten „Zahlungsmittel und Zahlungsmitteläquivalente", „Forderungen aus Lieferungen und Leistungen" sowie „Verbindlichkeiten aus Lieferungen und Leistungen" ließen sich überwiegend unmittelbar aus der Bilanz generieren, wohingegen die Zahlen der anderen Posten in der Regel den Anhängen entstammen.

1.2 Bedeutung von Finanzinstrumenten für Nicht-Banken

Relative Buchwerte von Finanzinstrumente-Posten der Nicht-Banken im DAX **Tabelle 1-1**

Posten	In Relation zur Bilanzsumme		
	Min	Max	Ø
Aktiva			
Zahlungsmittel und Zahlungsmitteläquivalente	1,1%	40,0%	7,5%
Wertpapiere und Anlagen[a]	0,0%	35,2%	6,4%
Forderungen aus Lieferungen und Leistungen	1,5%	25,7%	10,9%
Derivative Finanzinstrumente[b]	0,0%	6,9%	1,1%
Übrige Forderungen und Ausreichungen[c]	0,0%	40,3%	6,7%
Passiva			
Verbindlichkeiten aus Lieferungen und Leistungen	1,5%	38,6%	9,1%
Finanzverbindlichkeiten[d]	0,4%	39,7%	22,1%
Derivative Finanzinstrumente[b]	0,0%	7,5%	1,0%
Übrige Verbindlichkeiten[e]	0,0%	7,3%	1,4%

a Neben nicht konsolidierten Anteilen an verbundenen Unternehmen wurden auch sonstige, nicht nach der Equity-Methode bilanzierte Beteiligungen berücksichtigt.

b Darin enthalten sind sowohl Finanzderivate als auch Warentermingeschäfte.

c Der Posten setzt sich überwiegend zusammen aus Forderungen aus Finanzierungsleasingverhältnissen und sonstigen Finanzdienstleistungen, Forderungen und Ausreichungen gegenüber Mitarbeitern sowie aus Zinsforderungen. Die bankspezifischen Buchwerte (Forderungen, Wertpapiere und Verbindlichkeiten aus Finanzdienstleistungen) der DEUTSCHEN POST wurden nicht berücksichtigt.

d Neben typischen finanziellen Schulden wie Anleihen, Schuldverschreibungen und Bankdarlehen enthält der Posten auch Verbindlichkeiten aus Finanzierungsleasingverhältnissen, aus Wechselverbindlichkeiten sowie aus Verbriefungstransaktionen.

e Diese setzen sich im Wesentlichen aus Verbindlichkeiten gegenüber Mitarbeitern, Zinsverbindlichkeiten sowie aus Verbindlichkeiten gegenüber nicht konsolidierten Anteilen verbundener Unternehmen und Verbindlichkeiten gegenüber sonstigen Beteiligungen zusammen; ferner wurden darunter die Finanzschulden aus dem Einlagengeschäft (von BMW, DAIMLERCHRYSLER und VOLKSWAGEN) erfasst.

Von besonderer Relevanz sind dabei zunächst die in unmittelbarer Verbindung zur betrieblichen Tätigkeit des Unternehmens stehenden Forderungen und Verbindlichkeiten aus Lieferungen und Leistungen. Ferner finanzieren sich Nicht-Banken in erheblichem Ausmaß über finanzielle Verbindlichkeiten.

Als bedeutsam müssen zudem die derivativen Finanzinstrumente-Posten eingestuft werden. Zwar erscheinen die Durchschnittswerte der Aktiv- und der Passivseite mit jeweils ca. 1% recht gering, allerdings ist dabei zu berücksichtigen, dass es sich bei den Buchwerten um Marktwerte handelt und die zu Grunde liegenden Nominalwerte um ein Vielfaches höher sind.

2 Finanzwirtschaftliche Grundlagen

2.1 Zinstheorie

2.1.1 Basis-Zinsbegriffe

Das zur Finanzierung des Unternehmensvermögens dienliche Finanzkapital unterteilt sich in Eigen- und Fremdkapital. Die Überlassung von Eigenkapital ist mit einer Renditeerwartung verbunden. Fremdkapital wird in der Regel gegen Zinsen zur Verfügung gestellt. Typische Zinsinstrumente sind etwa Bankkredite oder Anleihen. Im Hinblick auf die Verzinslichkeit können zunächst 2 Grundformen unterschieden werden: Handelt es sich um festverzinsliche Instrumente, sind die Kapitaldienstzahlungen über den Zeitraum der Kapitalbereitstellung fixiert; bei variabel verzinslichen Instrumenten wird die Höhe des Zinssatzes periodisch über einen Referenz- bzw. Leitzinssatz (▶ 2.1.3) angepasst.[8] Darüber hinaus wird in der Finanzwirtschaft zur Ermittlung des Kapitaldiensts grundlegend zwischen den folgenden Zinsen differenziert:[9]

- „Nominalzinssatz" („Nominal Interest Rate"): Er entspricht den Kosten einer Geldaufnahme bzw. dem Ertrag einer Geldanlage für eine bestimmte Zeitperiode (z.B. für 1 Jahr). Als Basis für die feste oder variable Verzinsung dient der Nominal- oder Nennwert.

- „Kuponzinssatz" („Coupon Interest Rate"): Dabei handelt es sich um den Nominalzinssatz von festverzinslichen Anleihen.[10] Die Wertpapiere sind mit einem Kupon ausgestattet, der den auf den Nominal- oder Nennwert gezahlten Zins ausweist.

- „Nullkuponzinssatz" („Zero Coupon Interest Rate"; kurz „Zero-Zinssatz"): Dieser stellt die Rendite einer Nullkuponanleihe dar. Nullkuponanleihen sehen keine laufenden Zinszahlungen vor und haben demzufolge auch keinen Kupon; Zins und Zinseszinsen werden thesauriert

---

[8] Die Neufestlegung („Fixing") des variablen Zinssatzes erfolgt idealtypisch zu Beginn der Zinsperiode, vgl. SCHMIDT (2006b), S. 194.
[9] Vgl. dazu WIEDEMANN (2007), S. 3.
[10] „Anleihen" bzw. „Schuldverschreibungen" sind generell Urkunden, die zur Rückzahlung des aufgenommenen Betrags und der Begleichung der Zinszahlungen verpflichten. Derartige Wertpapiere werden häufig börsengehandelt. Siehe zu Schuldverschreibungen weiterführend Abschnitt 2.4.2.3.

Finanzwirtschaftliche Grundlagen

und erst bei Endfälligkeit der Obligation zusammen mit der Rückführung des Kapitalbetrags bezahlt. Der Nullkuponzinssatz berücksichtigt den Zinseszinseffekt bei mehrjährigen Geldaufnahmen bzw. -anlagen.

2.1.2 Zinsrechnung

Ein Nominal- oder Kuponzins (I) wird generell wie folgt kalkuliert:

$$I = NW \cdot i \cdot \frac{n}{ZB}$$

mit NW = Nominalwert; i = jährlicher Zinssatz; n = Anzahl der Zinstage; ZB = Zinstagebasis (z.B. 360 Tage)

Es existieren verschiedene Zinsrechnungsarten, die sich primär hinsichtlich der folgenden Merkmale unterscheiden:[11]

- der Zählweise der Zinstage und der Zinstagebasis,
- dem zeitlichen Abstand zwischen den Zinszahlungsterminen (Zahlungsfrequenz).

Usancen Ersteres betrifft die Frage, wie die Zinstage gezählt werden und wie viele Tage für das Kalenderjahr zu kalkulieren sind. Dies lässt sich über bestimmte Abkürzungen („Zählweisen", „Usancen") in Erfahrung bringen. So bedeutet etwa die Bezeichnung „act/360", dass bei der Ermittlung der Zinstage die exakte kalendarische Tagesanzahl berücksichtigt und das Jahr mit 360 Tagen gezählt wird. Das Kürzel „30/365" steht z.B. für den Ansatz jedes Monats mit 30 Zinstagen (unabhängig von der tatsächlichen Anzahl der Tage des Monats) und des Jahres mit 365 Tagen. Sofern der Zinsberechnung die Zählweise „act/act" zu Grunde liegt, werden sowohl die Zinstage als auch die Tage des Kalenderjahres exakt bestimmt.

Durch Umformen lässt sich eine Zählweise in die andere transformieren. Da bei den Zinsberechnungen in der Regel der Wiederanlage- bzw. Zinseszins berücksichtigt wird, können Zinssätze nur sinnvoll verglichen werden, wenn diese identische Zinszahlungsfrequenzen aufweisen. Üblich ist es, den Zins auf Jahresbasis zu bestimmen (Zinszahlung einmal jährlich), man spricht dann vom „Jahreseffektivzinssatz".[12] Ist die Zinszahlungsfrequenz größer (unterjährige Zahlung), so ergibt sich für Vergleichszwecke die Notwendigkeit zur Umrechnung. Die entsprechenden Formeln lauten wie folgt:

---

[11] Vgl. hierzu und folgend etwa SCHMIDT (2006b), S. 7f.
[12] Siehe zum Begriff des „Effektivzinssatzes" Abschnitt 2.1.5.

2.1 Zinstheorie

$$i_1 = \left(1 + \frac{i_2}{m}\right)^m - 1 \qquad \text{bzw.} \qquad i_2 = \left[(1+i_1)^{\frac{1}{m}} - 1\right] \cdot m$$

mit i_1 = jährlicher Zinssatz; i_2 = unterjähriger Zinssatz; m = Anzahl der Zinszahlungstermine

Bspw. entspricht ein vierteljährlich bezahlter Zinssatz von 5% (pro Jahr, p.a.) einem einmal pro Jahr bezahlten Zinssatz von 5,0945% p.a. Ein monatlich bezahlter Zinssatz von 5% kommt einem einmal pro Jahr bezahlten Zinssatz von 5,1162% gleich. Je höher also die Zahlungsfrequenz ist, desto höher fällt durch die mögliche Wiederanlage der Zinsen der Jahreseffektivzinssatz aus.

2.1.3 Referenzzinssätze

Wichtige Referenz- bzw. Leitzinssätze sind die „London Interbank Offered Rate" („LIBOR") und die „European Interbank Offered Rate" („EURIBOR"). LIBOR- und EURIBOR-Zinssätze werden im Interbankgeschäft täglich (d.h. an jedem Arbeitstag) festgelegt. Es handelt sich um Zinssätze, für die bedeutende international tätige Finanzinstitute bereit sind, Geld zu verleihen (Briefkurse ▶ 2.3.4).

Beide Referenzzinssätze werden für monatliche Laufzeiten bis zu einem Jahr fixiert. So stellt bspw. der 3-Monats-EURIBOR den heutigen Zinssatz für ein 3 Monate laufendes Geldmarktgeschäft dar. LIBOR-Zinssätze werden für 10 verschiedene Währungen – darunter US-Dollar ($), Britisches Pfund Sterling (£), Japanische Yen (¥) – berechnet. Der EURIBOR bezieht sich auf Termingelder in €; er ist wesentlich bedeutsamer als der €-LIBOR.

Beim LIBOR wird für £-Zinssätze als Zählweise „act/365" herangezogen, für alle anderen Währungen „act/360". Die letztere Usance gilt auch für die EURIBOR-Zinsberechnung.

2.1.4 Barwert und Diskontierungsfaktor

Der heutige Wert künftiger Zahlungen drückt sich im „Barwert" (BW) aus. Dieser wird folgendermaßen bestimmt:[13]

$$BW = \frac{CF_t}{(1+i)^1} + \frac{CF_t}{(1+i)^2} + \ldots + \frac{CF_T}{(1+i)^T} \qquad \text{bzw.} \qquad BW = \sum_{t=1}^{T} \frac{CF_t}{(1+i)^t}$$

mit CF_t = Cashflows aus Zins- und Tilgungen der Periode t; i = Zinssatz; t, T = Periodenvariablen

---

[13] Vgl. dazu und folgend z.B. SCHMIDT (2006b), S. 10-12.

2 Finanzwirtschaftliche Grundlagen

Über die Definition von „Diskontierungsfaktoren" (D) lässt sich die Schreibweise vereinfachen. Für diese gilt folgende Formel:

$$D_t = \frac{1}{(1+i)^t} = (1+i)^{-t}$$

Mit den Diskontierungsfaktoren ergibt sich folgende Barwertformel:

$$BW = CF_1 \cdot D_1 + CF_2 \cdot D_2 + \ldots + CF_T \cdot D_T \quad \text{bzw.} \quad BW = \sum_{t=1}^{T} CF_t \cdot D_t$$

Die Formel zu den Diskontierungsfaktoren mit Berücksichtigung der Zeit im Exponenten ist nur korrekt, wenn jährlich endfällige Zahlungen zu Grunde liegen. Bei Zinssätzen mit unterjährigen Zahlungszyklen muss die folgende Gleichung angewandt werden:[14]

$$D_t = \frac{1}{\left(1 + i \cdot \frac{n}{ZB}\right)} = \left(1 + i \cdot \frac{n}{ZB}\right)^{-1}$$

mit n = Anzahl der Zinstage; ZB = Zinstagebasis (z.B. 360 Tage)

2.1.5 Effektivzinssatz und Agio/Disagio

Der „Effektivzinssatz" i^{eff} zeigt, wie das jeweils gebundene Kapital über die gesamte Laufzeit verzinst wird. Er entspricht dem internen Zinsfuß der Zahlungsreihe und bestimmt sich über folgende Formel:[15]

$$-A_0 + \sum_{t=1}^{T} \frac{CF_t}{(1+i^{eff})^t} = 0 \quad \text{bzw.} \quad A_0 = \sum_{t=1}^{T} \frac{CF_t}{(1+i^{eff})^t}$$

mit A_0 = Anfangsauszahlung; CF_t = Cashflows aus Zins und Tilgung der Periode t; t, T = Periodenvariablen; i^{eff} = Effektivzinssatz (der gesucht ist)

Die Auflösung der Gleichung nach i^{eff} ist für mehr als 4 Zahlungszeitpunkte meistens nicht möglich. Der Effektivzinssatz kann jedoch iterativ ermittelt werden. In Excel ist dies etwa über die Funktion „Zielwertsuche" möglich.

Für einfache Zahlungsreihen lässt sich der Effektivzinssatz analytisch bestimmen. Bei einer Nullkuponanleihe (2 Zahlungen) ergibt er sich etwa wie folgt:[16]

$$A_0 = \frac{CF_T}{(1+i^{eff})^T} \quad \text{bzw.} \quad i^{eff} = \left(\frac{CF_T}{A_0}\right)^{\frac{1}{T}} - 1$$

---

[14] Auf den Sonderfall der Verzinsung bei unendlich kleinen Zinsperioden („stetige Verzinsung") wird hier nicht eingegangen. Vgl. dazu weiterführend z.B. SCHMIDT (2006b), S. 15-18.
[15] Vgl. zum internen Zinssatz bzw. Effektivzinssatz bspw. SÜCHTING (1995), S. 312-319; PERRIDON/STEINER/RATHGEBER (2009), S. 174-177; DEUTSCH (2008), S. 65-67.
[16] Vgl. etwa SCHMIDT (2006b), S. 13; PERRIDON/STEINER/RATHGEBER (2009), S. 180.

Zinstheorie 2.1

Sofern bei der Kredit- oder Anleihefinanzierung Auszahlungs-, Rückzahlungs- und Nominalwert identisch sind, entspricht der Effektivzinssatz dem Nominalzinssatz. Unterschiede zwischen Auszahlungs- und Rückzahlungsbetrag werden als „Agio" bzw. „Disagio" bezeichnet.[17] Liegt ein Agio oder Disagio vor, weichen Nominal- und Effektivzinssatz voneinander ab:[18]

- Ist der Auszahlungsbetrag geringer als der Rückzahlungsbetrag (Disagio), hat der Kreditnehmer eine Belastung in Höhe dieser Differenz zu tragen; er muss einen Betrag tilgen, der größer ist als seine anfängliche Auszahlung. Zwar schlägt sich diese Belastung erst bei Rückzahlung in einem Mittelabgang nieder, sie kann allerdings als zusätzlich zum Nominalzins zu entrichtender Zins aufgefasst werden (Effektivzins ist höher als der Nominalzins). Daher spricht man auch davon, dass der Effektivzinssatz durch das Disagio adjustiert wird.

- Ist der Auszahlungsbetrag höher als der Rückzahlungsbetrag (Agio), hat der Kreditnehmer einen Vorteil in Höhe der Differenz; er muss einen Betrag tilgen, der geringer ist als seine anfängliche Auszahlung. Diesen Vorteil kann man als Korrektur des Nominalzinssatzes auffassen (Effektivzins ist geringer als der Nominalzins).

Für den Kreditgeber gelten die vorstehenden Ausführungen spiegelbildlich: Ist die Kreditauszahlung geringer (höher) als die spätere Rückzahlung, kann er einen im Vergleich zum Nominalzins höheren (geringeren) Effektivzins vereinnahmen.

Nimmt ein Unternehmen bspw. einen Kredit mit fester Nominalverzinsung von 4,7% zum Nominalwert von 1.250 € auf (jährliche Nominalzinszahlungen von 1.250 € · 4,7% ≈ 59 €), der zwar zu diesem Betrag in 5 Jahren endfällig zurückzuzahlen ist, für den es jedoch bei Vertragsbeginn nur 1.000 € ausbezahlt bekommt, ergibt sich folgender Effektivzinssatz:

$$1.000\ € = \frac{59\ €}{(1+i^{eff})^1} + \frac{59\ €}{(1+i^{eff})^2} + \frac{59\ €}{(1+i^{eff})^3} + \frac{59\ €}{(1+i^{eff})^4} + \frac{59\ €}{(1+i^{eff})^5} + \frac{1.250\ €}{(1+i^{eff})^5} \iff i^{eff} \approx 10\%$$

Würde die Kreditsumme bei Vertragsbeginn hingegen in Höhe des Nominal- bzw. Rückzahlungswerts ausbezahlt werden, entspräche der Effektivzinssatz dem Nominalzinssatz:

$$1.250\ € = \frac{59\ €}{(1+i^{eff})^1} + \frac{59\ €}{(1+i^{eff})^2} + \frac{59\ €}{(1+i^{eff})^3} + \frac{59\ €}{(1+i^{eff})^4} + \frac{59\ €}{(1+i^{eff})^5} + \frac{1.250\ €}{(1+i^{eff})^5} \iff i^{eff} \approx 4,7\%$$

---

[17] Vgl. bspw. in Bezug auf Industrieobligationen SÜCHTING (1995), S. 151. Die Differenz zwischen Nominal- bzw. Rückzahlungswert und Auszahlungsbetrag wird auch „Damnum" genannt, vgl. etwa WÖHE u.a. (2009), S. 233.
[18] Vgl. dazu z.B. WÖHE u.a. (2009), S. 233 und S. 286-288; PERRIDON/STEINER/RATHGEBER (2009), S. 418f.

2.1.6 Tilgungsvarianten

Einem Kredit liegt in der Regel eine der folgenden Rückzahlungsvarianten zu Grunde:[19]

- Gesamttilgung am Ende der Laufzeit,
- Ratentilgung,
- Annuitätentilgung.

Die erste Alternative sieht die vollständige Begleichung der Darlehenssumme zum festgelegten Fälligkeitstermin vor. Bei Ratentilgungen wird die Darlehenssumme in meist jährlich gleich bleibenden Teilbeträgen zurückbezahlt, wodurch die Zinsbelastung im Zeitverlauf abnimmt. Kredite mit Annuitätentilgung verfügen über einen jährlich gleich bleibenden Betrag aus Zins und Tilgung („Annuität"); der Zinsanteil nimmt von Jahr zu Jahr ab, da die Verzinsung sich auf die jeweilige Restschuld bezieht.

Sofern ein Agio/Disagio vereinbart wurde, beeinflussen die Tilgungsmodalitäten den Effektivzinssatz. Würde im Beispiel des vorherigen Abschnitts anstelle der endfälligen Rückzahlung etwa die Hälfte des Kreditbetrags schon nach 3 Jahren getilgt, ergäbe sich folgender Effektivzinssatz:

$$1.000\ \text{€} = \frac{59\ \text{€}}{(1+i^{eff})^1} + \frac{59\ \text{€}}{(1+i^{eff})^2} + \frac{59\ \text{€}}{(1+i^{eff})^3} + \frac{625\ \text{€}}{(1+i^{eff})^3} + \frac{29\ \text{€}}{(1+i^{eff})^4} + \frac{29\ \text{€}}{(1+i^{eff})^5} + \frac{625\ \text{€}}{(1+i^{eff})^5} <=> i^{eff} \approx 11{,}3\%$$

Vorfälligkeitsentschädigung

Ggf. ist im Kreditvertrag auch die Möglichkeit zu einer vom ursprünglichen Tilgungsplan abweichenden Rückzahlung vorgesehen. In diesem Zusammenhang werden häufig so genannte „Vorfälligkeitsentschädigungen" vereinbart. Dabei handelt es sich um ein vom Kreditnehmer an den Kreditgeber zu leistendes Entgelt für die außerplanmäßige Tilgung eines Darlehens während der Zinsfestschreibungszeit.[20] Der Gläubiger wird durch die Vorfälligkeitsentschädigung für entgangene Zinseinkünfte kompensiert, der ihm aus der Kreditrückzahlung entsteht.[21]

2.1.7 Zinsstruktur

Zinssätze sind in der Regel nicht für alle Laufzeiten identisch. Dies lässt sich über „Zinsstrukturkurven" („Yield Curves") nachweisen, welche die effekti-

---

[19] Vgl. zu den folgenden Tilgungsvarianten etwa PERRIDON/STEINER/RATHGEBER (2009), S. 418f.
[20] Vgl. z.B. KUHN/SCHARPF (2006), Rz. 660.
[21] Ein Schaden ergibt sich, da der Gläubiger den Tilgungsbetrag zwar zinsbringend anlegen kann, dieser Zinsertrag aber in der Regel geringer als derjenige ist, welcher ihm über das Darlehen zugegangen wäre.

ven Marktzinssätze in Abhängigkeit von der Endfälligkeit bzw. Laufzeit wiedergeben.²² Generell wird zwischen „normaler", „flacher" und „inverser" Zinsstruktur unterschieden (siehe Abbildung 2-1).

Eine normale Zinsstruktur liegt vor, wenn das Zinsniveau mit ansteigender Laufzeit zunimmt. Bei einer flachen Zinsstruktur sind die Zinssätze für alle Laufzeiten konstant. Eine inverse Zinsstrukturkurve ist gegeben, sofern das Zinsniveau mit ansteigender Laufzeit sinkt.

Grundformen der Zinsstrukturkurve — *Abbildung 2-1*

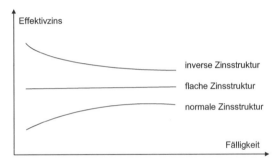

Zinsstrukturkurven sind insbesondere zur Bewertung von Finanzinstrumenten von Bedeutung, da über diese die laufzeitgerechten Diskontierungszinssätze abgeleitet werden. Für unterschiedliche Währungsräume, Zinsinstrumente und Schuldner ergeben sich unterschiedliche Zinsstrukturen. Die allgemeine überjährige Zinsstruktur eines Landes wird häufig als Zusammenhang zwischen Zinssätzen und Laufzeiten von Nullkuponanleihen ohne Ausfallrisiko definiert und über die Kuponzinssätze von Staatsanleihen abgeleitet.²³ Auch für Zinsswaps (▶ 2.6.3.1) angebotene Zinssätze werden üblicherweise zur Ermittlung der Zinsstruktur herangezogen. Verschiedene Datenanbieter (z.B. BLOOMBERG, REUTERS, THOMSON FINANCIAL DATASTREAM) stellen die entsprechenden Grafiken (Beispiel ▶ 2.1.11.3 Abbildung 2-3) und die zu Grunde liegenden Daten zur Verfügung; im Internet sind Zinsstrukturkurven auch kostenfrei erhältlich.²⁴ So wird etwa die Zinsstruktur deutscher Bundesanleihen täglich von der Bundesbank berechnet und publiziert.

---

22 Vgl. zur Zinsstruktur bspw. BLATTNER (1997), S. 254-279; DEUTSCHE BUNDESBANK (2006), S. 15-22; SCHMIDT (2006b), S. 19f.; WIEDEMANN (2009), S. 3-5; PERRIDON/STEINER/RATHGEBER (2009), S. 178-180; HARTMANN-WENDELS/PFINGSTEN/WEBER (2010), S. 280f.
23 Vgl. z.B. für Deutschland DEUTSCHE BUNDESBANK (1997).
24 Vgl. GEBHARDT/DASKE (2005), S. 651.

2.1.8 Bestimmung von Nullkuponzinssätzen

Ein Nullkuponzinssatz (Zero-Zinssatz) ist ein Effektivzinssatz, der sich aus 2 Cashflows, d.h. aus einer Anfangs- und einer Endzahlung, bestimmt.[25] Nullkuponzinssätze benötigt man, um Zahlungsströme auf finanzwirtschaftlich korrekte Weise zu diskontieren (▶ 2.1.11.3). Da es vergleichsweise wenig Nullkuponanleihen gibt, werden in der Regel Kuponzinssätze in Zero-Zinssätze umgerechnet. Dazu wird im mittel- bis langfristigen Bereich häufig auf das so genannte „Bootstrapping" zurückgegriffen.[26] Das rekursive Verfahren soll anhand der in Tabelle 2-1 aufgeführten Kupon-Zinskurve verdeutlicht werden.[27] Eine „Kupon-Zinskurve" ist eine nach Laufzeiten geordnete Auflistung der Nominalzinsen von festverzinslichen Wertpapieren mit einem Kurs von 100% (so genannte „Par-Anleihen"). Tabelle 2-1 enthält bereits die gesuchten Zero-Zinssätze und die sich daraus ergebenden Diskontfaktoren.[28]

Tabelle 2-1   *Fiktive Kupon-Zinskurve*

	Laufzeit in Jahren				
	1	2	3	4	5
Kuponzinssatz	3,500%	3,750%	4,000%	4,250%	4,500%
Zero-Zinssatz	3,500%	3,755%	4,014%	4,277%	4,547%
Diskontierungsfaktor	0,9662	0,9289	0,8886	0,8457	0,8006

Der Kuponzinssatz für 1 Jahr entspricht bereits einem Zero-Zinssatz, denn es erfolgen genau 2 Zinszahlungen. Anders sieht es bereits bei dem Kuponzinssatz für eine 2-jährige Laufzeit aus: Dem Zinssatz liegen 3 Zahlungen zu Grunde. Abbildung 2-2 stellt eine solche Cashflow-Struktur für eine Anleihe mit einem Nominal- und Kurswert von 100 € dar.

Störend in Bezug auf die Zero-Zins-Eigenschaft ist die mittlere Kuponzinszahlung. Diese lässt sich über die Annahme des Verkaufs zum Barwert (Diskontierung mit dem Zero-Zinssatz für die 1-jährige Laufzeit von 3,5%) eliminieren. Es ergibt sich eine bereinigte Nettoauszahlung von -96,38 € (-100 € + 3,62 €). Die Zahlungsstruktur entspricht nun der einer Nullkuponanleihe mit einer Anfangsauszahlung von -96,38 € und einer Rückzahlung von +103,75 €. Der gesuchte Zero-Zinssatz für eine Laufzeit von 2 Jahren (z_2)

---

[25] Vgl. SCHMIDT (2006b), S. 24.
[26] Vgl. hierzu und zum Bootstrapping weiterführend GRUBER/OVERBECK (1998); DEUTSCH (2008), S. 515-527. Im kurzfristigen Bereich können die Zinssätze relativ einfach aus den Kursen von Zins-Futures (siehe zu diesen Derivaten Abschnitt 2.6.4.3) abgeleitet werden.
[27] Das originäre Beispiel dazu stammt aus SCHMIDT (2006b), S. 24-26.
[28] Die Zinssätze wurden mit ungerundeten Werten bestimmt.

ist der Effektivzinssatz aus den Zahlungen und beträgt 3,7547% (Formel ▶ 2.1.5):

$$z_2 = \left[\left(\frac{103{,}7500\ €}{96{,}3768\ €}\right)^{\frac{1}{2}}\right] - 1 = 3{,}7547\%$$

Zahlungsstruktur einer 2-jährigen Par-Anleihe

Abbildung 2-2

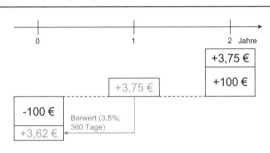

Zur Bestimmung des Zero-Zinssatzes für die nächste Laufzeit (3 Jahre) wird analog vorgegangen, wobei nun die 2 mittleren Zinszahlungen von jeweils 4,00 € zu eliminieren sind. Der 1. dieser beiden Cashflows ist mit 3,5% zu diskontieren, der 2. mit dem zuvor bestimmten Zero-Zinssatz von 3,7547%. Damit beläuft sich die bereinigte Nettoauszahlung auf 92,42 € (-100 € + 3,86 € + 3,72 €); der Zero-Zinssatz für die 3-jährige Laufzeit (z_3) liegt bei 4,0135%:

$$z_3 = \left[\left(\frac{104{,}0000\ €}{92{,}4195\ €}\right)^{\frac{1}{3}}\right] - 1 = 4{,}0135\%$$

Die Vorgehensweise kann beliebig fortgesetzt werden, bis die Zero-Zinsen für alle benötigten Laufzeiten bestimmt sind. Allgemein lautet die verwendete Formel wie folgt:

$$z_t = \left[\frac{1+c_t}{1 - \frac{c_t}{1+z_1} - \frac{c_t}{1+z_2} - \ldots - \frac{c_t}{(1+z_{t-1})^{t-1}}}\right]^{\frac{1}{t}} - 1 \quad \text{bzw.} \quad z_t = \left[\frac{1+c_t}{1 - c_t \cdot \sum_{j=1}^{t-1} \frac{1}{(1+z_j)^j}}\right]^{\frac{1}{t}} - 1$$

mit c_t = jährlicher Kuponzinssatz der Periode t; z_j = Zero-Zinssatz für die Laufzeit j; t, j = Perioden- bzw. Laufzeitvariablen

Unter Berücksichtigung der Diskontierungsfaktoren sowie unter Einbeziehung unterschiedlich langer Zinsperioden ergibt sich folgende Formel:

$$z_t = \left[\frac{1+c_t \cdot \left(\frac{n}{ZB}\right)_t}{1-c_t \cdot \left(\frac{n}{ZB}\right)_t \cdot D_1 - c_t \cdot \left(\frac{n}{ZB}\right)_t \cdot D_2 - \ldots - c_t \cdot \left(\frac{n}{ZB}\right)_{t-1} \cdot D_{t-1}}\right]^{\frac{1}{t}} - 1 \quad \text{bzw.} \quad z_t = \left[\frac{1+c_t \cdot \left(\frac{n}{ZB}\right)_t}{1-c_t \cdot \sum_{j=1}^{t-1}\left(\frac{n}{ZB}\right)_t \cdot D_j}\right]^{\frac{1}{t}} - 1$$

mit c_t = jährlicher Kuponzinssatz der Periode t; n = Anzahl der Zinstage pro Periode t; ZB = Zinstagebasis (z.B. 360 Tage); D_j = Diskontierungsfaktor für die Laufzeit j; t, j = Perioden- bzw. Laufzeitvariablen

2.1.9 Kassa- versus Terminzinssätze

Zinssätze für gegenwärtig abgeschlossene Geschäfte (d.h. für Anlagen von heute bis zu einem künftigen Zeitpunkt) werden als „Kassazinssätze" („Spot Rates") bezeichnet.[29] Darüber hinaus existieren „Terminzinssätze" („Forward Rates"). Diese geben an, welche Verzinsung zum gegenwärtigen Zeitpunkt für ein in der Zukunft liegendes Geschäft erzielbar ist.[30] So kann etwa bereits heute für eine Kreditaufnahme für den Zeitraum X3 bis X4 bereits in X1 ein Zinssatz vereinbart werden. Dadurch wird die Unsicherheit über die künftige Zinsentwicklung eliminiert.

Terminzinssätze lassen sich unter der Annahme der Arbitragefreiheit rekursiv aus den Kassazinssätzen bestimmen; es besteht ein deterministischer Zusammenhang der Größen.[31] Dazu folgendes Beispiel: Gesucht wird der Terminzins F für einen Kredit von 100 €, der in einem Jahr beginnt und nach 4 Jahren Laufzeit endet. Dieser ist dann fair bzw. arbitragefrei kalkuliert, wenn der Nettobarwert der Zahlungsreihe einen Wert von 0 aufweist. Die Cashflows sind mit den laufzeitgerechten Zero-Zinssätzen zu diskontieren. Es sollen die im vorherigen Beispiel bestimmten Zero-Zinssätze bzw. Diskontierungsfaktoren gelten. Die Gleichung lautet wie folgt:

$$\frac{-100\ \text{€}}{(1+z_1)^1} + \frac{F}{(1+z_2)^2} + \frac{F}{(1+z_3)^3} + \frac{F}{(1+z_4)^4} + \frac{100\ \text{€} + F}{(1+z_5)^5} = 0$$

Mit Verwendung der Diskontierungsfaktoren und nach einigem Umformen erhält man folgende Lösung für F:

$$F = 100\ \text{€} \cdot \frac{D_1 - D_5}{D_2 + D_3 + D_4 + D_5} \quad \text{bzw.} \quad F = 100\ \text{€} \cdot \frac{0{,}9662 - 0{,}8006}{0{,}9289 + 0{,}8886 + 0{,}8457 + 0{,}8006} = 4{,}7809\ \text{€}$$

Es ergibt sich also ein impliziter Terminzinssatz von 4,781%. Die Vorgehensweise kann auf beliebige Laufzeiten mit einem Startzeitpunkt t und einem Endzeitpunkt T angewandt werden. Die entsprechende allgemeine Formel lautet folgendermaßen:

---

[29] Vgl. etwa BRANGER/SCHLAG (2004), S. 8.
[30] Vgl. bspw. KALHÖFER (2004), S. 307.
[31] Vgl. z.B. GRUBER/OVERBECK (1998), S. 61f.; PERRIDON/STEINER/RATHGEBER (2009), S. 182f.

2.1 Zinstheorie

$$c_{t,T} = \frac{D_t - D_T}{D_{t+1} + D_{t+2} + \ldots + D_T} \quad \text{bzw.} \quad c_{t,T} = \frac{D_t - D_T}{\sum_{j=t+1}^{T} D_j}$$

mit $c_{t,T}$ = Kupon-Terminzinssatz von Periode t bis Periode T; D_j = Diskontierungsfaktor für die Laufzeit j; t, T, j = Perioden- bzw. Laufzeitvariablen

Bei den oben aufgeführten Gleichungen werden Kupon-Terminzinssätze bestimmt. Der Zero-Zinssatz für eine Terminlaufzeit lässt sich über diese Gleichung ermitteln:

$$z_{t,T} = \left[\frac{(1+z_t)^t}{(1+z_T)^T}\right]^{\frac{1}{t-T}} - 1 \quad \text{bzw.} \quad z_{t,T} = \left(\frac{D_t}{D_T}\right)^{\frac{1}{T-t}} - 1$$

mit $z_{t,T}$ = Zero-Terminzinssatz von Periode t bis Periode T; z_t = Zero-Zinssatz für die Laufzeit t; D_j = Diskontierungsfaktor für die Laufzeit j; t, T, j = Perioden- bzw. Laufzeitvariablen

Die Zero-Terminzinssätze für verschiedene Startzeitpunkte und Laufzeiten der hier verwendeten Beispiel-Kuponkurve lassen sich Tabelle 2-2 entnehmen.[32] Es wird deutlich, dass aus den Kupon-Zinssätzen Nullkuponterminzinssätze für sämtliche Bewertungszeitpunkte bestimmt werden können.

Zero-Terminzinssätze für die fiktive Kupon-Zinskurve — Tabelle 2-2

Beginn (t) \ Ende (T)	2	3	4	5
1	4,010%	4,271%	4,538%	4,811%
2		4,533%	4,803%	5,079%
3			5,073%	5,353%
4				5,633%

2.1.10 Risiken in Verbindung mit Zinsinstrumenten

2.1.10.1 Kreditrisiko

Unter dem „Kreditrisiko" wird generell dasjenige Risiko verstanden, dass der Schuldner seinen künftigen Zahlungsverpflichtungen (Zins- und Tilgungszahlungen) nicht nachkommt.[33] Grundsätzlich handelt es sich um ein einzelwirtschaftliches Risiko, dem das Unternehmen individuell ausgesetzt ist und welches sich individuell beeinflussen lässt.[34] So kann ein Gläubiger

---

[32] Wiederum wurden die Zinssätze auf Basis der ungerundeten Werte ermittelt.
[33] Vgl. z.B. BLATTNER (1997), S. 233.
[34] Vgl. SÜCHTING (1995), S. 444. Zur Unterteilung des unternehmensindividuellen Bonitätsrisikos vgl. ebenda S. 444-448.

2 Finanzwirtschaftliche Grundlagen

sein Kreditrisiko etwa reduzieren, indem er sich vom Schuldner Sicherheiten (▶ 2.4.4) stellen lässt.

Teilweise wird beim Kreditrisiko noch weiter differenziert zwischen dem eigentlichen „Ausfallrisiko" und dem „Bonitätsrisiko".[35] Bei Ersterem manifestiert sich das Risiko über den tatsächlichen Ausfall bzw. die nicht erbrachte Kreditleistung. Das Bonitätsrisiko stellt auf die Gefahr ab, dass sich die Ausfallwahrscheinlichkeit des Schuldners erhöht. Dies führt zu einem Risikoaufschlag, womit der faire Wert des Instruments sinkt.

Tabelle 2-3   *Ratingkategorien von* S&P, FITCH *und* MOODY'S *für langfristige Anleihen*

S&P/ FITCH*	MOODY'S**	Beschreibung	
AAA	Aaa	Höchste Kreditqualität, quasi kein Ausfallrisiko	Investment Grade
AA	Aa	Termingerechte und vollständige Zahlung hochwahrscheinlich	Investment Grade
A	A	Gute Zahlungsfähigkeit; Schuldner ist jedoch anfälliger für negative Wirtschaftsentwicklungen als höhere Ratingkategorien	Investment Grade
BBB	Baa	Gute Zahlungsfähigkeit; bei negativer Wirtschafts- oder Umfeldentwicklung kann diese allerdings stärker beeinflusst werden als in höheren Ratingkategorien	Investment Grade
BB	Ba	Noch gute Zahlungsfähigkeit; jedoch sind Gefährdungselemente vorhanden, die zu Abstufungen führen können	Non-Investment Grade
B	B	Noch ausreichende Zahlungsfähigkeit; starke Gefährdungselemente vorhanden	Non-Investment Grade
CCC	Caa, Ca	Niedrigste Kreditqualität; Ausfallrisiko hoch; Zahlungen stark gefährdet oder eingestellt	Non-Investment Grade
D	C	Emittent ist zahlungsunfähig	Non-Investment Grade

*   Feinabstimmung innerhalb der Ratingkategorien über +/- (z.B. AA+, AA, AA-)
**   Feinabstimmung innerhalb der Ratingkategorien über 1,2,3 (z.B. Aa1, Aa2, Aa3)

Bonitätsrisikoprämien   Die Bonität einer Anleihe schlägt sich also generell in der Rendite nieder; der Anleger oder Gläubiger verlangt für die Übernahme des Ausfallrisikos eine Prämie. Demzufolge muss ein bonitätsrisikobehaftetes Wertpapier bei gleichem Preis bzw. Kurs einen höheren Kupon ausweisen.[36] Empirisch lässt sich nachweisen, dass solche „Bonitätsrisikoprämien" bzw. „-aufschläge" („Credit Spreads"; Differenz der Rendite einer bonitätsrisikobehafteten An-

---

[35] Vgl. dazu und folgend HEINRICH (2005), S. 35; ERFKEMPER (2002), S. 533.
[36] Vgl. WIEDEMANN (2009), S. 100.

2.1 Zinstheorie

leihe und der Rendite einer bonitätsrisikolosen Anleihe) bei sinkender Bonität überproportional ansteigen.

Bonitätsrisiken werden von einer Vielzahl von unabhängigen Ratingagenturen beurteilt.[37] International von Bedeutung sind insbesondere STANDARD AND POOR'S (S&P), MOODY'S INVESTORS SERVICE (MOODY'S) und FITCH RATINGS. Die von den Ratingagenturen eingesetzten Ratingverfahren führen zu einer ordinalen Skalierung der beurteilten Finanztitel. Das Risiko wird nicht exakt quantifiziert, vielmehr erfolgt ein Vergleich, ob einzelne Wertpapiere riskanter oder weniger riskant sind. Das Gesamturteil verdichten die Ratingagenturen zu einer Bewertungsgröße. In der Regel beantragt das emittierende Unternehmen die Erstellung eines solchen Ratings. In Tabelle 2-3 werden einige dieser Ratingkategorien bzw. -klassen für langfristige Industrieobligationen aufgeführt.[38]

Rating

2.1.10.2 Zinsänderungsrisiken

Festverzinsliche Instrumente sind einem „zinsänderungsbedingten Kursrisiko" ausgesetzt: Steigt der Marktzinssatz, fällt der Kurs der Wertpapiere mit fester Nominalverzinsung (und umgekehrt).[39] Diese durch Marktzinsänderungen hervorgerufene Kurswertänderung wird auch als „Marktwertänderungsrisiko", „zinsbedingtes Fair-Value-Risiko" oder „zinsbedingtes Wertänderungsrisiko" bezeichnet.

Fair-Value-Risiko

Instrumente mit variabler Verzinsung sind einem „zahlungsbedingten Zinsrisiko" (auch „zinsbedingtes Cashflow-Risiko" oder „Zinszahlungsrisiko") ausgesetzt: Steigt der zu Grunde liegende Marktreferenzzinssatz, fällt die Zinslast bzw. -einzahlung höher aus (und umgekehrt).[40]

Cashflow-Risiko

Das Cashflow-Zinsrisiko schlägt sich unmittelbar in der GuV nieder.[41] Bei Nicht-Banken ist überwiegend das Zinsergebnis betroffen. Das zinsbedingte Fair-Value-Risiko hat hingegen für Letztere in der Regel keine direkten Auswirkungen auf das Ergebnis, da festverzinsliche Posten meist nicht zum Zeitwert bewertet werden. Bei Nicht-Banken besteht das zinsbedingte Fair-Value-Risiko indes in den Opportunitätskosten bzw. -erträgen, d.h. den entgangenen Chancen, von gefallenen Zinsen profitiert zu haben, bzw. den vermiedenen Risiken, gestiegene Zinsen tragen zu müssen.

---

[37] Vgl. zum Rating und dessen Beurteilung SÜCHTING (1995), S. 448-452; EVERLING (2002), S. 961-978; ACKERMANN/JÄCKLE (2006); WÖHE u.a. (2009), S. 196-203; PERRIDON/STEINER/RATHGEBER (2009), S. 184-188.
[38] Vgl. zur Ratingkategorisierung bzw. -einteilung etwa auch HEINRICH (2005), S. 38.
[39] Vgl. dazu PERRIDON/STEINER/RATHGEBER (2009), S. 188f. Vgl. z.B. auch BLATTNER (1997), S. 39-41; WIEDEMANN/HAGER (2004), S. 726; WIEDEMANN (2009), S. 73-81.
[40] Vgl. z.B. BLATTNER (1997), S. 427.
[41] Vgl. hierzu und folgend HELD/FREIDL/KHUEN (2007), S. 385f.

2.1.11 Bewertung von Zinsinstrumenten

2.1.11.1 Preis- bzw. Bewertungskonzepte

Das zur Bewertung von Zinsinstrumenten benötigte Basiswissen wurde bereits in den vorherigen Abschnitten vermittelt. Im Folgenden soll nun auf weitere Aspekte eingegangen werden.

Rechnerischer Wert versus Kurswert

Bei der Bewertung von Zinsinstrumenten wie insbesondere Anleihen wird zwischen „rechnerischem (fairem) Wert" und dem „tatsächlichen Kurswert" unterschieden.[42] Ersterer ergibt sich durch die risiko- und laufzeitgerechte Diskontierung der Zins- und Tilgungszahlungen der Schuldverschreibung. Der tatsächliche Kurswert entspricht dem Preis, für den die Anleihe über den Kapitalmarkt gekauft oder verkauft werden kann. Die Existenz solcher Marktpreise setzt voraus, dass für das jeweilige Zinsinstrument überhaupt ein Börsenhandel besteht.

Viele Anleihen werden an den Kapitalmärkten gehandelt. Die Kursnotierung erfolgt in Prozent zum Nominal- bzw. Nennwert. Der für das Zinsinstrument errechnete Barwert kann über die Division durch den Nominalwert (ausgedrückt in %) in die Kursnotierung umgerechnet werden.

Bestimmt sich über den Barwert ein rechnerischer Kurs von über 100%, bedeutet dies, dass die Anleihe mit einem Kupon ausgestattet ist, der über dem aktuellen Marktzinsniveau liegt. Umgekehrt impliziert ein rechnerischer Kurs von unter 100%, dass der Kupon der Anleihe unter dem momentan laufzeitgerechten Marktzinssatz ist.

Rechnerischer Wert und Kurswert weichen im Normalfall voneinander ab, da Letzterer durch Angebot und Nachfrage am Markt bestimmt wird. Ein Vergleich der beiden Werte zeigt auf, ob das Zinsinstrument fair bewertet ist oder nicht.

Clean versus Dirty Price

Darüber hinaus muss beachtet werden, dass die Anleihennotierung immer auf Basis des so genannten „Clean Price" erfolgt. Der Clean Price ist ein um die Stückzinsen bereinigter Marktwert. Der tatsächlich zu zahlende Preis (so genannter „Dirty Price") bestimmt sich durch Addition von Clean Price und Stückzinsen: Dirty Price = Clean Price + Stückzinsen. „Stückzinsen" sind die im Zeitraum seit dem letzten Zinszahlungstermin bis zum Verkaufstag aufgelaufenen Zinsen, die beim Erwerb mitgezahlt werden müssen.[43]

Neben Anleihen wird insbesondere auch bei Swapgeschäften (▶ 2.6.3) zwischen dem Clean- und dem Dirty-Bewertungskonzept unterschieden. Dabei

---

[42] Vgl. dazu und zu den Ausführungen in diesem Abschnitt primär WIEDEMANN (2009), S. 65f.

[43] Zur Berechnung von Stückzinsen vgl. bspw. auch WÖHE u.a. (2009), S. 282 oder PERRIDON/STEINER/RATHGEBER (2009), S. 178. Siehe dazu ferner das Praxisbeispiel in Abschnitt 6.4.10.1.

Zinstheorie 2.1

kommt häufig statt Clean Price die Bezeichnung „Clean Fair Value" und statt Dirty Price der Ausdruck „Full Fair Value" zum Einsatz. Der Fair-Value-Begriff ist hier zutreffender, da bei Zinsswaps meist kein Preis im Sinne einer Börsennotierung vorliegt.

Sofern das Kaufdatum einer Anleihe genau auf den Zinszahlungstermin fällt, ergeben sich keine Unterschiede zwischen Clean Price und Dirty Price. Regelmäßig wird dies allerdings nicht der Fall sein. Der Käufer einer Anleihe muss dem Verkäufer dann die seit der letzten Zinszahlung „aufgelaufenen" Zinsen bezahlen, denn der Käufer erhält zum nächsten Zinszahlungstermin den Zinsbetrag für die gesamte Periode – und damit eben auch für den Zeitraum, der dem Vorbesitzer der Anleihe zusteht.

Stückzinsen werden unabhängig vom Börsenkurs berechnet und sind damit stets arbitragefrei. Um den rechnerischen Wert einer Anleihe sinnvoll mit dem Kurswert vergleichen zu können, muss der Barwert immer auf Clean-Basis bestimmt werden, d.h. der in der Zahlungsreihe erste Zins-Cashflow wird nur anteilig berücksichtigt.

2.1.11.2 Bestimmung der Zins- und Tilgungszahlungen

Bei den meisten Zinsinstrumenten ist der Zeitpunkt und die Höhe der Tilgung(en) genau festgelegt und die Bestimmung der einzelnen Zahlungen damit unproblematisch. Schwierigkeiten können sich unterdessen bspw. bei der Ermittlung der Rückzahlungsbeträge für Anleihen mit unendlicher Laufzeit (▶ 2.4.2.3) ergeben. Hierbei müssen ggf. Annahmen zum Tilgungszeitpunkt getroffen werden.

Die Zinszahlungen von festverzinslichen Instrumenten bestimmen sich auf Basis der vereinbarten Kupon- bzw. Nominalzinssätze. Höhe und zeitlicher Anfall stehen bereits bei Emission exakt fest; Prognoseprobleme ergeben sich nicht. Bei variabel verzinslichen Instrumenten kann die exakte Zahlungsreihe hingegen erst am Tag der Zinsfestlegung der letzten Zinsperiode ermittelt werden.[44] Anstelle einer Schätzung der künftigen Zinssätze wird häufig auf die Terminzinssätze des jeweiligen Referenzzinssatzes zurückgegriffen. Auch für die Bewertung der variablen Seite von Zinsswaps (▶ 2.6.3.1) werden in der Regel die Terminzinssätze herangezogen.

Darüber hinaus fallen die Zins- und Tilgungszahlungen ggf. in einer von der Bewertungswährung abweichenden Währung an und sind dementsprechend umzurechnen. So können etwa für ein Instrument die Zins-Cashflows in $ vorliegen, dieses soll aber auf €-Basis bewertet werden. Für das Ergebnis der Umrechnung ist es dabei unerheblich, ob die $-Zahlungsreihe zuerst mittels der Devisenterminkurse in eine €-Zahlungsreihe umgerechnet und

---

[44] Vgl. WIEDEMANN (2009), S. 106.

2 Finanzwirtschaftliche Grundlagen

anschließend mit den €-Zinsen diskontiert wird oder ob man die $-Zahlungsreihe zunächst mit den $-Zinsen diskontiert und den Barwert anschließend zum Kassawechselkurs in € transferiert (▶ 2.2.3).

2.1.11.3 Diskontierung und Risikoberücksichtigung

Ein Barwert ist unter Verwendung von Diskontierungszinssätzen zu ermitteln,

- die Nullkupon-Marktzinssätze für die jeweilige Laufzeit repräsentieren und

- welche Zuschläge für das instrumentspezifische Bonitätsrisiko (Credit Spreads) enthalten.[45]

Laufzeitgerechte Zinssätze

Damit ist also zunächst grundsätzlich für jede Zahlungsperiode ein individueller Diskontierungszinssatz heranzuziehen. Eine Abzinsung mit einer einheitlichen Rate würde unterstellen, dass jeder Cashflow aus dem Instrument zu diesem Zinssatz bis zum Ende der Laufzeit wiederangelegt werden könnte.[46] In der Realität ergeben sich jedoch für unterschiedliche Zinsbindungen auch differierende Zinssätze (▶ 2.1.7). Eine in einem Jahr eingehende Zinszahlung ist deshalb mit dem 1-jährigen Marktzinssatz zu diskontieren, wohingegen die in 3 Jahren zufließenden Cashflows mit dem Marktzinssatz für eine 3-jährige Zinsbindung abzuzinsen sind.[47]

Nullkuponzinssätze

Ferner muss es sich bei den Diskontierungszinssätzen strukturell um Nullkuponzinssätze handeln. Die Berücksichtigung von Effektivzinssätzen auf Kuponbasis würde die Annahme implizieren, dass die Zahlungsstruktur des zu Grunde gelegten Zinsinstruments exakt mit der des Bewertungsobjekts übereinstimmt, d.h. duplizierbar ist. Dies entspricht allerdings in der Regel nicht der Realität. So kann eine Kuponanleihe zwar die gleiche Restlaufzeit und die gleiche Kursnotierung aufweisen, jedoch trotzdem nicht als Vergleichsmaßstab herangezogen werden, weil sie mit einer anderen Zahlungsstruktur ausgestattet ist (z.B. eine andere Kuponhöhe oder andere Zinszahlungstermine oder -frequenzen) und damit die Renditen nicht kompatibel sind. Derartige Vergleichsprobleme bestehen bei Heranziehung von Nullkuponzinssätzen nicht. Da die Rendite sich nur über 2 Cashflows bestimmt,

---

[45] Ferner kann ein Aufschlag für das Risiko der mangelnden Liquidierbarkeit („Liquidity Spread") angemessen sein, der die Gefahr widerspiegelt, den Posten nicht jederzeit veräußern zu können, vgl. diesbezüglich GOLDSCHMIDT/WEIGEL (2009), S. 197f. und S. 200f. Für Liquidity Spreads liegen allerdings keine separaten Quotierungen vor; sie lassen sich nur retrograd aus Markttransaktionen bestimmen.
[46] Vgl. dazu und folgend GRUBER/OVERBECK (1998), S. 61. Vgl. auch DEUTSCHE BUNDESBANK (1997), S. 62f.
[47] Man spricht vom Grundsatz der Laufzeitäquivalenz, vgl. GEBHARDT/DASKE (2005), S. 650.

2.1 Zinstheorie

stimmt die Zahlungsstruktur immer überein; Annahmen bezüglich der Wiederanlage zwischenzeitlicher Zinszahlungen entfallen deshalb. Zero-Zinssätze werden dementsprechend auch als „wiederanlagefreie" Raten bezeichnet. Die Verwendung von (effektiven) Kuponzinssätzen führt nur in 2 Fällen zu korrekten Bewertungsergebnissen: Es liegt eine flache Zinsstruktur vor oder der Diskontierungszinssatz entstammt einem Instrument, welches in Bezug auf die bewertungsrelevanten Merkmale (Preis, Höhe und Anfall der Zins- sowie Tilgungszahlungen) identisch zum Bewertungsobjekt ist.[48]

Bonitätsrisikoaufschlag

Im Diskontierungssatz wird darüber hinaus in der Regel die Wahrscheinlichkeit berücksichtigt, dass der Gläubiger den Kreditbetrag teilweise oder zur Gänze nicht zurückerlangt (Ausfallrisiko) oder aber die damit verbundenen Zinszahlungen vom Schuldner nicht geleistet werden (instrumentspezifisches Bonitätsrisiko). Ausgangspunkt der Ausfallrisikobeurteilung bildet meist die allgemeine Bonität des Schuldners (Rating ▶ 2.1.10.1). Ggf. werden Anpassungen der generellen Risikoeinstufung vorgenommen, wenn für das individuelle Bewertungsobjekt risikoreduzierende Maßnahmen (Sicherheitenstellungen, Garantien usw. ▶ 2.4.4) durchgeführt wurden.

Es ist zu beachten, dass ein Zinsinstrument auch aus Schuldner- bzw. Kreditnehmersicht zu bewerten sein kann, etwa dann, wenn es sich bei dem Bewertungsobjekt um Finanzverbindlichkeiten (Passivseite der Bilanz) handelt. Sodann wird der Credit Spread primär von der eigenen Bonität determiniert, da stets das Ausfallrisiko des Schuldners berücksichtigt werden muss.

Ein einfacher Ansatz zur Bestimmung risikoangepasster Diskontierungszinssätze besteht darin, auf risikolose Nullkuponzinssätze (insbesondere solche, die aus Schuldverschreibungen erster Bonität wie bspw. Staatsanleihen abgeleitet wurden) einen für alle Laufzeitbänder konstanten Bonitätsaufschlag zu addieren. Dies kommt in folgender Barwertformel zum Ausdruck:

$$BW = \sum_{t=1}^{T} \frac{CF_t}{(1 + z_t + cs)^t}$$

mit BW = Barwert (zum Bewertungszeitpunkt); CF_t = Cashflows aus Zins und Tilgung der Periode t; z_t = Zero-Zinssatz für die Laufzeit t; cs = Credit Spread (Bonitätsrisikoaufschlag); t, T = Perioden- bzw. Laufzeitvariablen

Die Berücksichtigung eines für alle Fälligkeiten identischen Bonitätsrisikoaufschlags ist jedoch ungenau. Zwar kann ein gewisser Parallelverlauf zumindest bei recht kurzen Laufzeiten in der Realität durchaus gegeben sein, bei längeren Fälligkeiten steigen die Credit Spreads allerdings in der Regel an. Letzteres lässt sich damit begründen, dass bei zunehmender Laufzeit

---
[48] Vgl. dazu auch SCHMIDT (2006b), S. 29f.

2 Finanzwirtschaftliche Grundlagen

auch die Wahrscheinlichkeit eines Verzugs- oder Ausfalls größer wird und damit die verlangte Risikoprämie ebenfalls höher ausfällt.[49] Abbildung 2-3 verdeutlicht dies anhand von Kupon- bzw. Spread-Kurven für Deutschland, wie sie für Laufzeiten mit Beginn Ende März 2008 für 2 unterschiedliche Bonitätsklassen vorliegen.[50]

Die zur Berechung von Credit Spreads verwendeten Verfahren können generell in einzelbasierte Ansätze (d.h. Vergleich der Rendite eines individuellen Zinsinstruments mit einem geeigneten Referenzinstrument) und in Strukturkurvenansätze (d.h. Vergleich von Zinsstrukturkurven unterschiedlicher Bonitäts- bzw. Risikoklassen) unterteilt werden.[51]

Falls Zinsinstrumente zu bewerten sind, die von Unternehmen emittiert wurden, welche bereits marktgehandelte Wertpapiere (insbesondere Anleihen) begeben haben, lassen sich die Renditeforderungen unmittelbar aus den Marktpreisen ableiten; die Kursnotierungen werden sowohl von Änderungen der allgemeinen Marktzinsstruktur als auch von Änderungen der Bonitätsrisikoprämien beeinflusst.[52] Wie ebenfalls aus Abbildung 2-3 ersichtlich wird, existieren für diverse Bonitäts- bzw. Risikoklassen eigene Zinsstrukturkurven, die auch als „Spread-Kurven" (d.h. als Zinsdifferenzen zu einer Benchmark-Zinskurve) zur Verfügung stehen.

Abbildung 2-3 | Kupon- und Spread-Kurven für unterschiedliche Bonitätsklassen

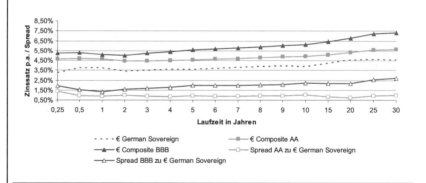

Sind die Schuldverschreibungen nicht marktgehandelt, kann man die Renditen ggf. über gehandelte Wertpapiere vergleichbarer Schuldner ableiten. Ferner besteht die Möglichkeit, die Bonitätsrisikoaufschläge über Notierun-

---

[49] Vgl. WIEDEMANN (2009), S. 101.
[50] Datenquelle: BLOOMBERG.
[51] Vgl. hierzu und weiterführend PAPE/SCHLECKER (2008).
[52] Vgl. dazu und folgend GEBHARDT/STRAMPELLI (2005), S. 510.

2.1 Zinstheorie

gen von Kreditderivaten wie Credit Default Swaps (▶ 2.6.1) zu generieren.[53] Diese sind in Europa mittlerweile für eine Vielzahl von Adressaten verfügbar. Darüber hinaus existieren Indizes für Branchen und Regionen, die Basiswerte für den Handel mit Credit Default Swaps darstellen.

2.1.11.4 Basis Point Value

Die Bestimmung eines „Basis Point Value" (BPV) fällt methodisch in den Bereich der Sensitivitätsanalysen. Diese stammen ursprünglich aus der betriebswirtschaftlichen Planungs- und Entscheidungslehre und untersuchen generell, welche Auswirkungen Änderungen einzelner Parameterwerte oder -kombinationen auf eine Zielgröße haben können.[54] Es wird letztendlich hinterfragt, wie stabil das bisherige Ergebnis (Output) bei Veränderungen ausgewählter Input-Faktoren ist.

Der BPV gibt generell an, wie sich der Wert einer zinsreagiblen Position bei einem Zinsanstieg um einen Basispunkt (BP) verändert.[55] Es wird also die wertmäßige Auswirkung bei einer simulierten Parallelverschiebung der Zinsstrukturkurve untersucht. Dabei kann entweder die originäre Kupon-Zinskurve oder aber die Nullkuponzinskurve verschoben werden. Da eine Verschiebung um einen Basispunkt (= 0,01%) oftmals nur sehr geringe Wertänderungen auslöst, wird häufig mit 100 BP (= 1%) gerechnet. Die Ermittlung soll anhand der in Tabelle 2-4 enthaltenen Bewertungsparameter einer festverzinslichen Anleihe verdeutlicht werden.[56]

Bewertungsparameter einer festverzinslichen Anleihe — *Tabelle 2-4*

	Laufzeit in Jahren				
	1	2	3	4	5
Cashflow	5 €	5 €	5 €	5 €	105 €
Kuponzinssatz	3,500%	3,750%	4,000%	4,250%	4,500%
Zero-Zinssatz	3,500%	3,755%	4,014%	4,277%	4,547%

Bei tatsächlicher Zinsstruktur hat die Anleihe einen rechnerischen Wert von 102,22 €:

---

53 Vgl. hierzu auch GOLDSCHMIDT/WEIGEL (2009), S. 199; GRÜNBERGER/SOPP (2010), S. 442.
54 Vgl. zum Begriff und zu den Typen der Sensibilitäts- bzw. Sensitivitätsanalyse weiterführend z.B. ADAM (1996), S. 55-59; MÜLLER-MERBACH (1998). Vgl. zu deren Methodik auch PERRIDON/STEINER/RATHGEBER (2009), S. 121-123.
55 Vgl. bspw. SCHMIDT (2006b), S. 43.
56 Es wird die bereits zuvor verwendete beispielhafte Zinsstruktur herangezogen.

2 Finanzwirtschaftliche Grundlagen

$$\frac{5\,€}{(1+3{,}500\%)^1} + \frac{5\,€}{(1+3{,}755\%)^2} + \frac{5\,€}{(1+4{,}014\%)^3} + \frac{5\,€}{(1+4{,}277\%)^4} + \frac{105\,€}{(1+4{,}547\%)^5} = 102{,}22\,€$$

Zunächst wird die Kupon-Zinskurve um 100 BP parallel verschoben. Dann müssen im Anschluss daran die Zero-Zinssätze anhand der veränderten Kupon-Zinsstruktur neu berechnet werden (Methodik ▶ 2.1.8). Es ergeben sich die in Tabelle 2-5 dargestellten Werte.

Bei einem um 100 BP höheren Kupon-Zinsniveau hätte die Anleihe einen rechnerischen Wert von 97,85 €:

$$\frac{5\,€}{(1+4{,}500\%)^1} + \frac{5\,€}{(1+4{,}756\%)^2} + \frac{5\,€}{(1+5{,}017\%)^3} + \frac{5\,€}{(1+5{,}284\%)^4} + \frac{105\,€}{(1+5{,}558\%)^5} = 97{,}85\,€$$

Der BPV beträgt somit 4,37 € (102,22 € ./. 97,85 €).

Tabelle 2-5 — Parallelverschiebung der Kupon-Zinskurve

	Laufzeit in Jahren				
	1	2	3	4	5
Kuponzinssatz +100 BP	4,500%	4,750%	5,000%	5,250%	5,500%
Zero-Zinssatz neu	4,500%	4,756%	5,017%	5,284%	5,558%

Alternativ kann die Zero-Zinskurve um 100 BP parallel verschoben werden. Die entsprechenden Werte zeigt Tabelle 2-6.

Tabelle 2-6 — Parallelverschiebung der Zero-Zinskurve

	Laufzeit in Jahren				
	1	2	3	4	5
Zero-Zinssatz +100 BP	4,500%	4,755%	5,014%	5,277%	5,547%

Die Anleihe hätte bei einem um 100 BP höheren Zero-Kupon-Zinsniveau einen rechnerischen Wert von 97,89 €:

$$\frac{5\,€}{(1+4{,}500\%)^1} + \frac{5\,€}{(1+4{,}755\%)^2} + \frac{5\,€}{(1+5{,}014\%)^3} + \frac{5\,€}{(1+5{,}277\%)^4} + \frac{105\,€}{(1+5{,}547\%)^5} = 97{,}89\,€$$

Damit beläuft sich der BPV auf 4,33 € (102,22 € ./. 97,89 €).

Unter Heranziehung des BPV ist sehr gut ersichtlich, dass variabel verzinsliche Instrumente typischerweise keinem zinsänderungsbedingten Kursrisiko (sondern nur einem zahlungsbedingten Zinsrisiko ▶ 2.1.10.2) ausgesetzt sind. Beispielhaft wird wiederum von der in Abschnitt 2.1.8 eingeführten Zinsstruktur ausgegangen. Wie bereits erläutert wurde, werden die Zinszahlungen von variabel verzinslichen Instrumenten (so genannte „Floater")

2.1 Zinstheorie

grundsätzlich über die Terminzinssätze ermittelt. Tabelle 2-7 führt diese (Berechnung ▶ 2.1.9) und die sich daraus ergebenden Cashflows auf.

Tabelle 2-7

Bewertungsparameter eines Floaters vor Zinsstruktur-Parallelverschiebung

	Laufzeit in Jahren				
	1	2	3	4	5
Kuponzinssatz	3,500%	3,750%	4,000%	4,250%	4,500%
Zero-Zinssatz	3,500%	3,755%	4,014%	4,277%	4,547%
Terminzinssatz	3,500%	4,010%	4,533%	5,073%	5,633%
Cashflow	3,50 €	4,01 €	4,53 €	5,07 €	105,63 €

Bei tatsächlicher Zinsstruktur hat die Anleihe einen rechnerischen Wert von 100 €:

$$\frac{3{,}50\ €}{(1+3{,}500\%)^1} + \frac{4{,}01\ €}{(1+3{,}755\%)^2} + \frac{4{,}53\ €}{(1+4{,}014\%)^3} + \frac{5{,}07\ €}{(1+4{,}277\%)^4} + \frac{105{,}63\ €}{(1+4{,}547\%)^5} = 100\ €$$

Wird das Zinsniveau z.B. hypothetisch um 100 BP verschoben, ändern sich die Terminzinssätze entsprechend; damit kommt es auch zu einer Anpassung der Zins-Cashflows (siehe Tabelle 2-8).[57]

Tabelle 2-8

Bewertungsparameter eines Floaters nach Zinsstruktur-Parallelverschiebung

	Laufzeit in Jahren				
	1	2	3	4	5
Kuponzinssatz +100 BP	4,500%	4,750%	5,000%	5,250%	5,500%
Zero-Zinssatz neu	4,500%	4,756%	5,017%	5,284%	5,558%
Terminzinssatz neu	4,500%	5,013%	5,541%	6,089%	6,662%
Cashflow neu	4,50 €	5,01 €	5,54 €	6,09 €	106,66 €

Der rechnerische Wert beträgt nach der Parallelverschiebung der Zinsstrukturkurve ebenfalls 100 €:

$$\frac{4{,}50\ €}{(1+4{,}500\%)^1} + \frac{5{,}01\ €}{(1+4{,}756\%)^2} + \frac{5{,}54\ €}{(1+5{,}017\%)^3} + \frac{6{,}09\ €}{(1+5{,}284\%)^4} + \frac{106{,}66\ €}{(1+5{,}558\%)^5} = 100\ €$$

Es ist allerdings darauf hinzuweisen, dass sich identische Barwerte nur ergeben, wenn infolge von Marktzinssatzänderungen alle Zins-Cashflows angepasst werden (wie hier im Beispiel erfolgt). Dies wird jedoch für die 1. Zinszahlung regelmäßig nicht der Fall sein, da für die entsprechende Zinsperiode der Zinssatz bereits festgelegt wurde. Somit enthält eine variabel verzinsliche Anleihe über die 1. Fixierung immer auch eine quasi festver-

---

[57] Dies trifft natürlich auch auf eine tatsächliche Marktzinssatzänderung zu.

zinsliche Komponente, die – wenn auch nur relativ geringe – Barwertänderungen bewirken kann.

2.2 Währungstheorie

2.2.1 Preis- versus Mengennotierung

„Wechselkurse" bzw. „Devisenkurse" („Foreign Exchanges"; FX) geben das Austauschverhältnis zweier Währungen an. Dabei wird zwischen Preis- und Mengennotierung unterschieden. Bei der „Preisnotierung" (auch „direkte Kursnotierung") notiert man den Kurs der einheimischen Währung (Inlandspreis) für eine (bzw. hundert, tausend) Einheit(en) der ausländischen Währung (z.B. aus der Sicht eines deutschen Unternehmens 0,75 €/$; 1 $ ist 0,75 € wert bzw. es müssten für einen $ 0,75 € bezahlt werden).[58]

Die in Verbindung mit dem € regelmäßig Verwendung findende „Mengennotierung" (auch „indirekte Kursnotierung") zeigt hingegen den Kurs in ausländischer Währung auf, der aufzubringen ist, um eine (bzw. hundert, tausend) Einheit(en) inländischer Währung zu kaufen oder zu verkaufen (z.B. aus Sicht eines deutschen Unternehmens 1,5 $/€; 1 € ist 1,50 $ wert bzw. man müsste für 1 € 1,50 $ bezahlen). Mengennotierungen bieten sich vor allem dann an, wenn ein relativ hoher Betrag an ausländischer Währung für eine Einheit inländischer Währung aufgebracht werden muss. So ist bspw. das Austauschverhältnis von € zu ¥ über die Mengennotierung aussagekräftiger als über die Preisnotierung (z.B. 150 ¥/€ versus 0,0067 €/¥).

2.2.2 Kassa- versus Terminwechselkurse

„Kassawechselkurse" stellen das Austauschverhältnis zweier Währungen zum aktuellen Zeitpunkt dar, wohingegen „Terminwechselkurse" die Umtauschrelation zu einem künftigen Zeitpunkt angeben.

Der Terminwechselkurs kann auf Basis von Arbitrageüberlegungen aus dem Kassawechselkurs und dem Zinsdifferenzial der beiden Währungen abgeleitet werden (so genannte „Zinsparitätentheorie").[59] Es gilt Folgendes:

---

[58] Vgl. dazu und folgend z.B. LODERER u.a. (2010), S. 364.
[59] Vgl. dazu z.B. PERRIDON/STEINER/RATHGEBER (2009), S. 319.

Währungstheorie

$$M_t^P = M^P \cdot \frac{(1+i^I)^t}{(1+i^A)^t} \qquad \text{bzw.} \qquad M_t^M = M^M \cdot \frac{(1+i^A)^t}{(1+i^I)^t}$$

mit M_t = Terminwechselkurs zum Zeitpunkt t; M = aktueller Kassawechselkurs; P, M = Indizes für die Preis- oder Mengennotierung; i^I = inländischer risikoloser Zinssatz; i^A = ausländischer risikoloser Zinssatz

So ergibt sich bspw. für einen Kassawechselkurs von 0,75 €/$ (Preisnotierung) und risikolosen 2-jährigen Zinssätzen im Aus- und Inland von 4,5% bzw. 3,5% ein impliziter 2-Jahres-Terminwechselkurs von 0,7357 €/$:

$$M_2^P = 0{,}75 \frac{\text{€}}{\$} \cdot \frac{(1+3{,}5\%)^2}{(1+4{,}5\%)^2} = 0{,}7357 \frac{\text{€}}{\$}$$

Für einen Kassawechselkurs von 150 ¥/€ (Mengennotierung) und risikolosen dreijährigen Aus- und Inlandszinssätzen von 2% und 3% beläuft sich der implizite 3-Jahres-Terminwechselkurs auf 145,6733 ¥/€:

$$M_3^M = 150 \frac{\text{¥}}{\text{€}} \cdot \frac{(1+2\%)^3}{(1+3\%)^3} = 145{,}6733 \frac{\text{¥}}{\text{€}}$$

Bei der Bestimmung langfristiger Terminwechselkurse ist darauf zu achten, dass es sich bei den herangezogenen risikolosen Zinssätzen strukturell um Nullkuponzinssätze (▶ 2.1.8) handelt, da nur eine künftige Zahlung besteht.[60]

2.2.3 Umrechnung von Zahlungsströmen

Auf Grund dessen, dass die Kassa- und die Terminwechselkurse zueinander in einem deterministischen Verhältnis stehen, führen bei vollkommenen bzw. arbitragefreien Märkten bei der Umrechnung von Zahlungsströmen von der ausländischen in die inländische Währung 2 Rechenwege zum selben Ergebnis:[61]

- Die künftigen Cashflows in ausländischer Währung werden zunächst mit dem Terminwechselkurs umgerechnet und anschließend mit den Zinssätzen in inländischer Währung diskontiert. Diese Vorgehensweise kommt dem Verkauf der einzelnen Zahlungen am Devisenterminmarkt gleich.

- Die künftigen Zahlungsströme in ausländischer Währung werden zuerst mit den Zinssätzen in ausländischer Währung diskontiert; der Barwert wird danach zum Kassawechselkurs umgerechnet. Dies entspricht dem Verkauf der Cashflows am ausländischen Kapitalmarkt und der Ver-

---

[60] Vgl. SCHMIDT (2006b), S. 89.
[61] Vgl. dazu SCHMIDT (2006b), S. 99.

wendung des Gegenwerts zum Kauf von inländischer Währung am Devisenkassamarkt.

2.2.4 Währungsrisiken

Heute sind die meisten Währungen in ein System weitgehend flexibler Wechselkurse eingebunden. Für international tätige Unternehmen resultieren daraus „Währungsrisiken" bzw. „Wechselkursrisiken".[62] Darunter wird generell die Änderung realer Werte von Forderungen und Verbindlichkeiten sowie heutiger und künftiger Cashflows auf Grund von Wechselkursschwankungen verstanden.[63] Währungsrisiken können wie folgt unterteilt werden:

- Umtausch- bzw. Transaktionsrisiko,
- ökonomisches Risiko,
- Umrechnungs- bzw. Translationsrisiko.

Die beiden erstgenannten Währungsrisikokategorien beziehen sich auf künftige Zahlungsströme. Das „Transaktionsrisiko" („Transaction Exposure") bezeichnet dabei das Risiko, dass es bei vertraglich fixierten Fremdwährungsposten (Forderungen, Verbindlichkeiten, Kassenbestände) auf Grund von Wechselkursänderungen zu Schwankungen der Cashflows kommt. Risiken ergeben sich dadurch, dass zwischen Entstehung und Glattstellung der Positionen eine Zeitspanne sein kann, innerhalb derer Wechselkursschwankungen auftreten können. Das „ökonomische Risiko" („Economic Exposure") steht für den Einfluss von Wechselkursänderungen auf die Zahlungsströme künftig abgeschlossener Geschäfte.

Ferner unterliegen Unternehmen ggf. einem währungsbedingten „Translationsrisiko" („Translation Exposure"). Damit ist das Risiko gemeint, dass der Wert von in Fremdwährung bilanzierten Vermögenswerten und Schulden, die in die Hauswährung umzurechnen sind, auf Grund künftiger Änderungen des Wechselkurses schwankt.

---

[62] Die Begriffe „Währungsrisiko" und „Wechselkursrisiko" werden hier als Synonyme verwendet.
[63] Vgl. hierzu und folgend primär RUDOLPH (1996), S. 51f.; BLATTNER (1997), S. 310-327; ROLFES (2002), S. 544f. Vgl. auch SEETHALER/HASS/BRUNNER (2007), S. 345f.

2.3 Zins- und Devisenmärkte

2.3.1 Grundlagen

Verzinsliche Instrumente lassen sich über die Finanzmärkte handeln. Dies setzt eine „Verbriefung" voraus, bei der die Buchkredite in Wertpapiere substituiert und damit fungibel gemacht werden. „Wertpapiere" (wie z.B. Aktien, Schecks, Wechsel oder Schuldverschreibungen) sind generell Urkunden, über die man Rechte geltend machen kann.

Nach dem Kriterium der Fristigkeit werden Finanzmärkte traditionell in einen „Geldmarkt" und einen „Kapitalmarkt" unterteilt.[64] Der Geldmarkt umfasst kurzfristige Geldanlagen und -aufnahmen (bis zu einem Jahr Fristigkeit), wohingegen am Kapitalmarkt längerfristige Kapitalanlagen und -aufnahmen, insbesondere über verbriefte Finanztitel, durchgeführt werden.[65]

Geld- versus Kapitalmarkt

Nicht-Banken können am Geldmarkt Wertpapiere öffentlicher Schuldner (Schatzanweisungen, Schatzwechsel) und privater Schuldner (Wechsel, Depositenzertifikate) handeln. Ferner besteht im Rahmen des so genannten „Industrieclearing" die Möglichkeit zum Handel von Tages- und Termingeld zwischen Großunternehmen erstklassiger Bonität.

Am Kapitalmarkt wird unterschieden zwischen „Primärmarkt" und „Sekundärmarkt". Am Primärmarkt werden Neuemissionen begeben, wohingegen man am Sekundärmarkt bereits emittierte Papiere zwischen den Anlegern handelt. Grundsätzlich kann der Handel börslich oder außerbörslich erfolgen.

Primär- versus Sekundärmarkt

Darüber hinaus wird an den Finanzmärkten zwischen „Kassamärkten" und „Terminmärkten" unterschieden. Auf Ersteren handelt man „Kassageschäfte". Diese zeichnen sich dadurch aus, dass sie unmittelbar nach Abschluss erfüllt werden. Bei den auf Terminmärkten gehandelten „Termingeschäften" fallen Geschäftsabschluss und Erfüllung zeitlich auseinander.[66]

Kassa- versus Terminmarkt

---

[64] Vgl. zur Organisation der Finanzmärkte primär PERRIDON/STEINER/RATHGEBER (2009), S. 161-173. Vgl. auch SÜCHTING (1995), S. 59-66; BLATTNER (1997), S. 78 und S. 131-134.

[65] Vgl. für eine Diskussion der gebräuchlichsten Geld- und Kapitalmarktpapiere DEUTSCH (2008), S. 44-50. Der Finanzmarkt wird in der Literatur auch unterteilt in einen Geld-, einen Kapital- und einen Kreditmarkt, wobei Letzterer übliche Kreditgeschäfte wie die Aufnahme oder die Gewährung von Hypotheken und Darlehen umfasst, vgl. dazu z.B. LODERER u.a. (2010), S. 19.

[66] Termingeschäfte sind Finanzderivate, siehe zu diesen weiterführend Abschnitt 2.6.

2.3.2 Euromarkt

Für Zinsinstrumente ist insbesondere der internationale Finanzkassamarkt relevant. Letzterer wird in der Regel als „Euromarkt" bezeichnet. Die Marktteilnehmer stammen aus unterschiedlichen Ländern oder der Handel erfolgt in unterschiedlichen Währungen. Ursächlich für die Inanspruchnahme des Euromarkts zur Kapitalbeschaffung können die dort vorherrschenden günstigeren Zinskonditionen, begrenzte Kreditvolumina der nationalen Geld- und Kapitalmärkte, nationale Kreditrestriktionen sowie steuerliche Gesichtspunkte sein.

Analog zur generellen Unterteilung von Finanzmärkten zerfällt der Euromarkt in den „Eurogeldmarkt" für kurzfristige Kredite (bis 1 Jahr Fristigkeit), den „Eurokreditmarkt" für Kredite mit mittelfristiger Laufzeit (1 bis 5 Jahre) und den „Eurokapitalmarkt" zur langfristigen Kreditbeschaffung (5 bis 15 Jahre).

Eurogeldmarkt Am Eurogeldmarkt erfolgt der Handel von Devisenguthaben durch Abtretung. Die dabei verlangten Zinsen sind weitgehend losgelöst von den nationalen Geldmarktzinsen. Wichtige Basiszinssätze sind LIBOR und EURIBOR (▶ 2.1.3).

Eurokreditmarkt Der Eurogeldmarkt geht fließend in den Eurokreditmarkt über. Im Gegensatz zum Eurogeldmarkt treten dort überwiegend Nicht-Banken als Kreditnehmer auf. Die Kreditgeber finanzieren sich üblicherweise über den Eurogeldmarkt. Der Kreditzinssatz wird in regelmäßigen Zeitabständen (meist alle 3 bis 6 Monate) in Anlehnung an einen Referenzzinssatz (LIBOR, EURIBOR) angepasst und besteht aus der variablen LIBOR/EURIBOR-Basis und einem vertraglich festgelegten Aufschlag (Spread). Letzterer ist abhängig von der Kreditwürdigkeit (Bonität) des Schuldners (▶ 2.1.10.1); ferner wirken sich die Kreditlaufzeit und die allgemeine Lage auf die Höhe des Bonitätsrisikoaufschlags aus.

Eurokapitalmarkt Am Eurokapitalmarkt erfolgt der Handel internationaler Anleihen („Eurobonds"). Klassisch abgegrenzt fallen bei diesen Obligationen Schuldnerland, Begebungsland und Währung auseinander. Zunehmend werden internationale Anleihen auch gleichzeitig in mehreren Ländern über ein internationales Emissionskonsortium platziert. Eurobonds haben verschiedene Ausgestaltungsformen.[67]

---

[67] Siehe zu den Ausgestaltungsformen von Anleihen weiterführend Abschnitt 2.4.2.3.

2.3.3 Terminmärkte

Terminbörsen sind etwa „Euronext.LIFFE" oder die „European Exchange" (EUREX).[68] Dort werden unter anderem standardisierte Zins- und Währungsderivate in Form von Optionen und Futures gehandelt.[69]

Terminbörsen

Neben den der Börsenaufsicht unterliegenden Terminbörsen haben sich außerbörsliche Märkte, so genannte „Over-the-Counter-Märkte" (OTC-Märkte), gebildet.[70] Auf diesen werden Käufer und Verkäufer über Makler – in der Regel Banken – zusammengeführt. Die Vertragspartner handeln die Konditionen bei jedem Kontrakt individuell aus. Der OTC-Handel ist rein privatwirtschaftlich strukturiert und mit der Transparenz von Börsenmärkten nicht vergleichbar. In Deutschland werden bspw. Swapgeschäfte, Devisentermingeschäfte und Devisenoptionen sowie Kreditderivate (Finanzderivate ▶ 2.6) über OTC-Märkte abgewickelt. Durch die fehlende Standardisierung der Instrumente ist deren Handelbarkeit allerdings stark eingeschränkt. Zudem wirkt sich die direkte Beziehung der Vertragspartner handelshemmend aus, da die Übertragung eingegangener Verpflichtungen auf Dritte über Zustimmungserfordernisse der Gegenpartei erschwert wird. Trotzdem hat der OTC-Handel bestimmter Instrumente mittlerweile ein erhebliches Volumen erreicht.

OTC-Märkte

2.3.4 Geld- und Briefnotierungen

An den Finanzmärkten erfolgen Notierungen entweder in Form von Zinsen oder über absolute oder relative Kurse bzw. Preise. Beim börslichen Handel liegen dabei für Finanzinstrumente einheitliche Notierungen (z.B. Eröffnungs- oder Schlusskurse) vor, wohingegen insbesondere beim OTC-Handel zwischen „Geldnotierung" und „Briefnotierung" unterschieden wird.[71]

Bei Zinsen ist die Geldnotierung derjenige Zinssatz, zu dem Banken Geld aufnehmen. Es handelt sich also um den Zinssatz, den die Kreditinstitute für einen Kapitalerhalt zu zahlen bereit sind. Die Briefnotierung beziffert hingegen denjenigen Zinssatz, für den Banken Geld verleihen, d.h. der für eine Kapitalbereitstellung verlangt wird. Das Prinzip gilt auch für Swapgeschäfte (▶ 2.6.3).[72] So bedeutet eine Zinsswap-Quotierung von bspw. 4,28%-4,30%,

---

[68] LIFFE steht für „London International Financial Futures and Options Exchange"; diese wurde 2002 von Euronext übernommen. Euronext.LIFFE hat wiederum 2007 mit der New York Stock Exchange fusioniert. Vgl. zur EUREX weiterführend MÜLLER-MÖHL (2002), S. 233-246.
[69] Zu diesen Finanzderivaten weiterführend siehe Abschnitt 2.6.
[70] Vgl. zu den OTC-Märkten auch MÜLLER-MÖHL (2002), S. 266f.
[71] Vgl. FREIBERG (2011a), S. 294.
[72] Vgl. dazu SCHMIDT (2006b), S. 69 und S. 92. Vgl. auch WEIGEL u.a. (2007), S. 1051f.

dass man einen Receiver-Zinsswap für den Geldzinssatz von 4,28% und einen Payer-Zinsswap für den Briefzinssatz von 4,30% abschließen kann. Währungsbasisswaps werden in der Regel über Basispunkte angeboten. Eine Quotierung von 0-6 BP $ gegen € besagt etwa, dass man $-LIBOR empfangen kann und EURIBOR + 0,06% bezahlt (Briefseite) bzw. $-LIBOR an die Bank zahlt und dafür im Gegenzug EURIBOR bekommt (Geldseite).

Im Fall von Kursen bzw. Preisen ist die Geldnotierung („Geldkurs", auch „Ankaufskurs" oder „Bid-Kurs") die Quotierung, zu dem Kreditinstitute Devisen oder Wertpapiere ankaufen.[73] Unter der Briefnotierung („Briefkurs", auch „Verkaufskurs" oder „Ask-Kurs") wird indessen derjenige Kurs verstanden, zu welchem die Banken derartige Posten verkaufen.[74]

Die Differenz zwischen Geld- und Briefkurs bezeichnet man als „Geld/Brief-Spanne" („Bid-Ask Spread"); über diese decken die Kreditinstitute ihre Handelskosten bzw. Kosten im Fremdwährungsgeschäft.[75]

2.4 Instrumente zur Kreditaufnahme und Kreditsicherung

2.4.1 Kurz- bis mittelfristige Kreditfinanzierungsinstrumente

2.4.1.1 Überblick

Bei den zur kurz- bis mittelfristigen Finanzierung von Nicht-Banken zur Verfügung stehenden Instrumenten kann danach unterschieden werden, ob die Kreditvergabe erfolgt über

- Geschäftspartner,
- spezialisierte Finanzinstitutionen oder
- die Finanzmärkte.

Unter erstere Kreditvergabeform fallen „Handelskredite", die „Lieferantenkredite" und „Kundenanzahlungen" einschließen. Da diese primär für kleine und mittlere Unternehmen von Bedeutung sind (für welche die Rechnungslegung nach IFRS noch nicht den gleichen Stellenwert hat wie für große, kapitalmarktorientierte Unternehmen) wird auf weitere Erläuterun-

---

[73] Vgl. etwa BLATTNER (1997), S. 81.
[74] So ist eine Bank bspw. bereit, 1 € zum Geld-Kassawechselkurs von 1,580 $/€ zu kaufen und zum Brief-Kassawechselkurs von 1,585 $/€ zu verkaufen.
[75] Vgl. z.B. SÜCHTING (1995), S. 65; LODERER u.a. (2010), S. 62 und S. 365.

Instrumente zur Kreditaufnahme und Kreditsicherung 2.4

gen verzichtet.[76] Kurzfristige Kreditaufnahmen in Verbindung mit spezialisierten Finanzinstitutionen sind Kontokorrentkredite, syndizierte bzw. bilaterale Kreditlinien, Wechseldiskontkredite, Lombardkredite und die Kreditleihe. Über die Finanzmärkte können sich Nicht-Banken kurz- bis mittelfristig über Commercial Papers, Euronotes und Medium Term Notes finanzieren.

2.4.1.2 Finanzierung über spezialisierte Finanzinstitutionen

Als „Kontokorrent" wird eine laufende Erfassung von Plus- und Minusbewegungen verstanden.[77] Hierbei kann durch einen negativen Saldo eine Kreditaufnahme entstehen. In der Regel erfolgt die Abwicklung von Kontokorrentkrediten bei Banken über Girokonten. Die Kreditzusage wird normalerweise nicht automatisch mit der Konteneröffnung erteilt, sondern setzt eine Kreditwürdigkeitsprüfung voraus. Der Kredit besteht in Form einer Kreditlinie, welche den Höchstbetrag darstellt, bis zu dem das Girokonto belastet werden darf. Obwohl der Kontokorrentkredit oft als kurzfristig gilt, kann er durch wiederholte Verlängerung faktisch langfristig sein.

Kontokorrentkredite

Neben den Zinsen können im Zusammenhang mit Kontokorrentkrediten Kredit-, Bereitstellungs- und Umsatzprovisionen anfallen. Zur Sicherung werden fiduziarische Kreditsicherheiten wie Sicherungsübereignungen, Forderungsabtretungen, Wertpapierverpfändungen und Grundschulden eingesetzt.[78] Ferner kommen Bürgschaften als akzessorische Sicherheiten in Frage.

Während der Kontokorrentkredit eher bei kleineren Unternehmen genutzt wird, greifen größere Konzerne zur Schaffung einer Liquiditätsreserve meist auf Kreditlinien in der Form von syndizierten oder bilateralen Krediten zurück.[79] Von einem „syndizierten Kredit" wird gesprochen, wenn die Kreditvergabe an einen einzelnen Kreditnehmer durch mehrere Finanzinstitute (ein „Syndikat") auf Basis einer gemeinsamen Vertragsdokumentation erfolgt.[80] Überwiegend übernehmen wenige Banken die Führung des Syndikats; mit ihnen werden die Vertragsbedingungen verhandelt. Die Kreditlinie

Syndizierte/ bilaterale Kreditlinien

---

[76] Vgl. zu Handelskrediten weiterführend etwa SÜCHTING (1995), S. 184-186; PERRIDON/STEINER/RATHGEBER (2009), S. 423f.
[77] Vgl. zum Kontokorrentkredit bspw. SÜCHTING (1995), S. 187f.; WÖHE u.a. (2009), S. 348-354.
[78] Siehe zu den Kreditsicherungsinstrumenten weiterführend Abschnitt 2.4.4.
[79] Vgl. z.B. die GB 2006 von ADIDAS, S. 85; BAYER, S. 51; BMW, S. 42; CONTINENTAL, S. 58; DAIMLERCHRYSLER, S. 56; DEUTSCHE POST, S. 58; DEUTSCHE TELEKOM, S. 91; E.ON, S. 163; FRESENIUS, S. 72; INFINEON, S. 74; LINDE, S. 56; MAN, S. 109; METRO, S. 45; RWE, S. 64; SAP, S. 104; TUI, S. 76; VOLKSWAGEN, S. 33f. sowie den GB 2005/2006 von THYSSENKRUPP, S. 82.
[80] Vgl. zum syndizierten und bilateralen Kredit MISCHKE/WIEMANN/ESSER (2007), S. 189-193.

2 Finanzwirtschaftliche Grundlagen

kann in mehrere Tranchen aufgeteilt sein; wobei die Tranche mit der längsten Laufzeit die Fälligkeit des Gesamtkredits bestimmt. Häufig zu finden sind 364-Tages-Tranchen, die jährlich verlängert („prolongiert") werden. Ziehungen können in unterschiedlichen Währungen und unterschiedlichem Umfang erfolgen. Wesentliche, für eine syndizierte Kreditaufnahme anfallende Kosten sind: Abschlussgebühr, Zinsen bzw. Margen auf Referenzzinssätze (bei in Anspruch genommenen Mitteln), Bereitstellungsprovisionen (bei nicht genutzten Kreditlinien), administrative Gebühren.

Alternativ zum syndizierten Kredit besteht die Möglichkeit, Kreditlinien auch zweiseitig mit einzelnen Finanzinstituten zu verhandeln. In der Regel wird ein solcher „bilateraler Kredit" vom Unternehmen selbst organisiert und durchgeführt. Die Höhe der Einzelfazilitäten hängt generell von der Anzahl der einbezogenen Banken sowie vom gewünschten gesamten Kreditvolumen ab. Bilaterale Verträge bieten den Vorteil, dass sich die Fälligkeiten über das ganze Jahr streuen lassen, indem unterschiedliche Anfangslaufzeiten vereinbart werden. An Kosten fallen beim bilateralen Kredit Zinsen bzw. Bereitstellungsprovisionen an.

Wechseldiskontkredite

„Wechseldiskontkredite" stehen für die Finanzierung durch Verkauf noch nicht fälliger, in Wechselform verbriefter Forderungen an eine Bank unter Abzug der Zinsen.[81] Der „Wechsel" ist ein terminbezogenes Zahlungsversprechen mit Wertpapiercharakter. Es handelt sich um ein Orderpapier, welches durch einen schriftlichen Übertragungsvermerk („Indossament") weitergegeben werden kann. Wechselberechtigt (Gläubiger) ist derjenige, der den Wechsel in den Händen hält, und dem dies durch die ordnungsgemäße Indossamentenkette bestätigt wird. Er kann den Wechsel entweder als Zahlungsmittel einsetzen (weitergeben), ihn bis zur Fälligkeit aufbewahren und dann dem Wechselschuldner vorlegen oder ihn bei einer Bank diskontieren lassen. Letzterer Ankauf des Wechsels vor Fälligkeit unter Abzug der Zinsen für die Zeit vom Ankaufstag bis zum Fälligkeitstag wird als „Diskontierung" bzw. „Diskontkreditgewährung" bezeichnet. Es liegt deshalb ein Kreditgeschäft vor, da der Einreicher dem Kreditinstitut gegenüber so lange verpflichtet bleibt, bis der Bezogene seiner Zahlungsverpflichtung nachgekommen ist.

Zusätzlich zu den Zinsen („Diskont") fallen beim Wechseldiskontkredit für den Schuldner ggf. Diskontspesen an, die beim Inkasso des Wechsels auftreten können.

Lombardkredite

Von einem „Lombardkredit" spricht man, wenn die Ausreichung eines Darlehens gegen Faustpfand (bewegliche Sachen, Forderungen im Sinne der

---

[81] Vgl. zum Diskontkredit und zum Wechsel z.B. SÜCHTING (1995), S. 190-193; WÖHE u.a. (2009), S. 355-361; PERRIDON/STEINER/RATHGEBER (2009), S. 426-430.

2.4 Instrumente zur Kreditaufnahme und Kreditsicherung

§§ 1204 ff. BGB) erfolgt.[82] In der Regel wird bei diesem ein fester Betrag ausgereicht, der bei Endfälligkeit gesamthaft zu tilgen ist. Allerdings werden auch flexibel beanspruchbare Kontokorrentkredite, die mit Faustpfandrechten unterlegt sind, als („unechte") Lombardkredite bezeichnet. Zur Verpfändung kommen z.B. Wechsel, sonstige fungible Wertpapiere, Forderungen, Waren oder Edelmetalle in Frage.

Bei der „Kreditleihe" fließen dem Unternehmen im Gegensatz zu den vorstehend diskutierten Finanzierungsinstrumenten nicht unmittelbar liquide Mittel zu. Über eine Bank wird lediglich die Kreditwürdigkeit nachgewiesen, d.h. das Kreditinstitut steht namentlich für das Unternehmen ein. Als Formen der Kreditleihe gelten der „Akzeptkredit" und der „Avalkredit".[83] Bei Ersterem räumt eine Bank dem Kunden das Recht ein, auf sie einen Wechsel zu ziehen, der anschließend von dem Finanzinstitut als Bezogener akzeptiert wird. Ein Aval steht für die Übernahme einer Bürgschaft oder Garantie (▶ 2.4.4.2) durch eine Bank im Auftrag eines Kunden (Avalkreditnehmer) gegenüber einem Dritten (Avalbegünstigter).

Kreditleihe (Akzept-/Avalkredit)

2.4.1.3 Finanzierung über die Finanzmärkte

Große Unternehmen können zur Deckung des kurz- bis mittelfristigen Kapitalbedarfs auch Schuldverschreibungen emittieren, d.h. Kredite direkt über die Finanzmärkte aufnehmen. Derartige Obligationen werden bezeichnet als

- Commercial Papers,
- Euronotes und
- Medium Term Notes.[84]

Die Emissionen erfolgen dabei über Rahmenvereinbarungen („Programme"), die der Emittent mit der platzierenden Bank abschließt. Über diesen Vertrag ist der Emittent berechtigt (jedoch nicht verpflichtet), jederzeit Teilschuldverschreibungen („Notes") zu begeben. Es wird demnach eine Daueremission abgeschlossen, bei welcher der Schuldner wählen kann, in welchem Umfang er die Fazilitäten beansprucht. Das maximale Emissionsvolumen legt man innerhalb der Rahmenvereinbarung für 1 bis 7 Jahre fest. In der Regel werden die Emissionen als Privatplatzierungen durchgeführt und damit einem begrenzten Anlegerkreis offeriert.

---

[82] Zum Lombardkredit vgl. etwa Süchting (1995), S. 189f.; Wöhe u.a. (2009), S. 354; Perridon/Steiner/Rathgeber (2009), S. 433-436.
[83] Vgl. dazu Süchting (1995), S. 193-195 und S. 198f.; Wöhe u.a. (2009), S. 361 und S. 365f.; Perridon/Steiner/Rathgeber (2009), S. 436-438.
[84] Vgl. zu diesen Perridon/Steiner/Rathgeber (2009), S. 430-433 und zu Commercial Papers und Medium Term Notes auch Wöhe u.a. (2009), S. 366-368.

2 Finanzwirtschaftliche Grundlagen

Bei „Commercial Papers" (CPs) und „Euronotes" handelt es sich um Inhaberpapiere mit Laufzeiten zwischen 7 Tagen und 2 Jahren. Werden diese mit mittleren Fristigkeiten von 2-4 Jahren begeben, bezeichnet man sie als „Medium Term Notes" (MTNs).[85] Rechtlich weisen derartige Papiere den Charakter von voll übertragbaren Zahlungsversprechen auf. Sicherheitenstellungen erfolgen in der Regel nicht. Im Gegensatz zu Commercial Papers schließen Euronotes eine so genannte „Underwriter-Garantie" ein. Über diese verpflichten sich Banken, nicht platzierte Papiere bis zu einem vorab vereinbarten Höchstbetrag zu übernehmen.

Commercial Papers und Euronotes werden diskontiert ausgegeben; der Auszahlungsbetrag liegt unter dem Nennbetrag der Notes. Bei Fälligkeit hat der Emittent den Nennbetrag zurückzuzahlen. Die Verzinsung von Commercial Papers und Euronotes ist für die Laufzeit fest und kann bei Neuemission jeweils geändert werden. Überwiegend richtet sich der Zinssatz am LIBOR oder EURIBOR (▶ 2.1.3) zuzüglich eines Abschlags bzw. Aufschlags. Des Weiteren können Kosten in Form von einmaligen Arrangierungsprovisionen, jährlichen Gebühren der Zahlstelle, Emissions- und Ausstellungsgebühren, Druckkosten und ggf. Börseneinführungsgebühren anfallen.

2.4.2 Langfristige Kreditfinanzierungsinstrumente

2.4.2.1 Überblick

Nicht-Banken finanzieren sich langfristig über folgende Kreditfinanzierungsinstrumente:[86]

- langfristige Bankkredite,
- Darlehen von nicht-institutionellen Kreditgebern,
- Schuldscheindarlehen,
- Schuldverschreibungen (Anleihen, Obligationen).

Die ersten beiden Finanzierungsinstrumente sind vorrangig für kleinere und mittlere Unternehmen von Bedeutung. Auf Grund der hier vorgenommenen Fokussierung auf große (börsennotierte) Konzerne unterbleiben diesbezüglich weitere Beschreibungen.[87]

---

[85] Mittlerweile werden auch Instrumente mit längeren Laufzeiten unter den Begriff der MTN gefasst.
[86] Vgl. dazu PERRIDON/STEINER/RATHGEBER (2009), S. 395.
[87] Vgl. zu langfristigen Bankkrediten, Gesellschafterdarlehen und Genussscheinen weiterführend z.B. PERRIDON/STEINER/RATHGEBER (2009), S. 415-423.

2.4.2.2 Schuldscheindarlehen

Eine spezielle Kreditform, der im Nicht-Banken-Bereich große Bedeutung zukommt, ist das „Schuldscheindarlehen".[88] Bei diesem fungieren weder Kreditinstitute noch der anonyme Finanzmarkt als Kreditgeber, sondern Kapitalmarktsammelstellen. Letztere sind insbesondere die privaten und öffentlich-rechtlichen Versicherungsunternehmen, die Träger der Sozialversicherung und die Bundesanstalt für Arbeit. Die Ausstellung des Schuldscheins ist entgegen der Bezeichnung des Darlehens nicht konstituierendes Merkmal: Langfristige, bei Kapitalmarktsammelstellen aufgenommene Kredite werden auch dann als Schuldscheindarlehen tituliert, wenn eben kein Schuldschein ausgestellt wurde.

Häufig erfolgt die Kapitalaufnahme unter Heranziehung von Vermittlern (eine oder mehrere Banken, Finanzmakler); sie kann aber auch direkt über den Kreditgeber abgewickelt werden. In der Regel wird eine Laufzeit von nicht mehr als 15 Jahre vereinbart. Die Tilgungsmodalitäten lassen sich individuell vereinbaren; mehrheitlich beginnt die Rückzahlung erst nach Ablauf einer gewissen tilgungsfreien Zeit. Danach kann der Darlehensvertrag für den Schuldner ein Kündigungsrecht vorsehen oder ihm eine verstärkte Tilgung einräumen. Im Unterschied zur Schuldverschreibung ist der freihändige Rückkauf eines Schuldscheindarlehens hingegen nicht möglich. Allerdings wird dem Schuldscheindarlehen im Vergleich zur Anleihe generell eine größere Finanzierungsflexibilität (ratenweise Inanspruchnahme des Kredits, Anpassungsfähigkeit sonstiger Parameter) zugesprochen. Dafür haben die Gläubiger überwiegend (vertraglich festgelegte) außerordentliche Kündigungsrechte, z.B. bei drohender Insolvenz oder bei Veräußerung erheblicher Betriebsteile des emittierenden Unternehmens. Gesichert werden Schuldscheindarlehen in der Regel über erstrangige Grundschulden. Gleichfalls zum Einsatz kommen können andere Grundpfandrechte sowie Bürgschaften, Negativerklärungen oder die Verpfändung von Wertpapieren.

Laufende Nebenkosten (zusätzlich zu den Zinsen) fallen beim Schuldscheindarlehen normalerweise nicht an. Die einmaligen Nebenkosten bestimmen sich im Wesentlichen über Makler- und Vermittlungsgebühren und über die Kosten der Sicherheitenbestellung.

2.4.2.3 Schuldverschreibungen

„Anleihen" bzw. „Obligationen" als die klassischen Instrumente der langfristigen Kreditfinanzierung sind „Schuldverschreibungen".[89] Der Aussteller

---

[88] Zum Schuldscheindarlehen vgl. etwa SÜCHTING (1995), S. 166-170; WÖHE u.a. (2009), S. 268-273; PERRIDON/STEINER/RATHGEBER (2009), S. 411-415.

[89] Vgl. zu Schuldverschreibungen SÜCHTING (1995), S. 150-164; PERRIDON/STEINER/RATHGEBER (2009), S. 395-411.

einer solchen Urkunde verpflichtet sich zur Zahlung einer bestimmten Geldsumme (Rückzahlung des aufgenommenen Betrags, Begleichung der Zinszahlungen). Die rechtliche Verpflichtung existiert meist gegenüber dem jeweiligen Urkundeninhaber, da Schuldverschreibungen in der Regel als Inhaberpapiere ausgegeben werden. Um die Emission einem möglichst breiten Publikum anbieten zu können, erfolgt diese in vielen Teilschuldverschreibungen („Stückelung").

Anleiheschulden bestehen nicht gegenüber einem spezifischen Kreditgeber, sondern gegenüber dem Kapitalmarkt. Bei Nicht-Banken wird die Ausgabe im Normalfall über eine Fremdemission durchgeführt, d.h. ein Bankenkonsortium oder ein einzelnes Finanzinstitut platziert die Obligation am Kapitalmarkt und stellt dem emittierenden Unternehmen üblicherweise sofort den Gegenwert der Schuldenaufnahme zur Verfügung.[90]

Industrieobligationen

Schuldverschreibungen privater Unternehmen (Nicht-Banken) werden als „Industrieobligationen" bezeichnet.[91] Neben Nicht-Banken emittieren vor allem Staaten, Körperschaften und Hypothekenbanken Anleihen. Als Privatunternehmen kommen vor allem große Aktiengesellschaften als Emittenten in Frage, da in der Regel nur diese die Bonitätsanforderungen erfüllen und ferner für eine Börsenzulassung Mindestemissionsbeträge bestehen. Industrieobligationen sind börsenfähig und bieten durch die jederzeitige Veräußerbarkeit für den Anleihezeichner eine hohe Fungibilität. Besichert werden Industrieobligationen entweder über Grundpfandrechte oder Bürgschaften (z.B. der Konzernmutter).

Ausgabekurs und Agio/Disagio

Nennbetrag, Ausgabe- und Rückzahlungskurs einer Anleihe können voneinander abweichen (Agio/Disagio ▶ 2.1.5). Üblich ist ein Ausgabekurs von unter 100%, dieser kann aber auch bei pari (= 100%) oder über 100% liegen. Die Rückzahlung erfolgt gewöhnlich zu pari, möglich ist allerdings ebenso ein Kurs über 100%.

Laufzeit und Tilgung

Die Laufzeiten von Industrieanleihen liegen üblicherweise zwischen 8 und 15 Jahren. Gerade in jüngerer Vergangenheit haben Unternehmen jedoch wieder vermehrt längerfristige Anleihen bis zu 50 Jahren ausgegeben. Ferner lassen sich mittlerweile auch einige Obligationen mit (nahezu) unendlicher Laufzeit („ewige Anleihen"[92]; siehe unten) finden. In der Regel werden die Schuldverschreibungen endfällig getilgt. Nur in Ausnahmefällen erfolgt die Rückzahlung in Jahresraten; dabei kann in konstanten Tilgungsbeträgen

---

[90] Anleihen in Form einer Privatplatzierung werden einem Investorenkreis selten direkt angeboten. Beispielhaft sei hier das „US Private Placement" von PORSCHE aus dem Jahr 2004 genannt, vgl. dazu HÄNCHE/HAMMESFAHR (2007).
[91] Zu Industrieobligationen vgl. auch WÖHE u.a. (2009), S. 273-292.
[92] Dazu kann z.B. die von HENKEL im Jahr 2005 begebene Hybrid-Anleihe gezählt werden, die eine Laufzeit bis zum Jahr 2104 (99 Jahre) hat. Vgl. dazu HENKEL-GB 2006, S. 99.

oder in Annuitäten zurückgezahlt werden. Ferner hat das emittierende Unternehmen ggf. das Recht, die Anleihe außerplanmäßig (nach Ablauf einer bestimmten Frist) zu kündigen. Damit wird eine gewisse Flexibilität im Hinblick auf Kapitalmarkt- bzw. Zinssatzentwicklungen und den individuellen Kapitalmarktbedarf gewährleistet. Zudem kann die Anleihe vorzeitig zurückgekauft werden. Auch die Gläubiger können ihre Anteile an einer Industrieobligation – vorausgesetzt diese ist börsennotiert – über den Kapitalmarkt veräußern. Ein Kündigungsrecht wird den Kreditgebern jedoch in der Regel nicht gewährt.

Die an die Inhaber zu leistenden Zinszahlungen stellen die wesentlichen laufenden Kosten einer Anleihebegebung dar; sie erfolgen vierteljährig, halbjährig oder jährlich. In Deutschland überwiegt die jährliche Zahlungsweise. Als wesentlicher einmaliger Kostenfaktor gilt die Konsortialprovision, welche vom emittierenden Unternehmen an das Bankenkonsortium zu entrichten ist. Darüber hinaus fallen weitere Kosten an wie insbesondere Börseneinführungsprovisionen, Börsenzulassungsgebühren, Druckkosten und Kosten der Sicherheitenbestellung.

Kosten

Klassischerweise bietet die Anleihe eine feste Verzinsung, die über den Kupon ausgewiesen und periodisch geleistet wird („Kuponanleihe" bzw. „Straight Bonds"). Eine Sonderform von Schuldverschreibungen stellen insofern „Nullkuponanleihen" („Zero Coupon Bonds") dar, die keine laufenden Zinszahlungen vorsehen (▶ 2.1.1).[93] Als „echte" Zero Coupon Bonds bezeichnet man Wertpapiere, deren Rückzahlungskurs 100% beträgt, und deren Ausgabepreis mit einem Diskontabschlag, der Zins und Zinseszins einschließt, bestimmt wird. Beim „Zuwachssammler" (auch „Zinssammler") erfolgt die Ausgabe hingegen zu pari; der Rückzahlungskurs enthält Tilgung, Zins und Zinseszins.

Nullkuponanleihen

Eine Nullkuponanleihe weist im Vergleich zum Straight Bond ein größeres zinsänderungsbedingtes Kursrisiko auf: Bei Marktzinssatzerhöhungen sinkt der Kurs stärker; eine Marktzinssatzsenkung hat einen vergleichsweise stärkeren Kursanstieg zur Folge. Ferner sind dadurch, dass bei Nullkuponanleihen der gesamte Rückfluss erst zum Ende der Laufzeit erfolgt, die Bonitätsanforderungen für den Emittenten höher als bei Kuponanleihen.

Eine häufig vorkommende Variante der Kuponanleihe ist die Schuldverschreibung mit variabler Verzinsung, die als „Floating Rate Note" (FRN) bzw. kurz „Floater" bezeichnet wird.[94] Derartige Obligationen unterliegen einer Neufestlegung des Zinssatzes in regelmäßig festgelegten Zeitabständen anhand eines Referenzzinssatzes. Dem Emittenten eines solchen Instruments wird damit die Aufnahme von langfristigem Kapital zu stets

Anleihen mit variabler Verzinsung

---

[93] Vgl. zu Nullkuponanleihen auch WIEDEMANN (2009), S. 71-73.
[94] Vgl. zu FRNs gleichfalls WIEDEMANN (2009), S. 105-107.

marktkonformer Verzinsung ermöglicht. Bei der Neufestlegung kann ein Höchst- oder Mindestzinssatz vereinbart werden. Der Referenzzinssatz ist ein ausgewählter Interbankenzinssatz (▶ 2.1.3); für die Verzinsung der Anleihe wird dieser um einen Auf- oder Abschlag korrigiert. Die Zinsfestlegung erfolgt in der Regel für einen 3- oder 6-Monatszeitraum. Ein zinsänderungsbedingtes Kursrisiko (▶ 2.1.10.2) besteht bei FRNs weitestgehend nicht (Nachweis ▶ 2.1.11.4); die Anleihen notieren zu den Zinsanpassungsterminen in der Nähe ihres Emissionskurses.

Kombianleihen; Gleit- und Staffelanleihen

Weitere Sonderkonditionen hinsichtlich der Verzinsung bieten „Kombianleihen" sowie „Gleit- und Staffelanleihen". Bei Kombianleihen sind die im Voraus festgelegten Zinszahlungen nicht über alle Jahre der Laufzeit gleich – z.B. keine Verzinsung in den ersten 10 Jahren, danach eine Verzinsung von 15%. Gleit- und Staffelanleihen haben mehr als 2 unterschiedliche Kupons.

Doppelwährungsanleihen

Bei „Doppelwährungsanleihen" („Multi-Currency Notes") unterliegen Mittelaufbringung und Rückzahlung unterschiedlichen Währungen. Die Zinszahlung erfolgt entweder in der Währung, in der das emittierende Unternehmen die Mittel erhält, oder in der Währung, in der es die Schuld zurückzahlt. So sieht bspw. eine in dieser Form begebene Schuldverschreibung die Einzahlung sowie die Zinszahlungen in €, die Rückzahlung hingegen in $ vor. Eine Sondervariante der Doppelwährungsanleihe stellt die „Währungsoptionsanleihe" dar. Bei dieser hat der Gläubiger die Auswahl zwischen verschiedenen vorgegebenen Rückzahlungswährungen.

Der Kurs von Doppelwährungsanleihen wird vom Marktzins der beiden Währungsländer und von der Wechselkursentwicklung der involvierten Währungen beeinflusst, wobei sich dieser zum Ende der Laufzeit der Notierung von zinstragenden Obligationen, die auf die Rückzahlungswährung lauten, anpasst.

Inflationsindexierte Anleihen

Bei „inflationsindexierten Anleihen" („Inflation-Linked Bonds") werden die Kupons und/oder Nominalwerte an einen Verbraucherpreisindex gekoppelt.[95]

Wandelanleihen

Eine relativ häufig vorkommende Sonderform der Schuldverschreibung ist die „Wandelanleihe" („Convertible Bond", auch „Umtauschanleihe").[96] So haben etwa 3 DAX-Unternehmen derartige Posten in der Konzernbilanz 2006 in Bestand.[97] Wandelschuldverschreibungen gewähren zusätzlich zu den Rechten von normalen Industrieobligationen das Recht auf Umtausch

---

[95] Vgl. SCHABER u.a. (2010), S. 187.
[96] Vgl. zu Wandelschuldverschreibungen z.B. auch SÜCHTING (1995), S. 129-137; WÖHE u.a. (2009), S. 292-305; VATER (2005), S. 57-59; WIEDEMANN (2009), S. 395-418.
[97] Vgl. die GB 2006 von CONTINENTAL, S. 143; DEUTSCHE LUFTHANSA, S. 151 und SIEMENS, S. 194.

der Anleihetranchen in Aktien. Die letztere Konvertierungsmöglichkeit kann meistens erst nach einer bestimmten Sperrfrist ausgeübt werden. Ferner setzt die Ausgabe von Wandelschuldverschreibungen einen Beschluss der Hauptversammlung voraus, da die Gewährung des Umtauschrechts eine bedingte Kapitalerhöhung impliziert (§§ 218, 221 AktG). Den Aktionären steht in Verbindung mit Wandelobligationen ein gesetzliches Bezugsrecht zu.

Die „Pflichtwandelanleihe" („Mandatory Convertible Bond") ist eine spezielle Ausprägung der Wandelanleihe. Anstelle des Umtauschrechts hat der Inhaber die Verpflichtung zur Wandlung der Anleihetranchen bis spätestens zum Fälligkeitszeitpunkt. Die Anzahl der Aktien, welche der Investor bei Wandlung bekommt, ist meist variabel und hängt vom Aktienpreis zum Umtauschzeitpunkt ab.[98]

Neben den normalen Konditionen einer Schuldverschreibung (Laufzeit, Verzinsung, Tilgung, Besicherung) muss im Fall der Begebung einer Wandelanleihe zusätzlich das Folgende festgelegt werden:

- das Wandlungsverhältnis (d.h. wie viele Aktien der Gläubiger für einen Anteil der Schuldverschreibung erhält),
- Zuzahlungen des Gläubigers an den Schuldner bei Wandlung,
- die Umtauschfrist (erstmalig und letztmalig möglicher Wandlungszeitpunkt).

Ferner ist es üblich, Klauseln zum Schutz gegen Kapitalverwässerung aufzunehmen. Diese sichern den Gläubiger bei Kapitalerhöhungen des emittierenden Unternehmens gegen den damit einhergehenden Wertverlust des Wandlungsrechts (bzw. des Börsenkurses) der Obligation ab. Neben Kapitalerhöhungen können auch höhere Dividendenausschüttungen oder die Einräumung von Vorzugsrechten (wie z.B. Genussrechten) ursächlich für die Wertreduktion des Wandlungsrechts sein.

Durch die variabel oder fest vereinbarten Zuzahlungen von Seiten des Gläubigers lassen sich die Wandlungszeitpunkte beeinflussen; steigende Zuzahlungen haben tendenziell einen schnelleren Umtausch zur Folge. Auf Grund solcher Aufgeldbeträge fließen dem emittierenden Unternehmen insgesamt liquide Mittel zu, da mit der Umwandlung von Fremd- in Eigenkapital keine Tilgungszahlungen verbunden sind.

Generell liegen die Zinssätze von Wandelanleihen etwas unter den Kapitalüberlassungsentgelten von Schuldverschreibungen ohne Sonderkonditionen. Die Emittierung von umtauschbaren Obligationen erfolgt regelmäßig

---

[98] Vgl. AMMANN/SEIZ (2008), S. 355 und S. 357 m.V.a. eine Pflichtwandelanleihe, die im März 2008 von der UBS begeben wurde.

Finanzwirtschaftliche Grundlagen

bei ungünstiger Kapitalmarktlage, d.h. dann, wenn herkömmliche Anleihen nur schwer platziert werden können. Auch kann die spezifische (schlechte) Unternehmenssituation ursächlich für die Begebung einer Wandelschuldverschreibung sein.

Optionsanleihen

„Optionsschuldverschreibungen" („Warrants") gewähren dem Inhaber über die normalen Gläubigerrechte hinaus das Optionsrecht, Aktien oder Anleihen zu vorab festgelegten Konditionen während einer bestimmten Frist zu beziehen.[99] Ferner können Anleihen mit Optionen ausgestattet sein, welche

- die Laufzeit verändern (d.h. es existiert ein Kündigungsrecht für den Emittenten und/oder den Gläubiger; siehe unten),
- den Nominalzinssatz beeinflussen (der Emittent kann also den Nominalzinssatz zu bestimmten Zeitpunkten anpassen) oder
- Konversionsrechte beinhalten (d.h. es besteht die Möglichkeit zum Umtausch der Anleihe).

Optionsschuldverschreibungen mit Aktien- oder Anleihenbezugsrecht unterscheiden sich zu Wandelanleihen dadurch, dass das ursprüngliche Gläubigerpapier bei Ausübung des Optionsrechts nicht erlischt, sondern weiterhin bestehen bleibt. Der das Optionsrecht verbriefende Optionsschein kann damit auch gesondert von der Anleihe gehandelt werden. Bei Optionsschuldverschreibungen mit dem Recht auf Aktienbezug (so genannte „Stock Warrant Bonds") wird – konträr zu Wandelanleihen – kein Tausch von Obligationen gegen Unternehmensanteile durchgeführt, sondern der Gläubiger kauft Aktien (zu den bei Ausgabe der Wertpapiere festgelegten Bedingungen). Eine für Wandelanleihen typische Konversion von Fremd- in Eigenkapital findet demnach nicht statt.

Analog zur Wandelanleihe bedingt auch die Ausgabe einer Optionsschuldverschreibung mit Aktienbezugsrecht einen Hauptversammlungsbeschluss und die Aktionäre haben ein gesetzliches Bezugsrecht.

Anleihen mit Kündigungsrechten (Anleiheoptionen)

Anleihen können mit Kündigungsrechten ausgestattet sein; in diesem Fall spricht man von „Anleiheoptionen".[100] Abhängig davon, welcher Kontraktpartner die Möglichkeit zur Kündigung hat, wird zwischen „Puttable Bond" und „Callable Bond" unterschieden. Bei einem Puttable Bond kann der Investor (Gläubiger) die Anleihe zu einem bestimmten Zeitpunkt wieder verkaufen. Ein Callable Bond bietet dem Emittenten (Schuldner) das Recht, die Schuldverschreibung zurückzuerwerben.[101]

---

[99] Zu Optionsschuldverschreibungen vgl. SÜCHTING (1995), S. 137-146; WÖHE u.a. (2009), S. 305-312.
[100] Vgl. zu diesen WIEDEMANN (2009), S. 335-367.
[101] Das Kündigungsrecht von Seiten des Emittenten wird häufig bei Wandelanleihen eingeräumt („Callable Convertible Bonds"), vgl. WIEDEMANN (2009), S. 410.

Anleihen mit einfachem Kündigungsrecht[102] (d.h. entweder der Inhaber oder der Emittent ist zur Kündigung berechtigt) kennzeichnen sich dadurch, dass es nur ein Datum gibt, zu dem der Ver- oder Rückkauf erfolgen kann. Mit mehrfachen Kündigungsrechten ausgestattete Anleihen[103] sehen mehrere Termine vor, zu denen diese verkauft oder zurückerworben werden können. Den Rückkaufpreis bzw. die Rückkaufpreise fixiert man bereits bei Begebung der Schuldverschreibung.

„Gewinnschuldverschreibungen" gelten ebenfalls als spezielle Varianten von Industrieobligationen.[104] Der Kreditgeber hat neben einem festen Basiszins einen mit der Dividende gekoppelten Gewinnanspruch. Alternativ kann auch gar kein fester Zinssatz vereinbart sein und nur ein Anteil am Ergebnis vergütet werden. Der Gläubiger ist – trotz seines Gewinnrisikos – stets kein Miteigentümer.

Gewinnschuldverschreibungen

„Anleihen ohne Laufzeitbegrenzung" bzw. „ewige Anleihen" („Perpetual Bonds") sind neben der sehr langen bzw. unendlichen Fälligkeit oftmals dadurch gekennzeichnet, dass die Zinszahlungen an einen Dividendenbeschluss der Gesellschaft gebunden werden, ein Kündigungsrecht von Seiten des Unternehmens besteht und der Obligation Zinssätze zu Grunde liegen, die mit zunehmender Laufzeit ansteigen.[105]

Ewige Anleihen

Schließlich lassen sich Anleihen auch unmittelbar bei Emission mit Zins- und Währungsswaps (▶ 2.6.3) kombinieren. Damit bietet sich für das Unternehmen die Möglichkeit, die zu Marktbedingungen aufgenommene Schuldverschreibung den individuellen Vorstellungen bezüglich Zins- und Währungsausstattung anzupassen, indem z.B. die ursprünglich feste Zinsverpflichtung in eine variable Zinsverpflichtung transformiert wird oder originäre künftige Auszahlungen in $ in solche in € umgewandelt werden.

Anleihen in Verbindung mit Zins- und Währungsswaps

2.4.3 Kreditzusagen

Bei Kreditzusagen kann man zwischen sicherungshalber bereitgestellten/erhaltenen Kreditzusagen und konditionsfixierenden Kreditzusagen unterscheiden.[106] Erstere sind z.B. Patronatserklärungen oder Kreditfazilitäten und haben den Charakter von Bürgschaften bzw. Finanzgarantien (▶ 2.4.4.2).

---

[102] Man spricht von „Single-Callable Bonds" bzw. „Single-Puttable Bonds".
[103] Diese heißen auch „Multi-Puttable Bonds" bzw. „Multi-Callable Bonds".
[104] Vgl. dazu und folgend WÖHE u.a. (2009), S. 312f.
[105] Vgl. FREIBERG (2006b), S. 28; MENTZ (2009), Rz. 130f.; PETERSEN/BANSBACH/DORNBACH (2011), S. 239f. Ausführlich zu ewigen Anleihen vgl. VATER (2006).
[106] Vgl. zu dieser Differenzierung LÜDENBACH (2012d), Rz. 215.

Im Rahmen der konditionsfixierenden Kreditzusagen wird wiederum zwischen für den Zusagennehmer (bzw. den möglichen Schuldner) optionalen und für ihn nicht-optionalen Kreditzusagen differenziert.[107] Optionale konditionsfixierende Kreditzusagen bieten dem Zusagennehmer das Recht, einen spezifizierten Kreditbetrag zu festgelegten Konditionen innerhalb einer vereinbarten Zeitspanne abrufen zu können.[108] Zivilrechtlich handelt es sich um einen Darlehensvertrag mit aufgeschobenem Auszahlungsanspruch, wobei der Zeitpunkt der Auszahlung ausschließlich vom Schuldner bestimmt werden kann. Im Fall des Abrufs der Kreditsumme von Seiten des Zusagennehmers muss der Zusagengeber den Betrag bereitstellen. Der Zusagennehmer geht über die Kreditzusage hingegen keine Abnahmeverpflichtung ein. Letzteres ist bei nicht-optionalen konditionsfixierenden Kreditzusagen hingegen nicht gegeben, d.h. der Zusagennehmer muss das Kreditgeschäft zu den vereinbarten Konditionen eingehen.[109] Optionale sowie nicht-optionale konditionsfixierende Kreditzusagen sind dem Wesen nach Finanzderivate, genauer gesagt Optionen bzw. Forwards (▶ 2.6.2).[110]

Bei optionalen konditionsfixierenden Kreditzusagen handelt es sich aus der Sicht des Zusagennehmers um eine Kaufoption; die von ihm gezahlte Bereitstellungsgebühr kann als Optionsprämie interpretiert werden. Der Zusagengeber geht eine Stillhalterposition ein.[111] Zwischen dem Abschluss und der Inanspruchnahme der Kreditzusage besteht ein Schwebezustand; innerhalb dieses Zeitraums gilt Folgendes:[112]

- Steigt bei einer Kreditzusage zu einem festen Zinssatz das Marktzinsniveau an, so bedeutet dies für den Zusagennehmer einen ökonomischen Vorteil (d.h. die Kreditzusage hat für ihn einen positiven Wert), denn er kann dadurch eine Finanzierung zu geringeren Kosten als momentan marktüblich erzielen. Umgekehrt resultiert für der Zusagengeber ein ökonomischer Nachteil; die Kreditzusage hat für ihn einen negativen Wert.

- Bei sinkendem Marktzinsniveau ergibt sich eine solche gegenläufige Wertentwicklung in entsprechender Höhe wegen des Optionscharakters der Kreditzusage nicht.

---

[107] Vgl. DELOITTE LLP (2011b), S. 41. Vgl. zudem VARAIN (2008), Rz. 9; KPMG IFRG LIMITED (2011), S. 1262 (7.1.200.10).
[108] Vgl. dazu und folgend GABER/BETKE (2011a), S. 13. Vgl. auch PwC (2011a), S. 3010 (3.31).
[109] Vgl. DELOITTE LLP (2011b), S. 41.
[110] Vgl. KPMG IFRG LIMITED (2011), S. 1262 (7.1.200.10); PwC (2011a), S. 3010 (3.31).
[111] Vgl. PwC (2011a), S. 3010 (3.31).
[112] Vgl. hierzu LÜDENBACH (2012d), Rz. 216.

2.4.4 Kreditsicherungsinstrumente
2.4.4.1 Grundlagen und Überblick

Kreditsicherungsinstrumente bieten dem Kreditgeber die Möglichkeit, sich aus den Sicherheiten zu bedienen, wenn der Kreditnehmer seinen Zahlungsverpflichtungen aus Zins und Tilgung nicht nachkommt.[113] Kreditsicherheiten lassen sich wie folgt unterteilen:

- nach der Sicherungsart, d.h. Personal- versus Realsicherheiten;
- nach dem Grad der Abhängigkeit von der gesicherten Forderung, d.h. akzessorische versus fiduziarische Sicherheiten.

Für „Personalsicherheiten" wie Bürgschaften und Garantien ist charakteristisch, dass sie schuldrechtliche Ansprüche des Sicherungsnehmers beinhalten. Neben dem Kreditnehmer haftet eine dritte Person für das Darlehen. „Realsicherheiten" wie Verpfändungen, Sicherungsübereignungen oder Sicherungsabtretungen kennzeichnen sich durch sachenrechtliche Ansprüche des Sicherungsnehmers: Dem Kreditgeber werden als Sicherheiten bestimmte Rechte an Vermögenswerten eingeräumt.

Personal- versus Realsicherheiten

Bestand, Umfang und Dauer einer „akzessorischen Sicherheit" hängen von Bestand, Umfang und Dauer der gesicherten Forderung ab. Eine gesonderte Übertragung des Sicherungsrechts ist nicht möglich; ferner kann es auch nicht für sich allein begründet werden. Beispiele für Sicherungsinstrumente, bei denen eine derartige vollkommene Verknüpfung zwischen Sicherheit und gesicherter Forderung vorliegt, sind Bürgschaften, Verpfändungen und Hypotheken. Charakteristisch für eine „fiduziarische Sicherheit" ist, dass der Sicherungsnehmer nach außen hin im Verhältnis zu Dritten als voll- und selbstständig berechtigter Inhaber der Sicherheiten gilt. Hingegen verpflichtet sich der Sicherungsnehmer im Innenverhältnis, von der Sicherheit keinen über den Sicherungszweck hinausgehenden Gebrauch zu machen.[114] Unter den Begriff der fiduziarischen Sicherheit fallen etwa Sicherungsübereignungen, Sicherungsabtretungen, Garantien und Grundschulden.

Akzessorische versus fiduziarische Sicherheiten

Im Folgenden wird auf die wesentlichen Kreditsicherheiten näher eingegangen. Der Aufbau richtet sich dabei nach der Unterteilung in Personal- und Realsicherheiten. Auf Beschreibungen zu Formen, die nicht eindeutig einer Sicherungsart zugeordnet werden können (wie z.B. die Wechselsicherung[115]), wird verzichtet. Ebenso finden diejenigen Sicherheiten keine Be-

---

[113] Zu Kreditsicherungsinstrumenten vgl. primär WÖHE u.a. (2009), S. 203-223; PERRIDON/STEINER/RATHGEBER (2009), S. 386-394.
[114] Dritte können sich auf dieses Innenverhältnis allerdings nicht berufen.
[115] Dabei nimmt der Kreditgeber ausschließlich für Sicherungszwecke einen vom Kreditnehmer begebenen Wechsel („Depotwechsel") herein. Sofern sich über den

2 Finanzwirtschaftliche Grundlagen

rücksichtigung, die primär zur Absicherung von Lieferantenkrediten zum Einsatz kommen (wie etwa der Eigentumsvorbehalt oder verschiedene Kreditversicherungen).

2.4.4.2 Personalsicherheiten

Bürgschaft

Bei einer „Bürgschaft" handelt es sich um einen Vertrag, durch den sich der Bürge (auch „Garant") gegenüber dem Gläubiger eines Dritten (auch „Begünstigter") verpflichtet, für die Verbindlichkeit(en) des Dritten (Schuldner) einzustehen (§§ 765 ff. BGB). Der Umfang der Haftung des Bürgen bestimmt sich nach dem jeweiligen Stand der Hauptschuld, d.h. akzessorisch.

– Forderungsabtretungsrechte

Im Fall der Inanspruchnahme sehen Bürgschaftsverträge in der Praxis oft Forderungsabtretungsrechte vor: Kommt es zur Zahlung des Bürgen an den Gläubiger bzw. Kreditgeber, geht die Forderung, die ursprünglich der Gläubiger gegenüber dem Schuldner hatte, auf den Bürgen über (siehe dazu Abbildung 2-4).[116]

Abbildung 2-4

Beteiligte und Ablauf einer Bürgschaft bei Nichtleistung des Kreditnehmers

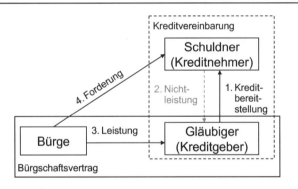

– Selbstschuldnerische Bürgschaft versus Ausfallbürgschaft

Kreditinstitute verlangen regelmäßig „selbstschuldnerische" Bürgschaften. Bei diesen verzichtet der Bürge auf die Einrede der Vorausklage, d.h. auf das Recht, die Befriedigung des Kreditgebers zu verweigern, wenn Letzterer nicht die Zwangsvollstreckung gegen den Kreditnehmer ohne Erfolg versucht hat. Bürgen im Rahmen einer „Ausfallbürgschaft" sind gegenüber dem Gläubiger hingegen nur zur Zahlung für Verbindlichkeiten verpflichtet, die nachweisbar nach einer durchgeführten Zwangsvollstreckung bestehen,

Wechsel neben dem Kreditnehmer noch weitere Personen verpflichtet haben, hat der Kreditgeber eine ähnliche Sicherungswirkung wie bei der Bürgschaft.
[116] Vgl. GRÜNBERGER (2006), S. 89.

wobei die Haftung des Bürgen hierbei normalerweise auf einen bestimmten Höchstbetrag begrenzt wird.

Neben dem Bürgschaftsvertrag zwischen dem Bürgen und dem Gläubiger besteht in der Regel noch ein so genannter „Geschäftsbesorgungsvertrag" (§§ 675 ff. BGB) zwischen dem Bürgen und dem Schuldner, der die Höhe des Entgelts für die Bürgschaftszusage (Prämie bzw. Avalprovision) festlegt.[117] Es handelt sich um einen Avalkredit (▶ 2.4.1.2).

Garantie

Generell verpflichtet sich der Garantiegeber innerhalb einer „Garantie" gegenüber dem Garantienehmer, für einen bestimmten künftigen Erfolg einzustehen. Im Gegensatz zu Bürgschaften sind Garantien weder gesetzlich geregelt noch vom Bestand der Hauptschuld abhängig.

In der Praxis häufig eingesetzt werden Zahlungs-, Liefer-, Bietungs-, Anzahlungs- und Gewährleistungsgarantien. „Zahlungsgarantien" sehen etwa vor, dass bei Eintritt festgelegter Bedingungen (z.B. der Nichtbegleichung einer Forderung nach einer bestimmten Zeit) die Zahlung einer gewissen Summe garantiert wird. „Gewährleistungsgarantien" bieten dem Käufer eines Produkts die Sicherheit, dass der Verkäufer seine vertraglichen Gewährleistungsverpflichtungen erfüllt: Der Käufer hat die Möglichkeit, durch Inanspruchnahme der Garantie seinen etwaigen Anspruch auf Kaufpreisminderung und/oder Schadensersatz sicherzustellen.

Covenants

Als „Covenants" werden zusätzliche vertragliche Vereinbarungen bezeichnet, über die sich der Kreditnehmer verpflichtet, bestimmte Handlungen vorzunehmen bzw. zu unterlassen oder bestimmte im Kreditvertrag festgelegte Finanzkennzahlen während der Laufzeit der Ausreichung einzuhalten. Es handelt sich um Nebenabreden in Darlehensverträgen oder Anleihebedingungen in Bezug auf Bedingungen und Ereignisse, die sich überwiegend auf finanzielle Größen beziehen, und deren Eintritt spezifizierte Rechtsfolgen auslösen können.[118] Bei Nichteinhaltung ist der Kreditgeber entweder berechtigt, die Kreditkonditionen zu modifizieren oder gar das eingeräumte Darlehen vor Fälligkeit zu kündigen und entsprechend neu zu verhandeln. Durch Covenants kann sich der Kreditgeber also gegen eine nach der Kreditgewährung eintretende Verschlechterung seiner Risikosituation absichern. Es können 2 Grundformen von Covenants unterschieden werden:[119]

---

[117] Vgl. LÜDENBACH/FREIBERG (2007), S. 650.
[118] Vgl. GABER/KANDEL (2008), S. 9. Beziehen sich die Vertragsklauseln auf nichtfinanzielle (subjektive) Kriterien wie z.B. die Aufrechterhaltung der Geschäftstätigkeit oder der Liquidität, werden diese als „Subjective Acceleration Clauses" bezeichnet.
[119] Vgl. dazu WÖHE u.a. (2009), S. 220-223; PERRIDON/STEINER/RATHGEBER (2009), S. 394f. Eine umfassendere Differenzierung nach den 4 Konfliktbereichen zwischen Eigen- und Fremdkapitalgebern nehmen GABER/KANDEL (2008), S. 10 vor.

Finanzwirtschaftliche Grundlagen

- „Affirmative Covenants": Der Kreditnehmer wird zu bestimmten Handlungen verpflichtet. Dies ist etwa der Fall, wenn Einschränkungen bezüglich der Besicherung anderer Gläubiger auferlegt werden (so genannte „Nichtbesicherungsklauseln" bzw. „Negative Pledges"; auch Negativklauseln). Ferner zählen dazu Klauseln, die den Verkauf von Vermögenswerten oder die Zahlung von Dividenden einschränken, oder Erklärungen, bei denen sich der Emittent verpflichtet, bestimmte Teile des Vermögens (insbesondere des Grundvermögens) nicht durch eine anderweitige Fremdkapitalaufnahme zu belasten bzw. zu beleihen.[120] Auch die Pflicht zur Offenlegung interner Unternehmensdaten und Finanzinformationen kann darunter gefasst werden.[121]

- „Financial Covenants": Der Kreditnehmer wird zur Einhaltung bestimmter Finanzkennzahlen (z.B. einer vorgegebenen Eigenkapitalquote, einer bestimmten Quote der Nettoverschuldung zu einer Gewinngröße oder zum Cashflow) verpflichtet. Es handelt sich um vertraglich bindende Zusicherungen, die über die Laufzeit des Kreditkontrakts gegeben werden.[122] Die Nichteinhaltung bzw. der Verstoß von Seiten des Kreditnehmers löst die vereinbarten Konsequenzen aus. Dem Kreditgeber kann bspw. das Recht zur teilweisen oder vollständigen Kündigung (sofortige außerordentliche Fälligstellung des Kredits) eingeräumt werden. Ggf. hat eine Nichteinhaltung auch eine Anpassung der Kreditkonditionen (Zinsen, Besicherungen), die Reduktion bestehender Kreditlinien oder die Sperrung von Ausschüttungen bzw. anderen Auszahlungen zur Folge.

2.4.4.3 Realsicherheiten

Verpfändung

Ein weiteres Instrument zur Kreditsicherung stellt die „Verpfändung" von beweglichen Sachen dar. Letztere können zur Sicherung einer Forderung derart belastet werden, dass der Gläubiger berechtigt ist, Befriedigung aus der Sache zu suchen (§§ 1204 ff. BGB). Das Recht zur Verpfändung setzt eine Einigung zwischen den Partnern und die Übergabe der Sache an den Gläubiger voraus. Wie im Fall der Bürgschaft ist das Pfandrecht streng akzessorisch, d.h. vom Vorhandensein der Hauptforderung abhängig. In der Regel werden von Nicht-Banken Wertpapiere und andere, nicht im Rahmen der operativen Geschäftstätigkeit eingesetzte finanzielle Vermögenswerte verpfändet.

---

[120] Vgl. auch PERRIDON/STEINER/RATHGEBER (2009), S. 185.
[121] Vgl. VATER (2010), S. 129, der dies als „Information Covenants" bezeichnet und darüber hinaus noch zwischen „General Covenants" und „Financial Covenants" unterscheidet.
[122] Vgl. dazu und folgend VATER (2010), S. 130-132. Vgl. auch ZWIRNER (2011), S. 59-61.

Instrumente zur Kreditaufnahme und Kreditsicherung

Sicherungsübereignung

Die nicht gesetzlich geregelte „Sicherungsübereignung" gleicht prinzipiell der Verpfändung – allerdings mit dem Unterschied, dass eine Übergabe der Sache nicht erforderlich ist. Das Sicherungsgut wird an den Sicherungsnehmer übereignet; Letzterer ist ggf. zur Verwertung der Sache berechtigt. An die Stelle der Übergabe des Sicherungsguts tritt ein Besitzmittlungsverhältnis nach § 930 BGB; die Sache verbleibt zur weiteren Nutzung im Besitz des Sicherungsgebers.[123]

Sicherungsabtretung (Zession)

Analog zur Übereignung von beweglichen Sachen können zu Sicherungszwecken auch Rechte und Forderungen abgetreten werden. Von besonderer praktischer Relevanz ist dabei die Abtretung („Zession") von Forderungen aus Lieferungen und Leistungen. Im Rahmen eines solchen Vertrags wird der Altgläubiger der Forderungen als „Zedent" und der Neugläubiger als „Zessionar" bezeichnet. Bei der Abtretung ist eine Benachrichtigung des Schuldners für die Wirksamkeit der Vereinbarung nicht notwendig. Im Fall der Nichtbenachrichtigung kann der Schuldner mit befreiender Wirkung an den Zedent zahlen; man spricht sodann von einer „stillen" Zession. Eine „offene" Zession liegt hingegen vor, wenn der Schuldner über die Abtretung informiert wurde. Bei einer offenen Zession ist der neue Kreditgeber besser geschützt, da der Schuldner mit befreiender Wirkung nur an ihn leisten kann. Eine stille Zession lässt sich über die Anzeige der Abtretung bei den Schuldnern in eine offene Zession umwandeln.

In der Praxis weisen die zu sichernden Kredite häufig eine längere Laufzeit auf als die sicherungshalber abgetretenen Forderungen. Daher werden neben Einzelabtretungen auch Mantelzessionen und Gobalzessionen eingesetzt. Eine „Mantelzession" bezeichnet eine Vereinbarung, bei welcher der Schuldner dem Gläubiger zur Sicherstellung des Kredits stets Forderungen in einer bestimmten Höhe abtritt und beglichene Forderungen jeweils durch neue ersetzt. Letztgenannter Forderungsaustausch erfolgt durch Übermittlung von Listen bzw. Rechnungen; erst nach Einreichung gilt die jeweilige Forderung als abgetreten. Ein Unterlassen der Übersendung geht für den Kreditgeber mit dem Ausfall an Sicherheiten einher. Bei einer „Globalzession" ist der Gläubiger besser geschützt: Der Kreditgeber tritt hierbei neben den gegenwärtigen auch die künftig entstehenden Forderungen ab, d.h. künftige Forderungen gehen bereits zum Abschlusszeitpunkt des Zessionsvertrags auf den Sicherungsnehmer über. Zur Begründung der Forderungsabtretung nicht notwendig ist die Übermittlung von Listen bzw. Rechnungen. Jedoch müssen die abgetretenen künftigen Forderungen hinreichend bestimmt sein.

---

[123] Ferner setzt eine Sicherungsübereignung voraus, dass das Sicherungsgut im Sicherungsvertrag zweifelsfrei bestimmt ist.

2 Finanzwirtschaftliche Grundlagen

Grundpfand-rechte

„Grundpfandrechte" bezeichnen dingliche Rechte an Grundstücken, die unabhängig von dessen jeweiligem Eigentümer bestehen können. Dem Gläubiger wird dabei im Fall nicht termingerechter und/oder unvollständiger Leistung der Zins- und Tilgungszahlungen des Kreditnehmers die Möglichkeit eingeräumt, sich aus dem Grundstück zu bedienen. Die Entstehung dieses Rechts setzt die Eintragung in das Grundbuch beim zuständigen Grundbuchamt voraus. Zur Kreditsicherung geeignete Grundpfandrechte sind die „Hypothek" (§§ 1113 ff. BGB) und die „Grundschuld" (§§ 1191 ff. BGB). Erstere hat akzessorischen Charakter, wohingegen die Grundschuld fiduziarisch ist.

2.5 Alternative (nicht-kreditbezogene) Finanzierungsinstrumente

2.5.1 Verkauf von Forderungen (Factoring, Forfaitierung)

Begriff des Factoring

Der laufende, vertraglich festgelegte An- bzw. Verkauf von Forderungen aus Lieferungen und Leistungen wird als „Factoring" bezeichnet.[124] Als Käufer bzw. „Factor" fungiert ein spezielles Finanzierungsinstitut oder eine Bank, welche bestimmte Servicefunktionen (Debitorenbuchhaltung, Inkasso- und Mahnwesen) sowie häufig auch das Ausfallrisiko für die Posten übernimmt (so genannte „Delkrederefunktion").

Vollumfängliche Factoring-Transaktion

Im Rahmen einer „vollumfänglichen" Factoring-Transaktion veräußert ein Unternehmen (der „Anschlusskunde") generell sämtliche während der Vertragslaufzeit entstehenden Forderungen rechtswirksam an den Factor, der im Weiteren den Einzug und die damit verbundenen Verwaltungsaufgaben sowie das Ausfallrisiko übernimmt. In der Regel erhält der Anschlusskunde 80-90% des Forderungswerts; der Abschlag umfasst neben der impliziten Verzinsung des Auszahlungsbetrags bis zur Fälligkeit primär einen Sicherheitseinbehalt zur Abdeckung des „Veritäts- bzw. Bestandsrisikos". Darunter wird die Gefahr verstanden, dass die Forderungen keinen rechtlichen Bestand haben (z.B. bei Kürzungen der Rechnungsbeträge durch die Forderungsschuldner wegen Mängelrügen, Warenrücksendungen oder Skonti). Der Anschlusskunde bezahlt für die Übernahme der forderungsbezogenen Verwaltungsaufgaben und des Ausfallrisikos eine Dienstleistungs-

---

[124] Vgl. zum Factoring grundlegend HERMANN (2006). Vgl. auch SÜCHTING (1995), S. 195-198; WÖHE u.a. (2009), S. 334-337; PERRIDON/STEINER/RATHGEBER (2009), S. 442-444 oder m.w.V. REILAND (2006), S. 43-47.

2.5 Alternative (nicht-kreditbezogene) Finanzierungsinstrumente

gebühr bzw. eine Risikoprämie. Beteiligte und Ablauf einer vollumfänglichen Factoring-Transaktion sind in Abbildung 2-5 dargestellt.

Factoring versus Forfaitierung

Auch hinter der „Forfaitierung" verbirgt sich der Verkauf von Forderungen.[125] Bei der Abgrenzung zum Factoring wird normalerweise darauf abgestellt, dass die Forfaitierung keine laufende Übertragung der Forderungen innerhalb der Vertragslaufzeit vorsieht, sondern nur einzelne, bereits bestehende (mittel- bis langfristige) Forderungen transferiert werden. Als weiteres Unterscheidungsmerkmal zum Factoring gilt, dass der Forderungskäufer („Forfaiteur") regelmäßig keine Dienstleistungsfunktion übernimmt.

Echtes versus unechtes Factoring

Wird das Ausfallrisiko an den Factor übertragen, spricht man von „echtem" Factoring. Der Factor kauft die Forderungen in diesem Fall ohne Rückgriffsrecht auf den Anschlusskunden an. Ein „unechtes" Factoring liegt hingegen vor, wenn das Ausfallrisiko beim Veräußerer zurückbleibt.[126]

Beteiligte und Ablauf einer vollumfänglichen Factoring-Transaktion — *Abbildung 2-5*

Offene versus stille Forderungsabtretung

Ferner kann danach unterschieden werden, ob der Anschlusskunde die Rechte gegenüber den Schuldnern über eine offene oder eine stille Forderungsabtretung (Zession ▶ 2.4.4.3) überträgt.[127] Hierbei sind auch Änderungen im Zeitverlauf möglich. So kann zunächst eine stille Forderungsabtretung vereinbart werden, wobei der Käufer jedoch das Recht hat – z.B. im Fall von Vertragsverletzungen des Abtretenden – die Umwandlung in eine offene Abtretung zu bewirken.

---

[125] Zur Forfaitierung vgl. WÖHE u.a. (2009), S. 363-365.
[126] Beim unechten Factoring haben die Parteien wirtschaftlich betrachtet ein Kreditgeschäft abgeschlossen.
[127] Vgl. LÜDENBACH (2012d), Rz. 25.

2 Finanzwirtschaftliche Grundlagen

Ausfallrisiko-teilung

Darüber hinaus ist hinsichtlich der Delkrederefunktion eine Aufteilung denkbar, d.h. der Anschlusskunde überträgt nicht das gesamte Ausfallrisiko auf den Factor, sondern ist diesem bis zu einem bestimmten Betrag nach wie vor ausgesetzt („Ausfallrisikoteilung"). Dies ist etwa der Fall, wenn die Parteien vereinbaren, dass der Anschlusskunde nicht erfüllte bzw. final ausgefallene Forderungen anteilig zurückkaufen oder gegen neue Forderungen austauschen muss. Eine Teilung des Ausfallrisikos liegt ferner vor, wenn die Bestimmungen Ausgleichszahlungen bzw. die Erstattung des bevorschussten Betrags an den Factor vorsehen. Gleiches gilt im Fall einer Sicherheitenstellung des Anschlusskunden über die veräußerten Forderungen hinaus, auf die der Factor bei Ausfall der Forderungen und einer Nichterfüllung der Regressansprüche durch den Anschlusskunden zurückgreifen kann. Ebenfalls mit einer Ausfallrisikoteilung verbunden sind Vereinbarungen, bei denen der Anschlusskunde zum Übertragungszeitpunkt einen höheren Kaufpreisabschlag hinnimmt bzw. eine höhere Ausfallrisikoprämie bezahlt, hingegen nachträgliche Kaufpreiszahlungen erhält oder die Ausfallrisikoprämie teilweise wieder erstattet bekommt, sofern der Forderungsausfall geringer ist als erwartet. Auch können erfolgsabhängige Inkassogebühren vereinbart werden, die zur Folge haben, dass beide Parteien am Ausfallrisiko teilhaben.

Factoring-Kosten

Für die Abnahme der Forderungen stellt der Factor bankübliche Sollzinsen in Rechnung; zudem wird eine Gebühr für die Übernahme der Dienstleistungen verlangt, die sich als Anteil am Rechnungsbetrag bestimmt. Für den Fall, dass der Factor das Ausfallrisiko trägt, fällt für den Anschlusskunden darüber hinaus eine Delkrederegebühr an.

2.5.2 Verbriefungen (ABS-Transaktionen)

Wesen von ABS-Transaktionen

Bei „Verbriefungen" bzw. „Asset-Backed-Securities-Transaktionen" (ABS-Transaktionen) wird ein exakt definiertes Portfolio von Forderungen eines Unternehmens (dem „Originator") vor dessen Fälligkeit an überwiegend eigens zu diesem Zweck gegründete Finanzierungsgesellschaften („Zweckgesellschaften" bzw. „Special Purpose Entities/Vehicles") veräußert. Diese wiederum refinanzieren den Ankauf durch Verbriefung der Forderungen und deren Platzierung am Geld- oder Kapitalmarkt (bei Investoren).[128] Die künftigen Zahlungsansprüche der Investoren (Zins und Tilgung) werden mit den von den Zweckgesellschaften erworbenen Forderungen besichert.

---

[128] Vgl. zu ABS-Transaktionen BUND (2000); SCHNEIDER/DROSTE (2002); NACHTWEY/WÖRNER (2005); HEINRICH (2005), S. 51-55; REILAND (2006), S. 48-54; APP/KLEIN (2006); HARTMANN-WENDELS/PFINGSTEN/WEBER (2007), S. 301-312; JENDRUSCHEWITZ/NÖLLING (2007); PERRIDON/STEINER/RATHGEBER (2009), S. 444-453; WÖHE u.a. (2009), S. 337-347.

2.5 Alternative (nicht-kreditbezogene) Finanzierungsinstrumente

Verbriefungsarten

Für Nicht-Banken sind primär ABS-Transaktionen in Verbindung mit Forderungen aus Lieferungen und Leistungen relevant.[129] Derartige Forderungsverbriefungen gehören zu den „ABS im engeren Sinne". Nach der Forderungsart werden weitere Produkttypen unterschieden („Collateralized Debt Obligations", „Mortage Backed Securities"), die zu den „ABS im weiteren Sinne" gehören.[130]

Nach der Art des Risikotransfers wird zwischen 2 Verbriefungsvarianten differenziert:

- „Reguläre" oder „traditionelle" Verbriefung: Der Originator transferiert ein selektives Forderungsportfolio inklusive der damit verbundenen Rechte und Pflichten an die Zweckgesellschaft, und zwar im rechtlichen Sinne einer Eigentumsübertragung („True Sale"). Die Verwaltung der übertragenen Forderungen („Servicing") verbleibt dabei in der Regel beim Originator. Abbildung 2-6 zeigt den Ablauf und die wesentlichen Beteiligten einer traditionellen ABS-Transaktion.

- „Synthetische" Verbriefung: Es erfolgt nur die Übertragung des Ausfallrisikos, ohne die Forderungen selbst zu transferieren. Hierzu wird auf Kreditderivate (▶ 2.6.1) zurückgegriffen.

Risikogestaffelte Emission

Die Zweckgesellschaften verbriefen die Forderungen in Strukturierungseinheiten, die mit unterschiedlichem Risikogehalt ausgestattet sind, d.h. die Emissionen werden in risikogestaffelten Wertpapiertranchen durchgeführt. Die Rückzahlung der emittierten Wertpapiere hängt direkt von der Qualität sowie vom Verlusthaftungsrang der jeweiligen Tranche ab und erfolgt nach dem so genannten „Wasserfallprinzip". Dieses sieht vor, dass den Investoren sowohl die eingehenden Zahlungen aus dem zu Grunde liegenden Forderungsportfolio als auch etwaige Verluste aus Forderungsausfällen entsprechend einer festen Reihenfolge zugewiesen werden. Zunächst wird die vertraglich festgelegte höchstrangigste Wertpapiertranche bedient, danach folgen die jeweils im Rang darunter liegenden Tranchen. Die Verlustzuweisung erfolgt hingegen einem umgekehrten Wasserfallprinzip, d.h. entstehende Forderungsausfälle werden zuerst den nachrangigsten und danach der Tranche mit dem nächst höherem Rang zugeordnet. Durch die Verteilungssystematik ergeben sich unterschiedliche Risikoprofile; Konzentrationen der Ausfallrisiken entstehen vor allem in den unteren Tranchen. Für die Übernahme der unterschiedlichen Risikoprofile werden unterschiedliche Risikoaufschläge bezahlt. Zusammen mit anderen Faktoren wie insbesondere den Besicherungsmaßnahmen begründen die Risikoprofile das Rating der

---

[129] Vgl. z.B. die GB 2006 der DEUTSCHEN TELEKOM, S. 146 und CONTINENTAL, S. 126 sowie den GB 2005/2006 von THYSSENKRUPP, S. 137.
[130] Vgl. hierzu weiterführend die Übersichten in NACHTWEY/WÖRNER (2005), S. 10 oder PERRIDON/STEINER/RATHGEBER (2009), S. 446.

jeweiligen Tranche. Die Ratings (▶ 2.1.10.1) werden von Ratingagenturen bestimmt.

Abbildung 2-6 **Wesentliche Beteiligte und Ablauf einer traditionellen ABS-Transaktion**

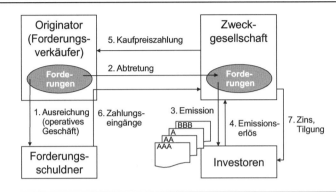

Weitere Organe und Ablauf

In den Verbriefungsprozess sind neben dem Originator, den Zweckgesellschaften, den Investoren und den Ratingagenturen noch weitere Organe wie bspw. Dienstleister sowie Bereitsteller von Sicherungsmechanismen und Liquiditätsbeihilfen involviert.[131]

Die Forderungen werden in der Regel durch rechtswirksame Abtretung (Zession ▶ 2.4.4.3) der Rechte vom Originator auf die Zweckgesellschaft übertragen.[132] Der Kaufpreis ist zum einen abhängig davon, welche Funktionen der Originator erfüllt. Normalerweise übernimmt dieser die Forderungsverwaltung (Einzug);[133] er leitet die Forderungsrückflüsse an die Zweckgesellschaft weiter und erhält dafür eine Service-Gebühr, welche meist implizit bei der Bestimmung des Kaufpreises berücksichtigt wird. Zum anderen finden beim Kaufpreis die Ausfall- und Veritätsrisiken der Forderungen Berücksichtigung.

Regelmäßig werden Bankenkonsortien zur Platzierung der ABS am Geld- oder Kapitalmarkt betraut. Im Fall einer traditionellen Verbriefung leitet die Zweckgesellschaft die Emissionserlöse umgehend (d.h. vor Fälligkeit der Forderungen) an den Originator weiter; sie stellen den Kaufpreis für das Forderungsportfolio dar.

---

[131] Vgl. zu diesen weiterführend z.B. SCHNEIDER/DROSTE (2002), S. 393-396; REILAND (2006), S. 77-80.

[132] Dabei kann die Forderungsabtretung auch still erfolgen, vgl. NACHTWEY/WÖRNER (2005), S. 14.

[133] Im Unterschied zum Factoring verbleibt die Forderungsverwaltung also meist beim Veräußerer.

Alternative (nicht-kreditbezogene) Finanzierungsinstrumente 2.5

Kurzfristige (operative) Forderungen werden meist über die Begebung von Commercial Papers (▶ 2.4.1.3) finanziert, die Laufzeiten zwischen 30 und höchstens 60 Tagen haben. Die Zinszahlungen an Investoren orientieren sich in der Regel an einem Referenzzinssatz, auf den ein ausfallrisikoabhängiger Aufschlag (Bonitätsrisikoprämie) zu leisten ist.

Emission über Commercial Papers

Aus Finanzierungskostengründen wird das Rating der emittierten Wertpapiere meist durch Besicherungsmaßnahmen („Credit Enhancements") verbessert.[134] Dies kann zum einen intern, d.h. durch den Originator selbst oder durch eine bestimmte Ausgestaltung der Verbriefungsstruktur, erfolgen. Hierzu stehen folgende Instrumente zur Verfügung:

Besicherungsmaßnahmen

– interne

- „Overcollateralisation" bzw. „wirtschaftliche Übersicherung": Das übertragene Forderungsvolumen übersteigt den Nominalwert der emittierten Wertpapiere.[135]

- „Subordination": Es erfolgt eine Unterteilung der Wertpapieremission in qualitativ unterschiedliche Tranchen, die in einem Nachrangigkeitsverhältnis zueinander stehen. Die Verzinsung der Tranchen ist an die jeweilige Risikoausstattung gekoppelt. Über Kreditverbesserungsmaßnahmen wird die erste Tranche („Senior Tranche") so weit abgesichert, dass sie zumeist ein AAA-Rating bekommt. Die 2. (nachrangige) Tranche („Junior Tranche") beinhaltet den größten Teil des Ausfallrisikos.

- „Spread Account": Dabei handelt es sich um Reservefonds aus Überschüssen zum Ausgleich von Forderungsausfällen.

- „Cash Collateral Account": Dies sind an die Zweckgesellschaft verpfändete Geldeinlagen des Originators (Barsicherheiten).

- „Short Put": Der Originator verpflichtet sich, ausfallgefährdete bzw. überfällige Forderungen von der Zweckgesellschaft zurückzuerwerben.

Die vorstehend genannten Credit Enhancements haben zur Folge, dass die Ausfallrisiken – trotz der rechtlichen Übertragung der Forderungen auf die Zweckgesellschaft – zumindest teilweise beim Originator verbleiben.[136]

Zum anderen können die Besicherungsmaßnahmen gegen die Zahlung von Prämien auch extern über Drittparteien (Banken, Versicherungen) erfolgen. Hierzu kommen die folgenden Instrumente in Frage:

– externe

- „Standby Letter of Credit": Bankgarantie für eine fristgerechte Bedienung der Wertpapiere;

---

[134] Vgl. dazu und folgend primär NACHTWEY/WÖRNER (2005), S. 11. Vgl. auch SCHNEIDER/DROSTE (2002), S. 389-391; JENDRUSCHEWITZ/NÖLLING (2007), S. 219f.
[135] Eine Variante der Übersicherung stellt auch der sofortige Einbehalt eines Anteils am Emissionserlös dar.
[136] Vgl. LOTZ (2005), S. 36; LÜDENBACH (2012d), Rz. 75.

Finanzwirtschaftliche Grundlagen

- „Kreditversicherungen": Absicherung des Forderungsausgleichs durch entsprechende Kreditversicherungen;

- „Financial Guaranty Insurance": vertraglich bestimmte Bürgschaften und Finanzgarantien von Versicherungen zugunsten der Zweckgesellschaft.

Einmalige Kosten

Bei ABS-Transaktionen entstehen einmalige Fremdleistungskosten („Up-Front Fees") für die Vorbereitung und Implementierung der Verbriefung (z.B. für Ratinganalysen, Rechtsberatung, Wirtschaftsprüfergutachten, Platzierung) sowie für die Besicherung, Auflegung und Börseneinführung der emittierten Wertpapiere. Dafür werden in der Regel feste Beträge vereinbart.

2.5.3 Leasing

„Leasing" steht für die entgeltliche Nutzungsüberlassung eines Wirtschaftsguts auf Zeit durch Unternehmen (insbesondere Finanzierungsinstitute), die ein solches Mietgeschäft gewerblich betreiben.[137] Im Unterschied zu herkömmlichen Mietkontrakten besteht bei Leasingverträgen eine größere rechtliche Gestaltungsfreiheit.

Grundformen

In Bezug auf den Verpflichtungscharakter des Leasingvertrags können allgemein 2 Leasing-Grundformen unterschieden werden:

- „Operating-Leasing": Diese Kontrakte sind von beiden Vertragspartnern jederzeit unter Einhaltung gewisser Fristen kündbar. Es werden weder feste Grundmietzeiten vereinbart noch ist eine Kündigung mit Konventionalstrafen verbunden. Demnach handelt es sich um herkömmliche Mietverträge im Sinne des BGB. Da bei vorzeitiger Kündigung des Vertrags die Summe der Leasingraten die Anschaffungskosten des Leasinggegenstands nicht deckt, trägt beim Operating-Leasing im Wesentlichen der Leasinggeber das Investitionsrisiko.

- „Finanzierungsleasing": Die Vereinbarungen beinhalten eine feste Grundmietzeit und die Kontrakte können beidseitig nicht gekündigt werden. Die Grundmietzeit ist normalerweise geringer als die wirtschaftliche Nutzungsdauer. Meistens werden die während der Grundmietzeit zu zahlenden Mietbeträge so berechnet, dass sie die Kosten (Anschaffung, Zinsen, Risiken, Betrieb) decken und dem Leasinggeber ein Gewinn entsteht. Entgegen dem Operating-Leasing trägt beim Finanzierungsleasing eher der Leasingnehmer das Investitionsrisiko.

---

[137] Vgl. zum Leasing z.B. SÜCHTING (1995), S. 170-182; WÖHE u.a. (2009), S. 318-324; PERRIDON/STEINER/RATHGEBER (2009), S. 453-465.

Nach IFRS wird ein Mietverhältnis als Finanzierungsleasingvertrag eingestuft, wenn der Leasingnehmer im Wesentlichen die Chancen und Risiken trägt (▶ 3.3.6.3). Hat diese der Leasinggeber, so handelt es sich um Operating-Leasingverträge.

2.6 Finanzderivate

2.6.1 Grundlagen und Einordnung

Derivate Kontrakte („Derivate") kennzeichnen sich generell durch die folgenden Eigenschaften:

- Es besteht eine wertmäßige Abhängigkeit zu einer Bezugsgröße.
- Das Geschäft wird in der Zukunft abgewickelt.

Auf Grund der künftigen Geschäftsabwicklung spricht man bei Derivaten auch von „Termingeschäften".[138] Bei „Kassageschäften" hingegen erfolgt der Austausch und die Bezahlung sofort („per aktueller Valuta", normalerweise innerhalb von 2 Tagen). Kassageschäfte wie z.B. das Devisenkassageschäft, bei dem man eine Fremdwährung zum momentan geltenden Kurs kaufen oder verkaufen kann, gelten daher in der Regel nicht als Derivate.

Derivate nach Basiswerten

Tabelle 2-9

Finanzderivate	Warenderivate	Sonstige Derivate
Basiswerte aus dem finanzwirtschaftlichen Bereich, z.B.	Basiswerte aus dem güterwirtschaftlichen Bereich, z.B.	Sonstige Basiswerte, z.B. ▪ Bonitätsratings (Kreditderivate)
▪ Zinssätze/-indizes	▪ Rohstoffpreise/-indizes	▪ klimatologische Variablen (Wetterderivate)
▪ Aktienkurse/-indizes	▪ Warenpreise/-indizes	
▪ Wechselkurse/-indizes		▪ geologische Variablen (Katastrophenderivate)

Wie aus Tabelle 2-9[139] ersichtlich ist, haben „Finanzderivate" Bezugsgrößen bzw. Basiswerte aus dem finanzwirtschaftlichen Bereich. Nicht-Banken ge-

Warenderivate

---

[138] Sofern diese gehandelt werden, findet der Handel auf Terminmärkten statt, siehe dazu Abschnitt 2.3.1. Vgl. zu Termingeschäften generell z.B. PERRIDON/STEINER/RATHGEBER (2009), S. 309-347.
[139] Entnommen aus SCHWARZ (2006), S. 12.

hen überwiegend Finanzderivate ein, die als Bezugsgrößen Zinssätze und Wechselkurse (so genannte „Zinsderivate" und „Währungsderivate") aufweisen. In den folgenden Abschnitten werden die für Nicht-Banken wesentlichen Formen und Arten von Zins- und Währungsderivaten näher beschrieben.

„Warenderivate" bzw. „Warentermingeschäfte" sind Verträge über den Kauf oder Verkauf genau definierter Mengen von nicht-finanziellen Posten bzw. Gütern, bei denen die Leistungserbringung nicht zum Zeitpunkt des Vertragsabschlusses, sondern zu einem im Kontrakt festgelegten, späteren Lieferungs- bzw. Erfüllungszeitpunkt erfolgt. Als typische Beispiele für Kauf- oder Verkaufsobjekte gelten Agrargüter (Mais, Sojabohnen, Weizen), Energie (Erdöl, Erdgas, Elektrizität[140]) oder Metalle (Stahl, Kupfer, Edelmetalle). Viele dieser Basiswerte können über Terminbörsen gehandelt werden.[141]

Charakteristisch für Warentermingeschäfte ist, dass ihre Vertragsbedingungen regelmäßig nur eine physische Lieferung des gekauften oder verkauften Guts vorsehen, d.h. die Absicht oder Möglichkeit zum vorzeitigen Barausgleich etwa über eine Börse besteht nicht. Meistens und insbesondere bei börsengehandelten Kontrakten können sich die Vertragsparteien der Liefer- bzw. Abnahmepflicht allerdings entziehen, indem sie kompensierende Gegengeschäfte mit gleichem Fälligkeitstermin eingehen.

Wetter- und Katastrophenderivate

„Wetterderivate" verwenden meteorologische Daten wie z.B. die Temperatur oder eine Niederschlagsmenge als Bezugsgrößen. In der Regel handelt es sich um nicht-standardisierte Kontrakte, welche mit Banken oder Versicherungen abgeschlossen werden. Gleiches gilt für „Katastrophenderivate", die sich auf ein definiertes Katastrophenereignis (z.B. ein Erdbeben oder einen Wirbelsturm) beziehen.

Kreditderivate

„Kreditderivate" dienen zur Abspaltung von Kreditrisiken originär eingegangener Kreditbeziehungen, d.h. über sie lassen sich Ausfallrisiken an Dritte transferieren.[142]. Bedeutende Formen von Kreditderivaten sind der Credit Default Swap und der Total Return Swap.

Beim „Credit Default Swap" (CDS) handelt es sich um eine Vereinbarung, im Rahmen derer ein Risikokäufer eine Ausfallzahlung leistet, falls ein bestimmtes Kreditereignis („Credit Event") eingetreten ist.[143] Im Gegenzug bezahlt der Risikoverkäufer eine regelmäßige Prämie („CDS Spread"), die in

---

[140] Man spricht dann von „Stromderivaten", vgl. WALLBAUM (2005), S. 34.
[141] So lassen sich bspw. Derivate auf Strom, Kohle und Gas über die EEX („European Energy Exchange") in Leipzig abschließen. Für eine Beschreibung nationaler und internationaler Stromhandelsmärkte vgl. WALLBAUM (2005), S. 7-12.
[142] Vgl. zu Kreditderivaten z.B. HEINRICH (2005); HARTMANN-WENDELS/PFINGSTEN/WEBER (2007), S. 297-301.
[143] Vgl. zur Grundstruktur und zu den Merkmalen eines CDS auch SCHUBERT (2011), S. 220f.

Basispunkten auf den abgesicherten Nominalwert bestimmt wird. Der CDS-Vertrag endet bei Fälligkeit oder mit dem Eintritt des Kreditereignisses. Wann Letzteres der Fall ist, wird in Bezug auf den Referenzwert (eine oder mehrere Anleihen bzw. Kredite des genau spezifizierten Schuldners) bestimmt. Kreditereignisse sind üblicherweise Insolvenz, Zahlungsausfall oder Neustrukturierung von Schulden. Dank der zunehmenden Standardisierung sind CDS-Kontrakte auf große Unternehmen mittlerweile sehr gut über die OTC-Märkte (▶ 2.3.3) handelbar; CDS Spreads werden für verschiedene Laufzeiten angeboten.

Ein „Total Return Swap" (TRS) ist ein Kontrakt, bei dem einem Investor (Risikokäufer) die Möglichkeit zum Erhalt von Cashflows aus dem Verkauf oder dem Kauf eines Finanzinstruments (z.B. einer Anleihe oder einem Kredit) gewährt wird, ohne dass der Investor den Posten tatsächlich erworben oder veräußert hat. Damit kann Letzterer das Finanzinstrument bilanzneutral nachbilden. Im Unterschied zum CDS werden beim TRS-Vertrag neben dem reinen Zahlungsausfallrisiko („Default") auch das ratingbezogene Kreditrisiko – d.h. das Risiko, dass sich der Risikoaufschlag erhöht – sowie Marktpreisrisiken (z.B. Veränderungen der Zinssätze, Wechselkurse) getauscht. Ferner hat der TRS nicht annähernd die Marktpräsenz wie der CDS.

2.6.2 Systematisierung von Finanzderivaten

Termingeschäfte können entsprechend ihres Risikoprofils bzw. dem Grad der Erfüllungspflicht unterteilt werden:[144]

- „Unbedingte" bzw. „symmetrische" Termingeschäfte: Beide Vertragspartner gehen eine Verpflichtung ein.

- „Bedingte" bzw. „asymmetrische" Termingeschäfte: Nur ein Vertragspartner geht eine Verpflichtung ein, die andere Partei hat ein Recht bzw. eine Option.

Unterscheidung nach dem Risikoprofil

Die Unterscheidung „symmetrisch" versus „asymmetrisch" bezieht sich auf die Wertentwicklung des Derivats in Relation zum Basiswert (dem „Underlying"): Bei symmetrischen Termingeschäften führt eine Wertänderung des Underlying stets zu einer gleichförmigen Wertänderung des Derivats, wohingegen bei asymmetrischen Termingeschäften eine Wertänderung des Basiswerts mit einer eingeschränkten Wertänderung des Derivats verbunden ist.

---

[144] Vgl. dazu und zur weiteren Systematisierung von Derivaten SCHMIDT (2006b), S. 2f.

2 Finanzwirtschaftliche Grundlagen

Unter die symmetrischen Derivate fallen Swaps-, Forwards und Futures. Optionen sind stets asymmetrische Termingeschäfte. Abbildung 2-7 führt verschiedene Arten von Zins- und Währungsderivaten gruppiert nach diesen Grundformen auf.[145]

Abbildung 2-7 | *Zins- und Währungsderivate im Überblick*

	symmetrisch			asymmetrisch
	Swaps	**Forwards**	**Futures**	**Optionen**
Zinsderivate	▪ Zinsswap	▪ Forward Rate Agreement	▪ Zins-Future	▪ Cap, Floor, Collar ▪ Swaption
Währungsderivate	▪ Devisenswap ▪ Währungsswap ▪ Zins-/Währungsswap	▪ Devisentermingeschäft	▪ Währungs-Future	▪ Devisenoption

Swaps

„Swaps" sind außerbörsliche Termingeschäfte, bei denen 2 Kontraktpartner vereinbaren, in der Zukunft Zinszahlungen und/oder Fremdwährungsbeträge zu tauschen.[146] Die getauschten Zahlungsströme beziehen sich jeweils auf den Nominalbetrag des Swap und können entweder variabel (d.h. abhängig von einem veränderlichen Referenzzinssatz) oder fest (d.h. über die gesamte Laufzeit konstant) sein. Bei Swapgeschäften unterscheidet man die folgenden Grundformen:

1. Währungstausch: z.B. den Tausch einer festverzinslichen €-Verbindlichkeit in eine festverzinsliche $-Verbindlichkeit.

2. Zinstausch:

    ▪ variabel in fest oder umgekehrt, z.B. den Tausch von variabel verzinslichen Euromarktgeldern mit Zinsbasis LIBOR in festverzinsliche Verbindlichkeiten;

    ▪ variabel in variabel, z.B. den Tausch einer $-Verbindlichkeit auf Commercial-Paper-Zinssatzbasis in eine €-Verbindlichkeit auf LIBOR-Zinsbasis.

---

[145] Die Derivate-Grundformen sind auch für Warenderivate gebräuchlich. Für eine Beschreibung der Merkmale von Strom-Forwards, -Futures, -Swaps und -Optionen vgl. WALLBAUM (2005), S. 36-52.

[146] Vgl. dazu und folgend auch WÖHE u.a. (2009), S. 388-393.

3. Zins- und Währungstausch: Verbindung von 1. und 2., z.B. den Tausch einer festverzinslichen €-Anleihe in eine variabel verzinsliche $-Verbindlichkeit.

Für „Forwards" ist typisch, dass 2 Vertragspartner vereinbaren, künftig bestimmte finanzielle oder nicht-finanzielle Posten zu liefern oder abzunehmen. Gleiches gilt für „Futures", wobei es sich bei diesen um börsengehandelte, standardisierte Termingeschäfte handelt.[147] Abbildung 2-7 enthält mit dem Zins- und dem Währungsfuture 2 Ausprägungen von Futures. Daneben werden derartige Termingeschäfte etwa auf Aktien, Waren- oder Rohstoffindizes gehandelt. Futures sind im Gegensatz zu Forwards nicht auf die tatsächliche Erfüllung (Lieferung) des Vertrags angelegt. Es wird vielmehr beabsichtigt, das Geschäft vor Fristablauf durch ein Gegengeschäft glattzustellen.

Forwards, Futures

„Optionen" sind grundsätzlich Vereinbarungen, bei denen einem Vertragspartner das Recht eingeräumt wird, in der Zukunft innerhalb eines bestimmten Zeitraums („amerikanische" Variante) oder zu einem bestimmten Zeitpunkt („europäische" Variante) mit einem anderen Vertragspartner („Stillhalter") ein festgelegtes Vertragsverhältnis einzugehen bzw. vom Stillhalter die Zahlung eines hinsichtlich seiner Bestimmungsgrößen festgelegten Geldbetrags zu verlangen.[148]

Optionen

Das Recht, einen Basiswert (bzw. ein Underlying) zu kaufen, wird als „Kaufoption" („Call Option") bezeichnet; einen Basiswert zu verkaufen, nennt man „Verkaufsoption" („Put Option"). Da für jede dieser Optionsarten 2 Vertragspartner – der Käufer und der Verkäufer – bestehen, ergeben sich 4 mögliche Positionen (siehe Tabelle 2-10[149]). Sofern das Unternehmen die Position des Verkäufers bzw. Stillhalters einnimmt, spricht man auch von „geschriebenen" Optionen.

Der festgelegte Kauf- oder Verkaufspreis wird als „Basis- oder Ausübungspreis" („Exercise Price" bzw. „Strike Price") bezeichnet. Für das Recht bezahlt der Berechtigte normalerweise eine so genannte „Optionsprämie" („Option Premium").

Der Preis einer Option bestimmt sich durch den „inneren Wert" („Intrinsic Value") und den „Zeitwert" („Time Value"). Der innere Wert entspricht der Differenz aus dem aktuellem Marktpreis des Basiswerts und dem Ausübungspreis. Bei einer Kaufoption ist der innere Wert positiv (d.h. „im

---

[147] Vgl. zu Forward/Future-Geschäften auch BLATTNER (1997), S. 86-99; MÜLLER-MÖHL (2002), S. 29-35.
[148] Vgl. zu Optionen z.B. auch SÜCHTING (1995), S. 69-75; BLATTNER (1997), S. 99-107; MÜLLER-MÖHL (2002), S. 49-65; SCHMIDT (2006b), S. 139-161; WIEDEMANN (2009), S. 153-167.
[149] Modifiziert entnommen aus PERRIDON/STEINER/RATHGEBER (2009), S. 326.

Geld" bzw. „in-the-money"), wenn der Marktpreis größer als der Ausübungspreis ist. Umgekehrt ist der innere Wert negativ (d.h. „aus dem Geld" bzw. „out-of-the-money"), sofern der Marktpreis geringer ist als der Ausübungspreis. Bei einer Verkaufsoption liegt ein positiver innerer Wert vor, falls der Marktwert kleiner als der Ausübungspreis ist und umgekehrt. Sofern bei einer Option der Marktpreis dem Basispreis entspricht, ist die Option „am Geld" bzw. „at-the-money"; der innere Wert hat dann einen Wert von 0.

Tabelle 2-10 *Kontraktpartner und Arten von Optionsgeschäften*

Kontraktpartner Optionsart	**Käufer** hat aktives Entscheidungsrecht, zahlt dafür eine Optionsprämie	**Verkäufer** geht eine passive Verpflichtung ein, erhält dafür eine Optionsprämie
Kaufoption (Call)	Käufer einer Kaufoption (**Long Call**)	Stillhalter bzw. Verkäufer einer Kaufoption (**Short Call**)
	Recht auf Bezug des Basiswerts zum festgelegten Preis	Pflicht zur Abgabe des Basiswerts zum festgelegten Preis
Verkaufsoption (Put)	Käufer einer Verkaufsoption (**Long Put**)	Stillhalter bzw. Verkäufer einer Verkaufsoption (**Short Put**)
	Recht auf Abgabe des Basiswerts zum festgelegten Preis	Pflicht zur Annahme des Basiswerts zum festgelegten Preis

Der Zeitwert lässt sich direkt nicht berechnen; er ergibt sich aus der Differenz zwischen dem aktuellen Gesamtpreis der Option und dem inneren Wert. Der Zeitwert spiegelt die Chance wider, dass die Option über die Restlaufzeit noch einen inneren Wert erreichen bzw. Letzteren weiter steigern kann. Seine Höhe ist neben dem inneren Wert abhängig von der Volatilität des Basiswertpreises, der Restlaufzeit, dem risikolosen Zins und der Art der Ausübung.

Zur Bewertung bzw. Preisfindung von Optionen werden Optionsbewertungsmodelle eingesetzt. In der Regel kommen dabei präferenzunabhängige Modelle wie das Binomialmodell von COX/ROSS/RUBINSTEIN oder das Optionspreismodell von BLACK/SCHOLES zum Einsatz.[150]

---

[150] Vgl. zur Systematisierung von Optionspreismodellen PERRIDON/STEINER/RATHGEBER (2009), S. 333. Präferenzunabhängige Modelle basieren auf der Annahme, dass sich durch Kombinationen von Kassa- und Termingeschäften ein risikofreies Portfolio von Aktien und Optionen erstellen lässt. Vgl. zu Optionspreismodellen weiterführend z.B. ebenda, S. 334-340; MÜLLER-MÖHL (2002), S. 87-122; WIEDEMANN (2009), S. 167-222.

Finanzderivate **2.6**

Wie bereits erwähnt, sind Finanzderivate für Nicht-Banken überwiegend für das Risikomanagement von Relevanz. So gaben bei einer Befragung von WIEDEMANN 83,7% der Unternehmen an, diese zur Steuerung des Währungsrisikos zu verwenden; zur Steuerung des Zinsrisikos kamen in 82,2% aller Unternehmen Zinsderivate zum Tragen.[151] Dabei dominierten die außerbörslich gehandelten Kontrakte (Forwards, Optionen, Swaps). Im Währungsbereich wurden überwiegend Forward-Geschäfte abgeschlossen. Zum Management des Zinsrisikos haben die Unternehmen meist auf Zinsswaps zurückgegriffen.[152]

Bedeutung für Nicht-Banken

2.6.3 Swapgeschäfte

2.6.3.1 Zinsswaps

Im Rahmen von „Zinsswaps" tauschen 2 Vertragspartner Zinszahlungen, welche sich auf einen identischen Nominalbetrag beziehen und normalerweise eine unterschiedliche Zinsbasis (variabler versus fester Zinssatz) aufweisen.[153] Ein Austausch der Nominalbeträge findet nicht statt. Die beiden Zinsbasis-Teile („Legs") werden als „feste Seite" und „variable Seite" bezeichnet. Den Zinssatz der festen Seite nennt man „Swapfestsatz".

In der Grundform („Plain Vanilla"[154]), dem „Kuponzinsswap", tauscht man nachschüssig zu zahlende feste Zinsen gegen nachträglich zu zahlende variable Zinsen. Die Festzinssatzzinsen orientieren sich an den Zinssätzen der Swapzinsstrukturkurve,[155] wohingegen die variablen Zinsen an einen Referenzzinssatz (z.B. den 6-Monats-EURIBOR) geknüpft sind. Erhält das Unternehmen feste Zinsen, wird von einem „Receiver-Zinsswap" gesprochen; zahlt es feste Zinsen, wurde ein „Payer-Zinsswap" abgeschlossen. Beide Ausprägungen können auch als „Forward-Starting-Zinsswap" ausgestaltet

Formen

---

[151] Befragt wurden im Jahr 2000 die 500 umsatzstärksten Unternehmen in Deutschland (ohne Banken, Versicherungen, Finanzdienstleister); die Rücklaufquote betrug 26%. Vgl. dazu WIEDEMANN (2002).

[152] Zu ähnlichen Ergebnissen bezüglich des Zins- und Währungsmanagements kommt eine 1999 von GEBHARDT/RUSS durchgeführte Studie, vgl. dazu ROLFES (2002), S. 548 und S. 552.

[153] Vgl. zu Zinsswaps auch HANNEMANN (2005); SCHMIDT (2006b), S. 65-84; HARTMANN-WENDELS/PFINGSTEN/WEBER (2007), S. 266-268; WIEDEMANN (2009), S. 117-145.

[154] In der Finanzwelt werden zahlreiche klassisch oder normal strukturierte Instrumente-Formen als „Plain Vanilla" bezeichnet. Der Begriff hat seinen Ursprung vermutlich in den USA. Dort gilt Eiscreme mit Vanillegeschmack als die Standardsorte; die Bezeichnung wurde für Standardausführungen anderer Dinge übernommen.

[155] Siehe für ein Beispiel zur Swapzinsstrukturkurve Abschnitt 2.1.11.3 (Abbildung 2-3).

2 Finanzwirtschaftliche Grundlagen

sein, d.h. die 1. Zinsperiode beginnt nicht sofort nach Abschluss, sondern erst später (z.B. nach 6 Monaten).

Eine weitere Zinsswap-Form ist der „Basiszinsswap". Bei diesem tauscht man variable Zahlungen, die sich auf unterschiedliche Referenzinssätze und/oder Zinsfestlegungszeiträume (z.B. 6-Monats-LIBOR gegen 12-Monats-EURIBOR) beziehen.

Abbildung 2-8 zeigt exemplarisch, wie sich über einen Receiver-Zinsswap die Zins-Cashflows einer Festzinskreditaufnahme in variable Zinszahlungen umwandeln lassen. In dem Beispiel nimmt eine Nicht-Bank einen Kredit über nominal 1 Mrd. € mit fester Verzinsung von 5% auf und schließt gleichzeitig mit einer Bank einen Receiver-Zinsswap mit gleichem Nominalvolumen ab. Die Swapvereinbarung sieht jeweils den Erhalt von fix 5% gegen die Zahlung von EURIBOR zuzüglich 20 BP vor, wobei für die im Beispiel betrachtete Zinsperiode der EURIBOR auf 4,72% festgelegt wurde. Die zinsbedingte Auszahlung aus dem Festzinskredit entspricht in diesem Beispiel immer der Einzahlung aus der festen Seite des Zinsswap. Per Saldo bleibt für die jeweilige Zinsfestschreibungsperiode aus den 3 Zahlungsströmen stets nur der Cashflow aus der variablen Seite des Zinsswap (EURIBOR zuzüglich 20 BP) übrig; d.h. über den Receiver-Zinsswap wird der Festzinskredit in einen variabel verzinslichen Kredit transformiert.

Abbildung 2-8   *Umwandlung der Zahlungsströme eines Festzinskredits mittels Receiver-Zinsswap*

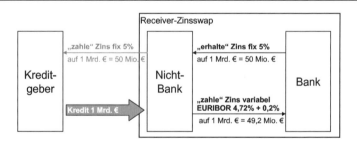

Bewertung   Ein Receiver-Zinsswap kann als eine Kombination aus einer festverzinslichen Kreditgewährung und einer variabel verzinslichen Kreditaufnahme aufgefasst werden. Entsprechendes gilt umgekehrt für einen Payer-Zinsswap. Der Zeitwert derartiger Kontrakte ergibt sich aus dem Saldo der Barwerte der festen und variablen Seite. Zur Bewertung können 2 Metho-

Finanzderivate **2.6**

den[156] angewandt werden, die zum gleichen Ergebnis führen. Hier wird auf die Variante ohne Berücksichtigung der Nominalbeträge zurückgegriffen.

Exemplarisch soll der Zeitwert eines Receiver-Zinsswap mit einem Nominalwert von 100 € und einem festen Zinssatz von 4,5% bestimmt werden. Als variabler Zinssatz ist der 12-Monats-EURIBOR vereinbart, der für die 1. Zinsperiode bei 3,5% liegt. Der Barwert der festen Seite ermittelt sich durch Diskontierung der Festbeträge (jeweils 4,50 €) mit den Zero-Zinssätzen. Letztere werden aus den aktuellen Swapzinssätzen, die für die verschiedenen Laufzeiten bestehen, abgeleitet. Es sei angenommen, dass die Swapzinssätze den in den Beispielen zuvor verwendeten Kuponzinssätzen (▶ 2.1.8) entsprechen. Zur Bewertung der variablen Seite müssen zunächst die periodischen Auszahlungen bestimmt werden. Diese ermitteln sich durch Multiplikation des Nominalwerts mit den jeweiligen – aus den Swapzinssätzen abgeleiteten – Terminzinssätzen (Formel ▶ 2.1.9). Die Barwertbestimmung erfolgt wie bei der festen Seite anhand der Zero-Swapzinssätze.

Die Swapzinssätze bilden die so genannte „Swapkurve", aus der handelstäglich für Standardlaufzeiten derjenige Festzinssatz ersichtlich ist, zu dem Banken Zahlungsströme im Tausch gegen variable Zinszahlungen erhalten können.[157] Der Swapkurve liegt ein S&P-Rating von ca. AA zu Grunde.

Bewertung eines Receiver-Zinsswap

Tabelle 2-11

	Laufzeit in Jahren					Σ
	1	2	3	4	5	
Swapzinssatz	3,500%	3,750%	4,000%	4,250%	4,500%	
Cashflow fix	+4,50 €	+4,50 €	+4,50 €	+4,50 €	+4,50 €	+22,50 €
Zero-Zinssatz	3,500%	3,755%	4,014%	4,277%	4,547%	
Diskontierungsfaktor	0,9662	0,9289	0,8886	0,8457	0,8006	
BW Cashflow fix	+4,35 €	+4,18 €	+4,00 €	+3,81 €	+3,60 €	**+19,94 €**
Terminzinssatz	3,500%	4,010%	4,533%	5,073%	5,633%	
Cashflow variabel	-3,50 €	-4,01 €	-4,53 €	-5,07 €	-5,63 €	-22,74 €
Diskontierungsfaktor	0,9662	0,9289	0,8886	0,8457	0,8006	
BW Cashflow variabel	-3,39 €	-3,72 €	-4,03 €	-4,29 €	-4,51 €	**-19,94 €**
					Saldo	**0 €**

In dem Beispiel ergibt sich zum Abschlusszeitpunkt ein Zeitwert von 0 (siehe Tabelle 2-11). Dies ist nur dann der Fall, wenn

- man zur Bewertung der variablen Seite die aus der aktuellen Kupon- bzw. Zero-Zinsstruktur abgeleiteten Terminzinssätze heranzieht,

---

[156] Vgl. zu diesen weiterführend SCHMIDT (2006b), S. 72-78.
[157] Vgl. dazu und folgend GOLDSCHMIDT/WEIGEL (2009), S. 199.

Finanzwirtschaftliche Grundlagen

- der Zinssatz der festen Seite (Swapfestsatz) dem laufzeitspezifischen Kuponzinssatz dieser Zinsstruktur entspricht und

- Aufschläge entweder nicht bestehen oder diese für beide Zinsseiten in gleicher Höhe angesetzt werden.[158]

Ein bei Kontraktbeginn von 0 abweichender Zeitwert kann bei Nicht-Banken etwa dann auftreten, wenn das Unternehmen bezüglich des Bonitätsrisikos schlechter eingestuft wird als die Swapzinsstrukturkurve, die auf einem Rating von AA bzw. Aa basiert. Der Aufschlag dürfte allerdings in der Regel relativ klein ausfallen, da das Ausfallrisiko von Zinsswaps vergleichsweise gering ist.[159]

Liegen dem Zinsswap nicht-marktgerechte Konditionen zu Grunde, kann zwischen den Parteien eine Ausgleichszahlung erfolgen. Je nachdem, ob diese bei Vertragsbeginn oder zum Ende der Laufzeit fällig ist, spricht man von einem „Upfront Payment" oder einem „Balloon Payment".[160] Die Zahlungen sind bei der Bewertung zu berücksichtigen.

Grundsätzlich hat man bei der Bewertung von Zinsswaps ferner zu beachten, dass zur Diskontierung für eingehende Zahlungsströme der Brief-Swapzinssatz und für ausgehende Cashflows der niedrigere Geld-Swapzinssatz herangezogen werden müssen.[161] Nicht-Banken können zur Barwertbestimmung auch Mittelkurse verwenden;[162] dies lässt sich mit Blick auf die in der Regel sehr geringen Geld-/Brief-Spannen unter Wesentlichkeitsaspekten begründen.

2.6.3.2 Währungsswaps

Devisenswap

Ein „Devisenswap" stellt eine Kombination aus einem Devisenkassageschäft – d.h. dem Kauf oder Verkauf von Devisen am Kassamarkt – und einem Devisentermingeschäft (Kauf/Verkauf von Devisen am Terminmarkt) dar. Bspw. verkauft Unternehmen A an Unternehmen B 10 Mio. $ gegen € zum Kassawechselkurs; ferner wird der Rückkauf der 10 Mio. $ durch Unternehmen A in 6 Monaten zum momentan gültigen Terminwechselkurs vereinbart.

---

[158] Vgl. dazu KALHÖFER (2004), S. 307f.
[159] Dies lässt sich zum einen darauf zurückführen, dass keine Nominalbeträge ausgetauscht werden, die ausfallen können. Zum anderen wird man bei Nichtleistung des Kontraktpartners die künftigen Zinszahlungen einstellen. Vgl. WEIGEL u.a. (2007), S. 1051.
[160] Vgl. WEIGEL u.a. (2007), S. 1049.
[161] Vgl. WEIGEL u.a. (2007), S. 1052.
[162] Vgl. dazu z.B. GB 2006 DEUTSCHE TELEKOM, S. 128.

Finanzderivate

2.6

Währungsswap

Über einen „Währungsswap" tauschen 2 Vertragspartner einen Nominalbetrag einschließlich der damit verbundenen Zinszahlungen in einen Nominalbetrag der anderen Währung inklusive der der damit verbundenen Zinszahlungen.[163] Die Abwicklung erfolgt in 3 Transaktionsschritten:

- Zu Vertragsbeginn werden die Nominalbeträge in unterschiedlichen Währungen getauscht (so genannte „Ausgangstransaktion"); ferner wird der Wechselkurs für den Rücktausch festgelegt.

- Anschließend tauscht man die – auf die Nominalbeträge in den jeweiligen Währungen bezogenen – Zinszahlungen zu bestimmten Terminen aus (so genannte „Zinstransaktion").

- Bei Vertragsende werden die Nominalbeträge zum bei Vertragsabschluss festgelegten Wechselkurs zurückgetauscht (so genannte „Schlusstransaktion").

Analog zu den Zinsswaps existieren auch im Bereich der Währungsswaps verschiedene Formen. Allerdings werden die Bezeichnungen nicht immer einheitlich verwendet. Als Grundform wird in der Regel der Währungsswap „fest/fest" (d.h. der Tausch von festen Zinssätzen in unterschiedlichen Währungen) genannt. Unter einem „Währungsbasisswap" werden normalerweise solche Geschäfte verstanden, die den Austausch variabler Zinssätze vorsehen (Währungsswap „variabel/variabel", z.B. 6-Monats LIBOR in £ gegen 6-Monats EURIBOR in €). Eine weitere Form von Währungsswaps stellt schließlich der „Zins-/Währungsswap" dar. Dieser beinhaltet den Tausch von festen gegen variable Zinsen in unterschiedlichen Währungen (bspw. feste Zinszahlungen in € gegen variable Zinszahlungen in $), es handelt sich somit um einen Währungsswap „fest/variabel".

Mit einem Währungsswap fest/fest kann z.B. ein Festzinskredit in $ in einen Festzinskredit in € transformiert werden, wie dies in Abbildung 2-9 dargestellt ist. In dem Beispiel wird von einer Nicht-Bank ein Kredit über nominal 1 Mrd. $ mit fester Verzinsung von 5% aufgenommen und gleichzeitig mit einer Bank ein Währungsswap fest/fest mit gleichem Nominalvolumen abgeschlossen. Per Saldo resultiert eine Festzinssatzzahlung in €, da die zinsbedingten Ein- und Auszahlungen in $ sich ausgleichen.

---

[163] Vgl. zu Währungsswaps, die teilweise ebenso als „Devisenswaps" bezeichnet werden, auch SCHMIDT (2006b), S. 89-100.

2 Finanzwirtschaftliche Grundlagen

Abbildung 2-9 | *Umwandlung der Cashflows eines $-Festzinskredits mittels Währungsswap fest/fest*

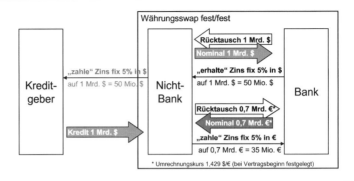

Bewertung

Devisen- und Währungsswaps lassen sich grundsätzlich auf analoge Weise bewerten wie Zinsswaps (siehe vorheriger Abschnitt). Dabei können die Cashflows in einer von der Bewertungswährung abweichenden Währung alternativ über die zuvor beschriebenen Varianten (▶ 2.2.3) umgerechnet werden.

2.6.4 Forward- und Future-Geschäfte

2.6.4.1 Forward Rate Agreements

Bei einem „Forward Rate Agreement" (FRA) tauschen 2 Vertragspartner Zinszahlungen in Bezug auf einen nominalen Kapitalbedarf für einen künftigen Zeitraum („FRA-Periode"): Der Käufer eines FRA zahlt in der Zukunft einen festen Zinssatz (FRA-Zins) und erhält dafür einen variablen Zinssatz; er rechnet demnach mit steigenden Marktzinsen.[164] Umgekehrt empfängt der FRA-Verkäufer einen festen Zinssatz und muss im Gegenzug einen variablen Zinssatz leisten, was die Erwartung fallender Marktzinssätze impliziert.

Beim FRA sind weder die Laufzeit noch der Nominalbetrag standardisiert. Auch findet ein Austausch der Nominalbeträge nicht statt. Nach Ablauf der „Vorlaufzeit" wird das FRA durch Zahlung eines auf den Beginn der FRA-Periode diskontierten Ausgleichsbetrags vorschüssig abgerechnet – d.h. die Diskontierung erfolgt auf den Beginn der Periode, die als Referenzperiode für die Verzinsung determiniert wurde.

---

[164] Vgl. zum FRA auch BLATTNER (1997), S. 435f.; SCHMIDT (2006b), S. 60-65; HARTMANN-WENDELS/PFINGSTEN/WEBER (2007), S. 263-266; WIEDEMANN (2009), S. 108-117.

Finanzderivate **2.6**

Zeitlicher Ablauf eines 6-12-FRA   *Abbildung 2-10*

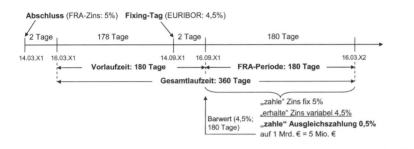

Am Abschlusstag werden die Dauer der Vorlaufzeit sowie der FRA-Periode festgelegt; ferner vereinbart man, zu welchem Datum der Referenzzinssatz – z.B. EURIBOR – fixiert wird („Fixing-Tag"). Abbildung 2-10 zeigt beispielhaft die zeitliche Struktur eines „6-12-FRA" (6-monatige Vorlaufzeit, 6-monatige-FRA-Zinsperiode) und der Bestimmung der Ausgleichszahlung aus der Sicht des FRA-Käufers.

FRAs werden regelmäßig zur Fixierung von Zinsen aus bestehenden Bilanzposten verwendet. Die Bewertung derartiger Instrumente erfolgt in analoger Weise wie die Bewertung von Swapgeschäften (▶ 2.6.3).

2.6.4.2 Devisentermingeschäfte

Bei einem „Devisentermingeschäft" (DTG) verpflichten sich 2 Vertragspartner, bestimmte Beträge einer Währung zu einem künftigen Zeitpunkt und zu einem im Voraus festgelegten Wechselkurs in einer anderen Währung zu kaufen oder zu verkaufen.[165] Der festgelegte Wechselkurs richtet sich dabei in der Regel nach dem Terminwechselkurs (▶ 2.2.2). Je nachdem, welche Seite des Kontrakts eingenommen wird, unterscheidet man wie folgt:

- „Devisenterminkauf": Verpflichtung zur Abnahme eines bestimmten Währungsbetrags (z.B. 1 Mio. $) zu einem fixierten künftigen Datum (z.B. dem 15.03.X2) gegen Zahlung eines bestimmten Betrags in einer anderen Währung (z.B. 1,6 Mio. €).

- „Devisenterminverkauf": Verpflichtung zur Lieferung eines bestimmten Währungsbetrags (z.B. 2 Mio. £) zu einem fixierten künftigen Datum (z.B. dem 01.06.X3) gegen Empfang eines bestimmten Betrags in einer anderen Währung (z.B. 2,5 Mio. €).

---

[165] Zum Devisentermingeschäft vgl. SCHMIDT (2006b), S. 84-89; SCHNEIDER (2008), S. 195f.

Finanzwirtschaftliche Grundlagen

Durch das Eingehen eines Devisentermingeschäfts wird dem Unternehmen eine sichere Kalkulationsbasis ermöglicht. So weiß es bspw. im Fall des oben beschriebenen Devisenterminkaufs bereits beim Abschluss, dass es am 15.03.X2 1 Mio. $ zum Wechselkurs von 0,625 $/€ beziehen kann. Bei dem beispielhaft genannten Devisenterminverkauf ist schon mit dem Eingehen des Kontrakts sicher, dass am 01.06.X3 2 Mio. £ zum Wechselkurs von 0,800 £/€ abgegeben bzw. umgetauscht werden können. Dem Unternehmen wird jedoch auch die Chance genommen, nach Abschluss des Geschäfts von positiven Wechselkursschwankungen zu profitieren.

Bewertung

Devisentermingeschäfte werden zum Barwert (BW; Formel ▶ 2.1.4) des Saldos aus Ein- und Auszahlungen bewertet (Beispiele siehe Tabelle 2-12). Der künftige Eingang (Devisenterminkauf) bzw. der künftige Ausgang (Devisenterminverkauf) wird dabei über den Terminwechselkurs bestimmt. Zum Vertragsabschlusszeitpunkt haben Devisentermingeschäfte regelmäßig einen Zeitwert von 0. In der Folge ergeben sich – bedingt durch die Änderungen der zu Grunde liegenden Wechselkurse – von 0 abweichende Zeitwerte. Bei einem Devisenterminkauf führt bei unterstellter Mengennotierung eine Reduktion (ein Anstieg) des Wechselkurses für die abgenommene Währung zu einer positiven (negativen) Veränderung des Zeitwerts. Im Fall eines Devisenterminverkaufs ist die Abnahme (Zunahme) des Wechselkurses für die zu liefernde Währung mit einem niedrigeren (höheren) Zeitwert verbunden.

Tabelle 2-12

Bewertung von Devisentermingeschäften (vollumfängliche Kalkulation)

		Devisenterminkauf			**Devisenterminverkauf**		
01.01.X1	**Eingang**	+1 Mio. $	0,625 $/€*	+1,6 Mio. €		fix	+2,5 Mio. €
	Ausgang		fix	-1,6 Mio. €	-2 Mio. £	0,8 £/€*	-2,5 Mio. €
			Saldo	**0 Mio. €**		Saldo	**0 Mio. €**
31.12.X1	**Eingang**	+1 Mio. $	0,500 $/€*	+2,0 Mio. €		fix	+2,5 Mio. €
	Ausgang		fix	-1,6 Mio. €	-2 Mio. £	0,6 £/€*	-3,3 Mio. €
* Terminwechselkurs			Saldo	**+0,4 Mio. €**		Saldo	**-0,8 Mio. €**
		BW (3%; 75 Tage) Saldo		**+0,398 Mio. €**	BW (4%; 511 Tage) Saldo		**-0,757 Mio. €**

Die in Tabelle 2-12 dargestellten Devisentermingeschäfte weisen zum 31.12.X1 Zeitwerte von +0,398 Mio. € bzw. -0,757 Mio. € auf. Diese lassen sich jeweils in eine Kassakomponente und eine Zinskomponente aufteilen. Die „Kassakomponente" entspricht dabei demjenigen Teil des Zeitwerts, der sich ausschließlich auf Basis des Kassawechselkurses bestimmt. Zum 31.12.X1 ergeben sich bei unterstellten Kassawechselkursen von 0,526 $/€ bzw. 0,645 £/€ die in Tabelle 2-13 aufgeführten Kassabasis-Zeitwerte von +0,298 Mio. € bzw. -0,568 Mio. €. Die „Zinskomponente" (auch „Terminkomponente") wird aus der Differenz des gesamten Fair Values und der Kassakomponente ermittelt; diese beträgt demnach +0,1 Mio. € (+0,398 Mio. € ./. +0,298 Mio. €) bzw. -0,189 Mio. € (-0,757 Mio. € ./. -0,568 Mio. €).

Wie bereits erläutert, stehen Kassa- und Terminwechselkurse in einem formalen Zusammenhang (▶ 2.2.2); die Notierungen unterscheiden sich immer dann, wenn die laufzeitgerechten Zinssätze in den beiden Währungsräumen voneinander abweichen. Die Zinsdifferenz bringt die Zinskomponente zum Ausdruck; sie wird häufig auch über den „Swapsatz" bzw. die so genannten „Forward-Punkte" („Forward Points"; d.h. die Differenz zwischen Termin- und Kassawechselkurs[166]) beziffert.[167]

Bewertung von Devisentermingeschäften auf Kassabasis — *Tabelle 2-13*

31.12.X1		Devisenterminkauf			Devisenterminverkauf		
	Eingang	+1 Mio. $	0,526 $/€*	+1,9 Mio. €		fix	+2,5 Mio. €
	Ausgang		fix	-1,6 Mio. €	-2 Mio. £	0,645 £/€*	-3,1 Mio. €
* Kassawechselkurs			Saldo	**+0,3 Mio. €**		Saldo	**-0,6 Mio. €**
			BW (75 Tage, 3%) Saldo	**+0,298 Mio. €**		BW (511 Tage, 4%) Saldo	**-0,568 Mio. €**

2.6.4.3 Zins- und Währungs-Futures

„Zins-Futures" (auch „Geldmarkt-Futures") sind börsengehandelte Vereinbarungen zwischen 2 Vertragspartnern, verzinsliche Geld- oder Kapitalanlageprodukte (z.B. ein Rentenpapier wie eine Bundesanleihe) zu einem vereinbarten Preis zu einem bestimmten, in der Zukunft liegenden Zeitpunkt zu liefern oder abzunehmen.[168] Unter „Währungs-Futures" werden börsengehandelte Kontrakte verstanden, die zum Inhalt haben, eine bestimmte Menge an Devisen zu einem vereinbarten Preis zu einem bestimmten, in der Zukunft liegenden Zeitpunkt zu kaufen oder zu verkaufen.[169]

Die Geld- oder Kapitalanlageprodukte stehen bezüglich Qualität und Quantität fest. Die Standardisierung erfolgt hinsichtlich Nominalbetrag, Laufzeit und Basiswert. Futures werden in der Regel an Terminbörsen (▶ 2.3.3) gehandelt, die mit einem Clearing-System ausgestattet sind. So erfolgt an der EUREX bspw. ein Handel für mittel- und langfristige Zins-Futures auf Bun-

---

[166] Dabei bezeichnet man eine positive Differenz als „Report" (auch „Prämie" oder „Aufschlag"), eine negative Differenz als „Deport" (auch „Diskont" oder „Abschlag"), vgl. bspw. BLATTNER (1997), S. 89.
[167] Vgl. PwC (2005), S. 103.
[168] Vgl. zu Zins-Futures ELLER/KÜHNE (2005); HARTMANN-WENDELS/PFINGSTEN/WEBER (2007), S. 268-272.
[169] Zu Zins- und Währungs-Futures vgl. MÜLLER-MÖHL (2002), S. 35-41 und S. 77-86; SCHMIDT (2006b), S. 101-132.

desanleihen. Ferner können dort für den kurzfristigen Bereich Futures auf EURIBOR-Sätze abgeschlossen werden. Währungs-Futures lassen sich indessen aktuell nicht an der EUREX handeln; diesbezüglich ist man gezwungen, auf andere Börsen (z.B. die Euronext.LIFFE) zurückzugreifen.

Die jeweilige Clearing-Stelle ist für beide Seiten der Vertragspartner. Die Börsenteilnehmer müssen Sicherheiten in Höhe von 5-10% des Kontraktwerts hinterlegen. Es findet eine tägliche Marktbewertung statt; jeder Börsenteilnehmer hat das Recht, seine Position durch Barausgleich glattzustellen. Das tägliche Bewertungsergebnis spiegelt die entsprechenden Wertänderungen des Basisinstruments gegenüber den Konditionen am Abschlussstichtag wider.

2.6.5 Optionsgeschäfte

2.6.5.1 Zinsbegrenzungsvereinbarungen

Cap, Floor, Collar

Caps, Floors und Collars sind „Zinsbegrenzungsvereinbarungen".[170] Es handelt sich um vertraglich festgelegte Grenzen für die Verzinsung eines bestimmten Kapitalbetrags für einen bestimmten Zeitraum. Zinsbegrenzungsvereinbarungen haben auf Grund ihres asymmetrischen Risikoprofils den Charakter von Optionsverträgen.

Es sind Ausgleichszahlungen zu leisten, wenn ein als Referenzzinssatz vereinbarter Marktzinssatz eine vereinbarte Grenze überschritten („Cap") bzw. unterschritten („Floor") hat. Der Käufer eines Cap hat beim Überschreiten des Marktzinssatzes über die Grenze das Recht, vom Stillhalter die Zinsdifferenz für den vereinbarten Zeitraum für den vereinbarten Kapitalbetrag zu verlangen. Der Käufer eines Floor ist beim Unterschreiten des Marktzinssatzes unter die Grenze berechtigt, vom Stillhalter die entsprechende Zinsdifferenz zu erhalten.

Ein „Collar" ist die Kombination aus Cap und Floor, d.h. Käufer und Stillhalter vereinbaren eine Zinsbandbreite. Der Käufer eines Collar hat das Recht, eine Ausgleichszahlung auf Basis der Zinsdifferenz zu verlangen, wenn der Marktzinssatzsatz die vereinbarte obere Zinsgrenze überschreitet. Unterschreitet der Marktzinssatz die vereinbarte untere Zinsgrenze, muss der Käufer eines Collar jedoch eine Ausgleichszahlung an den Stillhalter leisten.

---

[170] Vgl. zu diesen BLATTNER (1997), S. 439-442; SCHMIDT (2006b), S. 161-166; WÖHE u.a. (2009), S. 383-386; WIEDEMANN (2009), S. 286-316.

Unter einer „Swaption" wird eine Option auf einen Zinsswap verstanden.[171] *Swaption*
Der Käufer hat das Recht, während der Laufzeit einen Zinsswap zu kaufen
bzw. zu veräußern. Man kann sich demnach die Vorteile eines Swap sichern,
ohne dessen Risiken tragen zu müssen. Eine Receiver-Swaption gibt das
Recht, am Verfallstag die fixen Zinsen des Swap zu empfangen, eine Payer-
Swaption beinhaltet die Option, feste Zinsen zu zahlen.

2.6.5.2 Devisenoptionen

„Devisenoptionen" geben dem Inhaber während der Laufzeit der Option
das Recht zum Kauf oder Verkauf einer bestimmten Menge an Devisen zu
einem vereinbarten Wechselkurs.[172] Im Gegensatz zu Währungs-Futures
sind die Verträge nicht standardisiert.

---

[171] Vgl. dazu MÜLLER-MÖHL (2002), S. 293; SCHMIDT (2006b), S. 166-170; WÖHE u.a. (2009), S. 392; WIEDEMANN (2009), S. 316-327.
[172] Vgl. zu Devisenoptionen z.B. MÜLLER-MÖHL (2002), S. 65-68; SCHMIDT (2006b), S. 173-178.

3 Grundlagen zur Bilanzierung und Offenlegung

3.1 Relevante Vorschriften

3.1.1 Primäre Standards und zugehörige Interpretationen

Tabelle 3-1 zeigt die für die Rechnungslegung von Finanzinstrumenten in erster Linie relevanten Standards.

Primäre Standards zur Bilanzierung und Offenlegung von Finanzinstrumenten — *Tabelle 3-1*

Standard	Inhalt
IAS 32 „Finanzinstrumente: Darstellung"	▪ Definitionen (Finanzinstrument, finanzielle Vermögenswerte, finanzielle Verbindlichkeiten, Eigenkapitalinstrument, beizulegender Zeitwert) ▪ Abgrenzung von Eigen- und Fremdkapital ▪ Saldierung
IAS 39 „Finanzinstrumente: Ansatz und Bewertung"	▪ Definitionen (zu den Bewertungskategorien, Ausbuchung, Effektivzinsmethode, zur Bilanzierung von Sicherungsbeziehungen, marktüblicher Kauf oder Verkauf, Transaktionskosten) ▪ Umwidmungen ▪ Ansatz ▪ Trennung eingebetteter Derivate ▪ Erst- und Folgebewertung ▪ Ausbuchung ▪ Bilanzierung von Sicherungsbeziehungen
IFRS 7 „Finanzinstrumente: Angaben"	Angabepflichten zu Bilanz, GuV, Eigenkapital, weiteren Angaben und Risiken

Über IAS 32 ist definiert, was unter den Begriff des Finanzinstruments fällt und welche Ausprägungen es gibt. Ferner enthält der Standard die für die Abgrenzung von Eigen- und Fremdkapital sowie für die Saldierung von

IAS 32

3 Grundlagen zur Bilanzierung und Offenlegung

finanziellen Vermögenswerten und finanziellen Verbindlichkeiten relevanten Vorschriften.

IAS 39 IAS 39 regelt die Bilanzierung bestimmter, in IAS 32 definierter Finanzinstrumente. Die Vorschriften beziehen sich zum einen auf finanzielle Vermögenswerte und finanzielle Verbindlichkeiten, die nicht zu bilanziellen Sicherungszwecken erworben bzw. eingegangen werden, d.h. zur „herkömmlichen" Bilanzierung. Zum anderen enthält IAS 39 die Regeln zur Bilanzierung von Sicherungsbeziehungen.

Tabelle 3-2   *Änderungen von IAS 32, IAS 39 und IFRS 7 seit Dezember 2003*

Bezeichnung der Änderung	Inhalt	Veröffentlichung/ EU-Übernahme
„Fair Value Hedge Accounting for a Portfolio Hedge of Interest Rate Risk" (betrifft IAS 39)	Absicherung eines Portfolios von Finanzinstrumenten gegen Zinsänderungsrisiken im Rahmen von Fair Value Hedges	März 2004/ November 2004 (teilweise)
„Transition and Initial Recognition of Financial Assets and Financial Liabilities" (betrifft IAS 39)	Erfassung von Gewinnen oder Verlusten bei Abweichungen von Transaktionspreis und mittels Bewertungsmethode bestimmtem beizulegenden Zeitwert	Dezember 2004/ Oktober 2005
„Cash Flow Hedge Accounting of Forecast Intragroup Transactions" (betrifft IAS 39)	Absicherung konzerninterner erwarteter Transaktionen im Rahmen von Cash Flow Hedges	April 2005/ Dezember 2005
„The Fair Value Option" (betrifft IAS 39)	Freiwillige Designation von Finanzinstrumenten als „erfolgswirksam zum beizulegenden Zeitwert bewertet"	Juni 2005/ November 2005
„Financial Guarantee Contracts" (betrifft IAS 39)	Bilanzierung von begebenen Finanzgarantien und Kreditzusagen	August 2005/ Januar 2006
„Puttable Financial Instruments and Obligations Arising on Liquidation" (betrifft IAS 32)	Klassifizierung von bestimmten Finanzinstrumenten mit Inhaberkündigungsrecht und von bestimmten Verpflichtungen in der Liquidation als Eigenkapitalinstrumente	Februar 2008/ Januar 2009
„Eligible Hedged Items" (betrifft IAS 39)	Absicherbare Risiken von Grundgeschäften	Juli 2008/ September 2009
„Reclassification of Financial Assets" (betrifft IAS 39 und IFRS 7)	Umwidmung von finanziellen Vermögenswerten	Oktober 2008/ Oktober 2008

3.1

Bezeichnung der Änderung	Inhalt	Veröffentlichung/ EU-Übernahme
„Reclassification of Financial Assets – Effective Date and Transition" (betrifft IAS 39 und IFRS 7)	Erstanwendungszeitpunkt der geänderten Umwidmungsvorschriften	November 2008/ September 2009
„Embedded Derivatives" (betrifft IAS 39)	Umwidmungsverbot bei bestimmten zusammengesetzten Instrumenten	März 2009/ Dezember 2009
„Improving Disclosures about Financial Instruments" (betrifft IFRS 7)	Zusätzliche bzw. geänderte Angabepflichten zu beizulegenden Zeitwerten und zu Liquiditätsrisiken	März 2009/ Dezember 2009
„Classification of Rights Issues" (betrifft IAS 32)	Einstufung von bestimmten Bezugsrechten als Eigenkapitalinstrumente	Oktober 2009/ Dezember 2009
„Disclosures – Transfers of Financial Assets" (betrifft IFRS 7)	Zusätzliche Angabepflichten zu Übertragungen von finanziellen Vermögenswerten	Oktober 2010/ November 2011
„Offsetting Financial Assets and Financial Liabilities" (betrifft IAS 32)	Konkretisierung der Saldierungsvorschriften von Finanzinstrumenten	Dezember 2011/ [noch nicht erfolgt]
„Disclosures – Offsetting Financial Assets and Financial Liabilities" (betrifft IFRS 7)	Zusätzliche Angabepflichten bei der Saldierung von Finanzinstrumenten	Dezember 2011/ [noch nicht erfolgt]

Die letzte umfangreiche Überarbeitung von IAS 32 und IAS 39 wurde im Dezember 2003 veröffentlicht und im Dezember bzw. November 2004 von der Europäischen Union (EU) mit für Nicht-Banken relativ unbedeutenden Einschränkungen übernommen.[173] Seither ist IAS 39 durch zahlreiche Änderungen („Amendments") und IAS 32 durch 3 Amendments erweitert bzw. modifiziert worden, die Tabelle 3-2 in chronologischer Reihenfolge auf-

---

[173] Vgl. zum EU-Übernahmeprozess generell z.B. BUCHHEIM/GRÖNER/KÜHNE (2004); OVERSBERG (2007); LANFERMANN/RÖHRICHT (2008); BUCHHEIM/KNORR/SCHMIDT (2008). Die Einschränkungen bzw. Nicht-Übernahmen (so genannte „Carve-Outs") betreffen einerseits Regelungen zur ursprünglichen Fair Value Option (siehe dazu Abschnitt 3.10.4.1); seit der EU-Übernahme des diesbezüglichen Amendments im November 2005 bestehen in dieser Hinsicht keinerlei Unterschiede mehr. Andererseits handelt es sich um bestimmte Vorschriften im Rahmen der Bilanzierung von Sicherungsbeziehungen (siehe dazu Abschnitt 3.16), die nach wie vor nicht in europäisches Recht überführt wurden. Vgl. hierzu BARCKOW (2010), Rz. 280. In diesem Buch wird ausschließlich auf die von der EU übernommenen Regelungen Bezug genommen.

3 Grundlagen zur Bilanzierung und Offenlegung

führt.[174] Die letzte Änderung zu IAS 32 „Offsetting Financial Assets and Financial Liabilities" ist verpflichtend retrospektiv anzuwenden für Geschäftsjahre, die am oder nach dem 1. Januar 2014 beginnen; eine frühere Anwendung wird ermöglicht (IAS 32.97L).

Zu IAS 32 und IAS 39 liegen ferner aktuell 5 Interpretationen vor (siehe Tabelle 3-3). IFRIC 9 wurde durch das Amendment „Embedded Derivatives" geändert.

Tabelle 3-3 — *Interpretationen zu IAS 32 und IAS 39*

Interpretation	Inhalt	Veröffentlichung/ EU-Übernahme
IFRIC 2 „Mitgliedsanteile an Genossenschaften und ähnliche Instrumente" (betrifft IAS 32)	Klassifizierung von kündbaren Instrumenten als Eigen- oder Fremdkapital	November 2004/ Juli 2005
IFRIC 9 „Neubeurteilung eingebetteter Derivate" (betrifft IAS 39)	Wiederholung der Trennungsprüfung von eingebetteten Derivaten nach dem Zugang	März 2006 (März 2009)/ September 2006 (Dezember 2009)
IFRIC 10 „Zwischenberichterstattung und Wertminderung" (betrifft IAS 39)	Rückgängigmachung einer im Zwischenabschluss erfassten Wertminderung	Juli 2006/ Juni 2007
IFRIC 16 „Hedges of a Net Investment in a Foreign Operation" (betrifft IAS 39)	Anwendung der Vorschriften zur Bilanzierung von Net Investment Hedges	Juli 2008/ Juni 2009
IFRIC 19 „Extinguishing Financial Liabilities with Equity Instruments (betrifft IAS 39)	Tilgung finanzieller Verbindlichkeiten durch Eigenkapitalinstrumente	November 2009/ Juli 2010

IFRS 7 — IFRS 7 enthält die Offenlegungsvorschriften zu Finanzinstrumenten. Der Standard wurde im August 2005 veröffentlicht und im Januar 2006 von der EU übernommen. Vor Inkrafttreten von IFRS 7 waren die Angabepflichten zu Finanzinstrumenten in IAS 32 geregelt; wie sich Tabelle 3-1 entnehmen lässt, enthält dieser in der aktuellen Neufassung nur noch Definitionen und Ausweisregeln. Seit der Erstveröffentlichung hat der Standard 3 Amendments erfahren (siehe Tabelle 3-2). Die Änderung zu IFRS 7 „Disclosures – Transfers of Financial Assets" hat man erstmals für Geschäftsjahre verpflich-

---

[174] Da die Bezeichnungen der Änderungen im Rahmen des EU-Übernahmeprozesses anders lautend oder gar nicht übersetzt wurden bzw. die EU-Übernahme noch nicht erfolgt ist, enthält Tabelle 3-2 die englischen Originaltitel der Amendments.

tend anzuwenden, die am oder nach dem 1. Juli 2011 beginnen; eine freiwillige vorzeitige Anwendung wird ermöglicht (IFRS 7.44M). Der verpflichtende Erstanwendungszeitpunkt für das Amendment „Disclosures – Offsetting Financial Assets and Financial Liabilities" ist rückwirkend für Geschäftsjahre vorgesehen, die am oder nach dem 1. Januar 2013 anfangen, sowie für die in diesem Geschäftsjahr liegenden Zwischenperioden (IFRS 7.44R).

In IFRS 7 sind die bankspezifischen Offenlegungsvorschriften des IAS 30 „Angaben im Abschluss von Banken und ähnlichen Finanzinstituten" integriert worden. Dies bedeutet jedoch nicht, dass die Regelungen ausschließlich für Banken von Relevanz sind: IFRS 7 muss branchenunabhängig ohne Erleichterungen angewandt werden.

Folgende Zielsetzungen bzw. Generalnormen liegen IFRS 7 zu Grunde (IFRS 7.1, 7, 31):

- Der Standard soll die Bedeutung von Finanzinstrumenten für die Vermögens-, Finanz- und Ertragslage aufzeigen, weshalb IFRS 7 Angaben zur Bilanz, zur GuV und zum Eigenkapital sowie weitere Angaben verlangt.

- Es sollen Informationen zu Art und Umfang von Risiken, die aus Finanzinstrumenten resultieren, vermittelt werden.[175]

Bezüglich des Umfangs bzw. Detaillierungsgrads der nach IFRS 7 bereitzustellenden Informationen besteht ein besonderer Wesentlichkeitsgrundsatz.[176] Es obliegt dem Unternehmen, in welchem Ausmaß den Angabepflichten nachgekommen wird, welche Schwerpunkte in Bezug auf die verschiedenen Anforderungsaspekte gelegt bzw. wie die Informationen zusammengefasst werden; hierbei hat der Abschlussersteller letztlich ein Gesamtbild darzustellen, das sich am Nutzen für die Adressaten orientiert (IFRS 7.B3). Darüber hinaus bleibt die allgemeine Vorschrift des IAS 1 bestehen, derzufolge eine Angabe in einem Standard nicht zwingend erforderlich ist, sofern die Informationen nicht wesentlich sind (IAS 1.7, 29-31).

Die Offenlegungspflichten in IFRS 7 sind primär für jährliche Berichtsperioden relevant. Vorgaben zur Ausgestaltung von unterjährigen Abschlüssen enthält IAS 34 „Zwischenberichterstattung".[177] Nach IAS 34.4 kann das Unternehmen Zwischenabschlüsse entweder als vollständige Abschlüsse (d.h. die Anforderungen/Angaben in IAS 1, in IAS 34 und in anderen Standards werden komplett erfüllt; IAS 34.7) oder aber als verkürzte Abschlüsse aufstellen. Der Mindestinhalt eines verkürzten Abschlusses und die dabei

---

[175] Ferner existiert zu den Angabepflichten bei Übertragungen von finanziellen Vermögenswerten eine Art Generalnorm (siehe dazu Abschnitt 6.2.5.3).
[176] Vgl. SCHARPF (2006), S. 7. Vgl. auch KERKHOFF/STAUBER (2007), Rz. 6; HEUSER/THEILE (2012), Rz. 2600.
[177] Weiterführend zu IAS 34 vgl. z.B. PELLENS u.a. (2011), S. 953-967.

vorgeschriebenen Anhangangaben bestimmen sich über IAS 34 (IAS 34.6). Grundsätzlich hat man im Zwischenbericht nur diejenigen Sachverhalte zu erläutern, die für das Verständnis der Veränderungen, welche sich seit Ende des letzten Geschäftsjahres bei der Vermögens-, Finanz- und Ertragslage des Unternehmens ergeben haben, erheblich sind; relativ unwesentliche Aktualisierungen der im Anhang des letzten Geschäftsberichts enthaltenen Informationen werden nicht gefordert (IAS 34.15, 15A). IAS 34.15B führt (in unvollständiger Aufzählung) auf, welche konkreten Offenlegungsvorschriften bei Erheblichkeit bestehen.[178] Auf diese wird in den entsprechenden Abschnitten des Buchs eingegangen.

Aufbau der Standards

Neben den Standardtexten enthalten IAS 32, IAS 39 und IFRS 7 „Anwendungsleitlinien" („Application Guidance"; AG) sowie „Grundlagen für die Schlussfolgerungen" („Basis for Conclusions"; BC). IAS 32 und IAS 39 haben zudem Abschnitte mit erläuternden Beispielen („Illustrative Examples"; IE). In IAS 39 und IFRS 7 sind ferner Implementierungshinweise („Guidance on Implementing"; IG) enthalten. IFRS 7 ist nach der für neue Standards mit IFRS-Bezeichnung einheitlichen Struktur (Standardtext, Anhänge, BC, ggf. IG oder IE) aufgebaut und enthält im Anhang A „Begriffsbestimmungen" („Defined Terms").

Standardtexte, Anwendungsleitlinien und die (nur für IFRS 7 bestehenden) Begriffsbestimmungen sind integrale Bestandteile der Regelungen und wurden damit im EU-Übernahmeprozess berücksichtigt. Alle anderen Abschnitte haben zwar streng genommen keine EU-Rechtswirkung, müssen aber bei der Anwendung einzelner Vorschriften grundsätzlich beachtet werden.

IFRS-Überarbeitungsprozesse

Weniger umfangreiche Änderungen von Standards und Interpretationen führt das IASB im Rahmen jährlicher Überarbeitungsprozesse („Annual Improvements Projects") durch. Bislang wurden dazu im Mai 2008, im April 2009, im Mai 2010 und im Mai 2012 „(Annual) Improvements to IFRSs" veröffentlicht.[179] Die Verlautbarungen enthalten auch in Bezug auf Finanzinstrumente einige Änderungen, auf die – sofern sie für Nicht-Banken von Bedeutung sind – an den entsprechenden Stellen eingegangen wird. Darüber hinaus wurden im Mai 2012 die für den Änderungszyklus 2010-2012 geplanten Überarbeitungen über einen Exposure Draft bekannt gegeben. Der Entwurfsstandard sieht für wenige hier berücksichtigte Vorschriften Modifikationen vor, die an den entsprechenden Stellen thematisiert werden.

---

[178] IAS 34.15A, 15B wurden im Zuge des IFRS-Überarbeitungsprozesses 2010 (siehe unten) eingefügt.
[179] Die EU-Übernahmen erfolgten im Januar 2009, im März 2010 und im Februar 2011. Die Veröffentlichung im Mai 2012 (Änderungszyklus 2009-2011) hat die EU bis zur Drucklegung dieses Buchs noch nicht in europäisches Recht übernommen.

3.1.2 Sekundäre Standards

Zusätzlich zu den zuletzt genannten primären Vorschriften zu Finanzinstrumenten ist IAS 21 „Auswirkungen von Änderungen der Wechselkurse" von zentraler Bedeutung. Der Standard lässt sich in 2 Themenbereiche unterteilen:

- Vorschriften zur Umrechnung von Abschlüssen in die Darstellungswährung (d.h. die Währung, in der die Abschlüsse veröffentlicht werden);
- Regeln zur Bilanzierung von Geschäftsvorfällen und Salden in Fremdwährung.

IAS 21

Für die Bilanzierung von Finanzinstrumenten ist insbesondere der 2. Themenbereich relevant. So sind bspw. die Vorschriften des IAS 21 zu beachten, wenn ein Unternehmen mit funktionaler Währung € ein in $ notiertes Wertpapier erwirbt. Wie noch zu erläutern sein wird, unterscheidet IAS 21 bei der Folgebewertung zwischen monetären und nicht-monetären Fremdwährungsposten. Erstere müssen stets zum Stichtagskurs umgerechnet werden; Umrechnungsdifferenzen sind in der Regel erfolgswirksam zu erfassen. Davon betroffen ist die Mehrzahl der Finanzinstrumente-Posten, da diese fast ausschließlich monetären Charakter aufweisen.

Auch die Erfassung von sonstigen, nicht auf Währungsumrechnungsdifferenzen zurückzuführenden Aufwendungen und Erträgen im Zusammenhang mit Finanzinstrumenten – also aus Zinsen, Dividenden, Entgelten für Dienstleistungen und Transaktionen – wird nicht abschließend in IAS 39 geregelt.[180] Zwar lässt sich dem Standard implizit entnehmen, wie Zinsaufwendungen und Transaktionskosten zu erfassen sind. Die Vorschriften zur Ertragsrealisierung finden sich hingegen primär in IAS 18 „Erträge"; ferner ist das „Rahmenkonzept für die Aufstellung und Darstellung von Abschlüssen" (kurz „Rahmenkonzept") heranzuziehen.

IAS 18

Außerdem gelten natürlich für Finanzinstrumente, ebenso wie für alle anderen Posten, die allgemeinen Ausweisregeln zur Bilanz und zur GuV in IAS 1 „Darstellung des Abschlusses". Hier werden diese überwiegend in Abschnitt 4 diskutiert. Gemäß IAS 1 muss über das „Statement of Comprehensive Income" (SCI) bzw. über die „Gesamtergebnisrechnung" ein Gesamtergebnis der Periode gezeigt werden, das zusätzlich zu den im Gewinn oder Verlust erfassten Beträgen auch die erfolgsneutral im Eigenkapital (im „sonstigen Gesamtergebnis" bzw. „Other Comprehensive Income"; OCI) „zwischengespeicherten" Gewinne und Verluste berücksichtigt. Dabei besteht ein Wahlrecht zur Offenlegung der erweiterten GuV in einem oder in zwei Abschlussbestandteilen („one or two statement approach"). In diesem Buch werden die Begriffe „erfolgswirksam", „ergebniswirksam" sowie

IAS 1

---

[180] Vgl. dazu und folgend SCHARPF/KUHN (2005), S. 154.

"GuV-wirksam" stets als Synonym für eine Erfassung im Gewinn oder Verlust verwendet, wohingegen „erfolgsneutral", „ergebnisneutral" sowie „GuV-neutral" eine Erfassung im OCI bzw. im Eigenkapital bedeuten.

IFRS 13

Darüber hinaus muss für Geschäftsjahre, die am oder nach dem 1. Januar 2013 beginnen, IFRS 13 „Fair Value Measurement" verpflichtend angewandt werden; auf freiwilliger Basis ist eine erstmalige Anwendung auch bereits vorher möglich (IFRS 13.C1).[181] Die Regelungen gelten prospektiv ab dem Erstanwendungszeitpunkt (IFRS 13.C2). Für die Vergleichsperiode(n) davor braucht das Unternehmen die über IFRS 13 geforderten Angaben nicht zu machen (IFRS 13.C3). Bis zur Drucklegung dieses Buchs war IFRS 13 noch nicht von der EU übernommen worden.

IFRS 13 enthält standardübergreifende Regelungen zur Definition, zur Bestimmung und zur Offenlegung des beizulegenden Zeitwerts (IFRS 13.1). Der Anwendungsbereich von IFRS 13 erstreckt sich auf alle IFRS, welche Erst- und Folgebewertungen oder Angaben zum beizulegenden Zeitwert vorschreiben bzw. erlauben (IFRS 13.5, 8); ausgenommen werden nur wenige, in IFRS 13.6, 7 aufgeführte Sachverhalte. IFRS 13 ist insofern auch für Finanzinstrumente zu beachten.

Durch IFRS 13 werden einige bislang in IAS 39 enthaltene Vorschriften zur Definition und Bestimmung des beizulegenden Zeitwerts ersetzt, modifiziert oder gelöscht. Auch bei den Angabepflichten in IFRS 7 kommt es zu Änderungen. Darauf wird hier in den entsprechenden Abschnitten eingegangen.

3.1.3 Nicht behandelte Standards

IAS 12

Es ist darauf hinzuweisen, dass die Bilanzierung von Finanzinstrumenten mit der Entstehung von latenten Steuern verbunden sein kann. Regelungen dazu finden sich in IAS 12 „Ertragsteuern". Auf diese spezielle Thematik wird in der vorliegenden Abhandlung nicht eingegangen.[182]

IFRS 1

Ebenso wenig behandelt werden die in Verbindung mit Finanzinstrumenten vorherrschenden Erleichterungs- bzw. Befreiungsvorschriften bei der erstmaligen Aufstellung eines IFRS-Abschlusses, die IFRS 1 „Erstmalige Anwendung der International Financial Reporting Standards" enthält.[183]

---

[181] Zu IFRS 13 vgl. grundlegend GROßE (2011); FISCHER (2011c); HITZ/ZACHOW (2011); KIRSCH/KÖHLING/DETTENRIEDER (2011). Die in Bezug auf Finanzinstrumente wesentlichen Änderungen diskutieren FLICK/GEHRER/MEYER (2011).

[182] Vgl. hierzu SCHMIDT/PITTROFF/KLINGELS (2007), S. 171-173; LÜDENBACH (2012d), Rz. 273-278.

[183] Weiterführend dazu vgl. etwa generell ULL/BÜDDING (2010) oder in Bezug auf Finanzinstrumente DELOITTE LLP (2011b), S. 917-945.

3.2 Finanzinstrumente nach IAS 32

3.2.1 Begriff und Überblick

Ein „Finanzinstrument" („Financial Instrument") stellt einen Vertrag dar, der gleichzeitig bei dem einen Unternehmen zu einem finanziellen Vermögenswert und bei dem anderen Unternehmen zu einer finanziellen Verbindlichkeit oder einem Eigenkapitalinstrument führt (IAS 32.11; siehe Abbildung 3-1).

Finanzinstrument

Definition eines Finanzinstruments nach IAS 32.11 | *Abbildung 3-1*

```
                        Finanzinstrument
                        Vertrag führt zu
        Unternehmen A          Unternehmen B alternativ
        Finanzieller       Finanzielle        Eigenkapital-
        Vermögenswert      Verbindlichkeit    instrument
```

Wesentliche Voraussetzung für das Vorliegen eines Finanzinstruments ist demnach zunächst einmal das Bestehen eines „Vertrags". Dabei handelt es sich gemäß IAS 32.13 um eine Vereinbarung zwischen 2 oder mehreren Vertragsparteien, die eindeutige wirtschaftliche Folgen hat, welche von den einzelnen Kontraktparteien kaum oder überhaupt nicht zu vermeiden sind, weil sich die Vereinbarung für gewöhnlich im Rechtsweg durchsetzen lässt. Die Form des Vertrags (ob dieser schriftlich oder mündlich geschlossen wurde) ist in Bezug auf die Finanzinstrumente-Beurteilung unerheblich.

Vertrag als Grundvoraussetzung

Ebenfalls keine Bedeutung hat es, ob die Rechte und Pflichten aus dem Kontrakt zeitlich begrenzt sind oder nicht. So stellen etwa Schuldinstrumente wie ewige Anleihen (▶ 2.4.2.3), die dem Inhaber ein vertragliches Recht auf Erhalt von Zinszahlungen zu festgelegten Zeitpunkten bis in unbestimmte Zukunft einräumen, für den Inhaber finanzielle Vermögenswerte und für den Emittenten finanzielle Verbindlichkeiten dar, obschon Ersterer kein Recht auf Rückerhalt des Kapitalbetrags hat bzw. der Rückerhalt sehr unwahrscheinlich ist (IAS 32.AG6).

Auch vertraglich vereinbarte Rechte und Verpflichtungen auf Empfang, Lieferung oder Übertragung von Finanzinstrumenten stellen selbst Finanzinstrumente dar (IAS 32.AG7). Ob die Rechte und Verpflichtungen dabei unbedingt oder vom Eintreten künftiger Ereignisse abhängig sind, spielt im Hinblick auf die Einstufung keine Rolle. So erfüllt bspw. eine Bürgschaft, die den Bürgen nur zu Zahlungen verpflichtet (bzw. den Kreditgeber nur zum Erhalt von Cashflows berechtigt), wenn der Kreditnehmer seinen Verpflichtungen nicht nachkommt, die Definition einer finanziellen Verbindlichkeit bzw. eines finanziellen Vermögenswerts. Dies ist auch dann der Fall, wenn der Posten nicht bilanziell erfasst wird (IAS 32.AG8).

Zahlungsaustausch

Finanzinstrumente sind letztendlich auf den Austausch von Zahlungsmitteln gerichtet; ihr Geldwerdungsprozess ist in der Regel weiter fortgeschritten als bei anderen Vermögenswerten (wie z.B. bei Sachanlagen, Immobilien, immateriellen oder biologischen Vermögenswerten, Vorräten) und Schulden. Voraussetzung für die Einstufung als Finanzinstrument ist, dass die Vereinbarung finanzielle Sachverhalte zum Inhalt hat.[184] Bspw. begründet ein Vertrag, der den Erhalt bzw. die Lieferung von körperlichen Vermögenswerten beinhaltet, weder einen finanziellen Vermögenswert bei der einen noch eine finanzielle Verbindlichkeit bei der anderen Partei, außer dass eine entsprechende Zahlung oder Teilzahlung auf den Zeitpunkt nach der Übergabe der körperlichen Vermögenswerte verschoben wird – wie dies klassischerweise bei Handelskrediten bzw. Käufen oder Verkäufen auf Ziel der Fall ist (IAS 32.AG21). Auch derivative Verträge zum Kauf oder Verkauf nicht-finanzieller Posten (z.B. Warenterminkontrakte ▶ 2.6.1) sind keine Finanzinstrumente im definitorischen Sinne. Sofern sie allerdings einen Ausgleich in bar bzw. anderen Finanzinstrumenten vorsehen oder der nicht-finanzielle Posten jederzeit in Zahlungsmittel umwandelbar ist, werden sie behandelt, als ob es sich um Finanzinstrumente handeln würde (IAS 32.AG20; ▶ 3.3.6.5).

Weite Fassung des Unternehmensbegriffs

Ferner bezieht sich die Definition eines Finanzinstruments auf Transaktionen zwischen Unternehmen. Der Begriff des „Unternehmens" („Entity") wird in IAS 32 sehr weit gefasst. So beinhaltet er Einzelpersonen, Personengesellschaften, Kapitalgesellschaften, Treuhänder und öffentliche Institutionen (IAS 32.14). Damit können bspw. grundsätzlich auch Forderungen und Verbindlichkeiten an bzw. gegenüber Privatpersonen und Mitarbeitern Finanzinstrumente darstellen.

Keine Finanzinstrumente im Sinne des IAS 32

Nicht die Definitionsmerkmale eines Finanzinstruments erfüllen die folgenden Bilanzposten bzw. Verträge:

- Operating-Leasingverhältnisse – außer im Hinblick auf einzelne jeweils fällige Zahlungen (IAS 32.AG9);

---

[184] Vgl. KUHN/SCHARPF (2006), Rz. 300; MENTZ (2009), Rz. 23.

- körperliche Vermögenswerte wie Vorräte, Sachanlagen oder immaterielle Vermögenswerte, da diese keinen Rechtsanspruch auf Zahlungsmittel oder andere Finanzinstrumente begründen (IAS 32.AG10);[185]

- geleistete Anzahlungen bzw. aktivische Abgrenzungsposten, weil ihr Nutzen im Erhalt von Gütern und Dienstleistungen und nicht im Recht auf Erhalt von Zahlungsmitteln oder anderen Finanzinstrumenten besteht (IAS 32.AG11);

- erhaltene Anzahlungen bzw. passivische Abgrenzungsposten, da die aus ihnen resultierenden Nutzenabflüsse in der Bereitstellung von Gütern und Dienstleistungen und nicht in der Verpflichtung zur Abgabe von Zahlungsmitteln oder anderen Finanzinstrumenten bestehen (IAS 32.AG11);

- Forderungen und Verbindlichkeiten aus Steuern (und aus anderen hoheitlichen Entstehungsursachen wie z.B. Sozialversicherungsabgaben) sowie aus faktischen Verpflichtungen, wie diese in IAS 37 „Rückstellungen, Eventualschulden und Eventualforderungen" definiert werden, da ihnen kein Vertrag zu Grunde liegt (IAS 32.AG12).[186]

Ferner werden eine Reihe von Sachverhalten explizit über die Anwendungsbereiche von IAS 32, IAS 39 und IFRS 7 ausgeschlossen (▶ 3.3).

3.2.2 Finanzielle Vermögenswerte

IAS 32.11 konkretisiert, was unter dem Begriff des „finanziellen Vermögenswerts" („Financial Asset") zu subsumieren ist (siehe Abbildung 3-2).

Finanzielle Vermögenswerte nach IAS 32.11 *Abbildung 3-2*

1. Flüssige Mittel.
2. Ein als Aktivposten gehaltenes Eigenkapitalinstrument eines anderen Unternehmens.
3. Ein vertragliches Recht,
    - flüssige Mittel oder andere finanzielle Vermögenswerte von einem anderen Unternehmen zu erhalten, oder
    - finanzielle Vermögenswerte oder finanzielle Verbindlichkeiten mit einem anderen Unternehmen zu potenziell vorteilhaften Bedingungen auszutauschen.

---

[185] So stellen auch Edelmetalle (wie z.B. ein Goldbarren) keine Finanzinstrumente dar (IAS 39.IG B.1), als Zahlungsmittel zugelassene Edelmetallmünzen indes schon, vgl. MENTZ (2009), Rz. 26 und Rz. 29.

[186] Insofern sind bspw. Schadensersatzansprüche aus unerlaubter Handlung keine Finanzinstrumente, vgl. MENTZ (2009), Rz. 32.

4. Ein Vertrag, der in eigenen Eigenkapitalinstrumenten erfüllt werden wird oder kann und bei dem es sich alternativ um Folgendes handelt:
- ein nicht-derivatives Finanzinstrument, das eine vertragliche Verpflichtung des Unternehmens beinhaltet oder beinhalten kann, eine variable Anzahl von (eigenen) Eigenkapitalinstrumenten des Unternehmens zu erhalten;
- ein derivatives Finanzinstrument, das auf andere Weise erfüllt werden wird oder kann als durch den Austausch eines festen Betrags an flüssigen Mitteln oder anderen finanziellen Vermögenswerten gegen eine feste Anzahl von (eigenen) Eigenkapitalinstrumenten des Unternehmens.

Unter 1. fallen etwa Zahlungsmittel und -surrogate sowie Bankguthaben bzw. Einlagen (IAS 32.AG3); 2. betrifft gehaltene Unternehmensanteile z.B. in Form von Aktien oder sonstigen Wertpapieren; unter 3. werden bspw. Forderungen aus Lieferungen und Leistungen, Wechselforderungen sowie ausgereichte Darlehen und Anleihen subsumiert (IAS 32.AG4), ferner Finanzderivate mit positivem Marktwert (IAS 32.AG16-AG19) und Forderungen aus Finanzierungsleasingverhältnissen. 4. bezieht sich auf Verträge, die anstelle der Erfüllung der Ansprüche durch flüssige Mittel oder durch die Lieferung anderer finanzieller Vermögenswerte eine Begleichung mit den eigenen Eigenkapitalinstrumenten des Unternehmens vorsehen. Originäre und derivative Finanzinstrumente gelten dabei als finanzielle Vermögenswerte, wenn das Unternehmen bei Fälligkeit von der Gegenpartei eine *variable* Anzahl der eigenen Eigenkapitalinstrumente erhält. Letztere werden also quasi als „Währung" zur Bezahlung eingesetzt, denn der beizulegende Zeitwert der variablen Anzahl an Eigenkapitalinstrumenten entspricht zum Zeitpunkt der Vertragserfüllung der Höhe des vertraglichen Anspruchs.[187]

3.2.3 Finanzielle Verbindlichkeiten

Was unter den Begriff der „finanziellen Verbindlichkeit" („Financial Liability") fällt, wird ebenfalls in IAS 32.11 konkretisiert; dies ist in Abbildung 3-3 aufgeführt.

Abbildung 3-3 | *Finanzielle Verbindlichkeiten nach IAS 32.11*

1. Eine vertragliche Verpflichtung,
   - flüssige Mittel oder einen anderen finanziellen Vermögenswert an ein anderes Unternehmen zu liefern oder
   - finanzielle Vermögenswerte oder finanzielle Verbindlichkeiten mit einem anderen Unternehmen zu potenziell nachteiligen Bedingungen auszutauschen.

---

[187] Vgl. KUHN/SCHARPF (2006), Rz. 3745 m.V.a. IAS 32.BC10 sowie MENTZ (2009), Rz. 249 m.V.a. IAS 32.BC13.

2. Ein Vertrag, der in eigenen Eigenkapitalinstrumenten des Unternehmens erfüllt werden wird oder kann und bei dem es sich alternativ um Folgendes handelt:
- ein nicht-derivatives Finanzinstrument, das eine vertragliche Verpflichtung des Unternehmens beinhaltet oder beinhalten kann, eine variable Anzahl von eigenen Eigenkapitalinstrumenten des Unternehmens zu liefern;
- ein derivatives Finanzinstrument, das auf andere Weise erfüllt werden wird oder kann als durch den Austausch eines festen Betrags an flüssigen Mitteln oder anderen finanziellen Vermögenswerten gegen eine feste Anzahl von eigenen Eigenkapitalinstrumenten des Unternehmens.

Unter 1. werden wiederum alle Verträge gefasst, die durch flüssige Mittel oder andere finanzielle Vermögenswerte begleichbar sind. Darunter fallen z.B. Verbindlichkeiten aus Lieferungen und Leistungen, Wechselverbindlichkeiten sowie Darlehens- und Anleiheverbindlichkeiten (IAS 32.AG4); auch werden Verbindlichkeiten gegenüber Kreditinstituten und Kunden, Schulden aus Handelsgeschäften und Finanzderivate mit negativem Marktwert darunter gefasst (IAS 32.AG16-AG19). Ferner sind die Definitionsmerkmale auch bei ausgegebenen Finanzgarantien und bei Verbindlichkeiten aus Finanzierungsleasingverhältnissen erfüllt.

Analog betrifft 2. gleichermaßen wie auch für finanzielle Vermögenswerte diejenigen Fälle, bei denen eine Begleichung durch die eigenen Eigenkapitalinstrumente des Unternehmens erfolgt bzw. möglich ist. Die Regelungen thematisieren die Abgrenzung von Eigen- und Fremdkapital: Kommt man unter Berücksichtigung von IAS 32.11 zu dem Schluss, dass eine finanzielle Verbindlichkeit nicht vorliegt, muss es sich im Umkehrschluss um ein Eigenkapitalinstrument handeln. Dies wird über IAS 32.16 in Form einer Negativabgrenzung konkretisiert (siehe folgenden Abschnitt).[188]

3.2.4 Eigenkapital- versus Schuldinstrumente

Ein „Eigenkapitalinstrument" („Equity Instrument") bezeichnet einen Vertrag, der einen Residualanspruch an den Vermögenswerten eines Unternehmens nach Abzug aller dazugehörigen Schulden (d.h. an dessen Reinvermögen) begründet (IAS 32.11).[189]

Eigenkapitalinstrument

---

[188] Vgl. auch KUHN/SCHARPF (2006), Rz. 3681; MENTZ (2009), Rz. 63.
[189] „Eigenkapital" wird im Rahmenkonzept ebenfalls als Residualanspruch am Reinvermögen definiert (F.4.4 (c) bzw. F.49 (c)); ein Eigenkapitalinstrument erfordert darüber hinaus das Vorliegen eines Vertrags, vgl. MENTZ (2009), Rz. 22 und Rz. 36.

3 Grundlagen zur Bilanzierung und Offenlegung

Schuldinstrument

Der Begriff des „Schuld- bzw. Fremdkapitalinstruments" („Debt Instrument") ist in den IFRS nicht definiert.[190] Meist wird er als Negativabgrenzung zum Eigenkapitalinstrument konkretisiert.

Eine Differenzierung nach Eigenkapital- und Schuldinstrumenten kann sowohl auf der Aktiv- als auch auf der Passivseite vorgenommen werden (siehe Tabelle 3-4).

Tabelle 3-4   *Eigenkapital- und Schuldinstrumente auf der Aktiv- sowie auf der Passivseite*

Aktiva	Passiva
Finanzielle Vermögenswerte:	**Eigenkapital:**
▪ erworbene Eigenkapitalinstrumente (z.B. gekaufte Aktien eines anderen Unternehmens)	eigene Eigenkapitalinstrumente (z.B. emittierte Aktien des Unternehmens)
▪ erworbene Schuldinstrumente (z.B. gekaufte Anleihen eines anderen Unternehmens)	**Finanzielle Verbindlichkeiten bzw. Fremdkapital:** emittierte Schuldinstrumente (z.B. ausgegebene Anleihen des Unternehmens)

Abgrenzung von Eigen- und Fremdkapital

Bei der Frage, ob Eigen- oder Fremdkapital vorliegt (Passivseite der Bilanz; d.h. dies betrifft die Ausgabe von Anteilen oder die Begebung von Schulden), werden Eigenkapitalinstrumente durch Negativabgrenzung der in IAS 32.11 genannten Merkmale von finanziellen Verbindlichkeiten bzw. Schuldinstrumenten (siehe zu diesen Abbildung 3-3) definiert. IAS 32.16 legt insofern fest, dass ein Eigenkapitalinstrument

1. *keine* vertragliche Verpflichtung beinhaltet,

    ▪ flüssige Mittel oder einen anderen finanziellen Vermögenswert an ein anderes Unternehmen zu liefern, oder

    ▪ finanzielle Vermögenswerte oder finanzielle Verbindlichkeiten mit einem anderen Unternehmen zu potenziell nachteiligen Bedingungen für den Emittenten auszutauschen; und

2. sofern das Finanzinstrument in eigenen Eigenkapitalinstrumenten des Emittenten erfüllt werden kann, es sich alternativ um Folgendes handelt:

    ▪ ein nicht-derivatives Finanzinstrument, das *keine* vertragliche Verpflichtung des Emittenten beinhaltet, eine variable Anzahl eigener Eigenkapitalinstrumente zu liefern;

    ▪ ein derivatives Finanzinstrument, das vom Emittenten nur erfüllt wird durch den Austausch eines *festen* Betrags an flüssigen Mitteln

---

[190] Vgl. ERNST & YOUNG LLP (2012b), S. 2872.

oder anderen finanziellen Vermögenswerten gegen eine *feste* Anzahl von eigenen Eigenkapitalinstrumenten („Fixed/Fixed"-Prinzip bzw. -Kriterium).

Unter den Begriff des Eigenkapitalinstruments fallen z.B. nicht-kündbare Stammaktien, bestimmte Arten von Vorzugsaktien, Optionsscheine oder geschriebene Verkaufsoptionen, die den Inhaber zur Zeichnung oder zum Kauf einer festen Anzahl nicht-kündbarer Stammaktien des emittierenden Unternehmens gegen einen festen Betrag an flüssigen Mitteln oder anderen finanziellen Vermögenswerten berechtigt (IAS 32.AG13). Nicht als Eigenkapital im IFRS-Sinne gelten dagegen etwa Finanzinstrumente,

- die eine Rückzahlungsverpflichtung beinhalten,
- bei denen der Emittent laufende Zahlungen zu leisten hat oder
- die mit Inhaberkündigungsrechten ausgestattet sind.[191]

Über die Änderung von IAS 32 „Puttable Financial Instruments and Obligations Arising on Liquidation" wird dieses Abgrenzungsprinzip allerdings für letztgenannten Sachverhalt durchbrochen, indem bestimmte Inhaberkündigungsrechte ausnahmsweise als Eigenkapitalinstrumente eingestuft werden können.[192]

Die Abgrenzung von Eigen- und Fremdkapital ist bei Nicht-Banken regelmäßig bei der Emission und dem Rückkauf von eigenen Anteilen sowie bei der Begebung von Wandel- oder Optionsschuldverschreibungen relevant. Dazu weiterführend wird auf die entsprechenden Abschnitte zur Bilanzierung und Offenlegung der jeweilgen Sachverhalte verwiesen (▶ 6.8; 6.9; 6.10)

Wie Tabelle 3-4 zeigt, ist auch bei der Bilanzierung auf der Aktivseite (d.h. in Bezug auf erworbene Posten) zwischen Eigenkapital- und Schuldinstrumenten zu unterscheiden. So sind etwa die Bilanzierungsfolgen zu Wertberichtigungen davon abhängig, ob ein Schuldinstrument oder ein Eigenkapitalinstrument vorliegt.

Abgrenzung auf der Aktivseite

Fraglich ist, ob die Klassifizierung des Instruments beim Emittenten nach IAS 32 (Passivseite) Einfluss auf die Kategorisierung des Instruments beim Inhaber (Aktivseite) hat.[193] Hierbei sind 2 Sichtweisen denkbar. Zum einen kann von einer symmetrischen Einstufung zwischen IAS 32 und IAS 39 ausgegangen werden, d.h. stellt ein Finanzinstrument nach IAS 32 ein Schuldinstrument dar, ist es auch für den Inhaber als solches zu behandeln.

---

[191] Vgl. SCHMIDT (2008b), S. 435.
[192] Siehe dazu weiterführend Abschnitt 6.8.1.5.
[193] Vgl. dazu und folgend RIC (2007).

3 Grundlagen zur Bilanzierung und Offenlegung

Zum anderen kann die Beurteilung auf der Aktivseite auch losgelöst von IAS 32, d.h. ausschließlich auf Basis von IAS 39 erfolgen.

Letztere Sichtweise wird vom IFRIC sowie vom RIC vertreten.[194] Danach sind unterschiedliche Einstufungen möglich. Hat etwa ein Emittent ein Instrument mit Residualanspruch und Kündigungs- bzw. Rückgaberecht ausgegeben, muss er dieses grundsätzlich als Schuld- bzw. Fremdkapitalinstrument klassifizieren (▶ 6.8.1.3). Für den Inhaber verhindert das Kündigungsrecht hingegen eine Einstufung als Eigenkapital nicht; maßgeblich für ihn ist lediglich, ob ein Residualanspruch vorliegt oder nicht.

3.2.5 Weitere Abgrenzungen

3.2.5.1 Derivative versus originäre Instrumente

Merkmale von Derivaten

Folgende 3 Merkmale müssen kumulativ erfüllt sein, damit nach IFRS ein „Derivat" („Derivative") vorliegt (IAS 39.9):

1. Sein Wert verändert sich infolge einer Änderung einer bestimmten Basisvariablen („Underlying") wie ein Zinssatz, der Preis eines Finanzinstruments, ein Rohstoffpreis, ein Wechselkurs, ein Preis- oder Zinsindex, ein Bonitätsrating oder Kreditindex bzw. eine andere Variable (sofern im Fall einer nicht-finanziellen Variablen die Variable nicht spezifisch für eine Partei des Vertrags ist).[195]

2. Es erfordert keine oder eine derartige Anschaffungsauszahlung, die im Vergleich zu anderen Vertragsformen, von denen zu erwarten ist, dass sie in ähnlicher Weise auf Änderungen der Marktbedingungen reagieren, geringer ist.

3. Die Begleichung des Instruments erfolgt zu einem späteren Zeitpunkt – d.h. in der Zukunft.

Begriff des originären Finanzinstruments

Was genau unter einem „originären" („nicht-derivativen") Instrument zu verstehen ist, wird in den IFRS nicht erläutert – auch nicht in Form einer Negativabgrenzung.[196] Im Umkehrschluss muss es sich aber um Instrumente handeln, auf welche mindestens eines der 3 Merkmale nicht zutrifft.

---

[194] Vgl. RIC (2007), S. 3; IFRIC Update January 2007, S. 5.
[195] Auch Kontrakte mit mehreren Basisvariablen können Derivate im Sinne von IAS 39 sein, vgl. VARAIN (2008), Rz. 30; LÜHN (2009), S. 103 m.V.a. IAS 39.IG B.8. Vgl. ferner DELOITTE LLP (2011b), S. 201; PwC (2011a), S. 4011 (4.30); ERNST & YOUNG LLP (2012b), S. 2897.
[196] IAS 32.AG15 enthält lediglich eine beispielhafte Aufzählung zu originären Instrumenten (Forderungen, Zahlungsverpflichtungen, Eigenkapitalinstrumente).

Finanzielle versus nicht-finanzielle Variablen

Darüber hinaus finden sich in den IFRS keinerlei Hinweise bezüglich der Abgrenzung zwischen finanziellen und nicht-finanziellen Variablen. So wurde auch bereits das IFRIC mit der Frage konfrontiert, ob ein Vertrag, der sich auf Umsatz- oder Gewinngrößen (wie z.B. EBITDA) bezieht, die Definitionsmerkmale eines Derivats in IAS 39 erfüllt.[197] Dabei wurde eingeräumt, dass auf Basis von IAS 39 nicht beantwortet werden kann, ob derartige Basisvariablen finanzieller oder nicht-finanzieller Art sind. Trotzdem hat das IFRIC den Sachverhalt nicht auf seine Agenda genommen. Insofern liegt es momentan im Ermessen des Unternehmens, dies im Rahmen der Ansatz- und Bewertungsmethoden festzulegen.[198]

Spezifische versus nicht-spezifische Variablen

Beispiele für Variablen, die nicht spezifisch für einen Kontraktpartner sind, enthält IAS 39.AG12A. Darunter fällt etwa ein Index, der sich auf Erdbebenschäden in einem bestimmten Gebiet bezieht, oder ein Temperaturindex in einer bestimmten Stadt. Spezifisch für eine Seite ist demgegenüber z.B. der Eintritt oder Nichteintritt eines Feuers, welches einen Vermögenswert einer Vertragspartei beschädigt oder zerstört.

In IAS 39.AG12A wird weiter ausgeführt, dass eine Änderung des beizulegenden Zeitwerts eines nicht-finanziellen Vermögenswerts dann als spezifisch für den Eigentümer gilt, wenn der Fair Value nicht nur Änderungen der Marktpreise solcher Vermögenswerte widerspiegelt (d.h. sich nicht nur durch finanzielle Variablen bestimmt), sondern auch den Zustand des spezifischen, im Eigentum befindlichen nicht-finanziellen Vermögenswerts reflektiert (d.h. auch nicht-finanzielle Variablen berücksichtigt). Setzt bspw. eine Garantie auf den Restwert eines bestimmten Autos den Garantiegeber dem Risiko aus, dass sich der physische Zustand des Autos ändert, ist die Restwertänderung spezifisch für den Autoeigentümer.

Variables Underlying

Hat ein Vertrag ein variables Underlying, wie dies etwa bei einer Option zum Erwerb eines Finanzinstruments zum jeweiligen Marktwert der Fall ist, liegt kein Derivat im Sinne von IAS 39 vor, da kein Marktrisiko besteht.[199]

Finanz- versus Versicherungsrisiko

Das unter 1. genannte Risiko der Wertänderung auf Grund der Änderung einer bestimmten Variablen mit der Bedingung, dass eine nicht-finanzielle Variable (z.B. ein Rohstoff oder die Regenhäufigkeit in Tagen) nicht spezifisch für einen Vertragspartner sein darf, wird im Anhang A von IFRS 4 als „Finanzrisiko" bezeichnet. Es ist entscheidend für die Abgrenzung zum „Versicherungsrisiko", welches nach IFRS 4 (Anhang A) kein Finanzrisiko darstellt. Liegt ein Finanzrisiko vor und sind auch die beiden anderen

---

[197] Vgl. dazu IFRIC Update July 2006, S. 7; IFRIC Update January 2007, S. 4; FREIBERG (2009), S. 115; BARCKOW (2010), Rz. 30; RIC (2010b), S. 4; EPPINGER/SEEBACHER (2010), S. 338; FRIEDHOFF/BERGER (2011), Rz. 29; ERNST & YOUNG LLP (2012b), S. 2899f.
[198] Vgl. auch KPMG IFRG LIMITED (2011), S. 1269 (7.2.30.90).
[199] Vgl. VARAIN (2008), Rz. 33. Siehe zum Begriff des Marktrisikos Abschnitt 5.3.

Merkmale eines Derivats erfüllt, stellt der Vertrag ein derivatives Finanzinstrument dar. Trifft dies nicht zu, weil etwa die nicht-finanzielle Basisvariable spezifisch für einen Vertragspartner ist, besteht kein Finanzrisiko (und damit kein Derivat), es kann jedoch ein Versicherungsrisiko vorliegen.[200] Letzteres muss in wesentlichem Ausmaß gegeben sein, damit die Vereinbarung nach IFRS 4 einen Versicherungsvertrag darstellen kann (▶ 3.2.5.3).

3.2.5.2 Eingebettete versus eigenständige derivative Finanzinstrumente

Eingebettete Derivate

„Eingebettete Derivate" („Embedded Derivatives") sind Bestandteil eines „zusammengesetzten Instruments" („Hybrid Instrument"). Hierbei handelt es sich um eine rechtlich untrennbare Kombination von einem nicht-derivativen „Basisvertrag" („Host Contract", auch „Trägervertrag") und einem derivativen Instrument. Der Basisvertrag kann den Charakter eines Finanzinstruments (z.B. im Fall einer Anleihe) oder eines Nicht-Finanzinstruments (z.B. im Fall eines Kaufvertrags) aufweisen; im ersteren Fall spricht man auch von „strukturierten Finanzprodukten".[201] Für zusammengesetzte Instrumente ist charakteristisch, dass ein Teil der Zahlungsströme ähnlichen Schwankungen ausgesetzt ist wie ein eigenständiges bzw. freistehendes Derivat (IAS 39.10).

Abbildung 3-4 enthält die Merkmale eingebetteter Derivate. Nur wenn alle Eigenschaften kumulativ erfüllt sind, handelt es sich um ein eingebettetes Derivat.

Abbildung 3-4 | *Merkmale eingebetteter Derivate nach IAS 39.10*

- Das eingebettete Derivat ist Bestandteil eines strukturierten (zusammengesetzten) Instruments; dieses enthält einen nicht-derivativen Basisvertrag.
- Ein Teil der Cashflows des zusammengesetzten Instruments ist ähnlichen Schwankungen ausgesetzt wie ein freistehendes (eigenständiges) Instrument.
- Das eingebettete Derivat verändert einen Teil oder alle Cashflows aus einem Kontrakt in Abhängigkeit von einer bestimmten Basisvariablen (Underlying) wie einem Zinssatz, dem Preis eines Finanzinstruments, einem Rohstoffpreis, einem Wechselkurs, einem Preis- oder Zinsindex, einem Bonitätsrating oder Kreditindex bzw. einer ähnlichen Variablen (sofern im Fall einer nicht-finanziellen Variablen die Variable nicht spezifisch für eine Partei des Vertrags ist).

---

[200] So werden etwa Covenants (siehe dazu Abschnitt 2.4.4.2), die zu einem Ausgleich von negativen ökonomischen Effekten des Gläubigers führen, nicht als Derivate im Sinne von IAS 39 angesehen, vgl. dazu GABER/KANDEL (2008), S. 12.
[201] Vgl. zu Letzterem z.B. SELLHORN/HAHN (2010).

- Das eingebettete Derivat ist nicht unabhängig von dem Basiskontrakt vertraglich übertragbar.
- Das eingebettete Derivat wurde nicht mit einer von dem Basiskontrakt abweichenden Vertragspartei abgeschlossen.

Bei Nicht-Banken werden sich zusammengesetzte Instrumente – wenn überhaupt – in Verbindung mit folgenden Basisverträgen ergeben:

- Kauf oder Verkauf von nicht-finanziellen Vermögenswerten (▶ 6.6);
- emittierte nicht-hybride Finanzverbindlichkeiten (▶ 6.7.6), Wandelschuldverschreibungen (▶ 6.9.3) und Optionsschuldverschreibungen (▶ 6.10.3);
- Leasingverhältnisse (▶ 6.15.4).

Kein eingebettetes, sondern ein „eigenständiges" Finanzinstrument stellt ein Derivat dar, das zwar mit einem Basisvertrag verbunden ist, jedoch

Abgrenzung zum eigenständigen Derivat

- unabhängig von diesem Instrument vertraglich übertragbar ist oder
- mit einer von diesem Instrument abweichenden Vertragspartei abgeschlossen wurde.

Sofern einer dieser Tatbestände zutrifft, ist das Derivat kein integraler Vertragsbestandteil des zusammengesetzten Instruments; es muss dementsprechend als eigenständiges derivatives Finanzinstrument behandelt werden.

3.2.5.3 Finanzgarantien versus Versicherungsverträge nach IFRS 4

Ein „finanzieller Garantievertrag" („Financial Guarantee Contract") bzw. eine „Finanzgarantie" ist ein Vertrag, der bestimmt, dass der Garantiegeber bestimmte Zahlungen zu leisten hat, um den Inhaber (Garantienehmer) für einen Verlust zu entschädigen, den er erleidet, weil ein bestimmter Schuldner gemäß den ursprünglichen oder veränderten Bedingungen eines Schuldinstruments eine fällige Zahlung nicht fristgerecht leistet (IAS 39.9).

Begriff der Finanzgarantie

Beteiligte und Ablauf eines solchen Garantieverhältnisses sind in Abbildung 3-5 dargestellt. Im Folgenden wird näher auf die wesentlichen Merkmale eingegangen.[202]

---

[202] Vgl. dazu GRÜNBERGER (2006), S. 82-84; WEIGEL/BARZ (2006), S. 606f.; SCHARPF/WEIGEL/LÖW (2006), S. 1493-1495.

Grundlagen zur Bilanzierung und Offenlegung

Abbildung 3-5 | *Beteiligte und Ablauf einer Finanzgarantie bei Nichtleistung des Schuldners*

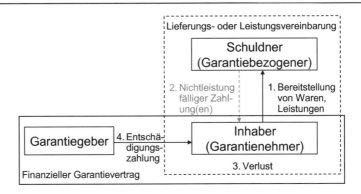

Merkmale	Das Vorliegen einer Finanzgarantie setzt zunächst einen Vertrag voraus. Auf Grund der wenig genauen Vorgaben erfüllt auch ein Rahmenvertrag das Definitionskriterium. Ferner ist die rechtliche Form des Kontrakts unerheblich (IAS 39.AG4).
– Vertrag	

– Risikotransfer

IAS 39.9 schränkt auch die Art und den Umfang der Entschädigungszahlungen nicht ein. Die Garantie kann einerseits den Forderungsausfall selbst umfassen (mit oder ohne Zinsansprüche), andererseits aber auch damit verbundene Eintreibungskosten, Refinanzierungskosten oder einen entgangenen Gewinn. Der Schaden muss lediglich mit dem Forderungsausfall in kausalem Zusammenhang stehen und den Geschädigten (Inhaber) betreffen.

Die Entschädigungszahlung kann auf einen bestimmten Höchstbetrag begrenzt werden; dieser kann kleiner oder gleich dem aus dem Schuldinstrument geschuldeten Betrag (ggf. einschließlich noch nicht bezahlter Zinsen) sein. Allerdings darf die Entschädigungszahlung maximal den entstandenen Verlust decken: Sofern der vereinbarte Höchstbetrag über dem entstandenen Verlust liegt, handelt es sich um ein Derivat.

Es ist ferner unerheblich für das Bestehen einer Finanzgarantie, ob die Entschädigungszahlung einen Schadensnachweis voraussetzt oder „auf erste Anforderung" bei Einreichung einer Schadenserklärung erfolgt. Auch kann der auszugleichende Verlust schwanken. Ebenso wird die Übertragung von anderen finanziellen Vermögenswerten (an Stelle der Zahlung) als definitionskonform erachtet.

– Schuldinstrument

Wie bereits erwähnt, wird der Begriff des Schuldinstruments in den IFRS nicht definiert, zumindest können Schuldinstrumente aber eindeutig von Eigenkapitalinstrumenten abgegrenzt werden (▶ 3.2.4). Mit Blick auf die Definitionsmerkmale einer Finanzgarantie muss es sich um eine Forderung mit spezifiziertem Schuldner handeln, aus der eine Zahlungsverpflichtung mit Fälligkeitstermin resultiert.

Die Forderung kann sich aus verschiedensten Rechtsverhältnissen ergeben, z.B. aus Kreditverträgen, Kaufverträgen oder Derivaten.[203] Da in jedem Fall eine vertragliche Verpflichtung vorliegen muss, scheiden faktische und hoheitliche Ansprüche aus. Dem Wortlaut der Definition in IAS 39.9 zufolge können es die Vertragsbestimmungen der Finanzgarantie jedoch erlauben, dass die Konditionen des Schuldinstruments geändert werden bzw. dass das alte Schuldinstrument durch ein neues ersetzt wird.

Laut der Literatur muss die gesicherte Forderung im Garantievertrag selbst zwar nicht „bestimmt", jedoch „bestimmbar" sein.

Die Nichterfüllung kann auf Vertrags- oder Leistungsmängeln beruhen bzw. in der Zahlungsunwilligkeit oder der Zahlungsunfähigkeit begründet liegen. Ebenfalls unerheblich für das Bestehen einer Finanzgarantie ist, ob der Garantiegeber dem Garantienehmer Einreden aus dem Hauptgeschäft entgegenhalten kann; dies geht allenfalls in die Bewertung der Garantieverpflichtung (der Rückstellung) ein. *– Nichterfüllung (Zahlungsausfall)*

Die Definitionsmerkmale eines finanziellen Garantievertrags erfüllen insbesondere Bürgschaften und Bankgarantien (▶ 2.4.4.2). Ferner fallen unter den Begriff der Finanzgarantie in der Regel auch sonstige Erklärungen, die Zahlungsansprüche aus Darlehen, Mieten, Kaufpreisen usw. absichern.

Kredit- bzw. bonitätsrisikobezogene Garantien (wie z.B. Credit Default Swaps oder Total Return Swaps ▶ 2.6.1), die Zahlungen in Abhängigkeit von Änderungen bestimmter Zinssätze, Preise, Finanzinstrumente, Bonitätsratings, Währungen, Indizes oder anderer Variablen vorsehen, haben nicht die Definitionsmerkmale eines finanziellen Garantievertrags nach IAS 39.9 (▶ 3.2.5.3). Dies begründet sich darin, dass der Garantienehmer, um eine Zahlung zu erhalten, ggf. weder dem Risiko ausgesetzt ist, dass der Garantiebezogene seinen Zahlungsverpflichtungen aus einem durch eine Garantie unterlegten Vermögenswert nicht fristgerecht nachkommt, noch auf Grund eines solchen Ausfalls einen Verlust erleidet (IAS 39.AG4 (b)). Kreditderivate stellen weder Finanzgarantien noch Versicherungsverträge, sondern derivative Finanzinstrumente dar. *Negativbeispiele*

– Kreditgarantien bzw. -derivate

Auch nicht unter die Definition eines finanziellen Garantievertrags fallen z.B. Gewährleistungsgarantien für verkaufte Produkte; Garantien, die Entschädigungszahlungen für den Fall vorsehen, dass eine vertragliche Leistung nicht fristgerecht erbracht wird; Garantien dafür, dass ein Posten (z.B. eine Immobilie) nach einem bestimmten Zeitraum einen bestimmten Markt- *– weitere*

---

[203] Zustimmend hinsichtlich Derivaten KPMG IFRG LIMITED (2011), S. 1249 (7.1.60.70). A.A. diesbezüglich indes DELOITTE LLP (2011b), S. 21.

3 Grundlagen zur Bilanzierung und Offenlegung

preis hat; Lieferungs- und Leistungsgarantien (insbesondere im Fall mangelhafter Leistungen); Fertigstellungs- bzw. Vertragserfüllungsgarantien; Vorauszahlungs- bzw. Abschlagszahlungsbürgschaften;[204] bestimmte Patronatserklärungen.[205]

Begriff des Versicherungsvertrags

Ein „Versicherungsvertrag" („Insurance Contract") wird in IFRS 4 im Anhang A definiert als Vertrag, nach dem eine Partei (der Versicherer) ein signifikantes Versicherungsrisiko von einer anderen Partei (dem Versicherungsnehmer) übernimmt, indem sie vereinbart, dem Versicherungsnehmer eine Entschädigung zu leisten, wenn ein spezifiziertes ungewisses künftiges Ereignis (das versicherte Ereignis) den Versicherungsnehmer nachteilig betrifft.

Tabelle 3-5 *Definitionsmerkmale von Finanzgarantien und Versicherungsverträgen*

Versicherungsvertrag	Finanzgarantie
Spezifiziertes ungewisses künftiges Ereignis	Bestimmter Schuldner leistet fällige Zahlung nicht
Entschädigung an den Versicherungsnehmer	Entschädigung an den Inhaber
Versicherungsnehmer ist nachteilig betroffen	Inhaber hat einen Verlust
Signifikantes Versicherungsrisiko	[keine Spezifikation des Verlustrisikos]

Tabelle 3-5, in der die Definitionsmerkmale von Finanzgarantien und Versicherungsverträgen gegenübergestellt sind, verdeutlicht, dass sich die Defini-

---

[204] In bestimmten Branchen ist es üblich, dass der Auftragnehmer zur Deckung der Produktionskosten vom Auftraggeber eine Vorauszahlung erhält. Der Auftraggeber sichert sich gegen den Ausfall der Anzahlung ab, indem er vom Auftragnehmer eine „Vorauszahlungsbürgschaft" verlangt. Ferner hat der Auftragnehmer ggf. Anspruch auf Abschlagszahlungen, soweit die vertragliche Leistung erbracht wurde. Für den Auftraggeber entsteht ggf. ein Rückzahlungsanspruch, den er sich mittels einer „Abschlagszahlungsbürgschaft" sichern kann.

[205] Als „Patronatserklärung" wird im Gesellschaftsrecht die Erklärung des Mutterunternehmens gegenüber einem Dritten bezeichnet, dafür zu sorgen, dass ein Tochterunternehmen seine Verbindlichkeiten erfüllt. Rechtlich unverbindliche („weiche") Patronatserklärungen, bei denen lediglich allgemeine Zahlungsversprechen abgegeben werden, sind mangels Verpflichtungscharakter und spezifiziertem Schuldinstrument keine Finanzgarantien, vgl. dazu auch das Beispiel in PwC (2011a), S. 3008 (3.26). „Harte" (d.h. rechtlich verbindliche) Patronatserklärungen können hingegen die gleiche Wirkung wie Bürgschaften haben und damit unter den Begriff der Finanzgarantie fallen. Dies setzt voraus, dass die Inanspruchnahme des Mutterunternehmens mit dem Zahlungsausfall eines bestimmten Schuldners verknüpft ist.

tionsmerkmale einer Finanzgarantie aus den allgemeinen Definitionskriterien des Versicherungsvertrags ableiten lassen.

Im Vergleich zum Versicherungsvertrag fehlt es der Definition der Finanzgarantie lediglich an der Übernahme eines *signifikanten* Versicherungsrisikos. Somit stellt ein Versicherungsvertrag immer eine Finanzgarantie dar; umgekehrt ist jedoch eine Finanzgarantie nur dann auch ein Versicherungsvertrag, wenn auch das Verlustrisiko wesentlich ist.[206]

Nach IFRS 4 liegt ein signifikantes Versicherungsrisiko vor, wenn die bei Eintritt des Ereignisses potenziell zu erbringende zusätzliche Leistung des Versicherers wesentlich höher wäre als diejenige, die er erbringen müsste, wenn kein versichertes Ereignis eintreten würde (IFRS 4.B23, B24). In der Praxis wird das aus einer Finanzgarantie erwachsende Versicherungsrisiko fast immer signifikant im Sinne von IFRS 4 sein.[207] Dies ergibt sich bereits indirekt aus der Definition einer Finanzgarantie, denn ohne eine signifikant höhere Zahlung ist eine wirksame Entschädigung für einen erlittenen Verlust (Risikotransfer) kaum möglich. Demzufolge wird eine Finanzgarantie in der Regel unter die Definition eines Versicherungsvertrags fallen. Auch das Bilanzierungswahlrecht zwischen IAS 39 und IFRS 4 (▶ 3.3.6.8) deutet auf die (weitgehend) übereinstimmende Definition von Finanzgarantien und Versicherungsverträgen hin. Allerdings sind bspw. Garantien für nichtfinanzielle Ansprüche (wie z.B. Garantien für die fristgerechte Errichtung eines Gebäudes) auf Grund des Zahlungsausfall-Merkmals keine Finanzgarantien, jedoch regelmäßig Versicherungsverträge nach IFRS 4.[208]

3.3 Anwendungsbereich von IAS 32, IAS 39, IFRS 7

3.3.1 Überblick

In Abbildung 3-6 sind die Anwendungsbereiche der primären Standards zur Bilanzierung und Offenlegung von Finanzinstrumenten systematisch dargestellt. Damit für einen Sachverhalt die Vorschriften des IAS 32, IAS 39 und IFRS 7 zum Tragen kommen, muss zunächst ein Finanzinstrument im Sinne von IAS 32 vorliegen, d.h. es müssen die in Abschnitt 3.2 diskutierten Definitionsmerkmale erfüllt sein. Zudem darf der Sachverhalt nicht vom Anwendungsbereich des IAS 32 ausgenommen sein.

---

[206] Vgl. GRÜNBERGER (2006), S. 84; SCHARPF/WEIGEL/LÖW (2006), S. 1495.
[207] Vgl. hierzu und im Folgenden GRÜNBERGER (2006), S. 84f.
[208] Vgl. GRÜNBERGER (2006), S. 83f.

3 Grundlagen zur Bilanzierung und Offenlegung

Abbildung 3-6 | Anwendungsbereich von IAS 32, IAS 39, IFRS 7

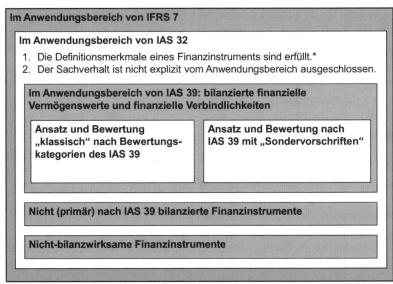

* Bzw. der Sachverhalt wird so behandelt, als ob es sich um ein Finanzinstrument handeln würde, wie dies bei bestimmten Verträgen zum Kauf oder Verkauf nicht-finanzieller Posten der Fall ist.

Sofern beide Kriterien erfüllt sind, ist zu hinterfragen, ob das Finanzinstrument

- in den Anwendungsbereich von IAS 39 fällt und somit als finanzieller Vermögenswert oder finanzielle Verbindlichkeit angesetzt und bewertet wird;

- nicht (primär) nach IAS 39, sondern gemäß anderer IFRS-Standards zu bilanzieren ist; oder

- gar nicht bilanziell erfasst wird.

2 Regelkreise innerhalb von IAS 39

Fällt das Finanzinstrument in den Anwendungsbereich von IAS 39 (siehe folgenden Abschnitt), muss es nach den Vorschriften des Standards bilanziert werden. Wie Abbildung 3-6 verdeutlicht, lassen sich hierbei 2 Regelkreise identifizieren. Mehrheitlich bzw. „klassisch" werden finanzielle Vermögenswerte und finanzielle Verbindlichkeiten bei der erstmaligen Erfassung Bewertungskategorien (▶ 3.4) zugeordnet. Nach diesen Bewertungskategorien richtet sich die Folgebewertung der Finanzinstrumente, wie in Abschnitt 3.10 weiterführend zu erklären sein wird. Darüber hinaus bestehen für wenige Sachverhalte spezielle Ansatz- und Bewertungsregeln bzw. „Sondervorschriften", d.h. diese finanziellen Vermögenswerte und finanziellen Verbindlichkeiten werden eben nicht nach dem für IAS 39 zentralen

Bewertungskategorien-Konzept bilanziert. Weitere Konkretisierungen zu den beiden Regelkreisen erfolgen in den Abschnitten 3.3.2.2 und 3.3.2.3.

Auf Finanzinstrumente, welche überwiegend nicht nach IAS 39, sondern nach anderen Standards bilanziert werden, und solche, die gar nicht bilanziell zu erfassen sind, wird in den Abschnitten 3.3.3 und 3.3.4 eingegangen.

3.3.2 Nach IAS 39 bilanzierte Finanzinstrumente

3.3.2.1 Ausnahmen vom Anwendungsbereich des IAS 39

IAS 39.2 enthält eine Reihe von Sachverhalten, die von dem Standard explizit ausgenommen sind; diese werden in Abbildung 3-7 aufgeführt.

Ausnahmen des Anwendungsbereichs von IAS 39 — *Abbildung 3-7*

1. **Anteile an Tochterunternehmen, assoziierten Unternehmen und Joint Ventures** (betrifft IAS 27 bzw. IFRS 10, IAS 28, IAS 31 bzw. IFRS 11), sofern diese gemäß den jeweiligen Standards nicht nach IAS 39 bilanziert werden (▶ 3.3.6.1). Für Derivate auf solche Anteile kommt allerdings IAS 39 zur Anwendung, es sei denn, das Derivat erfüllt die Kriterien eines eigenen Eigenkapitalinstruments des IAS 32 (▶ 3.2.4).

2. **Rechte und Verpflichtungen aus Leasingverhältnissen** (betrifft IAS 17). Für Leasingforderungen, die beim Leasinggeber bilanziert werden, gelten aber die Ausbuchungs- und Wertberichtigungsvorschriften des IAS 39. Ebenso fallen Verbindlichkeiten des Leasingnehmers aus Finanzierungsleasingverhältnissen unter die Ausbuchungsvorschriften des IAS 39. Für in Leasingverhältnisse eingebettete Derivate sind auch die entsprechenden Regeln von IAS 39 zu beachten.

3. **Rechte und Verpflichtungen** eines Arbeitgebers **aus Altersversorgungsplänen** (betrifft IAS 19).

4. **Eigenkapitalinstrumente**, die vom Unternehmen begeben wurden und die Definitionsmerkmale eines Eigenkapitalinstruments nach IAS 32 erfüllen (einschließlich Optionen und Optionsscheine) oder die nach IAS 32.16A-16D als Eigenkapitalinstrumente klassifiziert werden (▶ 3.2.4; 6.8.1; 6.9.2), sind **beim Emittenten** vom Anwendungsbereich des IAS 39 ausgenommen; die diesbezügliche Bilanzierung und die Abgrenzung von Eigen- und Fremdkapital ist abschließend in IAS 32 geregelt. Der Investor bzw. Inhaber muss das (gehaltene) Eigenkapitalinstrument jedoch nach IAS 39 bilanzieren, sofern nicht der unter 1. genannte Ausnahmetatbestand zutrifft.

5. **Rechte und Verpflichtungen aus Versicherungsverträgen**,
    - welche die Definitionsmerkmale eines Versicherungsvertrags in IFRS 4 erfüllen (▶ 3.2.5.3), bei denen es sich jedoch nicht um solche Rechte und Verpflichtungen eines Emittenten (Garantiegebers) aus einem Versicherungsvertrag handelt, die auch unter die in IAS 39.9 enthaltene Definition eines finanziellen Garantievertrags fallen. Hat der Garantiegeber eines finanziellen Garantievertrags allerdings zuvor ausdrücklich erklärt, dass er derartige Ver-

Grundlagen zur Bilanzierung und Offenlegung

träge als Versicherungsverträge ansieht und diese bereits entsprechend bilanziert wurden, kann er entweder IAS 39 oder IFRS 4 anwenden.

- die definitorisch unter IFRS 4 fallen, da sie eine „ermessensabhängige Überschussbeteiligung"[209] enthalten.

Für in Versicherungsverträge eingebettete Derivate gilt allerdings IAS 39, sofern diese nicht selbst in den in den Anwendungsbereich von IFRS 4 fallen.

6. **Termingeschäfte** zwischen einem Erwerber und einem verkaufenden Anteilseigner, welche zu **Unternehmenszusammenschlüssen zu künftigen Erwerbszeitpunkten** führen.[210]

7. **Bestimmte Kreditzusagen**, die nicht über IAS 39.4 im Anwendungsbereich von IAS 39 sind (betrifft für den Emittenten bzw. Geber der Kreditzusage IAS 37). Jedoch unterliegen alle Kreditzusagen den Ausbuchungsvorschriften des IAS 39.

8. **Finanzinstrumente, Verträge und Verpflichtungen in Verbindung mit anteilsbasierten Vergütungen**, für die IFRS 2 zur Anwendung kommt. Allerdings gelten die Vorschriften des IAS 39.5-7 zu Verträgen, die den Kauf oder Verkauf von nichtfinanziellen Posten durch Ausgleich in bar oder durch andere Finanzinstrumente vorsehen.

9. **Rechte auf Zahlungen zur Erstattung von Ausgaben**, zu denen das Unternehmen verpflichtet ist, um eine Schuld zu begleichen, die es nach IAS 37 als Rückstellung ansetzt oder bereits angesetzt hat.

3.3.2.2 „Klassisch" nach IAS 39 bilanzierte Finanzinstrumente

Als „klassisch" nach IAS 39 bilanzierte Finanzinstrumente werden in dieser Abhandlung diejenigen finanziellen Vermögenswerte und finanziellen Verbindlichkeiten bezeichnet, die das Unternehmen bei erstmaliger Erfassung einer der in IAS 39.9 beschriebenen Bewertungskategorien (▶ 3.4) zuordnet.[211] Die Gruppierung setzt voraus, dass zum einen ein Finanzinstrument im Sinne des IAS 32 vorliegt und der Sachverhalt zum anderen nicht vom Anwendungsbereich des IAS 39 ausgenommen ist. Zu den „klassisch" nach IAS 39 bilanzierten Finanzinstrumenten gehören insbesondere

- flüssige Mittel;

- Forderungen/Verbindlichkeiten aus Lieferungen und Leistungen;

---

[209] Dabei handelt es sich nach IFRS 4 Anhang A um ein vertragliches Recht, ergänzend zu einer garantierten Leistung bestimmte zusätzliche Leistungen (z.B. Kapitalerträge eines Portfolios von Vermögenswerten) zu erhalten, wobei der Betrag oder die Fälligkeit der zusätzlichen Leistungen im Ermessen des Verpflichtenden liegt.

[210] Die Laufzeit des Termingeschäfts sollte einen Zeitraum nicht überschreiten, der vernünftigerweise zum Einholen der Genehmigungen und zur Vollendung der Transaktion erforderlich ist (IAS 39.2 (g)).

[211] Über die Zuordnung wird die Folgebewertung bestimmt, siehe dazu Abschnitt 3.10.

- Ausleihungen, sonstige gewährte oder erworbene Forderungen;
- erworbene Schuldinstrumente;
- erworbene Eigenkapitalinstrumente einschließlich nach IAS 39 bilanzierte Anteile an Tochterunternehmen, assoziierten Unternehmen und Joint Ventures (▶ 3.3.6.1);[212]
- Kreditderivate, die keine finanziellen Garantieverträge nach IAS 39.9 darstellen und auf die IFRS 4 nicht angewandt wird;
- trennungspflichtige eingebettete Derivate (▶ 3.15);
- Finanzderivate (Zins- und Währungsderivate[213]), die nicht in eine Sicherungsbeziehung nach IAS 39 eingebunden sind, und die sich nicht auf eigene Anteile beziehen;
- Kreditzusagen, die in IAS 39.4 (a) und (b) aufgeführt sind (▶ 3.3.6.9);
- ausgegebene Anleihen und sonstige finanzielle Verbindlichkeiten;
- Verträge zum Kauf oder Verkauf nicht-finanzieller Posten nach IAS 32.8-10 bzw. IAS 39.5-7, die durch Ausgleich in bar oder durch andere Finanzinstrumente erfüllbar sind, und bei denen es sich nicht um Own Use Contracts handelt (▶ 3.3.6.5).

3.3.2.3 Anhand von „Sondervorschriften" nach IAS 39 bilanzierte Finanzinstrumente

Als im Rahmen des IAS 39 nach „Sondervorschriften" bilanzierte Finanzinstrumente werden hier finanzielle Vermögenswerte und finanzielle Verbindlichkeiten gefasst, die zwar definitorisch als Finanzinstrument gemäß IAS 32 gelten und die auch nicht vom Anwendungsbereich des IAS 39 ausgenommen sind, welche jedoch nicht nach den herkömmlichen (auf Bewertungskategorien basierenden) Bilanzierungsregeln des IAS 39 abzubilden sind. Darunter fallen bspw.

- gehaltene Eigenkapitalinstrumente, für die der beizulegende Zeitwert nicht verlässlich bestimmbar ist und die daher zu Anschaffungskosten bewertet werden;

---

[212] Ausgenommen Eigenkapitalinstrumente, deren Fair Values nicht verlässlich bestimmbar sind.
[213] Fremdwährungstransaktionen werden zwar grundsätzlich nach den Vorschriften des IAS 21 behandelt. Sofern Währungsderivate allerdings im Anwendungsbereich des IAS 39 liegen – was regelmäßig der Fall ist – sind auch sie nach diesen Regeln zu bilanzieren (IAS 21.4).

3 Grundlagen zur Bilanzierung und Offenlegung

- finanzielle Verbindlichkeiten, die entstehen, wenn die Übertragung eines finanziellen Vermögenswerts nicht zu einer Ausbuchung berechtigt, oder die infolge des Ansatzes des anhaltenden Engagements zu bilanzieren sind;[214]

- Derivate, die das Unternehmen als Sicherungsinstrumente in bilanzielle Sicherungsbeziehungen einbindet;

- originäre finanzielle Vermögenswerte und finanzielle Verbindlichkeiten, welche als Grundgeschäfte und Sicherungsinstrumente innerhalb von bilanziellen Sicherungsbeziehungen designiert sind;

- Kreditzusagen, die in IAS 39.4 (c) aufgeführt werden (▶ 3.3.6.9);

- emittierte eigene Anteile, welche nach IAS 32 Fremdkapitalinstrumente darstellen, und die das Unternehmen in der Folge zum beizulegenden Zeitwert bewertet;

- begebene Finanzgarantien im Sinne des IAS 39.9, auf die IFRS 4 nicht angewandt wird.

3.3.2.4 Anwendungsbereich des IFRS 7

Wie Abbildung 3-6 (▶ 3.3.1) verdeutlicht, ist für alle nach IAS 39 bilanzierten finanziellen Vermögenswerte und finanziellen Verbindlichkeiten gleichfalls IFRS 7 anzuwenden, d.h. diese Posten unterliegen den Offenlegungsvorschriften für Finanzinstrumente.

3.3.3 Primär oder vollumfänglich nach anderen Standards bilanzierte Finanzinstrumente

Forderungen und Verbindlichkeiten aus Finanzierungsleasingverhältnissen

Bei den primär oder in vollem Umfang nach anderen Standards bilanzierten Finanzinstrumenten handelt es sich um solche, die im Sinne des IAS 32 als Finanzinstrumente eingestuft werden, für die allerdings teilweise oder zur Gänze andere IFRS-Bilanzierungsstandards relevant sind. Dies trifft z.B. auf Forderungen und Verbindlichkeiten aus Finanzierungsleasingverhältnissen zu. Derartige Posten werden zwar in erster Linie nach IAS 17 angesetzt und bewertet, die Regelungen des IAS 39 kommen jedoch im Hinblick auf Ausbuchungen und Wertminderungen zur Anwendung (▶ 3.3.2.1).[215]

---

[214] Siehe dazu weiterführend Abschnitt 6.2.5.3.
[215] Vgl. auch LÜDENBACH/FREIBERG (2012a), Rz. 98 und Rz. 136.

Wie bereits erwähnt, sind die nach IAS 32 als (eigene) Eigenkapitalinstrumente klassifizierten Instrumente (z.B. gehaltene eigene Aktien) zwar Finanzinstrumente, sie gelten allerdings nicht als finanzielle Vermögenswerte oder finanzielle Verbindlichkeiten und unterliegen nicht den Vorschriften des IAS 39. Regeln zur Bilanzierung und zum Ausweis von eigenen Eigenkapitalinstrumenten (inklusive der Abgrenzung von Eigen- und Fremdkapital) finden sich primär in IAS 32 (▶ 3.3.6.4). Dies betrifft z.B. die Ausgabe neuer Aktien oder den Rückkauf von eigenen Aktien („Treasury Shares").[216]

Eigene Eigenkapitalinstrumente nach IAS 32

Ferner könnte das Unternehmen Versicherungsverträge in Bestand haben, auf die IFRS 4 angewandt wird und welche die Definitionsmerkmale eines Finanzinstruments nach IAS 32 erfüllen.

Bestimmte Versicherungsverträge

Zudem fallen darunter Verträge zum Kauf oder Verkauf nicht-finanzieller Posten nach IAS 39.5-7, die zwar durch Ausgleich in bar oder durch andere Finanzinstrumente erfüllbar sind, die allerdings so genannte „Own Use Contracts" (▶ 3.3.6.5) darstellen. Für Own Use Contracts gelten die allgemeinen Vorschriften zur Bilanzierung von schwebenden Geschäften in IAS 37 sowie die Regeln anderer Standards wie etwa IAS 2.[217]

Own Use Contracts

Auch auf (primär) nach anderen Standards bilanzierte Finanzinstrumente muss IFRS 7 angewandt werden, es sei denn, der Sachverhalt ist ausdrücklich von der Anwendung ausgenommen (▶ 3.3.5).

3.3.4 Nicht-bilanzwirksame Finanzinstrumente

Schließlich kann es auch Posten geben, auf welche die in IAS 32 genannten Definitionsmerkmale eines Finanzinstruments zutreffen, die hingegen weder nach IAS 39 noch nach anderen Standards bilanziell erfasst werden. Denkbar sind etwa Kreditzusagen (▶ 3.3.6.9), die IAS 39.4 nicht aufführt oder begebene Garantien, auf welche die Definitionsmerkmale in IAS 39.9 nicht zutreffen.

Bestimmte Kreditzusagen und Garantien

IFRS 7.4 stellt klar, dass auch nicht-bilanzwirksame Finanzinstrumente bei der Erfüllung der Angabepflichten zu berücksichtigen sind, wenn diese über IFRS 7.3 nicht explizit vom Anwendungsbereich ausgenommen werden (siehe dazu den folgenden Abschnitt).

---

[216] Siehe dazu weiterführend Abschnitt 6.8.
[217] Vgl. KUHN/SCHARPF (2006), Rz. 180.

3.3.5 Ausnahmen vom Anwendungsbereich des IFRS 7 und des IAS 32

Nach IFRS 7.3 sind folgende Posten ausdrücklich von der Anwendung des Standards ausgenommen:

- Anteile an Tochterunternehmen, assoziierten Unternehmen und Joint Ventures, die gemäß IAS 27 bzw. IFRS 10, IAS 28 oder IAS 31 bzw. IFRS 11 bilanziert werden, sowie Derivate auf solche Anteile, wenn sie die Kriterien eines eigenen Eigenkapitalinstruments des IAS 32 erfüllen (siehe 1. in Abbildung 3-7 ▶ 3.3.2.1);

- Rechte und Verpflichtungen eines Arbeitgebers aus Altersversorgungsplänen, welche in den Anwendungsbereich von IAS 19 fallen (siehe 3. in Abbildung 3-7);

- Versicherungsverträge gemäß IFRS 4 (siehe 5. in Abbildung 3-7), außer begebene Finanzgarantien, die das Unternehmen nach IAS 39 ansetzt und bewertet (▶ 3.3.6.8), sowie in Versicherungsverträge eingebettete Derivate (▶ 3.2.5.2), für die gemäß IAS 39 eine Trennungspflicht (▶ 3.15.1) besteht;

- Finanzinstrumente, Verträge und Verpflichtungen im Zusammenhang mit anteilbasierten Vergütungen, die unter den Anwendungsbereich von IFRS 2 fallen (siehe 8. in Abbildung 3-7);

- Instrumente, die nach IAS 32.16A-16D als Eigenkapitalinstrumente zu klassifizieren sind (▶ 6.8.1.5).

Mit Ausnahme letztgenannter Eigenkapitalinstrumente werden alle Posten über IAS 32.4 auch ausdrücklich von IAS 32 ausgenommen. Die zuvor aufgeführten Sachverhalte liegen ferner alle außerhalb des Anwendungsbereichs von IAS 39.

Verträge zum Kauf oder Verkauf nicht-finanzieller Posten fallen nur dann in den Anwendungsbereich von IFRS 7, wenn diese nach IAS 39 bilanziert werden (IFRS 7.5). Ob eine Bilanzierung nach IAS 39 zu erfolgen hat, wird über IAS 39.5-7 geregelt. Kommt das Unternehmen zu dem Schluss, dass der Vertrag zum Kauf oder Verkauf eines nicht-finanziellen Postens im Anwendungsbereich von IAS 39 liegt, ist dieser gleichfalls im Anwendungsbereich von IAS 32, da die diesbezüglichen Vorschriften in IAS 32.8-10 deckungsgleich zu IAS 39.5-7 sind.

Im Umkehrschluss fallen Verträge zum Kauf oder Verkauf nicht-finanzieller Posten, die nicht nach IAS 39 angesetzt und bewertet werden (z.B. weil die Vereinbarungen Own Use Contracts darstellen), nicht in den Anwendungsbereich von IAS 32 und IFRS 7 (▶ 3.3.6.5).

3.3.6 Anwendungsbereiche ausgewählter Bilanzposten

3.3.6.1 Unternehmensanteile und Beteiligungen

Unter „Unternehmensanteile und Beteiligungen" („Unternehmensbeteiligungen") fallen hier Eigenkapitalanteile von rechtlich selbstständigen Gesellschaften. Nach dem Grad der Einflussnahmemöglichkeit auf die finanz- und geschäftspolitischen Entscheidungen wird üblicherweise zwischen 4 Arten von Unternehmensbeteiligungen unterschieden:[218]

Grundlagen

– Arten von Beteiligungen

- Anteile an Tochterunternehmen (alleinige Beherrschung, Beteiligungsquote bzw. Stimmrechtsanteil > 50%),
- Anteile an Gemeinschaftsunternehmen (gemeinschaftliche Beherrschung, Beteiligungsquote bzw. Stimmrechtsanteil 50% zu 50%),
- Anteile an assoziierten Unternehmen (maßgeblicher Einfluss, Beteiligungsquote bzw. Stimmrechtsanteil ≥ 20% < 50%),
- (sonstige) Beteiligungen (geringer Einfluss, Beteiligungsquote bzw. Stimmrechtsanteil < 20%).

Bei den vorgenommenen Zuordnungen von Anteilsarten und Stimmrechtsanteilen/Beteiligungsquoten[219] handelt es sich um typisierte Annahmen. So kann bspw. ein Tochterunternehmen auch bei einem Stimmrechtsanteil von unter 50% vorliegen, wenn etwa ein Beherrschungsvertrag abgeschlossen wurde.

Alle vorstehend genannten Posten, die im Folgenden im Hinblick auf die Anwendung von IAS 39 sowie IFRS 7 untersucht werden, erfüllen die Definitionsmerkmale eines Finanzinstruments in IAS 32.[220]

Die Frage, wie Unternehmensbeteiligungen nach IFRS zu erfassen sind, kann sich grundsätzlich sowohl für den Einzel- als auch für den Konzernabschluss stellen, wobei die Abbildung im IFRS-Konzernabschluss – vor allem für deutsche Unternehmen, die in der Regel ausschließlich einen HGB-Einzelabschluss aufstellen – von größerer praktischer Bedeutung ist. Für den Konzernabschluss ist insbesondere die anhand der IFRS vorzunehmende Abgrenzung von Tochterunternehmen relevant, denn diese bilden zusam-

– Bilanzierung im Einzel- versus im Konzernabschluss

---

[218] Vgl. dazu und im Folgenden z.B. LÜDENBACH (2012g), Rz. 87f.
[219] Hier wird vereinfacht davon ausgegangen, dass sich Stimmrechtsanteile und Beteiligungsquoten entsprechen; dies ist jedoch (bedingt z.B. durch stimmrechtslose Vorzugsaktien) nicht immer der Fall, vgl. etwa PELLENS u.a. (2011), S. 152 oder LÜDENBACH (2012g), Rz. 15.
[220] Vgl. RUHNKE/SCHMIDT/SEIDEL (2004), S. 2232; VON OERTZEN (2009b), Rz. 48. Vgl. bezüglich assoziierter Unternehmensanteile auch IAS 39.BC24D.

3 Grundlagen zur Bilanzierung und Offenlegung

men mit dem Mutterunternehmen den eigentlichen Konsolidierungskreis.[221] Im Einzelabschluss hat man die Eigenkapitalanteile stets gesamthaft als Vermögenswert (d.h. den Beteiligungsbuchwert an sich) zu erfassen, wohingegen im Konzernabschluss ggf. die mit der Beteiligung in Verbindung stehenden einzelnen Vermögenswerte und Schulden einbezogen werden.

– relevante Standards

Die bisher für die Bilanzierung von Anteilen an Tochterunternehmen, an Gemeinschaftsunternehmen sowie an assoziierten Unternehmen maßgeblichen Standards IAS 27, IAS 31 und IAS 28 sind jüngst geändert bzw. ersetzt worden. Im Mai 2011 wurden IFRS 10 „Consolidated Financial Statements" sowie IFRS 11 „Joint Arrangements" veröffentlicht. IFRS 10 ersetzt die entsprechenden Vorschriften zur Konzernrechnungslegung in IAS 27 „Konzern- und Einzelabschlüsse" bzw. „Consolidated and Separate Financial Statements", der in der geänderten Fassung (auf die hier mit IAS 27R verwiesen wird) nur noch „Separate Financial Statements" heißt und ausschließlich die Bilanzierung von Anteilen an Tochterunternehmen, Gemeinschaftsunternehmen und assoziierten Unternehmen im Einzelabschluss betrifft.[222] IFRS 11 ist der Nachfolgestandard von IAS 31 „Anteile an Joint Ventures";[223] durch IFRS 11 wird IAS 31 vollständig gelöscht. Zudem wurde IAS 28 „Anteile an assoziierten Unternehmen" geändert; auf die modifizierte Version wird hier mit IAS 28R verwiesen. Die neuen Regelungen sind für Geschäftsjahre, die am oder nach dem 1. Januar 2013 beginnen, verpflichtend anzuwenden (IFRS 10.C1; IAS 27R.18; IFRS 11.C1; IAS 28R.45).[224] In der EU ergibt sich eine Erstanwendung wahrscheinlich zwingend zum 1. Januar 2014.[225]

---

[221] Ob ein deutsches Mutterunternehmen überhaupt einen Konzernabschluss aufstellen muss, richtet sich indes nach dem HGB, vgl. hierzu weiterführend bspw. PELLENS u.a. (2011), S. 148f.

[222] In IFRS 10 wurden auch die bislang in SIC-12 enthaltenen Regelungen zur Konsolidierung von Zweckgesellschaften integriert.

[223] Für eine Diskussion der Neuerungen durch IFRS 11 vgl. etwa FUCHS/STIBI (2011); BÖCKEM/ISMAR (2011); KÜTING/SEEL (2011).

[224] Die in den Standards enthaltenen Verweise auf IFRS 9 gelten – sofern dieser noch nicht angewandt wird – als Verweise auf IAS 39 (IFRS 10.C7; IAS 27R.19; IFRS 11.C14; IAS 28R.46). Bis zur Drucklegung dieses Buchs waren die neuen bzw. geänderten Standards noch nicht von der EU übernommen worden.

[225] So hat das Accounting Regulatory Committee am 01.06.2012 der EU-Übernahme der neuen Konsolidierungsstandards mit abweichendem Erstanwendungszeitpunkt zugestimmt, theoretisch kann dies allerdings vom Europäischen Parlament oder vom Rat der Europäischen Union noch ablehnt werden. Eine freiwillige vorzeitige Anwendung wäre ab der EU-Übernahme möglich.

Ein „Tochterunternehmen" ist ein Unternehmen, das von einem anderen Unternehmen (dem „Mutterunternehmen") beherrscht wird (IFRS 10 Anhang A; IAS 27.4). Über IFRS 10 sind die Regelungen zur Abgrenzung des Konsolidierungskreises geändert worden.[226] Dabei wurde auch der Begriff der „Beherrschung" („Control") neu definiert. Diese liegt vor, sofern der Investor die Entscheidungsmacht über die relevanten Aktivitäten des Beteiligungsunternehmen (d.h. diejenigen, welche seine Rückflüsse daraus wesentlich beeinflussen) hat, er aus der Verbindung zu dem Beteiligungsunternehmen variablen Rückflüssen ausgesetzt ist bzw. ihm Rechte an den Rückflüssen zustehen und der Investor seine Entscheidungsmacht über das Beteiligungsunternehmen nutzen kann, um die Höhe der Rückflüsse zu beeinflussen (IFRS 10.7, 10, Anhang A). Nach den bisherigen Regelungen wird unter „Beherrschung" die Möglichkeit verstanden, die Finanz- und Geschäftspolitik eines Unternehmens zu bestimmen, um aus dessen Tätigkeit Nutzen zu ziehen (IAS 27.4). Sowohl gemäß IFRS 10 als auch nach IAS 27 führt bei Unternehmen mit breit gestreuten Aktivitäten normalerweise die Mehrheit der Stimmrechte in der Gesellschafterversammlung bzw. das Recht zur Bestellung/Abberufung der Geschäftsführer zu einer Beherrschung.[227] Ferner können dafür Vereinbarungen mit anderen Gesellschaftern (so genannte Stimmrechtsbindungen), der Abschluss von Beherrschungsverträgen, potenzielle Stimmrechte sowie Präsenzmehrheiten (wenn bei börsennotierten Anteilen die restlichen Aktien breit gestreut sind und damit in der Hauptversammlung eine faktische Beherrschung vorliegt) ursächlich sein.[228]

– Begriff des Tochterunternehmens

IFRS 11 beschreibt ein „Gemeinschaftsunternehmen" („Joint Venture") unter dem Oberbegriff der „gemeinschaftlichen Vereinbarung" („Joint Arrangement"). Letztere ist eine über eine vertragliche Vereinbarung (wie z.B. einen Gesellschaftsvertrag) festgelegte unternehmerische Tätigkeit, bei der 2 oder mehrere Parteien die gemeinschaftliche Beherrschung haben (IFRS 11.5, Anhang A). Bei einem Gemeinschaftsunternehmen besitzen die Parteien Rechte am Nettovermögen bzw. Eigenkapital der Unternehmung (IFRS 11.16, Anhang A).[229] „Gemeinschaftliche Beherrschung" („Joint

– Begriff des Gemeinschaftsunternehmens

---

[226] Eine Diskussion der Änderungen durch IFRS 10 im Vergleich zu IAS 27/SIC-12 findet sich bei Beyhs/Buschhüter/Schurbohm (2011), S. 663-666; Erchinger/Melcher (2011); Küting/Mojadadr (2011), S. 274-282 und S. 283f.; Böckem/Stibi/Zoeger (2011); Zülch/Erdmann/Popp (2011); Lüdenbach/Freiberg (2012b).
[227] Bei Zweckgesellschaften bzw. strukturierte Unternehmen sind indes regelmäßig andere Faktoren (wie z.B. die Risiken und Chancen, denen der Investor ausgesetzt ist) maßgeblich.
[228] Vgl. dazu ausführlich die in Fn. 226 angegebene Literatur.
[229] Eine gemeinschaftliche Vereinbarung kann neben einem Gemeinschaftsunternehmen auch die Form einer „gemeinschaftlichen Tätigkeit" („Joint Operation") annehmen (IFRS 11.6, 14), bei der die Parteien keine Ansprüche am Nettovermögen, sondern unmittelbare Rechte an den einzelnen Vermögenswerten und Schul-

Control") steht für die vertraglich vereinbarte Aufteilung der Beherrschung über eine Vereinbarung, welche nur dann gegeben ist, falls die mit den relevanten Aktivitäten verbundenen Entscheidungen die einstimmige Zustimmung der an der gemeinschaftlichen Beherrschung beteiligten Parteien erfordern (IFRS 11.7, Anhang A).[230] Zur Definition der Beherrschung selbst verweist IFRS 11 auf IFRS 10 (siehe oben). Ein Gemeinschaftsunternehmen im Sinne von IFRS 11 entspricht terminologisch einem „gemeinschaftlich geführten Unternehmen" bzw. einer „Jointly Controlled Entity" in IAS 31.[231] Der Begriff des Gemeinschaftsunternehmens wird in IAS 31 hingegen als Oberbegriff für 3 Typen von Joint Ventures verwendet.[232] Wesentliches Definitionsmerkmal eines Gemeinschaftsunternehmens ist auch nach IAS 31 die gemeinschaftliche Beherrschung (IAS 31.3).

– Begriff des assoziierten Unternehmens

IAS 28R.3 definiert ein Unternehmen als „assoziiert", sofern der Investor auf selbiges maßgeblichen Einfluss ausüben kann.[233] „Maßgeblicher Einfluss" ist die Möglichkeit, an den finanz- und geschäftspolitischen Entscheidungen teilzuhaben, ohne die (gemeinschaftliche) Beherrschung über diese Entscheidungen auszuüben (IAS 28R.3; IAS 28.2). Hält ein Investor 20% oder mehr der Stimmrechte, so begründet dies die widerlegbare Vermutung eines maßgeblichen Einflusses (IAS 28R.5; IAS 28.6). Zudem deuten die in IAS 28R.6 bzw. IAS 28.7 aufgeführten Indikatoren (z.B. Zugehörigkeit des Investors zum Geschäftsführungs- und/oder Aufsichtsorgan) auf einen maßgeblichen Einfluss hin.

– Begriff der Beteiligung

Der Begriff der „Beteiligung" wird in den IFRS nicht definiert.[234] Eine solche ist immer dann gegeben, wenn für das Unternehmen nicht einmal ein maßgeblicher Einfluss besteht, d.h. eine Stimmrechts- bzw. Beteiligungsquote von weniger als 20% vorliegt (IAS 39.AG3).

---

den aus der Vereinbarung haben (IFRS 11.15, Anhang A). Vgl. zur Abgrenzung weiterführend BÖCKEM/ISMAR (2011), S. 823-826; KÜTING/SEEL (2011), S. 344-348.

[230] Eine weitgehend deckungsgleiche Definition befindet sich bereits in IAS 31.3. Vgl. zur Identifikation der gemeinschaftlichen Beherrschung ausführlich FUCHS/STIBI (2011), S. 1452f.; BÖCKEM/ISMAR (2011), S. 822f.

[231] Vgl. dazu FUCHS/STIBI (2011), S. 1452. Allerdings ist es möglich, dass ein nach IAS 31 als „gemeinschaftlich geführtes Unternehmen" klassifiziertes Gemeinschaftsunternehmen gemäß IFRS 11 eine „gemeinschaftliche Tätigkeit" darstellt, vgl. etwa BÖCKEM/ISMAR (2011), S. 824; KÜTING/SEEL (2011), S. 344.

[232] Es handelt sich neben den gemeinschaftlich geführten Unternehmen um „gemeinschaftliche Tätigkeiten" („Jointly Controlled Operations") und „gemeinschaftlich geführte Vermögenswerte" („Jointly Controlled Assets").

[233] Gemäß der entsprechenden Begriffsbestimmung in IAS 28.2 darf es sich ferner weder um ein Tochterunternehmen noch um ein Joint Venture handeln.

[234] IAS 39.AG3 spricht von „strategischen Investitionen" zum Aufbau bzw. zur Vertiefung von langfristigen Geschäftsbeziehungen.

Anwendungsbereich von IAS 32, IAS 39, IFRS 7

3.3

Für den Einzelabschluss besteht gemäß IAS 27R.10 für Anteile an Tochterunternehmen, an Gemeinschaftsunternehmen und an assoziierten Unternehmen ein Wahlrecht entweder zur Bilanzierung zu Anschaffungskosten oder entsprechend den Vorschriften des IAS 39.[235] Beteiligungen müssen hingegen stets als finanzielle Vermögenswerte nach IAS 39 angesetzt und bewertet werden (IAS 39.AG3).[236] Da nach IAS 27 bilanzierte Anteile nicht unter den Anwendungsbereich von IFRS 7 fallen (▶ 3.3.2.1 Abbildung 3-7; 3.3.5), sind die Angabepflichten nach IFRS 7 nur einschlägig, falls eine Bilanzierung nach IAS 39 erfolgt.

Einzelabschluss – regelmäßige Behandlung

Anteile an Tochterunternehmen, an Gemeinschaftsunternehmen und an assoziierten Unternehmen, die nach IAS 39 bilanziert werden, unterliegen gemäß IAS 27R.10 (IAS 27.38) bei einer Einstufung als „zur Veräußerung gehalten" („Held for Sale"; HfS) nicht den speziellen Bewertungsvorschriften des IFRS 5 (▶ 3.3.6.10). Insofern erfolgt die Bilanzierung (weiterhin) vollumfänglich nach IAS 39; die Anteile sind zweifelsfrei im Anwendungsbereich des IFRS 7. Differenziert könnte Letzteres beurteilt werden, sofern das Unternehmen die Anteile zu Anschaffungskosten erfasst. In diesem Fall sind sie nach den Vorschriften des IFRS 5.15 (Niederstwerttest) zu bewerten. Die Angabepflichten des IFRS 7 wären nur dann einschlägig, wenn die Anteile vollständig nach IFRS 5 und gar nicht mehr nach IAS 27 bilanziert würden. Der Wortlaut von IAS 27R.10 (IAS 27.38) deutet jedoch m.E. darauf hin, dass sich die Anteile weiterhin primär im Anwendungsbereich von IAS 27 befinden und lediglich zu Bewertungszwecken auf IFRS 5 verwiesen wird. Folgt man dem, sind die Anteile nicht vollumfänglich von der Bilanzierung nach IAS 27 ausgenommen und die Anwendungsausnahme des IFRS 7 greift.[237]

– IFRS 5

Für Beteiligungen, die gemäß IFRS 5 als HfS eingestuft werden, gelten die besonderen Bewertungsvorschriften des IFRS 5 nicht. Daher hat man sie (weiterhin) vollumfänglich nach IAS 39 zu bilanzieren. Auch sind die Angabepflichten des IFRS 7 zu beachten.

---

[235] Nach alter Rechtslage ist dieses Wahlrecht für Tochterunternehmen in IAS 27.38, für Gemeinschaftsunternehmen in IAS 31.46 (m.V.a. IAS 27.38) und für assoziierte Unternehmen in IAS 28.35 (m.V.a. IAS 27.38) verankert.

[236] Vgl. LÜDENBACH (2012d), Rz. 39. Dies lässt sich allgemeingültig auch aus IFRS 11.27 (b) ableiten, wonach ein Investor Anteile an einem Gemeinschaftsunternehmen, bei dem er weder gemeinschaftliche Beherrschung noch maßgeblichen Einfluss hat, nach IAS 39 bilanzieren muss.

[237] Besteht indes die Auffassung, dass die Anteile mit der HfS-Klassifikation ausschließlich nach IFRS 5 bilanziert werden, kommen die Angabepflichten des IFRS 7 zum Tragen. Dabei gelten allerdings die über IFRS 5.5B kodifizierten Einschränkungen, siehe dazu Abschnitt 3.3.6.10.

3 Grundlagen zur Bilanzierung und Offenlegung

Konzernabschluss
– regelmäßige Behandlung

Der Konzernabschluss ist der Gruppenabschluss des Mutterunternehmens und der Tochterunternehmen; in ihm werden die Bilanzposten sowie die Aufwendungen, Erträge und Cashflows dieser Gruppe als wirtschaftliche Einheit dargestellt (IFRS 10 Anhang A; IAS 27.4, 12). Insofern sind Tochterunternehmen in vollem Umfang, d.h. technisch mittels Vollkonsolidierung, in den Konzernabschluss einzubeziehen.[238] Dabei wird im Rahmen der Kapitalkonsolidierung der im Einzelabschluss des Mutterunternehmens bilanzierte Anteil des Tochterunternehmens (Beteiligungsbuchwert) mit dem Eigenkapital verrechnet, sodass im Konzernabschluss kein Aktivposten in Form von Unternehmensanteilen bestehen bleibt. Tochterunternehmen werden im Konzernabschluss also durch ihre Vermögenswerte und Schulden repräsentiert. Dementgegen sind assoziierte Unternehmen und nach den neuen Regelungen auch Gemeinschaftsunternehmen im Konzernabschluss unter Heranziehung der Equity-Methode zu berücksichtigen (IAS 28R.16; IFRS 11.24).[239] Bei dieser kommt es in der Bilanz ausschließlich zur Erfassung eines Beteiligungsbuchwerts; das Beteiligungsunternehmen wird erstmalig zu Anschaffungskosten erfasst und in der Folge entsprechend dem Anteil des Investors am Gewinn oder Verlust fortgeschrieben (IAS 28R.10; IAS 28.11).[240]

Werden Anteile an Tochterunternehmen, an Gemeinschaftsunternehmen und an assoziierten Unternehmen nach IFRS 10 (IAS 27), IFRS 11 (IAS 31) bzw. IAS 28 bilanziert, so sind sie ausdrücklich von den Anwendungsbereichen des IAS 39 und des IFRS 7 ausgenommen (▶ 3.3.2.1 Abbildung 3-7; 3.3.5). Beteiligungen hat man indes wie im Einzelabschluss als finanzielle Vermögenswerte nach IAS 39 anzusetzen und zu bewerten (IAS 39.AG3) und dementsprechend auch bei den Angabepflichten nach IFRS 7 zu berücksichtigen.[241]

– Unwesentlichkeit

Sowohl die Vollkonsolidierung von Tochterunternehmen als auch die Bilanzierung nach der Equity-Methode von Gemeinschaftsunternehmen oder assoziierten Unternehmen kann mit Verweis auf das Rahmenkonzept

---

[238] Weiterführend zur Vollkonsolidierung vgl. etwa WATRIN/HOEHNE/LAMMERT (2008), Rz. 154-244.
[239] Vor IAS 28R war dies für assoziierte Unternehmen in IAS 28.13 kodifiziert. Für Gemeinschaftsunternehmen sieht IAS 31 alternativ eine Einbeziehung mittels Quotenkonsolidierung vor (IAS 31.30, 38). Letztere entspricht methodisch der Vollkonsolidierung; im Zuge der Kapitalkonsolidierung kommt es ebenfalls zur Verrechnung des Beteiligungsbuchwerts mit dem anteiligen Eigenkapital.
[240] Eine ausführliche Darstellung der Equity-Methode findet sich z.B. bei KÖSTER (2008a), Rz. 37-129.
[241] Vgl. LÜDENBACH (2012d), Rz. 39. Die Bilanzierung nach IAS 39 kann auch allgemeingültig aus IFRS 11.25 i.V.m. IAS 28R.16 abgeleitet werden. Danach kommt IAS 39 verpflichtend zur Anwendung für Anteile an einem Gemeinschaftsunternehmen, bei dem der Investor weder gemeinschaftliche Beherrschung noch maßgeblichen Einfluss hat.

(F.QC11 bzw. F.38) sowie auf IAS 8.8 aus Unwesentlichkeit (d.h. wenn das Unternehmen für die Darstellung der finanziellen Lage des Konzerns von untergeordneter Bedeutung ist) unterbleiben.[242] Der überwiegenden Literaturmeinung zufolge sind die Anteile dann zwingend nach IAS 39 zu bilanzieren;[243] laut PETERSEN/BANSBACH/DORNBACH ist auch eine Bilanzierung zu Anschaffungskosten außerhalb von IAS 39 zulässig.[244] In beiden Fällen müssen grundsätzlich die Angabepflichten des IFRS 7 beachtet werden.[245] Wird eine Erfassung zu Anschaffungskosten für unwesentliche Unternehmensanteile außerhalb von IAS 39 als zulässig erachtet, so muss eine solche Bilanzierung m.E. auch in Bezug auf unwesentliche Beteiligungen sachgerecht sein.

Darüber hinaus kommen im Konzernabschluss für Unternehmensbeteiligungen (bzw. für die damit verbundenen Vermögenswerte und Schulden) auch die Vorschriften des IFRS 5 (▶ 3.3.6.10) zur Anwendung. So ist ein ausschließlich mit Veräußerungsabsicht erworbenes Tochterunternehmen als HfS einzustufen, wenn die in IFRS 5.11 genannten Kriterien erfüllt sind.[246] Ferner ergibt sich zum Abschlussstichtag ggf. eine HfS-Klassifikation, falls ein ursprünglich nicht mit Verkaufsabsicht erworbenes Tochterunternehmen verkauft werden soll. In den beiden letztgenannten Fällen sind die Anteile bis zum endgültigen Abgang nicht von der Vollkonsolidierung nach IFRS 10 bzw. IAS 27 ausgenommen; sie befinden sich also weiterhin im Anwendungsbereich der Standards.[247] Zu beachten ist dabei, dass sich nach IFRS 5 spezielle Ausweis- und auch Bewertungsvorschriften ergeben.[248] Diese be-

– *IFRS 5*

---

[242] Vgl. in Bezug auf Tochterunternehmen RUHNKE/SCHMIDT/SEIDEL (2001), S. 659f.; WATRIN/HOEHNE/LAMMERT (2008), Rz. 130; SENGER/BRUNE (2009), Rz. 9; PETERSEN/BANSBACH/DORNBACH (2011), S. 415; PELLENS u.a. (2011), S. 157; KPMG IFRG LIMITED (2011), S. 90 (2.5.270.10); LÜDENBACH (2012g), Rz. 102 sowie hinsichtlich Gemeinschaftsunternehmen und assoziierten Unternehmen KÖSTER (2008b), Rz. 36; KÖSTER (2008a), Rz. 26. Bei Gemeinschaftsunternehmen kann bei Unwesentlichkeit auch von der nach den alten Regelungen wahlweise anwendbaren Quotenkonsolidierung abgesehen werden.
[243] Vgl. bezüglich Tochterunternehmen RUHNKE/SCHMIDT/SEIDEL (2001), S. 659f.; PETERSEN/BANSBACH/DORNBACH (2011), S. 415. Hinsichtlich Gemeinschaftsunternehmen vgl. RUHNKE/SCHMIDT/SEIDEL (2001), S. 661; RUHNKE/SCHMIDT/SEIDEL (2004), S. 2232; KÖSTER (2008b), Rz. 36; PETERSEN/BANSBACH/DORNBACH (2011), S. 418. Vgl. in Bezug auf assoziierte Unternehmen KÖSTER (2008a), Rz. 26; PETERSEN/BANSBACH/DORNBACH (2011), S. 419. Eine Bilanzierung nach der Equity-Methode scheidet für Anteile an Tochterunternehmen aus, da IAS 28 für diese nicht zur Anwendung kommt (IAS 28R.2; IAS 28.1, 2), vgl. auch WATRIN/HOEHNE/LAMMERT (2008), Rz. 133.
[244] Vgl. PETERSEN/BANSBACH/DORNBACH (2011), S. 416 und S. 419. Gl.A. offensichtlich HEUSER/THEILE (2012), Rz. 2421 und Rz. 2561.
[245] Diese können jedoch ggf. auf Grund der Unwesentlichkeit unterbleiben.
[246] Dann handelt es sich zudem um einen aufgegebenen Geschäftsbereich.
[247] Vgl. in Bezug auf ein mit Veräußerungsabsicht erworbenes Tochterunternehmen IFRS 5.IG13 oder SCHILDBACH (2005), S. 560.
[248] Vgl. dazu LÜDENBACH (2012g), Rz. 97f. und folgend LÜDENBACH (2012i), Rz. 97.

ziehen sich allerdings auf die einzelnen Vermögenswerte und Schulden, nicht jedoch auf den jeweiligen Anteil an sich. Analog zu den nicht als HfS eingestuften vollkonsolidierten Tochterunternehmen muss auf derartige Anteile IFRS 7 nicht angewandt werden.

Auch Anteile an Gemeinschaftsunternehmen oder an assoziierte Unternehmen unterliegen ggf. den Vorschriften von IFRS 5. Diese sind ebenfalls als HfS einzustufen, wenn sie entweder bereits mit Veräußerungsabsicht erworben wurden oder sich Letztere erst nach der ursprünglichen Erfassung ergibt. Gemäß IAS 28R.20 kommt die Equity-Methode dann nicht zur Anwendung bzw. muss beendet werden. Für den Fall, dass nur ein Teil der Anteile als HfS klassifiziert wird, hat man allerdings in Bezug auf den nicht als HfS eingestuften Teil weiterhin die Equity-Methode anzuwenden, bis der Verkauf des als HfS klassifizierten Teils stattfindet. Nach der Veräußerung muss der nicht-verkaufte Teil gemäß IAS 39 bilanziert werden, außer es besteht weiterhin ein Gemeinschaftsunternehmen oder ein assoziiertes Unternehmen, welches mittels der Equity-Methode zu erfassen ist.[249]

Im Unterschied zu Anteilen an Tochterunternehmen gelten die besonderen Ausweis- und Bewertungsvorschriften des IFRS 5 bei Gemeinschaftsunternehmen und assoziierten Unternehmen nicht für die einzelnen Vermögenswerte und Schulden, sondern für den Anteil an sich.[250] Letzterer wird als Bilanzierungsobjekt aufgefasst;[251] die Ausweis- und Bewertungsregeln des IFRS 5 betreffen dieses Bilanzierungsobjekt. Somit werden die Anteile nach den Vorschriften des IFRS 5.15 (Niederstwerttest) bewertet. Bezüglich der Frage, ob für die Anteile die Angabepflichten des IFRS 7 gelten, ist (analog zum Einzelabschluss) entscheidend, ob man sie vollständig nach IFRS 5 und damit überhaupt nicht mehr nach IFRS 11 (IAS 31) bzw. IAS 28 bilanziert. Dies ist m.E. nicht der Fall, da IAS 28R.20 (IAS 31.42; IAS 28.13) nur auf IFRS 5 verweist; unter IFRS 5 fallende Posten sind demnach nicht vollumfänglich von IFRS 11 (IAS 31) bzw. IAS 28 ausgenommen (dies wäre in den Paragrafen zu den Anwendungsbereichen von IFRS 11, IAS 31 bzw. IAS 28 aufgeführt), sondern lediglich von der Bilanzierung nach der Equity-Methode befreit.[252] Es wird also weiterhin nach IFRS 11 (IAS 31) bzw. IAS 28

---

[249] Nach alter Rechtslage ist mit der Klassifikation als HfS die Equity-Methode oder die Quotenkonsolidierung ebenfalls zu beenden bzw. erst gar nicht durchzuführen (IAS 31.42; IAS 28.13, 14), vgl. dazu etwa auch KÖSTER (2008b), Rz. 133f.; KÖSTER (2008a), Rz. 125f.

[250] Vgl. hierzu und folgend LÜDENBACH (2012i), Rz. 97 und bereits LÜDENBACH (2006), S. 45. Vgl. dazu auch KÖSTER (2008b), Rz. 134. A.A. in Bezug auf quotenkonsolidierte Gemeinschaftsunternehmen offensichtlich PETERSEN/BANSBACH/DORNBACH (2011), S. 417.

[251] Damit ist neben der Einstufung innerhalb einer Abgangsgruppe auch eine Klassifikation als HfS auf Basis eines einzelnen langfristigen Postens möglich; siehe zur Unterscheidung weiterführend Abschnitt 3.3.6.10.

[252] Nach alter Rechtslage betrifft die Befreiung ggf. die Quotenkonsolidierung.

Anwendungsbereich von IAS 32, IAS 39, IFRS 7

3.3

bilanziert, wodurch die Anteile von den Angabepflichten des IFRS 7 ausgenommen sind (▶ 3.3.2.1 Abbildung 3-7; 3.3.5).[253]

Für als HfS eingestufte Beteiligungen sind die besonderen Bewertungsvorschriften des IFRS 5 nicht einschlägig, d.h. die Bilanzierung erfolgt (weiterhin) nach IAS 39. Die Angabepflichten des IFRS 7 kommen ebenfalls zum Tragen.

Anwendungsbereiche von IAS 39 und IFRS 7 bei Beteiligungen im Konzern   Tabelle 3-6

		Tochterunternehmen	Gemeinschafts-unternehmen	Assoziiertes Unternehmen	Beteiligung
Einzelabschluss	Regelmäßige Behandlung	Wahlrecht nach IAS 27: ▪ Bilanzierung zu Anschaffungskosten (und damit keine Angabepflichten nach IFRS 7) ▪ Bilanzierung nach IAS 39 (und damit Angabepflichten nach IFRS 7)			▪ Bilanzierung nach IAS 39 ▪ Angabepflichten nach IFRS 7
	Klassifikation als HfS nach IFRS 5	▪ bei Bilanzierung zu Anschaffungskosten: Bewertungsvorschriften des IFRS 5 sind einschlägig, keine Angabepflichten nach IFRS 7 ▪ bei Bilanzierung nach IAS 39: Bewertungsvorschriften des IFRS 5 sind nicht einschlägig, Angabepflichten nach IFRS 7			▪ (weiterhin) vollumfängliche Bilanzierung nach IAS 39[a] ▪ Angabepflichten nach IFRS 7
Konzernabschluss	Regelmäßige Behandlung	▪ Vollkonsolidierung nach IFRS 10 (IAS 27) ▪ keine Angabepflichten nach IFRS 7	▪ Bilanzierung nach der Equity-Methode nach IFRS 11 bzw. IAS 28[b] ▪ keine Angabepflichten nach IFRS 7		▪ Bilanzierung nach IAS 39 ▪ Angabepflichten nach IFRS 7
	Unwesentlichkeit	▪ Bilanzierung nach IAS 39, ggf. Bilanzierung zu Anschaffungskosten ▪ Angabepflichten nach IFRS 7			▪ ggf. Bilanzierung zu Anschaffungskosten ▪ Angabepflichten nach IFRS 7
	Klassifikation als HfS nach IFRS 5	▪ (weiterhin) Vollkonsolidierung nach IFRS 10 (IAS 27)[c] ▪ keine Angabepflichten nach IFRS 7	▪ (teilweise) keine Bilanzierung nach der Equity-Methode (mehr)[d] ▪ die Bewertungsvorschriften des IFRS 5 sind für den Anteil an sich einschlägig ▪ keine Angabepflichten nach IFRS 7		▪ (weiterhin) vollumfängliche Bilanzierung nach IAS 39[a] ▪ Angabepflichten nach IFRS 7

a d.h. die Bewertungsvorschriften des IFRS 5 sind nicht einschlägig
b nach den alten Regelungen bei Gemeinschaftsunternehmen alternativ Quotenkonsolidierung gemäß IAS 31
c die Bewertungsvorschriften des IFRS 5 sind zwar einschlägig, beziehen sich aber auf die einzelnen Vermögenswerte und Schulden des Tochterunternehmens und nicht auf den Anteil an sich
d nach den alten Regelungen Beendigung der Quotenkonsolidierung gemäß IAS 31, sofern zuvor angewandt

---

[253] Siehe zu den Implikationen einer alternativen Auffassung Fn. 237.

Grundlagen zur Bilanzierung und Offenlegung

Zusammenfassung

Tabelle 3-6 fasst die vorherigen Ausführungen zu den Anwendungsbereichen von Unternehmensanteilen und Beteiligungen zusammen.

3.3.6.2 Termingeschäfte auf Unternehmensanteile

Unter „Termingeschäfte auf Unternehmensanteile" werden hier Derivate (Forwards, Optionen[254]) zum Kauf oder Verkauf von Eigenkapitalanteilen rechtlich selbstständiger Gesellschaften verstanden, die der Anteilskäufer spätestens bei Erfüllung bzw. bei Ausübung des Termingeschäfts als Anteile an Tochterunternehmen, an Gemeinschaftsunternehmen oder an assoziierten Unternehmen in seinen Konzernabschluss einbezieht. Mit den Derivaten sind damit potenzielle Stimmrechte verbunden.

Termingeschäfte auf Unternehmensanteile erfüllen die Definitionsmerkmale von Finanzinstrumenten (▶ 3.2.1) und stellen Derivate im Sinne von IAS 39.9 dar (▶ 3.2.5.1). Insofern fallen sie grundsätzlich unter die Bilanzierungsvorschriften des IAS 39, es sei denn, mindestens eine der folgenden Anwendungsausnahmen greift:

- Es handelt sich um ein Derivat auf Anteile an Tochterunternehmen, welche die Kriterien für eigene Eigenkapitalinstrumente nach IAS 32 erfüllen (IAS 39.2 (a); siehe 1. in Abbildung 3-7 ▶ 3.3.2.1).

- Über das Termingeschäft erhält der künftige Anteilskäufer bereits gegenwärtig den Zugang zu den Rückflüssen bzw. den wirtschaftlichen Vorteilen aus den Anteilen (IFRS 10.B91; IAS 28R.14; IAS 27.IG7).

- Mit dem Termingeschäft ist ein Unternehmenszusammenschluss zu einem künftigen Erwerbszeitpunkt verbunden (IAS 39.2 (g); siehe 6. in Abbildung 3-7 ▶ 3.3.2.1); hierzu wird auf Abschnitt 3.3.6.12 verwiesen.

Darüber hinaus hat man zu beachten, dass Termingeschäfte zum verpflichtenden Erwerb von Anteilen der nicht-beherrschenden Gesellschafter (Minderheitenanteile) gemäß IAS 32.23 als „synthetische" finanzielle Verbindlichkeiten und damit nicht als Derivate nach IAS 39 erfasst werden müssen (▶ 6.16.2.3).

Anwendungsausnahme über IAS 39.2 (a)

Über IAS 39.2 (a) sind Derivate auf Anteile an Tochterunternehmen, die eigene Eigenkapitalinstrumente im Sinne von IAS 32 darstellen, vom Anwendungsbereich des IAS 39 ausgenommen.[255] Dies ist gegeben, wenn das Derivat ausschließlich durch Lieferung einer festen Anzahl von eigenen

---

[254] Siehe zur Differenzierung Abschnitt 2.6.2.
[255] Die Anwendungsausnahme bezieht sich zwar auch auf Derivate auf Anteile an Gemeinschaftsunternehmen oder an assoziierten Unternehmen, diese können allerdings niemals eigene Eigenkapitalinstrumente sein, vgl. DELOITTE LLP (2011b), S. 8.

Anteilen gegen Zahlung eines festen Betrags in bar oder in anderen Finanzinstrumenten erfüllt wird.[256] Die Anwendungsausnahme kommt in erster Linie zum Tragen, falls das Unternehmen über Termingeschäfte Anteile an Tochterunternehmen veräußert (▶ 6.16.2.4). Werden Anteile über ein Derivat gekauft, kann IAS 39.2 (a) nur greifen, wenn bei Vertragsabschluss bereits Beherrschung besteht und das Unternehmen somit Minderheitenanteile, die dem Eigenkapital zuzurechnen sind, erwirbt (▶ 6.16.2.3).

Sofern Derivate auf Anteile an Tochterunternehmen als eigene Eigenkapitalinstrumente im Sinne von IAS 32 klassifiziert werden, sind sie gemäß IFRS 7.3 (a) (▶ 3.3.5) auch nicht im Anwendungsbereich von IFRS 7.

Darüber hinaus ist ein Termingeschäft aus Sicht des künftigen Anteilskäufers nicht nach IAS 39 zu bilanzieren, wenn er damit durch die potenziellen Stimmrechte bereits gegenwärtig den Zugang zu den Rückflüssen bzw. den wirtschaftlichen Vorteilen aus den Anteilen an einem Tochterunternehmen, einem Gemeinschaftsunternehmen oder einem assoziierten Unternehmen erhält (IFRS 10.B91; IAS 28R.14; IAS 27.IG7).[257] Sodann schreiben IFRS 10.B90 bzw. IAS 27.IG6 sowie IAS 28R.13 vor, dass eine Konsolidierung (Vollkonsolidierung, Quotenkonsolidierung) bzw. Einbeziehung über die Equity-Methode ausnahmsweise auf Basis der Anteilsquote unter Berücksichtigung einer etwaigen Ausübung potenzieller Stimmrechte zu erfolgen hat (Stimmrechte aus in Besitz befindlichen Anteilen zuzüglich potenzielle Stimmrechte), wohingegen gemäß IFRS 10.B89 bzw. IAS 27.19 (auch IAS 27.IG5) im Normalfall nur die Stimmrechte aus den gegenwärtig tatsächlich vorherrschenden Anteilsbesitzverhältnissen Grundlage für die Konsolidierung bzw. Bilanzierung sind.[258] Insofern wird durch das Derivat bzw. durch die potenziellen Stimmrechte der Gewinnanteil des Investors (im Rahmen der Konsolidierung oder bei Anwendung der Equity-Methode) bereits unmittelbar beeinflusst. Wäre das Termingeschäft nicht von IAS 39 ausgenommen, würde es doppelt GuV-wirksam berücksichtigt werden:

Anwendungsausnahme über IFRS 10.B91; IAS 28R.14; IAS 27.IG7

---

[256] Vgl. FREIBERG (2010e), S. 209f.; MEURER/URBANCZIK (2010), S. 446; DELOITTE LLP (2011b), S. 8f.

[257] Vgl. auch KPMG IFRG LIMITED (2011), S. 1254 (7.1.110.40); DELOITTE LLP (2011b), S. 37; PwC (2011a), S. 3003 (3.9); ERNST & YOUNG LLP (2012a), S. 457f. und S. 497.

[258] Auf Basis der alten Regelungen hat man die Anteile des Anteilseigners am Gewinn oder Verlust und an den Eigenkapitalveränderungen im Rahmen der Equity-Methode allerdings gemäß IAS 28.12 stets anhand der bestehenden Anteile (d.h. ohne Berücksichtigung potenzieller Stimmrechte) zu ermitteln. Bei der Frage, ob ein maßgeblicher Einfluss vorliegt, müssen potenzielle Stimmrechte indes nach altem wie auch nach neuem Recht einbezogen werden (IAS 28.9, 10 bzw. IAS 28R.8, 9). Für die nach IAS 31 wahlweise auf Gemeinschaftsunternehmen anwendbare Quotenkonsolidierung wird weder explizit geregelt, inwieweit potenzielle Stimmrechte Einfluss auf den Tatbestand der gemeinschaftlichen Beherrschung haben, noch ob diese bei der Höhe des Quotenkonsolidierungsanteils zu berücksichtigen sind, vgl. ERNST & YOUNG LLP (2012a), S. 818.

einerseits zur Bestimmung der Rückflüsse aus der Beteiligung über die Konsolidierung oder die Equity-Methode, andererseits bei der Bewertung zum beizulegenden Zeitwert.[259]

Damit die Anwendungsausnahme greift, muss also eine Beherrschung, eine gemeinschaftliche Beherrschung oder ein maßgeblicher Einfluss sowie (bedingt durch das Derivat) ein gegenwärtiger Zugang zu den Rückflüssen bzw. den wirtschaftlichen Vorteilen aus den Anteilen vorliegen – mit der Folge, dass die potenziellen Stimmrechte im Rahmen der Konsolidierung bzw. der Anwendung der Equity-Methode bereits wie Stimmrechte aus tatsächlich in Besitz befindlichen Anteilen behandelt werden.

Ob Beherrschung, gemeinschaftliche Beherrschung oder maßgeblicher Einfluss besteht, ist anhand von IFRS 10 (IAS 27), IFRS 11 (IAS 31) sowie von IAS 28 zu beurteilen (siehe vorheriger Abschnitt). Insbesondere bei der Prüfung auf Beherrschung nach IFRS 10 bzw. IAS 27 sind dabei auch potenzielle Stimmrechte zu berücksichtigen (▶ 6.16.2.2).

In welchen Fällen über ein Derivat der Zugang zu den Rückflüssen bzw. den wirtschaftlichen Vorteilen aus den Anteilen bereits gegenwärtig erhalten wird, lässt sich den IFRS nicht genau entnehmen. Ein solcher Zugang zu den Rückflüssen ist generell immer dann gegeben, wenn die eigentümertypischen Vor- und Nachteile (Zurechnung von Gewinnen oder Verlusten, Vereinnahmung von Dividenden, Partizipation an Wertänderungen) bereits mit dem Abschluss des Termingeschäfts auf den künftigen Erwerber der Anteile übergehen.[260] Die potenziellen Stimmrechte geben dem künftigen Erwerber damit wirtschaftlich denselben Nutzen, als ob er die Anteile tatsächlich schon besitzen würde.[261] Der Literatur zufolge ist die Frage, ob ein Zugang zu den Rückflüssen besteht, in Abhängigkeit der Ausgestaltung des Derivats und der sonstigen Vereinbarungen zu beantworten.[262]

So führt bei Forwards normalerweise ein fixierter Erfüllungsbetrag dazu, dass die eigentümertypischen Vor- und Nachteile auf den (künftigen) Anteilskäufer übergehen und er damit gegenwärtig Zugang zu den Rückflüssen hat.[263] Letzteres ist hingegen nicht der Fall, sofern der Vertrag eine Begleichung zum beizulegenden Zeitwert der Anteile vorsieht oder der Erfül-

---

[259] Vgl. PwC (2011a), S. 3003 (3.9); ERNST & YOUNG LLP (2012a), S. 458.
[260] Vgl. FREIBERG (2010e), S. 208. Vgl. zu den eigentümertypischen Vor- und Nachteilen (Dividenden-/Wertsteigerungsrechte) auch KPMG IFRG LIMITED (2011), S. 76f. (2.5.120.10) bzw. S. 103 (2.5.460.130).
[261] Vgl. WATRIN/HOEHNE/LAMMERT (2008), Rz. 51.
[262] Vgl. PwC (2011b), S. 24082f. (24.235.3, 7); ERNST & YOUNG LLP (2012a), S. 483.
[263] Vgl. dazu PwC (2011b), S. 24082f. (24.235.4, 7, 8). Dies gilt auch, wenn durch Kombinationen von Kauf- und Verkaufsoptionen wirtschaftlich betrachtet ein Forward abgeschlossen wird, siehe hierzu Abschnitt 6.16.2.5.

lungsbetrag über eine Formel (z.B. basierend auf einer Gewinngröße) bestimmt wird.

In Verbindung mit Optionen deuten laut ERNST & YOUNG die folgenden Merkmale auf einen gegenwärtigen Zugang zu den Rückflüssen hin:[264]

- der Ausübungspreis der Option ist fest oder bestimmt;
- die Stimmrechte oder Entscheidungsbefugnisse in Bezug auf die über das Termingeschäft übertragenen Anteile sind eingeschränkt;
- die Dividendenzahlungen an die nicht-beherrschenden Gesellschafter werden vertraglich ausgeschlossen bzw. Letztere erhalten nur eine Verzinsung ihrer Anteile.[265]

Nicht mit einem gegenwärtigen Zugang sind indes Optionen verbunden, die eines oder mehrere der folgenden Merkmale aufweisen: [266]

- der Ausübungspreis wird erst in der Zukunft bestimmt;
- der Ausübungspreis basiert auf erwarteten künftigen Ergebnissen oder auf den Nettovermögenswerten des Tochterunternehmens zum Ausübungstag;
- zwischen den Vertragspartnern der Option wurde vereinbart, dass bis zur Ausübung der Option alle zurückbehaltenen Gewinne anhand der bestehenden Anteilsbesitzverhältnisse an die Anteilseigner verteilt werden.

Unabhängig davon, ob Termingeschäfte auf Unternehmensanteile gemäß IFRS 10.B91, IAS 28R.14 bzw. IAS 27.IG7 vom Anwendungsbereich des IAS 39 ausgenommen sind, hat man die Angabepflichten des IFRS 7 zu beachten.[267]

Auf die Bilanzierung von Termingeschäften in Verbindung mit Tochterunternehmen bzw. Unternehmenszusammenschlüssen wird weiterführend in Abschnitt 6.16.2 eingegangen.

---

[264] Vgl. ERNST & YOUNG LLP (2012a), S. 483 und S. 486.
[265] Vgl. auch WATRIN/HOEHNE/LAMMERT (2008), Rz. 51; LÜDENBACH (2012g), Rz. 165. A.A. zu Letzterem offensichtlich PwC (2011b), S. 24085f. (24.235.17), die in ihrem Beispiel einen Zugang zu den Rückflüssen unterstellen, obwohl Dividendenzahlungen an die Minderheitsgesellschafter erfolgen. Jedoch zustimmend zum fixierten Optionspreis vgl. ebenda, S. 24083 (24.235.8).
[266] Vgl. ERNST & YOUNG LLP (2012a), S. 457 bzw. S. 483.
[267] Vgl. PwC (2011a), S. 3003 (3.9).

3.3.6.3 Leasingforderungen und -verbindlichkeiten

Finanzierungs-leasing

„Finanzierungsleasingverhältnisse" stellen Leasingverhältnisse dar, bei denen im Wesentlichen alle mit dem Eigentum verbundenen Risiken und Chancen eines Vermögenswerts übertragen werden (IAS 17.4). Solche Verträge fallen gemäß IAS 32.AG9 unter den Begriff des Finanzinstruments (▶ 3.2.2; 3.2.3); damit sind auch Forderungen und Verbindlichkeiten aus Finanzierungsleasingverhältnissen im Anwendungsbereich von IAS 32 sowie IFRS 7.[268] Die Bilanzierung derartiger Posten (▶ 6.15.3) bestimmt sich jedoch überwiegend nach IAS 17 „Leasingverhältnisse".

Für Forderungen und Verbindlichkeiten aus Finanzierungsleasingverhältnissen gelten die Vorschriften des IAS 39 zur Ausbuchung (▶ 3.13). Finanzierungsleasingforderungen unterliegen zudem den Wertberichtigungsregeln in IAS 39 (▶ 3.3.2.1).

Operating-Leasing

Ein „Operating-Leasingverhältnis" wird in IAS 17.4 mittels Negativabgrenzung zum Finanzierungsleasingverhältnis definiert. Solche Kontrakte erfüllen laut IAS 32.AG9 nicht die Definitionsmerkmale eines Finanzinstruments, es sei denn, die Ansprüche oder Verpflichtungen beziehen sich auf einzelne jeweils fällige Zahlungen (▶ 3.2.1). Demnach sind für diese Posten in der Regel weder die Bilanzierungsvorschriften des IAS 39 noch die Angabepflichten des IFRS 7 relevant.

Sale-and-Lease-Back-Transaktionen

„Sale-and-Lease-Back-Transaktionen" kennzeichnen sich dadurch, dass zunächst das rechtliche Eigentum an einem Vermögenswert auf einen Erwerber übergeht (Veräußerungsgeschäft) und dieser vom Verkäufer anschließend ein Nutzungsrecht erwirbt (Rückvermietung): Der Erwerber wird Leasinggeber und der Verkäufer Leasingnehmer (IAS 17.58).

Die Rückvermietung als eigentlicher Leasingvertrag kann in der Form eines Operating-Leasingverhältnisses (IAS 17.61) oder eines Finanzierungsleasingverhältnisses (IAS 17.59) ausgestaltet sein. Sofern ein Finanzierungsleasingverhältnis vorliegt, sind die daraus hervorgehenden Forderungen und Verbindlichkeiten bei den Angabepflichten nach IFRS 7 zu berücksichtigen. Analog kommen für diese Posten ggf. die Ausbuchungs- und Wertberichtigungsregeln des IAS 39 zur Anwendung.

Kein Leasingverhältnis nach IAS 17

Falls das Unternehmen – ggf. auch durch Heranziehung von IFRIC 4 „Feststellung, ob eine Vereinbarung ein Leasingverhältnis enthält" und SIC 27 „Beurteilung des wirtschaftlichen Gehalts von Transaktionen in der rechtlichen Form von Leasingverhältnissen" – zu dem Schluss kommt, dass kein Leasingverhältnis im Sinne von IAS 17 vorliegt, müssen die dabei eventuell

---

[268] Vgl. auch IDW (2009a), Rz. 4; DELOITTE LLP (2011b), S. 5f., und S. 39f.; KUHN/CHRIST (2011), Rz. 16; KPMG IFRG LIMITED (2011), S. 1254 (7.1.100.30); ERNST & YOUNG LLP (2012b), S. 2863; PwC (2011a), S. 3003 (3.16); HEUSER/THEILE (2012), Rz. 2407.

entstehenden Forderungen und Verbindlichkeiten auf ihren Finanzinstrumente-Charakter hin untersucht werden.[269] Liegen finanzielle Vermögenswerte oder finanzielle Verbindlichkeiten vor, sind diese grundsätzlich nach IAS 39 zu bilanzieren und bei den Angabepflichten nach IFRS 7 zu berücksichtigen.

3.3.6.4 Eigene Eigenkapitalinstrumente und nicht-beherrschende Anteile am Eigenkapital

Vom Unternehmen ausgegebene Anteile am Eigenkapital erfüllen zweifelsfrei die Definitionsmerkmale eines Finanzinstruments nach IAS 32 (▶ 3.2.1). Von den Bilanzierungsregeln des IAS 39 werden derartige Residualansprüche explizit ausgenommen, falls es sich um Eigenkapitalinstrumente im Sinne des IAS 32 handelt (▶ 3.3.2.1).[270] Für diese liefern derzeit auch andere Standards keine abschließenden Ansatzkriterien.[271] Es können jedoch die Kriterien für Verbindlichkeiten herangezogen werden.[272] Handelt es sich bei den eigenen Anteilen allerdings im Sinne des IAS 32 um Fremdkapitalinstrumente, liegen finanzielle Verbindlichkeiten vor, die im Anwendungsbereich von IAS 39 und IFRS 7 liegen.

Emittierte und zurückgekaufte Anteile

Erwirbt das Unternehmen seine eigenen, zuvor emittierten Eigenkapitalinstrumente zurück, spricht man von „Treasury Shares". Wie bereits erwähnt, stellen diese zwar Finanzinstrumente im Sinne des IAS 32 dar, sie lassen sich allerdings nicht über IAS 39 als finanzielle Vermögenswerte ansetzen (IAS 32.AG36). Gleiches gilt in der Regel für Derivate auf den Kauf eigener Anteile (IAS 32.AG14).[273]

Vom Anwendungsbereich des IFRS 7 sind weder emittierte noch zurückgekaufte eigene Eigenkapitalinstrumente ausdrücklich ausgenommen (▶ 3.3.5). Faktisch ergeben sich indes kaum zusätzliche Offenlegungspflichten:[274] Zum einen werden bereits über IAS 1.79 sowie über IAS 1.134-136 quantitative und qualitative Angaben zum Kapital (und darin eingeschlossen das bilanzielle Eigenkapital) verlangt (▶ 4.1.2.1). Zum anderen fordert IFRS 7 bestimmte Angaben in Bezug auf eigene Anteile explizit oder implizit

---

[269] Vgl. zur Identifikation von Leasingverhältnissen nach IAS 17 grundlegend LÜDENBACH/FREIBERG (2012a), Rz. 1-18. Bspw. erfüllen so genannte „Cross-Border-Leasinggeschäfte", die rein auf Steuervorteile abzielen, regelmäßig nicht die Merkmale eines Leasingverhältnisses gemäß IAS 17, vgl. hierzu auch weiterführend ebenda, Rz. 167.
[270] Zur Abgrenzung von Eigen- und Fremdkapital eigener Anteile siehe weiterführend Abschnitt 6.8.1.
[271] Vgl. auch schon SCHABER/KUHN/EICHHORN (2004), S. 317.
[272] Vgl. KUHN/SCHARPF (2006), Rz. 335.
[273] Vgl. auch KUHN/SCHARPF (2006), Rz. 341.
[274] Vgl. dazu auch ERNST & YOUNG LLP (2012b), S. 2878, die sogar von *keinen* Angabeanforderungen sprechen.

nicht. So brauchen derartige Posten etwa nicht bei der Berichterstattung zu Sensitivitätsanalysen berücksichtigt werden (▶ 5.4.4.5). Ferner ist z.B. die Bereitstellung der Zeitwerte nur für finanzielle Vermögenswerte und finanzielle Verbindlichkeiten geboten (▶ 3.4.4.2).

Nicht-beherrschende Anteile (Minderheitenanteile)

Die im Konzernabschluss den Minderheiten bzw. konzernfremden Gesellschaftern zuzurechnenden Anteile von Tochterunternehmen werden in IAS 27 (bzw. IFRS 10 ▶ 3.3.6.1) und IFRS 3 behandelt. Sofern es sich bei dem gesellschaftsrechtlichen Eigenkapital des Tochterunternehmens um Eigenkapital im Sinne des IAS 32 handelt, hat der Ausweis innerhalb des Eigenkapitals (getrennt vom Eigenkapital des Mutterunternehmens) zu erfolgen (IAS 1.54; IAS 27.27 bzw. IFRS 10.22).[275] Derartige „Nicht-beherrschende Anteile" („Non-Controlling Interests"), die früher als „Minderheitenanteile" („Minority Interests") bezeichnet wurden, stellen dem Rahmenkonzept zufolge keine Schulden, sondern Eigenkapital dar (IAS 27.BC28-BC32 bzw. IFRS 10.BCZ155-BCZ159). Damit scheidet auch eine Bilanzierung nach IAS 39 aus, zumal nach IAS 27 bzw. IFRS 10 bilanzierte Anteile explizit vom Anwendungsbereich des Standards ausgenommen sind (▶ 3.3.2.1). Letzteres trifft auch auf IFRS 7 zu (▶ 3.3.5), es bestehen demnach keine Angabepflichten.

Nicht-beherrschende Anteile von Beteiligungen, deren gesellschaftsrechtliches Eigenkapital nach IAS 32 als Fremdkapital einzustufen ist (z.B. Anteile an Personengesellschaften ▶ 6.8.1.3), hat das Unternehmen dementgegen als finanzielle Verbindlichkeiten nach IAS 39 zu bilanzieren; auch fallen sie in den Anwendungsbereich von IFRS 7. Dies gilt gleichfalls für nicht-beherrschende Anteile von Instrumenten, die im Einzelabschluss über die durch die Änderung von IAS 32 „Puttable Financial Instruments and Obligations Arising on Liquidation" eingeführten Bedingungen (IAS 32.16A-16D; ▶ 6.8.1.5) ausnahmsweise als Eigenkapitalinstrumente klassifiziert werden. Im Konzernabschluss handelt es sich bei diesen um Verbindlichkeiten.

3.3.6.5 Derivate auf nicht-finanzielle Posten

Kriterium des Net Settlement

Da der Begriff des Derivats im Hinblick auf das Underlying nach IAS 39 sehr allgemein definiert wird (▶ 3.2.5.1), fallen darunter neben Finanzderivaten mit Basiswerten aus dem finanzwirtschaftlichen Bereich (z.B. Zinssätze, Wechselkurse) grundsätzlich auch Warenderivate, denen Basiswerte aus dem güterwirtschaftlichen Bereich zu Grunde liegen (z.B. Rohstoffpreise) und sonstige Derivate (wie z.B. Wetterderivate, Kreditderivate). Wie bereits erläutert wurde (▶ 3.2.1), sind Warenderivate als Verträge zum Kauf oder Verkauf nicht-finanzieller Posten allerdings keine Finanzinstrumente im definitorischen Sinne und wären somit per se nicht im Anwendungsbereich

---

[275] Vgl. auch SCHEFFLER (2006), S. 120.

von IAS 32 und IAS 39. Derartige Kontrakte hat das Unternehmen aber nach IAS 32.8 bzw. IAS 39.5 so zu behandeln, als ob es sich um Finanzinstrumente handeln würde, wenn sie durch Ausgleich in bar bzw. in anderen Finanzinstrumenten oder durch den Tausch von Finanzinstrumenten erfüllt werden können. Bei derartigen Erfüllungen spricht man von einem „Nettoausgleich" bzw. „Net Settlement".

Anwendungsausnahme Own Use Contract

Die Ausweitung des Anwendungsbereichs wird jedoch insofern wieder eingeschränkt, als dass es sich um einen Kontrakt handeln kann, der zum Zweck des Empfangs oder der Lieferung von nicht-finanziellen Posten gemäß dem erwarteten Einkaufs-, Verkaufs- oder Nutzungsbedarf des Unternehmens abgeschlossen wurde und in diesem Sinne weiter behalten wird (IAS 39.5, AG10), da solche „Own Use Contracts" bzw. „Normal Purchases or Sales" vom Anwendungsbereich ausgenommen sind.

– Abhängigkeit von der Net-Settlement-Form

Das Unternehmen kann die Anwendungsausnahme („Own Use Exemption") jedoch nicht in jedem Fall in Anspruch nehmen. Ob ein Vertrag als Own Use Contract im Sinne von IAS 39 gilt, hängt von den Abwicklungsmöglichkeiten und -praktiken bzw. von den Ausprägungsformen des Net Settlement ab.

In IAS 39.6 (bzw. IAS 32.9) sind verschiedene Varianten aufgeführt, wie ein Kontrakt über den Kauf oder Verkauf eines nicht-finanziellen Postens durch Ausgleich in bar oder durch andere Finanzinstrumente bzw. durch den Tausch von Finanzinstrumenten abgewickelt werden kann:

1. Die Vertragsbedingungen gestatten es zumindest einem der Kontrahenten, den Vertrag durch Nettoausgleich zu erfüllen (IAS 39.6 (a)).

2. Die Möglichkeit zum Net Settlement ist zwar nicht explizit in den Vertragsbedingungen vorgesehen, das Unternehmen erfüllt jedoch ähnliche Verträge für gewöhnlich durch Nettoausgleich (IAS 39.6 (b)).

3. Das Unternehmen nimmt bei ähnlichen Verträgen den Vertragsgegenstand für gewöhnlich an und veräußert ihn kurz nach der Anlieferung wieder, um Gewinne aus kurzfristigen Preisschwankungen oder Händlermargen zu erzielen (IAS 39.6 (c)).

4. Der nicht-finanzielle Posten, der Gegenstand des Vertrags ist, lässt sich jederzeit in Zahlungsmittel umwandeln (IAS 39.6 (d)).

Bei den ersten beiden Ausprägungsformen des Net Settlement ist eine direkte monetäre Erfüllung vorgesehen, wohingegen bei den beiden zuletzt genannten Fällen der Posten zunächst physisch in Empfang genommen und erst anschließend monetär verwertet wird (indirekte Erfüllung).[276]

---

[276] Vgl. zur Differenzierung des Net Settlement grundlegend FLADT/VIELMEYER (2008), S. 1071f.

3 Grundlagen zur Bilanzierung und Offenlegung

Liegen die unter 2. und 3. beschriebenen Abwicklungspraktiken vor, so wurde ein Net Settlement in der Vergangenheit bereits faktisch für ähnliche Verträge durchgeführt. Dann gestattet IAS 39.6 es nicht, den Vertrag als Own Use Contract geltend zu machen.

Im Fall der unter 1. und 4. erörterten Gegebenheiten besteht lediglich die Möglichkeit zu einem Net Settlement. Eine Prüfung daraufhin, ob der Kontrakt zum Zweck des Empfangs oder der Lieferung von nicht-finanziellen Posten gemäß dem erwarteten Einkaufs-, Verkaufs- oder Nutzungsbedarf des Unternehmens abgeschlossen wurde und in diesem Sinne fortbesteht, ist möglich bzw. notwendig.

– bei geschriebenen Optionen

Eine geschriebene Option auf den Kauf oder Verkauf eines nicht-finanziellen Postens (d.h. das bilanzierende Unternehmen nimmt eine Stillhalterposition zur Abnahme oder Lieferung ein), die durch Barausgleich oder durch ein anderes Finanzinstrument bzw. den Tausch von Finanzinstrumenten erfüllt werden kann (siehe 1.) oder bei welcher sich der nicht-finanzielle Posten jederzeit in Zahlungsmittel umwandeln lässt (siehe 4.), stellt keinen Own Use Contract dar und ist damit gemäß IAS 32.10 bzw. IAS 39.7 immer im Anwendungsbereich der Standards.

Zusammenfassung

Abbildung 3-8 fasst das aus IAS 39.9 und IAS 39.5-7 (bzw. IAS 32.8-10) ableitbare Prüfschema[277] zu derivativen Finanzinstrumenten, die in Verbindung mit dem Kauf oder Verkauf nicht-finanzieller Posten stehen, zusammen. Daraus wird ersichtlich, dass das Derivat beim Vorliegen eines Own Use Contracts (d.h. es besteht der Zweck zur Eigenbedarfdeckung) zwar nicht als solches nach IAS 39 zu bilanzieren ist und das Unternehmen es auch im Rahmen der Erfüllung der Offenlegungspflichten des IFRS 7 nicht berücksichtigen muss. Jedoch hat der Vertrag daraufhin untersucht zu werden, ob er eingebettete Derivate (▶ 3.2.5.2) enthält, die ggf. nach IAS 39 trennungspflichtig (▶ 3.15.1) sind. Bei den nicht im Anwendungsbereich von IAS 39 befindlichen Kontrakten ist ferner zu beachten, dass es sich um schwebende bzw. noch zu erfüllende Geschäfte im Sinne von IAS 37.1 und IAS 37.3 handelt; liegt ein belastender Vertrag (wie in IAS 37.10, 68 definiert bzw. konkretisiert) vor, hat man gemäß IAS 37.66 eine entsprechende Rückstellung zu bilden.[278]

---

[277] Modifiziert entnommen aus KUHN/ALBRECHT (2008), S. 124.
[278] Vgl. IDW (2009b), Rz. 4. Zum Begriff des schwebenden Geschäfts siehe Abschnitt 3.5.3.1. Der Ansatz einer Verpflichtung muss indes unterbleiben, wenn der Vertrag entschädigungsfrei storniert werden kann (IAS 37.67).

3.3 Anwendungsbereich von IAS 32, IAS 39, IFRS 7

Abbildung 3-8 Prüfschema: Verträge zu nicht-finanziellen Posten nach IAS 39.9, 5-7

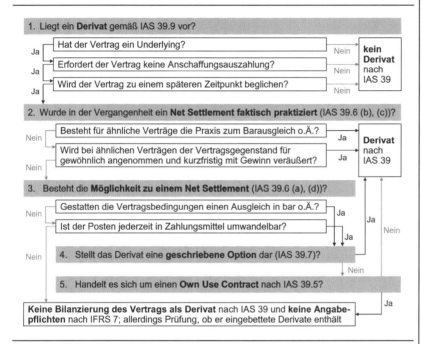

Für die auf Grund der Own Use Exemption vom Anwendungsbereich des IAS 39 ausgenommenen Verträge existiert kein Wahlrecht zur freiwilligen Bilanzierung des Kontrakts als Finanzinstrument.[279]

Auf Umsetzungsprobleme im Zusammenhang damit, ob und wie Verträge zum künftigen Kauf oder Verkauf von Waren anzusetzen sind, wird in Abschnitt 6.6.3 näher eingegangen.

Die Prüfung auf das Vorliegen eines Own Use Contract muss zunächst bei Vertragsabschluss erfolgen. Wurden Kontrakte als solche identifiziert und deklariert, sind die dafür geltenden Voraussetzungen laufend zu überwachen.[280] Wird später festgestellt, dass kein Own Use Contract mehr besteht, ist auf den Vertrag ab dem Feststellungszeitpunkt IAS 39 und IFRS 7 anzuwenden.[281] Insbesondere dann, wenn ein ursprünglich zur Eigenbedarfdeckung abgeschlossener Kontrakt in der Folge nicht mehr diesen Verwen-

---

[279] Vgl. KUHN/ALBRECHT (2008), S. 124; IDW (2009b), Rz. 6.
[280] Vgl. dazu und folgend SCHMIDT/SCHREIBER (2006), S. 449f.
[281] Vgl. auch KUHN/ALBRECHT (2008), S. 127; MAULSHAGEN/TREPTE/WALTERSCHEIDT (2008), Rz. 653; DELOITTE LLP (2011b), S. 33.

Grundlagen zur Bilanzierung und Offenlegung

dungszweck hat, ergibt sich ab dem Zeitpunkt der Zweckänderung eine Bilanzierungspflicht nach IAS 39.[282]

Eine Klassifikation als Own Use Contract nach dem Vertragsabschluss schließt IAS 39.5 bzw. IAS 39.AG10 aus, da der Eigennutzungszweck bereits bei Kontraktabschluss vorliegen muss.

3.3.6.6 Wetterderivate

Verträge, die eine Zahlung bei Eintritt bestimmter klimatischer Variablen (Wetterderivate ▶ 2.6.1) vorsehen, und solche, die von geologischen oder sonstigen physikalischen Variablen abhängen, sind nach IAS 39 zu bilanzieren, außer sie fallen in den Anwendungsbereich von IFRS 4 (IAS 39.AG1). Gemäß IFRS 4.B19 (g) stellen derartige Kontrakte wiederum keine Versicherungsverträge (▶ 3.2.5.3) dar, da sie Zahlungen vorsehen, die auf Variablen beruhen, welche nicht spezifisch für eine Vertragspartei sind. Wetterderivate und ähnliche Vereinbarungen müssen demzufolge nach IAS 39 angesetzt werden, und das Unternehmen muss diese auch bei der Erfüllung der Angabepflichten nach IFRS 7 berücksichtigen.

3.3.6.7 Forderungen und Verbindlichkeiten aus Fertigungsaufträgen

Fertigungsaufträge nach IAS 11

Ein „Fertigungsauftrag" ist ein Vertrag über die kundenspezifische Fertigung einzelner Gegenstände oder einer Anzahl von Gegenständen, die hinsichtlich Design, Technologie und Funktion oder hinsichtlich ihrer Verwendung aufeinander abgestimmt oder voneinander abhängig sind (IAS 11.3). Umsätze und Gewinne aus Fertigungsaufträgen werden über IAS 11 „Fertigungsaufträge" mittels der so genannten „Percentage-of-Completion-Methode" (PoC-Methode) kontinuierlich nach dem Leistungsfortschritt und nicht erst bei vollständiger Auftragserfüllung bzw. Abnahme realisiert.[283] Der Standard kommt zur Anwendung, wenn sich ein Auftrag nicht zwischen 2 Abschlussstichtagen abwickeln lässt. Typischerweise greifen Großanlagen-, Schiffs- und Flugzeughersteller auf IAS 11 zurück.

Der uneingeschränkte Einsatz der PoC-Methode setzt voraus, dass das Ergebnis des Fertigungsauftrags verlässlich geschätzt werden kann (IAS 11.22). Die Möglichkeit zur verlässlichen Schätzung des Auftragsergebnisses knüpft IAS 11 an die Erfüllung verschiedener Kriterien, wobei der Umfang der

---

[282] Vgl. IDW (2009b), Rz. 7. Eine rückwirkende Anpassung auf Grund der Verwendungszweckänderung ist weder verpflichtend vorzunehmen noch zulässig. Ferner stellt diese auch keinen Fehler im Sinne von IAS 8 dar.
[283] Vgl. zu IAS 11 grundlegend etwa ADLER/DÜRING/SCHMALTZ (2002), Abschn. 16; LÜDENBACH (2012a); POTTGIESSER/VELTE/WEBER (2005).

Kriterien davon abhängt, ob es sich um einen „Festpreisvertrag" oder einen „Kostenzuschlagsvertrag" handelt (IAS 11.23, 24). Bei einem Festpreisvertrag setzt die Anwendung der PoC-Methode neben einem wahrscheinlichen wirtschaftlichen Nutzenzufluss z.B. voraus, dass 1. die gesamten Auftragserlöse, 2. die bislang angefallenen und noch anfallenden Auftragskosten sowie 3. die Fertigstellungsgrade zum Ende der einzelnen Perioden verlässlich geschätzt werden können, sodass sich der für den Auftrag auf kumulierter Basis zu erfassende Gewinn aus dem Produkt aus Gesamterlös und dem jeweiligen Fertigstellungsgrad abzüglich den bis dato angefallenen Kosten errechnen lässt. Erwartete Verluste aus Fertigungsaufträgen (Gesamterlöse sind geringer als die Gesamtkosten) müssen hingegen sofort als Aufwand erfasst werden (IAS 11.22, 36).

In Verbindung mit Fertigungsaufträgen entstehen ggf. Bilanzposten, die daraufhin zu untersuchen sind, ob sie in den Anwendungsbereich von IAS 39 und IFRS 7 fallen. Nach IAS 11.42 ist zunächst Folgendes auszuweisen:

- Fertigungsaufträge mit aktivischem Saldo gegenüber Kunden als Vermögenswert;
- Fertigungsaufträge mit passivischem Saldo gegenüber Kunden als Schulden.

Ein „aktivischer Saldo" oder „passivischer Saldo" ergibt sich nach IAS 11.43, 44 aus den Nettobeträgen der angefallenen Kosten plus der ausgewiesenen Gewinne abzüglich der Summe der ausgewiesenen Verluste und der Teilabrechnungen. Unter dem aktivischen Saldo werden dabei alle Aufträge zusammengefasst, bei denen die angefallenen Kosten plus der ausgewiesenen Gewinne (abzüglich der ausgewiesenen Verluste) die Teilabrechnungen übersteigen. Der passivische Saldo enthält demgegenüber alle Aufträge, bei denen die angefallenen Kosten plus der ausgewiesenen Gewinne (abzüglich der ausgewiesenen Verluste) geringer sind als die Teilabrechnungen. Die Ermittlung aktivischer oder passivischer Salden wird beispielhaft für Verträge mit Teilgewinnrealisierung (Auftrag A und B) und Verlustantizipation (Auftrag C und D) in Tabelle 3-7 dargestellt.

Aktivische und passivische Salden

Nach IAS 11.41 stellen „Teilabrechnungen" für vertragsgemäß erbrachte Leistungen in Rechnung gestellte Beträge dar, unabhängig davon, ob sie vom Kunden bezahlt wurden oder nicht.

– Teilabrechnungen

Aktivische oder passivische Salden werden regelmäßig nicht unter den Vorräten, sondern unter den Forderungen und Verbindlichkeiten (z.B. als „Forderungen/Verbindlichkeiten aus PoC"[284] oder „Künftige Forderungen aus

– Ausweis

---

[284] Vgl. LINDE-GB 2006, S. 128 und S. 152.

Grundlagen zur Bilanzierung und Offenlegung

kundenspezifischen Fertigungsaufträgen"[285]) ausgewiesen. ADLER/DÜRING/ SCHMALTZ zufolge hat der Aktivposten Forderungscharakter, ist aber auch den unfertigen Erzeugnissen ähnlich.[286] Während das IDW einen Ausweis unter den Forderungen als sachgerecht ansieht,[287] erachtet die SCHMALENBACH-GESELLSCHAFT einen Ausweis unter den Vorräten als zwingend. Laut ADLER/DÜRING/SCHMALTZ ist ein aktivischer Saldo grundsätzlich gesondert unter den Forderungen auszuweisen.[288]

Tabelle 3-7 | *Berechnung aktivischer und passivischer Salden aus Fertigungsaufträgen*

	Auftrag A	Auftrag B	Auftrag C	Auftrag D	
Angefallene Kosten	300 €	400 €	250 €	100 €	
Gewinn nach der PoC-Methode	50 €	80 €	/	/	
Verlust nach der PoC-Methode	/	/	40 €	30 €	
Zwischensumme	350 €	480 €	210 €	70 €	
Teilabrechnungen	280 €	500 €	200 €	100 €	Σ
Aktivischer Saldo	70 €	/	10 €	/	80 €
Passivischer Saldo	/	20 €	/	30 €	50 €

Wie aus Tabelle 3-7 ersichtlich wird, kommt ein passivischer Saldo zum einen dadurch zu Stande, dass der Gesamtbetrag der Teilabrechnungen die Summe aus angefallenen Kosten und ausgewiesenen Gewinnen (abzüglich ausgewiesener Verluste) übersteigt (siehe Aufträge B und D). Dieser Passivposten hat wirtschaftlich den Charakter einer Verbindlichkeit bzw. einer erhaltenen Anzahlung.[289] Laut dem IDW wird dementsprechend ein Ausweis unter den Verbindlichkeiten als sachgerecht erachtet.[290] Zum anderen ist die Entstehung eines passivischen Saldos auch ohne Teilabrechnungen möglich – und zwar im Fall von erfassten Verlusten bei ausschließlicher Verlustantizipation. Der Posten hat dann den Charakter einer Rückstellung für belastende Verträge. Trifft dies zu, so wird in der Literatur auch ein Ausweis unter den Rückstellungen für zulässig erachtet, obwohl Verluste grundsätzlich in den aktivischen oder passivischen Saldo eingehen.[291]

Finanzinstrumente-Charakter der Posten

Da m.E. nur die auf Grund erbrachter Leistungen tatsächlich in Rechnung gestellten Beträge (Teilabrechnungen) die Definitionsmerkmale eines Finanzinstruments erfüllen, sind aktivische und passivische Salden nicht als

---

[285] Vgl. MAN-GB 2006, S. 160.
[286] Vgl. dazu und folgend ADLER/DÜRING/SCHMALTZ (2002), Abschn. 16, Rz. 153.
[287] Vgl. IDW (2008) bzw. IDW (2011a), Rz. 17.
[288] Vgl. ADLER/DÜRING/SCHMALTZ (2002), Abschn. 16, Rz. 154.
[289] Vgl. hierzu und in der Folge ADLER/DÜRING/SCHMALTZ (2002), Abschn. 16, Rz. 155.
[290] Vgl. IDW (2008a), Rz. 19.
[291] Vgl. ADLER/DÜRING/SCHMALTZ (2002), Abschn. 16, Rz. 155 und Rz. 133.

3.3 Anwendungsbereich von IAS 32, IAS 39, IFRS 7

finanzielle Vermögenswerte oder als finanzielle Verbindlichkeiten einzustufen.[292] Bei diesen handelt es sich vielmehr um zur Umsatzrealisierung benötigte Abgrenzungsposten, denen keine vertraglich fixierten Zahlungsansprüche gegenüberstehen.

Teilabrechnungen hingegen haben den Charakter von Forderungen aus Lieferungen und Leistungen und erfüllen somit die Definitionsmerkmale eines Finanzinstruments. So werden bereits abgerechnete Beträge auch regelmäßig als Forderungen aus Lieferungen und Leistungen ausgewiesen.[293]

IAS 11 unterscheidet explizit zwischen Teilabrechnungen und „Anzahlungen". Letztere sind Beträge, die beim Auftragnehmer eingehen, bevor die dazugehörige Leistung erbracht ist (IAS 11.41). Sie werden generell unabhängig von der Leistungserstellung als Vorauszahlungen vereinnahmt.[294] Zwar sind Anzahlungen gemäß IAS 11.43, 44 beim aktivischen bzw. passivischen Saldo nicht zu berücksichtigen, in der Literatur wird jedoch auch eine Verrechnung mit diesem für zulässig befunden.[295]

Unabhängig davon, ob die Anzahlungen gesondert ausgewiesen werden und ob das Unternehmen diese nach der Leistungserstellung vereinnahmt oder nicht, fallen Anzahlungen definitorisch nicht unter den Begriff des Finanzinstruments (IAS 32.AG11; ▶ 3.2.1).

Somit bleibt festzuhalten, dass im Hinblick auf die in IAS 11 thematisierten Bilanzposten – aktivische/passivische Salden, Teilabrechnungen, Anzahlungen – m.E. nur Teilabrechnungen Finanzinstrumente darstellen. Diese sind als finanzielle Vermögenswerte nach IAS 39 zu bilanzieren; sie haben den Charakter von Forderungen aus Lieferungen und Leistungen. Die Teilabrechnungen müssen damit auch bei den Angaben nach IFRS 7 berücksichtigt werden. Entgegen der Ansicht des IDW[296] sind m.E. aktivische Salden nicht einzubeziehen, Gleiches gilt für passivische Salden.

---

[292] Gl.A. DELOITTE LLP (2011b), S. 35. A.A. ist das IDW (2009a), Rz. 3, nach dem es sich bei Forderungsaufträgen mit aktivischem Saldo m.V.a. IAS 32.11 und IAS 32.AG8 um vertragliche Rechte auf Erhalt von Zahlungen handelt. Vgl. dazu auch BARCKOW (2010), Rz. 24; KUHN/CHRIST (2011), Rz. 18. A.A. ebenso PwC (2011a), S. 4007 (4.22).
[293] Vgl. ADLER/DÜRING/SCHMALTZ (2002), Abschn. 16, Rz. 151.
[294] Vgl. hierzu und folgend ADLER/DÜRING/SCHMALTZ (2002), Abschn. 16, Rz. 151.
[295] Vgl. LÜDENBACH (2012a), Rz. 78; BAETGE/KIRSCH/THIELE (2011), S. 378. So weist etwa MAN die gemäß der PoC-Methode „verumsatzten" Auftragsteile nach Abzug von erhaltenen Anzahlungen in den Forderungen aus Lieferungen und Leistungen aus, vgl. MAN-GB 2006, S. 145. Gleiches gilt für THYSSENKRUPP und LINDE, wobei diese die abgezogenen Anzahlungen offen zeigen, vgl. THYSSENKRUPP-GB 2005/2006, S. 159 und S. 173 sowie LINDE-GB 2006, S. 129.
[296] Siehe zur Quelle und Begründung Fn. 292.

Grundlagen zur Bilanzierung und Offenlegung

3.3.6.8 Finanzgarantien

Garantiegeber

Finanzgarantien, welche nicht zugleich die Definitionsmerkmale eines Versicherungsvertrags erfüllen, da mit ihnen keine Übernahme eines signifikanten Versicherungsrisikos verbunden ist (▶ 3.2.5.3), muss der Garantiegeber zwingend nach IAS 39 bilanzieren.

Weist eine Vereinbarung sowohl die Definitionsmerkmale eines Versicherungsvertrags nach IFRS 4 als auch die einer Finanzgarantie auf, kommen für den Garantiegeber in der Regel ebenfalls die Ansatz- und Bewertungsvorschriften des IAS 39 zur Anwendung. Lediglich wenn der Garantiegeber

- zuvor ausdrücklich erklärt hat, dass er die Finanzgarantie als einen Versicherungsvertrag ansieht, und

- diese (bislang) nach den für Versicherungsverträge geltenden Vorschriften bilanziert wurden,

kann er wahlweise auch IFRS 4 anwenden. Bei Nicht-Banken dürfte eine solche Historie allerdings selten vorliegen.[297]

Vom Garantiegeber nach IAS 39 bilanzierte Finanzgarantien sind im Anwendungsbereich von IFRS 7, d.h. sie müssen bei der Erfüllung der Angabepflichten berücksichtigt werden. Wird auf eine Finanzgarantie hingegen IFRS 4 angewandt, fällt der Posten nicht unter IFRS 7 (▶ 3.3.5).

Inhaber (Garantienehmer)

Zwar erfüllen Finanzgarantien auch beim Inhaber (Garantienehmer) die Definitionsmerkmale eines finanziellen Vermögenswerts (▶ 3.2.1; 3.2.2), für ihn sind die Ansatzvorschriften für Finanzgarantien in IAS 39 allerdings nicht einschlägig (IAS 39.IN6). Grundsätzlich kommt eine Bilanzierung als derivatives Finanzinstrument gemäß IAS 39 oder als Versicherungsvertrag nach IFRS 4 in Frage.[298] Ersteres setzt ein Finanzrisiko voraus (▶ 3.2.5.1); ist ein solches nicht gegeben, wird in der Regel ein Versicherungsvertrag vorliegen (▶ 3.2.5.3). Dies lässt sich zum einen aus IFRS 4.B8 ableiten. Zum anderen gelten Kreditversicherungen gemäß IFRS 4.B18 (g) als Versicherungsverträge. Insofern kann der Garantienehmer im Normalfall IFRS 4 anwenden und damit wäre für ihn IFRS 7 nicht relevant (▶ 3.3.5).

Allerdings enthält IFRS 4 keinerlei Bilanzierungsregeln für den Versicherungsnehmer (siehe zur Anwendungsausnahme IFRS 4.4 (f)). Es besteht also eine Regelungslücke; das Unternehmen kann unter Beachtung von IAS.8.10-12 eine Ansatz- und Bewertungsmethode wählen, die nach IAS 8.13 stetig auszuüben ist. In der Literatur wird überwiegend eine analoge Behandlung

---

[297] Vgl. auch LÜDENBACH/FREIBERG (2007), S. 650; LÜDENBACH (2010a), S. 88.
[298] Vgl. dazu und zum folgenden Absatz FREIBERG (2010c), S. 331f.

zu Eventualforderungen gemäß IAS 37 gefordert.[299] FREIBERG spricht sich mit Blick auf die Hierarchie in IAS 8.11 (wonach zuerst Fallanalogien und dann Systemanalogien heranzuziehen sind) und auf Grund der Ähnlichkeit zu Kreditderivaten für eine Bilanzierung als derivatives Finanzinstrument nach IAS 39 aus.[300] Im Gegensatz zur Behandlung als Eventualforderung gemäß IAS 37 hätte dies jedoch neben der GuV-wirksamen Zeitbewertung zur Folge, dass die Finanzgarantie im Anwendungsbereich von IFRS 7 läge und der Inhaber somit grundsätzlich den entsprechenden Angabepflichten unterliegen würde.

3.3.6.9 Kreditzusagen

Sicherungshalber bereitgestellte oder erhaltene Kreditzusagen fallen unter den Begriff der Finanzgarantie (siehe vorheriger Abschnitt). Aus der Sicht des Zusagengebers sind die folgenden konditionsfixierenden Kreditzusagen im Anwendungsbereich von IAS 39 (IAS 39.2 (h) i.V.m. IAS 39.4) und damit auch von IFRS 7:[301]

Bilanzierung nach IAS 39 – Zusagengeber

- Kreditzusagen, die das Unternehmen als finanzielle Verbindlichkeiten unter Nutzung der Fair-Value-Option (▶ 3.10.4) erfolgswirksam zum beizulegenden Zeitwert bewertet, oder wesensgleiche Kreditzusagen, mit denen in der Vergangenheit gehandelt wurde (IAS 39.4 (a));

- Kreditzusagen, die durch Ausgleich in bar bzw. durch Lieferung oder Emission eines anderen Finanzinstruments erfüllt werden können (IAS 39.4 (b));

- Kreditzusagen, in denen vereinbart wird, ein Darlehen unter Geringerem als dem Marktsatz zur Verfügung zu stellen (IAS 39.4 (c)).

Bei den in IAS 39.4 (a) beschriebenen Kreditzusagen handelt es sich zum einen um solche, die gemäß IAS 39.9 (b) (ii) Teil eines auf Zeitwertbasis beurteilten Portfolios sind. Zum anderen unterliegen auch alle Kreditzusagen derselben Art bzw. Klasse der erfolgswirksamen Zeitbewertung, falls das Unternehmen die aus Kreditzusagen resultierenden Vermögenswerte in der Vergangenheit kurz nach der Ausreichung weiterveräußert hat (d.h. eine Praxis zum Handel bzw. zum Net Settlement mit Kreditzusagen bestand; IAS 39.BC18).

---

[299] Vgl. GRÜNBERGER (2006), S. 85; SCHARPF/WEIGEL/LÖW (2006), S. 1496; KUHN/SCHARPF (2006), Rz. 1315 und Rz. 1700; SCHUBERT (2011), S. 220; KPMG IFRG LIMITED (2011), S. 1253 (7.1.80.10). Siehe zu Eventualforderungen weiterführend Abschnitt 6.11.5.
[300] Vgl. FREIBERG (2010c), S. 332.
[301] Siehe zur Differenzierung und zum Wesen von Kreditzusagen Abschnitt 2.4.3.

Grundlagen zur Bilanzierung und Offenlegung

Die über IAS 39.4 (b) im Anwendungsbereich von IAS 39 befindlichen Kreditzusagen sind Derivate in Sinne von IAS 39 (▶ 3.2.5.1). Eine Erfüllbarkeit durch Barausgleich ist nicht allein deswegen gegeben, weil die Auszahlung der Kreditsumme in Tranchen erfolgt. Dem Kriterium der möglichen Barbegleichung wird allerdings bspw. dann entsprochen, wenn eine der Vertragsparteien das Recht hat, die Kreditzusage mittels einer Zahlung glattzustellen, welche die zwischenzeitlichen Zinsänderungen berücksichtigt.[302] Nicht mit der Möglichkeit zum Barausgleich im Sinne von IAS 39.4 (b) ausgestattet gelten hingegen Kontrakte, bei denen lediglich die Konditionen neu verhandelt werden können oder bei denen der Zusagengeber bei erheblicher Verschlechterung des Ausfallrisikos die Kreditzusage zurückziehen kann.[303]

Aus Sicht des Zusagengebers handelt es sich bei den über IAS 39.4 (c) aufgeführten Kreditzusagen um geschriebene Optionen; dem potenziellen Schuldner wird der Erhalt eines Kredits zu einem festgelegten Zinssatz ermöglicht (IAS 39.BC15).

– Zusagennehmer

Ob alle zuletzt angesprochenen Kreditzusagen ebenfalls für den Zusagennehmer in den Anwendungsbereich von IAS 39 fallen, ist fraglich.[304] So beziehen sich sowohl IAS 39.2 (h) als auch IAS 39.4 (a) und (c) ausschließlich auf den Zusagengeber. Nur für die in IAS 39.4 (b) konkretisierten Kreditzusagen erfolgt eine solche Einschränkung nicht. Über einen Barausgleich oder Ähnliches erfüllbare Kreditzusagen unterliegen damit grundsätzlich auch aus Sicht des Zusagennehmers den Vorschriften des IAS 39 und sind als Derivat zu bilanzieren – womit auf die erhaltenen Kreditzusagen gleichsam die Anforderungen des IFRS 7 angewandt werden müssen.

Bilanzierung nach IAS 37

– Zusagengeber

Für Kreditzusagen, die IAS 39.4 nicht aufführt und die IAS 39 insofern von seinem Anwendungsbereich ausschließt, ist aus Sicht des Zusagengebers IAS 37 einschlägig (IAS 39.2 (h)). Dies betrifft insbesondere alle nicht durch Barausgleich oder Ähnliches erfüllbaren Kreditzusagen, die entweder zu einem Festzinssatz gewährt werden, der dem Marktzinssatz entspricht bzw. darüber liegt, oder denen ein variabler Referenzzinssatz zuzüglich Credit Spread zu Grunde liegt. Bei der Ausbuchung sind die entsprechenden Regeln in IAS 39 (▶ 3.13) heranzuziehen. Die Angabepflichten des IFRS 7 kommen zum Tragen, denn der Literatur zufolge handelt es sich bei Kreditzusagen um Finanzinstrumente in Sinne von IAS 32.[305]

– Zusagennehmer

Aus der Sicht des Zusagennehmers fallen alle Kreditzusagen – ausgenommen solche, die gemäß IAS 39.4 (b) durch Barausgleich oder Ähnliches erfüllt werden können – nicht in den Anwendungsbereich von IAS 39. Welche

---

[302] Vgl. GABER/BETKE (2011a), S. 15.
[303] Vgl. ERNST & YOUNG LLP (2012b), S. 2876.
[304] Vgl. dazu und folgend LÜDENBACH (2012d), Rz. 219.
[305] Vgl. GABER/BETKE (2011b), S. 43; ERNST & YOUNG LLP (2012b), S. 2875. Implizit auch PWC (2011a), S. 3011 (3.33); ERNST & YOUNG LLP (2012b), S. 2876.

Vorschriften gelten, geht aus den IFRS nicht eindeutig hervor.[306] In der Literatur wird eine Behandlung nach IAS 37 als sachgerecht angesehen.[307] Dabei müssen die Angabepflichten des IFRS 7 beachtet werden.[308]

3.3.6.10 Nach IFRS 5 als „zur Veräußerung gehalten" klassifizierte Finanzinstrumente

Finanzinstrumente können grundsätzlich – wie alle anderen Vermögenswerte und Schulden – im Anwendungsbereich von IFRS 5 „Zur Veräußerung gehaltene langfristige Vermögenswerte und aufgegebene Geschäftsbereiche" sein. Der Standard enthält besondere Bewertungs-, Ausweis- und Angabevorschriften für Vermögenswerte und Vermögensgruppen, die veräußert oder stillgelegt werden.[309] Die Informationen sollen es den Abschlussadressaten ermöglichen, die finanziellen Auswirkungen von derartigen Abgängen zu beurteilen (IFRS 5.30).

Grundlagen zu IFRS 5

IFRS 5 thematisiert die folgenden 3 Arten von Abgängen:

– Abgangsarten

- als einzelner langfristiger[310] Vermögenswert;
- als „Abgangsgruppe" („Disposal Group"), die neben langfristigen auch kurzfristige Vermögenswerte und Schulden enthalten kann;
- als „aufgegebener Geschäftsbereich".

Eine „Abgangsgruppe" („Disposal Group") stellt eine Gruppe von Vermögenswerten, die gemeinsam in einer einzigen Transaktion durch Verkauf oder auf andere Weise veräußert werden sollen, sowie die mit diesen Ver-

– Begriff der Abgangsgruppe

---

[306] Vgl. GABER/BETKE (2011a), S. 14; DELOITTE LLP (2011b), S. 41; ERNST & YOUNG LLP (2012b), S. 2877.
[307] Vgl. LÜDENBACH (2012d), Rz. 219. Vgl. auch KUHN/SCHARPF (2006), Rz. 46; VARAIN (2008), Rz. 11; VON OERTZEN (2009b), Rz. 44; KPMG IFRG LIMITED (2011), S. 1262 (7.1.200.40); PwC (2011a), S. 3011 (3.33); HEUSER/THEILE (2012), Rz. 2408.
[308] Vgl. PwC (2011a), S. 3011 (3.33); ERNST & YOUNG LLP (2012b), S. 2876.
[309] Vgl. zu IFRS 5 weiterführend z.B. ZÜLCH/LIENAU (2004); HOFFMANN/LÜDENBACH (2004), IDW (2008), Rz. 94-124 bzw. IDW (2011a), Rz. 89-121; MAAS/BACK/SINGER (2011); LÜDENBACH (2012e) sowie in Form einer Fallstudie KESSLER/LEINEN (2006). Kritisch zu IFRS 5 vgl. SCHILDBACH (2005).
[310] Wie IAS 1 konkretisiert IFRS 5 „langfristig" im Anhang A als Negativabgrenzung zur Definition von „kurzfristig" in IAS 1.66 (siehe dazu Abschnitt 3.6.3). Eine Verkaufsabsicht würde nach den Vorgaben in IAS 1.66 eigentlich bereits zu einer kurzfristigen Einstufung führen, womit IFRS 5 nicht zur Anwendung käme. Dieser Konflikt wird über IFRS 5.3 gelöst, der besagt, dass die „normalerweise" (d.h. ohne Veräußerungsabsicht bzw. bei typischer Verwendung) als langfristig klassifizierten Vermögenswerte bis zur Einstufung als „zur Veräußerung verfügbar" gemäß IFRS 5 nicht dem kurzfristigen Bereich zugeordnet werden dürfen (IFRS 5.BC10-BC12).

mögenswerten direkt in Verbindung stehenden Schulden, die bei der Transaktion übertragen werden, dar (IFRS 5 Anhang A).

– Begriff des aufgegebenen Geschäftsbereichs

Gemäß IFRS 5.32 (auch IFRS 5 Anhang A) handelt es sich bei einem „aufgegebenen Geschäftsbereich" um einen Unternehmensbestandteil,[311] der bereits abgegangen ist oder als „zur Veräußerung gehalten" eingestuft wird. Darüber hinaus muss mindestens eines der folgenden Kriterien erfüllt sein:[312]

- Der Unternehmensbestandteil ist ein gesonderter, wesentlicher Geschäftszweig oder geografischer Geschäftsbereich.

- Der Unternehmensbestandteil ist Teil eines einzelnen, abgestimmten Plans zum Abgang eines gesonderten wesentlichen Geschäftszweigs oder geografischen Geschäftsbereichs.

- Der Unternehmensbestandteil ist ein Tochterunternehmen, das ausschließlich mit der Absicht einer Weiterveräußerung erworben wurde.

– Einstufung als HfS

Eine Einstufung als „zur Veräußerung gehalten" bzw. „Held for Sale" (HfS) kommt für einzeln veräußerte langfristige Vermögenswerte sowie für Abgangsgruppen in Frage.[313] Diese hat zu erfolgen, wenn der zugehörige Buchwert überwiegend durch ein Veräußerungsgeschäft und nicht durch die fortgesetzte Nutzung realisiert wird (IFRS 5.6). Ferner müssen die Posten zur sofortigen Veräußerung im gegenwärtigen Zustand verfügbar sein und der Verkauf muss als höchstwahrscheinlich (d.h. erheblich wahrscheinlicher als wahrscheinlich) gelten (IFRS 5.7, Anhang A). Letztere höchstwahrscheinliche Veräußerung ist unter anderem daran geknüpft, dass ein Verkaufsplan beschlossen und mit der Käufersuche sowie der Durchführung des Plans aktiv begonnen wurde. Zudem muss die Erfassung grundsätzlich als abgeschlossener Verkauf innerhalb eines Jahres ab dem Zeitpunkt der HfS-Einstufung erwartet werden (IFRS 5.8, 9, B1).

Ein ausschließlich mit Weiterveräußerungsabsicht erworbenes Tochterunternehmen ist als HfS einzustufen, wenn das zuletzt genannte Zeitkriterium zutrifft und höchstwahrscheinlich alle anderen in IFRS 5.7, 8 enthaltenen Voraussetzungen, die zum Erwerbszeitpunkt nicht gegeben waren, innerhalb kurzer Zeit nach dem Erwerb (in der Regel binnen 3 Monaten) erfüllt sind (IFRS 5.11). Im Übrigen muss ein Mutterunternehmen alle Vermögenswerte und Schulden eines Tochterunternehmens, für das ein Verkaufsplan vorliegt, der den Verlust der Beherrschung zur Folge hat, als HfS klassifizie-

---

[311] Ein Unternehmensbestandteil ist ein Geschäftsbereich und die zugehörigen Cashflows, die betrieblich und für die Zwecke der Rechnungslegung vom restlichen Unternehmen klar abgegrenzt werden können (IFRS 5.31, Anhang A).
[312] Vgl. MAAS/BACK/SINGER (2011), Rz. 25.
[313] Eine Stilllegung oder Verschrottung des Vermögenswerts bzw. der Abgangsgruppe berechtigt nicht zur HfS-Klassifikation (IFRS 5.13).

ren, falls die Einstufungskriterien in IFRS 5 zutreffen – und zwar unabhängig davon, ob nach der Veräußerung eine nicht-beherrschende Beteiligung am ehemaligen Tochterunternehmen besteht oder nicht (IFRS 5.8A).

Für als HfS klassifizierte Posten(-gruppen) sind die besonderen Bewertungsregeln in IFRS 5.15-29 einschlägig. Ferner hat man speziellen Ausweis- und Angabepflichten (siehe IFRS 5.37-42) nachzukommen. Liegt ein aufgegebener Geschäftsbereich vor, weil ein Unternehmensbestandteil veräußert (und nicht stillgelegt) werden soll, muss es sich dabei per Definition um eine (oder mehrere) als HfS eingestufte Abgangsgruppe(n) handeln. Dann gelten die zuletzt genannten Bewertungs-, Ausweis- und Angabeanforderungen entsprechend. In Bezug auf aufgegebene Geschäftsbereiche enthält IFRS 5 darüber hinaus zusätzliche Darstellungs- und Offenlegungsvorschriften (siehe IFRS 5.33-36A).[314]

– Bilanzierungs- und Darstellungsfolgen bei HfS-Einstufungen

Finanzinstrumente können grundsätzlich im Rahmen von allen in IFRS 5 genannten Abgangsarten als HfS eingestuft werden. Für Nicht-Banken sollte der Verkauf eines einzelnen finanziellen Vermögenswerts (z.B. einer langfristigen Forderung) allerdings eher die Ausnahme sein; realistischer sind einzelne Anlagen- oder Grundstücksveräußerungen. Die Berücksichtigung von Finanzinstrumenten innerhalb einer Abgangsgruppe erscheint für Nicht-Banken indes wahrscheinlicher – schon allein deshalb, weil dabei auch Schulden und damit in der Regel finanzielle Verbindlichkeiten veräußert werden können. Dafür spricht ebenfalls, dass sich über Abgangsgruppen auch kurzfristige Finanzinstrumente wie bspw. Forderungen und Verbindlichkeiten aus Lieferungen und Leistungen übertragen lassen. Eine Übertragung von Finanzinstrumenten im Zusammenhang mit der Veräußerung eines aufgegebenen Geschäftsbereichs muss ebenfalls als wahrscheinlich erachtet werden.

HfS-Einstufung für Finanzinstrumente

Für einzeln als HfS klassifizierte und gemäß IFRS 5 zu bewertende langfristige Vermögenswerte (wie z.B. einen Sachanlagevermögenswert oder einen immaterieller Vermögenswert) sowie für Abgangsgruppen, die mindestens einen nach IFRS 5 zu bewertenden langfristigen Vermögenswert enthalten, gelten spezielle Bewertungsvorschriften: Sie sind zum Zeitpunkt der Einstufung mit dem niedrigeren Wert aus Buchwert und beizulegendem Zeitwert abzüglich Veräußerungskosten anzusetzen; ein etwaiger Wertminderungsaufwand ist GuV-wirksam zu erfassen (IFRS 5.4, 15, 20).[315]

Spezielle Bewertungsregeln

Einen einzeln als HfS klassifizierten langfristigen Vermögenswert hat man nur dann einem solchen Niederstwerttest zu unterziehen und ihn ggf. abzu-

---

[314] Diese gelten auch für Geschäftsbereiche, die durch Stilllegung aufgegeben werden (IFRS 5.13).
[315] Zudem dürfen langfristige Vermögenswerte, die als HfS klassifiziert sind oder zu einer als HfS eingestuften Abgangsgruppe gehören, nicht mehr planmäßig abgeschrieben werden (IFRS 5.25).

3 Grundlagen zur Bilanzierung und Offenlegung

schreiben, wenn der Posten nicht gemäß IFRS 5.5 von den Bewertungsregeln des IFRS 5 ausgenommen wird. Die Auflistung in IFRS 5.5 schließt auch im Anwendungsbereich von IAS 39 befindliche finanzielle Vermögenswerte ein. Auf einzeln als HfS eingestufte langfristige finanzielle Vermögenswerte muss demnach weiterhin IAS 39 angewandt werden. Für Abgangsgruppen ist ein Niederstwerttest ausschließlich durchzuführen, falls die Gruppe mindestens einen als HfS klassifizierten langfristigen Vermögenswert enthält, der nicht in IFRS 5.5 aufgeführt wird (IFRS 5.4).

Der für den Niederstwerttest benötigte Buchwert bestimmt sich gemäß den jeweils einschlägigen IFRS und muss unmittelbar vor der erstmaligen Einstufung als HfS ermittelt werden (IFRS 5.18). Bei Abgangsgruppen gilt der Niederstwerttest für die Gruppe insgesamt, d.h. es wird die Summe der Einzelbuchwerte (die nach den einschlägigen IFRS unmittelbar vor der erstmaligen Klassifikation zu bestimmen sind, d.h. z.B. gemäß IAS 39 für einen finanziellen Vermögenswert) mit dem Fair Value abzüglich Veräußerungskosten der Sachgesamtheit verglichen (IFRS 5.4). Ergibt sich ein Abschreibungsbedarf, hat man diesen auf die Sachanlagen und die immateriellen Vermögenswerte entsprechend einer in IAS 36.104 beschriebenen Reihenfolge zu verteilen (IFRS 5.23).

Die speziellen Bewertungsvorschriften des IFRS 5 gelten auch für Abschlussstichtage nach der erstmaligen HfS-Einstufung. So muss ein einzeln als HfS klassifizierter und gemäß IFRS 5 zu bewertender Posten weiterhin zum beizulegenden Zeitwert abzüglich Veräußerungskosten angesetzt und ggf. ab- bzw. zugeschrieben werden. Bei einer späteren Neubewertung einer Abgangsgruppe sind die Buchwerte der darin subsumierten Vermögenswerte und Schulden, die nicht unter die speziellen Bewertungsvorschriften des IFRS 5 fallen, zunächst nach den einschlägigen IFRS neu zu bewerten und anschließend mit dem beizulegenden Zeitwert abzüglich Veräußerungskosten anzusetzen (IFRS 5.4, 15, 19).[316]

Im Hinblick auf Finanzinstrumente ist somit festzuhalten, dass diese sowohl bei einer einzelnen Einstufung als HfS als auch für den Fall einer Zuordnung zu einer als HfS klassifizierten Abgangsgruppe stets nach den für sie jeweils gültigen Standards zu bewerten sind. In der Regel kommt für diese also IAS 39 zur Anwendung.

Ausweis- und Angabepflichten nach IFRS 5

Eine Einstufung als HfS zur Folge, dass die einzeln oder in Gruppen aufgegebenen Posten bilanziell gesondert von anderen Vermögenswerten und Schulden ausgewiesen werden müssen. Ferner muss man die Hauptgruppen der Vermögenswerte und Schulden entweder in der Bilanz oder im Anhang

---

[316] Eine etwaige Wertminderung oder Zuschreibung ist – wenn diese nicht bereits im Rahmen der Neubewertung gemäß den einschlägigen IFRS berücksichtigt wurde – nach einer in IAS 36.104, 122 aufgeführten Reihenfolge auf die Sachanlagen und die immateriellen Vermögenswerte zu verteilen (IFRS 5.20, 23).

separat angeben, es sei denn, es handelt sich um ein mit Veräußerungsabsicht erworbenes Tochterunternehmen. Überdies sind alle im OCI erfassten kumulativen Erträge oder Aufwendungen, die in Verbindung mit als HfS klassifizierten langfristigen Vermögenswerten (oder Abgangsgruppen) stehen, gesondert auszuweisen (IFRS 5.38, 39; IAS 1.54 (j), (p)).

Bei der Veräußerung oder Stilllegung von aufgegebenen Geschäftsbereichen muss das Unternehmen die Summe des Ergebnisses nach Steuern der aufgegebenen Geschäftsbereiche an sich und des Ergebnisses aus der Neubewertung bzw. aus der bereits erfolgten Veräußerung der Vermögenswerte oder Abgangsgruppen der aufgegebenen Geschäftsbereiche in der GuV (im SCI) gesondert ausweisen. Zudem ist dieser Betrag entweder in der GuV (im SCI) oder im Anhang weiter nach bestimmten Ergebnisteilen aufzugliedern. Auch müssen die Netto-Cashflows aus der Betriebs-, Investitions- und Finanzierungstätigkeit der aufgegebenen Geschäftsbereiche im Anhang oder in der Kapitalflussrechnung dargestellt werden.[317] Schließlich hat man entweder im Anhang oder in der GuV (im SCI) die Erträge aus fortzuführenden Geschäftsbereichen und aus aufgegebenen Geschäftsbereichen anzugeben, die den Eigentümern des Mutterunternehmens zuzurechnen sind (IFRS 5.33).

Darüber hinaus sind für einzeln als HfS eingestufte langfristige Vermögenswerte und für Abgangsgruppen im Anhang weitere Angaben bereitzustellen (IFRS 5.41). Das Unternehmen muss die Posten sowie die Sachverhalte und Umstände der (erwarteten) Veräußerung beschreiben. Ferner hat es Angaben zur voraussichtlichen Art und Weise sowie zum voraussichtlichen Zeitpunkt der Veräußerung zu machen. Auch müssen die Ergebnisse aus der Wertminderung und Wertaufholung von Vermögenswerten bzw. Abgangsgruppen angegeben werden. Ggf. ist überdies das Segment, in dem der Vermögenswert oder die Abgangsgruppe gemäß IFRS 8 ausgewiesen wird, zu nennen. Weitere verbale Angaben ergeben sich bei einer Nichterfüllung der Einstufungskriterien oder bei einer Herausnahme einzelner Vermögenswerte und Schulden aus der Abgangsgruppe (siehe IFRS 5.42).

Vor dem Hintergrund, dass über IFRS 5 als HfS klassifizierte Vermögenswerte und Schulden nicht explizit vom Anwendungsbereich des IFRS 7 ausgenommen sind (▶ 3.3.5), stellte sich die Frage, ob für als solche eingestufte Finanzinstrumente die Angabepflichten erfüllt werden müssen. Dies wurde im Zuge des IFRS-Überarbeitungsprozesses 2009 (▶ 3.1.1) beantwortet. So gelten gemäß IFRS 5.5B die Offenlegungsvorschriften anderer Standards (und damit IFRS 7) nur in den folgenden Fällen:

Zusätzliche Angabepflichten nach IFRS 7?

---

[317] Die beiden letztgenannten Angabepflichten sind nicht erforderlich, wenn es sich bei dem aufgegebenen Geschäftsbereich um ein neu erworbenes Tochterunternehmen handelt, das zum Erwerbszeitpunkt die HfS-Kriterien erfüllt.

Grundlagen zur Bilanzierung und Offenlegung

- der andere Standard schreibt spezifische Angaben zu langfristigen Vermögenswerten (oder Abgangsgruppen), die als HfS klassifiziert werden, oder zu aufgegebenen Geschäftsbereichen vor;

- der andere Standard verlangt Angaben zur Bewertung der Vermögenswerte und Schulden einer Abgangsgruppe, die nicht den Bewertungsvorschriften des IFRS 5 unterliegen;

- es sind zusätzliche Angaben erforderlich, um den allgemeinen Anforderungen von IAS 1 (insbesondere IAS 1.15 und IAS 1.125) zu genügen.

Der erstgenannte Fall liegt in Bezug auf IFRS 7 nicht vor. Die zuletzt aufgeführten Angaben gemäß IAS 1 dürften wohl überwiegend nur theoretischer Natur sein. Da für Finanzinstrumente die Bewertungsvorschriften des IFRS 5 nicht zur Anwendung kommen, ist allerdings der über die zweite Aufzählung genannte Fall relevant. Bei strenger Auslegung sind danach alle bewertungsbezogenen Offenlegungspflichten des IFRS 7 auch für die in Abgangsgruppen befindlichen finanziellen Vermögenswerte und Schulden einschlägig. Dies betrifft die Angaben zu den Buchwerten und beizulegenden Zeitwerten nach Bewertungskategorien einschließlich weiterer Angaben (▶ 3.4.4; 3.8.2.6), die Angaben bei der Bewertung zu Anschaffungskosten (▶ 3.8.4), die Angaben bei Anwendung der Fair-Value-Option (▶ 3.10.4.3), die Angaben bei Umwidmungen (▶ 3.7.3) sowie die Angaben zu den Bewertungsmethoden in IFRS 7.B5 i.V.m. IFRS 7.21.[318] Bei weniger strenger Auslegung müssen nur die qualitativen Anforderungen bezüglich der Bewertungsmethoden und -annahmen (z.B. zur Fair-Value-Bestimmung gemäß IFRS 7.27) offen gelegt werden.[319]

---

[318] DELOITTE LLP (2011b), S. 763 zufolge ist es ggf. ausreichend, nur den Anforderungen zu den Ansatz- und Bewertungsmethoden in IFRS 7.21 sowie den Offenlegungspflichten zu den Buchwerten nach Bewertungskategorien in IFRS 7.8 nachzukommen.

[319] Offensichtlich dieser Auffassung ist LÜDENBACH (2012e), Rz. 51.

3.3.6.11 Deckungskapital für personalbezogene Verpflichtungen

Vorgaben zur Rechnungslegung von personalbezogenen Verpflichtungen enthält IAS 19 „Leistungen an Arbeitnehmer".[320] Der Standard kann in 4 Regelungsbereiche unterteilt werden:[321] kurzfristig fällige Leistungen an Arbeitnehmer (z.B. Löhne, Gehälter), Leistungen nach Beendigung des Arbeitsverhältnisses (Leistungen aus der betrieblichen Altersversorgung bzw. Pensionsverpflichtungen, Leistungen aus der Übernahme von Krankheitskosten), andere langfristig fällige Leistungen für Arbeitnehmer (z.B. Abwesenheitsvergütungen, Erwerbsunfähigkeitsleistungen, Erfolgsbeteiligungen, Jubiläumsgelder) und Leistungen aus Anlass der Beendigung des Arbeitsverhältnisses (Leistungen in Verbindung mit Mitarbeiterfreisetzungsmaßnahmen, z.B. durch Vorruhestands-, Altersteilzeit- oder Abfindungsvereinbarungen).

Regelungsbereiche von IAS 19

Zur Finanzierung und Deckung personalbezogener Verpflichtungen investieren Unternehmen in verschiedene Anlageformen; die Anlagen können generell als „Deckungskapital" (auch „Deckungsvermögen") bezeichnet werden. Zum einen erfolgen Beitragszahlungen an externe Versorgungsträger (z.B. Versicherungen). Zum anderen wird Deckungskapital auch intern gebildet (z.B. durch Investitionen in Wertpapiere) und ggf. über eigens gegründete Pensionstreuhand-Modelle (so genannte „Contractual Trust Arrangements" bzw. CTAs) oder durch Einschaltung von Unterstützungskassen ausgelagert.[322] Deckungskapital bilden Unternehmen in erster Linie für ihre Pensionsverpflichtungen.[323] Darüber hinaus werden in der Praxis andere langfristige personalbezogene Verpflichtungen (wie z.B. diejenigen aus Altersteilzeitvereinbarungen) mit Deckungskapital unterlegt. Das als Deckungskapital dienende Vermögen erfüllt in vielen Fällen die Definitionsmerkmale von Finanzinstrumenten in IAS 32. Unstrittig ist dies etwa bei finanziellen Vermögenswerten wie Aktien oder zinstragenden Wertpapieren, die in einen Pensionsfonds eingebracht werden. Ferner können ggf. auch gehaltene Versicherungsanteile den Charakter von Finanzinstrumenten aufweisen. Sofern für das Deckungskapital keine Verpflichtung zur Saldie-

Deckungskapital

---

[320] Vgl. zu IAS 19 grundlegend z.B. WIELENBERG/BLECHER (2008); RHIEL (2012).
[321] Vgl. dazu bspw. KPMG AG (2010), S. 50. Im Juni 2011 wurde eine überarbeitete Fassung von IAS 19 veröffentlicht, auf die hier mit IAS 19R verwiesen wird. IAS 19R ist verpflichtend anzuwenden für Geschäftsjahre, die am oder nach dem 1. Januar 2013 beginnen (IAS 19R.172); die EU-Übernahme erfolgte im Juni 2012. Die Regelungsbereiche, die der Standard grundsätzlich abdeckt, haben sich im Vergleich zur Vorversion nicht geändert. Für einen Überblick über die wesentlichen Änderungen durch IAS 19R vgl. z.B. MEHLINGER/SEEGER (2011); LEIBFRIED/MÜLLER (2011).
[322] Zur Ausgestaltung und zum Zweck von CTAs vgl. KÜTING/KEßLER (2009).
[323] Vgl. dazu z.B. die empirischen Untersuchungen von DEIHLE/JASPER/LUX (2008) und KÜTING/SCHEREN/KEßLER (2010).

3 Grundlagen zur Bilanzierung und Offenlegung

Pensions-
verpflichtungen

rung mit dem Deckungskapital besteht, werden die Ansprüche im Übrigen häufig unter den Finanzanlagen ausgewiesen.

Im Rahmen der Bilanzierung von Pensionsverpflichtungen wird zwischen beitragsorientierten und leistungsorientierten Zusagen unterschieden. Bei beitragsorientierten Zusagen verpflichtet sich das Unternehmen lediglich zur Zahlung festgelegter Beiträge an einen Fonds; das versicherungsmathematische Risiko und das Anlagerisiko trägt im Wesentlichen der Arbeitnehmer (IAS 19.25 bzw. IAS 19R.28). Zur bilanziellen Erfassung von Pensionsverpflichtungen bzw. -rückstellungen sowie von Deckungskapital kommt es in Verbindung mit beitragsorientierten Zusagen demnach nicht; die Beiträge werden als Aufwand erfasst.[324] Hingegen verbleiben das versicherungsmathematische Risiko und das Anlagerisiko bei leistungsorientierten Zusagen überwiegend beim Arbeitgeber (IAS 19.27 bzw. IAS 19R.30). Dies führt zur Bildung von Pensionsrückstellungen und ggf. zum Aufbau von entsprechendem Deckungskapital.[325]

Nach der Art und Weise der bilanziellen Behandlung können drei Arten von Deckungskapital unterschieden werden:

- „Planvermögen" : Deckungskapital, welches in der Bilanz zum beizulegenden Zeitwert bewertet wird und mit der leistungsorientierten Pensionsverpflichtung zu saldieren ist (IAS 19.54 bzw. IAS 19R.57, 58); die Anlageerträge daraus werden gemäß IAS 19 in der GuV bzw. im OCI erfasst (IAS 19.61 bzw. IAS 19R.120).

- „Erstattungen" („Planvermögen zweiter Ordnung"[326]): Deckungskapital, das man ebenfalls zum Fair Value zu bewerten hat, welches allerdings als gesonderter Vermögenswert anzusetzen bzw. auszuweisen ist (d.h. es besteht keine Saldierungspflicht); die Erfassung der Anlageerträge erfolgt indes wie beim Planvermögen gemäß IAS 19 in der GuV bzw. im OCI (IAS 19.104A bzw. IAS 19R.116).

- Deckungskapital, das weder die Definitionsmerkmale von Planvermögen noch diejenigen von Erstattungen erfüllt und daher nicht nach IAS 19 bilanziert wird.

– Planvermögen
und Erstattungen

Gemäß IAS 19.7 bzw. IAS 19R.8 umfasst Planvermögen entweder „Vermögen, das durch einen langfristig ausgelegten Fonds zur Erfüllung von Leistungen an Arbeitnehmer gehalten wird" oder „qualifizierende Versicherungsverträge". Ersterer Fonds muss rechtlich unabhängig vom berichtenden Unternehmen sein und ausschließlich zum Zweck der Finanzierung

---

[324] Vgl. etwa WIELENBERG/BLECHER (2008), Rz. 21.
[325] Weiterführend zur Bilanzierung leistungsorientierter Pensionsverpflichtungen anhand von Fallstudien vgl. bspw. EISELT/STEINKÜHLER/WULF (2007); BLECHER (2008).
[326] Vgl. RHIEL (2012), Rz. 66.

bzw. Zahlung der Pensionsleistungen bestehen, d.h. die Fondsvermögenswerte werden nur zur Erfüllung der Ansprüche der berechtigten Mitarbeiter verwendet.[327] Zur Einbringung als Planvermögen in den Fonds kommen finanzielle Vermögenswerte wie Geld, Aktien oder Anleihen in Frage, wobei nicht-übertragbare Finanzinstrumente, die das berichtende Unternehmen ausgegeben hat, nach IAS 19.7 bzw. IAS 19R.8 explizit kein Planvermögen darstellen.[328] Ein qualifizierender Versicherungsvertrag ist dadurch gekennzeichnet, dass er mit einem dem Unternehmen nicht nahestehenden Versicherer abgeschlossen wurde und die Erlöse daraus gleichsam ausschließlich der Finanzierung/Zahlung der Pensionsleistungen dienen.[329] Das Vorliegen von Planvermögen wird daran geknüpft, dass das Fondsvermögen bzw. die Vertragserlöse aus dem Versicherungsvertrag nicht für die Gläubiger des berichtenden Unternehmens verfügbar sind. Es muss also eine ausreichende Insolvenzsicherheit der Mitarbeiteransprüche gegeben sein.[330] Zur Rückdeckung direkter Pensionszusagen eingesetzte Versicherungen, die an die Versorgungsberechtigten verpfändet werden („verpfändete Rückdeckungsversicherungen"), sind qualifizierende Versicherungsverträge.[331] Erstattungen liegen vor, sofern es so gut wie sicher ist, dass eine andere Partei (in der Regel ein Versicherungsunternehmen) die Ausgaben zur Erfüllung der leistungsorientierten Verpflichtung teilweise oder ganz übernimmt (IAS 19.104A bzw. IAS 19R.116). Allgemein gilt bezüglich der Beurteilung von Planvermögen und Erstattungen in Abhängigkeit der Art der Pensionszusagen bzw. des Durchführungswegs Folgendes:[332]

- Bei „mittelbaren Pensionszusagen", bei denen der Arbeitgeber zur Erfüllung einen externen Versorgungsträger einschaltet (Lebensversicherungen hinsichtlich Direktversicherung, Pensionskassen, Pensionsfonds),

---

[327] Vgl. IDW (2008), Rz. 76 bzw. IDW (2011a), Rz. 71.
[328] Vgl. dazu WIELENBERG/BLECHER (2008), Rz. 61f. Damit können grundsätzlich auch eigene Aktien und vom Unternehmen emittierte Anleihen Planvermögen sein. Ein nicht-übertragbares, vom Unternehmen ausgegebenes Finanzinstrument (und damit kein Planvermögen) liegt laut dem IDW vor, wenn der Fonds dem Unternehmen ein Darlehen gewährt und der Fonds über die Forderung nicht frei verfügen kann, weil bspw. ein Abtretungsverbot besteht. Wurde das Darlehen zu marktüblichen Konditionen abgeschlossen, so steht dies dem IDW zufolge gleichfalls einer Einstufung als Planvermögen entgegen, vgl. hierzu IDW (2008), Rz. 81 und Rz. 84 bzw. IDW (2011a), Rz. 76 und Rz. 79.
[329] Bei einem qualifizierenden Versicherungsvertrag muss es sich nicht notwendigerweise um einen Versicherungsvertrag wie in IFRS 4 definiert (siehe dazu Abschnitt 3.2.5.3) handeln.
[330] Vgl. etwa WIELENBERG/BLECHER (2008), Rz. 53, Rz. 55 und Rz. 58; KÜTING/SCHEREN/KEßLER (2010), S. 265.
[331] Vgl. RHIEL (2012), Rz. 63.
[332] Vgl. dazu RHIEL (2012), Rz. 5, Rz. 22, Rz. 63 und Rz. 66; WIELENBERG/BLECHER (2008), Rz. 144-146. Weiterführend zu den Durchführungswegen der betrieblichen Altersversorgung in Deutschland vgl. etwa WIELENBERG/BLECHER (2008), Rz. 133-139.

stellen die Vermögenswerte des externen Versorgungsträgers regelmäßig Planvermögen dar.

- Deckungskapital aus „unmittelbaren Pensionszusagen" (auch „Direktzusagen"), bei denen der Arbeitgeber die Versorgungsleistung für den Arbeitnehmer selbst zu erbringen hat, erfüllt hingegen normalerweise nur dann die Definitionsmerkmale von Planvermögen, wenn das Vermögen in ein CTA bzw. eine Unterstützungskasse[333] eingebracht wird oder es sich um verpfändete Rückdeckungsversicherungen handelt. Nicht-verpfändete Rückdeckungsversicherungen sind gemäß IAS 19.104C bzw. IAS 19R.118 kein Planvermögen, selbst wenn sie ein externer Versorgungsträger hält; sie werden jedoch meistens als Erstattungen anerkannt.

Rechte und Verpflichtungen eines Arbeitgebers aus Altersversorgungsplänen, für die IAS 19 gilt, sind vom Anwendungsbereich des IAS 39 sowie des IFRS 7 ausgenommen (siehe 3. in Abbildung 3-7 ▶ 3.3.2.1; 3.3.5). Damit unterliegen weder die als Planvermögen noch die als Erstattungen eingestuften Vermögenswerte den Ansatz- und Bewertungsvorschriften in IAS 39. Ferner bestehen auch keinerlei Angabepflichten für derartige Posten gemäß IFRS 7.[334]

Werden Vermögenswerte in ein Pensionstreuhand-Modell (CTA) oder eine Unterstützungskasse eingebracht und erfüllen diese die Definitionsmerkmale von Planvermögen, so ist der Fonds nach IFRS 10 bzw. IAS 27/SIC-12 grundsätzlich nicht zu konsolidieren (siehe insbesondere IFRS 10.4 (b) bzw. SIC-12.6).[335] Im Konzernabschluss sind die im Fonds enthaltenen finanziellen Vermögenswerte daher mit der Einbringung einer letzten GuV-wirksamen Bewertung zum beizulegenden Zeitwert nach IAS 39 zu unterziehen und auszubuchen. Bislang im OCI erfasste Wertänderungen (bei finanziellen Vermögenswerten der Bewertungskategorie AfS ▶ 3.4.3.3) müssen in die GuV umgebucht werden (▶ 3.10.1.2).

– nicht nach IAS 19 bilanziertes Deckungskapital

Bei Deckungskapital, das nicht nach IAS 19 bilanziert wird, ist zu analysieren, ob die Vermögenswerte unter IAS 39 bzw. IFRS 7 fallen oder nicht. Handelt es sich um Ansprüche aus Versicherungsverträgen, sind diese von den Anwendungsbereichen der beiden Standards ausgenommen (siehe 5. in Abbildung 3-7 ▶ 3.3.2.1; 3.3.5). Ggf. könnte in Bezug auf die Vermögenswerte IFRS 4 angewandt werden. Allerdings sieht IFRS 4 in seiner momentanen

---

[333] Bei der Unterstützungskasse handelt es sich zwar um einen externen Versorgungsträger, die begünstigten Arbeitnehmer haben allerdings einen faktischen Anspruch gegenüber dem Arbeitgeber auf die zugesagten Leistungen, vgl. OSER/WEIDLE (2012), S. 63. Es liegt also quasi eine Direktzusage vor.
[334] Vgl. bezüglich Planvermögen IDW (2009a), Rz. 2.
[335] Vgl. dazu und folgend IDW (2008), Rz. 72 und Rz. 74 bzw. IDW (2011a), Rz. 67 und Rz. 69. Vgl. zur Nicht-Konsolidierung ebenso OSER/WEIDLE (2012), S. 66f.

Fassung keine Bilanzierungsvorschriften für den Versicherungsnehmer vor (siehe zur Anwendungsausnahme IFRS 4.4 (f)).[336] Falls das Unternehmen Vermögenswerte in ein CTA oder eine Unterstützungskasse einbringt und die Posten nicht die Voraussetzungen für Planvermögen erfüllen, ist sowohl nach IFRS 10 als auch nach IAS 27/SIC-12 zu prüfen, ob der Fonds konsolidiert werden muss.[337] Bei Konsolidierung hat man die Posten weiterhin gemäß den für sie bislang geltenden Regelungen zu bilanzieren, d.h. für finanzielle Vermögenswerte kommt nach wie vor IAS 39 (und IFRS 7) zur Anwendung.[338] Im Fall der Nicht-Konsolidierung erfolgt im Konzern die Ausbuchung.

Andere personalbezogene Verpflichtungen

Für die Bilanzierung der anderen langfristig fälligen Leistungen für Arbeitnehmer gelten mit Vereinfachungen dieselben Regelungen wie für Pensionsverpflichtungen. Planvermögen und Erstattungen sind explizit vorgesehen und analog zu behandeln (IAS 19.128 bzw. IAS 19R.155). Sofern Deckungskapital in einer dieser beiden Ausprägungen vorliegt, kommen ebenso weder die Ansatz- und Bewertungsvorschriften von IAS 39 zur Anwendung noch müssen die Offenlegungspflichten von IFRS 7 beachtet werden.

Die Bilanzierungsvorschriften zu Leistungen aus Anlass der Beendigung des Arbeitsverhältnisses enthalten keinerlei Vorgaben zu Planvermögen und zu Erstattungen (siehe IAS 19.132-140 bzw. IAS 19R.159-170). Für die üblicherweise darunter fallenden Mitarbeiterfreisetzungs- bzw. Personalrestrukturierungsmaßnahmen wird allerdings in der Regel auch kein Deckungskapital gebildet. Bei Altersteilzeitvereinbarungen ist zu beachten, dass die Erfüllungsrückstände nach den Regeln für andere langfristig fällige Leistungen für Arbeitnehmer bilanziert werden können und das Unternehmen damit grundsätzlich Planvermögen oder Erstattungen erfassen kann.[339] Für die Aufstockungsbeträge gilt dies auf Basis von IAS 19 hingegen nicht, da derartige Verpflichtungen darin nach den Vorschriften für Leistungen aus Anlass der Beendigung des Arbeitsverhältnisses zu behandeln sind. Nach IAS 19R fallen die Aufstockungsbeträge allerdings ebenso unter die Regelungen der anderen langfristig fälligen Leistungen für Arbeitnehmer, wodurch wiederum eine Bilanzierung als Planvermögen/Erstattungen ermöglicht wird.[340]

---

336 Vgl. auch SAUER (2012), Rz. 2.
337 Zumindest bei Anwendung der Kriterien für Zweckgesellschaften in SIC-12 sollte eine Konsolidierung regelmäßig geboten sein, vgl. dazu OSER/WEIDLE (2012), S. 66f.
338 Vgl. IDW (2008), Rz. 73 bzw. IDW (2011a), Rz. 68.
339 Vgl. hierzu und folgend LORSON u.a. (2009), S. 653; MEHLINGER/SEEGER (2011), S. 1772; SCHARR/FEIGE/BAIER (2012), S. 14; RHIEL (2012), Rz. 82 und Rz. 99.
340 Vgl. RHIEL (2012), Rz. 99 m.V.a. IFRIC Update, November 2011.

3.3.6.12 Finanzinstrumente in Verbindung mit Unternehmenszusammenschlüssen

Grundlagen und Überblick

Für das Themengebiet ist IFRS 3 „Unternehmenszusammenschlüsse" einschlägig. Ein „Unternehmenszusammenschluss" wird darin als eine Transaktion oder ein anderes Ereignis definiert, durch die/das ein Erwerber die Beherrschung über einen Geschäftsbetrieb oder mehrere Geschäftsbetriebe erlangt (IFRS 3 Anhang A).[341] Als Formen von Unternehmenszusammenschlüssen gelten der „Asset Deal" (Erwerb einzelner Vermögenswerte und ggf. Übernahme der Schulden im Wege der Einzelrechtsnachfolge), die „Fusion" (Zusammenschluss zweier Unternehmen im Wege der Gesamtrechtsnachfolge) sowie der „Share Deal" (Erwerb oder Übernahme der Eigenkapitalanteile eines Unternehmens, Zusammenschluss unter Gleichen).[342] Jeder Unternehmenszusammenschluss im Sinne von IFRS 3 ist anhand der „Erwerbsmethode" zu bilanzieren (IFRS 3.4). Diese umfasst die Identifizierung des Erwerbers (IFRS 3.6, 7), die Ermittlung des Erwerbszeitpunkts (IFRS 3.8, 9), den Ansatz und die Bewertung des Nettovermögens und der nicht-beherrschenden Anteile (IFRS 3.10-31) sowie die Bestimmung und Bilanzierung des Geschäfts- oder Firmenwerts (IFRS 3.32-40).

Der Erwerbszeitpunkt ist der Zeitpunkt, an dem der Erwerber die Beherrschung (wie in IAS 27 bzw. IFRS 10 definiert ▶ 3.3.6.1) über das erworbene Unternehmen erhält (IFRS 3.8, Anhang A); er entspricht regelmäßig dem Tag des Vertragsabschlusses, kann jedoch bedingt durch eine schriftliche Vereinbarung auch davon abweichen (IFRS 3.9). Im Rahmen des Ansatzes und der Bewertung des Nettovermögens und der nicht-beherrschenden Anteile erfolgt zum Erwerbszeitpunkt eine Identifizierung und Einstufung aller Vermögenswerte und Schulden (einschließlich Finanzinstrumente), die durch den Unternehmenszusammenschluss gekauft bzw. übernommen wurden. Bei der Bestimmung und Bilanzierung des Geschäfts- oder Firmenwerts werden die Anschaffungskosten bzw. der Kaufpreis der Beteiligung ermittelt und den erworbenen Posten sowie in der Regel dem Geschäfts- oder Firmenwert zugeordnet (IFRS 3.32); man spricht auch von „Kaufpreisallokation" oder „Purchase Price Allocation" (PPA).[343]

Im Zusammenhang mit einem Unternehmenszusammenschluss stellt sich die Frage des Anwendungsbereichs von IAS 39 und IFRS 7 insbesondere für die folgenden Sachverhalte:

- Termingeschäfte, die zum Vertragsabschluss oder künftig zu einem Unternehmenszusammenschluss führen (können);

---

[341] Siehe zum Begriff der Beherrschung Abschnitt 3.3.6.1.
[342] Vgl. dazu und zur Bilanzierung von Unternehmenszusammenschlüssen grundlegend z.B. PELLENS u.a. (2011), S. 721-782.
[343] Vgl. etwa PELLENS u.a. (2011), S. 755.

Anwendungsbereich von IAS 32, IAS 39, IFRS 7

3.3

- im Rahmen der Kaufpreisallokation übernommene Finanzinstrumente;
- Finanzinstrumente in Verbindung mit bedingten Gegenleistungen.

Bei erstgenannten Termingeschäften kann es sich um Forwards oder um Optionen handeln.[344] Deren Bilanzierung wird über IFRS 3 nicht geregelt, sodass IFRS 10 (IAS 27), IAS 32 und IAS 39 berücksichtigt werden müssen.[345]

Termingeschäfte

Termingeschäfte in Verbindung mit Unternehmenszusammenschlüssen erfüllen regelmäßig die Definitionsmerkmale von Finanzinstrumenten (▶ 3.2.1); sie sind Derivate im Sinne des IAS 39.9 (▶ 3.2.5.1).[346] Damit müssen sie als derivativer finanzieller Vermögenswert bzw. als derivative finanzielle Verbindlichkeit nach IAS 39 bilanziert werden, außer eine der folgenden Anwendungsausnahmen greift:[347]

- Termingeschäfte, die zu Unternehmenszusammenschlüssen zu künftigen Erwerbszeitpunkten führen (IAS 39.2 (g); siehe 6. in Abbildung 3-7 ▶ 3.3.2.1);
- Derivate auf Anteile an Tochterunternehmen, welche die Kriterien für eigene Eigenkapitalinstrumente nach IAS 32 erfüllen (IAS 39.2 (a); siehe 1. in Abbildung 3-7 ▶ 3.3.2.1);
- der künftige Anteilskäufer erhält über das Termingeschäft bereits gegenwärtig den Zugang zu den Rückflüssen bzw. den wirtschaftlichen Vorteilen aus den Anteilen (IFRS 10.B91; IAS 28R.14; IAS 27.IG7).

Ferner ist zu beachten, dass bei Verträgen, die einen künftigen verpflichtenden Rückkauf von Eigenkapitalinstrumenten (wie in IAS 32 definiert) vorsehen oder vorsehen können, nach IAS 32.23 eine „synthetische" finanzielle Verbindlichkeit in Höhe des Barwerts des Rückkaufbetrags angesetzt werden muss und der Posten in der Folge gemäß IAS 39 zu bilanzieren ist (▶ 6.16.2.3). Dies ergibt sich bei Forwards und geschriebenen Verkaufsoptionen zum Erwerb von Anteilen der nicht-beherrschenden Gesellschafter (Minderheitenanteile).

Gemäß IAS 39.2 (g) sind Termingeschäfte zwischen einem Erwerber und einem verkaufenden Anteilseigner, welche zu Unternehmenszusammenschlüssen zu künftigen Erwerbszeitpunkten führen, vom Anwendungsbe-

– Anwendungsausnahme über IAS 39.2 (g)

---

[344] Siehe zur Differenzierung Abschnitt 2.6.2.
[345] Vgl. PwC (2011b), S. 24081 (24.235.1); ERNST & YOUNG LLP (2012a), S. 482.
[346] Vgl. FREIBERG (2010e), S. 207; MEURER/URBANCZIK (2010), S. 443 und S. 446; ERNST & YOUNG LLP (2012b), S. 2880. Hängt die Erfüllung des Kontrakts von künftigen Ereignissen ab, deren Kontrolle nicht im Ermessen der Vertragsparteien liegt, steht dies der Derivate-Einstufung nicht entgegen, vgl. MEURER/URBANCZIK (2010), S. 443.
[347] Vgl. generell MEURER/URBANCZIK (2010), S. 444; FREIBERG (2010e), S. 207.

reich des IAS 39 ausgenommen. Dabei soll die Laufzeit des Termingeschäfts einen Zeitraum nicht überschreiten, der vernünftigerweise zum Einholen der Genehmigungen und zur Vollendung der Transaktion erforderlich ist. Weitere Konkretisierungen finden sich in IAS 39.BC24A-BC24D:[348]

- Die Anwendungsausnahme stellt lediglich auf Forwards, nicht aber auf Optionen ab (IAS 39.BC24B).

- Es sind nur Unternehmenszusammenschlüsse gemeint, bei denen sich die Vertragsparteien zur Durchführung fest verpflichtet haben, d.h. eine rechtlich bindende Vereinbarung vorliegt und die Transaktion nicht von weiteren Handlungen der Vertragsparteien abhängt – wie dies bei Optionen der Fall ist (IAS 39.BC24C).[349]

- Der vernünftigerweise für die Durchführung des Unternehmenszusammenschlusses notwendige Zeitraum entspricht bspw. jenem, der benötigt wird, um die notwendigen regulatorischen oder gesetzlichen Prozesse (etwa Klageverfahren) zu finalisieren (IAS 39.BC24A).

- Die Anwendungsausnahme kann nicht auf Verträge zum Erwerb von Anteilen an assoziierten Unternehmen oder auf ähnliche Transaktionen (wie z.B. den Kauf von Anteilen an Gemeinschaftsunternehmen) übertragen werden (IAS 39.BC24D).

IAS 39.2 (g) kommt ebenfalls nicht zum Tragen, wenn Kombinationen aus Kauf- und Verkaufsoptionen mit jeweils identischen Ausübungsbedingungen (so genannte „synthetische" oder „in-substance" Forward-Verträge) vorliegen.[350] Der Literatur zufolge greift die Anwendungsausnahme allerdings für beide Vertragsparteien: Bilanziert der künftige Unternehmenskäufer den Kontrakt auf Grund von IAS 39.2 (g) nicht nach IAS 39, so ist davon auch der künftige Unternehmensveräußerer befreit.[351]

Für Termingeschäfte, die zu Unternehmenszusammenschlüssen zu künftigen Erwerbszeitpunkten führen, sind – unabhängig davon, ob die Anwen-

---

[348] Vgl. hierzu auch MEURER/URBANCZIK (2010), S. 444f.; DELOITTE LLP (2011b), S. 38; FRIEDHOFF/BERGER (2011), Rz. 10-12; LÜDENBACH (2012d), Rz. 24; KPMG IFRG LIMITED (2011), S. 1255f. (7.1.120.30-50); ERNST & YOUNG LLP (2012b), S. 2879f.

[349] Siehe zum Begriff der festen Verpflichtung Abschnitt 3.5.3.1. DELOITTE LLP (2011b), S. 37 zufolge ist bei Forwards mit Erfüllungsalternativen, bei denen es nicht in jedem Fall zu einer Lieferung von Anteilen an den Erwerber kommt, IAS 39 anzuwenden.

[350] Vgl. dazu und zur Begründung MEURER/URBANCZIK (2010), S. 445; BÖDECKER/GAßMANN (2010), S. 688 sowie m.V.a. IASB Agenda Paper March 2009 ERNST & YOUNG LLP (2012b), S. 2880. Vgl. auch FRIEDHOFF/BERGER (2011), Rz. 10; KPMG IFRG LIMITED (2011), S. 1255 (7.1.120.20).

[351] Vgl. DELOITTE LLP (2011b), S. 38. Vgl. auch MEURER/URBANCZIK (2010), S. 444; KPMG IFRG LIMITED (2011), S. 1255 (7.1.120.10).

dungsausnahme in IAS 39.2 (g) greift – die Angabepflichten des IFRS 7 zu beachten.[352]

– Weitere Anwendungsausnahmen, Hinweise

Des Weiteren werden Derivate auf Anteile an Tochterunternehmen, die eigene Eigenkapitalinstrumente im Sinne von IAS 32 darstellen, gemäß IAS 39.2 (a) vom Anwendungsbereich des IAS 39 ausgenommen. Zudem hat ein Anteilskäufer Derivate auf Anteile an Tochterunternehmen nicht nach IAS 39 zu bilanzieren, wenn er dadurch bereits gegenwärtig den Zugang zu den Rückflüssen bzw. den wirtschaftlichen Vorteilen aus den Anteilen erhält. Für die beiden zuletzt genannten Anwendungsausnahmen wird auf Abschnitt 3.3.6.2 verwiesen. Weiterführende Hinweise dazu, ob und in welcher Form Termingeschäfte in Verbindung mit Tochterunternehmen bzw. Unternehmenszusammenschlüssen als Finanzinstrumente nach IAS 39 zu bilanzieren sind, finden sich in Abschnitt 6.16.2.

Im Rahmen der PPA übernommene Finanzinstrumente

Bei einem Unternehmenszusammenschluss gelten beim Ansatz und der Bewertung des Nettovermögens für Finanzinstrumente besondere – d.h. von den Vorgaben des IAS 39 abweichende – Ansatzvorschriften (▶ 3.5.5); zur Einstufung nach Bewertungskategorien (▶ 3.4.1) bzw. zur Designation von Sicherungsinstrumenten (▶ 3.16.10) verweist IFRS 3 allerdings auf IAS 39. Die Erstbewertung erfolgt nach IFRS 3, wobei wie nach IAS 39 eine Erfassung zum beizulegenden Zeitwert vorgeschrieben ist (▶ 3.9.1). Zur Folgebewertung sind die Regelungen des IAS 39 maßgeblich (▶ 3.10.1; 3.10.2). Finanzinstrumente, die über einen Unternehmenszusammenschluss erworben bzw. übernommen werden, fallen insofern ab dem Erwerbszeitpunkt in den Anwendungsbereich des IFRS 7.

Finanzinstrumente i.V.m. bedingten Gegenleistungen

Darüber hinaus ist zu beachten, dass die im Rahmen der Kaufpreisallokation zu ermittelnden Anschaffungskosten der Beteiligung unter anderem die vom Erwerber übertragene Gegenleistung einschließt, welche wiederum auch bedingt sein kann (IFRS 3.32, 39). Bei solchen „bedingten Gegenleistungen" handelt es sich ggf. um Folgendes (IFRS 3 Anhang A):

- die Verpflichtung des Erwerbers, den ehemaligen Eigentümern zusätzliche Vermögenswerte oder Eigenkapitalanteile eines erworbenen Unternehmens als Teil des Austauschs für die Beherrschung des erworbenen Unternehmens zu übertragen, wenn bestimmte künftige Ereignisse auftreten oder Bedingungen erfüllt werden;

- das Recht des Erwerbers auf Rückgabe der zuvor übertragenen Gegenleistung, falls bestimmte Bedingungen eintreten.[353]

---

[352] Vgl. MEURER/URBANCZIK (2010), S. 446.
[353] Eine bedingte Gegenleistung liegt nur dann vor, wenn sich die Vereinbarung einerseits auf künftige Ereignisse bezieht und sie andererseits nicht auf spezifische bestehende Vermögenswerte und Schulden abstellt. Trifft Letzteres nicht zu, so handelt es sich gemäß IFRS 3.27 um eine „Entschädigungsleistung" (auch „Ent-

Letzteres Rückgaberecht entspricht einem Rückforderungsanspruch auf bereits gezahlte Kaufpreiskomponenten und ist in der Praxis eher selten.[354] Erstere Verpflichtung liegt bspw. vor, wenn ein Teil der Kaufpreiszahlung von der künftigen Umsatz- oder Gewinnentwicklung des erworbenen Unternehmens abhängt.[355] Die Bedingungen werden auch als „Earn-Out-Klauseln" bezeichnet.[356] Übertragungsverpflichtungen können sich auch durch Kursgarantien in Verbindung mit Kaufpreiszahlungen, die zum Erwerbszeitpunkt durch die Ausgabe von eigenen Aktien vorgenommen werden, ergeben.[357] Dies ist bspw. der Fall, wenn der Verkäufer dem Käufer eine Ausgleichszahlung in bar leisten muss, sofern der Wert der gelieferten eigenen Aktien in der Zukunft unter dem zum Erwerbszeitpunkt vorherrschenden Wert liegt.

Bedingte Übertragungsverpflichtungen sind als Schulden oder Eigenkapital zu erfassen; bedingte Rückgaberechte als Vermögenswerte (IFRS 3.40). Diese erfüllen regelmäßig die Definitionsmerkmale eines Finanzinstruments (▶ 3.2.1) – insbesondere dann, wenn Zahlungsmittel, Wertpapiere oder andere Finanzinstrumente übertragen/erhalten werden; lediglich die Übertragung/Rückgabe nicht-finanzieller Posten (wie z.B. einer Lizenz oder Sachanlagen) kann dem entgegenstehen.[358] Bedingte Gegenleistungen weisen häufig die Merkmale von derivativen Finanzinstrumenten auf (IFRS 3.BC349).[359]

Handelt es sich um Finanzinstrumente, die im Anwendungsbereich von IAS 39 sind, werden bedingte Gegenleistungen GuV-wirksam zum beizulegenden Zeitwert bilanziert (IFRS 3.39, 58).[360] Für die Frage, ob ein Schuld-

---

schädigungsanspruch"). Vgl. dazu und zur Bilanzierung von Entschädigungsansprüchen weiterführend BÖDECKER/GAßMANN (2011), S. 1183f.

[354] Vgl. SENGER/BRUNE/DIERSCH/ELPRANA (2009), Rz. 213; HEUSER/THEILE (2012), Rz. 5570.

[355] Vgl. etwa KPMG IFRG LIMITED (2011), S. 219 (2.6.1010.60); DELOITTE LLP (2011a), S. 1766.

[356] Vgl. z.B. BERNDT/GUTSCHE (2009), Rz. 154f.; PwC (2011b), S. 25196 (25.432); HEUSER/THEILE (2012), Rz. 5570. Vgl. zu Earn-Out-Klauseln grundlegend IHLAU/GÖDECKE (2010).

[357] Vgl. dazu PETERSEN/BANSBACH/DORNBACH (2011), S. 432f.; LÜDENBACH (2012f), Rz. 63f.

[358] Vgl. SENGER/BRUNE/DIERSCH/ELPRANA (2009), Rz. 214; FREIBERG (2009), S. 113f.; DELOITTE LLP (2011a), S. 1767; PwC (2011b), S. 25196 (25.431); ERNST & YOUNG LLP (2012a), S. 619 und S. 621; HEUSER/THEILE (2012), Rz. 5571.

[359] Vgl. auch FREIBERG (2010f), S. 359; ERNST & YOUNG LLP (2012a), S. 619.

[360] Die Folgebewertung nicht-finanzieller Posten richtet sich indes nach IAS 37 (IFRS 3.58 (b) (ii)). Bedingte Gegenleistungen sind in der Praxis selten im Anwendungsbereich von IAS 37, vgl. PwC (2011b), S. 25197 (25.433). Im Zuge des IFRS-Überarbeitungsprozesses 2012 (Änderungszyklus 2010-2012, siehe dazu Abschnitt 3.1.1) soll der Verweis auf IAS 37 in IFRS 3.58 (b) (ii) allerdings gestrichen werden. Nicht-finanzielle Posten wären dann in der Folge ebenso wie finanzielle

oder ein Eigenkapitalinstrument vorliegt, ist IAS 32 einschlägig. Da bedingte Gegenleistungen im Normalfall Finanzinstrumente darstellen, gelten in der Regel die Angabepflichten des IFRS 7;[361] bei Eigenkapitalinstrumenten ergeben sich de facto allerdings kaum Anforderungen (▶ 3.3.6.4). Zur Einstufung, Bilanzierung und Offenlegung von Verpflichtungen und Rückgaberechten aus bedingten Gegenleistungen wird weiterführend auf Abschnitt 6.16.1 verwiesen.

3.3.6.13 Bedingte Kaufpreisbestandteile und Kaufpreiseinbehalte beim Erwerb und der Veräußerung von nicht-finanziellen Vermögenswerten

Als „bedingte Kaufpreisbestandteile" (auch „bedingte Gegenleistungen") gelten zusätzlich zu einem festen Kaufpreis vereinbarte Zahlungen, die der Käufer eines Sachanlagevermögenswerts (z.B. einer Immobilie, einer Maschine) oder eines immateriellen Vermögenswerts (z.B. einer Lizenz) nach Abschluss des Kaufvertrags an den Verkäufer zu leisten hat.[362] Die Zahlungen sind vom Eintritt eines künftigen Ereignisses bzw. der Erfüllung von Bedingungen (z.B. bei einem Immobilienkauf die Vermittlung eines Mietvertrags durch den Verkäufer oder bei einem Lizenzkauf die Erzielung von Umsatzerlösen in bestimmter Höhe) abhängig. „Kaufpreiseinbehalte" bezeichnen Beträge, die der Käufer vom festen Kaufpreis abzieht und erst an den Verkäufer leistet, wenn bestimmte Ereignisse eintreten bzw. bestimmte Bedingungen erfüllt werden (z.B. bei einem Immobilienkauf die Beseitigung von Baumängeln oder die Nachreichung von Unterlagen). Eine genaue Abgrenzung von bedingten Kaufpreisbestandteilen und Kaufpreiseinbehalten ist oft schwierig.

Begriffe

Die bilanzielle Erfassung von bedingten Kaufpreisbestandteilen oder Kaufpreiseinbehalten lässt sich sowohl über die Aktivseite (Berücksichtigung der Zahlungen/Einbehalte als Bestandteil der Anschaffungskosten des Vermögenswerts) als auch über die Passivseite (Erfassung der künftigen Zahlungsverpflichtungen als Verbindlichkeit) begründen.[363] Bilanzierungsregeln in Bezug auf die Aktivseite enthalten IAS 16 „Sachanlagen", IAS 40 „Als Finanzinvestition gehaltene Immobilien" bzw. IAS 38 „Immaterielle Vermögenswerte". Mit Blick auf die Passivseite ist IAS 39 einschlägig. Wie im Fol-

Uneinheitliche Bilanzierungsvorgaben und -praxis

Vermögenswerte und finanzielle Verbindlichkeiten GuV-wirksam zum Fair Value zu bewerten.

[361] Vgl. auch ERNST & YOUNG LLP (2012a), S. 621.
[362] Vgl. dazu und folgend DIETRICH/STOEK (2012), S. 185. Vgl. m.V.a. die Definition von bedingten Gegenleistungen in IFRS 3 auch RIC (2010b), S. 1; EPPINGER/SEEBACHER (2010), S. 337.
[363] Vgl. IFRS FOUNDATION TECHNICAL STAFF (2011a), Rz. 33; HOFFMANN (2012b), Rz. 61f.

genden noch erläutert wird, sind die Vorgaben in IAS 16, IAS 40 bzw. IAS 38 wenig konkret und stehen teilweise in Widerspruch zu den Regelungen in IAS 39. Dies betrifft vor allem die Folgebewertung. Ein Rückgriff auf die Vorschriften in IFRS 3 (▶ 3.3.6.12; 6.16.1) scheidet zwar eigentlich aus, da Erwerbsvorgänge von einzelnen Vermögenswerten (oder Gruppen davon, wenn sie keinen Geschäftsbetrieb bilden) über IFRS 3.2 (b) ausdrücklich vom Anwendungsbereich des IFRS 3 ausgenommen sind.[364] Trotzdem wird in der Literatur eine analoge Behandlung gemäß IFRS 3 diskutiert. Ferner werden Vorschriften zu ähnlichen Sachverhalten in IFRIC 1, IFRIC 12 und IAS 17 herangezogen. Insofern verwundert es nicht, dass sich in der Praxis eine uneinheitliche Bilanzierung von bedingten Kaufpreisbestandteilen bzw. Kaufpreiseinbehalten beobachten lässt.[365] Dies nahm das RIC zum Anlass, eine entsprechende Anfrage an das IFRS IC zu stellen.[366] Im Januar 2011 hat das IFRS IC beschlossen, den Sachverhalt auf seine Agenda zu nehmen. Erste Vorschläge für eine künftige bilanzielle Behandlung wurden im Mai 2012 veröffentlicht. Bei ihrer Übernahme würden die betroffenen Standards geändert werden; die Verbindlichkeit wäre nicht mehr im Anwendungsbereich von IAS 39.[367] Auf Grund von inhaltlichen Überschneidungen wird die Fortsetzung der Überlegungen allerdings ausgesetzt, bis das IASB die Projekte zum Leasing und zur Umsatzrealisation finalisiert hat.[368] Im Folgenden werden zunächst die momentan gültigen Bilanzierungsvorgaben dargestellt. Anschließend wird kurz auf die im Mai 2012 vorgeschlagenen Änderungen eingegangen.

Aktuell gültige Regelungen

Bei der Verbindlichkeit handelt es sich im Sinne von IAS 32 um ein Finanzinstrument; dies ergibt sich gemäß IAS 32.AG8 unabhängig davon, ob die Verpflichtung an Bedingungen oder den Eintritt künftiger Ereignisse geknüpft ist (▶ 3.2.1).[369] Da bedingte Kaufpreisbestandteile oder Kaufpreiseinbehalte nicht explizit vom Anwendungsbereich des IAS 39 ausgenommen sind, müssen sie grundsätzlich als finanzielle Verbindlichkeiten nach IAS 39 bilanziert werden. Gemäß IAS 32.25 ist allerdings keine finanzielle Verbindlichkeit zu erfassen, wenn sich der Käufer des Vermögenswerts der Zahlungsverpflichtung uneingeschränkt entziehen kann (▶ 6.8.1.3).[370] Folglich

---

[364] Vgl. auch IFRS FOUNDATION TECHNICAL STAFF (2011a), Rz. 23-25; HOFFMANN (2012b), Rz. 61.
[365] Vgl. dazu RIC (2010b), S. 6; EPPINGER/SEEBACHER (2010), S. 337 und S. 339f.
[366] Vgl. RIC (2010b).
[367] Vgl. IFRS FOUNDATION TECHNICAL STAFF (2012), Rz. 45.
[368] Vgl. DIETRICH/STOEK (2012), S. 186 (Fn. 3). Vgl. dazu auch IFRS IC Update May 2012, wonach der Exposure Draft zu den Änderungen der betroffenen Standards zur selben Zeit veröffentlicht werden soll wie der Re-Exposure Draft zum Leasing.
[369] Vgl. EPPINGER/SEEBACHER (2010), S. 337f.; IFRS FOUNDATION TECHNICAL STAFF (2011b), Rz. 50.
[370] Vgl. dazu EPPINGER/SEEBACHER (2010), S. 338; IFRS FOUNDATION TECHNICAL STAFF (2011a), Rz. 48; IFRS FOUNDATION TECHNICAL STAFF (2011b), Rz. 54 und Rz. 56f.; IFRS FOUNDATION TECHNICAL STAFF (2012), Rz. 26 (b).

Anwendungsbereich von IAS 32, IAS 39, IFRS 7 3.3

muss eine finanzielle Verbindlichkeit nur dann angesetzt werden, wenn der Eintritt des künftigen Ereignisses bzw. die Erfüllung der Bedingung(en) nicht unter der Kontrolle des Käufers liegt.[371]

Da Finanzinstrumente nach IAS 39 bei Vertragsabschluss zum beizulegenden Zeitwert anzusetzen sind (▶ 3.5.2; 3.9.1), hat der Käufer zum Zeitpunkt des Erwerbs die Pflicht zur Erfassung einer finanziellen Verbindlichkeit in Höhe des Barwerts der Zahlungen, die aus den bedingten Kaufpreisbestandteilen bzw. aus den Kaufpreiseinbehalten künftig erwartet werden.[372] Entsprechend dieses Barwerts erhöhen sich die Anschaffungskosten für den Vermögenswert; sie spiegeln also neben dem festen Kaufpreis auch die variablen künftigen Zahlungsverpflichtungen wider. So ist gemäß IAS 16.6, IAS 40.5 bzw. IAS 38.8 bei der Bestimmung der Anschaffungskosten neben dem entrichteten Betrag an Zahlungsmitteln oder Zahlungsmitteläquivalenten auch der beizulegende Zeitwert einer anderen Entgeltform zu berücksichtigen.[373] Dem IASB wird mithin empfohlen, in IAS 16 und IAS 38 zu konkretisieren, dass die Anschaffungskosten des Vermögenswerts den für die finanzielle Verbindlichkeit erfassten Betrag einschließen.[374]

– Ansatz und Erstbewertung

---

[371] Dies wird auch gestützt durch das Rahmenkonzept, nach dem ein wesentliches Merkmal einer Verbindlichkeit das Bestehen einer gegenwärtigen Verpflichtung ist (F.4.15 bzw. F.60). Eine gegenwärtige Verpflichtung besteht nicht, wenn sich der Käufer der Zahlung entziehen kann, vgl. dazu IFRS FOUNDATION TECHNICAL STAFF (2011a), Rz. 48.

[372] Vgl. PwC (2011a), S. 16020 (16.73); IFRS FOUNDATION TECHNICAL STAFF (2011b), Rz. 63; IFRS FOUNDATION TECHNICAL STAFF (2012), Rz. 26; DIETRICH/STOEK (2012), S. 186.

[373] Vgl. dazu IFRS FOUNDATION TECHNICAL STAFF (2011a), Rz. 39; IFRS FOUNDATION TECHNICAL STAFF (2012), Rz. 27; DIETRICH/STOEK (2012), S. 186. Ferner muss der bedingte Kaufpreisbestandteil in unmittelbarer Verbindung zu dem Vermögenswert stehen, denn IAS 16.16, IAS 40.21 bzw. IAS 38.27 verlangen eine direkte Zurechenbarkeit der Anschaffungskosten zu dem Posten, vgl. IFRS FOUNDATION TECHNICAL STAFF (2011b), Rz. 41. Nach IAS 16.7, IAS 40.16 bzw. IAS 38.21 müssen die Anschaffungskosten überdies verlässlich bewertbar sein. Hier besteht eine Inkonsistenz zur Bilanzierung auf der Passivseite, denn IAS 39 geht stets davon aus, dass der beizulegende Zeitwert zuverlässig bestimmt werden kann (vgl. dazu IFRS FOUNDATION TECHNICAL STAFF (2012), Rz. 26 (c) und Rz. 28-31 und siehe auch Abschnitt 3.8.2.5). Ein weiterer Widerspruch ergibt sich, wenn das künftige Ereignis bzw. die Bedingung unter der Kontrolle des Käufers liegt und damit gemäß IAS 32/IAS 39 keine finanzielle Verbindlichkeit zu erfassen ist, jedoch nach IAS 16/IAS 40/IAS 38 die bedingte Zahlungsverpflichtung trotzdem in die Anschaffungskosten eingehen muss, vgl. IFRS FOUNDATION TECHNICAL STAFF (2011a), Rz. 52 m.V.a. Rz. 39.

[374] Vgl. IFRS FOUNDATION TECHNICAL STAFF (2011b), Rz. 62 und Rz. 66.

Der Verkäufer erfasst m.E. zum Veräußerungszeitpunkt einen finanziellen Vermögenswert (eine Forderung) in Höhe des Barwerts des künftig erwarteten Zahlungseingangs, der den Abgangsgewinn bzw. -verlust beeinflusst.[375]

– Folgebilanzierung

Im Rahmen der Folgebilanzierung stellt sich primär die Frage, wie etwaige Wertänderungen der finanziellen Verbindlichkeit zu erfassen sind. Für den Käufer des Vermögenswerts ergeben sich derzeit 2 Alternativen:[376]

- Alternative 1: Die Behandlung der (nicht-derivativen) finanziellen Verbindlichkeit richtet sich streng nach den Vorschriften in IAS 39, d.h. sie wird zu fortgeführten Anschaffungskosten bewertet, mit GuV-wirksamer Erfassung von Buchwertanpassungen auf Grund von Schätzungsänderungen gemäß IAS 39.AG8.

- Alternative 2: Die Bewertung der (nicht-derivativen) finanziellen Verbindlichkeit erfolgt ebenfalls zu fortgeführten Anschaffungskosten nach IAS 39, allerdings werden Buchwertanpassungen wegen Schätzungsänderungen nicht GuV-wirksam vorgenommen, sondern führen zu einer Anpassung der Anschaffungskosten des Sachanlagevermögenswerts bzw. des immateriellen Vermögenswerts.

Für beide Alternativen lassen sich über das IFRS-Regelwerk Argumente ableiten. So spricht für Alternative 2 das in IAS 16, IAS 40 bzw. IAS 38 verankerte Prinzip der Bewertung zu historischen Anschaffungskosten, nach dem Vermögenswerte erstmalig zu Anschaffungskosten zu bewerten sind – unabhängig davon, zu welchem Zeitpunkt man diese endgültig bestimmt.[377] Ferner bestehen Analogien zu den Vorgaben in IFRIC 1 bezüglich der Erfassung von Wiederherstellungs- bzw. Rückbauverpflichtungen sowie zu bestimmten (geplanten) Regelungen zur Bilanzierung von Leasingsachverhalten.[378] Alternative 1 ist mit Blick auf die Folgebewertung finanzieller Verbindlichkeiten sachgerecht.[379] Die Variante wird auch gestützt durch analoge Vorgaben zur Behandlung von bedingten Gegenleistungen bei ei-

---

[375] A.A. mit Blick auf die Vorgaben zur Ertragsrealisierung in IAS 18 (zuverlässige Bestimmbarkeit des Veräußerungserlöses) FREIBERG (2009), S. 115. Gl.A. offensichtlich DIETRICH/STOEK (2012), S. 187f. (siehe Fn. 1457).

[376] Vgl. zu diesen RIC (2010b), S. 1; EPPINGER/SEEBACHER (2010), S. 337-339; PwC (2011a), S. 16020f. (16.74-76); IFRS FOUNDATION TECHNICAL STAFF (2011a), Rz. 63.

[377] Vgl. dazu RIC (2010b), S. 5. Vgl. auch IFRS FOUNDATION TECHNICAL STAFF (2011a), Rz. 79oder mit Bezug auf die Anschaffungskostendefinition in IAS 16.6 bzw. IAS 38.8 IFRS FOUNDATION TECHNICAL STAFF (2012), Rz. 33 (a).

[378] Vgl. zudem IFRS FOUNDATION TECHNICAL STAFF (2011a), Rz. 80-82; IFRS FOUNDATION TECHNICAL STAFF (2011b), Rz. 68 und Rz. 73f.

[379] Vgl. IFRS FOUNDATION TECHNICAL STAFF (2011a), Rz. 64; IFRS FOUNDATION TECHNICAL STAFF (2011b), Rz. 67 bzw. Rz. 79f.; IFRS FOUNDATION TECHNICAL STAFF (2012), Rz. 34.

nem Unternehmenszusammenschluss in IFRS 3 sowie zur (geplanten) Erfassung von bedingten Mieten im Rahmen von Leasingverträgen.[380]

Insgesamt kann konstatiert werden, dass IAS 16/IAS 40/IAS 38 und IAS 39 derzeit für den Käufer des Vermögenswerts hinsichtlich der Folgebilanzierung inkonsistente Regelungen enthalten.[381] Für den Verkäufer ist dies nicht der Fall; er hat die Forderung nach IAS 39 entweder zu fortgeführten Anschaffungskosten (bei Zuordnung zur Bewertungskategorie LaR) – ggf. mit GuV-wirksamen Buchwertanpassungen bei Schätzungsänderungen – oder zum beizulegenden Zeitwert (bei Zuordnung zur Bewertungskategorie AfS) zu bewerten. Bei letzterer Alternative erfolgt die Erfassung der Wertänderungen im OCI. Für Einzelheiten wird auf die entsprechenden Abschnitte verwiesen.

Darüber hinaus ist anzumerken, dass ein bedingter Kaufpreisbestandteil bzw. ein Kaufpreiseinbehalt ggf. auch die Merkmale eines eigenständigen oder eines eingebetteten Derivats (▶ 3.2.5.2) erfüllen kann.[382] So könnte es sich bei dem gesamten Kaufpreis (d.h. dem festen und dem bedingten Kaufpreisbestandteil) um ein zusammengesetztes Instrument handeln, bei dem der feste Kaufpreisbestandteil den Basisvertrag darstellt. Liegt ein eingebettetes Derivat vor, hat man zu untersuchen, ob es vom Basisvertrag zu trennen ist (▶ 3.15.1). Besteht eine solche Trennungspflicht, muss das eingebettete Derivat gesondert als eigenständiges Derivat bilanziert werden (▶ 3.15.3).[383] In vielen Fällen wird der bedingte Kaufpreisbestandteil allerdings nicht die Merkmale eines (eingebetteten) Derivats in IAS 39.9 (▶ 3.2.5.1) erfüllen, da die zu Grunde liegende Variable in der Regel nicht-finanziell und spezifisch für einen der Vertragspartner sein dürfte; damit würde sie keine Basisvariable im Sinne von IAS 39.9 darstellen. Bei Umsatz- oder Gewinngrößen (wie z.B. EBITDA) ist unklar, ob diese finanzieller oder nicht-finanzieller Art sind (▶ 3.2.5.1). Nur wenn das Unternehmen die Bezugsgröße als finanziell einstuft, kann gemäß IAS 39.9 eine Basisvariable und somit ein (ggf. trennungspflichtiges) Derivat vorliegen.[384]

– *Behandlung als Derivat*

---

[380] Vgl. RIC (2010b), S. 4; IFRS FOUNDATION TECHNICAL STAFF (2011a), Rz. 66-68 sowie Rz. 70-78.
[381] Vgl. IFRS FOUNDATION TECHNICAL STAFF (2011a), Rz. 83; IFRS FOUNDATION TECHNICAL STAFF (2012), Rz. 32.
[382] Vgl. dazu FREIBERG (2010f), S. 360; RIC (2010b), S. 3f.; EPPINGER/SEEBACHER (2010), S. 338.
[383] Eine bilanzielle Behandlung als derivatives Finanzinstrument (d.h. eine GuV-wirksame Bewertung zum Fair Value) ist allerdings mit vergleichbaren GuV-Effekten wie bei einer Bilanzierung als nicht-derivatives Finanzinstrument verbunden, vgl. FREIBERG (2010f), S. 360.
[384] Denn Umsatz- und Gewinngrößen sind immer spezifisch für eine Vertragspartei und deshalb bei nicht-finanzieller Einstufung keine Basisvariablen im Sinne von IAS 39.9. Finanzielle Variablen gelten indes nach IAS 39.9 unabhängig davon, ob sie spezifisch für eine Vertragspartei sind oder nicht, als Basisvariablen.

*Änderungsvor-
schläge*

Um die Inkonsistenzen bei den aktuell gültigen Regelungen zu beseitigen, wurde im Mai 2012 Folgendes vorgeschlagen:[385]

- Bedingte Kaufpreiszahlungen sind bei der erstmaligen Erfassung Bestandteil der Anschaffungskosten des Sachanlagevermögenswerts bzw. des immateriellen Vermögenswerts und werden auch bei der Bewertung der Verbindlichkeit berücksichtigt, sofern sie „hinreichend sicher" („reasonably certain") sind. Die Schätzung der Zahlungen hat das Unternehmen auf Basis des wahrscheinlichsten Betrags („most likely amount") vorzunehmen.

- In der Folge ist die Verbindlichkeit zu fortgeführten Anschaffungskosten zu bewerten. Letztere schließen einerseits den Barwert der geschätzten Zahlungen ein, die dann hinreichend sicher sind (dies aber bislang noch nicht waren). Anderseits sind bei Bestimmung der fortgeführten Anschaffungskosten auch Schätzungsänderungen der bereits zuvor erfassten Zahlungen (d.h. solche, die schon zuvor als hinreichend sicher beurteilt wurden) zu berücksichtigen. Wertänderungen der Verbindlichkeit führen zu einer Anpassung der Anschaffungskosten des Sachanlagevermögenswerts bzw. des immateriellen Vermögenswerts, wenn sie sich auf künftige Berichtsperioden beziehen. Betreffen die Wertänderungen indes die aktuelle (oder frühere) Berichtsperiode(n), hat die Erfassung GuV-wirksam zu erfolgen.

„Hinreichend sicher" bedeutet, dass der zu zahlende Betrag mit hoher Zuverlässigkeit geschätzt werden kann – was bspw. bei Zahlungen in Abhängigkeit des Erreichens einer normalen Produktionskapazität des Vermögenswerts oder in Abhängigkeit von der Erteilung einer erwarteten behördlichen Genehmigung der Fall sein sollte.[386] Nicht als hinreichend sicher sind die Zahlungen dementsprechend, falls es nicht möglich ist, den zu zahlenden Betrag sehr zuverlässig zu schätzen; dies wäre etwa gegeben, wenn die Zahlungen an die künftige Performance des Käufers aus der Nutzung des Vermögenswerts geknüpft werden (z.B. variable Zahlungen basierend auf den Umsatzerlösen).[387] Unter welchen Umständen eine bedingte Kaufpreiszahlung hinreichend sicher ist oder nicht, soll weiter konkretisiert werden.[388]

---

[385] Vgl. dazu IFRS FOUNDATION TECHNICAL STAFF (2012), Rz. 39-44.
[386] Vgl. IFRS FOUNDATION TECHNICAL STAFF (2012), Rz. 8, Rz. 40. Durch den Eintritt des Ereignisses bzw. der Bedingung wird der vereinbarte Kaufpreis quasi bestätigt.
[387] Vgl. IFRS FOUNDATION TECHNICAL STAFF (2012), Rz. 9 und Rz. 41.
[388] Vgl. IFRS FOUNDATION TECHNICAL STAFF (2012), Rz. 40.

3.4 Bewertungskategorien

3.4.1 Überblick

Bei der erstmaligen Erfassung müssen Finanzinstrumente „Bewertungskategorien" („Categories"), die originär in IAS 39.9 aufgeführt sind, zugeordnet werden. Dies gilt auch dann, wenn man die Posten im Rahmen eines Unternehmenszusammenschlusses (▶ 3.3.6.12) erwirbt bzw. übernimmt (IFRS 3.15, 16).[389] Die hier in Abschnitt 3.4.3 beschriebenen Zuordnungskriterien lassen sich ebenfalls IAS 39.9 entnehmen. Über die Bewertungskategorie bestimmt sich die Folgebewertung von finanziellen Vermögenswerten und finanziellen Verbindlichkeiten, d.h.

- welcher Wertmaßstab zur Anwendung kommt (beizulegender Zeitwert versus fortgeführte Anschaffungskosten) und

- in welchem Rechenwerk die Wertänderungen zu erfassen sind (GuV versus Eigenkapital).

IAS 39.9 enthält mit den Bezeichnungen „Kredite und Forderungen", „Bis zur Endfälligkeit gehaltene Finanzinvestitionen" und „Zur Veräußerung verfügbare finanzielle Vermögenswerte" explizit 3 Bewertungskategorien, die ausschließlich für finanzielle Vermögenswerte vorgesehen sind. Ferner wird in IAS 39.9 definiert, was unter dem Begriff „Erfolgswirksam zum beizulegenden Zeitwert bewerteter finanzieller Vermögenswert bzw. finanzielle Verbindlichkeit" zu verstehen ist, wobei es sich dabei jeweils um eine Bewertungskategorie auf der Aktiv- und auf der Passivseite handelt. Eine weitere Bezeichnung für Passivposten enthält IAS 39.9 nicht; es wird lediglich der Begriff der „fortgeführten Anschaffungskosten" in Bezug auf Ansatz und Bewertung definiert.

4 bis 5 Bewertungskategorien nach IAS 39.9

IFRS 7.8 beinhaltet Angabevorschriften zu Buchwerten nach Bewertungskategorien (▶ 3.4.4.1) und verweist diesbezüglich zunächst auf IAS 39.9. Anschließend werden 6 Bewertungskategorien aufgelistet, die in Abbildung 3-9 mit den in dieser Abhandlung verwendeten Abkürzungen aufgeführt sind. Die erst über IFRS 7 eingeführte Bewertungskategorie „Financial Liabilities Measured at Amortised Cost" wird in der Literatur überwiegend als „Other Liabilities" bezeichnet.

6 Bewertungskategorien nach IFRS 7.8

Bei erfolgswirksam zum beizulegenden Zeitwert bewerteten finanziellen Vermögenswerten und finanziellen Verbindlichkeiten (Bewertungskatego-

---

[389] Die dabei vorgenommene Zuordnung eines finanziellen Vermögenswerts oder einer finanziellen Verbindlichkeit kann von der Kategorisierung, wie sie im Abschluss des Veräußerers erfolgt ist, abweichen, vgl. DELOITTE LLP (2011b), S. 99 und S. 187; KPMG IFRG LIMITED (2011), S. 1336 (7.4.10.20).

3 Grundlagen zur Bilanzierung und Offenlegung

rien FAFVPL, FLFVPL) unterscheiden IAS 39 und IFRS 7 zudem danach, ob die Finanzinstrumente

- als „zu Handelszwecken gehalten" („Held for Trading"; HfT) eingestuft sind oder

- beim erstmaligen Ansatz unter Nutzung der Fair-Value-Option (▶ 3.10.4) freiwillig als erfolgswirksam zum beizulegenden Zeitwert designiert wurden.

Abbildung 3-9 *Bewertungskategorien nach IAS 39.9 i.V.m. IFRS 7.8*

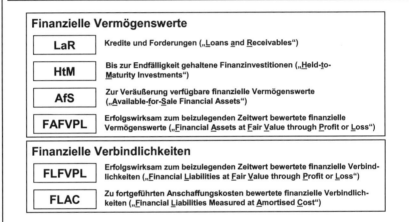

Teilweise erscheint es, als ob die Bewertungskategorie-Bezeichnungen die Zweckbestimmungen der darunter subsumierten Finanzinstrumente widerspiegeln würden. Dies ist jedoch nicht immer der Fall. So beinhalten etwa die innerhalb der Bewertungskategorien FAFVPL/FLFVPL als HfT eingestuften Finanzinstrumente auch zu Absicherungszwecken eingegangene Derivate. Ferner schließt die Bewertungskategorie AfS nicht zwangsweise nur zur Veräußerung verfügbare Posten ein; es handelt sich vielmehr um eine Restkategorie für die Fälle, bei denen die Zuordnung zu den anderen Kategorien nicht erfolgt (▶ 3.4.3.3).

3.4.2 Abgrenzung zu Klassen nach IFRS 7

IFRS 7 stellt bei den Angabepflichten vielfach auf „Klassen" („Classes") von Finanzinstrumenten ab, die sich grundsätzlich von den Bewertungskategorien des IAS 39 unterscheiden (IFRS 7.B1).[390] Die Klassenbildung ist dergestalt vorzunehmen, dass den unterschiedlichen Arten der anzugebenden Informationen Rechnung getragen wird und die Charakteristika dieser Finanzinstrumente berücksichtigt werden. Ferner muss eine Überleitungsrechnung zu den in der Bilanz ausgewiesenen Posten möglich sein (IFRS 7.6).

Auch IFRS 13 schreibt Fair-Value-Angaben nach Klassen von Vermögenswerten und Verbindlichkeiten vor. Die Klassenbildung muss ebenso anhand der Art und der Merkmale der Posten vorgenommen werden. Ferner hat man dabei das Risiko der Vermögenswerte und Verbindlichkeiten sowie die Hierarchiestufe der Fair-Value-Bewertung (▶ 3.8.2.4) zu berücksichtigen. Gleichfalls verlangt IFRS 13, dass sich die Klassen auf die Bilanzposten überleiten lassen (IFRS 13.94).

Wie die Klassen zu bestimmen sind, wird nicht weiter konkretisiert; es ist lediglich Folgendes zu beachten (IFRS 7.B2):

- Das Unternehmen muss mindestens danach unterscheiden, ob die Finanzinstrumente zum beizulegenden Zeitwert oder zu fortgeführten Anschaffungskosten bewertet werden.

- Finanzinstrumente, die nicht im Anwendungsbereich von IFRS 7 liegen, soll man einer oder mehreren gesonderten Klasse(n) zuordnen.

Letztgenannte Gruppierungsvorschrift erscheint widersprüchlich: Einerseits werden über IFRS 7.3 bestimmte Finanzinstrumente vom Anwendungsbereich ausgenommen, womit für die Posten keine zusätzlichen Angabepflichten nach IFRS 7 bestehen.[391] Andererseits sollen diese in gesonderten Klassen dargestellt werden. Insofern wird hier der Ansicht von KUHN/SCHARPF zugestimmt, wonach den Bestimmungen des IFRS 7.3 grundsätzlich der Vorzug zu geben ist.[392]

Bei Nicht-Banken besteht ggf. für folgende Posten die Erfordernis zur Zuordnung zu einer eigenen bzw. gesonderten Klasse:[393]

- Forderungen und Verbindlichkeiten aus Finanzierungsleasingverhältnissen,

---

[390] In der amtlichen EU-Übersetzung von IFRS 7 wird „Classes" hingegen mit „Kategorien" übersetzt, obwohl in der deutschen EU-Fassung von IAS 39 „Categories" richtigerweise als „Kategorien" bezeichnet werden.
[391] Vgl. zu Letzterem auch IDW (2009a), Rz. 9; HEUSER/THEILE (2012), Rz. 2606 (Fn. 4). Vgl. dazu ferner KUHN/CHRIST (2011), Rz. 32.
[392] Vgl. KUHN/SCHARPF (2006), Rz. 4045.
[393] Vgl. bezüglich der ersten beiden Aufzählungen auch IDW (2009a), Rz. 4 und Rz. 10. Vgl. zudem KUHN/CHRIST (2011), Rz. 33f.

Grundlagen zur Bilanzierung und Offenlegung

- in bilanzielle Sicherungsbeziehungen eingebundene derivative Sicherungsinstrumente,
- begebene Finanzgarantien.

3.4.3 Zuordnungskriterien

3.4.3.1 Kredite und Forderungen

Bestimmbare Zahlungen; keine notierten Marktpreise

Unter die Bewertungskategorie LaR fallen nicht-derivative finanzielle Vermögenswerte mit festen oder bestimmbaren Zahlungen, die über keine notierten Marktpreise auf einem aktiven Markt verfügen. Davon **ausgenommen** sind finanzielle Vermögenswerte, die entweder

- als FAFVPL eingestuft wurden;
- das Unternehmen beim erstmaligen Ansatz als AfS bestimmt hat.

Nicht der Bewertungskategorie zugeordnet werden dürfen ferner finanzielle Vermögenswerte, für die der Inhaber seine ursprüngliche Investition infolge anderer Gründe als einer Bonitätsverschlechterung nicht mehr vollständig wiedererlangen könnte und die somit als AfS einzustufen sind.

Da eine Kategorisierung als LaR nur für Posten zulässig ist, für die keine notierten Marktpreise auf einem aktiven Markt vorliegen, lassen sich bspw. markt- bzw. börsennotierte Schuldinstrumente nicht der Bewertungskategorie zuordnen (IAS 39.AG26).

3.4.3.2 Bis zur Endfälligkeit gehaltene Finanzinvestitionen

In die Bewertungskategorie HtM gehören nicht-derivative finanzielle Vermögenswerte mit festen oder bestimmbaren Zahlungen und fester Laufzeit, die man mit der Absicht und Fähigkeit erwirbt, sie bis zum Ende der Laufzeit zu halten. Davon **ausgenommen** sind finanzielle Vermögenswerte, die entweder

- beim erstmaligen Ansatz als FAFVPL designiert wurden;
- das Unternehmen als AfS bestimmt hat;
- die Definitionsmerkmale von LaR erfüllen.

Notierte Marktpreise

Über letztere Ausnahme wird für eine Zuordnung zur Bewertungskategorie HtM implizit vorausgesetzt, dass der finanzielle Vermögenswert auf einem aktiven Markt gehandelt ist, denn beim Nichtvorliegen von Marktpreisen ergibt sich für Posten mit festen oder bestimmbaren Zahlungen eine zwingende Einstufung als LaR.[394]

Zudem ist zu beachten, dass für die HtM-Bewertungskategorie eine Art „Sperrklausel" existiert: Das Unternehmen darf nach IAS 39.9 keine finanziellen Vermögenswerte als solche einstufen, wenn es im laufenden oder während der vergangenen 2 Geschäftsjahre mehr als einen unwesentlichen Teil der darunter erfassten Posten vor Endfälligkeit verkauft oder umgegliedert hat. Der „unwesentliche Teil" bezieht sich dabei auf den Gesamtbetrag (Gesamtbuchwert) der in der Bewertungskategorie HtM zusammengefassten finanziellen Vermögenswerte, wobei davon Umgliederungen oder Verkäufe **ausgenommen** sind, die entweder

Sperrklausel

- derart nahe am Endfälligkeits- oder Ausübungstermin des finanziellen Vermögenswerts liegen, dass Veränderungen des Marktzinssatzes keine wesentlichen Auswirkungen auf dessen beizulegenden Zeitwert haben würden;

- stattfinden, nachdem das Unternehmen nahezu den gesamten ursprünglichen Kapitalbetrag des finanziellen Vermögenswerts durch planmäßige oder vorzeitige Zahlungen eingezogen hat;

- einem isolierten Sachverhalt zuzurechnen sind, der sich der Kontrolle des Unternehmens entzieht, von einmaliger Natur ist und von diesem praktisch nicht vorhergesehen werden konnte.

Wesentliches Merkmal für das Vorliegen von festen oder bestimmbaren Zahlungen ist es, dass eine vertragliche Vereinbarung existiert, welche die Höhe und den Zeitpunkt von Zahlungen (aus Zins und Tilgung) an den Inhaber definiert. Das Risiko von Zahlungsausfällen steht einer Kategorisierung als HtM dabei nicht entgegen. Ferner wird ausdrücklich darauf hingewiesen, dass auch ein Schuldinstrument mit variabler Verzinsung die Kriterien für eine Einstufung als HtM erfüllen kann (IAS 39.AG17).

Feste oder bestimmbare Zahlungen

Die Absicht oder Fähigkeit, eine Finanzinvestition bis zur Endfälligkeit zu halten, ist nicht nur beim erstmaligen Ansatz, sondern auch zum Ende jeder nachfolgenden Berichtsperiode zu beurteilen (IAS 39.AG25). „Katastrophenszenarien" müssen hierbei allerdings nicht berücksichtigt werden (IAS 39.AG21). Nach IAS 39.AG23 verfügt ein Unternehmen *nicht* über die nachgewiesene Fähigkeit, eine Investition bis zur Endfälligkeit zu halten, wenn

Halteabsicht und -fähigkeit bis zur Endfälligkeit

- es nicht die erforderlichen finanziellen Ressourcen besitzt, um den Posten bis zur Endfälligkeit in Bestand zu haben; oder

---

[394] Vgl. KPMG IFRG LIMITED (2011), S. 1342 (7.4.80.40); HEUSER/THEILE (2012), Rz. 2435.

Grundlagen zur Bilanzierung und Offenlegung

- gesetzliche oder andere Beschränkungen bestehen, welche die Absicht zum Halten bis zur Endfälligkeit zunichtemachen.

– für Einstufungen unschädliche Sachverhalte

Durch den Emittenten (Schuldner) kündbare finanzielle Vermögenswerte sind als HtM klassifizierbar, sofern der Inhaber beabsichtigt und in der Lage ist, diese bis zur Kündigung oder Fälligkeit zu halten, und er den vollständigen Buchwert der Finanzinvestition im Wesentlichen wiedererlangen wird.[395] Die Kündigungsoption verkürzt bei Ausübung lediglich die Laufzeit (IAS 39.AG18). Ferner stellen etwa Verkäufe, die auf die folgenden Sachverhalte zurückzuführen sind, die Absicht zum Halten bis zur Endfälligkeit *anderer* HtM-Investitionen nicht in Frage (IAS 39.AG22):

- wesentliche Bonitätsverschlechterungen des Emittenten;

- Änderungen der Steuergesetzgebung, wodurch die Steuerbefreiung von Zinsen abgeschafft oder wesentlich reduziert wird;

- ein bedeutsamer Unternehmenszusammenschluss (▶ 3.3.6.12), auf Grund dessen der Verkauf oder die Übertragung von HtM-Investitionen zur Aufrechterhaltung der aktuellen Zinsposition oder Kreditrisikopolitik des Unternehmens erforderlich ist;

- wesentliche Änderung der gesetzlichen Bestimmungen im Hinblick auf die Zulässigkeit von Finanzinvestitionen oder den zulässigen Höchstbetrag für bestimmte Finanzanlagen, die das Unternehmen zur vorzeitigen Veräußerung zwingt.

– für Einstufungen schädliche Sachverhalte

In den folgenden Fällen kann eine Kategorisierung als HtM nicht erfolgen (IAS 39.AG16, AG17):

- Das Unternehmen beabsichtigt, den finanziellen Vermögenswert für einen nicht definierten Zeitraum zu halten.

- Es besteht jederzeit die Bereitschaft, den Posten als Reaktion auf Änderungen von Markt- oder Risikoparametern zu verkaufen.

- Der Emittent hat das Recht, den finanziellen Vermögenswert zu einem Betrag zu begleichen, der wesentlich unter den fortgeführten Anschaffungskosten liegt.

- Bei dem Posten handelt es sich um ein ewiges Schuldinstrument (z.B. eine ewige Anleihe ▶ 2.4.2.3) mit Zinszahlungen für einen unbestimmten Zeitraum (d.h. ein Fälligkeitstermin besteht nicht).

Ferner können durch den Inhaber (Gläubiger) kündbare finanzielle Vermögenswerte nicht als HtM-Investitionen eingestuft werden, da der Erwerb

---

[395] Bei der Bestimmung, ob der Buchwert der Finanzinvestition im Wesentlichen wiedererlangt werden kann, sind Agien sowie aktivierte Transaktionskosten zu berücksichtigen.

einer Verkaufsmöglichkeit in Widerspruch zur festen Absicht steht, den finanziellen Vermögenswert bis zur Endfälligkeit zu halten (IAS 39.AG19).

Eigenkapitalinstrumente (▶ 3.2.4) stellen keine HtM-Investitionen dar, da sie entweder eine unbegrenzte Laufzeit haben oder die Posten zum Empfang von Beträgen berechtigen, die in nicht in vorhersehbarer Weise schwanken können (IAS 39.AG17).

Keine Einstufung von Eigenkapitalinstrumenten

3.4.3.3 Zur Veräußerung verfügbare finanzielle Vermögenswerte

Bei der Bewertungskategorie AfS handelt es sich um eine „Restkategorie";[396] hierunter werden nicht-derivative finanzielle Vermögenswerte, die als „zur Veräußerung verfügbar" und nicht als FAFVPL, HtM oder LaR eingestuft sind, gefasst.

Restkategorie für finanzielle Vermögenswerte

Die Bewertungskategorie AfS ist eigentlich mit der Folgebewertung zum beizulegenden Zeitwert verknüpft. IAS 39 sieht jedoch für gehaltene Eigenkapitalinstrumente ausnahmsweise auch eine Folgebewertung zu Anschaffungskosten vor. Derartige Posten werden in der Praxis teilweise ebenfalls der Bewertungskategorie AfS zugeordnet.[397] Folgt man diesem Zuordnungsprinzip, ergeben sich faktisch folgende AfS-Unterkategorien:

Ggf. 2 Unterkategorien

- „Zur Veräußerung verfügbare finanzielle Vermögenswerte – zum beizulegenden Zeitwert bewertet" („measured at Fair Value"; AfSFV);

- „Zur Veräußerung verfügbare finanzielle Vermögenswerte – zu Anschaffungskosten bewertet" („measured at Cost"; AfSC).

Abweichend zu den sonstigen Kategorisierungen hat das Unternehmen im Rahmen der Angaben zu Ansatz- und Bewertungsmethoden (IFRS 7.21 m.V.a. IAS 1.117) die Zuordnungskriterien von finanziellen Vermögenswerten zur Bewertungskategorie AfS zu veröffentlichen (IFRS 7.B5 (b)).

Angabe der Zuordnungskriterien

3.4.3.4 Erfolgswirksam zum beizulegenden Zeitwert bewertete finanzielle Vermögenswerte und finanzielle Verbindlichkeiten

Die Bewertungskategorien FAFVPL und FLFVPL unterteilen sich gemäß IAS 39.9 in 2 Bereiche bzw. Unterkategorien. Zum einen fallen darunter Finanzinstrumente, die unter Nutzung der Fair-Value-Option freiwillig als

Nutzung der Fair-Value-Option

---

[396] Vgl. VON OERTZEN (2009b), Rz. 71; LÜDENBACH (2012d), Rz. 148. Man spricht auch von „Auffangkategorie", vgl. SCHMIDT/PITTROFF/KLINGELS (2007), S. 35; PAA/SCHMIDT (2011), Rz. 167.
[397] Vgl. bspw. BASF-GB 2006, S. 110.

3 Grundlagen zur Bilanzierung und Offenlegung

„erfolgswirksam zum beizulegenden Zeitwert bewertet" designiert werden (▶ 3.10.4).

Zu Handelszwecken gehalten

Zum anderen schließen die Bewertungskategorien auch die zu Handelszwecken gehaltenen finanziellen Vermögenswerte (FAHfT) und finanziellen Verbindlichkeiten (FLHfT) ein. Unter „Handel" ist dabei nach IAS 39.AG14 generell eine aktive und häufige Kauf- und Verkaufstätigkeit zu verstehen, die regelmäßig dazu dient, aus kurzfristigen Schwankungen der Preise oder Händlermargen Gewinne zu erzielen. Als HfT einzustufen sind:

- Finanzinstrumente, die mit kurzfristiger Verkaufsabsicht erworben werden;

- Finanzinstrumente, die bei erstmaliger Erfassung Teil eines Portfolios eindeutig identifizierbarer und gemeinsam verwalteter Finanzinstrumente sind, für das in der jüngeren Vergangenheit Hinweise auf kurzfristige Gewinnmitnahmen bestehen;

- derivative Finanzinstrumente, die das Unternehmen nicht in eine wirksame Sicherungsbeziehung nach IAS 39 einbindet und bei denen es sich auch nicht um Finanzgarantien (▶ 3.2.5.3) handelt.

Für Nicht-Banken sind vor allem die unter die letztgenannte Aufzählung fallenden finanziellen Vermögenswerte und finanziellen Verbindlichkeiten von Bedeutung.

Gemäß IAS 39.AG15 (b) umfassen HfT-Finanzinstrumente auch Lieferverpflichtungen aus „Leerverkäufen", bei denen man geliehene, noch nicht in Besitz befindliche finanzielle Vermögenswerte veräußert.

3.4.3.5 Zu fortgeführten Anschaffungskosten bewertete finanzielle Verbindlichkeiten

Restkategorie für finanzielle Verbindlichkeiten

Innerhalb der Bewertungskategorie FLAC werden sämtliche finanziellen Verbindlichkeiten zusammengefasst, die nicht als FLFVPL eingestuft sind. Damit handelt es sich – analog zur Bewertungskategorie AfS auf der Aktivseite – ebenso um eine „Restkategorie". Finanzielle Verbindlichkeiten von Nicht-Banken werden überwiegend als FLAC kategorisiert.

3.4.3.6 Zuordnungsschema für finanzielle Vermögenswerte

Da für finanzielle Verbindlichkeiten nur 2 Bewertungskategorien bestehen, lässt sich eine Zuordnung meist relativ einfach vornehmen. Für im Anwendungsbereich von IAS 39 befindliche finanzielle Vermögenswerte ist dies ggf. schwieriger; es kann das in Abbildung 3-10 dargestellte Zuordnungsschema herangezogen werden.[398]

Zuordnungsschema für finanzielle Vermögenswerte zu Bewertungskategorien *Abbildung 3-10*

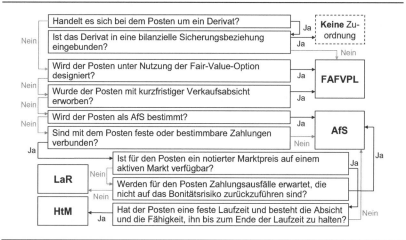

3.4.4 Angabepflichten

3.4.4.1 Buchwerte

Nach IFRS 7.8 müssen die Buchwerte der in Abbildung 3-9 (▶ 3.4.1) aufgeführten 6 Bewertungskategorien entweder in der Bilanz oder im Anhang angegeben werden, wobei diese für die Bewertungskategorien FAFVPL und FLFVPL zusätzlich noch gesondert darzustellen sind für Finanzinstrumente, die unter Anwendung der Fair-Value-Option (▶ 3.10.4) designiert wurden, und solche, die das Unternehmen als HfT eingestuft hat.

IFRS 7.8 bezieht sich primär auf „klassisch" nach Bewertungskategorien des IAS 39 bilanzierte finanzielle Vermögenswerte und finanzielle Verbindlichkeiten (▶ 3.3.2.2). Anhand von „Sondervorschriften" nach IAS 39 bilanzierte Posten (▶ 3.3.2.3) sind m.E. nur einzubeziehen, sofern es sich handelt um

- gehaltene Eigenkapitalinstrumente, die zu Anschaffungskosten bewertet werden (Bewertungs- bzw. Unterkategorie AfSC);[399]

---

[398] Ein ähnliches Zuordnungsschema findet sich etwa bei HEUSER/THEILE (2012), Rz. 2451.

3 Grundlagen zur Bilanzierung und Offenlegung

- als Grundgeschäfte und Sicherungsinstrumente in bilanzielle Sicherungsbeziehungen eingebundene originäre finanzielle Vermögenswerte und finanzielle Verbindlichkeiten.[400]

So gehen insbesondere die Buchwerte der Derivate, die als Sicherungsinstrumente designiert wurden (und die damit gemäß IAS 39.9 keiner Bewertungskategorie angehören), nicht in die nach IFRS 7.8 anzugebenden Beträge ein.[401] Ebenfalls nicht von der Offenlegungspflicht betroffen sind alle nicht im Anwendungsbereich von IAS 39 befindlichen Finanzinstrumente.

3.4.4.2 Beizulegende Zeitwerte nach Klassen

Anforderungen nach IFRS 7

Für jede Klasse von finanziellen Vermögenswerten und finanziellen Verbindlichkeiten hat das Unternehmen gemäß IFRS 7.25 die beizulegenden Zeitwerte derart anzugeben, dass ein Vergleich mit den Buchwerten möglich ist.

Von dieser Angabepflicht **ausgenommen** sind folgende Sachverhalte (IFRS 7.29):

- Der Buchwert stellt einen vernünftigen Näherungswert des beizulegenden Zeitwerts dar, wie dies z.B. für Forderungen und Verbindlichkeiten aus Lieferungen und Leistungen der Fall ist;

- Investitionen in nicht-notierte Eigenkapitalinstrumente[402] oder bestimmte darauf bezogene Derivate, welche mangels zuverlässiger Bestimmbarkeit des beizulegenden Zeitwerts zu Anschaffungskosten bewertet werden (▶ 3.8.2.5; 3.8.4);

- Verträge mit ermessensabhängigen Überschussbeteiligungen[403] (wie in IFRS 4 beschrieben), deren beizulegende Zeitwerte nicht zuverlässig ermittelbar sind.

Bei der Angabe der beizulegenden Zeitwerte ist eine Saldierung der klassifizierten beizulegenden Zeitwerte von finanziellen Vermögenswerten und

---

[399] Dabei hat keine zwingende Aufteilung der Bewertungskategorie AfS nach AfSFV und AfSC zu erfolgen, vgl. hierzu auch kritisch ECKES/SITTMANN-HAURY (2004), S. 1196; BRÜCKS/KERKHOFF/STAUBER (2006b), S. 435; SCHARPF (2006), S. 8.

[400] Obwohl dies nach IFRS 7 nicht verpflichtend vorgeschrieben ist, empfiehlt das IDW bei der Angabe der Buchwerte, nach abgesicherten und nicht-abgesicherten Geschäften zu differenzieren, vgl. IDW (2009a), Rz. 12.

[401] Die Posten müssen auch nicht gesondert dargestellt werden, vgl. LÖW (2005a), S. 1347 bzw. LÖW (2005b), S. 2177; SCHARPF (2006), S. 8; DELOITTE LLP (2011b), S. 768f.

[402] D.h. solche, die nicht der Fair-Value-Hierarchiestufe 1 (siehe dazu Abschnitt 3.8.2.4) entsprechen.

[403] Siehe dazu Fn. 209.

finanziellen Verbindlichkeiten nur in dem Maße zugelassen, wie auch die entsprechenden Buchwerte in der Bilanz saldiert ausgewiesen werden (IFRS 7.26).[404]

Unabhängig davon wird es in der Literatur als zulässig erachtet, die Angaben zu den beizulegenden Zeitwerten anhand der Bewertungskategorien des IAS 39 bereitzustellen, d.h. die Klassenbildung kann entsprechend IFRS 7.8 erfolgen.[405]

Anforderungen nach IFRS 13

Die Verpflichtung zur Offenlegung von beizulegenden Zeitwerten, die als Wertmaßstäbe für die Bilanzierung herangezogen werden, ergibt sich auch über IFRS 13. Gemäß IFRS 13.93 (a) sind diese gesondert für wiederkehrende und nicht-wiederkehrende beizulegende Zeitwerte anzugeben (▶ 3.8.2.6).

Erhebungsanforderungen

Zusätzliche Bestimmungs- und Offenlegungspflichten der beizulegenden Zeitwerte ergeben sich für Finanzinstrumente, die den Bewertungskategorien zugeordnet werden (d.h. primär „klassisch" nach IAS 39 bilanzierte Posten ▶ 3.3.2.2), nur für zu fortgeführten Anschaffungskosten bewertete Posten der Bewertungskategorien HtM, LaR und FLAC, da das Unternehmen die Fair Values für die finanziellen Vermögenswerte und finanziellen Verbindlichkeiten der Bewertungskategorien FAFVPL, AfS und FLFVPL bereits für Bilanzierungszwecke zu ermitteln hat.[406] Ferner muss das Unternehmen die beizulegenden Zeitwerte ggf. für bestimmte nicht zum Fair Value bewertete Finanzinstrumente, die nach IAS 39 anhand von „Sondervorschriften" bilanziert werden (▶ 3.3.2.3) oder die (primär) nach anderen Standards zu bilanzieren sind (z.B. Forderungen/Verbindlichkeiten aus Finanzierungsleasingverhältnissen; ▶ 3.3.3), bestimmen bzw. erheben. Da sich die Anforderung in IFRS 7.25 auf Vermögenswerte und Verbindlichkeiten bezieht, braucht man nicht-bilanzwirksame Finanzinstrumente (▶ 3.3.4) nicht zu berücksichtigen.

Weitere Angaben

Neben der Angabe der beizulegenden Zeitwerte nach Klassen enthalten sowohl IFRS 7 als auch IFRS 13 weitere Offenlegungsvorschriften zur Fair-Value-Bewertung, auf die in Abschnitt 3.8.2.6 eingegangen wird.

---

[404] Zur bilanziellen Saldierung siehe Abschnitt 3.6.1.
[405] Vgl. SCHARPF (2006), S. 31; KERKHOFF/STAUBER (2007), Rz. 87.
[406] Vgl. BONIN (2004), S. 1570; BRÜCKS/KERKHOFF/STAUBER (2006b), S. 436. Vgl. dazu und folgend auch KERKHOFF/STAUBER (2007), Rz. 85.

3.5 Bilanzansatz

3.5.1 Vorbemerkungen

Die Regelungen zum Ansatz betreffen zunächst die Frage, ob und unter Heranziehung welcher Kriterien Finanzinstrumente nach IAS 39 bilanziell zu erfassen sind. Ferner ist zu klären, zu welchem Zeitpunkt bestimmte finanzielle Vermögenswerte und finanzielle Verbindlichkeiten angesetzt werden. Dabei stellt IAS 39 teilweise auf den Handels- oder den Erfüllungstag ab.

Handels- versus Erfüllungstag

Der „Handelstag" („Trade Date", auch „Verpflichtungstag" oder „Vertragstag") bezeichnet denjenigen Tag, an dem das Unternehmen die Verpflichtung zum Kauf des Vermögenswerts eingegangen ist (IAS 39.AG55), der „Erfüllungstag" („Settlement Date") hingegen denjenigen Tag, an dem der Vermögenswert an oder durch das Unternehmen geliefert wird (IAS 39.AG56).

3.5.2 Allgemeine Ansatzregel

Vertrag als Ansatzkriterium

Finanzielle Vermögenswerte oder finanzielle Verbindlichkeiten sind bilanziell zu erfassen, sobald das Unternehmen Vertragspartei der Regelungen des Finanzinstruments wird (IAS 39.14).

Damit weichen die Ansatzkriterien für Finanzinstrumente erheblich von den allgemeinen IFRS-Bilanzierungskriterien ab, da für den Posten zum Zeitpunkt des Vertragsabschlusses weder eine zuverlässige Wertermittlung noch ein künftiger Nutzenzufluss bzw. -abfluss verlangt wird.[407]

Auch derivative Finanzinstrumente sind in der Bilanz als Vermögenswerte oder Schulden zu erfassen, es sei denn, sie verhindern, dass eine Übertragung finanzieller Vermögenswerte als Abgang bilanziert wird (IAS 39.AG34; ▶ 6.2.5.1). Bezüglich des Ansatzzeitpunkts gelten allerdings spezielle Regelungen (▶ 3.5.3.3).

---

[407] Vgl. zu den generellen IFRS-Bilanzierungskriterien F.83.

Bilanzansatz **3.5**

3.5.3 Ansatz schwebender Geschäfte

3.5.3.1 Begriff des schwebenden Geschäfts und der festen Verpflichtung

Generell sind „schwebende Geschäfte" von beiden Vertragspartnern unerfüllte Geschäfte, d.h. es ist weder die Lieferung bzw. Dienstleistung noch die Zahlung erfolgt. Die dem Kontrakt zu Grunde liegende „feste Verpflichtung" („Firm Commitment") ist eine rechtlich bindende Vereinbarung zum Austausch einer bestimmten Menge an Ressourcen zu einem festgelegten Preis und zu einem festgesetzten Zeitpunkt oder Zeitpunkten (IAS 39.9). Unter den Begriff des schwebenden Geschäfts fallen auch derivative Finanzinstrumente.

3.5.3.2 Ansatz fester Verpflichtungen zum Kauf oder Verkauf von Gütern oder Dienstleistungen

Finanzielle Vermögenswerte und finanzielle Verbindlichkeiten, welche infolge einer festen Verpflichtung zum Kauf oder Verkauf von Gütern oder Dienstleistungen erworben bzw. eingegangen wurden, müssen allgemein erst angesetzt werden, wenn mindestens eine Vertragspartei den Vertrag erfüllt hat (IAS 39.AG35 (b)). Für diesen Grundsatz gelten folgende **Ausnahmen**:

Erfüllung einer Vertragspartei als Ansatzkriterium

- Fällt eine feste Verpflichtung zum Kauf oder Verkauf nicht-finanzieller Posten auf Grund des Net-Settlement-Kriteriums in den Anwendungsbereich von IAS 39 (▶ 3.3.6.5), ist diese am Vertragstag als Vermögenswert oder Verbindlichkeit (zum beizulegenden Nettozeitwert) anzusetzen.

- Wird eine bisher nicht-bilanzwirksame feste Verpflichtung im Rahmen eines Fair Value Hedge als Grundgeschäft designiert, sind Änderungen des beizulegenden Nettozeitwerts (welche sich auf das abgesicherte Risiko zurückführen lassen) nach Absicherungsbeginn als Vermögenswert oder Verbindlichkeit zu erfassen (▶ 3.16.8.1).

3.5.3.3 Ansatz derivativer Finanzinstrumente

Finanzderivate und im Anwendungsbereich von IAS 39 befindliche Derivate auf nicht-finanzielle Posten sind zum Verpflichtungs- bzw. Vertragstag und nicht erst am Erfüllungstag anzusetzen (IAS 39.AG35 (c)). Nicht zur Anwendung kommt die Regel allerdings für marktübliche Derivatekäufe oder

Ansatz zum Handelstag

Grundlagen zur Bilanzierung und Offenlegung

-verkäufe ohne zwischenzeitlichen Nettoausgleich wie z.B. den Kauf bzw. Verkauf eines (börsengehandelten) Währungs-Future (▶ 3.5.4.1; 3.5.4.2).[408]

Ferner ist zu beachten, dass die Rechte und Pflichten bei unbedingten Termingeschäften zum Vertragsabschluss des Öfteren dieselben beizulegenden Zeitwerte haben, sodass der in der Bilanz zu erfassende Nettozeitwert (dessen Vorzeichen die Einordnung als Vermögenswert oder Schuld bestimmt) 0 beträgt. Auch Optionsverträge, die im Anwendungsbereich des IAS 39 sind, werden als Vermögenswerte oder Verbindlichkeiten angesetzt, wenn der Inhaber oder Stillhalter Vertragspartei wird (IAS 39.AG35 (d)).

3.5.4 Ansatz marktüblicher Käufe oder Verkäufe

3.5.4.1 Begriff des marktüblichen Kaufs oder Verkaufs

Unter einem „marktüblichen Kauf oder Verkauf" („Regular Way Purchase or Sale") ist ein Kauf oder Verkauf eines finanziellen Vermögenswerts im Rahmen eines Vertrags zu verstehen, dessen Bedingungen die Lieferung des Vermögenswerts innerhalb eines Zeitraums vorsehen, der üblicherweise durch Vorschriften oder Konventionen des jeweiligen Markts festgelegt wird (IAS 39.9).

Kassageschäfte[409] stellen immer marktübliche Verträge dar. Marktübliche Verträge und Kassageschäfte können jedoch m.E. nicht als Synonym verwendet werden, da Erstere weiter gefasst sind.[410] So ist ein marktüblicher Vertrag nicht auf einen formalen Handelsplatz oder einen organisierten Over-the-Counter-Markt (▶ 2.3.3) beschränkt: Auch ein Kontrakt über den Kauf oder Verkauf von Unternehmensanteilen, den man innerhalb einer marktüblichen Zeitspanne abwickelt, wird als solcher angesehen (IAS 39.IG B.28).

Zwar entsteht durch einen marktüblichen Vertrag zwischen Handels- und Erfüllungstag eine Festpreisvereinbarung, womit formal die Definitionsmerkmale eines derivativen Finanzinstruments bzw. Termingeschäfts erfüllt sind. Wegen der kurzen Dauer des Kauf- oder Verkaufkontrakts wird dieser allerdings nicht als Derivat behandelt (IAS 39.AG12).

Keine marktüblichen Verträge

Verträge, die keine tatsächliche Lieferung, sondern einen Nettoausgleich für eine Änderung des Vertragswerts vorschreiben oder gestatten, stellen nach IAS 39.AG54 keine marktüblichen Kauf- oder Verkaufsvereinbarungen dar.

---

[408] Vgl. dazu auch LÜDENBACH (2012d) Rz. 55.
[409] Siehe zur Abgrenzung von Kassa- und Termingeschäften Abschnitt 2.3.1 und 2.6.1.
[410] A.A. offensichtlich KUHN/SCHARPF (2006), Rz. 385; HEUSER/THEILE (2012), Rz. 2460.

Derartige Kontrakte sind zwischen Handels- und Erfüllungstag wie ein derivatives Finanzinstrument (▶ 3.5.3.3) zu bilanzieren.

3.5.4.2 Alternative Ansatzzeitpunkte

In Bezug auf den Ansatzzeitpunkt marktüblicher Käufe oder Verkäufe hat das Unternehmen das Wahlrecht zur Erfassung zum Handels- oder zum Erfüllungstag (IAS 39.38; Praxisbeispiele ▶ 6.4.10).[411] Dieses muss für jede Bewertungskategorie finanzieller Vermögenswerte gesondert und stetig ausgeübt werden (IAS 39.AG53).[412]

Wahlrecht zwischen Handels- und Erfüllungstag

3.5.4.3 Angabepflichten

Im Rahmen der Angaben zu Ansatz- und Bewertungsmethoden (IFRS 7.21 m.V.a. IAS 1.117) ist anzugeben, ob marktübliche Käufe und Verkäufe von finanziellen Vermögenswerten zum Handels- oder Erfüllungstag bilanziert werden (IFRS 7.B5 (c)).

3.5.5 Besonderheiten bei Unternehmenszusammenschlüssen

Bei einem Unternehmenszusammenschluss (▶ 3.3.6.12) hat der Erwerber – im Rahmen des Ansatzes und der Bewertung des Nettovermögens und der nicht-beherrschenden Anteile – zum Erwerbszeitpunkt die erworbenen identifizierbaren Vermögenswerte, die übernommenen Schulden und alle nicht-beherrschenden Anteile an dem erworbenen Unternehmen getrennt vom Geschäfts- oder Firmenwert anzusetzen (IFRS 3.10). Insofern ist der Ansatz von finanziellen Vermögenswerten und finanziellen Verbindlichkeiten in Verbindung mit einem Unternehmenszusammenschluss nach den Regelungen des IFRS 3 (und nicht gemäß IAS 39) vorzunehmen. Nach IFRS 3.11, 12 sind die Posten dann anzusetzen, wenn die Kriterien des Rahmenkonzepts (wahrscheinlicher Nutzenzufluss bzw. -abfluss, zuverlässige Bewertbarkeit) erfüllt werden und man sie als Teil des Unternehmenszusammenschlusses identifizieren kann.

---

[411] Dieses Wahlrecht besteht laut dem IFRIC sowohl für Kaufpositionen als auch für Leerverkäufe (siehe dazu Abschnitt 3.4.3.4), vgl. dazu SCHREIBER (2007), Rz. 75-78. Gl.A. KPMG IFRG LIMITED (2006), S. 35.
[412] Zu Handelszwecken gehaltene und unter Anwendung der Fair-Value-Option designierte finanzielle Vermögenswerte der Bewertungskategorie FAFVPL gelten dabei als separate Bewertungskategorien.

3.6 Bilanzausweis

3.6.1 Saldierung

Bedingte Saldierungspflicht

Finanzielle Vermögenswerte und finanzielle Verbindlichkeiten sind gemäß IAS 32.42 ausschließlich dann zu saldieren, wenn

- zum gegenwärtigen Zeitpunkt ein einklagbares Recht zur Aufrechnung besteht und
- die Absicht existiert, entweder den Ausgleich auf Nettobasis herbeizuführen oder gleichzeitig mit der Verwertung des betreffenden Vermögenswerts die dazugehörige Verbindlichkeit zu erfüllen.[413]

Unabhängig davon, ob die beiden Voraussetzungen zutreffen oder nicht, besteht gemäß IAS 32.42 ein Saldierungsverbot für einen übertragenen finanziellen Vermögenswert, falls die Übertragung nicht zur Ausbuchung führt (▶ 3.13.1).[414]

Das erstgenannte Kriterium wird nur erfüllt, wenn das Aufrechnungsrecht nicht vom Eintritt eines künftigen Ereignisses abhängig (d.h. unbedingt) ist sowie vom Unternehmen und von allen Gegenparteien sowohl im Rahmen des gewöhnlichen Geschäftsverlaufs als auch im Fall eines Zahlungsausfalls oder einer Insolvenz eingeklagt werden kann (IAS 32.AG38A, AG38B).[415]

Die bloße Absicht einer oder beider Vertragsparteien, Forderungen und Schulden auf Nettobasis ohne rechtlich bindende Vereinbarung auszugleichen, stellt keine ausreichende Grundlage für eine bilanzielle Saldierung dar, da die mit den einzelnen finanziellen Vermögenswerten und finanziellen Verbindlichkeiten verbundenen Rechte und Verpflichtungen unverändert fortbestehen (IAS 32.46).

Saldierungsverbote

IAS 32.49 führt Finanzinstrumente-Kombinationen auf, bei denen eine Verrechnung für gewöhnlich nicht möglich ist. Für Nicht-Banken sind insbesondere die folgenden Saldierungsverbote relevant:

- Finanzinstrumente, die kombiniert werden, um die Merkmale eines einzelnen Finanzinstruments nachzubilden (z.B. Konvertierung einer variabel verzinslichen in eine fest verzinsliche Anleihe mittels Zinsswap);

---

[413] Nach IAS 32.48 kann der gleichzeitige Ausgleich von 2 Finanzinstrumenten z.B. durch direkten Austausch oder über eine Clearingstelle in einem organisierten Finanzmarkt erfolgen.
[414] Vgl. MENTZ (2009), Rz. 290; ERNST & YOUNG LLP (2012b), S. 3491 und S. 3270.
[415] Dies wurde durch das Amendment zu IAS 32 „Offsetting Financial Assets and Financial Liabilities" klargestellt und gilt gemäß IAS 32.97L mit retrospektiver Anwendung für Geschäftsjahre, die am oder nach dem 1. Januar 2014 beginnen.

3.6 Bilanzausweis

■ finanzielle oder andere Vermögenswerte, die als Sicherheit für finanzielle Verbindlichkeiten ohne Rückgriff verpfändet wurden.

Globalverrechnungsverträge (-vereinbarungen)[416] stellen grundsätzlich keine ausreichende Saldierungsgrundlage dar, da derartige Kontrakte nur bedingte Aufrechnungsrechte als Folge spezifizierter Ereignisse oder Zahlungsausfälle gewähren (IAS 32.50, AG38A, AG38B).

Angabepflichten

Über das Amendment zu IFRS 7 „Disclosures – Offsetting Financial Assets and Financial Liabilities" werden Angaben zur Saldierung von finanziellen Vermögenswerten und finanziellen Verbindlichkeiten verlangt.[417] Dies betrifft zum einen tatsächlich gemäß IAS 32.42 saldierte Posten. Zum anderen unterliegen auch bilanzierte Finanzinstrumente, die in Globalverrechnungsverträge oder ähnliche Vereinbarungen (wie z.B. Verrechnungsabkommen und Sicherheitenstellungen zu Derivaten) eingebunden und ggf. nicht zu saldieren sind, den Anforderungen (IFRS 7.13A, B40, B41).

Im Einzelnen müssen – in tabellarischer Form und getrennt nach bilanzierten finanziellen Vermögenswerten und finanziellen Verbindlichkeiten – die folgenden quantitativen Informationen offen gelegt werden (IFRS 7.13C):

■ (a) die Bruttobuchwerte der finanziellen Vermögenswerte und der finanziellen Verbindlichkeiten;

■ (b) die Bruttobuchwerte der mit den Bruttobuchwerten der finanziellen Vermögenswerte (finanziellen Verbindlichkeiten) in (a) gemäß IAS 32.42 saldierten finanziellen Verbindlichkeiten (finanziellen Vermögenswerte), d.h. diejenigen Beträge, welche zur Bestimmung der in der Bilanz ausgewiesenen Nettobuchwerte herangezogen werden;[418]

■ (c) die in der Bilanz ausgewiesenen Nettobuchwerte als Differenz zwischen den Beträgen aus (a) und (b);[419]

---

[416] Dabei handelt es sich um Rahmenverträge, die üblicherweise abgeschlossen werden, wenn ein Unternehmen eine Reihe von Finanzinstrumente-Geschäften mit einem einzigen Kontraktpartner eingeht. Im Fall der Nichtzahlung oder Kündigung eines einzigen dieser Instrumente sieht ein Globalverrechnungsvertrag die sofortige Abwicklung *aller* Finanzinstrumente vor.

[417] Die Änderungen sind rückwirkend für Geschäftsjahre anzuwenden, die am oder nach dem 1. Januar 2013 beginnen, sowie für die in diesem Geschäftsjahr liegenden Zwischenperioden (IFRS 7.44R).

[418] Bei der Ermittlung ist zu beachten, dass die jeweiligen zu saldierenden Bruttobuchwerte gemäß IFRS 7.B44 auf den Bruttobuchwert des Postens, mit dem saldiert wird, zu begrenzen sind (d.h. bei der Saldierung pro Posten – Betrag aus IFRS 7.13C (a) zuzüglich gegenläufiger Betrag aus IFRS 7.13C (b) – darf sich kein Vorzeichenwechsel ergeben). Siehe dazu auch das Beispiel in Tabelle 3-8.

[419] Zusätzlich wird über IFRS 7.B46 eine Überleitung der gemäß IFRS 7.13C (c) anzugebenden Nettobuchwerte zu den jeweiligen Bilanzposten verlangt.

Grundlagen zur Bilanzierung und Offenlegung

- (d) die Beträge, die einem Globalverrechnungsvertrag oder einer ähnlichen Vereinbarung unterliegen und nicht zur Bestimmung der Nettobuchwerte (siehe (b)) herangezogen werden, inklusive

    - (i) Beträge in Verbindung mit bilanzierten Finanzinstrumenten, die nicht die Saldierungskriterien in IAS 32.42 erfüllen;

    - (ii) Beträge für erhaltene und bereitgestellte finanzielle Sicherheiten (einschließlich Barsicherheiten);[420]

- (e) die Differenzbeträge der über (c) angegebenen Beträge nach Abzug der über (d) angegebenen Beträge.

Die über IFRS 7.13C (a) bis (c) verlangten tabellarischen Angaben sind in jedem Fall nach Arten von Finanzinstrumenten bzw. Transaktionen zu gruppieren; die Anforderungen gemäß IFRS 7.13C (c) bis (e) können alternativ ebenso nach Gegenparteien gegliedert werden (IFRS 7.B51, B52; siehe auch IFRS 7.IG40D).

Darüber hinaus muss nach IFRS 7.13E für die gemäß IFRS 7.13C (d) offen gelegten Beträge eine Beschreibung der Aufrechnungsrechte inklusive Angaben zur Art dieser Rechte erfolgen. Hierbei kann das Unternehmen gemäß IFRS 7.B50 bspw. die bedingten Aufrechnungsrechte skizzieren, die Gründe für eine Nicht-Saldierung von Instrumenten mit unbedingten Aufrechnungsrechten nennen oder bei erhaltenen bzw. begebenen Sicherheiten deren Bedingungen (z.B. ob die Sicherheiten Einschränkungen haben) erörtern.

Wird zur Darstellung der quantitativen und qualitativen Angaben auf mehrere Anhänge zurückgegriffen, sind diese über Verweise zu verknüpfen (IFRS 7.13F).

Wie den quantitativen Offenlegungsvorschriften in IFRS 7.13C im Fall von derivativen finanziellen Vermögenswerten und Verbindlichkeiten nachgekommen werden kann, wird über Tabelle 3-8 verdeutlicht. Das Beispiel ist angelehnt an IFRS 7.IG40D.

---

[420] Vgl. auch IFRS 7.B48. Bei der Bestimmung hat man zu beachten, dass der pro Instrument gemäß IFRS 7.13C (d) insgesamt angegebene Betrag (d.h. für (i) und für (ii)) auf den für dieses Instrument über IFRS 7.13C (c) angegebenen Betrag begrenzt werden muss (IFRS 7.13D). Ggf. ist dabei bereits der Betrag nach IFRS 7.13C (d) (i) zu deckeln; der Betrag gemäß IFRS 7.13C (d) (ii) liegt dann bei 0. Sofern die Notwendigkeit zur Deckelung nicht schon beim nach IFRS 7.13C (d) (i) angebenden Betrag besteht, muss ggf. der gemäß IFRS 7.13C (d) (ii) angegebene Betrag limitiert werden. Hierfür ist der Betrag nach IFRS 7.13C (d) (i) vom Betrag gemäß IFRS 7.13C (c) abzuziehen; der Betrag nach IFRS 7.13C (d) (ii) wird auf diese Differenz limitiert (IFRS 7.B49). Eine solche Limitierung besteht allerdings nicht, wenn sich die Sicherheiten Finanzinstrumente-übergreifend durchsetzen lassen. Siehe dazu auch das Beispiel in Tabelle 3-8.

Bilanzausweis

3.6

Angaben bei der Saldierung von Finanzinstrumenten nach IFRS 7.13C — *Tabelle 3-8*

Sachverhalt

Zum 31.12.X1 hat das Unternehmen die folgenden derivativen Finanzinstrumente in Bestand:

- mit Gegenpartei A: Zinsderivat mit positivem Marktwert von 100 Mio. €, Zinsderivat mit negativem Marktwert von 80 Mio. €; Saldierungspflicht gemäß IAS 32.42 und damit Nettoausweis als finanzieller Vermögenswert von 20 Mio. €; dabei erhaltene Barsicherheiten von 10 Mio. €, die nicht saldierungspflichtig sind, jedoch im Insolvenzfall aufgerechnet werden können;
- mit Gegenpartei B: Zinsderivat mit positivem Marktwert von 100 Mio. €, Zinsderivat mit negativem Marktwert von 80 Mio. €; keine Saldierungspflicht gemäß IAS 32.42 und damit Bruttoausweis (finanzieller Vermögenswert von 100 Mio. €, finanzielle Verbindlichkeit von 80 Mio. €), aber Aufrechnungsmöglichkeit im Insolvenzfall; dabei erhaltene Barsicherheiten von 20 Mio. €, die nicht saldierungspflichtig sind, jedoch im Insolvenzfall aufgerechnet werden können;
- mit Gegenpartei C: Währungsderivat mit positivem Marktwert von 40 Mio. €, Währungsderivat mit negativem Marktwert von 50 Mio. €; Saldierungspflicht gemäß IAS 32.42 und damit Nettoausweis als finanzielle Verbindlichkeit von 10 Mio. €; dabei bereitgestellte Barsicherheiten von 20 Mio. €, die nicht saldierungspflichtig sind, jedoch im Insolvenzfall aufgerechnet werden können.

Angaben zu finanziellen Vermögenswerten zum 31.12.X1

	(1) IFRS 7.13C (a)	(2) IFRS 7.13C (b)	(3) = (1) ./. (2) IFRS 7.13C (c)	(4) IFRS 7.13C (d) (i)	(4) IFRS 7.13C (d) (ii)	(5) = (3) ./. (4) IFRS 7.13C (e)
Zinsderivate	200 Mio. €	-80 Mio. €	120 Mio. €	-80 Mio. €	-30 Mio. €	10 Mio. €
davon gegen A	100 Mio. €	-80 Mio. €	20 Mio. €	0 Mio. €	-10 Mio. €	10 Mio. €
davon gegen B	100 Mio. €	0 Mio. €	100 Mio. €	-80 Mio. €	-20 Mio. €	0 Mio. €
Währungsderivate	40 Mio. €	-40 Mio. €[a]	0 Mio. €	0 Mio. €	0 Mio. €[b]	0 Mio. €
∑	240 Mio. €	-120 Mio. €	120 Mio. €	-80 Mio. €	-30 Mio. €	10 Mio. €

Angaben zu finanziellen Verbindlichkeiten zum 31.12.X1

	(1) IFRS 7.13C (a)	(2) IFRS 7.13C (b)	(3) = (1) ./. (2) IFRS 7.13C (c)	(4) IFRS 7.13C (d) (i)	(4) IFRS 7.13C (d) (ii)	(5) = (3) ./. (4) IFRS 7.13C (e)
Zinsderivate	160 Mio. €	-80 Mio. €	80 Mio. €	-80 Mio. €	0 Mio. €	0 Mio. €
davon gegen A	80 Mio. €	-80 Mio. €[a]	0 Mio. €	0 Mio. €	0 Mio. €[d]	0 Mio. €
davon gegen B	80 Mio. €	0 Mio. €	80 Mio. €	-80 Mio. €[c]	0 Mio. €[d]	0 Mio. €
Währungsderivate	50 Mio. €	-40 Mio. €	10 Mio. €	0 Mio. €	-10 Mio. €[c]	0 Mio. €
∑	210 Mio. €	-120 Mio. €	90 Mio. €	-80 Mio. €	-10 Mio. €	0 Mio. €

a Deckelung gemäß IFRS 7.B44 auf den in Spalte (1) angegebenen Betrag, siehe Fn. 418
b da bereitgestellte Sicherheit und damit in Bezug auf den finanziellen Vermögenswert nicht gegenläufig
c Deckelung gemäß IFRS 7.13D bzw. IFRS 7.B49 auf den in Spalte (3) angegebenen Betrag, siehe Fn. 420
d da erhaltene Sicherheit und damit in Bezug auf die finanzielle Verbindlichkeit nicht gegenläufig

3.6.2 Änderung des Aktiv/Passiv-Ausweises

Wird ein zum beizulegenden Zeitwert bewertetes Finanzinstrument zunächst als finanzieller Vermögenswert angesetzt und der beizulegende Zeitwert fällt in der Folge unter 0, so ist es als finanzielle Verbindlichkeit auszuweisen (IAS 39.AG66). Im Umkehrschluss sind finanzielle Verbindlichkeiten, die später einen positiven beizulegenden Zeitwert haben, als finanzielle Vermögenswerte zu bilanzieren.

3.6.3 Fristigkeitseinstufung

Wie alle Vermögenswerte und Schulden müssen auch Finanzinstrumente entsprechend ihrer Fristigkeit („kurzfristig" bzw. „current" versus „langfristig" bzw. „non-current") ausgewiesen werden (▶ 4.1.1.1). Dies setzt eine vorherige Einstufung voraus. Die dafür einschlägigen Regeln finden sich in IAS 1.

Einstufungskriterien für finanzielle Vermögenswerte

Finanzielle Vermögenswerte sind gemäß IAS 1.66 als kurzfristig einzustufen, wenn

- deren Realisierung innerhalb des normalen Geschäftszyklus bzw. innerhalb von 12 Monaten nach dem Abschlussstichtag erwartet wird, oder man sie zum Verkauf oder Verbrauch innerhalb des normalen Geschäftszyklus hält;[421]

- sie primär zu Handelszwecken gehalten werden;

- es sich um Zahlungsmittel oder Zahlungsmitteläquivalente (▶ 6.1) handelt – außer deren Verwendung ist für einen Zeitraum von mindestens 12 Monaten nach dem Abschlussstichtag eingeschränkt.

Falls ein finanzieller Vermögenswert diese Kriterien nicht erfüllt, hat man ihn dem langfristigen Bereich zuzuordnen. Ferner gehört gemäß IAS 1.68 der kurzfristige Teil eines langfristigen Postens ebenfalls zu den kurzfristigen Vermögenswerten, womit ein einzelner finanzieller Vermögenswert grundsätzlich auch in seine Fristigkeitskomponenten (langfristiger versus kurzfristiger Teil) aufzuspalten ist.

---

[421] Ersteres hat zur Folge, dass Forderungen aus Lieferungen und Leistungen zwingend als kurzfristige finanzielle Vermögenswerte auszuweisen sind, siehe dazu Abschnitt 6.2.2.

Bilanzausweis

3.6

Für finanzielle Verbindlichkeiten ergibt sich nach IAS 1.69 eine zwingende kurzfristige Einstufung, sofern

- die Erfüllung der Schuld innerhalb des normalen Geschäftszyklus erwartet wird;[422]

- die Halteabsicht primär zu Handelszwecken besteht;

- die Schuld innerhalb von 12 Monaten nach dem Abschlussstichtag zur Begleichung fällig ist;

- das Unternehmen kein Recht oder nur ein eingeschränktes (d.h. an Bedingungen geknüpftes) Recht hat, die Erfüllung der Verpflichtung um mindestens 12 Monate nach dem Abschlussstichtag zu verschieben.[423]

Einstufungskriterien für finanzielle Verbindlichkeiten

Wiederum müssen finanzielle Verbindlichkeiten, auf welche die letztgenannten Kriterien nicht zutreffen, als langfristig eingestuft werden. Zudem wird ebenso eine Aufspaltung des kurzfristigen Teils langfristiger Posten verlangt (IAS 1.71). Dies ist insbesondere bei finanziellen Verbindlichkeiten mit ratierlicher oder annuitätischer Tilgung geboten.[424]

Eine Zuordnung zum kurzfristigen Bereich hat bei einer innerhalb von 12 Monaten nach dem Abschlussstichtag zur Begleichung fälligen Schuld gemäß IAS 1.72 (a) auch dann zu erfolgen, wenn die ursprüngliche Laufzeit über 12 Monaten liegt. Weitere Konkretisierungen der Einstufungskriterien werden in Bezug auf langfristige Refinanzierungen bzw. Umschuldungen sowie Verletzungen von langfristigen Kreditvereinbarungen gemacht.

So ergibt sich gemäß IAS 1.72 (b) bzw. IAS 1.73 eine zwingende Zuordnung zum kurzfristigen Bereich, wenn

- das Unternehmen eine langfristige Refinanzierungs- bzw. Umschuldungsvereinbarung der Zahlungsverpflichtungen nach dem Abschlussstichtag, aber vor Genehmigung des Abschlusses zur Veröffentlichung abschließt;[425]

- eine Refinanzierung bzw. Umschuldung bis zum Abschlussstichtag lediglich erwartet wird, sie jedoch nicht erzwingbar ist (d.h. zum Ab-

– bei langfristiger Refinanzierung/ Umschuldung

---

[422] Verbindlichkeiten aus Lieferungen und Leistungen müssen daher stets als kurzfristig eingestuft werden, siehe dazu Abschnitt 6.13.3.
[423] Hat der Gläubiger die Möglichkeit, die Erfüllung durch die Ausgabe von Eigenkapitalinstrumenten zu verlangen, beeinflusst dies die Fristigkeitseinstufung nicht. Damit kommt auch für die Fremdkapitalkomponente einer Wandelschuldverschreibung ein langfristiger Ausweis in Frage (siehe dazu Abschnitt 6.9.5).
[424] Vgl. FREIBERG (2010b), S. 142.
[425] Eine solche in diesem Zeitraum vorgenommene langfristige Refinanzierung bzw. Umschuldung eines Darlehens stellt nach IAS 1.76 (a) m.V.a. IAS 10 ein Ereignis nach der Berichtsperiode dar, welches zwar nicht zu Anpassungen in den Rechenwerken führt, jedoch die in IAS 10.21 aufgeführten Angabepflichten auslöst.

schlussstichtag keine konkrete bzw. vertraglich fixierte Refinanzierungs- oder Umschuldungsvereinbarung vorliegt);

- die Refinanzierungs- bzw. Umschuldungsvereinbarung dem Unternehmen zwar ein Recht zum Zahlungsaufschub über den 12-Monats-zeitraum hinaus einräumt, diese jedoch nicht einseitig bzw. nur eingeschränkt in Anspruch genommen werden kann. So resultiert bspw. eine kurzfristige Einstufung, falls dem Schuldner eine Kreditverlängerung unter dem Vorbehalt des Erreichens von Bedingungen gewährt wird, die er nicht alleine erfüllen kann oder bezüglich deren Erfüllung zum Abschlussstichtag Unsicherheiten bestehen.[426]

Umgekehrt ist für den Fall, dass ein Unternehmen eine Verlängerung bzw. Refinanzierung einer Kreditvereinbarung zum Abschlussstichtag nicht nur erwartet, sondern auch uneingeschränkt verlangen kann (d.h. zum Abschlussstichtag der Zahlungsaufschub über den 12-Monatszeitraum hinaus im alleinigen Ermessen des Schuldners liegt), die finanzielle Verbindlichkeit dem langfristigen Bereich zuzuordnen – selbst dann, wenn sie ansonsten innerhalb von 12 Monaten fällig wäre (IAS 1.73).[427]

Eine Anschlussfinanzierung mit einem vom ursprünglichen Gläubiger abweichenden Kreditgeber dürfte keinen langfristigen Ausweis zur Folge haben, da grundsätzlich zwei voneinander getrennt zu beurteilende Sachverhalte vorliegen.[428]

– bei Verletzung einer langfristigen Kreditvereinbarung

Eine kurzfristige Einstufung hat ferner zu erfolgen, sofern die Bestimmungen einer langfristigen Kreditvereinbarung am oder vor dem Abschlussstichtag verletzt werden, sodass die Schuld auf Verlangen sofort zur Rückzahlung fällig wird. Dies gilt selbst dann, wenn sich der Kreditgeber zwischen dem Abschlussstichtag und der Genehmigung zur Abschlussveröffentlichung infolge der Verletzung dazu bereiterklärt, die Rückzahlung nicht zu verlangen (IAS 1.74).[429]

Ist die finanzielle Verbindlichkeit mit einer Vertragsklausel ausgestattet, welche dem Gläubiger bei Nichteinhaltung einen sofortigen Rückzahlungsanspruch gewährt (z.B. eine Fälligstellung bei Nichteinhaltung von be-

---

[426] Vgl. hierzu FREIBERG (2010b), S. 143.
[427] Vgl. dazu auch FREIBERG (2010b), S. 142f. Über den IFRS-Überarbeitungsprozess 2012 (Änderungszyklus 2010-2012, siehe dazu Abschnitt 3.1.1) soll IAS 1.73 dahingehend konkretisiert werden, dass es sich um eine Refinanzierungsvereinbarung mit demselben Kreditgeber auf Basis gleicher oder ähnlicher Bedingungen handeln muss, damit eine langfristige Einstufung zu erfolgen hat.
[428] Vgl. FREIBERG (2010b), S. 143.
[429] Eine solche Behebung der Verletzung einer langfristigen Kreditvereinbarung löst gemäß IAS 1.76 (b) als Ereignis nach der Berichtsperiode über IAS 10 ebenfalls nur Angabepflichten (siehe Fn. 425) und keine Anpassungen in den Rechenwerken aus.

stimmten Finanzkennzahlen bzw. Financial Covenants ▶ 2.4.4.2), muss anhand der Gegebenheiten zum Abschlussstichtag untersucht werden, ob eine Verletzung der Bestimmungen vorliegt und man den Posten damit als kurzfristig einzustufen hat. Wird eine Vertragsverletzung, die bereits zum Abschlussstichtag bestand, erst nach dem Abschlussstichtag festgestellt, so führt dies gleichfalls zur kurzfristigen Einstufung, da bereits zum Abschlussstichtag kein uneingeschränktes Recht mehr zum Zahlungsaufschub bestand.[430]

Hingegen ist eine Zuordnung zum langfristigen Bereich geboten, sofern bei einer Vertragsverletzung der Kreditgeber bis zum Abschlussstichtag eine Nachfrist zu ihrer Behebung von mindestens 12 Monaten nach dem Abschlussstichtag bewilligt, innerhalb derer er eine sofortige Zahlung nicht verlangen kann (IAS 1.75). Erteilt der Kreditgeber die Nachfrist zur Behebung der Verletzung erst nach dem Abschlussstichtag, aber vor Genehmigung zur Abschlussveröffentlichung, hat allerdings eine kurzfristige Einstufung zu erfolgen.[431]

3.7 Umwidmungen

3.7.1 Begriff und Ursachen

Der Begriff der „Umwidmung" („Reclassification", auch „Neueinstufung") ist in den IFRS nicht definiert. In der Regel bezeichnet man damit denjenigen Vorgang, innerhalb dessen ein bereits erfasster finanzieller Vermögenswert einer neuen Bewertungskategorie zugeordnet wird.[432]

In der Literatur wird teilweise die Ansicht vertreten, dass der Tatbestand einer Umwidmung auch dann gegeben ist, wenn Neuzuordnungen innerhalb der Bewertungskategorie AfS, d.h. von der Unterkategorie AfSC zur Unterkategorie AfSFV und umgekehrt vorgenommen werden.

Sofern das Unternehmen gehaltene Eigenkapitalinstrumente außerhalb der Bewertungskategorien-Konzeption zu Anschaffungskosten gruppiert, ist ferner fraglich, ob auch Umgliederungen in und aus dieser Sondergruppe als Umwidmungen gelten.

Für eine Umwidmung kann generell Folgendes ursächlich sein:

---

[430] Vgl. FREIBERG (2010b), S. 143.
[431] Ferner liegt dann nach IAS 1.76 (c) m.V.a. IAS 10 ein Ereignis nach der Berichtsperiode vor, welches keine Anpassungen in den Rechenwerken, sondern nur Angabepflichten (siehe Fn. 425) bewirkt.
[432] Vgl. KUHN/SCHARPF (2006), Rz. 510. Umwidmungen von finanziellen Verbindlichkeiten sind nicht zulässig, vgl. HOMÖLLE (2008), Rz. 44.

Grundlagen zur Bilanzierung und Offenlegung

1. Die Merkmale des Postens oder die Unternehmensabsicht in Bezug auf den Posten haben sich im Zeitverlauf geändert, weswegen dieser nicht mehr die Zuordnungskriterien der bisherigen Bewertungskategorie erfüllt. Darunter sind bspw. folgende Sachverhalte zu fassen:

   - Für ein Instrument war der beizulegende Zeitwert ursprünglich verlässlich bestimmbar, dies ist jedoch aktuell nicht mehr der Fall.

   - Bislang konnte der beizulegende Zeitwert eines Postens verlässlich ermittelt werden, was aktuell, z.B. auf Grund des Wegfalls eines aktiven Markts, nicht mehr gegeben ist.[433]

   - Das Unternehmen hat – entgegen der ursprünglichen Intention – nicht die Absicht oder Fähigkeit, das Instrument auf absehbare Zeit oder bis zur Endfälligkeit zu halten.

   - Umgekehrt besteht später – abweichend zur Ausgangslage – eine Halteabsicht oder -fähigkeit auf absehbare Zeit bzw. bis zur Endfälligkeit.

   - Eine kurzfristige Gewinnerzielungs- bzw. Verkaufsabsicht in Bezug auf das Instrument liegt nicht mehr vor.

2. Eine Bewertungskategorie kann auf Grund einer Sperrung vorübergehend nicht genutzt werden; die darin subsumierten Posten sind umzugliedern.

3. Das Unternehmen setzt eine in der Vergangenheit gesperrte Bewertungskategorie erstmalig wieder ein.

Über den im Zuge des IFRS-Überarbeitungsprozesses 2008 (▶ 3.1.1) neu eingefügten IAS 39.50A stellt das IASB klar, dass eine Umwidmung nicht vorliegt, wenn ein im Rahmen der Bilanzierung von Sicherungsbeziehungen designiertes derivatives Sicherungsinstrument (▶ 3.16) nicht mehr als solches zu qualifizieren ist oder ein zunächst freistehendes Derivat Teil einer bilanziellen Sicherungsbeziehung wird.

3.7.2 Umwidmungsmöglichkeiten

3.7.2.1 Überblick

Umwidmungen sind auf Grund expliziter Verbote sowie bedingt durch die Zuordnungskriterien der Bewertungskategorien (▶ 3.4.3) nur eingeschränkt

---

[433] Das IDW (2011b), Rz. 87 hingegen vertritt nicht die Auffassung, dass ein späteres Verschwinden oder Entstehen eines aktiven Markts zu einer Umwidmung führt. Gl.A. DELOITTE LLP (2011b), S. 65.

3.7 Umwidmungen

durchführbar. Durch das Amendment zu IAS 39 „Reclassification of Financial Assets" wurden die diesbezüglichen Regeln erweitert. Tabelle 3-9 zeigt, welche Möglichkeiten für Neuzuordnungen in andere Bewertungskategorien bestehen.

Tabelle 3-9: Umwidmungsmöglichkeiten in andere Bewertungskategorien nach IAS 39.50-54

Ursprungs-Bewertungskategorie			Ziel-Bewertungskategorie					
			FAFVPL					
			Derivat	HfT (nicht-derivativ)	FVO	LaR	HtM	AfSFV	AfSC
	FAFVPL	Derivat		/		Verbot[a]			
		HfT (nicht-derivativ)				möglich[f]	möglich[g]	möglich[h]	möglich[e]
		FVO				Verbot[b]			
		LaR		Verbot[c]		/	?	?	Verbot[d]
		HtM				?	/	möglich[i]	
		AfSFV				möglich[j]	möglich[k]	/	möglich[e]
		AfSC				Verbot[d]	möglich[l]		/

a gemäß IAS 39.50 (a)   b gemäß IAS 39.50 (b)   c gemäß IAS 39.50 letzter Satz
d gemäß den LaR- bzw. HtM-Zuordnungskriterien (siehe dazu Abschnitt 3.4.3.1 bzw. 3.4.3.2) i.V.m. IAS 39.AG80
e gemäß IAS 39.54 i.V.m. IAS 39.AG80 Verpflichtung, wenn sich der beizulegende Zeitwert eines Eigenkapitalinstruments oder eines damit verbundenen Derivats nicht mehr verlässlich bestimmen lässt
f gemäß IAS 39.50 (c) i.V.m. IAS 39.50D mit folgenden Bedingungen:
- eine kurzfristige Verkaufs- oder Rückkaufsabsicht besteht nicht weiter
- die LaR-Zuordnungskriterien (siehe dazu Abschnitt 3.4.3.1) werden zum Umwidmungszeitpunkt erfüllt
- es besteht die Absicht und Fähigkeit, den Vermögenswert auf absehbare Zeit oder bis zur Endfälligkeit zu halten

g gemäß IAS 39.50 (c) i.V.m. IAS 39.50B mit folgenden Bedingungen:
- eine kurzfristige Verkaufs- oder Rückkaufsabsicht besteht nicht weiter
- unter außergewöhnlichen Umständen
- die HtM-Zuordnungskriterien (siehe dazu Abschnitt 3.4.3.2) sind zum Umwidmungszeitpunkt erfüllt

h gemäß IAS 39.50 (c) i.V.m. IAS 39.50B mit folgenden Bedingungen:
- eine kurzfristige Verkaufs- oder Rückkaufsabsicht besteht nicht weiter
- unter außergewöhnlichen Umständen

i gemäß IAS 39.51 Verpflichtung bei Änderung der Absicht oder Fähigkeit zum Halten bis zur Endfälligkeit (d.h. die Absicht und/oder Fähigkeit besteht jetzt nicht mehr)
gemäß IAS 39.52 Verpflichtung bei konzernweiter Sperrung der HtM-Bewertungskategorie

j gemäß IAS 39.50E mit folgenden Bedingungen:
- die LaR-Zuordnungskriterien (siehe dazu Abschnitt 3.4.3.1) werden zum Umwidmungszeitpunkt erfüllt
- es besteht die Absicht und Fähigkeit, den Vermögenswert auf absehbare Zeit oder bis zur Endfälligkeit zu halten

k gemäß IAS 39.54 mit folgenden Bedingungen:
- bei Änderung der Absicht oder Fähigkeit zum Halten bis zur Endfälligkeit (d.h. die Absicht und/oder Fähigkeit ist jetzt vorhanden)
- alle (weiteren) HtM-Zuordnungskriterien sind erfüllt

gemäß IAS 39.54 nach Ablauf der 2-jährigen Sperrfrist (Wiedereinstufung)

l gemäß IAS 39.53 Verpflichtung, wenn sich der beizulegende Zeitwert des Eigenkapitalinstruments oder des damit verbundenen Derivats wieder verlässlich bestimmen lässt

3.7.2.2 Umwidmungen aus der Bewertungskategorie FAFVPL

IAS 39.50 enthält ausdrückliche Umwidmungsverbote für Derivate sowie für über die Fair-Value-Option (FVO; ▶ 3.10.4) designierte finanzielle Vermögenswerte aus der Bewertungskategorie FAFVPL in die Bewertungskategorien LaR, HtM und AfSFV (siehe Buchstaben a und b in Tabelle 3-9). Neueinstufungen sind hingegen für nicht-derivative Posten aus der Bewertungskategorie FAFVPL (Unterkategorie HfT) möglich (siehe Buchstaben f, g, und h in Tabelle 3-9). Darüber hinaus ergibt sich ggf. eine verpflichtende Umwidmung in die Bewertungskategorie AfSC (siehe Buchstabe e in Tabelle 3-9).

Umwidmung aus HfT in LaR

Eine Neuzuordnung in die Bewertungskategorie LaR ist an die folgenden Bedingungen geknüpft (IAS 39.50 (c) i.V.m. IAS 39.50D):[434]

- Für den Posten besteht die kurzfristige Verkaufs- oder Rückkaufsabsicht nicht weiter.[435]

- Die LaR-Zuordnungskriterien (▶ 3.4.3.1) werden zum Umwidmungszeitpunkt erfüllt.[436]

- Es besteht die Absicht und Fähigkeit, den Posten auf absehbare Zeit oder bis zur Endfälligkeit zu halten.

IAS 39 enthält zum Begriff „auf absehbare Zeit" („Foreseeable Future") keine Konkretisierungen. Hat das Unternehmen die Absicht, den Posten kurzfristig bzw. bei einem entsprechenden Angebot zu verkaufen, steht dies einem Halten auf absehbare Zeit entgegen.[437]

Umwidmung aus HfT in HtM

In die Bewertungskategorie HtM kann umgewidmet werden, sofern die folgenden Voraussetzungen erfüllt sind (IAS 39.50 (c) i.V.m. IAS 39.50B):[438]

- Für den Posten besteht die kurzfristige Verkaufs- oder Rückkaufsabsicht nicht weiter.

- Die Neueinstufung hat im Rahmen von „außergewöhnlichen Umständen" zu erfolgen.

---

[434] Vgl. dazu auch IDW (2009c), Rz. 17 und Rz. 19; ECKES/WEIGEL (2009), S. 375; GILGENBERG/WEISS (2009), S. 185; KPMG IFRG LIMITED (2011), S. 1350 (7.4.220.20); LÜDENBACH (2012d), Rz. 184.

[435] Eine Rückkaufsabsicht kann eigentlich nicht bestehen, da eine solche nur bei finanziellen Verbindlichkeit möglich ist; diese können allerdings nicht umgewidmet werden, vgl. DELOITTE LLP (2011b), S. 86.

[436] Laut DELOITTE LLP (2011b), S. 87f. sowie ERNST & YOUNG LLP (2012b), S. 3054 kann man die Vorschrift auch so interpretieren, dass eine Erfüllung der LaR-Zuordnungskriterien zum Zeitpunkt der erstmaligen Erfassung vorherrschend sein muss.

[437] Vgl. IDW (2009c), Rz. 23; ECKES/WEIGEL (2009), S. 375.

[438] Vgl. hierzu ferner IDW (2009c), Rz. 11 und Rz. 15; ECKES/WEIGEL (2009), S. 374; GILGENBERG/WEISS (2009), S. 185.

- Die HtM-Zuordnungskriterien (▶ 3.4.3.2) sind zum Umwidmungszeitpunkt erfüllt.

Der Begriff „außergewöhnliche Umstände" („Rare Circumstances") wird in IAS 39.BC104D als singuläres, seltenes Ereignis beschrieben, welches in der nächsten Zeit höchst unwahrscheinlich eintritt. Als Beispiel dafür nennt das IASB die Finanzmarktkrise.[439]

Eine Umwidmung in die Bewertungskategorie AfSFV ist gemäß IAS 39.50 (c) i.V.m. IAS 39.50B möglich, wenn Folgendes vorliegt:[440]   *Umwidmung aus HfT in AfSFV*

- Für den Posten besteht die kurzfristige Verkaufs- oder Rückkaufsabsicht nicht weiter.
- Die Neueinstufung hat im Rahmen von „außergewöhnlichen Umständen" zu erfolgen.

Ferner müssen der Bewertungskategorie FAFVPL zugeordnete Eigenkapitalinstrumente oder mit solchen verbundene Derivate in die Bewertungskategorie AfSC umgegliedert werden, falls eine verlässliche Bestimmung des beizulegenden Zeitwerts später nicht mehr möglich ist (IAS 39.54 i.V.m. IAS 39.AG80).[441]   *Umwidmung aus FAFVPL in AfSC*

3.7.2.3 Umwidmungen aus den Bewertungskategorien LaR, HtM

Die Umwidmung aus den Bewertungskategorien LaR und HtM in die Bewertungskategorie FAFVPL wird nach IAS 39.50 untersagt (siehe Buchstabe c in Tabelle 3-9). Ebenso nicht möglich sind Neueinstufungen in die Bewertungskategorie AfSC (siehe Buchstabe d in Tabelle 3-9), da eine Bewertung zu Anschaffungskosten nur für Eigenkapitalinstrumente zulässig ist (IAS 39.AG80) und diese auf Grund der Zuordnungskriterien (▶ 3.4.3.1; 3.4.3.2) ursprünglich weder als LaR noch als HtM kategorisiert werden können.[442]

Hingegen besteht gemäß IAS 39.51 eine Umwidmungsverpflichtung von der Bewertungskategorie HtM in die Bewertungskategorie AfSFV, wenn eine entsprechende Änderung der Absicht oder Fähigkeit zum Halten des Postens bis zur Endfälligkeit vorliegt, d.h. die Absicht und/oder Fähigkeit jetzt   *Umwidmung aus HtM in AfSFV*

---

[439] Vgl. LÜDENBACH/FREIBERG (2008a), S. 388; IDW (2009c), Rz. 12; ECKES/WEIGEL (2009), S. 374; BARCKOW (2010), Rz. 185; PwC (2011a), S. 6027 (6.71.1) und ERNST & YOUNG LLP (2012b), S. 3056 jeweils m.V.a. IASB Press Release vom 13.10.08.
[440] Vgl. diesbezüglich auch IDW (2009c), Rz. 11; ECKES/WEIGEL (2009), S. 374; GILGENBERG/WEISS (2009), S. 185.
[441] Vgl. auch KPMG IFRG LIMITED (2011), S. 1350 (7.4.210.20) und S. 1353 (7.4.270.10).
[442] Gl.A. offensichtlich KPMG IFRG LIMITED (2011), S. 1350 (7.4.210.20).

nicht mehr besteht (siehe Buchstabe i in Tabelle 3-9).[443] Ferner muss nach IAS 39.52 von der Bewertungskategorie HtM in die Bewertungskategorie AfSFV umgegliedert werden, wenn das Unternehmen zu einer konzernweiten Sperrung der HtM-Bewertungskategorie (▶ 3.4.3.2) gezwungen ist und deshalb alle bislang darunter subsumierten Posten als AfSFV einzustufen sind (siehe Buchstabe i in Tabelle 3-9).[444]

Ob die Möglichkeit zur Umwidmung zwischen den Bewertungskategorien LaR und HtM besteht, lässt sich IAS 39 m.E. nicht explizit entnehmen.[445] Gleiches gilt für Neuzuordnungen von der Bewertungskategorie LaR in die Bewertungskategorie AfSFV.[446]

3.7.2.4 Umwidmungen aus der Bewertungskategorie AfS

Neuzuordnungen werden zudem von der Bewertungskategorie AfSFV in die Bewertungskategorie LaR oder in die Bewertungskategorie HtM zugelassen (siehe Buchstaben j und k in Tabelle 3-9). Bei den Tatbeständen, die zu einer Umwidmung innerhalb der Bewertungskategorie AfS führen (d.h. von AfSFV in AfSC und umgekehrt), liegt eine verpflichtende Neukategorisierung vor (siehe Buchstaben e und l in Tabelle 3-9). Umgliederungen von der Bewertungskategorie AfSC in die Bewertungskategorie LaR oder HtM sind unzulässig (siehe Buchstabe d in Tabelle 3-9), weil es sich bei dem Posten auf Grund der Anschaffungskostenbewertung um ein Eigenkapitalinstrument handeln muss (IAS 39.AG80) und dieses nicht die LaR- bzw. HtM-Zuordnungskriterien erfüllt.[447]

---

[443] Vgl. hierzu gleichfalls VON OERTZEN (2009b), Rz. 74; PwC (2011a), S. 6028 (6.73); FRIEDHOFF/BERGER (2011), Rz. 129; ERNST & YOUNG LLP (2012b), S. 3057; HEUSER/THEILE (2012), Rz. 2454 sowie generell LÜDENBACH/FREIBERG (2008b), S. 373; ECKES/WEIGEL (2009), S. 375.

[444] Vgl. GILGENBERG/WEISS (2009), S. 185; KPMG IFRG LIMITED (2011), S. 1352 (7.4.230.10) und S. 1345 (7.4.120.40); ERNST & YOUNG LLP (2012b), S. 3057.

[445] In der Literatur wird überwiegend von einem Umwidmungsverbot ausgegangen, vgl. dazu LÜDENBACH/FREIBERG (2008b), S. 373; ECKES/WEIGEL (2009), S. 375; KPMG IFRG LIMITED (2011), S. 1350 (7.4.210.20); DELOITTE LLP (2011b), S. 98; PwC (2011a), S. 6029 (6.74.3); LÜDENBACH (2012d), Rz. 187.

[446] Gl.A. GILGENBERG/WEISS (2009), S. 185. Auch diesbezüglich sehen LÜDENBACH/FREIBERG (2008b), S. 373; DELOITTE LLP (2011b), S. 98; LÜDENBACH (2012d), Rz. 187 ein Umwidmungsverbot. Laut KPMG IFRG LIMITED (2011), S. 1354 (7.4.290.10) ist eine Neuzuordnung nur gestattet, sofern auf absehbare Zeit wieder das Bestehen eines aktiven Markts angenommen werden kann. PwC (2011a), S. 6028 (6.72.1) sowie ERNST & YOUNG LLP (2012b), S. 3057 zufolge hat das Unternehmen ein (stetig auszuübendes) Wahlrecht zur Umwidmung, falls künftig ein aktiver Markt vorliegt.

[447] Ebenso offensichtlich KPMG IFRG LIMITED (2011), S. 1350 (7.4.210.20).

Eine Umwidmung in die Bewertungskategorie LaR ist beim Vorliegen der folgenden Bedingungen möglich (IAS 39.50E):[448]

Umwidmung aus AfSFV in LaR

- Die LaR-Zuordnungskriterien (▶ 3.4.3.1) werden zum Umwidmungszeitpunkt erfüllt.[449]

- Es besteht die Absicht und Fähigkeit, den Posten auf absehbare Zeit oder bis zur Endfälligkeit zu halten.

Die Möglichkeit zur Neuzuordnung von der Bewertungskategorie AfSFV in die Bewertungskategorie HtM ergibt sich zunächst im Fall einer Änderung der entsprechenden Absicht oder Fähigkeit zum Halten bis zur Endfälligkeit (d.h. die Absicht und/oder Fähigkeit ist nunmehr vorhanden). Dabei müssen die HtM-Zuordnungskriterien erfüllt sein. Zudem kann das Unternehmen einen zuvor auf Grund einer konzernweiten Sperrung der HtM-Bewertungskategorie umgewidmeten Posten nach Ablauf der 2-jährigen Sperrfrist wieder als HtM einstufen (IAS 39.54).[450]

Umwidmung aus AfSFV in HtM

Es besteht die Verpflichtung zur Neueinstufung eines Eigenkapitalinstruments (oder eines damit verbundenen Derivats) von der Bewertungskategorie AfSFV in die Bewertungskategorie AfSC, wenn für den Posten der beizulegende Zeitwert in der Folge nicht mehr verlässlich bestimmt werden kann (IAS 39.54).[451]

Umwidmung aus AfSFV in AfSC

Gleichfalls verpflichtend vorzunehmen ist eine Umwidmung von der Bewertungskategorie AfSC in die Bewertungskategorie AfSFV, wenn der beizulegende Zeitwert des Eigenkapitalinstruments oder des damit verbundenen Derivats sich zu einem späteren Zeitpunkt wieder verlässlich ermitteln lässt (IAS 39.53).[452]

Umwidmung aus AfSC in AfSFV

---

[448] Vgl. dazu auch IDW (2009c), Rz. 18; ECKES/WEIGEL (2009), S. 375; GILGENBERG/WEISS (2009), S. 185; KPMG IFRG LIMITED (2011), S. 1352 (7.4.250.10); PwC (2011a), S. 6028f. (6.74.1); LÜDENBACH (2012d), Rz. 184.

[449] DELOITTE LLP (2011b), S. 93 und ERNST & YOUNG LLP (2012b), S. 3057 zufolge lässt sich die Vorgabe alternativ auch so interpretieren, dass eine Erfüllung der LaR-Zuordnungskriterien zum Zeitpunkt der erstmaligen Erfassung erfolgen muss.

[450] Vgl. hierzu VON OERTZEN (2009b), Rz. 75; KPMG IFRG LIMITED (2011), S. 1353 (7.4.260.10); PwC (2011a), S. 6028 (6.74); FRIEDHOFF/BERGER (2011), Rz. 129; ERNST & YOUNG LLP (2012b), S. 3057; HEUSER/THEILE (2012), Rz. 2455 und generell LÜDENBACH/FREIBERG (2008b), S. 373; GILGENBERG/WEISS (2009), S. 185. Da eine Zuordnung zur HtM-Bewertungskategorie eine aktive Marktnotierung voraussetzt, kommt eine Umwidmung auf Grund einer nicht mehr verlässlichen Ermittelbarkeit des Fair Value (wie in IAS 39.54 beschrieben) nicht zum Tragen.

[451] Vgl. auch KPMG IFRG LIMITED (2011), S. 1350 (7.4.210.20) und S. 1353 (7.4.270.10); FRIEDHOFF/BERGER (2011), Rz. 129. Gemäß DELOITTE LLP (2011b), S. 92f. liegt hier keine Umwidmung vor, eine Neueinstufung sollte daher unterbleiben.

[452] Vgl. ferner KPMG IFRG LIMITED (2011), S. 1350 (7.4.210.20) und S. 1354 (7.4.270.20). DELOITTE LLP (2011b), S. 92 zufolge handelt es sich nicht um eine Umwidmung, die ursprüngliche Kategorisierung sollte beibehalten werden.

3.7.3 Angabepflichten

Sofern ein finanzieller Vermögenswert auf Grund einer Umwidmung

1. zu Anschaffungskosten oder fortgeführten Anschaffungskosten anstelle des beizulegenden Zeitwerts oder

2. zum beizulegenden Zeitwert anstelle von Anschaffungskosten oder fortgeführten Anschaffungskosten

bewertet wird, müssen der aus jeder Bewertungskategorie entfernte und der in jede Bewertungskategorie umgegliederte Betrag sowie die Gründe für die Neueinstufung angegeben werden (IFRS 7.12).

Mit Blick auf die im vorherigen Abschnitt diskutierten Umwidmungsmöglichkeiten betrifft 1. die in Tabelle 3-9 mit den Buchstaben j und k gekennzeichneten Neueinstufungen aus der Bewertungskategorie AfSFV in die Bewertungskategorien LaR und HtM. Zudem sind dies Umwidmungen von nicht-derivativen Posten aus der Bewertungskategorie FAFVPL (Unterkategorie HfT) in die Bewertungskategorien LaR, HtM und AfSC (siehe Buchstaben f, g und e in Tabelle 3-9). Darüber hinaus kann es sich um Umgliederungen innerhalb der Bewertungskategorie AfS handeln – d.h. von AfSFV zu AfSC (siehe Buchstabe e in Tabelle 3-9).

Unter die in 2. beschriebenen Umwidmungen fallen Umwidmungen aus der Bewertungskategorie HtM in die Bewertungskategorie AfSFV (siehe Buchstabe i in Tabelle 3-9). Auch sind wiederum Neueinstufungen innerhalb der AfS-Bewertungskategorie denkbar – d.h. von AfSC zu AfSFV (siehe Buchstabe l in Tabelle 3-9).[453]

Nutzt das Unternehmen eine der über das Amendment zu IAS 39 „Reclassification of Financial Assets" eingeführten Umwidmungsmöglichkeiten (siehe Buchstaben f bis h und j in Tabelle 3-9), so löst dies die in IFRS 7.12A (der über das gleichlautende Amendment zu IFRS 7 ergänzt wurde) aufgeführten Angabepflichten aus. Im Einzelnen sind offen zu legen:

- der umgegliederte Betrag für jede Bewertungskategorie;

- Buchwerte und beizulegende Zeitwerte der jemals neu zugeordneten Posten für die aktuelle Berichtsperiode bis zur Berichtperiode der Ausbuchung;

- bei Umwidmungen gemäß IAS 39.50B (siehe Buchstaben g und h in Tabelle 3-9): die außergewöhnlichen Umstände sowie die Fakten und

---

[453] Das IDW (2009a), Rz. 20 empfiehlt in diesem Fall – da fraglich ist, ob durch die Änderung des Bewertungsmaßstabs bereits eine Umwidmung vorliegt – die über IFRS 7.12 geforderten Angaben bereitzustellen.

Gegebenheiten, aus denen hervorgeht, dass diese außergewöhnlich waren;

- der in der Berichtsperiode der Neuzuordnung in der GuV oder im OCI erfasste Gewinn oder Verlust aus der Bewertung des Postens zum beizulegenden Zeitwert, einschließlich des dafür dort in der Vergleichsperiode gebuchten Betrags;

- für jede Berichtsperiode nach der Umwidmung (inklusive der Periode der Neukategorisierung) bis zur Ausbuchung: den Gewinn oder Verlust aus der Bewertung zum beizulegenden Zeitwert, der in der GuV oder im OCI erfasst worden wäre, wenn das Unternehmen den Posten nicht umgegliedert hätte, sowie den dort aus der Fair-Value-Bewertung tatsächlich gebuchten Betrag;

- der Effektivzinssatz und die geschätzten Beträge der Cashflows, die das Unternehmen zum Zeitpunkt der Neuzuordnung zu erzielen erhofft.

Überdies ist zu beachten, dass sich auch im Rahmen der Zwischenberichterstattung (▶ 3.1.1) Offenlegungserfordernisse ergeben, wenn Änderungen bei der Einstufung finanzieller Vermögenswerte erfolgen, die auf eine geänderte Zweckbestimmung oder Nutzung der Posten zurückzuführen sind (IAS 34.15B (l)).

3.8 Wertmaßstäbe

3.8.1 Überblick

Abbildung 3-11 zeigt die beiden in der Regel für Finanzinstrumente zur Anwendung kommenden Wertmaßstäbe sowie die nur für Eigenkapitalinstrumente vorgesehene Bewertungsgrundlage.

Wertmaßstäbe für Finanzinstrumente in IAS 39 *Abbildung 3-11*

Regelmäßig einzusetzende Wertmaßstäbe		Ausnahme
Beizulegender Zeitwert	Fortgeführte Anschaffungskosten	Anschaffungskosten

3.8.2 Beizulegender Zeitwert

3.8.2.1 Begriff

Vor Änderung durch IFRS 13

Der „beizulegende Zeitwert" („Fair Value") entspricht nach IAS 32 bzw. IAS 39 dem Betrag, zu dem zwischen sachverständigen, vertragswilligen und voneinander unabhängigen Geschäftspartnern ein Vermögenswert getauscht oder eine Schuld beglichen werden könnte (IAS 32.11; IAS 39.9).

Nach Änderung durch IFRS 13

Über IFRS 13 (▶ 3.1.2) wird diese Definition geändert. Danach ist der beizulegende Zeitwert der Preis, welcher zwischen den Marktteilnehmern im Rahmen einer geordneten Transaktion zum Bewertungstag bei einem Verkauf eines Vermögenswerts erhalten oder bei einer Übertragung einer Verbindlichkeit gezahlt werden müsste (IFRS 13.9, Anhang A). Zu den folgenden Definitionsmerkmalen enthält IFRS 13 weitere Hinweise:

- Bewertungsobjekt,
- geordnete Transaktion,
- Marktteilnehmer,
- Preis.

– Bewertungsobjekt

Eine Fair-Value-Bewertung bezieht sich auf einen spezifischen Vermögenswert oder eine spezifische Verbindlichkeit. Insofern müssen diejenigen Merkmale des Postens (z.B. Verkaufseinschränkungen) berücksichtigt werden, die auch Marktteilnehmer am Bewertungstag zur Preisfindung heranziehen würden (IFRS 13.11). Welchen Bewertungseffekt ein bestimmtes Merkmal hat, ist davon abhängig, wie dieses von den Marktteilnehmern in Betracht gezogen wird (IFRS 13.12). Die Charakteristika eines Vermögenswerts oder einer Verbindlichkeit können mithin dazu führen, dass Bewertungsanpassungen – z.B. auf Grund einer Kontrollprämie – vorgenommen werden. Solche Anpassungen müssen allerdings konsistent zur Aggregationsebene sein, die der für den Ansatz des Postens einschlägige IFRS vorsieht (IFRS 13.69, Anhang A). Denn die Fair-Value-Bewertung eines Vermögenswerts bzw. einer Verbindlichkeit erfolgt in Abhängigkeit davon, wie der Posten gemäß dem für Bilanzierungs- bzw. Angabezwecke relevanten Standard zusammengefasst wird, entweder auf Einzel- oder auf Gruppenbasis (IFRS 13.13, 14). Für Finanzinstrumente wird die Zeitbewertung damit überwiegend auf Grundlage der einzelnen Posten vorzunehmen sein; das in Bestand befindliche Volumen spielt für die Bewertung regelmäßig keine Rolle (IFRS 13.BC157).

Zur Bewertung von Verbindlichkeiten ist von der Annahme der Übertragung auszugehen. Dabei hat man zu unterstellen, dass die Verbindlichkeit bestehen bleibt, d.h. der Marktteilnehmer, an den sie übertragen würde, die Zahlungsverpflichtung erfüllen müsste. Es wird also lediglich angenommen,

3.8 Wertmaßstäbe

dass ein neuer Schuldner in die dem Posten zu Grunde liegenden Rechte und Pflichten eintritt.[454] Die Verbindlichkeit würde zum Bewertungstag weder glattgestellt noch anderweitig aufgelöst (IFRS 13.34). Zudem hat der beizulegende Zeitwert einer Verbindlichkeit die Auswirkungen des Risikos widerzuspiegeln, dass das Unternehmen die Verpflichtung nicht erfüllen könnte („Non-Performance Risk"; IFRS 13.42, Anhang A). Damit sind sowohl das eigene Kreditrisiko als auch alle anderen Faktoren, welche die vollständige Begleichung der Verbindlichkeit beeinflussen (wie z.B. Besicherungsmaßnahmen), bei der Fair-Value-Bewertung zu berücksichtigen (IFRS 13.43, IE32).[455] Da die Bewertung konsistent zur Aggregationsebene des Postens sein muss, bleiben jedoch gesondert bilanzierte Sicherheiten von Dritten (wie etwa vom Emittenten verpfändete Barmittel oder sonstige finanzielle Vermögenswerte ▶ 6.14) bei der Zeitwertbestimmung unberücksichtigt – und zwar auch dann, wenn eine rechtlich untrennbare Verbindung der Sicherheit zur Schuld besteht (IFRS 13.39 (b), 44).[456] Ebenfalls nicht einzubeziehen sind gesonderte Input-Daten oder Anpassungen, die vorhandene Übertragungseinschränkungen betreffen (IFRS 13.45). Das Non-Performance Risk ist vor und nach der Übertragung als identisch anzunehmen (IFRS 13.42).

Ferner muss die Zeitwertbestimmung in einer geordneten (auch „gewöhnlichen") Transaktion unter aktuellen Marktbedingungen durchgeführt werden (IFRS 13.15). Hierbei ist die Annahme zu Grunde zu legen, dass der Verkauf des Vermögenswerts bzw. die Übertragung der Verbindlichkeit auf dem entsprechenden „Hauptmarkt" („Principal Market") erfolgt (IFRS 13.16). Letzterer bezeichnet den Markt mit dem größten Handelsvolumen bzw. der höchsten Handelsaktivität für den jeweiligen Posten (IFRS 13 Anhang A). Sofern ein Hauptmarkt nicht existiert, muss der „vorteilhafteste Markt" („Most Advantageous Market") herangezogen werden (IFRS 13.16), also derjenige Markt, mit dem – nach Berücksichtigung von Transaktions- und Transportkosten – die Einnahmen aus dem Verkauf eines Vermögenswerts maximiert bzw. die Ausgaben zur Übertragung der Verbindlichkeit minimiert würden (IFRS 13 Anhang A).

– geordnete Transaktion

Um den Hauptmarkt (bzw. ersatzweise den vorteilhaftesten Markt) zu identifizieren, hat man keine vollständige Analyse bezüglich aller möglichen Märkte vorzunehmen, es sind jedoch alle Informationen einzubeziehen, die in vernünftiger Weise zur Verfügung stehen. Im Regelfall kann der Markt, in dem das Unternehmen die Transaktion für gewöhnlich durchführt, als

---

454 Vgl. GROßE (2011), S. 289.
455 Vgl. ferner HITZ/ZACHOW (2011), S. 968. Siehe dazu auch das Beispiel in IFRS 13.IE43-IE47.
456 Vgl. auch KIRSCH/KÖHLING/DETTENRIEDER (2011), Rz. 139. Ist die Sicherheit rechtlich untrennbar mit der Verbindlichkeit verbunden, kommen die Angabepflichten in IFRS 13.98 zum Tragen (siehe dazu Abschnitt 3.8.2.6).

3 Grundlagen zur Bilanzierung und Offenlegung

Hauptmarkt (bzw. wenn dieser nicht existiert, als vorteilhaftester Markt) angenommen werden (IFRS 13.17). Liegt ein Hauptmarkt vor, spiegelt der dort festgestellte Preis – unabhängig davon, ob er direkt beobachtbar ist oder über eine andere Bewertungstechnik geschätzt wird – den beizulegenden Zeitwert wider (IFRS 13.18). Voraussetzung ist dabei, dass das Unternehmen auch tatsächlich Zugang zu diesem Markt hat (IFRS 13.19). Die Fähigkeit zur Veräußerung oder Übertragung des Postens zum Bewertungstag spielt hingegen bei der Frage, ob ein Marktpreis verwendet werden kann, keine Rolle (IFRS 13.20).

– Marktteilnehmer

Bei der Zeitwertbestimmung ist darüber hinaus von den Annahmen auszugehen, die Marktteilnehmer zur Preisbildung heranziehen – hierbei unterstellt, dass sie im wirtschaftlich besten Interesse handeln (IFRS 13.22). Marktteilnehmer werden in IFRS 13 Anhang A beschrieben als unabhängige und sachkundige Käufer oder Verkäufer, die sowohl fähig als auch gewillt sind, eine Transaktion durchzuführen.

Zur Entwicklung der Annahmen müssen keine spezifischen Marktteilnehmer identifiziert werden. Stattdessen wird verlangt, dass man Merkmale bestimmt, mit Hilfe derer sich Marktteilnehmer generell abgrenzen lassen. Dabei sind das Bewertungsobjekt (der Vermögenswert oder die Verbindlichkeit) und der Markt dafür sowie die für die jeweilige Transaktion möglichen Marktteilnehmer zu berücksichtigen (IFRS 13.23).

– Preis

Bei dem Preis handelt es sich gemäß IFRS 13.24 um einen Verkaufs- bzw. Übertragungspreis („Exit Price"). Nicht gemeint ist der Zugangspreis („Entry Price"), den IFRS 13 in Anhang A definiert als Preis, der im Rahmen einer Tauschtransaktion für den Erwerb eines Vermögenswerts gezahlt bzw. bei der Übernahme einer Verbindlichkeit erhalten wird.

Der Preis darf nicht um etwaige Transaktionskosten angepasst werden (IFRS 13.25). Gemäß IAS 39.43 sind allerdings zur Erstbewertung von nicht erfolgswirksam zum beizulegenden Zeitwert bewerteten Posten entsprechende Anpassungen vorzunehmen (▶ 3.9.5). IFRS 13 enthält eine eigene Definition zu Transaktionskosten, welche die diesbezügliche Begriffsbestimmung in IAS 39.9 nicht ersetzt.[457]

3.8.2.2 Bewertungstechniken

Verwendung von Input-Daten

Die Bestimmung des beizulegenden Zeitwerts erfolgt gemäß IFRS 13 über Bewertungstechniken bzw. Bewertungsverfahren („Valuation Techniques"; auch „Bewertungsmethoden"). Diesen liegen Bewertungsparameter zu Grunde, die in IFRS 13 als Input-Daten bzw. Input-Faktoren („Inputs") bezeichnet werden. Dabei handelt es sich um diejenigen Annahmen, welche

---
[457] Siehe dazu weiterführend Abschnitt 3.14.2.

Wertmaßstäbe **3.8**

Marktteilnehmer zur Preisfindung des Vermögenswerts oder der Verbindlichkeit heranziehen würden, einschließlich der Annahmen zum Risiko bezüglich des Bewertungsverfahren an sich oder der verwendeten Parameter (IFRS 13 Anhang A).

Eine Bewertungstechnik anzuwenden bedeutet also einerseits, den beizulegenden Zeitwert indirekt zu bestimmen, indem man Input-Daten in ein Berechnungsmodell einfließen lässt. Andererseits kann aber auch eine direkte Ableitung durch die Verwendung von notierten Marktpreisen identischer Posten als Anwendung eines Bewertungsverfahrens interpretiert werden – eben nur unter Berücksichtigung der Preisnotierung als einzigem Bewertungsparameter.[458]

Direkte versus indirekte Bewertung

IFRS 13 definiert und beschreibt in Anhang A bzw. über IFRS 13.B5-B11 3 Bewertungsansätze: den „Market Approach", den „Cost Approach" und den „Income Approach". Für Finanzinstrumente sind diese beiden Varianten einschlägig:

Bewertungsansätze

- „Market Approach": Verwendung von Preisen und anderen relevanten Informationen aus Markttransaktionen unter Einbeziehung von identischen oder vergleichbaren (d.h. ähnlichen) Vermögenswerten, Verbindlichkeiten oder Gruppen davon (z.B. Anwendung von Marktmultiplikatoren).

- „Income Approach": Diskontierung künftiger Beträge (z.B. Cashflows) zu einem Barwert, der dann die aktuellen Markterwartungen über die künftigen Beträge widerspiegelt (z.B. Anwendung von Barwertkalkülen oder Optionspreismodellen).[459]

Laut IAS 39.AG74, der über IFRS 13 gelöscht wird, ist unter dem Rückgriff auf ein Bewertungsverfahren das Folgende zu verstehen:

- Verwendung der jüngsten Geschäftsvorfälle zwischen sachverständigen, vertragswilligen und unabhängigen Geschäftspartnern;

- Vergleich mit dem beizulegenden Zeitwert eines anderen (weitgehend identischen) Finanzinstruments;

- Analyse diskontierter Cashflows;

- Einsatz von Optionspreismodellen.

---

[458] Vgl. GROßE (2011), S. 290f. m.V.a. IFRS 13.76; DELOITTE LLP (2011b), S. 368. Dementgegen stellen Bewertungsmethoden gemäß IFRS 13.76 eigentlich auf hypothetische Transaktionen ab, was bei Preisnotierungen nicht gegeben ist. Zudem kann über IFRS 13.BC166 geschlossen werden, dass Marktpreise keine Input-Daten, sondern Fair Values darstellen, vgl. GROßE (2011), S. 291.
[459] Hinweise zur Anwendung von Barwerttechniken finden sich in IFRS 13.B12-B30.

Auswahlkriterien — Die Auswahl der Bewertungstechnik hängt bei Anwendung von IFRS 13 im Wesentlichen von der Verfügbarkeit der Input-Daten ab, wobei die Verwendung von über Märkte beobachtbaren Input-Daten zu maximieren und der Einsatz von darüber nicht-beobachtbaren (d.h. unternehmensspezifischen) Input-Daten zu minimieren ist (IFRS 13.61, 67, 36).[460]

Bei der Bewertung von Verbindlichkeiten gelten für diejenigen Fälle, bei denen notierte Marktpreise für die Übertragung von identischen oder ähnlichen Verbindlichkeiten nicht verfügbar sind, die folgenden Vorgaben (IFRS 13.37-41):

- Wird der identische Posten von einer anderen Partei als Vermögenswert gehalten, erfolgt die Fair-Value-Bewertung der Verbindlichkeit aus der Perspektive dieses Marktteilnehmers (dem Gläubiger), d.h. man leitet den beizulegenden Zeitwert über den Vermögenswert ab. Dabei muss zunächst auf einen notierten Marktpreis in einem aktiven Markt für einen identischen Vermögenswert zurückgegriffen werden.[461] Ist ein solcher Preis nicht verfügbar, sind andere beobachtbare Preisnotierungen (wie notierte Marktpreise aus inaktiven Märkten für den identischen Posten) zu verwenden.[462] Liegen auch diese nicht vor, kommt ein Bewertungsansatz (z.B. der Market Approach) zur Anwendung.

- Hält hingegen keine andere Partei den identischen Posten als Vermögenswert, ist aus der Sicht eines Marktteilnehmers, der die Verbindlichkeit begleichen muss (dem Schuldner), ein Bewertungsverfahren (z.B. eine Barwerttechnik mit Berücksichtigung der zur Tilgung notwendigen Cashflows sowie der marktüblichen Kompensationszahlungen einschließlich Risikoprämie; siehe auch IFRS 13.B31, B33) zu verwenden.

Anwendung — Die gewählte Bewertungstechnik muss stetig angewandt werden. Ein Verfahrenswechsel oder eine Änderung bei den Input-Daten ist nur möglich, sofern sich dadurch ein zumindest gleich repräsentativer beizulegender Zeitwert bestimmen lässt. Dies könnte etwa der Fall sein, wenn sich neue Märkte entwickeln, das Unternehmen neuere Informationen erhält, zuvor verwendete Informationen nicht länger zur Verfügung stehen, Bewertungsverfahren sich verbessern oder die Marktbedingungen Änderungen unter-

---

[460] Vgl. auch DELOITTE LLP (2011b), S. 379.
[461] Solche Marktpreise liegen z.B. bei börsengehandelten Unternehmensanleihen vor, vgl. IFRS 13.35 und das Beispiel in IFRS 13.IE40-IE42.
[462] Anpassungen an den notierten Marktpreisen müssen gemäß IFRS 13.39 nur vorgenommen werden, wenn der zur Fair-Value-Bewertung herangezogene Vermögenswert spezifische Faktoren aufweist, die sich nicht auf die Verbindlichkeit übertragen lassen. Setzt sich bspw. der notierte Marktpreis eines Vermögenswerts aus einer Preiskomponente für die begebene Verbindlichkeit an sich und einer Preiskomponente für eine von Dritten gewährte Garantie zusammen, ist der notierte Marktpreis um den Preiseffekt aus der Garantie anzupassen (IFRS 13.39 (b)).

Wertmaßstäbe | **3.8**

liegen (IFRS 13.65). Anpassungen auf Grund von Verfahrenswechseln oder modifizierten Input-Daten müssen gemäß IAS 8 als Schätzungsänderungen behandelt werden, wobei die diesbezüglich eigentlich einschlägigen Angabepflichten in IAS 8.39, 40 nicht bestehen (IFRS 13.66).[463] Der Literatur zufolge handelt es sich auch bei einem Wechsel der Fair-Value-Hierarchiestufe (▶ 3.8.2.4) im Zeitverlauf (z.B. infolge des Wegfalls eines aktiven Markts) nicht um eine Änderung der Ansatz- und Bewertungsmethoden, sondern um eine Schätzungsänderung.[464]

3.8.2.3 Input-Daten

Input-Daten können – insbesondere für Finanzinstrumente – bspw. auf den folgenden Märkten beobachtet werden (IFRS 13.68, B34):   *Märkte*

- Börsenhandelsmärkte („Exchange Markets"): dort sind Schlusskurse jederzeit verfügbar und entsprechen generell dem beizulegenden Zeitwert.[465] Bei geschlossenen Börsen kann dem IDW zufolge ersatzweise der Kurs des letzten Börsenhandelstags zur Zeitwertbestimmung herangezogen werden.[466]

- Händler-Märkte („Dealer Markets"): hier handeln die Beteiligten auf eigene Rechnung unter Verwendung des eigenen Kapitals. Üblicherweise sind eher Geld/Brief-Kurse als Schlusskurse jederzeit verfügbar. Unter die Händler-Märkte fallen auch OTC-Märkte (▶ 2.3.3).

- Broker-Märkte („Brokered Markets"): in diesen versuchen Zwischenhändler, Käufer und Verkäufer zusammenzuführen, d.h. sie handeln auf fremde Rechnung ohne Einsatz des eigenen Kapitals. Kurse bzw. Preisnotierungen für durchgeführte Transaktionen sind teilweise beziehbar.

- „Principal-to-principal Markets": dabei werden Transaktionen unabhängig ohne Zwischenhändler verhandelt. Informationen dazu sind kaum öffentlich verfügbar.

Liegen Geld/Brief-Kurse vor, hat das Unternehmen denjenigen Preis innerhalb der Geld/Brief-Spanne heranzuziehen, der unter den gegebenen Umständen für die Fair-Value-Bewertung am repräsentativsten ist. Die Verwendung von Geldkursen für Vermögenswerte und von Briefkursen für Verbindlichkeiten wird erlaubt, jedoch nicht verpflichtend vorgeschrieben   *Geld/Brief-Kurse*

---

[463] Schätzungsänderungen sind im Gegensatz zu Änderungen der Bilanzierungsmethoden nicht mit rückwirkenden Anpassungen in den Rechenwerken verbunden; stattdessen werden sie prospektiv berücksichtigt (IAS 8.36, 37).
[464] Vgl. IDW (2007b), S. 11 m.V.a. IAS 8.35; GOLDSCHMIDT/WEIGEL (2009), S. 193.
[465] Sofern Schlusskurse vorliegen, ist eine Geld/Brief-Spanne nicht feststellbar bzw. unbeachtlich, vgl. FREIBERG (2011a), S. 295.
[466] Vgl. IDW (2011b), Rz. 79.

(IFRS 13.70). Explizit zulässig ist auch der Rückgriff auf Mittelkurse oder auf andere Preiskonventionen innerhalb der Geld/Brief-Spanne (IFRS 13.70).[467] IFRS 13 spezifiziert nicht, ob die Geld/Brief-Spanne neben Transaktionskosten andere Bestandteile enthält bzw. enthalten kann;[468] das Ausfallrisiko fällt allerdings nicht darunter (IFRS 13.BC164).

Gemäß IAS 39.AG72, der über IFRS 13 gelöscht wird, muss für zu erwerbende finanzielle Vermögenswerte (d.h. zur Erstbewertung) der Briefkurs sowie für bereits gehaltene und ggf. zu veräußernde finanzielle Vermögenswerte (d.h. zur Folgebewertung) der Geldkurs berücksichtigt werden. Umgekehrt hat man für finanzielle Verbindlichkeiten zur Erstbewertung den Geldkurs und zur Folgebewertung den Briefkurs heranzuziehen. Die Verwendung eines Mittelwerts von Geld- und Briefkurs ist nicht zulässig (IAS 39.BC99). Besonderheiten ergeben sich bezüglich der Erstbewertung von erfolgswirksam zum beizulegenden Zeitwert bewerteten Posten: Da die Geld/Brief-Spanne nach IAS 39.AG70 (der bei Anwendung von IFRS 13 ebenfalls gestrichen wird) ausschließlich Transaktionskosten einschließt und Letztere gemäß IAS 39.43 unmittelbar GuV-wirksam erfasst werden müssen (▶ 3.9.5), kommt für finanzielle Vermögenswerte der Geldkurs und für finanzielle Verbindlichkeiten der Briefkurs zur Anwendung.[469]

Güteabstufungen

IFRS 13 sieht für die in das Bewertungsverfahren eingehenden Input-Daten bezüglich der Objektivität bzw. Güte der Bewertungsparameter 3 Abstufungen vor (siehe Abbildung 3-12), wobei (nicht-angepassten) notierten Preisen auf aktiven Märkten für identische Posten die höchste Güteklasse (Stufe 1) und nicht-beobachtbaren Marktdaten die niedrigste Güteklasse (Stufe 3) eingeräumt wird (IFRS 13.72).[470]

– Stufe 1

Unter die Input-Daten der Stufe 1 fallen (unverändert übernommene) notierte Marktpreise für identische Vermögenswerte oder Verbindlichkeiten auf aktiven Märkten, die für das Unternehmen zugänglich sind (IFRS 13.76). Sie werden für viele finanzielle Vermögenswerte und finanzielle Verbindlichkeiten verfügbar sein – und zwar ggf. über mehrere aktive Märkte. Daher liegt der Schwerpunkt für Input-Daten der Stufe 1 in der Bestimmung des Hauptmarkts (bzw. des vorteilhaftesten Markts) sowie in der Beurteilung, ob das Unternehmen die Transaktion tatsächlich zu dem dort zum Bewertungstag festgestellten Preis eingehen kann (IFRS 13.78).

---

[467] Laut DELOITTE LLP (2011b), S. 382 wird es indes als nicht sachgerecht angesehen, für bereits erfasste Vermögenswerte den Briefkurs und für schon bilanzierte Verbindlichkeiten den Geldkurs zu verwenden, da dies einer Bewertung auf Grundlage des Exit Price widerspricht.

[468] Vgl. FREIBERG (2011a), S. 296. A.A. KIRSCH/KÖHLING/DETTENRIEDER (2011), Rz. 71.

[469] Vgl. FREIBERG (2011a), S. 295.

[470] Auch gemäß IAS 39.AG75, der über IFRS 13 gelöscht wird, gehen in das Bewertungsmodell in größtmöglichem Umfang Marktdaten ein und unternehmensspezifische Informationen werden so wenig wie möglich verwendet.

Wertmaßstäbe 3.8

Bei einer Anzahl von identischen Posten bestimmt sich der gesamte beizulegende Zeitwert, indem der (auf einem aktiven Markt) notierte Einzelpreis für den Posten mit der gehaltenen Menge multipliziert wird. Dies gilt selbst dann, wenn das normale Handelsvolumen eines Markts die gehaltene Menge nicht absorbieren kann und die Platzierung von Verkaufsaufträgen über eine einzige Transaktion die Preisnotierung beeinflussen könnte (IFRS 13.80). Entsprechende Preisanpassungen über einen so genannten „Blockage Factor" werden folglich zur Fair-Value-Bewertung nicht zugelassen, außer es liegt eine Entscheidung für eine Verkaufstransaktion als Paket vor (IFRS 13.69, BC157). Derartige Paketzuschläge bzw. -abschläge bleiben auch vor Anwendung von IFRS 13 bei der Ermittlung des beizulegenden Zeitwerts unberücksichtigt (IAS 39.AG71 i.V.m. IAS 39.IG E.2.2).[471]

Güteabstufungen für Input-Daten nach IFRS 13.76-90 *Abbildung 3-12*

Beobachtbare Marktdaten			Nicht-beobachtbare Marktdaten
Stufe 1	Stufe 2		Stufe 3
▪ notierte Marktpreise ▪ unverändert übernommen ▪ für identische Posten ▪ festgestellt über einen (zugänglichen) aktiven Markt	▪ notierte Marktpreise ▪ unverändert übernommen ▪ für ähnliche Posten ▪ festgestellt über einen aktiven Markt	▪ notierte Marktpreise ▪ unverändert übernommen ▪ für identische oder ähnliche Posten ▪ festgestellt über einen inaktiven Markt	▪ Ausgangsbasis: eigene Daten ▪ ggf. Vornahme von Anpassungen, die Marktteilnehmer machen würden ▪ ggf. Vornahme von Anpassungen wegen eigener Spezifika
	▪ andere direkt beobachtbare Input-Daten ▪ z.B. Zinssätze, Credit Spreads	▪ andere indirekt beobachtbare Input-Daten ▪ Ableitung z.B. über Korrelationen	

Input-Daten der Stufe 2 sind direkt oder indirekt beobachtbare Marktdaten (IFRS 13.81); sie schließen Folgendes ein (IFRS 13.82): *– Stufe 2*

▪ notierte Preise auf aktiven Märkten für ähnliche (vergleichbare) Vermögenswerte und Verbindlichkeiten;

▪ notierte Preise auf inaktiven Märkten für identische oder ähnliche (vergleichbare) Vermögenswerte und Verbindlichkeiten;

---

[471] IAS 39.AG71 sowie IAS 39.IG E.2.2 werden über IFRS 13 gelöscht.

Grundlagen zur Bilanzierung und Offenlegung

- andere direkt beobachtbare Input-Daten, die nicht auf notierten Preisen basieren (wie z.B. Zinssätze, Zinsstrukturkurven, implizite (d.h. aus aktuellen Optionspreisen abgeleitete) Volatilitäten,[472] Credit Spreads);

- andere indirekt beobachtbare Input-Daten, die hauptsächlich aus Marktdaten über Korrelationen oder andere Berechnungen abgeleitet oder bestätigt werden („Market-corroborated Inputs").

– Stufe 3

Input-Daten der Stufe 3 sind zwar nicht aus Marktdaten ableitbar. Sie sollen allerdings die Annahmen widerspiegeln, die Marktteilnehmer zur Preisfindung heranziehen würden, einschließlich der Risikoannahmen (IFRS 13.86, 87). Ohne entsprechende Risikoanpassungen liegt keine Fair-Value-Bewertung vor (IFRS 13.88).

Ausgangsbasis für die Generierung der Input-Daten sind die eigenen (unternehmensinternen) Daten. Diese müssen angepasst werden, sofern Marktteilnehmer abweichende Daten verwenden würden oder falls unternehmensspezifische Besonderheiten bestehen, welche die Marktteilnehmer nicht kennen (IFRS 13.89).

Begriff des aktiven Markts

Ein „aktiver Markt" stellt gemäß IFRS 13 Anhang A einen Markt dar, in dem Transaktionen für den Vermögenswert oder die Verbindlichkeit mit ausreichender Häufigkeit und mit ausreichendem Umfang stattfinden, um laufend Informationen über Preise zu liefern.

Weder in IAS 32, in IAS 39 noch in IFRS 7 ist der Begriff des „aktiven Markts" definiert.[473] An einem solchen gilt ein Finanzinstrument gemäß IAS 39.AG71 (der über IFRS 13 gelöscht wird) notiert, wenn die notierten Preise

- an einer Börse, von einem Händler, Broker, einer Branchengruppe, einem Preisberechnungs-Service oder einer Aufsichtsbehörde erhältlich sind;

- leicht und regelmäßig zur Verfügung stehen; und

- aktuelle sowie regelmäßig auftretende Markttransaktionen wie unter unabhängigen Dritten darstellen.

---

[472] Historische Volatilitäten stellen hingegen gemäß IFRS 13.B36 (b) Input-Daten der Stufe 3 dar.

[473] Vgl. auch IDW (2011b), Rz. 63; BISCHOFF (2008), S. 40; GOLDSCHMIDT/WEIGEL (2009), S. 194. Nach IAS 36.6, IAS 38.8 und IAS 41.8 ist ein aktiver Markt durch folgende Merkmale gekennzeichnet, die kumulativ vorliegen müssen: Die auf dem Markt gehandelten Produkte sind homogen; vertragswillige Käufer und Verkäufer können in der Regel jederzeit gefunden werden; Preise stehen der Öffentlichkeit zur Verfügung. Über IFRS 13 werden die Definitionen in IAS 36, IAS 38 und IAS 41 gelöscht.

Wertmaßstäbe 3.8

Ein aktiver Markt ist demnach nicht allein auf Börsenplätze beschränkt; die Definitionsmerkmale schließen auch den Handel über OTC-Märkte ein, wenn die Preise über Informationssysteme (z.B. BLOOMBERG, REUTERS, THOMSON FINANCIAL DATASTREAM) erhältlich sind.[474] Ebenso lässt sich der verbindliche Preis eines so genannten „Market Makers", der An- und Verkaufskurse für Finanzinstrumente stellt, zur Bestimmung des beizulegenden Zeitwerts heranziehen.[475] Nicht ohne weiteres mit Preisnotierungen auf einem aktiven Markt gleichzusetzen sind allerdings über Preis-Service-Agenturen (wie z.B. „The Loan Market Association" in London) veröffentlichte Preise.[476] Dabei handelt es sich um unverbindliche Durchschnittspreise, welche über Händlerumfragen generiert werden.

Normalerweise ist davon auszugehen, dass auf einem „organisierten Markt" (im Sinne von § 2 Abs. 5 WpHG) bzw. auf einem „geregelten Markt" (im Sinne von Artikel 4 Abs. 1 Ziffer 14 der EU-Richtlinie 2004/39/EG) festgestellte Preise die in IAS 39.AG71 genannten Kriterien – und damit auch die Definitionsmerkmale eines aktiven Markts in IFRS 13 Anhang A – erfüllen.[477] In Deutschland gilt dies etwa für Notierungen im Börsensegment „Regulierter Markt" sowie für den Handel über die EUREX.[478] Erreicht ein organisierter Markt für ein Finanzinstrument nur ein niedriges Handelsvolumen, so kann dies dazu führen, dass die Preisnotierung nicht mit derjenigen eines aktiven Markts gleichzusetzen ist.

3.8.2.4 Bewertungshierarchie

Anhand der Güteabstufungen für die Input-Daten wird ferner die Hierarchieeinstufung für den jeweils ermittelten Fair Value vorgenommen, wobei auch hierbei eine Differenzierung nach 3 Güteklassen erfolgt. Bei der Einstufung ist Folgendes zu beachten:

Nach IFRS 13

- Das Unternehmen hat nicht das Bewertungsverfahren an sich zu beurteilen, sondern die Input-Daten; so kann bspw. ein mittels einer Barwerttechnik bestimmter beizulegender Zeitwert in Abhängigkeit der Input-Daten entweder der Fair-Value-Hierarchiestufe 2 oder 3 zugeordnet werden (IFRS 13.74).

---

[474] Vgl. KUHN/SCHARPF (2006), Rz. 1903; SCHMIDT/PITTROFF/KLINGELS (2007), S. 22; VARAIN (2008), Rz. 213; GOLDSCHMIDT/WEIGEL (2009), S. 194; FREIBERG (2011a), S. 294 und ähnlich PwC (2011a), S. 9044f. (9.79).
[475] Vgl. IDW (2011b), Rz. 80.
[476] Vgl. hierzu IDW (2011b), Rz. 101. Vgl. auch VARAIN (2008), Rz. 294.
[477] Vgl. dazu und folgend primär IDW (2011b), Rz. 76-78.
[478] Für alle EU-Mitgliedstaaten wurde am 21.12.2010 unter der Informationsnummer 2010/C 348/09 ein Verzeichnis im Amtsblatt veröffentlicht, dem sich entnehmen lässt, welche einzelnen Märkte in den verschiedenen Ländern der Definition des geregelten Markts entsprechen.

Grundlagen zur Bilanzierung und Offenlegung

- Gehen in das Bewertungsverfahren wesentliche Input-Daten aus verschiedenen Stufen ein, so richtet sich die Einstufung der Fair-Value-Bewertung nach der jeweils niedrigsten Güteklasse, in die einzelne Input-Daten gruppiert sind (IFRS 13.73).

- Die Vornahme von Anpassungen an den Input-Daten der Stufe 1 ist nur in den wenigen in IFRS 13.79 beschriebenen Fällen erlaubt und führt stets dazu, dass man die Fair-Value-Bewertung der Fair-Value-Hierarchiestufe 2 oder 3 zuordnen muss.[479]

- Anpassungen von Input-Daten der Stufe 2 (z.B. auf Grund von Verkaufsrestriktionen) sind grundsätzlich zulässig und werden immer dann notwendig sein, wenn auch Marktteilnehmer diese zur Preisfindung berücksichtigen würden (IFRS 13.75). Die Vornahme von Anpassungen erfolgt in Abhängigkeit von den spezifischen Faktoren, die in Verbindung mit dem Posten stehen (IFRS 13.83). Anpassungen führen dazu, dass die Fair-Value-Bewertung der Stufe 3 zugeordnet werden muss, sofern bei der Anpassung im Wesentlichen auf nicht-beobachtbare Input-Daten zurückgegriffen wird (IFRS 13.75, 84).

Abbildung 3-13 | *Hierarchiestufen zur Fair-Value-Bewertung nach IFRS 13.76-90*

Fair-Value-Hierarchiestufe 1

Die beizulegenden Zeitwerte werden direkt durch **unveränderte Übernahme** von **notierten Preisen** auf **aktiven Märkten** für **identische Vermögenswerte bzw. Verbindlichkeiten** bestimmt.

Fair-Value-Hierarchiestufe 2

Die Zeitwertermittlung erfolgt entweder

- direkt durch **unveränderte Übernahme** von **notierten Preisen** auf **aktiven Märkten** für **ähnliche Vermögenswerte bzw. Verbindlichkeiten**;
- direkt durch **unveränderte Übernahme** von **notierten Preisen** auf **nicht-aktiven Märkten** für **identische oder ähnliche Vermögenswerte bzw. Verbindlichkeiten**;
- indirekt durch **Anwendung sonstiger Bewertungsverfahren**, deren **wesentliche Input-Faktoren** von **notierten Preisen** oder **anderen direkt oder indirekt beobachtbaren Input-Daten abgeleitet** werden.

Fair-Value-Hierarchiestufe 3

Der Fair Value wird indirekt über ein **Bewertungsverfahren** hergeleitet, wobei die **wesentlichen Input-Faktoren (teilweise) nicht auf beobachtbaren Marktdaten basieren**.

---

[479] Gemäß IFRS 13.79 (a) kann für eine große Anzahl ähnlicher Posten, für welche Preisinformationen auf individueller Basis nicht regelmäßig erhältlich sind, alternativ eine andere Bewertungsmethode verwendet werden. IFRS 13.79 (b) lässt Anpassungen zu, wenn notierte Marktpreise nicht den beizulegenden Zeitwert zum Bewertungstag widerspiegeln, weil etwa bedeutende Transaktionen oder Ankündigungen nach dem Handelsschluss erfolgen. Über IFRS 13.79 (c) sind i.V.m. IFRS 13.39 Anpassungen im Hinblick auf spezifische Faktoren vorzunehmen (siehe Fn. 462).

Wertmaßstäbe | **3.8**

Abbildung 3-13 zeigt die 3 Fair-Value-Hierarchiestufen mit den zugehörigen Bewertungen. Die Notwendigkeit zur Einstufung ergibt sich primär dadurch, dass die Angabepflichten zu Fair Values (▶ 3.8.2.6) auf diesem Stufenkonzept basieren.

Dieses Stufenkonzept wurde im Zuge des Amendment zu IFRS 7 „Improving Disclosures about Financial Instruments" über IFRS 7.27A bereits vor Veröffentlichung von IFRS 13 für Angabezwecke eingeführt. Dabei hat das IASB klargestellt, dass auch schon IAS 39 implizit die folgende dreistufige Bewertungshierarchie enthält, die sich IAS 39.48, 48A i.V.m. IAS 39.AG69-AG82 entnehmen lässt (IFRS 7.BC39C; IFRS 13.BC167):[480]

Nach IFRS 7 bzw. IAS 39

- Fair-Value-Hierarchiestufe 1: Finanzinstrumente, die auf aktiven Märkten notiert sind;

- Fair-Value-Hierarchiestufe 2: Finanzinstrumente, deren beizulegender Zeitwert nachgewiesen wird

    - durch Vergleich mit anderen gegenwärtig zu beobachtenden aktuellen Markttransaktionen für dasselbe Instrument (d.h. ohne Änderung oder Umgestaltung) oder

    - durch ein Bewertungsverfahren, dessen Input-Faktoren sich ausschließlich aus beobachtbaren Marktdaten ableiten lassen;

- Fair-Value-Hierarchiestufe 3: Finanzinstrumente, deren Fair Value ganz oder teilweise unter Rückgriff auf ein Bewertungsverfahren bestimmt wird,

    - welches auf Annahmen beruht, die nicht durch gegenwärtig zu beobachtende aktuelle Preise aus Markttransaktionen für dasselbe Instrument (d.h. ohne Änderung oder Umgestaltung) gestützt werden und

    - dessen Input-Faktoren nicht auf beobachtbaren Marktdaten beruhen.

Da IFRS 13 die Fair-Value-Bewertungshierarchie standardübergreifend vorgibt, sind die bisherigen Vorgaben in IAS 39 redundant; durch IFRS 13 werden dementsprechend IAS 39.48, 48A, AG69-AG75, AG77-AG79, AG82 gelöscht und IAS39.AG76, AG76A sowie AG80, AG81 geändert.

---

[480] Laut dem IDW kann hingegen von einer fünfstufigen Bewertungshierarchie ausgegangen werden: 1. Preise am Abschlussstichtag; 2. Preise kurz vor dem Abschlussstichtag, die ggf. anzupassen sind; 3. Verwendung der jüngsten Geschäftsvorfälle für dasselbe Finanzinstrument; 4. Vergleich mit dem aktuellen beizulegenden Zeitwert eines anderen, im Wesentlichen identischen Finanzinstruments; 5. Anwendung von Bewertungsmodellen. Notierte Preise auf einem aktiven Markt stellen dabei die über 1. und 2. ermittelten beizulegenden Zeitwerte dar; unter 3. bis 5. wird die Fair-Value-Ableitung mittels Bewertungsmethoden subsumiert. Vgl. dazu IDW (2007b), S. 7f.; IDW (2009a), Rz. 41; GOLDSCHMIDT/WEIGEL (2009), S. 193.

3 Grundlagen zur Bilanzierung und Offenlegung

3.8.2.5 Verlässliche Bestimmbarkeit

IAS 39 unterstellt generell, dass man den Fair Value verlässlich bestimmen kann. Dies trifft insbesondere auf beizulegende Zeitwerte zu, die direkt über notierte Preise auf aktiven Märkten für identische Posten abgeleitet und damit der Fair-Value-Hierarchiestufe 1 zugeordnet werden.

Eine nicht-verlässliche Fair-Value-Bewertung kann sich mithin nur bei nicht-notierten Eigenkapitalinstrumenten sowie damit verbundenen Derivaten ergeben, die dann unter die Fair-Value-Hierarchiestufe 2 oder 3 fallen (IAS 39.AG80). Für Letztere gilt der beizulegende Zeitwert als verlässlich bestimmbar, sofern

- die Schwankungsbreite der vernünftigen Fair-Value-Bewertungen nicht wesentlich ist oder

- die Eintrittswahrscheinlichkeiten der verschiedenen Wertschätzungen innerhalb der Bandbreite auf angemessene Weise beurteilt und bei der Ermittlung des beizulegenden Zeitwerts verwendet werden können.

Falls sich der Fair Value auf Grund der Kriterien „Schwankungsbreite" und „Eintrittswahrscheinlichkeiten" ausnahmsweise nicht verlässlich bestimmen lässt, ist eine Zeitwertbewertung ausgeschlossen (IAS 39.AG81). In diesem Fall muss das nicht-notierte Eigenkapitalinstrument bzw. das darauf bezogene Derivat mit den Anschaffungskosten (▶ 3.8.4) bewertet werden (IAS 39.46 (c)).

3.8.2.6 Angabepflichten

Relevante Standards

IFRS 7 enthält über IFRS 7.25-30 bereits in der erstmalig publizierten Fassung quantitative und qualitative Angabepflichten zu beizulegenden Zeitwerten von Finanzinstrumenten. Diese sind über das Amendment zu IFRS 7 „Improving Disclosures about Financial Instruments" um zusätzliche Anforderungen zu den Fair-Value-Hierarchiestufen erweitert worden, die sich in den neu eingeführten IFRS 7.27A, 27B befinden. IFRS 7.27 wurde entsprechend geändert.

IFRS 13 macht standardübergreifende Vorgaben zur Offenlegung von Fair Values. Über den Standard werden die redundanten Angabepflichten in IFRS 7.27-27B gestrichen.

3.8 Wertmaßstäbe

Den Anforderungen in IFRS 13 ist eine Generalnorm vorangestellt. Hiernach sind Informationen zu vermitteln, welche Abschlussadressaten bei der Beurteilung zu Folgendem unterstützen (IFRS 13.91):

Generalnorm in IFRS 13

- in Bezug auf Vermögenswerte und Verbindlichkeiten, die im Rahmen der Folgebewertung auf wiederkehrender oder nicht-wiederkehrender Basis zum beizulegenden Zeitwert bewertet werden: die zur Bestimmung herangezogenen Bewertungstechniken und Input-Daten;
- hinsichtlich wiederkehrender Fair-Value-Bewertungen, die wesentliche nicht-beobachtbare Input-Daten berücksichtigen (Fair-Value-Hierarchiestufe 3): den Einfluss der Bewertung auf den Gewinn oder Verlust bzw. das OCI der Periode.

Um dem zu entsprechen, müssen mindestens die in IFRS 13.93 aufgeführten Angaben bereitgestellt werden. Sind diese mit Blick auf die Zielsetzung in IFRS 13.91 nicht ausreichend, hat man weitere Informationen offen zu legen (IFRS 13.92).

IFRS 13 differenziert bei den Angabepflichten zwischen periodisch „wiederkehrenden" („recurring") und „nicht-wiederkehrenden" („non-recurring") Fair-Value-Bewertungen. Diese werden gemäß IFRS 13.93 (a) wie folgt abgegrenzt:

Wiederkehrende versus nicht-wiederkehrende Fair Values

- Bei wiederkehrenden Fair-Value-Bewertungen verlangt oder erlaubt ein IFRS eine Zeitbewertung in der Bilanz zu jedem Abschlussstichtag. Der Wertmaßstab wird also regelmäßig zur Folgebewertung eingesetzt. Mit Blick auf Finanzinstrumente betrifft dies die Bewertungskategorien FAFVPL, FLFVPL und AfSFV.[481]
- Bei nicht-wiederkehrenden Fair-Value-Bewertungen wird die Zeitbewertung hingegen nicht regelmäßig, sondern nur unter bestimmten Umständen vorgeschrieben oder gestattet. Für Finanzinstrumente ist dies zum einen der Fall, wenn finanzielle Vermögenswerte der Bewertungskategorien HtM oder LaR wertgemindert werden und dabei ersatzweise auf den Fair Value abgeschrieben wird (▶ 3.11.4.2).[482] Zum anderen liegen nicht-wiederkehrende Fair-Value-Bewertungen stets bei Wertminderungen von finanziellen Vermögenswerten der Bewertungskategorie AfSC (▶ 3.11.4.4) vor.

Wiederkehrende und nicht-wiederkehrende beizulegende Zeitwerte dienen als Wertmaßstab für die Bilanzierung. Finanzinstrumente, die primär zu (fortgeführten) Anschaffungskosten bewertet und deren Buchwerte im Rahmen von Fair Value Hedges lediglich angepasst werden, sind weder

---

[481] Vgl. DELOITTE LLP (2011b), S. 818.
[482] Vgl. DELOITTE LLP (2011b), S. 818.

Fair-Value-Beträge, Bewertungsgründe

wiederkehrenden noch nicht-wiederkehrenden Fair-Value-Bewertungen ausgesetzt.[483]

Wie bereits erläutert wurde, hat man gemäß IFRS 7.25 die beizulegenden Zeitwerte pro Klasse von finanziellen Vermögenswerten und finanziellen Verbindlichkeiten offen zu legen (▶ 3.4.4.2). Dies gilt einerseits für nach IAS 39 zum Fair Value, zu fortgeführten Anschaffungskosten oder anhand von „Sondervorschriften" bilanzierte Posten. Andererseits sind die beizulegenden Zeitwerte auch für Finanzinstrumente, die (primär) nach anderen Standards erfasst werden, anzugeben. Die Pflicht zur Offenlegung ergibt sich auch über IFRS 13.93 (a), der die Angaben gesondert für wiederkehrende und nicht-wiederkehrende Fair-Value-Bewertungen verlangt. Ferner sind nach IFRS 13.93 (a) für nicht-wiederkehrende beizulegende Zeitwerte die Bewertungsgründe zu publizieren. Im Rahmen der Zwischenberichterstattung (▶ 3.1.1) ist gemäß IAS 34.15B (h) anzugeben, wenn sich Veränderungen im Unternehmensumfeld oder bei den wirtschaftlichen Rahmenbedingungen auf den beizulegenden Zeitwert von finanziellen Vermögenswerten und finanziellen Verbindlichkeiten des Unternehmens auswirken.[484]

Hierarchiestufen-Aufriss

Darüber hinaus muss nach IFRS 7.27B (a) pro Klasse angegeben werden, welcher Fair-Value-Hierarchiestufe die Bewertungen jeweils zugeordnet werden. Dies wird – mit gesonderter Angabe für wiederkehrende und nicht-wiederkehrende Zeitbewertungen – ebenso gemäß IFRS 13.93 (b) vorgeschrieben. Eine Hierarchiestufen-Zuordnung ist zudem für beizulegende Zeitwerte vorzunehmen, die das Unternehmen als Zusatzangaben offen zu legen hat, d.h. solche, die nicht als Wertmaßstab für die Bilanzierung dienen (IFRS 13.97).

Sicherheiten u.Ä. bei Verbindlichkeiten

Im Fall von zum beizulegenden Zeitwert bewerteten Verbindlichkeiten, die das Unternehmen mit rechtlich untrennbar verbundenen Sicherheiten oder anderen das Risiko mindernden Vereinbarungen ausgibt, ist die Existenz dieser Besicherungsmaßnahme offen zu legen, und ob sie bei der Fair-Value-Bewertung der Verbindlichkeit berücksichtigt wird (IFRS 13.98).

Übertragungen zwischen Hierarchiestufe 1 und 2

Für Vermögenswerte und Verbindlichkeiten, die auf wiederkehrender Basis zum beizulegenden Zeitwert bewertet werden, sind darüber hinaus die Beträge und Gründe für Übertragungen zwischen Fair-Value-Hierarchiestufe 1 und 2 anzugeben – und zwar getrennt für in jede Stufe ein- und ausgehende Transfers (IFRS 13.93 (c); IFRS 7.27B (b)).[485] Ferner hat man die unter-

---

[483] Vgl. dazu DELOITTE LLP (2011b), S. 818f.
[484] Dies gilt unabhängig davon, ob die Posten zum beizulegenden Zeitwert oder zu fortgeführten Anschaffungskosten angesetzt werden.
[485] IFRS 7.27B (b) verlangt dies für wesentliche Übertragungen, ohne dabei auf wiederkehrende Fair Values abzustellen. Wurden Übertragungen zwischen den Fair-Value-Hierarchiestufen durchgeführt, ist dies auch im Rahmen der Zwischenberichterstattung anzugeben (IAS 34.15B (k)).

Wertmaßstäbe 3.8

nehmensspezifischen Vorgaben offen zu legen, nach denen sich bestimmt, wann Übertragungen zwischen den Stufen zu erfolgen haben (IFRS 13.93 (c), 95).[486]

Weitere qualitative Anforderungen ergeben sich im Hinblick auf die beizulegenden Zeitwerte der Fair-Value-Hierarchiestufen 2 und 3. So wird für wiederkehrende und nicht-wiederkehrende Fair-Value-Bewertungen über IFRS 13.93 (d) eine Beschreibung der Bewertungstechniken und der dabei Verwendung findenden Input-Daten verlangt. Zudem sind etwaige Änderungen bezüglich der Bewertungsverfahren mit den Gründen dafür offen zu legen. Die qualitativen Anforderungen betreffen auch beizulegende Zeitwerte, die zusätzlich angegeben werden (IFRS 13.97). Ohne eine Differenzierung nach wiederkehrenden und nicht-wiederkehrenden Fair-Value-Bewertungen verlangt auch IFRS 7.27 entsprechende Angaben zu den Bewertungsverfahren.

Bewertungstechniken für Hierarchiestufe 2 und 3

Für beizulegende Zeitwerte, die der Hierarchiestufe 3 zugeordnet sind, hat man überdies Folgendes offen zu legen:

Weitere Angaben für Hierarchiestufe 3

- für wiederkehrende und nicht-wiederkehrende Fair-Value-Bewertungen: eine Beschreibung des Bewertungsprozesses (IFRS 13.93 (g));[487]

- quantitative Informationen über wesentliche nicht-beobachtbare Input-Daten bei wiederkehrenden und nicht-wiederkehrenden Zeitbewertungen (IFRS 13.93 (d));[488]

- in Bezug auf wiederkehrende Fair-Value-Bewertungen eine Überleitungsrechnung von den Eröffnungs- zu den Schlussbilanzen – und zwar mit gesonderter Angabe von in der Periode eingetretenen Veränderungen, die auf Folgendes zurückzuführen sind (IFRS 13.93 (e); IFRS 7.27B (c)):[489]

    - auf insgesamt im Ergebnis erfasste Gewinne oder Verluste mit Nennung, in welchen Posten innerhalb der GuV sie ausgewiesen werden;

---

[486] Für Transfers in und aus einer Stufe sind die gleichen Vorgaben zu machen (IFRS 13.95). Eine mögliche Vorgabe ist gemäß IFRS 13.95 z.B., dass eine Übertragung am Tag des Ereignisses bzw. des geänderten Umstands vorgenommen werden muss. Alternativ kann das Unternehmen auch festlegen, dass Transfers zum Anfang oder zum Ende der Berichtsperioden erfolgen müssen.

[487] Was dabei konkret angegeben werden kann, wird über IFRS 13.IE65 aufgezeigt.

[488] Beispielhafte Angaben dazu in Form einer Tabelle finden sich in IFRS 13.IE63.

[489] Die Anforderung in IFRS 7.27B (c) bezieht sich nicht ausschließlich auf wiederkehrende Fair-Value-Bewertungen und es wird auch keine Nennung der OCI-Posten verlangt, sie ist ansonsten aber nahezu deckungsgleich zu IFRS 13.93 (e). IFRS 13.IE61 bzw. IFRS 7.IG13B enthalten Beispiele dazu, wie den Angabepflichten nachgekommen werden kann.

Grundlagen zur Bilanzierung und Offenlegung

- auf insgesamt im OCI gebuchte Gewinne oder Verluste, ebenfalls mit Angabe der OCI-Posten;

- auf Käufe, Verkäufe, Emissionen und Glattstellungen (wobei jede Bewegung gesondert anzugeben ist);

- auf Übertragungen in oder aus Fair-Value-Hierarchiestufe 3 samt der Gründe für die Transfers sowie Vorgaben zur Bestimmung, wann Übertragungen zwischen den Stufen zu erfolgen haben;[490]

- hinsichtlich der im Rahmen der Überleitungsrechnung insgesamt im Ergebnis erfassten Gewinne oder Verluste (siehe vorherige Aufzählung): den Betrag der auf unrealisierte Wertänderungen derjenigen Vermögenswerte und Verbindlichkeiten zurückzuführen ist, die das Unternehmen zum Abschlussstichtag noch in Bestand hat, einschließlich der Nennung des GuV-Postens, in den diese unrealisierten Gewinne oder Verluste eingehen (IFRS 13.93 (f));[491]

- für wiederkehrende Fair-Value-Bewertungen: die Darstellung von Sensitivitätsanalysen einschließlich Folgendem (IFRS 13.93 (h); IFRS 7.27B (e)):[492]

    - einer grobe Beschreibung der Sensitivität des beizulegenden Zeitwerts im Hinblick auf Änderungen von nicht-beobachtbaren Input-Daten, wenn daraus eine wesentlich höhere oder niedrigere Fair-Value-Bewertung resultieren würde;

    - der Erwähnung des Tatbestands, dass bei der Ersetzung einer oder mehrerer Input-Faktoren durch plausible Alternativannahmen der beizulegende Zeitwert erheblichen Änderungen ausgesetzt wäre, einschließlich der Angabe des Effekts aus den Änderungen und wie dieser berechnet wurde.[493]

Zusammenfassung: Den quantitativen Angabepflichten in IFRS 13 bzw. in IFRS 7 hat man in tabellarischer Form nachzukommen – es sei denn, ein anderes Format ist zweckmäßiger (IFRS 13.99; IFRS 7.27B). Tabelle 3-10 zeigt die Anforderungen der beiden Standards in der Zusammenfassung.

---

[490] Dabei sind Transfers in und aus Fair-Value-Hierarchiestufe 3 gesondert anzugeben. Zur Konkretisierung der Vorgaben ist IFRS 13.95 zu beachten (siehe Fn. 486).

[491] Die Anforderung ist im Wesentlichen deckungsgleich zu IFRS 7.27B (d), wobei Letztere sich nicht nur auf wiederkehrende Fair-Value-Bewertungen bezieht.

[492] IFRS 7.27B (e) enthält nahezu identische Angabepflichten wie IFRS 13.93 (h), allerdings ohne auf wiederkehrende Fair-Value-Bewertungen abzustellen.

[493] Die Bedeutung der Auswirkungen ist mit Blick auf das Ergebnis und die Summe der Vermögenswerte oder Verbindlichkeiten bzw. – bei Erfassung der Zeitwertänderungen im OCI – bezogen auf die Summe des Eigenkapitals zu beurteilen.

Wertmaßstäbe 3.8

Fair-Value-Angabepflichten für Finanzinstrumente nach IFRS 13 und IFRS 7   Tabelle 3-10

Anforderung	Für bilanzierte Fair Values			Für Fair Values als Zusatz-angaben	Verweis in IFRS 13 bzw. IFRS 7
	Hierarchiestufe 1	Hierarchiestufe 2	Hierarchiestufe 3		
Fair-Value-Beträge	X^a	X^a	X^a	X	IFRS 13.93 (a) IFRS 7.25
Bewertungsgründe	X^b	X^b	X^b	/	IFRS 13.93 (a) [nicht über IFRS 7 verlangt]
Hierarchiestufen-Aufriss	X^a	X^a	X^a	X	IFRS 13.93 (b), 97 i.V.m. IFRS 7.25 IFRS 7.27B (a)
Sicherheiten u.Ä. für zum Fair Value bewertete emittierte Verbindlichkeiten	X	X	X	/	IFRS 13.98 [nicht über IFRS 7 verlangt]
Beträge, Gründe und Vorgaben für Übertragungen zwischen Hierarchiestufe 1 und 2	X^c	X^c	/	/	IFRS 13.93 (c), 95 IFRS 7.27B (b)
Beschreibung der Bewertungstechniken; etwaige Änderungen dieser mit Gründen	/	X^a	X^a	X	IFRS 13.93 (d), 97 i.V.m. IFRS 7.25 IFRS 7.27
Beschreibung des Bewertungsprozesses	/	/	X^a	/	IFRS 13.93 (g) [nicht über IFRS 7 verlangt]
Quantitative Informationen über wesentliche nicht-beobachtbare Input-Daten	/	/	X^a	/	IFRS 13.93 (d) [nicht über IFRS 7 verlangt]
Überleitungsrechnung (einschließlich Transfers in und aus Hierarchiestufe 3, Gründe und Vorgaben dafür)	/	/	X^c	/	IFRS 13.93 (e), 95 IFRS 7.27B (c)
Unrealisierte Gewinne oder Verluste aus der Bewertung	/	/	X^c	/	IFRS 13.93 (f) IFRS 7.27B (d)
Sensitivitätsanalyse mit Beschreibung	/	/	X^c	/	IFRS 13.93 (h) IFRS 7.27B (e)

a Angabepflicht nach IFRS 13 gesondert für wiederkehrende und nicht-wiederkehrende Fair-Value-Bewertungen
b Angabepflicht nach IFRS 13 nur für nicht-wiederkehrende Fair-Value-Bewertungen
c Angabepflicht nach IFRS 13 nur für wiederkehrende Fair-Value-Bewertungen

3.8.3 Fortgeführte Anschaffungskosten

3.8.3.1 Begriff und Berechnung

Die „fortgeführten Anschaffungskosten" („Amortised Cost") entsprechen nach IAS 39.9 dem Betrag, mit dem ein finanzieller Vermögenswert oder eine finanzielle Verbindlichkeit beim erstmaligen Ansatz bewertet wurde,

- abzüglich Tilgungen
- zuzüglich oder abzüglich der kumulierten Amortisation einer etwaigen Differenz zwischen dem ursprünglichen Betrag und dem bei Endfälligkeit rückzahlbaren Betrag (Agio/Disagio ▶ 2.1.5) unter Anwendung der Effektivzinsmethode sowie
- abzüglich etwaiger Minderung (entweder direkt oder mithilfe eines Wertberichtigungskontos) für Wertminderungen oder Uneinbringlichkeit.

Tabelle 3-11 *Berechnung der fortgeführten Anschaffungskosten*

Finanzielle Vermögenswerte	Finanzielle Verbindlichkeiten
Buchwert bei erstmaliger Erfassung (Auszahlungsbetrag zuzüglich Transaktionskosten)	Rückzahlungsbetrag
./. erhaltene Tilgungen	./. geleistete Tilgungen
./. bereits realisierter Betrag aus Agio* zuzüglich Transaktionskosten oder	+ noch nicht realisierter Betrag aus Agio* abzüglich Transaktionskosten oder
+ bereits realisierter Betrag aus Disagio** abzüglich Transaktionskosten	./. noch nicht realisierter Betrag aus Disagio** zuzüglich Transaktionskosten
./. Wertminderungen	

* Rückzahlungsbetrag ist geringer als der Auszahlungsbetrag
** Rückzahlungsbetrag ist größer als der Auszahlungsbetrag

In Tabelle 3-11 ist dargestellt, wie sich die fortgeführten Anschaffungskosten für finanzielle Vermögenswerte und finanzielle Verbindlichkeiten berechnen. Ein Agio/Disagio muss stets unter Anwendung der Effektivzinsmethode sowie unter Berücksichtigung von Transaktionskosten (▶ 3.14.2) bestimmt werden.

Wertmaßstäbe | **3.8**

3.8.3.2 Effektivzinsmethode

Neben der Bestimmung der fortgeführten Anschaffungskosten ist die Effektivzinsmethode zur periodengerechten Verteilung von Zinsaufwendungen und -erträgen maßgeblich (IAS 39.9). Dies gilt zunächst für alle verzinslichen Finanzinstrumente, die in der Folge zu fortgeführten Anschaffungskosten bewertet bzw. den Bewertungskategorien LaR, HtM, FLAC zugeordnet werden (IAS 39.46 (a), (b), 47(a)). Das Unternehmen muss die Effektivzinsmethode aber auch zur periodischen Erfassung der Zinsaufwendungen und -erträge für (zum beizulegenden Zeitwert bewertete) AfS-Zinsinstrumente heranziehen (IAS 39.55 (b)).[494]

Zweck und Anwendungsbereich

Der Effektivzinssatz (▶ 2.1.5) ist derjenige Kalkulationszinssatz, mit dem die geschätzten künftigen Ein- und Auszahlungen über die erwartete Laufzeit des Finanzinstruments (oder eine kürzere Periode, falls zutreffend) exakt auf den Nettobuchwert des finanziellen Vermögenswerts oder der finanziellen Verbindlichkeit abgezinst werden (IAS 39.9).

Effektivzinssatz
– Begriff und Bestimmung

Die Bestimmung des Effektivzinssatzes und der fortgeführten Anschaffungskosten verdeutlicht folgendes, IAS 39.IG B.26 entnommenes Beispiel:

– Beispiel

- Ein Unternehmen kauft am 01.01.X0 ein Schuldinstrument zum beizulegenden Zeitwert von 1.000 € mit einer Restlaufzeit von 5 Jahren, einem Nominalwert (= Rückzahlungsbetrag) von 1.250 € und einer Nominalverzinsung von 4,7% (jährliche Zahlung; Nominalzinszahlungen: 1.250 € · 4,7% ≈ 59 €). Transaktionskosten fallen nicht an.

- Es besteht ein Unterschiedsbetrag (Disagio) zwischen Anschaffungs- und Rückzahlungsbetrag in Höhe von 1.250 € ./. 1.000 € = 250 €. Dieser zusätzliche Zinsertrag ist mittels der Effektivmethode über die Laufzeit zu verteilen.

- Auf Basis der Restlaufzeit, der Nominalverzinsung und des Disagios ergibt sich zum 01.01.X0 ein Effektivzinssatz von $i^{eff} \approx 10\%$. Letzterer wird folgendermaßen kalkuliert:

$$1.000 \text{ €} = \frac{59 \text{ €}}{(1+i^{eff})^1} + \frac{59 \text{ €}}{(1+i^{eff})^2} + \frac{59 \text{ €}}{(1+i^{eff})^3} + \frac{59 \text{ €}}{(1+i^{eff})^4} + \frac{59 \text{ €}}{(1+i^{eff})^5} + \frac{1.250 \text{ €}}{(1+i^{eff})^5} <=> i^{eff} \approx 10\%$$

- Die Bestimmung der jeweiligen fortgeführten Anschaffungskosten (AK) ist in Tabelle 3-12 dargestellt.

---

[494] Siehe dazu auch das Praxisbeispiel in Abschnitt 6.4.10.2.

Tabelle 3-12 Ermittlung der fortgeführten Anschaffungskosten nach IAS 39.IG B.26

Jahr	(1) Fortgeführte AK 01.01.	(2) = (1) · 10% Effektivzinsertrag	(3) Cashflows (Nominalzins, Tilgung)	(4) = (1) + (2) ./. (3) Fortgeführte AK 31.12.
X0	1.000 €	100 €	59 €	1.041 €
X1	1.041 €	104 €	59 €	1.086 €
X2	1.086 €	109 €	59 €	1.136 €
X3	1.136 €	113 €	59 €	1.190 €
X4	1.190 €	119 €	59 € + 1.250 €	0 €

■ Sofern das Fremdkapitalinstrument der Bewertungskategorie LaR zugeordnet wird, ergeben sich die folgenden Buchungen:

01.01.X0	Forderung LaR	1.000 €	Kasse	1.000 €
31.12.X0	Forderung LaR	41 €	Zinsertrag	100 €
	Kasse	59 €		
31.12.X1	Forderung LaR	45 €	Zinsertrag	104 €
	Kasse	59 €		
[analog für die Jahre X2 und X3]				
31.12.X4	Forderung LaR	60 €	Zinsertrag	119 €
	Kasse	59 €		
	Kasse	1.250 €	Forderung LaR	1.250 €

3.8.3.3 Weitere Vorgaben

Laufzeit

In IAS 39.AG6 wird konkretisiert, dass der Amortisation (bzw. dem Effektivzinssatz) üblicherweise die gesamte erwartete Laufzeit des Finanzinstruments zu Grunde liegt.[495]

– bei Anpassung von Variablen

Sieht der Vertrag jedoch vor, dass die Agien/Disagien und Transaktionskosten in Bezug zu einer Variablen stehen, die vor Endfälligkeit des Finanzinstruments an die Marktverhältnisse angepasst werden kann, so ist als Amortisationsperiode der Zeitraum bis zur nächsten Anpassung zu wählen (IAS 39.AG6). Dies trifft z.B. dann zu, wenn die Variable, auf die sich Gebühren, Entgelte, Transaktionskosten, Agien oder Disagien beziehen, vor der voraussichtlichen Fälligkeit des Finanzinstruments an die aktuellen Marktverhältnisse angepasst wird. Dann ist als angemessener Amortisationszeitraum der Zeitraum bis zum nächsten Anpassungstermin zu wählen.

---

[495] Lässt sich die erwartete Laufzeit nicht verlässlich schätzen, muss der Amortisation die gesamte *vertragliche* Laufzeit des Finanzinstruments (oder einer Gruppe von Finanzinstrumenten) zu Grunde gelegt werden (IAS 39.9).

Wertmaßstäbe **3.8**

Spiegelt ein Agio oder Disagio auf ein variabel verzinsliches Finanzinstrument die seit der letzten Zinszahlung angefallenen Zinsen oder die Marktzinsänderungen seit der letzten Anpassung des variablen Zinssatzes an die Marktverhältnisse wider, so wird dieses bis zum nächsten Zinsanpassungstermin amortisiert (IAS 39.AG6).[496] Unterschiede, die demnach auf Zinsabgrenzungen zurückzuführen sind (der Betrachtungszeitraum liegt also zwischen 2 Zinsanpassungsterminen), müssen bis zum nächsten Zinsanpassungstermin amortisiert werden. Entstand das Agio oder Disagio hingegen durch eine Änderung des Bonitätsaufschlags auf die im Finanzinstrument angegebene variable Verzinsung oder durch andere, nicht an den Marktzinssatz gekoppelte Variablen, erfolgt die Amortisation über die erwartete Laufzeit des Finanzinstruments.

– bei variabel verzinslichen Instrumenten

Zur Schätzung der Cashflows müssen alle vertraglichen Bedingungen des Finanzinstruments berücksichtigt werden (z.B. Vorauszahlungen, Kaufoptionen und andere Optionen), nicht jedoch künftige Kreditausfälle (IAS 39.9).[497] Ferner müssen in die Berechnung alle unter den Vertragspartnern gezahlten oder erhaltenen Gebühren und sonstige Entgelte einfließen, die Bestandteil des Effektivzinssatzes und der Transaktionskosten (▶ 3.14.2) sowie aller anderen Agien und Disagien sind. Falls sich die Cashflows nicht verlässlich schätzen lassen, müssen die vertraglichen Zahlungen herangezogen werden.

Cashflows

Ändert das Unternehmen seine Schätzungen bezüglich der künftigen Zahlungen bedingt durch nicht-marktbezogene Ursachen (z.B. wegen vorzeitiger Tilgungen oder bonitätsbedingter Nominalzinsanpassungen), ist der Buchwert an die geänderten Cashflow-Erwartungen anzupassen. Der neue Buchwert entspricht dem mit dem ursprünglichen (d.h. bei Ausreichung bzw. Aufnahme gültigen) Effektivzinssatz berechneten Barwert der geänderten Zins- und Tilgungszahlungen.[498] Die Buchwertanpassung (BWA) ist erfolgswirksam vorzunehmen (IAS 39.AG8).

– nicht- marktbezogene Änderungen

---

[496] Dies ist darauf zurückzuführen, dass das Agio oder Disagio für den Zeitraum bis zum nächsten Zinsanpassungstermin gilt, da die Variable, auf die sich das Agio oder Disagio bezieht (d.h. der Zinssatz), zu diesem Zeitpunkt an die Marktverhältnisse angepasst wird.

[497] Wird ein finanzieller Vermögenswert allerdings mit hohem Disagio erworben, das die angefallenen Kreditausfälle widerspiegelt, sind die angefallenen Kreditausfälle bei der Ermittlung des Effektivzinssatzes in die geschätzten Einzahlungen einzubeziehen (IAS 39.AG5).

[498] Sofern das Finanzinstrument als Grundgeschäft in einen Fair Value Hedge eingebunden war und der Effektivzinssatz nach Beendigung der Sicherungsbeziehung neu bestimmt wurde (siehe dazu Abschnitt 3.16.9), muss dieser angepasste Effektivzinssatz herangezogen werden. Ein entsprechender Passus ist über den IFRS-Überarbeitungsprozess 2008 (siehe dazu Abschnitt 3.1.1) in IAS 39.AG8 eingefügt worden. Bei Schätzungsänderungen nach Umwidmungen aus der Bewertungskategorie FAFVPL in die Bewertungskategorie LaR, HtM oder AfS sowie nach Um-

3 Grundlagen zur Bilanzierung und Offenlegung

– marktzinsbedingte Änderungen

Bei variabel verzinslichen Finanzinstrumenten führt die periodisch vorzunehmende Neuschätzung der Cashflows (bedingt durch die Anpassung des Marktzinssatzes) zu einer Änderung des Effektivzinssatzes (IAS 39.AG7).[499] Werden variabel verzinsliche Finanzinstrumente mit Beträgen angesetzt, die den bei Endfälligkeit zu erhaltenden bzw. zu zahlenden Kapitalbeträgen entsprechen, hat die Neuschätzung künftiger Zinszahlungen normalerweise keine wesentlichen Auswirkungen auf den Buchwert des Finanzinstruments (d.h. es ist keine oder nur eine geringfügige Buchwertanpassung vonnöten).

Beispiel zur BWA: geänderte Tilgungsmodalitäten

Die Behandlung von nicht-marktbezogenen Schätzungsänderungen der Cashflows soll die folgende Abwandlung des im letzten Abschnitt enthaltenen Beispiels untermauern (IAS 39.IG B.26):

- Am 01.01.X2 ändert das Unternehmen seine Tilgungsplanungen: 50% des Nominalwerts von 1.250 € sollen nun am 31.12.X2, der Rest am 31.12.X4 zurückgezahlt werden.

- Die Ermittlung der entsprechenden fortgeführten Anschaffungskosten ist in Tabelle 3-13 aufgeführt.

Tabelle 3-13 BWA auf Grund geänderter Tilgungsmodalitäten nach IAS 39.IG B.26

Jahr	(1) Fortgeführte AK 01.01.	(2) = (1) · 10% Effektivzinsertrag	(3) Cashflows (Nominalzins, Tilgung)	(4) = (1) + (2) ./. (3) Fortgeführte AK 31.12.
X0	1.000 €	100 €	59 €	1.041 €
X1	1.041 €	104 €	59 €	1.086 €
X2	1.086 € + 51 €	114 €	59 € + 625 €	567 €
X3	567 €	57 €	29 €	595 €
X4	595 €	59 €	29 € + 625 €	0 €

- Die Buchwertanpassung ist auf den Betrag vorzunehmen, der sich aus dem Barwert der noch ausstehenden Zahlungen, diskontiert mit dem ursprünglichen Effektivzinssatz, ergibt:

$$\frac{59\,€}{(1+10\%)^1} + \frac{625\,€}{(1+10\%)^1} + \frac{29\,€}{(1+10\%)^2} + \frac{29\,€}{(1+10\%)^3} + \frac{625\,€}{(1+10\%)^3} = 1.137\,€$$

- Somit bestimmt sich eine Buchwertanpassung in Höhe von 1.137 € ./. 1.086 € = 51 €.

---

widmungen aus der Bewertungskategorie AfS in die Bewertungskategorie LaR haben Buchwertanpassungen ggf. zu unterbleiben, siehe dazu weiterführend Abschnitt 6.4.7.

[499] Vgl. auch FREIBERG (2008), S. 306.

Wertmaßstäbe **3.8**

- Bei Zuordnung des Fremdkapitalinstruments zur Bewertungskategorie LaR lauten die Buchungen für die verbleibenden Abschlussstichtage wie folgt:

31.12.X2	Ford. LaR	51 €	Ertrag BWA	51 €
	Ford. LaR	55 €	Zinsertrag	114 €
	Kasse	59 €		
	Kasse	625 €	Ford. LaR	625 €
31.12.X3	Ford. LaR	28 €	Zinsertrag	57 €
	Kasse	29 €		
31.12.X4	Ford. LaR	30 €	Zinsertrag	59 €
	Kasse	29 €		
	Kasse	625 €	Ford. LaR	625 €

Neben geänderten Tilgungsmodalitäten können auch Änderungen der Nominalzinssätze ursächlich für eine Buchwertanpassung sein. Dies verdeutlicht das folgende Beispiel:[500]

Beispiel zur BWA: bonitätsbedingte Zinsänderung

- Ein Unternehmen kauft am 01.01.X0 ein Fremdkapitalinstrument zum beizulegenden Zeitwert von 1.000 € (inklusive Transaktionskosten) mit einer Restlaufzeit von 5 Jahren, einem Nominalwert (= Rückzahlungsbetrag) von 1.000 € und einer Nominalverzinsung von 10% (jährliche Zahlung; Nominalzinszahlungen: 1.000 € · 10% = 100 €).

- Das Fremdkapitalinstrument wurde mit einer „Step-up-Klausel" ausgegeben: Verschlechtert sich die Bonität des Schuldners, muss dieser höhere Nominalzinsen leisten.[501]

- Die für die Buchungen benötigten Werte enthält Tabelle 3-14.

BWA auf Grund bonitätsbedingter Zinsänderungen (Ausgangslage)   *Tabelle 3-14*

Jahr	(1) Fortgeführte AK 01.01.	(2) = (1) · 10% Effektivzinsertrag	(3) Cashflows (Nominalzins, Tilgung)	(4) = (1) + (2) ./. (3) Fortgeführte AK 31.12.
X0	1.000 €	100 €	100 €	1.000 €
X1	1.000 €	100 €	100 €	1.000 €
X2	1.000 €	100 €	100 €	1.000 €
X3	1.000 €	100 €	100 €	1.000 €
X4	1.000 €	100 €	100 € + 1.000 €	0 €

---

[500] Für ein diesbezügliches Praxisbeispiel zu Finanzverbindlichkeiten siehe Abschnitt 6.7.9.2.
[501] Solche Klauseln werden häufig über Covenants (siehe dazu Abschnitt 2.4.4.2) eingefügt.

Grundlagen zur Bilanzierung und Offenlegung

- Am 01.01.X2 wird die Bonität des Schuldners herabgestuft, wodurch sich der Nominalzinssatz des Fremdkapitalinstruments von 10% auf 12% erhöht; dies führt ab der Zinsperiode X2 zu Nominalzinszahlungen von 120 € (1.000 € · 12%).
- Die für die Buchungen benötigten Werte stellen sich nun wie in Tabelle 3-15 aufgeführt dar.
- Wiederum ist eine BWA auf den Betrag vorzunehmen, der sich aus dem Barwert der noch ausstehenden Zahlungen, diskontiert mit dem ursprünglichen Effektivzinssatz, ergibt:

$$\frac{120\ €}{(1+10\%)^1} + \frac{120\ €}{(1+10\%)^2} + \frac{120\ €}{(1+10\%)^3} + \frac{1.000\ €}{(1+10\%)^3} = 1.050\ €$$

- Somit bestimmt sich eine BWA in Höhe von 1.050 € ./. 1.000 € = 50 €.

Tabelle 3-15: BWA auf Grund bonitätsbedingter Zinsänderungen (Fortsetzung)

Jahr	(1) Fortgeführte AK 01.01.	(2) = (1) · 10% Effektivzinsertrag	(3) Cashflows (Nominalzins, Tilgung)	(4) = (1) + (2) ./. (3) Fortgeführte AK 31.12.
X0	1.000 €	100 €	100 €	1.000 €
X1	1.000 €	100 €	100 €	1.000 €
X2	1.000 € + 50 €	105 €	120 €	1.035 €
X3	1.035 €	103 €	120 €	1.018 €
X4	1.018 €	102 €	120 € + 1.000 €	0 €

- Alternativ kann die BWA auch aus dem Barwert der noch ausstehenden 3 Nominalzinssatzerhöhungen ermittelt werden:

$$\frac{20\ €}{(1+10\%)^1} + \frac{20\ €}{(1+10\%)^2} + \frac{20\ €}{(1+10\%)^3} = 50\ €$$

Obwohl das Unternehmen höhere Nominalzinszahlungen erhält, kommt es nicht zu einer Anpassung des Effektivzinssatzes; den höheren künftigen Zinserträgen wird über die einmalige Buchwertanpassung Rechnung getragen.

Stellt man die GuV-Effekte der Buchwertanpassung den GuV-Effekten einer hypothetischen – nicht IFRS-konformen – Effektivzinssatzanpassung gegenüber (bei der in allen Perioden nach der Bonitätsverschlechterung ein Zinsertrag von 120 € vereinnahmt werden würde), lassen sich bei erstgenannter Methode für das Jahr X2 zunächst vergleichsweise höhere Erträge feststellen (50 € + 105 € versus 120 €). In den Folgeperioden kehrt sich dieser Effekt jedoch um; dann sind die unter Anpassung des Effektivzinssatzes bestimmten Erträge höher.

Wertmaßstäbe **3.8**

Mit Blick auf die Bilanz bewirkt die im Beispiel dargestellte Buchwertanpassung ferner, dass die fortgeführten Anschaffungskosten in den Jahren X2, X3 und X4 über dem Rückzahlungsbetrag liegen. Anfang X2 wird ein Ertrag vereinnahmt, dem erst später Zinszahlungen gegenüberstehen. Der aktivierte Buchwertanpassungsbetrag hat demnach den Charakter einer sonstigen (Zins-)Forderung. Ende X2, X3 und X4 wird dieser durch die im Vergleich zur Ertragsvereinnahmung höheren Zinseinzahlungen (105 €, 103 € und 102 € versus 120 €) sukzessive abgebaut, bis der Buchwert des Fremdkapitalinstruments Ende X4 wieder dem Rückzahlungsbetrag entspricht.

Häufig sehen die Vertragsbedingungen von Fremdkapitalinstrumenten es vor, dass der Schuldner und/oder der Gläubiger die Laufzeit kürzen kann.[502] Derartige Kündigungsoptionen werden üblicherweise in Verbindung mit Vorfälligkeitsentschädigungen (▶ 2.1.6) vereinbart.[503] Wie Abbildung 3-14 zeigt, führen Schätzungsänderungen in Bezug auf die Ausübung der Kündigung zu Buchwertanpassungen bei festverzinslichen Instrumenten. Dies ist einerseits der Fall, wenn die Kündigungsmöglichkeit tatsächlich in Anspruch genommen wird, die Ausübung jedoch bei Vertragsabschluss nicht erwartet wurde. Anderseits ergibt sich eine Buchwertanpassung für den Fall, dass tatsächlich keine (vorzeitige) Kündigung erfolgt, man mit ihr aber bei Kontraktbeginn gerechnet hat.

BWA in Verbindung mit Kündigungsoptionen

BWA von festverzinslichen Instrumenten bei vertraglicher Kündigungsoption — *Abbildung 3-14*

Vertragliche Kündigungsmöglichkeit			
Fall 1: tatsächliche Kündigung		Fall 2: tatsächlich keine Kündigung	
Kündigung wurde erwartet	Kündigung wurde nicht erwartet	Kündigung wurde erwartet	Kündigung wurde nicht erwartet
keine BWA[a]	BWA[b]	BWA[c]	keine BWA[d]

a Im zu Vertragsbeginn ermittelten Effektivzinssatz sind bereits die aus der vorzeitigen Kündigung resultierende kürzere Laufzeit sowie die sich aus der vorzeitigen Kündigung ergebenden Zahlungen (inklusive derer aus einer etwaigen Vorfälligkeitsentschädigung) berücksichtigt.
b Der Effektivzinssatz wurde zu Vertragsbeginn ohne Berücksichtigung der Kündigung (d.h. ohne Laufzeitverkürzung, ohne aus der Kündigung resultierende Zahlungen wie z.B. Vorfälligkeitsentschädigungen) ermittelt; bei Kündigung (Schätzungsänderung) erfolgt eine BWA auf Basis dieses Effektivzinssatzes, der kürzeren Restlaufzeit sowie der mit der Kündigung verbundenen Zahlungen.
c Der Effektivzinssatz wurde zu Vertragsbeginn mit Berücksichtigung der Kündigung (d.h. mit Laufzeitverkürzung, mit aus der Kündigung resultierenden Zahlungen wie z.B. Vorfälligkeitsentschädigungen) ermittelt; bei Nicht-Kündigung (Schätzungsänderung) erfolgt eine BWA auf Basis dieses Effektivzinssatzes, der längeren Restlaufzeit sowie der sich ohne Kündigung ergebenden Zahlungen (d.h. ohne eine ggf. vereinbarte Vorfälligkeitsentschädigung).
d Der zu Vertragsbeginn bestimmte Effektivzinssatz wird auf Grundlage der Zahlungen ohne Kündigung (und damit auch ohne Berücksichtigung einer Laufzeitverkürzung und einer etwaigen Vorfälligkeitsentschädigung) ermittelt.

---

502 Hierzu und folgend vgl. FREIBERG (2008b), S. 307f.
503 Vgl. zur generellen Berücksichtigung von Vorfälligkeitsentschädigungen bei der Effektivzinsberechnung DELOITTE LLP (2011b), S. 315.

3 Grundlagen zur Bilanzierung und Offenlegung

Zur Verdeutlichung der Bilanzierung eines festverzinslichen Instruments mit vorzeitiger Kündigung und Vorfälligkeitsentschädigung wird auf das vorherige Beispiel ohne Step-up-Klausel zurückgriffen:

- Das Fremdkapitalinstrument kann nach 3 Jahren (d.h. zum 01.01.X3) von der Gegenpartei mit einjähriger Kündigungsfrist vorzeitig zum Rückzahlungsbetrag zurückgekauft bzw. getilgt werden; sodann erhält das Unternehmen zusammen mit dem Rückzahlungsbetrag eine Vorfälligkeitsentschädigung von 150 €.
- Bei der Kündigungsoption handelt es sich nicht um ein trennungspflichtiges eingebettetes Derivat.[504]
- Beim Erwerb des Fremdkapitalinstruments wird erwartet, dass es nicht zu einer vorzeitigen Kündigung kommt; damit ergibt sich zunächst dieselbe Ausgangslage (siehe Tabelle 3-14).
- Entgegen der Erwartung kündigt die Gegenpartei am 01.01.X2 das Fremdkapitalinstrument zum 01.01.X3.
- Tabelle 3-16 enthält die für die Buchungen benötigten Werte.
- In analoger Weise erfolgt eine BWA auf den Betrag, der sich aus dem Barwert der noch ausstehenden Zahlungen, diskontiert mit dem ursprünglichen Effektivzinssatz, ergibt:

$$\frac{100\ €}{(1+10\%)^1} + \frac{150\ €}{(1+10\%)^1} + \frac{1.000\ €}{(1+10\%)^1} = 1.136\ €$$

- Die BWA beträgt damit 1.136 € ./. 1.000 € = 136 €.

Tabelle 3-16: BWA bei unerwartet vorzeitiger Kündigung mit Vorfälligkeitsentschädigung

Jahr	(1) Fortgeführte AK 01.01.	(2) = (1) · 10% Effektivzinsertrag	(3) Cashflows (Nominalzins, Tilgung)	(4) = (1) + (2) ./. (3) Fortgeführte AK 31.12.
X0	1.000 €	100 €	100 €	1.000 €
X1	1.000 €	100 €	100 €	1.000 €
X2	1.000 € + 136 €	114 €	100 € + 150 € + 1.000 €	0 €

Ewige Anleihen

Sofern Verbindlichkeiten mit sehr langer oder unendlicher Laufzeit (ewige Anleihen ▶ 2.4.2.3) ausgegeben werden, die mit einem festen oder einem marktbasierten variablen Zinssatz ausgestattet sind, entsprechen die fortgeführten Anschaffungskosten gemäß IAS 39.IG B.24 in jeder Periode dem

---

[504] Dies ist in Deutschland der Regelfall. Siehe zu den entsprechenden Kriterien im Detail Abschnitt 6.7.6.3 und zur Bilanzierung bei Trennungspflicht Abschnitt 6.7.6.8.

Auszahlungsbetrag abzüglich etwaiger für die Emission entrichteter Transaktionskosten.[505] Im Zeitverlauf erfolgt damit weder eine GuV-wirksame Amortisation des Agios/Disagios sowie der Transaktionskosten noch eine Berücksichtigung von Tilgungszahlungen; das Unternehmen erfasst lediglich den Zinsaufwand, der sich über den Nominalzinssatz bestimmt. Sind die ewigen Anleihen allerdings so ausgestaltet, dass der Nominalwert wirtschaftlich betrachtet über die Zinsen zurückgezahlt wird, hat man nach IAS 39.IG B.25 bei der Bestimmung des Effektivzinssatzes und der fortgeführten Anschaffungskosten einen Tilgungsanteil einzubeziehen. Dies ist bspw. der Fall, wenn über die ersten 10 Jahre ein Zinssatz von 16% gilt, der danach 0 % beträgt. Dann müssen der Effektivzinssatz und die fortgeführten Anschaffungskosten unter Zugrundelegung einer vollständigen Tilgung nach 10 Jahren ermittelt werden. Auf Basis der Beispieldaten ergibt sich ein Effektivzinssatz von 9,606%.[506] In jeder Periode mindert die Differenz aus der Nominalzinszahlung und dem erfassten Effektivzinsaufwand den Buchwert der Verbindlichkeit, bis dieser nach 10 Jahren 0 ist.

3.8.4 Anschaffungskosten

Für den Begriff der „Anschaffungskosten" („Cost") liegt nach IFRS keine übergreifende Definition vor.[507] In Bezug auf Finanzinstrumente entsprechen sie dem Betrag, mit dem ein finanzieller Vermögenswert oder eine finanzielle Verbindlichkeit beim erstmaligen Ansatz (▶ 3.9) bewertet wurde.

Der Wertmaßstab ist für nach IAS 39 bilanzierte Finanzinstrumente ausnahmsweise heranzuziehen für nicht-notierte Eigenkapitalinstrumente und darauf bezogene Derivate,[508] die nur durch Andienung erfüllt werden können, und deren beizulegende Zeitwerte nicht zuverlässig bestimmbar sind (▶ 3.8.2.5). Für Nicht-Banken kommt er primär bei nicht-(börsen)notierten Anteilen an anderen Unternehmen (z.B. GmbH-Anteile oder Anteile an Personengesellschaften) zur Anwendung,[509] für die kein maßgeblicher Einfluss besteht oder die aus anderen Gründen nicht nach IAS 27 bzw. IFRS 10, IAS 28 oder IAS 31 bzw. IFRS 11 bilanziert werden (▶ 3.3.6.1). Lässt sich für

---

[505] Vgl. dazu auch PwC (2011a), S. 9040 (9.70).
[506] Detaillierte Berechnungsbeispiele finden sich bei PwC (2011a), S. 9040f. (9.71) und ERNST & YOUNG LLP (2012b), S. 3172f.
[507] Vgl. COENENBERG/HALLER/SCHULTZE (2009), S. 109f.
[508] D.h. solche, die nicht der Fair-Value-Hierarchiestufe 1 (siehe dazu Abschnitt 3.8.2.4) zugeordnet werden.
[509] Vgl. auch FREIBERG (2006a), S. 13; KERKHOFF/STAUBER (2007), Rz. 96; HOMÖLLE (2008), Rz. 89; BARCKOW (2010), Rz. 163; LÜDENBACH (2012d), Rz. 39; HEUSER/THEILE (2012), Rz. 2481. Laut VARAIN (2008), Rz. 278; KPMG IFRG LIMITED (2011), S. 1396 (7.6.170.10) ist dies insbesondere bei neu gegründeten (Start-up-) Unternehmen denkbar.

Grundlagen zur Bilanzierung und Offenlegung

derartige Eigenkapitalinstrumente der beizulegende Zeitwert nicht zuverlässig abschätzen, verbietet sich die Anwendung der Fair-Value-Option (▶ 3.10.4.2); dem Unternehmen bleibt dann nichts anderes übrig, als den Posten mit den Anschaffungskosten zu bewerten.

Angabepflichten

Kommt auf Grund dessen, dass der beizulegende Zeitwert nicht mit ausreichender Zuverlässigkeit ermittelt werden kann, eine Anschaffungskostenbewertung zum Tragen, entfallen naturgemäß auch die Angabepflichten zu den Fair Values (▶ 3.4.4.2).[510] In diesen Fällen muss – damit sich die Abschlussadressaten selbst ein Urteil über den Umfang der möglichen Differenzbeträge zwischen Buchwert und beizulegendem Zeitwert bilden können – das Unternehmen gemäß IFRS 7.30 Folgendes offen legen:

- die Tatsache, dass der beizulegende Zeitwert nicht angegeben wird, weil dieser nicht zuverlässig ermittelt werden kann;
- eine Beschreibung der Finanzinstrumente und die Angabe ihrer Buchwerte sowie eine Erklärung, warum sich der Fair Value nicht zuverlässig bestimmen lässt;
- Informationen über den Markt für die Instrumente;
- Informationen über das Vorliegen einer Veräußerungsabsicht der Posten (sowie ggf. darüber, wie diese veräußert werden sollen);
- die Tatsache, dass nicht zuverlässig bewertbare Finanzinstrumente ausgebucht werden, den Buchwert zum Abgangszeitpunkt sowie den dabei erfassten Gewinn oder Verlust.

3.9 Erstbewertung

3.9.1 Wertmaßstab und dessen Ableitung

Fair Value als Transaktionspreis

Finanzielle Vermögenswerte und finanzielle Verbindlichkeiten werden erstmalig zum beizulegenden Zeitwert bewertet (IAS 39.43). Dies gilt auch, wenn man die Posten im Rahmen eines Unternehmenszusammenschlusses

---

[510] Neben den nicht-notierten Eigenkapitalinstrumenten und den damit verknüpften Derivaten kann die Offenlegung der beizulegenden Zeitwerte auch für – nicht nach IAS 39 bilanzierte – ermessensabhängige Überschussbeteiligungen (siehe zum Begriff Fn. 209) unterbleiben (IFRS 7.30).

3.9 Erstbewertung

erwirbt bzw. übernimmt (▶ 3.3.6.12; 3.5.5); sodann ist gemäß IFRS 3.18 eine Fair-Value-Bewertung zum Erwerbszeitpunkt vorzunehmen.[511]

Der Zugangswert entspricht in der Regel dem Transaktionspreis bzw. den Anschaffungskosten, d.h. dem beizulegenden Zeitwert der gegebenen oder erhaltenen Gegenleistung (IAS 39.AG64, AG76), ggf. unter Einbeziehung von direkt dem Erwerb bzw. der Ausgabe zurechenbaren Transaktionskosten (▶ 3.9.5).[512]

Dass der Transaktionspreis in vielen Fällen dem beizulegenden Zeitwert gleichkommt, wird auch über IFRS 13.58 klargestellt – obschon es sich bei dem Transaktionspreis nach IFRS 13.57 um einen Entry Price handelt und dieser insofern per Definition nicht dem Fair-Value-Begriff im Sinne von IFRS 13 entspricht, dem ein Exit Price zu Grunde liegt (▶ 3.8.2.1).

Jedoch kann zur Erstbewertung nicht in allen Fällen auf den Transaktionspreis zurückgegriffen werden. So ist gemäß IAS 39.AG64 immer dann eine gesonderte Fair-Value-Bewertung durchzuführen, wenn sich ein Teil der gegebenen oder erhaltenen Gegenleistung auf etwas anderes als das Finanzinstrument bezieht.[513] Dazu die folgenden Beispiele, auf die in den nächsten beiden Abschnitten näher eingegangen wird:

Gesonderte Fair-Value-Bewertung

– nach IAS 39

- Das Unternehmen erhält ein unverzinsliches Darlehen von einer öffentlichen Stelle.
- Man reicht ein unverzinsliches Darlehen an einen Lieferanten aus, um künftig Güter und Dienstleistungen zu günstigen Konditionen beziehen zu können.
- Einem Mitarbeiter wird ein unverzinslicher Kredit als Entlohnung für seine Arbeitsleistung gewährt (Praxisbeispiel ▶ 6.3.5.2).
- Das Unternehmen begibt ein Darlehen zu einem Zinssatz, der unter dem Marktzinssatz liegt.

Darüber hinaus kommt der Transaktionspreis gemäß IAS 39.AG76 bei der Erstbewertung nicht zum Tragen, wenn sich unter Heranziehung eines Bewertungsverfahrens herausstellt, dass er nicht der beste Nachweis für den

---

[511] Für Finanzinstrumente sieht IFRS 3 keine Ausnahmen zu den generellen Ansatz- und Bewertungsregeln vor, diese beziehen sich nur auf andere Sachverhalte (siehe IFRS 3.21-31, B42).
[512] Die in Verbindung mit einer späteren Übertragung oder Veräußerung eines Postens (erwarteten) Transaktionskosten sind indes gemäß IAS 39.IG E.1.1 nicht bei der Erstbewertung zu berücksichtigen (siehe dazu Abschnitt 3.13.1, 3.13.2.2).
[513] Diese Regelung bleibt bei Anwendung von IFRS 13 grundsätzlich bestehen; es muss dann lediglich auf die Vorgaben zur Definition und zur Bestimmung des Fair Value in IFRS 13 (siehe dazu Abschnitt 3.8.2) zurückgegriffen werden, die denen in IAS 39 allerdings weitgehend entsprechen.

beizulegenden Zeitwert ist.[514] Trifft dies zu, so muss statt des Transaktionspreises der rechnerisch ermittelte Betrag als Fair Value berücksichtigt werden. Der Transaktionspreis gilt dabei nur dann nicht als bester Nachweis für den beizulegenden Zeitwert, wenn Letzterer entweder durch einen Vergleich mit anderen beobachtbaren aktuellen Markttransaktionen desselben Instruments nachgewiesen wird oder er auf einer Bewertungsmethode beruht, deren Variablen nur Daten von beobachtbaren Märkten umfasst.

Als Beispiel für eine solche Nichtberücksichtigung des Transaktionspreises wird in der Literatur der Fall aufgeführt, dass börsengehandelte Unternehmensanteile in großem Umfang nicht über die Börse, sondern direkt von einem Unternehmen bezogen werden und der Transaktionspreis (bedingt durch den Kauf als Paket) beim Erwerb über dem aktuellen Marktpreis liegt.[515] Die Unternehmensanteile sind sodann erstmalig zum aktuellen Marktpreis zu bewerten.

– *nach IFRS 13* Auch bei Anwendung von IFRS 13 gilt der Transaktionspreis nicht immer als Wertmaßstab zur Erstbewertung. So verlangt IAS 39.43A i.V.m. IAS 39.AG76 die Verwendung eines Fair Value, der gemäß IFRS 13 über eine Bewertungstechnik zu ermitteln ist, falls dieser vom Transaktionspreis abweicht (▶ 3.8.2).[516] Zur Bestimmung, ob Abweichungen zwischen dem Transaktionspreis und dem beizulegenden Zeitwert bestehen, sind die für die Transaktion und für den Posten spezifischen Faktoren zu berücksichtigen (IFRS 13.B4). Ferner zählt IFRS 13.B4 beispielhaft Sachverhalte auf, bei denen der Transaktionspreis ggf. nicht den Fair Value widerspiegelt:

- die Transaktion erfolgt mit nahestehenden Personen oder Unternehmen;
- die Transaktion wird unter Zwang durchgeführt, z.B. weil der Verkäufer den Transaktionspreis auf Grund von finanziellen Schwierigkeiten akzeptieren muss;
- Transaktionspreis und Fair-Value-Bewertung beziehen sich auf unterschiedliche Aggregationsebenen (z.B. wenn der Transaktionspreis neben dem zu bewertenden Posten noch andere Elemente abdeckt);
- der Markt, über den die Transaktion abgewickelt wird, unterscheidet sich vom Hauptmarkt (bzw. vom vorteilhaftesten Markt).

Besteht auf Grund der spezifischen Faktoren sowie unter Berücksichtigung der Beispielsachverhalte die Vermutung, dass der beizulegende Zeitwert und der Transaktionspreis identisch sind, kann Letzterer zur Erstbewertung herangezogen werden, ohne eine gesonderte Fair-Value-Bewertung durch-

---

[514] Der diesbezügliche Passus in IAS 39.AG76 wird über IFRS 13 gestrichen.
[515] Vgl. dazu ERNST & YOUNG LLP (2012b), S. 3160f.
[516] Über IFRS 13 wird IAS 39.43A neu eingefügt und IAS 39.AG76 entsprechend geändert.

3.9 Erstbewertung

zuführen.[517] Wird dabei der beizulegende Zeitwert zur Folgebewertung über ein Bewertungsverfahren mit nicht-beobachtbaren Input-Daten bestimmt, hat man dieses so anzupassen, dass der erstmalig errechnete beizulegende Zeitwert dem Transaktionspreis entspricht. Das anhand des „richtigen" Ausgangswerts kalibrierte Bewertungsverfahren dient dann als Grundlage für die Folgebewertung (IFRS 13.64).

Muss hingegen basierend auf den spezifischen Faktoren und den Beispielsachverhalten vermutet werden, dass der Transaktionspreis und der Fair Value voneinander abweichen, ist Letzterer gemäß IAS 39.43A i.V.m. IAS 39.AG76 unter Berücksichtigung der Vorgaben in IFRS 13 zu bestimmen und zur Erstbewertung heranzuziehen. Die Erfassung des Unterschiedsbetrags zwischen beizulegendem Zeitwert und Transaktionspreis erfolgt in Abhängigkeit davon, welcher Hierarchiestufe der Fair Value entspricht (siehe folgenden Abschnitt).

3.9.2 Erfassung von Unterschiedsbeträgen (Day 1 Profits/Losses)

Weichen Transaktionspreis und beizulegender Zeitwert voneinander ab, da sich ein Teil der gegebenen oder erhaltenen Gegenleistung auf etwas anderes als das Finanzinstrument bezieht oder der Transaktionspreis nicht der beste Nachweis für den beizulegenden Zeitwert ist, entsteht – bedingt durch die Abweichung zwischen Einbuchungsbetrag und Zahlungseingang bzw. -ausgang – ein Einbuchungsgewinn oder -verlust (ein so genannter „Day 1 Profit/Loss").[518]

In der Regel wird ein solcher Day 1 Profit/Loss sofort über die GuV realisiert und in der Folge durch die Aufzinsung (Barwertfortschreibung des Buchwerts) wieder „zurückgedreht" (Praxisbeispiel ▶ 6.3.5.2).[519] Eine Aktivierung des Unterschiedsbetrags kommt gemäß IAS 39.AG64 nur in Frage, wenn die Ansatzkriterien eines Vermögenswerts anderer Art (z.B. eines immateriellen Vermögenswerts) erfüllt sind. Ferner kann der Unterschiedsbetrag einer Kapitaleinlage oder einer Ausschüttung gleichkommen und damit als Eigenkapitaltransaktion zu erfassen sein (siehe dazu das Beispiel im folgenden Abschnitt).

Regelfall: sofortige GuV-wirksame Erfassung

---

[517] Vgl. dazu und zum folgenden Absatz FLICK/GEHRER/MEYER (2011), S. 389.
[518] Vgl. auch BARCKOW (2010), Rz. 158; HITZ/ZACHOW (2011), S. 968; FLICK/GEHRER/MEYER (2011), S. 389; ERNST & YOUNG LLP (2012b), S. 3112.
[519] Vgl. BARCKOW (2010), Rz. 159f.; PwC (2011a), S. 9003 (9.7); HEUSER/THEILE (2012), Rz. 2471; LÜDENBACH (2012d), Rz. 119.

Ausnahmefall: erfolgsneutrale Erfassung

Ggf. ist es aber auch möglich, den Day 1 Profit/Loss nicht sofort erfolgswirksam zu realisieren. Die entsprechenden Regeln in IAS 39 ändern sich durch IFRS 13, wodurch eine differenzierte Betrachtung mit und ohne Anwendung von IFRS 13 notwendig wird.

– ohne Anwendung von IFRS 13

Gemäß IAS 39.AG76A in der Fassung vor Änderung durch IFRS 13 besteht – unabhängig von der Hierarchiestufe der Fair-Value-Bewertung – die Möglichkeit, den Day 1 Profit/Loss nicht sofort erfolgswirksam zu realisieren.[520] Dann kommt es zur bilanziellen Erfassung eines Unterschiedsbetrags. Im Zuge der Folgebewertung kann ein Gewinn oder Verlust (durch Auflösung des Unterschiedsbetrags) nur insoweit erfasst werden, wie er durch die Änderung eines Faktors (einschließlich Zeit) entstanden ist, den die Marktteilnehmer bei der Festlegung eines Preises berücksichtigen würden (IAS 39.AG76A). Wie der Unterschiedsbetrag zu amortisieren ist, lässt sich IAS 39 nicht entnehmen;[521] die Amortisation hängt demnach von der Bilanzierungs- bzw. Amortisationspolitik ab.[522] Laut dem IASB kann eine lineare Erfassungsmethode ggf. sachgerecht sein (IAS 39.BC222 (v) (ii)).

– mit Anwendung von IFRS 13

Nach IAS 39.AG76 in der Version nach Änderung durch IFRS 13 ist die Erfassung eines Day 1 Profit/Loss in Abhängigkeit davon, welcher Hierarchiestufe die Fair-Value-Bewertung entspricht, wie folgt vorzunehmen:

- Sofern der beizulegende Zeitwert nachgewiesen werden kann über einen notierten Marktpreis auf einem aktiven Markt für einen identischen Posten (Fair-Value-Hierarchiestufe 1) oder über ein anderes Bewertungsverfahren, welches ausschließlich beobachtbare Marktdaten einbezieht (Fair-Value-Hierarchiestufe 2), hat das Unternehmen zur Erstbewertung den Fair Value heranzuziehen und den Unterschiedsbetrag (zum Transaktionspreis) GuV-wirksam zu erfassen.

- In allen anderen Fällen (Fair-Value-Hierarchiestufe 3) ist der Unterschiedsbetrag zwischen Transaktionspreis und Fair Value abzugrenzen. Der abgegrenzte Betrag stellt gemäß IFRS 13.BC138 keinen Bestandteil

---

[520] In der Literatur wird IAS 39.AG76A teilweise so interpretiert, dass eine erfolgswirksame Realisierung von Day 1 Profits/Losses beim Zugang zwingend unterbleiben muss, vgl. ODERMATT/PÖTHKE (2007), S. 232; MAULSHAGEN/TREPTE/WALTERSCHEIDT (2008), Rz. 623.

[521] Vgl. PwC (2011a), S. 9060 (9.108); ERNST & YOUNG LLP (2012b), S. 3160.

[522] Das IDW (2009a), Rz. 45 schlägt für zinstragende Finanzinstrumente eine Verteilung nach der Effektivzinsmethode und für Eigenkapitalinstrumente eine Erfassung der Gewinne oder Verluste erst beim Abgang vor. Laut DELOITTE LLP (2011b), S. 367 kann eine sachgerechte Methode unter anderem darin liegen, die nicht-beobachtbaren Input-Daten zunächst über den Transaktionspreis zu kalibrieren und den so abgegrenzten Gewinn/Verlust in der Folge anhand der Änderungen dieser Input-Daten zu erfassen, wobei die Änderungen aus beobachtbaren Informationen abgeleitet werden.

des Fair Value dar.[523] Er kann im Rahmen der Folgebewertung nur in dem Umfang GuV-wirksam erfasst werden, wie er durch die Änderung eines Faktors (einschließlich Zeit) entstanden ist, den die Marktteilnehmer bei der Preisbestimmung des Postens einbeziehen würden. Wiederum wird die Folgeamortisation nicht geregelt; in analoger Weise kommt eine lineare Erfassung in Frage.

– unverzinslich erhaltenes Darlehen der öffentlichen Hand

Zudem hat man bei einem Darlehen der öffentlichen Hand den gegenüber dem Marktzins gewährten Zinsvorteil, der als Unterschiedsbetrag zwischen dem ursprünglichen Buchwert des Darlehens und den erhaltenen Zahlungen gemäß IAS 39 bestimmt werden muss, nach IAS 20 als Zuwendung zu bilanzieren (IAS 20.10A). Demnach ist der Unterschiedsbetrag zunächst als passivischer Abgrenzungsposten GuV-neutral zu erfassen (IAS 20.16, 24). Das öffentliche Darlehen selbst wird jedoch gemäß IAS 20.10A nach IAS 39 angesetzt und bewertet.

Erhält ein Unternehmen bspw. von einer Regierungsbehörde am 01.01.X1 ein unverzinsliches Darlehen in Höhe von 500 T€ mit endfälliger Tilgung in 3 Jahren, welches am Tag der Gewährung auf Basis des Marktzinssatzes einen Barwert von 450 T€ aufweist, bucht es wie folgt:[524]

01.01.X1	Bank	500 T€	Verbindlichkeit	450 T€
			Abgrenzungsposten	50 T€

Die Verbindlichkeit wird in der Folge unter Erfassung von Zinsaufwendungen effektivzinsmäßig fortgeschrieben, bis der Buchwert nach 3 Jahren dem Rückzahlungsbetrag entspricht.[525] Der passivische Abgrenzungsposten ist gemäß IAS 20.12 in den Perioden planmäßig GuV-wirksam zu erfassen, in denen diejenigen Aufwendungen anfallen, welche die Zuwendungen der öffentlichen Hand kompensieren sollen. Da eine Kompensation der Zinsaufwendungen angestrebt wird, ergibt sich eine ratierliche GuV-Erfassung über die Laufzeit des Darlehens.

---

[523] Vgl. auch FLICK/GEHRER/MEYER (2011), S. 389. A.A. indes DELOITTE LLP (2011b), S. 366; KPMG IFRG LIMITED (2011), S. 1410 (7.6.268.20), denen zufolge der Fair Value dann auf den Transaktionspreis anzupassen ist (d.h. der Day 1 Profit/Loss geht in den Erstbuchwert des Postens ein).
[524] Vgl. hierzu das Beispiel in PwC (2011a), S. 9004 (9.7).
[525] Zur effektivzinsmäßigen Fortschreibung siehe weiterführend Abschnitt 3.8.3.2.

3.9.3 Beispiele für gesonderte Fair-Value-Bewertungen

Unverzinslich gewährter Lieferantenkredit

Gemäß IAS 39.AG64 kann der Fair Value eines langfristigen Kredits oder einer langfristigen Forderung ohne Verzinsung bspw. bestimmt werden als Barwert aller künftigen Einzahlungen unter Verwendung des herrschenden Marktzinses für ein (in Bezug auf Währung, Laufzeit, Art des Zinssatzes, sonstige Faktoren) ähnliches Instrument mit vergleichbarer Bonität. Dazu das folgende Beispiel:[526]

- Unternehmen A gewährt seinem Lieferanten B am 01.01.X1 einen unverzinslichen Kredit in Höhe von 1.000 € über 5 Jahre mit endfälliger Tilgung. Im Gegenzug verspricht B, A Waren und Dienstleistungen zu günstigen Konditionen anzubieten.

- Bei Ausreichung liegt der Marktzinssatz für einen ähnlichen Kredit bei 10%; es ergibt sich ein Barwert von 1.000 € / (1 + 10%)^5 = 621 €.

- Der an B gezahlte Betrag (Transaktionspreis) von 1.000 € kann wie folgt aufgeteilt werden:

    - in eine Kreditforderung, die einen Fair Value von 621 € aufweist;

    - das Recht zum künftigen Erhalt von wirtschaftlichen Vorteilen bzw. von Waren und Dienstleistungen zu günstigen Preisen im Wert von 379 € (1.000 € ./. 621 €).

- Unternehmen A bucht sich die Kreditforderung am 01.01.X1 als finanziellen Vermögenswert zum beizulegenden Zeitwert ein; der Unterschiedsbetrag wird GuV-wirksam als Aufwand erfasst:[527]

01.01.X1	Forderung	621 €	Bank	1.000 €
	Aufwand	379 €		

- In den Perioden danach erfolgt eine Aufzinsung bzw. Barwertfortschreibung des Buchwerts der Kreditforderung mit entsprechender Erfassung von Zinserträgen, bis der Buchwert zum Ende der Laufzeit wieder bei 1.000 € liegt (Praxisbeispiel ▶ 6.3.5.2).

---

[526] Entnommen aus PwC (2011a), S. 9003 (9.7). Für ein ähnliches Beispiel vgl. ERNST & YOUNG LLP (2012b), S. 3109.

[527] Eine Erfassung z.B. über IAS 38 als immaterieller Vermögenswert dürfte hier scheitern, da dies gemäß IAS 38.8 die Beherrschung über den Posten voraussetzt, was bei lediglich unverbindlichen Liefer-/Leistungszusagen zu günstigen Konditionen m.E. normalerweise zu verneinen ist (siehe IAS 38.13). Anders muss der Sachverhalt hingegen ggf. bei vertraglich zugesicherten (und damit juristisch durchsetzbaren) Leistungen mit entsprechenden Vorteilen beurteilt werden.

Erstbewertung | **3.9**

In analoger Weise wird bilanziert, wenn das Unternehmen einem Mitarbeiter ein unverzinsliches Darlehen zur Verfügung stellt.[528] Wiederum setzt sich der Auszahlungsbetrag bzw. Transaktionspreis zusammen aus

Unverzinslich gewährtes Mitarbeiterdarlehen

- dem unter Heranziehung des Marktzinssatzes bestimmten Barwert bzw. Fair Value des Kredits, den man als finanziellen Vermögenswert zu aktivieren hat, sowie
- dem Unterschiedsbetrag zwischen dem so ermittelten beizulegenden Zeitwert und dem Auszahlungsbetrag, der in diesem Fall als Entlohnung für die Mitarbeiterleistung nach IAS 19 GuV-wirksam zu erfassen ist.

Bei Krediten, die unverzinslich oder niedrig verzinslich vom Mutterunternehmen an ein Tochterunternehmen vergeben werden, liegt laut DELOITTE eine Kapitalzuführung (-einlage) an die Eigentümer und damit eine Eigenkapitaltransaktion vor; der Unterschiedsbetrag ist daher nicht GuV-wirksam zu erfassen.[529] Erfolgt die Kreditgewährung im obigen Beispiel statt an einen Lieferanten an ein Tochterunternehmen, bucht dies A wie folgt:

Unverzinslich gewährtes Konzerndarlehen

01.01.X1	Forderung	621 €	Bank	1.000 €
	Eigenkapital	379 €		

Die spätere Aufzinsung bzw. Barwertfortschreibung der Forderung wird ebenfalls über das Eigenkapital vorgenommen.

Erhält das Mutterunternehmen von einem Tochterunternehmen ein unverzinsliches (niedrig verzinsliches) Darlehen, handelt es sich bei dem Unterschiedsbetrag um einen ausschüttungsgleichen Ertrag, der als Eigenkapitaltransaktion (Ausschüttung an die Eigentümer) ebenfalls über das Eigenkapital zu erfassen ist.

Darüber hinaus ergibt sich das Erfordernis zur Fair-Value-Bestimmung, wenn ein Kredit zu einem marktunüblichen Zinssatz ausgereicht wird (z.B. zu 6% anstatt zu marktüblich 8%) und man dafür ein im Voraus gezahltes Entgelt als Entschädigung erhält (Disagio). So muss der Kredit nach IAS 39.AG65 zum beizulegenden Zeitwert angesetzt werden (also faktisch

Unter Marktzins gewährtes Darlehen mit Entschädigung

---

[528] Vgl. PwC (2011a), S. 9004 (9.7); PETERSEN/BANSBACH/DORNBACH (2011), S. 186; ERNST & YOUNG LLP (2012b), S. 3058. Siehe dazu auch das Praxisbeispiel in Abschnitt 6.3.5.2.

[529] Vgl. dazu DELOITTE LLP (2011b), S. 365. Kapitaleinlagen der Eigentümer und Ausschüttungen an die Eigentümer erfüllen nicht die Definitionsmerkmale von GuV-wirksamen Erträgen und Aufwendungen im Rahmenkonzept (siehe F.4.25 bzw. F.70). A.A. hierzu allerdings KPMG IFRG LIMITED (2011), S. 1394 (7.6.100.10), nach denen sich der Diskontierungseffekt bei konzernintern gewährten Darlehen über die Konsolidierung eliminiert.

zum Barwert der künftigen Zins- und Tilgungszahlungen), d.h. abzüglich des erhaltenen Entgelts. Dazu folgendes Beispiel:[530]

- Unternehmen A gewährt Unternehmen B am 01.01.X1 einen Kredit in Höhe von 1.000 € über 5 Jahre mit endfälliger Tilgung. Statt marktüblich 8% ist der Kredit nur mit einem Nominalzinssatz von 6% p.a. ausgestattet. Auf Grund der marktunüblichen Verzinsung erhält A am 01.01.X1 eine Entschädigungszahlung von 79,85 €.

- Der beizulegende Zeitwert der Kreditforderung ermittelt sich wie folgt:

$$\frac{60\,€}{(1+8\%)^1} + \frac{60\,€}{(1+8\%)^2} + \frac{60\,€}{(1+8\%)^3} + \frac{60\,€}{(1+8\%)^4} + \frac{1.060\,€}{(1+8\%)^5} = 920{,}15\,€$$

- Daraus resultiert für A diese Erstbuchung:

01.01.X1	Forderung	920,15 €	Bank (Kreditsumme)	1.000,00 €
	Bank (Entschädigung)	79,85 €		

- Im Rahmen der Folgebewertung wird das Disagio erfolgswirksam mit dem Effektivzinssatz von 8% zugeschrieben.[531]

- Die Entschädigungszahlung kompensiert A in dem Beispiel exakt für den Barwert des Zinsnachteils von 20 € p.a. über die Laufzeit des Kredits. Dadurch entspricht der Netto-Transaktionspreis (Ein- und Auszahlungsbetrag) genau dem beizulegenden Zeitwert und es entsteht kein Unterschiedsbetrag. Wäre dies nicht der Fall, müsste der dann vorherrschende Unterschiedsbetrag nach den einschlägigen Regeln (▶ 3.9.2) erfasst werden.

3.9.4 Angabepflichten bei Unterschiedsbeträgen (Day 1 Profits/Losses)

Für diejenigen Fälle, bei denen der herangezogene Transaktionspreis vom gesondert bestimmten Fair Value abweicht und der Unterschiedsbetrag nicht bereits sofort GuV-wirksam erfasst wird, ist pro Klasse von finanziellen Vermögenswerten und finanziellen Verbindlichkeiten Folgendes anzugeben (IFRS 7.28):

- die bezüglich der erfolgswirksamen Erfassung des Unterschiedsbetrags angewandte Bilanzierungsmethode, um die Änderungen der Faktoren (einschließlich des Zeitfaktors), welche Marktteilnehmer bei der Preisfestlegung berücksichtigen würden, abzubilden;

---

[530] Entnommen aus PwC (2011a), S. 9005 (9.8). Ein ähnliches Beispiel findet sich bei ERNST & YOUNG LLP (2012b), S. 3111.
[531] Siehe zur Effektivzinsmethode weiterführend Abschnitt 3.8.3.2.

- der zu Beginn und zum Ende der Periode noch nicht erfolgswirksam amortisierte gesamte Unterschiedsbetrag sowie eine Überleitung der Bestandsveränderungen dieser Größe;

- der Grund dafür, weshalb das Unternehmen zu dem Schluss kam, dass der Transaktionspreis nicht der beste Nachweis für den beizulegenden Zeitwert war (einschließlich einer Beschreibung, worauf sich die Verwendung des gesondert bestimmten Fair Values stützt).[532]

Die Angabepflichten beziehen sich zum einen auf buchungstechnisch zwingend entstehende (tatsächliche) bilanzielle Unterschiedsbeträge, d.h. für diejenigen Fälle, bei denen der zur Erstbewertung herangezogene, über ein Bewertungsverfahren mit Marktparametern bestimmte beizulegende Zeitwert (Vergleich einer aktuellen Markttransaktion desselben Instruments oder Bewertungsmethode mit Marktdaten) vom Transaktionspreis abweicht und somit ein Day 1 Profit/Loss entsteht, der nicht sofort erfolgswirksam realisiert wird.

Zum anderen müssen offensichtlich auch solche (hypothetischen) Unterschiedsbeträge berücksichtigt werden, die beim Zugang nicht erfasst werden, da das Bewertungsverfahren nicht auf Marktparameter zurückgreift und damit auch nicht als bester Nachweis für den beizulegenden Zeitwert gelten kann – womit als Fair Value der Transaktionspreis heranzuziehen ist. Dies lässt sich aus einem in IFRS 7.IG14 enthaltenen Beispiel folgern (siehe Tabelle 3-17).

Angaben bei unterschiedlichen Zeitwerten im Beispiel nach IFRS 7.IG14 | *Tabelle 3-17*

Sachverhalt
Ein Unternehmen kauft am 01.01.X1 einen nicht auf einem aktiven Markt gehandelten finanziellen Vermögenswert für 15 Mio. €. Der beizulegende Zeitwert bei erstmaliger Erfassung entspricht dem Transaktionspreis von 15 Mio. €. Für die Bestimmung des Fair Value zu nachfolgenden Stichtagen wendet das Unternehmen ein Bewertungsverfahren an. Dieses berücksichtigt Input-Daten, die nicht von beobachtbaren Märkten stammen. Wäre dasselbe Bewertungsverfahren (mit denselben Input-Daten) für die Erstbewertung verwendet worden, wäre ein Betrag von 14 Mio. € angesetzt worden. Das Unternehmen hat zum 01.01.X1 bereits bestehende Transaktionspreis/Bewertungsverfahren-Differenzen in Höhe von 5 Mio. €.

Musterangaben zu den Ansatz- und Bewertungsmethoden
Das Unternehmen nutzt zur Bestimmung des beizulegenden Zeitwerts der Finanzinstrumente, die nicht auf einem aktiven Markt gehandelt werden, die folgende Bewertungstechnik: [Beschreibung der Bewertungstechnik, nicht im Beispiel enthalten]. Der gemäß IFRS 13 und IAS 39 zur Erstbewertung normalerweise heranzuziehende Transaktionspreis und der auf den Erstbewertungszeitpunkt angewandte, über das

---

[532] Die in dieser Aufzählung enthaltene Anforderung wurde über IFRS 13 neu in IFRS 7.28 eingefügt.

Grundlagen zur Bilanzierung und Offenlegung

Bewertungsverfahren ermittelte Wert können sich unterscheiden. Solche Differenzen werden [Beschreibung der Bilanzierungs- und Bewertungsmethoden des Unternehmens; z.B. „linear über die Laufzeit des Instruments (5 Jahre) amortisiert"].

Wie bereits aufgeführt, setzt das Unternehmen [Bezeichnung der Bewertungstechnik, nicht im Beispiel enthalten] zur Bestimmung der beizulegenden Zeitwerte der folgenden Finanzinstrumente, die nicht in einem aktiven Markt gehandelt werden, ein. Allerdings entspricht gemäß IFRS 13 und IAS 39 der beizulegende Zeitwert zu Beginn normalerweise dem Transaktionspreis. Sofern der Transaktionspreis vom zu Beginn mithilfe einer Bewertungstechnik ermittelten Betrag abweicht, wird diese Differenz [Beschreibung der Ansatz- und Bewertungsmethoden des Unternehmens; z.B. „linear über die Laufzeit des Instruments (5 Jahre) amortisiert"]. Die noch nicht in der GuV erfassten Differenzen stellen sich wie folgt dar:

	31.12.X2	31.12.X1
Bestand zu Beginn der Periode	5,3 Mio. €	5,0 Mio. €
+ Zugang (neue Transaktionen)	0 Mio. €	1,0 Mio. €
./. erfolgswirksame Erfassung während der Periode	-0,7 Mio. €	-0,8 Mio. €
+ andere Zugänge	0 Mio. €	0,2 Mio. €
./. andere Abgänge	-0,1 Mio. €	-0,1 Mio. €
= Bestand zum Ende der Periode	**4,5 Mio. €**	**5,3 Mio. €**

3.9.5 Berücksichtigung von Transaktionskosten

Wie Tabelle 3-18 zeigt, hängt die Einbeziehung von Transaktionskosten (▶ 3.14.2) bei der Bestimmung des beizulegenden Zeitwerts davon ab, ob das Finanzinstrument erfolgswirksam zum beizulegenden Zeitwert bewertet wird oder nicht (IAS 39.43, IG E.1.1).

Tabelle 3-18 — *Berücksichtigung von Transaktionskosten bei der Erstbewertung nach IAS 39.43*

Erfolgswirksam zum beizulegenden Zeitwert bewertet		Nicht erfolgswirksam zum beizulegenden Zeitwert bewertet			
FAFVPL	FLFVPL	LaR	HtM	AfS	FLAC
Transaktionskosten sind sofort aufwandswirksam, d.h. entweder ▪ ertragsmindernd oder ▪ aufwandserhöhend.		Der beizulegende Zeitwert wird zum Zeitpunkt des Zugangs unter Berücksichtigung von Transaktionskosten ermittelt: ▪ Bei finanziellen Vermögenswerten erhöhen Transaktionskosten den beizulegenden Zeitwert. ▪ Bei finanziellen Verbindlichkeiten reduzieren Transaktionskosten den beizulegenden Zeitwert.			

3.10 Folgebewertung

3.10.1 Finanzielle Vermögenswerte

3.10.1.1 Überblick

Tabelle 3-19 stellt überblicksartig dar, wie nach Bewertungskategorien gruppierte finanzielle Vermögenswerte in der Folge bewertet werden. Die Bewertungskategorie AfS ist dabei aufgeteilt in die beiden Unterkategorien AfSFV und AfSC (▶ 3.4.3.3).

Folgebewertung von finanziellen Vermögenswerten im Überblick — *Tabelle 3-19*

		FAFVPL	LaR	HtM	AfSFV	AfSC
Wertmaßstab		Fair Value	FAK	FAK	Fair Value	AK
Erfassung von	Fair-Value-Änderungen	GuV	/	/	EK	/
	Wertminderungen	/	GuV	GuV	GuV	GuV
	Wertaufholungen	/	GuV	GuV	Schuldinstrumente: GuV[a]; EK-Instrumente: EK	/
	währungsbedingten Differenzen	GuV	GuV[b]	GuV[b]	Schuldinstrumente: GuV[c]; EK-Instrumente: EK	/
	Abgangsergebnissen	GuV	GuV	GuV	GuV (Umbuchung aus dem EK)	GuV

a erfolgswirksame Wertaufholung bis maximal zum zuvor abgeschriebenen Betrag
b sofern nicht als Sicherungsinstrument gegen Währungsrisiken designiert
c falls nicht Teil einer Nettoinvestition in einen ausländischen Geschäftsbetrieb oder als Sicherungsinstrument gegen Währungsrisiken designiert

Von den Bewertungsregeln sind zunächst alle „klassisch" nach IAS 39 bilanzierten Posten (▶ 3.3.2.2) betroffen. Über die Unterkategorie AfSC werden zudem gehaltene Eigenkapitalinstrumente, deren Fair Values das Unternehmen nicht verlässlich ermitteln kann und die es daher zu Anschaffungskosten bewertet, einbezogen. Für weitere anhand von „Sondervorschriften" bilanzierte finanzielle Vermögenswerte (▶ 3.3.2.3) kommen die Vorschriften in Tabelle 3-19 indes ggf. nicht zur Anwendung. So gelten für Derivate, die als Sicherungsinstrumente in bilanzielle Sicherungsbeziehungen eingebunden werden, spezielle Regeln im Hinblick darauf, in welchem Rechenwerk die Wertänderungen erfasst werden. Derartige Posten hat man auch keiner Bewertungskategorie zuzuordnen. Eine solche Kategorisierung ist zwar für

3 Grundlagen zur Bilanzierung und Offenlegung

originäre finanzielle Vermögenswerte, welche im Rahmen des Hedge Accounting als Grundgeschäfte oder Sicherungsinstrumente designiert sind, geboten. Diese werden aber in der Folge ggf. ebenso nicht entsprechend der in Tabelle 3-19 beschriebenen Vorschriften bewertet.

3.10.1.2 Vorschriften im Einzelnen

Bewertungsgrundsatz

Finanzielle Vermögenswerte, einschließlich derivativer Finanzinstrumente mit positivem Marktwert, hat das Unternehmen nach dem erstmaligen Ansatz grundsätzlich mit dem beizulegenden Zeitwert ohne Abzug von Transaktionskosten, die beim Verkauf oder einer anders gearteten Veräußerung anfallen könnten, zu bewerten (IAS 39.46). Davon **ausgenommen** sind:

- Kredite und Forderungen (LaR) sowie bis zur Endfälligkeit gehaltene Finanzinvestitionen (HtM), die zu fortgeführten Anschaffungskosten unter Anwendung der Effektivzinsmethode bewertet werden müssen.

- Finanzinvestitionen in Eigenkapitalinstrumente, für die kein auf einem aktiven Markt notierter Preis vorliegt und deren beizulegender Zeitwert nicht verlässlich ermittelbar ist, sowie Derivate auf solche nicht-notierten Eigenkapitalinstrumente, die nur durch Andienung erfüllt werden können. Derartige Posten sind zu Anschaffungskosten zu bewerten.

Sondervorschriften für Grundgeschäfte

Ferner wird in IAS 39.46 explizit aufgeführt, dass für finanzielle Vermögenswerte, die als Grundgeschäfte im Rahmen der Bilanzierung von Sicherungsbeziehungen designiert wurden, spezielle Vorschriften gelten (▶ 3.16). Für Sicherungsinstrumente – in der Regel Derivate – bestehen prinzipiell keine Ausnahmen, d.h. sie sind stets zum beizulegenden Zeitwert zu bewerten. Jedoch ist zu beachten, dass in bilanzielle Sicherungsbeziehungen eingebundene Sicherungsinstrumente nicht der Bewertungskategorie FAFVPL zugeordnet werden dürfen (▶ 3.4.3.4) und die Erfassung der Wertänderungen ggf. nicht in der GuV, sondern im Eigenkapital erfolgt.[533]

Erfassung von Zeitwertänderungen

Änderungen des beizulegenden Zeitwerts von finanziellen Vermögenswerten der Bewertungskategorie FAFVPL sind unmittelbar (d.h. zu jedem Abschlussstichtag und beim Abgang) erfolgswirksam in der GuV zu berücksichtigen (IAS 39.55 (a)). Bei den der Bewertungskategorie AfS zugeordneten Posten muss das Unternehmen derartige Wertänderungen hingegen zunächst erfolgsneutral im OCI erfassen; erst beim Abgang oder einer Wertminderung werden die entsprechenden Beträge als „Reclassification Adjustment" bzw. „Umgliederungsbetrag" in die GuV umgebucht (IAS 39.55 (b)). Eine Besonderheit ergibt sich hierbei in Verbindung mit AfS-Zinsinstrumenten: Für diese ist nur die Differenz zwischen dem beizulegen-

---

[533] Siehe dazu weiterführend die Abschnitte 3.16.8.2 und 3.16.8.3.

Folgebewertung **3.10**

den Zeitwert und den fortgeführten Anschaffungskosten periodisch im Eigenkapital zu erfassen, da die Zinserträge in der GuV (über die Effektivzinsmethode) zu berücksichtigen sind (IAS 39.55 (b)).[534]

Nicht erfolgswirksam zum beizulegenden Zeitwert bewertete finanzielle Vermögenswerte (Bewertungskategorien LaR, HtM, AfS) müssen auf Wertminderungen überprüft werden (IAS 39.46).[535] Konkret ist an jedem Abschlussstichtag zu ermitteln, ob objektive Hinweise darauf schließen lassen, dass eine Wertminderung eines finanziellen Vermögenswerts oder einer Gruppe von finanziellen Vermögenswerten vorliegt (IAS 39.58). Zudem sehen die Vorschriften des IAS 39 die Rückgängigmachung einer Wertminderung vor.[536]

Erfassung von Wertberichtigungen

Wertberichtigungen finanzieller Vermögenswerte nach IAS 39 im Überblick   *Tabelle 3-20*

	LaR	HtM	AfSFV	AfSC
Art/Prinzip	Einzelwertberichtigung oder Wertberichtigung auf Gruppenbasis		Umbuchung des im Eigenkapital erfassten Verlusts in die GuV	Einzelwertberichtigung
Buchungstechnik	Anpassung entweder direkt oder über Wertberichtigungskonto		[keine Vorschriften]	[keine Vorschriften]
Berechnung des Wertminderungsbetrags	Differenz aus Buchwert und Barwert der geschätzten künftigen Cashflows, abgezinst mit dem ursprünglichen Effektivzinssatz		Anschaffungskosten ./. Tilgung/Amortisation ./. beizulegender Zeitwert ./. zuvor erfolgswirksam erfasste Wertminderungen	Differenz aus Buchwert und Barwert der geschätzten künftigen Cashflows, abgezinst mit der aktuellen Marktrendite eines vergleichbaren Instruments
Rückgängigmachung der Wertminderung	Pflicht zur erfolgswirksamen Wertaufholung bis zu den fortgeführten Anschaffungskosten		Erfolgswirksame Wertaufholung für Eigenkapitalinstrumente verboten, für Fremdkapitalinstrumente verpflichtend	Wertaufholung verboten

---

534 Für ein diesbezügliches Praxisbeispiel siehe Abschnitt 6.4.10.2.
535 In Bezug auf erfolgswirksam zum Fair Value erfasste Posten sind Wertminderungsvorschriften auf Grund der periodischen Zeitbewertung obsolet, vgl. HEUSER/THEILE (2012), Rz. 2510.
536 Wertminderungen und deren Rückgängigmachungen werden in dieser Abhandlung unter dem Begriff der „Wertberichtigungen" zusammengefasst.

3 Grundlagen zur Bilanzierung und Offenlegung

Tabelle 3-20 zeigt die wesentlichen Aspekte zu Wertberichtigungen – gruppiert nach den betroffenen Bewertungskategorien – im Überblick. Bezüglich der Detailregeln wird auf den entsprechenden Abschnitt verwiesen (▶ 3.11).

Erfassung von währungsbedingten Umrechnungsdifferenzen

Währungsbedingte Umrechnungsdifferenzen zwischen Zugangs- und Folgebewertung sowie zwischen Abschlussstichtagen sind bei der Bewertungskategorie FAFVPL erfolgswirksam zu erfassen, da es sich stets um monetäre Posten handelt (IAS 21.23, 28; IAS 39.AG83).[537] Gleiches gilt normalerweise für die der Bewertungskategorie LaR zugeordneten Posten, wobei für diese auch eine Erfassung im Eigenkapital möglich ist, falls sie einen Teil einer Nettoinvestition des berichtenden Unternehmens in einen ausländischen Geschäftsbetrieb darstellen oder als Sicherungsinstrumente designiert wurden. Auch als HtM eingestufte finanzielle Vermögenswerte haben immer monetären Charakter und werden deshalb erfolgswirksam umgerechnet, es sei denn, das Unternehmen setzt sie als Sicherungsinstrumente gegen Währungsrisiken ein.

Auch bei finanziellen Vermögenswerten der Bewertungskategorie AfS sind währungsbedingte Umrechnungsdifferenzen von monetären Posten zwischen Zugangs- und Folgebewertung sowie zwischen Abschlussstichtagen unter Verweis auf IAS 21.23 (a) und IAS 21.28 erfolgswirksam in der GuV zu erfassen (IAS 39.IG E.3.2) – außer es handelt sich um einen Teil einer Nettoinvestition in einen ausländischen Geschäftsbetrieb. Damit werden währungsbedingte Umrechnungsdifferenzen von Schuldinstrumenten auf Grund ihres monetären Charakters in der Regel im Ergebnis berücksichtigt. Eigenkapitalinstrumente gelten hingegen als nicht-monetäre Posten. Währungsbedingte Umrechnungsdifferenzen müssen bei diesen daher unter Verweis auf IAS 21.28 und IAS 21.30 über das Eigenkapital erfasst werden (IAS 39.AG83, IG E.3.4).

Für ausnahmsweise zu Anschaffungskosten bewertete Eigenkapitalinstrumente (AfSC) können hingegen keine währungsbedingten Umrechnungsdifferenzen entstehen, da das Unternehmen derartige Posten zum historischen Einbuchungskurs in die funktionale Währung zu transferieren hat (IAS 21.23 (b); IAS 39.IG E.3.4).

Erfassung von Gewinnen/Verlusten aus dem Abgang

Im Zusammenhang mit der Ausbuchung von zu fortgeführten Anschaffungskosten bewerteten finanziellen Vermögenswerten (Bewertungskategorien LaR, HtM) entstehende Gewinne (Verkaufspreis ist größer als der Buchwert) oder Verluste (Verkaufspreis ist kleiner als der Buchwert) sind immer in der GuV zu berücksichtigen (IAS 39.56). Dies gilt ebenso für die der Bewertungskategorie FAFVPL zugeordneten Posten, da – wie gerade erläutert – die Bewertung zum Abgangstag der letzten erfolgswirksamen Erfassung des beizulegenden Zeitwerts gleichkommt.

---

[537] Dazu weiterführend siehe Abschnitt 3.12.3.3.

Folgebewertung | **3.10**

Auch die im Eigenkapital gespeicherten kumulierten Gewinne oder Verluste aus der Zeitbewertung sowie aus der Währungsumrechnung von finanziellen Vermögenswerten der Bewertungskategorie AfS hat das Unternehmen im Fall der Ausbuchung in die GuV zu überführen (IAS 39.55 (b)).

3.10.2 Finanzielle Verbindlichkeiten

3.10.2.1 Überblick

Wie finanzielle Verbindlichkeiten in der Folge zu bewerten sind, zeigt Tabelle 3-21 im Überblick. Analog zu den finanziellen Vermögenswerten gelten die Vorschriften nicht für alle finanziellen Verbindlichkeiten. So sind wiederum die als Sicherungsinstrumente in bilanzielle Sicherungsbeziehungen eingebundenen Derivate nach speziellen Regeln zu erfassen und keiner Bewertungskategorie zuzuordnen. Ferner hat man designierte originäre Grundgeschäfte und Sicherungsinstrumente in der Folge ggf. nicht dementsprechend zu bewerten. Auch können die weiteren anhand von „Sondervorschriften" bilanzierten finanziellen Verbindlichkeiten (▶ 3.3.2.3) unter keine der in Tabelle 3-21 aufgeführten Bewertungskategorien subsumiert werden.

Folgebewertung von finanziellen Verbindlichkeiten im Überblick | *Tabelle 3-21*

		FLFVPL	FLAC
Wertmaßstab		Fair Value	FAK
Erfassung von	**Fair-Value-Änderungen**	GuV	/
	währungsbedingten Differenzen	GuV	GuV*
	Abgangsergebnissen	GuV	GuV

* sofern nicht Teil einer Nettoinvestition in einen ausländischen Geschäftsbetrieb oder als Sicherungsinstrument gegen Währungsrisiken designiert

3.10.2.2 Vorschriften im Einzelnen

Finanzielle Verbindlichkeiten sind nach dem erstmaligen Ansatz grundsätzlich mit den fortgeführten Anschaffungskosten unter Anwendung der Effektivzinsmethode zu bewerten (IAS 39.47). Davon **ausgenommen** werden gemäß IAS 39.47 folgende Posten:

- Finanzielle Verbindlichkeiten, die als erfolgswirksam zum beizulegenden Zeitwert eingestuft sind. Diese – einschließlich derivativer Finanzin-

Bewertungsgrundsatz

Grundlagen zur Bilanzierung und Offenlegung

strumente mit negativem Marktwert – hat das Unternehmen zum beizulegenden Zeitwert zu bewerten, es sei denn, bei dem Posten handelt es sich um eine derivative Verbindlichkeit auf ein nicht-notiertes Eigenkapitalinstrument, dessen beizulegender Zeitwert nicht verlässlich ermittelbar ist und das nur durch Andienung solcher Eigenkapitalinstrumente erfüllt werden kann. Letzteres ist zu Anschaffungskosten zu bewerten.

- Finanzielle Verbindlichkeiten, welche entstehen, wenn die Übertragung eines finanziellen Vermögenswerts nicht zu einer Ausbuchung berechtigt, oder die infolge des Ansatzes des anhaltenden Engagements bilanziert werden (▶ 6.2.5.3).

- Begebene Finanzgarantien im Sinne des IAS 39.9, für die spezielle Folgebewertungsvorschriften gelten (▶ 6.11.4.4).

- Kreditzusagen, die in IAS 39.4 (c) aufgeführt werden (▶ 6.12.3).

Sondervorschriften für Grundgeschäfte

Analog zu den entsprechenden Aktivposten gelten auch für finanzielle Verbindlichkeiten, die als Grundgeschäfte im Rahmen der Bilanzierung von Sicherungsbeziehungen designiert wurden, spezielle Regelungen. Ebenso dürfen in bilanzielle Sicherungsbeziehungen eingebundene derivative Sicherungsinstrumente (die gleichfalls stets zum beizulegenden Zeitwert zu bewerten sind) nicht der Bewertungskategorie FLFVPL zugeordnet werden und die Erfassung der Wertänderungen derselben erfolgt ggf. im Eigenkapital.

Erfassung von Zeitwertänderungen

Änderungen des beizulegenden Zeitwerts von finanziellen Verbindlichkeiten der Bewertungskategorie FLFVPL hat das Unternehmen unmittelbar (d.h. zu jedem Abschlussstichtag und beim Abgang) erfolgswirksam in der GuV zu berücksichtigen (IAS 39.55 (a)).

Erfassung von währungsbedingten Umrechnungsdifferenzen

Währungsbedingte Umrechnungsdifferenzen zwischen Zugangs- und Folgebewertung sowie zwischen Abschlussstichtagen sind bei der Bewertungskategorie FLAC in der Regel über die GuV zu erfassen, da es sich stets um monetäre Posten handelt (IAS 21.23, 28; IAS 39.AG83, IG E.3.4).[538] Von der erfolgswirksamen Erfassung ausgenommen werden lediglich finanzielle Verbindlichkeiten die entweder einen Teil einer Nettoinvestition in einen ausländischen Geschäftsbetrieb darstellen oder als Sicherungsinstrument gegen Währungsrisiken designiert wurden.

Erfassung von Gewinnen/Verlusten aus dem Abgang

Auch in Verbindung mit der Ausbuchung von zu fortgeführten Anschaffungskosten bewerteten finanziellen Verbindlichkeiten (Bewertungskategorie FLAC) entstehende Gewinne (Tilgungsbetrag ist kleiner als der Buchwert) oder Verluste (Tilgungsbetrag ist größer als der Buchwert) sind immer in der GuV zu berücksichtigen (IAS 39.56). Dies gilt ebenso für die der Be-

---

[538] Siehe dazu weiterführend Abschnitt 3.12.3.3.

wertungskategorie FLFVPL zugeordneten Posten, da – wie oben beschrieben – die Bewertung zum Abgangstag der letzten erfolgswirksamen Erfassung des beizulegenden Zeitwerts gleichkommt.

3.10.3 Besonderheiten bei Unternehmenszusammenschlüssen

Im Zuge eines Unternehmenszusammenschlusses (▶ 3.3.6.12; 3.5.5) erworbene finanzielle Vermögenswerte bzw. übernommene finanzielle Verbindlichkeiten sind in der Folge grundsätzlich ebenfalls entsprechend den Vorgaben in IAS 39 zu bewerten (IFRS 3.54). Ausnahmeregelungen zur Folgebewertung sieht IFRS 3 für Finanzinstrumente lediglich in Verbindung mit bedingten Gegenleistungen vor (▶ 6.16.1.5). Zum Erwerbszeitpunkt hat das erwerbende Unternehmen eine Zuordnung der Posten zu den Bewertungskategorien vorzunehmen (▶ 3.4.1). Über die Zuordnung bestimmt sich, wie die finanziellen Vermögenswerte und finanziellen Verbindlichkeiten in der Folge bewertet werden. Bei zu fortgeführten Anschaffungskosten bewerteten Posten ist der Effektivzinssatz zum Erwerbszeitpunkt (neu) zu bestimmen.[539]

3.10.4 Nutzung der Fair-Value-Option

3.10.4.1 Begriff und Hintergründe

Die „Fair-Value-Option" steht für die Möglichkeit zur freiwilligen bzw. willkürlichen erfolgswirksamen Bewertung von Finanzinstrumenten zum beizulegenden Zeitwert – und zwar unabhängig von den für die Zuordnung als FAFVPL bzw. FLFVPL heranzuziehenden Kriterien.

Das diesbezüglich finale Amendment zu IAS 39 „The Fair Value Option" wurde im Juni 2005 veröffentlicht (▶ 3.1.1). Der jetzt gültigen Änderung ging ein langwieriger Kompromissfindungsprozess mit zahlreichen Verlautbarungen voraus.[540]

---

[539] Vgl. HEUSER/THEILE (2012), Rz. 5656. Vgl. auch SENGER/BRUNE/DIERSCH/ELPRANA (2009), Rz. 130, Rz. 144f. und Rz. 161f.; KPMG IFRG LIMITED (2011), S. 1416 (7.6.340.20).

[540] Vgl. für eine inhaltliche und historische Aufarbeitung der Veröffentlichungen zur Zeitwertbilanzierung inklusive einer Beschreibung des letzten Änderungsstandards JERZEMBEK/GROSSE (2005), S. 221-228. Vgl. zur jetzt gültigen Version des Amendments und zu den vorherigen Entwicklungen auch SCHMIDT (2005), S. 269-275; KUHN (2005), S. 1341-1348; LÖW/BLASCHKE (2005), S. 1727-1736; KÜTING/DÖGE/PFINGSTEN (2006); ECKES/WEIGEL (2006); BECKER/WIECHENS (2008), S. 625-627.

3 Grundlagen zur Bilanzierung und Offenlegung

Mit der im Dezember 2003 veröffentlichten Fassung von IAS 39 war das Wahlrecht zur Zeitwertbilanzierung zunächst nahezu uneingeschränkt gewährt worden.[541] Diese ursprüngliche Fair-Value-Option erfuhr erhebliche Kritik, was unter anderem dazu führte, dass IAS 39 nur teilweise in europäisches Recht übernommen wurde: Die EU-Kommission untersagte die wahlweise Designation zum beizulegenden Zeitwert für finanzielle Verbindlichkeiten.[542]

Das jetzt gültige Wahlrecht zur Zeitwertbilanzierung hat die EU zwar in vollem Umfang anerkannt, im Vergleich zur Ursprungsversion enthält die aktuelle Fair-Value-Option jedoch zahlreiche Einschränkungen. So sind Designationen ausschließlich möglich, wenn bestimmte Bedingungen bzw. Anwendungsfälle vorliegen. Diese werden im Folgenden diskutiert.

3.10.4.2 Anwendungsfälle und -beispiele

Die freiwillige, unwiderrufliche Designation von Finanzinstrumenten als FAFVPL bzw. FLFVPL ist nur noch zulässig, sofern einer der folgenden 3 Fälle vorliegt:

1. Es handelt sich gemäß IAS 39.11A um einen Vertrag, der mindestens ein eingebettetes Derivat enthält. Das Unternehmen kann in diesem Fall den gesamten zusammengesetzten Kontrakt willkürlich als FAFVPL bzw. FLFVPL deklarieren, **es sei denn**,

    - das/die eingebettete(n) Derivate verändert/verändern die ansonsten anfallenden Cashflows aus dem Vertrag nur unerheblich (d.h. das/die Derivate ist/sind unwesentlich); oder

    - es ist bei erstmaliger Beurteilung eines vergleichbaren zusammengesetzten Instruments ohne oder mit nur geringem Analyseaufwand ersichtlich, dass eine Abspaltung des bzw. der eingebetteten Derivats/Derivate unzulässig ist.[543]

2. Es werden nach IAS 39.9 (b) (i) „Inkongruenzen bei der Bewertung oder beim Ansatz" („Accounting Mismatches") beseitigt oder erheblich verringert, die sich aus der ansonsten vorzunehmenden Bewertung von Vermögenswerten oder Verbindlichkeiten bzw. der Erfassung von Gewinnen und Verlusten zu unterschiedlichen Bewertungsmethoden ergeben würden.

---

[541] Vgl. z.B. SCHMIDT/PITTROFF/KLINGELS (2007), S. 31.
[542] Vgl. etwa SCHMIDT (2005), S. 269f.
[543] Siehe zur Abspaltung eingebetteter Derivate weiterführend Abschnitt 3.15. IAS 39.11A bezieht sich sowohl auf finanzielle als auch auf nicht-finanzielle Verträge.

Folgebewertung **3.10**

3. Es wird entsprechend IAS 39.9 (b) (ii) eine Gruppe von finanziellen Vermögenswerten und/oder finanziellen Verbindlichkeiten gemäß einer dokumentierten Risikomanagement- oder Anlagestrategie gesteuert und ihre Wertentwicklung auf Grundlage des beizulegenden Zeitwerts beurteilt.[544]

Die unter 2. genannte Variante ist neben der Voraussetzung, dass die Ausübung der Fair-Value-Option zur Reduktion bzw. Eliminierung von Accounting Mismatches führt, auch daran geknüpft, dass zwischen den einbezogenen finanziellen Vermögenswerten und Schulden ein erkennbarer ökonomischer Zusammenhang besteht.[545] IAS 39.AG4E enthält Beispiele, für welche Sachverhalte die Bedingungen zutreffen könnten:[546]

Beispiele zu Alternative 2

- Ermessensabhängige Überschussbeteiligungen[547] von Versicherungsunternehmen: Die Cashflows von finanziellen Verbindlichkeiten basieren vertraglich auf der Performance von Vermögenswerten; diese wären ohne Nutzung der Fair-Value-Option der Bewertungskategorie AfS zugeordnet.

- Im Rahmen von Versicherungsverträgen bestehende finanzielle Verpflichtungen, deren Bewertung nach IFRS 4.24 auf Grundlage aktueller Informationen erfolgen würde und die damit verbundenen finanziellen Vermögenswerte ohne Rückgriff auf die Fair-Value-Option als AfS eingestuft oder zu fortgeführten Anschaffungskosten angesetzt wären.

- Finanzielle Vermögenswerte und finanzielle Verbindlichkeiten, die zwar der gleichen Risikoart (z.B. einem Zinsänderungsrisiko) ausgesetzt sind und deren Änderungen des beizulegenden Zeitwerts sich gegenseitig ausgleichen würden, allerdings nur ein Finanzinstrument erfolgswirksam zum beizulegenden Zeitwert zu bewerten wäre und die Bilanzierung einer Sicherungsbeziehung dank der Nichterfüllung der Anforderungen oder dadurch, dass es sich bei keinem der Posten um ein Derivat handelt, ausscheidet.

---

[544] Dies setzt ferner voraus, dass die auf Fair-Value-Basis ermittelten Informationen zu dieser Postengruppe intern an „Mitglieder des Managements in Schlüsselpositionen" des Unternehmens – d.h. gemäß IAS 24.9 solche, die direkt oder indirekt für die Planung, Leitung und Überwachung der Tätigkeiten des Unternehmens zuständig und verantwortlich sind (eingeschlossen Geschäftsführungs- und Aufsichtsorgane) – weitergereicht werden.
[545] Dies ist etwa der Fall, wenn die Posten einem gemeinsamen Risiko unterliegen, das sich in gegenläufigen Fair-Value-Änderungen niederschlägt, vgl. IAS 39.BC75.
[546] Vgl. für eine ausführlichere Beschreibung der Beispielfälle KUHN (2005), S. 1344. Letztere diskutieren auch LÖW/BLASCHKE (2005), S. 1733.
[547] Siehe dazu Fn. 209.

3 Grundlagen zur Bilanzierung und Offenlegung

- Das Unternehmen setzt die Fair-Value-Option alternativ zur Bilanzierung von Sicherungsbeziehungen ein, um Inkongruenzen bei der Erfolgsrealisation zu verhindern:
  - Ein Portfolio von festverzinslichen Vermögenswerten, die ohne Nutzung der Fair-Value-Option der Bewertungskategorie AfS zugeordnet wären, wird über festverzinsliche Schuldverschreibungen finanziert; die Änderungen des beizulegenden Zeitwerts der Finanzinstrumente neutralisieren sich gegenseitig.
  - Bestimmte Kredite werden über die Ausgabe gehandelter Anleihen refinanziert; die Änderungen der beizulegenden Zeitwerte gleichen sich aus. Das Unternehmen kauft und verkauft die Anleihen regelmäßig mit entsprechender Realisation der Gewinne oder Verluste, die Kredite hingegen bleiben überwiegend in Bestand.

Aus Praktikabilitätsgründen braucht das Unternehmen nicht alle mit Bewertungs- und Erfolgsausweisinkongruenzen einhergehenden Finanzinstrumente zur gleichen Zeit einzugehen; angemessene Zeitverzögerungen sind erlaubt, sofern man sicherstellt, dass jede Transaktion beim erstmaligen Ansatz als FAFVPL bzw. FLFVPL designiert wird und etwaige verbleibende Transaktionen zu diesem Zeitpunkt voraussichtlich eintreten werden (IAS 39.AG4F). Auch wäre es unzulässig, nur einige wenige Posten zu deklarieren, die ursächlich für Inkongruenzen sind, wenn die Accounting Mismatches dadurch nicht beseitigt oder erheblich verringert und folglich keine relevanteren Informationen vermittelt würden. Allerdings wird es gestattet, nur einige von einer Vielzahl ähnlicher finanzieller Vermögenswerte oder finanzieller Verbindlichkeiten einzustufen, wenn damit eine wesentliche Verringerung der Inkongruenzen erzielt werden kann und diese Reduktion möglicherweise stärker ist als mit anderen zulässigen Einstufungen (IAS 39.AG4G).

Beispiele zu Alternative 3

Bei der unter 3. aufgeführten Variante liegt das Hauptaugenmerk auf der Art und Weise, wie das Unternehmen die in der Gruppe zusammengefassten Posten steuert und ihre Wertentwicklung beurteilt – und nicht auf dem Wesen der Finanzinstrumente an sich (IAS 39.AG4H). Sofern die Option eingegangen wird, müssen dementsprechend alle in Frage kommenden Finanzinstrumente designiert werden, die es gemeinsam steuert und beurteilt (IAS 39.AG4J). Folgende, IAS 39.AG4I zu entnehmende Beispiele verdeutlichen, in welchen Fällen die Bedingungen erfüllt sein könnten:[548]

- Es handelt sich bei den Unternehmen um Risikokapitalgeber, Vermögensverwalter oder dergleichen, deren Geschäftstätigkeit in der Erzielung von Erträgen aus Finanzinvestitionen (Zinsen, Dividenden, Wert-

---

[548] Für ausführlichere Darstellungen der Beispielfälle vgl. wiederum KUHN (2005), S. 1345. Vgl. zu Letzterem auch LÖW/BLASCHKE (2005), S. 1734.

Folgebewertung | **3.10**

änderungen) besteht. Diesen Organisationen ist es möglich, Anteile an assoziierten Unternehmen und an Gemeinschaftsunternehmen – die im Anwendungsbereich von IAS 28 bzw. IAS 31 sind und im Regelfall nach der Equity-Methode bilanziert oder quotal konsolidiert werden (▶ 3.3.6.1) – alternativ gemäß IAS 39 erfolgswirksam zum beizulegenden Zeitwert zu bewerten. Unter Heranziehung der Fair-Value-Option können sie die gleichen Bilanzierungs- und Bewertungsmethoden auch auf andere Finanzinvestitionen anwenden, die auf Grund des zu geringen Einflusses nicht in den Anwendungsbereich von IAS 28 bzw. IAS 31 fallen.

- Strukturierte Produkte mit mehreren eingebetteten Derivaten wurden ausgegeben und die damit einhergehenden Risiken werden auf Basis des beizulegenden Zeitwerts mittels einer Kombination aus originären und derivativen Finanzinstrumenten gesteuert und überwacht. Ein für die Beurteilung analoger Sachverhalt liegt vor, wenn das Unternehmen festverzinsliche Kredite ausgibt und dem hierbei entstehenden Risiko einer Änderung der entsprechenden Referenzzinssätze mit einem Portfolio von originären und derivativen Finanzinstrumenten begegnet.

- Ein Versicherer hält eine Gruppe von finanziellen Vermögenswerten zur Maximierung des Gesamtprofits aus Zinsen, Dividenden und Wertänderungen und nimmt die Performancebeurteilung anhand dieser Größen vor.

Nicht-notierte Eigenkapitalinstrumente,[549] deren beizulegende Zeitwerte sich nicht zuverlässig bestimmen lassen, sind naturgemäß von der Möglichkeit zur freiwilligen Zeitwertbilanzierung ausgenommen (IAS 39.9). Ferner bleiben auch nach Einführung der Fair-Value-Option die Vorgaben zur Ableitung eines zuverlässigen beizulegenden Zeitwerts (▶ 3.8.2.5) – unabhängig davon, ob die Posten gewillkürt zum beizulegenden Zeitwert angesetzt werden und ob der Fair Value zusätzlich offen gelegt wird – für alle Finanzinstrumente einheitlich bestehen.

Banken und Versicherungen werden als die Hauptanwender der Fair-Value-Option gesehen (IAS 39.BC78A). Dies verdeutlichen insbesondere auch die in diesem Abschnitt beschriebenen Anwendungsbeispiele. Für Nicht-Banken kommt eine freiwillige Designation von Finanzinstrumenten vor allem zur Absicherung von festverzinslichen Posten gegen Zinsrisiken als Alternative zur Bilanzierung von Sicherungsbeziehungen in Frage; Absicherungen gegen Währungsrisiken werden hingegen kaum möglich sein, da sich der Anwendungsbereich der Fair-Value-Option auf Finanzinstrumente be-

Bedeutung für Nicht-Banken

---

[549] D.h. solche, die nicht der Fair-Value-Hierarchiestufe 1 (siehe dazu Abschnitt 3.8.2.4) zugeordnet werden.

schränkt.⁵⁵⁰ Ferner ist für Nicht-Banken eine freiwillige Zeitwertbilanzierung in Bezug auf zusammengesetzte Instrumente denkbar.⁵⁵¹ Vor dem Hintergrund der wenigen Anwendungsmöglichkeiten schränken einige Nicht-Banken die Nutzung der Fair-Value-Option konzernweit ein oder verbieten diese sogar.⁵⁵²

3.10.4.3 Angabepflichten

Angaben zu designierten Krediten und Forderungen

Für unter Nutzung der Fair-Value-Option designierte Kredite und Forderungen ist Folgendes anzugeben (IFRS 7.9):

- das maximale Kreditrisiko, welchem das Unternehmen zum Abschlussstichtag durch den Kredit oder die Forderung ausgesetzt ist;⁵⁵³
- der Betrag, um den zugehörige Kreditderivate oder ähnliche Instrumente das maximale Kreditrisiko reduzieren;
- die sowohl während des Berichtszeitraums als auch in kumulativer Form seit der Designation entstandene Änderung des beizulegenden Zeitwerts des Kredits oder der Forderung, die auf Änderungen des Kreditrisikos zurückzuführen ist und sich entweder bestimmt durch
    - die Änderung des beizulegenden Zeitwerts, die nicht auf Änderungen der Marktbedingungen zurückzuführen ist, die zu einem Markrisiko geführt haben;⁵⁵⁴ oder
    - eine alternative Methode, welche die Änderung des beizulegenden Zeitwerts, die auf Änderungen des Kreditrisikos des Vermögenswerts zurückzuführen ist, nach Einschätzung des Unternehmens zuverlässiger wiedergibt;
- die während des Berichtszeitraums sowie in kumulativer Form seit der Designation des Kredits oder der Forderung entstandene Änderung des

---

⁵⁵⁰ Vgl. Löw (2006), S. 7; Scharpf (2006), S. 9.
⁵⁵¹ Vgl. Brücks/Kerkhoff/Stauber (2006b), S. 432 (Fn. 202). Vgl. dazu auch Heuser/Theile (2012), Rz. 2447 und Rz. 2576f.
⁵⁵² So gibt etwa die Deutsche Telekom im Rahmen ihrer Ansatz- und Bewertungsgrundsätze an, die Fair-Value-Option nicht anzuwenden, vgl. GB 2006, S. 129f. TUI schließt die Nutzung für die Aktivseite implizit aus, indem aufgeführt wird, dass FAFVPL nur in Form von derivativen Finanzinstrumenten existieren (die zwingend als HfT einzustufen sind), vgl. GB 2006, S. 158. Auch aus dem GB 2006 von BASF (S. 110) lässt sich ableiten, dass die Fair-Value-Option von dem Konzern nicht genutzt wird.
⁵⁵³ Siehe zum maximalen Kreditrisiko auch Abschnitt 5.4.2.2.
⁵⁵⁴ Zum Begriff des Marktrisikos siehe weiterführend Abschnitt 5.3. Zu den Änderungen der Marktbedingungen, die zu einem Marktrisiko führen, zählen Änderungen eines Referenzzinssatzes, von Preisen eines Finanzinstruments, von Warenpreisen, von Wechselkursen oder Preis- bzw. Kursindizes (IFRS 7.10).

Folgebewertung **3.10**

beizulegenden Zeitwerts von zugehörigen Kreditderivaten oder ähnlichen Instrumenten.

Für als FLFVPL designierte Verbindlichkeiten sind anzugeben (IFRS 7.10):

Angaben zu designierten Verbindlichkeiten

- die sowohl während des Berichtszeitraums als auch in kumulativer Form entstandene Änderung des beizulegenden Zeitwerts, welche auf Änderungen des Kreditrisikos der finanziellen Verbindlichkeit[555] zurückzuführen ist und entweder ermittelt werden kann durch

  - die Änderung des beizulegenden Zeitwerts, die nicht auf Änderungen der Marktbedingungen zurückzuführen ist, die zu einem Markrisiko geführt haben;[556] oder

  - eine alternative Methode, welche die Änderung des beizulegenden Zeitwerts, die auf Änderungen des Kreditrisikos der Verbindlichkeit zurückzuführen ist, nach Einschätzung des Unternehmens zuverlässiger wiedergibt;

- die Differenz zwischen dem Buchwert und dem vertraglich vereinbarten Rückzahlungsbetrag der finanziellen Verbindlichkeit bei Fälligkeit.

Ferner ist zu designierten Forderungen und Verbindlichkeiten die Methodik zur Ermittlung der ausfallrisikobezogenen Änderung des beizulegenden Zeitwerts offen zu legen. Sofern das Unternehmen der Ansicht ist, dass diese nicht glaubwürdig die kreditrisikobezogene Änderung des beizulegenden Zeitwerts wiedergibt, sind zudem die Gründe für die Schlussfolgerung und die aus Sicht des Unternehmens relevanten Faktoren anzugeben (IFRS 7.11).

Weitere Angaben zur Methodik der ausfallrisikobezogenen Zeitwertänderung

Die Bestimmungsschritte zur Ermittlung der ausfallrisikobezogenen Änderung des beizulegenden Zeitwerts von Verbindlichkeiten, die nicht auf Änderungen der Marktbedingungen zurückzuführen ist, enthält IFRS 7.B4. Ein daran anknüpfendes Berechnungsbeispiel findet sich in IFRS 7.IG7-IG11 (siehe Tabelle 3-22).[557] Dabei wird von der Annahme ausgegangen, dass Änderungen des beizulegenden Zeitwerts vernachlässigbar sind, die nicht auf das instrumentspezifische Ausfallrisiko oder auf Zinssatzänderungen zurückgeführt werden können. Beruht jedoch ein wesentlicher Teil der Zeitwertänderung auf sonstigen Einflussfaktoren, ist dies zu berücksichtigen. So wäre im Beispiel in Tabelle 3-22 – sofern das Schuldinstrument etwa

---

[555] Es wird auf das spezifische Ausfallrisiko der Verbindlichkeit abgestellt und nicht auf die allgemeine Kreditwürdigkeit des Unternehmens, vgl. IDW (2009a), Rz. 18 m.V.a. IAS 39.BC91.
[556] Siehe Fn. 554.
[557] Vgl. für eine Beschreibung einschließlich formelmäßiger Darstellung der vor Veröffentlichung von IFRS 7 noch in vier Schritten dargestellten Ermittlungsweise KNOBLOCH (2005), S. 95f.

ein eingebettetes Derivat enthalten würde – dessen Zeitwertänderung vom eigentlich offen zu legenden Betrag abzuziehen.[558]

Tabelle 3-22: *Bestimmung der bonitätsbedingten Fair-Value-Änderung von Verbindlichkeiten nach IFRS 7.B4, IG7-IG11*

Ein Unternehmen gibt am 01.01.X1 eine 10-jährige Anleihe zum Nominalwert von 150.000 € aus, die zum Ende der Laufzeit zu tilgen ist. Die Anleihe hat einen festen Zinskupon von 8% (12.000 € p.a.), welcher dem Marktzinssatz einer vergleichbaren Schuldverschreibung entspricht. Das Unternehmen zieht den EURIBOR als beobachtbaren Referenzzinssatz heran, der am Ausgabedatum der Anleihe bei 5% und am Ende des Jahres bei 4,75% notiert. Der beizulegende Zeitwert der Anleihe am Ende des ersten Jahres beträgt 153.811 €; dies entspricht einem Marktzinssatz von 7,6%. Das Unternehmen unterstellt eine flache Zinsstrukturkurve; alle Zinsänderungen resultieren aus einer Parallelverschiebung der Zinsstrukturkurve und die EURIBOR-Änderungen stellen die einzig relevanten Änderungen der Marktbedingungen dar.

Bestimmungsschritt	Berechnung
1. Bestimmung des Bonitätsrisikoaufschlags Zunächst ermittelt das Unternehmen den internen Zinssatz der Verbindlichkeit zu Beginn der Periode unter Zugrundelegung des beobachtbaren Marktpreises sowie den vertraglichen Cashflows zu Beginn der Periode. Von diesem Zinssatz zieht es anschließend den beobachtbaren Referenzzinssatz zu Beginn der Periode ab, um die instrumentspezifische Komponente des internen Zinssatzes (Bonitätsrisikoaufschlag) zu erhalten.	8% ./. 5% = 3%
2. Ermittlung des fiktiven beizulegenden Zeitwerts zum 31.12.X1 Jetzt bestimmt das Unternehmen den Barwert der mit der Verbindlichkeit einhergehenden Cashflows unter Berücksichtigung der vertraglichen Zahlungen zum Ende der Periode und einem Diskontierungssatz, der sich ergibt aus der Summe aus a) dem beobachtbaren Referenzzinssatz zum Ende der Periode und b) dem Bonitätsaufschlag (wie im 1. Schritt ermittelt).	3% + 4,75% = 7,75% $[12.000\ € \cdot (1 - (1 + 7{,}75\%)^{-9}) / 7{,}75\%] + 150.000\ € \cdot (1 + 7{,}75\%)^{-9} \approx 152.367\ €$

---

[558] Vgl. dazu im Hinblick auf die Zielsetzung der Fair-Value-Option kritisch LÖW/ BLASCHKE (2005), S. 1736.

Bestimmungsschritt	Berechnung
3. Vergleich von fiktivem mit tatsächlichem beizulegenden Zeitwert Die Differenz zwischen dem beobachtbaren Marktpreis der Verbindlichkeit zum Ende der Periode und dem im 2. Schritt ermittelten Betrag entspricht der Änderung des beizulegenden Zeitwerts, welche nicht auf die Änderungen des beobachtbaren Referenzzinssatzes zurückzuführen ist. Dieser Betrag muss offen gelegt werden.	$[12.000\ € \cdot (1-(1+7{,}6\%)^{-9})\ /\ 7{,}6\%] + 150.000\ € \cdot (1+7{,}6\%)^{-9}$ $\approx 153.811\ €$ $153.811\ €\ ./.\ 152.367\ €$ $= 1.444\ €$

Für den Fall, dass die Fair-Value-Option angewandt wird, sind auch Informationen zu den Ansatz- und Bewertungsmethoden bereitzustellen; es muss Folgendes angegeben werden (IFRS 7.B5 (a) i.V.m. IFRS 7.21 m.V.a. IAS 1.117):

Angaben zu Ansatz- und Bewertungsmethoden

- die Art der finanziellen Vermögenswerte oder der finanziellen Verbindlichkeiten;

- die Kriterien für die Designation beim erstmaligen Ansatz;

- wie das Unternehmen die in IAS 39.9, 11A bzw. IAS 39.12 formulierten Bedingungen für die Anwendung der Fair-Value-Option erfüllt hat. Dies umfasst bei Designation gemäß IAS 39.9 (b) (i) auch eine Erläuterung der Umstände der sich ansonsten ergebenden Ansatz- oder Bewertungsinkongruenzen bzw. bei Einstufung nach IAS 39.9 (b) (ii) ferner eine Erläuterung der Vereinbarkeit der Designation als FAFVPL bzw. FLFVPL mit der dokumentierten Risikomanagement- oder Anlagestrategie.

3.11 Wertberichtigung

3.11.1 Begriff und Ursache

Der Begriff „Wertberichtigung" ist in den IFRS nicht verankert; außerplanmäßige Abschreibungen von Vermögenswerten werden als „Wertminderung" bzw. „Impairment" bezeichnet, darauf folgende Wertaufholungen heißen „Rückgängigmachung einer Wertminderung" bzw. „Reversal of Impairment". In diesem Buch wird die Bezeichnung „Wertberichtigungen" als Oberbegriff für Wertminderungen und spätere Wertaufholungen verwendet. Zu den Wertberichtigungen zählen m.E. auch alle erfolgswirksamen Ausbuchungen, die nicht mit einer Übertragung des finanziellen Vermögenswerts verbunden sind, d.h. vollständige Wertberichtigungen.

3 Grundlagen zur Bilanzierung und Offenlegung

Ursächlich für Wertberichtigungen von finanziellen Vermögenswerten sind ausschließlich Wertänderungen, die sich nicht auf Marktpreisänderungen zurückführen lassen. So können bspw. Wertänderungen auf Grund von gestiegenen Marktzinssätzen für sich genommen keine Wertberichtigungen zur Folge haben.[559]

Für Wertminderungen und Wertaufholungen finanzieller Vermögenswerte kommen ausschließlich die Regeln des IAS 39 zur Anwendung: IAS 36 „Wertminderung von Vermögenswerten", der diesbezüglich übergreifende Vorschriften enthält, ist nicht zu beachten (IAS 36.2 (e)).

3.11.2 Erfassungsarten und Untersuchungsprinzipien

Direkte versus indirekte Erfassung

Buchungstechnisch kann bei Wertberichtigungen zwischen 2 Erfassungsarten unterschieden werden:

- Das Unternehmen vermindert bzw. erhöht den Buchwert des finanziellen Vermögenswerts direkt.

- Die Reduktion/Erhöhung erfolgt indirekt über ein gesondertes Wertberichtigungskonto, dessen Endbestand zum Ende der Periode mit dem Buchwert verrechnet wird.

Einzelfall- versus Gruppenuntersuchung

Ferner bestehen auch 2 Prinzipien, wie finanzielle Vermögenswerte auf Wertberichtigungen untersucht werden können. Zum einen kann eine individuelle Betrachtung erfolgen, d.h. jeder Einzelposten wird für sich genommen auf einen möglichen Abwertungs- bzw. Zuschreibungsbedarf geprüft („individuelle Einzelwertberichtigung"). Zum anderen besteht grundsätzlich die Möglichkeit, finanzielle Vermögenswerte nach ähnlichen Ausfallrisikomerkmalen zu gruppieren und zusammen auf Wertberichtigungen zu untersuchen („Gruppenwertberichtigung").[560] Abhängig davon, ob die Gruppenwertberichtigung sich auf wesentliche oder auf unwesentliche Einzelforderungen bezieht, wird des Öfteren zwischen „Portfoliowertberichtigung" und „pauschalierter Einzelwertberichtigung" unterschieden (siehe unten).

Die Anwendung der direkten Erfassungsmethode ist stets mit dem Vorliegen von individuellen Einzelwertberichtigungen verbunden. Eine indirekte Erfassung muss zum einen methodisch bedingt zwingend für Wertberichtigungen vorgenommen werden, die das Unternehmen auf Gruppenbasis

---

[559] Vgl. GEBHARDT/STRAMPELLI (2005), S. 515; DELOITTE LLP (2011b), S. 323; HEUSER/THEILE (2012), Rz. 2512.
[560] Siehe zur Gruppenwertberichtigung weiterführend Abschnitt 6.2.4.

Wertberichtigung **3.11**

bestimmt. Zum anderen kann das Unternehmen die Methode auch für individuelle Einzelwertberichtigungen einsetzen (siehe Abbildung 3-15).

Untersuchungsprinzipen und Erfassungsarten bei Wertberichtigungen — *Abbildung 3-15*

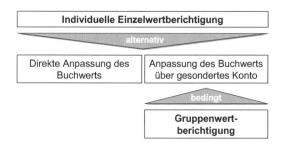

Gruppenuntersuchungen sind zunächst nur für zu fortgeführten Anschaffungskosten bewertete finanzielle Vermögenswerte vorgesehen; für Finanzinstrumente der Bewertungskategorie AfS dürfte nur eine direkte Reduktion des Buchwerts in Frage kommen.[561] Darüber hinaus enthält IAS 39.64 weitere Vorgaben dazu, in welchen Fällen einzeln und/oder in Gruppen geprüft werden muss. Hierbei wird danach unterschieden, ob der finanzielle Vermögenswert für sich genommen wesentlich ist oder nicht:[562]

- Wesentliche Einzelposten sind zunächst verpflichtend einer Einzelfallbetrachtung zu unterziehen. Wird dabei festgestellt, dass keine objektiven Hinweise auf eine Wertminderung bestehen, müssen diese anschließend in die Gruppenuntersuchung einbezogen werden. Für eine derartige Gruppenwertberichtigung wesentlicher Einzelposten steht auch häufig der Begriff der „Portfoliowertberichtigung".

- Für unwesentliche Einzelposten kann die Wertminderungsprüfung entweder einzeln oder gruppiert erfolgen. Wird die Einzelfallbetrachtung gewählt und das Unternehmen stellt keine objektiven Hinweise auf eine Wertminderung fest, muss der finanzielle Vermögenswert im Anschluss wiederum bei der Untersuchung auf Gruppenbasis berücksichtigt werden. Eine für unwesentliche Einzelposten von Beginn an durchgeführte Gruppenwertberichtigung bezeichnet man oftmals auch als „pauschalierte Einzelwertberichtigung".[563]

---

[561] Vgl. SCHARPF (2006), S. 22.
[562] Vgl. dazu etwa auch FISCHER/SITTMANN-HAURY (2006), S. 218f.; IDW (2011b), Rz. 254.
[563] Vgl. LÖW/LORENZ (2005), S. 530.

3 Grundlagen zur Bilanzierung und Offenlegung

Sofern sich demnach nicht bereits auf Grundlage einer Einzelfallprüfung eine Wertminderung ergibt, ist also stets eine Gruppenuntersuchung erforderlich. Hat ein Unternehmen hingegen keine Gruppe von Vermögenswerten mit ähnlichen Risikoeigenschaften, muss auch keine zusätzliche Einschätzung auf Portfoliobasis vorgenommen werden (IAS 39.AG87).

Bedeutung der Gruppenuntersuchung für Nicht-Banken

Bei Nicht-Banken wird auf Grund der Struktur der finanziellen Vermögenswerte, die sie in Bestand haben, eine Wertberichtigungsprüfung auf Gruppenbasis überwiegend nur in Verbindung mit den der Bewertungskategorie LaR zugeordneten Forderungen aus Lieferungen und Leistungen zur Anwendung kommen (▶ 6.2.4.1); alle anderen Posten werden üblicherweise direkt im Wert gemindert.

Angabepflichten beim Einsatz von Wertberichtigungskonten

Sofern finanzielle Vermögenswerte durch Kreditausfälle im Wert gemindert werden und das Unternehmen diese Wertminderungen in einem gesonderten Konto (z.B. einem Wertberichtigungskonto für Einzelwertberichtigungen oder Gruppenwertberichtigungen) erfasst, statt die Buchwerte der Vermögenswerte unmittelbar zu reduzieren, ist für jede Klasse von finanziellen Vermögenswerten eine Überleitungsrechnung für die Änderungen auf dem Konto während des Berichtszeitraums (ein so genannter „Wertberichtigungsspiegel") anzugeben (IFRS 7.16).

Da sich die Angabepflichten – wie gerade erwähnt – auf Wertberichtigungsprüfungen auf Gruppenbasis beziehen, sind diese bei Nicht-Banken primär in Verbindung mit den operativen Außenständen relevant.[564] Die oben genannten Offenlegungsvorschriften des IFRS 7.16 gelten jedoch auch für den seltenen Fall, dass man individuelle Einzelwertberichtigungen zunächst über ein gesondertes Konto erfasst.[565]

Während IFRS 7.16 ausdrücklich eine gesonderte Berichterstattung nach Klassen vorsieht, wird nicht weiter konkretisiert, ob innerhalb einer Klasse ggf. für Einzelwertberichtigungen, pauschalierte Einzelwertberichtigungen und Portfoliowertberichtigungen separate Wertberichtigungskonten zu bilden und gesondert zu kommentieren sind.[566] Auch werden die Bestandteile der Überleitungsrechnung nicht vorgegeben, wodurch dem Unternehmen bei der Bestimmung des am besten geeigneten Formats eine gewisse Flexibilität gewährt wird (IFRS 7.BC26).

Beim Einsatz eines Wertberichtigungskontos sind auch Angaben zu den dabei angewandten Ansatz- und Bewertungsmethoden (IFRS 7.21 m.V.a.

---

[564] Vgl. BRÜCKS/KERKHOFF/STAUBER (2006b), S. 435. Vgl. zudem LÖW (2005a), S. 1345; KERKHOFF/STAUBER (2007), Rz. 55.
[565] Vgl. auch KUHN/SCHARPF (2006), Rz. 4214.
[566] Das IDW empfiehlt, die Angaben getrennt für Einzelwertberichtigungen und Wertberichtigungen auf Portfoliobasis zu machen, vgl. IDW (2009a), Rz. 25. Vgl. zur Zulässigkeit gesonderter Offenlegungen ferner KUHN/CHRIST (2011), Rz. 119; weniger konkret KPMG DEUTSCHE TREUHAND-GESELLSCHAFT (2007), S. 56.

IAS 1.117) vorgeschrieben. Nach IFRS 7.B5 (d) sind diejenigen Kriterien offen zu legen

- nach denen sich bestimmt, in welchen Fällen der Buchwert von im Wert geminderten finanziellen Vermögenswerten direkt reduziert wird (bzw. im Fall einer Rückgängigmachung der Abschreibung direkt erhöht wird) und wann das Unternehmen ein Wertberichtigungskonto einsetzt;

- zum Übergang von der Methode der indirekten Erfassung der Wertminderungen über das Wertberichtigungskonto auf die direkte Buchwertkürzung eines im Wert geminderten finanziellen Vermögenswerts.

Um den vorstehenden Angabepflichten vollumfänglich nachkommen zu können, sind detaillierte Kenntnisse über die Wertberichtigungspraxis in den einzelnen Konzernsegmenten oder gar Konzerneinheiten notwendig. Üblicherweise bestehen wesentlich voneinander abweichende Vorgehensweisen, die bspw. auf produkt- oder länderspezifische Unterschiede zurückzuführen sind. Möglichst detaillierte Konzernvorgaben können unterschiedliche Wertberichtigungspraktiken reduzieren bzw. sogar eliminieren, wirken sich aber ggf. zu Lasten etablierter Verfahren aus oder lassen sich auf bestimmte Gegebenheiten gar nicht anwenden.

3.11.3 Testhäufigkeit und Erfassungskriterien

Ob eine Wertminderung eines finanziellen Vermögenswerts oder einer Gruppe von finanziellen Vermögenswerten vorliegt, muss an jedem Abschlussstichtag ermittelt werden (IAS 39.58). Eine Wertminderung lässt sich nach IAS 39.59 nur dann erfassen, wenn

Wertminderungskriterien

- objektive Hinweise vorliegen, dass die Wertminderung auf Grund mindestens eines nach der Ersterfassung eingetretenen Ereignisses („Schadensfall" bzw. „Loss Event") bereits entstanden ist und

– eingetretener Schadensfall

- dieser Schadensfall (oder diese Schadensfälle) eine Auswirkung auf die erwarteten künftigen Cashflows des finanziellen Vermögenswerts oder der Gruppe der finanziellen Vermögenswerte hat (bzw. haben), die sich verlässlich schätzen lässt.

– Auswirkungen auf künftige Cashflows

Aus der Bedingung, wonach sich eine Wertminderung immer auf ein vergangenes Ereignis beziehen muss, welches nach dem Erstansatz eingetreten ist, ergibt sich, dass eine Wertminderung nicht schon bereits bei erstmaliger Erfassung vollzogen werden kann (IAS 39.IG E.4.2). Da der Schadensfall schon eingetreten sein muss, bleiben Verluste aus künftig zu erwartenden Ereignissen ungeachtet ihrer Eintrittswahrscheinlichkeit unberücksichtigt (IAS 39.59).

Grundlagen zur Bilanzierung und Offenlegung

Sofern es nicht möglich ist, ein einzelnes singuläres Ereignis als Wertminderungsgrund zu identifizieren, bedeutet dies nicht zwingend, dass keine Wertminderung vorzunehmen ist. Vielmehr könnte ein Zusammentreffen mehrerer Ereignisse die Wertminderung verursacht haben (IAS 39.59).

Hinweise zu Schadensfällen

– generelle

Objektive Hinweise auf eine Wertminderung schließen nach IAS 39.59 beobachtbare Daten zu den folgenden Schadensfällen ein:

- erhebliche finanzielle Schwierigkeiten des Emittenten oder des Schuldners;

- ein Vertragsbruch wie bspw. der Ausfall oder der Verzug von Zins- oder Tilgungszahlungen;

- Zugeständnisse von Seiten des Kreditgebers an den Kreditnehmer infolge wirtschaftlicher oder rechtlicher Gründe im Zusammenhang mit den finanziellen Schwierigkeiten des Kreditnehmers (die der Kreditgeber ansonsten nicht gewähren würde);

- eine erhöhte Wahrscheinlichkeit der Insolvenz bzw. eines sonstigen Sanierungsbedarfs des Kreditnehmers;

- das Verschwinden eines aktiven Markts für den finanziellen Vermögenswert auf Grund von finanziellen Schwierigkeiten;

- Informationen, die auf eine bewertbare Verringerung der geschätzten künftigen Cashflows aus einer Gruppe von finanziellen Vermögenswerten seit deren erstmaligen Ansatz schließen lassen, obwohl die Verringerung noch nicht einzelnen finanziellen Vermögenswerten der Gruppe zugeordnet werden kann.

Letztgenannte beobachtbare Daten schließen zum einen nachteilige Veränderungen beim Zahlungsstand von Kreditnehmern in der Gruppe ein, z.B. eine große Anzahl von Zahlungsaufschüben oder bei Kreditkarteninhabern eine große Anzahl von Kreditlimit-Inanspruchnahmen. Zum anderen beziehen sie sich auf volkswirtschaftliche oder regionale wirtschaftliche Bedingungen, welche mit Ausfällen bei den Vermögenswerten der Gruppe korrelieren, wie z.B.

- eine Steigerung der Arbeitslosenquote in der Region des Kreditnehmers;

- ein Verfall der Immobilienpreise für Hypotheken in dem betreffenden Gebiet;

- eine Ölpreisreduzierung für Kredite an Erdölproduzenten;

- nachteilige Veränderungen in den Branchenbedingungen, die den Kreditnehmer der Gruppe beinträchtigen.

3.11 Wertberichtigung

Für gehaltene Eigenkapitalinstrumente enthält IAS 39.61 weitere Tatbestände, die als objektive Hinweise auf eine Wertminderung gelten. Dabei handelt es sich um die Folgenden:

– für gehaltene Eigenkapitalinstrumente

- signifikante Änderungen mit nachteiligen Folgen, die im technologischen, ökonomischen, rechtlichen oder marktbezogenen Umfeld des Emittenten eingetreten sind und die darauf hindeuten, dass die Ausgabe für das Eigenkapitalinstrument nicht zurückerlangt werden könnte;
- einen wesentlichen oder andauernden Rückgang des beizulegenden Zeitwerts unter dessen Anschaffungskosten.

Über IAS 39.60 wird konkretisiert, in welchen Fällen für sich genommen kein Hinweis auf eine Wertminderung vorliegt. In Bezug auf erhebliche finanzielle Schwierigkeiten ist dies die Herabstufung des Bonitätsranking eines Unternehmens. Gleiches gilt für den Wegfall eines aktiven Markts infolge der Einstellung des öffentlichen Handels mit Wertpapieren. Auch die Abnahme des beizulegenden Zeitwerts eines finanziellen Vermögenswerts unter seine Anschaffungskosten – z.B. im Fall eines Schuldinstruments wegen des Anstiegs des risikolosen Zinssatzes – stellt nicht notwendigerweise einen Hinweis auf eine Wertminderung dar.[567]

– Negativbeispiele

Die Begriffe „signifikant" bzw. „wesentlich" sowie „andauernd" werden in den IFRS weder definiert noch quantifiziert.[568] Das Unternehmen hat also im Einzelfall gewisse Spielräume bezüglich der Festlegung der Kriterien.[569] Dabei muss jedoch der Grundsatz der Stetigkeit beachtet werden. Der Literatur zufolge sollte man die Details zur Beurteilung der Signifikanz und der Dauerhaftigkeit der Wertminderung über interne Richtlinien eindeutig vorgeben.

Begriff des wesentlichen oder andauernden Wertrückgangs

Nach IAS 39.61 wird eine Wertminderung durch einen wesentlichen *oder* durch einen andauernden Rückgang des Fair Value unter die Anschaffungskosten verursacht. Dem Wortlaut zufolge handelt es sich somit um Tatbestände, die losgelöst voneinander und nicht kumulativ zu beurteilen sind; ein Abwertungsbedarf liegt mithin bereits vor, wenn schon ein Kriterium

---

[567] Allerdings kann ein Rückgang des beizulegenden Zeitwerts auf Grund eines Anstiegs des für den Schuldner spezifischen Zinssatzes (z.B. wegen eines erhöhten Credit Spreads, siehe dazu Abschnitt 2.1.10.1) zusammen mit anderen Hinweisen auf eine Wertminderung hindeuten, vgl. DELOITTE LLP (2011b), S. 323 m.V.a. IAS 39.AG22 (a) und beispielhaft S. 328.
[568] So auch KÖSTER (2009), S. 97.
[569] Vgl. dazu und folgend KUHN/SCHARPF (2006), Rz. 1640; VARAIN (2008), Rz. 339; BARCKOW (2010), Rz. 194; KPMG IFRG LIMITED (2011), S. 1424 (7.6.490.40); KUHN/CHRIST (2011), Rz. 147.

erfüllt ist.⁵⁷⁰ In der Literatur wird es hingegen in Ausnahmefällen auch für zulässig erachtet, zur Begründung einer Wertberichtigung Kombinationen der Kriterien „Dauerhaftigkeit" und „Wesentlichkeit" heranzuziehen.⁵⁷¹

Eine nachhaltige bzw. dauerhafte Wertminderung besteht laut KUHN/SCHARPF unabhängig von deren Höhe, sofern der Fair Value in den letzten 6-12 Monaten immer geringer war als die Anschaffungskosten.⁵⁷² Ferner wird in der Literatur ein Rückgang des beizulegenden Zeitwerts um mindestens 20% – unabhängig von der Dauer der Wertminderung – als signifikant angesehen.

Das IFRIC hat klargestellt, dass eine vorgenommene Wertminderung keine neue Abschreibungsbasis darstellt.⁵⁷³ Die Beurteilung der Wesentlichkeit und der Dauerhaftigkeit muss immer über den Vergleich zum Erstbuchwert sowie unter Berücksichtigung des Zeitraums, ab dem der Fair Value erstmalig unter den Anschaffungskosten lag, vorgenommen werden. Demnach sind auf Wertminderungen folgende Wertrückgänge immer zwingend als erfolgswirksame Wertminderungen zu erfassen, denn bei einem erneuten Absinken des beizulegenden Zeitwerts ergibt sich umso mehr ein Abschreibungsbedarf.

Schätzprobleme der beobachtbaren Daten

Die für die Schätzung der Höhe der Wertminderung erforderlichen beobachtbaren Daten sind ggf. nur begrenzt vorhanden oder nicht länger in vollem Umfang für die gegenwärtigen Umstände relevant. Dies kann etwa der Fall sein, wenn ein Kreditnehmer in finanziellen Schwierigkeiten steckt und keine Historie über vergleichbare Kreditnehmer vorliegt. Dann hat das Unternehmen zur Schätzung des Wertminderungsaufwands auf seine Erfahrungen zurückzugreifen (IAS 39.62).

Angabepflichten

Im Rahmen der Angaben zu Ansatz- und Bewertungsmethoden (IFRS 7.21 m.V.a. IAS 1.117) wird die Offenlegung der Kriterien für die Bestimmung von Wertminderungsaufwendungen verlangt (IFRS 7.B5 (f)). Die Wertminderungskriterien sind von besonderer Relevanz, da IAS 39 diesbezüglich – wie vorstehend beschrieben – keine konkreten Vorgaben enthält, sondern

---

570 Vgl. KUHN/SCHARPF (2006), Rz. 1642; PwC (2008a), S. 389; HEUSER/THEILE (2012), Rz. 2518. Vgl. ferner DELOITTE LLP (2011b), S. 326; ERNST & YOUNG LLP (2012b), S. 3180 m.V.a. IFRIC Agenda Decision vom Juli 2009.
571 Vgl. KPMG IFRG LIMITED (2006), S. 89; KUHN/SCHARPF (2006), Rz. 1645; KPMG IFRG LIMITED (2011), S. 1424 (7.6.490.50).
572 Vgl. dazu und folgend KUHN/SCHARPF (2006), Rz. 1643f. Ähnlich hierzu auch LÜDENBACH/FREIBERG (2008a), S. 385f.; KPMG IFRG LIMITED (2011), S. 1424 (7.6.490.40); VARAIN (2008), Rz. 340; KUHN/CHRIST (2011), Rz. 147; ERNST & YOUNG LLP (2012b), S. 3181; HEUSER/THEILE (2012), Rz. 2518; LÜDENBACH (2012d), Rz. 164. Kritisch zur pauschalen Festlegung der Parameter indes BARCKOW (2010), Rz. 194.
573 Vgl. dazu und im Folgenden IFRIC Update June 2005, S. 5 m.V.a. IAS 39.IG E.4.9. Vgl. auch DELOITTE LLP (2011b), S. 335f.; ERNST & YOUNG LLP (2012b), S. 3191f.

nur generell auf bestimmte Indikatoren verweist, aus denen sich Hinweise auf eine Wertminderung von Schuldinstrumenten ergeben können. Die Ausführungen zu den Wertminderungen von Eigenkapitalinstrumenten sind sogar noch allgemeiner formuliert. Dadurch ist es jedem Unternehmen selbst überlassen, in Abhängigkeit von seiner Risikopolitik individuelle Kriterien für die Wertminderungen festzulegen. Diese sind als entscheidungsrelevante Informationen hinreichend konkret offen zu legen.

3.11.4 Bestimmung und Erfassung der Wertberichtigungsbeträge

3.11.4.1 Differenzierung und Angabepflichten

Bei der Ermittlung und Erfassung der Wertminderungsbeträge sowie bezüglich dessen, ob und in welcher Höhe eine erfolgswirksame Wertaufholung möglich bzw. erforderlich ist, unterscheidet IAS 39 zwischen folgenden finanziellen Vermögenswerten:

- zu fortgeführten Anschaffungskosten bewertete Posten (Bewertungskategorien LaR, HtM);
- erfolgsneutral zum beizulegenden Zeitwert bewertete Posten (Bewertungskategorie AfS, ggf. Unterkategorie AfSFV);
- zu Anschaffungskosten bewertete Posten (in der Regel Unterkategorie AfSC).

Die Wertminderungsaufwendungen hat das Unternehmen gemäß IFRS 7.20 (e) für jede Klasse von finanziellen Vermögenswerten entweder in der GuV oder im Anhang anzugeben.[574] Auch im Rahmen der Zwischenberichterstattung (▶ 3.1.1) müssen derartige Beträge offen gelegt werden (IAS 34.15B (b)).

3.11.4.2 Zu fortgeführten Anschaffungskosten bewertete Posten

Liegt für mit den fortgeführten Anschaffungskosten bewertete finanzielle Vermögenswerte (Bewertungskategorien LaR, HtM) ein objektiver Hinweis auf eine Wertminderung vor, so ergibt sich der Betrag der Wertminderung über die Differenz aus Buchwert und Barwert der geschätzten künftigen Cashflows, wobei Letztere mit dem ursprünglichen Effektivzinssatz abzu-

Abschreibung auf den Barwert der Cashflows

---

[574] Laut KUHN/CHRIST (2011), Rz. 139 bezieht sich die Angabe nur auf die ohne ein Wertberichtigungskonto (d.h. direkt) vorgenommenen Wertminderungsaufwendungen. Dem wird hier nicht gefolgt.

zinsen sind (IAS 39.63).[575] Der Buchwert des Vermögenswerts kann direkt oder unter Verwendung eines Wertberichtigungspostens reduziert werden (IAS 39.63).

Diskontierungszinssatz

– bei fest verzinslichen Posten: ursprünglicher Effektivzinssatz

Der Barwert der künftigen Cashflows ist mit dem ursprünglichen Effektivzinssatz, d.h. dem bei erstmaliger Erfassung ermittelten Zinssatz, zu berechnen (IAS 39.63).[576] Damit ist – andere Einflussfaktoren außer Acht gelassen – nicht der höhere zum Wertberichtigungszeitpunkt gültige Zinssatz (höher, da Schwierigkeiten des Emittenten eine höhere Risikoprämie zur Folge haben), sondern der niedrigere, bei Vertragsabschluss gültige Festzinssatz heranzuziehen.[577] Dies wird damit begründet, dass der Barwert unter Berücksichtigung des tatsächlichen Zinssatzes einer Marktbewertung des (ansonsten zu fortgeführten Anschaffungskosten bewerteten) Vermögenswerts nahe kommen würde (IAS 39.AG84).

– bei variabel verzinslichen Posten: aktueller Effektivzinssatz

Unterliegt der zu fortgeführten Anschaffungskosten bewertete finanzielle Vermögenswert einer variablen Verzinsung, ist zur Bestimmung des Wertberichtigungsaufwands der nach Maßgabe des Vertrags festgesetzte aktuelle Effektivzinssatz heranzuziehen (IAS 39.AG84).

Die Cashflows kurzfristiger Forderungen werden bei Unwesentlichkeit des Abzinsungseffekts nicht abgezinst (IAS 39.AG84).

Alternativ: Abschreibung auf den Fair Value

Aus praktischen Gründen kann ein Gläubiger die Wertminderung eines mit den fortgeführten Anschaffungskosten bewerteten finanziellen Vermögenswerts auf Basis eines beizulegenden Zeitwerts des Finanzinstruments unter Verwendung eines beobachtbaren Marktpreises bewerten (IAS 39.AG84).

Cashflow-Schätzung

Nach IAS 39.AG84 spiegelt bei besicherten finanziellen Vermögenswerten der berechnete Barwert die Cashflows wider, die aus einer Zwangsvollstreckung entstehen können, abzüglich der Kosten für den Erwerb und den Verkauf der Sicherheit (je nachdem, ob die Zwangsvollstreckung wahrscheinlich ist oder nicht).[578] Ferner bezieht der Prozess zur Schätzung der Wertminderung alle Ausfallrisikopositionen ein, nicht nur die geringere Bonität (IAS 39.AG85). Wird bspw. ein internes Bonitätsbewertungssystem

---

[575] Bei Fremdwährungsposten hat man den Barwert der Cashflows zunächst zum am Tag der Wertminderung gültigen Stichtagskurs in die funktionale Währung umzurechnen; die Differenz zum Buchwert (der in der funktionalen Währung ausgewiesen ist) ergibt den Wertminderungsaufwand, vgl. KPMG IFRG LIMITED (2011), S. 1435 (7.6.640.10); PwC (2011a), S. 9087 (9.165).

[576] Für ein Beispiel vgl. etwa DELOITTE LLP (2011b), S. 328f.

[577] Je nach Entwicklung der risikolosen Zinssätze und der Bonitätsrisikoprämie weicht damit der mit dem ursprünglichen Effektivzins berechnete, zur Bestimmung des Wertminderungsbetrags herangezogene Barwert mehr oder weniger deutlich vom Fair Value des Posten ab, vgl. GEBHARDT/STRAMPELLI (2005), S. 516.

[578] Ob auch Personalsicherheiten (siehe dazu Abschnitt 2.4.4.2) bei den Cashflow-Schätzungen zu berücksichtigen sind, ist nicht explizit geregelt; LÜDENBACH/HOFFMANN (2007), § 28, Rz. 126 halten dies für sachgerecht.

verwendet, berücksichtigt es alle Bonitätsbewertungen und nicht nur diejenigen, die erhebliche Bonitätsverschlechterungen widerspiegeln. Ferner kann der Schätzprozess nach IAS 39.AG86 entweder zu einem einzelnen Betrag oder zu einer Bandbreite möglicher Beträge führen. Bei Letzterem hat man einen Wertminderungsaufwand zu erfassen, welcher der bestmöglichen Schätzung innerhalb der Bandbreite entspricht.

Gemäß IAS 39.65 besteht für finanzielle Vermögenswerte, die zu fortgeführten Anschaffungskosten bewertet werden, eine Pflicht zur erfolgswirksamen Wertaufholung (entweder direkt oder durch Anpassung des Wertberichtigungspostens), sofern in einer der folgenden Berichtsperioden eine Reduktion der Wertminderung eintritt und sich diese Verringerung objektiv auf einen Sachverhalt zurückführen lässt, der nach der ergebniswirksamen Erfassung der Wertminderung aufgetreten ist.[579] Eine Zuschreibung über den Betrag der fortgeführten Anschaffungskosten, der sich ohne Wertminderung ergeben hätte, ist verboten (IAS 39.65). *Wertaufholungspflicht*

3.11.4.3 Erfolgsneutral zum beizulegenden Zeitwert bewertete Posten

Für die zum beizulegenden Zeitwert bewerteten Finanzinstrumente (Bewertungskategorie AfS) erfolgt definitionsgemäß zu jedem Abschlussstichtag eine Bewertung, von der anzunehmen ist, dass sie sämtlichen aktuellen wertbeeinflussenden Gegebenheiten Rechnung trägt, d.h. sowohl den allgemeinen Rahmenbedingungen des Markts als auch den individuellen Gegebenheiten des Vertragspartners.

Ein direkt im Eigenkapital erfasster kumulierter Verlust ist bei finanziellen Vermögenswerten der Bewertungskategorie AfS aus dem Eigenkapital zu entfernen und ergebniswirksam zu erfassen, sofern ein objektiver Hinweis besteht, dass der Vermögenswert wertgemindert ist (IAS 39.67).[580]

Die Höhe der Wertminderung entspricht nach IAS 39.68 folgendem Betrag: *Wertminderungsbetrag*

Anschaffungskosten (abzüglich eventueller Tilgungen und Amortisationen)

./. beizulegender Zeitwert

./. bereits früher erfolgswirksam erfasste Wertminderungen.

---

[579] Die Erfassung einer Wertaufholung setzt nicht voraus, dass diese auf demselben Einflussfaktor beruht, wie derjenige, der zur ursprünglichen Wertminderung führte, vgl. DELOITTE LLP (2011b), S. 331.
[580] Eine für alle AfS-Posten negative OCI-Rücklage (kumulativ im Eigenkapital gespeicherter Verlust) stellt kein Indiz für eine Wertminderung dar (IAS 39.IG E.4.10).

Umbuchung der im OCI erfassten Verluste in die GuV

Bilanzierungstechnisch erfolgt eine Überführung der im Eigenkapital erfassten kumulierten Verluste (einschließlich der entsprechenden, im OCI gespeicherten währungsbedingten Umrechnungsgewinne bzw. -verluste[581]). Die Buchwerte der finanziellen Vermögenswerte selbst bleiben auf Grund des Zeitwertansatzes hiervon unberührt.

Zu beachten ist, dass nicht jede Reduktion des beizulegenden Zeitwerts zu einer außerplanmäßigen Abschreibung führt; so stellen insbesondere auf Änderungen der Marktpreise zurückzuführende Fair-Value-Änderungen (z.B. auf Grund gestiegener Marktzinsen) für sich genommen keine objektiven Hinweise auf Wertminderungen dar und sind demnach erfolgsneutral zu erfassen.[582] Bonitätsbedingte Änderungen des beizulegenden Zeitwerts mit entsprechenden Hinweisen führen hingegen zu erfolgswirksamen Abschreibungen.

Besonderheiten bei Fremdwährungsposten

Für auf Fremdwährung lautende gehaltene Eigenkapitalinstrumente der AfS-Unterkategorie AfSFV bestimmt sich die Prüfung der Wertminderung nach IAS 21.25 (▶ 3.12.3.1). Dabei wird dem mit dem Stichtagskurs umgerechneten Fremdwährungsbuchwert der mit dem Stichtagskurs umgerechnete beizulegende Zeitwert gegenübergestellt. Die Untersuchung auf einen wesentlichen oder dauerhaften Fair-Value-Rückgang hat auf Basis der funktionalen Währung zu erfolgen.[583] Ob und in welcher Höhe ein Abschreibungsbedarf besteht, ist demnach sowohl von der Wertentwicklung des Eigenkapitalinstruments an sich als auch von der Wechselkursentwicklung abhängig. Dies kann dazu führen, dass ein Wertminderungsaufwand in der funktionalen Währung erfasst wird, der sich auf Basis der Fremdwährung hingegen nicht ergeben würde – oder umgekehrt.

---

[581] Vgl. auch KPMG IFRG LIMITED (2006), S. 97.
[582] Wurde indes auf ein AfS-Schuldinstrument bereits eine Umbuchung vom OCI in die GuV vorgenommen und ist der Posten in der Folge weiterhin im Wert gemindert (d.h. die erwarteten erzielbaren Cashflows sind geringer als bei erstmaliger Erfassung), müssen im OCI gespeicherte Zeitwertverluste ebenfalls in die GuV transferiert werden – und zwar unabhängig davon, auf welche Einflussfaktoren diese zurückzuführen sind, vgl. DELOITTE LLP (2011b), S. 323 und S. 341. Laut KPMG IFRG LIMITED (2011), S. 1428 (7.6.540.10) hat man – falls weiterhin kredit(risiko)bezogene objektive Wertminderungshinweise bestehen – eine GuV-wirksame Abschreibung vorzunehmen; liegen diese nicht mehr vor, können Fair-Value-Änderungen auch über das OCI gebucht werden. PwC (2011a), S. 9078f. (9.153.1) zufolge ist beim Vorliegen von objektiven Wertminderungshinweisen ein weiterer Rückgang des Zeitwerts über die GuV zu erfassen, ohne solche Indikatoren über das OCI; in analoger Weise hat man bei Wertaufholungen zu verfahren.
[583] Vgl. DELOITTE LLP (2011b), S. 326 m.V.a. IFRIC Agenda Decision vom Juli 2009 und IAS 39.AG83, IG E.4.9.

3.11 Wertberichtigung

Die erfolgswirksame Wertaufholung ist für gehaltene Eigenkapitalinstrumente explizit verboten, womit sich – da bilanziell stets zugeschrieben werden muss – eine erfolgsneutrale Wertaufholung über das Eigenkapital ergibt (IAS 39.69).[584] Dies gilt auch für den Zwischenabschluss (▶ 3.11.5).

Wertaufholung
– Eigenkapitalinstrumente: Verbot

Für aktivierte Schuldinstrumente besteht nach IAS 39.70 eine Pflicht zur ergebniswirksamen Wertaufholung, wenn der beizulegende Zeitwert des finanziellen Vermögenswerts in einer nachfolgenden Berichtsperiode ansteigt und sich dieser Anstieg objektiv auf ein Ereignis zurückführen lässt, das nach der ergebniswirksamen Erfassung der Wertminderung auftritt.[585] Die erfolgswirksame Zuschreibung ist bis maximal zum zuvor abgeschriebenen Betrag möglich; darüber hinausgehende Wertänderungen sind erfolgsneutral im Eigenkapital zu erfassen.[586]

– Schuldinstrumente: Pflicht

3.11.4.4 Zu Anschaffungskosten bewertete Posten

Die Wertberichtigungsvorschriften betreffen die folgenden finanziellen Vermögenswerte:

- nicht-notierte Eigenkapitalinstrumente,[587] die zu Anschaffungskosten bewertet werden, weil sich der Fair Value nicht verlässlich ermitteln lässt (Bewertungs- bzw. Unterkategorie AfSC);

- mit letztgenannten Eigenkapitalinstrumenten verknüpfte Derivate, welche nur durch Andienung erfüllbar sind.

Bestehen für diese Posten objektive Hinweise auf eine Wertminderung, ergibt sich der Betrag der Wertminderung als Differenz aus Buchwert und Barwert der geschätzten künftigen Cashflows, wobei Letztere mit der aktuellen Marktrendite eines vergleichbaren finanziellen Vermögenswerts abge-

Abschreibung auf den Fair Value

---

[584] Vgl. auch BARCKOW (2010), Rz. 200; HEUSER/THEILE (2012), Rz. 2523.
[585] Ob die Wertaufholung aus demselben Einflussfaktor resultiert, der die ursprüngliche Wertminderung verursacht hat, spielt für die Erfassung keine Rolle, vgl. DELOITTE LLP (2011b), S. 341. Es ist davon auszugehen, dass es sich bei dem Ereignis um ein kreditrisikobezogenes Ereignis handeln muss, vgl. ebenda, S. 342. KPMG IFRG LIMITED (2011), S. 1432 (7.6.610.30) zufolge können und sollten die zu einer Wertaufholung führenden Ereignisse im Rahmen der Ansatz- und Bewertungsmethoden definiert werden, vgl. zu den dabei möglichen Varianten ebenda, S. 1432f. (7.6.610.30).
[586] Zur genauen Bestimmung des in der GuV (und im OCI) zu erfassenden Betrags sind – in Abhängigkeit davon, ob weiterhin objektive Wertminderungshinweise bestehen oder nicht und welche Ereignisse dem Unternehmen zufolge zu einer Wertaufholung führen – verschiedene Varianten möglich, vgl. dazu weiterführend KPMG IFRG LIMITED (2011), S. 1433f. (7.6.610.40-130); ERNST & YOUNG LLP (2012b), S. 3190; PwC (2011a), S. 9078f. (9.153.1).
[587] D.h. solche, die nicht der Fair-Value-Hierarchiestufe 1 (siehe dazu Abschnitt 3.8.2.4) zugeordnet werden.

zinst werden müssen (IAS 39.66). Demnach ist faktisch der (über ein Bewertungsverfahren ermittelte) Fair Value als Vergleichsmaßstab heranzuziehen. Mit der Abzinsung zum aktuell gültigen Marktzinssatz soll der Tatsache Rechnung getragen werden, dass die Vermögenswerte normalerweise zum beizulegenden Zeitwert zu bewerten wären.

Besonderheiten bei Fremdwährungsposten

Auch für auf Fremdwährung lautende gehaltene Eigenkapitalinstrumente der AfS-Unterkategorie AfSC wird die Wertminderungsprüfung nach IAS 21.25 (▶ 3.12.3.1) ermittelt. Hierbei ist der zum Einbuchungskurs umgerechnete Fremdwährungsbuchwert mit dem zum Stichtagskurs umgerechneten Fair Value zu vergleichen. Gleichfalls kann dies dazu führen, dass sich in der funktionalen Währung ein Wertminderungsaufwand ergibt, der auf Basis der Fremdwährung nicht bestehen würde – oder umgekehrt.

Wertaufholungsverbot

Die Wertaufholung ist für zu Anschaffungskosten bewertete finanzielle Vermögenswerte verboten (IAS 39.66). Dies gilt auch für den Zwischenabschluss, wie im folgenden Abschnitt zu erläutern sein wird.

3.11.5 Besonderheiten bei Wertaufholungen im Zwischenabschluss

IFRIC 10 „Zwischenberichterstattung und Wertminderung" behandelt die Frage, ob eine in einem Zwischenabschluss erfasste Wertminderung rückgängig gemacht werden sollte, sofern der Verlust nicht (bzw. in geringerem Umfang) berücksichtigt worden wäre, wenn das Unternehmen die Prüfung auf Wertminderungen nur zum nächsten Jahresabschlussstichtag durchgeführt hätte.[588]

Im Hinblick auf finanzielle Vermögenswerte bezieht sich IFRIC 10 auf die folgenden Regeln:

- Verbot der erfolgswirksamen Wertaufholung für Eigenkapitalinstrumente der Bewertungskategorie AfS, die mit dem beizulegenden Zeitwert bewertet werden (IAS 39.69);
- Verbot der Wertaufholung für Eigenkapitalinstrumente (und damit verbundene Derivate), die das Unternehmen zu Anschaffungskosten bewertet (IAS 39.66).

Ein Interpretationsbedarf ergab sich auf Grund folgender widersprüchlicher Regelungen:

---

[588] Vgl. zu IFRIC 10 grundlegend KOPATSCHEK (2006); ZÜLCH/FISCHER (2006); RIEDEL/LEIPPE (2007).

3.11 Wertberichtigung

- Für die Erstellung des Zwischenabschlusses sind die gleichen Bilanzierungs- und Bewertungsmethoden wie für den Geschäftsjahresabschluss anzuwenden (IAS 34.28); somit wären Wertaufholungen nach IAS 39 verboten.

- Nach IAS 34.28 darf die Häufigkeit der Berichterstattung eines Unternehmens die Höhe des Jahresergebnisses nicht beeinflussen; um diese Zielsetzung zu erreichen, sind Bewertungen in Zwischenberichten unterjährig auf einer vom Geschäftsjahresbeginn bis zum Zwischenberichtstermin kumulierten Grundlage vorzunehmen („year-to-date basis").

Über IFRIC 10 wurde nun festgelegt, dass Wertminderungsaufwendungen, die das Unternehmen in einem Zwischenabschluss erfasst hat, nicht rückgängig gemacht werden dürfen. Damit haben die Regeln des IAS 39 Vorrang vor den allgemeinen Vorschriften des IAS 34 (IFRIC 10.BC9).

In Bezug auf AfS-Eigenkapitalinstrumente, die zum beizulegenden Zeitwert bewertet werden, ist somit eine erfolgswirksame Wertaufholung einer unterjährigen Wertminderung nicht zulässig. Die Pflicht zur erfolgsneutralen Zuschreibung ergibt sich durch die obligatorische Folgebewertung zum Fair Value.

Für zu Anschaffungskosten bewertete Eigenkapitalinstrumente kann eine einmal vorgenommene unterjährige Wertminderung ebenfalls nicht zurückgenommen werden – weder erfolgswirksam noch erfolgsneutral. Folglich stellt der Buchwert nach Wertminderung weiterhin die künftig maßgeblichen Anschaffungskosten dar.

3.11.6 Vereinnahmung von Zinserträgen nach einer Wertminderung

Zur Erfassung von Zinserträgen (und -aufwendungen) ist die Effektivzinsmethode (▶ 3.8.3.2) maßgeblich. Der periodisch zu vereinnahmende Zinsertrag ergibt sich dabei jeweils durch Multiplikation des Buchwerts zu Beginn der Periode mit dem Effektivzinssatz.

Für den Fall, dass ein finanzieller Vermögenswert im Wert gemindert ist, muss der nach der Vornahme der Wertberichtigung zu realisierende Zinsertrag durch Aufzinsung ermittelt werden – und zwar unter Verwendung des zur Bestimmung der Wertminderung herangezogenen Effektivzinssatzes (IAS 39.AG93).[589] Eine solche Barwertfortschreibung des Restbuchwerts

Zinsertrag bestimmt sich über Aufzinsung

---

[589] Bei der Wertminderung eines zu fortgeführten Anschaffungskosten bewerteten festverzinslichen Postens kommt der Effektivzinssatz bei Vertragsabschluss zur Anwendung; bei variabel verzinslichen Finanzinstrumenten ist der nach Maßgabe des Vertrags festgesetzte aktuelle Effektivzinssatz zum Wertminderungszeitpunkt

Buchungstechnik

eines wertberichtigten finanziellen Vermögenswerts wird auch als „Unwinding" bezeichnet.[590]

Damit sind im Fall einer Wertminderung nicht mehr die vertraglich vereinbarten bzw. dem Unternehmen zufließenden Beträge als künftige Zinserträge zu berücksichtigen oder abzugrenzen, sondern die über das Unwinding ermittelten Werte.[591] In der Bilanz kommt entweder eine Zuschreibung der (Brutto-)Forderung oder eine Reduktion des Wertberichtigungskontos in Frage. Wird die (Brutto-)Forderung zugeschrieben, kann dies zur Folge haben, dass der fortgeschriebene Buchwert den ursprünglich auf Grund der Vereinbarung aktivierten Betrag übersteigt. Dies lässt sich durch Reduktion des Wertminderungskontos vermeiden. Deshalb wird die letztgenannte Variante in der Literatur bevorzugt.

Eine buchungstechnische Zinslosstellung der Forderung (d.h. der Verzicht auf die Vereinnahmung von Zinserträgen) wird als unzulässig angesehen. Ferner darf man die Aufzinsung des Buchwerts in der GuV nicht als Auflösung der Wertberichtigung behandeln.

Beispiel zum Unwinding (Ausgangslage)

Die Vorgehensweise beim Unwinding soll unter Abwandlung des in Abschnitt 3.8.3.2 enthaltenen Beispiels verdeutlicht werden:

- Ende X1 wird dem Unternehmen bekannt, dass der Emittent des Schuldinstruments in Zahlungsschwierigkeiten ist. Demzufolge werden keine Zinszahlungen und nur ein Rückzahlungsbetrag von 700 € erwartet. Der Barwert der künftigen Cashflows bestimmt sich wie folgt:

$$\frac{700 \text{ €}}{(1+10\%)^3} \approx 526 \text{ €}$$

- Somit ergibt sich Ende X1 eine Wertminderung von 1.086 € ./. 526 € = 560 €.

- Die für die Buchungen benötigten Werte sind in Tabelle 3-23 aufgeführt.

---

heranzuziehen, siehe dazu Abschnitt 3.11.4.2. Zur Bestimmung eines etwaigen Abschreibungsbedarfs muss bei zum beizulegenden Zeitwert bewerteten finanziellen Vermögenswerten (AfS-Schuldinstrumente) der aktuell gültige Marktzins berücksichtigt werden, siehe hierzu Abschnitt 3.11.4.3 und vgl. für ein Beispiel DELOITTE LLP (2011b), S. 339f.

[590] Vgl. z.B. KUHN/SCHARPF (2006), Rz. 1715; GRÜNBERGER/KLEIN (2008), S. 99; BARCKOW (2010), Rz. 197; IDW (2011b), Rz. 247.

[591] Vgl. dazu und zum folgenden Absatz KUHN/SCHARPF (2006), Rz. 1716f.; IDW (2011b), Rz. 247f.

3.11 Wertberichtigung

Unwinding: Bestimmung der fortgeführten AK (Ausgangslage)

Tabelle 3-23

Jahr	(1) Fortgeführte AK 01.01.	(2) = (1) · 10% Effektivzinsertrag	(3) Cashflows (Nominal-zins, Tilgung)	(4) = (1) + (2) ./. (3) Fortgeführte AK 31.12.
X0	1.000 €	100 €	59 €	1.041 €
X1	1.041 €	104 €	59 €	1.086 € ./. **560**
X2	526 €	53 €	/	579 €
X3	579 €	58 €	/	636 €
X4	636 €	64 €	700 €	0 €

■ Falls das Schuldinstrument der Bewertungskategorie LaR zugeordnet wird, ergeben sich – sofern tatsächlich 700 € zurückgezahlt werden – folgende Buchungen:

31.12.X1	Wertminderung	560 €	Forderung LaR	560 €
31.12.X2	Forderung LaR	53 €	Zinsertrag	53 €
31.12.X3	Forderung LaR	58 €	Zinsertrag	58 €
31.12.X4	Forderung LaR	64 €	Zinsertrag	64 €
	Kasse	700 €	Forderung LaR	700 €

In der Literatur wird die Bestimmung der Erträge als Herausforderung gesehen, weil tatsächlich noch bezahlte Zinsen bei wertgeminderten Forderungen nicht mehr als Zinsertrag erfasst, sondern als Tilgung (bzw. Reduktion) der Forderung behandelt werden.[592] Dies lässt sich durch Modifikation des vorherigen Unwinding-Beispiels verdeutlichen:

Beispiel zum Unwinding (Abwandlung)

■ Anstelle des vollständigen Ausfalls der Zinszahlungen werden nun (neben dem Rückzahlungsbetrag von 700 €) Zinszahlungen von jeweils 10 € erwartet. Der Barwert der künftigen Cashflows bestimmt sich jetzt wie folgt:

$$\frac{10\,€}{(1+10\%)^1} + \frac{10\,€}{(1+10\%)^2} + \frac{10\,€}{(1+10\%)^3} + \frac{700\,€}{(1+10\%)^3} \approx 551\,€$$

■ Ende X1 besteht somit eine Wertminderung von 1.086 € ./. 551 € = 535 €.

■ Tabelle 3-24 zeigt die für die Buchungen benötigten Werte.

---

[592] Vgl. ECKES/SITTMANN-HAURY (2006), S. 432; SCHARPF (2006), S. 26.

3 Grundlagen zur Bilanzierung und Offenlegung

Tabelle 3-24   Unwinding: Bestimmung der fortgeführten AK (Abwandlung)

Jahr	(1) Fortgeführte AK 01.01.	(2) = (1) · 10% Effektivzinsertrag	(3) Cashflows (Nominal-zins, Tilgung)	(4) = (1) + (2) ./. (3) Fortgeführte AK 31.12.
X0	1.000 €	100 €	59 €	1.041 €
X1	1.041 €	104 €	59 €	1.086 € ./. **535 €**
X2	551 €	55 €	10 €	596 €
X3	596 €	60 €	10 €	646 €
X4	646 €	64 €	10 € + 700 €	0 €

- Bei Zuordnung zur Bewertungskategorie LaR ergeben sich – wieder unterstellt, die Zahlungen treten so ein wie erwartet – folgende Buchungen:

31.12.X1	Wertminderung	535 €	Forderung LaR	535 €
31.12.X2	Forderung LaR	55 €	Zinsertrag	55 €
	Kasse	10 €	Forderung LaR	10 €
31.12.X3	Forderung LaR	60 €	Zinsertrag	60 €
	Kasse	10 €	Forderung LaR	10 €
31.12.X4	Forderung LaR	64 €	Zinsertrag	64 €
	Kasse	10 €	Forderung LaR	10 €
	Kasse	700 €	Forderung LaR	700 €

Erfassung unerwarteter Zahlungen

Die Beispiele zeigen, dass alle später erwarteten Zahlungseingänge einheitlich als erfolgsneutrale Reduzierung der Forderung zu berücksichtigen sind; eine Aufteilung der Cashflows in Zins und Tilgung erfolgt nicht.[593] Unerwartete Zahlungseingänge führen hingegen zu einer Korrektur der ursprünglich erfassten Wertminderung. Würde etwa im vorherigen Beispiel Ende X3 eine außerplanmäßige Tilgung in Höhe von 200 € eingehen, hätte dies folgende Buchung zur Folge:

31.12.X3	Kasse	200 €	Wertaufholung	200 €

Bezüglich der Unwinding-Beträge und der Folgebuchungen ergäben sich keine Änderungen.

Bedeutung für Nicht-Banken

Da Nicht-Banken außerplanmäßige Abschreibungen im Wesentlichen nur auf Forderungen aus Lieferungen und Leistungen vornehmen, die regelmäßig unverzinslich und damit nicht mit Zinserträgen verbunden sind, werden die Bilanzierungsvorgaben und Angabepflichten zum Unwinding überwiegend nicht von großer Bedeutung sein. Anwendungsfälle ergeben sich z.B. für Handels- und Industrieunternehmen, die ihr Absatzgeschäft mit Kredit-

---

[593] Vgl. dazu und folgend KUHN/SCHARPF (2006), Rz. 1726f.; IDW (2011b), Rz. 271f.

verträgen kombinieren, indem sie z.B. Waren oder Produkte über Ratenkredite veräußern und für die Finanzierung Zinsen in Rechnung stellen.

Nach IFRS 7.20 (d) muss das Unternehmen Zinserträge aus im Wert geminderten finanziellen Vermögenswerten entweder in der GuV oder im Anhang angeben, die entsprechend der zuvor beschriebenen Unwinding-Methodik des IAS 39.AG93 bestimmt werden.

Angabepflichten

3.12 Transaktionen und Posten in Fremdwährung

3.12.1 Begriffe

Eine „Fremdwährung" ist jede andere Währung außer der funktionalen Währung des berichtenden Unternehmens. Die „funktionale Währung" entspricht der Währung des primären Wirtschaftsumfelds, in dem das Unternehmen tätig ist (IAS 21.8).[594]

Fremdwährung versus funktionale Währung

Geschäftsvorfälle, deren Werte in Fremdwährungen angegeben sind oder welche die die Erfüllung in einer Fremdwährung erfordern, bezeichnet IAS 21.20 als „Fremdwährungstransaktionen". Darunter fallen

Fremdwährungstransaktionen

- Geschäftsvorfälle zum Kauf oder Verkauf von Waren oder Dienstleistungen in Fremdwährung,
- Mittelaufnahmen oder Verleihungen in Fremdwährung,
- Erwerbe oder Veräußerungen von Vermögenswerten und Schulden in Fremdwährung auf sonstige Weise.

Damit schließt der Begriff der Fremdwährungstransaktion sämtliche wirtschaftliche Geschäftsvorfälle ein, die im Zusammenhang mit einer Fremdwährung stehen (inklusive schwebende Geschäfte) – ausgenommen Währungsderivate, die in den Anwendungsbereich von IAS 39 fallen.[595] In Bezug auf Finanzinstrumente sind solche Transaktionen etwa

- der Kauf oder Verkauf von finanziellen Vermögenswerten in Fremdwährung,
- die Aufnahme oder Tilgung von finanziellen Verbindlichkeiten in Fremdwährung,
- der Eingang oder die Begleichung von Zinsen in Fremdwährung.

---

[594] Vorgaben zur Bestimmung der funktionalen Währung finden sich in IAS 21.9-13.
[595] Vgl. MÜLLER/HOLZWARTH/LAURISCH (2011), Rz. 42. Siehe dazu auch Fn. 213.

3 Grundlagen zur Bilanzierung und Offenlegung

Fremdwährungsposten

Bilanzposten, die in Fremdwährung eingegangen oder aufgenommen wurden (und deren Einbuchungen somit Fremdwährungstransaktionen vorausgingen), werden hier und in der Praxis als „Fremdwährungsposten" bezeichnet.[596]

3.12.2 Erstmalige Erfassung von Fremdwährungstransaktionen

Umrechnung

– in der Regel zum Kassawechselkurs am Transaktionstag

Eine Fremdwährungstransaktion bzw. ein Fremdwährungsposten ist erstmalig in der funktionalen Währung anzusetzen, indem der Fremdwährungsbetrag mit dem am jeweiligen Tag des Geschäftsvorfalls gültigen Kassakurs zwischen der funktionalen Währung und der Fremdwährung umgerechnet wird (IAS 21.21). Der „Kassakurs" entspricht gemäß IAS 21.8 dem Wechselkurs bei sofortiger Ausführung.

– ggf. zum Durchschnittskurs

Aus praktischen Gründen kann das Unternehmen nach IAS 21.22 einen Kurs verwenden, der einen Näherungswert für den aktuellen Kurs am Tag des Geschäftsvorfalls darstellt, wie etwa ein Durchschnittskurs einer Woche oder eines Monats für alle Geschäftsvorfälle in der jeweiligen Fremdwährung. Bei stark schwankenden Wechselkursen darf jedoch nicht auf Durchschnittskurse zurückgegriffen werden.

Der Literatur zufolge kommen Durchschnittskurse ferner zur Anwendung, wenn der Tag des Geschäftsvorfalls mit der Periode, auf der sich ein Geschäftsfall bezieht, gleichgesetzt wird.[597] Dabei können Gewinne oder Verluste bei der Einbuchung entstehen, wenn der Durchschnittskurs vom Transaktionskurs abweicht. Dies soll folgendes Beispiel verdeutlichen:

- Ein Unternehmen mit funktionaler Währung € erwirbt am 01.01.X1 ein Wertpapier mit Nominalwert von 1.000 $ und einem Kuponzinssatz von 8% p.a. mit vierteljährlicher Zahlung (d.h. 20 $ pro Quartal). Am 31.03.X1 liegt der Kassawechselkurs bei 0,75 €/$ bzw. 1,33 $/€. Der Durchschnittskurs des 1. Quartals X1 beträgt 0,5 €/$ bzw. 2,0 $/€.

- Die Zinszahlung repräsentiert das Entgelt für die Kapitalüberlassung für 1 Quartal. Wird die Periode als Tag des Geschäftsvorfalls interpretiert, könnte der Sachverhalt wie folgt erfasst werden:

31.03.X1	Kasse	15 €	Zinsertrag	10 €
			FX-Ertrag	5 €

---

[596] Vgl. z.B. BASF-GB 2006, S. 107.
[597] Vgl. dazu und folgend MÜLLER/HOLZWARTH/LAURISCH (2011), Rz. 44.

- Hält man hingegen – wie in den Beispielen dieser Abhandlung unterstellt – nicht die Periode, sondern den 31.03.X1 für den Tag des Geschäftsvorfalls, entsteht kein Währungsgewinn:

| 31.03.X1 | Kasse | 15 € | Zinsertrag | 15 € |

In IAS 21 ist nicht geregelt, welcher Kassawechselkurs (Geld-, Brief- oder Mittelkurs) zur Umrechnung herangezogen werden muss. In der Literatur wird es für notwendig erachtet, zur Umrechnung von Vermögenswerten den Briefkurs und zur Umrechnung von Schulden den Geldkurs zu verwenden, da diese den bei Bezahlung exakten Gegenwert der Fremdwährung in funktionaler Währung widerspiegeln.[598] Allerdings ist es auf Grund der geringen Kursunterschiede auch zulässig, für alle Geschäftsvorfälle Mittelkurse zu verwenden.[599] Dies entspricht der gängigen Praxis.[600]

Geld-, Brief- oder Mittelkurs?

3.12.3 Folgebewertung von Fremdwährungsposten

3.12.3.1 Reihenfolge der Bewertungsschritte

Nach IAS 21.24 (auch IAS 39.IG E.3.4) muss der Buchwert eines Postens zunächst unter Heranziehung anderer einschlägiger Standards ermittelt werden. Anschließend wird die Umrechnung des in Fremdwährung bestimmten Buchwerts in die funktionale Währung nach den Regeln des IAS 21 vorgenommen.

Für nicht-monetäre Posten (siehe dazu den folgenden Abschnitt), die im Rahmen von Niederstwerttests auf Wertminderungen geprüft werden (wie insbesondere gehaltene Eigenkapitalinstrumente der Bewertungskategorie AfS), ist die separate Durchführung von Bewertung und Währungsumrechnung nach IAS 21.25 nicht zugelassen. In diesen Fällen sind folgende Werte zu vergleichen:

- die Anschaffungs- oder Herstellungskosten oder der Buchwert, die bzw. der mit dem Wechselkurs am Tag der Ermittlung dieses Werts (d.h. bei der Unterkategorie AfSC zum historischen Einbuchungskurs und bei der Unterkategorie AfSFV zum Stichtagskurs) umgerechnet wird; und

- der Nettoveräußerungswert oder ggf. der erzielbare Betrag, der mit dem Wechselkurs am Tag der Ermittlung dieses Werts (d.h. zum Stichtagskurs) umgerechnet wird.

---

[598] Vgl. dazu und folgend KUHN/SCHARPF (2006), Rz. 761; MÜLLER/HOLZWARTH/LAURISCH (2011), Rz. 47.
[599] Vgl. auch ADLER/DÜRING/SCHMALTZ (2002), Abschn. 5, Rz. 31; LÖW/LORENZ (2002), S. 236; SCHMIDBAUER (2004), S. 700.
[600] Vgl. z.B. GB 2006 DEUTSCHE LUFTHANSA, S. 123 und S. 125.

Ein solcher Vergleich kann dazu führen, dass zwar ein Wertminderungsaufwand in der funktionalen Währung, hingegen nicht in der Fremdwährung erfasst wird oder umgekehrt.

3.12.3.2 Monetäre versus nicht-monetäre Posten

Die Folgebewertung eines Fremdwährungspostens hängt davon ab, ob es sich bei diesem um einen monetären oder um einen nicht-monetären Posten handelt.

„Monetäre Posten" sind im Besitz befindliche Währungseinheiten sowie Vermögenswerte und Schulden, für die das Unternehmen eine feste oder bestimmbare Anzahl von Währungseinheiten erhält oder bezahlen muss (IAS 21.8).

Dementsprechend kennzeichnen sich „nicht-monetäre Posten" dadurch, dass sie mit keinem Recht auf Erhalt (oder Verpflichtung zur Bezahlung) einer festen oder bestimmbaren Anzahl von Währungseinheiten in Verbindung stehen (IAS 21.16).

Beispiele

Obschon jeder Fremdwährungsposten grundsätzlich über eine Einzelfallprüfung auf seinen monetären bzw. nicht-monetären Charakter zu untersuchen ist,[601] können doch generelle Zuordnungsaussagen getroffen werden. Monetäre Finanzinstrumente-Posten sind bspw. Zahlungsmittel, ausgereichte Kredite und Forderungen, verzinsliche Wertpapiere, Verbindlichkeiten und Derivate.[602] Unter die nicht-monetären Finanzinstrumente-Posten fallen regelmäßig nur gehaltene Eigenkapitalinstrumente (wie z.B. Beteiligungen, Aktien, sonstige Investmentanteile). Abgrenzungsposten und Eigenkapital stellen ebenfalls keine monetären Posten dar.

3.12.3.3 Umrechnung monetärer Posten

Kassawechselkurs generell maßgeblich

Monetäre Posten in einer Fremdwährung sind zu jedem Abschlussstichtag unter Verwendung des Stichtagskurses umzurechnen (IAS 21.23 (a)). Der „Stichtagskurs" ist der Kassakurs einer Währung am Abschlussstichtag (IAS 21.8).[603]

---

[601] Vgl. LÖW/LORENZ (2002), S. 237.
[602] Vgl. dazu und folgend z.B. die Tabellen in KUHN/SCHARPF (2006), Rz. 766; MÜLLER/HOLZWARTH/LAURISCH (2011), Rz. 59. Vgl. etwa auch ADLER/DÜRING/SCHMALTZ (2002), Abschn. 5, Rz. 33; LÖW/LORENZ (2002), S. 238; LÜDENBACH (2012c), Rz. 14f.
[603] Wie bei der Erstbewertung (siehe dazu Abschnitt 3.12.2) kann grundsätzlich der Geld-, Brief- oder Mittelkurs herangezogen werden.

3.12 Transaktionen und Posten in Fremdwährung

Ursache und Entstehung von Umrechnungsdifferenzen

Bei der Umrechnung können Differenzen entstehen. Diese ergeben sich aus dem Umstand, dass monetäre Posten zu einem anderen Kurs abgewickelt oder umgerechnet werden als dem, zu dem sie bei der erstmaligen Erfassung während der Berichtsperiode oder in früheren Abschlüssen umgerechnet wurden (IAS 21.28).

Über IAS 21.29 lassen sich bezüglich der periodischen Entstehung von Umrechnungsdifferenzen 4 Fälle ableiten; diese sind am Beispiel einer ausgereichten Forderung (Kreditvergabe) in Tabelle 3-25 aufgeführt.[604]

Entstehung von Umrechnungsdifferenzen bei monetären Posten — *Tabelle 3-25*

	Datum	Transaktion	Kurs	FX-Betrag	Buchwert
Fall 1	30.01.X1	Einbuchung (Zahlungsausgang)	0,80 $/€	1.000 $	1.250 €
	15.02.X1	Ausbuchung (Zahlungseingang)	0,75 $/€	1.000 $	1.333 €
	Δ (Umrechnungsgewinn Periode X1)				**+83 €**
Fall 2	30.01.X1	Einbuchung (Zahlungsausgang)	0,80 $/€	1.000 $	1.250 €
	31.12.X1	Bewertung zum Stichtag	0,85 $/€	1.000 $	1.176 €
	Δ (Umrechnungsverlust Periode X1)				**−74 €**
Fall 3	30.01.X1	Einbuchung (Zahlungsausgang)	0,80 $/€	1.000 $	1.250 €
	31.12.X1	Bewertung zum Stichtag	0,85 $/€	1.000 $	1.176 €
	Δ (Umrechnungsverlust Periode X1)				**−74 €**
	15.02.X2	Ausbuchung (Zahlungseingang)	0,70 $/€	1.000 $	1.429 €
	Δ (Umrechnungsgewinn Periode X2)				**+253 €**
Fall 4	30.01.X1	Einbuchung (Zahlungsausgang)	0,80 $/€	1.000 $	1.250 €
	31.12.X1	Bewertung zum Stichtag	0,85 $/€	1.000 $	1.176 €
	Δ (Umrechnungsverlust Periode X1)				**−74 €**
	31.12.X2	Bewertung zum Stichtag	0,90 $/€	1.000 $	1.111 €
	Δ (Umrechnungsverlust Periode X2)				**−65 €**
	15.02.X3	Ausbuchung (Zahlungseingang)	0,75 $/€	1.000 $	1.333 €
	Δ (Umrechnungsgewinn Periode X3)				**+222 €**

Es ergeben sich demnach Umrechnungsdifferenzen nur

- aus der Abwicklung monetärer Posten (Zahlungsausgänge und -eingänge) oder
- aus der Umrechnung monetärer Posten im Zuge der Folgebewertung zum Abschlussstichtag.

---

[604] Vgl. dazu und zu den Implikationen MÜLLER/HOLZWARTH/LAURISCH (2011), Rz. 68f.

3 Grundlagen zur Bilanzierung und Offenlegung

Grundsätzlich erfolgswirksame Erfassung

Umrechnungsdifferenzen aus monetären Posten müssen gemäß IAS 21.28 erfolgswirksam angesetzt werden, **es sei denn**, die monetären Posten sind

- Teil einer Nettoinvestition des berichtenden Unternehmens in einen ausländischen Geschäftsbetrieb, der in den Abschluss des berichtenden Unternehmens einbezogen wird (IAS 21.32 i.V.m. IAS 21.15) oder

- als Sicherungsinstrumente im Rahmen eines Cash Flow Hedge eingebunden (IAS 21.27; IAS 39.AG83, IG E.3.4).

Ausnahmefall Nettoinvestition in einen ausländischen Geschäftsbetrieb

Der erstgenannte Ausnahmetatbestand betrifft den Fall, dass ein Unternehmen über monetäre Posten in Form von noch ausstehenden Forderungen oder Verbindlichkeiten gegenüber einem ausländischen Geschäftsbetrieb verfügt. Falls für solche konzerninternen Posten die Abwicklung in einem absehbaren Zeitraum weder geplant noch wahrscheinlich ist, stellt er nach IAS 21.15 einen Teil der Nettoinvestition in diesen ausländischen Geschäftsbetrieb dar.[605] Dabei können 3 Fälle auftreten, bei denen es zu Umrechnungsdifferenzen kommen kann;[606] diese sind gemäß IAS 21.32 wie folgt zu behandeln (siehe auch Abbildung 3-16):

- Im Einzelabschluss des berichtenden Unternehmens nach IFRS oder ggf. im Einzelabschluss des ausländischen Geschäftsbetriebs müssen die Umrechnungsdifferenzen im Ergebnis erfasst werden.

- Im Konzernabschluss, der den ausländischen Geschäftsbetrieb und das berichtende Unternehmen enthält, sind solche Umrechnungsdifferenzen zunächst als separater Bestandteil des Eigenkapitals anzusetzen und erst bei einer Veräußerung der Nettoinvestition erfolgswirksam zu berücksichtigen (IAS 21.48).

IAS 21.48 schreibt vor, dass beim Abgang eines ausländischen Geschäftsbetriebs die kumulativen Umrechnungsdifferenzen, die bis zu diesem Zeitpunkt als separater Bestandteil des Eigenkapitals abgegrenzt wurden und die sich auf diesen ausländischen Geschäftsbetrieb beziehen, im Ergebnis der gleichen Periode erfasst werden müssen, in der auch der Gewinn oder Verlust aus dem Abgang realisiert wird. Ein Abgang kann durch Verkauf, Liquidation, Kapitalrückzahlung oder Betriebsaufgabe (vollständig oder als Teil) erfolgen. Im Fall eines teilweisen Abgangs ist nur der entsprechende

---

[605] IAS 21.8 definiert eine „Nettoinvestition in einen ausländischen Geschäftsbetrieb" als die Höhe des Anteils des berichtenden Unternehmens am Nettovermögen dieses Geschäftsbetriebs. Unter einem „ausländischen Geschäftsbetrieb" versteht IAS 21.8 wiederum ein Tochterunternehmen, ein assoziiertes Unternehmen, ein Joint Venture oder eine Niederlassung des berichtenden Unternehmens, dessen Geschäftstätigkeit in einem anderen Land angesiedelt ist oder in einer anderen Währung ausgeübt wird oder sich auf ein anderes Land oder eine andere Währung als die des berichtenden Unternehmens erstreckt.

[606] Vgl. zu diesen MÜLLER/HOLZWARTH/LAURISCH (2011), Rz. 80.

Anteil der damit verbundenen kumulierten Umrechnungsdifferenz erfolgswirksam zu erfassen (IAS 21.49).

Erfassung von Umrechnungsdifferenzen bei Nettoinvestitionen nach IAS 21.32   *Abbildung 3-16*

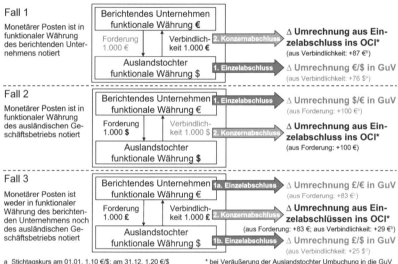

a Stichtagskurs am 01.01. 1,10 €/$; am 31.12. 1,20 €/$
b Umrechnung zum Durchschnittskurs von 1,15 €/$
c Stichtagskurs am 01.01. 1,25 €/£; am 31.12. 1,33 €/£
d Stichtagskurs am 01.01. 1,14 $/£ (1,25 €/£ / 1,10 €/$); am 31.12. 1,11 $/£ (1,33 €/£ / 1,20 €/$)
* bei Veräußerung der Auslandstochter Umbuchung in die GuV

Der 2. Ausnahmetatbestand ergibt sich vor dem Hintergrund, dass IAS 39 zur Abbildung von Sicherungsbeziehungen besondere Vorschriften vorsieht. Die Bilanzierungsmethodik des Cash Flow Hedge ermöglicht es dabei, währungsbedingte Umrechnungsdifferenzen aus Sicherungsinstrumenten im Eigenkapital zu erfassen.[607]

Ausnahmefall Sicherungsinstrument

3.12.3.4 Umrechnung nicht-monetärer Posten

Bei nicht-monetären Posten ist danach zu differenzieren, mit welchem Wertmaßstab diese in einer Fremdwährung bewertet werden, d.h. entweder

- zu historischen Anschaffungs- oder Herstellungskosten oder
- zum beizulegenden Zeitwert.

Umrechnungskurs abhängig vom Wertmaßstab

---

[607] Siehe dazu weiterführend Abschnitt 3.16.8.2.

3 Grundlagen zur Bilanzierung und Offenlegung

– historische Anschaffungs- oder Herstellungskosten

Erstere sind mit dem Kurs am Tag des Geschäftvorfalls – d.h. mit dem historischen, bei Einbuchung vorherrschenden Kurs – umzurechnen (IAS 21.23 (b)); demzufolge können keine Umrechnungsdifferenzen entstehen.[608] Die Regel kommt in Bezug auf Finanzinstrumente bei zu Anschaffungskosten bewerteten nicht-notierten Eigenkapitalinstrumenten (AfS-Unterkategorie AfSC) zum Tragen.

– beizulegender Zeitwert

Letztere, mit dem beizulegenden Zeitwert in einer Fremdwährung bewertete nicht-monetäre Posten sind gemäß IAS 21.23 (c) mit dem Kurs umzurechnen, der am Tag der Ermittlung des Werts gültig war, also in der Regel mit dem Stichtagskurs, da die Zeitwertermittlung normalerweise zum Abschlussstichtag erfolgt. Mit Blick auf Finanzinstrumente betrifft die Vorschrift etwa zum beizulegenden Zeitwert bewertete Eigenkapitalinstrumente (AfS-Unterkategorie AfSFV).

Umrechnungsdifferenzen aus nicht-monetären Posten sind wie alle anderen Gewinne bzw. Verluste aus dem Posten zu behandeln (IAS 21.30):

- Wird ein Gewinn bzw. Verlust direkt erfolgsneutral im Eigenkapital erfasst, ist jeder Umrechnungsbestandteil dieses Gewinns oder Verlusts ebenfalls unmittelbar im Eigenkapital zu berücksichtigen (dies ist der Fall für Eigenkapitalinstrumente der Bewertungskategorie AfS, die zum beizulegenden Zeitwert bewertet werden).

- Erfasst man einen Gewinn oder Verlust hingegen erfolgswirksam, ist jeder Umrechnungsbestandteil dieses Gewinns oder Verlusts ebenfalls in der GuV zu berücksichtigen.

3.13 Ausbuchung

3.13.1 Finanzielle Vermögenswerte

2 Ausbuchungsgründe

IAS 39 gestattet die Entfernung von finanziellen Vermögenswerten aus der Bilanz nur in 2 Fällen. So hat das Unternehmen einen finanziellen Vermögenswert gemäß IAS 39.17 auszubuchen,

– Auslaufen von Rechten

- wenn die vertraglichen Rechte auf Cashflows aus dem Posten auslaufen (erlöschen), oder

---

[608] Vgl. auch DELOITTE LLP (2011b), S. 293. Es ist jedoch denkbar, dass sich (erfolgswirksam zu erfassende) Wertminderungen auf Grund von wechselkursbedingten Wertänderungen ergeben.

- *Ausbuchung*

3.13

- falls es den finanziellen Vermögenswert überträgt und diese Übertragung die Ausbuchungskriterien des IAS 39.20 erfüllt.

– *Übertragung*

Ersteres Auslaufen der vertraglichen Rechte auf Zahlungen ist bei Nicht-Banken insbesondere im Rahmen der Abwicklung ausgereichter Forderungen aus Lieferungen und Leistungen regelmäßig gegeben, d.h. wenn der Rechnungsbetrag eingeht oder wenn die Forderung als uneinbringlich eingestuft wird (z.B. auf Grund der Insolvenz des Kunden bzw. Schuldners). Auch wenn ein finanzieller Vermögenswert (z.B. ein Schuldinstrument) sein Laufzeitende erreicht hat, erlöschen normalerweise die Cashflow-Rechte.

Übertragungen kommen bei Nicht-Banken zum einen dadurch zu Stande, dass ein ursprünglich erworbener finanzieller Vermögenswert (z.B. ein Wertpapier) wieder veräußert wird. Zum anderen können auch ausgereichte finanzielle Vermögenswerte (z.B. Forderungen aus Lieferungen und Leistungen) übertragen werden. Eine Übertragung ist nach IAS 39.20 immer dann mit einer vollständigen Ausbuchung verbunden, wenn das Unternehmen im Wesentlichen alle Risiken und Chancen, die mit dem Eigentum verbunden sind, transferiert. Dies sollte bei der Weiterveräußerung ursprünglich erworbener finanzieller Vermögenswerte der Regelfall sein.

Bei der Übertragung von ausgereichten Forderungen sind hingegen – in Abhängigkeit vom Umfang der übertragenen Ausfallrisiken sowie davon, ob die Verfügungsmacht zurückbehalten wird – mehrere Bilanzierungsfolgen denkbar. Da sich Übertragungen bei Nicht-Banken nahezu ausschließlich in Verbindung mit dem Verkauf bzw. der Verbriefung von Forderungen aus Lieferungen und Leistungen ergeben, werden die komplexen Ausbuchungsvorschriften und die damit verbundenen Angabepflichten in den entsprechenden Abschnitten (▶ 6.2.5) beschrieben.

Bei der vollständigen Ausbuchung ist eine eventuelle Differenz zwischen Buchwert und der Summe aus der erhaltenen Gegenleistung (einschließlich jedes neu erhaltenen Vermögenswerts abzüglich jeder neu übernommenen Verbindlichkeit) ergebniswirksam zu erfassen (IAS 39.26). Die Regelung betrifft streng genommen nur finanzielle Vermögenswerte, die das Unternehmen im Zusammenhang mit einer Übertragung komplett ausbucht. Kommt ein Abgang zu Stande, weil die vertraglichen Rechte auf Cashflows auslaufen, kann m.E. analog verfahren werden. Etwaige mit der Ausbuchung anfallende Transaktionskosten (▶ 3.14.2) sind GuV-wirksam zu berücksichtigen.[609]

Erfassung von Gewinnen/Verlusten aus dem Abgang

---

[609] Vgl. VARAIN (2008), Rz. 119.

3.13.2 Finanzielle Verbindlichkeiten

3.13.2.1 Ausbuchungsgründe im Überblick

Oberbegriff der Tilgung

Eine finanzielle Verbindlichkeit (oder einen Teil davon) hat das Unternehmen ausschließlich dann aus der Bilanz zu entfernen, wenn diese getilgt wurde, d.h. falls die im Vertrag genannte Verpflichtung beglichen oder aufgehoben worden ist oder ausläuft (IAS 39.39).

Ausbuchung bei Rückzahlung

Eine Tilgung liegt zunächst bei einer Rückzahlung des geschuldeten Betrags vor. Die Begleichung kann dabei einerseits durch die Hingabe von Vermögenswerten (in der Regel Barmittel) oder durch die Übernahme von Schulden erfolgen (IAS 39.41). Andererseits ist eine Begleichung auch durch die Ausgabe von eigenen Eigenkapitalinstrumenten möglich (IFRIC 19.1); auf die entsprechenden Besonderheiten wird in Abschnitt 3.13.2.3 eingegangen.

Ausbuchung bei Erlass, Verjährung, Rückkauf

Neben der Rückzahlung können ferner die Entlassung aus der Schuld durch den Gläubiger (Erlass) oder per Gesetz (Verjährung) sowie eine rechtliche Entbindung (per Gerichtsbescheid) Ausbuchungsgründe darstellen (IAS 39.AG57, AG61).[610] Der Rückkauf eines emittierten Schuldinstruments (z.B. einer Anleihe) ist selbst dann als Tilgung zu werten, wenn beabsichtigt wird, dieses kurzfristig wieder zu veräußern (IAS 39.AG58).

Ausbuchung bei wesentlichen Vertragsänderungen

Darüber hinaus hat man eine Ausbuchung vorzunehmen, sofern die dem Schuldinstrument zu Grunde liegenden Vertragsbedingungen wesentlich geändert werden; dies wird in Abschnitt ▶ 3.13.2.4 genauer beschrieben.

3.13.2.2 Erfassung von Gewinnen/Verlusten aus dem Abgang

Die Differenz zwischen dem Buchwert der ausgebuchten Verbindlichkeit (oder eines Teils davon) und der gezahlten Gegenleistung, einschließlich übertragener nicht-zahlungswirksamer Vermögenswerte oder übernommener Verbindlichkeiten, muss erfolgswirksam erfasst werden (IAS 39.41). Ebenso sind ggf. mit der Ausbuchung anfallende Transaktionskosten (▶ 3.14.2) GuV-wirksam.[611]

Tilgt ein Unternehmen bspw. am 01.01.X1 eine finanzielle Verbindlichkeit mit Buchwert von 950 € vollständig durch Banküberweisung von 1.000 €, lautet die Buchung wie folgt:

---

[610] Vgl. auch LÜDENBACH (2012d), Rz. 85.
[611] Vgl. VARAIN (2008), Rz. 119.

01.01.X1	Verbindlichkeit	950 €	Bank	1.000 €
	Aufwand	50 €		

Bei vollständiger Tilgung über einen Erlass des Gläubigers oder eine Verjährung ist etwa folgendermaßen zu buchen:

01.01.X1	Verbindlichkeit	950 €	Ertrag	950 €

Wird nur ein Teil einer finanziellen Verbindlichkeit zurückerworben, ermittelt sich der abgehende Buchwert gemäß IAS 39.42 auf Basis der relativen beizulegenden Zeitwerte der beiden Teile zum Rückkauftag. Tilgt ein Unternehmen bspw. am 01.01.X1 von einer Verbindlichkeit mit Buchwert von 1.000 € einen Teil mit Fair Value von 400 € (Rückkauf von 320 Nominalwert-Anteilen zu je 1,25 €) und beträgt der gesamte beizulegende Zeitwert des Postens 1.250 € (1.000 Nominalwert-Anteile zu je 1,25 €), entfällt auf den abgehenden Teil ein Buchwert von 32% (400 € / 1.250 €), auf den weiterzuerfassenden Teil dementsprechend 68% (850 € / 1.250 €). Es sind somit 320 € (1.000 € · 32%) auszubuchen; der verbleibende Restbuchwert der Verbindlichkeit beläuft sich auf 680 € (1.000 € · 68%). Der ergebniswirksam zu erfassende Betrag ergibt sich in analoger Weise als Differenz zwischen der gezahlten Gegenleistung und dem zuvor bestimmten Teil des Gesamtbuchwerts, der auszubuchen ist. Für das Beispiel resultiert bei einer Banküberweisung von 400 € ein Abgangsverlust von 80 €. Die Buchung für die abgehende Verbindlichkeit lautet wie folgt:

01.01.X1	Verbindlichkeit	320 €	Kasse	400 €
	Aufwand	80 €		

3.13.2.3 Besonderheiten bei der Rückzahlung durch Ausgabe von eigenen Eigenkapitalinstrumenten

Die Bedingungen einer finanziellen Verbindlichkeit können so neu ausgehandelt werden, dass diese durch die Ausgabe von eigenen Eigenkapitalinstrumenten ganz oder teilweise getilgt bzw. ausgebucht wird; derartige Transaktionen bezeichnet man auch als „Debt/Equity-Swaps" (IFRIC 19.1). IFRIC 19 gibt Hinweise darauf, ob, in welcher Höhe und wie die ausgegebenen Eigenkapitalinstrument bei der Bestimmung des Abgangsgewinns/-verlusts der Verbindlichkeit zu berücksichtigen sind (IFRIC 19.4).[612] Die Interpretation bezieht sich ausschließlich auf die Bilanzierung aus Sicht des Schuldners der Verbindlichkeit (IFRIC 19.2) und gilt nicht, sofern schon die ursprünglichen Konditionen der finanziellen Verbindlichkeit eine Til-

---

[612] Grundlegend zu IFRIC 19 vgl. SCHREIBER/SCHMIDT (2010); HEINTGES/URBANCZIK (2010); GRÜNE/BURKARD (2012).

gungsmöglichkeit durch die Ausgabe von Eigenkapitalinstrumenten vorsehen (IFRIC 19.3) – was bei Wandelschuldverschreibungen der Fall ist.[613]

Analog zur herkömmlichen Rückzahlung hat man die Differenz zwischen dem Buchwert der ausgebuchten Verbindlichkeit (oder eines Teils davon) und der gezahlten Gegenleistung GuV-wirksam zu erfassen (IFRIC 19.9 m.V.a. IAS 39.41).[614] Zur gezahlten Gegenleistung gehören dabei auch zur Tilgung ausgegebene Eigenkapitalinstrumente (IFRIC 19.5). Diese sind erstmalig am Tag der (teilweisen) Tilgung der finanziellen Verbindlichkeit in der Bilanz anzusetzen (IFRIC 19.9). Die Bewertung der ausgegebenen Eigenkapitalinstrumente erfolgt zum beizulegenden Zeitwert. Ist der Fair Value unter direkter Bezugnahme auf die Eigenkapitalinstrumente nicht verlässlich ermittelbar, muss er ersatzweise auf Basis der getilgten finanziellen Verbindlichkeit bestimmt werden (IFRIC 19.6, 7).[615]

Wird etwa zum 01.01.X1 eine finanzielle Verbindlichkeit mit Buchwert von 950 € infolge einer Vertragsänderung vollständig durch die Ausgabe von Eigenkapitalinstrumenten – die zu diesem Zeitpunkt einen beizulegenden Zeitwert von insgesamt 1.000 € haben – getilgt, lautet die Buchung wie folgt:

01.01.X1	Verbindlichkeit	950 €	Eigenkapital	1.000 €
	Aufwand	50 €		

Im Fall der teilweisen Tilgung einer finanziellen Verbindlichkeit durch die Ausgabe von Eigenkapitalinstrumenten gilt es zu beachten, dass die gezahlte Gegenleistung ggf. zwischen dem getilgten und dem noch ausstehenden Teil der Verbindlichkeit (der Restverbindlichkeit) aufzuteilen ist und ein dem letzteren Teil zugeordneter Betrag bei der Frage berücksichtigt werden muss, ob man die Restverbindlichkeit ebenfalls auszubuchen hat (siehe folgenden Abschnitt).

---

[613] Ferner nicht anzuwenden ist IFRIC 19 für Fälle, in denen der Gläubiger der finanziellen Verbindlichkeit gleichzeitig Anteilseigner ist und in dieser Eigenschaft handelt oder er vom selben Mutterunternehmen wie der Schuldner beherrscht wird; vgl. für eine Zweifelsfrage zu Letzterem LÜDENBACH (2011c), S. 118. Beispiele zu solchen konzerninternen Transaktionen finden sich bei DELOITTE LLP (2011b), S. 501-504.

[614] Der Gewinn oder Verlust muss in der GuV oder im Anhang als gesonderter Posten angegeben werden (IFRIC 19.11).

[615] IFRIC 19.7 stellt klar, dass die in IAS 39.49 bzw. IFRS 13.47 aufgeführte spezielle Regelung zur Zeitwertbestimmung keine Anwendung findet, falls die getilgte finanzielle Verbindlichkeit ein sofort fälliges Instrument (wie eine Sichteinlage) einschließt.

3.13.2.4 Ausbuchung und Neueinbuchung bei wesentlichen Vertragsänderungen

Die folgenden Sachverhalte führen zu einer Tilgung der ursprünglichen und zum Ansatz einer neuen finanziellen Verbindlichkeit (IAS 39.40):

- ein Austausch von Schuldinstrumenten mit substanziell verschiedenen Vertragsbedingungen zwischen einem bestehenden Kreditnehmer und einem Kreditgeber;
- eine wesentliche Änderung der Vertragsbedingungen einer vorhandenen finanziellen Verbindlichkeit oder einem Teil davon – ungeachtet dessen, ob diese auf die finanziellen Schwierigkeiten des Schuldners zurückzuführen ist oder nicht.

Folglich ist die Umschuldung von Krediten immer dann mit der Ausbuchung des bestehenden Postens und dem gleichzeitigen Neuansatz einer finanziellen Verbindlichkeit verbunden, sofern es zu einer substanziellen bzw. wesentlichen Modifikation der Kontraktbedingungen kommt.[616] Die Vertragsänderung kann sich dabei prinzipiell auf jedes Ausstattungsmerkmal beziehen (z.B. auf den Nominalbetrag, den Zinssatz, die Zahlungszeitpunkte, die Währung, die Sicherheiten).[617]

Ob eine wesentliche Modifikation der Kontraktbedingungen im Einzelfall vorliegt, muss gemäß IAS 39.AG62 mittels eines quantitativen Tests bestimmt werden, bei dem der Barwert der Cashflows unter den geänderten Vertragsbedingungen mit dem Barwert der noch ausstehenden Zahlungsströme auf Basis der ursprünglichen Konditionen verglichen wird. Bei ersteren (auf Grundlage der neuen Gegebenheiten ermittelten) Cashflows sind neben den Zins- und Tilgungszahlungen auch etwaige im Rahmen der Transaktion gezahlte oder vereinnahmte Gebühren (wie z.B. Vorfälligkeitsentschädigungen) zu berücksichtigen.[618] Zur Diskontierung der Zahlungsströme ist der ursprüngliche Effektivzinssatz heranzuziehen.[619] In Abhängigkeit des Testresultats gilt Folgendes (Praxisbeispiel ▶ 6.9.12.1):

---

[616] Vgl. Varain (2008), Rz. 182; Schulze Osthoff (2009), Rz. 53; Breh/Dörschell/Heise (2010), S. 57; Lüdenbach (2012d), Rz. 86; Grüne/Burkard (2012), S. 280.
[617] Vgl. Barckow (2010), Rz. 138; Deloitte LLP (2011b), S. 487f.
[618] Vgl. auch Hoffmann (2010), S. 364. Wie die Cashflows zu bestimmen sind, wird nicht vorgegeben. Bei variabel verzinslichen Schuldinstrumenten können daher entweder die vor der Vertragsänderung zuletzt fixierten Kassazinssätze zu Grunde gelegt oder aber Terminzinssätze verwendet werden, vgl. KPMG IFRG Limited (2011), S. 1381f. (7.5.380.80, 90); Deloitte LLP (2011b), S. 491f.
[619] Bei variabel verzinslichen Schuldinstrumenten entspricht dies dem vor der Vertragsänderung zuletzt auf Grund von Marktzinssatzänderungen angepassten Effektivzinssatz, vgl. KPMG IFRG Limited (2011), S. 1382. (7.5.380.110). Effekte aus der Bilanzierung von Sicherungsbeziehungen sind beim Effektivzinssatz nicht zu berücksichtigen, vgl. Deloitte LLP (2011b), S. 486.

Grundlagen zur Bilanzierung und Offenlegung

- Weichen die Barwerte um mindestens 10% voneinander ab, so führt dies zur Ausbuchung der ursprünglichen und zur gleichzeitigen Einbuchung einer neuen finanziellen Verbindlichkeit. Etwaige mit der Transaktion verbundene Kosten bzw. Gebühren sind bereits mit der Ausbuchung der ursprünglichen Verbindlichkeit in voller Höhe GuV-wirksam zu erfassen.

- Ergibt der Barwerttest hingegen eine Abweichung unter 10%, ist die finanzielle Verbindlichkeit in der Regel nicht auszubuchen.[620] Wie die Folgebilanzierung der alten Verbindlichkeit mit geänderten (aber unwesentlichen) Vertragsbedingungen zu erfolgen hat, geht aus IAS 39 nicht exakt hervor; IAS 39.AG62 konkretisiert lediglich, dass etwaige für die Transaktion entrichtete oder erhaltene Beträge nicht erfolgswirksam sind, sondern zunächst zu einer Buchwertanpassung der finanziellen Verbindlichkeit führen und anschließend über die Restlaufzeit in der GuV vereinnahmt werden müssen. In der Literatur wird vorgeschlagen bzw. verlangt, dem aus den Vertragsmodifikationen resultierenden Barwertunterschied über eine Anpassung des Effektivzinssatzes Rechnung zu tragen.[621]

Bei Teiltilgungen in Verbindung mit ausgegebenen Eigenkapitalinstrumenten gilt ferner Folgendes (IFRIC 19.8, 10):

- Es ist zunächst zu beurteilen, ob irgendein Teil der gezahlten Gegenleistung eine Änderung der Konditionen der nicht der Ausbuchung unterliegenden finanziellen Verbindlichkeit (der Restverbindlichkeit) bewirkt.

---

[620] In der Literatur wird gefordert, im Fall einer Unterschreitung der 10%-Grenze zusätzlich eine qualitative Beurteilung dahingehend vorzunehmen, ob die Vertragsbedingungen sich wesentlich geändert haben, vgl. dazu VARAIN (2008), Rz. 184; KPMG IFRG LIMITED (2011), S. 1383 (7.5.380.150); LÜDENBACH (2012d), Rz. 86. So muss bspw. laut KPMG eine Änderung der Währung, die dem Schuldinstrument zu Grunde liegt, als eine wesentliche Vertragsänderung eingestuft werden, es sei denn, der Wechselkurs zwischen alter und neuer Währung ist fixiert. Gl.A. zu Letzterem DELOITTE LLP (2011b), S. 492; ERNST & YOUNG LLP (2012b), S. 3276. PwC (2011a), S. 8085 (8.155, 156) zufolge kann man zusätzlich zum Cashflow-bezogenen Barwerttest auch wahlweise andere quantitative oder qualitative Analysen heranziehen; dabei ergibt sich ggf. eine wesentliche Vertragsänderung und damit eine Pflicht zur Ausbuchung, obwohl beim Barwerttest eine Abweichung von unter 10% vorliegt.

[621] Vgl. KPMG IFRG LIMITED (2011), S. 1385 (7.5.400.20); DELOITTE LLP (2011b), S. 487; PwC (2011a), S. 8095f. (8.173); ERNST & YOUNG LLP (2012b), S. 3278f. Eine solche Korrektur über den Effektivzinssatz steht m.E. allerdings streng genommen in Widerspruch zu IAS 39.AG8, wonach Schätzungsänderungen mittels einer Buchwertanpassung (über die der Barwertunterschied bereits zum Vertragsänderungszeitpunkt in voller Höhe GuV-wirksam erfasst wird) zu berücksichtigen sind (siehe dazu Abschnitt 3.8.3.3).

3.13 Ausbuchung

- Trifft dies zu, so muss die gezahlte Gegenleistung zwischen der auszubuchenden Verbindlichkeit und der Restverbindlichkeit aufgeteilt werden; dabei sind alle mit der Transaktion zusammenhängenden relevanten Fakten und Umstände einzubeziehen.

- Der Teil, welcher der Restverbindlichkeit zugeordnet wird, ist im Rahmen des in Bezug auf die Restverbindlichkeit durchzuführenden 10%-Wesentlichkeitstests (siehe oben) zu berücksichtigen.

- Ein Überschreiten der Wesentlichkeitsgrenze führt zur Ausbuchung der Restverbindlichkeit bei gleichzeitiger Erfassung einer neuen finanziellen Verbindlichkeit.

Zur Verdeutlichung wird auf das Beispiel in Abschnitt 3.13.2.2 zurückgegriffen.[622] Von der finanziellen Verbindlichkeit mit Buchwert von insgesamt 1.000 € werden ebenfalls 320 € ausgebucht; allerdings wird für den verbleibenden Teil (680 €) eine Änderung der Vertragsbedingungen bzw. eine Umschuldung vorgenommen. Ferner vereinbaren die Parteien, dass der auszubuchende Teil anstelle mittels Rückzahlung in bar über die Ausgabe von Eigenkapitalinstrumenten zu tilgen ist. Der beizulegende Zeitwert der Eigenkapitalinstrumente liegt annahmegemäß bei 400 €. Davon werden 4 € als Gebühr für die Umschuldung angesehen;[623] der Betrag ist daher nicht der gezahlten Gegenleistung für den auszubuchenden Teil sondern der Restverbindlichkeit zuzurechnen. Die Buchung für die abgehende Verbindlichkeit lautet wie folgt:

01.01.X1	Verbindlichkeit	320 €	Eigenkapital	396 €
	Aufwand	76 €		

Für die Restverbindlichkeit ist mittels des 10%-Wesentlichkeitstests zu prüfen, ob diese auf Grund der Anpassung der Vertragsbedingungen ebenfalls ausgebucht werden muss.[624] Im Rahmen der Bestimmung des Barwerts unter den geänderten Vertragsbedingungen hat man bei der Ermittlung der Cashflows den Fair Value der Eigenkapitalinstrumente einschließlich der

---

[622] Das folgende Beispiel ist angelehnt an die Beispiele in SCHREIBER/SCHMIDT (2010), S. 640f. Ein ähnliches Beispiel findet sich bei DELOITTE LLP (2011b), S. 496f.
[623] Es fallen damit keine zu zahlenden Transaktionskosten an. Wären diese gegeben, so müssten sie auf die Ausgabe der Eigenkapitalinstrumente (Erfassung direkt im Eigenkapital) und auf die Tilgung der Restschuld (GuV-wirksame Erfassung) aufgeteilt werden; vgl. dazu die Beispiele in HEINTGES/URBANCZIK (2010), S. 1471; LÜDENBACH (2011c), S. 119; LÜDENBACH (2012d), Rz. 204 und GRÜNE/BURKARD (2012), S. 279. Generell zur Berücksichtigung von Transaktionskosten bei Eigenkapitalinstrumenten siehe Abschnitt 6.8.6.2.
[624] Vgl. für ein ausführliches Beispiel zur Durchführung des Tests DELOITTE LLP (2011b), S. 498f.

3 Grundlagen zur Bilanzierung und Offenlegung

Gebühr[625] (hier: 400 €) als 1. Zahlung zum Zeitpunkt der Umschuldung (d.h. eine Diskontierung erfolgt nicht) zu berücksichtigen, um den Barwert sinnvoll mit dem Barwert auf Basis der ursprünglichen Konditionen vergleichen zu können.

Bei unterstellten wesentlichen Konditionenänderungen (Testabweichung > 10%) resultiert eine Ausbuchung der ursprünglichen Verbindlichkeit bei gleichzeitiger Neueinbuchung einer Verbindlichkeit. Die neue Verbindlichkeit muss zum beizulegenden Zeitwert erfasst werden, der annahmegemäß 680 € beträgt.[626] Es ergibt sich folgende Buchung:

01.01.X1	Verbindlichkeit alt	680 €	Eigenkapital	4 €
	Aufwand	4 €	Verbindlichkeit neu	680 €

Werden die Vertragsänderungen indes als unwesentlich beurteilt (Testabweichung < 10%), so unterbleibt eine Ausbuchung der ursprünglichen Verbindlichkeit. Die über die Eigenkapitalausgabe geleistete Gebühr reduziert den Buchwert der Verbindlichkeit; Buchung:

01.01.X1	Verbindlichkeit	4 €	Eigenkapital	4 €

Damit wird die Gebühr mittels der Effektivzinsmethode (▶ 3.8.3.2) über die Restlaufzeit (der neu verhandelten, aber nicht ausgebuchten) Verbindlichkeit GuV-wirksam erfasst.

3.14 Erfassung von Aufwendungen und Erträgen

3.14.1 Überblick

Vorschriften zur Erfassung von Erträgen im Zusammenhang mit finanziellen Vermögenswerten und finanziellen Verbindlichkeiten finden sich im IFRS-Rahmenkonzept sowie in IAS 18.[627] Die entsprechende (spiegelbildliche) Erfassung von Aufwendungen aus finanziellen Vermögenswerten und fi-

---

[625] So würden auch – entweder direkt oder über geänderte Zins- bzw. Tilgungszahlungen – gezahlte Gebühren in die Cashflows auf Basis der geänderten Vertragsbedingungen eingehen.

[626] Der Betragsermittlung liegt eine Umschuldung mit verlängerter Laufzeit und (wegen eines erhöhten Ausfallrisikos) gestiegenen Nominalzinssätzen zu Grunde; deshalb entspricht hier der Fair Value dem Buchwert der alten Verbindlichkeit. Es könnte sich aber auch ein Zeitwert ergeben, der vom Buchwert der alten Verbindlichkeit abweicht, wodurch ein Abgangsgewinn/-verlust zu erfassen wäre (siehe dazu etwa das Praxisbeispiel in Abschnitt 6.9.12.1).

[627] Vgl. dazu und folgend SCHARPF/KUHN (2005), S. 154 und S. 160.

nanziellen Verbindlichkeiten kann aus IAS 18 abgeleitet werden, ist dort jedoch nicht explizit geregelt. Ferner enthält auch IAS 39 diesbezüglich keine spezifischen Regeln.

Darüber hinaus ist zu beachten, dass für die Erfassung von Aufwendungen und Erträgen aus emittierten eigenen Anteilen, die als Eigenkapitalinstrumente klassifiziert sind, besondere, in IAS 32 verankerte Vorschriften gelten, auf die in den folgenden Abschnitten noch nicht näher eingegangen wird.[628]

Arten von Aufwendungen und Erträgen im Überblick — *Abbildung 3-17*

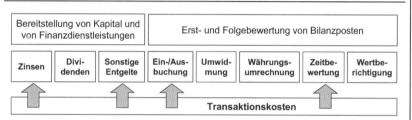

Abbildung 3-17 zeigt, welche Arten (Ursachen) von Aufwendungen und Erträgen im Zusammenhang mit finanziellen Vermögenswerten und finanziellen Verbindlichkeiten denkbar sind. Nicht aufgeführt werden dabei die ggf. in Verbindung mit der Bilanzierung von Sicherungsbeziehungen auftretenden Ergebniseffekte aus Ineffektivitäten sowie aus der Beendigung des Hedge Accounting.[629]

Zinserträge oder -aufwendungen entstehen im Zusammenhang mit der Bereitstellung von Fremdkapital. Diese werden generell unter Anwendung der Effektivzinsmethode erfasst. Dabei hat das Unternehmen im Vorfeld oder unmittelbar beim Geschäftsvorfall angefallene Transaktionskosten zu berücksichtigen.

Dividendenerträge resultieren aus Gewinnausschüttungen infolge der Bereitstellung von Eigenkapital. Sie sind zum Zeitpunkt der Entstehung des Rechtsanspruches auf Dividendenzahlung zu vereinnahmen.

Sonstige Entgelte sind Erträge und Aufwendungen aus Finanzdienstleistungen (z.B. Kreditbereitstellungs- oder Kapitalverwaltungsgebühren), die nicht über die Effektivzinsmethode erfasst werden. Das Unternehmen realisiert diese entweder über den Zeitraum der Leistungserbringung hinweg oder nach Abschluss einer bestimmten Tätigkeit. Im Vergleich zu Zinsen und

---

[628] Siehe dazu weiterführend Abschnitt 6.8.6.
[629] Hierzu weiterführend siehe die Abschnitte 3.16.8 sowie 3.16.9.

3 Grundlagen zur Bilanzierung und Offenlegung

Dividenden sollten die daraus resultierenden Ergebnisbeiträge bei Nicht-Banken eher gering sein.

Die im Zuge der Erst- und Folgebewertung von bilanzierten finanziellen Vermögenswerten und finanziellen Verbindlichkeiten entstehenden Aufwendungen und Erträge wurden bereits in vorherigen Abschnitten diskutiert. Transaktionskosten müssen hierbei bei der erstmaligen Bewertung von erfolgswirksam zum Fair Value bewerteten Finanzinstrumenten in der GuV berücksichtigt werden. Ferner fallen diese ggf. im Zusammenhang mit der Ausbuchung von finanziellen Vermögenswerten und finanziellen Verbindlichkeiten an (▶ 3.13), wenn in der dem Buchwert gegenüberzustellenden Summe der erhaltenen bzw. gezahlten Gegenleistung Transaktionskosten enthalten sind.

GuV- versus OCI-Erfassung

Aufwendungen und Erträge aus Finanzinstrumenten werden überwiegend in der GuV berücksichtigt. Eine erfolgsneutrale Erfassung über das Eigenkapital kommt nur in folgenden Fällen in Frage:

- Änderungen des beizulegenden Zeitwerts von finanziellen Vermögenswerten, die der Bewertungskategorie AfS zugeordnet sind;[630]

- Wertänderungen des effektiven Teils von Finanzinstrumenten, die als Sicherungsinstrumente im Rahmen von Cash Flow Hedges (▶ 3.16.8.2) oder Net Investment Hedges (▶ 3.16.8.3) designiert wurden;

- Aufwendungen und Erträge, die in Verbindung mit der Emission von als Eigenkapitalinstrumente klassifizierten eigenen Anteilen entstehen (▶ 6.8.6).

Die beiden erstgenannten Ergebnisse werden im OCI, die sich im Zusammenhang mit der Emission von Eigenkapitalinstrumenten ergebenden Aufwendungen und Erträge in der Kapitalrücklage erfasst.[631]

3.14.2 Transaktionskosten

Begriff

„Transaktionskosten" sind gemäß IAS 39 zusätzlich angefallene Kosten, die dem Erwerb, der Emission oder der Veräußerung eines finanziellen Vermögenswerts oder einer finanziellen Verbindlichkeit unmittelbar zugerechnet werden können (IAS 39.9). „Zusätzlich angefallen" bedeutet dabei, dass die Kosten nicht entstanden wären, wenn das Unternehmen das Finanzinstrument nicht erworben, emittiert oder veräußert hätte.

---

[630] Hingegen müssen Dividenden auf AfS-Posten stets GuV-wirksam erfasst werden, vgl. LÜDENBACH (2009), S. 149.
[631] Siehe dazu auch Abschnitt 4.1.2.2.

3.14 Erfassung von Aufwendungen und Erträgen

In IFRS 13 (▶ 3.1.2) werden Transaktionskosten definiert als Kosten des Verkaufs eines Vermögenswerts oder der Übertragung einer Verbindlichkeit über den jeweiligen Hauptmarkt (bzw. den vorteilhaftesten Markt), die sich dem Verkauf bzw. der Übertragung direkt zurechnen lassen und die beiden folgenden Kriterien erfüllen (IFRS 13 Anhang A):

- Die Kosten resultieren unmittelbar aus der Transaktion und sind wesentlich für diese.
- Sie wären nicht entstanden, hätte das Unternehmen sich nicht dazu entschieden, den Vermögenswert zu verkaufen bzw. die Verbindlichkeit zu übertragen.

Zu den Transaktionskosten gehören nach IAS 39.AG13:

Beispiele

- an Vermittler, Berater, Makler und Händler gezahlte Gebühren und Provisionen;
- an Aufsichtsbehörden und Wertpapierbörsen zu entrichtende Abgaben;
- Steuern.

Nicht unter den Begriff der Transaktionskosten fallen hingegen gemäß IAS 39.AG13:

Negativbeispiele

- Agien/Disagien für Fremdkapitalinstrumente,
- Finanzierungskosten,
- interne Verwaltungs- oder Haltekosten.

3.14.3 Zinsen

Nach IAS 18.29 sind Zinserträge zu vereinnahmen, wenn es wahrscheinlich ist, dass der wirtschaftliche Nutzen aus dem Geschäft dem Unternehmen zufließt, und die Höhe der Erträge verlässlich bestimmt werden kann. Obschon für die Erfassung von Zinsaufwendungen keine expliziten Regeln bestehen, gelten die Kriterien entsprechend, d.h. das Unternehmen hat Zinsaufwendungen bei wahrscheinlichem Nutzenabschluss und verlässlicher Bestimmbarkeit der Aufwendungen zu realisieren.

Erfassungskriterien

Zur periodengerechten Verteilung der Zinsen muss in der Regel die Effektivzinsmethode (▶ 3.8.3.2) angewandt werden; IAS 18.30 (a) verweist dazu auf die diesbezüglichen Vorschriften in IAS 39. Die Effektivzinsmethode ist in erster Linie für die Erfassung von Zinsaufwendungen und -erträgen von Finanzinstrumenten der Bewertungskategorien LaR, HtM, AfS und FLAC maßgeblich. Sie kommt generell auch für finanzielle Vermögenswerte und finanzielle Verbindlichkeiten, die das Unternehmen erfolgswirksam zum

Effektivzinsmethode

beizulegenden Zeitwert bewertet (Bewertungskategorien FAFVPL, FLFVPL), in Frage.[632] Dies steht m.E. allerdings in Widerspruch zu einer erfolgswirksamen Full-Fair-Value-Bewertung, da die Zinsen bei der periodischen Bestimmung des Zeitwerts berücksichtigt werden müssen.

Neben den eigentlichen Nominalzinsen und Agien/Disagien determinieren auch bestimmte erhaltene oder gezahlte Entgelte den Effektivzinssatz, denn diese sind grundsätzlich als Korrektur des Effektivzinssatzes zu behandeln (IAS 18.IE14 (a)). Davon ausgenommen werden Finanzinstrumente, die das Unternehmen erfolgswirksam zum beizulegenden Zeitwert bewertet (Bewertungskategorien FAFVPL, FLFVPL): Die im Zusammenhang mit diesen erhaltenen (bzw. gezahlten) Beträge sind bereits zum Zeitpunkt des erstmaligen Ansatzes als Ertrag (bzw. Aufwand) zu erfassen.

Welche Gebühren bzw. Entgelte bei der Ertragsrealisation (Aufwandsrealisation) als Bestandteil des Effektivzinssatzes gelten, wird über IAS 18.IE14 (a) konkretisiert. Zum einen handelt es sich um zu Beginn des Schuldverhältnisses anfallende Entgelte wie z.B. Bearbeitungsgebühren – etwa Entgelte für die Prüfung der Kreditwürdigkeit, für die Bewertung und Aufnahme von Garantien sowie für dingliche und andere Sicherheiten, Vertragsanbahnungskosten, Vorbereitung und Bearbeitung der Dokumente, Vertragsabschlusskosten. Zum anderen fallen darunter auch gezahlte (vereinnahmte) Bereitstellungs- bzw. Zusageentgelte für die Begründung einer Fremdkapitalvergabe, sofern die Kreditzusage im Anwendungsbereich von IAS 39 ist und als Derivat bilanziert werden muss.[633] Wenn es sich bei den aufgeführten Sachverhalten um Aufwendungen handelt, dürften diese die Definitionsmerkmale von Transaktionskosten erfüllen.[634]

Zinsabgrenzung

Zur periodengerechten Erfassung von Zinsaufwendungen und -erträgen müssen ggf. Abgrenzungsposten gebildet werden. Diese ergeben sich im Fall von vorschüssig bezahlten Zinsen (Auszahlung jetzt, Aufwand später) oder vorschüssig vereinnahmten Zinsen (Einzahlung jetzt, Ertrag später). Derartige Abgrenzungsposten stellen keine Finanzinstrumente dar (▶ 3.2.1).

Falls das Unternehmen Zinsaufwendungen nachschüssig bezahlt (Aufwand jetzt, Auszahlung später), hat es ggf. eine Zinsverbindlichkeit zu erfassen. Analog muss im Fall nachschüssig vereinnahmter Zinserträge (Ertrag jetzt, Einzahlung später) eine Zinsforderung eingebucht werden.

Sind vor dem Erwerb einer verzinslichen Finanzinvestition unbezahlte Zinsen aufgelaufen, muss man die folgende Zinszahlung auf die Zeit vor und

---

[632] So ist die Effektivzinsmethode laut KUHN/SCHARPF (2006), Rz. 590 unabhängig von der Bewertungskategorie anzuwenden.
[633] Es handelt sich um Kreditzusagen, die in IAS 39.4 (a) und (b) aufgeführt sind, siehe dazu Abschnitt 3.3.6.9.
[634] Vgl. KUHN/SCHARPF (2006), Rz. 600.

3.14 Erfassung von Aufwendungen und Erträgen

nach dem Erwerb aufteilen (Stückzinsen ▶ 2.1.11.1); der zu erfassende Ertrag ist nur der Teil, der auf die Zeit nach dem Erwerb entfällt (IAS 18.32). Dies verdeutlicht das folgende Beispiel:

- Ein Unternehmen kauft am 31.03.X1 ein festverzinsliches Wertpapier mit einem Nennwert von 1.000 € (der dem Clean Fair Value entspricht) und einem Zinskupon von 10% p.a., welcher zum 31.12.X1 zur Zahlung fällig ist. Die bis zum Verkaufstag angefallenen, aber noch nicht ausbezahlten Zinsen von 25 € (10% · 1.000 € · 90 Tage / 360 Tage) sind Bestandteil des Kaufpreises.

- Bei den erworbenen Zinsen handelt es sich wirtschaftlich betrachtet um eine Zinsforderung, die nicht den Anschaffungskosten zuzurechnen ist.[635] Es ergeben sich demnach die folgenden Buchungen:

31.03.X1	Wertpapier	1.000 €	Kasse	1.025 €
	Zinsforderung	25 €		
31.12.X1	Kasse	100 €	Zinsertrag	75 €
			Zinsforderung	25 €

Wird ein bereits als Ertrag erfasster Zins uneinbringlich, so ist die entsprechende Zinsforderung einer Wertminderung zu unterziehen; eine Berichtigung des ursprünglichen Ertrags ist nicht zulässig (IAS 18.34). Ferner bestehen für die Vereinnahmung von Zinserträgen aus finanziellen Vermögenswerten, die einer Wertminderung unterzogen wurden, besondere Vorschriften (▶ 3.11.6).

Uneinbringliche Zinsforderung

Bei einer Vorfälligkeitsentschädigung (▶ 2.1.6) entsteht für den Kreditgeber ein Ertrag. Mit Verweis auf IAS 18.20 ist es zulässig, diesen sofort erfolgswirksam zu vereinnahmen, da durch die Tilgung der Darlehensvertrag aufgelöst bzw. abgewickelt wird.[636] Für den Kreditnehmer ergibt sich ein Aufwand, welcher der Literatur zufolge ebenfalls sofort erfolgswirksam zu erfassen ist.[637]

Vorfälligkeitsentschädigungen

Das Unternehmen hat gemäß IFRS 7.20 (b) die nach der Effektivzinsmethode berechneten Gesamtzinserträge und Gesamtzinsaufwendungen für finanzielle Vermögenswerte und finanzielle Verbindlichkeiten, die nicht erfolgswirksam zum beizulegenden Zeitwert bewertet werden, entweder in der GuV oder im Anhang anzugeben.

Angabepflichten

---

[635] Vgl. KUHN/SCHARPF (2006), Rz. 620; SCHMIDT/PITTROFF/KLINGELS (2007), S. 44f.; PAA/SCHMIDT (2011), Rz. 241; HEUSER/THEILE (2012), Rz. 2567.
[636] Vgl. KUHN/SCHARPF (2006), Rz. 660. Reicht das Unternehmen hingegen zeitgleich mit der Ablösung ein neues Darlehen zu günstigeren Konditionen aus, lässt sich die erhaltene Vorfälligkeitsentschädigung als Vorauszahlung für den Anschlusskredit interpretieren und ist dementsprechend über die Laufzeit des neuen Darlehens zu vereinnahmen, vgl. ebenda, Rz. 661.
[637] Vgl. KUHN/SCHARPF (2006), Rz. 662; PwC (2008b), S. 1137.

Aktivierung von Zinskosten

IAS 23 „Fremdkapitalkosten" schreibt die Aktivierung von Fremdkapital- bzw. Zinskosten vor, die sich direkt dem Erwerb, dem Bau oder der Herstellung eines qualifizierten Vermögenswerts zuordnen lassen (IAS 23.1, 8).[638] Dies hat zur Folge, dass die – in der Regel zunächst als Aufwand erfassten Zinskosten – Bestandteil der Anschaffungs- oder Herstellungskosten des entsprechenden Vermögenswerts werden (IAS 23.9).[639] Insofern kommt es in der Periode der Aktivierung zu einer Entlastung des Finanz- bzw. Zinsergebnisses (durch die Reduktion des Zinsaufwands). Stattdessen werden die Fremdkapitalkosten in den Folgeperioden über die höheren Abschreibungen der Vermögenswerte GuV-wirksam als Aufwendungen im Betriebsergebnis erfasst.

Da im Fall der Aktivierung von Fremdkapitalkosten keine Erfassung von Zinsaufwendungen erfolgt, hat man die Beträge m.E. auch nicht bei den Angaben zu den Gesamtzinsaufwendungen zu berücksichtigen. Allerdings verlangt IAS 23.26 die Offenlegung des Betrags der in der Periode aktivierten Fremdkapitalkosten und des dabei herangezogenen Finanzierungskostensatzes.

„Fremdkapitalkosten" sind Zinsen und weitere im Zusammenhang mit der Aufnahme von Fremdkapital angefallene Kosten eines Unternehmens (IAS 23.5). Diese umfassen einerseits nach der Effektivzinsmethode gemäß IAS 39 berechnete Zinsaufwendungen (siehe oben); andererseits werden darunter auch nach IAS 17 erfasste Finanzierungskosten aus Finanzierungs-Leasingverhältnissen (▶ 3.3.6.3) sowie Währungsdifferenzen aus Fremdwährungskrediten (soweit sie als Zinskorrektur anzusehen sind) subsumiert (IAS 23.6).

Unter einem „qualifizierten Vermögenswert" versteht IAS 23 einen Vermögenswert, für den ein beträchtlicher Zeitraum erforderlich ist, um ihn in seinen beabsichtigten gebrauchs- oder verkaufsfähigen Zustand zu versetzen (IAS 23.5). In erster Linie kommen dafür selbst erstellte Sachanlagevermögenswerte in Betracht (z.B. Fabrikationsanlagen, Energieversorgungseinrichtungen, als Finanzinvestition gehaltene Immobilien). Grundsätzlich können aber auch über einen längeren Zeitraum gefertigte (gereifte) Vorräte oder immaterielle Vermögenswerte als qualifizierende Vermögenswerte gelten (IAS 23.7).

IAS 23.17-25 enthalten Vorschriften zum Aktivierungszeitraum von Fremdkapitalkosten. Darüber hinaus werden über IAS 23.10-15 Vorgaben zur Be-

---

[638] Vgl. zu IAS 23 weiterführend z.B. HEINTGES/URBANCZIK/WULBRAND (2009) oder in Form einer Fallstudie ZWIRNER/FROSCHHAMMER (2011). Einzelfragen zu IAS 23 diskutieren ferner etwa ESSER/SCHULZ-DANSO/WOLTERING (2009); ZEYER/EPPINGER/SEEBACHER (2010); ESSER/BRENDLE (2010); IDW (2010).

[639] Eine Absicherung gegen Zinsänderungsrisiken ist weiterhin möglich, siehe dazu Abschnitt 3.16.4.1.

stimmung der zu aktivierenden Zinskosten gemacht. Dabei wird nach der Art der Mittelaufnahme unterschieden. Bei spezieller Mittelaufnahme für die Beschaffung des qualifizierten Vermögenswerts entspricht der zu aktivierende Betrag den tatsächlich in der Periode angefallenen Fremdkapitalkosten, abzüglich ggf. aus der vorübergehenden Zwischenanlage der Mittel vereinnahmter Erträge (IAS 23.12). Im Fall der allgemeinen Mittelaufnahme (z.B. bei Finanzierung über verschiedene Stellen und Schuldinstrumente innerhalb des Konzerns mit zentraler Koordination) werden die Fremdkapitalkosten bestimmt, indem ein – etwa auf Konzernebene ermittelter – gewogener Durchschnittszinssatz auf die Ausgaben bezogen wird (IAS 23.14).[640]

3.14.4 Dividenden

„Dividenden" sind nach IAS 18.5 (c) Gewinnausschüttungen an die Inhaber von Kapitalbeteiligungen im Verhältnis zu den von ihnen gehaltenen Anteilen einer bestimmten Kapitalgattung. Aus der Sicht des vereinnahmenden Unternehmens werden darunter auch Erträge aus Gewinnabführungsverträgen gefasst.

Dividendenbegriff und -erfassung

Entsprechend der Dividendendefinition führt die Erarbeitung eines ausschüttungsfähigen Gewinns der Beteiligung für sich gesehen noch nicht zur Erfassung eines Ertrags. Letzteres ist vielmehr an den tatsächlichen Ausschüttungsbeschluss gekoppelt.

Beziehen sich Dividendenausschüttungen auf den Gewinn aus der Zeit vor dem Erwerb des Eigenkapitaltitels, werden diese von den Anschaffungskosten der Wertpapiere abgezogen (IAS 18.32).[641]

Auch Dividenden sind zu erfassen, wenn es wahrscheinlich ist, dass der wirtschaftliche Nutzen aus dem Geschäft dem Unternehmen zufließt, und die Höhe der Erträge verlässlich bestimmt werden kann (IAS 18.29). Dies entspricht dem Zeitpunkt der Entstehung des Rechtsanspruchs auf Zahlung der Dividende (IAS 18.30 (c)). Wann Letzterer vorliegt, ist unter Rückgriff auf nationales Gesellschaftsrecht zu klären:

Nutzenzufluss als Erfassungskriterium

---

[640] Die Ausgaben kann man dabei näherungsweise über den durchschnittlichen Buchwertbestand des Vermögenswerts in der Periode ermitteln (IAS 23.18), vgl. hierzu etwa das Beispiel in ESSER/BRENDLE (2010), S. 251. Bei allgemeiner Mittelaufnahme ist zudem zu beachten, dass die in der Periode aktivierten Fremdkapitalkosten nicht die in diesem Zeitraum tatsächlich angefallenen Fremdkapitalkosten übersteigen dürfen (IAS 23.14).
[641] Ist eine Zuordnung des Ertrags auf die Zeiträume vor und nach dem Erwerb schwierig bzw. nur willkürlich vornehmbar, werden die Dividenden als Ertrag erfasst, sofern sie nicht eindeutig als Rückzahlung eines Teils der Anschaffungskosten anzusehen sind.

Grundlagen zur Bilanzierung und Offenlegung

▪ Liegt nach § 291 Abs. 1 AktG ein wirksamer Gewinnabführungsvertrag vor, entsteht der Rechtsanspruch auf Dividendenausschüttung mit Ablauf des Geschäftsjahres der Beteiligung allein auf Grund des Vertrags. Vorbehaltlich der zuverlässigen Messbarkeit sind derartige Dividendenforderungen demnach zum Geschäftsjahresende erfolgswirksam zu realisieren.[642]

▪ Wurde kein Gewinnabführungsvertrag vereinbart, entsteht die Dividendenforderung gegenüber einer Aktiengesellschaft bzw. GmbH nach § 174 AktG bzw. § 29 und § 46 Nr. 1 GmbHG erst mit dem Gewinnverwendungsbeschluss der Haupt-/Gesellschafterversammlung der Beteiligung.[643]

▪ Bei Personengesellschaften ergibt sich in der Literatur vor dem Hintergrund, dass über die jährliche Gewinnverwendung per Gesetz kein besonderer Beschluss erfolgen muss und die Gewinnanteile zum Ablauf des Geschäftsjahres unmittelbar den Gesellschafterkonten gutgeschrieben werden (▶ 6.8.1.5), ein uneinheitliches Meinungsbild:

▪ Es wird teilweise die Ansicht vertreten, dass ein Rechtsanspruch auf Gewinnausschüttung zum Ablauf des Geschäftsjahres bereits vorliegt und somit zu diesem Zeitpunkt eine GuV-wirksame Vereinnahmung geboten ist – vorausgesetzt, die Höhe des Gewinnanspruchs lässt sich (z.B. durch Aufstellung, Prüfung oder Feststellung des Jahresabschlusses) verlässlich bestimmen.[644]

▪ Nach anderer Auffassung liegt der Rechtsanspruch auf Gewinnausschüttung erst mit der Feststellung des Jahresabschlusses vor, d.h. für das abgelaufene Geschäftsjahr erfolgt keine Ertragsrealisation.[645]

---

[642] Vgl. dazu KUHN/SCHARPF (2006), Rz. 706; WÜSTEMANN/WÜSTEMANN/NEUMANN (2008), Rz. 106; SENGER/HOEHNE (2011), Rz. 105.

[643] Damit ist eine phasengleiche Dividendenvereinnahmung (d.h. eine Erfassung noch in der Periode der wirtschaftlichen Entstehung), wie diese unter bestimmten Voraussetzungen nach HGB in Betracht kommt, nach IFRS nicht zulässig. Vgl. hierzu KUHN/SCHARPF (2006), Rz. 706f.; WÜSTEMANN/WÜSTEMANN/NEUMANN (2008), Rz. 104f.; PETERSEN/BANSBACH/DORNBACH (2011), S. 122; SENGER/HOEHNE (2011), Rz. 105; HOFFMANN (2012a), Rz. 39; HEUSER/THEILE (2012), Rz. 665 und Rz. 830.

[644] Vgl. KUHN/SCHARPF (2006), Rz. 709; SENGER/HOEHNE (2011), Rz. 106. Sieht der Gesellschaftsvertrag allerdings (abweichend von der gesetzlichen Regelung) eine besondere Beschlussfassung zur Gewinnverwendung vor und erfolgt der Beschluss erst nach dem Abschlussstichtag, wird eine Realisation schon zum Ende des Geschäftsjahres nicht als sachgerecht angesehen, vgl. ebenda, Rz. 107.

[645] Vgl. WÜSTEMANN/WÜSTEMANN/NEUMANN (2008), Rz. 107; HENNRICHS (2009), S. 1073; HOFFMANN (2012a), Rz. 40. Dies wird damit begründet, dass die Gewinnentnahmerechte auch ohne eine besondere Beschlussfassung unter dem Vorbehalt einer abweichenden Gewinnverwendungsentscheidung stehen und somit erst mit

Da über IAS 18.30 (c) Dividenden erst mit Entstehung des Anspruchs auf Zahlung vereinnahmt werden dürfen, lassen sich thesaurierte Gewinne nicht als Dividendenerträge erfassen.

3.14.5 Sonstige Entgelte

„Sonstige Entgelte" sind Erträge und Aufwendungen aus Finanzdienstleistungen, die nicht über die Effektivzinsmethode berücksichtigt werden. Dabei wird unterschieden zwischen

Begriff und Erfassung

- Entgelten, die das Unternehmen über den Zeitraum der Leistungserstellung hinweg verdient (IAS 18.IE14 (b)), und

- Entgelten, die mit der Ausführung einer bestimmten Tätigkeit verdient werden (IAS 18.IE14 (c)).

Unter Erstere können z.B. kreditbegleitende Bearbeitungs- und Abwicklungsleistungen oder Bereitstellungs- bzw. Zusageentgelte im Zusammenhang mit einer Fremdkapitalvergabe subsumiert werden. Ferner zählen etwa Entgelte für die Verwaltung von Kapitalanlagen sowie für die Bereitstellung von Finanzgarantien dazu.

Mit der Ausführung einer bestimmten Tätigkeit verdient werden bspw. Provisionen für die Aktienzuteilung an einen Kunden, Vermittlungsentgelte für die Anbahnung eines Kreditgeschäfts zwischen einem Gläubiger und einem Investor oder Entgelte für die Konsortialführerschaft bei syndizierten Krediten.

Wie die Beispiele verdeutlichen, werden sich die Erträge und Aufwendungen aus Finanzdienstleistungen für Nicht-Banken in Grenzen halten. Denkbar sind insbesondere Bereitstellungsgebühren für Darlehen und Kreditlinien für den Fall, dass die Kapitalaufnahme nicht zu Stande kommt und die Kosten damit nicht über die Effektivzinsmethode berücksichtigt werden können. Ferner ergeben sich ggf. Prämienerträge, wenn das Unternehmen Finanzgarantien (z.B. in der Form einer Bürgschaft) ausreicht.

Bedeutung für Nicht-Banken

Über IFRS 7.20 (c) sind die Aufwendungen und Erträge aus Provisionen entweder in der GuV oder im Anhang anzugeben. Die Angabepflicht besteht für Ergebnisse, die nicht in die Bestimmung des Effektivzinssatzes einbezogen wurden und resultiert aus

Angabepflichten

---

der Feststellung des Jahresabschlusses unwiderruflich werden, vgl. dazu ausführlich HENNRICHS (2009), S. 1070-1073 und siehe auch Abschnitt 6.8.1.5.

3 Grundlagen zur Bilanzierung und Offenlegung

- finanziellen Vermögenswerten und finanziellen Verbindlichkeiten, die nicht erfolgswirksam zum beizulegenden Zeitwert bewertet werden, sowie

- treuhänderischen Aktivitäten, die eine Verwaltung oder Platzierung von Vermögenswerten für fremde Rechnung einzelner Personen, Treuhandeinrichtungen, Pensionsfonds usw. zur Folge haben.[646]

3.14.6 Angabe der Nettoergebnisse

GuV-Effekte nach 5 Bewertungskategorien

Gemäß IFRS 7.20 (a) sind die Nettogewinne/-verluste aus den Finanzinstrumenten, die unter die folgenden 5 Bewertungskategorien fallen, entweder in der GuV (im SCI) oder im Anhang offen zu legen:

- „Erfolgswirksam zum beizulegenden Zeitwert bewertete finanzielle Vermögenswerte/Verbindlichkeiten" („Financial Assets/Liabilities at Fair Value Through Profit or Loss"; FVPL) mit gesonderter Darstellung der designierten und der „zu Handelszwecken gehalten" („Held for Trading") eingestuften Finanzinstrumente;[647]

- „Bis zur Endfälligkeit zu haltende Finanzinvestitionen" („Held-to-Maturity Investments"; HtM);

- „Kredite und Forderungen" („Loans and Receivables"; LaR);

- „Zur Veräußerung verfügbare finanzielle Vermögenswerte" („Available-for-Sale Financial Assets"; AfS);

- „Zu fortgeführten Anschaffungskosten bewertete finanzielle Verbindlichkeiten" („Financial Liabilities Measured at Amortised Cost"; FLAC).

AfS-Eigenkapitalveränderungen

Für der Bewertungskategorie AfS zugeordnete finanzielle Vermögenswerte muss das Unternehmen dabei den Gewinn oder Verlust, der während des Berichtszeitraums direkt im OCI erfasst wurde, und den Betrag, welchen es während des Berichtszeitraums aus dem Eigenkapital in die GuV reklassifiziert hat, gesondert ausweisen.

Einbeziehung der Ergebnisarten

Genauere Informationen zur Zusammensetzung des Nettoergebnisses liefert IFRS 7 nicht. Es bestehen also gewisse Zuordnungs- und Einbeziehungsspielräume. Allerdings ist darauf hinzuweisen, dass man die gewählte Vor-

---

[646] Vgl. zur geringen Bedeutung von Beträgen aus letzteren Tätigkeiten bei Nicht-Banken KUHN/CHRIST (2011), Rz. 137.

[647] Im Unterschied zu den Angabepflichten der Buchwerte (siehe dazu Abschnitt 3.4.4.1) werden die Bewertungskategorien FAFVPL und FLFVPL also zusammengefasst, d.h. die diesbezüglichen Nettoergebnisse sind für finanzielle Vermögenswerte und Schulden nicht gesondert darzustellen.

Erfassung von Aufwendungen und Erträgen 3.14

gehensweise zwingend im Rahmen der Angaben zu den Ansatz- und Bewertungsmethoden (IFRS 7.21 m.V.a. IAS 1.117) offen zu legen hat: Das Unternehmen muss gemäß IFRS 7.B5 (e) Informationen zur Zusammensetzung der Nettogewinne/-verluste für die einzelnen Bewertungskategorien von Finanzinstrumenten bereitstellen (z.B. ob in die Bewertungskategorie FVPL Zins- oder Dividendenerträge eingehen[648]).

Der Literatur zufolge enthält das Nettoergebnis grundsätzlich alle sonstigen Aufwendungen und Erträge, die im Zusammenhang mit den Finanzinstrumenten der jeweiligen Bewertungskategorie stehen. Neben Zinsen und Dividenden sind dies insbesondere die sich aus der Erst- und Folgebewertung ergebenden Ergebnisse (siehe Abbildung 3-17 ▶ 3.14.1).[649] Ferner können darunter ggf. auch laufend erfasste sonstige Entgelte (z.B. Gebühren für Finanzdienstleistungen) subsumiert werden.

Einzubeziehen sind zunächst die Gewinne und Verluste aus Finanzinstrumenten, die das Unternehmen „klassisch" nach Bewertungskategorien des IAS 39 bilanziert (▶ 3.3.2.2). Darüber hinaus müssen auch Ergebnisse aus bestimmten, anhand von „Sondervorschriften" bilanzierten finanziellen Vermögenswerten und finanziellen Verbindlichkeiten (▶ 3.3.2.3) berücksichtigt werden. Bei diesen handelt es sich um

- gehaltene Eigenkapitalinstrumente, die das Unternehmen zu Anschaffungskosten bewertet (AfS-Unterkategorie AfSC);

- originäre finanzielle Vermögenswerte und finanzielle Verbindlichkeiten, welche als Grundgeschäfte und Sicherungsinstrumente innerhalb von bilanziellen Sicherungsbeziehungen designiert sind.[650]

Hingegen müssen m.E. die Gewinne und Verluste aus folgenden Finanzinstrumenten nicht einbezogen werden:

---

[648] So besteht laut dem IDW (2007a), Rz. 13 und WEIGEL u.a. (2007), S. 1056 m.V.a. IFRS 7.B5 (e) und IFRS 7.BC34 ein Wahlrecht zur Einbeziehung der Nettozinszahlungen aus Zinsswaps entweder im FVPL-Nettoergebnis oder im Zinsergebnis.

[649] Vgl. ECKES/SITTMANN-HAURY (2004), S. 1198; BRÜCKS/KERKHOFF/STAUBER (2006b), S. 435; SCHARPF (2006), S. 24; KERKHOFF/STAUBER (2007), Rz. 68; WEIGEL u.a. (2007), S. 1056; BOLZ/BECKER (2012), Rz. 201. Laut HEUSER/THEILE (2012), Rz. 2609 und Rz. 3095 hat man hingegen Zinserträge und -aufwendungen, die gesondert angegeben werden, nicht einzubeziehen. LÜDENBACH (2012d), Rz. 303 zufolge schließt das Nettoergebnis nur Bewertungseffekte (und damit keine Zinsen oder Dividenden) ein.

[650] Die Berücksichtigung von Gewinnen und Verlusten, die man bei im Rahmen von Fair Value Hedges als Grundgeschäfte designierten Finanzinstrumenten zur Anpassung des Grundgeschäfts um das abgesicherte Risiko (siehe dazu Abschnitt 3.16.8.1) erfasst, führt m.E. zu einer verzerrten Darstellung der Ergebnisse, da sich die entsprechenden gegenläufigen Wertänderungen des meist derivativen Sicherungsinstruments keiner Bewertungskategorie zuordnen lassen und daher nicht eingerechnet werden dürfen.

Grundlagen zur Bilanzierung und Offenlegung

- finanzielle Verbindlichkeiten, die entstehen, wenn die Übertragung eines finanziellen Vermögenswerts nicht zu einer Ausbuchung berechtigt, oder die infolge des Ansatzes des anhaltenden Engagements zu bilanzieren sind;[651]

- als Sicherungsinstrumente in bilanzielle Sicherungsbeziehungen eingebundene Derivate;[652]

- Kreditzusagen, die in IAS 39.4 (c) aufgeführt werden (▶ 3.3.6.9);

- begebene Finanzgarantien im Sinne des IAS 39.9.

Gleichfalls unberücksichtigt bleiben Finanzinstrumente, die sich gänzlich außerhalb des Anwendungsbereichs von IAS 39 befinden, d.h. solche, die primär oder vollumfänglich nach anderen Standards bilanziert werden (▶ 3.3.3) oder gar nicht bilanzwirksam sind (▶ 3.3.4).

Saldierte versus unsaldierte Darstellung

Dem Wortlaut des IFRS 7.20 (a) zufolge ist pro Bewertungskategorie der Saldo aus Aufwendungen und Erträgen zu präsentieren. Die Bruttodarstellung (unsaldiert) gibt das Regelwerk zwar nicht ausdrücklich als Alternative vor, sie wird aber von SCHARPF[653] als zulässig erachtet. Darüber hinaus können ggf. auch die verschiedenen Arten von Aufwendungen und Erträgen aus Finanzinstrumenten einzeln (d.h. die Ergebnisarten gesondert) angegeben werden; dies wird mit Blick auf den damit verbundenen höheren Informationswert in der Literatur ebenfalls als standardkonform angesehen.[654]

3.15 Trennung eingebetteter Derivate

3.15.1 Trennungs- bzw. Ansatzbedingungen

In einen Basisvertrag eingebettete Derivate (▶ 3.2.5.2) hat das Unternehmen grundsätzlich zu trennen und damit gesondert als finanziellen Vermögenswert oder als finanzielle Verbindlichkeit zu bilanzieren, wenn die folgenden Merkmale kumulativ erfüllt sind (IAS 39.11):

- Die beiden Komponenten weisen unterschiedliche wirtschaftliche Eigenschaften und Risiken auf, d.h. die wirtschaftlichen Merkmale und Risiken des eingebetteten Derivats und des Basisvertrags sind nicht eng miteinander verbunden.

---

[651] Siehe dazu weiterführend Abschnitt 6.2.5.3.
[652] Ebenso DELOITTE LLP (2011b), S. 801.
[653] Vgl. SCHARPF (2006), S. 24.
[654] Vgl. BRÜCKS/KERKHOFF/STAUBER (2006b), S. 436. Vgl. dazu auch LÖW (2006), S. 23.

- Ein eigenständiges Derivat, das mit den gleichen Bedingungen wie das eingebettete Derivat abgeschlossen wird, erfüllt die Definitionsmerkmale eines derivativen Finanzinstruments.

- Das Unternehmen bewertet das gesamte zusammengesetzte Instrument nicht erfolgswirksam zum beizulegenden Zeitwert (d.h. es liegt weder eine Handelsabsicht vor noch erfolgt eine Nutzung der Fair-Value-Option).

Treffen alle vorstehend genannten Bedingungen zu, besteht die Pflicht zur getrennten Bilanzierung.[655] Ist dies nicht der Fall, wird das zusammengesetzte Instrument in seiner Gesamtheit entsprechend den für den Basisvertrag geltenden Vorschriften bilanziert.[656] Das Unternehmen hat in Verbindung mit der letztgenannten Bedingung die Möglichkeit, eine Trennungspflicht des eingebetteten Derivats zu umgehen, indem es das zusammengesetzte Instrument unter Nutzung der Fair-Value-Option freiwillig als FAFVPL bzw. FLFVPL designiert (▶ 3.10.4).[657]

Für die Trennungsprüfung zentral ist die im Rahmen des erstgenannten Merkmals zu beantwortende Frage, ob eine enge Verbundenheit der wirtschaftlichen Merkmale und Risiken von eingebettetem Derivat und Basisvertrag besteht oder nicht.[658] IAS 39 lässt sich keine Definition des Begriffs der „engen Verbundenheit" entnehmen. In IAS 39.AG33, AG30 werden jedoch einige Beispiele zusammengesetzter Instrumente aufgeführt, bei denen das Kriterium als erfüllt bzw. nicht-erfüllt anzusehen ist.[659] Die Beurteilung anhand der Beispiele bzw. Kriterien bereitet in der Praxis häufig Schwierigkeiten, da sie nicht abschließend formuliert sind und sich dadurch regelmäßig Auslegungsfragen ergeben.[660] Generell wird eine enge Verbundenheit der wirtschaftlichen Merkmale zu verneinen sein und damit eine Tren-

---

[655] Dabei werden normalerweise mehrere in ein einziges Instrument eingebettete Derivate wie ein einziges zusammengesetztes eingebettetes Derivat behandelt (zu den Ausnahmen dafür siehe Abschnitt 6.9.3). Laut KPMG IFRG LIMITED (2011), S. 1272f. (7.2.120.40) ist bei Basisverträgen, die nicht im Anwendungsbereich von IAS 39 sind, zunächst zu prüfen, ob der für den Basisvertrag einschlägige IFRS auch die Bilanzierung eingebetteter Derivate regelt. Trifft Letzteres zu, muss das gesamte zusammengesetzte Instrument nach diesem Standard bilanziert werden; wenn nicht, hat man IAS 39 zur Trennungsprüfung heranzuziehen.
[656] Vgl. SCHMIDT/SCHWEEN (2007), Rz. 21; DELOITTE LLP (2011b), S. 217.
[657] Für ein Prüfschema zur Trennung/Bilanzierung von strukturierten Finanzinstrumenten vgl. etwa SELLHORN/HAHN (2010), S. 400.
[658] Hierzu und folgend vgl. LORENZ/WIECHENS (2008), S. 510; BIER/LOPATTA (2008), S. 306. Eine Tabelle, die zeigt, welche Basisinstrumente mit welchen Risikoarten verbunden sind, findet sich bei VARAIN (2008), Rz. 65.
[659] Auf diese wird im Rahmen der Diskussion zur Bilanzierung und Offenlegung einzelner Sachverhalte näher eingegangen (siehe dazu die Abschnitte 6.6.3.2, 6.7.6, 6.9.3 und 6.15.4).
[660] Vgl. SCHABER u.a. (2010), S. 63.

nungspflicht bestehen, falls bei der Bewertung der beiden Komponenten unterschiedliche Risikofaktoren relevant sind – bspw. wenn ein verzinsliches Basisinstrument ein eingebettetes Derivat enthält, welches ein über das Zinsrisiko hinausgehendes Marktpreisrisiko innehat.

Sofern das eingebettete Derivat weder beim Erwerb noch später gesondert bewertet werden kann, ist es ebenso von der Trennungspflicht ausgenommen (IAS 39.12). Dann hat man das gesamte zusammengesetzte Instrument als FAFVPL bzw. FLFVPL einzustufen und dementsprechend zu bewerten. IAS 39.13 stellt dazu klar, dass eine gesonderte Bewertung des eingebetteten Derivats auch dann möglich ist, wenn der Fair Value sich durch Subtraktion der beizulegenden Zeitwerte von Basisvertrag und dem gesamten zusammengesetzten Instrument ermitteln lässt.

3.15.2 Zeitpunkt der Trennungsprüfung

Trennungsprüfung bei Vertragsabschluss

Grundsätzlich muss nur zu dem Zeitpunkt, zu dem das Unternehmen erstmalig Vertragspartner wird, beurteilt werden, ob ein eingebettetes Derivat vom Basisvertrag zu trennen ist (IFRIC 9.7).[661] Im Rahmen eines Unternehmenszusammenschlusses zugehende Posten (▶ 3.3.6.12; 3.5.5) sind zum Erwerbszeitpunkt einer Trennungsprüfung zu unterziehen (IFRS 3.16; IFRIC 9.5).[662]

Ggf. Trennungsprüfung während der Vertragslaufzeit

Eine Neubeurteilung während der Kontraktlaufzeit gilt gemäß IFRIC 9.7 nur dann als zulässig, wenn

- sich die zu Grunde liegenden Vertragsbedingungen und die damit verbundenen Zahlungsströme (die den Basisvertrag, das eingebettete Derivat oder beide Elemente betreffen[663]) signifikant ändern oder

- eine Umwidmung eines finanziellen Vermögenswerts (in der Form eines strukturierten Finanzprodukts) aus der Bewertungskategorie FAFVPL erfolgt (▶ 3.7.2.2).[664]

---

[661] Im Zuge des IFRS-Überarbeitungsprozesses 2009 erfolgte die Klarstellung, dass dies nicht für in Kontrakte eingebettete Derivate gilt, die im Zusammenhang mit einem Unternehmenszusammenschluss (auch unter gemeinsamer Führung) gemäß IFRS 3, bei der Gründung eines Gemeinschaftsunternehmens nach IAS 31 oder bei einer möglichen Neubeurteilung zum Erwerbszeitpunkt erworben wurden (IFRIC 9.5).
[662] Vgl. auch SENGER/BRUNE/DIERSCH/ELPRANA (2009), Rz. 146; DELOITTE LLP (2011b), S. 219; PwC (2011a), S. 5008 (5.21.1).
[663] Vgl. SCHMIDT/SCHREIBER (2006), S. 449; SCHABER u.a. (2010), S. 67.
[664] Das letztgenannte Kriterium wurde durch das Amendment zu IAS 39 „Embedded Derivatives" eingefügt. Vgl. dazu auch SELLHORN/HAHN (2010), S. 400-402.

3.15 Trennung eingebetteter Derivate

Um festzustellen, ob es zur erstgenannten wesentlichen Änderung der Cashflows kommt,

- hat das Unternehmen die neuen erwarteten Zahlungsströme in Bezug auf das eingebettete Derivat und/oder den Basisvertrag zu bestimmen und
- mit den bisher (d.h. vor Änderung der Vertragsbedingungen) erwarteten Cashflows ins Verhältnis zu setzen (IFRIC 9.7).

Weder IFRIC 9 noch andere IFRS-Verlautbarungen konkretisieren dabei, welche Relation als signifikant gilt. Das Unternehmen sollte m.E. die dafür vorgesehenen kritischen Werte konzernweit festlegen.[665]

Eine Neubeurteilung während der Vertragslaufzeit auf Grund einer Umwidmung sollte für Nicht-Banken einen Ausnahmetatbestand darstellen, da sie im Regelfall keine strukturierten Finanzprodukte in Bestand haben dürften. Die Analyse muss entweder auf Basis der Gegebenheiten vorgenommen werden, die vorherrschend waren, als das Unternehmen erstmalig Vertragspartei wurde, oder die zu einem späteren Zeitpunkt existierten, zu dem sich die Kontraktbedingungen so stark geändert hatten, dass dies zu einer erheblichen Änderung der bisherigen Zahlungsströme führte. Bei der Prüfung auf Trennungspflicht ist – im Gegensatz zur Untersuchung bei Vertragsabschluss oder während der Vertragslaufzeit ohne Umwidmung – das letzte Merkmal (keine erfolgswirksame Bewertung des gesamten zusammengesetzten Instruments zum beizulegenden Zeitwert ▶ 3.15.1) unerheblich, d.h. das hybride Instrument wird für Zwecke der Trennungsprüfung so behandelt, als ob es nicht der Bewertungskategorie FAFVPL zugeordnet gewesen wäre (IFRIC 9.7A).[666]

Nicht gestattet wird eine Neubeurteilung, falls sich nur die Marktbedingungen oder andere Rahmenbedingungen des Vertrags ändern (IFRIC 9.BC5, BC6). Keine IFRS-Vorgaben finden sich hingegen dazu, ob im Fall eines Unternehmenserwerbs eine erneute Prüfung auf Abspaltung eingebetteter Derivate zu erfolgen hat.[667]

---

[665] So bereits ähnlich KUHN/SCHARPF (2006), Rz. 3272.
[666] Sofern das Unternehmen die Neubeurteilung nicht durchführen kann, besteht nach IFRIC 9.7A ein Umwidmungsverbot aus der Bewertungskategorie FAFVPL. Ein solches ergibt sich ebenso für den Fall, dass eine Neubeurteilung in Verbindung mit einer Umwidmung zwar zu einer Trennungspflicht des eingebetteten Derivats führen würde, Letzteres aber nicht gesondert bewertbar ist. Sodann bleibt das gesamte hybride Instrument als FAFVPL eingestuft (IAS 39.12).
[667] Vgl. hierzu und zu möglichen Auslegungen ROESE/TREPTE/VIELMEYER (2006), S. 1091.

3.15.3 Bilanzierung bei Trennungspflicht

3.15.3.1 Überblick

Trennungspflichtige eingebettete Derivate sind erstmalig und in der Folge wie eigenständige Derivate (wie insbesondere Finanzderivate ▶ 6.5) zu bewerten, d.h. sie müssen der Bewertungskategorie FAFVPL (Unterkategorie HfT) zugeordnet und die Wertänderungen erfolgswirksam erfasst werden.

Wenn ein Derivat trennungspflichtig ist, wird der Basisvertrag entsprechend seiner Art bilanziert (IAS 39.11): Handelt es sich um ein Finanzinstrument, so richtet sich seine Bilanzierung nach IAS 39 (mit klassischer Zuordnung zu einer Bewertungskategorie), ansonsten nach den Bestimmungen anderer relevanter Standards (z.B. IAS 17 für Leasingkontrakte).[668]

3.15.3.2 Bewertung

Bei Feststellung einer Trennungspflicht ist der Wert des zusammengesetzten Instruments in dessen Komponenten (Basiskontrakt, eingebettetes Derivat) aufzuteilen. Das eingebettete Derivat wird zum beizulegenden Zeitwert bewertet; der Wert des Basisvertrags ergibt sich nach IAS 39.AG28 als Differenz zwischen dem Wert des gesamten zusammengesetzten Instruments und dem Wert des eingebetteten Derivats (Residualwertermittlung); dabei entsteht kein Gewinn oder Verlust.[669]

Liegt dem eingebetteten Derivat nicht die Eigenschaft eines Optionsgeschäfts, sondern eines unbedingten Termingeschäfts (symmetrisches Risikoprofil ▶ 2.6.2) zu Grunde, wird ihm ein beizulegender Zeitwert von 0 zugeordnet. In Basisverträge eingebettete Optionen müssen anhand der angegebenen Bedingungen des Optionsmerkmals getrennt werden.

Kann das Unternehmen den beizulegenden Zeitwert des eingebetteten Derivats nicht verlässlich bestimmen (d.h. nicht aus einem Marktwert oder aus Marktkonditionen ableiten), ist hilfsweise auf den Fair Value des Basisvertrags zurückzugreifen. Der Buchwert des eingebetteten Derivats ergibt sich dann als Differenz zwischen dem beizulegenden Zeitwert des zusammengesetzten Instruments, der in der Regel über den Transaktionspreis abgeleitet wird, und dem Fair Value des Basisvertrags (IAS 39.13).

Sowohl IAS 39 als auch IFRIC 9 lassen offen, wie zu bilanzieren ist, wenn für ein ursprünglich vom Basisvertrag getrennt zu erfassendes Derivat im Zuge der Neubeurteilung festgestellt wird, dass es nicht mehr separiert werden

---

[668] Vgl. auch HEUSER/THEILE (2012), Rz. 2574.
[669] Vgl. auch KUHN/SCHARPF (2006), Rz. 3610.

muss.⁶⁷⁰ Möglich wäre eine sofortige erfolgswirksame Ausbuchung des Derivats, eine Amortisation des Buchwerts über die Vertragslaufzeit oder eine Verrechnung des Derivats mit dem Buchwert des Basisvertrags (IFRIC 9.BC9). Gleichfalls ist ungeregelt, wie bei einem Wegfall der Trennungspflicht mit dem (ggf. finanziellen) Basisvertrag verfahren werden muss.⁶⁷¹ Da die der Neubeurteilung vorausgehende wesentliche Änderung der Vertragsbedingungen wirtschaftlich dem Abschluss eines Neuvertrags gleichkommt, könnte eine Ausbuchung des „alten" Basiskontrakts mit gleichzeitiger Einbuchung des „neuen" Basisvertrags unter Anwendung der Erstbewertungsvorschriften zulässig sein.

3.16 Grundlagen zur Bilanzierung und Offenlegung von Sicherungsbeziehungen

3.16.1 Ökonomische versus bilanzielle Absicherungen

Risiken (siehe dazu den folgenden Abschnitt), die ein Unternehmen im leistungs- oder im finanzwirtschaftlichen Bereich übernimmt, lassen sich unter Verwendung von Finanzinstrumenten auf Dritte übertragen.

Solche Risikobegrenzungen oder -eliminierungen werden unter dem Begriff „Sicherungsmaßnahmen" bzw. „Hedging" zusammengefasst. Hedging bedeutet, für eine vorhandene oder antizipierte Position („Grundgeschäft" bzw. „Hedged Item") temporär ein entgegengesetztes Geschäft („Sicherungsinstrument" bzw. „Hedging Instrument") einzugehen, sodass sich bei Marktpreisänderungen die Cashflow-Änderungen bzw. die Änderungen des beizulegenden Zeitwerts (Gewinne und Verluste) aus beiden Geschäften (annähernd) kompensieren.⁶⁷²

Begriff des Hedging

IAS 39 enthält – zusätzlich zu den herkömmlichen Ansatz- und Bewertungsregeln für Finanzinstrumente – spezielle Vorschriften zur Bilanzierung von Sicherungsbeziehungen („Hedge Accounting"), für deren Anwendung ein Wahlrecht besteht (IAS 39.71). Die Regelungen ermöglichen eine bilanzielle Abbildung von Sicherungsmaßnahmen, indem die herkömmlichen Bilanzie-

---

670 Vgl. dazu und folgend auch ROESE/TREPTE/VIELMEYER (2006), S. 1093; KUHN/SCHARPF (2006), Rz. 3274; SCHMIDT/SCHWEEN (2007), Rz. 34-36; SCHABER u.a. (2010), S. 68.
671 Vgl. dazu und folgend auch weiterführend SCHMIDT/SCHWEEN (2007), Rz. 37-46.
672 Vgl. KUHN/SCHARPF (2006), Rz. 2000; CORTEZ/SCHÖN (2009), S. 414; ERNST & YOUNG LLP (2012b), S. 3289.

Grundlagen zur Bilanzierung und Offenlegung

rungsvorschriften durchbrochen und dadurch die gewünschten kompensatorischen Wirkungen zeitäquivalent und im gleichen Rechenwerk erreicht werden.

Begriff des Hedge Accounting

Demnach bedeutet Hedge Accounting, in einem dokumentierten wirtschaftlichen Zusammenhang stehende Grund- und Sicherungsgeschäfte auf eine solche Weise zu bilanzieren, dass die aus Marktpreisänderungen resultierenden kompensatorischen GuV-Effekte in derselben Periode eintreten.

Zentral bei der Bilanzierung von Sicherungsbeziehungen ist die symmetrische Erfassung der gegenläufigen Aufwendungen und Erträge aus Grund- und Sicherungsgeschäft. Werden die kompensatorischen Effekte ohne spezielle Vorschriften in derselben Periode erfolgswirksam berücksichtigt, besteht kein Anlass für ein Hedge Accounting.[673]

3.16.2 Risikoarten und betroffene Rechenwerke

Transaktions- versus Translationsrisiko

Generell unterliegen alle vertraglich fixierten Zahlungsströme, denen eine Variable (z.B. ein Wechselkurs, Zinssatz, Rohstoff- oder Güterpreis) zu Grunde liegt, die erst zu einem künftigen Zeitpunkt festgeschrieben wird, einem „Transaktionsrisiko". Letzteres ergibt sich aus

- Änderungen künftiger Zahlungen („Cashflow-Risiko") und
- Markwertänderungen von Posten („Fair-Value-Risiko").

Ferner besteht in Verbindung mit der Umrechnung von Abschlüssen in die Darstellungswährung bzw. der Konsolidierung von ausländischen Geschäftsbetrieben im Rahmen der Erstellung des Konzernabschlusses ein „währungsbedingtes Translationsrisiko", was sich in der Volatilität des Eigenkapitals niederschlägt.

Transaktionsbedingte Währungsrisiken

Währungsrisiken (▶ 2.2.4) können aber auch auf Transaktionen beruhen. Solche transaktionsbedingten Währungsrisiken entstehen aus bilanzieller Sicht durch mögliche Abweichungen zwischen dem Kurs zum Zeitpunkt der Abwicklung bzw. Veräußerung (Transaktionskurs) vom Buchungskurs. Wie bereits erläutert wurde, sind derartige Differenzen in der Regel in der GuV zu erfassen (▶ 3.12.3).

Zinsänderungsrisiken

Die bilanziellen Auswirkungen von Zinsänderungsrisiken hängen davon ab, welche Art der Verzinsung den Transaktionen zu Grunde liegt (▶ 2.1.10.2):

- Bei einem fest verzinslichen Basisinstrument ist ein zinsbedingtes Fair-Value-Risiko vorherrschend: Steigt der Marktzinssatz über den vereinbarten Zinssatz, sinkt der beizulegende Zeitwert des Postens und es ent-

---

[673] Vgl. LÖW (2004), S. 1115; VARAIN (2008), Rz. 424.

Grundlagen zur Bilanzierung und Offenlegung von Sicherungsbeziehungen | **3.16**

stehen für Aktivposten unrealisierte Verluste und für Passivposten unrealisierte Gewinne (die erst bei der Ausbuchung in der GuV erfasst werden).

- Bei einem variabel verzinslichen Basisinstrument besteht das Risiko darin, dass sich künftige Zahlungen ändern (zinsbedingtes Cashflow-Risiko): Steigt der Referenzzins, entstehen für Aktivposten höhere Zinserträge und für Passivposten höhere Zinsaufwendungen.

Weitere Risiken sind sonstige Preisrisiken (Aktienkursrisiko, Rohstoffpreisrisiko), Kredit- bzw. Ausfallrisiken (▶ 2.1.10.1), Rückzahlungsrisiken und Inflationsrisiken.

3.16.3 Notwendigkeit spezieller Regelungen

Wie bereits erwähnt, besteht für ein Hedge Accounting kein Anlass, wenn sich die kompensatorischen Effekte von Grund- und Sicherungsgeschäft ohne zusätzliche Regelungen im selben Periodenergebnis niederschlagen. Auf Grund dessen, dass Grund- und Sicherungsgeschäfte unterschiedlichen Ansatz- und/oder Bewertungsgrundsätzen unterliegen, ist dies jedoch nicht immer der Fall; es werden spezielle Vorschriften zur Bilanzierung von Sicherungsbeziehungen benötigt.[674] So muss das Unternehmen die meist als Sicherungsinstrumente eingesetzten derivativen Finanzinstrumente erfolgswirksam mit dem beizulegenden Zeitwert erfassen. Die besicherten Grundgeschäfte werden hingegen in Abhängigkeit von der Zuordnung zu den für Finanzinstrumente bestehenden Bewertungskategorien (▶ 3.4) bzw. den sonstigen für sie relevanten Standards (im Fall nicht-finanzieller Posten) entweder wie folgt bewertet:

- mit den Anschaffungskosten;

- zu fortgeführten Anschaffungs- oder Herstellungskosten; oder

- mit dem beizulegenden Zeitwert, wobei hierbei wiederum zwischen erfolgsneutraler und erfolgswirksamer Erfassung zu unterscheiden ist.

Darüber hinaus können die Grundgeschäfte auch noch gar nicht bilanziell erfasst sein; dies trifft auf künftige Geschäftsvorfälle zu.

---

[674] Vgl. Löw (2004), S. 1114. Vgl. dazu und folgend auch Varain (2008), Rz. 397-399; Walterscheidt/Klöckner (2009), S. 323; Große (2010), S. 191f.; Kümpel/Pollmann (2010a), S. 553f.

Grundlagen zur Bilanzierung und Offenlegung

3.16.4 Grund- und Sicherungsgeschäfte

3.16.4.1 Grundgeschäfte

Arten

Über IAS 39.78 werden generell nur 4 Arten von Grundgeschäften zugelassen:

1. „bilanzierte Vermögenswerte und Schulden" („Recognised Assets and Liabilities");
2. „bilanzunwirksame feste Verpflichtungen" („Firm Commitments" ▶ 3.5.3.1);
3. „erwartete und mit hoher Wahrscheinlichkeit eintretende künftige Transaktionen" („Highly Probable Forecast Transactions"; kurz „erwartete Transaktionen");
4. „Nettoinvestitionen in ausländische Geschäftsbetriebe"[675] („Net Investments in Foreign Operations").

Mit Blick auf 1. sind etwa selbst geschaffene immaterielle Vermögenswerte, für die gemäß IAS 38 ein Ansatzverbot besteht (wie insbesondere nichterworbene Geschäfts- oder Firmenwerte), nicht als Grundgeschäfte designierbar. Auch für erworbene immaterielle Vermögenswerte, welche die Ansatzkriterien in IAS 38 erfüllen, scheidet eine Designation regelmäßig aus (IAS 39.IG F.2.3).[676]

Die unter 2. und 3. aufgeführten Grundgeschäfte unterscheiden sich bezüglich des Verpflichtungscharakters: Im Gegensatz zum Firm Commitment ist eine erwartete Transaktion noch nicht kontrahiert, tritt aber voraussichtlich ein (IAS 39.9). Insofern kann aus einer erwarteten Transaktion im Zeitverlauf auch eine feste Verpflichtung werden.

Generelle Zulässigkeiten und Einschränkungen

Auf Grund der an bilanzielle Sicherungsbeziehungen über IAS 39.88 gestellten Effektivitätsanforderungen (▶ 3.16.6) lassen sich nur Geschäfte designieren, für welche die auf das abgesicherte Risiko entfallende Änderung des beizulegenden Zeitwerts oder der Cashflows verlässlich ermittelbar ist.[677]

Das Grundgeschäft kann sowohl aus jeweils einem einzelnen Sachverhalt (Vermögenswert, Verbindlichkeit, feste Verpflichtung, erwartete Transaktion) als auch aus Gruppen mit vergleichbarem Risikoprofil bestehen (IAS 39.78). Allerdings ist die Absicherung von Netto-Positionen, z.B. des Saldos aller festverzinslichen Vermögenswerte und aller festverzinslichen

---

[675] Siehe zur Definition Fn. 605.
[676] So ist eine Einstufung als Grundgeschäft gemäß IAS 39.IG F.2.3 zwar möglich, es wird jedoch als unwahrscheinlich erachtet, dass die in IAS 39.88 aufgeführte Anwendungsvoraussetzung der verlässlichen Bestimmbarkeit der Effektivität (siehe dazu Abschnitt 3.16.6) zutrifft.
[677] Vgl. IDW (2011b), Rz. 316.

Grundlagen zur Bilanzierung und Offenlegung von Sicherungsbeziehungen

Verbindlichkeiten, unzulässig (IAS 39.84, AG101, IG F.2.21) – es sei denn, das Unternehmen wendet die mit der Änderung zu IAS 39 „Fair Value Hedge Accounting for a Portfolio Hedge of Interest Rate Risk" eingeführten speziellen Regeln zur Absicherung von Zinsänderungsrisiken auf Portfoliobasis an.[678]

Über das Amendment zu IAS 39 „Eligible Hedged Items" wird kodifiziert, dass auch Cashflow- oder Fair-Value-Änderungen eines Grundgeschäfts über bzw. unter einer spezifischen Preisvariablen oder anderen Variablen designiert werden können (IAS 39.AG99BA). So kann sich das Unternehmen bspw. gegen das Risiko schwankender Zahlungen aus Preiserhöhungen von künftigen Warenkäufen absichern, wobei es nur die Cashflow-Verluste, die aus einer Preiserhöhung über das festgelegte Niveau hinaus resultieren, designiert.

Nicht absichern lassen sich allgemeine Geschäftsrisiken,[679] da die Voraussetzung des identifizierbaren und benennbaren Risikos nicht gegeben ist (IAS 39. AG110). Auch können in der Regel nur Grundgeschäfte designiert werden, bei denen eine nicht zum Unternehmen gehörende externe Partei eingebunden ist, d.h. konzerninterne Sicherungsbeziehungen sind im Konzernabschluss generell unwirksam (IAS 39.80). Von dieser Grundregel ausgenommen ist die mit dem Amendment zu IAS 39 „Cash Flow Hedge Accounting of Forecast Intragroup Transactions" ermöglichte Absicherung konzerninterner erwarteter Transaktionen gegen Währungsrisiken.[680] Außerdem lassen sich nach IAS 39.80 konzerninterne monetäre Posten als Grundgeschäfte designieren, sofern aus diesen im Konzernabschluss wechselkursbedingte Gewinne oder Verluste resultieren.[681]

---

[678] Letztere Absicherungen sind für Nicht-Banken untypisch, daher wird auf weitere Erläuterungen verzichtet. Weiterführend dazu vgl. z.B. HACHMEISTER (2007); BIEKER/NEGARA (2008); VARAIN (2008), Rz. 538-552; BARCKOW (2010), Rz. 271-277; KÜMPEL/POLLMANN (2010b); IDW (2011b), Rz. 358-410; DELOITTE LLP (2011b), S. 673-682.
[679] Darunter fällt auch das Risiko, dass eine Transaktion nicht eintritt und daraus z.B. weniger Umsatz resultiert (IAS 39.IG F.2.8).
[680] Vgl. hierzu weiterführend SCHMIDT (2006a), S. 774-776. Für einen Anwendungsfall aus der Praxis vgl. GUSINDE/WITTIG (2007), S. 486-489.
[681] Solche Ergebniswirkungen ergeben sich z.B., wenn Tochterunternehmen A mit funktionaler Währung € und Tochterunternehmen B mit funktionaler Währung $ Warengeschäfte in $ abwickeln: Für A entsteht aus der Umrechnung der monetären Forderung/Verbindlichkeit eine GuV-wirksame Differenz (siehe dazu Abschnitt 3.12.3.3), wohingegen für B kein (gegenläufiger) Ergebniseffekt resultiert. Zwar können konzerninterne monetäre Vermögenswerte und Schulden miteinander verrechnet (d.h. eliminiert) werden, das Ergebnis aus Währungsschwankungen ist allerdings stets im Konzernabschluss auszuweisen (IAS 21.45).

3 Grundlagen zur Bilanzierung und Offenlegung

Zulässigkeiten und Einschränkungen bei Finanzinstrumenten

Falls das Unternehmen Finanzinstrumente bzw. daraus resultierende Zahlungsströme als Grundgeschäfte designieren will, ist Folgendes zu beachten:

- Derivative Finanzinstrumente sind von der Designation als gesicherte Grundgeschäfte ausgeschlossen (IAS 39.IG F.2.1).

- Die Absicherung kann auf Risiken beschränkt sein, die lediglich einen Teil der Cashflows oder der beizulegenden Zeitwerte beeinflussen (IAS 39.81, AG99E; auch IAS 39.IG F.2.19, IG F.4.7). Dabei wird vorausgesetzt, dass die abgesicherten Risiken und Teile gesondert identifizierbare Komponenten des Finanzinstruments darstellen; zudem müssen die Cashflow- bzw. Fair-Value-Änderungen des gesamten Finanzinstruments, die aus den Änderungen der designierten Risiken und Teile resultieren, zuverlässig messbar sein (IAS 39.AG99F). So lassen sich etwa bonitätsbedingte Zinszahlungen von der Sicherungsbeziehung ausschließen (IAS 39.AG99F (a); Praxisbeispiel ▶ 7.1.1). Ferner kann sich die Absicherung nur auf einen variabel verzinslichen Zahlungsstrom beziehen (Praxisbeispiel ▶ 7.1.2). Die Inflation gilt hingegen in der Regel nicht als absicherbares (Teil-)Risiko, da diese weder gesondert identifizierbar noch zuverlässig messbar ist (IAS 39.AG99F (b)).[682] Laut FREIBERG scheitert auch die separate Designation des Kreditrisikos mangels der Möglichkeit zur Isolierung und Bewertung.[683]

- Finanzielle Vermögenswerte, die der Bewertungskategorie LaR zugeordnet wurden, können innerhalb eines Fair Value Hedge (▶ 3.16.5) gegen Zinsänderungsrisiken (bei fester Verzinsung) gesichert werden (IAS 39.IG F.2.13).

- Finanzielle Vermögenswerte, die das Unternehmen als HtM eingestuft hat, lassen sich zwar gegen Währungs- und Bonitätsrisiken, nicht jedoch gegen Zinsänderungsrisiken oder Risiken einer vorzeitigen Rückzahlung absichern (IAS 39.79, AG95, IG F.2.9).

- Sofern variable Zinszahlungen aus bilanzierten finanziellen Verbindlichkeiten (und finanziellen Vermögenswerten) designiert wurden, sind diese als erwartete künftige Transaktionen anzusehen (IAS 39.AG103).

- Nach der Equity-Methode bilanzierte Finanzinvestitionen lassen sich nicht im Rahmen von Fair Value Hedges als Grundgeschäfte designie-

---

[682] Davon ausgenommen wird lediglich ein vertraglich spezifizierter Inflationsanteil der Cashflows einer angesetzten inflationsindexierten Anleihe (siehe zu dieser Abschnitt 2.4.2.3) – vorausgesetzt, es besteht kein Erfordernis zur gesonderten Bilanzierung eines eingebetteten Derivats. Der Inflationsanteil ist gesondert identifizierbar und zuverlässig messbar, so lange andere Zahlungen aus dem Instrument nicht von ihm beeinflusst werden (IAS 39.AG99F (c)).
[683] Vgl. FREIBERG (2011b), S. 206 m.V.a. IAS 39AG99BA, AG99F (b) und (c).

Grundlagen zur Bilanzierung und Offenlegung von Sicherungsbeziehungen

3.16

ren, Gleiches gilt für Finanzinvestitionen in vollkonsolidierte Tochterunternehmen (IAS 39.AG99).

- Zahlungen aus finanziellen Vermögenswerten und finanziellen Verbindlichkeiten, die dem Risiko einer vorzeitigen Rückzahlung unterliegen, sind nur unter bestimmten Bedingungen als Grundgeschäfte einsetzbar (IAS 39.IG F.2.12).[684]

- Erworbene Aktien in Fremdwährung, welche nicht in der funktionalen Währung des Käufers an einer Börse gehandelt werden und für die auch die Dividendenausschüttung nicht in seiner funktionalen Währung erfolgt, lassen sich als Grundgeschäfte gegen das Währungsrisiko designieren (IAS 39.IG F.2.19).

- Eigene Eigenkapitalinstrumente und geplante Dividendenausschüttungen des Unternehmens sind keine Grundgeschäfte, da aus diesen nicht die nach IAS 39.86 geforderte Ergebniswirkung resultiert. Eine beschlossene, jedoch noch nicht gezahlte Dividende (d.h. es liegt eine finanzielle Verbindlichkeit vor[685]) kann indes – z.B. gegen das Währungsrisiko, wenn es sich um eine Fremdwährungsverbindlichkeit handelt – designiert werden (IAS 39.IG F.2.7).

- Die geplante Emission einer festverzinslichen Verbindlichkeit (z.B. in der Form einer Anleihe) als Cash Flow Hedge wird über IAS 39.IG F.2.2 explizit zugelassen. Dabei ist das Unternehmen dem Risiko ausgesetzt, dass der Festzins sich bis zur tatsächlichen Kreditausreichung ändert – was zu variablen Zahlungsströmen führt. Dem kann durch Designation einer Sicherungsbeziehung entgegengewirkt werden, bei der man die Wertänderungen des Sicherungsinstruments bis zur tatsächlichen Emission im OCI erfasst und mit diesem Betrag dann den Zinsaufwand über die Laufzeit der Verbindlichkeit korrigiert.

- Finanzielle Verbindlichkeiten, deren feste Zinsen das Unternehmen als Fremdkapitalkosten über IAS 23 aktiviert (▶ 3.14.3), lassen sich grundsätzlich im Rahmen eines Fair Value Hedge gegen Zinsänderungsrisiken absichern, da trotz der Aktivierung ein GuV-Effekt (insbesondere durch die Abschreibung des qualifizierten Vermögenswerts) eintritt. Analog können als Fremdkapitalkosten aktivierte variable Zinszahlungen innerhalb eines Cash Flow Hedge designiert werden.[686]

---

[684] Vgl. dazu weiterführend KUHN/SCHARPF (2006), Rz. 2179.
[685] Siehe dazu die in Fn. 1182 angegebenen Verweise.
[686] Vgl. hierzu und für entsprechende Beispiele DELOITTE LLP (2011b), S. 602-604.

- In Bezug auf Net Investment Hedges enthält IFRIC 16[687] ferner Klarstellungen zur Art und zum Umfang des abgesicherten Risikos:

  - Die Anwendung der Vorschriften zur Bilanzierung von Sicherungsbeziehungen ist nur möglich bezüglich währungsbedingter Differenzen, die sich aus der Umrechnung der funktionalen Währung des ausländischen Geschäftsbetriebs in die funktionale Währung des Mutterunternehmens ergeben (IFRIC 16.10, AG2).[688]

  - Der abgesicherte Betrag aus dem Grundgeschäft entspricht maximal dem Buchwert der Nettovermögenswerte des ausländischen Geschäftsbetriebs im Konzernabschluss des Mutterunternehmens (IFRIC 16.11).

  - Als abgesichertes Risiko darf das Fremdwährungsrisiko zwischen der funktionalen Währung des ausländischen Geschäftsbetriebs und der funktionalen Währung eines direkten, zwischengeschalteten oder obersten Mutterunternehmens desselben gelten (IFRIC 16.12); damit ist im mehrstufigen Konzern nicht nur eine Designation in Verbindung mit dem obersten Konzernunternehmen (Konzernmutterunternehmen), sondern auch in Verbindung mit Mutterunternehmen auf Teilkonzernebene möglich.[689]

  - Eine Fremdwährungsrisikoposition, die aus der Nettoinvestition in einen ausländischen Geschäftsbetrieb resultiert, kann nur einmal Bestandteil einer bilanziellen Sicherungsbeziehung sein. Wird also dasselbe Risiko mehrfach abgesichert (z.B. vom mittelbaren und unmittelbaren Mutterunternehmen), ist es für den Konzernabschluss nur möglich, eine Sicherungsbeziehung zu designieren (IFRIC 16.13).[690]

---

[687] Grundlegend dazu vgl. BERGER (2008) S. 612-615, SCHREIBER/SCHMIDT (2008), S. 2060-2062 oder in Bezug auf Währungssicherungen im mehrstufigen Konzern anhand von Beispielen LÜDENBACH (2008).

[688] Aus der Umrechnung in eine andere Darstellungswährung resultiert damit keine für das Hedge Accounting relevante Risikoposition, vgl. dazu auch LÜDENBACH (2008), S. 295f.; BERGER (2008) S. 612.

[689] Vgl. dazu und folgend BERGER (2008) S. 612f.; LÜDENBACH (2008), S. 296. So sind bspw. im dreistufigen Konzern die Wechselkursrisiken zwischen folgenden Unternehmen absicherbar: 1. Mutter €/Tochter $; 2. Mutter €/Enkel £; 3. Tochter (als Mutter eines Teilkonzerns) $/Enkel £.

[690] Mit Blick auf das Beispiel im dreistufigen Konzern in der vorherigen Fn. kann demnach die auf Teilkonzernebene erfolgte Sicherungsbeziehung unter 3. (Währungsrisiko $/£) nur dann in den Gesamtkonzernabschluss übernommen werden, wenn die Mutter nicht bereits die unter 2. aufgeführte €/£-Währungssicherung durchgeführt hat.

Grundlagen zur Bilanzierung und Offenlegung von Sicherungsbeziehungen | **3.16**

Nicht-finanzielle Vermögenswerte und nicht-finanzielle Verbindlichkeiten können entweder nur gegen Währungsrisiken oder aber als ganze Einheit gegen alle Risiken abgesichert werden, da das IASB eine zuverlässige Trennung und Bewertung einzelner nicht-währungsbezogener Risiken nicht für möglich hält (IAS 39.82, AG100; auch IAS 39.IG F.6.5).[691] Ansprüche und Verpflichtungen aus Operating-Leasingverhältnissen sind dabei – im Gegensatz zu Forderungen und Verbindlichkeiten aus Finanzierungsleasingverhältnissen – als nicht-finanzielle Grundgeschäfte zu sehen.[692] Bei festen Verpflichtungen zum Kauf einer Unternehmenseinheit ist eine Absicherung nur in Bezug auf Währungsrisiken möglich (IAS 39.AG98).[693]

Einschränkungen bei Nicht-Finanzinstrumenten

Bei erwarteten künftigen Transaktionen wird eine deutlich höhere Eintrittswahrscheinlichkeit als 50% vorausgesetzt.[694] Ferner müssen diese entsprechend genau spezifiziert und dokumentiert sein, damit zum Eintrittszeitpunkt eindeutig feststellbar ist, ob es sich um die abgesicherte Transaktion handelt oder nicht (IAS 39.IG F.3.10).[695]

Bedingungen bei erwarteten Transaktionen

---

[691] Die Designation nicht-finanzieller Grundgeschäfte ist auch dann unzulässig, wenn sich eine Abspaltung und gesonderte Bewertung der verschiedenen Risikofaktoren nachweisbar durchführen lässt, vgl. FREIBERG (2011b), S. 207 m.V.a. IAS 39.BC137, BC138 und IFRIC Update October 2004, S. 4. Teilweise wird IAS 39.82 so interpretiert, dass 1. das gesamte Risiko einschließlich des Währungsrisikos, 2. nur das Währungsrisiko und 3. das gesamte Risiko ohne das Währungsrisiko absicherbar sind, vgl. dazu KUHN/ALBRECHT (2008), S. 128; VARAIN (2008), Rz. 439; DELOITTE LLP (2011b), S. 605f.; FREIBERG (2011b), S. 207; KPMG IFRG LIMITED (2011), S. 1477 (7.7.440.30); ERNST & YOUNG LLP (2012b), S. 3311. Die Designation des Residualrisikos unter 3. setzt in Bezug auf das Grundgeschäft eine identifizier- und separierbare Währungsrisikokomponente voraus; mangelt es gar an einem Fremdwährungsrisiko (d.h. die Zahlungen aus dem Grundgeschäft erfolgen in der funktionalen Währung des Unternehmens), ist eine Absicherung nicht möglich – auch wenn die Transaktionswährung des Sicherungsinstruments von der funktionalen Währung des Unternehmens abweicht, vgl. hierzu FREIBERG (2011b), S. 208 m.V.a. IAS 39.IG F.6.5.
[692] Vgl. KPMG IFRG LIMITED (2011), S. 1477 (7.7.430.20).
[693] Die Designation kann wahlweise als Fair Value Hedge oder als Cash Flow Hedge erfolgen (siehe dazu Abschnitt 3.16.5). Für ein Beispiel mit beiden Alternativen vgl. DELOITTE LLP (2011b), S. 543f. Wird der Kauf der Unternehmenseinheit lediglich erwartet, ist ausschließlich eine Absicherung als Cash Flow Hedge möglich, vgl. ERNST & YOUNG LLP (2012b), S. 3355.
[694] Vgl. IAS 39.IG F.3.7, der eine Auflistung der bei der Einschätzung der Wahrscheinlichkeit zu berücksichtigenden Gegebenheiten enthält. Vgl. zu Letzterem auch IDW (2011b), Rz. 322. Laut KPMG IFRG LIMITED (2011), S. 1464 (7.7.230.20) muss die Eintrittswahrscheinlichkeit mindestens bei 90% liegen; LÜDENBACH (2012d), Rz. 266 zufolge wird generell eine Überschreitung dieser Grenze gefordert.
[695] Daher kommt als erwartete künftige Transaktion weder der Kauf oder Verkauf der letzten 15.000 Einheiten eines Grundgeschäfts (z.B. Vorräte) während einer bestimmten Periode (z.B. von Januar bis Mai 2007) noch ein prozentualer Anteil dieser Transaktionen (z.B. 80% der Cashflows von Januar bis Mai 2007) in Frage (IAS 39.IG F.3.10).

3 Grundlagen zur Bilanzierung und Offenlegung

Darüber hinaus muss der Zeitraum, in dem die Cashflows voraussichtlich anfallen, konkretisiert werden. Hierbei ist eine angemessen spezifische und generell enge Zeitspanne um das wahrscheinlichste Eintrittsdatum anzusetzen (IAS 39.IG F.3.11).[696] Ein früher als geplant stattfindender Eintritt der Transaktion hat keine Folgen für die Designation an sich, kann jedoch die Effektivität der Sicherungsbeziehung (▶ 3.16.6) beeinflussen (IAS 39.IG F.5.4). Tritt die erwartete künftige Transaktion zeitlich verspätet ein, wird es als zulässig erachtet, das Sicherungsinstrument zu prolongieren bzw. ein neues Sicherungsinstrument zu designieren.[697]

3.16.4.2 Sicherungsinstrumente

Regeleinsatz von Derivaten

In erster Linie kommen derivative Finanzinstrumente als Sicherungsinstrumente in Betracht. Das Unternehmen kann sämtliche Derivate als solche einsetzen;[698] davon **ausgenommen** sind folgende Posten:

- geschriebene (d.h. verkaufte) Optionen, außer sie werden zur Glattstellung einer erworbenen Option eingesetzt (IAS 39.72, AG94, IG F.1.3);

- derivative Finanzinstrumente, welche mit einem nicht-notierten Eigenkapitalinstrument[699] verknüpft sind, das mangels zuverlässiger Bestimmbarkeit des beizulegenden Zeitwerts zu Anschaffungskosten bilanziert wird (IAS 39.AG96; ▶ 3.8.2.5).

Nicht-derivative Finanzinstrumente lassen sich als Sicherungsinstrumente nur bedingt einsetzen: Sie kommen nur in Frage, wenn das Unternehmen Währungsrisiken absichern will (IAS 39.9, 72; auch IAS 39.AG95). Explizit ausgeschlossen sind ferner nicht-notierte Eigenkapitalinstrumente, deren beizulegende Zeitwerte sich nicht bestimmen lassen (IAS 39.AG96), sowie (derivative oder nicht-derivative) eigene Eigenkapitalinstrumente (im Sinne des IAS 32), da sie weder finanzielle Vermögenswerte noch finanzielle Verbindlichkeiten darstellen (IAS 39.AG97).

---

[696] KUHN/SCHARPF (2006), Rz. 2350 empfehlen etwa für Währungssicherungen 3- bzw. 1-Monatsperioden, für Zinssicherungen monatliche Abstände für die ersten 24 Monate, danach Jahresbänder. VARAIN (2008), Rz. 506 zufolge könnte die angemessene Zeitspanne unter Berücksichtigung der Planung, Budgetierung, Branche und Tätigkeit des Unternehmens bestimmt werden. Steht der Vertragspartner fest, kann der Begriff der kurzen Zeitspanne weiter ausgelegt werden, vgl. ebenda, Rz. 562.

[697] Vgl. KUHN/SCHARPF (2006), Rz. 2353; KÜMPEL/POLLMANN (2010b), S. 557; IDW (2011b), Rz. 322. Die Anschlusssicherung muss laut dem IDW indes in der ursprünglichen Dokumentation festgehalten sein. Vgl. für ein Beispiel zur Prolongation einer Sicherungsbeziehung FREIBERG (2010e), S. 267f.

[698] D.h. auch getrennt zu bilanzierende eingebettete Derivate, vgl. KPMG IFRG LIMITED (2011), S. 1285 (7.2.280.100) und S. 1468 (7.7.310.10).

[699] D.h. das Eigenkapitalinstrument wird nicht der Fair-Value-Hierarchiestufe 1 (siehe dazu Abschnitt 3.8.2.4) zugeordnet.

Grundlagen zur Bilanzierung und Offenlegung von Sicherungsbeziehungen

3.16

Bei der Designation von Sicherungsinstrumenten ist zudem Folgendes zu beachten:

Zulässigkeiten und Einschränkungen

- Das Sicherungsinstrument muss nicht erst am Markt beschafft werden, es ist auch zulässig, ein bislang (erfolgswirksam zum beizulegenden Zeitwert) bilanziertes Derivat als solches zu designieren (IAS 39.IG F.3.9).

- Als Sicherungsinstrumente sind nur solche Finanzinstrumente einsetzbar, bei denen eine nicht zum Berichtsunternehmen gehörende externe Partei – d.h. außerhalb der Unternehmensgruppe oder des einzelnen Unternehmens, über die/das berichtet wird – eingebunden ist (IAS 39.73).

- Eine rückwirkende Designation als Sicherungsinstrument wird über IAS 39.IG F.3.8, IG F.3.9 explizit ausgeschlossen.

- Auch ein Derivat, welches das Gesamtrisiko des Unternehmens erhöht, kann grundsätzlich als Sicherungsinstrument klassifiziert werden (IAS 39.IG F.2.6).

- Die Designation einzelner wertbestimmender Faktoren eines Derivats als Sicherungsinstrument ist grundsätzlich nicht möglich;[700] es lassen sich nur folgende Bewertungskomponenten eines Sicherungsinstruments getrennt designieren (IAS 39.74; auch IAS 39.IG F.5.6):[701]

    - im Fall von Optionskontrakten: innerer Wert und Zeitwert, wobei nur die Änderung des inneren Wertes einer Option als Sicherungsinstrument bestimmt und die Änderung des Zeitwerts ausgeklammert wird;

    - bei Terminkontrakten: Kassa- und Zinskomponente (Praxisbeispiele ▶ 7.2.1; 7.2.2).

- Als Sicherungsinstrument kann gemäß IAS 39.75 ein Anteil des gesamten Sicherungsinstruments (z.B. 50% des Nominalvolumens) bestimmt werden (Praxisbeispiel ▶ 7.2.3).

- Ein Sicherungsinstrument lässt sich nur für einen Teil der (Rest-)Laufzeit des Grundgeschäfts designieren (IAS 39.IG F.2.17); nicht zulässig ist hingegen die Designation einer Sicherungsbeziehung für einen Teil der (Rest-)Laufzeit des Sicherungsinstruments, d.h. Letzteres muss stets bis zum Ende der Sicherungslaufzeit einbezogen werden (IAS 39.75,

---

[700] So wird es bei einem Zins-/Währungsswap bspw. als unzulässig erachtet, die Währungskomponente herauszulösen und sie allein als Sicherungsinstrument einzusetzen, vgl. IDW (2011b), Rz. 307.

[701] Gewinne und Verluste aus dem jeweils abgespaltenen Teil werden wie die von freistehenden Derivaten behandelt, d.h. erfolgswirksam erfasst (IAS 39.IG F.1.10).

Grundlagen zur Bilanzierung und Offenlegung

IG F.1.11).[702] Indes erlaubt IAS 39.IG F.6.2 (i) die erneute Verwendung eines Postens als Sicherungsinstrument, der schon einmal in eine Sicherungsbeziehung eingebunden war, und dies z.B. nicht mehr ist, weil die Sicherungsbeziehung die Anwendungsvoraussetzungen (▶ 3.16.6) nicht mehr erfüllte.[703]

- Über IAS 39.76, IG F.1.13 wird es ermöglicht, ein einzelnes Sicherungsinstrument zur Absicherung verschiedener Risiken einzusetzen, falls sich die abzusichernden Risiken eindeutig ermitteln lassen, die Effektivität der Sicherungsbeziehung nachweisbar ist und die Möglichkeit besteht, eine exakte Zuordnung des Sicherungsinstruments zu den verschiedenen Risikopositionen zu gewährleisten.[704]

- Gemäß IAS 39.77 können 2 oder mehrere derivative bzw. nicht-derivative Finanzinstrumente genauso wie eine Kombination aus derivativen und nicht-derivativen Finanzinstrumenten (oder Teile davon) gemeinsam als Sicherungsinstrument fungieren. Dies gilt auch, wenn sich die Risiken aus den verschiedenen Derivaten kompensieren.[705]

- Es dürfen lediglich bilanzierte originäre finanzielle Vermögenswerte und finanzielle Verbindlichkeiten als Sicherungsinstrumente designiert werden; bilanzunwirksame feste Verpflichtungen sowie erwartete Transaktionen stellen keine Sicherungsinstrumente dar (IAS 39.IG F.1.2).

- Bei Net Investment Hedges lässt sich als Sicherungsinstrument ein derivatives oder ein nicht-derivatives Instrument (oder eine Kombination aus beiden) einsetzen. Dieses kann von jedem Unternehmen innerhalb

---

[702] Vgl. auch KUHN/SCHARPF (2006), Rz. 2101; VARAIN (2008), Rz. 470; DELOITTE LLP (2011b), S. 562f. Dies ist laut BARCKOW (2010), Rz. 220 nicht so zu verstehen, dass die (Rest-)Laufzeit des Sicherungsinstruments diejenige des Grundgeschäfts nicht übersteigen darf; vgl. dazu auch das Beispiel in PwC (2011a), S. 10032 (10.61), wonach ein Swap mit 7-jähriger Laufzeit gesamthaft zur Absicherung einer 5-jährigen Verbindlichkeit designiert werden kann. A.A. zu Letzterem KUHN/SCHARPF (2006), Rz. 2101; VARAIN (2008), Rz. 471.

[703] Vgl. VARAIN (2008), Rz. 470 und Rz. 513; DELOITTE LLP (2011b), S. 516.

[704] Bspw. lässt sich ein Zins-/Währungsswap dazu einsetzen, um variabel verzinsliche Fremdwährungspositionen synthetisch in festverzinsliche Positionen in funktionaler Währung umzuwandeln. Das Derivat kann im Rahmen eines Fair Value Hedge gegen das Währungsrisiko und gleichzeitig innerhalb eines Cash Flow Hedge gegen das Zinsänderungsrisiko als Sicherungsinstrument designiert werden (IAS 39.IG F.1.12). Ist Letzteres der Fall, hat man das Derivat gemäß IAS 39.IG F.1.12 zur Erfüllung der Offenlegungspflichten nach Arten von Sicherungsbeziehungen in IFRS 7.22 (siehe unten) sowohl bei den Angaben zu Cash Flow Hedges als auch zu Fair Value Hedges gesondert aufzuführen, vgl. auch KUHN/CHRIST (2011), Rz. 154; ERNST & YOUNG LLP (2012b), S. 3417.

[705] Allerdings darf weder das kombinierte Instrument noch das einzelne Derivat eine geschriebene Option sein, da Letztere gemäß IAS 39.72, AG94, IG F.1.3 generell nicht als Sicherungsinstrument qualifiziert (siehe oben).

Grundlagen zur Bilanzierung und Offenlegung von Sicherungsbeziehungen **3.16**

des Konzerns gehalten werden (IFRIC 16.14). Allerdings müssen die Anforderungen des IAS 39.88 (▶ 3.16.6), die sich auf Net Investment Hedges beziehen, erfüllt sein.[706]

- Forderungen und Verbindlichkeiten aus Finanzierungsleasingverhältnissen sind als Sicherungsinstrumente gegen Währungsrisiken designierbar; für Operating-Leasingverhältnisse gilt dies nicht.[707]

3.16.5 Arten bilanzieller Sicherungsbeziehungen: Überblick und generelle Angabepflichten

Tabelle 3-26 zeigt, welche Arten von Sicherungsbeziehungen IAS 39 vorsieht. Auf die jeweilige Bilanzierungsmethodik wird in Abschnitt 3.16.8 eingegangen.

Arten bilanzieller Sicherungsbeziehungen nach IAS 39.86 *Tabelle 3-26*

	„Fair Value Hedge"	„Cash Flow Hedge"	„Net Investment Hedge"
Bezeichnung	„Absicherung des beizulegenden Zeitwerts"	„Absicherung von Zahlungsströmen"	„Absicherung einer Nettoinvestition in einen ausländischen Geschäftsbetrieb"
Risikoart und -position	Risiken, die sich ergeben durch Änderungen der beizulegenden Zeitwerte von - bilanzierten Vermögenswerten und Verbindlichkeiten - bilanzunwirksamen festen Verpflichtungen	Risiken aus Schwankungen künftiger Cashflows in Verbindung mit - bilanzierten Vermögenswerten und Verbindlichkeiten - erwarteten, mit hoher Wahrscheinlichkeit eintretenden künftigen Transaktionen - bilanzunwirksamen festen Verpflichtungen (bei Währungsrisiken)	Währungsrisiken in Verbindung mit einer Nettoinvestition in eine wirtschaftlich selbstständige Teileinheit
Risikobezug	GuV	GuV	EK

---

[706] Insbesondere die Sicherungsstrategie des Konzerns sollte – wegen den unterschiedlichen Designationsmöglichkeiten auf unterschiedlichen Konzernebenen – eindeutig dokumentiert werden.
[707] Vgl. KPMG IFRG Limited (2011), S. 1472 (7.7.350.50, 60).

Grundlagen zur Bilanzierung und Offenlegung

	„Fair Value Hedge"	„Cash Flow Hedge"	„Net Investment Hedge"
Beispiele	Absicherung von ■ festverzinslichen Verbindlichkeiten gegen zinsbedingte Wertänderungen ■ Vorratsbeständen gegen preisbedingte Wertänderungen ■ Forderungen gegen währungsbedingte Wertänderungen ■ festen Verpflichtungen zum Kauf von Rohstoffen gegen preisbedingte Wertänderungen	Absicherung von ■ Einzahlungen aus künftigen Umsatzerlösen oder geplanten Krediten gegen währungsbedingte Schwankungen ■ variablen Zinsauszahlungen gegen zinsbedingte Fluktuationen ■ Auszahlungen aus dem geplanten Kauf von Rohstoffen gegen währungsbedingte Schwankungen ■ Einzahlungen aus festen Verpflichtungen zum Verkauf von Waren gegen währungsbedingte Fluktuationen	Absicherung von ■ Auslandsbeteiligungen gegen währungsbedingte Schwankungen aus der Abschlussumrechnung ■ Forderungen gegenüber Auslandsbeteiligungen gegen währungsbedingte Schwankungen

Fair Value Hedge versus Cash Flow Hedge

Absicherungen des beizulegenden Zeitwerts und Absicherungen von Zahlungsströmen unterscheiden sich in Bezug auf das abgesicherte Risiko: Mit einem Fair Value Hedge werden Grundgeschäfte gegen Marktwertänderungen abgesichert, wohingegen mit einem Cash Flow Hedge eine Festschreibung von zustandsabhängigen Zahlungsströmen erreicht wird.[708] So kann bspw. ein festverzinsliches Schuldinstrument nicht im Rahmen eines Cash Flow Hedge gegen Zinsänderungsrisiken designiert werden, weil mit dem Posten keine Cashflow-Schwankungen verbunden sind (IAS 39.IG F.3.1). Beide Arten können allerdings den gleichen Risikofaktoren (Preise, Bonität, sonstige wirtschaftliche Veränderungen) unterliegen. Des Weiteren ist sowohl eine Absicherung des beizulegenden Zeitwerts als auch eine Absicherung von Zahlungsströmen nur unter der Voraussetzung möglich, dass ein Risiko besteht, welches sich auf das Periodenergebnis auswirkt (IAS 39.86).

Bei Absicherungen einer Nettoinvestition in einen ausländischen Geschäftsbetrieb beeinflussen Schwankungen der zu Grunde liegenden Währung hingegen zunächst nicht die GuV; die Sicherungsbeziehung zielt auf die Verringerung der Volatilität des Eigenkapitals ab.[709]

Zuordnungsalternativen

Das Währungsrisiko einer festen Verpflichtung kann wahlweise als Fair Value Hedge oder als Cash Flow Hedge bilanziert werden (IAS 39.87). So muss das Unternehmen etwa die Absicherung einer festen Verpflichtung zum Kauf von Waren (z.B. Kraftstoff) gegen Preisrisiken (z.B. Änderung des Kraftstoffpreises) als Fair Value Hedge behandeln, die Absicherung derselben festen Verpflichtung gegen Währungsrisiken (z.B. Änderung des $-

---

[708] Vgl. dazu und folgend KUHN/SCHARPF (2006), Rz. 2025.
[709] Vgl. KUHN/SCHARPF (2006), Rz. 2024.

Grundlagen zur Bilanzierung und Offenlegung von Sicherungsbeziehungen

3.16

Kurses) kann es jedoch alternativ auch als Cash Flow Hedge designieren (IAS 39.AG104).

Ursächlich für gesonderte Vorschriften zur Absicherung von ausländischen Teileinheiten ist die unterschiedliche Erfassung von währungsbedingten Gewinnen und Verlusten der gegenläufigen Geschäfte nach IAS 21:[710]

Ursache gesonderter Regeln für Net Investment Hedges

- Als Sicherungsinstrumente kommen Fremdwährungskredite bzw. -forderungen (Bewertungskategorie LaR, HtM bzw. FLAC) oder Währungsderivate (Bewertungskategorie FAFVPL bzw. FLFVPL) in Frage. Bei Ersteren handelt es sich stets um monetäre Posten, die zum Abschlussstichtag erfolgswirksam umzurechnen sind. Gleichfalls müssen Wertänderungen von Währungsderivaten ausnahmslos in der GuV berücksichtigt werden (▶ 3.10.1.2; 3.10.2.2).

- Grundgeschäfte bilden entweder monetäre Posten in Form noch ausstehender Forderungen bzw. Verbindlichkeiten gegenüber ausländischen Geschäftsbetrieben oder Anteile an ihrem Nettovermögen. Letztere Anteile hat man im Rahmen der Umrechnung von Abschlüssen in die Darstellungswährung des Konzerns zu überführen; dabei entstehende Differenzen sind im Eigenkapital zu erfassen (IAS 21.39). Ebenso müssen Forderungen oder Verbindlichkeiten gegenüber ausländischen Geschäftsbetrieben – trotz ihres monetären Charakters – im Konzernabschluss zunächst erfolgsneutral umgerechnet werden (▶ 3.12.3.3); eine Umbuchung der im Eigenkapital erfassten Beträge kommt erst bei Veräußerung oder Aufgabe des ausländischen Geschäftsbetriebs in Frage (IAS 21.48).

Für jede Art der Sicherungsbeziehungen sind gemäß IFRS 7.22 anzugeben:

Angabepflichten für alle Arten von Sicherungsbeziehungen

- eine Beschreibung jeder Art von Sicherungsbeziehungen;
- eine Beschreibung der als Sicherungsinstrumente designierten Finanzinstrumente mit Angabe der beizulegenden Zeitwerte zum Abschlussstichtag;
- die Art der abgesicherten Risiken.

3.16.6 Anwendungsvoraussetzungen

Folgende Bedingungen müssen kumulativ erfüllt sein, damit eine Sicherungsbeziehung bilanziert werden kann (IAS 39.88):

Dokumentierte und effektive Sicherungsbeziehung

1. Zu Beginn einer Sicherungsbeziehung muss eine formale Dokumentation mit folgenden Inhalten vorliegen:

---

[710] Vgl. dazu z.B. auch HACKENBERGER (2007), S. 274; BERGER (2008), S. 610.

- Sicherungsbeziehung, Nennung des Sicherungsinstruments und des gesicherten Grundgeschäfts;
- Risikomanagementzielsetzung und -strategien;
- Art des abgesicherten Risikos;
- Methode der Bestimmung der Effektivität der Sicherungsbeziehung.[711]

2. Die Absicherung wird als in hohem Maße „effektiv" („wirksam") eingeschätzt.

3. Bei Cash Flow Hedges muss eine der Absicherung zu Grunde liegende erwartete künftige Transaktionen eine hohe Eintrittswahrscheinlichkeit haben und Risiken im Hinblick auf Schwankungen der Zahlungsströme ausgesetzt sein, die sich letztlich im Periodenergebnis niederschlagen können.

4. Die Effektivität der Sicherungsbeziehung lässt sich verlässlich bestimmen und fortlaufend, d.h. mindestens zum Zeitpunkt eines jeden Abschlusses (Jahresabschluss, Quartalsabschluss), beurteilen (auch IAS 39.AG106).[712]

Begriff und Ausprägungen der Effektivität

Die „Effektivität" (auch „Wirksamkeit") bezeichnet den Grad, mit dem die einem gesicherten Risiko zurechenbaren Änderungen (Δ) des beizulegenden Zeitwerts oder der Cashflows des Grundgeschäfts (GG) durch Änderungen des beizulegenden Zeitwerts oder der Cashflows des Sicherungsinstruments (SI) kompensiert werden (IAS 39.9).

Dies lässt sich über folgende Relation bzw. deren Kehrwert quantifizieren:

$$\text{Effektivität} = \frac{\Delta \text{ Fair Value bzw. Cashflows SI}}{\Delta \text{ Fair Value bzw. Cashflows GG}}$$

IAS 39 unterscheidet im Hinblick auf den Zeitraum, der bei der Beurteilung der Wirksamkeit einer Sicherungsbeziehung zu berücksichtigen ist, 2 Arten der Effektivität:[713]

---

[711] Aus der Dokumentation muss auch hervorgehen, ob bei der Effektivitätsbeurteilung auf die gesamte Fair-Value-Änderung des Sicherungsinstruments abgestellt oder ob die Zinskomponente eines Termingeschäfts bzw. der Zeitwert einer Option ausgeschlossen wird (IAS 39.AG107).

[712] Bei Cash Flow Hedges ist die Effektivität zudem bei Beendigung der Sicherungsbeziehung zu bestimmen, vgl. KUHN/SCHARPF (2006), Rz. 2470; IDW (2011b), Rz. 334.

[713] Vgl. SCHMIDT/PITTROFF/KLINGELS (2007), S. 96; CORTEZ/SCHÖN (2009), S. 415; WALTERSCHEIDT/KLÖCKNER (2009), S. 324; CORTEZ/SCHÖN (2010), S. 172; KÜMPEL/POLLMANN (2010b), S. 554; BARCKOW (2010), Rz. 241; DELOITTE LLP (2011b), S. 567; KPMG IFRG LIMITED (2011), S. 1484 (7.7.510.10); PwC (2011a), S. 10090f. (10.147-

Grundlagen zur Bilanzierung und Offenlegung von Sicherungsbeziehungen **3.16**

- Prospektive Effektivität: Die zu Beginn der Absicherung und in den darauf folgenden Perioden künftig (d.h. über die gesamte (Rest-)Laufzeit) erwartete Effektivität.

- Retrospektive Effektivität: Die aktuell (d.h. in Bezug auf die abgelaufene Berichtsperiode) festgestellte Effektivität, die das bilanzielle Ergebnis der Sicherungsbeziehung widerspiegelt.

Der prospektive Effektivitätstest ist bei Designation der Sicherungsbeziehung und zu Beginn jeder Testperiode durchzuführen; der retrospektive Effektivitätstest hat zum Ende jeder Berichtsperiode bzw. zu jedem Abschlussstichtag zu erfolgen.[714]

Die unter 3. geforderte hohe Wirksamkeit der Sicherungsbeziehung muss für beide Arten der Effektivität nachgewiesen werden (IAS 39.AG105). Für die retrospektive Effektivität wird dabei eine Bandbreite von 80-125% vorgegeben. Entsteht bspw. ein Verlust aus einem Sicherungsinstrument von 120 € und der Gewinn aus dem Grundgeschäft beträgt 100 €, so entspricht die Kompensation entweder 120 / 100 = 1,2 bzw. 120% oder 100 / 120 = 0,83 bzw. 83%; die Sicherungsbeziehung ist in diesem Fall retrospektiv wirksam, da der Grad der Effektivität innerhalb der Bandbreite liegt.

Bezüglich der prospektiven Effektivität macht IAS 39 keine quantitativen Vorgaben; sie muss als in hohem Maße effektiv eingeschätzt werden hinsichtlich der Erreichung einer Kompensation der Risiken aus Änderungen der beizulegenden Zeitwerte oder der Cashflows in Bezug auf das abgesicherte Risiko. Der Literatur zufolge gilt eine Sicherungsbeziehung in Bezug auf die prospektive Effektivität als wirksam, wenn diese sich in einer Bandbreite von 80-125% befindet.[715] Liegt die prospektive Effektivität außerhalb der Bandbreite, wird dies zumindest als Indikator für eine künftig ineffektive Sicherungsbeziehung gesehen.[716]

Ineffektivitäten treten in der Regel auf, wenn die Bewertungsparameter von Grundgeschäft und Sicherungsinstrument sich unterscheiden, d.h. wenn diese z.B. auf unterschiedlichen Währungen basieren, voneinander abweichende Laufzeiten haben, differenzierten Referenzzinssätzen oder Preisindi-

---

149); PETERSEN/BANSBACH/DORNBACH (2011), S. 351; FRIEDHOFF/BERGER (2011), Rz. 214; HEUSER/THEILE (2012), Rz. 3260; LÜDENBACH (2012d), Rz. 261.

[714] Vgl. PwC (2011a), S. 10091 (10.149). Weniger eindeutig dazu KPMG IFRG LIMITED (2011), S. 1484 (7.7.520.20); DELOITTE LLP (2011b), S. 578; ERNST & YOUNG LLP (2012b), S. 3361f.

[715] Vgl. VARAIN (2008), Rz. 481; CORTEZ/SCHÖN (2009), S. 416 bzw. CORTEZ/SCHÖN (2010), S. 172; EISELT/WREDE (2009), S. 518; KPMG IFRG LIMITED (2011), S. 1485 (7.7.540.20); IDW (2011b), Rz. 325; LÜDENBACH (2012d), Rz. 261. Laut FRIEDHOFF/BERGER (2011), Rz. 218 muss diese Bandbreite für den prospektiven Effektivitätstest herangezogen werden.

[716] Vgl. DELOITTE LLP (2011b), S. 569.

zes unterliegen, auf unterschiedlichen Märkten notiert werden oder unterschiedliche Ausfallrisiken aufweisen.[717] So ist etwa eine Absicherung gegen Zinsänderungsrisiken mit einem Derivat gemäß IAS 39.AG109 nicht zu 100% effektiv, wenn ein Teil der Wertänderung des Derivats auf das Ausfallrisiko des Kontrahenten (in der Regel eine Bank) zurückzuführen ist.

Erfüllt das Unternehmen die an die Bilanzierung von Sicherungsbeziehungen geknüpften Effektivitätskriterien nicht mehr, führt dies gemäß IAS 39.AG113 zur Beendigung der Sicherungsbeziehung (▶ 3.16.9) – und zwar in der Regel ab dem Zeitpunkt, an dem die Effektivität letztmals nachgewiesen wurde.[718] Wird zu Beginn der Periode (01.01.X1) der prospektive Effektivitätstest bestanden, hingegen zum Ende der Periode (31.12.X1) der retrospektive Effektivitätstest nicht, ist die Sicherungsbeziehung zum 01.01.X1 zu beenden.[719] Lässt sich die retrospektive Effektivität zum Ende der Periode (31.12.X1) nachweisen, während dies in Bezug auf die prospektive Effektivität zu Beginn der folgenden Periode (01.01.X2) nicht gelingt, hat die Sicherungsbeziehung für die Periode X1 noch Bestand (d.h. zum 31.12.X1 erfolgt noch die Bilanzierung nach den Hedge-Accounting-Vorschriften), eine Designation für die Periode X2 ist indes nicht mehr möglich.

3.16.7 Effektivitätsbeurteilung

3.16.7.1 Generelle Vorgaben

Methodenwahlrecht

IAS 39 schreibt keine spezifische Methode zur Beurteilung der Effektivität einer Sicherungsbeziehung vor; diese hat sich an der Risikomanagementstrategie des Unternehmens zu orientieren (IAS 39.AG107). Allerdings ist eine angewandte Methode für ähnliche Sicherungsgeschäfte konsistent zu wählen. Ferner muss eine einmal gewählte Methode grundsätzlich während der

---

[717] Vgl. PwC (2005), S. 14.
[718] Ein davon abweichender Einstellungszeitpunkt ist nach IAS 39.AG113 zu wählen, wenn das Ereignis oder die Änderung des Umstands, wodurch die Sicherungsbeziehung die Wirksamkeitskriterien nicht mehr erfüllte, identifiziert werden konnte und das Unternehmen nachweist, dass die Sicherungsbeziehung vor Eintritt des Ereignisses bzw. des geänderten Umstands wirksam war. In diesem Fall hat man die Bilanzierung der Sicherungsbeziehung ab dem Zeitpunkt des Ereignisses oder der Änderung des Umstands einzustellen.
[719] Vgl. dazu und folgend PwC (2011a), S. 10092 (10.150). Weniger konkret DELOITTE LLP (2011b), S. 570; KPMG IFRG LIMITED (2011), S. 1498 (7.7.680.15); ERNST & YOUNG LLP (2012b), S. 3357. Der retrospektive Effektivitätstest erfolgt demnach letztmalig zum 31.12.X0. Mit demselben Sicherungsinstrument kann am 01.01.X2 prospektiv eine neue Sicherungsbeziehung designiert werden, vorausgesetzt der prospektive Effektivitätstest wird zu diesem Zeitpunkt bestanden.

Grundlagen zur Bilanzierung und Offenlegung von Sicherungsbeziehungen 3.16

gesamten Sicherungsbeziehung beibehalten werden (IAS 39.IG F.4.4); man darf das Verfahren demnach nur in Ausnahmefällen wechseln.[720]

Die Effektivitätsbeurteilung kann entweder periodenbezogen (d.h. mit Berücksichtigung der Wertänderungen bzw. Cashflow-Änderungen für die jeweils vergangene Periode) oder auf kumulierter Basis (d.h. unter Zugrundelegung der Wertänderungen bzw. Cashflow-Änderungen seit Beginn der Sicherungsbeziehung) durchgeführt werden.[721] Den Rückgriff auf die kumulative Effektivitätsbeurteilung hat das Unternehmen im Rahmen der Dokumentation der Sicherungsbeziehung (▶ 3.16.6) explizit anzugeben (IAS 39.IG F.4.2).

Periodische versus kumulative Betrachtung

Wenn die kumulative Variante herangezogen wird, ist die Bilanzierung als Sicherungsbeziehung auch weiterhin möglich, falls auf Einzelperiodenbasis eine Ineffektivität vorherrscht, diese jedoch für die bisherige Gesamtdauer nicht besteht (IAS 39.IG F.4.2).

Das Unternehmen hat in der Regel den Zeitwert des Gelds bei der Effektivitätsbeurteilung zu berücksichtigen (IAS 39.AG112), d.h. die künftigen Cashflows sind grundsätzlich zu diskontieren. Transaktionskosten bleiben bei der Analyse der Effektivität unberücksichtigt.[722]

Weitere Vorgaben

Ferner wird über IAS 39.IG F.4.1 klargestellt, dass die Effektivitätsbeurteilung sowohl auf Vor-Steuer-Basis als auch unter Zugrundelegung der Nach-Steuer-Werte erfolgen kann. Ersteres entspricht der üblichen Vorgehensweise.[723] Eine Nach-Steuer-Betrachtung ist bereits bei Sicherungsbeginn zu dokumentieren.

Darüber hinaus muss bei der Effektivitätsbeurteilung prinzipiell das Ausfallrisiko des Sicherungsinstrumente-Kontrahenten einbezogen werden (IAS 39.IG F.4.3). Da beim Abschluss von Finanzderivaten normalerweise eine gewisse Bonität des Partners vorausgesetzt wird, sollte dieses jedoch nur in seltenen Fällen die Wirksamkeit der Sicherung beeinflussen. Auch Rückzahlungsrisiken sind grundsätzlich zu berücksichtigen.[724]

Bei Net Investment Hedges ist das Sicherungsinstrument für die Effektivitätsbeurteilung in der funktionalen Währung des Mutterunternehmens zu bewerten (IFRIC 16.15, AG7). Dies muss in Übereinstimmung mit der Do-

---

[720] So wird etwa der spätere Übergang auf die Regressionsanalyse laut dem IDW (2011b), Rz. 333 für zulässig erachtet. Vgl. zu dieser Vorgehensweise z.B. auch EISELT/WREDE (2009), S. 521 und S. 523; LÜDENBACH (2012d), Rz. 263. Ein etwaiger Methodenwechsel muss bereits bei Designation entsprechend dokumentiert werden und ist zu begründen, vgl. dazu CORTEZ/SCHÖN (2009), S. 417.
[721] Vgl. SCHARPF (2004), S. 9f.; KUHN/SCHARPF (2006), Rz. 2480.
[722] Vgl. PwC (2011a), S. 10095 (10.156.1).
[723] Vgl. IDW (2011b), Rz. 326.
[724] Vgl. PwC (2011a), S. 10095 (10.157).

Grundlagen zur Bilanzierung und Offenlegung

kumentation der Sicherungsbeziehung stehen. Abhängig davon, von wem innerhalb des Konzerns das Sicherungsinstrument gehalten wird, erfasst das Unternehmen die gesamte Wertänderung ohne die Bilanzierung einer Sicherungsbeziehung entweder in der GuV oder im OCI (oder in beiden Rechenwerken). Die Erfassungsart hat jedoch keinen Einfluss auf die Effektivitätsbeurteilung. Ebenso wird Letztere bei Net Investment Hedges nicht von der Art des Sicherungsinstruments (derivativ/nicht-derivativ) oder von der Konsolidierungsmethode beeinflusst.

3.16.7.2 Gängige Methoden im Überblick

Abbildung 3-18 zeigt die in der IFRS-Praxis überwiegend eingesetzten Verfahren zur prospektiven und retrospektiven Effektivitätsmessung.

Abbildung 3-18   *Gängige Verfahren zur Effektivitätsmessung*

Qualitative Beurteilung	Quantitative Beurteilung	
Critical Terms Match	Dollar-Offset-Verfahren	Statistische Methoden
	■ Change in Fair Value ■ Hypothetisches Derivat ■ Benchmark-Ansatz ■ Sensitivitätsanalyse ■ Historischer Vergleich	■ Regressionsanalyse ■ Varianzreduktionsmethode ■ Value at Risk

Critical Terms Match

Zunächst kann zwischen qualitativen und quantitativen Methoden unterschieden werden. Bei Rückgriff auf erstere Verfahren vergleicht man die wesentlichen bewertungsrelevanten Parameter bzw. Merkmale („Critical Terms" bzw. „Principal Terms") des Grundgeschäfts und des Sicherungsinstruments miteinander. Sind diese gleich („Match"), ist anzunehmen, dass die Sicherungsbeziehung effektiv sein wird. Die Methode des „Critical Terms Match" ist in IAS 39.AG108 explizit verankert und kann zum Nachweis für die prospektive Effektivität herangezogen werden (Praxisbeispiele ▶ 7.1.2; 7.2.1). Sind die Voraussetzungen gegeben, erübrigt sich ein gesonderter rechnerischer Nachweis für die über die gesamte (Rest-)Laufzeit erwartete Effektivität.[725]

---

[725] Vgl. CORTEZ/SCHÖN (2009), S. 416; IDW (2011b), Rz. 325 und 335. Die tatsächlich aktuell erzielten Sicherungsergebnisse (retrospektive Effektivität) müssen jedoch weiterhin kalkuliert werden, vgl. IDW (2011b), Rz. 336. Vgl. zu Letzterem auch CORTEZ/SCHÖN (2010), S. 172; BEDAU/KRAKUHN/KRAG (2010), S. 494 und S. 497; BARCKOW (2010), Rz. 242; PwC (2011a), S. 10097 (10.163); KPMG IFRG LIMITED

Grundlagen zur Bilanzierung und Offenlegung von Sicherungsbeziehungen **3.16**

IAS 39.AG108 enthält 2 Beispiele für das Vorliegen eines Critical Terms Match:

- Ein Zinsswap ist voraussichtlich ein wirksames Sicherungsinstrument, wenn Nominal- und Kapitalbetrag, Laufzeiten, Zinsanpassungstermine, die Zeitpunkte der Zins- und Tilgungsein-/auszahlungen und die Bemessungsgrundlage zur Festsetzung der Zinsen für das Sicherungsinstrument und das Grundgeschäft gleich sind.[726]

- Bei einem mit hoher Wahrscheinlichkeit eintretenden Warenkauf, der durch ein Termingeschäft abgesichert wird, ist die Absicherung hoch wirksam, wenn

    - das Termingeschäft den Erwerb einer Ware der gleichen Art und Menge sowie zum gleichen Zeitpunkt und Ort wie das erwartete Grundgeschäft zum Gegenstand hat,

    - der beizulegende Zeitwert des Termingeschäfts zu Beginn 0 ist, und

    - entweder die Änderung des Deport/Report[727] von der Effektivitätsbeurteilung ausgeschlossen und direkt in der GuV erfasst wird oder die Änderungen der erwarteten Cashflows aus der erwarteten künftigen Transaktion auf dem Terminkurs der zu Grunde liegenden Ware basiert.

In der Literatur wird die Anwendung der Critical-Terms-Match-Methode grundsätzlich auch in Verbindung mit anderen als den in IAS 39.AG108 genannten Sicherungsinstrumenten als zulässig erachtet.[728] Gleiches gilt, wenn bspw. die Zinstermine von Grund- und Sicherungsgeschäft nur geringfügig voneinander abweichen.[729] Der Rückgriff auf die Critical-Terms-Match-Methode für Sicherungsbeziehungen, bei denen nicht alle bewertungsrelevanten Parameter exakt übereinstimmen, kann ggf. damit begründet werden, dass die dabei auftretenden Ineffektivitäten unwesentlich sind. Diese Argumentation wird jedoch in der Literatur teilweise abgelehnt.[730] Danach ergeben sich bei strenger Auslegung der Anwendungsvoraussetzungen der Critical-Terms-Match-Methode praktisch keine Einsatzfälle, weil

---

(2011), S. 1490 (7.7.590.10); Deloitte LLP (2011b), S. 572; Friedhoff/Berger (2011), Rz. 219. Auch laut Ernst & Young LLP (2012b), S. 3383f. lassen sich qualitative Methoden für den retrospektiven Effektivitätstest nur kaum rechtfertigen.

[726] Dabei muss der feste Zinssatz des Grundgeschäfts nicht genau gleich hoch sein wie der Zinssatz der festen Seite des Zinsswap (IAS 39.AG112).
[727] Siehe dazu Fn. 166.
[728] Vgl. KPMG IFRG Limited (2006), S. 122; Kuhn/Scharpf (2006), Rz. 2442.
[729] Vgl. Kuhn/Scharpf (2006), Rz. 2444; Cortez/Schön (2010), S. 178. A.A. offensichtlich Varain (2008), Rz. 487; KPMG IFRG Limited (2011), S. 1486 (7.7.540.80) und S. 1490 (7.7.590.20).
[730] Vgl. dazu Bedau/Krakuhn/Krag (2010), S. 492.

Dollar-Offset-Verfahren

der Idealfall der exakten Übereinstimmung der bewertungsrelevanten Parameter in der Realität nie gegeben ist.[731]

Bei den quantitativen Verfahren lässt sich zwischen Verhältnisverfahren und statistischen Verfahren differenzieren. Erstere Methoden beruhen auf der Bildung von Quotienten. Gemeinsames Merkmal ist es, dass Fair-Value- bzw. Cashflow-Änderungen von Grundgeschäft und Sicherungsinstrument ins Verhältnis gesetzt werden. Für derartige Verfahren hat sich der Oberbegriff „Dollar Offset" etabliert.[732] Die in IAS 39.9 beschriebene Art der Effektivitätsmessung (▶ 3.16.6) entspricht der Dollar-Offset-Methodik.

– Varianten

In der IFRS-Praxis sind insbesondere die folgenden Varianten des Dollar-Offset-Verfahrens von Bedeutung:[733]

- „Change in Fair Value": Es wird die kumulative Änderung des Barwerts aus künftig erwarteten Cashflows einer gegen das variable Zinsrisiko gesicherten Forderung oder Verbindlichkeit der kumulativen Fair-Value-Änderung des Sicherungsinstruments gegenübergestellt.

- „Hypothetisches Derivat": Man modelliert das abgesicherte Risiko über ein nicht real existierendes Derivat. Es werden die Fair-Value- bzw. Cashflow-Änderungen des Sicherungsinstruments mit denjenigen des hypothetischen Derivats verglichen. Das hypothetische Derivat muss so ausgestaltet sein, dass dieses die gleichen bewertungsrelevanten Merkmale wie das Grundgeschäft aufweist (gleicher Nominalbetrag, identische Zinsanpassungstermine, Referenzzinssätze, Währungen usw.) und damit sozusagen als „Stellvertreter" für die Wertänderungen des Grundgeschäfts fungieren kann. Die Methodik ist im Rahmen von Cash Flow Hedges in Verbindung mit dem Einsatz von Zinsswaps (IAS 39.IG F.5.5) und Devisentermingeschäften (IAS 39.IG F.5.6; Praxisbeispiel ▶ 7.2.2) explizit zugelassen.

- „Benchmark-Ansatz": Es handelt sich um eine Variante der Hypothetischen-Derivate-Methodik. Als Benchmark-Wert gilt eine für die Sicherungsbeziehung gesetzte Zielgröße. Es wird zunächst die Differenz zwischen den Cashflows des Grundgeschäfts und dem Benchmark-Wert bestimmt. Anschließend vergleicht man diese Differenz mit der Fair-Value-Änderung bzw. Cashflow-Änderung des Sicherungsinstruments. Bspw. können zur Sicherung von Zahlungen aus einer variabel verzinslichen

---

[731] So müsste etwa bei der Absicherung einer festverzinslichen Anleihe gegen Swapkurven-bedingte Wertänderungen durch einen Zinsswap die variable Seite des Derivats ständig an den Marktzinssatz angepasst werden, um einen perfekten Ausgleich zu erreichen, vgl. hierzu BEDAU/KRAKUHN/KRAG (2010), S. 492.

[732] Vgl. z.B. SCHMIDT/PITTROFF/KLINGELS (2007), S. 100.

[733] Vgl. dazu PWC (2005), S. 15; KUHN/SCHARPF (2006), Rz. 2592 und Rz. 2770-2797; SCHMIDT/PITTROFF/KLINGELS (2007), S. 104-109; VARAIN (2008), Rz. 536; PWC (2011a), S. 10098-10104 (10.164-10.172).

3.16 Grundlagen zur Bilanzierung und Offenlegung von Sicherungsbeziehungen

Verbindlichkeit mittels Payer-Zinsswap die Cashflows der Festzinsseite als Benchmark-Wert definiert werden. Den Fair-Value-Änderungen des Sicherungsinstruments wird dann die Differenz aus dem Barwert der Zinszahlungen der variablen Seite und dem Barwert der Festzinszahlungen gegenübergestellt (Praxisbeispiel ▶ 7.1.2).

- „Sensitivitätsanalyse": Hierbei erfolgt ein Vergleich der Fair-Value- bzw. Cashflow-Änderungen von Grundgeschäft und Sicherungsinstrument bei einer hypothetischen Änderung einer Risikovariablen – z.B. ein Anstieg des Marktzinsniveaus um 100 BP (Praxisbeispiel ▶ 7.1.1) oder eine Änderung des Wechselkurses um 10% (Praxisbeispiele ▶ 7.2.2; 7.2.3).

- „Historischer Vergleich": Es werden die Fair-Value- bzw. Cashflow-Änderungen der Vergangenheit von Grundgeschäft und Sicherungsinstrument in Relation gesetzt.

Die Dollar-Offset-Methodik zeichnet sich durch eine relativ einfache Anwendbarkeit und Verständlichkeit aus.[734] Sie weist allerdings den Nachteil auf, dass bei sehr geringen Wertänderungen von Sicherungsinstrument und Grundgeschäft häufig Ineffektivitäten festgestellt werden, die außerhalb der für die retrospektive Effektivität vorgegebenen Bandbreite von 80-125% liegen („Problem der kleinen Zahlen").[735] Damit muss man die Sicherungsbeziehung formal gesehen als nicht wirksam einstufen, obwohl diese wirtschaftlich betrachtet hocheffektiv ist. Entsteht z.B. aus einem Sicherungsinstrument im Nominalvolumen von 1 Mio. € ein Verlust von 200 € und aus dem Grundgeschäft mit Nominalvolumen von ebenfalls 1 Mio. € ein Gewinn von 100 €, liegt die Kompensation bei 200% bzw. 50%, d.h. außerhalb der Bandbreitenvorgabe. Die Sicherungsbeziehung ist in diesem Fall zwar ineffektiv, unter ökonomischen Gesichtspunkten aber hochwirksam.

– Problem der kleinen (großen) Zahlen

Das weniger häufig diskutierte „Problem der großen Zahlen" betrifft den Fall, dass die retrospektive Effektivität zwar innerhalb der Bandbreite von 80-125% liegt, wegen den im Zeitverlauf großen absoluten Wertänderungen von Grundgeschäft und Sicherungsinstrument die Sicherungsbeziehung wirtschaftlich betrachtet jedoch als ineffektiv einzustufen ist, da der absolute Betrag der Ineffektivität im Verhältnis zur (in der Ausgangslage bestehenden) Risikoposition relativ stark abweicht.[736]

Dem Problem der kleinen Zahlen kann über die Festlegung von Toleranzgrenzen begegnet werden, die sich über Wesentlichkeitsaspekte begründen

---

[734] Vgl. dazu und folgend SCHARPF (2004), S. 17; KUHN/SCHARPF (2006), Rz. 2611-2613; SCHMIDT/PITTROFF/KLINGELS (2007), S. 101f.
[735] Vgl. auch LANTZIUS-BENINGA/GERDES (2005), S. 111; CORTEZ/SCHÖN (2010), S. 173 und S. 175 sowie anhand einer Fallstudie EISELT/WREDE (2009), S. 520.
[736] Vgl. hierzu im Detail CORTEZ/SCHÖN (2010), S. 175.

Grundlagen zur Bilanzierung und Offenlegung

lassen.⁷³⁷ Dabei gelten alle in die Effektivitätsbeurteilung eingehenden Beträge, die geringer sind als die Toleranzgrenze, als effektiv. So könnte etwa im obigen Beispiel eine Toleranzgrenze von 0,1% auf das Nominalvolumen von 1 Mio. € (= 1.000 €) eingeführt werden, wodurch die Wirksamkeit der Sicherungsbeziehung bei der unterstellten Wertänderung des Sicherungsinstruments weiterhin besteht.

Statistische Verfahren

Eingesetzte statistische Verfahren sind insbesondere die Regressionsanalyse und die Varianzreduktionsmethode. Ferner kann m.E. auch die Value-at-Risk-Methodik (▶ 5.4.4.6) den statistischen Verfahren zugerechnet werden.⁷³⁸ Statistische Verfahren können zum Nachweis für die prospektive und die retrospektive Effektivität herangezogen werden. Dabei ist zu beachten, dass die Methoden nicht die für die Bilanzierung benötigten Werte liefern. So muss etwa bei Cash Flow Hedges der ineffektive Teil stets mit der Dollar-Offset-Methode bestimmt werden.⁷³⁹ Liegt die über die Dollar-Offset-Methode ermittelte Effektivität außerhalb der Bandbreite von 80-125%, gilt die Sicherungsbeziehung laut dem IFRIC weiterhin als wirksam, solange die Dollar-Offset-Methode nicht das bei Designation festgelegte Verfahren zur Effektivitätsbeurteilung darstellt.⁷⁴⁰

– Regressionsanalyse

Die „Regressionsanalyse" ist über IAS 39.IG F.4.4 explizit im IFRS-Regelwerk verankert und in der Praxis weit verbreitet.⁷⁴¹ Der Vorgehensweise liegt ein lineares Schätzverfahren zu Grunde. Die Zielsetzung besteht darin, eine lineare Beziehung zwischen einer zu erklärenden (abhängigen) Variablen y und einer oder mehreren erklärenden (unabhängigen) Variablen x zu modellieren.⁷⁴² Der Zusammenhang wird im einfachen Modell über folgende Gleichung beschrieben:

---

⁷³⁷ Ferner finden sich in der Literatur weitere Lösungsansätze wie z.B. die „Methode der relativen Differenz". Die Anwendbarkeit dieser Verfahren ist allerdings nicht regelgestützt; daher wird auf sie hier nicht näher eingegangen. Vgl. dazu weiterführend CORTEZ/SCHÖN (2010), S. 175-177.

⁷³⁸ Hierbei wird der Value at Risk des Grundgeschäfts mit demjenigen der gesamten Sicherungsbeziehung verglichen, vgl. dazu weiterführend SCHMIDT/PITTROFF/KLINGELS (2007), S. 99; PwC (2008a), S. 560f.

⁷³⁹ Vgl. PwC (2005), S. 17 und S. 48f.; KUHN/SCHARPF (2006), Rz. 2639; KPMG IFRG LIMITED (2006), S. 126.

⁷⁴⁰ Vgl. IFRIC Update September 2006, S. 6 oder IFRIC Update November 2006, S. 9. Vgl. dazu auch SCHREIBER (2007), Rz. 52-55.

⁷⁴¹ Vgl. zu Letzterem KUHN/SCHARPF (2006), Rz. 2630 und z.B. den GB 2006 DEUTSCHE TELEKOM, S. 188. Für ein Anwendungsbeispiel im Rahmen des Hedge Accounting vgl. EISELT/WREDE (2009), S. 521f.

⁷⁴² Vgl. zum linearen Regressionsmodell grundlegend z.B. PODDIG/DICHTL/PETERSMEIER (2008), S. 215-265.

Grundlagen zur Bilanzierung und Offenlegung von Sicherungsbeziehungen

$$y = a + b \cdot x + e$$

mit y = zu erklärende Variable; a = y-Achsenabschnitt der Regressionsgeraden; b = Steigung der Regressionsgeraden; x = erklärende Variable; e = Wert der Störvariablen

Für die Effektivitätsbeurteilung definiert man als abhängige Variable die Fair-Value- bzw. Cashflow-Änderung des Sicherungsinstruments; als unabhängige Variable fungiert die Fair-Value- bzw. Cashflow-Änderung des Grundgeschäfts – oder umgekehrt. Die Wertänderungen werden für einen vergangenen Zeitraum ermittelt und paarweise in ein Koordinatenkreuz übertragen.[743] Es entsteht eine Art „Punktwolke", durch die eine Gerade, die „optimal passt", gelegt wird, indem man die Summe der vertikalen quadrierten Abstände der einzelnen Datenpunkte zu dieser Geraden möglichst klein werden lässt (so genannte „Methode der kleinsten Quadrate").

Die Güte der Regressionsgeraden (d.h. in welchem Umfang eine Abhängigkeit besteht) kann über das Bestimmtheitsmaß R^2 gemessen werden. Dieses liegt zwischen 0 und 1. Ein R^2 von 0,95 bedeutet etwa, dass 95% der Wertschwankungen des Sicherungsinstruments von den Wertschwankungen des Grundgeschäfts erklärt werden können. Je näher R^2 also an 1 liegt, desto genauer kann die Wirksamkeit der Sicherungsbeziehung beurteilt werden. IFRS-Vorgaben, ab welchem Wert eine hochwirksame Sicherungsbeziehung vorliegt, existieren nicht. In der Literatur wird dies teilweise schon bei einem R^2 von 0,8 als gegeben angesehen; PwC setzt ein R^2 von 0,96 voraus.[744]

Die Steigung der Regressionsgeraden b entspricht dem Verhältnis der Fair-Value-Änderungen bzw. Cashflow-Änderungen von Grundgeschäft und Sicherungsinstrument und sollte – gemäß der für die Effektivität vorgegebenen Bandbreite von 80-125% – innerhalb von -0,8 bis -1,25 liegen.[745] Ferner muss über so genannte F- und T-Tests die statistische Signifikanz der Regression nachgewiesen werden. Hierbei ist der Literatur zufolge mindestens ein Konfidenzniveau von 0,95 vonnöten.[746]

---

[743] Laut EISELT/WREDE (2009), S. 521 ist eine Regression auf Basis kumulierter Werte nicht zweckmäßig, da die Wertepaare nicht voneinander unabhängig sind und jeder Datenpunkt bereits die Zeitwertänderungen der Vorperioden enthält.
[744] Vgl. PwC (2005), S. 16; KUHN/SCHARPF (2006), Rz. 2631; CORTEZ/SCHÖN (2010), S. 175; PAA/SCHMIDT (2011), Rz. 351; DELOITTE LLP (2011b), S. 652; PwC (2011a), S. 10106 (10.175); FRIEDHOFF/BERGER (2011), Rz. 228; ERNST & YOUNG LLP (2012b), S. 3378 und S. 3381.
[745] Vgl. dazu und folgend PwC (2005), S. 16; KUHN/SCHARPF (2006), Rz. 2632 und Rz. 2634; DELOITTE LLP (2011b), S. 652; KPMG IFRG LIMITED (2011), S. 1488 (7.7.560.20); FRIEDHOFF/BERGER (2011), Rz. 228.
[746] Vgl. KUHN/SCHARPF (2006), Rz. 2634; CORTEZ/SCHÖN (2010), S. 177f.; PwC (2011a), S. 10106 (10.175); DELOITTE LLP (2011b), S. 654; ERNST & YOUNG LLP (2012b), S. 3380f.

Grundlagen zur Bilanzierung und Offenlegung

– *Varianzreduk-
tionsmethode*

Bei der „Varianzreduktionsmethode" (auch „Volatilitätsreduktionsmethode") wird eruiert, inwieweit durch die Sicherungsbeziehung eine Reduktion der Fair-Value-Schwankungen erreicht wurde, indem man die Wertänderungen des Grundgeschäfts mit denjenigen der gesamten Sicherungsbeziehung vergleicht.[747] Dabei gilt die Varianz[748] als Maß für die Wertänderungen. Je geringer die Varianz der gesamten Sicherungsbeziehung im Verhältnis zur Varianz des Grundgeschäfts ist, desto wirksamer ist die Sicherung. Die Sicherungsbeziehung gilt als effektiv, wenn sich über folgende Gleichung ein Wert zwischen 0,8 und 1,25 ergibt:

$$\text{Effektivität} = 1 - \frac{\text{Varianz (Fair Value GG + Fair Value SI)}}{\text{Varianz (Fair Value GG)}}$$

3.16.8 Arten von Sicherungsbeziehungen: Bilanzierungsmethodik und spezifische Angabepflichten

3.16.8.1 Fair Value Hedge

*Bilanzierungs-
methodik nach
IAS 39.89*

Bei der Absicherung des beizulegenden Zeitwerts ergibt sich die kompensatorische Wirkung ohne zusätzliche Hilfsmittel im Periodenergebnis: Es werden sowohl die Gewinne oder Verluste aus dem Sicherungsinstrument als auch die dem abgesicherten Risiko zuzurechnenden Gewinne oder Verluste aus dem Grundgeschäft zeitgleich in der GuV erfasst. Das Ergebnis aus dem Sicherungsinstrument resultiert dabei entweder aus der Zeitbewertung (für ein derivatives Finanzinstrument) oder aus der Währungsumrechnung (für ein nicht-derivatives Finanzinstrument) des Postens. Die dem abgesicherten Risiko des Grundgeschäfts zuzurechnenden Gewinne oder Verluste werden bei zu (fortgeführten) Anschaffungskosten bewerteten Posten durch Buchwertanpassung(en) erfolgswirksam erfasst. Im Fall von erfolgsneutral zum beizulegenden Zeitwert bewerteten Grundgeschäften – d.h. solche, die der Bewertungskategorie AfS zugeordnet sind – wird die Erfolgsrealisierung durch Umbuchung(en) der im Eigenkapital gespeicherten, dem abgesicherten Risiko zuzurechnenden Gewinne oder Verluste in die GuV erreicht.[749]

---

[747] Vgl. hierzu grundlegend KUHN/SCHARPF (2006), Rz. 2620. Vgl. auch PAA/SCHMIDT (2011), Rz. 350.

[748] Bei der hierbei Verwendung findenden Stichprobenvarianz oder empirischen Varianz handelt es sich um ein statistisches Maß, das beschreibt, wie stark Daten streuen bzw. schwanken. Die Varianz bestimmt sich, indem man die Abstände der Messwerte vom Mittelwert quadriert, anschließend addiert und durch die Anzahl der Messwerte teilt, vgl. dazu z.B. PODDIG/DICHTL/PETERSMEIER (2008), S. 60f.

[749] Nicht das abgesicherte Risiko betreffende Gewinne oder Verluste müssen hingegen weiterhin im Eigenkapital berücksichtigt werden (IAS 39.90 i.V.m. IAS 39.55).

Grundlagen zur Bilanzierung und Offenlegung von Sicherungsbeziehungen

Falls das Unternehmen eine bilanzunwirksame feste Verpflichtung wahlweise im Rahmen eines Fair Value Hedge als Grundgeschäft designiert, erfasst es die kumulierte Änderung des beizulegenden Zeitwerts der festen Verpflichtung (auf die das abgesicherte Risiko zurückzuführen ist) als Vermögenswert oder Verbindlichkeit mit entsprechender Gegenbuchung im Periodenergebnis (Praxisbeispiel ▶ 7.2.1). Die aus dem Sicherungsinstrument resultierenden Gewinne oder Verluste werden ebenfalls über die GuV berücksichtigt (IAS 39.93).

Besonderheiten bei festen Verpflichtungen

Bei Beendigung der festen Verpflichtung ist wie folgt zu verfahren:

- Stellt das Grundgeschäft eine feste Verpflichtung zum Kauf eines Vermögenswerts oder zum Eingehen einer Verbindlichkeit dar, wird der Buchwert des Vermögenswerts oder der Verbindlichkeit, welcher aus der Erfüllung der festen Verpflichtung resultiert, im Zugangszeitpunkt um die kumulierte Zeitwertänderung der festen Verpflichtung – die auf das abgesicherte Risiko zurückzuführen ist – angepasst (IAS 39.94). Damit werden die über die Sicherungsbeziehung erfassten Gewinne oder Verluste zu dem Zeitpunkt realisiert, zu dem auch der Vermögenswert oder die Verbindlichkeit erfolgswirksam wird (z.B. in Perioden, in denen Herstellungskosten, planmäßige Abschreibungen oder Zinserträge/-aufwendungen in die GuV einfließen).

- Führt die feste Verpflichtung zur Erfassung von Aufwendungen oder Erträgen (z.B. von Umsatzerlösen), so wird der dafür in der GuV erfasste Betrag durch Ausbuchung des für die feste Verpflichtung angesetzten Vermögenswerts bzw. der Schuld angepasst (Praxisbeispiel ▶ 7.2.1.9).

Neben den für alle Arten von Sicherungsbeziehungen zu vermittelnden Informationen (▶ 3.16.5) müssen nach IFRS 7.24 die Gewinne oder Verluste angegeben werden, die aus der Zeitbewertung des Sicherungsinstruments sowie aus der Anpassung des Grundgeschäfts um das abgesicherte Risiko resultieren.

Spezifische Angabepflichten

3.16.8.2 Cash Flow Hedge

Für Absicherungen von Zahlungsströmen ist charakteristisch, dass sich die Wertänderungen des Grundgeschäfts zunächst noch nicht in der GuV erfassen lassen, da die festen Verpflichtungen oder erwarteten Transaktionen erst später das Ergebnis beeinflussen oder zu einem Bilanzansatz führen. Daher wird zur zeitlichen Synchronisation der gegenläufigen Gewinne und Verluste mit dem Eigenkapital ein 2. Rechenwerk als Hilfsmittel eingesetzt.

Bilanzierungsmethodik nach IAS 39.95

3 Grundlagen zur Bilanzierung und Offenlegung

Zwar erfolgt die Bewertung des Sicherungsinstruments ebenfalls zum beizulegenden Zeitwert, jedoch wird die Wertänderung aufgeteilt in

- einen ineffektiven Teil,
- einen ausgeschlossenen Teil sowie
- einen effektiven Teil.

Ineffektiver und ausgeschlossener Teil der Wertänderung des Sicherungsinstruments sind sofort erfolgswirksam in der GuV zu erfassen und damit zum Zweck der eigentlichen Absicherung (d.h. zur Erzielung der kompensatorischen Wirkung) irrelevant. Der effektive Teil, der entsprechend der Wertänderung des Grundgeschäfts ermittelt wird, ist erfolgsneutral im Eigenkapital zu berücksichtigen. Dort verbleibt er so lange, bis aus dem Grundgeschäft eine Ergebniswirkung resultiert.

Ermittlung des effektiven Teils (Eigenkapitaleinbuchung)

Bei einer perfekten Sicherungsbeziehung (d.h. die Wertänderung des Sicherungsinstruments entspricht exakt der auf das abgesicherte Risiko zurückzuführenden Wertänderung des Grundgeschäfts) wird die gesamte Wertänderung des Sicherungsinstruments im Eigenkapital erfasst. Ist die Sicherungsbeziehung hingegen nicht perfekt (aber innerhalb der vorgegebenen Bandbreite effektiv), so hat das Unternehmen die eigenständige, mit dem Grundgeschäft verbundene Eigenkapitalkomponente auf den niedrigeren der folgenden (absoluten) Beträge zu berichtigen (IAS 39.96):

- kumulierter Gewinn oder Verlust aus dem Sicherungsinstrument seit Beginn der Sicherungsbeziehung;
- kumulierte Änderung des beizulegenden Zeitwerts (Barwerts) der erwarteten künftigen Cashflows aus dem Grundgeschäft.

Demnach kann ein – erfolgswirksam zu erfassender – ineffektiver Teil immer nur im Fall des Vorliegens einer „Übereffektivität" („Over-Hedge"; IAS 39.IG F.5.3) bestehen, d.h. wenn der kumulierte Gewinn oder Verlust aus dem Sicherungsinstrument seit Beginn der Sicherungsbeziehung betragsmäßig größer ist als die kumulierte Änderung des beizulegenden Zeitwerts (Barwerts) der erwarteten künftigen Cashflows aus dem Grundgeschäft.[750] Dies verdeutlicht das Beispiel in Tabelle 3-27.

---

[750] Vgl. SCHARPF (2004), S. 18; HACKENBERGER (2007), S. 272; KÜMPEL/POLLMANN (2010a), S. 558; IDW (2011b), Rz. 350; DELOITTE LLP (2011b), S. 568f.

Grundlagen zur Bilanzierung und Offenlegung von Sicherungsbeziehungen

3.16

Ermittlung des effektiven Teils bzw. der Eigenkapitaleinbuchung Tabelle 3-27

	Q1 X7 periodisch	Q1 X7 kumulativ	Q2 X7 periodisch	Q2 X7 kumulativ	Q3 X7 periodisch	Q3 X7 kumulativ	Q4 X7 periodisch	Q4 X7 kumulativ
Δ Sicherungsinstrument (SI)	+110 €	+110 €	-130 €	-20 €	-70 €	-90 €	+108 €	+18 €
Δ Grundgeschäft (GG)	-120 €	-120 €	+138 €	+18 €	+92 €	+110 €	-125 €	-15 €
Effektivität (Δ SI / Δ GG)		92% (Under-Hedge)		111% (Over-Hedge)		82% (Under-Hedge)		120% (Over-Hedge)
Eigenkapitalberichtigung *auf*		110 € (Haben)		18 € (Soll)		90 € (Soll)		15 € (Haben)
Eigenkapitalberichtigung *um*	+110 €		-128 €		-72 €		+105 €	
GuV-Erfassung	0 €	0 €	-2 €	-2 €	+2 €	0 €	+3 €	+3 €

Sind die Wertänderungen des Sicherungsinstruments teilweise auf das Ausfallrisiko des Kontrahenten (in der Regel ein Kreditinstitut) zurückzuführen, ist der betreffende Betrag nicht in jedem Fall ein im Gewinn oder Verlust zu erfassender ineffektiver Teil. Das Ausfallrisiko muss im Rahmen der über IAS 39.96 verlangten Berichtigung berücksichtigt werden (IAS 39.IG F.5.2).[751]

Der Zeitpunkt und die Art der Umbuchung der im Eigenkapital gespeicherten Gewinne oder Verluste hängen davon ab, was später aus der erwarteten Transaktion resultiert:

Eigenkapitalausbuchung in Abhängigkeit der Art der erwarteten Transaktion

- Führt die erwartete Transaktion zum Ansatz eines *finanziellen* Vermögenswerts oder einer *finanziellen* Verbindlichkeit, werden die im Eigenkapital erfassten Beträge in Berichtsperioden, in denen die abgesicherten erwarteten Zahlungsströme das Ergebnis beeinflussen (z.B. in Perioden, in denen Zinserträge oder -aufwendungen erfasst werden), als Reclassification Adjustment in die GuV umgebucht (IAS 39.97).

- Resultiert die erwartete Transaktion im Ansatz eines *nicht-finanziellen* Vermögenswerts oder einer *nicht-finanziellen* Verbindlichkeit oder ent-

---

[751] Vgl. dazu auch IDW (2011b), Rz. 351. Setzt sich etwa die kumulative Wertänderung des Sicherungsinstruments im Beispiel in Tabelle 3-27 von +110 € aus einer ausfallrisikobedingten Änderung von -1 € und aus sonstigen Wertänderungen von +111 € zusammen, so hätte dies keinen Einfluss auf die GuV in Q1 X7, d.h. die ausfallrisikobedingte Änderung wäre im OCI erfasst worden. Würde sich hingegen die kumulative Wertänderung von -20 € in Q2 X7 aus einer Ausfallrisikokomponente von +1 € und einer sonstigen Wertänderung von -21 € ergeben, so würde der in der GuV erfasste ineffektive Teil von -2 € die Ausfallrisikokomponente einschließen.

steht eine feste Verpflichtung, sind die im OCI gespeicherten Beträge gemäß IAS 39.98 wahlweise

- in Berichtsperioden, in denen der erworbene bzw. übernommene Posten das Ergebnis beeinflusst (z.B. in Perioden, in denen Abschreibungen oder Umsatzkosten erfasst werden), als Reclassification Adjustment in die GuV umzubuchen oder

- zu entfernen und als Teil der Anschaffungskosten im Zugangszeitpunkt oder eines anderweitigen Buchwerts des Vermögenswerts bzw. der Verbindlichkeit zu berücksichtigen (Praxisbeispiel ▶ 7.2.2.15).[752]

Für alle anderen Folgen/Absicherungen werden die im Eigenkapital erfassten Beträge in den Berichtsperioden, in denen die abgesicherten erwarteten Zahlungsströme das Ergebnis beeinflussen (z.B. wenn ein erwarteter Verkauf stattfindet), als Reclassification Adjustment in die GuV umgebucht (IAS 39.100).

Erwartet das Unternehmen indes, dass der im OCI gespeicherte Verlust (gesamthaft oder teilweise) in einer oder mehreren Berichtsperioden nicht wieder hereingeholt wird, hat es diesen voraussichtlichen Verlustbetrag als Reclassification Adjustment in das Periodenergebnis zu überführen (IAS 39.97, 98).

Werden feste Verpflichtungen zum Kauf einer Unternehmenseinheit im Rahmen eines Cash Flow Hedge gegen Währungsrisiken abgesichert, bezieht sich die Absicherung auf die in Fremdwährung gezahlte Gegenleistung.[753] Der Zeitpunkt und die Art der OCI-Umbuchung hängt davon ab, ob das Unternehmen darin den Erwerb eines finanziellen oder eines nicht-finanziellen Postens sieht: Wird ein Kauf von Anteilen (z.B. Aktien) unterstellt, resultiert aus der Transaktion ein finanzieller Posten; legt man hingegen den Erwerb eines Geschäftsbetriebs (wie in IFRS 3 Anhang A definiert) zu Grunde, entsteht daraus ein nicht-finanzieller Posten.[754]

Spezifische Angabepflichten

Zusätzlich zu den für alle Arten von Sicherungsbeziehungen bereitzustellenden Angaben (▶ 3.16.5) ist für Cash Flow Hedges gemäß IFRS 7.23 Folgendes offen zu legen:

---

[752] Das Wahlrecht muss das Unternehmen einheitlich und stetig für alle entsprechenden Sicherungsbeziehungen anwenden (IAS 39.99).

[753] Vgl. dazu und folgend KPMG IFRG LIMITED (2011), S. 1504 (7.7.730.10-70). Vgl. auch das Beispiel in DELOITTE LLP (2011b), S. 543f.

[754] Handelt es sich um einen finanziellen Posten, werden die im OCI gespeicherten Gewinne/Verluste erst bei einem Verkauf des Unternehmens oder bei einer Wertminderung des Geschäfts- oder Firmenwerts in die GuV überführt. Bei einem nicht-finanziellen Posten kann man den OCI-Betrag alternativ auch zum Erwerbszeitpunkt mit dem Geschäfts- oder Firmenwert verrechnen.

Grundlagen zur Bilanzierung und Offenlegung von Sicherungsbeziehungen 3.16

- die Berichtszeiträume, in denen die Zahlungen[755] voraussichtlich eintreten und wann sich diese aller Voraussicht nach auf die Gewinne und Verluste auswirken werden;

- eine Beschreibung aller erwarteten Transaktionen, die in eine Sicherungsbeziehung nach IAS 39 eingebunden waren, deren Eintritt das Unternehmen jedoch nicht länger erwartet;

- der während des Berichtszeitraums im OCI erfasste Betrag;

- der während des Berichtszeitraums aus dem Eigenkapital in die GuV überführte Betrag, wobei der in jedem Posten der GuV (des SCI) enthaltene Betrag anzugeben ist;

- der Betrag, der dem Eigenkapital entnommen und während des Berichtszeitraums in die Anschaffungskosten bzw. in den sonstigen Buchwert eines nicht-finanziellen Vermögenswerts oder einer nicht-finanziellen Verbindlichkeit einbezogen wurde, sofern es sich um die Absicherung einer erwarteten und mit hoher Wahrscheinlichkeit eintretenden künftigen Transaktion aus dem nicht-finanziellen Posten handelt.

Ferner müssen nach IFRS 7.24 die Gewinne oder Verluste angegeben werden, die aus Ineffektivitäten bei Absicherungen von Zahlungsströmen resultieren.

3.16.8.3 Net Investment Hedge

Die Bilanzierung der Absicherung von Nettoinvestitionen in ausländische Geschäftsbetriebe entspricht methodisch dem Cash Flow Hedge: Der gemäß der Wertänderung des Grundgeschäfts ermittelte effektive Teil der Wertänderung des Sicherungsinstruments wird im OCI gespeichert und erst zum Zeitpunkt der Veräußerung des ausländischen Geschäftsbetriebs als Reclassification Adjustment in die GuV transferiert.[756] Ineffektive oder ausgeschlossene Teile der Wertänderung des Sicherungsinstruments sind hingegen sofort erfolgswirksam zu erfassen.

Bilanzierungsmethodik nach IAS 21.48; IAS 39.102

---

[755] IFRS 7 konkretisiert nicht hinreichend, ob bei diesen die Cashflows des Grund- oder des Sicherungsgeschäfts gemeint sind; inhaltlich können aber nur die abgesicherten Zahlungen aus dem Grundgeschäft und nicht diejenigen der Sicherungsinstrumente gemeint sein, vgl. SCHARPF (2006), S. 29. Gl.A. IDW (2009a), Rz. 35; KUHN/CHRIST (2011), Rz. 157.

[756] Bei Veräußerung des ausländischen Geschäftsbetriebs bestimmt sich der bezüglich des Sicherungsinstruments vom OCI in die GuV umzubuchende Betrag über IAS 39.102: Es muss der kumulative Gewinn oder Verlust, der auf den effektiven Teil der Sicherungsbeziehung zurückzuführen ist, ins Periodenergebnis überführt werden (IFRIC 16.16).

Spezifische An- | Analog zur Absicherung von Zahlungsströmen hat das Unternehmen nach
gabepflichten | IFRS 7.24 die Gewinne oder Verluste anzugeben, die aus Ineffektivitäten bei Net Investment Hedges resultieren.

3.16.9 Beendigung der Sicherungsbeziehung

Fair Value Hedge

Die Bilanzierung eines Fair Value Hedge ist nach IAS 39.91 einzustellen, wenn

- das Sicherungsinstrument ausläuft oder veräußert, beendet oder ausgeübt wird;[757]

- die Sicherungsbeziehung nicht mehr die Anwendungsvoraussetzungen (▶ 3.16.6) erfüllt; oder

- das Unternehmen die Designation zurückzieht bzw. aufhebt.

Ab Beendigung des Sicherungszusammenhangs erfolgt die bilanzielle Behandlung der involvierten Sicherungsinstrumente und Grundgeschäfte wieder gemäß den allgemeinen Grundsätzen (IAS 39.92). Dies bedingt bei verzinslichen Grundgeschäften üblicherweise die ergebniswirksame Amortisation mittels eines neu zu bestimmenden Effektivzinssatzes.[758] Der angepasste Buchwert des Grundgeschäfts entspricht den fortgeführten Anschaffungskosten. Damit kommt es – sofern das verzinsliche Grundgeschäft nach Beendigung der Sicherungsbeziehung beim Unternehmen verbleibt – zu einer Amortisation der durch die Buchwertanpassung induzierten Differenz über die Restlaufzeit des Grundgeschäfts im Zinsergebnis.[759] Geht das Grundgeschäft hingegen mit der Einstellung der Sicherungsbeziehung ab, so erfolgt die GuV-wirksame Erfassung über den beim Abgang ermittelten Veräußerungsgewinn/-verlust, d.h. über die Differenz zwischen angepasstem Buchwert und der Summe der erhaltenen bzw. gezahlten Gegenleistung.

---

[757] Ein Ersatz oder Überrollen eines Sicherungsinstruments in ein anderes Sicherungsinstrument gilt nicht als Auslaufen oder Beendigung, sofern ein derartiger Einsatz oder ein derartiges Überrollen Teil der dokumentierten Sicherungsstrategie ist.
[758] Vgl. dazu beispielhaft auch FREIBERG (2010e), S. 265.
[759] Vgl. hierzu und folgend KUHN/SCHARPF (2006), Rz. 2858f.; KÜMPEL/POLLMANN (2010a), S. 557f.

Grundlagen zur Bilanzierung und Offenlegung von Sicherungsbeziehungen **3.16**

Ein Cash Flow Hedge muss gemäß IAS 39.101 prospektiv beendet werden, wenn

Cash Flow Hedge

- das Sicherungsinstrument ausläuft, veräußert, beendet oder ausgeübt wird;[760]
- die Sicherungsbeziehung nicht mehr die Anwendungsvoraussetzungen (▶ 3.16.6) erfüllt;
- mit dem Eintritt der erwarteten Transaktion nicht mehr gerechnet wird; oder
- das Unternehmen die Designation zurückzieht bzw. aufhebt.

Wird die Sicherungsbeziehung wegen einer der beiden erstgenannten Bedingungen eingestellt, verbleibt der erfolgsneutral erfasste kumulierte Gewinn oder Verlust aus dem Sicherungsinstrument als gesonderter Posten im Eigenkapital (OCI), bis die vorhergesehene Transaktion eingetreten ist. Bei Eintritt der Transaktion erfolgt die Eigenkapitalausbuchung analog zur herkömmlichen Bilanzierung der Sicherungsbeziehung in Abhängigkeit der Art der erwarteten Transaktion (▶ 3.16.8.2).

Sofern die Sicherungsbeziehung deshalb beendet werden muss, weil das Unternehmen mit dem Eintritt der erwarteten Transaktion nicht mehr rechnet, so ist der kumulierte Gewinn oder Verlust aus dem Sicherungsinstrument, der im Eigenkapital gespeichert wurde, ergebniswirksam zu berücksichtigen.

Für den Fall, dass die Designation der Sicherungsbeziehung zurückgezogen oder aufgehoben wird, verbleibt der erfolgsneutral erfasste kumulierte Gewinn oder Verlust aus dem Sicherungsinstrument als gesonderter Posten im Eigenkapital bis die vorhergesehene Transaktion eingetreten ist oder man deren Eintritt nicht mehr erwartet. Das erstere Eintreten der Transaktion hat die Eigenkapitalausbuchung analog zur herkömmlichen Bilanzierung der Sicherungsbeziehung in Abhängigkeit der Art der erwarteten Transaktion zur Folge (▶ 3.16.8.2). Wird mit dem Eintritt der erwarteten Transaktion nicht mehr gerechnet, muss der im Eigenkapital erfasste kumulierte Gewinn oder Verlust als Reclassification Adjustment über die GuV ausgebucht werden.

Für den Hedge of a Net Investment in a Foreign Operation liefert IAS 39 keine Beendigungsvorgaben. Da dieser jedoch methodisch dem Cash Flow Hedge entspricht, kann m.E. auf dieselben Kriterien zurückgegriffen werden.

Net Investment Hedge

---

[760] Siehe Fn. 757.

3.16.10 Besonderheiten bei Unternehmenszusammenschlüssen

Bei einem Unternehmenszusammenschluss hat der Erwerber zum Erwerbszeitpunkt die erworbenen identifizierbaren Vermögenswerte und übernommenen Schulden einzustufen oder zu bestimmen (▶ 3.3.6.12; 3.4.1; 3.5.5), sodass anschließend andere IFRS angewendet werden können (IFRS 3.15). Dabei ist auch festzulegen, ob derivative Finanzinstrumente als Sicherungsinstrumente gemäß IAS 39 designiert werden (IFRS 3.16). Insofern besteht zum Erwerbszeitpunkt die Möglichkeit zur prospektiven Neudesignation von Sicherungsbeziehungen. Vom Veräußerer vor dem Unternehmenszusammenschluss designierte Sicherungsbeziehungen können allerdings nicht fortgeführt werden. So kann der Erwerber auch keine vom Veräußerer vor der Transaktion (im Rahmen eines Cash Flow Hedge) im OCI gespeicherten Gewinne oder Verluste übernehmen und danach in die GuV umbuchen.[761]

---

[761] Vgl. dazu DELOITTE LLP (2011b), S. 527 und S. 649; ERNST & YOUNG LLP (2012b), S. 3357. Vgl. auch PwC (2011a), S. 10056 (10.88.2).

4 Darstellung im Abschluss

4.1 Bilanzielle Darstellung

4.1.1 Vermögenswerte und Schulden

4.1.1.1 Vorgaben nach IAS 1 und IFRS 7

Wie für alle Bilanzposten gelten für Finanzinstrumente zunächst die generellen Ausweisvorschriften des IAS 1. Dieser gibt über IAS 1.54 ein Mindestgliederungsschema vor, welches die folgenden Finanzinstrumente-Posten enthält:

Mindestgliederungsschema des IAS 1

- „Finanzielle Vermögenswerte (ohne die Beträge, die unter (e), (h) und (i) ausgewiesen werden)" (IAS 1.54 (d));

- „Nach der Equity-Methode bilanzierte Finanzanlagen" (IAS 1.54 (e));

- „Forderungen aus Lieferungen und Leistungen und sonstige Forderungen" (IAS 1.54 (h));

- „Zahlungsmittel und Zahlungsmitteläquivalente" (IAS 1.54 (i));

- „Verbindlichkeiten aus Lieferungen und Leistungen und sonstige Verbindlichkeiten" (IAS 1.54 (k));

- „Finanzielle Schulden (ohne die Beträge, die unter (k) und (l)[762] ausgewiesen werden)" (IAS 1.54 (m)).

Daraus lässt sich ableiten, dass in der Bilanz grundsätzlich alle Finanzinstrumente-Posten gesondert von den Vermögenswerten und Schulden, die keine Finanzinstrumente darstellen, auszuweisen sind.

Das Mindestgliederungsschema muss allerdings nicht zwingend übernommen werden: Über IAS 1.55 und IAS 1.57 (b) wird die Möglichkeit zur Änderung der Gliederung und Zusammenfassung bzw. Erweiterung der Posten gewährt.

Anpassungsmöglichkeiten

Für Nicht-Banken obligatorisch ist hingegen gemäß IAS 1.60 und IAS 1.63 die zusätzliche Aufteilung der Aktiv- und Passivseite nach der Fristigkeit („kurzfristig" bzw. „current" versus „langfristig" bzw. „non-current").[763]

Fristigkeitsausweis

---

[762] IAS 1.54 (l) enthält den Posten „Rückstellungen".
[763] Vgl. LÖW (2006), S. 14 und S. 17; BRÜCKS/KERKHOFF/STAUBER (2006b), S. 434, die auf die entsprechenden Paragrafen vor der Neufassung von IAS 1 (IAS 1.51, 54)

4 Darstellung im Abschluss

Zur Fristigkeitseinstufung wird auf den entsprechenden Abschnitt verwiesen (▶ 3.6.3).

Angabevorgaben nach IFRS 7

Wie bereits in Abschnitt 3.4.4.1 dargelegt, müssen nach IFRS 7.8 die Buchwerte der 6 Bewertungskategorien angegeben werden, wobei diese für die Bewertungskategorien FAFVPL und FLFVPL zusätzlich noch gesondert für Finanzinstrumente darzustellen sind, die unter Anwendung der Fair-Value-Option designiert wurden, und für solche, die das Unternehmen als HfT eingestuft hat. Der Angabepflicht kann entweder in der Bilanz oder im Anhang nachgekommen werden; insofern ergänzt IFRS 7 die generellen Ausweisvorgaben von IAS 1.

Abbildung 4-1 *Ausweisvorgaben nach IAS 1.54 und IFRS 7.8 im Überblick*

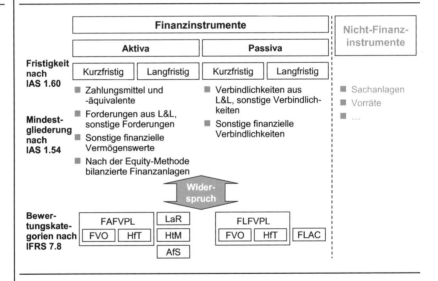

Regelungswiderspruch

Für Unternehmen, die das Wahlrecht in Anspruch nehmen und der Angabepflicht des IFRS 7.8 in der Bilanz nachkommen, besteht momentan ein gewisser Regelungswiderspruch, denn die über IAS 1.54 mindestens geforderten Posten entsprechen nicht den nach IFRS 7.8 anzugebenden Bewertungskategorien (siehe auch Abbildung 4-1).[764] Fraglich ist, ob sich dieser

---

Bezug nehmen. Banken werden ihre Bilanz gemäß IAS 1.63 nach aufsteigender oder abnehmender Liquidität aufbauen, womit sich das Erfordernis zum jeweils gesonderten Ausweis nicht ergibt.

[764] Vgl. dazu primär LÖW (2006), S. 16 und S. 17f. sowie auch SCHARPF (2006), S. 8f., die sich auf den entsprechenden Paragrafen in der alten Version von IAS 1 (IAS 1.68) beziehen.

Bilanzielle Darstellung

Regelungswiderspruch über die in IAS 1.55 und IAS 1.57 (b) kodifizierten Anpassungsmöglichkeiten der Bilanzgliederung relativieren lässt.

4.1.1.2 Umsetzung in der Praxis

Für die im DAX befindlichen und nach IFRS Rechnung legenden Nicht-Banken lassen sich folgende Ausweispraktiken feststellen:[765]

Ausweispraxis

- Die nach der Equity-Methode bilanzierten Finanzanlagen werden in der Regel gesondert im langfristigen Bereich dargestellt,[766] wobei überwiegend nicht auf die Postenbezeichnung des IAS 1.54 (e) zurückgegriffen wird.

- Die Mehrzahl der Unternehmen setzt im langfristigen Bereich den Posten „Finanzanlagen" bzw. „Finanzbeteiligungen" ein. Darunter werden primär Anteile an verbundenen Unternehmen und sonstige Beteiligungen gefasst. In einigen Fällen ordnen die Nicht-Banken dem Posten auch Wertpapiere oder Ausleihungen zu.[767]

- TUI weist als einziger Konzern sowohl für den kurz- als auch für den langfristigen Bereich einen Posten „Zur Veräußerung verfügbare finanzielle Vermögenswerte" (AfS) aus und zeigt damit die Buchwerte dieser Bewertungskategorie bereits gesondert in der Bilanz.[768]

- Die operativen Außenstände werden mehrheitlich in einem Posten „Forderungen aus Lieferungen und Leistungen" im kurzfristigen Bereich ausgewiesen.[769] Wenige Nicht-Banken fassen diese mit den „sonstigen (übrigen) Forderungen" zusammen.[770] Vereinzelt werden Forderungen aus Lieferungen und Leistungen auch mit „sonstigen Vermögenswer-

---

[765] Die Feststellungen basieren auf den im Geschäftsjahr 2006 veröffentlichten Konzernbilanzen.
[766] Nur die DEUTSCHE POST, HENKEL und METRO zeigen diese nicht als einzelne Posten in der Bilanz.
[767] Letzteres wird praktiziert von BASF, DEUTSCHE LUFTHANSA, DEUTSCHE POST, HENKEL, LINDE und RWE.
[768] Darunter fallen bei TUI Anteile an verbundenen Unternehmen, sonstige Beteiligungen und Wertpapiere.
[769] LINDE und THYSSENKRUPP subsumieren darunter allerdings auch Forderungen aus PoC, siehe dazu Abschnitt 3.3.6.7.
[770] Bei der DEUTSCHEN TELEKOM entsprechen die „sonstigen Forderungen" den „Forderungen aus Auftragsfertigung"; TUI weist darunter sowohl für den kurz- als auch für den langfristigen Bereich alle Forderungen und Ausleihungen gegenüber verbundenen und externen Unternehmen sowie Forderungen aus Finanzierungsleasing und Zinsabgrenzungen aus. Die DEUTSCHE POST zeigt ihre operativen Außenstände im Posten „Forderungen und sonstige Vermögenswerte".

Darstellung im Abschluss

ten" aggregiert, die teilweise nicht den Charakter von Finanzinstrumenten haben.[771]

- Des Öfteren wird ein Posten „sonstige (übrige) Forderungen" (zum Teil in Kombination mit sonstigen Vermögenswerten) für den lang- und/oder kurzfristigen Bereich ausgewiesen,[772] der ggf. Forderungen an verbundene Unternehmen, an Mitarbeiter, an Lieferanten, aus Derivaten, aus Darlehen und Zinsen enthält.

- Die Bilanzen von 2 Konzernen beinhalten den kurz- und langfristigen Posten „Finanzforderungen". Darunter fallen bei BMW Finanzderivate, Wertpapiere, Investmentanteile, Ausleihungen und Forderungen; bei RWE sind darin Ausleihungen an verbundene Unternehmen, Sicherheitsleistungen für Handelsgeschäfte und Zinsabgrenzungen enthalten.

- Ferner weisen 3 Unternehmen im kurz- und langfristigen Bereich den Posten „Forderungen aus Finanzdienstleistungen" aus. BMW, LINDE und VOLKSWAGEN fassen darunter Forderungen aus Finanzierungsleasing; bei den beiden Automobilkonzernen sind darin auch Forderungen aus der Kreditfinanzierung für Kunden und Händler enthalten.[773]

- Einige Unternehmen verwenden im kurzfristigen Bereich den Bilanzposten „Wertpapiere".[774]

- In einigen Fällen werden Finanzinstrumente unter den „sonstigen (nichtfinanziellen) Vermögenswerten" zusammengefasst. So weisen 4 Unternehmen unter einer solchen Postenbezeichnung ihre Derivate aus.[775] Darüber hinaus sind dort etwa Darlehen an Dritte (ALTANA, MAN), langfristige Forderungen aus Lieferungen und Leistungen (ALTANA) sowie Forderungen gegen verbundene Unternehmen (BMW) enthalten.

---

[771] So fasst die DEUTSCHE LUFTHANSA unter den Posten „Forderungen aus Lieferungen und Leistungen und sonstige Vermögenswerte" auch Rechnungsabgrenzungsposten.

[772] Dies praktizieren ALTANA, BASF, BAYER, DEUTSCHE LUFTHANSA, HENKEL, LINDE, METRO, RWE und THYSSENKRUPP; der letztere Konzern subsumiert darunter auch Wertpapiere. Bei VOLKSWAGEN heißt der Posten „sonstige Forderungen und finanzielle Vermögenswerte" und enthält neben Forderungen gegenüber verbundenen Unternehmen und Forderungen aus Derivaten auch Nicht-Finanzinstrumente.

[773] VOLKSWAGEN subsumiert darunter auch Forderungen aus dem Direktbankengeschäft.

[774] Es handelt sich um ALTANA, BASF, DEUTSCHE LUFTHANSA, LINDE, MAN, RWE und VOLKSWAGEN. Bei BASF werden diese den Bewertungskategorien FAFVPL und AfS zugeordnet, vgl. BASF-GB 2006, S. 110; die DEUTSCHE LUFTHANSA, LINDE und RWE bilanzieren Wertpapiere ausschließlich als AfS, vgl. dazu die GB 2006 DEUTSCHE LUFTHANSA, S. 143; LINDE, S. 129 und RWE, S. 154.

[775] Dies sind ADIDAS, ALTANA, DEUTSCHE POST und MAN.

Bilanzielle Darstellung 4.1

- Nur 4 Konzerne greifen zum Ausweis sowohl im lang- als auch im kurzfristigen Bereich auf die Bezeichnung „sonstige finanzielle Vermögenswerte" zurück, die IAS 1.54 (d) vorgibt.[776] Die Unternehmen fassen darunter Ausleihungen an fremde Dritte; ferner enthält der Posten finanzielle Vermögenswerte der Bewertungskategorien AfS (BAYER, DEUTSCHE TELEKOM) und HtM (BAYER). Bei CONTINENTAL und METRO schließt der Posten auch Wertpapiere ein; letztgenannter Konzern subsumiert darunter ebenfalls Anteile an verbundenen Unternehmen. Zudem werden dort Derivate (DEUTSCHE TELEKOM) sowie Forderungen und Ausleihungen an verbundene Unternehmen (CONTINENTAL) ausgewiesen.

- Alle Unternehmen halten sich an die Vorgabe des IAS 1.54 (i) und weisen „Zahlungsmittel und Zahlungsmitteläquivalente" gesondert aus. Die exakte Bezeichnung nutzen allerdings nur BASF, BAYER und die DEUTSCHE TELEKOM.

- Auch die regelmäßig kurzfristigen Verbindlichkeiten aus Lieferungen und Leistungen werden überwiegend in einem separaten Posten dargestellt. DEUTSCHE LUFTHANSA und DEUTSCHE TELEKOM greifen auf die über IAS 1.54 (k) geforderte Bezeichnung „Verbindlichkeiten aus Lieferungen und Leistungen und sonstige Verbindlichkeiten" zurück.[777]

- Alle Unternehmen stellen ihre wesentlichen finanziellen Verbindlichkeiten[778] für den kurz- und langfristigen Bereich in einem Posten „Finanzverbindlichkeiten" („Finanzschulden") oder Ähnlichem dar.[779] Darunter werden in der Regel ausschließlich Finanzinstrumente gefasst.[780] Die Bilanz von LINDE beinhaltet zudem einen Posten „Verbindlichkeiten aus Finanzdienstleistungen", unter den hauptsächlich Finanzierungsleasingverbindlichkeiten fallen.

---

[776] Hierbei handelt es sich um BAYER, CONTINENTAL, DEUTSCHE TELEKOM und METRO.
[777] Bei der DEUTSCHEN LUFTHANSA werden darunter auch nicht-finanzielle Posten subsumiert. Gleiches gilt für die DEUTSCHE TELEKOM, die dort „Verbindlichkeiten aus Auftragsfertigung" zeigt.
[778] Hauptsächlich handelt es sich um folgende Posten: klassische Anleihen, Wandel- bzw. Umtauschanleihen, Pflichtwandelanleihen, Hybridanleihen, nachrangige Anleihen, klassische Schuldverschreibungen (CPs, MTNs), Wandelschuldverschreibungen, Schuldscheindarlehen, Verbindlichkeiten gegenüber Kreditinstituten, Wechselverbindlichkeiten, Verbindlichkeiten aus Finanzierungsleasingverhältnissen, Verbindlichkeiten aus bilateralen/syndizierten Krediten.
[779] ADIDAS ordnet die Verbindlichkeiten mit Restlaufzeiten unter einem Jahr dem langfristigen Bereich zu.
[780] Die DEUTSCHE TELEKOM und VOLKSWAGEN subsumieren unter den Finanzschulden auch Verbindlichkeiten aus Operating-Leasingverhältnissen und damit nichtfinanzielle Posten.

Darstellung im Abschluss

▪ Darüber hinaus weisen viele Unternehmen finanzielle Verbindlichkeiten unter den „sonstigen (übrigen) Verbindlichkeiten" aus. Dabei handelt es sich in erster Linie um Derivate.[781] Außerdem werden darunter Verbindlichkeiten gegenüber verbundenen Unternehmen (DEUTSCHE LUFTHANSA, HENKEL, MAN) sowie gegenüber Mitarbeitern (ADIDAS, THYSSENKRUPP) und aus Finanzierungsleasing (ADIDAS, BASF) subsumiert. Bei BAYER und THYSSENKRUPP enthält der Posten auch Verbindlichkeiten aus der Zinsabgrenzung.

▪ Der gesonderte Bilanzausweis von derivativen Finanzinstrumenten ist bei Nicht-Banken im DAX eher selten: Die DEUTSCHE LUFTHANSA und TUI zeigen diese jeweils für den kurz- und langfristigen Bereich; CONTINENTAL weist die Posten nur auf der Aktivseite separat aus.[782]

Vorgabenabweichung die Regel

Die vorstehend beschriebenen Ausweispraktiken verdeutlichen, dass auf die nach IAS 1.54 geforderten Bezeichnungen in der Regel nicht zurückgegriffen wird. Zudem werden vielfach finanzielle und nicht-finanzielle Posten zusammengefasst.

Kein Aufriss nach Bewertungskategorien in der Bilanz

Auch lassen sich den Bilanzen nur in den seltensten Fällen die gemäß IFRS 7.8 offen zu legenden Buchwerte nach Bewertungskategorien entnehmen. Da nicht anzunehmen ist, dass die DAX-Unternehmen ihre Bilanzgliederung im Zuge der Erstanwendung von IFRS 7 wesentlich modifizieren werden,[783] wird die Angabe der kategorisierten Buchwerte vorwiegend im Anhang erfolgen. Um die Offenlegungspflicht über den Bilanzausweis erfüllen zu können, müsste man zusätzliche Untergliederungen nach Bewertungskategorien einfügen, was die Bilanz – auch auf Grund der gesonderten Darstellung für den kurz- und langfristigen Bereich – wesentlich verlängern und bei den meisten Unternehmen in keinem Verhältnis zur Relevanz der Werte stehen würde.[784]

4.1.1.3 Eigener Bilanzgliederungsvorschlag

Die Tabellen 4-1 und 4-2 zeigen eine m.E. für Nicht-Banken in den meisten Fällen zweckmäßige Finanzinstrumente-Bilanzgliederung. Sofern sich die unter dem jeweiligen Posten zusammengefassten finanziellen Vermögenswerte bzw. finanziellen Verbindlichkeiten nicht bereits aus der Bezeichnung

---

[781] Der Ausweis der Derivate unter den sonstigen (übrigen) Verbindlichkeiten erfolgt bei ADIDAS, ALTANA, BASF, BAYER, DEUTSCHE POST, HENKEL, MAN, RWE, THYSSENKRUPP und VOLKSWAGEN. Bei BAYER schließt der Posten auch Verbindlichkeiten aus Warentermingeschäften ein.
[782] Bei CONTINENTAL sind allerdings die kurzfristigen Bestände mit „verzinslichen Anlagen" zusammengefasst.
[783] Im betrachteten Geschäftsjahr 2006 hat nur die DEUTSCHE TELEKOM IFRS 7 angewandt.
[784] Kritisch zur Angabe in der Bilanz vgl. auch HEUSER/THEILE (2012), Rz. 2591.

Bilanzielle Darstellung 4.1

ergeben, sind die wesentlichen darin subsumierten Finanzinstrumente-Arten ebenfalls aufgeführt. Darüber hinaus enthalten die Tabellen 4-1 und 4-2 Einschätzungen zur Kategorisierung der Posten.[785] Die kategorisierten Buchwerte müssen bei diesem Aufbau in der Regel im Anhang angegeben werden.

Vorschlag zur Finanzinstrumente-Bilanzgliederung auf der Aktivseite — Tabelle 4-1

Posten	Bewertungskategorie				
	keine	LaR	HtM	AfS	FAHfT
Langfristig					
Nach der Equity-Methode bilanzierte Finanzanlagen	X				
Sonstige Finanzanlagen					
Anteile an verbundenen Unternehmen (▶ 6.4)				X	
sonstige Beteiligungen (▶ 6.4)				X	
Wertpapiere (▶ 6.4)			X	X	X
Finanzforderungen					
Ausleihungen an fremde Dritte (▶ 6.3)		X			
Ford. aus Finanzierungsleasingverhältnissen (▶ 6.15)	X				
Forderungen aus Zinsabgrenzungen (▶ 6.3)		X			
Sonstige finanzielle Vermögenswerte					
Ford. gegenüber verbundenen Unternehmen (▶ 6.3)		X			
Forderungen gegenüber Mitarbeitern (▶ 6.3)		X			
Forderungen aus gestellten Sicherheiten (▶ 6.14)		X			
Ford. aus bedingten Gegenleistungen (▶ 6.16.1)					X
Derivate (▶ 6.5; 6.6; 6.16.2; 7)		X			X
Kurzfristig					
Zahlungsmittel und Zahlungsmitteläquivalente (▶ 6.1)		X	X		
Wertpapiere (▶ 6.4)			X	X	X
Forderungen aus Lieferungen und Leistungen (▶ 6.2)		X			
Sonstige finanzielle Vermögenswerte					
Ausleihungen an fremde Dritte (▶ 6.3)		X			
Ford. gegenüber verbundenen Unternehmen (▶ 6.3)		X			
Ford. aus Finanzierungsleasingverhältnissen (▶ 6.15)	X				
Forderungen gegenüber Mitarbeitern (▶ 6.3)		X			
Forderungen aus Zinsabgrenzungen (▶ 6.3)		X			
Ford. aus Dividenden und Nutzungsentgelten (▶ 6.3)		X			
Forderungen aus gestellten Sicherheiten (▶ 6.14)		X			
Ford. aus bedingten Gegenleistungen (▶ 6.16.1)					X
Derivate (▶ 6.5; 6.6; 6.16.2; 7)		X			X

---

[785] Von der Nutzung der Fair-Value-Option wird dabei abgesehen.

4 Darstellung im Abschluss

Das vorgeschlagene Gliederungsschema soll nicht als statischer Bilanzaufbau verstanden werden. Vielmehr hängen die Postenbezeichnungen und das Aggregationsniveau von der Wesentlichkeit der einzelnen Finanzinstrumente-Arten ab. So kann es bspw. bei signifikanten Derivate-Beständen sinnvoll sein, diese als gesonderte Posten zu zeigen.

Tabelle 4-2 Vorschlag zur Finanzinstrumente-Bilanzgliederung auf der Passivseite

Posten	Bewertungskategorie		
	keine	FLAC	FLHfT
Langfristig			
Finanzverbindlichkeiten			
Schuldverschreibungen (▶ 6.7; 6.9; 6.10)		X	
Commercial Papers, Euronotes, Medium Term Notes (▶ 6.7)		X	
Schuldscheindarlehen (▶ 6.7)		X	
Verbindlichkeiten gegenüber Kreditinstituten (▶ 6.7)		X	
Wechselverbindlichkeiten (▶ 6.13)		X	
Verb. aus Finanzierungsleasingverhältnissen (▶ 6.15)	X		
Verbindlichkeiten aus Verbriefungstransaktionen (▶ 6.7)		X	
Sonstige finanzielle Verbindlichkeiten			
Verb. gegenüber verbundenen Unternehmen (▶ 6.13)		X	
Verbindlichkeiten gegenüber Mitarbeitern (▶ 6.13)		X	
Verbindlichkeiten aus Zinsabgrenzungen (▶ 6.13)		X	
Verb. aus Dividenden und Nutzungsentgelten (▶ 6.13)		X	
Verbindlichkeiten aus Finanzgarantien (▶ 6.11)	X		
Verbindlichkeiten aus Kreditzusagen (▶ 6.12)	X		
Verbindlichkeiten aus erhaltenen Sicherheiten (▶ 6.14)		X	
Verbindlichkeiten aus bedingten Gegenleistungen (▶ 6.16.1)			X
Derivate (▶ 6.5; 6.6; 6.16.2; 7)	X		X
Kurzfristig			
Verbindlichkeiten aus Lieferungen und Leistungen (▶ 6.13)		X	
Finanzverbindlichkeiten	[Aufteilung und Kategorien siehe langfristiger Bereich]		
Sonstige finanzielle Verbindlichkeiten	[Aufteilung und Kategorien siehe langfristiger Bereich]		

4.1.1.4 Kontierung und Angabepflichten

Kontenaufbau nach Bewertungskategorien

Schon die über IAS 39 beim erstmaligen Ansatz faktisch vorherrschende Pflicht zur Zuordnung von finanziellen Vermögenswerten und finanziellen Verbindlichkeiten zu Bewertungskategorien macht es erforderlich, dass der unternehmensspezifische Finanzinstrumente-Bilanzkontenrahmen (auf den die Abschlusssysteme zurückgreifen) nach Bewertungskategorien differenziert und damit jedem einzelnen Finanzinstrumente-Konto eindeutig eine

Bilanzielle Darstellung

4.1

Bewertungskategorie zugeordnet ist. Dieses Erfordernis wird durch die Angabepflichten des IFRS 7.8 noch verstärkt, denn wenn eine derartige Kontenstruktur fehlt, können die geforderten kategorisierten Buchwerte ohne zusätzliche Erhebungen nicht ermittelt werden.

In diesem Zusammenhang ist darauf hinzuweisen, dass sich ggf. eine über die 6 Bewertungskategorien hinausgehende Gruppierung als erforderlich bzw. sinnvoll erweisen kann. Dies liegt zum einen darin begründet, dass bei den Bewertungskategorien FAFVPL bzw. FLFVPL danach unterschieden werden muss, ob man die Posten als HfT einstuft oder diese unter Nutzung der Fair-Value-Option designiert (▶ 3.4.3.4). Falls beide Varianten zur Anwendung kommen, muss das Unternehmen nach 8 Bewertungskategorien differenzieren.

Ggf. Differenzierung nach 6 bis 9 Bewertungskategorien

Zum anderen ist es möglich, dass der Bewertungskategorie AfS finanzielle Vermögenswerte mit unterschiedlichen Wertmaßstäben (Regelfall: beizulegender Zeitwert, Ausnahmefall: Anschaffungskosten) zugeordnet sind (▶ 3.4.3.3). Da nach IFRS 7.30 (b) auch die Buchwerte der zu Anschaffungskosten bewerteten AfS-Finanzinstrumente angegeben werden müssen (▶ 3.8.4), bietet es sich ggf. an, weitere Differenzierungen innerhalb der Bewertungskategorie AfS (AfSFV, AfSC) vorzunehmen.

Sofern der Finanzinstrumente-Kontenrahmen so aufgebaut ist, dass bei den Einzelposten danach unterschieden werden kann, welcher Bewertungskategorie diese jeweils zugeordnet sind, lassen sich die zur Erfüllung der Angabepflichten des IFRS 7.8 benötigten Werte durch entsprechende automatisierte Auswertungen (Aggregationen nach Bewertungskategorien) auf sehr effiziente Weise generieren. Eine Möglichkeit, den Anforderungen im Anhang nachzukommen, besteht in der Publikation einer Matrix wie in den Tabellen 4-1 und 4-2 dargestellt, welche die in der Bilanz gezeigten Posten vertikal aufreißt und horizontal die einzelnen Bewertungskategorien aufführt. Die Summe der in den Spalten (FAHfT, FAFVPL (FVO), LaR, HtM, AfS, FLHfT, FLFVPL (FVO)) aufgeführten Buchwerte nach Bewertungskategorien entspricht dann den über IFRS 7.8 anzugebenden Beträgen.

Erhebungsaspekte

4.1.2 Eigenkapital

4.1.2.1 Ausweisvorgaben und Angabepflichten nach IAS 1

Die IFRS sehen keine expliziten Gliederungsvorschriften für das Eigenkapital vor:[786] Über das Mindestgliederungsschema in IAS 1 wird lediglich der Ausweis der nicht-beherrschenden Anteile sowie des gezeichneten Kapitals und der Rücklagen gefordert (IAS 1.54 (q) und (r)); die in IAS 1.IG6 exem-

Kaum Ausweisregeln nach IAS 1

---

[786] Vgl. dazu z.B. SCHEFFLER (2006), S. 70; PELLENS u.a. (2011), S. 506f.

Darstellung im Abschluss

plarisch aufgeführte Bilanz unterteilt das Eigenkapital in „Gezeichnetes Kapital" („Share Capital"), „Gewinnrücklagen" („Retained Earnings"), „Andere Eigenkapitalkomponenten" („Other Components of Equity") und „Nicht-beherrschende Anteile" („Non-Controlling Interests").

Angabepflichten

Ferner werden über IAS 1.79 eine Reihe von Angaben verlangt, denen man entweder in der Bilanz, in der Eigenkapitalveränderungsrechnung oder im Anhang nachkommen kann. Gemäß IAS 1.79 (a) ist in Bezug auf jede Klasse von gezeichnetem Kapital[787] Folgendes offen zu legen:

– zum gezeichneten Kapital

- die Zahl der genehmigten Anteile, der ausgegebenen und voll eingezahlten Anteile sowie der ausgegebenen und nicht voll eingezahlten Anteile;

- den Nennwert der Anteile oder die Tatsache, dass diese keinen haben;

- eine Überleitungsrechnung, welche die Zahl der im Umlauf befindlichen Anteile am Anfang und am Ende der Periode zeigt;

- die mit jeder Klasse verbundenen Rechte, Vorzugsrechte und Beschränkungen (einschließlich Ausschüttungs- und Rückzahlungsbeschränkungen);

- vom Unternehmen selbst, seinen Tochterunternehmen oder von assoziierten Unternehmen gehaltene eigene Anteile;

- Anteile (inklusive Modalitäten und Beträge), die wegen Optionen und Verkaufsverträgen für die Ausgabe zurückgehalten werden.

– zu den Rücklagen

Nach IAS 1.79 (b) muss eine Beschreibung zu Art und Zweck jeder Rücklage innerhalb des Eigenkapitals erfolgen.

– zum Kapitalmanagement

Darüber hinaus enthält IAS 1 auch Offenlegungspflichten zum Kapitalmanagement. Gemäß IAS 1.134 hat jedes Unternehmen – unabhängig davon, ob es reguliert ist, und zu welcher Branche es gehört – Informationen verfügbar zu machen, welche es den Abschlussadressaten ermöglichen, die Ziele, Vorgehensweisen und Prozesse zum Kapitalmanagement zu beurteilen. Die Angaben können dementsprechend als Ergänzung zur Eigenkapitalveränderungsrechnung verstanden werden.[788]

Konkret ergeben sich für Nicht-Banken, die regelmäßig keinen externen Kapitalanforderungen ausgesetzt sind, die folgenden Offenlegungspflichten (IAS 1.135 (a) (i), (iii); IAS 1.135 (b), (c)):

---

[787] Unternehmen ohne gezeichnetes Kapital (wie z.B. Personengesellschaften) müssen nach IAS 1.80 Informationen bereitstellen, die denjenigen in IAS 1.79 (a) gleichwertig sind.

[788] Vgl. ECKES/SITTMANN-HAURY (2004), S. 1200. Die „Eigenkapitalveränderungsrechnung" zählt neben der „Bilanz", der „Gewinn- und Verlustrechnung" und der „Kapitalflussrechnung" zu den 4 Rechenwerken im IFRS-Abschluss (IAS 1.10).

- qualitative Informationen über Ziele, Methoden und Prozesse beim Kapitalmanagement einschließlich einer Beschreibung dessen, was als Kapital gemanagt wird, sowie Erläuterungen dahingehend, wie die Ziele für das Kapitalmanagement erfüllt werden;

- zusammengefasste quantitative Daten darüber, was das Unternehmen als Kapital managt;

- Änderungen obiger Angaben im Vergleich zur Vorperiode.

Die Angaben sollen auf Informationen, welche Mitgliedern der Geschäftsleitung intern präsentiert werden, basieren. IAS 1.IG10 enthält ein Beispiel, wie ein Unternehmen ohne externe Kapitalanforderungen den Offenlegungspflichten nachkommen kann.

Schließlich werden über IAS 1 auch Angaben in Verbindung mit der Eigenkapitalklassifizierung von kündbaren Instrumenten (▶ 6.8.1.5) verlangt; gemäß IAS 1.136A ist Folgendes offen zu legen:[789]

– zu als Eigenkapital klassifizierten kündbaren Instrumenten

- zusammengefasste quantitative Daten über die als Eigenkapital klassifizierten Beträge;

- Ziele, Methoden und Prozesse zum Management der Verpflichtung zum Rückkauf oder zur Ablösung des Instruments, wenn das Kündigungsrecht ausgeübt wird (mit Änderungen im Vergleich zur Vorperiode);

- den erwarteten Zahlungsmittelabfluss beim Rückkauf bzw. der Ablösung für die Klasse von Finanzinstrumenten;[790]

- Informationen darüber, wie dieser erwartete Cashflow bestimmt wurde.

4.1.2.2 Umsetzung in der Praxis

Tabelle 4-3 zeigt verschiedene Aufbauvarianten des Eigenkapitals, wie sie sich den Bilanzen der im DAX befindlichen Nicht-Banken entnehmen lassen. Unter dem „gezeichneten Kapital" (auch „Grundkapital") wird das eingezahlte Haftungskapital verstanden. Den Posten „Kapitalrücklage" geben die IFRS zwar nicht ausdrücklich vor, er ist jedoch im Hinblick auf den Grund-

---

[789] Der Paragraf wurde mit dem Amendment zu IAS 32 „Puttable Financial Instruments and Obligations Arising on Liquidation" eingefügt, siehe zu diesem Abschnitt 3.1.1.

[790] Laut dem RIC ist dabei die Historie der Zahlungsmittelabflüsse in der Vergangenheit zu berücksichtigen; werden demzufolge in absehbarer Zeit keine Rückkäufe oder Ablösungen erwartet, erübrigt sich die Angabe. Vgl. dazu RIC (2010a), Rz. 40 bzw. MEURER/TAMM (2010), S. 274; auch HENNRICHS (2009), S. 1075. Die Ermittlung kann man auch unter Heranziehung überschlägiger und branchenüblicher Vereinfachungsverfahren durchführen, vgl. RIC (2010a), Rz. 41.

4 Darstellung im Abschluss

satz der „Fair Presentation" in Verbindung mit IAS 1.55 geboten.[791] Darunter sind primär Zahlungen der Eigenkapitalgeber zu subsumieren, die über die Nennwerte bzw. Stammeinlagen der Anteile hinausgehen (Agio bzw. Aufgeld). Ferner werden in dem Posten auch regelmäßig Eigenkapitalkomponenten von Wandel- oder Optionsanleihen (▶ 6.9; 6.10), Optionsprämien sowie Kosten von Eigenkapitaltransaktionen (▶ 6.8.6.2) erfasst.[792]

Tabelle 4-3 | *Bilanzausweis des Eigenkapitals in der Praxis von Nicht-Banken*

Variante I[793]	Variante II[794]	Variante III[795]	Variante IV[796]
Gezeichnetes Kapital	Gezeichnetes Kapital	Gezeichnetes Kapital	Eigene Anteile
Kapitalrücklage	Kapitalrücklage	Andere Rücklagen (Kapitalrücklage, OCI)	
OCI	Gewinnrücklagen (inklusive OCI)		
Gewinnrücklagen		Gewinnrücklagen	
Minderheitenanteile	Minderheitenanteile	Minderheitenanteile	Minderheitenanteile

Die „Gewinnrücklagen" setzen sich aus der Summe der einbehaltenen Gewinne (ggf. vermindert um Verluste) der Vorperioden zuzüglich des Ergebnisses des aktuellen Berichtszeitraums zusammen; man unterscheidet insbesondere gesetzliche, satzungsmäßige, steuerliche und andere Gewinnrücklagen.[797] Teilweise werden darunter auch die erfolgsneutral im Eigenkapital gespeicherten Gewinne und Verluste, die das OCI betreffen, gefasst (siehe Variante II in Tabelle 4-3).[798] Neben den im Zusammenhang mit der Bewer-

---

[791] Vgl. PELLENS u.a. (2011), S. 497.
[792] Vgl. z.B. die GB 2006 von CONTINENTAL, S. 104; DEUTSCHE LUFTHANSA, S. 145; TUI, S. 201. Vgl. auch KÜTING/ERDMANN/DÜRR (2008), S. 945.
[793] Zusammensetzung von ALTANA (welche zusätzlich die gehaltenen eigenen Anteile ausweist und das OCI aufsplittet), BASF, CONTINENTAL, DEUTSCHE TELEKOM (die zusätzlich die gehaltenen eigenen Anteile und das Konzernergebnis gesondert ausweist), HENKEL, LINDE, MAN, BMW und THYSSENKRUPP (wobei die beiden letztgenannten Konzerne zudem die gehaltenen eigenen Anteile separat zeigen).
[794] Gliederung von BAYER (welches die Gewinnrücklagen als „sonstige Rücklagen" bezeichnet), METRO, TUI (die zusätzlich noch den Posten „Hybridkapital" ausweist), VOLKSWAGEN.
[795] Aufbau von ADIDAS, DEUTSCHE POST.
[796] Bilanzgliederung von RWE.
[797] Vgl. PELLENS u.a. (2011), S. 499 und S. 501. Obschon das Ergebnis des laufenden Geschäftsjahres nicht als gesonderter Posten zu zeigen ist, wird es teilweise separat ausgewiesen (z.B. bei DEUTSCHE TELEKOM und DEUTSCHE LUFTHANSA).
[798] Darüber hinaus berücksichtigt man in den Gewinnrücklagen Korrekturen grundlegender Fehler (IAS 8.42) sowie rückwirkende Änderungen von Ansatz- und Bewertungsmethoden (IAS 8.22), vgl. PELLENS u.a. (2011), S. 873 und S. 865.

tung von Finanzinstrumenten stehenden Ergebnissen (Zeitwertänderungen von AfS-Instrumenten und von in Cash Flow Hedges eingebundenen Sicherungsinstrumenten ▶ 3.14.1) kann es sich dabei um Wechselkursdifferenzen aus der Umrechnung ausländischer Geschäftsbetriebe (IAS 21), Gewinne oder Verluste aus der Neubewertung von Sachanlagen und immateriellen Vermögenswerten (IAS 16, IAS 38) sowie um versicherungsmathematische Gewinne oder Verluste aus leistungsorientierten Plänen (IAS 19) handeln (IAS 1.7).

4.2 Zuordnung innerhalb der GuV

4.2.1 Vorgaben nach IAS 1 und IFRS 7

Bislang existieren kaum Vorgaben zum Ausweis von Ergebnissen aus Finanzinstrumenten innerhalb der GuV: Außer den „Finanzierungsaufwendungen" enthalten das Mindestgliederungsschema in IAS 1.82 und die Varianten der Erfolgsdarstellung[799] in IAS 1.IG6 keine weiteren Posten, in denen ausschließlich Aufwendungen und Erträge aus Finanzinstrumenten subsumiert sein können.[800]

Kaum Regelungen nach IAS 1

Über IFRS 7.20 (a) wird die Angabe der Nettogewinne/-verluste aus den Finanzinstrumenten, die auf die 5 Bewertungskategorien FAFVPL und FLFVPL, HtM, LaR, AfS sowie FLAC entfallen, verlangt (▶ 3.14.6). Dem kann alternativ in der GuV oder im Anhang nachgekommen werden.

Angabepflichten nach IFRS 7

Im Unterschied zur wahlweisen Darstellung der Buchwerte in der Bilanz steht die Ausweisalternative der Nettoergebnisse in der GuV in Einklang mit den Vorschriften des IAS 1.[801] Wird das Wahlrecht in Anspruch genommen, ergänzt IFRS 7 als lex specialis für Finanzinstrumente die Bestimmungen zur GuV-Gliederung in IAS 1.[802]

Kein Regelungswiderspruch

---

[799] Die Neufassung des IAS 1 sieht wahlweise einen „One Statement Approach" (GuV und OCI zusammengefasst) oder einen „Two Statement Approach" (Trennung von GuV und OCI wie nach dem zuvor gültigen IAS 1) vor.

[800] Vgl. Löw (2006), S. 19, der sich auf den entsprechenden Paragrafen im alten IAS 1 (IAS 1.81) bezieht.

[801] IFRS 7.IG13 in der Fassung vor den Änderungen in 2008 deutete konträr zu IAS 1.32 und IAS 1.82 auf die Zulässigkeit einer saldierten Darstellung der Finanzierungsaufwendungen (mit den entsprechenden Erträgen) in der GuV hin. Dieser Widerspruch wurde im Zuge des IFRS-Überarbeitungsprozesses 2008 (siehe dazu Abschnitt 3.1.1) durch Modifikation von IFRS 7.IG13 eliminiert. Vgl. zu den Hintergründen Schreiber (2007), Rz. 66-69.

[802] Vgl. Scharpf (2006), S. 24. Nach IAS 1.85, 86 ist der Ausweis zusätzlicher Posten eine Änderung der GuV-Gliederung grundsätzlich zugelassen.

Darstellung im Abschluss

4.2.2 Umsetzung in der Praxis

GuV-Aufteilung in Betriebs- und Finanzergebnis

Die Mehrzahl der im DAX gelisteten und nach IFRS bilanzierenden Nicht-Banken unterteilt ihre GuV explizit in ein „Betriebsergebnis" und ein „Finanzergebnis".[803] Letzteres ist überwiegend maßgeblich für die Erfassung von Aufwendungen und Erträgen aus Finanzinstrumenten. In den meisten Fällen entsprechen die innerhalb des Betriebsergebnisses gesondert präsentierten Ergebnisarten den in IAS 1.IG6 aufgeführten Gliederungsposten (siehe Tabelle 4-4).[804] Im Bereich des Finanzergebnisses weichen hingegen viele Unternehmen von den Vorgaben des IAS 1 ab.

Tabelle 4-4

Vorgaben bei der Erfolgsdarstellung und deren Umsetzung in der Praxis

GuV-Gliederung nach IAS 1.IG6	GuV-Gliederung in der Praxis
Umsatzerlöse	Umsatzerlöse
Umsatzkosten	Umsatz- bzw. Herstellungskosten
Bruttogewinn	**Bruttoergebnis vom Umsatz**
Sonstige Erträge	Sonstige betriebliche Erträge
Vertriebskosten	Vertriebskosten
Verwaltungsaufwendungen	Allgemeine Verwaltungskosten
Andere Aufwendungen	Sonstige betriebliche Aufwendungen
	Betriebsergebnis
Finanzierungsaufwendungen	**Finanzergebnis** (mit unterschiedlichem Aufbau, siehe Tabelle 4-5)
Gewinn- oder Verlustanteile an assoziierten Unternehmen	
Gewinn oder Verlust vor Steuern	**Ergebnis vor Steuern**

Uneinheitlicher Aufbau des Finanzergebnisses

Tabelle 4-5 zeigt verschiedene Aufbauvarianten des Finanzergebnisses, wie sie bei den im DAX befindlichen Nicht-Banken feststellbar sind. Darüber hinaus lassen sich den Geschäftsberichten weitere Unterteilungen des Finanzergebnisses entnehmen: Neben dem „Ergebnis aus nach der Equity-Methode bilanzierten Unternehmen" (kurz „Equity-Ergebnis") werden die Postenbezeichnungen „Finanzierungsaufwendungen" und „übriges Finanzergebnis" (VOLKSWAGEN) oder alternativ „finanzielle Erträge" bzw. „Finanzerträge" sowie „Finanzielle Aufwendungen" bzw. „Finanzaufwendungen" (BAYER, DEUTSCHE POST und ALTANA, wobei letzterer Konzern das Equity-Ergebnis gesondert zeigt) herangezogen.

---

[803] Die GuV der Konzerne wird überwiegend nach dem Umsatzkostenverfahren aufgestellt. Basis für diese und die folgenden Aussagen bilden die im Geschäftsjahr 2006 veröffentlichten GuV.

[804] Es lassen sich vereinzelt Unterschiede zur Vorgabe nach IAS 1 feststellen. So weist etwa CONTINENTAL die sonstigen betrieblichen Erträge und Aufwendungen saldiert aus.

Zuordnung innerhalb der GuV

4.2

Wird kein separates Finanzergebnis ausgewiesen, kommt in 2 Fällen die über Variante III in Tabelle 4-5 dargestellte Postenaufteilung zur Anwendung.[805] Die GuV von ADIDAS, LINDE und TUI enthält (zusätzlich zum Equity-Ergebnis[806]) die Posten „Finanzerträge" und „Finanzaufwendungen"; dies praktiziert auch RWE, wobei letzteres Unternehmen darüber hinaus noch das übrige Beteiligungsergebnis gesondert präsentiert.

Alternative Bestandteile des Finanzergebnisses in der Praxis von Nicht-Banken

Tabelle 4-5

Variante I[807]	Variante II[808]	Variante III[809]	Variante IV[810]	Variante V[811]
Equity-Ergebnis	Equity-Ergebnis	Equity-Ergebnis	Equity-Ergebnis	Equity-Ergebnis
Sonstiges Beteiligungsergebnis	Übriges Beteiligungsergebnis	Sonstiges Beteiligungsergebnis		
Zinserträge	Zinsergebnis	Zinserträge	Zinserträge	Übriges Finanzergebnis
Zinsaufwendungen		Zinsaufwendungen	Zinsaufwendungen	
Übriges Finanzergebnis	Übriges Finanzergebnis		Sonstiges Finanzergebnis	

Im Hinblick auf die Zuordnung der Arten von Aufwendungen und Erträgen aus Finanzinstrumenten (▶ 3.14.1) zu den einzelnen Ergebnisbestandteilen kann Folgendes festgestellt werden:

Zuordnungspraxis

- Zinsaufwendungen sind generell entweder im Posten „Finanzaufwendungen",[812] in den „Zinsaufwendungen"[813] oder im „Zinsergebnis"

---

[805] Dies ist bei CONTINENTAL und MAN der Fall.
[806] Bei ADIDAS lag ein solches allerdings offensichtlich nicht vor.
[807] Aufbau von METRO, quasi deckungsgleich zur Gliederung des Finanzergebnisses von DEUTSCHE LUFTHANSA.
[808] Posten des Finanzergebnisses von BASF.
[809] Aufbau des Finanzergebnisses von HENKEL, wobei zusätzlich die Posten „Beteiligungsergebnis" (Summe aus Equity-Ergebnis und sonstigem Beteiligungsergebnis) sowie „Zinsergebnis" (Saldo aus Zinserträgen und Zinsaufwendungen) gezeigt werden.
[810] Gliederung von THYSSENKRUPP; das Finanzergebnis der DEUTSCHEN TELEKOM enthält nahezu identische Postenbezeichnungen, wobei in der Bilanz zusätzlich noch der Saldo aus Zinserträgen und Zinsaufwendungen als Zinsergebnis dargestellt wird.
[811] Aufbau des Finanzergebnisses von BMW.
[812] Zutreffend bei ADIDAS, ALTANA, BAYER, DEUTSCHE POST, LINDE, RWE, TUI, VOLKSWAGEN.
[813] Dies ist bei folgenden Unternehmen der Fall: CONTINENTAL, DEUTSCHE LUFTHANSA, DEUTSCHE TELEKOM, HENKEL, MAN, METRO, THYSSENKRUPP.

4 Darstellung im Abschluss

(BASF) enthalten. Analog weisen die Unternehmen ihre Zinserträge grundsätzlich im Posten „Finanzerträge",[814] unter den „Zinserträgen",[815] im „Zinsergebnis" (BASF) oder im „übrigen Finanzergebnis" (BMW, VOLKSWAGEN) aus. RWE berücksichtigt Erträge aus Ausleihungen an Beteiligungen im Beteiligungsergebnis.

- Teilweise lässt sich den Anhängen auch entnehmen, in welchem Ergebnisteil Zinserträge und -aufwendungen aus Finanzierungsleasingverhältnissen erfasst werden. Es kommt ein Ausweis im Zinsergebnis in Frage;[816] möglich ist auch eine Zuordnung zu den sonstigen betrieblichen Erträgen bzw. Aufwendungen.[817]

- Genauere Informationen dahingehend, welchem GuV-Posten Dividendenerträge zugeordnet werden, geht aus den Geschäftsberichten überwiegend nicht hervor. LINDE gibt an, dass diese im Finanzergebnis enthalten sind.[818] Vereinzelt kann man den Abschlüssen entnehmen, dass Dividenden unter den Finanzerträgen oder im Zinsergebnis ausgewiesen werden.[819] Darüber hinaus ist anzunehmen, dass die Unternehmen ihre Dividenden unter den Erträgen aus Beteiligungen berücksichtigen. Letztere werden überwiegend im Finanzergebnis gezeigt: Bei Beteiligungserträgen kommt eine Erfassung im Beteiligungsergebnis[820], unter den Finanzerträgen[821] oder im übrigen (sonstigen) Finanzergebnis[822] in Frage.

- Gewinne und Verluste aus der Währungsumrechnung werden mehrheitlich in den sonstigen betrieblichen Erträgen bzw. den sonstigen betrieblichen Aufwendungen ausgewiesen.[823] Einige Unternehmen ordnen derartige Ergebnisse auch (teilweise) dem Finanzergebnis bzw. den Finanzaufwendungen und -erträgen zu.[824] CONTINENTAL erfasst Verluste und

---

[814] Vorherrschend bei ADIDAS, ALTANA, BAYER, DEUTSCHE POST, LINDE, RWE.
[815] So feststellbar bei CONTINENTAL, DEUTSCHE LUFTHANSA, DEUTSCHE TELEKOM, HENKEL, MAN, METRO, THYSSENKRUPP, TUI.
[816] Dies wird von CONTINENTAL und METRO praktiziert.
[817] Vgl. MAN-GB 2006, S. 144.
[818] Vgl. LINDE-GB 2006, S. 105.
[819] Vgl. dazu z.B. die GB 2006 von ALTANA, S. 166; BASF, S. 125.
[820] Dies kann feststellt werden bei BASF, CONTINENTAL, DEUTSCHE LUFTHANSA, HENKEL.
[821] So praktiziert bspw. von BAYER, DEUTSCHE POST, TUI.
[822] Dem ordnen z.B. BMW, THYSSENKRUPP und VOLKSWAGEN Erträge aus Beteiligungen zu.
[823] Dies ist der Fall bei BASF (die auch die Währungsergebnisse aus Derivaten dort erfasst, vgl. GB 2006, S. 124), BMW, CONTINENTAL, DEUTSCHE LUFTHANSA, DEUTSCHE POST, HENKEL (in Bezug auf das operative Geschäft), LINDE, RWE (vgl. GB 2006, S. 150), THYSSENKRUPP, TUI, VOLKSWAGEN. Vgl. dazu auch MÜLLER/HOLZWARTH/LAURISCH (2011), Rz. 73.
[824] So festzustellen bei ADIDAS, ALTANA, BAYER, DEUTSCHE TELEKOM, LINDE (vgl. zu Letzterem GB 2006, S. 105), METRO. Vgl. zur Zulässigkeit auch MÜLLER/HOLZ-

Zuordnung innerhalb der GuV

4.2

Gewinne aus der Währungsumrechnung auch unter den Zinsaufwendungen.

- Im Hinblick auf Zeitwertänderungen lässt sich eine Tendenz zur Berücksichtigung im Finanzergebnis feststellen. So werden Gewinne und Verluste aus derivativen Finanzinstrumenten häufig ebendort gezeigt.[825] Auch ein Ausweis innerhalb des Zinsergebnisses (CONTINENTAL, TUI) oder in den sonstigen betrieblichen Aufwendungen und Erträgen (DEUTSCHE POST) ist offensichtlich möglich. Zeitwertänderungen von Wertpapieren, Finanzanlagen und sonstigen Finanzinstrumenten erfasst ein Teil der Unternehmen im Finanzergebnis – und zwar im übrigen (sonstigen) Finanzergebnis oder im Beteiligungsergebnis.[826] Ferner werden derartige Gewinne oder Verluste augenscheinlich auch den sonstigen betrieblichen Erträgen bzw. Aufwendungen zugeordnet (DEUTSCHE POST, MAN).

- Wertberichtigungen auf Beteiligungen, Wertpapiere, Ausleihungen und sonstige finanzielle Vermögenswerte erfassen die Nicht-Banken im DAX offensichtlich ausschließlich im Finanzergebnis bzw. unter den Finanzaufwendungen und -erträgen.[827] Wertminderungen auf Forderungen (aus Lieferungen und Leistungen) und deren erfolgswirksame Rückgängigmachung (Auflösung von Wertberichtigungen auf Forderungen) hingegen werden nahezu ohne Ausnahme in den sonstigen betrieblichen Aufwendungen bzw. Erträgen berücksichtigt.[828]

- Für die Erfassung von Gewinnen und Verlusten aus Abgängen ist überwiegend das Finanzergebnis maßgeblich. Dabei richtet sich die Zuordnung der darunter gefassten Bestandteile meist nach der Art des ausgebuchten Finanzinstruments; im Fall von Beteiligungen, Wertpapieren und ähnlichen Finanzanlagen erfolgt überwiegend eine Erfassung im Be-

---

WARTH/LAURISCH (2011), Rz. 73; HEUSER/THEILE (2012), Rz. 580. Der Ausweis im Finanzergebnis wird von LÜDENBACH (2012c), Rz. 81 bevorzugt.

[825] Beispiele hierfür sind ALTANA, DEUTSCHE LUFTHANSA, DEUTSCHE TELEKOM (vgl. dazu GB 2006, S. 158), HENKEL (vgl. zu Letzterem GB 2006, S. 102). LINDE erfasst im Finanzergebnis auch den Bewertungsaufwand aus eingebetteten Derivaten (vgl. zu Letzterem GB 2006, S. 105).

[826] Festzustellen bei BASF, BMW, DEUTSCHE TELEKOM, HENKEL.

[827] Dies kann etwa den Abschlüssen folgender Unternehmen entnommen werden: ALTANA, BASF, BAYER, BMW, DEUTSCHE LUFTHANSA, DEUTSCHE POST, DEUTSCHE TELEKOM (vgl. zu Letzterem GB 2006, S. 158), LINDE, THYSSENKRUPP, TUI.

[828] Lediglich die DEUTSCHE TELEKOM weicht von dieser Vorgehensweise ab; das Unternehmen erfasst die Ergebnisse aus Wertberichtigungen unter den Vertriebskosten, vgl. GB 2006, S. 158. Bei RWE und THYSSENKRUPP enthält der Anhang diesbezüglich keine Informationen.

Darstellung im Abschluss

teiligungsergebnis,[829] aber auch eine Berücksichtigung in den sonstigen betrieblichen Aufwendungen bzw. Erträgen ist scheinbar möglich.[830]

- Aus der Bilanzierung von Sicherungsbeziehungen resultierende Gewinne oder Verluste werden zunächst einmal nachweislich im Finanzergebnis berücksichtigt.[831] Dabei ist bei Absicherungen von Zinsänderungsrisiken auch eine Erfassung der Wertänderungen von Grund- und Sicherungsgeschäft unter den Zinserträgen bzw. -aufwendungen möglich.[832] THYSSENKRUPP ordnet Wertänderungen von Sicherungsinstrumenten, die im Rahmen von Fair Value Hedges gegen Wertschwankungen von Rohstoffpreisen eingesetzt werden, in Abhängigkeit von der Natur der Basisgeschäfte entweder den Umsatzerlösen bzw. -kosten oder dem Finanzergebnis zu.[833] VOLKSWAGEN berücksichtigt Ergebnisse aus realisierten derivativen Währungssicherungsinstrumenten in den sonstigen betrieblichen Erträgen und Aufwendungen.

Heterogene Zuordnungspraxis

Die Analyse zeigt, dass die Zuordnung von Gewinnen und Verlusten aus Finanzinstrumenten zu GuV-Posten in der Praxis von Nicht-Banken recht unterschiedlich gehandhabt wird; die dank der wenigen Vorgaben bestehenden Gestaltungsspielräume werden offensichtlich genutzt. Zwar kommt zur Erfassung der Ergebnisse primär das Finanzergebnis in Frage. In diesem werden jedoch in der Regel auch Aufwendungen und Erträge aus nichtfinanziellen Posten gezeigt. So enthalten insbesondere die Posten „Zinsaufwendungen" bzw. „Finanzierungsaufwendungen" in vielen Fällen Ergebnis-

---

[829] Dies ist etwa bei BASF, HENKEL und RWE der Fall. Abgangsergebnisse werden aber auch in den Finanzaufwendungen (so zutreffend in Bezug auf Wertpapiere bei ALTANA) oder im übrigen Finanzergebnis erfasst. Letzteres ist z.B. vorherrschend bei der DEUTSCHEN TELEKOM (vgl. dazu GB 2006, S. 158) oder in Bezug auf Wertpapiere und Ausleihungen bei BASF.

[830] So zeigt die DEUTSCHE LUFTHANSA Erträge aus dem Abgang von kurzfristigen Finanzinvestitionen in den sonstigen betrieblichen Erträgen; die DEUTSCHE POST erfasst dort Erträge aus der Ausbuchung von Verbindlichkeiten. Ferner weist HENKEL darunter Erträge aus Forderungsabtretungen aus.

[831] Vgl. dazu in Bezug auf Ineffektivitäten den GB 2006 von ALTANA, S. 125 oder generell bezüglich des Hedge Accounting die GB von BAYER, S. 189; HENKEL, S. 102; METRO, S. 123.

[832] Einen solchen Ausweis nehmen LINDE (vgl. GB 2006, S. 115) und TUI vor. Die DEUTSCHE TELEKOM hingegen erfasst nur die Zinsabgrenzungen aus derivativen Zinssicherungsinstrumenten im Zinsergebnis (d.h. Ineffektivitäten aus der Sicherungsbeziehung werden dort nicht berücksichtigt), vgl. GB 2006, S. 138.

[833] Vgl. THYSSENKRUPP-GB 2005/2006, S. 176.

se, die nicht aus Finanzinstrumenten resultieren.[834] Gleiches gilt für die Posten „Zinserträge" und „Finanzerträge".[835]

Ferner wird es bei der bestehenden Ausweisstruktur der Unternehmen kaum möglich sein, die nach IFRS 7.20 (a) geforderten Nettoergebnisse nach Bewertungskategorien unmittelbar in der GuV darzustellen, ohne die Gliederungsebenen deutlich zu erhöhen. Auch diesbezüglich ist daher anzunehmen, dass die kategorisierten Gewinne und Verluste vorwiegend im Anhang präsentiert werden.[836]

Kein Aufriss nach Bewertungskategorien in der GuV

4.2.3 Eigener Gliederungsvorschlag zum Finanzergebnis

Tabelle 4-6 enthält einen Vorschlag zur Unterteilung des Finanzergebnisses von Nicht-Banken mit den wesentlichen Aufwendungen und Erträgen aus Finanzinstrumenten, die m.E. unter den jeweiligen Bezeichnungen gefasst werden sollten. Bei den in den Abschnitten 6 und 7 enthaltenen Praxisbeispielen wird auf dieses Gliederungs- und Zuordnungsschema abgestellt.

Vorschlag zur Unterteilung des Finanzergebnisses

Tabelle 4-6

Bezeichnung	Erfasste Aufwendungen und Erträge
Equity Ergebnis	aus nach der Equity-Methode bilanzierten Beteiligungen
Sonstiges Beteiligungsergebnis	aus Dividenden, Wertberichtigungen, Abgängen und Umwidmungen von Eigenkapitalinstrumenten der Bewertungskategorie AfS
Zinsergebnis	aus Zinsen von Finanzinstrumenten der Bewertungskategorien LaR, HtM, AfS, FLAC
Währungsergebnis	aus der währungsbedingten Umrechnung von monetären Finanzinstrumente-Posten in Fremdwährung der Bewertungskategorien LaR, HtM, AfS, FLAC
Handelsergebnis	aus der Wertänderung von Finanzinstrumenten der Bewertungskategorien FAHfT, FLHfT (insbesondere freistehende derivative Finanzinstrumente)

---

[834] Dabei handelt es sich z.B. um den Zinsanteil zu Pensionsrückstellungen, wie sich dies etwa in den Abschlüssen der folgenden Konzerne feststellen lässt: LINDE (vgl. GB 2006, S. 115), MAN, RWE (die auch Zinsanteile anderer Rückstellungsarten in den Finanzaufwendungen erfassen), THYSSENKRUPP, TUI, VOLKSWAGEN.
[835] Darunter werden häufig Erträge aus dem Planvermögen von Pensionsrückstellungen gefasst, wie dies etwa bei LINDE (vgl. GB 2006, S. 115), THYSSENKRUPP oder TUI der Fall ist.
[836] So etwa geschehen bei der DEUTSCHEN TELEKOM, vgl. GB 2006, S. 158.

Darstellung im Abschluss

Bezeichnung	Erfasste Aufwendungen und Erträge
Sonstiges Finanzergebnis	▪ aus Wertberichtigungen, Abgängen und Umwidmungen von Finanzinstrumenten der Bewertungskategorien LaR, HtM sowie von AfS-Schuldinstrumenten ▪ aus Abgängen von finanziellen Verbindlichkeiten der Bewertungskategorie FLAC ▪ aus Prämien und Gebühren (z.B. aus Finanzgarantien und Kreditlinien) ▪ aus der Bilanzierung von Sicherungsbeziehungen

4.2.4 Kontierung und Angabepflichten

Kontenaufbau nach Bewertungskategorien

Die Offenlegungsvorschriften des IFRS 7.20 (a) machen es erforderlich, dass auch der GuV-Kontenrahmen in Bezug auf Finanzinstrumente strikt nach Bewertungskategorien differenziert. Ist eine solche Kontenstruktur nicht vorhanden, lassen sich die verlangten kategorisierten Gewinne und Verluste ohne zusätzliche Erhebungen nicht bestimmen.

Erhebungsaspekte

Wenn die GuV-Konten hingegen nach Bewertungskategorien aufgebaut sind, können die benötigten Werte über automatisierte Auswertungen generiert werden. Zur Darstellung bietet sich wiederum eine Matrixstruktur an, wie diese beispielhaft in Tabelle 4-7 aufgeführt wird.[837]

Tabelle 4-7

Angabe der nach IFRS 7.20 (a) geforderten Nettogewinne/-verluste

Ergebnisart Kategorie	Zinsen	Dividenden	Sonstige Entgelte	Folgebewertung					Nettoergebnis
				FX-Umrechnung	Zeitbewertung	Wertberichtigung	Abgang	
LaR	6 €	/	/	4 €	/	2 €	1 €	13 €
HtM	1 €	/	/	/	/	/	/	1 €
AfS	2 €	7 €	0,5 €	/	12 €	3 €	1,5 €	26 €
FVPL	/	/	0,5 €	/	7,5 €	/	/	8 €
FLAC	25 €	/	/	6 €	/	/	1 €	32 €
	34 €	7 €	1 €	10 €	19,5 €	5 €	3,5 €	80 €

Ggf. weitere Differenzierungen sinnvoll/erforderlich

Weiterhin gilt es zu beachten, dass über IFRS 7.20 (d) die nach der Unwinding-Methodik des IAS 39.AG93 bestimmten Zinserträge aus im Wert geminderten finanziellen Vermögenswerten offen gelegt werden müssen (▶ 3.11.6). Dies macht ggf. eine Aufteilung der entsprechenden Zinserträge-Konten in solche, welche aus wertgeminderten Posten stammen (für die

---

[837] Modifiziert entnommen dem GB 2006 DEUTSCHE TELEKOM, S. 158.

4.2 Zuordnung innerhalb der GuV

Angabepflichten bestehen) und jene, die aus nicht-wertgeminderten Posten resultieren, sinnvoll bzw. erforderlich.

5 Risikoberichterstattung

5.1 Veröffentlichungsalternativen

Den Angaben zu Risiken kann wahlweise im Abschluss selbst oder mittels Querverweisen in andere Berichtsteile („Erklärungen") außerhalb des Abschlusses – wie z.B. dem Lage- oder Risikobericht – nachgekommen werden. Hierbei müssen die Dokumente, auf die verwiesen wird, für die Abschlussadressaten zu den gleichen Bedingungen und zum gleichen Zeitpunkt wie der Abschluss verfügbar sein (IFRS 7.B6).

Generelle Verweismöglichkeit

Damit können deutsche Konzerne auf die im Lagebericht bereitgestellten Informationen zu Risiken verweisen.[838] Letztere müssen dort seit Verabschiedung des KonTraG im Jahr 1998 publiziert werden. Für diesen Teilbereich des Lageberichts hat sich der Begriff des „Risikoberichts" etabliert. Zwar sahen die IFRS Pflichtangaben zu Risiken in dieser Form bislang nicht vor, jedoch konnten und können sich deutsche Unternehmen durch die Aufstellung eines Konzernabschlusses nach international anerkannten Rechnungslegungsgrundsätzen den Angabepflichten auch nicht entziehen, da weiterhin ein dem deutschen Recht gleichwertiger Risikobericht als Teil des Lageberichts zu veröffentlichen ist.

Verweis zum Lagebericht

Die Verweismöglichkeit besteht auch in umgekehrter Richtung: Um Doppelangaben zu vermeiden, kann im Lagebericht auf Informationen im Abschluss verwiesen werden (§ 315 Abs. 1 HGB; DRS 15.11; DRS 5.31). In welchem Berichtsinstrument die Informationen platziert werden, spielt in Deutschland hinsichtlich der Prüfungsintensität keine Rolle: Abschluss und Lagebericht unterliegen den gleichen Prüfungsstandards.[839] Auf internationaler Ebene hingegen erfahren die verschiedenen Berichtsteile nicht dieselbe Prüfungsintensität; vielfach wird nur mittels so genannten kritischen Lesens geprüft, ob die Inhalte in Einklang mit den sonstigen Angaben stehen.

Verweis vom Lagebericht

---

[838] Vgl. hierzu und folgend m.w.V. BRÜCKS/KERKHOFF/STAUBER (2006a), S. 377f. Vgl. auch HOMÖLLE (2008), Rz. 94; HEUSER/THEILE (2012), Rz. 3302.
[839] Vgl. dazu und in der Folge BUCHHEIM/SCHMIDT (2005), S. 401.

5.2 Qualitative Angabepflichten zu Risiken

Für jede Risikoart, die aus Finanzinstrumenten resultiert, hat das Unternehmen gemäß IFRS 7.33 anzugeben:

Risikoausmaße
- das Ausmaß der Risiken und die Art und Weise ihrer Entstehung;

Risikomanagement
- Ziele, Strategien und Verfahren zur Steuerung der Risiken (Risikomanagement) sowie die Methoden zur Messung des Risikos;

- Änderungen der obigen Angaben im Vergleich zu früheren Berichtsperioden.[840]

Vorschläge, welche Informationen zur Erfüllung der genannten Anforderungen bereitgestellt werden können, enthält IFRS 7.IG15. Zu Ersterem kann das Unternehmen das vorherrschende Risiko vor und nach Risikotransfers und anderen risikomindernden Aktivitäten beschreiben. Die Angaben zum Risikomanagement sollten Folgendes einschließen:

- die Struktur und die Organisation der Risikomanagementfunktionen, inklusive Stellungnahmen zur Unabhängigkeit sowie Verantwortlichkeit der Aufgabenbereiche;

- den Umfang und die Art der Berichts- und Bewertungssysteme;

- die Vorgehensweisen bei der Sicherung oder Reduzierung von Risiken, einschließlich der Maßnahmen zur Hereinnahme von Sicherheiten;

- die Prozesse zur Überwachung der fortlaufenden Effektivität der Sicherungsmaßnahmen bzw. der risikomindernden Unternehmensbereiche.

Zudem können die Vorgehensweisen und Prozesse zur Vermeidung von übermäßigen Risikokonzentrationen erläutert werden.

Ähnliche Anforderungen nach HGB
Die über IFRS 7.33 bereitzustellenden Angaben decken sich mittlerweile weitgehend mit den nach HGB bzw. DRS 15 „Lageberichterstattung" und DRS 5 „Risikoberichterstattung" im Lagebericht zum Risikomanagement verlangten Offenlegungen.[841] Die deutschen Gesetzesvorgaben wurden zuletzt im Zuge des Bilanzrechtsreformgesetzes (BilReG) von 2004 dahingehend erweitert, dass nun im Lagebericht einzugehen ist auf „[…] die Risikomanagementziele und -methoden der Gesellschaft (des Konzerns) einschließlich ihrer (seiner) Methoden zur Absicherung aller wichtigen Arten

---

[840] Diese könnten nach IFRS 7.IG17 sowohl aus Änderungen des Risikos, das dem Unternehmen ausgesetzt ist, als auch aus Änderungen des Risikomanagements resultieren.

[841] Vgl. BRÜCKS/KERKHOFF/STAUBER (2006b), S. 437. Die DRS gelten nach deren Veröffentlichungen als Grundsätze ordnungsmäßiger Buchführung für den Konzernabschluss, vgl. z.B. SCHMIDBAUER (2001), S. 371.

von Transaktionen, die im Rahmen der Bilanzierung von Sicherungsgeschäften erfasst werden, sowie die Preisänderungs-, Ausfall- und Liquiditätsrisiken sowie die Risiken aus Zahlungsstromschwankungen, denen die Gesellschaft (der Konzern) ausgesetzt ist, jeweils in Bezug auf die Verwendung von Finanzinstrumenten durch die Gesellschaft (den Konzern) und sofern dies für die Beurteilung der Lage oder der voraussichtlichen Entwicklung von Belang ist [...]" (§ 289 bzw. § 315 Abs. 2 HGB). Eine Beschreibung des Risikomanagementsystems wird ebenso über DRS 5.28 nahegelegt, dezidierte Angabevorschriften zu Risiken aus Finanzinstrumenten sind in DRS 5 allerdings nicht enthalten.

Deutsche Unternehmen können demnach zur Erfüllung der Anforderungen auf diese Passagen verweisen. Wie im vorherigen Abschnitt beschrieben, wird eine solche Verweismöglichkeit von IFRS 7 ausdrücklich für zulässig erklärt.

Zentraler Ansprechpartner für die zur Erstellung der qualitativen Risikoangaben benötigten Basisinformationen ist bei Nicht-Banken in der Regel Konzerntreasury, denn diesem Bereich obliegt normalerweise das finanzielle Risikomanagement inklusive der Verantwortlichkeit für den Einsatz derivativer Finanzinstrumente sowie der damit in Zusammenhang stehenden Durchführung und Abbildung von bilanziellen und wirtschaftlichen Sicherungsmaßnahmen.[842]

Treasury als primäre Datenquelle

5.3 Risikodefinitionen nach IFRS 7

IFRS 7 unterscheidet zwischen Kredit-, Liquiditäts- und Marktrisiken.[843] Was unter den verschiedenen Begriffen zu verstehen ist, wird im Anhang A definiert.

Das „Kreditrisiko" („Credit Risk", auch „Ausfallrisiko") stellt dasjenige Risiko dar, dass eine Partei eines Finanzinstruments der anderen Partei einen finanziellen Verlust verursacht, indem sie einer Verpflichtung nicht nachkommt.

Kreditrisiko

Als „Liquiditätsrisiko" („Liquidity Risk", auch „Refinanzierungsrisiko") wird dasjenige Risiko bezeichnet, dass ein Unternehmen Schwierigkeiten hat, seine sich aus finanziellen Verbindlichkeiten ergebenden Verpflichtungen vertragsgemäß durch Lieferung von Zahlungsmitteln oder anderen finanziellen Vermögenswerten zu erfüllen.

Liquiditätsrisiko

---

[842] Vgl. BRÜCKS/KERKHOFF/STAUBER (2006b), S. 433.
[843] Die 3 Risikoarten werden in der Literatur auch unter dem Oberbegriff der „Finanzrisiken" zusammengefasst, vgl. VARAIN (2008), Rz. 54-56.

Risikoberichterstattung

Marktrisiko

Unter „Marktrisiko" („Market Risk") versteht man IFRS 7 zufolge das Risiko, dass der beizulegende Zeitwert oder künftige Cashflows eines Finanzinstruments auf Grund von Änderungen der Marktpreise schwanken. Zum Marktrisiko zählen die drei folgenden Risikotypen:

- „Wechselkursrisiko" („Currency Risk", auch „Währungsrisiko"): Risiko, dass der beizulegende Zeitwert oder künftige Cashflows eines Finanzinstruments auf Grund von Wechselkursfluktuationen schwanken;

- „Zinsrisiko" („Interest Rate Risk"): Risiko, dass der beizulegende Zeitwert oder künftige Cashflows eines Finanzinstruments auf Grund von Änderungen des Marktzinssatzes schwanken;

- „sonstiges Preisrisiko" („Other Price Risk"): Risiko, dass der beizulegende Zeitwert oder künftige Cashflows eines Finanzinstruments auf Grund von Änderungen der Marktpreise schwanken (bei denen es sich nicht um diejenigen handelt, die sich aus dem Zinsrisiko oder dem Wechselkursrisiko ergeben), und zwar unabhängig davon, ob diese Änderungen durch Faktoren verursacht werden, die für jedes einzelne Finanzinstrument oder seinen Emittenten spezifisch sind, oder durch Faktoren, die alle ähnlichen auf dem Markt gehandelten Finanzinstrumente betreffen.[844]

5.4 Quantitative Angabepflichten zu Risiken

5.4.1 Generelle (übergreifende) Anforderungen

Für jede aus Finanzinstrumenten resultierende Risikoart muss angegeben werden (IFRS 7.34):

Zusammengefasste Daten

- zusammengefasste quantitative Daten zum Umfang dieses Risikos zum Abschlussstichtag; die Basis hierfür sollen die dem Management („Mitglieder des Managements in Schlüsselpositionen" wie in IAS 24 definiert[845]) zur Verfügung gestellten Informationen sein;

Angaben zu Kredit-, Liquiditäts- und Marktrisiken

- die nach IFRS 7.36-42 geforderten Angaben zu Kredit-, Liquiditäts- und Marktrisiken (siehe dazu ausführlich die folgenden Abschnitte), soweit diesen nicht durch Erfüllung der Offenlegungspflichten in letztgenannter Aufzählung nachgekommen wird;

---

[844] Das Kreditrisiko ist laut DELOITTE LLP (2011b), S. 884 regelmäßig nicht als sonstiges Preisrisiko bzw. Marktrisiko aufzufassen.
[845] Siehe dazu Fn. 544.

Quantitative Angabepflichten zu Risiken | 5.4

- Risikokonzentrationen, wenn diese nicht bereits aus den Angaben zu obigen Anforderungen ersichtlich werden.

Risikokonzentrationen

Sollten die zum Abschlussstichtag vermittelten quantitativen Angaben in Bezug auf die Risiken, denen das Unternehmen während der Berichtsperiode ausgesetzt war, nicht repräsentativ sein, hat es gemäß IFRS 7.35 weitere Informationen bereitzustellen. Zwar stellt IFRS 7 grundsätzlich auf die zum Abschlussstichtag bestehenden Risiken ab, in diesem Fall werden jedoch auch darüber hinausgehende Informationen (z.B. solche auf Durchschnittsbasis) verlangt, da das Risiko nicht ausreichend wiedergegeben wird (IFRS 7.BC48). Ist das Unternehmen etwa typischerweise in Bezug auf eine bestimmte Währung einem hohen Risiko ausgesetzt, wurde die entsprechende Risikoposition allerdings zum Jahresende glattgestellt, könnte es mittels einer graphischen Darstellung das Risiko im Zeitverlauf aufzeigen oder den höchsten, niedrigsten und durchschnittlichen Risikowert ausweisen (IFRS 7.IG20). Laut dem IDW sind nach IFRS 7.35 bspw. auch Angaben zu machen, wenn sich das Risiko am Abschlussstichtag durch einen Unternehmenserwerb und dem damit verbundenen Zugang an Fremdwährungsbeständen im 4. Quartal des Berichtsjahres im Vergleich zur Vergangenheit signifikant erhöht hat.[846]

Weitere Angaben bei Unrepräsentativität

„Risikokonzentrationen" ergeben sich bei Finanzinstrumenten, die ähnliche Merkmale aufweisen und in ähnlicher Weise von Änderungen wirtschaftlicher oder anderer Bedingungen betroffen sind. Gemäß IFRS 7.B8 umfassen die Angaben Folgendes:

Entstehung von Risikokonzentrationen; Angaben

- eine Beschreibung der Art und Weise, wie das Management Konzentrationen feststellt;
- eine Beschreibung der gemeinsamen Merkmale der einzelnen Risikokonzentrationen (z.B. Vertragspartner, räumliche Aspekte, Währung, Markt);
- das Ausmaß des Risikos aus allen Finanzinstrumenten, die das gleiche Merkmal aufweisen.

Risikokonzentrationen sind nach IFRS 7.IG18 in Bezug auf das Ausfallrisiko von Forderungen vorherrschend, wenn sich die Kunden bzw. Schuldner nur auf eine oder wenige Branchen (wie bspw. den Einzel- oder Großhandel) verteilen. Angabepflichten zu Ausfallrisikokonzentrationen werden ebenfalls ausgelöst, wenn die Vertragspartner nur in einem Markt oder wenigen regionalen Märkten (wie z.B. Europa oder Asien) operieren. Dasselbe gilt für eine begrenzte Anzahl individueller Schuldner oder Gruppen eng verbundener Gegenparteien.

– bezüglich des Ausfallrisikos

---

[846] Vgl. IDW (2009a), Rz. 53.

5 Risikoberichterstattung

– bezüglich des Liquiditäts- und Fremdwährungsrisikos

Zur Identifikation anderer Risikokonzentrationen lassen sich ähnliche Prinzipien heranziehen (IFRS 7.IG18). Liquiditätsrisikokonzentrationen können etwa aus Rückzahlungsbedingungen von finanziellen Verbindlichkeiten, Kreditgeberquellen oder aus dem Rückgriff eines bestimmten Markts beim Handel von liquiden Vermögenswerten resultieren. Fremdwährungsrisikokonzentrationen ergeben sich für das Unternehmen bspw. dadurch, dass es wesentliche offene Nettopositionen entweder in einer Währung oder aggregierte offene Nettopositionen mehrerer Währungen mit gleichlaufenden Wertänderungen hat.

Risikokonzentrationen bei Nicht-Banken

Nicht-Banken werden bezüglich der Angaben zu Risikokonzentrationen hauptsächlich Erläuterungen zu deren Bestimmung und deren Steuerung machen können; maximale Verlustrisikobeträge jeder Merkmalsgruppe sollten nur schwer zuverlässig ermittelbar sein.[847]

– Fremdwährungsrisikokonzentrationen

Fremdwährungsrisikokonzentrationen entstehen bei Nicht-Banken dann, wenn wesentliche Finanzinstrumente-Bestände aus der Finanzierungstätigkeit (z.B. durch die Aufnahme von Verbindlichkeiten in Konzern-Fremdwährung), aus der Investitionstätigkeit (z.B. durch den Erwerb von Beteiligungen in Konzern-Fremdwährung) oder aus der operativen Tätigkeit (z.B. wenn Töchterunternehmen Forderungen/Verbindlichkeiten in nichtfunktionaler Währung eingehen) in wenigen Fremdwährungen vorhanden sind und das Unternehmen diese nicht durch entsprechende Währungsderivate synthetisch in andere Währungen transferiert. Signifikante offene Netto-Risikopositionen bestehen bei Nicht-Banken regelmäßig nicht,[848] womit sich Angaben in vielen Fällen erübrigen.

– Ausfallrisikokonzentrationen

Ausfallrisikokonzentrationen sollten sich für Nicht-Banken auf Grund dessen, dass diese normalerweise gar keine oder nur in vernachlässigbarem Umfang Ausleihungen und Guthabenstellungen tätigen, gleichfalls in Grenzen halten. Durchaus wahrscheinlich sind diese allerdings in Bezug auf Forderungen aus Lieferungen und Leistungen, wenn die Außenstände in wesentlichem Ausmaß gegenüber Großkunden bestehen bzw. sofern sie wenigen Regionen mit gleichen Risikoeigenschaften entstammen. Im Fall von signifikanten Großkundenforderungen wird jedoch häufig ein spezielles Bonitätsmanagement (besondere vorherige Kontrolle und laufende Überwachung der Zahlungsfähigkeit des Schuldners) eingesetzt, durch dessen Beschreibung sich das Nichtbestehen von Ausfallrisikokonzentrationen nachweisen bzw. begründen lässt.

---

[847] Vgl. zu den folgenden Ausführungen zu Risikokonzentrationen BRÜCKS/KERKHOFF/STAUBER (2006b), S. 438.
[848] Vgl. auch LÖW (2005b), S. 2178.

Quantitative Angabepflichten zu Risiken

Liquiditätsrisikokonzentrationen entstehen für Nicht-Banken unter normalen Umständen am ehesten dadurch, dass sich deren Finanzierungsquellen auf wenige oder nur einen Kreditgeber beschränken. Auf die kurzfristigen und langfristigen Finanzierungsquellen muss gleichfalls im Rahmen der Angaben zum Liquiditätsrisiko(-management) eingegangen werden.[849]

– Liquiditätsrisikokonzentrationen

Auch bei der Erstellung der übergreifenden quantitativen Angaben können Nicht-Banken regelmäßig auf das Konzerntreasury zurückgreifen.[850] Über diese Mitarbeiter lassen sich ggf. auch Informationen zu den konzernweit vorherrschenden Risikokonzentrationen – zumindest was das Liquiditäts- und Fremdwährungsrisiko anbelangt – generieren.

Treasury als primäre Datenquelle

5.4.2 Angabepflichten zu Kreditrisiken

5.4.2.1 Anforderungen im Überblick

Bezüglich des Kredit- oder Ausfallrisikos sind gemäß IFRS 7.36 die folgenden Angaben je Klasse von Finanzinstrumenten vorgeschrieben:

- der Betrag, der das maximale Ausfallrisiko zum Abschlussstichtag am besten widerspiegelt – und zwar

    - ohne Berücksichtigung von ggf. erhaltenen Sicherheiten oder anderen das Risiko mindernden Vereinbarungen wie z.B. Aufrechnungsvereinbarungen, die nicht zu einer Saldierung nach IAS 32 berechtigen, sowie

    - ohne Angabepflicht in Bezug auf Finanzinstrumente, deren Buchwert das maximale Ausfallrisiko am besten darstellt;

Maximaler Ausfallrisikobetrag

- bezogen auf den Betrag, der das maximale Ausfallrisiko am besten widerspiegelt (unabhängig davon, ob er gemäß vorstehender Aufzählung angegeben oder über den Buchwert des Finanzinstruments repräsentiert wird) eine Beschreibung der erhaltenen Sicherheiten und der anderen risikomindernden Vereinbarungen inklusive der finanziellen Auswirkungen (z.B. einer Quantifizierung, in welchem Umfang Sicherheiten u.Ä. das Kreditrisiko mindern);

Sicherheiten u.Ä.

- Informationen über die Kreditqualität derjenigen finanziellen Vermögenswerte, die weder überfällig (d.h. die Gegenpartei ist ihrer vertraglich vereinbarten Zahlungsfrist nicht nachgekommen; IFRS 7 Anhang A) noch wertgemindert sind.

Kreditqualität nicht Not leidender Posten

---

[849] Siehe zu diesen Abschnitt 5.4.3.
[850] Vgl. BRÜCKS/KERKHOFF/STAUBER (2006b), S. 433.

5 Risikoberichterstattung

Neuverhandlungen

Im Zuge des IFRS-Überarbeitungsprozesses 2010 (▶ 3.1.1) wurde zwar IFRS 7.36 (d) gestrichen, nach dem die Buchwerte der finanziellen Vermögenswerte anzugeben waren, die auf Grund ihrer ursprünglichen Konditionen überfällig oder wertgemindert gewesen wären, dies aber bedingt durch Neuverhandlungen der vertraglichen Konditionen nicht sind. Für die Posten, deren Vertragsbedingungen neu verhandelt wurden und die dadurch nicht als überfällig oder wertgemindert gelten, hat das Unternehmen aber nach wie vor die Bewertungsmethoden anzugeben (IFRS 7.B5 (g), 21 m.V.a. IAS 1.117).

Ferner müssen zu überfälligen bzw. wertgeminderten Vermögenswerten nach IFRS 7.37 folgende Angaben je Klasse gemacht werden:

Überfälligkeitsanalysen

- eine Analyse der Altersstruktur („Überfälligkeitsanalyse", „fälligkeitsbezogene Altersanalyse") der finanziellen Vermögenswerte, die zum Abschlussstichtag überfällig, aber (noch) nicht wertgemindert sind;

Einzelwertberichtigungsanalysen

- eine Analyse der finanziellen Vermögenswerte, die zum Abschlussstichtag einzeln wertgemindert sind, einschließlich der Angabe der Faktoren, die das Unternehmen zur Feststellung der Wertminderungstatbestände berücksichtigt hat.[851]

Bei den Anforderungen wird implizit nach der Bonitätsgüte der Forderungen bzw. Ausleihungen unterschieden (siehe Abbildung 5-1).

Abbildung 5-1 | *Unterscheidung der Angabepflichten in IFRS 7.36, 37 nach der Bonitätsgüte*

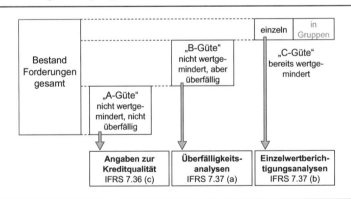

---

[851] IFRS 7.37 (c), nach dem zu den Beträgen eine Beschreibung der erhaltenen Sicherheiten u.Ä. anzugeben war, wurde im Rahmen des IFRS-Überarbeitungsprozesses 2010 gestrichen.

Erwirbt das Unternehmen während der Berichtsperiode finanzielle oder nicht-finanzielle Vermögenswerte, indem es gehaltene Sicherheiten oder sonstige risikomindernde Vereinbarungen in Anspruch nimmt, und erfüllen diese Vermögenswerte die Ansatzkriterien anderer Standards, ist gemäß IFRS 7.38 für solche zum Abschlussstichtag gehaltenen Posten Folgendes anzugeben:

Sicherheitenverwertung

- Art und Buchwert der Vermögenswerte;
- für den Fall, dass sich die Vermögenswerte nicht unmittelbar in Zahlungsmittel umwandeln lassen, die geplanten Veräußerungsformen bzw. die Art ihrer Nutzung im Unternehmen.

5.4.2.2 Maximale Ausfallrisikobeträge

Nach IFRS 7.36 (a) muss pro Klasse der Betrag, der das maximale Ausfallrisiko zum Abschlussstichtag am besten widerspiegelt, angegeben werden. Nicht zu berücksichtigen sind dabei ggf. erhaltene Sicherheiten oder andere das Risiko mindernde Vereinbarungen wie z.B. Aufrechnungsvereinbarungen, für die nach IAS 32 ein Saldierungsverbot besteht. Ebenfalls keine Angabepflicht besteht im Hinblick auf Finanzinstrumente, deren Buchwert das maximale Ausfallrisiko am besten darstellt. Das Maximalkreditrisiko ist für derartige Vermögenswerte bereits über die Bilanz ersichtlich; die Anforderung wäre insofern doppelt (IFRS 7.BC49A).

Erhaltene Sicherheiten u.Ä., die sich – entweder auf den nach IFRS 7.36 (a) anzugebenden oder den über die Buchwerte repräsentierten – maximalen Ausfallrisikobetrag beziehen, müssen gemäß IFRS 7.36 (b) pro Klasse gesondert beschrieben werden.

In der Regel entspricht der maximale Ausfallrisikobetrag dem (Netto-)Buchwert, d.h. dem Bruttobuchwert abzüglich gemäß IAS 32 saldierten Beträgen und nach IAS 39 erfassten Wertminderungsaufwendungen (IFRS 7.B9).

IFRS 7.B10 zählt beispielhaft Tätigkeiten auf, die zu einem maximalen Ausfallrisiko führen. Dies sind etwa die Ausgabe von Krediten/Forderungen, die Platzierung von Einlagen, der Abschluss von Verträgen über Finanzderivate, die Gewährung von Finanzgarantien oder die Erteilung von (nahezu) unwiderruflichen Kreditzusagen. Bei ersteren Aktivitäten entspricht das maximale Ausfallrisiko dem Buchwert der betreffenden finanziellen Vermögenswerte. In Bezug auf begebene Finanzgarantien stellt der Höchstbetrag der Haftung das maximale Ausfallrisiko dar. Für Kreditzusagen, die der Ver-

Ausfallrisikobehaftete Tätigkeiten

Risikoberichterstattung

pflichtete nicht durch Nettoausgleich in bar oder mittels anderer Finanzinstrumente begleichen kann, ist der volle zugesagte Betrag maßgeblich.[852]

Angaben zu erhaltenen Sicherheiten

Hinweise darauf, was im Rahmen der Angaben zu erhaltenen Sicherheiten bzw. zu den anderen risikomindernden Vereinbarungen (z.B. erhaltene Finanzgarantien) zu berichten ist, lassen sich IFRS 7.IG22 entnehmen. Neben den wesentlichen Merkmalen der Sicherheiten (Art, Sicherungsgeber und deren Kreditfähigkeit) können z.B. Informationen zur Bewertung und zur Steuerung von erhaltenen Sicherheiten sowie zu Risikokonzentrationen bei der Sicherheitenstellung vermittelt werden. Angaben zu den beizulegenden Zeitwerten der erhaltenen Sicherheiten können unterbleiben (IFRS 7.BC53).

Erhebungsaspekte

Da normalerweise die Buchwerte den maximalen Ausfallrisikobeträgen entsprechen, liegen die benötigten Informationen weitgehend über die bestehenden Abschlusssysteme vor. Bei Nicht-Banken können sich zusätzliche Erhebungsanforderungen ergeben, wenn Finanzgarantien begeben werden.[853] In diesem Fall ist der bei Inanspruchnahme maximal zu zahlende Betrag zu berücksichtigen, der vom Buchwert abweicht. Ferner werden ggf. zusätzliche Erhebungen zu den in Bezug auf einzelne oder gruppierte finanzielle Vermögenswerte hereingenommenen Sicherheiten durchzuführen sein.

5.4.2.3 Kreditqualität nicht Not leidender Posten

IFRS 7.36 (c) verlangt nach Klassen gruppierte Angaben zur Kreditqualität in Bezug auf finanzielle Vermögenswerte, die nicht Not leidend sind, d.h. die keine Überfälligkeit aufweisen und die nicht bereits im Wert gemindert wurden. Es handelt sich demnach um Informationen zu den Posten mit der besten Bonitätsgüte bzw. den vergleichbar geringsten Ausfallrisiken. Sie sollen den Abschlussadressaten aufzeigen, ob diese Vermögenswerte in der Zukunft mehr oder weniger wahrscheinlich im Wert gemindert werden (IFRS 7.BC54).

Mögliche Angaben

Bezüglich der Angaben enthält IFRS 7 keine genauen Vorgaben (IFRS 7.BC54). Über IFRS 7.IG23 wird jedoch eine Auflistung möglicher Berichtsinhalte zur Verfügung gestellt. Demnach sollte das Unternehmen unter anderem Informationen über Analysen der eigenen Ausfallrisiken unter Verwendung externer oder interner Ratings sowie über die Art der Vertragspartner und deren historische Ausfallraten offen legen.

---

[852] Vgl. dazu auch KUHN/SCHARPF (2006), Rz. 4503; DELOITTE LLP (2011b), S. 855. Die für Finanzgarantien und Kreditzusagen maximalen Ausfallrisikobeträge können wesentlich höher sein als diejenigen, welche als Verbindlichkeiten erfasst werden.
[853] Vgl. BRÜCKS/KERKHOFF/STAUBER (2006b), S. 433.

Quantitative Angabepflichten zu Risiken — 5.4

In Abhängigkeit davon, ob bei der Steuerung und bei der Überwachung der Kreditrisiken interne oder externe Ratings berücksichtigt werden, liefern IFRS 7.IG24, 25 weitere Angabehinweise. Werden vom Unternehmen externe Ratings zur Steuerung und zur Überwachung der Kreditqualität herangezogen, könnte es das betragsmäßige Ausfallrisiko für jede externe Ratingabstufung offen legen. Ferner ließe sich bei der Angabe der Ausfallrisikobeträge danach differenzieren, ob für diese ein Rating besteht oder nicht. Auch könnte das Verhältnis von internen und externen Ratings dargelegt und auf die zur Datenbeschaffung zurückgegriffenen Ratingagenturen verwiesen werden. Wenn das Unternehmen hingegen interne Ratings einsetzt, ließen sich der interne Ratingprozess und das Verhältnis von internen und externen Ratings beschreiben. Darüber hinaus könnte man das betragsmäßige Ausfallrisiko für jede interne Kreditabstufung angeben.

Vor dem Hintergrund, dass bei Nicht-Banken Ausfallrisikomodelle in der Regel kaum zur Anwendung kommen und Forderungen bzw. Ausleihungen auch nicht anhand externer Bonitätseinstufungen beurteilt werden,[854] erscheinen letztgenannte Hinweise primär für Banken und ähnliche Institutionen relevant. So hinterfragt man die Etablierung entsprechender Ratingbeurteilungssysteme und -prozesse ausschließlich für Berichterstattungszwecke in der Literatur unter Kosten/Nutzen-Überlegungen.[855]

Umsetzung für Nicht-Banken

Bei Nicht-Banken wird sich der Berichterstattungsumfang demnach regelmäßig auf die Angabe des Betrags der nicht Not leidenden Forderungen sowie auf Hinweise dahingehend, dass zum Abschlussstichtag für die darunter subsumierten Posten keine Anzeichen für Zahlungsausfälle vorliegen, beschränken.[856] Diese Vorgehensweise dürfte insbesondere in Verbindung mit sehr breit diversifizierten Forderungsportfolios aus Lieferungen und Leistungen – wie sie etwa im Massen- bzw. Privatkundengeschäft von Handels-, Dienstleistungs-, oder Telekommunikationsunternehmen regelmäßig vorliegen – zweckmäßig sein. Für Großkundenforderungen sollten ggf. gesonderte Angaben zur Kreditqualität bereitgestellt werden. Überwacht das Unternehmen die Kreditqualität bestimmter Außenstände über ein spezielles Bonitätsrisikomanagement, bietet sich eine Beschreibung dieser Tatsache an.[857]

Selbst wenn hinsichtlich der Kreditqualität nur der zuletzt beschriebene Betrag der nicht Not leidenden Forderungen angegeben wird, werden im Konzern wahrscheinlich zusätzliche Abfragen vonnöten sein.[858] Es bietet

Erhebungsaspekte

---

854 Vgl. BUCHHEIM/SCHMIDT (2005), S. 402f.; LÖW (2005b), S. 2180; SCHARPF (2006), S. 39. Vgl. auch BONIN (2004), S. 1572.
855 Vgl. BRÜCKS/KERKHOFF/STAUBER (2006b), S. 439.
856 Vgl. dazu den GB 2006 DEUTSCHE TELEKOM, S. 146 und S. 152.
857 Vgl. ähnlich BRÜCKS/KERKHOFF/STAUBER (2006b), S. 439.
858 So allgemeiner bereits BRÜCKS/KERKHOFF/STAUBER (2006b), S. 433.

5.4.2.4 Überfälligkeitsanalysen

Gemäß IFRS 7.37 (a) muss pro Klasse eine Überfälligkeitsanalyse der finanziellen Vermögenswerte, die zum Abschlussstichtag überfällig, hingegen (noch) nicht wertgemindert sind, präsentiert werden. Die Angaben betreffen also Posten, für die auf Grund der Überfälligkeit zwar schon gewisse Tendenzen für eine baldige Abwertung bestehen, eine Wertminderung bislang aber noch nicht vorgenommen wurde. Es handelt sich folglich um Informationen zu finanziellen Vermögenswerten mittlerer Bonitätsgüte. Dem IDW zufolge besteht die Angabepflicht für den Gesamtbetrag des betroffenen Geschäfts (d.h. für die gesamte Forderung) und bezieht sich nicht etwa auf überfällige Teilbeträge oder auf alle offenen Posten aus allen Geschäften mit dem betroffenen Geschäftspartner.[859]

Begriff der Überfälligkeit

Der Begriff der „Überfälligkeit" wird über IFRS 7 sehr weit gefasst: Ein finanzieller Vermögenswert gilt als „überfällig", wenn die Gegenpartei ihrer vertraglich vereinbarten Zahlungsfrist nicht nachgekommen ist (IFRS 7 Anhang A). Die genauere Auslegung wird kontrovers diskutiert. IFRS 7.IG26 enthält zwar ein Beispiel, aus dem hervorgeht, dass bei Nichtbegleichung einer fälligen Zahlung die zu Grunde liegende Forderung bereits einen Tag danach als überfällig einzustufen ist. Laut LÖW[860] wird eine derartig enge Interpretation der Intention der Offenlegungspflicht jedoch nicht gerecht, zumal nach Basel II ein Zahlungsverzug erst bei einer Überziehung von 90 Tagen gegeben ist.

Zeitbänder

IFRS 7.IG28 enthält den Vorschlag, die Analyse anhand der folgenden 4 Zeitbänder vorzunehmen: „weniger als 3 Monate", „zwischen 3 und 6 Monaten", „zwischen 6 Monaten und 1 Jahr", „mehr als 1 Jahr". Tabelle 5-1 enthält einen beispielhaften Aufbau einer Überfälligkeitsanalyse mit diesen Zeitbändern.

Tabelle 5-1 *Aufbau einer nach IFRS 7.37 (a) anzugebenden Überfälligkeitsanalyse*

	Buchwert nicht wertgemindert, aber überfällig	davon nach Zeitbändern			
		< 3 Monate	≥ 3 Monate < 6 Monate	≥ 6 Monate < 12 Monate	> 12 Monate
Forderungen zum 31.12.X2	100 €	75 €	10 €	13 €	2 €
Forderungen zum 31.12.X1	120 €	88 €	15 €	12 €	5 €

---

[859] Vgl. IDW (2009a), Rz. 55.
[860] Vgl. LÖW (2005b), S. 2181. Gl.A. KUHN/CHRIST (2011), Rz. 227. Zur Deklaration eines Postens als überfällig erst nach 90 Tagen kritisch HOMÖLLE (2008), Rz. 117.

Ob die vorgeschlagenen Zeitbänder für Nicht-Banken sachgerecht sind, ist m.E. fraglich. Insbesondere bei Forderungen aus Lieferungen und Leistungen führt eine Übernahme der relativ langen Zeitbänder ggf. dazu, dass im ersten Zeitband nahezu der gesamte Bestand an überfälligen Posten ausgewiesen wird, während in den letzten 3 Zeitbändern kaum Werte vorhanden sind. Es empfiehlt sich daher bei operativen Außenständen – zumindest für die ersten Zeitbänder – kürzere Zeitrastereinteilungen zu wählen.[861]

In die Überfälligkeitsanalyse sind nur solche überfälligen finanziellen Vermögenswerte einzubeziehen, die nicht bereits wertgemindert wurden. Nach Ansicht von SCHARPF[862] ist der Standard auch an dieser Stelle nicht konkret genug; gleichfalls müsse es sich jeweils um die *einzeln* wertgeminderten Posten handeln, da IAS 39 eine Wertberichtigungsprüfung auf Gruppenbasis für alle finanziellen Vermögenswerte zwingend vorschreibt.[863] Bei der Überfälligkeitsanalyse wären bei wörtlicher Auslegung keine Posten zu berücksichtigen. Dieser Interpretation kann m.E. aus folgenden Gründen nicht gefolgt werden:

Berücksichtigung von auf Gruppenbasis wertgeminderten Posten?

- Im Standard wird generell konsequent sowohl zwischen wertberichtigten und nicht wertberichtigten finanziellen Vermögenswerten als auch zwischen einzeln und auf Gruppenbasis wertberichtigten Vermögenswerten unterschieden, sodass die Annahme einer unzureichenden Präzisierung in dieser Vorschrift einer hinreichenden Begründung entbehrt.[864]

- Eine auf Gruppenbasis vorgenommene Wertberichtigungsprüfung bedingt nicht zwingend eine Wertberichtigung. Ursächlich hierfür kann sein, dass Überfälligkeiten nicht zu einem Schadensfall (IAS 39.59) führen (z.B. infolge gestellter Sicherheiten oder anderer risikomindernder Vereinbarungen).

- Es ist entscheidend, wie der Begriff der „Überfälligkeit" definiert wird, denn nicht jede kurzfristige Überfälligkeit muss zwangsweise zu einem Schadensfall und damit zu einer Wertberichtigung führen.

---

[861] So erstellt etwa die DEUTSCHE TELEKOM ihre Überfälligkeitsanalysen mit Zeitbändern von „weniger als 30 Tage", „zwischen 30 und 60 Tagen", „zwischen 61 und 90 Tagen", „zwischen 91 und 180 Tagen", „zwischen 181 und 360 Tagen" und „mehr als 360 Tage"; vgl. dazu GB 2006, S. 146 und S. 152.
[862] Vgl. dazu und folgend SCHARPF (2006), S. 40f. Gl.A. HOMÖLLE (2008), Rz. 114.
[863] Auch das IDW interpretiert „Wertminderungen" ausschließlich als Einzelwertberichtigungen (die allerdings auch pauschalierte Einzelwertberichtigungen einschließen), vgl. IDW (2009a), Rz. 54. Gl.A. KUHN/CHRIST (2011), Rz. 229.
[864] Hingegen kann laut SCHARPF (2006), S. 41 aus dem Umstand, dass in einem anderen Abschnitt in IFRS 7.37 ausdrücklich auf Einzelwertberichtigungen rekurriert wird, nicht abgeleitet werden, dass für die genannten Angabepflichten bezüglich des Anwendungsbereichs eine andere Sichtweise greift.

5 Risikoberichterstattung

Erhebungs-aspekte

Nicht-Banken werden die zur Erstellung der Überfälligkeitsanalysen benötigte Datenbasis in der Regel über zusätzliche Erhebungen generieren müssen.[865] Zumindest in Bezug auf Forderungen aus Lieferungen und Leistungen dürften sich die Abfrageprozesse nahezu auf den gesamten Konzern erstrecken, da die Mehrzahl der Einzelgesellschaften derartige Posten in Bestand haben wird. Sofern dem Konzernmanagement periodische Auswertungen zur Begleichung der operativen Außenstände zur Verfügung gestellt werden, lassen sich diese ggf. zur Erstellung der Überfälligkeitsanalysen heranziehen.

5.4.2.5 Einzelwertberichtigungsanalysen

Über IFRS 7.37 (b) wird eine Analyse der finanziellen Vermögenswerte, die das Unternehmen zum Abschlussstichtag einzeln wertgemindert hat, verlangt. Es handelt sich folglich um Informationen zu den Posten mit der geringsten Bonitätsgüte. Bei den Angaben sind auch die Faktoren darzulegen, die zur Feststellung der Wertminderungtatbestände berücksichtigt wurden. Ferner müssen nach IFRS 7.37 (c) die zu den Wertminderungsbeträgen erhaltenen Sicherheiten und sonstigen risikomindernden Vereinbarungen beschrieben werden. Im Rahmen dessen sind auch die beizulegenden Zeitwerte der Sicherheiten offen zu legen, sofern sich diese zuverlässig schätzen lassen. Bei der Vermittlung der Angaben ist auf Klassen von finanziellen Vermögenswerten abzustellen.

Mögliche Angaben

Mit Blick auf die Analyse der finanziellen Vermögenswerte, die zum Abschlussstichtag einzeln wertgemindert sind, empfiehlt IFRS 7.IG29 die Offenlegung des Buchwerts vor Wertminderung sowie des Wertminderungsbetrags. Ferner werden Angaben zur Art und zum beizulegenden Zeitwert von erhaltenen Sicherheiten nahegelegt. Die Wertminderungsaufwendungen sind bereits verpflichtend nach IFRS 7.20 (e) zu zeigen (▶ 3.11.4.1).

Bedeutung für Nicht-Banken

Mangels wesentlicher Kreditausreichungen werden sich Offenlegungspflichten in Verbindung mit wertgeminderten Vermögenswerten bei Nicht-Banken vor allem hinsichtlich der operativen Außenstände ergeben. Aus dem Massenkundengeschäft dürften dabei kaum Anforderungen entstehen, da das Unternehmen die diesbezüglichen Forderungsbestände in der Regel auf Gruppenbasis wertmindert. Die Angabepflichten erstrecken sich bei Nicht-Banken demnach weit gehend auf wesentliche Einzelforderungen (wie insbesondere Großkundenforderungen).

---

[865] Vgl. hierzu und folgend BRÜCKS/KERKHOFF/STAUBER (2006b), S. 433.

5.4.3 Angabepflichten zu Liquiditätsrisiken

5.4.3.1 Anforderungen im Überblick

Bezüglich des Liquiditätsrisikos sind die folgenden Angaben vorgeschrieben (IFRS 7.39):

- eine Analyse der vereinbarten Fälligkeitstermine („Fälligkeitsanalyse", „Restlaufzeitengliederung"), welche die verbleibenden vertraglich vereinbarten Fälligkeiten (Restlaufzeiten) aufzeigt, *Fälligkeitsanalyse*

  - für nicht-derivative finanzielle Verbindlichkeiten (inklusive begebener Finanzgarantien);

  - für derivative finanzielle Verbindlichkeiten, wobei man nur diejenigen Posten zu berücksichtigen hat, für welche die vertraglich vereinbarten Restlaufzeiten für das Verständnis des zeitlichen Anfalls der Cashflows in den entsprechenden Zeitbändern wesentlich sind;[866]

- eine Beschreibung der Art und Weise, wie das Unternehmen das Liquiditätsrisiko steuert. *Liquiditätsrisikosteuerung*

Ferner muss dargelegt werden, wie die gemäß IFRS 7.34 anzugebenden zusammengefassten quantitativen Daten zum Umfang des Liquiditätsrisikos (▶ 5.4.1) ermittelt werden (IFRS 7.B10A).[867] Falls die Möglichkeit besteht, dass *Datenermittlung*

- die Abflüsse von Zahlungsmitteln (oder anderen finanziellen Vermögenswerten) erheblich früher eintreten als im Rahmen der Datenzusammenfassung angegeben oder

- sie in ihrer Höhe wesentlich abweichen im Vergleich zu dem, was aus der Datenzusammenfassung hervorgeht,[868]

so ist dies einschließlich einer quantitativen Analyse, die eine Einschätzung des damit verbundenen Risikoumfangs ermöglicht, dabei offen zu legen. Eine Befreiung für Letzteres besteht, wenn den Anforderungen bereits bei der Darstellung der Fälligkeitsanalysen gemäß IFRS 7.39 nachgekommen wird.

---

[866] Vgl. zu letzterer Formulierung KUHN/CHRIST (2011), Rz. 245 und Rz. 257. Die Differenzierung nach nicht-derivativen und derivativen finanziellen Verbindlichkeiten wurde durch das Amendment zu IFRS 7 „Improving Disclosures about Financial Instruments" eingefügt.
[867] IFRS 7.B10A ist über das Amendment „Improving Disclosures about Financial Instruments" in IFRS 7 integriert worden.
[868] Ein solcher Tatbestand liegt bspw. vor, wenn bei einem Derivat, bei dem im Rahmen der Datenzusammenfassung von einem Nettoausgleich ausgegangen wird, die Gegenpartei einen Bruttoausgleich verlangen kann.

5.4.3.2 Fälligkeitsanalyse

Nach IFRS 7.39 (a) wird eine Analyse der Fälligkeiten bzw. Restlaufzeiten für finanzielle Verbindlichkeiten verlangt. Zur Ausgestaltung der Fälligkeitsanalyse werden mittlerweile einige Vorgaben gemacht.[869] Diese lassen sich wie folgt zusammenfassen:

- Es sind die undiskontierten vertraglich vereinbarten Zahlungen zu berücksichtigen (IFRS 7.B11D).

- Einzubeziehen hat das Unternehmen sowohl derivative als auch nicht-derivative finanzielle Verbindlichkeiten einschließlich Finanzgarantien.

- Für derivative und nicht-derivative finanzielle Verbindlichkeiten sind m.E. jeweils gesonderte bzw. eindeutig abgrenzbare Fälligkeitsanalysen aufzustellen – dies geht aus den separaten Angabepflichten für die beiden Fälligkeitsanalysen in IFRS 7.39 (a) und (b) hervor.[870]

- Sofern die zu zahlenden Beträge nicht feststehen, müssen diese auf Basis der Bedingungen am Abschlussstichtag ermittelt werden (IFRS 7.B11D).

- Im Fall von Wahlmöglichkeiten des Rückzahlungstermins von Seiten des Gläubigers sind die Zahlungen dem Zeitband zuzuordnen, in dem der früheste Termin liegt, zu dem die Tilgung der Verbindlichkeit erzwingbar ist (IFRS 7.B11C (a)).

Herkunft der Cashflows

Die einzubeziehenden undiskontierten vertraglich vereinbarten Zahlungen resultieren bspw. aus (IFRS 7.B11D):

- Bruttoverpflichtungen (vor Abzug der Finanzierungskosten) aus Finanzierungsleasingverhältnissen;

- festgelegten Preisen aus Termingeschäften;

- Nettobeträgen aus zu zahlenden und zu empfangenden Zinsen aus Zinsswaps;

---

[869] Vor Veröffentlichung des Amendment zu IFRS 7 „Improving Disclosures about Financial Instruments" waren diese kaum vorhanden.

[870] In zusammengesetzte Finanzinstrumente eingebettete Derivate dürfen allerdings im Rahmen der Fälligkeitsanalyse nicht getrennt dargestellt werden; das gesamte hybride Instrument (finanzieller Basisvertrag und eingebettetes Derivat) ist im Rahmen der Fälligkeitsanalyse für nicht-derivative finanzielle Verbindlichkeiten abzubilden (IFRS 7.B11A). Nicht explizit vorgegeben wird, ob man auch in nicht-finanzielle Verträge eingebettete Derivate, die trennungspflichtig sind, einzubeziehen hat. Der Literatur zufolge sollten die Zahlungsströme wie die des nicht-finanziellen Basiskontrakts behandelt und daher nicht berücksichtigt werden, vgl. dazu KUHN/CHRIST (2011), Rz. 258; DELOITTE LLP (2011b), S. 875; ERNST & YOUNG LLP (2012b), S. 3461.

Quantitative Angabepflichten zu Risiken

- zu Beginn und zum Ende getauschten Beträgen aus Währungsswaps, wobei bei diesen auf die Bruttobeträge (Anfangs- und Schlusstransaktionen) abzustellen ist;[871]

- zugesagten Beträgen aus Kreditzusagen.

Anzahl und Länge der Zeitbänder, die der Fälligkeitsanalyse zu Grunde liegen, kann das Unternehmen nach eigenem Ermessen bestimmen; über IFRS 7.B11 wird lediglich eine beispielhafte Aufteilung vorgegeben. Danach sind etwa die Abstufungen „höchstens 1 Monat", „mehr als 1 Monat, aber höchstens 3 Monate", „mehr als 3 Monate, aber höchstens 1 Jahr" und „mehr als 1 Jahr, aber höchstens 5 Jahre" angemessen.

Zeitbänder

Da die vorgeschlagenen Zeitraster überwiegend im kurzfristigen Bereich liegen, sollte sich die Aufteilung für Nicht-Banken mehrheitlich als unvorteilhaft erweisen.[872] Dies dürfte insbesondere der Fall sein, wenn die in Bestand befindlichen Finanzverbindlichkeiten größtenteils langfristige Restlaufzeiten aufweisen; so decken Nicht-Banken ihren Finanzierungsbedarf überwiegend mittels langfristiger Kreditaufnahmen. Darüber hinaus kann der dreifache Ausweis im unterjährigen Bereich auch unter Kosten/Nutzen-Aspekten kritisiert werden: Im Verhältnis zum Informationswert wird der Aufwand der Datenerfassung und -aufbereitung bei Nicht-Banken ungleich hoch sein. Ob das Unternehmen kurzfristig in der Lage ist, seinen Zahlungsverpflichtungen nachzukommen, dürfte mithin auch über die Angaben zum Liquiditätsrisikomanagement zu beantworten sein (siehe dazu den folgenden Abschnitt), denn dabei soll das Unternehmen auch Informationen zu kurzfristigen Finanzierungsquellen (Kreditlinien usw.) bereitstellen. Demnach ist es für Nicht-Banken m.E. regelmäßig zweckmäßiger, für den Zeitraum bis maximal 5 Jahre nach dem Abschlussstichtag Zeitraster mit einjähriger Dauer zu wählen. Aus Übersichtlichkeitsgründen sollten die danach fälligen Zahlungen aus mehreren Jahren aggregiert dargestellt werden, d.h. für die weiter in der Zukunft liegenden Cashflows wird empfohlen, breitere Zeitbänder heranzuziehen.

Bei begebenen Finanzgarantien ist der maximale Inanspruchnahmebetrag (Garantiehöchstbetrag) dem Zeitband zuzuordnen, in dem die Finanzgarantie frühestens abgerufen werden kann (IFRS 7.B11C (c)). Ein Einbeziehungsgebot in voller Höhe besteht somit auch dann, wenn zum Abschlussstichtag kein Ausfall vorliegt bzw. der Finanzgarantienehmer keine Zahlung verlangen kann.

Berücksichtigung von Finanzgarantien

---

[871] Vgl. hierzu auch KUHN/SCHARPF (2006), Rz. 4565.
[872] Vgl. dazu und folgend BRÜCKS/KERKHOFF/STAUBER (2006b), S. 440.

5 Risikoberichterstattung

Generelle Einbeziehung von Zinszahlungen

Dass bei den Fälligkeitsanalysen die nominellen Rückzahlungsbeträge der finanziellen Verbindlichkeiten zu berücksichtigen sind, dürfte unstrittig sein.[873] Ob zudem auch künftige Zinszahlungen einbezogen werden müssen, lässt sich IFRS 7 nicht eindeutig entnehmen.[874] Es ist fraglich, ob aus den in IFRS 7.B11D enthaltenen Beispielen, die auch Zinszahlungen aus derivativen Finanzinstrumenten umfassen, Rückschlüsse auf die zwingende Berücksichtigung zu ziehen sind. Hinweise dahingehend, wie mit Cashflows aus Zinsen originärer finanzieller Verbindlichkeiten umgegangen werden muss, lassen sich zumindest derzeitig nicht finden. Ausschließlich Zinszahlungen aus derivativen Finanzinstrumenten zu berücksichtigen, erscheint nicht sachgerecht. Zinsswaps und ähnliche Instrumente werden schließlich von Nicht-Banken überwiegend zur Anpassung von Zinszahlungen aus originären Finanzverbindlichkeiten eingegangen; eine isolierte Darstellung würde die Refinanzierungssituation unvollständig bzw. verzerrt wiedergeben. Gleichfalls nicht zweckmäßig dürfte es sein, Zins-Cashflows aus originären Passivposten nur dann einzubeziehen, wenn diese durch den Einsatz derivativer Geschäfte beeinflusst werden. Sofern Nicht-Banken derivative Finanzinstrumente gar nicht oder nur in unwesentlichem Maße einsetzen, können sie auf Grund der wenig konkreten Vorgaben ggf. auf die Darstellung der Zinszahlungen verzichten.

Zinsbasis für variabel verzinsliche Posten

Stehen die zu zahlenden Beträge nicht fest (wie dies z.B. bei variabel verzinslichen Verbindlichkeiten der Fall ist), sind die bei der Fälligkeitsanalyse zu berücksichtigenden Werte unter Bezugnahme auf die Bedingungen am Abschlussstichtag zu ermitteln (IFRS 7.B11D). Laut KUHN/SCHARPF[875] bedingt dies für die Bestimmung künftiger variabler Zinszahlungen die Verwendung von Terminzinssätzen. In der Literatur wird es hingegen mit Bezug auf die in IFRS 7.B11D enthaltenen Regeln auch für zulässig erachtet, zur Vermeidung des unter Umständen erheblichen Rechenaufwands die Kassazinssätze heranzuziehen.[876] Dies wird damit begründet, dass in den Terminzinskur-

---

[873] Vgl. diesbezüglich bereits BUCHHEIM/SCHMIDT (2005), S. 404.
[874] Vgl. hierzu in der Folge BRÜCKS/KERKHOFF/STAUBER (2006b), S. 439. Laut KUHN/CHRIST (2011), Rz. 254 bestehen hier keine Unklarheiten, es sind alle Cashflows aus finanziellen Verbindlichkeiten, d.h. Tilgungs- und Zinszahlungen, zu berücksichtigen.
[875] Vgl. KUHN/SCHARPF (2006), Rz. 4582. Ähnlich auch KUHN/CHRIST (2011), Rz. 253.
[876] Vgl. dazu und zur folgenden Begründung mit Bezug auf die früher in IFRS 7.B16 kodifizierten Vorschriften BRÜCKS/KERKHOFF/STAUBER (2006b), S. 439 m.V.a. BODE/FROMME (1996), S. 668-670. Vgl. hierzu auch das Beispiel in PwC (2011a), S. 11074f. (11.104.3), die dazu explizit ausführen, dass sie beide Varianten für zulässig erachten, sofern diese entsprechend dokumentiert und konsistent angewandt werden. Vgl. ferner ERNST & YOUNG LLP (2012b), S. 3459, welche diesbezüglich offensichtlich ebenfalls ein Wahlrecht sehen und bei wesentlichen Abweichungen zwischen Termin- und Kassazinssätzen (siehe zur Differenzierung Abschnitt 2.1.9) empfehlen, Angaben zur verwendeten Zinsbasis zu machen.

Quantitative Angabepflichten zu Risiken 5.4

ven keine Markterwartungen zum Ausdruck kommen und diese auch aus rein mathematischen Gründen als Prognoseinstrument angezweifelt werden – womit Terminzinskurven keine zusätzlichen Informationen beinhalten, die nicht bereits in der aktuellen Zinsstrukturkurve enthalten sind.

Eine derivative finanzielle Verbindlichkeit ist gemäß IFRS 7.B11B bspw. dann für das Verständnis des zeitlichen Anfalls der Cashflows in den entsprechenden Zeitbändern wesentlich, wenn es sich um einen Zinsswap mit fünfjähriger Restlaufzeit handelt, der innerhalb eines Cash Flow Hedge zur Absicherung von Zahlungen aus einem finanziellen Vermögenswert mit variabler Verzinsung dient. Ferner sind Kreditzusagen jeder Art als in diesem Sinne wesentlich einzustufen.

Beurteilung der Wesentlichkeit bei Derivaten

Werden finanzielle Vermögenswerte zur Steuerung des Liquiditätsrisikos gehalten (z.B. sofort veräußerbare Vermögenswerte oder solche, mit denen ein Ausgleich von Mittelabflüssen aus finanziellen Verbindlichkeiten angestrebt wird), muss das Unternehmen für sie eine Fälligkeitsanalyse vorlegen, sofern dies für die Abschlussadressaten zur Bewertung von Art und Umfang des Liquiditätsrisikos erforderlich ist (IFRS 7.B11E).[877] Damit sollten in der Regel alle Finanzderivate einzubeziehen sein – unabhängig davon, ob die Posten zum Abschlussstichtag gerade einen positiven oder negativen Marktwert aufweisen.[878]

Einbeziehung von Zahlungen aus aktivischen Derivaten

Das Unternehmen kann selbst entscheiden, in welcher horizontalen und vertikalen Aufschlüsselungstiefe es die Angaben präsentiert. So können die Cashflows der einzelnen Verbindlichkeiten kumuliert dargestellt werden, der Ausweis kann aber auch anhand von Unterkategorien bzw. sogar auf Basis einzelner Schuldenposten erfolgen. Bspw. ist es möglich, die derivativen Finanzinstrumente separat von den originären Verbindlichkeiten zu präsentieren. Überdies hat man die Möglichkeit (aber nicht die Pflicht), die Rückzahlungs- und Zinszahlungen gesondert auszuweisen.[879]

Aggregationsgrad der Zahlungen

Ferner besteht ein Entscheidungsspielraum dahingehend, ob und inwieweit eine Trennung der Cashflows nach dem Zahlungszweck sowie entsprechend der Verzinsungsart vorgenommen wird, d.h. das Unternehmen kann zwischen Tilgungs- und Zinszahlungen differenzieren und zusätzlich bezüglich Letzteren noch eine Aufschlüsselung in Cashflows aus Finanzschulden mit variabler und fester Verzinsung vornehmen.[880] Eine umfassende Detailauf-

---

DELOITTE LLP (2011b), S. 873 zufolge sind Terminzinssätze zwar am besten geeignet, es können allerdings auch Kassazinssätze zu Grunde gelegt werden.
[877] Laut KUHN/CHRIST (2011), Rz. 257 hat man diese getrennt aufzustellen.
[878] Ähnlich DELOITTE LLP (2011b), S. 873.
[879] Vgl. ERNST & YOUNG LLP (2012b), S. 3459.
[880] Sofern die Zahlungen von Zinsswaps in ihre festen und variablen Bestandteile aufgeteilt werden, entspricht dies der Bruttodarstellung (getrennter Ausweis bei-

schlüsselung (Tilgung, Zins fix, Zins variabel) bewirkt m.E., dass der Abschluss einen wesentlich höheren Informationswert hat. Dem Kapitalmarkt wird unmittelbar dargestellt, welche Zins- und Tilgungszahlungen mit den wesentlichen Schuldenbeständen verbunden sind und welche Cashflows aus derivativen Finanzinstrumenten resultieren. Die tatsächliche Auszahlungen bei Fälligkeit bzw. die Refinanzierungsanforderungen des Unternehmens werden damit unmittelbar ersichtlich. Ferner ermöglichen die Angaben bessere Analysen und Rückschlüsse in Bezug auf die künftige Zinsbelastung.

Unter Berücksichtigung der vorstehend diskutierten Aspekte kann eine Fälligkeitsanalyse für Nicht-Banken wie in Tabelle 5-2 gezeigt aufgebaut sein.[881] Bei den in den Abschnitten 6 und 7 enthaltenen Praxisbeispielen wird auf diesen Aufbau abgestellt.[882]

Tabelle 5-2 — *Aufbau einer nach IFRS 7.39 (a) anzugebenden Fälligkeitsanalyse*

	Buchwert 31.12. X0	Ein- und Auszahlungen (+/-)						
		X1			X2	X3 bis X5	X6 bis X10	X11 ff.
		Zins fix	Zins variabel	Tilgung	...	...	...	...
Originäre Finanzverbindlichkeiten								
Bankverbindlichkeiten	120 €	-5 €	-2 €	-40 €	...	...	...	...
Schuldverschreibungen	50 €	-4 €	/	-20 €	...	...	...	...
...	...	...	...	...	...	...	...	...
Finanzgarantien	0 €			-10 €				
Derivative Finanzverbindlichkeiten								
Zinsderivate	5 €	+2 €	-3 €	/	...	...	...	...
Währungsderivate	7 €	/	/	-8 €	...	...	...	...
Derivative finanzielle Vermögenswerte								
Zinsderivate	6 €	-4 €	+7 €	/	...	...	...	...
Währungsderivate	4 €	/	/	+5 €	...	...	...	...

der Seiten) und geht somit über die Mindestanforderung in Form der Netto-Cashflows hinaus.

[881] Vgl. BRÜCKS/KERKHOFF/STAUBER (2006b), S. 441. Ein ähnlicher Aufbau findet sich bei LÜDENBACH (2012d), Rz. 316.
[882] Siehe für die Fälligkeitsanalyse von Finanzderivaten die Abschnitte 6.5.9.2, 6.5.9.3, 6.5.9.5 und 6.5.9.6; für Finanzverbindlichkeiten und Wandelanleihen die Abschnitte 6.7.9 und 6.9.12.1; für Verbindlichkeiten aus Finanzierungsleasingverhältnissen Abschnitt 6.15.6 sowie für in Sicherungsbeziehungen eingebundene Finanzinstrumente die Abschnitte 7.1.1.17, 7.1.2.11, 7.2.2.7 und 7.2.3.9.

Quantitative Angabepflichten zu Risiken

Falls ein Gläubiger Wahlmöglichkeiten bezüglich des Rückzahlungstermins hat, ist der einzubeziehende Betrag dem Zeitband zuzuordnen, in dem der früheste Termin liegt, zu dem das Unternehmen zur Zahlung verpflichtet werden kann; so sind Sichteinlagen etwa im frühesten Zeitband zu berücksichtigen (IFRS 7.B11C (a)). Entsprechend vorzunehmen ist gemäß IFRS 7.B11C (b) die Zuordnung von Ratenzahlungen bei Tilgungsverbindlichkeiten (für jede Rate der früheste Zeitpunkt der Zahlungsverpflichtung) und der Cashflows aus Kreditzusagen (frühester Zeitpunkt der Kreditabrufbarkeit).

Wahlmöglichkeiten des Rückzahlungstermins

Zins- und Tilgungszahlungen in Fremdwährung können m.E. mit dem zum Stichtag gültigen Kassawechselkurs in die Berichtswährung transferiert werden (Praxisbeispiele ▶ 6.7.9.2; 7.2.3.9).[883]

Zahlungen in Fremdwährung

Wie Nicht-Banken die benötigten Zahlungsbeträge erfassen, wird erheblich davon abhängen, wie die Finanzierungsaktivitäten im Konzern organisiert sind und welche finanziellen Verbindlichkeiten das Unternehmen berücksichtigt.[884] Zum Mindesteinbeziehungsumfang werden zweifellos die wesentlichen Finanzverbindlichkeiten (Schuldverschreibungen, Schuldscheindarlehen, Verbindlichkeiten gegenüber Kreditinstituten) gehören. Wenn die primären Finanzierungsaktivitäten – wie bei Nicht-Banken üblich – zentral (Konzerntreasury) oder über wenige Stellen organisiert sind, lassen sich die Zahlungsreihen zu diesen Fremdkapitalinstrumenten wahrscheinlich ohne aufwändige Erhebungen beziehen. Problematisch könnte hingegen die Erfassung der Cashflows sämtlicher dezentral verwalteter Schuldenposten sein. Zu denken ist hierbei etwa an unverzinsliche Darlehen, welche einzelne Gesellschaften z.B. an Kunden oder Mitarbeiter vergeben. Darüber hinaus werden möglicherweise Verbindlichkeiten aus Verbriefungstransaktionen oder aus Finanzierungsleasingverhältnissen sowie Finanzgarantien dezentral verwaltet. Sofern die Bestände derartiger Posten wesentlich sind, kann das Unternehmen die zugehörigen Zahlungsreihen wahrscheinlich nur durch umfangreiche Erhebungen generieren.

Erhebungsaspekte

5.4.3.3 Liquiditätsrisikosteuerung

Gemäß IFRS 7.39 (c) muss die Art und Weise beschrieben werden, wie das Unternehmen das Liquiditätsrisiko steuert.

---

[883] Gl.A. PwC (2011a), S. 11074f. (11.104.3), die alternativ eine Umrechnung mit den Terminwechselkursen für zulässig erachten (siehe das dort aufgeführte Beispiel). Laut PwC hat man die gewählte Alternative entsprechend zu dokumentieren und konsistent anzuwenden.
[884] Vgl. dazu und folgend BRÜCKS/KERKHOFF/STAUBER (2006b), S. 434.

5 Risikoberichterstattung

Mögliche Angaben

IFRS 7.B11F enthält Hinweise zu den Aspekten, die im Rahmen der Ausführungen zum Liquiditätsrisikomanagement einbezogen werden können. Es soll z.B. Berücksichtigung finden, ob

- Kreditlinien (▶ 2.4.1.2) zur Verfügung stehen, auf die im Fall von Liquiditätsengpässen zurückgegriffen werden kann;
- das Unternehmen sehr diversifizierte Finanzierungsquellen hat;
- wesentliche Liquiditätsrisikokonzentrationen entweder in den Vermögenswerten oder in den Finanzierungsquellen vorherrschend sind;
- interne Kontrollverfahren und Notfallpläne zur Steuerung des Liquiditätsrisikos zur Verfügung stehen;
- das Unternehmen finanzielle Verbindlichkeiten hat, die (z.B. bei einer Herabstufung seiner Bonität) vorzeitig zurückgezahlt werden müssen;
- über Instrumente verfügt wird, welche die Hinterlegung von Sicherheiten erfordern könnten (z.B. bei Derivaten mit negativem Marktwert);
- finanzielle Verbindlichkeiten in Bestand sind, bei denen ein Wahlrecht zur Glattstellung entweder durch Lieferung von Zahlungsmitteln (bzw. einem anderen finanziellen Vermögenswert) oder durch Bereitstellung von eigenen Aktien besteht;
- das Unternehmen Instrumente hat, die einer Globalverrechnungsvereinbarung (▶ 3.6.1) unterliegen.

Treasury als primäre Datenquelle

Das Liquiditätsrisikomanagement wird bei Nicht-Banken in der Regel von Konzerntreasury verantwortet. Analog zu den sonstigen qualitativen Risikoangaben werden sich die diesbezüglich über IFRS 7 verlangten Erläuterungen daher großteils über diesen Bereich beziehen lassen.[885]

5.4.4 Angabepflichten zu Marktrisiken

5.4.4.1 Anforderungen im Überblick

Sensitivitätsanalyse als Basis

Zur Darstellung von Marktrisiken greift IFRS 7 die Methodik von Sensitivitätsanalysen (▶ 2.1.11.4) auf. Wie Abbildung 5-2 zeigt, können zur Erfüllung der Angabepflichten zu Marktrisiken einerseits eigens für externe Berichterstattungszwecke erstellte Sensitivitätsanalysen verwendet werden. Andererseits kann das Unternehmen alternativ dazu auf bereits vorhandene, zur internen Steuerung eingesetzte Sensitivitätsrisikomodelle wie insbesondere Value-at-Risk-Verfahren zurückgreifen. Unabhängig davon, welche Form der Sensitivitätsanalysen gewählt wird, müssen weitere Angaben bereitge-

---

[885] Vgl. BRÜCKS/KERKHOFF/STAUBER (2006b), S. 433.

5.4 Quantitative Angabepflichten zu Risiken

stellt werden, wenn die Analysen nicht repräsentativ in Bezug auf die mit den Finanzinstrumenten verbundenen Risiken sind.

Angabepflichten zu Marktrisiken im Überblick | *Abbildung 5-2*

```
                    Offenlegung von Sensitivitätsanalysen
    ┌─────────────────────────┐               ┌─────────────────────────┐
    │ Für externe Berichter-  │   Wahlrecht   │ Bereits intern genutzte │
    │ stattungszwecke erstellt│ ◄──────────►  │ Value-at-Risk-Modelle   │
    │      IFRS 7.40          │               │      IFRS 7.41          │
    └─────────────────────────┘               └─────────────────────────┘
         Weitere Angaben bei Unrepräsentativität der Analysen
                            IFRS 7.42
```

Konkret hat das Unternehmen, vorbehaltlich der Relevanz von IFRS 7.41, gemäß IFRS 7.40 folgende Angaben zu machen:

- eine Sensitivitätsanalyse für jede Marktrisikoart, der das Unternehmen zum Abschlussstichtag ausgesetzt ist und die wiedergibt, welche Auswirkungen hypothetische, zum Abschlussstichtag bei vernünftiger Beurteilung jedoch mögliche Änderungen der relevanten Risikovariablen – z.B. Marktzinssätze, Wechselkurse, Aktienkurse oder Rohstoffpreise (IFRS 7.B18, IG32) – auf Ergebnis und Eigenkapital haben würden;

Sensitivitätsanalysen für jede Marktrisikoart

- die Methoden und Annahmen, welche bei der Analyse verwendet bzw. zu Grunde gelegt wurden;

– dabei berücksichtigte Methoden und Annahmen

- im Vergleich zu früheren Berichtsperioden in Bezug auf die Methoden und Annahmen vorgenommene Änderungen sowie die Gründe dafür.

Steuert das Unternehmen seine Risiken mittels anderer Verfahren – wie etwa denjenigen auf Basis von Value-at-Risk-Modellen, die Interdependenzen zwischen Risikovariablen abbilden (z.B. zwischen Zinssätzen und Wechselkursen) – kann es sich alternativ zu IFRS 7.40 hinsichtlich der Risikoinformationen auf diese Analysen stützen; dabei sind gemäß IFRS 7.41 die folgenden Angaben bereitzustellen:

Value-at-Risk-Modelle

- eine Erläuterung der gewählten Methode zur Erstellung der Analyse sowie der wesentlichen zu Grunde liegenden Parameter und Annahmen;

– umfassende Erläuterung der Methode

- eine Erläuterung der mit der Methode verfolgten Zielsetzung gleichermaßen wie der Beschränkungen, die in die Informationen einfließen und dem beizulegenden Zeitwert der involvierten Vermögenswerte und Verbindlichkeiten nicht ausreichend Rechnung tragen.

5 Risikoberichterstattung

Zusätzliche Angaben bei Unrepräsentativität

Sind die nach IFRS 7.40 oder IFRS 7.41 angegebenen Risikoanalysen bezüglich des einem Finanzinstrument innewohnenden Risikos nicht repräsentativ – z.B. bedingt dadurch, dass das Risiko zum Abschlussstichtag nicht das Risiko während des Geschäftsjahres widerspiegelt – muss das Unternehmen diese Tatsache sowie die Gründe dafür angeben (IFRS 7.42).

Bei den nachfolgenden Ausführungen wird schwerpunktmäßig auf für externe Berichterstattungszwecke erstellte Sensitivitätsanalysen eingegangen. Nicht-Banken werden überwiegend auf diese zurückgreifen, da sie Finanzrisiken in der Regel nicht umfassend über Value-at-Risk-Modelle steuern und überwachen.[886]

5.4.4.2 Übergreifende Vorgaben zu Sensitivitätsanalysen

IFRS 7.40 (a) verlangt die Angabe von Sensitivitätsanalysen. Diese sollen

- für jede Marktrisikoart, der das Unternehmen zum Abschlussstichtag ausgesetzt ist,
- die Auswirkungen auf GuV und Eigenkapital darstellen,
- welche hypothetische Änderungen relevanter Risikovariablen bewirken,
- die zum Abschlussstichtag bei vernünftiger Beurteilung möglich sind.

Gemäß IFRS 7.40 (b) und (c) müssen darüber hinaus zum einen die Methoden und Annahmen, die der Analyse zu Grunde liegen, offen gelegt werden. Zum anderen sind die bezüglich der Methoden und Annahmen verglichen zu Vorperioden vorgenommenen Änderungen sowie die Gründe dafür anzugeben.

Umfang und Aggregation

Die offen zu legenden Sensitivitätsanalysen müssen sich auf die gesamten Unternehmenstätigkeiten erstrecken,[887] das Unternehmen kann jedoch differenzierte Arten von Sensitivitätsanalysen für unterschiedliche Klassen von Finanzinstrumenten veröffentlichen (IFRS 7.B21). Grundsätzlich sind auch Sicherungsmaßnahmen einzubeziehen. Dies lässt sich zwar dem Standardtext nicht unmittelbar entnehmen, geht aber aus dem Beispiel in IFRS 7.IG36 hervor.[888]

Im Hinblick auf nach IFRS 7.40 erstellte Analysen ist zudem zu beachten, dass Sensitivitäten, die sich auf GuV-Wirkungen beziehen, getrennt von denjenigen, welche Effekte auf das Eigenkapital zeigen, anzugeben sind

---

[886] Value-at-Risk-Modelle werden allerdings vereinzelt auch von Nicht-Banken eingesetzt. Dies ist etwa bei METRO der Fall, vgl. METRO-GB 2006, S. 158.
[887] Dies gilt sowohl für die nach IFRS 7.40 als auch für die unter Bezugnahme auf IFRS 7.41 veröffentlichten Sensitivitätsanalysen.
[888] Vgl. BRÜCKS/KERKHOFF/STAUBER (2006b), S. 428 m.V.a. BONIN (2004), S. 1572.

5.4 Quantitative Angabepflichten zu Risiken

(IFRS 7.B27). Ob die Sensitivitäten zur GuV auf das Vor- oder das Nachsteuerergebnis abstellen müssen, gibt IFRS 7 nicht eindeutig vor; es können daher beide Bezugsgrößen verwendet werden.[889]

Marktrisikoarten und Interdependenzen

Die einzubeziehenden Marktrisikoarten schließen Zinsrisiken, Wechselkursrisiken und sonstige Preisrisiken wie Eigenkapital- oder Warenpreisrisiken, Rückzahlungsrisiken oder Restwertrisiken ein (IFRS 7.IG32). Zwar wird die Berücksichtigung von Interdependenzen der den einzelnen Marktrisikoarten zu Grunde liegenden Risikovariablen nicht zwingend vorgeschrieben (IFRS 7.BC60), das IASB empfiehlt jedoch z.b., zinsrisikobezogene Sensitivitätsanalysen für jede Währung, in der das Unternehmen wesentlichen Zinsrisiken ausgesetzt ist, bereitzustellen (IFRS 7.IG34).

Mögliche Änderungen der Risikovariablen

Bei der Bestimmung dessen, was eine nach vernünftiger Beurteilung (Ermessen) mögliche Änderung der relevanten Risikovariablen darstellt, sollte das Unternehmen die wirtschaftlichen Rahmenbedingungen seiner Tätigkeit bedenken; „Worst-Case-Szenarios" oder „Stress Tests" bleiben dabei normalerweise unberücksichtigt. Ist die Änderungsrate der betreffenden Risikovariablen (im Zeitverlauf) stabil, muss das Unternehmen seine Festlegung der möglichen Änderungen auch nicht erhöhen (IFRS 7.B19 (a)). Der Zeitrahmen, für den die Sensitivitätsanalyse gilt, wird üblicherweise durch die Länge des Berichtszeitraums determiniert (IFRS 7.B19 (b)).

Angaben zu Sensitivitätsanalysen nach IFRS 7.IG36

Tabelle 5-3

Zinsrisiken

Wenn das Zinsniveau zum 31.12.X2 um 10 BP geringer gewesen wäre, dann wäre der Nachsteuergewinn des Geschäftsjahres – alle anderen Einflussfaktoren als konstant angenommen – um 1,7 Mio. € (X1: 2,4 Mio. €) höher gewesen. Dies wäre im Wesentlichen auf niedrigere Zinsaufwendungen der variabel verzinslichen Kredite zurückzuführen gewesen. Das Eigenkapital wäre auf Grund der Erhöhungen der beizulegenden Zeitwerte von festverzinslichen, zur Veräußerung verfügbar kategorisierten finanziellen Vermögenswerten um 2,8 Mio. € höher (X1: 3,2 Mio. €) gewesen.

Wenn das Zinsniveau um 10 BP höher gewesen wäre, so wäre der Nachsteuergewinn des Geschäftsjahres – alle anderen Einflussfaktoren als konstant angenommen – um 1,5 Mio. € (X1: 2,1 Mio. €) geringer gewesen. Dies wäre im Wesentlichen auf höhere Zinsaufwendungen der variabel verzinslichen Kredite zurückzuführen gewesen. Das Eigenkapital wäre auf Grund der Verminderungen der beizulegenden Zeitwerte von festverzinslichen, zur Veräußerung verfügbar kategorisierten finanziellen Vermögenswerten um 3,0 Mio. € geringer (X1: 3,4 Mio. €) gewesen.

---

[889] Vgl. dazu KUHN/CHRIST (2011), Rz. 278; DELOITTE LLP (2011b), S. 891f.; ERNST & YOUNG LLP (2012b), S. 3467.

5 Risikoberichterstattung

Die höhere Sensitivität einer Senkung des Zinsniveaus im Vergleich zu einer entsprechenden Erhöhung beruht auf Darlehensaufnahmen mit Zinsbegrenzungsvereinbarungen („capped interest rates"). Die in X2 im Vergleich zu X1 niedrigere Sensitivität ist auf eine Reduktion des Schuldenbestands durch Rückzahlung fälliger Darlehen zurückzuführen.

Währungsrisiken
Wenn die Hauswährung zum 31.12.X2 in Relation zum $ um 10% schwächer gewesen wäre, dann wäre der Nachsteuergewinn des Geschäftsjahres – alle anderen Einflussfaktoren als konstant angenommen – um 2,8 Mio. € (X1: 6,4 Mio. €) geringer gewesen und das Eigenkapital wäre um 1,2 Mio. € (X1: 1,1 Mio. €) höher gewesen.

Wenn die Hauswährung in Relation zum $ hingegen um 10% stärker gewesen wäre, so wäre der Nachsteuergewinn des Geschäftsjahres – alle anderen Einflussfaktoren als konstant angenommen – um 2,8 Mio. € (X1: 6,4 Mio. €) höher gewesen und das Eigenkapital wäre um 1,2 Mio. € (X1: 1,1 Mio. €) geringer gewesen.

Der Rückgang der Wechselkurs-Sensitivität auf das Ergebnis von X2 verglichen mit X1 ist primär zurückzuführen auf die Reduktion von Schulden in Fremdwährung.

Der Anstieg der Wechselkurs-Sensitivität auf das Eigenkapital von X2 verglichen mit X1 ist primär zurückzuführen auf die verstärkte Absicherung von Käufen in Fremdwährung gegen Währungsrisiken.

Erleichterungen

Mit Verweis auf IFRS 7.1 (b), wonach generell über Risiken zu berichten ist, denen das Unternehmen sowohl während des Berichtszeitraums als auch zum Berichtszeitpunkt ausgesetzt ist, wären die Marktrisiken streng genommen auf Basis der tatsächlichen Bestände während der betrachteten Periode zu bestimmen und darzustellen.[890] Die Bezugnahme auf den Berichtszeitraum wird jedoch nicht verpflichtend vorgeschrieben: Es müssen die Auswirkungen auf Gewinn bzw. Verlust und Eigenkapital am Abschlussstichtag angegeben werden unter der Annahme, dass an diesem Datum nach vernünftigem Ermessen eine mögliche Änderung der betreffenden Risikovariablen eingetreten ist und sie auf die zu diesem Zeitpunkt bestehenden Risiken angewandt wurde. Bspw. gibt das Unternehmen in Bezug auf zum Jahresende in Bestand befindliche variabel verzinsliche Verbindlichkeiten die bei möglicher Zinssatzänderung eintretenden GuV-Effekte für das laufende Jahr an (IFRS 7.B18 (a)). Entspricht das Risiko zum Abschlussstichtag nicht dem während des Jahres vorherrschenden Risiko, sind allerdings über IFRS 7.42 zusätzliche Angaben bereitzustellen.

– keine zwingende unterjährige Bestandsbetrachtung

– keine Effekte innerhalb der Änderungsbandbreiten

Weiterhin ist zu beachten, dass man die Auswirkungen auf GuV oder Eigenkapital nicht für jede einzelne Änderung innerhalb der Bandbreite vernünftigerweise möglicher Änderungen angeben muss; die Darstellung der Effekte an den Grenzen der Spannen reicht aus (IFRS 7.B18 (b)).

IFRS 7.IG36 enthält Beispiele dazu, wie das Unternehmen die in IFRS 7.40 verlangten Sensitivitätsanalysen im Anhang darstellen kann (siehe Tabelle 5-3).

---

[890] Vgl. KUHN/SCHARPF (2006), Rz. 4611.

5.4.4.3 Sensitivitäten zum Zinsrisiko

Zinsrisiken können sowohl bei bilanzierten zinstragenden Finanzinstrumenten als auch bei nicht in der Bilanz angesetzten Finanzinstrumenten (z.B. bestimmten Kreditzusagen) auftreten (IFRS 7.B22). Die Sensitivitätsanalyse sollte diesbezüglich die Effekte von Marktzinssatzänderungen auf Zinserträge und -aufwendungen, andere Ergebnisteile (z.B. Handelsgewinn oder -verlust) und – soweit relevant – auf das Eigenkapital zeigen (IFRS 7.IG34).

Effekte von Marktzinssatzänderungen

Demnach hat das Unternehmen generell alle variabel verzinslichen originären Finanzinstrumente in die Analyse einzubeziehen, da Veränderungen des Referenzzinssatzes Auswirkungen auf das Zinsergebnis (oder bei Einstufung als AfS auf das Eigenkapital) haben (IFRS 7.IG33 (a)). Diese kommen bei Nicht-Banken auf der Aktivseite regelmäßig nur in Form von der Bewertungskategorie AfS zugeordneten Schuldinstrumenten vor. HtM-Finanzinvestitionen scheiden auf Grund der Bedingung, dass diese mit festen Zahlungen verbunden sein müssen, meistens aus. Kredite und Forderungen dürften im Normalfall ebenfalls kaum variablen Verzinsungen unterliegen. Auf der Passivseite müssen alle variabel verzinslichen Schulden identifiziert werden; wiederum sollte sich die Analyse bei Nicht-Banken auf die zu fortgeführten Anschaffungskosten bilanzierten Finanzschulden fokussieren.

Einbeziehungsaspekte für Nicht-Banken

– bezüglich variabel verzinslicher originärer Instrumente

Finanzielle Vermögenswerte und Schulden mit fester Verzinsung müssen hingegen nur berücksichtigt werden, wenn diese zum beizulegenden Zeitwert bewertet werden; denn nur dann kommt es bei Marktzinssatzänderungen zu GuV- bzw. Eigenkapital-Wirkungen.[891] Auf der Aktivseite sind daher für Nicht-Banken grundsätzlich nur die der Bewertungskategorie AfS zugeordneten Schuldinstrumente oder die als FAFVPL eingestuften finanziellen Vermögenswerte betroffen. Fest verzinsliche Schulden werden überwiegend zu fortgeführten Anschaffungskosten angesetzt; die Passivseite wird daher in der Regel nicht ausschlaggebend für die Analyse sein. Einzubeziehen wären lediglich festverzinsliche Schuldinstrumente, die entweder durch Deklaration (d.h. durch Nutzung der Fair-Value-Option ▶ 3.10.4) oder auf Grund des Vorliegens einer Handelsabsicht der Kategorie FLFVPL zugeordnet wurden. Beides sollte für Nicht-Banken die Ausnahme darstellen.

– bezüglich fest verzinslicher originärer Instrumente

Bei variablen Zinszahlungen aus originären Finanzinstrumenten, die als Grundgeschäfte im Rahmen von Cash Flow Hedges gegen Zinsänderungsrisiken designiert sind, können – bedingt durch den gegenläufigen Effekt der Sicherungsinstrumente (z.B. Zinsswaps) – bei Änderungen des Marktzinsniveaus nur im Fall von Ineffektivitäten der Sicherungsbeziehungen GuV-Wirkungen auftreten, d.h. das gesamte Zinszahlungsrisiko wird (nahezu)

– bei Absicherungen gegen Zinsrisiken

---

[891] Vgl. BRÜCKS/KERKHOFF/STAUBER (2006b), S. 429; KUHN/SCHARPF (2006), Rz. 4632; DELOITTE LLP (2011b), S. 887; KUHN/CHRIST (2011), Rz. 270; ERNST & YOUNG LLP (2012b), S. 3469.

eliminiert.⁸⁹² Hingegen beeinflussen marktzinssatzbedingte Wertänderungen der Sicherungsinstrumente die Höhe des Eigenkapitals; bei einem Derivat entspricht dieses zinsbedingte Wertänderungsrisiko der Marktwertänderung bei hypothetischer Verschiebung der zum Abschlussstichtag geltenden Zinsstrukturkurve (BPV-Kalkulation ▶ 2.1.11.4).⁸⁹³ Umgekehrt unterliegen innerhalb von Fair Value Hedges gegen Zinsänderungsrisiken als Sicherungsinstrumente eingebundene Zinsswaps und FRAs bei Marktzinssatzänderungen keinem zinsbedingten Wertänderungsrisiko (außer die Sicherung ist ineffektiv), da die in der GuV erfasste Änderung durch die erfolgswirksame Buchwertanpassung des fest verzinslichen Grundgeschäfts kompensiert wird. Allerdings muss das Zinszahlungsrisiko der variablen Seite des Zinsswap beachtet werden, welches sich aus dem Produkt der angenommenen Änderung des Marktzinsniveaus und dem Kapitalbetrag des Derivats bestimmen lässt.⁸⁹⁴ Bei der Ermittlung der GuV-Auswirkungen für nicht in Sicherungsbeziehungen nach IAS 39 eingebundene Derivate ist sowohl das Zinszahlungs- als auch das zinsbedingte Wertänderungsrisiko relevant. Reine Währungsderivate unterliegen hingegen keinen wesentlichen Zinsänderungsrisiken und können daher m.E. bei der Bestimmung der Sensitivitäten unberücksichtigt bleiben.⁸⁹⁵ Bei festverzinslichen AfS-Schuldinstrumenten, die bereits einer Wertminderung unterliegen, hätten geänderte Marktzinssätze zur Folge, dass der Wertminderungsaufwand höher oder geringer ausfallen würde. Dies muss bei der Analyse berücksichtigt werden.⁸⁹⁶

Tabelle 5-4 fasst die vorstehenden Ausführungen zu den Auswirkungen von Marktzinssatzänderungen zusammen. Darin wird auch gezeigt, welche Ergebnisteile innerhalb des Finanzergebnisses bei Nicht-Banken wahrscheinlich betroffen sind.⁸⁹⁷

---

[892] Vgl. dazu und folgend primär BRÜCKS/KERKHOFF/STAUBER (2006b), S. 441f. Siehe zu den verschiedenen Zinsänderungsrisikoarten Abschnitt 2.1.10.2.
[893] Vgl. auch KUHN/SCHARPF (2006), Rz. 4632.
[894] Gl.A. KUHN/SCHARPF (2006), Rz. 4632.
[895] Vgl. zur Dominanz des Währungsrisikos bei Währungsderivaten auch IDW (2009a), Rz. 73.
[896] Vgl. DELOITTE LLP (2011b), S. 896f. Siehe zur Ermittlung der Wertberichtigungsbeträge bei AfS-Schuldinstrumenten Abschnitt 3.11.4.3.
[897] Siehe zur Aufteilung des Finanzergebnisses Abschnitt 4.2.3.

Auswirkungen von Marktzinssatzänderungen auf GuV und EK von Nicht-Banken *Tabelle 5-4*

Bewertungskategorie/ Sicherungsinstrument	Betroffene Rechenwerke	
	variabel verzinsliche Posten	fest verzinsliche Posten
FAFVPL/FLFVPL		
▪ HfT originäres Instrument	GuV (Handelsergebnis)	GuV (Handelsergebnis)
▪ HfT derivatives Instrument	GuV (Handelsergebnis)	
▪ designiert (Fair-Value-Option)	GuV (sonstiges Finanzergebnis)	
HtM	GuV (Zinsergebnis)	[keine Auswirkungen]
LaR	GuV (Zinsergebnis)[a]	[keine Auswirkungen]
AfS		
▪ Eigenkapitalinstrument	[Zuordnung verzinslicher Posten nicht möglich]	
▪ Schuldinstrument	GuV (Zinsergebnis)[a]	OCI[b]
FLAC	GuV (Zinsergebnis)[a]	[keine Auswirkungen]
Derivative Sicherungsinstrumente		
▪ Fair Value Hedge gegen Zinsrisiken	Zinszahlungsrisiko: GuV (Zinsergebnis) [keine Auswirkungen bezüglich des zinsbedingten Wertänderungsrisikos[c]]	
▪ Cash Flow Hedge gegen Zinsrisiken	Zinsbedingtes Wertänderungsrisiko: OCI[c] [keine Auswirkungen bezüglich des Zinszahlungsrisikos]	

a   Es sei denn, die Zinszahlungen aus dem Finanzinstrument sind als Grundgeschäft innerhalb eines Cash Flow Hedge designiert.
b   Es sei denn, zum Abschlussstichtag besteht bereits eine Wertminderung; dann führen geänderte Marktzinssätze zu abweichenden Abschreibungen, die in der GuV (sonstiges Finanzergebnis) zu erfassen wären.
c   Es sei denn, die bilanzielle Sicherungsbeziehung ist mit wesentlichen Ineffektivitäten verbunden, die in der GuV (sonstiges Finanzergebnis) zu erfassen wären.

Der hypothetische Ergebnis- bzw. Eigenkapitaleffekt (Differenz zum tatsächlich in der GuV bzw. in der Bilanz ausgewiesenen Wert) eines in die Analyse einbezogenen originären Finanzinstrumente-Postens lässt sich aus dem Produkt aus dessen Nominalwert (entsprechend des Bestands zum Abschlussstichtag) und der angenommenen Änderung des Marktzinssatzes bestimmen (Praxisbeispiele ▶ 6.4.10.2; 6.7.9.3).[898] Zur Umrechnung von in Fremdwährung lautenden Nominalwerten kann der Stichtagskurs (Kassawechselkurs) herangezogen werden. Die hypothetische Auswirkung eines zinsreagiblen Einzelpostens (FRA, Zinsswap, Währungsswap, Zins-/Währungsswap) auf Ergebnis oder Eigenkapital ergibt sich aus der potenziellen Veränderung des Marktwerts bei entsprechend unterstellter Verschiebung der zum Abschlussstichtag gültigen Zinsstrukturkurve.[899]

Bestimmung der Sensitivitäten

---

[898] Vgl. dazu und folgend BRÜCKS/KERKHOFF/STAUBER (2006b), S. 442. Vgl. zu Letzterem auch DELOITTE LLP (2011b), S. 891.
[899] Siehe hierzu die Praxisbeispiele in den Abschnitten 6.5.9.1, 6.5.9.2, 6.5.9.5, 6.5.9.6, 7.1.1.17 und 7.1.2.11.

5.4.4.4 Sensitivitäten zum Wechselkursrisiko

Ausschließlich das Transaktionsrisiko relevant

IFRS 7 zufolge treten Wechselkursrisiken ausschließlich bei monetären Finanzinstrumenten auf, die auf eine andere Währung als die funktionale Währung, in der sie bewertet werden, lauten (IFRS 7.B23). Somit sind bei der Sensitivitätsanalyse nur monetäre Fremdwährungsgeschäfte relevant;[900] wechselkursbedingte Differenzen aus der Umrechnung von Abschlüssen in die Konzernwährung (Translationsrisiko) und aus nicht-monetären Posten wie gehaltene Eigenkapitalinstrumente können unberücksichtigt bleiben.[901]

Differenzierung nach Währungen

Darüber hinaus lassen sich IFRS 7 kaum Vorgaben entnehmen. Es wird lediglich gefordert, für jede Währung, die ein wesentliches Risiko für das Unternehmen darstellt, eine Sensitivitätsanalyse zu präsentieren (IFRS 7.B24).

Einbeziehungsaspekte

Bei der Frage, welche monetären Einzelposten in die wechselkursbedingten Sensitivitätsanalysen einzubeziehen sind, können die folgenden Aspekte von Relevanz sein:[902]

- Originäre Finanzinstrumente in Fremdwährung (und Zinsaufwendungen/-erträge aus diesen[903]) werden ggf. durch den Einsatz von Währungsderivaten (Devisentermingeschäfte, Währungsswaps, Zins-/Währungsswaps) synthetisch in die funktionale Währung transferiert, womit sich die Berücksichtigung erübrigt – es sei denn, die Sicherungen weisen wesentliche Ineffektivitäten auf.

- Originären finanziellen Vermögenswerten (Verbindlichkeiten) stehen ggf. in gleicher Höhe originäre finanzielle Verbindlichkeiten (Vermögenswerte) gegenüber (so genannte „Natural Hedges"), wodurch sich deren wechselkursbedingte Wertänderungen in der GuV ausgleichen und diese deshalb gleichfalls nicht einbezogen werden müssen.

---

[900] Darunter fallen auch konzerninterne Posten, wenn für diese währungsbedingte Umrechnungsgewinne/-verluste nicht vollständig eliminiert werden, vgl. IDW (2009a), Rz. 49; KUHN/CHRIST (2011), Rz. 265.

[901] Vgl. BRÜCKS/KERKHOFF/STAUBER (2006b), S. 429; KUHN/SCHARPF (2006), Rz. 4621 und zum Translationsrisiko auch KPMG IFRG LIMITED (2011), S. 1566f. (7.8.400.80); PwC (2011a), S. 11080 (11.110). Die Einbeziehung nicht-monetärer Posten ist m.E. möglich, wenn dies zu einer besseren Darstellung der Risikosituation führt. So wird es bspw. zulässig sein, eine im Rahmen eines Net Investment Hedge gegen Währungsrisiken abgesicherte Auslandbeteiligung bei der Sensitivitätsanalyse zu berücksichtigen, wie dies im Praxisbeispiel in Abschnitt 7.2.3.9 erfolgt. Für eine (freiwillige) Einbeziehung des Translationsrisikos plädieren HARR/ZEYER/EPPINGER (2009).

[902] Vgl. zu diesen BRÜCKS/KERKHOFF/STAUBER (2006b), S. 442f. Einer generellen Nichtberücksichtigung von währungsgesicherten Posten stimmen KUHN/SCHARPF (2006), Rz. 4622 und IDW (2009a), Rz. 75 nicht zu.

[903] Vgl. zur generellen Berücksichtigung auch DELOITTE LLP (2011b), S. 888.

Quantitative Angabepflichten zu Risiken **5.4**

- Im Rahmen von Cash Flow Hedges gegen währungsbedingte Zahlungsschwankungen designierte Derivate sind grundsätzlich stets zu berücksichtigen, da hypothetische Wechselkursänderungen Auswirkungen auf das Eigenkapital haben.

- In Absicherungen von Nettoinvestitionen in ausländische Geschäftsbetriebe eingebundene Finanzinstrumente können von der Analyse ausgeschlossen werden (außer die Sicherung ist mit Ineffektivitäten verbunden), weil sowohl die wechselkursbedingte Wertänderung der abgesicherten Investition (Grundgeschäft) als auch die gegenläufige Wertänderung des Sicherungsinstruments (Währungsderivat, Fremdwährungsverbindlichkeit) im Eigenkapital erfasst wird, bis die kumulierten Gewinne/Verluste mit dem Abgang des Grundgeschäfts zeitgleich in die GuV zu transferieren sind.[904]

Unter Berücksichtigung der genannten Aspekte lässt sich folgern, dass bei Nicht-Banken Währungssensitivitäten dann nur in äußerst geringem Maße bestehen, wenn die aus Transaktionen mit Finanzinstrumenten resultierenden Währungsrisiken umfassend eliminiert werden.[905] Trifft dies zu, entstehen diese ggf. noch auf Grund von Derivaten, die als Sicherungsinstrumente innerhalb von Cash Flow Hedges eingebunden sind, oder wegen Derivaten, die das Unternehmen weder im Rahmen von Fair Value Hedges noch zur wirtschaftlichen Sicherung bilanzwirksamer Geschäfte einsetzt. Bei Letzteren ist in erster Linie an Währungsderivate zu denken, die zur Absicherung bilanzunwirksamer Planpositionen eingegangen werden.

Währungssensitivitäten bei Nicht-Banken

Die hypothetische Auswirkung jedes einbezogenen originären Einzelpostens kann durch Vergleich des Buchwerts (der mit dem tatsächlichen Stichtagskurs umgerechnet wird) mit dem unter Heranziehung des hypothetischen Wechselkurses umgerechneten Wert bestimmt werden; die Differenz ist der anzugebende Betrag (Praxisbeispiele ▶ 6.4.10.2; 6.7.9.2; 7.2.3.9).[906] Bei Devisentermingeschäften, Devisenswaps, Währungsswaps und Zins-/Währungsswaps lässt sich der GuV- bzw. Eigenkapitaleffekt über den Vergleich des tatsächlichen beizulegenden Zeitwerts mit dem Fair Value, der sich bei hypothetischer Veränderung der Wechselkurse ergibt, quantifizieren.[907]

Bestimmung der Sensitivitäten

---

[904] Laut DELOITTE LLP (2011b), S. 899 handelt es sich bei dem Grundgeschäft (Nettovermögen des ausländischen Geschäftsbetriebs) nicht um ein Finanzinstrument; somit wäre nur das Sicherungsinstrument in die Analyse einzubeziehen.
[905] Ähnlich dazu und folgend vgl. BRÜCKS/KERKHOFF/STAUBER (2006b), S. 443.
[906] Vgl. hierzu und in der Folge BRÜCKS/KERKHOFF/STAUBER (2006b), S. 443; KUHN/SCHARPF (2006), Rz. 4622.
[907] Siehe dazu die Praxisbeispiele in den Abschnitten 6.5.9.3, 6.5.9.4, 6.5.9.5, 6.5.9.6, 7.2.1.8 und 7.2.2.7.

5.4.4.5 Sensitivitäten zu sonstigen Preisrisiken

Auswirkungen sonstiger Kurs- und Preisrisiken

Sonstige Preisrisiken ergeben sich z.B. aus Änderungen von Rohstoffpreisen oder Aktienkursen; das Unternehmen könnte etwa die Auswirkungen des Rückgangs bestimmter Börsenindizes, Rohstoffpreise oder anderer Risikofaktoren angeben (IFRS 7.B25). Mit Aktienkursrisiken verbundene Finanzinstrumente sind etwa Bestände an Anteilen anderer Unternehmen, Terminkontrakte und Kauf- oder Verkaufsoptionen in Bezug auf bestimmte Mengen an Eigenkapitalinstrumenten (IFRS 7.B26).

Einbeziehung – nicht-finanzieller Posten?

Fraglich ist, ob im Zusammenhang mit der Einbeziehung von Rohstoffpreisrisiken auch die Auswirkungen auf nicht-finanzielle Posten wie etwa Öl- oder Edelmetallbestände berücksichtigt werden müssen (dürfen); bei strenger Auslegung stellt der Standard ausschließlich auf Risiken ab, die aus Finanzinstrumenten resultieren.[908] LÖW plädiert dafür, im Fall von stets einzubeziehenden Terminkontrakten auch die entsprechenden Basisinstrumente in die Analyse aufzunehmen.[909] Enthalten bilanzielle Sicherungsbeziehungen Grundgeschäfte, die keine Finanzinstrumente darstellen und deshalb gemäß IFRS 7 nicht zu berücksichtigen sind, sollen DELOITTE zufolge zusätzliche Informationen bereitgestellt werden.[910]

– eigene Eigenkapitalinstrumente

Eindeutig geregelt wird hingegen, dass für vom Unternehmen als (nach IAS 32) eigene Eigenkapitalinstrumente eingestufte Finanzinstrumente keine Sensitivitätsanalyse erforderlich ist (IFRS 7.B28).

Bestimmung der Sensitivitäten

Der Effekt auf Ergebnis oder Eigenkapital lässt sich in analoger Weise ermitteln wie bei der Bestimmung von Währungssensitivitäten, d.h. der tatsächliche Fair Value wird einem hypothetischen beizulegenden Zeitwert gegenübergestellt. Für in Bestand befindliche Aktienoptionen kann etwa analysiert werden, wie sich der Fair Value bei einem angenommenen höheren oder niedrigeren Kurs des Basisobjekts entwickelt (Praxisbeispiel ▶ 6.9.12.2). Bei Kenntnis der Wertreagibilität eines Einzelpostens zu einem Index besteht z.B. ferner die Möglichkeit, eine Veränderung des Indexniveaus zu unterstellen und die daraus resultierende Wertänderung zu quantifizieren (Praxisbeispiel ▶ 6.4.10.3).

Wertberichtigte Posten

Bei AfS-Eigenkapitalinstrumenten, die zum Abschlussstichtag im Wert gemindert wurden, ist zu beachten, dass sich hypothetische Fair-Value-Änderungen in der GuV niederschlagen würden, wohingegen bei Posten, die zum Abschlussstichtag eine Wertaufholung erfahren haben, unterstellte

---

[908] Vgl. dazu und folgend LÖW (2005b), S. 2179. Vgl. auch DELOITTE LLP (2011b), S. 899.
[909] Gl.A. SCHARPF (2006), S. 46; KUHN/CHRIST (2011), Rz. 273.
[910] Vgl. DELOITTE LLP (2011b), S. 899.

Zeitwertänderungen Anpassungen im OCI zur Folge hätten.[911] Besteht zum Abschlussstichtag keine Wertminderung, kann es ggf. trotzdem sachgerecht sein, die Sensitivitätsanalyse unter Berücksichtigung einer potenziellen Wertminderung (die über die GuV zu erfassen wäre) zu erstellen. Dies ist m.E. der Fall, wenn der beizulegende Zeitwert des AfS-Eigenkapitalinstruments zum Abschlussstichtag bereits nahe an der unternehmensspezifisch festgelegten Grenze eines wesentlichen Wertrückgangs (▶ 3.11.3) liegt und demzufolge aus der Veränderung der Risikovariable eine Wertminderung resultieren würde.

5.4.4.6 Value-at-Risk-Modelle

Value-at-Risk-Modelle werden zum Risiko-Controlling von Finanzinstituten eingesetzt; vereinzelt lässt sich deren Nutzung von Nicht-Banken feststellen. Der „Value at Risk" ist der maximal auftretende Verlust im Handelsbuch einer Bank, d.h., er bezieht sich auf künftige Marktpreisänderungen.[912] Die Risikokennzahl wird für einen bestimmten Zeitraum und auf Basis eines vorgegebenen Konfidenzintervalls berechnet; dabei werden auch gegenseitige Abhängigkeiten der Risikovariablen (Interdependenzen) über Korrelationsanalysen berücksichtigt. Bspw. liegt der für den nächsten Handelstag maximal mögliche Verlust eines Portfolios von 1 Mio. € mit einer Eintrittswahrscheinlichkeit von 5% bei 150.000 €. Anders ausgedrückt sagt der Value at Risk aus, dass mit 95%iger Wahrscheinlichkeit der Wert des Portfolios größer als 850.000 € sein wird.

Begriff des Value at Risk

Sofern das Unternehmen seine Risiken mittels Value-at-Risk-Modellen steuert, ist es alternativ zu den Angabepflichten von IFRS 7.40 zulässig, Risikoinformationen auf Basis dieser Analysen bereitzustellen. Dies wird ermöglicht, obwohl derartige Modelle nicht die Effekte auf Ergebnis und Eigenkapital zeigen (IFRS 7.BC61): IFRS 7.B20 weist explizit darauf hin, dass Value-at-Risk-Sensitivitätsanalysen auch dann akzeptiert werden, wenn sie nur potenzielle Verluste messen.

Neben den Risikowerten an sich ist dabei gemäß IFRS 7.41 zum einen die gewählte Methode zu erläutern – einschließlich der wesentlichen zu Grunde liegenden Parameter und Annahmen. Zum anderen muss die mit der Methode verfolgte Zielsetzung und deren Beschränkungen beschrieben werden. Die letzteren Limitierungen beziehen sich hierbei auf diejenigen, welche ursächlich dafür sind, dass sich Informationen nicht ausreichend in den

Präsentation des Modells mit Hintergrundinformationen

---

[911] A.A. hierzu offensichtlich DELOITTE LLP (2011b), S. 899, denen zufolge bei wertgeminderten Posten eine hypothetische Fair-Value-Erhöhung als Wertaufholung über das OCI zu berücksichtigen ist. Zur Bestimmung der Wertberichtigungsbeträge bei AfS-Eigenkapitalinstrumenten siehe Abschnitt 3.11.4.3.
[912] Vgl. dazu und folgend m.w.V. STAUBER (2004), S. 285. Vgl. zum Value at Risk auch SCHMIDT (2006b), S. 50-56.

Risikoberichterstattung

beizulegenden Zeitwerten der betroffenen Vermögenswerte und Verbindlichkeiten niederschlagen.

Im Rahmen der Erläuterungen zur gewählten Methode sowie der zu Grunde liegenden Parameter kann das Unternehmen z.B. die Art des verwendeten Value-at-Risk-Modells (z.B. eine „Monte-Carlo-Simulation") und dessen wesentliche Annahmen (z.B. Haltedauer, Konfidenzintervall) offen legen (IFRS 7.B20). Ferner lassen sich der historische Beobachtungszeitraum und die Gewichtung der Beobachtungen in diesem Zeitraum angeben und die Behandlung von Optionen in den Berechnungen beschreiben. Des Weiteren kann erläutert werden, welche Volatilitäten und Korrelationen (oder alternativ welche Monte-Carlo-Simulationen der Wahrscheinlichkeitsverteilung) Verwendung finden (IFRS 7.B20).

5.4.4.7 Angaben bei Unrepräsentativität

Nach IFRS 7.42 werden weitere Angaben verlangt, falls die gemäß IFRS 7.40 oder IFRS 7.41 bereitgestellten Risikoanalysen nicht repräsentativ sind. Dies trifft z.B. dann zu, wenn die Analysen das Risiko zum Abschlussstichtag als Grundlage verwenden, dieses aber nicht das Risiko während des Geschäftsjahres widerspiegelt. Sind die Angaben unrepräsentativ, müssen die Tatsache an sich und die Gründe dafür angegeben werden.

Beispielfälle IFRS 7.IG37 führt Hinweise auf, in welchen Fällen eine Sensitivitätsanalyse nicht repräsentativ ist und damit die in IFRS 7.42 geforderten zusätzlichen Angaben zu machen sind. Dies liegt etwa vor, wenn

- Finanzinstrumente Bestimmungen enthalten, deren Effekte nicht über die Sensitivitätsanalyse ersichtlich sind (z.B. Optionen, die in der gewählten Änderungsbandbreite der Risikovariablen „aus dem Geld" bzw. „im Geld" bleiben);

- finanzielle Vermögenswerte nicht liquide sind (z.B. wenn ein niedriges Transaktionsvolumen gleichartiger Vermögenswerte vorliegt und das Unternehmen Schwierigkeiten hat, eine Gegenpartei zu finden);

- in großem Umfang in finanzielle Vermögenswerte investiert wurde, die man beim vollständigen Verkauf im Vergleich zu kleineren Paketen mit einem Ab- oder Aufschlag zum notierten Marktpreis veräußern muss.

Was beim Vorliegen der jeweiligen Fälle offen gelegt werden sollte, ist in IFRS 7.IG38-IG40 beschrieben. Trifft erstgenannter Tatbestand zu, wird empfohlen, die Vereinbarungen und Bedingungen der Option, den Effekt auf das Ergebnis bei Ausübung der Option sowie eine Beschreibung bezüglich der Sicherung des Risikos anzugeben. Im Fall illiquider finanzieller Vermögenswerte sollten Angaben zu den Gründen für die mangelnde Liquidität sowie dazu, wie das Unternehmen sich gegen das Risiko absichert, gemacht werden. Beim Vorliegen des hier in der Aufzählung zuletzt genannten Sachverhalts wird nahegelegt, die Bezeichnung des Wertpapiers, die Beteiligungsquote, die Ergebnisauswirkung sowie Informationen darüber, wie die Absicherung gegen das Risiko erfolgt, bereitzustellen.

5.4.4.8 Erhebungsaspekte

Bei Nicht-Banken werden sich die Sensitivitätsanalysen im Wesentlichen auf Zins- und Währungsrisiken beziehen; ggf. kommen auch andere Preisrisiken in Frage.[913] Sofern im Konzern das Zins- und Währungsmanagement nicht von zentraler Stelle durchgeführt wird, lassen sich die zur Bestimmung der Sensitivitäten benötigten Basisdaten wahrscheinlich nur über gesonderte Erhebungen generieren. Konzernweite Abfrageprozesse sind insbesondere für nicht unmittelbar im Risikomanagementfokus des Konzerntreasury stehende Finanzinstrumente – wie bspw. Zahlungsmittel oder Forderungen bzw. Verbindlichkeiten aus Lieferungen und Leistungen – kaum vermeidbar.

---

[913] Vgl. hierzu und in der Folge BRÜCKS/KERKHOFF/STAUBER (2006b), S. 434.

6 Herkömmliche Bilanzierung und Offenlegung einzelner Sachverhalte

6.1 Zahlungsmittel und Zahlungsmitteläquivalente

6.1.1 Begriffe

Was unter die Begriffe „Zahlungsmittel" und „Zahlungsmitteläquivalente" fällt, lässt sich IAS 7 „Kapitalflussrechnungen" entnehmen (IAS 7.6):

- Zahlungsmittel umfassen Barmittel und Sichteinlagen.

- Zahlungsmitteläquivalente sind kurzfristige, äußerst liquide Finanzinvestitionen, die sich jederzeit in bestimmte Zahlungsmittelbeträge umwandeln lassen und nur unwesentlichen Wertschwankungen unterliegen.

Als Beispiele für Zahlungsmittel können Schecks, Kassenbestände, Bundesbankguthaben oder Sichteinlagen bei Kreditinstituten genannt werden. Gemäß IAS 7.7 dienen diese dazu, kurzfristigen Zahlungsverpflichtungen nachkommen zu können. Sie werden gewöhnlich nicht zu Investitions- oder anderen Zwecken gehalten. Ferner wird über IAS 7.7 klargestellt, dass eine Finanzinvestition im Regelfall nur dann zu den Zahlungsmitteläquivalenten gehört, wenn sie – gerechnet vom Erwerbszeitpunkt – eine Restlaufzeit von nicht mehr als etwa 3 Monaten besitzt.

6.1.2 Kategorisierung

Für Kassenbestände und dergleichen wird überwiegend die Bewertungskategorie LaR in Frage kommen.[914] Bei strenger Auslegung der LaR-Zuordnungskriterien (▶ 3.4.3.1) sind jedoch Zahlungsmitteläquivalente, für die notierte Marktpreise auf einem aktiven Markt bestehen, nicht als LaR einstufbar.[915] Eine Einstufung von Zahlungsmitteläquivalenten (wie z.B.

---

[914] Diese Zuordnung nimmt z.B. BAYER vor, vgl. GB 2006, S. 116.
[915] Vgl. KPMG DEUTSCHE TREUHAND-GESELLSCHAFT (2007), S. 14.

6

Herkömmliche Bilanzierung und Offenlegung einzelner Sachverhalte

Wertpapieren) als HfT (Bewertungskategorie FAFVPL) dürfte ausscheiden, da sie definitionsgemäß keine Wertschwankungen haben können und damit ein Handel mit Gewinnerzielung nicht erfolgen kann.[916] Ebenfalls nicht möglich ist höchstwahrscheinlich eine Deklaration als HtM, da dies eine Halteabsicht bis zur Endfälligkeit voraussetzt. Zulässig wird indes eine Zuordnung zur Bewertungskategorie AfS sein. Ein Anwendungsfall der Fair-Value-Option dürfte für Zahlungsmittel usw. kaum denkbar sein.

6.1.3 Bilanzierung

Ansatz und Ausweis

Finanzinstrumente sind generell bilanziell zu erfassen, wenn das Unternehmen Vertragspartei wird (▶ 3.5.2). Bei Zahlungsmitteln und Zahlungsmitteläquivalenten in Form von Schecks, Kassenbeständen und Sichteinlagen ist dies der Zeitpunkt des Geldzuflusses bzw. der -gutschrift. Im Fall von Wertpapieren liegt ggf. ein marktüblicher Vertrag vor, womit grundsätzlich ein Wahlrecht zur Erfassung zum Handels- oder zum Erfüllungstag besteht (▶ 3.5.4). Verpflichtungen zur Saldierung (▶ 3.6.1) mit finanziellen Verbindlichkeiten ergeben sich normalerweise nicht. Zahlungsmittel und Zahlungsmitteläquivalente sind in der Regel dem kurzfristigen Bereich zuzuordnen (▶ 3.6.3).

Nicht als „Zahlungsmittel" bzw. „Zahlungsmitteläquivalente" ausgewiesen werden dürfen im Zuge der Stellung von Barsicherheiten (Kassenbestände, Sichteinlagen) erfasste Forderungen sowie gestellte unbare finanzielle Sicherheiten wie z.B. Wertpapiere.[917] Die genannten Posten lassen sich nicht jederzeit in Zahlungsmittel umwandeln.

Bewertung

Erstmalig müssen Finanzinstrumente zum beizulegenden Zeitwert bewertet werden (▶ 3.9.1). Bei Zahlungsmitteln und Zahlungsmitteläquivalenten in Form von Schecks, Kassenbeständen und Sichteinlagen entspricht der Fair Value regelmäßig dem Nominalwert; bei Wertpapieren wird der beizulegende Zeitwert normalerweise durch den Transaktionspreis (bei Zuordnung zur Bewertungskategorie LaR ggf. unter Einbeziehung von Transaktionskosten) bestimmt. In Fremdwährung lautende Posten sind zum am jeweiligen Tag des Geschäftsvorfalls gültigen Kassawechselkurs in die funktionale Währung zu transferieren (▶ 3.12.2).[918]

Auch die Folgebewertung wird in der Regel zum Nominalwert erfolgen; die bei Einstufung als LaR heranzuziehenden fortgeführten Anschaffungskosten

---

[916] Dem entgegen ordnet BASF Bankguthaben, Kassenbestände und Schecks der Bewertungskategorie FAFVPL zu, vgl. GB 2006, S. 110.
[917] Siehe zur Bilanzierung von Sicherheiten weiterführend Abschnitt 6.14.
[918] Zur Umrechnung von Vermögenswerten wird in der Literatur der Rückgriff auf Briefkurse empfohlen; man kann jedoch auch Mittelkurse verwenden.

6.1 Zahlungsmittel und Zahlungsmitteläquivalente

entsprechen normalerweise diesem Betrag. Posten in Fremdwährung sind zum Stichtag bzw. Transaktionstag unter Verwendung des Kassawechselkurses erfolgswirksam in die funktionale Währung umzurechnen (▶ 3.12.3.3). Bei Zahlungsmitteläquivalenten in Form von Wertpapieren, die das Unternehmen der Bewertungskategorie AfS zuordnet, muss zwar zum Fair Value bilanziert werden, signifikante Abweichungen zum Buchwert können dank der Vorgabe unwesentlicher Wertschwankungen allerdings nicht auftreten. Damit erübrigt sich bei nicht der Zeitwertbewertung unterliegenden Posten in der Regel ebenso eine Prüfung auf Wertminderungen.

Finanzielle Vermögenswerte hat das Unternehmen dann auszubuchen, wenn die vertraglichen Rechte auf Cashflows auslaufen oder wenn der Posten übertragen wird und die Übertragung die Ausbuchungskriterien des IAS 39.20 erfüllt (▶ 3.13.1). Für Zahlungsmittel und Zahlungsmitteläquivalente bedeutet dies, dass sie regelmäßig zu dem Zeitpunkt von der Bilanz entfernt werden, zu dem man die Geldmittel abgibt bzw. zu dem das Wertpapier verkauft wird.

Ausbuchung

6.1.4 Angabepflichten

In Verbindung mit Zahlungsmitteln und Zahlungsmitteläquivalenten sollten kaum Angabepflichten entstehen:

- Umwidmungen und Wertminderungen ergeben sich in der Regel nicht.
- Als Sicherheiten gehaltene Barmittel usw. dürfen nicht unter den Zahlungsmitteln ausgewiesen werden.
- Ausfall- oder Marktrisiken bestehen für derartige Posten normalerweise nicht, womit gleichfalls auch keine Wertberichtigungen auftreten können.
- Die Angabe der beizulegenden Zeitwerte kann unter Bezugnahme auf IFRS 7.29 entfallen, da die Buchwerte vernünftige Näherungswerte für die Fair Values darstellen (▶ 3.4.4.2).

Folglich dürften sich die Offenlegungspflichten auf die Bereitstellung der Buchwerte nach Bewertungskategorien beschränken.

6.2 Forderungen aus Lieferungen und Leistungen

6.2.1 Kategorisierung

Forderungen aus Lieferungen und Leistungen werden im Normalfall der Bewertungskategorie LaR zugeordnet.[919] Grundsätzlich möglich ist auch eine Einstufung als AfS, dafür wird sich aber in der Praxis von Nicht-Banken wohl kaum ein Nachweis finden lassen. Gleiches gilt für eine Kategorisierung als FAFVPL; sowohl die Handelsabsicht als auch die Anwendung der Fair-Value-Option dürfte kaum in Frage kommen.

Finanzielle Verbindlichkeiten, die entstehen, wenn die Übertragung einer Forderung nicht zu einer Ausbuchung berechtigt, oder die infolge des Ansatzes des anhaltenden Engagements zu erfassen sind (▶ 6.2.5.3), werden nicht „klassisch" nach IAS 39, sondern anhand von „Sondervorschriften" bilanziert (▶ 3.3.2.3). M.E. sollte daher eine Zuordnung zu einer Bewertungskategorie nicht erfolgen.

6.2.2 Ansatz und Ausweis

Finanzinstrumente hat man zwar generell zum Vertragsabschlusszeitpunkt zu erfassen (▶ 3.5.2), von dieser Regel ausgenommen sind jedoch finanzielle Vermögenswerte wie Forderungen aus Lieferungen und Leistungen, die infolge einer festen Verpflichtung zum Kauf oder Verkauf von Gütern oder Dienstleistungen erworben bzw. eingegangen wurden. Derartige Posten muss das Unternehmen allgemein erst ansetzen, wenn mindestens eine Vertragspartei den Vertrag erfüllt hat (▶ 3.5.3.2). Demnach werden Forderungen zu dem Zeitpunkt anzusetzen sein, zu dem die Voraussetzungen für die Erfassung von Umsatzerlösen nach IAS 18 (insbesondere IAS 18.14 und IAS 18.20) gegeben sind, d.h. in der Regel zum Zeitpunkt der Leistungserbringung.[920]

Forderungen aus Lieferungen und Leistungen hat man unabhängig von der Laufzeit stets dem kurzfristigen Bereich zuzuordnen (IAS 1.68; Fristigkeitseinstufung ▶ 3.6.3). Die Verpflichtung zur Saldierung (▶ 3.6.1) mit finanziellen Verbindlichkeiten wird sich bei den Posten überwiegend nicht ergeben, da normalerweise kein einklagbares Recht zur Aufrechnung besteht.

---

[919] Dies geht z.B. aus den GB 2006 von BASF (S. 110), BAYER (S. 116), DEUTSCHE TELEKOM (S. 156), METRO (S. 113) hervor. Vgl. dazu auch VON OERTZEN (2009a), Rz. 8; PETERSEN/BANSBACH/DORNBACH (2011), S. 206; HEUSER/THEILE (2012), Rz. 2432; LÜDENBACH (2012d), Rz. 116.
[920] Vgl. VON OERTZEN (2009a), Rz. 10; PETERSEN/BANSBACH/DORNBACH (2011), S. 206.

Für übertragene Forderungen, die nicht die Voraussetzungen für eine Ausbuchung erfüllen, besteht in jedem Fall ein Verrechnungsverbot.

6.2.3 Regelmäßige Bewertung

Der zur Erstbewertung heranzuziehende beizulegende Zeitwert entspricht bei Forderungen aus Lieferungen und Leistungen überwiegend dem vereinbarten Kaufpreis der erbrachten Leistung bzw. dem ursprünglichen Rechnungsbetrag, da sich wesentliche Abzinsungseffekte auf Grund der mehrheitlich kurzfristigen Posten in der Regel nicht ergeben dürften (IAS 39.AG79).[921] Auch sollte der Folgebuchwert für die Mehrzahl der Fälle dem ursprünglich angesetzten Betrag entsprechen.

Langfristige Forderungen aus Lieferungen und Leistungen müssen erstmalig zum Barwert angesetzt werden, dabei ist ein Diskontierungszinssatz zu berücksichtigen, der dem Marktzinssatz für das Finanzinstrument entspricht (IAS 39.AG64, AG79). In der Folge hat man die Buchwerte auf Basis der Effektivzinsmethode fortzuschreiben.

In Fremdwährung begebene Forderungen aus Lieferungen und Leistungen werden erstmalig zum am Tag der Ausreichung gültigen Kassawechselkurs umgerechnet (▶ 3.12.2).[922] Sind sie am Stichtag noch in Bestand, hat das Unternehmen die stets monetären Posten zum dann gültigen Kassawechselkurs erfolgswirksam in die funktionale Währung zu transferieren (▶ 3.12.3.3).

6.2.4 Wertberichtigung

6.2.4.1 Gruppenuntersuchung als maßgebliches Prinzip

Für die in der Folge im Regelfall zu fortgeführten Anschaffungskosten bewerteten Forderungen aus Lieferungen und Leistungen ist neben der einzelnen Beurteilung auf eine etwaige Wertminderung (individuelle Einzelwertberichtigung; EWB) auch die Gruppenuntersuchung (Gruppenwertberichtigung; GWB) explizit vorgesehen (▶ 3.11.2). In der Praxis von Nicht-Banken wird die Gruppenuntersuchung überwiegend für Einzelforderungen zum Einsatz kommen, die für sich genommen unwesentlich sind, obwohl derartige Posten nach IAS 39.64 auch individuell geprüft werden können. Es ist

---

[921] Vgl. auch ZEYER (2008b), S. 141. Sind die Abzinsungseffekte hingegen wesentlich, müssen die Forderungen zum Barwert angesetzt werden.
[922] Bei der Umrechnung von Vermögenswerten wird empfohlen, Briefkurse heranzuziehen; es werden allerdings auch Mittelkurse für zulässig erachtet.

Herkömmliche Bilanzierung und Offenlegung einzelner Sachverhalte

davon auszugehen, dass im Massenkundengeschäft (z.B. beim Verkauf von Produkten oder Dienstleistungen an Privatpersonen) ausschließlich unbedeutende Einzelforderungen vorliegen. Im Großkundengeschäft (z.B. beim Verkauf von Produkten oder Dienstleistungen an staatliche Stellen oder Unternehmen) wird dies jedoch nicht immer der Fall sein; hier sind individuell signifikante Forderungen denkbar, die man zunächst zwingend einer Einzelwertberichtigung unterziehen muss.

Ferner ist zu beachten, dass ein zunächst auf Einzelbasis auf Wertminderungen geprüfter Posten, für den kein objektiver Hinweis auf eine Abschreibung festgestellt wird, anschließend in die Gruppenuntersuchung einbezogen werden muss – es sei denn, das Unternehmen hat keine Forderungsgruppe mit ähnlichen Risikoeigenschaften (IAS 39.AG87). Eine solche zusätzliche Portfolioprüfung hat man unabhängig davon durchzuführen, ob der Posten für sich genommen wesentlich ist oder nicht.

Abbildung 6-1 fasst die Ausführungen zum Einsatz der beiden Untersuchungsprinzipien bei Nicht-Banken zusammen.

Abbildung 6-1 | *Einzel- versus Gruppenwertberichtigung bei operativen Forderungen*

Forderungen aus Lieferungen und Leistungen		
Massenkundengeschäft	**Großkundengeschäft**	
Einzelforderung ist für sich genommen **unwesentlich**	Einzelforderung ist für sich genommen **unwesentlich**	Einzelforderung ist für sich genommen **wesentlich**
alternativ	alternativ	Pflicht
EWB* / GWB	EWB* / GWB	EWB*

* Liegt auf Einzelbasis kein objektiver Hinweis auf eine Wertminderung vor, so muss der Posten anschließend in die GWB einbezogen werden.

6.2.4.2 Vorgaben zur Gruppenwertberichtigung

Portfoliobildung nach Ausfallrisikomerkmalen

Zur Bestimmung der Wertminderung auf Gruppenbasis hat eine Portfoliobildung nach Ausfallrisikomerkmalen zu erfolgen. Diese stellen Indikatoren bezüglich dessen dar, inwieweit der Schuldner seinen Zahlungsverpflichtungen nach Maßgabe der vertraglichen Bedingungen nachkommen kann, z.B. auf der Grundlage eines Bewertungs- oder Einstufungsprozesses hinsichtlich des Ausfallrisikos, der die Art des Vermögenswerts, die Branche, den geographischen Standort, die Art der Sicherheiten, den Verzugsstatus und andere relevante Faktoren berücksichtigt (IAS 39.AG87, BC122).[923] Eine pauschale Risikovorsorge allein nach regionalen Gesichtspunkten (pauschale Länder-Wertberichtigung) scheidet aus; den unterschiedlichen Länderrisiken wird im Rahmen der Portfoliobildung Rechnung getragen.[924]

Die Möglichkeit, zur Bestimmung des Wertminderungsaufwands auf eine „Wertminderungsmatrix" („Provision Matrix"), die feste Wertminderungsbeträge entsprechend der Überfälligkeitsdauer spezifiziert, oder ähnliche Verfahren zurückzugreifen, besteht nur, wenn das Unternehmen nachweist, dass der unter Anwendung der Methode geschätzte Wertminderungsbetrag demjenigen Betrag, der unter Zugrundelegung der über IAS 39.63 verlangten Vorgehensweise (Bestimmung der Differenz aus Buchwert und Barwert der geschätzten künftigen Cashflows; wobei Letztere mit dem ursprünglichen Effektivzinssatz diskontiert werden) ermittelt würde, nahezu entspricht (IAS 39.IG E.4.5). *Wertminderungsmatrix*

Gruppenweise erfasste Wertminderungsaufwendungen stellen eine Zwischenstufe dar, bis sich diese für die einzelnen Vermögenswerte innerhalb der Gruppe identifizieren lassen. Sobald der Nachweis über Verluste einzelner wertgeminderter Vermögenswerte vorliegt, müssen sie aus der Gruppe entfernt werden (IAS 39.AG88). Ferner kann das Unternehmen die Erfassung eines festgestellten Wertminderungsaufwands für einzeln betrachtet unwesentliche Posten nicht unterlassen, wenn der Fair Value eines anderen, im Portfolio enthaltenen Vermögenswerts die fortgeführten Anschaffungskosten übersteigt (IAS 39.IG E.4.7). *Gruppenabschreibung als Zwischenstufe*

Künftige Cashflows aus einer Gruppe finanzieller Vermögenswerte, die man gemeinsam auf Wertminderung beurteilt, werden auf Grund der historischen Ausfallquote für Vermögenswerte mit ähnlichen Ausfallrisikoeigenschaften wie diejenigen der Gruppe geschätzt (IAS 39.AG89). Zur Diskontierung kommt ein (ggf. gewichteter) durchschnittlicher Zinssatz aus allen ursprünglichen Effektivzinssätzen der im Portfolio enthaltenen Vermögenswerte in Frage. *Schätzung und Diskontierung der Cashflows*

Sofern das Unternehmen keine unternehmensspezifischen Forderungsausfallquoten oder nur unzureichende Erfahrungswerte hat, muss es auf Erfahrungen von Vergleichsunternehmen derselben Branche für vergleichbare Gruppen finanzieller Vermögenswerte zurückgreifen (IAS 39.AG89).

Schätzungen von Änderungen künftiger Cashflows reflektieren die Änderungen der mit diesen in Verbindung stehenden beobachtbaren Daten (z.B. Änderungen der Arbeitslosenquote, Grundstückspreise, Warenpreise, des Zahlungsstatus usw.) im Zeitverlauf und sind mit ihnen hinsichtlich der Richtungsänderung konsistent (IAS 39.AG89). Die Methoden und Annah-

---

[923] Für ein Beispiel zur Gruppenbildung vgl. VON OERTZEN (2009a), Rz. 33.
[924] Vgl. IDW (2011b), Rz. 258.

6 Herkömmliche Bilanzierung und Offenlegung einzelner Sachverhalte

men zur Schätzung künftiger Cashflows werden regelmäßig überprüft, um Differenzen zwischen geschätzten Ausfällen und aktuellen Ausfällen zu reduzieren (IAS 39.AG89).

Bei Verwendung historischer Ausfallquoten zur Schätzung künftiger Cashflows ist es wichtig, die Informationen über die historischen Ausfallquoten auf Gruppen anzuwenden, die gleichermaßen definiert sind wie die Gruppen, für die diese historischen Quoten beobachtet wurden (IAS 39.AG91).

Einsatz statistischer Methoden

Ggf. können statistische Methoden oder auf Formeln basierende Ansätze für die Bestimmung der Wertminderungsaufwendungen innerhalb einer Gruppe verwendet werden (IAS 39.AG92). Jede Methode würde

- den Zinseffekt einbeziehen,
- die Cashflows für die gesamte Restlaufzeit eines Vermögenswerts berücksichtigen,
- das Alter der Kredite innerhalb des Portfolios einbeziehen,
- zu keinem Wertminderungsaufwand beim erstmaligen Ansatz eines finanziellen Vermögenswerts führen.

Keine Pauschalwertberichtigungen nach HGB

Schließlich muss darauf hingewiesen werden, dass es überwiegend nicht möglich ist, nach handelsrechtlichen Grundsätzen ordnungsmäßiger Buchführung ermittelte „Pauschalwertberichtigungen" (für Ausfallrisiken, Devisentransferrisiken) als Wertberichtigung im Sinne des IAS 39 zu übernehmen, da sich diese in der Regel nur an steuerlich akzeptierten Nichtbeanstandungsgrenzen orientieren.[925] Konzeptionell bestehen zwischen der Gruppenwertberichtigung nach IAS 39 und der auch erwartete Verluste antizipierenden Pauschalwertberichtigung nach HGB erhebliche Unterschiede: So können handelsrechtliche Pauschalwertberichtigungen bereits vorgenommen werden, obwohl die Schadenfälle noch nicht eingetreten sind.[926]

6.2.4.3 Berücksichtigung von Warenkreditversicherungen

Über Warenkreditversicherungen lassen sich Verluste aus der Uneinbringlichkeit von Forderungen kompensieren.[927] Bei Zahlungsausfall eines der im Versicherungsvertrag genannten Kunden tritt der Versicherungsgeber für den Schaden ein, wobei der Versicherungsnehmer in der Regel eine Selbstbeteiligung hat.

---

[925] Vgl. KUHN/SCHARPF (2006), Rz. 1585.
[926] Vgl. GEBHARDT/STRAMPELLI (2005), S. 517f.; RAPP (2010), S. 49.
[927] Vgl. dazu und folgend ZEYER (2008b), S. 139f.

Gemäß dem generellen Saldierungsverbot von Vermögenswerten und Schulden (IAS 1.32) dürfen Erstattungsansprüche aus Warenkreditversicherungen nicht mit den wertberichtigten Forderungen verrechnet werden; sie sind vielmehr – sofern die Ansatzvoraussetzungen erfüllt sind – gesondert als Vermögenswerte anzusetzen.[928] Hat ein Unternehmen bspw. eine Forderung von 100 €, die auf Grund der Insolvenz des Kunden vollständig wertberichtigt ist, und werden die Ausfälle des Kunden über eine Warenkreditversicherung zu 90% abgesichert, so wird die Forderung vollständig ausgebucht und ein Erstattungsanspruch gegenüber dem Versicherer in Höhe von 90 € erfasst.

6.2.4.4 Praxisbeispiel zur Gruppenwertberichtigung

Unternehmen A ist Telekommunikationsdienstleister. Es untersucht die für sich genommen unwesentlichen Einzelforderungen aus Lieferungen und Leistungen zu jedem Monatsende gruppenweise auf Wertminderungen. Dazu werden die Forderungsbestände in 4 Kundengruppen – Großunternehmen (GU), kleine- und mittlere Unternehmen (KMU) sowie 2 Gruppen von Privatpersonen (Privat 1, Privat 2) – und in 4 Überfälligkeitszeitbänder („1-30 Tage", „31-60 Tage", „61-90 Tage" und „> 90 Tage") unterteilt. Tabelle 6-1 enthält die Brutto-Forderungsbestände zum 31.12.X0.

Praxisbeispiel GWB: Brutto-Forderungsbestände zum 31.12.X0

Tabelle 6-1

Kunde	(1) Nicht überfällig	(2) Überfällig 1-30 Tage	(3) 31-60 Tage	(4) 61-90 Tage	(5) > 90 Tage	(6) = ∑ (1) bis (5) Brutto-Forderungen 31.12.X0
GU	24.000 T€	4.000 T€	1.800 T€	400 T€	200 T€	30.400 T€
KMU	16.000 T€	3.200 T€	1.600 T€	1.500 T€	1.000 T€	23.300 T€
Privat 1	9.000 T€	1.800 T€	1.200 T€	800 T€	500 T€	13.300 T€
Privat 2	8.000 T€	4.400 T€	2.800 T€	1.600 T€	1.200 T€	18.000 T€
∑	57.000 T€	13.400 T€	7.400 T€	4.300 T€	2.900 T€	85.000 T€

Es ergeben sich 4 · 4 = 16 Wertberichtigungscluster, denen unterschiedliche Wertberichtigungsquoten zu Grunde liegen. Für die 4 Kundengruppen besteht jeweils ein gesondertes Wertberichtigungskonto (WBK); die entsprechenden Bestände zum 31.12.X0 und die Netto-Forderungsbestände sind über Tabelle 6-2 ersichtlich.

---

[928] Vgl. hierzu und zu dem folgenden Beispiel ZEYER (2008b), S. 142f.

Herkömmliche Bilanzierung und Offenlegung einzelner Sachverhalte

Tabelle 6-2 | *Praxisbeispiel GWB: Bestände WBK und Netto-Forderungen zum 31.12.X0*

Kunde	(1) Brutto-Forderungen 31.12.X0	(2) Stand WBK 31.12.X0	(3) = (1) ./. (2) Netto-Forderungen 31.12.X0
GU	30.400 T€	1.000 T€	29.400 T€
KMU	23.300 T€	800 T€	22.500 T€
Privat 1	13.300 T€	500 T€	12.800 T€
Privat 2	18.000 T€	2.000 T€	16.000 T€
∑	85.000 T€	4.300 T€	80.700 T€

Die Wertberichtigungsquoten werden anhand der historischen Verfallraten der letzten 24 Monate bestimmt. Bei den „Verfallraten" („Decay Rates") handelt es sich um die Anteile zwischen 0 und 100%, *auf* die sich die Forderungsbestände im Zeitverlauf (d.h. von Monat zu Monat) durch die Zahlungseingänge reduzieren. Wurde bspw. für die Kundengruppe KMU Ende Februar X0 ein Forderungsbestand von 1.000 T€ im Überfälligkeitszeitband „31-60 Tage" festgestellt und betrug dieser Ende Januar X0 im Überfälligkeitszeitband „1-30 Tage" 5.000 T€, ergibt sich von Januar auf Februar eine Verfallrate von 20% (1.000 T€ / 5.000 T€). Anders ausgedrückt wurden bis Ende Februar X0 80% der Forderungen, die noch Ende Januar X0 überfällig waren, beglichen. Die durchschnittlichen Verfallraten der letzten 24 Monate, die sich bei A als statistisch sehr stabil erweisen, zeigt Tabelle 6-3.

Tabelle 6-3 | *Praxisbeispiel GWB: Verfallraten der Wertberichtigungscluster*

Kunde	Überfällig 1-30 Tage	31-60 Tage	61-90 Tage	> 90 Tage
GU	20%	40%	30%	20%
KMU	30%	20%	50%	40%
Privat 1	25%	35%	40%	30%
Privat 2	10%	40%	20%	10%

Anhand der Verfallraten kann bestimmt werden, welcher Anteil einer Einzelforderung der Kundengruppen statistisch gesehen im Zeitverlauf unbeglichen bleibt und damit abzuschreiben ist. Bei einer bspw. im Überfälligkeitszeitband „1-30 Tage" befindlichen KMU-Einzelforderung von z.B. 100 € sind dies 1,20 € (100 € · 30% · 20% · 50% · 40%) bzw. 1,20%. Auf Basis der durchschnittlichen Verfallraten für eine Einzelforderung im Zeitband „31-60 Tage" der Kundengruppe Privat 1 gehen 4,20 € (100 € · 35% · 40% · 30%) bzw. 4,20% nicht ein. Die Wertberichtigungsquoten der einzelnen Wertberichtigungscluster sind in Tabelle 6-4 dargestellt.

Praxisbeispiel GWB: Wertberichtigungsquoten der Wertberichtigungscluster   **Tabelle 6-4**

Kunde	Überfällig							
	1-30 Tage		31-60 Tage		61-90 Tage		> 90 Tage	
	periodisch	kumulativ	periodisch	kumulativ	periodisch	kumulativ	periodisch	kumulativ
GU	0,48%	0,48%	1,92%	2,40%	3,60%	6,00%	14,00%	20,00%
KMU	1,20%	1,20%	2,80%	4,00%	16,00%	20,00%	20,00%	40,00%
Privat 1	1,05%	1,05%	3,15%	4,20%	7,80%	12,00%	18,00%	30,00%
Privat 2	0,08%	0,08%	0,72%	0,80%	1,20%	2,00%	8,00%	10,00%

Für Ende Januar X1 ergeben sich die Zuführungen zum jeweiligen Wertberichtigungskonto durch Multiplikation der Brutto-Forderungsbestände zum 31.12.X0 (siehe zu diesen Tabelle 6-1) mit den periodischen Wertberichtigungsquoten. A erfasst Wertminderungen und Wertaufholungen auf Forderungen aus Lieferungen und Leistungen innerhalb der Umsatzkosten (UKo). Die für Kundengruppe GU zu buchende Wertminderung für das Überfälligkeitszeitband „61-90 Tage" beträgt bspw. 14,40 T€ (400 T€ · 3,60%):

Zuführung zum WBK 31.01.X1

31.01.X1	Wertmind. GU (UKo)	14,40 T€	Zuführung WBK GU	14,40 T€

Alle Ende Januar X1 erfassten Zuführungen sind in Tabelle 6-5 aufgeführt.

Praxisbeispiel GWB: Zuführungen zu den Wertberichtigungskonten zum 31.01.X1   **Tabelle 6-5**

Kunde	Überfällig				Σ
	1-30 Tage	31-60 Tage	61-90 Tage	> 90 Tage	
GU	19,20 T€	34,56 T€	14,40 T€	28,00 T€	**96,16 T€**
KMU	38,40 T€	44,80 T€	240,00 T€	200,00 T€	**523,20 T€**
Privat 1	18,90 T€	37,80 T€	62,40 T€	90,00 T€	**209,10 T€**
Privat 2	3,52 T€	20,16 T€	19,20 T€	96,00 T€	**138,88 T€**
Σ	**80,02 T€**	**137,32 T€**	**336,00 T€**	**414,00 T€**	**967,34 T€**

Tabelle 6-6 enthält die zu den Außenständen im Januar X1 eingehenden Zahlungen. In Bezug auf die überfälligen (wertgeminderten) Forderungen handelt es sich dabei einerseits um vollständige Begleichungen der jeweiligen Rechnungsbeträge. Dies führt zu einer kompletten Rückgängigmachung der für die Einzelforderung gebildeten Wertminderung (d.h. zu einer vollständigen Wertaufholung). Andererseits berücksichtigt Tabelle 6-6 hinsichtlich der überfälligen Forderungen auch Zahlungseingänge, die geringer als der jeweilige Rechnungsbetrag sind, was eine anteilige Wertaufholung zur Folge hat.

Auflösung zum WBK Januar X1

6 Herkömmliche Bilanzierung und Offenlegung einzelner Sachverhalte

Tabelle 6-6 Praxisbeispiel GWB: Zahlungseingänge auf Forderungen im Januar X1

Kunde	Nicht überfällig	Überfällig 1-30 Tage	31-60 Tage	61-90 Tage	> 90 Tage	Σ
GU	19.200 T€	2.400 T€	1.260 T€	320 T€	100 T€	23.280 T€
KMU	11.200 T€	2.560 T€	800 T€	900 T€	440 T€	15.900 T€
Privat 1	6.750 T€	1.170 T€	720 T€	560 T€	190 T€	9.390 T€
Privat 2	7.200 T€	2.640 T€	2.240 T€	1.440 T€	288 T€	13.808 T€
Σ	44.350 T€	8.770 T€	5.020 T€	3.220 T€	1.018 T€	62.378 T€

Die Zahlungseingänge führen zu einer Reduktion der Brutto-Forderungen. Für die Kundengruppe GU ist dies für das Überfälligkeitszeitband „61-90 Tage" etwa folgendermaßen zu buchen (B = Bilanz):

xx.01.X1	Kasse LaR (B)	320,00 T€	Ford. GWB GU	320,00 T€

Für Ende Januar X1 ergeben sich die Wertaufholungsbeträge durch Multiplikation der eingegangenen Forderungswerte mit den in Tabelle 6-4 enthaltenen kumulativen Wertberichtigungsquoten. So beträgt etwa die für die Kundengruppe GU zu erfassende Wertaufholung für das Überfälligkeitszeitband „61-90 Tage" 19,20 T€ (320 T€ · 6%); Buchung:

31.01.X1	Auflösung WBK GU	19,20 T€	Wertaufhol. GU (UKo)	19,20 T€

Tabelle 6-7 zeigt alle Ende Januar X1 erfassten Auflösungen auf Grund der Zahlungseingänge.

Tabelle 6-7 Praxisbeispiel GWB: Auflösungen zu den Wertberichtigungskonten zum 31.01.X1

Kunde	Überfällig 1-30 Tage	31-60 Tage	61-90 Tage	> 90 Tage	Σ
GU	11,52 T€	30,24 T€	19,20 T€	20,00 T€	80,96 T€
KMU	30,72 T€	32,00 T€	180,00 T€	176,00 T€	418,72 T€
Privat 1	12,29 T€	30,24 T€	67,20 T€	57,00 T€	166,73 T€
Privat 2	2,11 T€	17,92 T€	28,80 T€	28,80 T€	77,63 T€
Σ	56,64 T€	110,40 T€	295,20 T€	281,80 T€	744,04 T€

Umbuchungen 31.01.X1 Zu jedem Monatsende werden alle nach 120 Tagen noch nicht beglichenen Einzelforderungen (siehe zu diesen für Ende Januar X1 Tabelle 6-8) von der Gruppen- in die Einzelwertberichtigung (EWB) überführt.

Praxisbeispiel GWB: Überführungen in die EWB zum 31.01.X1

Tabelle 6-8

Kunde	Brutto-Forderungen Überfälligkeit > 120 Tage	Über das WBK vorgenommene Reduktion
GU	60 T€	12 T€
KMU	750 T€	300 T€
Privat 1	320 T€	96 T€
Privat 2	560 T€	56 T€
∑	1.690 T€	464 T€

Die Überführung in die EWB erfolgt in 2 Schritten: Zum einen bucht A die entsprechenden Brutto-Forderungen vollständig aus und schreibt sie dem EWB-Forderungskonto gut; zum anderen werden die für die betroffenen Forderungen über das Wertberichtigungskonto erfassten Wertminderungsbeträge erfolgsneutral gegen das EWB-Forderungskonto gebucht. Der Wertminderungsbetrag bestimmt sich durch Multiplikation der kumulativen Wertberichtigungsquoten mit dem Brutto-Forderungsbestand. Für die Kundengruppe GU ergibt sich Ende Januar X1 bspw. eine erfolgsneutrale Anpassung des Wertberichtigungskontos von 12 T€ (60 T€ · 20%). Buchungen:

31.01.X1	Ford. EWB GU	60,00 T€	Ford. GWB GU	60,00 T€
	Umbuchung WBK GU	12,00 T€	Ford. EWB GU	12,00 T€

Die der Einzelwertberichtigung zugeführten Forderungen an Privatpersonen verkauft A in der Folge an ein Inkassounternehmen. Bei den Forderungen aller anderen Kundengruppen erfolgt ein besonderes Bonitätsmanagement. Die Schuldner werden individuell bezüglich des Ausfallrisikos überwacht, was ggf. zu weiteren Wertminderungen auf Einzelbasis führt. In der Regel nimmt A nach 210 Tagen Überfälligkeit den Rechtsweg in Anspruch. In Abhängigkeit der jeweiligen Situation des Schuldners wird die Einzelforderung dann entweder vollständig oder nahezu vollständig ausgebucht bzw. wertgemindert.

Tabelle 6-9 zeigt, wie sich die Brutto-Forderungsbestände (GWB) im Verlauf des Januars X1 verändert haben. Spalte (2) enthält dabei die in dem Monat neu eingebuchten Forderungen.

6 Herkömmliche Bilanzierung und Offenlegung einzelner Sachverhalte

Tabelle 6-9 *Praxisbeispiel GWB: Veränderungen der Brutto-Forderungsbestände im Januar X1*

Kunde	(1) Brutto-Forderungen 31.12.X0	(2) Zugang	(3) Abgang	(4) Umbuchung	(5) = (1) + (2) ./. (3) ./. (4) Brutto-Forderungen 31.01.X1
GU	30.400 T€	46.000 T€	23.280 T€	60 T€	53.060 T€
KMU	23.300 T€	4.500 T€	15.900 T€	750 T€	11.150 T€
Privat 1	13.300 T€	3.800 T€	9.390 T€	320 T€	7.390 T€
Privat 2	18.000 T€	2.400 T€	13.808 T€	560 T€	6.032 T€
∑	85.000 T€	56.700 T€	62.378 T€	1.690 T€	77.632 T€

Die Veränderungen der Wertberichtigungskonten (Wertberichtigungsspiegel) sowie die sich zum 31.01.X1 ergebenden Netto-Forderungsbestände sind in Tabelle 6-10 dargestellt.

Tabelle 6-10 *Praxisbeispiel GWB: Veränderungen der Netto-Forderungsbestände im Januar X1*

Kunde	(6) Stand WBK 31.12.X0	(7) Zugang	(8) Abgang	(9) Umbuchung	(10) = (6) + (7) ./. (8) ./. (9) Stand WBK 31.01.X1	(11) = (5) ./. (10) Netto-Forderungen 31.01.X1
GU	1.000 T€	96,16 T€	80,96 T€	12 T€	1.003,20 T€	52.056,80 T€
KMU	800 T€	523,20 T€	418,72 T€	300 T€	604,48 T€	10.545,52 T€
Privat 1	500 T€	209,10 T€	166,73 T€	96 T€	446,37 T€	6.943,63 T€
Privat 2	2.000 T€	138,88 T€	77,63 T€	56 T€	2.005,25 T€	4.026,75 T€
∑	4.300 T€	967,34 T€	744,04 T€	464 T€	4.059,30 T€	73.572,70 T€

Angaben im JA — Um den in Verbindung mit dem Einsatz von Wertberichtigungskonten bestehenden Angabepflichten (▶ 3.11.2) im Jahresabschluss nachzukommen, erstellt A einen Wertberichtigungsspiegel auf Basis der jährlichen Veränderungen (z.B. vom 31.12.X0 auf den 31.12.X1), indem es die Zugänge, Abgänge und Umbuchungen der einzelnen Monate zusammenfasst. Ferner wird im Rahmen der Ansatz- und Bewertungsmethoden des Abschlusses angegeben, dass Wertberichtigungen für alle Forderungen aus Lieferungen und Leistungen zunächst indirekt über Wertberichtigungskonten erfasst und direkte Kürzungen der Forderungsbuchwerte erst nach einer Überfälligkeit von 120 Tagen vorgenommen werden. Die Verpflichtung zur Offenlegung einer Überfälligkeitsanalyse (▶ 5.4.2.4) besteht für A nicht, da IFRS 7.37 (a) eine solche nur für diejenigen überfälligen finanziellen Vermögenswerte verlangt, die noch nicht wertgemindert wurden.

6.2.5 Ausbuchung

6.2.5.1 Überblick, Grundlagen und Prüfschritte

Bei der Ausbuchung von Forderungen aus Lieferungen und Leistungen kann zwischen 2 Sachverhaltsbereichen unterschieden werden (siehe Abbildung 6-2). Zum einen ergeben sich Abgänge bedingt durch die Abwicklung der Posten (normalerweise der Zahlungseingang). Dies sollte bei Nicht-Banken für die Mehrzahl der Fälle vorherrschend sein. Zum anderen kann das Unternehmen die operativen Forderungen aber auch verkaufen; man spricht in diesem Fall vom Factoring oder – sofern die Forderungen verbrieft und über den Kapitalmarkt veräußert werden – von ABS-Transaktionen (▶ 2.5.1; 2.5.2).

Ausbuchung von operativen Forderungen im Überblick   *Abbildung 6-2*

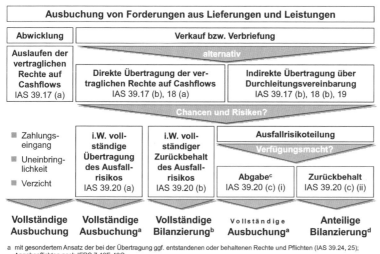

Beim Verkauf bzw. bei der Verbriefung von Forderungen sind grundsätzlich 2 Übertragungsarten möglich. Einerseits können die Rechte auf Cashflows unmittelbar transferiert werden (IAS 39.18 (a)). Andererseits kann die Übertragung mittelbar über vertragliche Verpflichtungen zur Zahlung der Cashflows an ein oder mehrere Unternehmen (die oder der „Endempfänger") erfolgen (IAS 39.18 (b)). Derartige Kontrakte werden als „Durchleitungsvereinbarungen" („Pass-Through Arrangements"; auch „Durchreichevereinbarungen" oder „Weiterleitungsvereinbarungen") bezeichnet (IAS 39.BC56). Das Vorliegen von Pass-Through Arrangements im Sinne von IAS 39 ist an strenge Bedingungen geknüpft (▶ 6.2.5.3).

Bei beiden Übertragungsarten hat man zunächst danach zu unterscheiden, ob die mit dem Eigentum an dem finanziellen Vermögenswert verbundenen Risiken und Chancen (bei operativen Forderungen konkret das Ausfallrisiko[929])

- im Wesentlichen vollständig übertragen,
- im Wesentlichen vollständig zurückbehalten oder
- teilweise zurückbehalten bzw. übertragen (Ausfallrisikoteilung) werden.

Ersteres führt zur kompletten Ausbuchung des Postens (IAS 39.20 (a)). Behält das Unternehmen die Chancen und Risiken allumfassend zurück, muss die Forderung gemäß IAS 39.20 (b) weiterhin vollständig in der Bilanz verbleiben. Bei einer Teilung der Ausfallrisiken kommt es zusätzlich darauf an, ob die Verfügungsmacht über den finanziellen Vermögenswert behalten wird oder nicht (IAS 39.20 (c)): Im Fall der Abgabe der Verfügungsmacht muss die Forderung vollständig ausgebucht werden; beim Zurückbehalt der Verfügungsmacht hat das Unternehmen den Posten anteilig in Höhe des anhaltenden Engagements zu erfassen.

Ggf. Erfassung

– von Servicing Assets/Liabilities

Sofern bei einer vollständigen Ausbuchung nach IAS 39.20 (a) oder IAS 39.20 (c) (i) das Recht zurückbehalten wird, die Forderungen gegen eine Gebühr zu verwalten (Übernahme des Inkassos), muss für diesen Verwaltungs-/Abwicklungsvertrag entweder ein Vermögenswert (ein so genanntes „Servicing Asset") oder eine Verbindlichkeit (eine so genannte „Servicing Liability") aus dem Bedienungsrecht angesetzt werden (IAS 39.24).

- Eine Servicing Liability ergibt sich dabei immer dann, wenn die erhaltenen Gebühren voraussichtlich geringer sind als die Verwaltungskosten. Die so entstehende Verbindlichkeit ist zum beizulegenden Zeitwert zu erfassen.

- Übersteigen die Gebühren hingegen die Verwaltungskosten, muss ein Servicing Asset angesetzt werden, dessen Höhe sich nach IAS 39.27 bestimmt. Dabei wird der Vermögenswert als (fiktiver) Bestandteil der der Übertragung zu Grunde liegenden Forderung behandelt. Der Gesamtbuchwert (Forderung und Servicing Asset) muss anhand der beiden relativen beizulegenden Zeitwerte aufgeteilt werden. Nur der auf den ü-

---

[929] Vgl. KPMG IFRG LIMITED (2011), S. 1371 (7.5.230.160); PwC (2011a), S. 8026 (8.59); DELOITTE LLP (2011b), S. 443; LÜDENBACH (2012d), Rz. 23 und Rz. 66. Ferner ist ggf. das Risiko eines verspäteten Zahlungseingangs sowie das Währungsrisiko zu berücksichtigen. Nicht in die Analyse einbezogen werden muss indes das Veritätsrisiko, vgl. VARAIN (2008), Rz. 148f.; BARDENS/MEURER (2011b), S. 622.

6.2 Forderungen aus Lieferungen und Leistungen

bertragenen Teil entfallende Buchwert ist als Abgang zu erfassen; der verbleibende Betrag stellt den Buchwert des Servicing Asset dar. Beträgt bspw. der Buchwert einer Forderung 1.000 €, deren Fair Value 1.200 € und wird für die Verwaltung eine Gebühr von 120 € bei Kosten von 70 € vereinnahmt, so beläuft sich das Verhältnis der beizulegenden Zeitwerte auf 1 zu 24 (50 € zu 1.200 €) bzw. 4,17%. Somit ergibt sich für das Servicing Asset ein Buchwert von 41,70 € (1.000 € · 4,17%).

Neben Servicing Assets/Liabilities können im Zusammenhang mit der vollständigen Ausbuchung auch neue finanzielle Vermögenswerte oder neue finanzielle Verbindlichkeiten entstehen, die zum Fair Value zu erfassen sind (IAS 39.25). Hierbei ist allerdings zu beachten, dass die im Zusammenhang mit der Übertragung vertraglich eingeräumten Rechte und Pflichten nicht gesondert als Derivate bilanziert werden, falls dies zu einer Doppelerfassung führt.[930] So wird etwa eine Rückkaufoption des Übertragenden, die ursächlich für den Verbleib der Forderungen in seiner Bilanz ist, nicht angesetzt (IAS 39.AG49).

– von neuen Finanzinstrumenten

Die im Folgenden diskutierten Regeln beziehen sich auf die Konzernebene, d.h. das Unternehmen konsolidiert zunächst alle Tochter- und Zweckgesellschaften gemäß IAS 27 und SIC-12 (bzw. IFRS 10 ▶ 3.3.6.1) und wendet die Ausbuchungsvorschriften dann auf die daraus resultierende Unternehmensgruppe an (IAS 39.15).[931] Aus Konzernsicht ist ein Forderungsabgang demnach in Verbindung mit einer direkten oder indirekten Übertragung nur möglich, wenn die Forderungsrechte auf einen externen Dritten transferiert werden, der nicht in den Konzernabschluss einzubeziehen ist bzw. nicht vollkonsolidiert wird.[932] So geht der Abgangsprüfung bei ABS-Transaktionen immer eine Konsolidierungsprüfung der Zweckgesellschaft voraus.[933] Meistens wird dabei festgestellt, dass die Zweckgesellschaft in den Konzernabschluss einbezogen werden muss.[934] Aus Konzernsicht liegt

Konzernebene für Ausbuchungsregeln maßgeblich

---

[930] Die Anwendung dieser Vorschrift ist bei ABS-Transaktionen mit vielen Fragen verbunden, vgl. dazu weiterführend WATRIN/STRUFFERT (2007), S. 243f. m.V.a. STRUFFERT (2006), S. 117-124; STRUFFERT/WOLFGARTEN (2010), S. 376 und S. 378.
[931] Vgl. etwa auch LOTZ (2005), S. 29; STRUFFERT/WOLFGARTEN (2010), S. 373; DELOITTE LLP (2011b), S. 424f.; KPMG IFRG LIMITED (2011), S. 1362 (7.5.60.20) und S. 1376 (7.5.320.30). Weiterführend zu SIC-12 vgl. z.B. IDW (2008), Rz. 50-70 bzw. IDW (2011a), Rz. 45-65.
[932] Vgl. IDW (2011b), Rz. 118.
[933] Vgl. dazu bspw. APP/KLEIN (2006), S. 493; KPMG IFRG LIMITED (2006), S. 54 oder VARAIN (2008), Rz. 188 und zur Vorgehensweise auf Basis von SIC12/IAS 27 ausführlich LOTZ (2005), S. 30-32; IDW (2011b), Rz. 154-172. In IFRS 10 werden Zweckgesellschaften unter dem Begriff der „Structured Entities" diskutiert; vgl. zu den Änderungen im Vergleich zu den bisherigen Regelungen LÜDENBACH/FREIBERG (2012b), S. 47-50; ZÜLCH/ERDMANN/POPP (2011), S. 589-593; BÖCKEM/STIBI/ZOEGER (2011), S. 406f.
[934] Vgl. LOTZ (2005), S. 32; VARAIN (2008), Rz. 191; KPMG IFRG LIMITED (2011), S. 1376 (7.5.320.40); PwC (2011a), S. 8044 (8.91); ERNST & YOUNG LLP (2012b), S. 3227. In

dann hinsichtlich der Übertragung der Forderungen vom Originator auf die Zweckgesellschaft kein Abgangstatbestand vor.[935] Allerdings ist zu prüfen, ob das Unternehmen die Posten auf Grund von Transaktionen zwischen der Zweckgesellschaft und konzernfremden Dritten (insbesondere den Investoren) auszubuchen hat.[936] In der Regel erfolgt eine direkte Übertragung der vertraglichen Rechte und Cashflows an die Investoren nicht. Jedoch werden diese ggf. indirekt übertragen, wenn zwischen der Zweckgesellschaft und den Investoren Durchleitungsvereinbarungen bestehen. Wird die Zweckgesellschaft nicht konsolidiert, ist zu prüfen, ob durch eine direkte Übertragung der Forderungen vom Originator auf die Zweckgesellschaft ein Abgang vorliegt.[937]

Ggf. Bezugnahme nur auf Teile der Cashflows

Für den Fall, dass nur bestimmte Teilzahlungsströme einer Gesamtforderung Gegenstand eines (mittelbaren oder unmittelbaren) Transfers sind (z.B. beim Verkauf eines prozentualen Anteils aus allen Forderungs-Cashflows), erfolgt die Prüfung der Abgangskriterien ausschließlich für diese Teile (IAS 39.16). Vereinbarungen, die etwa einen prozentualen Anteil der ersten eingehenden Zahlungen vorsehen, müssen allerdings nicht als Teil-, sondern als Gesamtforderung behandelt werden.[938]

Prüfschritte

In Abbildung 6-3 sind die Prüfschritte zur Analyse, ob man Forderungen aus Lieferungen und Leistungen auszubuchen hat, dargestellt. Der Entscheidungsbaum lässt sich IAS 39.AG36 entnehmen. Auf die Prüfschritte und die Bilanzierungsfolgen wird im Anschluss näher eingegangen.

ABS-Transaktionen involvierte Zweckgesellschaften werden etwa bei der DEUTSCHEN TELEKOM vollkonsolidiert (vgl. GB 2006, S. 146); THYSSENKRUPP hingegen verkauft ihre Forderungen an nicht-konsolidierungspflichtige Zweckgesellschaften (vgl. GB 2005/2006, S. 137).

[935] Ähnlich LÜDENBACH (2012d), Rz. 76.
[936] Vgl. dazu und folgend VARAIN (2008), Rz. 188f. Vgl. auch IDW (2011b), Rz. 193; KPMG IFRG LIMITED (2011), S. 1362 (7.5.60.30).
[937] Vgl. IDW (2011b), Rz. 173; VARAIN (2008), Rz. 191.
[938] Vgl. IDW (2011b), Rz. 117. Gleiches gilt, wenn das Unternehmen z.B. die Rechte an 90% der Cashflows einer Gruppe von Forderungen überträgt, dazu jedoch eine Garantie abgibt, dem Käufer jegliche Zahlungsausfälle bis in Höhe von 8% des Nominalbetrags der Forderungen zu erstatten (IAS 39.16 (b)).

Prüfschritte zur Ausbuchung von operativen Forderungen   *Abbildung 6-3*

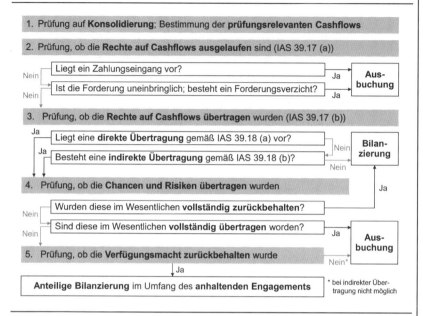

6.2.5.2 Abwicklung

Finanzielle Vermögenswerte müssen generell dann ausgebucht werden, wenn die vertraglichen Rechte auf Cashflows aus dem Posten auslaufen (IAS 39.17 (a)). Für den Normalfall, dass für die Forderungen aus Lieferungen und Leistungen Zahlungseingänge zu verzeichnen sind, entspricht dies dem Zeitpunkt, zu dem der ausstehende Betrag eingeht (Zahlung).[939] Ebenfalls zu einer Ausbuchung kommt es bei der kompletten Uneinbringlichkeit des Rechnungsbetrags (z.B. bei Insolvenz des Schuldners); der Posten wird dann vollständig wertberichtigt bzw. ausgebucht. Ferner führt auch ein Forderungsverzicht durch den Gläubiger zu einer Ausbuchung.[940]

6.2.5.3 Verkauf und Verbriefung

Wie aus Abbildung 6-2 und Abbildung 6-3 (▶ 6.2.5.1) ersichtlich wird, ist zunächst zu prüfen, ob durch den Verkauf oder die Verbriefung die Rechte auf Cashflows übertragen wurden (IAS 39.17 (b)). Dies kann durch eine

Prüfung auf Übertragung der Rechte

---

[939] Vgl. PwC (2011a), S. 8016 (8.37).
[940] Vgl. VON OERTZEN (2009a), Rz. 54.

6 Herkömmliche Bilanzierung und Offenlegung einzelner Sachverhalte

direkte Übertragung (IAS 39.18 (a)) oder indirekt über eine Durchleitungsvereinbarung bzw. ein Pass-Through Arrangement (IAS 39.18 (b), 19) erfolgen.

– direkte Übertragung

IAS 39 konkretisiert nicht, was unter einer Übertragung der Rechte und Cashflows im Sinne von IAS 39.18 (a) zu verstehen ist.[941] Ob ein entsprechender Transfer vorliegt, muss anhand der für die Forderungsübertragung maßgeblichen Rechtgrundlage beurteilt werden. Eine Übertragung gemäß IAS 39.18 (a) kann in jedem Fall nur bestehen, wenn der Transfer auch bei einer Insolvenz des übertragenden Unternehmens rechtlich Bestand hat.[942]

– Durchleitungsvereinbarungen

Das Vorliegen von Durchleitungsvereinbarungen ist nach IAS 39.19 an folgende Bedingungen geknüpft:

- Das übertragende Unternehmen hat für den Fall, dass nicht die entsprechenden Beträge aus den ursprünglichen Forderungen vereinnahmt werden, keine Zahlungsverpflichtungen gegenüber den Endempfängern. Anders ausgedrückt ist der Übertragende nur verpflichtet, tatsächlich eingehende Zahlungen weiterzuleiten.[943]

- Es ist dem übertragenden Unternehmen untersagt, den ursprünglichen Vermögenswert zu verkaufen oder zu verpfänden, außer die Verpfändung dient als Sicherheit gegenüber den Endempfängern (zur Sicherstellung, dass der Übertragende seinen Zahlungsverpflichtungen gegenüber den Endempfängern nachkommt).

- Das übertragende Unternehmen verpflichtet sich, die eingenommenen Cashflows ohne wesentliche Verzögerungen an die Endempfänger weiterzuleiten.[944] Es darf die erhaltenen Barmittel auch nicht bis zum geforderten Überweisungstermin reinvestieren (außer in Zahlungsmittel und -äquivalente[945]).

Eine stille Forderungsabtretung, bei welcher der Käufer, falls bestimmte Tatbestände vorliegen, die Umwandlung in eine offene Zession verlangen kann, gilt nicht als Durchleitungsvereinbarung im Sinne von IAS 39.19.[946] Die stille Forderungsabtretung stellt dann eine direkte Übertragung nach

---

[941] Vgl. PwC (2011a), S. 8017 (8.39).
[942] Vgl. IDW (2011b), Rz. 119.
[943] Vgl. IDW (2011b), Rz. 122.
[944] IAS 39 konkretisiert nicht, was als „wesentliche Verzögerungen" anzusehen ist. Verzögerungen von bis zu 3 Monaten werden in der Praxis als unbedenklich eingestuft, vgl. LOTZ (2005), S. 34; IDW (2011b), Rz. 124; DELOITTE LLP (2011), S. 430. Nach der Erhebung von STRUFFERT ist hingegen eine monatliche Weiterleitung erforderlich, vgl. dazu WATRIN/STRUFFERT (2007), S. 240 m.V.a. STRUFFERT (2006), S. 83.
[945] Dabei sind die Zinsen an die Endempfänger weiterzuleiten.
[946] Vgl. dazu und folgend LÜDENBACH (2012d), Rz. 65 m.V.a. IDW (2011b), Rz. 120. Vgl. auch VARAIN (2008), Rz. 143. Zur Differenzierung der Zessionsarten siehe Abschnitt 2.4.4.3.

6.2 Forderungen aus Lieferungen und Leistungen

IAS 39.18 (a) dar und ist damit der offenen Forderungsabtretung gleichgestellt. Kann eine stille Zession hingegen nicht in eine offene Forderungsabtretung umgewandelt werden, besteht auch keine direkte Übertragung gemäß IAS 39.18 (a); ggf. liegt jedoch eine Durchleitungsvereinbarung im Sinne von IAS 39.19 und somit eine indirekte Übertragung nach IAS 39.18 (b) vor.[947]

Einer Einstufung als Pass-Through Arrangement entsprechend IAS 39.19 steht nicht entgegen, wenn variable Kaufpreisabschläge vereinbart werden, die vom Empfänger erst dann an den Übertragenden zu zahlen sind, falls bestimmte Zahlungen eingehen.[948] Garantiert der Übertragende dem Empfänger allerdings Cashflows aus den Forderungen oder wurden nachträgliche Kaufpreisrückerstattungen vereinbart, sind die Anforderungen an Durchleitungsvereinbarungen nach IAS 39.19 nicht erfüllt.[949]

Bei der Frage, ob die Chancen und Risiken im Wesentlichen übertragen wurden, wird gemäß IAS 39.21 auf den Vergleich des Betrags vor und nach der Übertragung der Vermögenswerte abgestellt, d.h. auf die Variabilität der Höhe und des zeitlichen Anfalls der Zahlungsströme aus den Forderungen.[950] Laut dem IDW besteht eine sachgerechte Methode darin, für verschiedene Umweltzustände die Barwerte der Cashflows aus den Forderungen zu schätzen und mit aus historischen Häufigkeiten abgeleiteten Eintrittswahrscheinlichkeiten zu belegen (Szenarioanalysen). Als Maß für das aus den Forderungen erwachsende Risiko kann die Abweichung der Barwerte der Zahlungsströme der einzelnen Umweltzustände vom Erwartungswert (gemessen durch ein geeignetes Risikomaß) gelten. Haben sich die Erwartungswerte vor und nach der Übertragung nur unwesentlich verringert, so sind im Wesentlichen alle Chancen und Risiken beim Übertragenden verblieben.[951]

Prüfung auf Übertragung der Chancen und Risiken

In vielen Fällen wird es allerdings bei der Prüfung auf Übertragung der Chancen und Risiken nicht erforderlich sein, derartige quantitative Szenarioanalysen durchzuführen.[952] Vielmehr sollte es meistens ausreichen, die Vertragsbedingungen des Transfers zu untersuchen, um zu eruieren, ob und in welchem Umfang eine Übertragung der Chancen und Risiken vorliegt.

---

[947] Vgl. IDW (2011b), Rz. 120; LÜDENBACH (2012d), Rz. 68.
[948] Vgl. PwC (2011a), S. 8021 (8.46).
[949] Vgl. hierzu IDW (2011b), Rz. 123; PwC (2011a), S. 8044 (8.92.1) und das Beispiel in DELOITTE LLP (2011b), S. 432.
[950] Vgl. dazu und in der Folge IDW (2011b), Rz. 129 und Rz. 131.
[951] Für Beispiele zur quantitativen Risikomessung vgl. PAA/SCHMIDT (2011), Rz. 204; IDW (2011b), Rz. 132-134; PwC (2011a), S. 8028f. (8.62); DELOITTE LLP (2011b), S. 438-441.
[952] Vgl. dazu KPMG IFRG LIMITED (2011), S. 1370 (7.5.230.100); PwC (2011a), S. 8027 (8.60, 62).

Die Analyse muss grundsätzlich zum Übertragungszeitpunkt durchgeführt werden. Wenn jedoch später stattfindende Transaktionen die Verteilung der Risiken und Chancen beeinflussen, kann eine Neubeurteilung der Chancen und Risiken notwendig sein.[953]

IAS 39 quantifiziert nicht, was unter einer Übertragung der Risiken und Chancen „im Wesentlichen" zu verstehen ist. Eine empirische Erhebung von STRUFFERT zeigt, dass in der Praxis zumeist ein Transfer von über 90% vorliegen muss, damit eine Ausbuchung erfolgt.[954]

Als Beispiel für Transaktionen, bei denen das Unternehmen im Wesentlichen alle Chancen und Risiken überträgt, nennt IAS 39.AG39 unbedingte Verkäufe von finanziellen Vermögenswerten. Ferner fallen darunter auch Veräußerungen in Kombination mit dem Abschluss einer Option zum Rückkauf des Postens zum beizulegenden Zeitwert oder in Verbindung mit einer Verkaufs- oder Kaufoption, die sich aus Sicht des Forderungskäufers weit „aus dem Geld" befindet.

Im Wesentlichen ein Zurückbehalt aller Chancen und Risiken liegt gemäß IAS 39.AG40 bspw. vor, falls ein Verkauf mit einem Rückkauf kombiniert wird, wobei der Rückkaufpreis entweder festgelegt ist oder dem Verkaufspreis zuzüglich einer Verzinsung entspricht. Gleiches gilt für eine Veräußerung in Kombination mit einer aus Sicht des Forderungskäufers weit „im Geld" befindlichen Verkaufs- oder Kaufoption.[955] Garantiert das übertragende Unternehmen, den Empfänger für wahrscheinlich eintretende Verlustausfälle zu entschädigen, führt dies bei kurzfristigen Forderungen ebenfalls dazu, dass im Wesentlichen alle Chancen und Risiken zurückbehalten werden (siehe unten).

Sofern eine Forderung mit einem festen Kaufpreisabschlag veräußert wird, behält das übertragende Unternehmen keine weiteren Risiken zurück; der feste Kaufpreisabschlag führt demnach für sich genommen nicht zur Ausbuchung. Hingegen bewirkt ein variabler Kaufpreisabschlag, der vom Forderungskäufer erst erstattet wird, falls bestimmte Zahlungen eingehen, einen Verbleib der Risiken (oder eines Teils davon, siehe unten) beim Veräußerer; die Posten gehen dann bilanziell nicht (oder nicht vollständig) ab.[956]

---

[953] Vgl. KPMG IFRG LIMITED (2011), S. 1367 (7.5.190.30, 40).
[954] Vgl. WATRIN/STRUFFERT (2007), S. 242 m.V.a. auf STRUFFERT (2006), S. 89f. Vgl. auch VON OERTZEN (2009b), Rz. 107. Diese Quantifizierung bestätigend DELOITTE LLP (2011b), S. 435f.
[955] Vgl. hierzu die Beispiele in DELOITTE LLP (2011b), S. 443f. Sind die Optionen weder weit „aus dem Geld" noch weit „im Geld", wurden die Chancen und Risiken weder übertragen noch zurückbehalten, vgl. ebenda, S. 449.
[956] Vgl. VON OERTZEN (2009b), Rz. 128.

Forderungen aus Lieferungen und Leistungen

6.2

Wird im Rahmen von Forderungsverkäufen das gesamte Ausfallrisiko auf den Käufer transferiert (echtes Factoring), sind die Außenstände nach IAS 39.20 (a) auszubuchen; dabei entstandene oder verbliebene Ansprüche oder Verpflichtungen (z.B. Servicing Assets oder Servicing Liabilities) müssen als gesonderte Posten erfasst werden.[957] Der Rückbehalt des Servicerechts bzw. der -verpflichtung ist also für den Abgang der Forderungen nicht hinderlich.[958]

Bilanzierung bei vollständiger Übertragung des Ausfallrisikos

Umgekehrt verbleibt der Posten bei einem unechten Factoring, bei dem der Käufer den Verkäufer für alle Ausfälle in Regress nehmen kann, gemäß IAS 39.20 (b) vollständig in der Bilanz.[959] Hat der Forderungsverkäufer im letzteren Fall vom Forderungskäufer eine Gegenleistung (Kaufpreiszahlung) erhalten, ist diese gemäß IAS 39.29 als finanzielle Verbindlichkeit zu erfassen; die Forderung wird weder reduziert noch ausgebucht (besicherter Kredit). Die Übertragung behandeln sowohl der Übertragende als auch der Empfänger als besicherten Kredit, d.h. Letzterer erfasst den Zahlungsausgang und setzt gegenüber dem Übertragenden eine Forderung an (IAS 39.AG50).[960]

Bilanzierung bei vollständigem Zurückbehalt des Ausfallrisikos

Ursächlich für einen vollständigen Zurückbehalt können ferner in Verbindung mit dem Verkauf begebene Finanzgarantien sein, wie folgendes Beispiel verdeutlicht:[961]

- Unternehmen V veräußert am 31.12.X1 Forderungen mit Buchwerten von 1.000 € für 900 € an K und gibt diesem gleichzeitig eine Garantie, bis maximal 200 € für ggf. eintretende Forderungsausfälle einzustehen.

- Wird mit Zahlungsausfällen zwischen 0 und 200 € gerechnet, ist eine vollständige Übertragung des Ausfallrisikos nicht gegeben. V belässt die Forderungen in voller Höhe in seiner Bilanz und bucht wie folgt:

31.12.X1	Kasse	900 €	Verbindlichkeit	900 €

---

[957] Vgl. dazu VON OERTZEN (2009b), Rz. 118 bzw. VON OERTZEN (2009a), Rz. 65; PwC (2011a), S. 8040 (8.88) bzw. beispielhaft S. 8052f. (8.102) und S. 8056 (8.109); LÜDENBACH (2012d), Rz. 70f.; HEUSER/THEILE (2012), Rz. 2552 und zu Letzterem auch IDW (2011b), Rz. 127. Siehe zur Differenzierung zwischen echtem und unechtem Factoring Abschnitt 2.5.1.
[958] Gl.A. VARAIN (2008), Rz. 144; DELOITTE LLP (2011b), S. 433.
[959] Vgl. VON OERTZEN (2009b), Rz. 118 bzw. VON OERTZEN (2009a), Rz. 67; LÜDENBACH (2012d), Rz. 25 und Rz. 70; HEUSER/THEILE (2012), Rz. 2553. Vgl. auch KPMG IFRG LIMITED (2011), S. 1375 (7.5.310.10); PwC (2011a), S. 8059 (8.120). Eine Ausbuchung kommt laut LÜDENBACH m.V.a. IAS 39.AG40 (e) beim unechten Factoring hingegen in Frage, wenn das Ausfallrisiko unwahrscheinlich ist, vgl. LÜDENBACH (2012d), Rz. 68 und Rz. 70.
[960] Vgl. auch KPMG IFRG LIMITED (2006), S. 48f.; VARAIN (2008), Rz. 146; BARCKOW (2010), Rz. 125; IDW (2011b), Rz. 128; DELOITTE LLP (2011b), S. 453.
[961] Modifiziert entnommen von GRÜNBERGER (2006), S. 90. Vgl. dazu auch LÖW/LORENZ (2005), S. 454.

Die Garantie stellt für V zwar eine begebene Finanzgarantie dar, die jedoch nicht gesondert nach den für diese geltenden Spezialvorschriften bilanziert wird,[962] da die Garantieprämie (welche im Fall einer gesonderten Erfassung den Erstbuchwert bestimmen würde) bereits im Kaufpreis von 900 € enthalten und somit schon passiviert ist.

Bilanzierung bei Ausfallrisikoteilung

Im Fall der Ausfallrisikoteilung hat man zu prüfen, ob die Verfügungsmacht aufgegeben wurde. Trifft dies zu, muss die Forderung vollständig ausgebucht werden. Gleichfalls sind bei der Übertragung entstandene oder verbliebene Ansprüche oder Verpflichtungen gesondert zu erfassen.

Hat das Unternehmen im Fall der Ausfallrisikoteilung hingegen die Verfügungsmacht behalten, wird die Forderung entsprechend der Höhe des „anhaltenden Engagements" („Continuing Involvement") angesetzt, d.h. der Verkäufer bilanziert die Forderung anteilig auf Basis des bei ihm verbleibenden Risikos weiter (IAS 39.30). Dies wird durch die Erfassung einer mit dem Ausbuchungsobjekt verbundenen Verbindlichkeit („Associated Liability") erreicht, die stets so zu bewerten ist, dass der Nettobuchwert aus den übertragenen Forderungen und eben dieser Associated Liability die zurückbehaltenen Rechte und Pflichten widerspiegelt (IAS 39.31).[963] Im Fall des Continuing Involvement kommen also die regulären Erst- und Folgebewertungsvorschriften nicht zum Tragen.[964]

Die Bilanzierung bei Ausfallrisikoteilung soll durch folgendes Beispiel verdeutlicht werden:[965]

- Unternehmen V veräußert am 31.12.X1 Forderungen aus Lieferungen und Leistungen mit Buchwerten von 1.000 € für 950 € an Unternehmen K. V muss maximal 20% eines etwaigen Forderungsausfalls tragen; die Wahrscheinlichkeit eines solchen wird auf 10% geschätzt.

- Fall 1 (Verfügungsmacht abgegeben): K ist berechtigt, die Forderungen zu verwerten (d.h. weiterzuverkaufen, zu verpfänden usw.). Die Vereinbarung zur Übernahme des Forderungsausfalls stellt eine gesondert zu

---

[962] Siehe zu diesen Abschnitt 6.11.4.
[963] Eine Saldierung von übertragenem Vermögenswert und verbundener Verbindlichkeit verbietet IAS 39.36. Dies wird auch über IAS 32.42 (siehe dazu Abschnitt 3.6.1) kodifiziert.
[964] IAS 39.32 stellt klar, dass alle Erträge aus dem Übertragungsobjekt weiterhin im Umfang des anhaltenden Engagements zu vereinnahmen sind und dass alle Aufwendungen für damit verbundene Verbindlichkeiten erfasst werden müssen.
[965] Modifiziert entnommen aus IDW (2011b), Rz. 142-147 sowie LÜDENBACH (2012d), Rz. 25 bzw. Rz. 67. Ausführlichere Beispiele zum Continuing Involvement finden sich etwa bei PwC (2011a), S. 8066f. (8.133); DELOITTE LLP (2011b), S. 455-457; ERNST & YOUNG LLP (2012b), S. 3259.

Forderungen aus Lieferungen und Leistungen

6.2

bilanzierende Finanzgarantie dar,[966] deren Fair Value 20 € beträgt (20% · 1.000 € · 10%). Es ergeben sich bei V die folgenden Buchungen:

31.12.X1	Kasse	950 €	Forderung L&L	1.000 €
	Aufwand Ausbuchung	50 €		
	Sonstiger Aufwand	20 €	Finanzgarantie (Verb.)	20 €

- Fall 2 (Verfügungsmacht zurückbehalten): K ist nicht zur Verwertung der Forderungen berechtigt; die Verfügungsmacht liegt weiterhin bei V. Letzterer führt die Forderung in Höhe seines Maximalrisikos (Continuing Involvement) von 200 € fort. Die Associated Liability setzt sich zusammen aus dem Maximalrisikobetrag (200 €) und dem Fair Value der Finanzgarantie (20 €). Dies kommt bei V über folgende Buchungen zum Ausdruck:

31.12.X1	Kasse	950 €	Forderung L&L	800 €
	Aufwand Ausbuchung	70 €	Associated Liability	220 €

- Fall 3 (Verfügungsmacht zurückbehalten, zusätzlich variabler Kaufpreisabschlag): Wie Fall 2, K behält jedoch einen variablen Kaufpreisabschlag in Höhe des maximalen Forderungsausfalls (200 €) ein. Bei V ist dies wie folgt zu erfassen:

31.12.X1	Kasse	750 €	Forderung L&L	800 €
	Sonstige Forderung	200 €	Associated Liability	220 €
	Aufwand Ausbuchung	70 €		

Garantiert der Übertragende – wie im Fall 2 und 3 im Beispiel oben – die Übernahme eines bestimmten Forderungsausfalls, entspricht der Umfang des anhaltenden Engagements (bzw. der dafür angesetzten Verbindlichkeit) dem Höchstbetrag, der für diese Garantie ggf. zurückbezahlt werden müsste (IAS 39.30 (a)). Wurden dagegen Rückkaufoptionen vereinbart, beläuft sich das Continuing Involvement auf den Forderungsbetrag, den der Erwerber an den Veräußerer zurückverkaufen kann.[967]

Die Finanzgarantie wird im Fall der Bilanzierung anhand des Continuing Involvement ebenfalls nicht gesondert nach den für derartige Posten geltenden Spezialvorschriften bilanziert,[968] sondern ist Teil der Associated Liability. Ihre Amortisation erfolgt allerdings in analoger Weise, wie wenn es sich

---

[966] Siehe zu den Bilanzierungsvarianten von Finanzgarantien Abschnitt 6.11.1.
[967] Der Veräußerer hat entweder ein Recht zum Bezug der Forderungen (Long Call) oder er geht eine Stillhalterposition (Pflicht zur Abnahme der Forderungen bzw. Short Put) ein; siehe zu den Optionsarten Abschnitt 2.6.1. Bei letzteren geschriebenen Optionen beschränkt sich der Umfang des anhaltenden Engagements auf den niedrigeren Betrag aus dem Fair Value der übertragenen Forderungen und dem Ausübungspreis der Option (IAS 39.30 (b) und (c)).
[968] Zu diesen siehe Abschnitt 6.11.4.

6 Herkömmliche Bilanzierung und Offenlegung einzelner Sachverhalte

um eine selbstständig begebene Finanzgarantie handeln würde, d.h. nach IAS 18.[969]

Prüfung auf Zurückbehalt der Verfügungsmacht

Ob die Verfügungsmacht behalten wird oder nicht, hängt von der tatsächlichen (praktischen) Fähigkeit des Empfängers ab, den Vermögenswert (d.h. die Forderung) zu verkaufen: Wenn er eine Weiterveräußerung faktisch an einen fremden Dritten einseitig ohne Einschränkungen (Bedingungen) des ursprünglichen Forderungsabtreters vornehmen kann, so ist die Verfügungsmacht übergegangen; in allen anderen Fällen verbleibt sie beim Übertragenden (IAS 39.23, AG43).[970]

Nach IAS 39.AG42 ist eine tatsächliche Verkaufsmöglichkeit gegeben, wenn die Forderung an einem aktiven Markt gehandelt wird: Hat der Übertragende eine Option zum Rückkauf des Vermögenswerts, kann der Empfänger sich zur Bedienung jederzeit am Markt eindecken; in diesem Fall ist die Verfügungsmacht übergegangen. Umgekehrt führt eine Rückkaufoption des Übertragenden in Kombination mit nicht marktgängigen Vermögenswerten dazu, dass die Verfügungsmacht behalten wird.

Ein Zurückbehalt der Verfügungsmacht ergibt sich auch für den Fall, dass der Übertragende Garantien oder Rückkaufoptionen gegenüber dem Empfänger hat, die Letzteren am Verkauf der Vermögenswerte hindern, weil die Belastung für ihn ausreichend hoch wäre (IAS 39.AG44).[971] Übernimmt etwa der Übertragende eine Garantie und verfällt diese Risikoübernahme mit der Weiterveräußerung der Forderungen, so wird der Empfänger von der Verfügungsmacht abgehalten, wodurch diese beim Übertragenden verbleibt.[972] Verfällt die Garantie hingegen bei der Weiterveräußerung nicht, ist ein Übergang der Verfügungsmacht möglich, sofern sich die Forderungsrechte auf einem bestehenden Markt veräußern lassen.

Dem IDW zufolge kann ein weiterhin durch den Übertragenden vorgenommenes Inkasso dem Übergang der Verfügungsmacht entgegenstehen, wenn der Empfänger nicht das Recht hat, das Inkasso im Einzelnen zu regeln.[973] Gleiches gilt für einen vereinbarten variablen Kaufpreisabschlag, der dem Übertragenden der Forderung noch zusteht, sofern der Empfänger unter wirtschaftlichen Gesichtspunkten von einem Weiterverkauf abgehalten wird.[974] Die Vereinbarungen lassen die Fähigkeit des Empfängers, die

---

[969] Siehe zur entsprechenden Folgebewertung Abschnitt 6.11.4.4.
[970] Vgl. hierzu auch das Beispiel in PAA/SCHMIDT (2011), Rz. 208.
[971] Dies würde etwa vorliegen, wenn der Übertragende eine Rückkaufoption zum Preis von 60 € bei einem Marktwert des Vermögenswerts von 100 € hätte.
[972] Dazu und folgend vgl. IDW (2011b), Rz. 139.
[973] Vgl. IDW (2011b), Rz. 138 m.V.a. IAS 39.AG43 (b) (ii). Wird jedoch vereinbart, dass diese Restriktionen bei einer Weiterveräußerung entfallen (bedingungsloser Verkauf), steht einem Übergang der Verfügungsmacht nichts entgegen.
[974] Vgl. IDW (2011b), Rz. 140.

Forderung zu verkaufen, bezweifeln. Außerdem können auch Durchleitungsvereinbarungen keine vollständigen Abgänge zur Folge haben, weil dabei eine Veräußerung oder Verpfändung unzulässig ist und somit die Verfügungsmacht auch nicht übergehen kann.[975]

Wie bereits erwähnt (▶ 6.2.5.1), sind im Zusammenhang mit ABS-Transaktionen primär 2 Szenarien vorherrschend:

Anwendung auf ABS-Transaktionen

- Regelfall: Die Zweckgesellschaft wird in den Konzernabschluss des Forderungsverkäufers (des Originators) einbezogen bzw. konsolidiert, d.h. die Prüfung auf Ausbuchung betrifft Transaktionen zwischen dem Konzern (Originator und Zweckgesellschaft) und konzernfremden Dritten (Investoren, Banken). Eine direkte Übertragung der Forderungen im Sinne von IAS 39.18 (a) auf Letztere erfolgt nicht; allerdings besteht eine Durchleitungsvereinbarung zwischen Originator/Zweckgesellschaft und den konzernfremden Dritten, die ggf. als Pass-Through Arrangement gemäß IAS 39.18 (b), 19 eine Ausbuchung ermöglicht.[976]

- Ausnahmefall: Die Zweckgesellschaft wird nicht in den Konzernabschluss des Forderungsverkäufers einbezogen. Die Ausbuchungsprüfung bezieht sich dann auf die Frage, ob zwischen diesem Originator und der Zweckgesellschaft eine direkte Übertragung der Forderungen nach IAS 39.18 (a) vorliegt.

Im Folgenden wird auf den Regelfall eingegangen. Dabei muss zunächst untersucht werden, ob eine indirekte Übertragung gemäß IAS 39.18 (b) gegeben ist; dies setzt eine qualifizierte Durchleitungsvereinbarung im Sinne von IAS 39.19 voraus. Bei der Analyse hat man Folgendes zu beachten:

- Über IAS 39.19 (a) wird kodifiziert, dass der Veräußerer (die Zweckgesellschaft) nicht mehr zahlen darf als er (sie) aus den Forderungen vereinnahmt. Bei der Beurteilung sind auch Refinanzierungsgeschäfte zu berücksichtigen – etwa wenn ein Zinsswap abgeschlossen wurde, welcher die feste Verzinsung der Forderungen in eine variable Verzinsung transferiert. Muss der Zinsswap-Kontraktpartner auch dann Zahlungen leisten, wenn die Zahlungen aus den Forderungen ausfallen, besteht insofern keine Durchleitungsvereinbarung.[977]

- Im Fall revolvierender Forderungsverkäufe – bei denen generell die eingehenden Zahlungen der Forderungsschuldner während eines be-

---

[975] Vgl. IDW (2011a), Rz. 136. Vgl. auch WATRIN/STRUFFERT (2007), S. 240. Weniger eindeutig indes KPMG IFRG LIMITED (2011), S. 1378 (7.5.350.30).
[976] Vgl. zur Konzeption gängiger ABS-Transaktionen als Durchleitungsvereinbarungen LOTZ (2005), S. 34; LÜDENBACH (2012d), Rz. 75; KPMG IFRG LIMITED (2011), S. 1366 (7.5.170.10), S. 1376 (7.5.320.10) und S. 1377 (7.5.320.90).
[977] Vgl. dazu IDW (2011b), Rz. 175. Siehe zu Zinsswaps weiterführend Abschnitt 2.6.3.

stimmten Zeitraums nicht zur Tilgung der emittierten Wertpapiere an die Investoren, sondern zum Ankauf neuer Forderungen verwendet werden – sind die Anforderungen an Pass-Through Arrangements im Allgemeinen nicht erfüllt. Letzteres gilt indes nicht, wenn Zahlungen aus der ersten oder vorherigen Tranche zunächst an die Begünstigten oder einen Treuhänder tatsächlich weitergeleitet werden und die Begünstigten dann frei entscheiden, ob sie die nächste Forderungstranche erwerben oder nicht.[978]

- Eine revolvierende, kurzfristige Refinanzierung längerfristiger Vermögenswerte kann als Durchleitungsvereinbarung im Sinne von IAS 39.19 zu werten sein, wenn von der Zweckgesellschaft begebene fällige Wertpapiere statt durch den Veräußerer (Originator) durch die Zweckgesellschaft getilgt werden – etwa indem diese Neuemissionen vornimmt oder auf Kreditlinien zurückgreift.[979] Kurzfristige Vorauszahlungen sind nicht schädlich für eine Einstufung als Durchleitungsvereinbarung, sofern sie nicht mit der Übernahme von Ausfallrisiken durch den Veräußerer bzw. durch die Zweckgesellschaft in Verbindung stehen.

- Als hinderlich für das Bestehen von Pass-Through Arrangements gelten Reservefonds („Spread Accounts"), die anfänglich nicht vom Originator oder über einen variablen Kaufpreisabschlag gefüllt werden, denn diese verstoßen gegen die Bedingung, dass die Zahlungen unverzüglich an die Endempfänger weiterzuleiten sind.[980]

- Eine Durchleitungsvereinbarung gemäß IAS 39.19 liegt nicht vor, falls das Unternehmen die Rückflüsse aus den Forderungen zwar an die Investoren weiterleitet, diese sich allerdings vorab vertraglich verpflichtet haben, alle Zahlungseingänge sofort zu reinvestieren.[981]

Bei vielen ABS-Transaktionen liegt dem IASB zufolge keine Durchleitungsvereinbarung im Sinne von IAS 39.19 vor (IAS 39.BC63), sodass bereits daran eine Ausbuchung scheitert. Sind die Kriterien für Pass-Through Arrangements erfüllt, muss geprüft werden, ob die Chancen und Risiken im Wesentlichen übertragen wurden. Handelt es sich um eine komplexe Verbriefungsstruktur mit diversen Beteiligten und Besicherungsmaßnahmen (z.B. Overcollateralisation oder Subordination ▶ 2.5.2), wird man regelmäßig nicht umhin kommen, eine quantitative Szenarioanalyse zur Variabilität der Cash-

---

[978] Vgl. hierzu LOTZ (2005), S. 35; WATRIN/STRUFFERT (2007), S. 240f.; VARAIN (2008), Rz. 190; IDW (2011b), Rz. 177; DELOITTE LLP (2011b), S. 432; KPMG IFRG LIMITED (2011), S. 1378 (7.5.350.20); PwC (2011a), S. 8022f. (8.46); LÜDENBACH (2012d), Rz. 75.
[979] Vgl. diesbezüglich IDW (2011b), Rz. 178. Vgl. auch VARAIN (2008), Rz. 190; KPMG IFRG LIMITED (2011), S. 1378 (7.5.350.20); DELOITTE LLP (2011b), S. 475.
[980] Vgl. WATRIN/STRUFFERT (2007), S. 243.
[981] Vgl. VARAIN (2008), Rz. 190; KPMG IFRG LIMITED (2011), S. 1378 (7.5.350.20).

6.2 Forderungen aus Lieferungen und Leistungen

flows aus den Forderungen zu erstellen. Ergebnis einer solchen Untersuchung ist einerseits häufig, dass die Chancen und Risiken im Wesentlichen vollständig zurückbehalten werden (IAS 39.BC63) und die Posten deshalb gemäß IAS 39.20 (b) weiterhin vollumfänglich zu bilanzieren sind.[982] Andererseits resultiert aus der Analyse die Erkenntnis, dass man die Chancen und Risiken weder im Wesentlichen zurückbehalten noch übertragen hat (Ausfallrisikoteilung).[983] In Verbindung mit Pass-Through Arrangements führt dies zwangsläufig zu einer anteiligen Bilanzierung im Umfang des anhaltenden Engagements (IAS 39.20 (c) (ii)), da die Verfügungsmacht bei Durchleitungsvereinbarungen nicht abgegeben werden kann und insofern eine vollständige Ausbuchung gemäß IAS 39.20 (c) (i) nicht möglich ist.[984]

Angabepflichten bei Übertragungen

Über das Amendment zu IFRS 7 „Disclosures – Transfers of Financial Assets" wurden die Angabepflichten zu Übertragungen von finanziellen Vermögenswerten erweitert.[985] Diese sind relevant, wenn zum Abschlussstichtag entweder übertragene, aber nicht ausgebuchte finanzielle Vermögenswerte bestehen oder bei einem Transfer ein anhaltendes Engagement (in Form von angesetzten Rechten und Pflichten) vorliegt – und zwar unabhängig davon, zu welchem Zeitpunkt die Übertragung erfolgte (IFRS 7.42A). Als „Übertragungen" im Sinne der Angabevorschriften gelten solche, bei denen entweder

- die vertraglichen Rechte zum Erhalt von Cashflows aus dem finanziellen Vermögenswert transferiert werden oder

- das Unternehmen zwar die vertraglichen Rechte zum Empfang von Cashflows aus dem Posten zurückbehält, es sich aber in einer vertraglichen Verpflichtung zur Zahlung der Cashflows an einen oder mehrere Empfänger verpflichtet.

– Generalnorm

Den in IFRS 7.42D-42G aufgeführten Detailanforderungen ist eine Art Generalnorm vorangestellt. Gemäß IFRS 7.42B sollen die angegebenen Informationen dazu beitragen,

---

[982] Vgl. KPMG IFRG LIMITED (2011), S. 1378 (7.5.350.30). Bei einfachen Verbriefungsstrukturen wird man zu dieser Erkenntnis auch ohne aufwändige Szenarioanalysen kommen, vgl. STRUFFERT/WOLFGARTEN (2010), S. 373.
[983] Laut LÜDENBACH (2012d), Rz. 75 ist dies üblicherweise der Fall.
[984] Vgl. IDW (2011b), Rz. 183 und Rz. 195-197; DELOITTE LLP (2011b), S. 473f. Vgl. auch KPMG IFRG LIMITED (2011), S. 1378 (7.5.350.30).
[985] Die Änderungen sind erstmalig verpflichtend anzuwenden für Geschäftsjahre, die nach dem 1. Juli 2011 beginnen (IFRS 7.44M). Für Berichtsperioden vor dem Erstanwendungszeitpunkt (d.h. für die erste Vergleichsperiode und früher) müssen die Angaben nicht gemacht werden. Dies gilt auch für Anforderungen, die sich bereits in dem (über das Amendment gestrichenen) IFRS 7.13 befanden, vgl. BARDENS/MEURER (2011b), S. 623.

6 Herkömmliche Bilanzierung und Offenlegung einzelner Sachverhalte

- die Beziehungen zwischen zwar übertragenen, aber nicht vollständig ausgebuchten finanziellen Vermögenswerten und dazugehörigen Verbindlichkeiten zu verstehen sowie

- den Abschlussadressaten eine Beurteilung der Art des anhaltenden Engagements an den ausgebuchten finanziellen Vermögenswerten inklusive der damit verbundenen Risiken zu ermöglichen.

Zusätzlich zu den Detailanforderungen müssen ggf. weitere Informationen bereitgestellt werden, um die letztgenannten Ziele zu erfüllen (IFRS 7.42H, B39). Ferner wird vorgegeben, dass man den Offenlegungspflichten innerhalb des Abschlusses in einer einzigen Anhangangabe nachzukommen hat (IFRS 7.42A).

– Anforderungen bei vollständigen Abgängen

Sofern übertragene finanzielle Vermögenswerte gemäß IAS 39.20 (a) oder IAS 39.20 (c) (i) vollständig ausgebucht werden, das Unternehmen bezüglich diesen jedoch ein anhaltendes Engagement hat, ist zu jedem Abschlussstichtag für jede Art eines anhaltenden Engagements[986] mindestens Folgendes anzugeben (IFRS 7.42E):

- den Buchwert und beizulegenden Zeitwert der Vermögenswerte und Verbindlichkeiten, welche das anhaltende Engagement an den ausgebuchten finanziellen Vermögenswerten darstellen, inklusive der Angabe, in welchem Bilanzposten der Buchwert enthalten ist;

- der Betrag, der das maximale Verlustrisiko aus dem anhaltenden Engagement an den ausgebuchten finanziellen Vermögenswerten am besten widerspiegelt, sowie Informationen darüber, wie das maximale Verlustrisiko bestimmt wird;

- die undiskontierten Zahlungsmittelabflüsse, die zum Rückkauf ausgebuchter finanzieller Vermögenswerte erforderlich wären oder sein könnten (wie z.B. der Ausübungspreis bei einem Optionsgeschäft), oder sonstige, dem Empfänger in Bezug auf die übertragenen Vermögenswerte zu zahlenden Beträge;[987]

- eine Fälligkeitsanalyse zu den letztgenannten undiskontierten Zahlungsmittelabflüssen, welche die verbleibenden vertraglich vereinbarten Fälligkeiten (Restlaufzeiten) in Bezug auf das anhaltende Engagement des Unternehmens aufzeigt;[988]

---

[986] Eine Gruppierung ist bspw. nach Arten von Finanzinstrumenten (Garantien, Kaufoptionen) oder nach Übertragungsarten (Factoring, Verbriefung) möglich (IFRS 7.B33).
[987] Bei einem variablen Zahlungsabfluss ist zur Bestimmung auf die Gegebenheiten, die zum jeweiligen Abschlussstichtag vorherrschen, abzustellen.
[988] Analog zur im Rahmen der Angaben zu Liquiditätsrisiken verlangten Fälligkeitsanalyse (siehe dazu Abschnitt 5.4.3.2) lassen sich die zu Grunde liegende Anzahl

- qualitative Informationen, welche die in den vorherigen Aufzählungen genannten quantitativen Angaben erläutern und ergänzen.[989]

Wenn man mehrere unterschiedliche Arten von anhaltenden Engagements an einem ausgebuchten finanziellen Vermögenswert hat, kann den in IFRS 7.42E aufgeführten Offenlegungspflichten in aggregierter Form (d.h. der gebündelten Berichterstattung als eine Art von anhaltendem Engagement) nachgekommen werden (IFRS 7.42F).

Ein „anhaltendes Engagement" an einem übertragenen finanziellen Vermögenswert ist bezogen auf die Anforderung in IFRS 7.42E gegeben, wenn das Unternehmen entweder die mit dem übertragenen finanziellen Vermögenswert verbundenen vertraglichen Rechte oder Verpflichtungen zurückbehält oder es neue vertragliche Rechte bzw. Verpflichtungen bezüglich des übertragenen finanziellen Vermögenswerts erhält (IFRS 7.42C, B30).[990] Unerheblich ist dabei, ob die Rechte oder Verpflichtungen bilanziell erfasst werden oder nicht. Wird etwa nach dem Verkauf von Forderungen aus Lieferungen und Leistungen das Servicing (Zahlungsüberwachung, Mahnwesen, ggf. Inkasso) weiterhin vom Veräußerer erledigt, führt dies ggf. zu einem (berichtspflichtigen) anhaltenden Engagement, nicht jedoch zur Bilanzierung von Vermögenswerten oder Schulden.[991] Ebenso dürfte ein anhaltendes Engagement bestehen, wenn der Forderungsverkäufer Ausfallgarantien gibt oder sich verpflichtet, die übertragenen Außenstände bis zum Zahlungseingang zu verzinsen.[992] Auch Reservekonten für Forderungsausfälle oder für Zinsen bis zur Begleichung der Forderung werden als typische Begebenheiten für ein anhaltendes Engagement erachtet.[993]

Kein anhaltendes Engagement begründen hingegen z.B. herkömmliche Zusicherungen und Gewährleistungen in Bezug auf betrügerische Übertra-

---

und Länge der Zeitbänder nach eigenem Ermessen festlegen; IFRS 7.B35 enthält diesbezüglich eine beispielhafte Aufteilung. Bei den Zahlungen muss ferner zwischen zwingend zu leistenden Beträgen (z.B. bei Forwards), ggf. zu transferierenden Beträgen (z.B. bei Short Puts) sowie wahlweise entrichtbaren Beträgen (z.B. bei Long Calls) unterschieden werden (IFRS 7.B34); siehe zu den Finanzderivate-Arten Abschnitt 2.6.2. Bei einer Bandbreite möglicher Fälligkeiten sind die Cashflows dem Zeitband zuzuordnen, in dem der früheste Termin liegt, zu dem die Zahlungsverpflichtung bzw. -möglichkeit besteht (IFRS 7.B36).

[989] IFRS 7.B37 enthält weitere Hinweise, was dabei konkret offen zu legen ist.
[990] Das anhaltende Engagement kann unmittelbar aus der Transfervereinbarung oder aber aus einer im Zusammenhang mit der Übertragung geschlossenen gesonderten Abmachung mit dem Empfänger bzw. einer dritten Partei resultieren (IFRS 7.B31).
[991] Vgl. dazu BARDENS/MEURER (2011b), S. 621, die dies als den Regelfall ansehen. Laut KUHN/CHRIST (2011), Rz. 96 ist indes derzeit offen, ob eine Servicing-Gebühr ein anhaltendes Engagement darstellt.
[992] Vgl. BARDENS/MEURER (2011b), S. 622.
[993] Vgl. KUHN/CHRIST (2011), Rz. 96.

6 Herkömmliche Bilanzierung und Offenlegung einzelner Sachverhalte

gungen und Geltendmachung der Grundsätze der Angemessenheit, Treu und Glauben sowie Redlichkeit, welche eine Übertragung infolge eines Gerichtsverfahrens ungültig machen könnten.[994] Gleiches gilt für Termingeschäfte zum Rückkauf zu einem vertraglich vereinbarten Preis, der dem Fair Value des übertragenen finanziellen Vermögenswerts entspricht, sowie für Durchleitungsvereinbarungen im Sinne von IAS 39.19 (IFRS 7.42C).

Darüber hinaus ist in Verbindung mit Übertragungen, die zu einer vollständigen Ausbuchung führen, Folgendes für jede Periode anzugeben, für die eine GuV (ein SCI) präsentiert wird (IFRS 7.42G):

- der zum Zeitpunkt der Übertragung der Vermögenswerte erfasste Gewinn oder Verlust;[995]

- in der Berichtsperiode und kumulativ erfasste Erträge und Aufwendungen, die durch das anhaltende Engagement an den ausgebuchten finanziellen Vermögenswerten bedingt sind (z.B. Zeitwertänderungen der Derivate);

- sofern sich der Gesamtbetrag der Einnahmen aus Übertragungen (die zu einer Ausbuchung führen) nicht gleichmäßig auf die Berichtsperiode verteilt:

  - in welchem Zeitraum innerhalb dieser Berichtsperiode der größte Teil der Übertragungen stattfand;

  - den aus der Transferaktivität in diesem Zeitraum erfassten Betrag (z.B. dazugehörige Gewinne oder Verluste);

  - den Gesamtbetrag der Einnahmen aus Übertragungen in diesem Zeitraum.

– Anforderungen bei (teilweise) verfehlten Abgängen

Wenn das Unternehmen einen finanziellen Vermögenswert derart übertragen hat, dass dieser teilweise oder ganz nicht die Kriterien für eine Ausbuchung gemäß IAS 39.15-37 erfüllt (partieller oder vollständiger verfehlter Abgang), so hat es zu jedem Abschlussstichtag, zu dem die übertragenen Posten weiterhin erfasst werden (IFRS 7.B32), für jede Klasse von solchen finanziellen Vermögenswerten anzugeben (IFRS 7.42D):

- die Art der übertragenen Vermögenswerte;

---

[994] Hierunter dürften mitunter auch Veritätsgarantien fallen, vgl. BARDENS/MEURER (2011b), S. 622. Zum Begriff des Veritätsrisikos siehe Abschnitt 2.5.1.

[995] Gemäß IFRS 7.B38 hat man dabei überdies offen zu legen, ob der Gewinn oder Verlust aus der Ausbuchung dadurch entstanden ist, dass die beizulegenden Zeitwerte der Bestandteile des zuvor erfassten Vermögenswerts (d.h. des ausgebuchten und des zurückbehaltenen Anteils) vom Fair Value des zuvor erfassten Vermögenswerts als Ganzem abgewichen sind. Dann muss auch angegeben werden, ob für die Zeitbewertung in wesentlichem Umfang auf nicht-beobachtbare Input-Daten (siehe dazu weiterführend Abschnitt 3.8.2.3) zurückgegriffen wurde.

- die Art der Risiken und Chancen, die dem Unternehmen aus der Eigentümerschaft erwachsen;

- eine Beschreibung der Art der Beziehung, die zwischen den übertragenen Vermögenswerten und den dazugehörigen Verbindlichkeiten besteht, einschließlich Erläuterungen zu sich durch den Transfer ergebenden Nutzungsbeschränkungen für die übertragenen Posten;

- falls die Gegenpartei(en) der dazugehörigen Verbindlichkeiten ausschließlich Rückgriff auf die übertragenen Vermögenswerte hat (haben): eine Aufstellung des beizulegenden Zeitwerts der übertragenen Vermögenswerte und des Fair Values der dazugehörigen Verbindlichkeiten inklusive des jeweiligen Differenzbetrags;

- wenn die übertragenen Vermögenswerte weiterhin vollständig bilanziert werden: die Buchwerte dieser Vermögenswerte und der dazugehörigen Verbindlichkeiten;

- sofern das Unternehmen die Vermögenswerte weiterhin in dem Umfang bilanziert, der seinem anhaltenden Engagement entspricht: den Gesamtbuchwert der ursprünglichen Vermögenswerte vor der Übertragung, den Buchwert der weiterhin beim Unternehmen angesetzten Vermögenswerte ebenso wie den Buchwert der dazugehörigen Verbindlichkeiten.

Von den Angabepflichten sind generell diejenigen Sachverhalte betroffen, für die nach IAS 39.20 (b) ein vollständiger oder gemäß IAS 39.20 (c) (ii) ein partieller verfehlter Abgang vorliegt. Die in den ersten 4 Aufzählungen genannten Anforderungen beziehen sich dabei sowohl auf bei einer Übertragung vollständig zurückbehaltene als auch im Rahmen einer Risikoteilung partiell zurückbehaltene Vermögenswerte. Unter die 5. Angabepflicht fallen nur gemäß IAS 39.20 (b) weiterhin in vollem Umfang bilanzierte Posten. Die zuletzt aufgeführte Anforderung betrifft ausschließlich gemäß IAS 39.20 (c) (ii) nach dem Continuing Involvement angesetzte Vermögenswerte.

Wie bereits erläutert, muss die Beurteilung von Ausbuchungssachverhalten stets auf Konzernebene – d.h. nach Einbeziehung aller Tochterunternehmen und aller zu konsolidierenden Zweckgesellschaften – durchgeführt werden. Auf Konzernebene bestehen m.E. keine Angabepflichten, wenn Transfers zwischen vollkonsolidierten Tochter- und Zweckgesellschaften erfolgen; ein verfehlter Abgang, wie ihn IFRS 7.42D voraussetzt, liegt in diesem Fall nicht vor.[996]

---

[996] Vgl. ähnlich in Bezug auf den früheren IFRS 7.13 auch LÖW (2005a), S. 1343f.; KERKHOFF/STAUBER (2007), Rz. 48.

6.2.6 Angabepflichten

Neben den Offenlegungsvorschriften, die im Zusammenhang mit den oben beschriebenen Gruppenwertberichtigungen (Wertberichtigungskonto für Kreditausfälle) sowie verfehlten Abgängen von Forderungen aus Lieferungen und Leistungen erwachsen, sind bei Nicht-Banken in erster Linie die Anforderungen zur Bereitstellung der Buchwerte nach Bewertungskategorien (primär LaR; ▶ 3.4.4.1) sowie zu Ausfallrisiken (Kreditqualität, Überfälligkeitsanalysen, Einzelwertberichtigungsanalysen; ▶ 5.4.2) relevant. Im Rahmen der Angaben zu den Nettoergebnissen (▶ 3.14.6) hat man ferner die Wertminderungsbeträge zu berücksichtigen. Weiterhin können sich ggf. Angabepflichten ergeben, wenn operative Forderungen als Sicherheiten gestellt werden (▶ 6.14.5.1).

Darüber hinaus sollten kaum Berichterstattungserfordernisse bestehen. So liegen etwa Umwidmungen, die Angabepflichten auslösen, in Verbindung mit Forderungen aus Lieferungen und Leistungen selten vor. Auf Grund der überwiegend kurzen Laufzeiten kann zudem unter Verweis auf IFRS 7.29 regelmäßig auf die Angabe der Fair Values verzichtet werden (▶ 3.4.4.2).

Zusätzliche Offenlegungspflichten ergeben sich allerdings über IFRS 3, wenn man im Zuge eines Unternehmenszusammenschlusses Forderungen erwirbt. Gemäß IFRS 3.B64 (h) ist der beizulegende Zeitwert der Posten zu nennen und es sind die Bruttobeträge der vertraglichen Forderungen anzugeben. Ferner hat das Unternehmen eine zum Erwerbszeitpunkt bestmögliche Schätzung der vertraglichen Cashflows, die voraussichtlich uneinbringlich sein werden, offen zu legen.

6.3 Sonstige (nicht-operative) Forderungen und Ausreichungen

6.3.1 Posten

Normalerweise werden bei Nicht-Banken insbesondere die folgenden Posten unter den sonstigen (d.h. nicht auf Lieferungen und Leistungen zurückzuführenden) Forderungen sowie Ausleihen subsumiert:

- Ausleihungen an fremde Dritte,
- Forderungen aus Zinsabgrenzungen,
- Forderungen aus Dividenden und Nutzungsentgelten,
- Forderungen gegenüber verbundenen Unternehmen,

6.3 Sonstige (nicht-operative) Forderungen und Ausreichungen

- Forderungen gegenüber Mitarbeitern.

6.3.2 Kategorisierung

Nicht-Banken stufen die letztgenannten Posten in der Regel als LaR ein.[997] Wiederum ist eine Zuordnung zur Bewertungskategorie AfS möglich, kommt aber in der Praxis kaum vor. Analog muss eine Kategorisierung als FAFVPL gesehen werden, denn weder eine Handelsabsicht noch die Anwendung der Fair-Value-Option stellt sich in diesem Kontext als realistisches Szenario dar.

6.3.3 Bilanzierung

Der Grundsatz, nach dem man Finanzinstrumente bei Vertragsabschluss anzusetzen hat (▶ 3.5.2), bedeutet für Ausreichungen und sonstige Darlehen regelmäßig, dass diese zu dem Zeitpunkt, zu dem man die Geldmittel dem verbundenen Unternehmen oder dem Dritten bereitstellt, erfasst werden.

Ansatz und Ausweis

Der Ansatz von Forderungen aus Zinsen, Nutzungsentgelten und Dividenden richtet sich nach IAS 18.30: Zinsen müssen normalerweise unter Anwendung der Effektivzinsmethode vereinnahmt werden; Nutzungsentgelte sind periodisch in Übereinstimmung mit den Bestimmungen des zu Grunde liegenden Vertrags zu erfassen; Dividenden hat das Unternehmen mit der Entstehung des Rechtsanspruchs auf Zahlung zu vereinnahmen (▶ 3.14).

Auch im Fall von sonstigen Forderungen ergibt sich regelmäßig keine Verpflichtung zur Saldierung (▶ 3.6.1) mit finanziellen Verbindlichkeiten, weil im Normalfall kein einklagbares Recht zur Aufrechnung existent ist.

Bei Forderungen und Ausreichungen entspricht der bei der Erstbewertung zur Anwendung kommende Fair Value regelmäßig dem Transaktionspreis bzw. dem Auszahlungsbetrag (▶ 3.9.1). Eine gesonderte Fair-Value-Bewertung nach den Vorgaben von IFRS 13 bzw. IAS 39 (▶ 3.8.2) – d.h. zum Barwert der Zins- und Tilgungszahlungen, diskontiert mit dem aktuell gültigen Markzinssatz für ein vergleichbares Instrument – ist immer dann erforderlich, wenn sich ein Teil der Gegenleistung auf etwas anderes als das Finanzinstrument bezieht und die Ausreichung insofern nicht zu Marktkon-

Erstbewertung

---

[997] Dies lässt sich etwa explizit den GB 2006 von BASF (S. 110) und Bayer (S. 116) entnehmen.

6 Herkömmliche Bilanzierung und Offenlegung einzelner Sachverhalte

ditionen erfolgt (▶ 3.9.1).[998] In diesem Fall ergibt sich eine Abweichung zwischen dem Erstbuchwert (d.h. dem rechnerischen Fair Value) und dem Auszahlungsbetrag (d.h. dem Transaktionspreis). Der dadurch entstehende Einbuchungsgewinn oder -verlust muss sofort erfolgswirksam erfasst werden (Praxisbeispiel ▶ 6.3.5.2) – es sei denn, der Unterschiedsbetrag erfüllt die Ansatzkriterien eines Vermögenswerts (▶ 3.9.2).

Etwaige, beim Erwerb oder der Begebung der Forderung bzw. Ausleihung entstehende Transaktionskosten erhöhen den Erstbuchwert, d.h. sie sind dem Fair Value (Nominal- oder Barwert) zuzurechnen (▶ 3.9.5). In Fremdwährung notierte Posten müssen zum am Tag des Geschäftsvorfalls gültigen Kassawechselkurs umgerechnet werden (▶ 3.12.2).[999]

Folgebewertung

Der jeweilige Folgebuchwert wird bei langfristigen Forderungen bzw. Ausreichungen oder kurzfristigen Posten mit wesentlichem Abzinsungseffekt durch die effektivzinsmäßige Fortschreibung des Erstbuchwerts bzw. des letzten Stichtagswerts (Barwertfortschreibung) ermittelt. Ändern sich die Erwartungen hinsichtlich der künftigen Cashflows, sind Buchwertanpassungen vorzunehmen.[1000] Ferner ist zu jedem Abschlussstichtag zu prüfen, ob objektive Hinweise auf eine Wertminderung vorliegen (▶ 3.11.3). Ein etwaiger Abschreibungsbetrag ergibt sich aus der Differenz aus dem Buchwert und dem Barwert der geschätzten künftigen Cashflows, wobei Letztere mit dem ursprünglichen Effektivzinssatz abzuzinsen sind (▶ 3.11.4.2). Ggf. bestehende Wertminderungen werden in der Regel direkt (d.h. ohne vorherige Erfassung über ein Wertberichtigungskonto) vorgenommen. Verringert sich die Wertminderung in der Folge, besteht die Pflicht zur erfolgswirksamen Wertaufholung. Ferner ist zu beachten, dass der nach Vornahme der Wertberichtigung vereinnahmte Zinsertrag durch Barwertfortschreibung des Restbuchwerts (Unwinding ▶ 3.11.6) ermittelt wird.

Auch in Fremdwährung eingegangene bzw. emittierte Forderungen und Ausreichungen werden in der Folge stets erfolgswirksam zum am jeweiligen Stichtag bzw. am Transaktionstag gültigen Kassawechselkurs umgerechnet, da es sich immer um monetäre Posten handelt (▶ 3.12.3.3).

Ausbuchung

Generell sind finanzielle Vermögenswerte auszubuchen, wenn die vertraglichen Rechte auf Cashflows auslaufen oder der Posten übertragen wird und die Übertragung die Ausbuchungskriterien des IAS 39.20 erfüllt (▶ 3.13.1). Im Fall von sonstigen Forderungen kommt bei Nicht-Banken vor allem der

---

[998] Zur Bewertung von Zinsinstrumenten siehe Abschnitt 2.1 und insbesondere Abschnitt 2.1.11.
[999] In der Literatur wird zur Umrechnung von Vermögenswerten die Verwendung von Briefkursen nahegelegt; es können allerdings auch Mittelkurse herangezogen werden.
[1000] Siehe zur Bestimmung der fortgeführten Anschaffungskosten mittels der Effektivzinsmethode Abschnitt 3.8.3.

erstere Ausbuchungsgrund in Frage. Die Posten werden regelmäßig zu dem Zeitpunkt von der Bilanz zu entfernen sein, zu dem die bereitgestellten Mittel dem Unternehmen zurückfließen bzw. die Zahlungen zu den abgegrenzten Erträgen eingehen.

6.3.4 Angabepflichten

In Bezug auf nicht-operative Forderungen und Ausreichungen sind für Nicht-Banken neben der Bereitstellung der Buchwerte nach Bewertungskategorien (primär LaR; ▶ 3.4.4.1) zum einen die Anforderungen zu Ausfallrisiken (Kreditqualität, Überfälligkeitsanalysen, Einzelwertberichtigungsanalysen; ▶ 5.4.2) von Bedeutung. Zum anderen wird man für langfristige Posten die beizulegenden Zeitwerte anzugeben haben, denn überwiegend werden die Buchwerte nicht näherungsweise den Fair Values entsprechen – womit die Ausnahmeregel des IFRS 7.29 nicht greift (▶ 3.4.4.2). Ferner gilt es, die Zinserträge bei den Angaben zu den Nettoergebnissen (▶ 3.14.6) sowie – sofern diese effektivzinsmäßig bestimmt wurden – zu den Gesamtzinserträgen (▶ 3.14.3) zu berücksichtigen.

Weitere Offenlegungspflichten sind kaum denkbar: Mit Angaben verbundene Umwidmungen werden in Verbindung mit Forderungen bzw. Ausreichungen sehr selten erfolgen; auch dürften Nicht-Banken derartige Posten wohl kaum als Sicherheiten stellen. Da Nicht-Banken Ausleihungen meist an nahe stehende Unternehmen und Mitarbeiter tätigen, sollten auch Wertminderungen und die damit einhergehenden Angabepflichten eher die Ausnahme sein.

6.3.5 Praxisbeispiele

6.3.5.1 Ausgereichtes festverzinsliches Darlehen (LaR)

Unternehmen B vergibt am 01.01.X1 ein festverzinsliches Darlehen im Nominalvolumen von 20 Mio. €. Es wird ein Nominalzinssatz von 7% p.a. vereinbart; die Zinsen sind nachschüssig jeweils am 31.12. fällig. Der Kredit ist nach 5 Jahren endfällig zu tilgen; der Kreditnehmer erhält am 01.01.X1 nur 18 Mio. € ausbezahlt (Disagio). B entstehen Prüfungs- und Rechtsberatungskosten von 1% des Nominalwerts (200 T€).

Das Darlehen wird der Bewertungskategorie LaR zugeordnet. Die Erstbewertung erfolgt zum beizulegenden Zeitwert; da B den Kredit zu marktgerechten Konditionen gewährt, entspricht der Fair Value zum 01.01.X1 dem gezahlten Geldbetrag. Die Prüfungs- und Rechtsberatungskosten erhöhen den Aktivposten, weil es sich um Transaktionskosten handelt. Zum 01.01.X1

Einbuchung 01.01.X1

6 Herkömmliche Bilanzierung und Offenlegung einzelner Sachverhalte

ergibt sich somit ein Erstbuchwert von 18.200 T€, der mit der Auszahlung des Darlehensbetrags sowie dem Geldabfluss für die Prüfungs- und Rechtsberatung erfasst wird (B = Bilanz):

| 01.01.X1 | Darlehen LaR (B) | 18.200,00 T€ | Kasse LaR (B) | 18.200,00 T€ |

Unter Zugrundelegung des Nominalbetrags, des Nominalzinssatzes, der Laufzeit, des Disagios sowie der Transaktionskosten bestimmt sich ein Effektivzinssatz von 9,334%. In Tabelle 6-11 ist dies derjenige Zinssatz, welcher den Buchwert in Spalte (4) zum 31.12.X5 exakt auf 20.000 T€ fortschreibt. Der Effektivzinssatz kann etwa in einem Tabellenkalkulationsprogramm über eine Iterationsfunktion bzw. Zielwertsuche ermittelt werden.

Tabelle 6-11 | *Praxisbeispiel ausgereichtes Darlehen: Fortgeführte Anschaffungskosten*

Jahr	(1) Buchwert 01.01.	(2) = (1) · 9,334% Effektivzinsertrag	(3) = 20 Mio. € · 7% Nominalzinszahlung	(4) = (1) + (2) ./. (3) Buchwert 31.12.	(5) = (4) ./. (1) Δ Buchwert
X1	18.200,00 T€	1.698,77 T€	1.400,00 T€	18.498,77 T€	298,77 T€
X2	18.498,77 T€	1.726,66 T€	1.400,00 T€	18.825,43 T€	326,66 T€
X3	18.825,43 T€	1.757,15 T€	1.400,00 T€	19.182,58 T€	357,15 T€
X4	19.182,58 T€	1.790,49 T€	1.400,00 T€	19.573,07 T€	390,49 T€
X5	19.573,07 T€	1.826,93 T€	1.400,00 T€	20.000,00 T€	426,93 T€
Σ		8.800,00 T€	7.000,00 T€		1.800,00 T€

Bilanzierung Q1-Q3 X1

Für die Quartalsabschlüsse zum 31.03., 30.06. und 30.09. muss der Zinsertrag im Zinsergebnis (ZE) zeitanteilig vereinnahmt werden; im Jahr X1 entfällt auf jede Periode ein Betrag von 424,69 T€ (1.698,77 T€ · 90 Tage / 360 Tage). Da die Zinszahlung erst zum 31.12. erfolgt, ist jeweils eine Zinsforderung von 350 T€ (1.400 T€ · 90 Tage / 360 Tage) zu erfassen; das Darlehen wird anteilig um 74,69 T€ (298,77 T€ · 90 Tage / 360 Tage) fortgeschrieben:

| 3x.0x.X1 | Zinsforderung LaR (B) | 350,00 T€ | Zinsertrag LaR (ZE) | 424,69 T€ |
| | Darlehen LaR (B) | 74,69 T€ | | |

Bilanzierung Q4 X1

Am 31.12.X1 geht die erste Nominalzinszahlung ein; die in den Quartalen 1 bis 3 jeweils erfassten Zinsforderungen sind auszubuchen. Ferner muss der anteilige Zinsertrag des 4. Quartals vereinnahmt werden. Das Darlehen ist um die Differenz zwischen Effektiv- und Nominalzins fortzuschreiben. Buchungen:

| 31.12.X1 | Kasse LaR (B) | 1.400,00 T€ | Zinsertrag LaR (ZE) | 424,69 T€ |
| | Darlehen LaR (B) | 74,69 T€ | Zinsforderung LaR (B) | 1.050,00 T€ |

Angaben JA X1

Für den Jahresabschluss X1 berücksichtigt B den Buchwert des Darlehens von 18.498,77 T€ und der Zahlungsmittel für die Buchwertangaben der Be-

Sonstige (nicht-operative) Forderungen und Ausreichungen **6.3**

wertungskategorie LaR. In das Nettoergebnis der Bewertungskategorie LaR und in die Gesamtzinserträge gehen die Zinserträge von insgesamt 1.698,77 T€ ein.

Ferner muss das Darlehen bei den Angaben der Fair Values nach Klassen berücksichtigt werden. Zur Barwertbestimmung zieht B Diskontierungszinssätze heran, die sich aus den laufzeitgerechten risikolosen Nullkuponzinssätzen und den aktuellen Bonitätsaufschlägen für den Kreditnehmer zusammensetzen. Es ergibt sich zum 31.12.X1 ein beizulegender Zeitwert von 20.187,75 T€:

– Fair-Value-Bestimmung

$$\frac{1.400\,T€}{(1+6{,}2\%)^1} + \frac{1.400\,T€}{(1+6{,}5\%)^2} + \frac{1.400\,T€}{(1+6{,}6\%)^3} + \frac{(1.400\,T€ + 20.000\,T€)}{(1+6{,}75\%)^4} = 20.187{,}75\,T€$$

In den Jahren X2 bis X5 wird analog gebucht; zu den Abschlussstichtagen ergeben sich keine Hinweise auf Wertminderungen. Am 31.12.X5 geht der Tilgungsbetrag ein. Buchungen:

Ausbuchung 31.12.X5

31.12.X5	Kasse LaR (B)	1.400,00 T€	Zinsertrag LaR (ZE)	456,73 T€
	Darlehen LaR (B)	106,73 T€	Zinsforderung LaR (B)	1.050,00 T€
	Kasse LaR (B)	20.000,00 T€	Darlehen LaR (B)	20.000,00 T€

6.3.5.2 Unverzinsliches Mitarbeiterdarlehen (LaR)

Unternehmen C gewährt seinen Mitarbeitern am 01.01.X1 unverzinsliche Darlehen von insgesamt nominal 10 Mio. €. Die einzelnen Kredite, die alle der Bewertungskategorie LaR zugeordnet werden, sollen in gleichmäßigen Raten über 5 Jahre jeweils zum 31.12. zurückgezahlt werden. Bei Ausreichung entstehen Kosten des Geldverkehrs von 50 T€.

Die Erstbewertung erfolgt jeweils zum beizulegenden Zeitwert; zum 01.01.X1 entsprechen die Fair Values den Barwerten der Tilgungszahlungen. Da es sich immer um Kleinkredite handelt und C die Darlehen nur langjährig beschäftigten Mitarbeitern (MA) gewährt, kann das Bonitätsrisiko nahezu ausgeschlossen werden; es wird daher die in Tabelle 6-12 in Spalte (2) aufgeführte risikolose Nullkupon-Zinsstruktur zu Grunde gelegt. Es ergibt sich in Summe ein Barwert von 9.044,68 T€. Die Kosten des Geldverkehrs (Transaktionskosten) erhöhen den Aktivposten. Bei Einbuchung entsteht ein Personalaufwand, der den Umsatzkosten (UKo) zugerechnet wird; der Vorteil, keine Zinsen entrichten zu müssen, kann als zusätzliche Mitarbeitervergütung interpretiert werden.[1001] Buchung:

Einbuchung 01.01.X1

[1001] Eine Aktivierung ist nur möglich, wenn die Ansatzkriterien eines Vermögenswerts anderer Art erfüllt sind, siehe dazu Abschnitt 3.9.1.

6 Herkömmliche Bilanzierung und Offenlegung einzelner Sachverhalte

01.01.X1	MA-Darlehen LaR (B)	9.094,68 T€	Kasse LaR (B)	10.050,00 T€
	Personalaufwand (UKo)	955,32 T€		

Auf Basis des Erstbuchwerts (Fair Value zuzüglich Transaktionskosten), der Laufzeit und der Tilgungen bestimmt sich ein Effektivzinssatz von 3,249%. Dieser ist in Tabelle 6-12 derjenige Zinssatz, welcher den Buchwert in Spalte (7) am 31.12.X5 exakt auf 0 reduziert.

Tabelle 6-12 *Praxisbeispiel Mitarbeiterdarlehen: Fair Value zum 01.01.X1 und fortgeführte AK*

	(1)	(2)	(3)	(4) = (3) / [1+(2)]^(1)	(5)	(6) = (5) · 3,249%	(7) = (5) + (6) ./. (3)
Jahr	Zeit-index	Zero-Zinssatz	Tilgung 31.12.	Barwert Tilgung	Buchwert 01.01.	Effektiv-zinsertrag	Buchwert 31.12.
X1	1	3,0%	2.000 T€	1.941,75 T€	9.094,68 T€	295,48 T€	7.390,16 T€
X2	2	3,2%	2.000 T€	1.877,89 T€	7.390,16 T€	240,10 T€	5.630,26 T€
X3	3	3,3%	2.000 T€	1.814,38 T€	5.630,26 T€	182,92 T€	3.813,18 T€
X4	4	3,5%	2.000 T€	1.742,88 T€	3.813,18 T€	123,89 T€	1.937,07 T€
X5	5	3,7%	2.000 T€	1.667,77 T€	1.937,07 T€	62,93 T€	0,00 T€
Σ			10.000 T€	9.044,68 T€		905,32 T€	

Bilanzierung Q1-Q3 X1

In der Folge entsteht ein Zinsertrag, der erfolgswirksam im Zinsergebnis (ZE) zu vereinnahmen ist. Für die Quartalsabschlüsse zum 31.03., 30.06. und 30.09. müssen die zeitanteiligen Beträge erfasst werden. Im Jahr X1 entfällt auf jede Periode ein Betrag von 73,87 T€ (295,48 T€ · 90 Tage / 360 Tage). Da das Darlehen zinslos ist, wird jeweils ausschließlich eine Fortschreibung des Buchwerts vorgenommen:

3x.0x.X1	MA-Darlehen LaR (B)	73,87 T€	Zinsertrag LaR (ZE)	73,87 T€

Bilanzierung Q4 X1

Am 31.12.X1 geht die erste Tilgungszahlung ein:

31.12.X1	MA-Darlehen LaR (B)	73,87 T€	Zinsertrag LaR (ZE)	73,87 T€
	Kasse LaR (B)	2.000,00 T€	MA-Darlehen LaR (B)	2.000,00 T€

Angaben JA X1

C berücksichtigt für den Jahresabschluss X1 den Buchwert des Darlehens von 7.390,16 T€ und der Zahlungsmittel für die Buchwertangaben der Bewertungskategorie LaR. Die Zinserträge von 295,48 T€ gehen in das offen zu legende Nettoergebnis der Bewertungskategorie LaR und in die zu publizierenden Gesamtzinserträge ein.

– Fair-Value-Bestimmung

Überdies müssen die Posten bei den Angaben der Fair Values nach Klassen beachtet werden. Den beizulegenden Zeitwert des Darlehens bestimmt C über den Barwert der Tilgungszahlungen auf Basis der aktuellen risikolosen Nullkupon-Zinsstruktur; er beläuft sich auf 7.339,02 T€:

$$\frac{2.000\,\text{T€}}{(1+3{,}1\%)^1} + \frac{2.000\,\text{T€}}{(1+3{,}35\%)^2} + \frac{2.000\,\text{T€}}{(1+3{,}5\%)^3} + \frac{2.000\,\text{T€}}{(1+3{,}8\%)^4} = 7.339{,}02\,\text{T€}$$

In den Jahren X2 bis X5 ergeben sich entsprechende Buchungen. Wie erwartet treten keine Hinweise auf Wertminderungen auf.

6.4 Gehaltene Wertpapiere und Unternehmensanteile

6.4.1 Posten

Unter den gehaltenen Wertpapieren und Unternehmensanteilen werden bei Nicht-Banken insbesondere die folgenden, im Anwendungsbereich von IAS 39 und IFRS 7 befindlichen Posten gefasst: [1002]

- fest- oder variabel verzinsliche Wertpapiere (z.B. Industrie- oder Staatsanleihen);
- Anteile anderer Unternehmen (z.B. in Form von Aktien), für die kein maßgeblicher Einfluss (Beteiligungsquote < 20%) besteht;
- auf Grund von Unwesentlichkeit oder Einflussbeschränkungen nach IAS 39 bilanzierte Anteile an Tochter- und Gemeinschaftsunternehmen.

Die genannten Posten können dabei grundsätzlich börsennotiert oder nicht-börsennotiert sein. Börsennotiert bedeutet dabei, dass notierte Marktpreise auf einem aktiven Markt für den (identischen) Vermögenswert vorliegen (Fair-Value-Hierarchiestufe 1 ▶ 3.8.2.4), was bei nicht-börsennotierten Vermögenswerten nicht der Fall ist.

6.4.2 Kategorisierung

Gehaltene Wertpapiere werden von Nicht-Banken mehrheitlich der Bewertungskategorie AfS zugeordnet.[1003] Vor allem für kurzfristige Posten kommt auch eine Einstufung als FAFVPL (FAHfT) in Frage;[1004] für Nicht-Banken dürfte die Anwendung der Fair-Value-Option auf Wertpapiere und Unter-

---

[1002] Siehe zum Anwendungsbereich von Unternehmensanteilen und Beteiligungen Abschnitt 3.3.6.1.
[1003] Vgl. dazu etwa die GB 2006 von ADIDAS (S. 153), ALTANA (S. 123), BASF (S. 110), DEUTSCHE LUFTHANSA (S. 143), RWE (S. 154) und den GB 2005/2006 von THYSSENKRUPP (S. 137).
[1004] Dies ist etwa bei BASF der Fall, vgl. GB 2006, S. 110. ADIDAS ordnet Finanzanlagen der Bewertungskategorie FAFVPL zu, vgl. GB 2006, S. 157.

6 Herkömmliche Bilanzierung und Offenlegung einzelner Sachverhalte

nehmensanteile äußerst selten sein. Für eine Zuordnung zur Bewertungskategorie HtM lassen sich zwar Beispiele finden, der Umfang der Nutzung hält sich allerdings in Grenzen.[1005]

Auch Unternehmensanteile bzw. Beteiligungen werden von Nicht-Banken vorwiegend als AfS kategorisiert;[1006] teilweise ordnet man der Bewertungskategorie ebenso die zu Anschaffungskosten bilanzierten Posten zu.[1007] Eine Einstufung als LaR und HtM scheidet aus, da mit Anteilen und Beteiligungen keine festen oder bestimmbaren Zahlungen verbunden sind. Darüber hinaus sollte nur in seltenen Fällen eine Handelsabsicht bestehen, womit eine Kategorisierung als FAHfT überwiegend genauso wenig eine Option ist. Anwendungsfälle für die Fair-Value-Option müssen gleichermaßen als praxisfern eingestuft werden.

6.4.3 Ansatz und Ausweis

Wie alle Finanzinstrumente sind Wertpapiere und Unternehmensanteile generell zum Zeitpunkt des Kontraktabschlusses anzusetzen (▶ 3.5.2). Insbesondere bei börsengehandelten Posten liegt ggf. ein marktüblicher Vertrag vor, d.h. es besteht ein Wahlrecht zur Erfassung zum Handels- oder zum Erfüllungstag (▶ 3.5.4). Verpflichtungen zur Saldierung mit finanziellen Verbindlichkeiten werden sich in der Regel nicht ergeben.

6.4.4 Erstbewertung

Zur Erstbewertung börsennotierter Posten ist der auf dem jeweiligen Hauptmarkt bzw. vorteilhaftesten Markt (▶ 3.8.2.1) festgestellte Börsenkurs zum Transaktions- bzw. Handelstag maßgeblich. Dies gilt auch, wenn die Anteile gar nicht über die Börse, sondern direkt von einem Unternehmen bezogen werden bzw. der Erwerb nicht auf dem Hauptmarkt (bzw. dem vorteilhaftesten Markt) erfolgt (▶ 3.9.1); aus einer etwaigen Abweichung zwischen Transaktionspreis und Börsenkurs resultiert dann ein Day 1 Profit/Loss, der im Normalfall GuV-wirksam zu erfassen ist (▶ 3.9.2).

[1005] Vgl. etwa den GB 2006 von BASF, S. 110, die darunter keine Posten mit wesentlicher Bedeutung fasst. Vgl. ferner den GB 2006 von MAN, S. 146, in dem der Konzern angibt, dass er auf die HtM-Bewertungskategorie nur in Einzelfällen zurückgreift.

[1006] Vgl. z.B. die GB 2006 von ALTANA, S. 143; VOLKSWAGEN, S. 133; BASF, S. 110. Vgl. dazu auch FREIBERG (2006a), S. 12.

[1007] Vgl. bspw. die GB 2006 von ALTANA, S. 143 und DEUTSCHE TELEKOM, S. 156f., welche beide die Unterkategorien AfSC verwenden.

6.4 Gehaltene Wertpapiere und Unternehmensanteile

Bei Erfassung zum Erfüllungstag hat man den zu diesem Zeitpunkt gültigen Börsenkurs heranzuziehen, sodass ggf. ebenso ein Einbuchungsgewinn oder -verlust entsteht (Praxisbeispiel ▶ 6.4.10.2).

Für die Erstbewertung nicht-börsennotierter Posten gilt in der Regel der vereinbarte Transaktionspreis als Fair Value, es sei denn,

- über den Vergleich mit anderen aktuellen Markttransaktionen desselben Finanzinstruments oder durch den Einsatz einer Bewertungstechnik mit Marktdaten wird ein davon abweichender beizulegender Zeitwert nachgewiesen;[1008]

- es besteht auf Grund der spezifischen Faktoren sowie unter Berücksichtigung der Beispielsachverhalte in IFRS 13.B4 die Vermutung, dass der beizulegende Zeitwert und der Transaktionspreis voneinander abweichen, was sich bei der Bestimmung des beizulegenden Zeitwerts gemäß den Vorgaben in IFRS 13 bestätigt.

Sofern einer der Ausnahmetatbestände zutrifft, muss der alternativ nachgewiesene bzw. gemäß IFRS 13 errechnete beizulegende Zeitwert zur Erstbewertung herangezogen werden. Dies ist mit einem Day 1 Profit/Loss verbunden, den man (bei Anwendung von IFRS 13 in Abhängigkeit der Hierarchiestufe der Fair-Value-Bewertung) entweder GuV-wirksam oder als Abgrenzungsposten zu erfassen hat (▶ 3.9.2).

Wird das Instrument als AfS oder HtM eingestuft, erhöhen etwaige Transaktionskosten den Fair Value. Bei der Kategorisierung als FAFVPL sind Transaktionskosten hingegen sofort erfolgswirksam zu erfassen (▶ 3.9.5). In Fremdwährung notierte Posten müssen zum am jeweiligen Tag des Geschäftsvorfalls gültigen Kassawechselkurs in die funktionale Währung transferiert werden (▶ 3.12.2).[1009]

6.4.5 Folgebewertung

6.4.5.1 Bewertungskategorie AfS

Der Bewertungskategorie AfS zugeordnete Wertpapiere und Unternehmensanteile werden in der Folge ebenfalls zum beizulegenden Zeitwert bewertet – außer es handelt sich um nicht-börsennotierte Eigenkapitalinstrumente, deren Fair Values sich nicht verlässlich über Bewertungstechniken ermitteln lassen (▶ 3.8.2.5) und die das Unternehmen demzufolge ersatzweise zu Anschaffungskosten (Unterkategorie AfSC) zu bilanzieren hat.

AfSFV

[1008] Der entsprechende Passus in IAS 39.AG76 wird über IFRS 13 gelöscht.
[1009] Zur Umrechnung von Vermögenswerten wird in der Literatur der Rückgriff auf Briefkurse nahegelegt; man kann allerdings auch Mittelkurse verwenden.

Herkömmliche Bilanzierung und Offenlegung einzelner Sachverhalte

Auf Fair-Value-Änderungen zurückzuführende Gewinne oder Verluste sind erfolgsneutral im Eigenkapital (OCI) zu erfassen. Normalerweise erfolgt erst beim Abgang eine Umbuchung der Beträge in die GuV, wobei der Posten unmittelbar vor dem Abgang noch einer letzten Folgebewertung mit Buchung der Wertänderungen im OCI zu unterziehen ist.[1010] Ein vorzeitiger Transfer in die GuV kommt nur in Frage, wenn Wertminderungen festgestellt werden.

Dividendenzahlungen (▶ 3.14.4) sind auch bei AfS-Eigenkapitalinstrumenten GuV-wirksam zu erfassen. Mit der Ausschüttung verringert sich der beizulegende Zeitwert des Postens entsprechend. Im Fall von AfSFV-Eigenkapitalinstrumenten entsteht somit ein kompensierender Effekt über mehrere Rechenwerke (GuV-wirksamer Ertrag aus dem Erhalt der Dividende; Aufwand aus der Zeitwertanpassung im OCI).[1011]

Bei AfSFV-Zinsinstrumenten ist zudem zu beachten, dass jeweils nur die Differenz zwischen dem beizulegenden Zeitwert und den fortgeführten Anschaffungskosten periodisch im Eigenkapital erfasst wird, denn die Zinserträge sind unter Heranziehung der Effektivzinsmethode periodisch über die GuV zu vereinnahmen (Praxisbeispiel ▶ 6.4.10.2).

Ob objektive Hinweise auf eine Wertminderung vorliegen, muss zu jedem Abschlussstichtag überprüft werden (▶ 3.11.3). Bestehen diese, hat das Unternehmen die im OCI gespeicherten Verluste in die GuV zu überführen (▶ 3.11.4.3). Für gehaltene AfSFV-Eigenkapitalinstrumente ist eine erfolgswirksame Wertaufholung verboten; Schuldinstrumente hingegen müssen nach einem Fair-Value-Anstieg ergebniswirksam zugeschrieben werden. Nach der Vornahme einer Wertberichtigung vereinnahmte Zinserträge sind durch Barwertfortschreibung des Restbuchwerts (Unwinding ▶ 3.11.6) zu ermitteln.

Bei fest- oder variabel verzinslichen AfSFV-Wertpapieren in Fremdwährung handelt es sich um monetäre Posten; diese werden in der Folge stets erfolgswirksam zum am jeweiligen Stichtag bzw. am Transaktionstag gültigen Kassawechselkurs umgerechnet (▶ 3.12.3.3).

Wertpapiere und Unternehmensanteile in Fremdwährung mit Eigenkapitalcharakter sind hingegen nicht-monetäre Posten. Bei zum Fair Value bewerteten Posten ist zur Umrechnung der am Tag der Wertermittlung gültige Kurs (d.h. üblicherweise der Kassawechselkurs zum Stichtag) zu berücksichtigen (▶ 3.12.3.4). Umrechnungsdifferenzen hat man im OCI zu erfassen.

[1010] Eine Neubewertung unmittelbar vor der Ausbuchung wird auch für notwendig erachtet, um die bei den Angaben zu den Nettoergebnissen geforderten AfS-Eigenkapitalveränderungen (siehe dazu Abschnitt 3.14.6) bereitstellen zu können, vgl. IDW (2009a), Rz. 29.

[1011] Vgl. dazu DELOITTE LLP (2011b), S. 289; PwC (2011a), S. 9014f. (9.35).

Nicht-börsennotierte Eigenkapitalinstrumente, für die eine Zeitwertbestimmung nicht verlässlich möglich ist, müssen zu Anschaffungskosten bilanziert werden. Auch für derartige Posten ist zu jedem Abschlussstichtag zu überprüfen, ob objektive Hinweise auf eine Wertminderung hindeuten (▶ 3.11.3). Der Wertminderungsbetrag bestimmt sich über die Differenz aus Buchwert und Barwert der geschätzten künftigen Cashflows, wobei Letztere mit der aktuellen Marktrendite eines vergleichbaren finanziellen Vermögenswerts abzuzinsen sind (▶ 3.11.4.4). Für zu Anschaffungskosten bewertete finanzielle Vermögenswerte besteht ein Wertaufholungsverbot.

AfSC

Eigenkapitalinstrumente haben stets nicht-monetären Charakter. Werden diese zu historischen Anschaffungskosten bewertet, müssen sie zum bei Einbuchung gegebenen Wechselkurs umgerechnet werden; es können sich demnach keine Umrechnungsdifferenzen ergeben (▶ 3.12.3.4).

6.4.5.2 Bewertungskategorie HtM

Wertpapiere, die das Unternehmen der Bewertungskategorie HtM zuordnet, sind in der Folge grundsätzlich zu fortgeführten Anschaffungskosten unter Heranziehung der Effektivzinsmethode zu bewerten (Praxisbeispiel ▶ 6.4.10.1). Bei Änderungen hinsichtlich der künftigen Cashflows müssen Buchwertanpassungen vorgenommen werden (▶ 3.8.3.3).

Gleichfalls ist zu jedem Abschlussstichtag zu prüfen, ob objektive Hinweise auf eine Wertminderung vorliegen (▶ 3.11.3). Der mögliche Abschreibungsbetrag bestimmt sich über die Differenz aus dem Buchwert und dem Barwert der geschätzten künftigen Cashflows, wobei man Letztere mit dem ursprünglichen Effektivzinssatz abzuzinsen hat (▶ 3.11.4.2).[1012] Bei einer in der Folge auftretenden Verringerung der Wertminderung muss diese erfolgswirksam rückgängig gemacht werden. Zudem ist zu beachten, dass der nach der Wertberichtigung vereinnahmte Zinsertrag durch Barwertfortschreibung des Restbuchwerts (Unwinding ▶ 3.11.6) ermittelt wird.

HtM-Wertpapiere in Fremdwährung sind monetäre Posten, die in der Folge stets erfolgswirksam zum am jeweiligen Stichtag bzw. am Transaktionstag gültigen Kassawechselkurs umgerechnet werden (▶ 3.12.3.3).

6.4.5.3 Bewertungskategorie FAFVPL

Als FAFVPL eingestufte Wertpapiere und Unternehmensanteile werden zu den Abschlussstichtagen sowie beim Abgang erfolgswirksam zum beizulegenden Zeitwert bewertet. Eine Prüfung auf Wertminderungen erübrigt sich damit.

[1012] Die Erfassung der Wertminderung wird in der Regel direkt vorgenommen.

6 Herkömmliche Bilanzierung und Offenlegung einzelner Sachverhalte

Sowohl monetäre als auch nicht-monetäre Wertpapiere und Unternehmensanteile in Fremdwährung, die der Bewertungskategorie FAFVPL zugeordnet werden, sind erfolgswirksam zum Kassawechselkurs umzurechnen (▶ 3.12.3.3; 3.12.3.4).

6.4.6 Vorgaben zur Zeitwertbestimmung

6.4.6.1 Börsennotierte Posten

Der zur Erstbewertung und ggf. zur Folgebewertung heranzuziehende beizulegende Zeitwert bestimmt sich bei auf aktiven Märkten gehandelten Wertpapieren und Unternehmensanteilen (Fair-Value-Hierarchiestufe 1) über den Börsenkurs.[1013] Es ist grundsätzlich auf Schlusskurse am Bewertungstag bzw. Abschlussstichtag abzustellen (▶ 3.8.2.1).[1014] Bei geschlossenen Börsen kann auch der Kurs des letzten Börsenhandelstags zur Zeitwertbestimmung herangezogen werden. Für eine Anzahl identischer Posten ermittelt sich der gesamte Fair Value durch Multiplikation des notierten Einzelpreises mit der gehaltenen Menge; handelsspezifische Preisanpassungen (Blockage Factors, Paketzuschläge bzw. -abschläge) sind in der Regel nicht zu berücksichtigen (▶ 3.8.2.3).

6.4.6.2 Nicht-börsennotierte Posten

Bei nicht-börsennotierten Wertpapieren und Unternehmensanteilen hat man den ggf. zur Erst- als auch zur Folgebewertung benötigten beizulegenden Zeitwert entsprechend der Bewertungshierarchie von IFRS 13 bzw. IFRS 7/IAS 39 entweder direkt oder indirekt über eine Bewertungstechnik zu bestimmen.[1015] Insbesondere kommen dabei Barwertmodelle (Diskontierung erwarteter Cashflows mit aktuellen Marktzinssätzen) zum Einsatz. Auch kann der beizulegende Zeitwert über vergleichbare Transaktionen oder Kursnotierungen abgeleitet werden.

Sofern für den zu bewertenden Posten Preisnotierungen in Form von Geld- und Briefkursen vorliegen, ist vor Anwendung von IFRS 13 für zu erwerbende finanzielle Vermögenswerte (d.h. zur Erstbewertung) der Briefkurs sowie für bereits gehaltene und ggf. zu veräußernde Posten (d.h. zur Folge-

---

[1013] Siehe zum Begriff des aktiven Markts Abschnitt 3.8.2.3 sowie zur vorherrschenden Bewertungshierarchie Abschnitt 3.8.2.4.

[1014] Dies ist bereits über IAS 39.AG71 kodifiziert, der über IFRS 13 gelöscht wird. Vgl. zu Verwendung von Schlusskursen auch PwC (2011a), S. 9046 (9.82); FREIBERG (2011a), S. 295.

[1015] Siehe zu den Bewertungstechniken, zu den dafür verwendeten Input-Daten sowie zur Bewertungshierarchie die Abschnitte 3.8.2.2-3.8.2.4.

Gehaltene Wertpapiere und Unternehmensanteile | **6.4**

bewertung) der Geldkurs heranzuziehen; die Verwendung eines Mittelwerts von Geld- und Briefkurs wird untersagt. Zur Erstbewertung von erfolgswirksam zum beizulegenden Zeitwert bewerteten finanziellen Vermögenswerten kommt der Geldkurs zum Tragen. IFRS 13 enthält keine entsprechenden Vorgaben; es muss lediglich derjenige Preis innerhalb der Geld/Brief-Spanne gewählt werden, der für die Fair-Value-Bewertung am repräsentativsten ist (▶ 3.8.2.3).

6.4.7 Bilanzierung bei Umwidmungen

Umwidmungen von Bewertungskategorien sind nach IAS 39 eingeschränkt zulässig (▶ 3.7.2). Für Nicht-Banken sollten sich diese – wenn überhaupt – nur im Zusammenhang mit Wertpapieren oder Unternehmensanteilen ergeben.

Eine Neuzuordnung aus der Bewertungskategorie FAFVPL in die Bewertungskategorie LaR, HtM oder AfSFV (▶ 3.7.2.2) ist zum beizulegenden Zeitwert zum Umwidmungszeitpunkt vorzunehmen, der sodann die neuen (fortgeführten) Anschaffungskosten darstellt.[1016] Bis zum Umwidmungszeitpunkt GuV-wirksam erfasste Aufwendungen und Erträge können nicht rückgängig gemacht werden (IAS 39.50F, 50C). Erfolgswirksam zu erfassen sind auch die bis zum Umwidmungszeitpunkt noch nicht gebuchten Wertänderungen der Posten.[1017] Werden die künftigen Cashflows nach der Neuzuordnung auf Grund gestiegener Rückflusserwartungen höher geschätzt, ist dies gemäß IAS 39.AG8 ab dem Zeitpunkt der Schätzungsänderung durch eine Korrektur des Effektivzinssatzes zu berücksichtigen, d.h. es erfolgt keine Buchwertanpassung.[1018]

Umwidmung aus FAFVPL in LaR, HtM, AfSFV

Bei einer Umwidmung aus der Bewertungskategorie HtM in die Bewertungskategorie AfSFV (▶ 3.7.2.3) stellt ebenfalls der Fair Value zum Umwidmungszeitpunkt den AfS-Erstbuchwert dar. Eine Differenz zwischen dem beizulegenden Zeitwert und den zum Umwidmungszeitpunkt beste-

Umwidmung aus HtM in AfSFV

[1016] DELOITTE LLP (2011b), S. 336 zufolge ist im Rahmen der Wertminderungsprüfung nach einer Umwidmung in die Bewertungskategorie AfSFV ein wesentlicher Wertrückgang (siehe dazu Abschnitt 3.11.3) durch Vergleich des beizulegenden Zeitwerts zum Abschlussstichtag mit dem Fair Value zum Zeitpunkt der Neueinstufung zu eruieren. Letzteres Datum und der dabei vorherrschende beizulegende Zeitwert sollen auch als Ausgangsbasis für die Frage dienen, ob ein dauerhafter Wertrückgang vorliegt oder nicht.
[1017] Vgl. IDW (2009c), Rz. 16.
[1018] Vgl. dazu auch IDW (2009c), Rz. 33; DELOITTE LLP (2011b), S. 311. Eine Verringerung der geschätzten Cashflows führt hingegen zu einer Buchwertanpassung, vgl. IDW (2009c), Rz. 35. Siehe zur Buchwertanpassung weiterführend Abschnitt 3.8.3.3.

Umwidmung aus AfSFV in LaR, HtM

henden fortgeführten Anschaffungskosten ist erfolgsneutral im OCI zu erfassen (IAS 39.51; Praxisbeispiel ▶ 6.4.10.1).

Auch im Fall einer Neuzuordnung aus der Bewertungskategorie AfSFV in die Bewertungskategorie LaR oder HtM (▶ 3.7.2.4) wird der zum Zeitpunkt der Umwidmung auf Basis des beizulegenden Zeitwerts angesetzte Buchwert zu den neuen fortgeführten Anschaffungskosten (IAS 39.50F, 54). Jegliche Differenz zwischen den neuen fortgeführten Anschaffungskosten und dem bei Rückzahlung fälligen Betrag ist analog zur Verteilung von Agien oder Disagien mittels der Effektivzinsmethode (▶ 3.8.3.2) über die Restlaufzeit aufzulösen (IAS 39.54).[1019] Ferner muss bei der Neuzuordnung aus der Bewertungskategorie AfSFV in die Bewertungskategorie LaR beachtet werden, dass nach der Umwidmung höhere geschätzte Cashflows gemäß IAS 39.AG8 wiederum zu einer Korrektur des Effektivzinssatzes und nicht zu einer Buchwertanpassung führen (siehe oben).

Wie im OCI gespeicherte Gewinne und Verluste nach der Umwidmung zu behandeln sind, hängt davon ab, ob der neu eingestufte finanzielle Vermögenswert eine feste Laufzeit hat oder nicht (IAS 39.54, 50F):[1020]

- Bei fester Laufzeit, was bei einer Umwidmung aus der Bewertungskategorie AfS in die Bewertungskategorie HtM auf Grund der HtM-Zuordnungskriterien (▶ 3.4.3.2) stets gegeben sein muss, hat man den im OCI erfassten Betrag effektivzinsmäßig über die Restlaufzeit des Postens aufzulösen. Die Vorgehensweise wird im Beispiel in Abschnitt 6.4.10.2 verdeutlicht.

- Ist der finanzielle Vermögenswert hingegen mit keiner festen Laufzeit verbunden, so muss der Gewinn oder Verlust solange im OCI belassen werden, bis das Unternehmen den Posten ausbucht.

Liegt für den finanziellen Vermögenswert eine Wertminderung vor, besteht in beiden Fällen entsprechend IAS 39.67 (▶ 3.11.4.3) die Verpflichtung zur Umbuchung des im OCI gespeicherten Betrags in die GuV.

Umwidmung aus AfSC in AfSFV

Bei einer Neuzuordnung von der Bewertungskategorie AfSC in die Bewertungskategorie AfSFV (▶ 3.7.2.4) bildet auch der zum Umwidmungszeitpunkt vorherrschende beizulegende Zeitwert den AfSFV-Erstbuchwert. Eine Differenz zu den Anschaffungskosten, zu denen der Posten bislang bewertet wurde, ist erfolgsneutral im OCI zu berücksichtigen (IAS 39.53; Praxisbeispiel ▶ 6.4.10.4).

[1019] Für Umwidmungen aus der Bewertungskategorie AfSFV in die Bewertungskategorie LaR geht dies aus IAS 39.54 nicht unmittelbar hervor, ergibt sich allerdings aus der LaR-Folgebewertungsvorschrift in IAS 39.46. Vgl. dazu auch IDW (2009c), Rz. 30.

[1020] Vgl. hierzu und folgend auch LÜDENBACH/FREIBERG (2008a), S. 388.

Gehaltene Wertpapiere und Unternehmensanteile

Wird eine Umwidmung eines Eigenkapitalinstruments oder eines damit verbundenen Derivats aus der Bewertungskategorie FAFVPL oder AfSFV in die Bewertungskategorie AfSC vorgenommen (▶ 3.7.2.2, 3.7.2.4), stellt gemäß IAS 39.54 der zum Umwidmungszeitpunkt vorherrschende Buchwert (der dem letztmalig zuverlässig bestimmbaren Fair Value entspricht) die neuen Anschaffungskosten bzw. den AfSC-Erstbuchwert dar. Bei Neueinstufungen aus der Bewertungskategorie AfSFV erfolgt die Behandlung der im OCI erfassten Gewinne oder Verluste analog zu Umwidmungen in die Bewertungskategorie LaR oder HtM in Abhängigkeit von der Laufzeit (siehe oben). Da Eigenkapitalinstrumente in der Regel keine festen Laufzeiten haben, müssen die Beträge normalerweise erst bei Ausbuchung der Posten in die GuV umgebucht werden.

Umwidmung aus FAFVPL, AfSFV in AfSC

6.4.8 Ausbuchung

Die Ausbuchung finanzieller Vermögenswerte muss im Allgemeinen erfolgen, wenn die vertraglichen Rechte auf Cashflows auslaufen oder der Posten übertragen wird und die Übertragung die Ausbuchungskriterien des IAS 39.20 erfüllt (▶ 3.13.1). Bei Wertpapieren mit fester Laufzeit sind beide Ausbuchungsgründe denkbar; das Instrument ist entweder bei Endfälligkeit oder beim vorzeitigen Verkauf aus der Bilanz zu entfernen. Für nach IAS 39 bilanzierte Beteiligungen sowie für Anteile an Tochter- und Gemeinschaftsunternehmen sind Übertragungen ursächlich für eine Ausbuchung. Diese führen in der Regel zu einem vollständigen oder teilweisen Abgang des Postens.

6.4.9 Angabepflichten

Neben den Anforderungen, die sich in Verbindung mit etwaigen Wertminderungen (▶ 3.11.4.1), Umwidmungen (▶ 3.7.3) und der Bereitstellung der Buchwerte nach Bewertungskategorien (▶ 3.4.4.1) ergeben, sollten für Nicht-Banken insbesondere die Fair-Value-Angaben (▶ 3.4.4.2) relevant sein. Da die meisten Wertpapiere und Unternehmensanteile bereits zum beizulegenden Zeitwert bewertet werden, dürften die nach IFRS 7.25 offen zu legenden Beträge allerdings mehrheitlich bereits vorliegen. Zusätzlich sind die über IFRS 13.93 bzw. IFRS 7.27, 27B verlangten Angaben zur Fair-Value-Bewertung und -Einstufung bereitzustellen (▶ 3.8.2.6). Weitere Anforderungen ergeben sich nach IFRS 7.30 für zu Anschaffungskosten bewertete Eigenkapitalinstrumente (▶ 3.8.4). Darüber hinaus sind im Rahmen der Angaben zu den Nettoergebnissen (▶ 3.14.6) die aus Wertpapieren und Unternehmensanteilen resultierenden Gewinne und Verluste aus Zinsen und Dividenden sowie aus der Erst- und Folgebewertung zu berücksichtigen; bezüglich der AfS-Posten muss dabei der im OCI erfasste und vom OCI in die GuV transferierte Betrag gesondert gezeigt werden. Falls die Zinserträge nach der Effektivzinsmethode bestimmt wurden, müssen sie auch in die anzugebenden Gesamtzinserträge eingehen (▶ 3.14.3).

Weitere Offenlegungspflichten entstehen, sofern das Unternehmen Wertpapiere oder Unternehmensanteile als Sicherheiten stellt (▶ 6.14.5.1); dies dürfte allerdings eher die Ausnahme sein. Gleichfalls eher untypisch für Nicht-Banken ist die Entstehung von Day 1 Profits/Losses (▶ 3.9.2), womit sich in den meisten Fällen auch die damit verbundenen Angaben erübrigen. Im Rahmen der Berichterstattung zu Risiken sollten Anforderungen – wenn überhaupt – nur aus Ausfallrisiken (Kreditqualität, Einzelwertberichtigungsanalysen; ▶ 5.4.2) und aus Marktrisiken (▶ 5.4.4) erwachsen.

6.4.10 Praxisbeispiele

6.4.10.1 Erworbene festverzinsliche Staatsanleihe (HtM)

Unternehmen D kauft am 14.01.X1 eine festverzinsliche Bundesanleihe im Nominalvolumen von 30 Mio. € zum Kurs von 102,62%. Das Wertpapier hat einen Kupon von 5,25% p.a. und eine Restlaufzeit bis zum 04.07.X5; die Zinszahlungen erfolgen jährlich und nachschüssig jeweils zum 04.07. (Zählweise act/act). Für den Kauf berechnet die Bank von D 0,575% des Nennwerts an Gebühren. Die vom 04.07.X0 bis zum 13.01.X1 aufgelaufenen Zinsen werden beim Kauf eingezogen.

D beabsichtigt, das Wertpapier bis zur Endfälligkeit zu halten; es ordnet dieses der Bewertungskategorie HtM zu. Derartige marktübliche Käufe werden von D einheitlich zum Handelstag bilanziert.

Einbuchung 14.01.X1

Der zur Erstbewertung heranzuziehende Fair Value entspricht dem Kurswert zum 14.01.X1 multipliziert mit dem erworbenen Nominalwert: 30.000 T€ · 102,62% = 30.786 T€. Die Gebühren von 172,50 T€ (30.000 T€ · 0,575%) stellen Transaktionskosten dar und erhöhen den Aktivposten. Somit ergibt sich ein Erstbuchwert von 30.958,50 T€, der zusammen mit den entsprechenden Auszahlungen erfasst wird (B = Bilanz):

| 14.01.X1 | Wertpapier HtM (B) | 30.958,50 T€ | Kasse LaR (B) | 30.958,50 T€ |

Die bis zum Kauf aufgelaufenen Zinsen von 837,12 T€ (30.000 T€ · 5,25% · 194 Tage / 365 Tage) werden folgendermaßen gebucht:[1021]

| 14.01.X1 | Zinsforderung LaR (B) | 837,12 T€ | Kasse LaR (B) | 837,12 T€ |

[1021] Auf eine Abzinsung der zum 04.07.X1 fälligen Zinszahlung wird verzichtet.

6.4 Gehaltene Wertpapiere und Unternehmensanteile

Unter Zugrundelegung des Erstbuchwerts (Fair Value zuzüglich Transaktionskosten), des Nominalvolumens, des Kuponzinssatzes und der Restlaufzeit bestimmt sich ein Effektivzinssatz von 4,447%. Dies ist in Tabelle 6-13 derjenige Zinssatz, der den Buchwert in Spalte (5) zum 03.07.X5 exakt auf 30.000 T€ fortschreibt. In einem Tabellenkalkulationsprogramm lässt sich der Effektivzinssatz über eine Iterationsfunktion bzw. Zielwertsuche ermitteln.

Praxisbeispiel Staatsanleihe: Fortgeführte Anschaffungskosten   *Tabelle 6-13*

Zeitraum	(1) Tage	(2) Buchwert Anfang	(3) = a Effektivzinsertrag	(4) = b Nominalzinszahlung	(5) = (2) + (3) ./. (4) Buchwert Ende	(6) = (5) ./. (2) Δ Buchwert
14.01.X1-03.07.X1	171	30.958,50 T€	645,01 T€	737,88 T€	30.865,64 T€	-92,87 T€
04.07.X1-03.07.X2	365	30.865,64 T€	1.372,65 T€	1.575,00 T€	30.663,29 T€	-202,35 T€
04.07.X2-03.07.X3	365	30.663,29 T€	1.363,65 T€	1.575,00 T€	30.451,94 T€	-211,35 T€
04.07.X3-03.07.X4	366	30.451,94 T€	1.357,96 T€	1.579,32 T€	30.230,59 T€	-221,36 T€
04.07.X4-03.07.X5	365	30.230,59 T€	1.344,41 T€	1.575,00 T€	30.000,00 T€	-230,59 T€
Σ			6.083,68 T€	7.042,20 T€		-958,52 T€

a Spalte (2) · 4,447% · Spalte (1) / 365   b 30 Mio. € · 5,25% · Spalte (1) / 365

Für den Quartalsabschluss zum 31.03.X1 muss der zeitanteilige effektive Zinsertrag von 290,44 T€ (645,01 T€ · 77 Tage / 171 Tage) im Zinsergebnis (ZE) vereinnahmt werden. Da die Nominalzinszahlung erst zum 04.07.X1 erfolgt, ist eine Zinsforderung von 332,26 T€ (737,88 T€ · 77 Tage / 171 Tage) zu erfassen. Die Differenz zwischen dem effektiven Zinsertrag und der Nominalzinsforderung von 41,82 T€ stellt die Buchwertreduktion des Wertpapiers dar:

Bilanzierung Q1 X1

| 31.03.X1 | Zinsforderung LaR (B) | 332,26 T€ | Zinsertrag HtM (ZE) | 290,44 T€ |
| | | | Wertpapier HtM (B) | 41,82 T€ |

Analog ist für den Quartalsabschluss zum 30.06.X1 zu verfahren. Es ergibt sich ein zeitanteiliger effektiver Zinsertrag von 343,25 T€ (645,01 T€ · 91 Tage / 171 Tage) und eine Nominalzinsforderung von 392,67 T€ (737,88 T€ · 91 Tage / 171 Tage). Gleichfalls reduziert die Differenz der beiden Werte von 49,42 T€ den Buchwert des Wertpapiers:

Bilanzierung Q2 X1

| 30.06.X1 | Zinsforderung LaR (B) | 392,67 T€ | Zinsertrag HtM (ZE) | 343,25 T€ |
| | | | Wertpapier HtM (B) | 49,42 T€ |

Im 3. Quartal X1 wird zunächst der auf den Zeitraum von 01.07.X1 bis 03.07.X1 entfallende effektive Zinsertrag von 11,32 T€ (645,01 T€ · 3 Tage / 171 Tage) erfasst. Zudem ist für die bis zur Nominalzinszahlung am 04.07.X1 aufgelaufenen Zinsen eine Zinsforderung von 12,95 T€ (737,88 T€ · 3 Tage /

Bilanzierung Q3 X1

171 Tage) zu buchen. Die Differenz von 1,63 T€ verringert wiederum den Buchwert des Wertpapiers:

04.07.X1	Zinsforderung LaR (B)	12,95 T€	Zinsertrag HtM (ZE)	11,32 T€
			Wertpapier HtM (B)	1,63 T€

– Zinszahlung 04.07.X1

Am 04.07.X1 geht bei D die Nominalzinszahlung für den Zeitraum vom 04.07.X0 bis zum 03.07.X1 ein. Dies führt zur Auflösung der 4 gebildeten Zinsforderungen:

04.07.X1	Kasse LaR (B)	1.575,00 T€	Zinsforderung LaR (B)	1.575,00 T€

Zum 30.09.X1 wird noch der den Zeitraum vom 04.07.X1 bis zum 30.09.X1 betreffende Effektivzinsertrag von 334,70 T€ (1.372,65 T€ · 89 Tage / 365 Tage) erfasst. Darüber hinaus muss für diesen Zeitraum auch eine Zinsforderung von 384,04 T€ (1.575,00 T€ · 89 Tage / 365 Tage) gebucht werden. Die Differenz zwischen effektivem Zinsertrag und Zinsforderung von 49,34 T€ entspricht erneut der Buchwertreduktion des Wertpapiers:

30.09.X1	Zinsforderung LaR (B)	384,04 T€	Zinsertrag HtM (ZE)	334,70 T€
			Wertpapier HtM (B)	49,34 T€

Bilanzierung Q4 X1

Im 4. Quartal wird in gleicher Weise verfahren. Es entsteht ein zeitanteiliger effektiver Zinsertrag von 345,98 T€ (1.372,65 T€ · 92 Tage / 365 Tage) und eine Nominalzinsforderung von 396,99 T€ (1.575,00 T€ · 92 Tage / 365 Tage):

31.12.X1	Zinsforderung LaR (B)	396,99 T€	Zinsertrag HtM (ZE)	345,98 T€
			Wertpapier HtM (B)	51,01 T€

Angaben JA X1

Zum 31.12.X1 hat das Wertpapier einen Buchwert von 30.958,50 T€ ./. (41,82 T€ + 49,42 T€ + 1,63 T€ + 49,34 T€ + 51,01 T€) = 30.765,28 T€. Dieser wird von D für den Jahresabschluss X1 bei der Buchwertangabe der Bewertungskategorie HtM berücksichtigt. Die Buchwerte der Zinsforderung (384,04 T€ + 396,99 T€ = 781,03 T€) und der Zahlungsmittel gehen in den für die Bewertungskategorie LaR offen zu legenden Gesamtbetrag ein. Zum 31.12.X1 liegt der Kurs der Bundesanleihe bei 101,34%; bei den Fair-Value-Angaben wird demnach für die Bewertungskategorie HtM ein Wert von 30.402 T€ (30.000 T€ · 101,34%) berücksichtigt. Für die Zinsforderung und die Zahlungsmittel entspricht der beizulegende Zeitwert dem Buchwert. In das Nettoergebnis der Bewertungskategorie LaR und die Gesamtzinserträge gehen die Zinserträge (insgesamt 1.325,69 T€) ein.

Bilanzierung Q1 X2

Für den Quartalsabschluss zum 31.03.X2 wird wiederum der effektive Zinsertrag von 338,46 T€ (1.372,65 T€ · 90 Tage / 365 Tage) vereinnahmt und die Nominalzinsforderung von 388,36 T€ (1.575,00 T€ · 90 Tage / 365 Tage) erfasst; die Differenz von 49,90 T€ ergibt die Buchwertreduktion des Wertpapiers:

Gehaltene Wertpapiere und Unternehmensanteile

31.03.X2	Zinsforderung LaR (B)	388,36 T€	Zinsertrag HtM (ZE)	338,46 T€
			Wertpapier HtM (B)	49,90 T€

D beschließt am 01.04.X2, die Bundesanleihe von der Bewertungskategorie HtM in die Bewertungskategorie AfS umzuwidmen, da es diese nicht mehr bis zur Endfälligkeit halten will. Zu diesem Zeitpunkt beträgt der Kurs des Wertpapiers 101,87%, der beizulegende Zeitwert somit 30.561 T€; die fortgeführten Anschaffungskosten belaufen sich auf 30.715,38 T€ (30.765,28 T€ ./. 49,90 T€). Der Fair Value stellt den AfS-Erstbuchwert dar. Die negative Differenz zu den fortgeführten Anschaffungskosten (Verlust) wird erfolgsneutral im OCI erfasst:

Umwidmung 01.04.X2 in AfS

01.04.X2	Wertpapier AfS (B)	30.561,00 T€	Wertpapier HtM (B)	30.715,38 T€
	AfS-Rücklage (OCI)	154,38 T€		

In der Folge bilanziert D die Bundesanleihe entsprechend den für AfS-Finanzinstrumente vorgesehenen Regeln weiter (siehe dazu das folgende Beispiel).

Für den Jahresabschluss X2 ergeben sich generell dieselben Angaben wie für X1, wobei der Buchwert und der Fair Value des Wertpapiers zum 31.12.X2 nun der Bewertungskategorie AfS zugeordnet werden und die Zinserträge statt in das HtM-Nettoergebnis in das Nettoergebnis der Bewertungskategorie AfS eingehen. Ferner sind im AfS-Nettoergebnis die im OCI erfassten Beträge zu berücksichtigen. Zur Umwidmung müssen der aus der Bewertungskategorie HtM entfernte Betrag (30.715,38 T€) und der in die Bewertungskategorie AfS überführte Betrag (30.561 T€) offen gelegt werden. Darüber hinaus ist der Umwidmungsgrund (hier: Absicht zum Halten bis zur Endfälligkeit besteht nicht mehr) zu nennen.

Angaben JA X2

6.4.10.2 Erworbene festverzinsliche Unternehmensanleihe in Fremdwährung (AfS)

Unternehmen E mit funktionaler Währung € erwirbt am 01.11.X1 eine festverzinsliche Anleihe eines US-Unternehmens im Nominalvolumen von 18 Mio. $ zum Kurs von 98,24%. Das Wertpapier ist am 01.01.X3 fällig und hat einen Kupon von 7,5% p.a. Die Zinszahlungen erfolgen halbjährlich zum 01.07. und zum 01.01. (Zählweise act/365). E werden Gebühren von 0,2% vom Nennwert in Rechnung gestellt. Die vom 01.07.X1 bis zum 31.10.X1 aufgelaufenen Zinsen müssen bei Fälligkeit des Kupons an die Bank transferiert werden. E rechnet Finanzinstrumente in Fremdwährung einheitlich zum Mittelkurs um; zum 01.11.X1 beträgt der Wechselkurs 0,685 $/€.

6 Herkömmliche Bilanzierung und Offenlegung einzelner Sachverhalte

Einbuchung Zinsforderung 01.11.X1

Am 01.11.X1 werden zunächst die bis zu diesem Zeitpunkt aufgelaufenen Zinsen von 454,93 T$ (18.000 T$ · 7,5% · 123 Tage / 365 Tage) als Zinsforderung bzw. Verbindlichkeit gegenüber der Bank erfasst. Die Umrechnung erfolgt zu 0,685 $/€; in € ergibt sich folgende Buchung (B = Bilanz):[1022]

01.11.X1	Zinsforderung LaR (B)	664,13 T€	Bankverb. FLAC (B)	664,13 T€

Einbuchung Wertpapier 03.11.X1

Das Wertpapier wird der Bewertungskategorie AfS zugeordnet. Die Erstbewertung erfolgt zum Fair Value. E bilanziert derartige marktübliche Verträge einheitlich zum Erfüllungstag. Für die Unternehmensanleihe ist dies der 03.11.X1; an dem Tag liegt der Kurs des Wertpapiers bei 98,30%, der Wechselkurs beträgt unverändert 0,685 $/€. Es ergibt sich ein Erstbuchwert von 18.000 T$ · (98,30% + 0,2%) = 17.730 T$ (die Gebühren als Transaktionskosten erhöhen den Aktivposten). Auf Grund der Bilanzierung zum Erfüllungstag entsteht beim erstmaligen Ansatz ein (bei AfS-Instrumenten erfolgsneutral zu erfassender) Gewinn von 10,80 T$, denn E muss nur den zum 01.11.X1 vorherrschenden beizulegenden Zeitwert zuzüglich Transaktionskosten von 18.000 T$ · (98,24% + 0,2%) = 17.719,20 T$ entrichten. Die Beträge werden mit dem am Tag des Geschäftsvorfalls gültigen Wechselkurs umgerechnet, der ebenfalls 0,685 $/€ beträgt. In € lauten die Buchungen wie folgt:

03.11.X1	Wertpapier AfS (B)	25.883,21 T€	Kasse LaR (B)	25.867,44 T€
			AfS-Rücklage (OCI)	15,77 T€

Auf Basis des $-Erstbuchwerts (Fair Value zuzüglich Transaktionskosten), des $-Nominalvolumens, des Kuponzinssatzes und der Restlaufzeit bestimmt sich ein Effektivzinssatz von 8,879%. Dies ist in Tabelle 6-14 derjenige Zinssatz, welcher den Buchwert in Spalte (5) zum 31.12.X2 exakt auf 18.000 T$ zuschreibt.

Tabelle 6-14 *Praxisbeispiel Unternehmensanleihe: Fortgeführte Anschaffungskosten*

Zeitraum	(1) Tage	(2) Buchwert Anfang	(3) = a Effektivzinsertrag	(4) = b Nominalzinszahlung	(5) = (2) + (3) ./. (4) Buchwert Ende	(6) = (5) ./. (2) Δ Buchwert
01.11.X1-31.12.X1	61	17.730,00 T$	263,08 T$	225,62 T$	17.767,46 T$	37,46 T$
01.01.X2-30.06.X2	181	17.767,46 T$	782,26 T$	669,45 T$	17.880,27 T$	112,81 T$
01.07.X2-31.12.X2	184	17.880,27 T$	800,28 T$	680,55 T$	18.000,00 T$	119,73 T$
Σ			1.845,62 T$	1.575,62 T$		270,00 T$

a Spalte (2) · 8,879% · Spalte (1) / 365   b 18 Mio. $ · 7,5% · Spalte (1) / 365

Bilanzierung Q4 X1

Am 31.12.X1 wird zunächst der anteilige Nominalzins von 225,62 T$ im Zinsergebnis (ZE) vereinnahmt. Da zu diesem Zeitpunkt noch keine Nomi-

---

[1022] Auf eine Abzinsung der zum 01.01.X2 fälligen Zinszahlung wird verzichtet.

6.4 Gehaltene Wertpapiere und Unternehmensanteile

nalzinszahlung eingeht, muss eine Zinsforderung erfasst werden. Umgerechnet mit dem zum 31.12.X1 vorherrschenden Kassawechselkurs von 0,725 $/€ ergibt sich ein Betrag von 311,20 T€. Buchung:

| 31.12.X1 | Zinsforderung LaR (B) | 311,20 T€ | Zinsertrag AfS (ZE) | 311,20 T€ |

Ferner ist das Wertpapier um die Differenz zwischen anteiligem Effektivzins und anteiligem Nominalzins von 37,46 T$ fortzuschreiben. Zum Kassawechselkurs von 0,725 $/€ umgerechnet entspricht dies einem Betrag von 51,67 T€. Buchung:

| 31.12.X1 | Wertpapier AfS (B) | 51,67 T€ | Zinsertrag AfS (ZE) | 51,67 T€ |

Damit werden für Q4 X1 Zinserträge von 263,08 T$ (225,62 T$ + 37,46 T$) bzw. von 362,87 T€ (311,20 T€ + 51,67 T€) erfasst, was exakt dem Effektivzinsertrag für 61 Tage entspricht.

Währungsumrechnungsdifferenzen sind bei dem Wertpapier erfolgswirksam zu erfassen. Daher wird ein Währungsverlust (der Buchwert der Anleihe hat sich währungsbedingt verringert) von 25.830,66 T€ (18.000 T$ · 98,30% / 0,685 $/€) abzüglich 24.405,52 T€ (18.000 T$ · 98,30% / 0,725 $/€) = 1.425,14 € im Währungsergebnis (WE) gebucht:

| 31.12.X1 | FX-Aufwand AfS (WE) | 1.425,14 T€ | Wertpapier AfS (B) | 1.425,14 T€ |

Die Unternehmensanleihe hat am 31.12.X1 einen Kurs von 98,55%; es ergibt sich ein beizulegender Zeitwert von 17.739 T$ (18.000 T$ · 98,55%), der zum Wechselkurs von 0,725 $/€ umgerechnet wird. Dieser Fair Value von 24.467,59 T€ stellt den Buchwert dar. Da die fortgeführten Anschaffungskosten bis dato 24.509,74 T€ (25.883,21 T€ + 51,67 T€ ./. 1.425,14 T€) betragen, wird der Buchwert in Höhe der Differenz von 42,16 T€ reduziert; die Gegenbuchung erfolgt im Eigenkapital:

| 31.12.X1 | AfS-Rücklage (OCI) | 42,16 T€ | Wertpapier AfS (B) | 42,16 T€ |

Für den Jahresabschluss X1 berücksichtigt E den Betrag von 24.467,59 T€ bei der Buchwertangabe der AfS-Bewertungskategorie. Da es sich um den beizulegenden Zeitwert handelt, wird dieser auch für die Fair-Value-Angaben herangezogen und wegen der Börsennotierung der Bewertungsstufe 1 zugeordnet. Die Buchwerte der Zinsforderung von 975,33 T€ sowie der Bankverbindlichkeit von 664,13 T€ finden bei den Buchwertangaben der Bewertungskategorie LaR bzw. FLAC Berücksichtigung.[1023] In das AfS-Nettoergebnis geht der per Saldo ins Eigenkapital gebuchte Verlust von

Angaben JA X1

[1023] Die Zahlungsmittel werden ebenfalls bei der Bewertungskategorie LaR berücksichtigt. Dies gilt auch für die folgenden Jahresabschlussangaben.

26,39 T€ (42,16 T€ ./. 15,77 T€) ein.[1024] Gleiches gilt für die Zinserträge von 362,87 T€ sowie für den Währungsverlust von 1.425,14 T€.

– *Zinssensitivität*

Im Rahmen der Angaben zu Marktrisiken bestimmt E Sensitivitäten zum Zins- und zum Wechselkursrisiko. Zum 31.12.X1 beträgt der risikolose 6-Monats-$-Zinssatz 5,522% und der risikolose 1-Jahres-$-Zinssatz 5,783%. Dem vorherrschenden Kursniveau von 98,55% liegt ein Bonitätsaufschlag von 347,2 BP zu Grunde:

$$\frac{669{,}45\ T\$}{(1+8{,}994\%\cdot 181/365)} + \frac{(680{,}55\ T\$ + 18.000\ T\$)}{(1+9{,}255\%)} = 17.739{,}00\ T\$$$

Wäre das Marktzinsniveau zum 31.12.X1 um 100 BP höher gewesen (Parallelverschiebung der Zinsstrukturkurve um 1% nach oben), hätte sich ein beizulegender Zeitwert von 17.580,64 T$ ergeben:

$$\frac{669{,}45\ T\$}{(1+9{,}994\%\cdot 181/365)} + \frac{(680{,}55\ T\$ + 18.000\ T\$)}{(1+10{,}255\%)} = 17.580{,}64\ T\$$$

Der Fair Value wäre um 158,36 T$ (17.580,64 T$ ./. 17.739 T$) geringer gewesen; umgerechnet zum am 31.12.X1 gültigen Wechselkurs von 0,725 $/€ wäre das Eigenkapital um 218,43 T€ geringer gewesen.

Hätte hingegen eine Parallelverschiebung der Zinsstrukturkurve von 1% nach unten stattgefunden, würde der beizulegende Zeitwert bei 17.900 T$ liegen:

$$\frac{669{,}45\ T\$}{(1+7{,}994\%\cdot 181/365)} + \frac{(680{,}55\ T\$ + 18.000\ T\$)}{(1+8{,}255\%)} = 17.900\ T\$$$

Der Fair Value wäre um 161 T$ (17.900 T$ ./. 17.739 T$) höher gewesen; umgerechnet zum Wechselkurs von 0,725 $/€ hätte sich ein um 222,07 T€ höheres Eigenkapital ergeben.

– *Währungssensitivität*

Die Sensitivität zum Wechselkursrisiko ermittelt sich auf Basis eines hypothetischen, um 10% höheren Wechselkurses von 0,798 $/€ (0,725 $/€ · 1,1) oder um 10% niedrigeren Wechselkurses von 0,653 $/€ (0,725 $/€ · 0,9).

Im ersteren Fall wäre der Nominalzinsertrag statt 311,20 T€ in Höhe von 282,90 T€ (225,62 T$ / 0,798 $/€) erfasst worden; die Sensitivität ist -28,30 T€. Ferner hätte die Fortschreibung nicht 51,67 T€, sondern 46,98 T€ betragen, was einer Sensitivität von -4,69 T€ entspricht. Darüber hinaus würde ein Währungsverlust von 3.643,82 T€ (18.000 T$ · 98,30% / 0,685 $/€ abzüglich 18.000 T$ · 98,30% / 0,798 $/€) entstehen; dies kommt einer Sensitivität von -2.218,68 T€ (1.425,14 T€ ./. 3.643,82 T€) gleich. Im OCI wären statt 42,16 T€ Aufwendungen von 43,10 T€ (Fair Value: 18.000 T$ · 98,55% / 0,798 $/€ = 22.243,26 T€; fortgeführte Anschaffungskosten: 25.883,21 T€ + 46,98 T€ ./.

[1024] Der im OCI erfasste Betrag wird auch gesondert angegeben.

Gehaltene Wertpapiere und Unternehmensanteile 6.4

3.643,82 T€ = 22.286,36 T€) erfasst worden; entsprechend ergibt sich eine Sensitivität von -0,94 T€ (42,16 T€ ./. 43,10 T€).

Der letztere Fall hätte einen Nominalzinsertrag von 345,77 T€ sowie eine Fortschreibung von 57,41 T€ zur Folge; dies entspricht Sensitivitäten von +34,57 T€ (345,77 T€ ./. 311,20 T€) bzw. von +5,74 T€ (57,41 T€ ./. 51,67 T€). Statt eines Währungsverlusts würde sich ein Währungsgewinn ergeben, der bei 2.711,72 T€ (18.000 T$ · 98,30% / 0,653 $/€ abzüglich 18.000 T$ · 98,30% / 0,685 $/€) läge; die Sensitivität beträgt +4.136,86 T€ (2.711,72 T€ ./. -1.425,14 T€). Im OCI würden Aufwendungen von 1.466,14 T€ (Fair Value: 8.000 T$ · 98,55% / 0,653 $/€ = 27.186,21 T€; fortgeführte Anschaffungskosten: 25.883,21 T€ + 57,41 T€ ./. 2.711,72 T€ = 28.652,35 T€) zu erfassen sein, was einer Sensitivität von -1.423,98 T€ (42,16 T€ ./. 1.466,14 T€) entspricht.

Wenn also der € zum $ um 10% stärker (schwächer) notiert hätte, wäre das Ergebnis um 2.251,67 T€ geringer (um 4.177,17 T€ höher) und das Eigenkapital um 0,95 T€ geringer (um 1.423,98 T€ geringer) gewesen.

Am 01.01.X2 geht die Nominalzinszahlung von 680,55 T$ (18.000 T$ · 7,5% · 184 Tage / 365 Tage) für den Zeitraum vom 01.07.X1 bis zum 31.12.X1 ein. Der Wechselkurs beträgt zu diesem Zeitpunkt ebenfalls 0,725 $/€; umgerechnet ergibt sich ein Zahlungseingang von 938,69 T€. Die am 01.11.X1 und am 31.12.X1 eingebuchten Zinsforderungen von insgesamt 975,33 T€ (664,13 T€ + 311,20 T€) werden ausgebucht; es ergibt sich ein Währungsverlust von 36,64 T€, der im Währungsergebnis (WE) berücksichtigt wird. Buchungen:

Zinszahlung 01.01.X2

01.01.X2	Kasse LaR (B)	938,69 T€	Zinsforderung LaR (B)	975,33 T€
	FX-Aufwand LaR (WE)	36,64 T€		

Ferner ist am 01.01.X2 die Bankverbindlichkeit von 454,93 T$ auszubuchen; der entsprechende Zahlungsausgang wird zum Wechselkurs von 0,725 $/€ umgerechnet. Es entsteht ein Währungsgewinn von 36,64 T€:

01.01.X2	Bankverb. FLAC (B)	664,13 T€	Kasse LaR (B)	627,49 T€
			FX-Ertrag FLAC (WE)	36,64 T€

Zum 31.03.X2 beträgt der Wechselkurs 0,704 $/€; zu diesem wird der für das 1. Quartal X2 zu erfassende anteilige effektive Zinsertrag von 388,97 T$ (782,26 T$ · 90 Tage / 181 Tage) sowie die Nominalzinsforderung von 332,88 T$ (669,45 T$ · 90 Tage / 181 Tage) umgerechnet. Die Differenz in € ergibt die Buchwerterhöhung des Wertpapiers:

Bilanzierung Q1 X2

31.03.X2	Zinsforderung LaR (B)	472,84 T€	Zinsertrag AfS (ZE)	552,51 T€
	Wertpapier AfS (B)	79,67 T€		

6

Herkömmliche Bilanzierung und Offenlegung einzelner Sachverhalte

Wiederum müssen die Währungsumrechnungsdifferenzen erfolgswirksam erfasst werden. Es wird ein Währungsgewinn (der Buchwert der Anleihe hat sich währungsbedingt erhöht) von 25.197,44 T€ (18.000 T$ · 98,55% / 0,704 $/€) abzüglich 24.467,59 T€ (18.000 T$ · 98,55% / 0,725 $/€) = 729,85 € gebucht:

| 31.03.X2 | Wertpapier AfS (B) | 729,85 T€ | FX-Ertrag AfS (WE) | 729,85 T€ |

Am 31.03.X2 wird die Unternehmensanleihe zu einem Kurs von 97,12% notiert. Umgerechnet zum Wechselkurs von 0,704 $/€ ergibt sich ein beizulegender Zeitwert von 24.831,82 T€ (18.000 T$ · 97,12% / 0,704 $/€). Da der Buchwert bei 25.277,11 T€ (24.467,59 T€ + 79,67 T€ + 729,85 T€) liegt, wird im OCI ein Verlust von 445,29 T€ erfasst:

| 31.03.X2 | AfS-Rücklage (OCI) | 445,29 T€ | Wertpapier AfS (B) | 445,29 T€ |

Bilanzierung Q2 X2

Zum 30.06.X2 (2. Quartal X2) beträgt der Wechselkurs 0,735 $/€. Mit diesem sind der effektive Zinsertrag von 393,29 T$ (782,26 T$ · 91 Tage / 181 Tage) und die Nominalzinsforderung von 336,57 T$ (669,45 T$ · 91 Tage / 181 Tage) umzurechnen. Die Differenz in € stellt die Buchwerterhöhung der Anleihe dar:

| 30.06.X2 | Zinsforderung LaR (B) | 457,92 T€ | Zinsertrag AfS (ZE) | 535,09 T€ |
| | Wertpapier AfS (B) | 77,17 T€ | | |

Währungsbedingt ist ein Verlust (der Buchwert der Anleihe hat sich währungsbedingt verringert) von 24.831,82 T€ (18.000 T$ · 97,12% / 0,704 $/€) abzüglich 23.784,49 T€ (18.000 T$ · 97,12% / 0,735 $/€) = 1.047,33 € zu erfassen:

| 31.06.X2 | FX-Aufwand AfS (WE) | 1.047,33 T€ | Wertpapier AfS (B) | 1.047,33 T€ |

Das Wertpapier wird am 30.06.X2 zu einem Kurs von 99,38% notiert; umgerechnet entspricht dies einem Fair Value von 24.337,96 T€ (18.000 T$ · 99,38% / 0,735 $/€). Da der Buchwert 23.861,66 T€ (24.831,82 T€ + 77,17 T€ ./. 1.047,33 T€) beträgt, erfasst E im OCI einen Gewinn von 476,30 T€:

| 30.06.X2 | Wertpapier AfS (B) | 476,30 T€ | AfS-Rücklage (OCI) | 476,30 T€ |

Zinszahlung 01.07.X2

Am 01.07.X2 geht die Zinszahlung für den Zeitraum vom 01.01.X2 bis zum 30.06.X2 von 669,45 T$ ein. Umgerechnet zum Wechselkurs, der gleichfalls bei 0,735 $/€ liegt, ergibt sich ein Zahlungseingang von 910,82 T€. Die beiden zuvor eingebuchten Zinsforderungen werden ausgebucht. Es entsteht ein Währungsverlust von 19,94 T€:

| 01.07.X2 | Kasse LaR (B) | 910,82 T€ | Zinsforderung LaR (B) | 930,76 T€ |
| | FX-Aufwand LaR (WE) | 19,94 T€ | | |

Gehaltene Wertpapiere und Unternehmensanteile

Variante 1: Verkauf 01.07.X2

Variante 1: Am 01.07.X2 wird die Unternehmensanleihe zum an diesem Tag gültigen Kurs von 99,40% verkauft. E entstehen wiederum Gebühren von 0,2% des Nennwerts. Der Wechselkurs beträgt am 03.07.X2 weiterhin 0,735 $/€, womit sich ein Zahlungseingang von 18.000 T$ · (99,40% ./. 0,2%) / 0,735 $/€ = 24.293,88 T€ ergibt. Durch die Differenz zum Buchwert von 24.337,96 T€ entsteht ein Verlust aus dem Abgang des Wertpapiers von 44,08 T€, den E im sonstigen Finanzergebnis (FE) erfasst. Da marktübliche Verträge zum Erfüllungstag bilanziert werden, wird das Wertpapier erst am 03.07.X2 ausgebucht:

03.07.X2	Kasse LaR (B)	24.293,88 T€	Wertpapier AfS (B)	24.337,96 T€
	Aufw. Abgang AfS (FE)	44,08 T€		

Zum Abgangszeitpunkt transferiert E ferner die im OCI gespeicherten Beträge in die GuV. Zuvor wurden Gewinne von 15,77 T€ und von 476,30 T€ sowie Verluste von 42,16 T€ und von 445,29 T€ erfolgsneutral im Eigenkapital erfasst; der auszubuchende Nettogewinn beträgt somit 88,94 T€:

03.07.X2	AfS-Rücklage (OCI)	88,94 T€	Ertrag Abgang AfS (FE)	88,94 T€

– Angaben JA X2

Für den Jahresabschluss X2 gibt E den für die Periode per Saldo ins Eigenkapital gebuchten Gewinn von 31,01 T€ (476,30 T€ ./. 445,29 T€) an. Ferner legt es den vom OCI in die GuV überführten Gewinn von 88,94 T€ offen. Den letzteren Betrag muss E ebenso wie die Zinserträge von 1.087,60 T€ (552,51 T€ + 535,09 T€), den sich per Saldo ergebenden Währungsverlust von 317,48 T€ (1.047,33 T€ ./. 729,85 T€) sowie den Abgangsverlust von 44,08 T€ bei der Ermittlung des Nettoergebnisses der Bewertungskategorie AfS berücksichtigen. Die sonstigen Währungsergebnisse werden den Nettoergebnissen der Bewertungskategorien LaR (Verluste von insgesamt 56,58 T€) bzw. FLAC (Gewinn von 36,64 T€) zugeordnet.

Variante 2: Umwidmung 01.07.X2 in HtM

Variante 2: Am 01.07.X2 wird die Unternehmensanleihe in die Bewertungskategorie HtM umgewidmet, da nunmehr die Absicht besteht, das Wertpapier bis zur Endfälligkeit zu halten. Der zu diesem Zeitpunkt vorherrschende Fair Value von 17.892 T$ (18.000 T$ · 99,40%) bildet die neuen fortgeführten Anschaffungskosten des HtM-Wertpapiers; umgerechnet zum Wechselkurs von 0,735 $/€ ergibt sich ein Betrag von 24.342,86 T€. Durch die Differenz zum Buchwert von 24.337,96 T€ entsteht ein Ertrag aus dem Abgang des Wertpapiers von 4,90 T€. Buchung:

01.07.X2	Wertpapier HtM (B)	24.342,86 T€	Wertpapier AfS (B)	24.337,96 T€
			Ertrag Abgang AfS (FE)	4,90 T€

Auf Basis der neuen fortgeführten Anschaffungskosten, der Restlaufzeit und des Kuponzinssatzes ergibt sich ein neuer Effektivzinssatz von 8,743%:

$$17.892\,T\$ = \frac{(680{,}55\,T\$ + 18.000\,T\$)}{(1 + i^{\text{eff}} \cdot 184/365)} <=> i^{\text{eff}} = 8{,}743\%$$

Der für das verbleibende halbe Jahr zu erfassende effektive Zinsertrag beträgt 788,55 T$ (17.892 T$ · 8,743% · 184 Tage / 365 Tage), die Nominalzinszahlung beläuft sich für den Zeitraum auf 680,55 T$ (siehe Spalte (4) in Tabelle 6-14).

– *Bilanzierung Q3 X2*

Zum 30.09.X2 beträgt der Wechselkurs 0,704 $/€; zu diesem wird der für das 3. Quartal X2 zu erfassende anteilige effektive Zinsertrag von 394,28 T$ (788,55 T$ · 92 Tage / 184 Tage) sowie die Nominalzinsforderung von 340,28 T$ (680,55 T$ · 92 Tage / 184 Tage) umgerechnet. Die Differenz in € entspricht der Buchwerterhöhung des Wertpapiers:

30.09.X2	Zinsforderung LaR (B)	483,35 T€	Zinsertrag HtM (ZE)	560,06 T€
	Wertpapier HtM (B)	76,71 T€		

Das Wertpapier ist zum Stichtag zum Kassawechselkurs umzurechnen; der €-Buchwert beträgt (17.892 T$ + 76,71 T$) / 0,704 $/€ = 25.523,73 T€. Da bislang ein €-Buchwert von 24.419,57 T€ (24.342,86 T€ + 76,71 T€) erfasst wurde, entsteht ein Währungsgewinn (der Buchwert des Wertpapiers hat sich währungsbedingt erhöht) von 1.104,16 T€, der wie folgt erfasst wird:

30.09.X2	Wertpapier HtM (B)	1.104,16 T€	FX-Ertrag HtM (WE)	1.104,16 T€

Zudem muss der im Eigenkapital gespeicherte Gewinn zeitanteilig aufgelöst werden; es wird ein Betrag von 44,46 T€ (88,94 T€ · 92 Tage / 184 Tage) in die GuV umgebucht:

30.09.X2	AfS-Rücklage (OCI)	44,46 T€	Ertrag Umwid. AfS (FE)	44,46 T€

– *Angaben JA X2*

Wie bei Variante 1 gibt E für den Jahresabschluss X2 den per Saldo ins Eigenkapital gebuchten Gewinn von 31,01 T€ an; zudem publiziert es den vom OCI in die GuV überführten Gewinn von 44,46 T€. Der letztere Betrag, die Zinserträge von 1.087,60 T€ sowie der Abgangsgewinn von 4,90 T€ werden auch bei der Bestimmung des AfS-Nettoergebnisses berücksichtigt. Dem HtM-Nettoergebnis wird der Zinsertrag von 560,06 T€ zugerechnet. Die Zuordnung der Währungsergebnisse erfolgt analog wie zuvor, wobei zusätzlich der Umrechnungsgewinn von 1.104,16 T€ in das HtM-Nettoergebnis eingeht. Darüber hinaus legt E den im Zuge der Umwidmung aus der Bewertungskategorie AfS entfernten Betrag (24.337,96 T€) und den der Bewertungskategorie HtM zugeführten Betrag (24.342,86 T€) offen. Ebenfalls gibt es den Grund für die Neueinstufung (hier: Halteabsicht bis zur Endfälligkeit) an. Für das jetzt als HtM eingestufte Wertpapier müssen zum 31.12.X2 Währungssensitivitäten bestimmt werden.

Gehaltene Wertpapiere und Unternehmensanteile

6.4

6.4.10.3 Erworbene börsennotierte Unternehmensanteile (AfS)

Am 15.08.X1 erwirbt Unternehmen F 1 Mio. Aktien vom DAX-Unternehmen G zum Kurs von 15,63 €. Durch den Kauf hält F ca. 12% der Anteile an G. Die Bank stellt für den Erwerb Gebühren von 30 T€ in Rechnung.

Die Aktien werden von F der Bewertungskategorie AfS zugeordnet; es bilanziert solche marktüblichen Käufe einheitlich zum Handelstag.

Einbuchung 15.08.X1

Der zur Erstbewertung heranzuziehende beizulegende Zeitwert entspricht der Anzahl der gekauften Aktien multipliziert mit dem Kurswert zum 15.08.X1: 1 Mio. Stück · 15,63 € = 15.630 T€. Die Gebühren von 30 T€ sind Transaktionskosten und erhöhen den Aktivposten. Es ergibt sich ein Erstbuchwert von 15.660 T€, den F zusammen mit den entsprechenden Auszahlungen folgendermaßen erfasst (B = Bilanz):

| 15.08.X1 | Wertpapier AfS (B) | 15.660,00 T€ | Kasse LaR (B) | 15.660,00 T€ |

Zum 30.09.X1 (3. Quartal X1) ist der Aktienkurs von G auf 15,84 € gestiegen; der Fair Value beträgt somit 1 Mio. Stück · 15,84 € = 15.840 T€. Der Gewinn von 180 T€ (15.840 T€ ./. 15.660 T€) wird erfolgsneutral im OCI erfasst:

Bilanzierung Q3 X1

| 30.09.X1 | Wertpapier AfS (B) | 180,00 T€ | AfS-Rücklage (OCI) | 180,00 T€ |

Im 4. Quartal X1 hat sich der Aktienkurs von G reduziert; er notiert zum 31.12.X1 bei 13,12 €. Der Verlust von 2.720 T€ (13.120 T€ ./. 15.840 T€) wird ebenso über das OCI gebucht:

Bilanzierung Q4 X1

| 31.12.X1 | AfS-Rücklage (OCI) | 2.720,00 T€ | Wertpapier AfS (B) | 2.720,00 T€ |

F berücksichtigt für den Jahresabschluss X1 den Betrag von 13.120 T€ bei der Buchwertangabe der AfS-Bewertungskategorie.[1025] Da es sich um den beizulegenden Zeitwert handelt, kann dieser auch für die Fair-Value-Angaben herangezogen werden; auf Grund der Börsennotierung wird der Zeitwert der Bewertungsstufe 1 zugeordnet. In das AfS-Nettoergebnis geht der im Eigenkapital erfasste Verlust von 2.540 T€ (180 T€ ./. 2.720 T€) ein.[1026]

Angaben JA X1

Vom 15.08.X1 bis zum 31.12.X1 hat sich der DAX-Index um 14,29% reduziert; der Aktienkurs von F ist im gleichen Zeitraum um (15,63 € ./. 13,12 €) / 15,63 € = 16,06% zurückgegangen. Es wird die Sensitivität zum Index angegeben: Wäre der DAX-Index zum 31.12.X1 um 10% höher gewesen, hätte der Kurs der G-Aktie – die gleiche Reagibilität unterstellt – 13,12 € · [1 + (10% · 16,06% / 14,29%)] = 14,59 € betragen; das Eigenkapital wäre um 1.470 T€ (14.590 T€ ./. 13.120 T€) höher gewesen. Umgekehrt wäre bei einem um 10% geringeren DAX-Index der Kurs der G-Aktie bei 13,12 € · [1 ./. (10% ·

– Preissensitivität

[1025] Die Zahlungsmittel finden bei der Bewertungskategorie LaR Berücksichtigung. Dies gilt auch für die folgenden Jahresabschlussangaben.
[1026] Der im OCI erfasste Betrag ist gesondert anzugeben.

6 Herkömmliche Bilanzierung und Offenlegung einzelner Sachverhalte

16,06% / 14,29%)] = 11,65 € gelegen. Dies hätte das Eigenkapital um 1.470 T€ (11.650 T€ ./. 13.120 T€) reduziert.

Bilanzierung Q1 X2

Zum 31.03.X2 ist der Aktienkurs von G weiter gesunken, und zwar auf 12,43 €; somit beläuft sich der beizulegende Zeitwert auf 12.430 T€ (1 Mio. Stück · 12,43 €). Der Verlust von 690 T€ (12.430 T€ ./. 13.120 T€) wird erfolgsneutral im OCI erfasst:

| 31.03.X2 | AfS-Rücklage (OCI) | 690,00 T€ | Wertpapier AfS (B) | 690,00 T€ |

– 1. Wertminderung

F hat im Rahmen seiner Bilanzierungsgrundsätze festgelegt, dass bei Eigenkapitalinstrumenten ein objektiver Hinweis auf eine Wertminderung vorliegt, wenn der beizulegende Zeitwert um mindestens 20% unter den Anschaffungskosten liegt. Dies ist zum 31.03.X2 der Fall; der Fair Value ist um 20,63% geringer als die Anschaffungskosten: (12.430 T€ ./. 15.660 T€) / 15.660 T€ = -20,63%.

Der gesamte im OCI erfasste Verlust von 3.230 T€ (2.540 T€ + 690 T€) wird erfolgswirksam ins Beteiligungsergebnis (BE) überführt:

| 31.03.X2 | Wertmind. AfS (BE) | 3.230,00 T€ | AfS-Rücklage (OCI) | 3.230,00 T€ |

Bilanzierung Q2 X2

Im 2. Quartal X2 sinkt der Aktienkurs von G erneut; er liegt zum 30.06.X2 bei 11,79 €; der beizulegende Zeitwert beträgt 11.790 T€. (1 Mio. Stück · 11,79 €). Es ergibt sich ein Verlust von 640 T€ (11.790 T€ ./. 12.430 T€).

– 2. Wertminderung

Da auf Wertminderungen folgende Wertrückgänge immer zwingend erfolgswirksam zu erfassen sind (▶ 3.11.3), lautet die Buchung wie folgt:

| 30.06.X2 | Wertmind. AfS (BE) | 640,00 T€ | Wertpapier AfS (B) | 640,00 T€ |

Bilanzierung Q3 X2

Während des 3. Quartals X2 erholt sich der Aktienkurs von G spürbar und liegt zum 30.09.X2 bei 14,04 €; der Fair Value beträgt 14.040 T€ (1 Mio. Stück · 14,04 €). Zur Vorperiode ergibt sich ein Gewinn von 2.250 T€ (14.040 T€ ./. 11.790 T€).

– Wertaufholung

Da für Eigenkapitalinstrumente eine erfolgswirksame Wertaufholung verboten ist (▶ 3.11.4.3; 3.11.5), muss die Werterhöhung erfolgsneutral über das OCI erfasst werden:

| 30.09.X2 | Wertpapier AfS (B) | 2.250,00 T€ | AfS-Rücklage (OCI) | 2.250,00 T€ |

Bilanzierung Q4 X2

Zum 31.12.X2 (4. Quartal X2) hat sich der Aktienkurs von G erneut auf nun 15,70 € erhöht; der beizulegende Zeitwert liegt somit bei 15.700 T€ (1 Mio. Stück · 15,70 €). Wiederum wird der Gewinn von 1.660 T€ (15.700 T€ ./. 14.040 T€) erfolgsneutral im OCI berücksichtigt:

| 31.12.X2 | Wertpapier AfS (B) | 1.660,00 T€ | AfS-Rücklage (OCI) | 1.660,00 T€ |

Gehaltene Wertpapiere und Unternehmensanteile — 6.4

Für den Jahresabschluss X2 berücksichtigt F den Betrag von 15.700 T€ für die Buchwertangabe der Bewertungskategorie AfS; dieser kann wiederum gleichzeitig für die Erfüllung der Zeitwertangaben herangezogen werden. In das AfS-Nettoergebnis geht der per Saldo im Eigenkapital erfasste Gewinn von 3.220 T€ (-690 T€ + 2.250 T€ + 1.660 T€) ein. Dies gilt gleichermaßen für den vom OCI in die GuV transferierten Verlust von 3.230 T€ und für den unmittelbar erfolgswirksam gebuchten Verlust von 640 T€.[1027] Die Preissensitivität zum DAX-Index bestimmt F analog wie im Vorjahr, wobei es der Analyse nun einen Zeitraum von 12 Monaten zu Grunde legt.

Angaben JA X2

Am 10.02.X3 wird das Wertpapier verkauft; dabei entstehen Gebühren von 25 T€. Die G-Aktie notiert an diesem Tag bei 15,10 €. Unmittelbar vor Veräußerung wird das Wertpapier einer letzten Folgebewertung unterzogen und der daraus resultierende Verlust von 600 T€ (15.100 T€ ./. 15.700 T€) ins OCI gebucht:

Verkauf 10.02.X3

| 10.02.X3 | AfS-Rücklage (OCI) | 600,00 T€ | Wertpapier AfS (B) | 600,00 T€ |

F erhält über die Veräußerung Zahlungsmittel von 15.075 T€ (15.100 T€ ./. 25 T€); es erfasst den Verlust aus dem Abgang des Wertpapiers in der GuV:

| 10.02.X3 | Kasse LaR (B) | 15.075,00 T€ | Wertpapier AfS (B) | 15.100,00 T€ |
| | Aufw. Abgang AfS (BE) | 25,00 T€ | | |

Schließlich muss am 10.02.X3 noch die Umbuchung der im OCI gespeicherten Beträge erfolgen. Per Saldo wurde bis dato ein Gewinn von 3.310 T€ (2.250 T€ + 1.660 T€ ./. 600 T€) erfasst, der wie folgt in die GuV überführt wird:

| 10.02.X3 | AfS-Rücklage (OCI) | 3.310,00 T€ | Ertrag Abgang AfS (BE) | 3.310,00 T€ |

In das AfS-Nettoergebnis für den Jahresabschluss X3 gehen die Verluste von 25 T€ und 600 T€ ein. Da der letztere Betrag zunächst im Eigenkapital erfasst wurde, wird dieser auch gesondert angegeben. Ferner publiziert F den vom OCI in die GuV transferierten Gewinn von 3.310 T€.

Angaben JA X3

6.4.10.4 Erworbene GmbH-Anteile (AfSC)

Unternehmen H übernimmt am 20.06.X1 ca. 80% der Anteile an einer GmbH und bezahlt dafür 14,5 Mio. €. Die Beteiligung wird als unwesentlich eingestuft und daher von H nicht vollkonsolidiert.[1028] Vor der Übernahme wurden die GmbH-Anteile von einem unabhängigen Beratungsunternehmen

---

[1027] Der ins Eigenkapital gebuchte Betrag sowie der vom OCI in die GuV überführte Betrag muss ferner gesondert angegeben werden.
[1028] Siehe zur möglichen Unterlassung der Vollkonsolidierung von Tochterunternehmen Abschnitt 3.3.6.1.

6 Herkömmliche Bilanzierung und Offenlegung einzelner Sachverhalte

mithilfe einer DCF-Methode bewertet, welches Schätzwerte zwischen 13 Mio. € und 18 Mio. € ermittelte. H ist nicht in der Lage, die Eintrittswahrscheinlichkeiten der verschiedenen Wertschätzungen angemessen zu beziffern. Aus diesem Grund lässt sich der beizulegende Zeitwert über ein Bewertungsverfahren nicht verlässlich bestimmen; eine Einstufung als AfSFV scheidet aus (▶ 3.8.2.5).

Einbuchung 20.06.X1

Die GmbH-Anteile werden daher der AfS-Unterkategorie AfSC zugeordnet. Zur Erstbewertung zum Fair Value wird der Transaktionspreis von 14.500 T€ herangezogen. Buchung (B = Bilanz):

| 20.06.X1 | Beteiligung AfSC (B) | 14.500,00 T€ | Kasse LaR (B) | 14.500,00 T€ |

Am 30.06.X1 geht H davon aus, dass der beizulegende Zeitwert der Anteile ebenso nicht verlässlich ermittelt werden kann. Da auch keine objektiven Hinweise auf eine Wertminderung vorliegen, wird der Erstbuchwert beibehalten.

Bilanzierung Q3 X1

– Wertminderung

Im Laufe des 3. Quartals X1 stellt sich heraus, dass ein Konkurrenzunternehmen der GmbH gerade ein innovatives Produkt auf den Markt gebracht hat, wodurch für die Gesellschaft höchstwahrscheinlich erhebliche Umsatzeinbußen entstehen. H zieht zur Ermittlung der Wertminderung die im Vorfeld des Anteilskaufs durchgeführte DCF-Kalkulation heran. Die Abzinsungssätze bleiben unverändert; die künftigen Cashflows werden entsprechend der erwarteten Umsatzrückgänge angepasst und lassen sich hinreichend genau mit Eintrittswahrscheinlichkeiten belegen. Über das DCF-Verfahren wird für die GmbH am 30.09.X1 ein Unternehmenswert von 10.300 T€ festgestellt. Den Wertminderungsbetrag von 4.200 T€ (10.300 T€ ./. 14.500 T€) erfasst H im Beteiligungsergebnis (BE):

| 30.09.X1 | Wertmind. AfSC (BE) | 4.200,00 T€ | Beteiligung AfSC (B) | 4.200,00 T€ |

Ende des Jahres X1 liegt H eine Marktstudie vor, aus der hervorgeht, dass die für die GmbH zuvor prognostizierten Umsatzeinbußen doch nicht so stark sein werden wie erwartet. Über die Marktstudie lassen sich die künftigen Cashflows in einer Bandbreite schätzen; unter Berücksichtigung des DCF-Verfahrens ergeben sich Unternehmenswerte zwischen 11 Mio. € und 14 Mio. €. Die Eintrittswahrscheinlichkeiten der einzelnen Schätzungen können wiederum nicht angemessen beurteilt werden. Somit behält H bezüglich der GmbH-Anteile die AfSC-Zuordnung und den Wertansatz von 10.300 T€ bei.[1029]

Angaben JA X1

Für den Jahresabschluss X1 werden der Betrag von 10.300 T€ bei den Buchwertangaben der AfS-Bewertungskategorie und die Zahlungsmittel bei der

---

[1029] Eine Wertaufholung des zuvor abgeschriebenen Betrags von 4.200 T€ ist für zu Anschaffungskosten bewertete Posten verboten, siehe dazu Abschnitt 3.11.4.4.

Bewertungskategorie LaR berücksichtigt. Der Wertminderungsaufwand von 4.200 T€ geht in das AfS-Nettoergebnis ein. Da die Anteile an der GmbH für H unwesentlich sind, verzichtet es auf die nach IFRS 7.30 verlangten Einzelangaben.

Zum Ende des 1. und 2. Quartals X2 können bezüglich des Unternehmenswerts der GmbH ebenfalls nur Schätzungen gemacht werden, die sich in einer großen Bandbreite bewegen und deren Eintrittswahrscheinlichkeiten sich nicht quantifizieren lassen. H behält daher die Kategorisierung als AfSC und den Wertansatz von 10.300 T€ bei.

Mitte des 3. Quartals X2 wird erstmals ein Unternehmen in einem deutschen Börsensegment notiert, welches mit der GmbH vergleichbar ist. Über diese Notierung lässt sich der beizulegende Zeitwert nun verlässlich bestimmen. Die Anteile werden am 15.08.X2 in die Unterkategorie AfSFV umgewidmet; zu diesem Zeitpunkt wird der Fair Value auf 13.600 T€ beziffert; Letzterer stellt den AfSFV-Erstbuchwert dar. Die positive Differenz zu den wertgeminderten Anschaffungskosten von 10.300 T€ wird erfolgsneutral ins Eigenkapital gebucht:

Umwidmung 15.08.X2 in AfSFV

15.08.X2	Beteiligung AfSFV (B)	13.600,00 T€	Beteiligung AfSC (B)	10.300,00 T€
			AfS-Rücklage (OCI)	3.300,00 T€

In den nachfolgenden Abschlüssen werden die GmbH-Anteile weiterhin zum Fair Value bewertet; Wertänderungen erfasst H ebenso im Eigenkapital.

Der beizulegende Zeitwert der GmbH-Anteile zum 31.12.X2 wird im Rahmen des Jahresabschlusses X2 bei den Angaben der Buchwerte der Bewertungskategorie AfS und der Fair Values nach Klassen berücksichtigt. Die ins OCI gebuchten Beträge gehen in das AfS-Nettoergebnis ein.[1030] Des Weiteren berücksichtigt H den im Zuge der Neueinstufung aus der Unterkategorie AfSC entfernten Betrag (10.300 T€) und den in die Unterkategorie AfSFV überführten Betrag (13.600 T€) bei den quantitativen Angaben zu den Umwidmungen. Da die Beteiligung für H unwesentlich ist, wird auf die Nennung des Neueinstufungsgrunds verzichtet.

Angaben JA X2

6.5 Finanzderivate

6.5.1 Posten

Finanzderivate haben Bezugsgrößen bzw. Basiswerte aus dem finanzwirtschaftlichen Bereich wie z.B. Zinsen, Wechselkurse oder Aktienkurse

---

[1030] Ferner ist der im Eigenkapital erfasste Betrag gesondert anzugeben.

6 Herkömmliche Bilanzierung und Offenlegung einzelner Sachverhalte

(▶ 2.6.1). Bei Nicht-Banken handelt es sich hauptsächlich um Zins- und Währungsderivate. Dabei dominieren nicht-börsennotierte Derivate wie insbesondere Swap- oder Devisentermingeschäfte; der Einsatz börsennotierter Derivate (Futures sowie die Mehrzahl der Optionen) stellen eher die Ausnahme dar. Bei Optionsgeschäften nehmen Nicht-Banken in der Regel auch nicht die Verkäuferseite (Stillhalter) ein; solche geschriebenen Optionen dürften allenfalls zur Glattstellung eines Gegengeschäfts (ggf. mit einer anderen Bank) zur Anwendung kommen.

IAS 39 differenziert bezüglich derivativer Instrumente danach, ob diese in eine bilanzielle Sicherungsbeziehung eingebunden sind oder nicht. Sofern Ersteres zutrifft, gelten spezielle Bilanzierungsvorschriften (Hedge Accounting ▶ 3.16). Unterschiede zu den herkömmlichen Regeln ergeben sich hinsichtlich der Kategorisierung und der Folgebewertung.

6.5.2 Kategorisierung

Während Finanzderivate, die als Sicherungsinstrumente Teil einer bilanziellen Sicherungsbeziehung sind, keiner Bewertungskategorie zugeordnet werden, muss das Unternehmen nicht in eine bilanzielle Sicherungsbeziehung eingebundene Finanzderivate zwingend als HfT einstufen (▶ 3.4.3.4). In Abhängigkeit davon, ob der Posten zum Abschlussstichtag einen positiven oder negativen beizulegenden Zeitwert aufweist, ist er entweder zu erfassen als

- finanzieller Vermögenswert der Bewertungskategorie FAFVPL (FAHfT) oder als
- finanzielle Verbindlichkeit der Bewertungskategorie FLFVPL (FLHfT).[1031]

Die verpflichtende Zuordnung der nicht in bilanzielle Sicherungsbeziehungen eingebundenen Finanzderivate zur Unterkategorie „zu Handelszwecken gehalten" (HfT) erweckt den Eindruck, dass diese zu Spekulationszwecken kontrahiert wurden. Nicht-Banken gehen aber auch diese Geschäfte in der Regel nur aus Absicherungsgründen ein.[1032]

[1031] Vgl. etwa die GB 2006 von BAYER, S. 116 und S. 118 oder BASF, S. 110.
[1032] Vgl. z.B. die GB 2006 von BASF, S. 111; BAYER, S. 52; DAIMLERCHRYSLER, S. 197; DEUTSCHE LUFTHANSA, S. 124; DEUTSCHE TELEKOM, S. 186; HENKEL, S. 101; MAN, S. 131; RWE, S. 189; VOLKSWAGEN, S. 133 sowie den GB 2005/2006 von THYSSENKRUPP, S. 175.

6.5.3 Ansatz und Ausweis

Finanzderivate sind wie alle anderen Finanzinstrumente generell dann bilanziell zu erfassen, wenn das Unternehmen Vertragspartei wird (▶ 3.5.2). Hierbei ist zu beachten, dass die Ansatzpflicht auch besteht, wenn der Wert des Postens bei Kontraktbeginn 0 beträgt, wie dies bei symmetrischen Geschäften der Fall sein kann. Finanztermingeschäfte müssen zum Verpflichtungs- bzw. Vertragstag und nicht erst am Erfüllungstag angesetzt werden; Finanzoptionen sind als finanzielle Vermögenswerte oder finanzielle Verbindlichkeiten zu bilanzieren, wenn der Inhaber oder Stillhalter Vertragspartei wird (▶ 3.5.3.3).

Ferner gelten auch für derivative finanzielle Vermögenswerte die Vorschriften zum Ansatzzeitpunkt marktüblicher Käufe (▶ 3.5.4), d.h. es besteht ein Wahlrecht zur Bilanzierung zum Handels- oder zum Erfüllungstag. Dies betrifft den Handel mit bereits existierenden, schon zuvor mit einem gesonderten Vertrag begründeten Derivaten. Kontrakte, die keine tatsächliche Lieferung, sondern einen Nettoausgleich für eine Änderung des Vertragswerts vorschreiben oder gestatten, stellen allerdings keine marktüblichen Käufe dar. Solche Verträge hat man zwischen Handels- und Erfüllungstag wie ein Derivat zu bilanzieren.

Als HfT kategorisierte Finanzderivate sind nicht zwingend als kurzfristige Finanzinstrumente auszuweisen, wie dies (vor den Änderungen im Jahr 2008) gemäß IAS 1.68 i.V.m. IAS 1.66 (b) bzw. IAS 1.71 i.V.m. IAS 1.69 (b) interpretiert werden konnte.[1033] Der Interpretationsspielraum wurde über entsprechende Modifikationen der Paragrafen im Zuge des IFRS-Überarbeitungsprozesses 2008 (▶ 3.1.1) eliminiert. Danach ist eine Zuordnung zum kurzfristigen Bereich – unabhängig vom Erfüllungstag bzw. Fälligkeitstermin – vorzunehmen, wenn das Derivat überwiegend zu Handels- bzw. Spekulationszwecken eingegangen wird (IAS 1.BC38C). Nicht mit einer solchen Absicht kontrahierte Posten (wie z.B. in Sicherungsbeziehungen eingebundene Derivate) müssen hingegen auf Basis des jeweiligen Erfüllungs- bzw. Fälligkeitstags entweder als kurzfristig oder als langfristig ausgewiesen werden.

Bei nicht zu Spekulationszwecken eingegangenen Finanzderivaten mit mehreren Erfüllungstagen und mehreren Restlaufzeiten (was in der Regel bei Zinsswaps und Zinsbegrenzungsvereinbarungen vorliegt), stellt sich die Frage, ob bei der Fristigkeitseinstufung auf das gesamte Finanzderivat abzustellen ist, oder ob sie auf Basis der einzelnen Tranchen bzw. Zahlungsströme vorgenommen werden muss.[1034] Letztere Variante wird in der Literatur

---

[1033] Vgl. dazu und folgend auch FREIBERG (2010a), S. 299. Siehe zur Fristigkeitseinstufung generell Abschnitt 3.6.3.
[1034] Hierzu und in der Folge vgl. FREIBERG (2010a), S. 299f.

6 Herkömmliche Bilanzierung und Offenlegung einzelner Sachverhalte

teilweise als notwendig erachtet.[1035] Dieser Ansicht folgend müssten die Cashflows von nicht mit Handelsabsicht eingegangenen Finanzderivaten – ausschließlich für Ausweiszwecke – entsprechend der Restlaufzeiten in einen kurzfristigen und einen langfristigen Teil aufgeteilt und gesondert bewertet werden. Wie eine derartige Aufteilung vorzunehmen ist, lässt sich den IFRS nicht entnehmen. Ein für Nicht-Banken m.E. insbesondere aus Kosten/Nutzen-Überlegungen vertretbarer Ansatz ist der Folgende:

- überwiegend zu Spekulations- bzw. Handelszwecken eingegangene Finanzderivate: Einstufung als kurzfristige Posten unabhängig von der Restlaufzeit;

- in (ggf. nach IAS 39 designierte) Sicherungsbeziehungen eingebundene Finanzderivate: Einstufung entweder kurzfristig oder langfristig für den gesamten Posten entsprechend der Restlaufzeit des Grundgeschäfts.

Bei Finanzderivaten kann es zur Änderung des Aktiv/Passiv-Ausweises kommen, wenn sich das Vorzeichen des beizulegenden Zeitwerts (Wechsel vom positiven zum negativen Fair Value oder umgekehrt) ändert (▶ 3.6.2). Ferner besteht ggf. die Pflicht zur Saldierung von Finanzderivaten (▶ 3.6.1).

Der gesonderte Ausweis von Finanzderivaten im Abschluss wird in der Literatur für zulässig erachtet, wenn das Unternehmen derartige Posten in wesentlichem Umfang einsetzt.[1036] Wie bereits erläutert wurde, entspricht dies allerdings überwiegend nicht der gängigen Praxis (▶ 4.1.1.2).

6.5.4 Erstbewertung

Der zur Erstbewertung heranzuziehende Fair Value (▶ 3.9.1) stellt für derivative Finanzinstrumente der Transaktionspreis oder der mittels eines Bewertungsverfahrens unter Einbeziehung von Marktdaten berechnete beizulegende Zeitwert dar. Ggf. anfallende Transaktionskosten sind unmittelbar erfolgswirksam zu erfassen (d.h. nicht dem Aktivposten zuzurechnen bzw. von dem Passivposten abzuziehen ▶ 3.9.5). In Fremdwährung lautende derivative Finanzinstrumente müssen zum am jeweiligen Tag des Geschäftsvorfalls gültigen Kassawechselkurs in die funktionale Währung umgerechnet werden (▶ 3.12.2).[1037]

[1035] Vgl. FREIBERG (2010a), S. 300; PwC (2011a), S. 11002 (11.4.2); ERNST & YOUNG LLP (2012b), S. 3495. Bei der Fristigkeitseinstufung aber offensichtlich auf die Laufzeit des ganzen Derivats abstellend DELOITTE LLP (2011b), S. 208.

[1036] Vgl. LÖW (2006), S. 15; KPMG IFRG LIMITED (2006), S. 187; PATEK (2007), S. 460.

[1037] Zur Umrechnung von Vermögenswerten wird in der Literatur der Rückgriff auf Briefkurse empfohlen; für Verbindlichkeiten sollen Geldkurse herangezogen werden. Die Verwendung von Mittelkursen ist jedoch auch zulässig.

6.5 Finanzderivate

Banken stellen für den Abschluss von Swapgeschäften (▶ 2.6.3) und FRAs (▶ 2.6.4.1) üblicherweise keine Transaktionskosten in Rechnung.[1038] Die Transaktionskosten werden von den Finanzinstituten ggf. indirekt über die Aufschläge berücksichtigt. Über die Spreads nehmen diese ferner bonitätsbedingte Anpassungen vor.

Sofern dem Vertrag marktgerechte Konditionen (Zinssätze, Wechselkurse) zu Grunde liegen und weder Transaktionskosten noch bonitätsbedingte Aufschläge vereinbart wurden, haben symmetrische Finanzderivate einen Erstbuchwert von 0. Aufschläge führen dazu, dass der Posten bereits bei der erstmaligen Erfassung einen negativen beizulegenden Zeitwert aufweist, der jedoch relativ niedrig sein dürfte, da das Ausfallrisiko vergleichsweise gering ist.

Bei Swapgeschäften oder FRAs, die auf nicht-marktgerechten Konditionen basieren, kann zwischen den Parteien bei Vertragsbeginn eine Ausgleichszahlung (Upfront Payment) erfolgen. Wurde etwa vereinbart, ein Upfront Payment von 200 € zu leisten, ergibt sich bei Einbuchung des Geschäfts am 01.01.X1 folgende Buchung:

| 01.01.X1 | Swap/FRA | 200 € | Kasse | 200 € |

6.5.5 Folgebewertung

Nicht in Sicherungsbeziehungen eingebundene Finanzderivate muss das Unternehmen in der Folge erfolgswirksam zum beizulegenden Zeitwert bewerten. Die Bewertung zum Fair Value gilt auch für Finanzderivate, die Teil einer bilanziellen Sicherungsbeziehung sind. In Abhängigkeit von der Art der Sicherungsbeziehung werden die Wertänderungen allerdings ggf. nicht in der GuV, sondern im Eigenkapital erfasst.[1039]

Bei Swapgeschäften und FRAs wird zwischen dem Clean Fair Value und dem Full (Dirty) Fair Value unterschieden.[1040] Obwohl mit den Wertkonzepten 2 alternative Bilanzierungssystematiken – Erfassung auf Dirty-Price- oder auf Clean-Price-Basis – verbunden sind (siehe dazu den folgenden Abschnitt), ist für Bilanzierungszwecke stets der Full Fair Value heranzuziehen, d.h. das aufgelaufene Zinsergebnis wird nicht gesondert als Zinsverbindlichkeit bzw. Zinsforderung ausgewiesen. Allerdings kann über die Wahl der Bilanzierungssystematik die Zuordnung der wertänderungsbe-

---

[1038] Vgl. bezüglich Zinsswaps WEIGEL u.a. (2007), S. 1050.
[1039] Eine Erfassung im OCI ergibt sich in Verbindung mit Cash Flow Hedges oder Net Investment Hedges, siehe zur Bilanzierung die Abschnitte 3.16.8.2 und 3.16.8.3.
[1040] Siehe zur Differenzierung der Wertkonzepte Abschnitt 2.1.11.1.

6 Herkömmliche Bilanzierung und Offenlegung einzelner Sachverhalte

dingten Aufwendungen und Erträge zu den Ergebnisteilen innerhalb der GuV beeinflusst werden.

Finanzderivate in Fremdwährung sind erfolgswirksam mit dem zum jeweiligen Stichtag bzw. Transaktionstag gültigen Kassawechselkurs umzurechnen, da es sich stets um monetäre Posten handelt (▶ 3.12.3.3).

Bei börsennotierten Kontrakten kann der beizulegende Zeitwert unmittelbar über die entsprechenden Kurse bezogen werden. Die Fair Values nichtbörsennotierter Finanzderivate (Swapgeschäfte, FRAs, Devisentermingeschäfte) lassen sich unter Berücksichtigung von Marktdaten über Bewertungsverfahren bestimmen. Der beizulegende Zeitwert von Zinsswaps und FRAs hängt von der Höhe der Zinszahlungen, ggf. vereinbarter Upfront/Balloon Payments, dem Marktzinssatz und dem Bonitätsrisiko des Kontrahenten ab.[1041] Bei Zins-/Währungsswaps kommt als weiterer Bewertungsparameter der jeweils zu Grunde liegende Wechselkurs hinzu. Die Zeitwerte von Devisentermingeschäften sowie von Devisen- und Währungsswaps werden im Wesentlichen von der Veränderung der Wechselkurse, auf welche sich die Kontrakte beziehen, bestimmt.[1042]

6.5.6 Buchungsvarianten für Zinsswaps und FRAs

Zur Erfassung der Wertänderungen von Zinsswaps und FRAs wird – vor allem bei Kreditinstituten – zwischen dem Dirty-Price- und dem Clean-Price-Bilanzierungskonzept unterschieden.[1043]

Dirty-Price-Methode

Bei ersterer, vorwiegend im angloamerikanischen Raum angewandten Methodik werden die periodischen Zinszahlungseingänge und -ausgänge der beiden Seiten gegen den Buchwert des Derivate-Postens gebucht. Für vierteljährlich zu zahlende variable Zinsen (Zahlungsausgang jeweils 2 Tage vor dem Quartalsstichtag) ergeben sich beispielhaft folgende Buchungen:

29.03.X1	Swap/FRA	100 €	Kasse	100 €
28.06.X1	Swap/FRA	90 €	Kasse	90 €
28.09.X1	Swap/FRA	110 €	Kasse	110 €
29.12.X1	Swap/FRA	105 €	Kasse	105 €

1041 Vgl. IDW (2007a), Rz. 6.
1042 Zwar unterliegen derartige Kontrakte grundsätzlich einem Zinsrisiko, das Währungsrisiko dominiert allerdings, vgl. IDW (2009a), Rz. 73.
1043 Vgl. zur Differenzierung grundlegend WEIGEL u.a. (2007), S. 1052-1054. Vgl. auch IDW (2007a), Rz. 8-10.

6.5 Finanzderivate

Erhält das Unternehmen aus dem Termingeschäft jährlich feste Zinsen (Zahlungseingang 2 Tage vor dem Jahresabschlussstichtag), wird wie folgt gebucht:

| 29.12.X1 | Kasse | 400 € | Swap/FRA | 400 € |

Zu den Abschlussstichtagen wird das Derivat zum Full Fair Value (Barwert der künftigen Zinseinzahlungen und -auszahlungen) bewertet und die Differenz zum Buchwert (Anfangsbestand des Derivats zuzüglich Bestandserhöhungen wegen Zinsauszahlungen abzüglich Bestandsminderungen wegen Zinseinzahlungen) erfolgswirksam im Handelsergebnis (HE) erfasst. Hat im Beispiel oben das Termingeschäft zum 31.12.X1 einen Full Fair Value von 8 €, so ergibt sich für das Gesamtjahr X1 ein Ertrag von 8 € ./. (405 € ./. 400 €) = 3 €,[1044] der folgendermaßen zu buchen ist:

| 31.12.X1 | Swap/FRA | 3 € | Wertänd. Swap/FRA (HE) | 3 € |

Unter Anwendung der Clean-Price-Methodik werden die periodischen Zinseinzahlungen und -auszahlungen hingegen sofort erfolgswirksam im Zinsergebnis erfasst:

Clean-Price-Methodik

29.03.X1	Zinsergebnis	100 €	Kasse	100 €
28.06.X1	Zinsergebnis	90 €	Kasse	90 €
28.09.X1	Zinsergebnis	110 €	Kasse	110 €
29.12.X1	Zinsergebnis	105 €	Kasse	105 €
29.12.X1	Kasse	400 €	Zinsergebnis	400 €

Das Derivat ist gleichfalls zum Full Fair Value zu bewerten; da der Buchwert zuvor 0 war, ergibt sich eine Wertänderung von 8 €, die über das Handelsergebnis erfasst wird:

| 31.12.X1 | Swap/FRA | 8 € | Wertänd. Swap/FRA (HE) | 8 € |

Damit führt auch die Clean-Price-Methodik zum Bilanzausweis auf Full-Fair-Value-Basis. Der per Saldo in der GuV erfasste Betrag ist für die beiden Methoden identisch (hier: Gewinn von 3 €). Allerdings ergeben sich Unterschiede dahingehend, in welchem Ergebnisteil die Aufwendungen und Erträge berücksichtigt werden (Clean-Price-Methodik: -5 € im Zinsergebnis und +8 € im Handelsergebnis; Dirty-Price-Methodik: +3 € im Handelsergebnis).

Sowohl bei der Dirty-Price- als auch bei der Clean-Price-Methodik kann ein vereinbartes Upfront/Balloon Payment über die Wertänderung des Derivats

---

[1044] Dabei wird unterstellt, dass der Derivate-Posten zum 31.12.X0 einen Buchwert von 0 hatte.

Herkömmliche Bilanzierung und Offenlegung einzelner Sachverhalte

vereinnahmt werden. Bei der Clean-Price-Methodik besteht ferner die Möglichkeit, die Zahlungen über die Effektivzinsmethode zu amortisieren.[1045]

Anwendung bei Nicht-Banken

Ob bei Nicht-Banken die Clean-Variante mit der Erfassung der Zahlungen im Zinsergebnis für nicht in Sicherungsbeziehungen eingebundene Zinsswaps bzw. FRAs sachgerecht ist, erscheint zweifelhaft. Derartige Posten sind zwingend als HfT zu kategorisieren; Wertänderungen sollten dementsprechend dem Handelsergebnis und nicht dem Zinsergebnis zugeordnet werden. Daher kommt im Rahmen der in dieser Ausarbeitung enthaltenen Praxisbeispiele zur Bilanzierung freistehender Derivate (▶ 6.5.9) ausschließlich die Dirty-Price-Methode zur Anwendung. Für in bilanzielle Sicherungsbeziehungen eingebundene Zinsswaps bzw. FRAs wird hingegen des Öfteren eine auf der Clean-Variante basierende Buchungstechnik herangezogen (Praxisbeispiel ▶ 7.1.1). Dabei werden die Zinszahlungen in gleicher Weise wie die Zinszahlungen des abgesicherten Grundgeschäfts im Zinsergebnis erfasst.[1046]

6.5.7 Ausbuchung

Generell sind finanzielle Vermögenswerte auszubuchen, falls die vertraglichen Rechte auf Cashflows auslaufen oder wenn Übertragungen im Sinne von IAS 39.20 erfolgen (▶ 3.13.1). Im Fall von Finanzderivaten mit positivem Zeitwert, die regelmäßig eine feste Laufzeit haben, kommen beide Ausbuchungsgründe in Frage: Die Instrumente laufen entweder bei Fälligkeit aus und sind dann auszubuchen oder sie werden vorzeitig verkauft bzw. glattgestellt – was ebenfalls mit einem vollständigen Abgang einhergeht.

Finanzielle Verbindlichkeiten hat das Unternehmen nur dann aus der Bilanz zu entfernen, wenn die im Vertrag genannte Verpflichtung beglichen oder aufgehoben ist bzw. ausläuft (▶ 3.13.2.1). Auch bei Finanzderivaten mit negativem Zeitwert ergibt sich dies einerseits zum Fälligkeitszeitpunkt. Andererseits besteht eine Ausbuchungspflicht, wenn das Instrument veräußert bzw. glattgestellt wird.

Basieren Swapgeschäfte oder FRAs auf nicht-marktgerechten Konditionen, erfolgt zwischen den Parteien zum Ende der Laufzeit ggf. eine Ausgleichszahlung. Ist etwa vereinbart worden, ein Balloon Payment von 300 € zu leisten, kommt bei Ausbuchung des Geschäfts am 31.12.X3 folgende Buchung zu Stande:

[1045] Vgl. dazu weiterführend WEIGEL u.a. (2007), S. 1053f.
[1046] Bei Fair Value Hedges gegen Zinsänderungsrisiken wird diese Buchungssystematik vom IDW (2007a), Rz. 17 empfohlen. Auch im Rahmen der Hedge-Accounting-Fallstudie von EISELT/WREDE (2009), S. 520 erfolgt der Ausweis der Zeitwertänderungen des Swaps im Zinsaufwand statt im Handelsergebnis.

| 31.12.X3 | Swap/FRA | 300 € | Kasse | 300 € |

6.5.8 Angabepflichten

Finanzderivate, die nicht dem Hedge Accounting unterworfen werden, finden zunächst bei den Buchwertangaben nach Bewertungskategorien (▶ 3.4.4.1) innerhalb der Bewertungskategorien FAFVPL (FAHfT) bzw. FLFVPL (FLHfT) Berücksichtigung; die Buchwerte entsprechen den nach Klassen offen zu legenden Fair Values (▶ 3.4.4.2). Für Letztere sind ferner die zusätzlichen Angabepflichten einschließlich der Zuordnung zu den Fair-Value-Hierarchiestufen relevant (▶ 3.8.2.6). OTC-Derivate wie Zinsswaps oder Devisentermingeschäfte wird man dabei generell der Fair-Value-Hierarchiestufe 2 zuordnen, falls die Input-Parameter auf Marktdaten basieren und diese regelmäßig von Preis-Service-Agenturen bezogen werden können.[1047] IFRS 13 macht bezüglich der Güteklassen der Input-Daten, über welche sich die Hierarchiestufe der Zeitwerte bestimmt, die folgenden Vorgaben:

- Bei Zinsswaps entsprechen Swapsätze auf Basis von Referenzzinssätzen wie dem LIBOR (▶ 2.1.3) Input-Daten der Stufe 2, sofern sie sich in den üblichen Zeitbändern über die gesamte Laufzeit des Zinsswaps beobachten lassen (IFRS 13.B35 (a)). Gleiches trifft zu, wenn Swapsätze auf Grundlage von Zinsstrukturkurven in Fremdwährung herangezogen werden, die entsprechend beobachtbar sind. Dabei ist grundsätzlich auch eine näherungsweise Bestimmung zulässig (IFRS 13.B35 (b)).[1048] Auch die Verwendung von bankspezifischen Leitzinsen, die über eine solche Extrapolation abgeleitet und durch Marktzinssätze bestätigt werden, stellen Input-Daten der Stufe 2 dar (IFRS 13.B35 (c)). Nichtmarktgestützte Anpassungen z.B. aus unverbindlichen Preisfeststellungen führen indes dazu, dass die Input-Daten der Stufe 3 zuzuordnen sind (IFRS 13.B36 (c)).

- Im Fall von Währungsswaps werden nicht-beobachtbare Zinssätze eines bestimmten Währungsraums als Input-Daten der Stufe 3 angesehen, wenn sie sich über die gesamte Laufzeit des Währungsderivats weder durch in den üblichen Zeitbändern beobachtbare Marktdaten noch anderweitig stützen lassen (IFRS 13.B36 (a)).

[1047] Vgl. IDW (2009a), Rz. 42.
[1048] So kann etwa für einen Zinsswap mit 10-jähriger Laufzeit, für den beobachtbare Input-Daten nur für 9 Jahre vorliegen, die Zinsstrukturkurve für das 10. Jahr extrapoliert werden – vorausgesetzt die Extrapolation ist für die gesamte Fair-Value-Bewertung unwesentlich.

Ferner gehen die aus der Zeitbewertung resultierenden Gewinne und Verluste in das bereitzustellende Nettoergebnis (▶ 3.14.6) der als HfT eingestuften Finanzinstrumente ein. Dabei besteht der Literatur zufolge ein Wahlrecht zur Zuordnung der Zinsergebnisse aus Swapgeschäften (und FRAs) zum FVPL-Nettoergebnis oder zum Zinsergebnis.[1049] Unterliegen Finanzderivate der Saldierungspflicht, so müssen die entsprechenden Angabepflichten erfüllt werden (▶ 3.6.1).

Ansonsten dürften in Bezug auf die Angaben zu Bilanz und zur GuV keine weiteren Anforderungen resultieren: Wertminderungen und Umwidmungen sind nicht vorgesehen; Finanzderivate wird das Unternehmen wohl kaum als Sicherheiten stellen.

Darüber hinaus finden Finanzderivate bei der Berichterstattung zu Risiken Berücksichtigung. Zum einen wird deren Einsatz im Rahmen der qualitativen Angaben zum Risikomanagement (▶ 5.2) thematisiert. Zum anderen werden Finanzderivate bei den Angaben zu Markt- und ggf. auch zu Liquiditätsrisiken (▶ 5.4.4; 5.4.3) zu berücksichtigen sein. Sofern das Unternehmen Kontrakte mit positivem Fair Value in Bestand hat, die mit bonitätsschwachen Banken abgeschlossen wurden und welche nicht durch entsprechende Passivposten ausgleichbar sind, bestehen außerdem Ausfallrisiken, über die zu berichten ist (▶ 5.4.2).[1050]

6.5.9 Praxisbeispiele

6.5.9.1 Forward Rate Agreement

Unternehmen I mit S&P-Rating AA rechnet Anfang März X1 mit einem relativ starken Anstieg des Zinsniveaus. Da es zum 16.09.X1 einen Finanzierungsbedarf von 20 Mio. € hat, wird mit der Hausbank am 14.03.X1 ein Forward Rate Agreement (FRA ▶ 2.6.4.1) in diesem Nominalvolumen mit einer Gesamtlaufzeit von 3 Jahren (bis zum 16.03.X4) abgeschlossen. I ist Käufer des FRA und zahlt einen festen Zinssatz von 5,284% p.a. Als variable Zinsbasis wird der 6-Monats-EURIBOR (Fixing-Tage: 14.09. und 14.03.) vereinbart (Zählweise 30/360). Die Vorlaufzeit beginnt am 16.03.X1 und endet am 15.09.X1; die 1. FRA-Periode geht vom 16.09.X1 bis zum 15.03.X2. Die dem FRA zum 14.03.X1 zu Grunde liegenden Bewertungsparameter sind in Tabelle 6-15 aufgeführt.

[1049] Vgl. IDW (2007a), Rz. 13; WEIGEL u.a. (2007), S. 1056 m.V.a. IFRS 7.B5 (e) und IFRS 7.BC34.
[1050] Der Literatur zufolge schließen Nicht-Banken derivative Finanzinstrumente überwiegend mit erstklassigen Banken ab, womit dem Ausfallrisiko eine geringe Bedeutung zukommt, vgl. MAULSHAGEN/TREPTE/WALTERSCHEIDT (2008), Rz. 298.

Finanzderivate

6.5

Praxisbeispiel FRA: Bewertungsparameter zum 14.03.X1

Tabelle 6-15

Zeitraum	(1) Tage periodisch	(2) Tage kumulativ	(3) Swapzinssatz	(4)[a] Zero-Zinssatz	(5) Terminzinssatz	(6) = b Auszahlung fix	(7) = c Einzahlung variabel
14.03.X1-15.09.X1	182	182	3,383%	3,383%	3,383%		
16.09.X1-15.03.X2	180	362	4,061%	4,109%	4,762%	-528,42 T€	476,23 T€
16.03.X2-15.09.X2	180	542	4,348%	4,407%	4,947%	-528,42 T€	494,71 T€
16.09.X2-15.03.X3	180	722	4,635%	4,709%	5,546%	-528,42 T€	554,64 T€
16.03.X3-15.09.X3	180	902	4,790%	4,871%	5,451%	-528,42 T€	545,07 T€
16.09.X3-15.03.X4	180	1.082	4,944%	5,036%	5,783%	-528,42 T€	578,29 T€

a Siehe zur Bestimmung Abschnitt 2.1.8
b 20 Mio. € · 5,284% · Spalte (1) / 360
c 20 Mio. € · Spalte (5) · Spalte (1) / 360

Der beizulegende Zeitwert des FRA zum 14.03.X1 ist 0, denn die Ein- und Auszahlungen werden anhand der Swapzinssätze (welche auf einem AA-Rating basieren) bestimmt:

$$\frac{(-528{,}42\,T€ + 476{,}23\,T€)}{(1+4{,}109\%)^{362/360}} + \frac{(-528{,}42\,T€ + 494{,}71\,T€)}{(1+4{,}407\%)^{542/360}} + \ldots + \frac{(-528{,}42\,T€ + 578{,}29\,T€)}{(1+5{,}036\%)^{1.082/360}} = 0\,T€$$

Das FRA wird nicht in eine bilanzielle Sicherungsbeziehung eingebunden und muss daher der Bewertungskategorie FAFVPL (FAHfT) bzw. FLFVPL (FLHfT) zugeordnet werden. Da zur Ersterfassung der beizulegende Zeitwert heranzuziehen ist und dieser 0 beträgt, dokumentiert I den bilanzneutralen Zugang des Derivats lediglich in einem Nebenbuch.

Dokumentation 14.03.X1

Für den Quartalsabschluss zum 31.03.X1 muss das FRA ebenfalls zum beizulegenden Zeitwert angesetzt werden. Die zu diesem Stichtag vorherrschenden Bewertungsparameter sind in Tabelle 6-16 dargestellt.

Bilanzierung Q1 X1

Praxisbeispiel FRA: Bewertungsparameter zum 31.03.X1

Tabelle 6-16

Zeitraum	(1) Tage periodisch	(2) Tage kumulativ	(3) Swapzinssatz	(4)[a] Zero-Zinssatz	(5) Terminzinssatz	(6) = b Auszahlung fix	(7) = c Einzahlung variabel
01.04.X1-15.09.X1	165	165	3,433%	3,433%	3,433%		
16.09.X1-15.03.X2	180	345	4,027%	4,074%	4,590%	-528,42 T€	458,98 T€
16.03.X2-15.09.X2	180	525	4,341%	4,400%	4,958%	-528,42 T€	495,81 T€
16.09.X2-15.03.X3	180	705	4,618%	4,690%	5,469%	-528,42 T€	546,88 T€
16.03.X3-15.09.X3	180	885	4,815%	4,899%	5,638%	-528,42 T€	563,83 T€
16.09.X3-15.03.X4	180	1.065	4,959%	5,052%	5,728%	-528,42 T€	572,85 T€

a Siehe zur Bestimmung Abschnitt 2.1.8
b 20 Mio. € · 5,284% · Spalte (1) / 360
c 20 Mio. € · Spalte (5) · Spalte (1) / 360

6 Herkömmliche Bilanzierung und Offenlegung einzelner Sachverhalte

Zum 31.03.X1 beläuft sich der Fair Value des FRA auf -10,70 T€:

$$\frac{(-528,42\ T€ + 458,98\ T€)}{(1+4,074\% \cdot 345/360)} + \frac{(-528,42\ T€ + 495,81\ T€)}{(1+4,400\%)^{525/360}} + ... + \frac{(-528,42\ T€ + 572,85\ T€)}{(1+5,052\%)^{1.065/360}} = -10,70\ T€$$

Die Wertänderung wird im Handelsergebnis (HE) erfasst; Buchung (B = Bilanz):

| 31.03.X1 | Aufw. Wertänd. HfT (HE) | 10,70 T€ | FRA FLHfT (B) | 10,70 T€ |

Bilanzierung Q2 X1

Auch für den Quartalsabschluss zum 30.06.X1 wird das FRA zum Fair Value bilanziert; die wertbestimmenden Parameter führt Tabelle 6-17 auf.

Der beizulegende Zeitwert zum 30.06.X1 beträgt +12,35 T€:

$$\frac{(-528,42\ T€ + 422,64\ T€)}{(1+4,017\% \cdot 255/360)} + \frac{(-528,42\ T€ + 515,27\ T€)}{(1+4,527\%)^{435/360}} + ... + \frac{(-528,42\ T€ + 606,63\ T€)}{(1+5,255\%)^{975/360}} = 12,35\ T€$$

Da sich der Fair Value zum 31.03.X1 auf -10,70 T€ belief, wird ein Ertrag von 23,05 T€ (+12,35 T€ ./. -10,70 T€) erfasst. Durch den Vorzeichenwechsel des beizulegenden Zeitwerts muss die zuvor eingebuchte Verbindlichkeit zunächst wieder ausgebucht werden:

30.06.X1	FRA FLHfT (B)	10,70 T€	Ertrag Wertänd. HfT (HE)	23,05 T€
	FRA FAHfT (B)	12,35 T€		

Tabelle 6-17 *Praxisbeispiel FRA: Bewertungsparameter zum 30.06.X1*

	(1)	(2)	(3)	(4)[a]	(5)	(6) = b	(7) = c
Zeitraum	Tage periodisch	kumulativ	Swapzinssatz	Zero-Zinssatz	Terminzinssatz	Auszahlung fix	Einzahlung variabel
01.07.X1-15.09.X1	75	75	3,443%	3,443%	3,443%		
16.09.X1-15.03.X2	180	255	3,970%	4,017%	4,226%	-528,42 T€	422,64 T€
16.03.X2-15.09.X2	180	435	4,464%	4,527%	5,153%	-528,42 T€	515,27 T€
16.09.X2-15.03.X3	180	615	4,789%	4,867%	5,614%	-528,42 T€	561,41 T€
16.03.X3-15.09.X3	180	795	4,967%	5,052%	5,609%	-528,42 T€	560,95 T€
16.09.X3-15.03.X4	180	975	5,157%	5,255%	6,066%	-528,42 T€	606,63 T€

a Siehe zur Bestimmung Abschnitt 2.1.8
b 20 Mio. € · 5,284% · Spalte (1) / 360
c 20 Mio. € · Spalte (5) · Spalte (1) / 360

Ausgleichszahlung 14.09.X1

Zum 14.09.X1 (Fixing-Tag für die 1. FRA-Periode vom 16.09.X1 bis zum 15.03.X2) notiert der 6-Monats-EURIBOR bei 4,018%. Bezogen auf den 15.03.X2 ergibt sich ein Ausgleichsbetrag von (4,018% ./. 5,284%) · 180 Tage / 360 Tage · 20.000 T€ = -126,62 T€. Da dieser vorschüssig auf den 14.09.X1 zu leisten ist, muss der Barwert bestimmt werden, der -124,10 T€ beträgt:

$$\frac{-126,62\ T€}{(1+4,018\% \cdot 182/360)} = -124,10\ T€$$

Finanzderivate

6.5

Die Buchung für die Ausgleichszahlung (Dirty-Price-Methodik) lautet wie folgt:

| 14.09.X1 | FRA FAHfT (B) | 124,10 T€ | Kasse LaR (B) | 124,10 T€ |

Für den Quartalsabschluss zum 30.09.X1 ist das FRA wieder zum beizulegenden Zeitwert anzusetzen; die Bewertungsparameter enthält Tabelle 6-18.

Bilanzierung Q3 X1

Zum 30.09.X1 bestimmt sich ein Fair Value von +3,84 T€:

$$\frac{(-528{,}42\ T€ + 401{,}80\ T€)}{(1 + 4{,}068\%\cdot 165/360)} + \frac{(-528{,}42\ T€ + 474{,}47\ T€)}{(1 + 4{,}467\%\cdot 345/360)} + \ldots + \frac{(-528{,}42\ T€ + 571{,}51\ T€)}{(1 + 5{,}421\%)^{885/360}} = 3{,}84\ T€$$

Praxisbeispiel FRA: Bewertungsparameter zum 30.09.X1

Tabelle 6-18

Zeitraum	(1) Tage periodisch	(2) Tage kumulativ	(3) Swapzinssatz	(4)[a] Zero-Zinssatz	(5) Fixing/Terminzinssatz	(6) = b Auszahlung fix	(7) = c Einzahlung variabel
16.09.X1-30.09.X1	15	15			4,018%	-528,42 T€	401,80 T€
01.10.X1-15.03.X2	165	165	4,068%	4,068%			
16.03.X2-15.09.X2	180	345	4,413%	4,467%	4,745%	-528,42 T€	474,47 T€
16.09.X2-15.03.X3	180	525	4,941%	5,019%	5,986%	-528,42 T€	598,60 T€
16.03.X3-15.09.X3	180	705	5,232%	5,326%	6,133%	-528,42 T€	613,30 T€
16.09.X3-15.03.X4	180	885	5,325%	5,421%	5,715%	-528,42 T€	571,51 T€

a Siehe zur Bestimmung Abschnitt 2.1.8
b 20 Mio. € · 5,284% · Spalte (1) / 360
c 20 Mio. € · Spalte (5) · Spalte (1) / 360

Es wird ein Aufwand von 3,84 T€ ./. (12,35 T€ + 124,10 T€) = 132,61 T€ erfasst:

| 30.09.X1 | Aufw. Wertänd. HfT (HE) | 132,61 T€ | FRA FAHfT (B) | 132,61 T€ |

Das FRA ist zum 31.12.X1 ebenfalls zum beizulegenden Zeitwert anzusetzen; die wertbestimmenden Parameter führt Tabelle 6-19 auf.

Bilanzierung Q4 X1

Zum 31.12.X1 beträgt der Fair Value +20,64 T€:

$$\frac{(-528{,}42\ T€ + 401{,}80\ T€)}{(1 + 4{,}188\%\cdot 75/360)} + \frac{(-528{,}42\ T€ + 450{,}22\ T€)}{(1 + 4{,}437\%\cdot 255/360)} + \ldots + \frac{(-528{,}42\ T€ + 634{,}13\ T€)}{(1 + 5{,}637\%)^{795/360}} = 20{,}64\ T€$$

Da sich der beizulegende Zeitwert zum 30.09.X1 auf +3,84 T€ belief, wird ein Ertrag von 16,80 T€ (20,64 T€ ./. 3,84 T€) erfasst:

| 31.12.X1 | FRA FAHfT (B) | 16,80 T€ | Ertrag Wertänd. HfT (HE) | 16,80 T€ |

6
Herkömmliche Bilanzierung und Offenlegung einzelner Sachverhalte

Tabelle 6-19 | *Praxisbeispiel FRA: Bewertungsparameter zum 31.12.X1*

Zeitraum	(1) Tage periodisch	(2) Tage kumulativ	(3) Swap-zinssatz	(4)[a] Zero-Zinssatz	(5) Fixing/ Terminzinssatz	(6) = b Auszahlung fix	(7) = c Einzahlung variabel
16.09.X1-31.12.X1	105	105			4,018%	-528,42 T€	401,80 T€
01.01.X2-15.03.X2	75	75	4,188%	4,188%			
16.03.X2-15.09.X2	180	255	4,381%	4,437%	4,502%	-528,42 T€	450,22 T€
16.09.X2-15.03.X3	180	435	4,867%	4,940%	5,539%	-528,42 T€	553,90 T€
16.03.X3-15.09.X3	180	615	5,307%	5,403%	6,425%	-528,42 T€	642,52 T€
16.09.X3-15.03.X4	180	795	5,529%	5,637%	6,341%	-528,42 T€	634,13 T€

a Siehe zur Bestimmung Abschnitt 2.1.8
b 20 Mio. € · 5,284% · Spalte (1) / 360
c 20 Mio. € · Spalte (5) · Spalte (1) / 360

Angaben JA X1

Für den Jahresabschluss X1 berücksichtigt I den Zeitwert des FRA von 20,64 T€ bei der Angabe des Buchwerts der Bewertungskategorie FAFVPL (FAHfT) sowie bei der Publikation der Fair Values nach Klassen.[1051] Der Zeitwert wird der Bewertungsstufe 2 zugeordnet, da die Bestimmung über ein Bewertungsverfahren mit marktbestimmten Input-Faktoren (Swapzinssätze, EURIBOR-Zinssätze) erfolgt. In das FVPL (HfT)-Nettoergebnis gehen die aus der Zeitbewertung resultierenden Aufwendungen und Erträge (per Saldo -103,46 T€) ein.

Da das FRA zum Jahresabschlussstichtag X1 einen positiven Marktwert hat, bleibt es bei den Angaben zu Liquiditätsrisiken (Fälligkeitsanalyse ▶ 5.4.3.2) unberücksichtigt.

– Zinssensitivität

Zur Darstellung der Marktrisiken bzw. Sensitivitäten zum Zinsrisiko wird die aktuelle Swap-Zinskurve parallel um 100 BP nach oben verschoben (BPV-Berechnung ▶ 2.1.11.4). Tabelle 6-20 zeigt die zur Bestimmung des hypothetischen beizulegenden Zeitwerts benötigten Bewertungsparameter.

Bei hypothetischer Verschiebung der Zinsstrukturkurve um 100 BP nach oben würde der Fair Value zum 31.12.X1 +385,61 T€ betragen:

$$\frac{(-528{,}42\,T€ + 401{,}80\,T€)}{(1+5{,}188\% \cdot 75/360)} + \frac{(-528{,}42\,T€ + 552{,}27\,T€)}{(1+5{,}466\% \cdot 255/360)} + \ldots + \frac{(-528{,}42\,T€ + 735{,}04\,T€)}{(1+6{,}674\%)^{795/360}} = 385{,}61\,T€$$

Da der tatsächliche beizulegende Zeitwert zum 31.12.X1 bei 20,64 T€ liegt, wird bei der Angabe der Sensitivitäten zum Zinsrisiko ein Betrag von +364,97 T€ (385,61 T€ ./. 20,64 T€) berücksichtigt. Auf die gleiche Weise bestimmt I die Sensitivität bei einer Parallelverschiebung der Swap-Zinskurve um 100 BP nach unten; es ergibt sich ein Wert von -375,44 T€.[1052] Wäre also

---

[1051] Die Zahlungsmittel finden bei den Buchwertangaben der Bewertungskategorie LaR Berücksichtigung.
[1052] Auf die Darstellung der Berechnung wird verzichtet.

Finanzderivate **6.5**

das Zinsniveau um 100 BP höher (niedriger) gewesen, so wäre das Ergebnis um 364,97 T€ höher (um 375,44 T€ geringer) ausgefallen.

Praxisbeispiel FRA: hyp. Bewertungsparameter zum 31.12.X1 *Tabelle 6-20*

Zeitraum	(1) Tage periodisch	(2) kumulativ	(3) Swapzinssatz	(4)[a] Zero-Zinssatz	(5) Fixing/Terminzinssatz	(6) = b Auszahlung fix	(7) = c Einzahlung variabel
16.09.X1-31.12.X1	105	105			4,018%	-528,42 T€	401,80 T€
01.01.X2-15.03.X2	75	75	5,188%	5,188%			
16.03.X2-15.09.X2	180	255	5,381%	5,466%	5,523%	-528,42 T€	552,27 T€
16.09.X2-15.03.X3	180	435	5,867%	5,972%	6,523%	-528,42 T€	652,25 T€
16.03.X3-15.09.X3	180	615	6,307%	6,438%	7,435%	-528,42 T€	743,50 T€
16.09.X3-15.03.X4	180	795	6,529%	6,674%	7,350%	-528,42 T€	735,04 T€

a Siehe zur Bestimmung Abschnitt 2.1.8
b 20 Mio. € · 5,284% · Spalte (1) / 360
c 20 Mio. € · Spalte (5) · Spalte (1) / 360

Zum 14.03.X2 (Fixing-Tag für die 2. FRA-Periode vom 16.03.X2 bis zum 15.09.X2) notiert der 6-Monats-EURIBOR bei 4,205%. Bezogen auf den 15.09.X2 ergibt sich ein Ausgleichsbetrag von (4,205% ./. 5,284%) · 180 Tage / 360 Tage · 20.000 T€ = -107,92 T€. Da vorschüssig auf den 14.03.X2 gezahlt wird, ist der Barwert zu ermitteln; dieser beträgt -105,67 T€: *Ausgleichszahlung 14.03.X2*

$$\frac{-107{,}92\ T€}{(1+4{,}205\%\cdot 182/360)} = -105{,}67\ T€$$

Die Buchung für die Ausgleichszahlung (Dirty-Price-Methodik) lautet wie folgt:

14.03.X2	FRA FAHfT (B)	105,67 T€	Kasse LaR (B)	105,67 T€

Für den Quartalsabschluss zum 31.03.X2 ist das FRA zum Fair Value zu bilanzieren (Bewertungsparameter siehe Tabelle 6-21). *Bilanzierung Q1 X2*

Zum 31.03.X2 beträgt der beizulegende Zeitwert +118,20 T€:

$$\frac{(-528{,}42\ T€ + 420{,}50\ T€)}{(1+4{,}315\%\cdot 165/360)} + \frac{(-528{,}42\ T€ + 483{,}09\ T€)}{(1+4{,}634\%\cdot 345/360)} + \ldots + \frac{(-528{,}42\ T€ + 688{,}72\ T€)}{(1+5{,}771\%)^{705/360}} = 118{,}20\ T€$$

Es wird ein Aufwand von 118,20 T€ ./. (20,64 T€ + 105,67 T€) = 8,11 T€ erfasst:

31.03.X2	Aufw. Wertänd. HfT (HE)	8,11 T€	FRA FAHfT (B)	8,11 T€

6 Herkömmliche Bilanzierung und Offenlegung einzelner Sachverhalte

Tabelle 6-21 *Praxisbeispiel FRA: Bewertungsparameter zum 31.03.X2*

Zeitraum	(1) Tage periodisch	(2) Tage kumulativ	(3) Swapzinssatz	(4)[a] Zero-Zinssatz	(5) Fixing/ Terminzinssatz	(6) = b Auszahlung fix	(7) = c Einzahlung variabel
16.03.X2-31.03.X2	15	15			4,205%	-528,42 T€	420,50 T€
01.04.X2-15.09.X2	165	165	4,315%	4,315%			
16.09.X2-15.03.X3	180	345	4,577%	4,634%	4,831%	-528,42 T€	483,09 T€
16.03.X3-15.09.X3	180	525	5,260%	5,351%	6,620%	-528,42 T€	662,00 T€
16.09.X3-15.03.X4	180	705	5,656%	5,771%	6,887%	-528,42 T€	688,72 T€

a Siehe zur Bestimmung Abschnitt 2.1.8
b 20 Mio. € · 5,284% · Spalte (1) / 360
c 20 Mio. € · Spalte (5) · Spalte (1) / 360

6.5.9.2 Receiver-Zinsswap

Unternehmen J mit S&P-Rating BBB hat am 16.05.X1 einen festverzinslichen Kredit im Nominalvolumen von 80 Mio. € mit einer Laufzeit von 5 Jahren abgeschlossen. Die Zinszahlungen von 6,5% p.a. sind jährlich nachschüssig zu leisten. Der Kredit ist endfällig am 16.05.X6 zu tilgen.

Anfang Mai X4 rechnet J mit einem Rückgang der Marktzinssätze. Da das Unternehmen zudem häufiger Zinszahlungen leisten will, schließt es mit seiner Hausbank am 14.05.X4 einen Receiver-Zinsswap mit Anfangsdatum 16.05.X4 und Enddatum 16.05.X6 über ein Nominalvolumen von 80 Mio. € ab. Dieser ermöglicht den Erhalt von jährlich nachschüssig 6,5% p.a. fix (Zinszahlungstermine am 16.05.X5 und 16.05.X6) gegen die vierteljährliche Zahlung des 3-Monats-EURIBOR zuzüglich 212 BP mit den Fixing-Tagen 14.05., 14.08., 14.11. und 14.02. (Zählweise 30/360). Die variablen Zinszahlungen sind nachschüssig jeweils zum 16.08., 16.11., 16.02. und 16.05. fällig. Bei Abschluss des Receiver-Zinsswap notiert der für die 1. Zinsperiode relevante 3-Monats-EURIBOR bei 3,605%. Tabelle 6-22 stellt die dem Receiver-Zinsswap beim Abschluss zu Grunde liegenden Bewertungsparameter dar.

Der beizulegende Zeitwert des Receiver-Zinsswap zum 14.05.X4 beträgt -40,24 T€:

$$\frac{-1.145\,T€}{(1+3,656\%\cdot 92/360)} + ... + \frac{(-1.517,65\,T€ + 5.200\,T€)}{(1+4,288\%)^{362/360}} + ... + \frac{(-1.316,51\,T€ + 5.200\,T€)}{(1+4,377\%)^{722/360}} = -40,24\,T€$$

Finanzderivate

6.5

Praxisbeispiel Receiver-Zinsswap: Bewertungsparameter zum 14.05.X4   Tabelle 6-22

Zeitraum	(1) Tage periodisch	(2) Tage kumulativ	(3) Swapzinssatz	(4)[a] Zero-Zinssatz	(5) Fixing/ Terminzinssatz	(6) = b Auszahlung variabel	(7) = c Einzahlung fix
14.05.X4-15.05.X4	2	2	3,605%	3,605%	3,605%		
16.05.X4-15.08.X4	90	92	3,607%	3,656%	3,605%	-1.145,00 T€	
16.08.X4-15.11.X4	90	182	3,732%	3,785%	3,880%	-1.200,04 T€	
16.11.X4-15.02.X5	90	272	3,790%	3,845%	3,892%	-1.202,41 T€	
16.02.X5-15.05.X5	90	362	4,213%	4,288%	5,468%	-1.517,65 T€	5.200 T€
16.05.X5-15.08.X5	90	452	4,235%	4,309%	4,326%	-1.289,21 T€	
16.08.X5-15.11.X5	90	542	4,257%	4,332%	4,371%	-1.298,25 T€	
16.11.X5-15.02.X6	90	632	4,279%	4,354%	4,417%	-1.307,36 T€	
16.02.X6-15.05.X6	90	722	4,301%	4,377%	4,463%	-1.316,51 T€	5.200 T€

a Siehe zur Bestimmung Abschnitt 2.1.8   c 80 Mio. € · 6,5%
b 80 Mio. € · [Spalte (5) + 2,12%] · Spalte (1) / 360

Da der Receiver-Zinsswap nicht in eine bilanzielle Sicherungsbeziehung eingebunden wird, ist er der Bewertungskategorie FAFVPL (FAHfT) bzw. FLFVPL (FLHfT) zuzuordnen. Die Bewertung erfolgt zum Fair Value mit Gegenbuchung im Handelsergebnis (HE). Buchung (B = Bilanz):   *Einbuchung 14.05.X4*

| 14.05.X4 | Aufw. Wertänd. HfT (HE) | 40,24 T€ | Zinsswap FLHfT (B) | 40,24 T€ |

Der Verlust bei der Einbuchung ist darauf zurückzuführen, dass die Hausbank für das vergleichsweise höhere Ausfallrisiko (J hat ein S&P-Rating von BBB, die Swapzinssätze basieren auf S&P-Rating AA) eine Prämie verlangt. Ferner können im Aufschlag Gebühren usw. eingepreist sein (▶ 2.6.3.1).

Für den Quartalsabschluss zum 30.06.X4 muss der Receiver-Zinsswap erneut zum beizulegenden Zeitwert bilanziert werden. Die zu diesem Stichtag gültigen Bewertungsparameter führt Tabelle 6-23 auf.   *Bilanzierung Q2 X4*

Der Fair Value des Receiver-Zinsswap zum 30.06.X4 beträgt -153,54 T€:

$$\frac{-1.145\,T€}{(1+3,755\%\cdot 45/360)} + ... + \frac{(-1.260,04\,T€ + 5.200\,T€)}{(1+4,061\%\cdot 315/360)} + ... + \frac{(-1.301,04\,T€ + 5.200\,T€)}{(1+4,522\%)^{675/360}} = -153,54\,T€$$

J bucht die Wertänderung zur Vorperiode von -113,30 T€ (-153,54 T€ ./. -40,24 T€) wie folgt:

| 30.06.X4 | Aufw. Wertänd. HfT (HE) | 113,30 T€ | Zinsswap FLHfT (B) | 113,30 T€ |

Herkömmliche Bilanzierung und Offenlegung einzelner Sachverhalte

Tabelle 6-23 *Praxisbeispiel Receiver-Zinsswap: Bewertungsparameter zum 30.06.X4*

Zeitraum	(1) Tage periodisch	(2) Tage kumulativ	(3) Swapzinssatz	(4)[a] Zero-Zinssatz	(5) Fixing/ Terminzinssatz	(6) = b Auszahlung variabel	(7) = c Einzahlung fix
16.05.X4-30.06.X4	45	45			3,605%	-1.145,00 T€	
01.07.X4-15.08.X4	45	45	3,755%	3,755%			
16.08.X4-15.11.X4	90	135	3,737%	3,793%	3,794%	-1.182,85 T€	
16.11.X4-15.02.X5	90	225	3,911%	3,972%	4,181%	-1.260,26 T€	
16.02.X5-15.05.X5	90	315	3,998%	4,061%	4,180%	-1.260,04 T€	5.200 T€
16.05.X5-15.08.X5	90	405	4,295%	4,373%	5,328%	-1.489,66 T€	
16.08.X5-15.11.X5	90	495	4,436%	4,521%	5,089%	-1.441,75 T€	
16.11.X5-15.02.X6	90	585	4,448%	4,532%	4,516%	-1.327,22 T€	
16.02.X6-15.05.X6	90	675	4,440%	4,522%	4,385%	-1.301,04 T€	5.200 T€

a Siehe zur Bestimmung Abschnitt 2.1.8
b 80 Mio. € · [Spalte (5) + 2,12%] · Spalte (1) / 360
c 80 Mio. € · 6,5%

Zum 14.08.X4 notiert der 3-Monats-EURIBOR bei 3,784% (Fixing-Tag für die Zinsperiode vom 16.08.X4 bis zum 15.11.X4).

Variable Zinszahlung 16.08.X4

2 Tage später begleicht J die 1. variable Zinszahlung. Dies wird nach der Dirty-Price-Methodik wie folgt erfasst:[1053]

16.08.X4	Zinsswap FLHfT (B)	153,54 T€	Kasse LaR (B)	1.145,00 T€
	Zinsswap FAHfT (B)	991,46 T€		

Bilanzierung Q3 X4

Für den Quartalsabschluss zum 30.09.X4 ist der Receiver-Zinsswap wieder zum Fair Value zu bewerten. Tabelle 6-24 enthält die entsprechenden Bewertungsparameter.

Zum 30.09.X4 beträgt der beizulegende Zeitwert des Receiver-Zinsswap +676,98 T€:

$$\frac{-1.180,80 \text{ T€}}{(1+3,765\% \cdot 45/360)} + ... + \frac{(-1.418,06 \text{ T€} + 5.200 \text{ T€})}{(1+4,305\% \cdot 225/360)} + ... + \frac{(-1.429,67 \text{ T€} + 5.200 \text{ T€})}{(1+4,886\%)^{585/360}} = 676,98 \text{ T€}$$

Es ergibt sich ein erfolgswirksam zu erfassender Aufwand von 314,48 T€ (676,98 T€ ./. 991,46 T€):

30.09.X4	Aufw. Wertänd. HfT (HE)	314,48 T€	Zinsswap FAHfT (B)	314,48 T€

[1053] Da sich das Vorzeichen des Derivate-Postens ändert, ist die zuvor eingebuchte Verbindlichkeit zunächst auszubuchen.

6.5 Finanzderivate

Praxisbeispiel Receiver-Zinsswap: Bewertungsparameter zum 30.09.X4   Tabelle 6-24

Zeitraum	(1) Tage periodisch	(2) Tage kumulativ	(3) Swap-zinssatz	(4)[a] Zero-Zinssatz	(5) Fixing/Termin-zinssatz	(6) = b Auszahlung variabel	(7) = c Einzahlung fix
16.08.X4-30.09.X4	45	45			3,784%	-1.180,80 T€	
01.10.X4-15.11.X4	45	45	3,765%	3,765%			
16.11.X4-15.02.X5	90	135	3,757%	3,814%	3,820%	-1.188,00 T€	
16.02.X5-15.05.X5	90	225	4,231%	4,305%	4,970%	-1.418,06 T€	5.200 T€
16.05.X5-15.08.X5	90	315	4,348%	4,425%	4,601%	-1.344,22 T€	
16.08.X5-15.11.X5	90	405	4,635%	4,727%	5,628%	-1.549,66 T€	
16.11.X5-15.02.X6	90	495	4,746%	4,843%	5,260%	-1.476,07 T€	
16.02.X6-15.05.X6	90	585	4,788%	4,886%	5,028%	-1.429,67 T€	5.200 T€

a Siehe zur Bestimmung Abschnitt 2.1.8
b 80 Mio. € · [Spalte (5) + 2,12%] · Spalte (1) / 360
c 80 Mio. € · 6,5%

Der 3-Monats-EURIBOR beläuft sich am 14.11.X4 (Fixing-Tag für die Zinsperiode vom 16.11.X4 bis zum 15.02.X5) auf 4,534%.

J begleicht die 2. variable Zinszahlung 2 Tage später; Buchung:

Variable Zinszahlung 16.11.X4

| 16.11.X4 | Zinsswap FAHfT (B) | 1.180,80 T€ | Kasse LaR (B) | 1.180,80 T€ |

Zum 31.12.X4 erfolgt erneut eine Fair-Value-Bewertung; in Tabelle 6-25 sind die hierfür relevanten Parameter aufgeführt.

Bilanzierung Q4 X4

Der Receiver-Zinsswap hat zum 31.12.X4 einen beizulegenden Zeitwert von -19,59 T€:

$$\frac{-1.330,80\ T€}{(1 + 4,365\% \cdot 45/360)} + \frac{(-1.362,13\ T€ + 5.200\ T€)}{(1 + 4,599\% \cdot 135/360)} + \ldots + \frac{(-1.921,47\ T€ + 5.200\ T€)}{(1 + 6,862\%)^{495/360}} = -19,59\ T€$$

Praxisbeispiel Receiver-Zinsswap: Bewertungsparameter zum 31.12.X4   Tabelle 6-25

Zeitraum	(1) Tage periodisch	(2) Tage kumulativ	(3) Swap-zinssatz	(4)[a] Zero-Zinssatz	(5) Fixing/Termin-zinssatz	(6) = b Auszahlung variabel	(7) = c Einzahlung fix
16.11.X4-31.12.X4	45	45			4,534%	-1.330,80 T€	
01.01.X5-15.02.X5	45	45	4,365%	4,365%			
16.02.X5-15.05.X5	90	135	4,517%	4,599%	4,691%	-1.362,13 T€	5.200 T€
16.05.X5-15.08.X5	90	225	5,091%	5,198%	5,993%	-1.622,54 T€	
16.08.X5-15.11.X5	90	315	5,870%	6,022%	7,827%	-1.989,50 T€	
16.11.X5-15.02.X6	90	405	6,480%	6,676%	8,634%	-2.150,84 T€	
16.02.X6-15.05.X6	90	495	6,656%	6,862%	7,487%	-1.921,47 T€	5.200 T€

a Siehe zur Bestimmung Abschnitt 2.1.8
b 80 Mio. € · [Spalte (5) + 2,12%] · Spalte (1) / 360
c 80 Mio. € · 6,5%

6 Herkömmliche Bilanzierung und Offenlegung einzelner Sachverhalte

Der zu erfassende Aufwand beträgt -19,59 T€ ./. (676,98 T€ + 1.180,80 T€) = 1.877,37 T€:[1054]

31.12.X4	Aufw. Wertänd. HfT (HE)	1.877,37 T€	Zinsswap FAHfT (B)	1.857,78 T€
			Zinsswap FLHfT (B)	19,59 T€

Angaben JA X4

J berücksichtigt für den Jahresabschluss X4 den Zeitwert des Receiver-Zinsswap von -19,59 T€ bei der Angabe des Buchwerts der Bewertungskategorie FLFVPL (FLHfT) sowie bei der Berichterstattung der Fair Values nach Klassen.[1055] Der Zeitwert wird wegen der Verwendung marktbestimmter Input-Faktoren (EURIBOR-Zinssätze) der Bewertungsstufe 2 zugeordnet. Die aus der Zeitbewertung resultierenden Aufwendungen von insgesamt 2.345,39 T€ sind Bestandteil des FVPL (HfT)-Nettoergebnisses.

– Fälligkeitsanalyse

Da der Receiver-Zinsswap zum 31.12.X4 einen negativen Marktwert hat und damit eine finanzielle Verbindlichkeit darstellt, berücksichtigt J den Posten auch bei der im Rahmen der Angaben zu Liquiditätsrisiken verlangten Fälligkeitsanalyse. Dabei wird der in Tabelle 5-2 aufgeführte Aufbau herangezogen (▶ 5.4.3.2). Tabelle 6-26 zeigt, wie die Ein- und Auszahlungen auf die Zeitbänder verteilt werden.

Tabelle 6-26 *Praxisbeispiel Receiver-Zinsswap: Fälligkeitsanalyse (Ein- und Auszahlungen +/-)*

X5		X6	
Zins fix	Zins variabel	Zins fix	Zins variabel
+5.200 T€	-6.304,97 T€	+5.200 T€	-4.072,31 T€
	(-1.330,80 T€; -1.362,13 T€; -1.622,54 T€; -1.989,50 T€)		(-2.150,84 T€; -1.921,47 T€)

– Zinssensitivität

Die Darstellung der Marktrisiken bzw. Sensitivitäten zum Zinsrisiko erfolgt mittels Parallelverschiebung der Swap-Zinskurve um 100 BP (BPV-Berechnung ▶ 2.1.11.4). Tabelle 6-27 enthält die zur Ermittlung des hypothetischen Fair Value erforderlichen Bewertungsparameter.

Der beizulegende Zeitwert läge zum 31.12.X4 bei einer hypothetischen Verschiebung der Zinsstrukturkurve um 100 BP bei -970,54 T€:

$$\frac{-1.330,80 \text{ T€}}{(1+5,365\% \cdot 45/360)} + \frac{(-1.571,67 \text{ T€} + 5.200 \text{ T€})}{(1+5,640\% \cdot 135/360)} + ... + \frac{(-2.122,62 \text{ T€} + 5.200 \text{ T€})}{(1+7,922\%)^{495/360}} = -970,54 \text{ T€}$$

[1054] Weil erneut ein Vorzeichenwechsel erfolgt, muss der zuletzt erfasste Vermögenswert erst ausgebucht werden.
[1055] Die Zahlungsmittel finden bei der Bewertungskategorie LaR Berücksichtigung.

Finanzderivate

6.5

Praxisbeispiel Receiver-Zinsswap: hyp. Bewertungsparameter zum 31.12.X4 — Tabelle 6-27

Zeitraum	(1) Tage periodisch	(2) Tage kumulativ	(3) Swap-zinssatz	(4)[a] Zero-Zinssatz	(5) Fixing/Termin-zinssatz	(6) = b Auszahlung variabel	(7) = c Einzahlung fix
16.11.X4-31.12.X4	45	45			4,534%	-1.330,80 T€	
01.01.X5-15.02.X5	45	45	5,365%	5,365%			
16.02.X5-15.05.X5	90	135	5,517%	5,640%	5,738%	-1.571,67 T€	5.200 T€
16.05.X5-15.08.X5	90	225	6,091%	6,243%	6,999%	-1.823,86 T€	
16.08.X5-15.11.X5	90	315	6,870%	7,074%	8,810%	-2.186,02 T€	
16.11.X5-15.02.X6	90	405	7,480%	7,736%	9,618%	-2.347,70 T€	
16.02.X6-15.05.X6	90	495	7,656%	7,922%	8,493%	-2.122,62 T€	5.200 T€

a Siehe zur Bestimmung Abschnitt 2.1.8
b 80 Mio. € · [Spalte (5) + 2,12%] · Spalte (1) / 360
c 80 Mio. € · 6,5%

Da der tatsächliche Fair Value zum 31.12.X4 bei -19,59 T€ liegt, wird bei der Angabe der Sensitivitäten zum Zinsrisiko ein Betrag von -950,95 T€ (-970,54 T€ ./. -19,59 T€) berücksichtigt. In analoger Weise ermittelt J die Sensitivität bei einer Parallelverschiebung der Swap-Zinskurve um 100 BP nach unten; es ergibt sich ein Wert von +967,54 T€.[1056] Wäre demnach das Zinsniveau um 100 BP höher (niedriger) gewesen, so wäre das Ergebnis um 950,95 T€ geringer (um 967,54 T€ höher) ausgefallen.

Zum 14.02.X5 notiert der 3-Monats-EURIBOR bei 4,594% (Fixing-Tag für die Zinsperiode vom 16.02.X5 bis zum 15.05.X5).

2 Tage später wird die 3. variable Zinszahlung beglichen; Buchung:[1057]

Variable Zinszahlung 16.02.X5

16.02.X5	Zinsswap FLHfT (B)	19,59 T€	Kasse LaR (B)	1.330,80 T€
	Zinsswap FAHfT (B)	1.311,21 T€		

Für den Quartalsabschluss zum 31.03.X5 ist der Receiver-Zinsswap wieder zum Fair Value zu bewerten. Tabelle 6-28 enthält die entsprechenden Bewertungsparameter.

Bilanzierung Q1 X5

Zum 31.03.X5 beträgt der beizulegende Zeitwert des Receiver-Zinsswap +1.388,81 T€:

$$\frac{(-1.342{,}80 \text{ T€} + 5.200 \text{ T€})}{(1 + 4{,}605\% \cdot 45/360)} + \frac{-1.437{,}08 \text{ T€}}{(1 + 4{,}931\% \cdot 135/360)} + \ldots + \frac{(-2.198{,}75 \text{ T€} + 5.200 \text{ T€})}{(1 + 7{,}292\%)^{405/360}} = 1.388{,}81 \text{ T€}$$

Es ergibt sich ein erfolgswirksam zu erfassender Ertrag von 77,60 T€ (1.388,81 T€ ./. 1.311,21 T€):

[1056] Auf die Darstellung der Berechnung wird verzichtet.
[1057] Durch den Vorzeichenwechsel ist die zuvor bilanzierte Verbindlichkeit zunächst auszubuchen.

6 Herkömmliche Bilanzierung und Offenlegung einzelner Sachverhalte

| 31.03.X5 | Zinsswap FAHfT (B) | 77,60 T€ | Ertrag Wertänd. HfT (HE) | 77,60 T€ |

Tabelle 6-28

Praxisbeispiel Receiver-Zinsswap: Bewertungsparameter zum 31.03.X5

Zeitraum	(1) Tage periodisch	(2) Tage kumulativ	(3) Swapzinssatz	(4)[a] Zero-Zinssatz	(5) Fixing/ Terminzinssatz	(6) = b Auszahlung variabel	(7) = c Einzahlung fix
16.02.X5-31.03.X5	45	45			4,594%	-1.342,80 T€	5.200 T€
01.04.X5-15.05.X5	45	45	4,605%	4,605%	4,594%	-1.342,80 T€	5.200 T€
16.05.X5-15.08.X5	90	135	4,837%	4,931%	5,065%	-1.437,08 T€	
16.08.X5-15.11.X5	90	225	5,511%	5,637%	6,574%	-1.738,73 T€	
16.11.X5-15.02.X6	90	315	6,540%	6,733%	9,150%	-2.253,94 T€	
16.02.X6-15.05.X6	90	405	7,060%	7,292%	8,874%	-2.198,75 T€	5.200 T€

a Siehe zur Bestimmung Abschnitt 2.1.8
b 80 Mio. € · [Spalte (5) + 2,12%] · Spalte (1) / 360
c 80 Mio. € · 6,5%

Zum 14.05.X5 notiert der 3-Monats-EURIBOR bei 4,424% (Fixing-Tag für die Zinsperiode vom 16.05.X5 bis zum 15.08.X5).

Variable und feste Zinszahlung 16.05.X5

Die 4. variable Zinszahlung wird 2 Tage später beglichen. Ferner geht zum 16.05.X5 die 1. feste Zinszahlung ein. Per Saldo hat J einen Zahlungseingang von 3.857,20 T€ (5.200 T€ ./. 1.342,80 T€) zu verzeichnen. Buchung:[1058]

| 16.05.X5 | Kasse LaR (B) | 3.857,20 T€ | Zinsswap FAHfT (B) | 1.388,81 T€ |
| | | | Zinsswap FLHfT (B) | 2.468,39 T€ |

Bilanzierung Q2 X5

Für den Quartalsabschluss zum 30.06.X5 muss der Receiver-Zinsswap wieder zum Fair Value bewertet werden. Die diesbezüglichen Bewertungsparameter sind über Tabelle 6-29 ersichtlich.

Zum 30.06.X5 beträgt der beizulegende Zeitwert des Receiver-Zinsswap -1.129,09 T€:

$$\frac{-1.308,80\ T€}{(1 + 4,395\% \cdot 45 / 360)} + \frac{-1.362,19\ T€}{(1 + 4,609\% \cdot 135 / 360)} + \ldots + \frac{(-1.876,38\ T€ + 5.200\ T€)}{(1 + 5,977\% \cdot 315 / 360)} = -1.129,09\ T€$$

Da der Receiver-Zinsswap bis dato einen Buchwert von -2.468,39 T€ hat, ergibt sich ein Ertrag von 1.339,30 T€ (-1.129,09 T€ ./. -2.468,39 T€):

| 30.06.X5 | Zinsswap FLHfT (B) | 1.339,30 T€ | Ertrag Wertänd. HfT (HE) | 1.339,30 T€ |

[1058] Es erfolgt ein erneuter Vorzeichenwechsel; der bis dato erfasste Vermögenswert wird zunächst ausgebucht.

Finanzderivate

6.5

Praxisbeispiel Receiver-Zinsswap: Bewertungsparameter zum 30.06.X5   *Tabelle 6-29*

Zeitraum	(1) Tage periodisch	(2) Tage kumulativ	(3) Swapzinssatz	(4)[a] Zero-Zinssatz	(5) Fixing/Terminzinssatz	(6) = b Auszahlung variabel	(7) = c Einzahlung fix
16.05.X5-30.06.X5	45	45			4,424%	-1.308,80 T€	
01.07.X5-15.08.X5	45	45	4,395%	4,395%	4,424%	-1.308,80 T€	
16.08.X5-15.11.X5	90	135	4,527%	4,609%	4,691%	-1.362,19 T€	
16.11.X5-15.02.X6	90	225	5,251%	5,366%	6,390%	-1.702,06 T€	
16.02.X6-15.05.X6	90	315	5,830%	5,977%	7,262%	-1.876,38 T€	5.200 T€

a Siehe zur Bestimmung Abschnitt 2.1.8
b 80 Mio. € · [Spalte (5) + 2,12%] · Spalte (1) / 360
c 80 Mio. € · 6,5%

6.5.9.3 Devisentermingeschäft

Unternehmen K mit funktionaler Währung € importiert Waren aus den USA und muss auf Grund dessen zum 16.03.X2 eine Zahlung von 40 Mio. $ leisten. Um sich gegen Wechselkursfluktuationen abzusichern, schließt es mit seiner Hausbank am 02.07.X1 ein Devisentermingeschäft (DTG) über den Kauf von 40 Mio. $ zum 16.03.X2 ab. Der €-Zero-Zinssatz für die Laufzeit des DTGs (254 Tage) beläuft sich zum 02.07.X1 auf 3,810%; der $-Zero-Zinssatz notiert bei 4,300%. Da der Geld-Kassawechselkurs zum 02.07.X1 bei 0,722 $/€ liegt, bestimmt sich ein fairer Geld-Terminwechselkurs von 0,724 $/€:

$$0,722 \frac{\$}{€} \cdot \frac{(1 + 4,300\% \cdot 254/360)}{(1 + 3,810\% \cdot 254/360)} = 0,724 \frac{\$}{€}$$

Die Hausbank legt dem DTG diesen fairen Geld-Terminwechselkurs zu Grunde, d.h. am 16.03.X2 erhält K 40.000 $ und muss dafür 55.215,77 T€ entrichten.

Tabelle 6-30 enthält die für das DTG geltenden Bewertungsparameter; zum 02.07.X1 hat der Posten einen Fair Value von 0.

Praxisbeispiel DTG: Bewertungsparameter zum 02.07.X1   *Tabelle 6-30*

Zeitraum	(1) Tage	(2) €-Zero-Zinssatz	(3) Terminkurs	(4) = 40 Mio. $ / (3) $-Eingang	(5) = 40 Mio. $ / 0,724 $/€ €-Ausgang	(6) = (4) + (5) Saldo
02.07.X1-15.03.X2	254	3,810%	0,724 $/€	55.215,77 T€	-55.215,77 T€	0 T€

Das DTG wird nicht in eine bilanzielle Sicherungsbeziehung eingebunden; es ist daher der Bewertungskategorie FAFVPL (FAHfT) bzw. FLFVPL   *Dokumentation 02.07.X1*

6 Herkömmliche Bilanzierung und Offenlegung einzelner Sachverhalte

(FLHfT) zuzuordnen. K dokumentiert in einem Nebenbuch den – auf Grund des beizulegenden Zeitwerts von 0 – bilanzneutralen Zugang.

Bilanzierung Q3 X1

Für den Quartalsabschluss zum 30.09.X1 wird das DTG zum Fair Value bilanziert. Zu diesem Zeitpunkt herrscht ein Geld-Kassawechselkurs von 0,694 \$/€; für die Restlaufzeit des DTGs (165 Tage) besteht ein €-Zero-Zinssatz von 3,832%; der \$-Zero-Zinssatz notiert bei 4,323%. Es bestimmt sich ein fairer Geld-Terminwechselkurs von 0,696 \$/€:

$$0{,}694\,\frac{\$}{€} \cdot \frac{(1+4{,}323\% \cdot 165/360)}{(1+3{,}832\% \cdot 165/360)} = 0{,}696\,\frac{\$}{€}$$

Die zum 30.09.X1 gültigen Bewertungsparameter sind in Tabelle 6-31 dargestellt.

Tabelle 6-31

Praxisbeispiel DTG: Bewertungsparameter zum 30.09.X1

Zeitraum	(1) Tage	(2) €-Zero-Zinssatz	(3) Termin-kurs	(4) = 40 Mio. \$ / (3) \$-Eingang	(5) = 40 Mio. \$ / 0,724 \$/€ €-Ausgang	(6) = (4) + (5) Saldo
01.10.X1-15.03.X2	165	3,832%	0,696 \$/€	57.509,70 T€	-55.215,77 T€	2.293,93 T€

Der beizulegende Zeitwert des DTGs zum 30.09.X1 beträgt +2.254,34 T€:

$$\frac{2.293{,}93\,\text{T€}}{(1+3{,}832\% \cdot 165/360)} = 2.254{,}34\,\text{T€}$$

Die Wertänderung wird im Handelsergebnis (HE) erfasst; Buchung (B = Bilanz):

| 30.09.X1 | DTG FAHfT (B) | 2.254,34 T€ | Ertrag Wertänd. HfT (HE) | 2.254,34 T€ |

Bilanzierung Q4 X1

Zum 31.12.X1 erfolgt eine erneute Fair-Value-Bilanzierung. Zu diesem Datum notiert der Geld-Kassawechselkurs bei 0,725 \$/€; bezogen auf die Restlaufzeit des DTGs (75 Tage) ist ein €-Zero-Zinssatz von 3,673% und ein \$-Zero-Zinssatz von 4,158% vorherrschend. Der faire Geld-Terminwechselkurs beträgt 0,726 \$/€:

$$0{,}725\,\frac{\$}{€} \cdot \frac{(1+4{,}158\% \cdot 75/360)}{(1+3{,}673\% \cdot 75/360)} = 0{,}726\,\frac{\$}{€}$$

In Tabelle 6-32 sind die zum 31.12.X1 Verwendung findenden Bewertungsparameter aufgeführt.

Zum 31.12.X1 beläuft sich der Fair Value auf -97,87 T€:

$$\frac{-98{,}62\,\text{T€}}{(1+3{,}673\% \cdot 75/360)} = -97{,}87\,\text{T€}$$

Finanzderivate

6.5

Praxisbeispiel DTG: Bewertungsparameter zum 31.12.X1   *Tabelle 6-32*

	(1)	(2)	(3)	(4) = 40 Mio. $ / (3)	(5) = 40 Mio. $ / 0,724 $/€	(6) = (4) + (5)
Zeitraum	Tage	€-Zero-Zinssatz	Termin-kurs	$-Eingang	€- Ausgang	Saldo
01.01.X2-15.03.X2	75	3,673%	0,726 $/€	55.117,15 T€	-55.215,77 T€	-98,62 T€

Da der beizulegende Zeitwert zum 30.09.X1 bei 2.254,34 T€ lag, ist ein Aufwand von 2.352,21 T€ (-97,87 T€ ./. 2.254,34 T€) zu erfassen. Wegen des Vorzeichenwechsels des Fair Value muss der zuvor eingebuchte Vermögenswert zunächst wieder ausgebucht werden:

31.12.X1	Aufw. Wertänd. HfT (HE)	2.352,21 T€	DTG FAHfT (B)	2.254,34 T€
			DTG FLHfT (B)	97,87 T€

Für den Jahresabschluss X1 berücksichtigt K den Buchwert des DTGs von -97,87 T€ bei der Angabe des Buchwerts der Bewertungskategorie FLFVPL (FLHfT) sowie bei der Berichterstattung der Fair Values nach Klassen. Der Zeitwert wird der Bewertungsstufe 2 zugeordnet, weil ein Bewertungsverfahren mit marktbestimmten Input-Faktoren (Zero-Zinssätze, Wechselkurse) zum Einsatz kommt. In das FVPL (HfT)-Nettoergebnis werden die aus der Zeitbewertung resultierenden Aufwendungen und Erträge (per Saldo -97,87 T€) einbezogen.

Angaben JA X1

Da das DTG zum 31.12.X1 einen negativen Marktwert aufweist und deswegen eine finanzielle Verbindlichkeit darstellt, berücksichtigt K den Posten auch bei der im Rahmen der Angaben zu Liquiditätsrisiken verlangten Fälligkeitsanalyse. Hierbei wird auf den in Tabelle 5-2 enthaltenen Aufbau zurückgegriffen (▶ 5.4.3.2). Für das DTG ergibt sich für X2 in der Spalte „Tilgung" ein Betrag von -98,62 T€ (siehe Spalte (6) in Tabelle 6-32).

– Fälligkeitsanalyse

Zur Darstellung der Marktrisiken bzw. Sensitivitäten zum Wechselkursrisiko werden die Auswirkungen auf eine hypothetische Veränderung des Wechselkurses um +/-10% untersucht, d.h. man unterstellt Geld-Kassawechselkurse von 0,7975 $/€ (0,725 $/€ · 1,1) bzw. 0,6525 $/€ (0,725 $/€ · 0,9). Die fairen Geld-Terminwechselkurse betragen somit 0,7983 $/€ bzw. 0,6532 $/€:

– Währungssensitivität

$$0,7975 \frac{\$}{€} \cdot \frac{(1+4,158\% \cdot 75/360)}{(1+3,673\% \cdot 75/360)} = 0,7983 \frac{\$}{€} \qquad 0,6525 \frac{\$}{€} \cdot \frac{(1+4,158\% \cdot 75/360)}{(1+3,673\% \cdot 75/360)} = 0,6532 \frac{\$}{€}$$

Die zur Bestimmung der hypothetischen Fair Values erforderlichen Bewertungsparameter enthält Tabelle 6-33.

6 Herkömmliche Bilanzierung und Offenlegung einzelner Sachverhalte

Tabelle 6-33   *Praxisbeispiel DTG: hyp. Bewertungsparameter zum 31.12.X1*

Zeitraum	(1) Tage	(2) €-Zero-Zinssatz	(3) Termin-kurs	(4) = 40 Mio. $ / (3) $-Eingang	(5) = 40 Mio. $ / 0,724 $/€ €- Ausgang	(6) = (4) + (5) Saldo
01.01.X2-15.03.X2	75	3,673%	0,7983 $/€	50.106,50 T€	-55.215,77 T€	-5.109,27 T€
			0,6532 $/€	61.241,27 T€	-55.215,77 T€	6.025,50 T€

Damit betragen die hypothetischen beizulegenden Zeitwerte zum 31.12.X1 -5.070,47 T€ bzw. +5.979,75 T€:

$$\frac{-5.109{,}27\ T€}{(1+3{,}673\%\cdot 75/360)} = -5.070{,}47\ T€ \qquad \frac{6.025{,}50\ T€}{(1+3{,}673\%\cdot 75/360)} = 5.979{,}75\ T€$$

Da der tatsächliche Fair Value zum 31.12.X1 bei -97,87 T€ liegt, wird bei der Angabe der Sensitivitäten zum Wechselkursrisiko ein Betrag von -4.972,60 T€ (-5.070,47 T€ ./. -97,87 T€) bzw. +6.077,62 T€ (5.979,75 T€ ./. -97,87 T€) berücksichtigt: Wäre der € gegenüber dem $ um 10% stärker (schwächer) gewesen, so hätte das Ergebnis um 4.972,60 T€ geringer (um 6.077,62 T€ höher) gelegen.

Fälligkeit 16.03.X2   Bei Fälligkeit des DTGs am 16.03.X2 notiert der Geld-Kassawechselkurs bei 0,710 $/€. K erhält 40.000 T$, die einen Gegenwert von 56.338,03 T€ haben, und bezahlt dafür den vereinbarten Betrag von 55.215,77 T€. Der Fair Value bei Fälligkeit beläuft sich also auf +1.122,26 T€ (56.338,03 T€ ./. 55.215,77 T€). Da dieser zum 31.12.X1 -97,87 T€ betrug, resultiert aus der letzten Wertänderung (bzw. aus dem Abgang) des Postens ein Ertrag von 1.220,13 T€ (1.122,26 T€ ./. -97,87 T€). Buchungen:

16.03.X2	Kasse $ LaR (B)	56.338,03 T€	Kasse € LaR (B)	55.215,77 T€
	DTG FLHfT (B)	97,87 T€	Ertrag Wertänd. HfT (HE)	1.220,13 T€

6.5.9.4 Devisenswap

Unternehmen L hat Anfang X1 ein Devisentermingeschäft zum Kauf von 30 Mio. £ am 02.02.X4 abgeschlossen. Mitte X3 stellt sich heraus, dass der Betrag in £ bereits zum 02.08.X3 für eine Investition benötigt wird. Daher schließt L zu diesem Datum ein Devisenswapgeschäft ab: Es kauft zum 02.08.X3 einen Betrag von 30 Mio. £ zum Kassawechselkurs und verkauft die gleiche £-Summe zum 02.02.X4 (d.h. per Termin). Das Devisentermingeschäft wird damit wirtschaftlich glattgestellt (Kauf- und Verkaufsposition zum selben Termin), die Fälligkeit entsprechend vorverlegt.

Der €-Zero-Zinssatz für die Laufzeit des Devisenswapgeschäfts (180 Tage) notiert zum 02.08.X3 bei 3,256%; der £-Zero-Zinssatz bei 3,849%. Da der

Brief-Kassawechselkurs zum 02.08.X3 bei 0,803 £/€ liegt, ergibt sich ein fairer Brief-Terminwechselkurs von 0,805 £/€:

$$0,803 \frac{£}{€} \cdot \frac{(1 + 3,849\% \cdot 180/360)}{(1 + 3,256\% \cdot 180/360)} = 0,805 \frac{£}{€}$$

Die Hausbank legt dem Devisenterminverkauf den fairen Brief-Terminwechselkurs von 0,805 £/€ zu Grunde, d.h. am 02.02.X4 zahlt L 30.000 T£ und erhält dafür im Gegenzug 37.251,22 T€.

Tabelle 6-34 enthält die Bewertungsparameter zu dem Devisenswap; das Geschäft weist zum 02.08.X3 einen beizulegenden Zeitwert von 0 auf.

Praxisbeispiel Devisenswap: Bewertungsparameter zum 02.08.X3   *Tabelle 6-34*

Zeitraum	(1) Tage	(2) €-Zero-Zinssatz	(3) Termin-kurs	(4) = 30 Mio. £ / (3) £-Ausgang	(5) = 30 Mio. £ / 0,805 £/€ €-Eingang	(6) = (4) + (5) Saldo
02.08.X3-01.02.X4	180	3,256%	0,805 £/€	-37.251,22 T€	37.251,22 T€	0 T€

Den Kauf der 30.000 T£ am 02.08.X3 zum Geld-Kassawechselkurs von 0,802 £/€ erfasst L wie folgt: *Einbuchung 02.08.X3*

02.08.X3	Kasse £ LaR (B)	37.406,48 T€	Kasse € LaR (B)	37.406,48 T€

Der Devisenswap wird nicht in eine bilanzielle Sicherungsbeziehung eingebunden und damit der Bewertungskategorie FAFVPL (FAHfT) bzw. FLFVPL (FLHfT) zugeordnet. In einem Nebenbuch dokumentiert L den (auf Grund des beizulegenden Zeitwerts von 0) bilanzneutralen Zugang.

Für den Quartalsabschluss zum 30.09.X3 wird der Devisenswap zum Fair Value bilanziert. Der Brief-Kassawechselkurs beträgt zu diesem Zeitpunkt 0,793 £/€; für die Restlaufzeit des Devisentermingeschäfts (121 Tage) besteht ein €-Zero-Zinssatz von 3,347%; der £-Zero-Zinssatz notiert bei 3,912%. Es bestimmt sich ein fairer Brief-Terminwechselkurs von 0,794 £/€:   *Bilanzierung Q3 X3*

$$0,793 \frac{£}{€} \cdot \frac{(1 + 3,912\% \cdot 121/360)}{(1 + 3,347\% \cdot 121/360)} = 0,794 \frac{£}{€}$$

Die zum 30.09.X3 gültigen Bewertungsparameter führt Tabelle 6-35 auf.

Der Fair Value des Devisenswap zum 30.09.X3 beträgt -503,23 T€:

$$\frac{-508,89 \, T€}{(1 + 3,347\% \cdot 121/360)} = -503,23 \, T€$$

6 Herkömmliche Bilanzierung und Offenlegung einzelner Sachverhalte

Tabelle 6-35 *Praxisbeispiel Devisenswap: Bewertungsparameter zum 30.09.X3*

	(1)	(2)	(3)	(4) = 30 Mio. £ / (3)	(5) = 30 Mio. £ / 0,805 £/€	(6) = (4) + (5)
Zeitraum	Tage	€-Zero-Zinssatz	Termin-kurs	£-Ausgang	€-Eingang	Saldo
01.10.X3-01.02.X4	121	3,347%	0,794 £/€	-37.760,11 T€	37.251,22 T€	-508,89 T€

Die Wertänderung wird über das Handelsergebnis (HE) erfasst; Buchung (B = Bilanz):

30.09.X3	Aufw. Wertänd. HfT (HE)	503,23 T€	Devisenswap FLHfT (B)	503,23 T€

Bilanzierung Q4 X3

Erneut erfolgt zum 31.12.X3 eine Fair-Value-Bilanzierung. Zu diesem Zeitpunkt beträgt der Brief-Kassawechselkurs 0,8430 £/€; für die Restlaufzeit des Devisentermingeschäfts (31 Tage) besteht ein €-Zero-Zinssatz von 3,214%; der £-Zero-Zinssatz notiert bei 3,758%. Es bestimmt sich ein fairer Brief-Terminwechselkurs von 0,8434 £/€:

$$0,8430 \frac{£}{€} \cdot \frac{(1+3,758\% \cdot 31/360)}{(1+3,214\% \cdot 31/360)} = 0,8434 \frac{£}{€}$$

Tabelle 6-36 enthält die zum 31.12.X3 relevanten Bewertungsparameter.

Tabelle 6-36 *Praxisbeispiel Devisenswap: Bewertungsparameter zum 31.12.X3*

	(1)	(2)	(3)	(4) = 30 Mio. £ / (3)	(5) = 30 Mio. £ / 0,805 £/€	(6) = (4) + (5)
Zeitraum	Tage	€-Zero-Zinssatz	Termin-kurs	£-Ausgang	€-Eingang	Saldo
01.01.X4-01.02.X4	31	3,214%	0,8434 £/€	-35.570,57 T€	37.251,22 T€	1.680,65 T€

Der Fair Value des Devisenswap zum 31.12.X3 beträgt +1.676,01 T€:

$$\frac{1.680,65 \, T€}{(1+3,214\% \cdot 31/360)} = 1.676,01 \, T€$$

Weil der beizulegenden Zeitwert am 30.09.X1 bei -503,23 T€ lag, muss ein Ertrag von 2.179,24 T€ (1.676,01 T€ ./. -503,23 T€) erfasst werden. Auf Grund des Vorzeichenwechsels des Fair Value ist die zuvor eingebuchte Verbindlichkeit zunächst auszubuchen:

31.12.X3	Devisenswap FLHfT (B)	503,23 T€	Ertr. Wertänd. HfT (HE)	2.179,24 T€
	Devisenswap FAHfT (B)	1.676,01 T€		

Angaben JA X3

L berücksichtigt für den Jahresabschluss X3 den Buchwert des Devisenswap von 1.676,01 T€ bei Buchwertangabe der Bewertungskategorie FAFVPL (FAHfT) sowie bei der Berichterstattung der Fair Values nach Klassen. Wiederum erfolgt die Zuordnung des Zeitwerts auf Grund der marktbestimm-

Finanzderivate

6.5

ten Input-Faktoren (Zero-Zinssätze, Wechselkurse) zur Bewertungsstufe 2. Die aus der Zeitbewertung entstammenden Aufwendungen und Erträge (per Saldo +1.676,01 T€) gehen in das FVPL (HfT)-Nettoergebnis ein.

Der Devisenswap wird bei der im Rahmen der Angaben zu Liquiditätsrisiken zu publizierenden Fälligkeitsanalyse nicht berücksichtigt, denn zum Stichtag stellt dieser keine finanzielle Verbindlichkeit dar.

Zur Darstellung der Marktrisiken bzw. Sensitivitäten zum Wechselkursrisiko werden die Auswirkungen auf eine hypothetische Veränderung des Wechselkurses um +/-10% untersucht, d.h. man unterstellt Brief-Kassawechselkurse von 0,9273 £/€ (0,843 £/€ · 1,1) bzw. 0,7587 £/€ (0,843 £/€ · 0,9). Somit betragen die fairen Brief-Terminwechselkurse 0,9277 £/€ bzw. 0,7591 £/€:

– *Währungssensitivität*

$$0{,}9273 \frac{£}{€} \cdot \frac{(1+3{,}758\% \cdot 31/360)}{(1+3{,}214\% \cdot 31/360)} = 0{,}9277 \frac{£}{€} \qquad 0{,}7587 \frac{£}{€} \cdot \frac{(1+3{,}758\% \cdot 31/360)}{(1+3{,}214\% \cdot 31/360)} = 0{,}7591 \frac{£}{€}$$

Die zur Bestimmung der hypothetischen Fair Values erforderlichen Bewertungsparameter sind in Tabelle 6-37 enthalten.

Praxisbeispiel Devisenswap: hyp. Bewertungsparameter zum 31.12.X3

Tabelle 6-37

Zeitraum	(1) Tage	(2) €-Zero-Zinssatz	(3) Termin-kurs	(4) = 30 Mio. £ / (3) £-Ausgang	(5) = 30 Mio. £ / 0,805 £/€ €-Eingang	(6) = (4) + (5) Saldo
01.01.X4-01.02.X4	31	3,214%	0,9277 £/€	-32.336,88 T€	37.251,22 T€	4.914,34 T€
			0,7591 £/€	-39.522,86 T€	37.251,22 T€	-2.271,64 T€

Die hypothetischen beizulegenden Zeitwerte betragen damit zum 31.12.X3 +4.900,77 T€ bzw. -2.265,37 T€:

$$\frac{4.914{,}34 \, T€}{(1+3{,}214\% \cdot 31/360)} = 4.900{,}77 \, T€ \qquad \frac{-2.271{,}64 \, T€}{(1+3{,}214\% \cdot 31/360)} = -2.265{,}37 \, T€$$

Da der tatsächliche Fair Value zum 31.12.X3 bei +1.676,01 T€ liegt, wird bei der Angabe der Sensitivitäten zum Wechselkursrisiko ein Betrag von +3.224,76 T€ (4.900,77 T€ ./. 1.676,01 T€) bzw. von -3.941,38 T€ (-2.265,37 T€ ./. 1.676,01 T€) berücksichtigt: Wäre der € gegenüber dem £ um 10% stärker (schwächer) gewesen, so wäre das Ergebnis um 3.224,76 T€ höher (um 3.941,38 T€ geringer) ausgefallen.

Bei Fälligkeit des Devisenswap am 02.02.X4 notiert der Brief-Kassawechselkurs bei 0,851 £/€. L zahlt an die Hausbank 30.000 T£, die einen Gegenwert von 35.252,64 T€ haben, und erhält dafür den vereinbarten Betrag von 37.251,22 T€. Der Fair Value bei Fälligkeit beläuft sich also auf +1.998,58 T€ (37.251,22 T€ ./. 35.252,64 T€). Da dieser zum 31.12.X1 +1.676,01 T€ betrug,

Fälligkeit 02.02.X4

resultiert aus der letzten Wertänderung (bzw. aus dem Abgang) des Postens ein Ertrag von 322,57 T€. Buchung:

02.02.X4	Kasse € LaR (B)	37.251,22 T€	Kasse £ LaR (B)	35.252,64 T€
			Devisenswap FAHfT (B)	1.676,01 T€
			Ertrag Wertänd. HfT (HE)	322,57 T€

6.5.9.5 Währungsswap

Unternehmen M mit S&P-Rating AA wird am 16.10.X1 eine Anleihe im Nominalvolumen von 60 Mio. € und einer Laufzeit von 4 Jahren emittieren. Die festen Zinszahlungen von 5,25% sind halbjährlich und nachschüssig jeweils am 16.04. und 16.10. zu leisten, beginnend am 16.04.X2.

Die Kreditsumme soll an ein japanisches Tochterunternehmen weitergeleitet werden. Daher schließt M am 14.10.X1 einen Währungsswap (FX-Swap) auf dasselbe €-Nominalvolumen ab. Das Geschäft sieht den Erhalt fester Zinsen von 5,25% p.a. in € gegen die Zahlung fester Zinsen in ¥ von 5,5% p.a. vor (Zinszahlungstermine jeweils 16.04. und 16.10.; Zählweise 30/360). Zum Abschlusstag beträgt der Kassawechselkurs 141,168 ¥/€ (als Mittelkurs zwischen Geld- und Briefkurs). Zu diesem Kurs erfolgt der Anfangs- und Rücktausch des Nominalbetrags.

Anfangstausch Nominalwert 14.10.X1

Über den Anfangstausch gehen M am 14.10.X1 8.470.080 T¥ (60.000 T€ · 141,168 ¥/€) zu; im Gegenzug muss es 60.000 T€ an die Hausbank zahlen (B = Bilanz):

14.10.X1	Kasse ¥ LaR (B)	60.000,00 T€	Kasse € LaR (B)	60.000,00 T€

Einbuchung 14.10.X1

Der FX-Swap wird nicht in eine bilanzielle Sicherungsbeziehung eingebunden und damit der Bewertungskategorie FAFVPL (FAHfT) bzw. FLFVPL (FLHfT) zugeordnet. Die Erstbewertung erfolgt zum beizulegenden Zeitwert. In Tabelle 6-38 sind die dem Währungsswap beim Abschluss zu Grunde liegenden Bewertungsparameter aufgeführt.

Der Barwert der €-Seite nach Anfangstausch des Nominalwerts beträgt zum 14.10.X1 +61.628,93 T€:

$$\frac{1.575\ T\text{€}}{(1+3,595\%\cdot 182/360)} + \frac{1.575\ T\text{€}}{(1+3,713\%)^{362/360}} + ... + \frac{(1.575\ T\text{€} + 60.000\ T\text{€})}{(1+4,578\%)^{1.442/360}} = 61.628,93\ T\text{€}$$

Für die ¥-Seite ergibt sich zum 14.10.X1 ein Barwert nach Anfangstausch des Nominalwerts von -8.704.285,35 T¥:

$$\frac{-232.927,20\ T\text{¥}}{(1+3,824\%\cdot 182/360)} + \frac{-232.927,20\ T\text{¥}}{(1+3,951\%)^{362/360}} + ... + \frac{(-232.927,20\ T\text{¥} + -8.470.080\ T\text{¥})}{(1+4,816\%)^{1.442/360}} = -8.704.285,35\ T\text{¥}$$

6.5 Finanzderivate

Praxisbeispiel Währungsswap: Bewertungsparameter zum 14.10.X1

Tabelle 6-38

Zeitraum	(1) Tage periodisch	(2) Tage kumulativ	(3) Zero-Zinssatz €	(4) Zero-Zinssatz ¥	(5) = 60 Mio. € · 5,25% · (1) / 360 Einzahlung €	(6) = 8.470,08 Mio. ¥ · 5,5% · (1) / 360 Auszahlung ¥
14.10.X1-15.10.X1	2	2	3,476%	3,688%		
16.10.X1-15.04.X2	180	182	3,595%	3,824%	1.575 T€	-232.927,20 T¥
16.04.X2-15.10.X2	180	362	3,713%	3,951%	1.575 T€	-232.927,20 T¥
16.10.X2-15.04.X3	180	542	3,899%	4,118%	1.575 T€	-232.927,20 T¥
16.04.X3-15.10.X3	180	722	4,095%	4,347%	1.575 T€	-232.927,20 T¥
16.10.X3-15.04.X4	180	902	4,224%	4,431%	1.575 T€	-232.927,20 T¥
16.04.X4-15.10.X4	180	1.082	4,305%	4,549%	1.575 T€	-232.927,20 T¥
16.10.X4-15.04.X5	180	1.262	4,548%	4,814%	1.575 T€	-232.927,20 T¥
16.04.X5-15.10.X5	180	1.442	4,578%	4,816%	1.575 T€	-232.927,20 T¥

Der Barwert der ¥-Seite wird mit dem Kassawechselkurs (Mittelkurs) zum 14.10.X1 umgerechnet und der €-Seite gegenübergestellt. Es bestimmt sich ein Netto-Barwert bzw. beizulegender Zeitwert von 61.628,93 T€ + (-8.704.285,35 T¥ / 141,168 ¥/€) = -30,12 T€. Die Gegenbuchung erfolgt über das Handelsergebnis (HE):

14.10.X1	Aufw. Wertänd. HfT (HE)	30,12 T€	FX-Swap FLHfT (B)	30,12 T€

Am 31.12.X1 ist der Währungsswap erneut zum beizulegenden Zeitwert zu bilanzieren; Tabelle 6-39 enthält die diesbezüglichen Parameter.

Bilanzierung Q4 X1

Praxisbeispiel Währungsswap: Bewertungsparameter zum 31.12.X1

Tabelle 6-39

Zeitraum	(1) Tage periodisch	(2) Tage kumulativ	(3) Zero-Zinssatz €	(4) Zero-Zinssatz ¥	(5) = 60 Mio. € · 5,25% · (1) / 360 Einzahlung €	(6) = 8.470,08 Mio. ¥ · 5,5% · (1) / 360 Auszahlung ¥
16.10.X1-31.12.X1	75	75			1.575 T€	-232.927,20 T¥
01.01.X2-15.04.X2	105	105	3,606%	3,828%		
16.04.X2-15.10.X2	180	285	3,794%	4,011%	1.575 T€	-232.927,20 T¥
16.10.X2-15.04.X3	180	465	3,979%	4,193%	1.575 T€	-232.927,20 T¥
16.04.X3-15.10.X3	180	645	4,195%	4,370%	1.575 T€	-232.927,20 T¥
16.10.X3-15.04.X4	180	825	4,077%	4,369%	1.575 T€	-232.927,20 T¥
16.04.X4-15.10.X4	180	1.005	4,448%	4,651%	1.575 T€	-232.927,20 T¥
16.10.X4-15.04.X5	180	1.185	4,478%	4,756%	1.575 T€	-232.927,20 T¥
16.04.X5-15.10.X5	180	1.365	4,884%	5,130%	1.575 T€	-232.927,20 T¥

Zum 31.12.X1 beträgt der Barwert der €-Seite +61.635,17 T€:

6 Herkömmliche Bilanzierung und Offenlegung einzelner Sachverhalte

$$\frac{1.575\ \text{T€}}{(1+3{,}606\%\cdot 105/360)} + \frac{1.575\ \text{T€}}{(1+3{,}794\%\cdot 285/360)} + \ldots + \frac{(1.575\ \text{T€} + 60.000\ \text{T€})}{(1+4{,}884\%)^{1.365/360}} = 61.635{,}17\ \text{T€}$$

Für die ¥-Seite ergibt sich zum 31.12.X1 ein Barwert von -8.708.390,42 T¥:

$$\frac{-232.927{,}20\ \text{T¥}}{(1+3{,}828\%\cdot 105/360)} + \frac{-232.927{,}20\ \text{T¥}}{(1+4{,}011\%\cdot 285/360)} + \ldots + \frac{(-232.927{,}20\ \text{T¥} + -8.470.080\ \text{T¥})}{(1+5{,}130\%)^{1.365/360}} = -8.708.390{,}42\ \text{T¥}$$

Wie zuvor wird der Barwert der ¥-Seite mit dem aktuellen Kassawechselkurs (Mittelkurs) von 137,489 ¥/€ umgerechnet und der €-Seite gegenübergestellt. Der Netto-Barwert bzw. beizulegender Zeitwert beträgt 61.635,17 T€ + (-8.708.390,42 T¥ / 137,489 ¥/€) = -1.703,65 T€. Da erstmalig ein Fair Value von -30,12 T€ erfasst wurde, ergibt sich ein Aufwand von 1.673,53 T€ (-1.703,65 T€ ./. -30,12 T€). Buchung:

| 31.12.X1 | Aufw. Wertänd. HfT (HE) | 1.673,53 T€ | FX-Swap FLHfT (B) | 1.673,53 T€ |

Angaben JA X1 — Für den Jahresabschluss X1 wird der Zeitwert des Währungsswap von -1.703,65 T€ bei der Angabe des Buchwerts der Bewertungskategorie FLFVPL (FLHfT) sowie bei der Publikation der Fair Values nach Klassen berücksichtigt. Da die Zeitwertermittlung mit marktbestimmten Input-Faktoren (Zero-Zinssätze, Wechselkurse) erfolgt, ordnet ihn M der Bewertungsstufe 2 zu. In das FVPL (HfT)-Nettoergebnis gehen die aus der Zeitbewertung resultierenden Aufwendungen von 1.703,65 T€ ein.

– Fälligkeitsanalyse — Da der Währungsswap zum 31.12.X1 einen negativen Marktwert hat und damit eine finanzielle Verbindlichkeit darstellt, berücksichtigt M den Posten auch bei der im Rahmen der Angaben zu Liquiditätsrisiken verlangten Fälligkeitsanalyse. Dabei wird der in Tabelle 5-2 aufgeführte Aufbau herangezogen (▶ 5.4.3.2). Die künftigen Zins- und Tilgungszahlungen der ¥-Seite werden zum am 31.12.X1 gültigen Kassawechselkurs von 137,489 ¥/€ umgerechnet. Tabelle 6-40 zeigt die Verteilung der Ein- und Auszahlungen auf die Zeitbänder.

Tabelle 6-40 — Praxisbeispiel Währungsswap: Fälligkeitsanalyse (Ein- und Auszahlungen +/-)

X2		X3		X4-X6	
Zins fix	Tilgung	Zins fix	Tilgung	Zins fix	Tilgung
-238,30 T€	0 T€	-238,30 T€	0 T€	-476,60 T€	-1.605,51 T€
(2 · +1.575 T€; 2 · -232.927,20 T¥)		(2 · +1.575 T€; 2 · -232.927,20 T¥)		(4 · +1.575 T€; 4 · -232.927,20 T¥)	(+60.000 T€; -8.470.080 T¥)

– Zinssensitivität — Zur Darstellung der Marktrisiken bzw. Sensitivitäten zum Zinsrisiko werden die aktuellen €- und ¥-Swap-Zinskurven parallel um 100 BP nach oben verschoben (BPV-Berechnung ▶ 2.1.11.4). In Tabelle 6-41 sind die zur Ermittlung des hypothetischen Fair Value erforderlichen Bewertungsparameter aufgeführt.

6.5 Finanzderivate

Praxisbeispiel Währungsswap: hyp. Bewertungsparameter zum 31.12.X1   Tabelle 6-41

Zeitraum	(1) Tage periodisch	(2) kumulativ	(3) Zero-Zinssatz €	(4) Zero-Zinssatz ¥	(5) = 60 Mio. € · 5,25% · (1) / 360 Einzahlung €	(6) = 8.470,08 Mio. ¥ · 5,5% · (1) / 360 Auszahlung ¥
16.10.X1-31.12.X1	75	75			1.575 T€	-232.927,20 T¥
01.01.X2-15.04.X2	105	105	4,606%	4,828%	1.575 T€	-232.927,20 T¥
16.04.X2-15.10.X2	180	285	4,819%	5,037%	1.575 T€	-232.927,20 T¥
16.10.X2-15.04.X3	180	465	5,004%	5,219%	1.575 T€	-232.927,20 T¥
16.04.X3-15.10.X3	180	645	5,221%	5,398%	1.575 T€	-232.927,20 T¥
16.10.X3-15.04.X4	180	825	5,101%	5,396%	1.575 T€	-232.927,20 T¥
16.04.X4-15.10.X4	180	1.005	5,479%	5,682%	1.575 T€	-232.927,20 T¥
16.10.X4-15.04.X5	180	1.185	5,508%	5,788%	1.575 T€	-232.927,20 T¥
16.04.X5-15.10.X5	180	1.365	5,922%	6,169%	1.575 T€	-232.927,20 T¥

Der hypothetische Barwert der €-Seite beträgt zum 31.12.X1 +59.577,41 T€:

$$\frac{1.575\ T€}{(1+4{,}606\% \cdot 105/360)} + \frac{1.575\ T€}{(1+4{,}819\% \cdot 285/360)} + \ldots + \frac{(1.575\ T€ + 60.000\ T€)}{(1+5{,}922\%)^{1.365/360}} = 59.577{,}41\ T€$$

Für die ¥-Seite ergibt sich zum 31.12.X1 ein hypothetischer Barwert von -8.419.181,21 T¥:

$$\frac{-232.927{,}20\ T¥}{(1+4{,}828\% \cdot 105/360)} + \frac{-232.927{,}20\ T¥}{(1+5{,}037\% \cdot 105/360)} + \ldots + \frac{(-232.927{,}20\ T¥ + -8.470.080\ T¥)}{(1+6{,}169\%)^{1.365/360}} = -8.419.181{,}21\ T¥$$

Der hypothetische Fair Value beträgt somit 59.577,41 T€ + (-8.419.181,21 T¥ / 137,489 ¥/€) = -1.657,89 T€. Da der tatsächliche beizulegende Zeitwert zum 31.12.X1 bei -1.703,65 T€ liegt, wird bei der Angabe der Sensitivitäten zum Zinsrisiko ein Betrag von +45,76 T€ (-1.657,89 T€ ./. -1.703,65 T€) berücksichtigt. Auf die gleiche Weise bestimmt M die Sensitivität bei einer Parallelverschiebung der €- und der ¥-Swap-Zinskurve um 100 BP nach unten; es ergibt sich ein Wert von -47,44 T€.[1059] Wäre also das €- und ¥-Zinsniveau jeweils um 100 BP höher (niedriger) gewesen, so wäre das Ergebnis um 45,76 T€ höher (um 47,44 T€ geringer) ausgefallen.

Marktrisiken bzw. Sensitivitäten zum Wechselkursrisiko werden mittels Analyse der Auswirkungen einer hypothetische Veränderung des Wechselkurses um +/-10% dargestellt, d.h. M nimmt Kassawechselkurse von 151,238 ¥/€ (137,489 ¥/€ · 1,1) bzw. 123,740 ¥/€ (137,489 ¥/€ · 0,9) an. Der Barwert der ¥-Seite von -8.708.390,42 T¥ wird mit diesen hypothetischen Wechselkursen umgerechnet; es ergeben sich hypothetische Fair Values von +4.054,43 T€ bzw. -8.741,29 T€. Da der tatsächliche Fair Value zum 31.12.X1 bei -1.703,65 T€ liegt, wird bei der Angabe der Sensitivitäten zum Wechsel-

– *Währungssensitivität*

[1059] Auf die Darstellung der Berechnung wird verzichtet.

6 Herkömmliche Bilanzierung und Offenlegung einzelner Sachverhalte

kursrisiko ein Betrag von +5.758,08 T€ (4.054,43 T€ ./. -1.703,65 T€) bzw. -7.037,64 T€ (-8.741,29 T€ ./. -1.703,65 T€) berücksichtigt: Wäre der € gegenüber dem ¥ um 10% stärker (schwächer) gewesen, so wäre das Ergebnis um 5.758,08 T€ höher (um 7.037,64 T€ geringer) ausgefallen.

Bilanzierung Q1 X2

Für den Quartalsabschluss zum 31.03.X2 wird der Währungsswap wieder zum beizulegenden Zeitwert bilanziert; Tabelle 6-42 führt die entsprechenden Bewertungsparameter auf.

Der Barwert der €-Seite beträgt zum 31.03.X2 63.081,56 T€:

$$\frac{1.575 \text{ T€}}{(1+3,476\% \cdot 15/360)} + \frac{1.575 \text{ T€}}{(1+3,573\% \cdot 195/360)} + \ldots + \frac{(1.575 \text{ T€} + 60.000 \text{ T€})}{(1+4,487\%)^{1.275/360}} = 63.081,56 \text{ T€}$$

Für die ¥-Seite ergibt sich zum 31.03.X2 ein Barwert von -8.904.999,56 T¥:

$$\frac{-232.927,20 \text{ T¥}}{(1+3,688\% \cdot 15/360)} + \frac{-232.927,20 \text{ T¥}}{(1+3,815\% \cdot 195/360)} + \ldots + \frac{(-232.927,20 \text{ T¥} + -8.470.080 \text{ T¥})}{(1+4,781\%)^{1.275/360}} = -8.904.999,56 \text{ T¥}$$

Tabelle 6-42

Praxisbeispiel Währungsswap: Bewertungsparameter zum 31.03.X2

Zeitraum	(1) Tage periodisch	(2) kumulativ	(3) Zero-Zinssatz €	(4) Zero-Zinssatz ¥	(5) = 60 Mio. € · 5,25% · (1) / 360 Einzahlung €	(6) = 8.470,08 Mio. ¥ · 5,5% · (1) / 360 Auszahlung ¥
16.10.X1-31.03.X2	165	165			1.575 T€	-232.927,20 T¥
01.04.X2-15.04.X2	15	15	3,476%	3,688%	1.575 T€	-232.927,20 T¥
16.04.X2-15.10.X2	180	195	3,573%	3,815%	1.575 T€	-232.927,20 T¥
16.10.X2-15.04.X3	180	375	3,689%	3,934%	1.575 T€	-232.927,20 T¥
16.04.X3-15.10.X3	180	555	3,900%	4,126%	1.575 T€	-232.927,20 T¥
16.10.X3-15.04.X4	180	735	4,267%	4,479%	1.575 T€	-232.927,20 T¥
16.04.X4-15.10.X4	180	915	4,113%	4,339%	1.575 T€	-232.927,20 T¥
16.10.X4-15.04.X5	180	1.095	4,337%	4,566%	1.575 T€	-232.927,20 T¥
16.04.X5-15.10.X5	180	1.275	4,487%	4,781%	1.575 T€	-232.927,20 T¥

Analog wird der Barwert der ¥-Seite wie bisher mit dem aktuellen Kassawechselkurs (Mittelkurs) von 148,476 ¥/€ umgerechnet und der €-Seite gegenübergestellt. Der Netto-Barwert bzw. beizulegende Zeitwert beträgt 63.081,56 T€ + (-8.904.999,56 T¥ / 148,476 ¥/€) = +3.105,54 T€. Da zum 31.12.X1 ein Fair Value von -1.703,65 T€ erfasst wurde, ergibt sich ein Ertrag von 4.809,19 T€ (3.105,54 T€ ./. -1.703,65 T€). Weil sich das Vorzeichen des Postens geändert hat, ist die zuvor eingebuchte Verbindlichkeit zunächst auszubuchen:

31.03.X2	FX-Swap FLHfT (B)	1.703,65 T€	Ertrag Wertänd. HfT (HE)	4.809,19 T€
	FX-Swap FAHfT (B)	3.105,54 T€		

Finanzderivate

6.5

Am 16.04.X2 erhält M die 1. €-Zinszahlung von 1.575 T€. Es wird wie folgt gebucht (Dirty-Price-Methode):

Zinszahlungen 16.04.X2

| 16.04.X2 | Kasse € LaR (B) | 1.575,00 T€ | FX-Swap FAHfT (B) | 1.575,00 T€ |

Darüber hinaus leistet M die 1. ¥-Zinszahlung von 232.927,20 T¥. Der Betrag wird zum am 16.04.X2 gültigen Kassawechselkurs (Mittelkurs) von 145,694 ¥/€ umgerechnet; es ergibt sich ein Betrag von 1.598,74 T€. Die Buchungen lauten wie folgt:

| 16.04.X2 | FX-Swap FAHfT (B) | 1.598,74 T€ | Kasse ¥ LaR (B) | 1.598,74 T€ |

Für den Quartalsabschluss zum 30.06.X2 ist der Währungsswap erneut zum Fair Value anzusetzen; die relevanten Bewertungsparameter enthält Tabelle 6-43.

Bilanzierung Q2 X2

Praxisbeispiel Währungsswap: Bewertungsparameter zum 30.06.X2

Tabelle 6-43

Zeitraum	(1) Tage periodisch	(2) Tage kumulativ	(3) Zero-Zinssatz €	(4) Zero-Zinssatz ¥	(5) = 60 Mio. € · 5,25% · (1) / 360 Einzahlung €	(6) = 8.470,08 Mio. ¥ · 5,5% · (1) / 360 Auszahlung ¥
16.04.X1-30.06.X2	75	75			1.575 T€	-232.927,20 T¥
01.07.X2-15.10.X2	105	105	3,526%	3,758%	1.575 T€	-232.927,20 T¥
16.10.X2-15.04.X3	180	285	3,711%	3,987%	1.575 T€	-232.927,20 T¥
16.04.X3-15.10.X3	180	465	3,832%	4,089%	1.575 T€	-232.927,20 T¥
16.10.X3-15.04.X4	180	645	4,133%	4,380%	1.575 T€	-232.927,20 T¥
16.04.X4-15.10.X4	180	825	4,612%	4,849%	1.575 T€	-232.927,20 T¥
16.10.X4-15.04.X5	180	1.005	4,094%	4,315%	1.575 T€	-232.927,20 T¥
16.04.X5-15.10.X5	180	1.185	4,544%	4,751%	1.575 T€	-232.927,20 T¥

Der Barwert der €-Seite beträgt zum 30.06.X2 +62.078,60 T€:

$$\frac{1.575\ T€}{(1+3,526\% \cdot 105/360)} + \frac{1.575\ T€}{(1+3,711\% \cdot 285/360)} + ... + \frac{(1.575\ T€ + 60.000\ T€)}{(1+4,544\%)^{1.185/360}} = 62.078,60\ T€$$

Für die ¥-Seite ergibt sich zum 30.06.X2 ein Barwert von -8.778.896,93 T¥:

$$\frac{-232.927,20\ T¥}{(1+3,758\% \cdot 105/360)} + \frac{-232.927,20\ T¥}{(1+3,987\% \cdot 285/360)} + ... + \frac{(-232.927,20\ T¥ + -8.470.080\ T¥)}{(1+4,751\%)^{1.185/360}} = -8.778.896,93\ T¥$$

Wieder wird der Barwert der ¥-Seite mit dem aktuellen Kassawechselkurs (Mittelkurs) von 140,286 ¥/€ umgerechnet und der €-Seite gegenübergestellt. Der Netto-Barwert bzw. beizulegende Zeitwert beträgt 62.078,60 T€ + (-8.778.896,93 T¥ / 140,286 ¥/€) = -499,97 T€. Da der Währungsswap bis dato einen Buchwert von +3.129,28 T€ (3.105,54 T€ ./. 1.575 T€ + 1.598,74 T€) hat, ergibt sich ein Aufwand von 3.629,25 T€ (-499,97 T€ ./. 3.129,28 T€). Auf

6 Herkömmliche Bilanzierung und Offenlegung einzelner Sachverhalte

Grund des erneuten Vorzeichenwechsels ist der zuletzt erfasste Vermögenswert zunächst auszubuchen:

30.06.X2	Aufw. Wertänd. HfT (HE)	3.629,25 T€	FX-Swap FAHfT (B)	3.129,28 T€
			FX-Swap FLHfT (B)	499,97 T€

Rücktausch Nominalwert 16.10.X5

Entsprechend wird in der Folge verfahren. Am 16.10.X5 erfolgt zusätzlich der Rücktausch des Nominalwerts: M muss 8.470.080 T¥ abgeben und erhält dafür 60.000 T€. Zu diesem Datum beträgt der Kassawechselkurs (Mittelkurs) 168,587 ¥/€; umgerechnet ergibt sich ein Zahlungsausgang von 50.241,60 T€ und damit ein Ertrag von 9.758,40 T€. Buchung:

16.10.X5	Kasse € LaR (B)	60.000 T€	Kasse ¥ LaR (B)	50.241,60 T€
			Ertrag Wertänd. HfT (HE)	9.758,40 T€

6.5.9.6 Zins-/Währungsswap

Unternehmen N mit S&P-Rating BBB hat am 04.03.X1 ein Commercial Paper im Nominalvolumen von 80 Mio. $ begeben. Die Schuldverschreibung ist am 04.03.X3 zur Rückzahlung fällig und wird vierteljährlich auf Basis des 3-Monats-$-LIBOR (Fixing-Tage: 02.06., 02.09., 02.12., 02.03.) nachschüssig verzinst.

Im Spätherbst X1 stellt N fest, dass sowohl der $/€-Wechselkurs als auch der 3-Monats-$-LIBOR zunehmend schwanken. Die Kreditsumme wurde bislang nicht investiert. Daher wird am 02.12.X1 ein Zins-/Währungsswap (ZWS) mit demselben Nominalvolumen wie das Commercial Paper abgeschlossen. Der Kontrakt beinhaltet den vierteljährlichen Erhalt variabler Zinsen in $, basierend auf dem 3-Monats-$-LIBOR (Fixing-Tage: 02.03., 02.06., 02.09., 02.12.), gegen die vierteljährliche Zahlung fester Zinsen in € von 4,3% p.a. (Zählweise 30/360). Für beide Seiten beginnt die erste Zinsperiode am 04.12.X1; die letzten Zinszahlungen sind am 04.03.X3 fällig. Zum Abschlussstichtag beträgt der Kassawechselkurs 0,703 $/€ (als Mittelkurs zwischen Geld- und Briefkurs). Zu diesem Kurs wird der Nominalbetrag zu Beginn und zum Ende der Laufzeit getauscht. Bei Abschluss des ZWS notiert der für die 1. Zinsperiode vom 04.12.X1 bis zum 03.03.X2 relevante 3-Monats-$-LIBOR bei 3,705% p.a.

Anfangstausch Nominalwert 02.12.X1

Über den Anfangstausch zahlt N am 02.12.X1 80.000 T$ und bekommt im Gegenzug 113.798,01 T€ (80.000 T$ / 0,703 $/€); Buchung (B = Bilanz):

02.12.X1	Kasse € LaR (B)	113.798,01 T€	Kasse $ LaR (B)	113.798,01 T€

Einbuchung 02.12.X1

Der ZWS wird nicht in eine bilanzielle Sicherungsbeziehung eingebunden und damit der Bewertungskategorie FAFVPL (FAHfT) bzw. FLFVPL (FLHfT) zugeordnet. Die Erstbewertung erfolgt zum beizulegenden Zeitwert. Tabel-

Finanzderivate

6.5

le 6-44 enthält die dem ZWS beim Abschluss zu Grunde liegenden Bewertungsparameter.

Der Barwert der festen €-Seite nach Anfangstausch des Nominalwerts beträgt zum 02.12.X1 -113.819,36 T€:

$$\frac{-1.223,33\ T€}{(1+3,524\%\cdot 92/360)}+\frac{-1.223,33\ T€}{(1+3,848\%\cdot 182/360)}+...+\frac{(-1.223,33\ T€+-113.798,01\ T€)}{(1+4,342\%)^{452/360}}=-113.819,36\ T€$$

Für die variable $-Seite ergibt sich zum 02.12.X1 ein Barwert nach Anfangstausch des Nominalwerts von +79.972,50 T$:

$$\frac{741\ T\$}{(1+3,760\%\cdot 92/360)}+\frac{966,27\ T\$}{(1+4,313\%\cdot 182/360)}+...+\frac{(1.560,83\ T\$+80.000\ T\$)}{(1+5,500\%)^{452/360}}=79.972,50\ T\$$$

Praxisbeispiel ZWS: Bewertungsparameter zum 02.12.X1

Tabelle 6-44

Zeitraum	Tage (1) periodisch	(2) kumulativ	(3) Zero-Zinssatz €	(4) Zero-Zinssatz $	(5) Fixing/ Terminzinssatz $	(6) = a Auszahlung € fix	(7) = b Einzahlung $ variabel
02.12.X1-03.12.X1	2	2	3,354%	3,705%	3,705%		
04.12.X1-03.03.X2	90	92	3,524%	3,760%	3,705%	-1.223,33 T€	741,00 T$
04.03.X2-03.06.X2	90	182	3,848%	4,313%	4,831%	-1.223,33 T€	966,27 T$
04.06.X2-03.09.X2	90	272	3,902%	4,482%	4,721%	-1.223,33 T€	944,14 T$
04.09.X2-03.12.X2	90	362	4,066%	4,878%	5,880%	-1.223,33 T€	1.175,96 T$
04.12.X2-03.03.X3	90	452	4,342%	5,500%	7,804%	-1.223,33 T€	1.560,83 T$

a 113,798 Mio. € · 4,3% · Spalte (1) / 360   b 80 Mio. $ · (5) · Spalte (1) / 360

Der Barwert der variablen $-Seite wird mit dem Kassawechselkurs (Mittelkurs) zum 02.12.X1 umgerechnet und der €-Seite gegenübergestellt. Es bestimmt sich ein Netto-Barwert bzw. beizulegender Zeitwert von -113.819,36 T€ + (79.972,50 T$ / 0,703 $/€) = -60,47 T€. Die Gegenbuchung erfolgt im Handelsergebnis (HE):

02.12.X1	Aufw. Wertänd. HfT (HE)	60,47 T€	ZWS FLHfT (B)	60,47 T€

Am 31.12.X1 ist der ZWS zum beizulegenden Zeitwert zu bilanzieren; in Tabelle 6-45 sind die diesbezüglichen Parameter aufgeführt.

Bilanzierung Q4 X1

Der Barwert der festen €-Seite beträgt zum 31.12.X1 -114.568,25 T€:

$$\frac{-1.223,33\ T€}{(1+3,544\%\cdot 63/360)}+\frac{-1.223,33\ T€}{(1+3,798\%\cdot 153/360)}+...+\frac{(-1.223,33\ T€+-113.798,01\ T€)}{(1+4,053\%)^{423/360}}=-114.568,25\ T€$$

Für die variable $-Seite ergibt sich zum 31.12.X1 ein Barwert von +80.187,41 T$:

6 Herkömmliche Bilanzierung und Offenlegung einzelner Sachverhalte

$$\frac{741\,T\$}{(1+3{,}945\%\cdot 63/360)} + \frac{868{,}93\,T\$}{(1+4{,}198\%\cdot 153/360)} + \ldots + \frac{(1.206{,}73\,T\$ + 80.000\,T\$)}{(1+4{,}812\%)^{423/360}} = 80.187{,}41\,T\$$$

Tabelle 6-45   *Praxisbeispiel ZWS: Bewertungsparameter zum 31.12.X1*

Zeitraum	(1) Tage periodisch	(2) kumulativ	(3) Zero-Zinssatz €	(4) Zero-Zinssatz $	(5) Fixing/Terminzinssatz $	(6) = a Auszahlung € fix	(7) = b Einzahlung $ variabel
04.12.X1-31.12.X1	27	27			3,705%	-1.223,33 T€	741,00 T$
01.01.X2-03.03.X2	63	63	3,544%	3,945%			
04.03.X2-03.06.X2	90	153	3,798%	4,198%	4,345%	-1.223,33 T€	868,93 T$
04.06.X2-03.09.X2	90	243	3,934%	4,450%	4,794%	-1.223,33 T€	958,88 T$
04.09.X2-03.12.X2	90	333	3,794%	4,440%	4,284%	-1.223,33 T€	856,75 T$
04.12.X2-03.03.X3	90	423	4,053%	4,812%	6,034%	-1.223,33 T€	1.206,73 T$

a   113,798 Mio. € · 4,3% · Spalte (1) / 360   b   80 Mio. $ · (5) · Spalte (1) / 360

Analog zur Einbuchung wird der Barwert der variablen $-Seite mit dem Kassawechselkurs (Mittelkurs) zum 31.12.X1 umgerechnet und der €-Seite gegenübergestellt. Es bestimmt sich ein Netto-Barwert bzw. Fair Value von -114.568,25 T€ + (80.187,41 T$ / 0,725 $/€) = -3.964,93 T€. Da der Posten bereits bei der Einbuchung mit einem Betrag von -60,47 T€ erfasst wurde, ergibt sich ein Aufwand von 3.904,46 T€ (-3.964,93 T€ ./. -60,47 T€). Buchung:

31.12.X1	Aufw. Wertänd. HfT (HE)	3.904,46 T€	ZWS FLHfT (B)	3.904,46 T€

Angaben JA X1

N berücksichtigt für den Jahresabschluss X1 den Zeitwert des ZWS von -3.964,93 T€ bei der Angabe des Buchwerts der Bewertungskategorie FLFVPL (FLHfT) und für die Berichterstattung der Fair Values nach Klassen. Der Zeitwert wird der Bewertungsstufe 2 zugeordnet, weil ein Bewertungsverfahren mit marktbestimmten Input-Faktoren (Swapzinssätze, LIBOR-Zinssätze, Wechselkurse) zum Einsatz kommt. In das FVPL (HfT)-Nettoergebnis gehen die aus der Zeitbewertung resultierenden Aufwendungen von insgesamt 3.964,93 T€ ein.

– Fälligkeitsanalyse

Da der ZWS zum 31.12.X1 einen negativen Marktwert hat (d.h. eine finanzielle Verbindlichkeit darstellt), berücksichtigt N den Posten auch bei der im Rahmen der Angaben zu Liquiditätsrisiken verlangten Fälligkeitsanalyse. Dabei wird der in Tabelle 5-2 angeführte Aufbau herangezogen (▶ 5.4.3.2).

Die künftigen Zins- und Tilgungszahlungen der $-Seite werden zum am 31.12.X1 gültigen Kassawechselkurs von 0,725 $/€ umgerechnet. Tabelle 6-46 zeigt, wie die Ein- und Auszahlungen auf die Zeitbänder verteilt werden.

Finanzderivate

Praxisbeispiel ZWS: Fälligkeitsanalyse (Ein- und Auszahlungen +/-)   Tabelle 6-46

X2 Zins fix	Zins variabel	Tilgung	X3 Zins fix	Zins variabel	Tilgung
-4.893,31 T€	+4.724,91 T€	0 T€	-1.223,33 T€	+1.664,46 T€	-3.453,18 T€
(4 · -1.223,33 T€)	(+741 T$; +868,93 T$; +958,88 T$; +856,75 T$)			(+1.206,73 T$)	(-113.798,01 T€; +80.000 T$)

Die Darstellung der Marktrisiken bzw. Sensitivitäten zum Zinsrisiko erfolgt mittels Parallelverschiebung der aktuellen €- und $-Swap-Zinskurven um 100 BP nach oben (BPV-Berechnung ▶ 2.1.11.4). In Tabelle 6-47 sind die zur Ermittlung des hypothetischen Fair Value erforderlichen Bewertungsparameter aufgeführt.   – *Zinssensitivität*

Der hypothetische Barwert der festen €-Seite beträgt zum 31.12.X1 -113.272,46 T€:

$$\frac{-1.223,33\ T€}{(1+4,544\%\cdot 63/360)} + \frac{-1.223,33\ T€}{(1+4,831\%\cdot 153/360)} + \ldots + \frac{(-1.223,33\ T€ + -113.798,01\ T€)}{(1+5,088\%)^{423/360}} = -113.272,46\ T€$$

Praxisbeispiel ZWS: hyp. Bewertungsparameter zum 31.12.X1   Tabelle 6-47

Zeitraum	(1) Tage periodisch	(2) Tage kumulativ	(3) Zero-Zinssatz €	(4) Zero-Zinssatz $	(5) Fixing/Terminzinssatz $	(6) = a Auszahlung € fix	(7) = b Einzahlung $ variabel
04.12.X1-31.12.X1	27	27			3,705%	-1.223,33 T€	741,00 T$
01.01.X2-03.03.X2	63	63	4,544%	4,945%			
04.03.X2-03.06.X2	90	153	4,831%	5,234%	5,390%	-1.223,33 T€	1.078,10 T$
04.06.X2-03.09.X2	90	243	4,968%	5,489%	5,792%	-1.223,33 T€	1.158,40 T$
04.09.X2-03.12.X2	90	333	4,826%	5,478%	5,254%	-1.223,33 T€	1.050,72 T$
04.12.X2-03.03.X3	90	423	5,088%	5,854%	7,028%	-1.223,33 T€	1.405,60 T$

a 113,798 Mio. € · 4,3% · Spalte (1) / 360   b 80 Mio. $ · (5) · Spalte (1) / 360

Für die variable $-Seite ergibt sich zum 31.12.X1 ein hypothetischer Barwert von +80.048,28 T$:

$$\frac{741\ T\$}{(1+4,945\%\cdot 63/360)} + \frac{1.078,10\ T\$}{(1+5,234\%\cdot 153/360)} + \ldots + \frac{(1.405,60\ T\$ + 80.000\ T\$)}{(1+5,854\%)^{423/360}} = 80.048,28\ T\$$$

Der hypothetische Fair Value beträgt also -113.272,46 T€ ./. (80.048,28 T$ / 0,725 $/€) = -2.861,04 T€. Da der tatsächliche beizulegende Zeitwert zum 31.12.X1 bei -3.964,93 T€ liegt, wird bei der Angabe der Sensitivitäten zum Zinsrisiko ein Betrag von +1.103,89 T€ (-2.861,04 T€ ./. -3.964,93 T€) berücksichtigt. In analoger Weise ermittelt N die Sensitivität bei einer Parallelverschiebung der €- und der $-Swap-Zinskurve um 100 BP nach unten; es ergibt

6 — *Herkömmliche Bilanzierung und Offenlegung einzelner Sachverhalte*

sich ein Wert von -1.121,48 T€.[1060] Wäre demnach das €- und $-Zinsniveau jeweils um 100 BP höher (niedriger) gewesen, so wäre das Ergebnis um 1.103,89 T€ höher (um 1.121,48 T€ geringer) ausgefallen.

– Währungssensitivität

Zur Darstellung der Marktrisiken bzw. Sensitivitäten zum Wechselkursrisiko werden die Auswirkungen auf eine hypothetische Veränderung des Wechselkurses um +/-10% untersucht, d.h. man unterstellt Kassawechselkurse von 0,798 \$/€ (0,725 \$/€ · 1,1) bzw. 0,653 \$/€ (0,725 \$/€ · 0,9). Der Barwert der \$-Seite von 80.187,41 T\$ wird mit diesen hypothetischen Wechselkursen umgerechnet; es ergeben sich hypothetische Fair Values von -14.019,77 T€ bzw. +8.324,33 T€. Da der tatsächliche Fair Value zum 31.12.X1 bei -3.964,93 T€ liegt, wird bei der Angabe der Sensitivitäten zum Wechselkursrisiko ein Betrag von -10.054,84 T€ (-14.019,77 T€ ./. -3.964,93 T€) bzw. +12.289,26 T€ (8.324,33 T€ ./. -3.964,93 T€) berücksichtigt: Wäre der € gegenüber dem \$ um 10% stärker (schwächer) gewesen, so wäre das Ergebnis um 10.054,84 T€ geringer (um 12.289,26 T€ höher) ausgefallen.

Der 3-Monats-\$-LIBOR beläuft sich am 02.03.X2 auf 4,236% (Fixing-Tag für die Zinsperiode vom 04.03.X2 bis zum 03.06.X2).

Zinszahlungen 04.03.X2

Am 04.03.X2 leistet N die 1. €-Zinszahlung von 1.223,33 T€. Die Buchung nach der Dirty-Price-Methode lautet wie folgt:

04.03.X2	ZWS FLHfT (B)	1.223,33 T€	Kasse € LaR (B)	1.223,33 T€

Darüber hinaus erhält N die 1. \$-Zinszahlung von 741 T\$. Der Betrag wird zum am 04.03.X2 gültigen Kassawechselkurs (Mittelkurs) von 0,696 \$/€ umgerechnet; es ergibt sich ein Betrag von 1.064,66 T€. Buchung:

04.03.X2	Kasse \$ LaR (B)	1.064,66 T€	ZWS FLHfT (B)	1.064,66 T€

Bilanzierung Q1 X2

Für den Quartalsabschluss zum 31.03.X2 muss der ZWS wiederum zum Fair Value angesetzt werden; die relevanten Bewertungsparameter enthält Tabelle 6-48.

Der Barwert der festen €-Seite beträgt zum 31.03.X2 -114.640,04 T€:

$$\frac{-1.223,33\ T€}{(1+3,604\% \cdot 63/360)} + \frac{-1.223,33\ T€}{(1+3,921\% \cdot 153/360)} + ... + \frac{(-1.223,33\ T€ + -113.798,01\ T€)}{(1+3,886\% \cdot 333/360)} = -114.640,04\ T€$$

Für die variable \$-Seite ergibt sich zum 31.03.X2 ein Barwert von +80.259,40 T\$:

$$\frac{847,20\ T\$}{(1+4,185\% \cdot 63/360)} + \frac{911,94\ T\$}{(1+4,425\% \cdot 153/360)} + ... + \frac{(919,76\ T\$ + 80.000\ T\$)}{(1+4,626\% \cdot 333/360)} = 80.259,40\ T\$$$

[1060] Auf die Darstellung der Berechnung wird verzichtet.

Praxisbeispiel ZWS: Bewertungsparameter zum 31.03.X2

Tabelle 6-48

Zeitraum	(1) Tage periodisch	(2) Tage kumulativ	(3) Zero-Zinssatz €	(4) Zero-Zinssatz $	(5) Fixing/Terminzinssatz $	(6) = a Auszahlung € fix	(7) = b Einzahlung $ variabel
04.03.X1-31.03.X2	27	27			4,236%	-1.223,33 T€	847,20 T$
01.04.X2-03.06.X2	63	63	3,604%	4,185%			
04.06.X2-03.09.X2	90	153	3,921%	4,425%	4,560%	-1.223,33 T€	911,94 T$
04.09.X2-03.12.X2	90	243	3,985%	4,584%	4,765%	-1.223,33 T€	952,93 T$
04.12.X2-03.03.X3	90	333	3,886%	4,626%	4,599%	-1.223,33 T€	919,76 T$

a 113,798 Mio. € · 4,3% · Spalte (1) / 360   b 80 Mio. $ · (5) · Spalte (1) / 360

Wie zuvor wird der Barwert der variablen $-Seite mit dem Kassawechselkurs (Mittelkurs) zum 31.03.X2 umgerechnet und der €-Seite gegenübergestellt. Es bestimmt sich ein Netto-Barwert bzw. Fair Value von -114.640,04 T€ + (80.259,40 T$ / 0,758 $/€) = -8.756,93 T€.

Da der Posten bis dato einen Buchwert von -3.806,26 T€ (-3.964,93 T€ + 1.223,33 T€ ./. 1.064,66 T€) hat, ergibt sich ein Aufwand von 4.950,67 T€ (-8.756,93 T€ ./. -3.806,26 T€). Buchung:

31.03.X2	Aufw. Wertänd. HfT (HE)	4.950,67 T€	ZWS FLHfT (B)	4.950,67 T€

Entsprechend wird in der Folge verfahren. Am 04.03.X3 erfolgt zusätzlich der Rücktausch des Nominalwerts: N erhält 80.000 T$ und muss dafür 113.798,01 T€ abgeben. Zu diesem Datum beträgt der Kassawechselkurs (Mittelkurs) 0,773 $/€; umgerechnet ergibt sich ein Zahlungseingang von 103.492,89 T€ und damit ein Aufwand von 10.305,12 T€. Buchung:

Rücktausch Nominalwert 04.03.X3

04.03.X3	Kasse $ LaR (B)	103.492,89 T€	Kasse € LaR (B)	113.798,01 T€
	Aufw. Wertänd. HfT (HE)	10.305,12 T€		

6.6 Warentermingeschäfte

6.6.1 Vorbemerkungen

Warentermingeschäfte sind Verträge über den Kauf oder Verkauf nichtfinanzieller Posten, bei denen die Leistungserbringung zu einem spezifizierten späteren Lieferungs- bzw. Erfüllungszeitpunkt erfolgt.[1061] In Verbindung

---

[1061] Siehe zum Begriff des Warentermingeschäfts weiterführend Abschnitt 2.6.1.

6 Herkömmliche Bilanzierung und Offenlegung einzelner Sachverhalte

mit Warentermingeschäften ergibt sich eine Bilanzierung nach IAS 39 in den folgenden Fällen:[1062]

- Der gesamte Kontrakt fällt in den Anwendungsbereich von IAS 39 und ist damit als Derivat zu bilanzieren.
- Der Vertrag enthält nach IAS 39 getrennt zu bilanzierende eingebettete Derivate.

Bilanzierung – des gesamten Kontrakts als Derivat

Warentermingeschäfte erfüllen zwar die 3 Merkmale von Derivaten nach IAS 39 (▶ 3.2.5.2), sie sind allerdings per Definition keine Finanzinstrumente. Nur für den Fall, dass die Verträge einen Ausgleich in bar bzw. in anderen Finanzinstrumenten vorsehen oder der nicht-finanzielle Posten jederzeit in Zahlungsmittel umwandelbar ist (Net Settlement), werden sie bilanziell behandelt, als handele es sich um solche (▶ 3.2.1): Die Warentermingeschäfte fallen dann in den Anwendungsbereich von IAS 39 und IFRS 7, außer das Unternehmen kann die Own Use Exemption in Anspruch nehmen (▶ 3.3.6.5). Letztere Ausnahmeregelung kommt allerdings nur zum Tragen, wenn ein Net Settlement für ähnliche Kontrakte in der Vergangenheit nicht bereits praktiziert wurde und auch keine geschriebene Option vorliegt. Sind die Posten im Anwendungsbereich von IAS 39 und IFRS 7 (Net Settlement, kein Own Use Contract), gilt der Kontrakt selbst und in seiner Gesamtheit als eigenständiges derivatives Finanzinstrument.

– eingebetteter Derivate

Kommt das Unternehmen hingegen zu dem Schluss, dass der Terminliefervertrag selbst kein Derivat ist, weil er entweder kein Net Settlement vorsieht oder die Own Use Exemption greift, könnte der Vertrag ein zusammengesetztes Instrument aus einem Basiskontrakt und einem (oder mehreren) eingebetteten Derivat(en) darstellen (▶ 3.2.5.2); Letzteres ist ggf. vom Basisvertrag zu trennen (▶ 3.15.1). Besteht eine solche Abspaltungspflicht, muss das eingebettete Derivat wie ein eigenständiges Derivat nach IAS 39 bilanziert werden und die Angabepflichten des IFRS 7 kommen ebenso zur Anwendung.

6.6.2 Kategorisierung

Sowohl Warentermingeschäfte, die gemäß IAS 39 gesamthaft als Derivat zu bilanzieren sind, als auch in Warentermingeschäfte eingebettete Derivate, welche das Unternehmen nach IAS 39 abzuspalten hat, werden den Bewertungskategorien FAFVPL (FAHfT) bzw. FLFVPL (FLHfT) zugeordnet.[1063]

[1062] Zum Anwendungsbereich von IAS 39 bei Derivaten auf nicht-finanzielle Posten siehe ausführlich Abschnitt 3.3.6.5.
[1063] So stuft etwa BAYER Forderungen aus Warentermingeschäften als FAFVPL ein, vgl. GB 2006, S. 116.

6.6.3 Ansatz

6.6.3.1 Gesamter Vertrag als Derivat

Eine gesamthafte Bilanzierung als derivatives Finanzinstrument ergibt sich in diesen Fällen:[1064]

- Das Net Settlement wurde für ähnliche Verträge in der Vergangenheit bereits faktisch praktiziert.
- Für den Kontrakt besteht lediglich die Möglichkeit zu einem Nettoausgleich und es handelt sich nicht um einen Own Use Contract.

Im Hinblick auf die letztgenannte Gegebenheit ist die Frage von Bedeutung, ob der Vertrag eine geschriebene Option darstellt, denn diese Derivateform kann in keinem Fall als Own Use Contract gelten.

Da die entsprechenden Regeln teilweise nicht sonderlich konkret sind, ergeben sich in der Praxis häufig Umsetzungsprobleme, auf die im Folgenden eingegangen wird.

Wurde ein Nettoausgleich in der Vergangenheit für ähnliche Verträge bereits faktisch praktiziert, liegt konkret eine der beiden folgenden Gegebenheiten vor:

Prüfung auf faktisch praktiziertes Net Settlement

- Zwar enthalten die Vertragsbedingungen keine Möglichkeit zum Ausgleich in bar bzw. in anderen Finanzinstrumenten oder durch den Tausch von Finanzinstrumenten, jedoch werden ähnliche Kontrakte für gewöhnlich so erfüllt (IAS 39.6 (b)).
- Bei ähnlichen Verträgen wird der Vertragsgegenstand für gewöhnlich angenommen und kurz darauf wieder veräußert, um aus kurzfristigen Preisschwankungen oder Händlermargen zu profitieren (IAS 39.6 (c)).

Ist mindestens eine der beiden Gegebenheiten zutreffend, muss der Kontrakt zwingend als derivatives Finanzinstrument gemäß IAS 39 bilanziert werden.[1065]

Die über IAS 39.6 (b) verankerte Erfüllung ähnlicher Verträge mittels Nettoausgleich kann alternativ erfolgt sein durch

– Erfüllungsvarianten

- den Rückkauf bzw. -verkauf des Kontrakts von bzw. an den Vertragspartner,
- den Abschluss eines gegenläufigen Geschäfts mit einem Dritten oder
- den Verkauf des Vertrags an einen Dritten.[1066]

[1064] Siehe dazu ausführlich Abschnitt 3.3.6.5.
[1065] Vgl. IDW (2009b), Rz. 9 m.V.a. IAS 39.BC24.

6 — Herkömmliche Bilanzierung und Offenlegung einzelner Sachverhalte

– Beurteilung der Zielsetzung

Der in IAS 39.6 (c) genannte Tatbestand betrifft diejenigen Fälle, bei denen nicht-finanzielle Posten tatsächlich physisch an das Unternehmen geliefert werden, man sie jedoch nicht zur Eigenbedarfsdeckung nutzt, sondern eine Weiterveräußerung erfolgt.[1067] Es steht also die Ausnutzung von Preisdifferenzen im Vordergrund und nicht die güterwirtschaftliche Wertschöpfung. Dominiert hingegen die letztere Zielsetzung, so ist die in IAS 39.6 (c) beschriebene Gegebenheit nicht zutreffend.

Welche Zielsetzung (güterwirtschaftliche Wertschöpfung versus Ausnutzung von Preisdifferenzen) vorliegt, muss im Gesamtkontext der relevanten Verträge beurteilt werden. Für die Abgrenzung kann das Unternehmen die Art des operativen Geschäfts heranziehen. Auch lässt sich danach unterscheiden, wie die Führung des Geschäfts erfolgt (Führung auf Basis von Zeitwertänderungen versus auf Grundlage der Beschaffungs-, Produktions- und Absatzplanung). So deuten etwa Leistungen wie die Veredelung bezogener Waren in ihrer Beschaffenheit, eine Losgrößentransformation der Ware nach Anlieferung oder Dienstleistungen im Vertriebsbereich bzw. der Lagerhaltung (räumliche oder zeitliche Transformation) auf eine güterwirtschaftliche Wertschöpfung hin. Ferner kann auf die Erfolgsrealisierung aus dem Vertrag abgestellt werden: Eine Erfolgsrealisierung auf Basis kurzfristiger Preisschwankungen bzw. Handelsmargen spricht für das Vorliegen des Tatbestands in IAS 39.6 (c), wohingegen die Schaffung eines Markts zwischen Verkäufer und Käufer oder der Weiterverkauf an einen festen Kundenstamm zu relativ konstanten Konditionen eher auf eine güterwirtschaftliche Wertschöpfung hinweisen.

– Auslegung des Begriffs „für gewöhnlich"

Laut dem IDW kann die Beurteilung, ob für ähnliche Verträge in der Vergangenheit „für gewöhnlich" ein Net Settlement im Sinne von IAS 39.6 (b) und (c) stattgefunden hat, nur im Einzelfall unter Berücksichtigung der Anzahl sowie des Volumens der Kontrakte erfolgen.[1068] Wurde in der Vergangenheit bereits mehrfach ein Net Settlement durchgeführt, so ergibt sich daraus ggf. bereits eine verpflichtende Anwendung von IAS 39.

Fraglich ist im Zusammenhang mit einem in der Vergangenheit für gewöhnlich praktizierten Nettoausgleich zudem, ob durch eine Verhaltensänderung die Pflicht zur Bilanzierung nach IAS 39 entfallen kann – bspw. wenn bis vor einem Jahr ähnliche Verträge mittels Barausgleich abgewickelt wurden, ein solcher Nettoausgleich danach aber nicht mehr erfolgte. Das IDW bejaht dies, sofern sich das geänderte Verhalten in Abhängigkeit von der Frequenz der Geschäfte bereits längerfristig beobachten lässt und es mit einer neuen Organisationsstruktur einhergeht. Sodann ist das geänderte gewöhnliche

---

[1066] Vgl. IDW (2009b), Rz. 10 und zum Vorliegen eines Net Settlement auch bei kompensierenden Geschäften mit Dritten bereits PROKOP (2007), S. 338.
[1067] Vgl. hierzu und nachfolgend IDW (2009b), Rz. 12-14.
[1068] Vgl. dazu und zum folgenden Absatz IDW (2009b), Rz. 16f.

Verhalten (als das nunmehr als gewöhnlich anzusehende Verhalten) bei der Beurteilung neu abgeschlossener Kontrakte zu berücksichtigen.

Der in IAS 39.6 (b) und (c) enthaltene Begriff „ähnliche Verträge" wird ebenso nicht definiert.[1069] IAS 32.13 enthält lediglich Erläuterungen dazu, was unter einem Vertrag zu verstehen ist (▶ 3.2.1). Danach können Rahmenvereinbarungen zum Kauf oder Verkauf nicht-finanzieller Posten, bei denen keine Liefermengen spezifiziert werden, nicht darunter fallen.

– Auslegung des Begriffs „ähnliche Verträge"

Dem IDW zufolge sind für die Untersuchung, ob bestimmte Verträge als ähnlich gelten, die folgenden Faktoren relevant:

- die wirtschaftlich identische Zielsetzung,
- identische oder gemeinsame Märkte für die Güter,
- substitutionale Beziehungen zwischen den Gütern,
- die einheitliche organisatorische Verantwortlichkeit innerhalb des Risikomanagements.

Ein Nachweis der Ähnlichkeit von Verträgen (bzw. für die Abgrenzung zu anderen nicht-ähnlichen Kontrakten) lässt sich darüber hinaus über die Einrichtung einer Buchstruktur erbringen, mit der die gleiche Intention bzw. der gleiche Geschäftszweck dokumentiert wird.[1070] Die Vorgehensweise ist immer dann sinnvoll, wenn das Unternehmen artgleiche Kontrakte zu unterschiedlichen Zwecken einsetzt und diese damit teilweise einem Net Settlement unterliegen – was ohne Buchstruktur ggf. dazu führt, dass ein Nettoausgleich im Sinne von IAS 39.6 (b) oder (c) vorliegt und damit die Own Use Exemption gesamthaft nicht zur Anwendung kommt.[1071] Ein solcher Sachverhalt könnte bspw. vorherrschend sein, wenn Futures gleichen Typs sowohl zur eigenen Bedarfsdeckung als auch zur Absicherung von Preisrisiken genutzt und diese im Rahmen der letztgenannten Zielsetzung regelmäßig glattgestellt werden.[1072]

Über die Einrichtung einer Buchstruktur (z.B. Trennung nach Eigenbedarf und Handel) lassen sich Verträge mit unterschiedlichen Zwecken eindeutig abgrenzen.[1073] So kann die Bilanzierung der eigentlichen Own Use Contracts als derivative Finanzinstrumente verhindert werden, indem man die entsprechenden Verträge bereits bei Kontraktabschluss gesondert dekla-

---

[1069] Hierzu und im Folgenden vgl. IDW (2009b), Rz. 18f. Vgl. auch bereits KUHN/ALBRECHT (2008), S. 125.
[1070] Vgl. IDW (2009b), Rz. 20. Vgl. ferner schon KUHN/ALBRECHT (2008), S. 125.
[1071] Vgl. IDW (2009b), Rz. 21 und auch bereits PROKOP (2007), S. 339.
[1072] Vgl. FLADT/VIELMEYER (2008), S. 1074. Zu Futures weiterführend siehe Abschnitt 2.6.2.
[1073] Vgl. IDW (2009b), Rz. 22. Vgl. auch VARAIN (2008), Rz. 18.

riert bzw. führt (z.B. über unterschiedliche Bücher).[1074] Kontrakte innerhalb eines Buchs sind dabei als ähnliche Verträge definiert.[1075]

Das IDW knüpft die Anerkennung einer Buchstruktur an die folgenden Bedingungen:[1076]

- Die Buchstruktur muss auf den tatsächlichen Aktivitäten des Unternehmens basieren.

- Den unterschiedlichen Büchern liegen Aktivitäten mit eigenständigen Zielen und eigenständigem Risikomanagement (inklusive eigener Risikomanagement-Richtlinie und gesondertem Berichtswesen) zu Grunde.[1077]

- Bei Vertragsabschluss erfolgt eine zweckentsprechende Zuordnung zu den Büchern, die zu diesem Zeitpunkt in geeigneter Form dokumentiert worden ist.

In der Regel schädlich für die Anerkennung einer Buchstruktur sind spätere Neuzuordnungen.[1078] Wird etwa wegen einer Änderung der Nutzungsabsicht ein Kontrakt vom Eigenbedarf- ins Handelsbuch transferiert, ist eine eindeutige Trennung der Bücher nicht mehr möglich; damit gelten alle von der Übertragung betroffenen Verträge fortan als ähnlich und fallen in den Anwendungsbereich von IAS 39.[1079] Zudem führt der Verkauf oder die Glattstellung von Kontrakten innerhalb eines Eigenbedarfbuchs auf Grund von veränderten Umständen grundsätzlich dazu, dass für dieses Buch nicht mehr von einer physischen Erfüllung ausgegangen werden kann – womit in der Folge ebenfalls für alle unter dem Buch subsumierten Verträge IAS 39 zur Anwendung kommt.[1080] Davon ausgenommen sind Net Settlements infolge des Eintritts von unvorhersehbaren (d.h. äußerst unwahrscheinlichen, nicht geplanten) Ereignissen wie z.B. ein Schaden auf Grund einer

---

1074 Vgl. MAULSHAGEN/TREPTE/WALTERSCHEIDT (2008), Rz. 657. Vgl. auch KPMG IFRG LIMITED (2011), S. 1258 (7.1.160.50-65).
1075 Vgl. IDW (2009b), Rz. 22.
1076 Vgl. dazu IDW (2009b), Rz. 23-25.
1077 Werden hingegen im Konzern verteilt auf die Tochterunternehmen mehrere Bücher für den Eigenbedarf ohne entsprechende Ziele/Risikomanagement-Vorgaben geführt und praktiziert ein Tochterunternehmen in Bezug auf ihr Eigenbedarfbuch ein Net Settlement, so betrifft der Nettoausgleich konzernweit alle Bücher für den Eigenbedarf.
1078 Hierzu und im Folgenden vgl. IDW (2009b), Rz. 26f. Vgl. ferner bereits KUHN/ALBRECHT (2008), S. 126; VARAIN (2008), Rz. 18. Vgl. auch KPMG IFRG LIMITED (2011), S. 1258 (7.1.160.60).
1079 Gl.A. schon KUHN/ALBRECHT (2008), S. 126.
1080 Ebenso bereits KUHN/ALBRECHT (2008), S. 126.

Umweltkatastrophe oder eine strategischen Neuausrichtung wegen geänderter gesetzlicher Rahmenbedingungen.[1081]

Die Möglichkeit zum Nettoausgleich wird über diese beiden Tatbestände konkretisiert:

Prüfung auf Möglichkeit zum Net Settlement

- Die Vertragsbedingungen gestatten es zumindest einem der Kontrahenten, den Vertrag durch Ausgleich in bar bzw. in anderen Finanzinstrumenten oder durch den Tausch von Finanzinstrumenten abzuwickeln (IAS 39.6 (a)).

- Der nicht-finanzielle Posten, der Gegenstand des Kontrakts ist, kann jederzeit in Zahlungsmittel umgewandelt werden (IAS 39.6 (d)).

Beim Vorliegen einer der beiden Ausprägungen kommt IAS 39 nicht zwingend zur Anwendung: Wird die Option zum Net Settlement nicht in Anspruch genommen, sondern stattdessen von der physischen Erfüllung des Geschäfts entsprechend des erwarteten Einkaufs-, Verkaufs- oder Nutzungsbedarfs des Unternehmens Gebrauch gemacht (d.h. es handelt sich um einen Own Use Contract), erfolgt keine Bilanzierung als derivatives Finanzinstrument.[1082] Dabei ist zu beachten, dass geschriebene Optionen niemals Own Use Contracts sein können.

Die in IAS 39.6 (d) genannte jederzeitige Möglichkeit zur Umwandlung in Zahlungsmittel wird in den IFRS nicht näher spezifiziert. Der Literatur zufolge kann zur Erläuterung dieses Kriteriums auf die entsprechenden US-GAAP-Vorschriften (SFAC 5.83 (a); SFAS 133.9) zurückgegriffen werden.[1083] Danach ist die jederzeitige Umwandlung in Zahlungsmittel gegeben, wenn der Posten aus austauschbaren (d.h. fungiblen) Einheiten besteht, für die Preisnotierungen auf aktiven Märkten verfügbar sind. Darüber hinaus muss im Fall einer Veräußerung gewährleistet sein, dass der Markt die gehaltene Menge ohne signifikante Preisänderungen aufnehmen kann.[1084]

– Umwandlung in Zahlungsmittel

Laut FREIBERG können börsengehandelte Basisobjekte jederzeit in Zahlungsmittel umgewandelt werden, wenn die Transportkosten vernachlässigbar sind.[1085] Dies ist etwa bei Strom der Fall, trifft aber nicht auf Metalle, Agrargüter usw. zu. Ferner müssen aus Käufersicht Drittverwertungsoptionen bezüglich des Net Settlement auf ihre tatsächliche Durchsetzbarkeit

---

[1081] So auch schon KPMG IFRG LIMITED (2006), S. 8, die als Beispiel für unvorsehbare Ereignisse Stromausfälle nennen.
[1082] Vgl. IDW (2009b), Rz. 28.
[1083] Vgl. dazu KUHN/ALBRECHT (2008), S. 127 m.V.a. IAS 39.BC221; IDW (2009b), Rz. 29 m.V.a. die Regelungshierarchie in IAS 8.10 ff.
[1084] Vgl. auch KUHN/SCHARPF (2006), Rz. 185; KPMG IFRG LIMITED (2011), S. 1260 (7.1.170.10) und ERNST & YOUNG LLP (2012b) S. 2883. Letztere stellen explizit auf das Vorhandensein von Kassapreisen ab.
[1085] Vgl. hierzu FREIBERG (2007), S. 230 und ähnlich ERNST & YOUNG LLP (2012b) S. 2883.

beurteilt werden. Derartige Rechte, welche die Möglichkeit einräumen, den über den Eigenbedarf hinausgehenden Lieferanspruch an Dritte weiterzuveräußern, sind dann nicht mit einer Möglichkeit zum Net Settlement gemäß IAS 39.6 (d) verbunden, wenn die Weiterveräußerung faktisch nicht gegeben (da z.B. kein Markt besteht) oder nicht gewollt ist.[1086]

LÜHN sieht das Vorliegen eines aktiven Markts als notwendige, jedoch nicht hinreichende Bedingung für die jederzeitige Zahlungsmittelumwandlung; Letzterer entgegen stehe etwa eine fehlende Erreichbarkeit des aktiven Markts (z.B. durch beschränkte Verfügungsrechte oder Transportkosten).[1087]

– teilweises Net Settlement bzw. Teilklassifikation als Own Use Contract

Zudem kann hinterfragt werden, ob für den Fall, dass nur für einen Teil der vertraglich bzw. Teilklassifikation als Own Use Contract festgelegten Menge ein Barausgleich oder Ähnliches geplant ist, der gesamte Kontrakt in den Anwendungsbereich von IAS 39 fällt. Dies wird in der Literatur bejaht.[1088] So muss jeder Vertrag in seiner Gesamtheit beurteilt werden. Hat das Unternehmen bspw. ein Warentermingeschäft über den Kauf von 100 Einheiten abgeschlossen, erwartet es hingegen nur einen Verbrauch von 80 Einheiten und unterstellt dementsprechend den Nettoausgleich von 20 Einheiten (entweder durch das Eingehen eines Gegengeschäfts für 20 Einheiten auf Termin oder durch Lieferung von 100 Einheiten mit sofortigem Verkauf von 20 Einheiten), unterliegt der gesamte Kontrakt IAS 39. Damit einher geht die Frage, ob eine (spätere) teilweise Klassifikation eines Vertrags als Own Use Contract möglich ist.[1089] In der Literatur verneint man dies.[1090] Tritt etwa bei einem zum Vertragsabschluss als Own Use Contract determinierten Warenterminkauf in der Folge eine Verringerung des Eigenbedarfs ein und wird auf Grund dessen der nicht benötigte Teil veräußert, gilt das gesamte Warentermingeschäft zum Zeitpunkt der Veräußerung nicht mehr als Own Use Contract.

– Sonderfälle in der Energiewirtschaft

Das IDW hat sich mit Sonderfällen aus dem Bereich der Energiewirtschaft auseinandergesetzt. Im Einzelnen sind dies:[1091]

- „Kaskadierung": Aufteilung von Termingeschäften mit Jahres- bzw. Quartalsmengen in mehrere Verträge mit kürzeren Lieferzeiträumen ohne Veränderung der ursprünglichen Kontraktmenge.

[1086] Vgl. FREIBERG (2007), S. 231 und auch LÜDENBACH (2012d), Rz. 225. Insofern führen Verträge, die nur die Möglichkeit zum Nettoausgleich über solche nicht durchsetzbaren Drittverwertungsoptionen enthalten, auch ohne explizite Deklarierung als Own Use Contract nicht zur Bilanzierung nach IAS 39, außer es bestand für ähnliche Kontrakte ein faktisches Net Settlement in der Vergangenheit.
[1087] Vgl. LÜHN (2009), S. 104.
[1088] Vgl. PROKOP (2007), S. 339 und zu dem folgenden Beispiel auch DELOITTE LLP (2011b), S. 31.
[1089] Dies wird in IAS 39 ebenso wenig geregelt, vgl. KUHN/SCHARPF (2006), Rz. 183.
[1090] Vgl. dazu und in der Folge FREIBERG (2007), S. 231; LÜDENBACH (2012d), Rz. 226.
[1091] Vgl. hierzu IDW (2009b), Rz. 30-36.

6.6 Warentermingeschäfte

- „Profilierung": Deckung des künftig erwarteten Bedarfs für einen kurzen Zeitraum (z.B. 12 Einheiten für den Monat November in 3 Jahren) zunächst durch Abschluss eines Warentermingeschäfts, das einen langen Lieferzeitraum (z.B. ein Jahr mit Lieferung von einer Einheit je Monat) vorsieht, und dessen anschließende Ersetzung durch Warentermingeschäfte höherer Granularität (z.B. Austausch des Jahreskontrakts in 4 Verträge auf Quartalsbasis mit Lieferung von einer Einheit je Monat und dann Ersetzung des Quartalskontrakts durch 12 Verträge auf Monatsbasis mit Lieferung von einer Einheit je Monat).

Die Kaskadierung unter sonst unveränderten Bedingungen ist dem IDW zufolge nicht als Net Settlement im Sinne von IAS 39.5, 6 zu werten, da hierbei lediglich eine Aufteilung in mehrere Kontrakte mit kürzeren Lieferzeiten erfolgt. Gleiches gilt für die spätere Profilierung für zunächst mit langen Lieferzeiten abgeschlossene Warentermingeschäfte (welche den tatsächlichen Bedarf für die Teilperioden nur ungenau widerspiegeln), sofern die ursprüngliche Liefermenge nicht reduziert wird und die ersetzten Verträge ebenfalls Own Use Contracts darstellen. Voraussetzung dafür ist, dass die Profilierung bereits beim Abschluss des ursprünglichen Kontrakts dokumentiert wurde und die ersetzenden Verträge unmittelbar bei Entstehung eines Markts abgeschlossen werden. Ergibt sich ein die Ursprungsmenge überschreitender Bedarf, den das Unternehmen durch Abschluss weiterer Kontrakte decken will, so hat es die neuen Verträge daraufhin zu untersuchen, ob die Own Use Exemption zur Anwendung kommt.

Insbesondere im Energiehandel liegen des Öfteren Vereinbarungen vor, die geschriebene Optionen sein können.[1092] Der Vertrag stellt in diesem Fall per se keinen Own Use Contract dar und ist bei einem möglichen Net Settlement stets als Derivat zu bilanzieren, denn das Unternehmen kann den Warenfluss nicht steuern.[1093] Geschriebene Optionen können z.B. aus der Sicht eines Energielieferanten bereitgestellte Stromkontingente sein, die der Käufer nutzen kann, welche aber nicht verpflichtend abgenommen werden müssen. Gleiches gilt für Mindestabnahmemengen, die der Stromabnehmer unabhängig von der tatsächlichen Inanspruchnahme bezahlen muss. Ebenfalls als Derivat zu bilanzieren sind geschriebene Optionen, bei denen der Vertragspartner ein Wahlrecht zur Erfüllung durch physische Lieferung oder durch Nettoausgleich hat, weil auch hier die Warenlieferung nicht im Ermessen des Unternehmens liegt (IAS 39.IG A.2).

– geschriebene Optionen

Wenn der Kontrakt explizit eine Prämienzahlung zur Kompensation des Zeitwertrisikos enthält, liegt offensichtlich eine geschriebene Option vor. Bei weniger deutlichen Anzeichen kann dies darüber geprüft werden, ob die

---

[1092] Dazu und teilweise in der Folge vgl. PROKOP (2007), S. 339.
[1093] Vgl. IDW (2009b), Rz. 37.

Vertragsmenge den Bedarf des Käufers überschreitet; sofern zutreffend, dürfte es sich ebenso um eine geschriebene Option handeln.[1094]

Als geschriebene Optionen können ferner so genannte „Mehrmengenoptionen" oder „Volumenoptionen" gelten. Bei diesen hat der Käufer das Recht, neben einer Mindestmenge (die auch gleich 0 sein kann) – welche gleichfalls unabhängig davon, ob sie abgenommen wird oder nicht, zu entgelten ist – noch zusätzliche Mengen des nicht-finanziellen Postens zum vereinbarten Preis zu beziehen.[1095] Transaktionen dieser Art setzten sich also aus einem Terminverkauf in Höhe der Mindestmenge und einem Verkauf einer Kaufoption (Short Call ▶ 2.6.2) zusammen.

Fraglich ist, ob die gerade angeführten Verträge geschriebene Optionen im Sinne des IAS 39.7 darstellen und damit im Anwendungsbereich von IAS 39 sind. Dies wurde auch beim IFRIC angefragt, führte allerdings zu keiner Agenda-Aufnahme.[1096] Das IFRIC konkretisierte zunächst, dass geschriebene Optionen vorliegen, wenn der Lieferant nicht bestimmen kann, ob die Veräußerung stattfindet oder nicht. Für die oben genannten Kontrakte mit Mehrmengen/Volumenoptionen dürfte die Definition regelmäßig zutreffend sein. Allerdings erlauben die Verträge laut dem IFRIC in vielen Situationen kein Net Settlement und sind damit vom Anwendungsbereich von IAS 39 ausgenommen. Da sich die meisten nicht-finanziellen Posten im Energiehandel von Seiten des Lieferanten jederzeit in Zahlungsmittel umwandeln lassen (und somit für ihn auch ein Net Settlement möglich ist), zweifelt das IFRIC offensichtlich an der Fähigkeit zur Barumwandlung des nicht-finanziellen Postens durch den Käufer. Dies ist insbesondere bei Endverbrauchern bzw. Privatkunden (z.B. von Strom) der Fall, da sie faktisch keine Möglichkeit haben, die Zusatzmenge zu speichern und durch anschließenden Weiterverkauf zu verwerten.[1097] Ein Ausschluss vom Anwendungsbereich des IAS 39 wird in der Literatur zudem für diejenigen Fälle verneint, bei denen der Käufer nicht fähig ist, bei Marktpreisschwankungen durch die Ausübung der Option einen Gewinn zu erzielen.[1098]

[1094] Vgl. IDW (2009b), Rz. 39.
[1095] Vgl. dazu und im Folgenden KUHN/ALBRECHT (2008), S. 126; IDW (2009b), Rz. 40; ERNST & YOUNG LLP (2012b), S. 2888.
[1096] Hierzu und in der Folge vgl. ERNST & YOUNG LLP (2012b), S. 2887f. m.V.a. IFRIC Update March 2007, S. 5. Vgl. zudem IDW (2009b), Rz. 41; PwC (2011a), S. 5038f. (5.78-80); FRIEDHOFF/BERGER (2011), Rz. 25 und Rz. 49f.
[1097] Vgl. auch KPMG IFRG LIMITED (2006), S. 9; PROKOP (2007), S. 339f.; FREIBERG (2007), S. 231f.; BARCKOW (2010), Rz. 23; KPMG IFRG LIMITED (2011), S. 1261 (7.1.180.30); LÜDENBACH (2012d), Rz. 227.
[1098] Vgl. KUHN/ALBRECHT (2008), S. 126; MAULSHAGEN/TREPTE/WALTERSCHEIDT (2008), Rz. 664; DELOITTE LLP (2011b), S. 28; ERNST & YOUNG LLP (2012b), S. 2887.

6.6 Warentermingeschäfte

Laut ERNST & YOUNG sind Verträge mit Mehrmengenoptionen keine geschriebenen Optionen, wenn der Vertragspartner ein Endverbraucher ist und folgende Bedingungen kumulativ erfüllt werden:[1099]

- Die physische Erfüllung gilt als sicher, denn über den nicht-finanziellen Posten wird beim Endverbraucher ein Grundbedarf (z.B. Strom, Öl, Gas, Wasser) abgedeckt.

- Der Endverbraucher hat keinen Marktzugang, um den nicht-finanziellen Posten weiterzuveräußern.

- Von Seiten des Endverbrauchers besteht keine Möglichkeit zur Lagerung einer großen Menge des nicht-finanziellen Postens.

- Der Stillhalter ist für einen gewissen Zeitraum der einzige Lieferant des Endverbrauchers.

Kommt man bei Mehrmengen- oder Volumenoptionen zu dem Ergebnis, dass eine geschriebene Option im Sinne des IAS 39.7 vorliegt, stellt sich darüber hinaus die Frage, ob für den Lieferanten auf Grund der zusätzlichen Bezugsmöglichkeit des Käufers der gesamte Kontrakt (Terminverkauf und Mehrmengenoption) ein Finanzinstrument darstellt oder ob ggf. nur die geschriebene Option als trennungspflichtiges Derivat zu bilanzieren ist und der abgespaltene Basisvertrag als Own Use Contract gelten kann.[1100] Die Meinungen gehen diesbezüglich auseinander. Besteht für den Käufer die Option zum Barausgleich oder Ähnlichem bzw. zur Umwandlung des nicht-finanziellen Postens in Zahlungsmittel (z.B. weil er selbst mit den Gütern handelt), gilt entweder der gesamte Vertrag als derivatives Finanzinstrument[1101] oder die eingeräumte Zukaufmöglichkeit wird separat beurteilt[1102] – womit der Basisvertrag in Abhängigkeit davon, ob ein Own Use Contract vorliegt oder nicht, entweder als operativer (schwebender) Vertrag oder als derivatives Finanzinstrument zu behandeln ist.[1103]

[1099] Vgl. hierzu KUHN/ALBRECHT (2008), S. 126; ERNST & YOUNG LLP (2012b), S. 2887.
[1100] Vgl. FREIBERG (2007), S. 232; KUHN/ALBRECHT (2008), S. 126; BARCKOW (2010), Rz. 23; LÜDENBACH (2012d), Rz. 227.
[1101] Dieser Ansicht sind DELOITTE LLP (2011b), S. 30.
[1102] Vgl. KPMG IFRG LIMITED (2006), S. 9; KPMG IFRG LIMITED (2011), S. 1261 (7.1.180.20). Vgl. ferner FREIBERG (2007), S. 232; LÜDENBACH (2012d), Rz. 227 und ERNST & YOUNG LLP (2012b), S. 2888, die Argumente für eine gesonderte Beurteilung liefern. Das IFRIC (IFRS IC) war ursprünglich der Ansicht, dass eine Behandlung als separate Verträge nicht möglich ist, erkannte jedoch auch, dass in der Praxis wesentliche Unterschiede bestehen. Dies soll im Zuge der Ersetzung von IAS 39 durch IFRS 9 berücksichtigt werden. Vgl. dazu ERNST & YOUNG LLP (2012b), S. 2889 i.V.m. IFRIC Update March 2010.
[1103] KUHN/ALBRECHT (2008), S. 126 sehen eine Abspaltung der Mehrmengenoption (Bilanzierung als freistehendes Derivat) als geboten an, wenn die beiden Kompo-

6.6.3.2 Eingebettete Derivate

Damit ein eingebettetes Derivat getrennt bilanziert werden muss, müssen 3 Merkmale kumulativ erfüllt sein (▶ 3.15.1). Entscheidendes Kriterium ist dabei, ob die beiden Komponenten unterschiedliche wirtschaftliche Eigenschaften und Risiken aufweisen oder nicht. Sind die wirtschaftlichen Merkmale und Risiken des eingebetteten Derivats nicht eng mit den wirtschaftlichen Merkmalen und Risiken des Basiskontrakts verbunden, besteht – sofern auch die beiden anderen Merkmale erfüllt werden – eine Abspaltungspflicht des eingebetteten Derivats, d.h. das Unternehmen hat es gesondert anzusetzen.

Laut dem IDW ist zunächst anhand von qualitativen Kriterien zu prüfen, ob eine enge Verbindung der wirtschaftlichen Merkmale zwischen Basisvertrag und eingebettetem Derivat vorliegt.[1104] Anschließend hat man ggf. eine quantitative Analyse (z.B. in Form einer Korrelationsanalyse) durchzuführen.[1105] Dies ist etwa dann erforderlich, wenn der Preis eines Produkts durch eine Preisformel bestimmt wird, welche nicht exakt die Produktionsfaktoren und ihre Gewichtung widerspiegelt. Eine enge Verbindung der wirtschaftlichen Merkmale kann allerdings nicht allein über eine quantitative Analyse nachgewiesen werden, d.h. wenn das Unternehmen einen qualitativen Zusammenhang verneint.

IAS 39.AG30, AG33 enthalten Beispiele, die sich auf das Kriterium der engen Verbundenheit beziehen. Mit Blick auf Warentermingeschäfte sind die Vorgaben zu Preisobergrenzen bzw. -untergrenzen in IAS 39.AG33 (b) sowie zu Fremdwährungsderivaten in IAS 39.AG33 (d) relevant. Auf die Regelungen wird im Folgenden näher eingegangen. Ferner werden weitere Sachverhalte diskutiert.

Preisobergrenzen bzw. -untergrenzen

In einem Kontrakt enthaltene Vorschriften zum Kauf oder Verkauf eines Vermögenswerts (z.B. eines Rohstoffs), die einen Cap und Floor auf den zu zahlenden oder zu erhaltenden Preis vorsehen, sind eng mit dem Basisvertrag verbunden, wenn sowohl der Cap als auch der Floor zu Beginn „aus dem Geld" wären und keine Hebelwirkung aufweisen (IAS 39.AG33 (b)).

Dies betrifft etwa ein Warentermingeschäft zum Bezug von Stahl, welches dem Käufer zur Deckung des eigenen Bedarfs dient und bei dem Preissteigerungen über ein bestimmtes Niveau ausgeschlossen werden.[1106] Eine enge Verbindung und somit keine Trennungspflicht würde bestehen, wenn der

---

nenten klar identifizierbar sind, diese unterschiedliche Risikoprofile aufweisen und der Basisvertrag ein Own Use Contract darstellt.
[1104] Vgl. hierzu und im Folgenden IDW (2009b), Rz. 48-50.
[1105] Gl.A. PROKOP (2007), S. 340.
[1106] Vgl. dazu und in der Folge PROKOP (2007), S. 340. Vgl. für ein ähnliches Beispiel auch DELOITTE LLP (2011b), S. 264.

6.6 Warentermingeschäfte

zum Zeitpunkt des Vertragsabschlusses vereinbarte Höchstpreis über dem Marktpreis liegt oder diesem entspricht (d.h. die Option „aus dem Geld" oder „im Geld" ist) und durch die Option keine Hebelwirkung besteht.

Ein eingebettetes Fremdwährungsderivat (z.B. beim Kauf eines nichtfinanziellen Gegenstands zu einem Preis in Fremdwährung) ist eng mit dem Basisvertrag verbunden, wenn es keine Hebelwirkung aufweist, keine Optionsklauseln beinhaltet und Zahlungen in einer der folgenden Währungen erfordert (IAS 39.AG33 (d)):

Fremdwährungsderivate

- die funktionale Währung einer substanziell an dem Vertrag beteiligten Partei;
- die im internationalen Handel übliche Währung für die hiermit verbundenen erworbenen oder gelieferten Waren oder Dienstleistungen (z.B. $ bei Erdölgeschäften); oder
- eine Währung, die üblicherweise in Verträgen über den Kauf bzw. Verkauf nicht-finanzieller Posten in einem Wirtschaftsumfeld, in dem die Transaktion stattfindet, verwendet wird (z.B. eine relativ stabile und liquide Währung, die man üblicherweise bei lokalen Geschäftstransaktionen oder im Ausland nutzt).

Darunter fällt etwa folgender Sachverhalt:[1107] Ein deutsches Unternehmen (funktionale Währung €) schließt mit einem schwedischen Unternehmen einen Kaufvertrag ab; die Lieferung erfolgt erst nach längerer Zeit. Es wird die Zahlung in $ vereinbart; dies ist die funktionale Währung des schwedischen Unternehmens. Die Merkmale des Basisvertrags und des eingebetteten Derivats sind eng verbunden, da die die Zahlung in der funktionalen Währung einer Vertragspartei erfolgt; das eingebettete Derivat wird nicht gesondert bilanziert. Hätte das schwedische Unternehmen hingegen als funktionale Währung Schwedische Kronen, würde man ggf. zu einem anderen Ergebnis kommen: Der $ entspräche in diesem Fall keiner funktionalen Währung der Vertragsparteien; sofern dieser nicht die für das Geschäft oder die Region übliche Währung darstellt, wäre das eingebettete Derivat abspaltungspflichtig.[1108]

Der $ gilt neben den in IAS 39.AG33 (d) explizit genannten Ölgeschäften auch für Transaktionen mit großen Passagier- und Verkehrsflugzeugen und vielen Metallen (z.B. Gold, Silber, Platin, Palladium, Aluminium, Kupfer, Blei, Nickel, Zink, Eisenerz) als im internationalen Handel übliche Währung.[1109] Nicht als im internationalen Handel übliche Währungen gelten

---

[1107] Vgl. hierzu SCHMIDT/SCHREIBER (2006), S. 448.
[1108] Vgl. dazu auch das Beispiel in IAS 39.IG C.7.
[1109] Vgl. KUHN/SCHARPF (2006), Rz. 3540; VARAIN (2008), Rz. 72; DELOITTE LLP (2011b), S. 266f.; KPMG IFRG LIMITED (2011), S. 1278 (7.2.140.40); ERNST & YOUNG LLP (2012b), S. 2916.

hingegen solche, die nur regional für bestimmte Geschäfte verwendet werden: Eine im internationalen Handel übliche Währung setzt einen weltweiten Einsatz voraus (IAS 39.IG C.9).

Als eine im Hinblick auf das Wirtschaftsumfeld übliche Währung kann etwa der $ bei Liefergeschäften mit Unternehmen aus Osteuropa gelten.[1110] Auch sind dies ggf. stabile Drittwährungen, auf deren Basis man Geschäfte mit Unternehmen aus Hochinflationsländern abschließt.[1111]

Ein eingebettetes Derivat mit Hebelwirkung liegt etwa bei folgendem Sachverhalt vor (IAS 39.IG C.8): Es wird ein Terminkaufvertrag von Rohöl zum Preis von 1.000 $ zwischen 2 Unternehmen mit den funktionalen Währungen € und Norwegische Kronen abgeschlossen, wobei die Parteien zusätzlich vereinbaren, dass künftige Schwankungen des $/Norwegische-Kronen-Wechselkurses bezogen auf einen Nominalbetrag von 100.000 $ ausgeglichen werden. Zwar gilt die Zahlungsverpflichtung von 1.000 $ auf Grund der bei Erdölgeschäften üblichen Währung nicht als trennungspflichtig, wohl aber die Zusatzvereinbarung zum Ausgleich der Wechselkursfluktuation, da diese (wegen der Bezugnahme auf einen wesentlich höheren Betrag) eine Hebelwirkung aufweist und daher gemäß IAS 39.AG33 (d) nicht eng mit dem Basis-Terminkaufvertrag verbunden ist.

Weitere Sachverhalte

Bei Sachverhalten, die nicht (eindeutig) einem der in IAS 39.AG30 oder IAS 39.AG33 enthaltenen Beispiele zugeordnet werden können, bestehen ggf. Interpretationsspielräume. So muss bspw. ein an den Kohlepreis gekoppelter Stromliefervertrag nicht unbedingt ein trennungspflichtiges eingebettetes Derivat enthalten.[1112] Eine enge Verbindung des Kohlepreises zum Basiskontrakt ist denkbar, wenn zur Stromherstellung ein Kohlekraftwerk genutzt wird. Zu einer anderen Beurteilung würde man hingegen möglicherweise kommen, wenn der Lieferant Zugang zum Elektrizitätsmarkt hat (der auch von anderen Faktoren wie dem Kohlepreis bestimmt wird): Die mit der engen Verbundenheit verknüpfte These, wonach Kohle für den Stromerzeugungsprozess generell von Relevanz ist, lässt sich ggf. über vergangenheitsbezogene Korrelationsanalysen nicht bestätigen.

– Preiskopplungen

– Kopplungen an Inflationsindex, Preisgleitklauseln

Warentermingeschäfte sind ferner des Öfteren an einen Inflationsindex gekoppelt oder beinhalten Preisgleitklauseln[1113] in Bezug auf die Einsatzfaktoren.[1114] In Anlehnung an IAS 39.AG33 (f) (▶ 6.15.4) besteht bei ersterer Kopplung an einen Inflationsindex – vorausgesetzt, der Kontrakt weist keine

---

1110 Vgl. ROESE/TREPTE/VIELMEYER (2006), S. 1094.
1111 Vgl. PRITZER/ZEIMES (2007), S. 181; BARCKOW (2010), Rz. 52; DELOITTE LLP (2011b), S. 268; PwC (2011a), S. 5049 (5.90).
1112 Vgl. hierzu und in der Folge PROKOP (2007), S. 340.
1113 Diese ermöglichen die Anpassung einzelner Preiselemente insbesondere anhand von Formeln, falls sich die Ausgangsbedingungen ändern.
1114 Vgl. hierzu und folgend KUHN/SCHARPF (2006), Rz. 3590 und Rz. 3595.

Hebelwirkung auf und der Index bezieht sich auf die Inflationsentwicklung im Wirtschaftsumfeld des Unternehmens – regelmäßig keine Trennungspflicht des eingebetteten Derivats. Analog dürften auch Preisgleitklauseln nicht zu einer Abspaltung führen, wenn nachgewiesen werden kann, dass einerseits zum Zeitpunkt des Vertragsabschlusses kein aktiver Markt für die zu Grunde liegende Ware bestand und die Preisgleitklauseln andererseits branchenübliche Vereinbarungen darstellen oder diese sich auf einen Einsatzfaktor des herzustellenden Guts beziehen.

6.6.4 Bewertung

6.6.4.1 Gesamter Vertrag als Derivat

Für gesamthaft als Derivate bilanzierte Warentermingeschäfte gelten in Bezug auf die Erst- und Folgebewertung grundsätzlich dieselben Bilanzierungsregeln wie für Finanzderivate (▶ 6.5.4; 6.5.5). Besonders anspruchsvoll ist dabei die Fair-Value-Bewertung von langfristigen Lieferverträgen (mit Laufzeiten von oft über 10 Jahren), wie sie häufig im Energiehandel abgeschlossen werden.[1115] In der Regel besteht kein aktiver Markt, sodass die beizulegenden Zeitwerte mithilfe von Bewertungsverfahren (einem Barwert- oder Optionspreismodell) zu schätzen sind. Hierbei muss der Bilanzierende Annahmen über künftig erwartete Preise und Abnahmemengen treffen.

6.6.4.2 Eingebettete Derivate

Trennungspflichtige eingebettete Derivate sind sowohl zur Erst- als auch zur Folgebewertung mit dem beizulegenden Zeitwert zu erfassen.[1116] Eingebettete Derivate ohne Optionscharakter (symmetrisches Risikoprofil ▶ 2.6.2) werden erstmalig mit einem Fair Value von 0 bewertet; solche mit Optionscharakter hat man auf der Grundlage der angegebenen Bedingungen des Optionsmerkmals vom Basisvertrag zu trennen. Der anfängliche Buchwert des Basisvertrags entspricht dem Restbetrag nach Trennung des eingebetteten Derivats, d.h. er wird als Residualwert bestimmt. In der Folge gelten dieselben Bewertungsregeln wie für Finanzderivate (▶ 6.5.5).

Ist das eingebettete Derivat zwar grundsätzlich zu trennen, kann es aber weder beim Erwerb noch später gesondert bewertet werden – auch nicht indirekt durch Subtraktion der beizulegenden Zeitwerte vom Basisvertrag und dem gesamten zusammengesetzten Instrument – so hat man das gesamte zusammengesetzte Instrument als FAFVPL bzw. FLFVPL einzustufen (▶ 3.15.1).

[1115] Vgl. dazu und in der Folge PROKOP (2007), S. 341.
[1116] Siehe zur Bilanzierung bei Trennungspflicht ausführlich Abschnitt 3.15.3.

6.6.5 Ausbuchung

Finanzielle Vermögenswerte müssen im Allgemeinen ausgebucht werden, wenn die vertraglichen Rechte auf Cashflows auslaufen oder wenn eine Übertragung im Sinne von IAS 39.20 stattfindet (▶ 3.13.1); finanzielle Verbindlichkeiten hat man bei Begleichung, Aufhebung oder Auslaufen der Verpflichtung von der Bilanz zu entfernen (▶ 3.13.2.1).

Gesamter Vertrag als Derivat

Bei Warentermingeschäften, die gesamthaft als Derivat zu bilanzieren sind, leitet sich daraus eine Ausbuchung bei einer vorzeitigen Glattstellung des Kontrakts (Net Settlement) ab; ferner ergibt sich diese bei Lieferung (Rechnungsstellung) der Ware, d.h. zu dem Zeitpunkt, zu dem das schwebende Geschäft erlischt und ggf. eine Forderung oder Verbindlichkeit eingebucht wird.

Eingebettete Derivate

Eingebettete Derivate können nicht unabhängig vom Basisvertrag übertragen werden (▶ 3.2.5.2). Eine Ausbuchung durch eine Übertragung kommt daher nur in Kombination mit dem Verkauf des Basisvertrags in Frage, was als relativ unwahrscheinlich zu beurteilen ist. Regelmäßig wird eine Ausbuchung eingebetteter Derivate insofern deshalb erfolgen, weil die Cashflow-Rechte auslaufen. Dies ist m.E. der Zeitpunkt, zu dem die Ware geliefert bzw. zu dem die Rechnung fakturiert wird. Alternativ kann auch auf den Zahlungszeitpunkt abgestellt werden.[1117]

6.6.6 Angabepflichten

Gesamthaft als Derivate bilanzierte Warentermingeschäfte sowie in solche eingebettete trennungspflichtige Derivate sind wie Finanzderivate bei den Buchwertangaben (▶ 3.4.4.1) innerhalb der Bewertungskategorien FAFVPL (FAHfT) bzw. FLFVPL (FLHfT) zu berücksichtigen. Die Buchwerte können gleichfalls für die Klassenangaben der beizulegenden Zeitwerte herangezogen werden (▶ 3.4.4.2). Für letztere Fair Values hat man ferner die zusätzlichen Angabepflichten einschließlich der Zuordnung zu den Fair-Value-Hierarchiestufen einzuhalten (▶ 3.8.2.6). Ebenso gehen die aus der Zeitbewertung resultierenden Gewinne und Verluste in das Nettoergebnis der als HfT eingestuften Finanzinstrumente ein. Analog zu Finanzderivaten dürften bezüglich der Bilanz und der GuV keine weiteren Anforderungen relevant sein.

Bei den Risikoangaben sind die Derivate ggf. im Rahmen der Berichterstattung zu Marktrisiken (▶ 5.4.4) zu berücksichtigen; für Nicht-Banken sollten sich aus diesen wesentliche Liquiditäts- oder Ausfallrisiken nicht ergeben.

[1117] Vgl. dazu KUHN/SCHARPF (2006), Rz. 3611.

6.6.7 Erhebungsprozess

Insbesondere in Konzernen, in denen Warentermingeschäfte häufig und nicht standardisiert abgeschlossen werden, empfiehlt es sich, für diese Art von Kontrakten spezielle Erfassungs- und Dokumentationsprozesse zu etablieren – z.B. über Erhebungsformulare zur Identifikation von bilanzierungspflichtigen Derivaten.[1118] Da mit der Kontraktgestaltung in der Regel fachfremde Mitarbeiter aus dem Einkaufs-, Vertriebs- oder Rechtsbereich betraut sind, sollte man die Fragen möglichst konkret stellen und in Form eines Prüfschemas bzw. Entscheidungsbaums aufbauen. Im Rahmen der Identifikation von in Kontrakte eingebetteten Derivaten kann es etwa zweckmäßig sein, Formulierungen vorzugeben, auf deren Vorhandensein der Einzelvertrag untersucht werden muss. Die zu erfassenden Informationen schließen insbesondere folgende Angaben ein:[1119]

- Vertragsgegenstand (Art, Fungibilität, Standardisierungsgrad, Liquidierbarkeit);
- Laufzeit (Kassa- versus Termingeschäft);
- Vorhandensein variabler Preisvereinbarungen, bei denen der Preis vom Verlauf eines Indizes oder vom Eintritt eines Ereignisses abhängig ist;
- Vertragswährung sowie die für das Geschäft im internationalen Handel oder im Wirtschaftsumfeld der Transaktion übliche Währung;
- Liefermodalitäten (physische Erfüllung versus Net Settlement);
- Existenz und ggf. Höhe einer Anschaffungsauszahlung;
- Einsatz der bezogenen Güter (Produktion versus Weiterverkauf);
- Praxis zur Glattstellung ähnlicher Kontrakte;
- funktionale Währungen der Vertragsparteien;
- Vorhandensein von geschriebenen Optionen oder Preisbegrenzungs-Vereinbarungen wie Caps und Floors.

Die Ergebnisse der Abfrage (d.h., ob im Einzelfall ein Derivat zu bilanzieren ist oder nicht) sollten – zumindest bei zweifelhaften Sachverhalten – von Mitarbeitern des Konzernrechnungswesens einer Überprüfung unterzogen werden.

[1118] Ähnlich bereits HEINTGES/HÄRLE (2005), S. 176; PRITZER/ZEIMES (2007), S. 182.
[1119] Vgl. primär PROKOP (2007), S. 341. Vgl. auch PRITZER/ZEIMES (2007), S. 182f.

6.6.8 Praxisbeispiel: Terminkauf von Weizen (eingebettetes Fremdwährungsderivat)

Unternehmen O, ein Hersteller von Bier mit funktionaler Währung €, schließt am 06.04.X1 einen Kaufvertrag über Weizen im Wert von 4 Mio. $ mit einem Unternehmen ab, dessen funktionale Währung £ ist. Die Lieferung und das Rechnungsdatum fallen auf den 06.11.X1. O wird ein Zahlungsziel von 2 Monaten ab dem Rechnungsdatum gewährt. Posten in Fremdwährung werden von O für Bilanzierungszwecke einheitlich zum Mittelkurs umgerechnet.

Prüfung 06.04.X1

– auf gesamthaftes Derivat

Zunächst untersucht O, ob der gesamte Terminkontrakt ein Derivat im Sinne von IAS 39.9 darstellt (Prüfschema ▶ 3.3.6.5). Dies muss bejaht werden, da der Vertragswert von einem Underlying – dem Wechselkurs $/€ – abhängt, keine Anschaffungsauszahlung benötigt wird und durch das Auseinanderfallen von Verpflichtungs- und Leistungsgeschäft die Begleichung in der Zukunft erfolgt.

Eine Analyse ergibt ferner, dass der Kontrakt nicht unter das Net-Settlement-Kriterium fällt:

- Die Vertragsbedingungen gestatten es nicht, dass der Kontrakt durch Barausgleich oder Ähnliches vorzeitig glattgestellt wird.

- O hat ähnliche Lieferkontrakte bislang immer abgewickelt; eine Praxis zum Verkauf – etwa bei günstiger Preis- oder Wechselkursentwicklung – besteht nicht.

- Auf Grund des hohen Volumens der Weizenbestellung lässt sich der gesamte Vertrag auch nicht jederzeit in Zahlungsmittel umwandeln.

Somit ist der gesamte Terminkontrakt nicht im Anwendungsbereich von IAS 39 und IFRS 7. Allerdings muss er zusätzlich auf eingebettete Derivate hin untersucht werden, die ggf. trennungspflichtig sind. Konkret könnte der Vertrag ein eingebettetes Fremdwährungsderivat enthalten.

– auf eingebettete Derivate

Die Merkmale eines eingebetteten Derivats (Abbildung 3-4 ▶ 3.2.5.2) sind erfüllt:

- Es ist Teil eines zusammengesetzten Instruments mit einem nicht-derivativen Basisvertrag (hier: Liefervereinbarung), dessen Cashflows teilweise ähnlichen Schwankungen unterliegen wie ein eigenständiges Instrument.

- Das eingebettete Derivat verändert zumindest einen Teil der Zahlungen aus dem Kontrakt in Abhängigkeit von einem Underlying (hier: Wechselkurs $/€), kann nicht unabhängig von der Liefervereinbarung übertragen werden und wurde nicht mit einer abweichenden Vertragspartei abgeschlossen.

Daraufhin überprüft O die Trennungskriterien (▶ 3.15.1). Da das zusammengesetzte Instrument nicht vollständig ergebniswirksam zum beizulegenden Zeitwert bewertet wird und das eingebettete Derivat ebenso die Definitionsmerkmale eines derivativen Finanzinstruments erfüllt, kann eine gesonderte Bilanzierung nur dann unterbleiben, wenn O nachweist, dass die wirtschaftlichen Merkmale und Risiken der beiden Komponenten eng miteinander verbunden sind. Über IAS 39.AG33 (d) lässt sich eine enge Verbundenheit nicht belegen, denn die Vertragswährung entspricht weder der funktionalen Währung von O noch derjenigen der Gegenpartei. Ferner ist der $ für derartige Geschäfte nicht die übliche Handels- bzw. regionale Transaktionswährung. Da auch mittels historischer Korrelationsanalysen (Weizenpreis versus $-Kurs) kein Nachweis für eine enge Verbundenheit erbracht werden kann, hat O das eingebettete Derivat gesondert als derivatives Finanzinstrument zu bilanzieren.

– auf Trennungspflicht

Aus der Sicht von O ist mit dem Vertragsabschluss eine feste Verpflichtung entstanden, die bilanziell nicht erfasst wird. Der Wert der festen Verpflichtung lässt sich über den Terminwechselkurs $/€ vom 06.04.X1 auf den 06.11.X1 bestimmen.[1120] Der €-Zero-Zinssatz für die Laufzeit (210 Tage) beläuft sich zum 06.04.X1 auf 3,792%; der $-Zero-Zinssatz notiert bei 4,288%. Da der Kassawechselkurs (Mittelkurs) zum 06.04.X1 bei 0,707 $/€ liegt, ergibt sich ein fairer Terminwechselkurs von 0,709 $/€:

$$0{,}707 \frac{\$}{€} \cdot \frac{(1 + 4{,}288\% \cdot 210/360)}{(1 + 3{,}792\% \cdot 210/360)} = 0{,}709 \frac{\$}{€}$$

Die Verpflichtung aus der Weizenbestellung kann am 06.04.X1 auf 5.641,74 T€ (4.000 T$ / 0,709 $/€) quantifiziert werden.

Der beizulegende Zeitwert des eingebetteten Fremdwährungsderivats ist zum Zeitpunkt des Vertragsabschlusses 0; es wird daher ebenfalls noch nicht bilanziert, seine Existenz aber (in einem Nebenbuch) dokumentiert.

Dokumentation 06.04.X1

Am 30.06.X1 (2. Quartalsabschluss X1) liegt der €-Zero-Zinssatz für die Restlaufzeit bis zum Lieferdatum (125 Tage) bei 3,764%, der $-Zero-Zinssatz bei 4,266%. Der Kassawechselkurs (Mittelkurs) ist 0,725 $/€, sodass sich ein fairer Terminwechselkurs von 0,726 $/€ bestimmt:

Bilanzierung Q2 X1

$$0{,}725 \frac{\$}{€} \cdot \frac{(1 + 4{,}266\% \cdot 125/360)}{(1 + 3{,}764\% \cdot 125/360)} = 0{,}726 \frac{\$}{€}$$

[1120] Damit wird zur Bewertung des zusammengesetzten Instruments eine Laufzeit bis zum Liefer- bzw. Rechnungsstellungsdatum unterstellt. Laut KUHN/SCHARPF (2006), Rz. 3611 kann auch auf den Zahlungszeitpunkt abgestellt werden.

6 Herkömmliche Bilanzierung und Offenlegung einzelner Sachverhalte

Die feste Verpflichtung hat einen Wert von 5.507,76 T€ (4.000 T$ / 0,726 $/€); im Vergleich zum Vertragsabschluss ergibt sich eine Reduktion von 133,98 T€. Da das Geschäft weiterhin beidseitig unerfüllt ist, kann die feste Verpflichtung noch nicht angesetzt werden. Das Fremdwährungsderivat hat hingegen einen Fair Value von +133,98 T€ (-5.507,76 T€ ./. -5.641,74 T€).[1121] Die Wertänderung wird über das Handelsergebnis (HE) erfasst; Buchung (B = Bilanz):

30.06.X1	Eingeb. Derivat FAHfT (B)	133,98 T€	Ertrag Wertänd. HfT (HE)	133,98 T€

Bilanzierung Q3 X1

Der Kassawechselkurs (Mittelkurs) notiert am 30.09.X1 (3. Quartalsabschluss X1) bei 0,6940 $/€. Für die Restlaufzeit bis zum Lieferdatum (35 Tage) liegt der €-Zero-Zinssatz bei 3,625%, der $-Zero-Zinssatz bei 4,044%. Es ergibt sich ein fairer Terminwechselkurs von 0,6943 $/€:

$$0,6940 \frac{\$}{€} \cdot \frac{(1+4,044\% \cdot 35/360)}{(1+3,625\% \cdot 35/360)} = 0,6943 \frac{\$}{€}$$

Weiterhin ist das Geschäft beidseitig unerfüllt; die feste Verpflichtung – deren Wert nun 5.761,35 T€ (4.000 T$ / 0,6943 $/€) beträgt – wird wiederum nicht bilanziert. Der beizulegende Zeitwert des Fremdwährungsderivats beläuft sich auf -119,61 T€ (-5.761,35 T€ ./. -5.641,74 T€). Es ergibt sich ein Aufwand aus der Wertänderung von 253,59 T€ (-119,61 T€ ./. 133,98 T€); der zum 30.06.X1 in Bestand befindliche finanzielle Vermögenswert von 133,98 T€ muss ausgebucht und eine finanzielle Verbindlichkeit von 119,61 T€ eingebucht werden:

30.09.X1	Aufw. Wertänd. HfT (HE)	253,59 T€	Eingeb. Derivat FAHfT (B)	133,98 T€
			Eingeb. Derivat FLHfT (B)	119,61 T€

Warenlieferung 06.11.X1

Wie vereinbart geht am 06.11.X1 die Weizenlieferung bei O ein. Das eingebettete Derivat verfällt zu diesem Zeitpunkt, ist zuvor allerdings einer letzten Folgebewertung zu unterziehen. Zum 06.11.X1 liegt der Kassawechselkurs (Mittelkurs) bei 0,681 $/€. Der Fair Value des Fremdwährungsderivats beträgt somit -231,98 T€ (-5.873,72 T€ ./. -5.641,74 T€); die Wertänderung von -112,37 T€ (-231,98 € ./. -119,61 €) wird wieder in der GuV erfasst:

06.11.X1	Aufw. Wertänd. HfT (HE)	112,37 T€	Eingeb. Derivat FLHfT (B)	112,37 T€

Der Vermögenswert (Weizen) und die entsprechende Verbindlichkeit aus Lieferungen und Leistungen werden zum am Tag des Geschäftsvorfalls gültigen Kassawechselkurs umgerechnet; es ergeben sich Erstbuchwerte von jeweils 5.873,72 T€ (4.000 T$ / 0,681 $/€). Das eingebettete Derivat wird gegen die Verbindlichkeit ausgebucht:

[1121] Der beizulegende Zeitwert ist positiv, da sich die feste Verpflichtung in € auf Basis des Terminkurses verringert hat.

06.11.X1	Rohstoffe (B)	5.873,72 T€	Verb. L&L FLAC (B)	5.873,72 T€
	Eingeb. Derivat FLHfT (B)	231,98 T€	Verb. L&L FLAC (B)	231,98 T€

Zum 31.12.X1 notiert der Kassawechselkurs (Mittelkurs) bei 0,725 $/€, zu dem die $-Verbindlichkeit umzurechnen ist. Der €-Buchwert liegt demnach bei 5.517,24 T€. Da bislang ein €-Buchwert von 6.105,70 T€ (5.873,72 T€ + 231,98 T€) erfasst wurde, entsteht ein Währungsgewinn (der Buchwert der Verbindlichkeit hat sich währungsbedingt verringert) von 588,46 T€ (-5.517,24 T€ ./. -6.105,70 T€), der ins Währungsergebnis (WE) gebucht wird:

Bilanzierung Q4 X1

31.12.X1	Verb. L&L FLAC (B)	588,46 T€	FX-Ertrag FLAC (WE)	588,46 T€

Für den Jahresabschluss X1 berücksichtigt O den Buchwert der Verbindlichkeit aus Lieferungen und Leistungen von 5.517,24 T€ bei der Bestimmung des anzugebenden Buchwerts der Bewertungskategorie FLAC. In das FVPL (HfT)-Nettoergebnis gehen der Ertrag von 133,98 T€ und die Aufwendungen von insgesamt 365,96 T€ (253,59 T€ + 112,37 T€) aus der Zeitbewertung des eingebetteten Derivats ein; der Gewinn aus der Währungsumrechnung von 588,46 T€ findet beim Nettoergebnis der Bewertungskategorie FLAC Berücksichtigung.

Angaben JA X1

Auf die Bestimmung von Sensitivitäten zum Wechselkursrisiko und deren Einbeziehung in die Angaben zu Marktrisiken wird wegen Unwesentlichkeit verzichtet.

Anfang X2 begleicht O die Verbindlichkeit. Der Kassawechselkurs (Mittelkurs) beträgt 0,719 $/€; bezogen auf die letzte Bewertung zum 31.12.X1 entsteht ein Währungsverlust von 46,04 T€ (-5.563,28 T€ ./. -5.517,24 T€). Buchung:

Ausbuchung Verbindlichkeit 03.01.X2

03.01.X2	Verb. L&L FLAC (B)	5517,24 T€	Kasse LaR (B)	5.563,28 T€
	FX-Aufwand FLAC (WE)	46,04 T€		

6.7 Nicht-hybride Finanzverbindlichkeiten

6.7.1 Posten

Als „hybride Finanzinstrumente" (auch „Mezzanine Capital") gelten solche, die typische Elemente von Eigen- und Fremdkapital enthalten und sich damit weder der einen noch der anderen Kapitalform eindeutig zuordnen

6 Herkömmliche Bilanzierung und Offenlegung einzelner Sachverhalte

lassen.[1122] Nicht-hybride Finanzverbindlichkeiten sind dagegen insbesondere die Folgenden:

- Bankverbindlichkeiten (einschließlich Verbindlichkeiten aus bilateralen und syndizierten Krediten);
- Schuldscheindarlehen;
- Commercial Papers, Euronotes, Medium Term Notes (einschließlich Verbindlichkeiten aus Verbriefungstransaktionen);
- emittierte Schuldverschreibungen, die keine Wandlungs- oder Optionsrechte beinhalten.

Unter die letztgenannten Obligationen fallen auch diejenigen mit sehr langer oder unendlicher Laufzeit (ewige Anleihen ▶ 2.4.2.3), sofern sie als Fremdkapital zu klassifizieren sind.[1123] Auf begebene Wandel- und Optionsschuldverschreibungen wird gesondert eingegangen (▶ 6.9; 6.10).

6.7.2 Kategorisierung

Nicht-hybride Finanzverbindlichkeiten werden von Nicht-Banken regelmäßig der Bewertungskategorie FLAC zugeordnet.[1124] Ferner ist die Nutzung der Fair-Value-Option (▶ 3.10.4) grundsätzlich möglich. Denkbar wäre eine freiwillige Designation als FLFVPL insbesondere als Alternative zum Hedge Accounting zur Absicherung des Zeitwerts festverzinslicher Verbindlichkeiten.[1125]

1122 Vgl. dazu und weiterführend BRÜGGEMANN/LÜHN/SIEGEL (2004a), S. 341-343. Für einen Überblick zu typischen Eigenkapitalmerkmalen vgl. z.B. LEUSCHNER/WELLER (2005), S. 262f. oder SCHEFFLER (2006), S. 61f.
1123 Siehe dazu weiterführend Abschnitt 6.8.1.3.
1124 Vgl. z.B. die GB 2006 von BASF, S. 110 i.V.m. S. 147; BAYER, S. 118 i.V.m. S. 184; BMW, S. 78 i.V.m. S. 100; CONTINENTAL, S. 104 i.V.m. S. 142; DEUTSCHE LUFTHANSA, S. 125 i.V.m. S. 150; DEUTSCHE TELEKOM, S. 156; LINDE, S. 110 i.V.m. S. 149; MAN, S. 146 i.V.m. S. 164; METRO, S. 115 i.V.m. S. 149; RWE, S. 156 i.V.m. S. 186; TUI, S. 161 i.V.m. S. 211 sowie den GB 2005/2006 von THYSSENKRUPP, S. 140 i.V.m. S. 170. Vgl. auch den IFRS-Konzernabschluss 2006 von SIEMENS, S. 30 i.V.m. S. 52.
1125 Vgl. auch KPMG IFRG LIMITED (2006), S. 62f. Für ein Praxisbeispiel zur Bilanzierung einer solchen Sicherungsbeziehung vgl. EISELT/WREDE (2009) oder siehe Abschnitt 7.1.1.

6.7.3 Ansatz und Ausweis

Nicht-hybride Finanzverbindlichkeiten sind wie alle Finanzinstrumente dann anzusetzen, wenn das Unternehmen Vertragspartei wird (▶ 3.5.2). Bei derartigen Posten entspricht dies normalerweise dem Zeitpunkt, zu dem man die Geldmittel erhält.

In der Regel muss beim Bilanzausweis eine Differenzierung nach der Fristigkeit (Restlaufzeit kleiner 1 Jahr, Restlaufzeit größer 1 Jahr) vorgenommen werden (▶ 3.6.3). Dies gilt auch für diejenigen Bestandteile von überwiegend langfristigen Finanzverbindlichkeiten, die kurzfristig fällig sind. In der Praxis finden sich jedoch vereinzelt auch Unternehmen, bei denen Finanzverbindlichkeiten mit Restlaufzeiten unter einem Jahr dem langfristigen Bereich zugeordnet werden.[1126]

Bei langfristigen Refinanzierungen bzw. Umschuldungen (▶ 3.6.3) – d.h. solche, die einen Zahlungsaufschub über den 12-Monatszeitraum nach dem Abschlussstichtag gewähren – ist zu beachten, dass eine kurzfristige Einstufung zwingend immer dann zu erfolgen hat, wenn die Refinanzierung bzw. Umschuldung bis zum Abschlussstichtag lediglich erwartet oder die diesbezügliche vertragliche Vereinbarung erst zwischen dem Abschlussstichtag und der Genehmigung des Abschlusses zur Veröffentlichung abgeschlossen wird. Gleiches gilt für Refinanzierungs- bzw. Umschuldungsvereinbarungen, die dem Unternehmen zum Abschlussstichtag nur ein eingeschränktes Recht zum langfristigen Zahlungsaufschub gewähren, weil Letzterer z.B. an Bedingungen geknüpft ist. Hingegen führen bis zum Abschussstichtag vertraglich fixierte Refinanzierungen bzw. Umschuldungen, die das Unternehmen einseitig und unbedingt durchsetzen kann, zum langfristigen Ausweis.

Ferner haben bis zum Abschlussstichtag eingetretene Vertragsverletzungen (▶ 3.6.3), die eine Fälligstellung der Darlehenssumme bewirken, bei eigentlich langfristigen Kreditvereinbarungen eine Umgliederung in den kurzfristigen Bereich zur Folge – außer der Kreditgeber gewährt eine mindestens 12-monatige Nachfrist zur Behebung der Vertragsverletzung ohne sofortige Zahlungsverpflichtung des Unternehmens innerhalb dieser Zeitspanne.

Eine Verpflichtung zur Saldierung (▶ 3.6.1) mit finanziellen Vermögenswerten ergibt sich normalerweise nicht.

6.7.4 Erstbewertung

Der zur Erstbewertung heranzuziehende beizulegende Zeitwert (▶ 3.9.1) entspricht bei nicht-hybriden Finanzverbindlichkeiten regelmäßig dem

---

[1126] Vgl. zu Letzterem z.B. den GB 2006 von ADIDAS, S. 144 i.V.m. S. 161.

Geldbetrag, der dem Unternehmen aus der Kreditaufnahme zufließt. Dabei entstehende Transaktionskosten mindern den zu passivierenden Betrag (▶ 3.9.5). Fremdwährungsposten müssen zum am Tag der Mittelaufnahme gültigen Kassawechselkurs in die funktionale Währung umgerechnet werden (▶ 3.12.2).[1127]

6.7.5 Folgebewertung

Die Folgebewertung erfolgt bei der Zuordnung zur Bewertungskategorie FLAC grundsätzlich zu fortgeführten Anschaffungskosten, die mithilfe der Effektivzinsmethode zu bestimmen sind (▶ 3.8.3). Ändern sich die Erwartungen hinsichtlich der künftigen Cashflows, hat das Unternehmen Buchwertanpassungen vorzunehmen. Auf Fremdwährung lautende nicht-hybride Finanzverbindlichkeiten müssen, da es sich stets um monetäre Posten handelt, immer erfolgswirksam in die funktionale Währung transferiert werden; dabei ist der am jeweiligen Stichtag bzw. Transaktionstag vorherrschende Kassawechselkurs heranzuziehen (▶ 3.12.3.3).

6.7.6 Trennung, Bilanzierung und Ausweis eingebetteter Derivate

6.7.6.1 Überblick

Nicht-hybride Finanzverbindlichkeiten können als Basisvertrag Teil eines zusammengesetzten Instruments sein und damit eingebettete Derivate enthalten (▶ 3.2.5.2). Letztere sind abzuspalten bzw. gesondert zu bilanzieren, sofern 3 Merkmale kumulativ erfüllt werden (▶ 3.15.1). Dabei kommt dem Kriterium der wirtschaftlichen Verbundenheit entscheidende Bedeutung zu. Sofern die wirtschaftlichen Merkmale und Risiken des eingebetteten Derivats nicht eng mit den wirtschaftlichen Merkmalen und Risiken des Basisvertrags verbunden sind, besteht – gesetzt den Fall, dass auch die beiden anderen Merkmale erfüllt werden – eine Abspaltungspflicht des eingebetteten Derivats.

Kreditverträge und Anleihebedingungen enthalten häufig Financial Covenants (▶ 2.4.4.2). Bei der Frage, ob derartige Klauseln die Eigenschaften eines Derivats erfüllen, muss beachtet werden, dass sie ggf. nicht-finanzielle

---

[1127] In der Literatur wird zur Umrechnung von Verbindlichkeiten empfohlen, Geldkurse heranzuziehen; es werden allerdings auch Mittelkurse für zulässig erachtet.

Basiswerte (wie z.B. das Bonitätsrisiko) zum Inhalt haben, die spezifisch für eine Partei des Vertrags sind. Ist dies der Fall, liegt im Sinne von in IAS 39.9 kein Derivat vor.[1128]

Beispiele, die auf das Kriterium der engen Verbundenheit abstellen, finden sich in IAS 39.AG30, AG33. Für die in diesem Abschnitt thematisierten Schuldinstrumente sind darin die folgenden Sachverhalte einschlägig:

- Restlaufzeitverlängerungen,
- Kündigungsrechte,
- Zinsderivate,
- Zinsbegrenzungsvereinbarungen,
- Fremdwährungsderivate.

Liegen derartige Gegebenheiten bzw. Merkmale vor, ist die Finanzverbindlichkeit auf die Trennung eingebetteter Derivate zu untersuchen. Auf die einzelnen Sachverhalte und die damit verbundenen Abspaltungskriterien wird im Folgenden näher eingegangen.

Ein Schuldinstrument kann auch mehrere der oben genannten Merkmale auf sich vereinen und damit mehrere eingebettete Derivate haben. Wie dabei zu verfahren ist, wird im folgenden Abschnitt erörtert. Anschließend werden Ausweisfragen im Zusammenhang mit eingebetteten Derivaten diskutiert.

6.7.6.2 Restlaufzeitverlängerungen

Eine Option oder eine automatische Regelung zur Verlängerung der Restlaufzeit eines Schuldinstruments ist nicht eng mit dem Basisvertrag verbunden, außer zum Verlängerungszeitpunkt findet eine Anpassung an den ungefähr vorherrschenden Marktzins statt (IAS 39.AG30 (c)). Damit sind automatische Restlaufzeitverlängerungen ohne entsprechende Marktzinsanpassungen trennungspflichtig.

Die Vorgabe bezieht sich auf die folgenden Finanzverbindlichkeiten:[1129]

- Schuldverschreibungen oder Schuldscheindarlehen, die dem Emittenten das Recht einräumen, dem Inhaber während der Laufzeit eine bzw. mehrere weitere Darlehenstranche(n) mit bereits bei Vertragsabschluss festgelegten (nahezu) gleichen Konditionen anzudienen (Multitranchen-Anleihen, Schuldinstrumente mit Recht zur Verlängerung der Laufzeit);

1128 Vgl. GABER/KANDEL (2008), S. 12.
1129 Vgl. hierzu und folgend primär SCHABER u.a. (2010), S. 77-79. Vgl. ferner KUHN/SCHARPF (2006), Rz. 3361-3363.

6 Herkömmliche Bilanzierung und Offenlegung einzelner Sachverhalte

- Schuldscheindarlehen mit Schuldnerkündigungsrecht und Erhöhung des Nominalvolumens;
- Anleihen ohne Laufzeitbegrenzung (ewige Anleihen ▶ 2.4.2.3), denn diese sehen Kündigungsrechte und damit faktisch Laufzeitverlängerungsmöglichkeiten vor.

Bei letztgenannten ewigen Anleihen kann insbesondere dann eine zum Verlängerungszeitpunkt nicht marktgerechte Verzinsung bestehen und damit eine getrennte Bilanzierung der Option angemessen sein, wenn das Schuldinstrument nach Ablauf einer ersten Zeitphase mit fester Verzinsung einer vertraglich festgelegten Zinsanpassung (z.B. variable Verzinsung zuzüglich Risikoaufschlag oder stufenweise Erhöhung des Zinssatzes) unterliegt.[1130]

Nicht unter das Kriterium des IAS 39.AG30 (c) fallen Schuldinstrumente mit reinen Schuldnererhöhungsrechten, welche zwar das Recht zur Aufnahme weiterer Kredittranchen gewähren, Letztere aber spätestens zum Rückzahlungszeitpunkt der ursprünglichen Darlehenstranche fällig werden (d.h. keine Verlängerung der Laufzeit vorliegt).

6.7.6.3 Kündigungsrechte

Eine Kauf-, Verkaufs- oder vorzeitige Rückzahlungsoption ist gemäß IAS 39.AG30 (g) nicht eng mit dem Basisvertrag verbunden, es sei denn,

- der Ausübungspreis der Option entspricht zu jedem Ausübungszeitpunkt annähernd den fortgeführten Anschaffungskosten des Basis-Schuldinstruments (Kriterium 1); oder
- der Ausübungspreis einer vorzeitigen Rückzahlungsoption entschädigt den Kreditgeber für einen Betrag, der maximal dem ungefähren Barwert des entgangenen Zinses (des Zinsverlusts) für die Restlaufzeit des Basis-Schuldinstruments entspricht (Kriterium 2).

Dies betrifft kündbare Schuldinstrumente, die mit einem oder mehreren Kündigungsrechten durch den Emittenten oder Inhaber ausgestattet sind, wie z.B. kündbare Anleihen (Puttable Bond, Callable Bond ▶ 2.4.2.3) oder Darlehen mit Sondertilgungsrechten.[1131] Die Kündigungsrechte müssen getrennt werden, außer zumindest eines der beiden Kriterien trifft zu.

Der in beiden Kriterien genannte Ausübungspreis der Option entspricht dem Betrag, der vertragsgemäß bei vorfälliger Rückzahlung vom Schuldner

---

[1130] Vgl. auch VARAIN (2008), Rz. 97f.; KPMG IFRG LIMITED (2011), S. 1282 (7.2.230.20).
[1131] Vgl. dazu primär SCHABER u.a. (2010), S. 89-93. Vgl. zudem KUHN/SCHARPF (2006), Rz. 3431f.; GABER/KANDEL (2008), S. 15f. Für ein Bilanzierungsbeispiel bei Trennungspflicht vgl. PwC (2011a), S. 9032-9034 (9.65).

zu entrichten ist. Bei der Bestimmung muss somit ggf. ein im Vergleich zur endfälligen Tilgung geringerer Rückzahlungsbetrag berücksichtigt werden.[1132] Zudem gehen auch vereinbarte Vorfälligkeitsentschädigungen (▶ 2.1.6) in die Berechnung des Ausübungspreises der Option ein, wodurch der im Kündigungsfall zu tilgende Betrag ggf. über dem ursprünglichen Rückzahlungsbetrag liegen kann.[1133]

Mit Blick auf Kriterium 1 ist Folgendes zu beachten:

- Wie genau sich Ausübungspreis und fortgeführte Anschaffungskosten annähern müssen, wird in IAS 39 nicht weiter konkretisiert.[1134] Der Literatur zufolge sollte eine sehr enge Bandbreite zu Grunde gelegt werden.[1135] Ferner besteht teilweise Unsicherheit darüber, wie die fortgeführten Anschaffungskosten des Basis-Schuldinstruments zu bestimmen sind.[1136]

- Das Kriterium ist stets gegeben, sofern das Unternehmen bereits bei Vertragsabschluss erwartet, dass der Kredit vorfällig gekündigt wird: Sodann finden die kürzere Laufzeit sowie die mit der Kündigung verbundenen Zahlungen (inklusive derer aus etwaigen Vorfälligkeitsentschädigungen) bereits bei der Ermittlung des Effektivzinssatzes bzw. bei der Bestimmung der fortgeführten Anschaffungskosten Berücksichtigung, sodass Letztere zu dem erwarteten Kündigungstermin stets dem Ausübungspreis entsprechen. Wird bei der Kreditaufnahme hingegen nicht von einer vorfälligen Kündigung ausgegangen, ist Kriterium 1 ggf. nicht zutreffend.[1137]

[1132] Vgl. hierzu das Beispiel in DELOITTE LLP (2011b), S. 228f.
[1133] Vgl. FREIBERG (2008b), S. 307.
[1134] Vgl. KUHN/SCHARPF (2006), Rz. 3430; FREIBERG (2008b), S. 307; ERNST & YOUNG LLP (2012b), S. 2907.
[1135] Vgl. KUHN/SCHARPF (2006), Rz. 3430; PwC (2008a), S. 421; SCHABER u.a. (2010), S. 90.
[1136] Laut ERNST & YOUNG LLP (2012b), S. 2909 sowie SCHABER u.a. (2010), S. 90 ist unklar, ob diese mit oder ohne Berücksichtigung des eingebetteten Derivats ermittelt werden müssen. M.E. können nur die fortgeführten Anschaffungskosten ohne eingebettetes Derivat gemeint sein. So sollte das (trennungspflichtige) eingebettete Derivat zur Bestimmung des Effektivzinssatzes bzw. der fortgeführten Anschaffungskosten (d.h. zur Bilanzierung) des Basis-Schuldinstruments nicht berücksichtigt werden, da es ansonsten zu einer Doppelerfassung (Berücksichtigung im Effektivzinssatz, Erfassung des eingebetteten Derivats zum beizulegenden Zeitwert) kommen würde, vgl. ERNST & YOUNG LLP (2012b), S. 3168; DELOITTE LLP (2011b), S. 303f. Eine Berücksichtigung des eingebetteten Derivats ausschließlich zur Trennungsprüfung (d.h. nicht zur Bilanzierung) scheint nicht sachgerecht. Zudem müsste dann der beizulegende Zeitwert des eingebetteten Derivats bereits ermittelt werden, bevor überhaupt feststeht, ob dieses abzuspalten ist.
[1137] Vgl. dazu das Beispiel in ERNST & YOUNG LLP (2012b), S. 3168-3170. Siehe zur Bestimmung der fortgeführten Anschaffungskosten Abschnitt 3.8.3.

- So liegt Kriterium 1 nicht vor, wenn das Unternehmen ein Schuldinstrument mit einem hohen Agio oder Disagio (▶ 2.1.5) ausgibt und es dieses jederzeit zum Nennwert zurückzahlen kann; dann werden der Ausübungspreis der Option (d.h. der Rückzahlungsbetrag) und die fortgeführten Anschaffungskosten zu den jeweiligen Ausübungs- bzw. Kündigungszeitpunkten wesentlich voneinander abweichen – womit für die Option (d.h. das Kündigungsrecht) und das Basis-Schuldinstrument eine getrennte Bilanzierung sachgerecht ist.[1138]

- Hingegen kommt Kriterium 1 für das gemäß § 489 Abs. 1 BGB gewährte gesetzliche Kündigungsrecht, wonach ein Kreditgeber ein Festzinsdarlehen beim Vorliegen von bestimmten Gegebenheiten ganz oder teilweise kündigen kann,[1139] zum Tragen: Wird das Kündigungsrecht in Anspruch genommen, erfolgt die Tilgung entweder zum Nominalwert oder zu fortgeführten Anschaffungskosten, womit der Rückzahlungsbetrag den fortgeführten Anschaffungskosten entspricht. Letzteres ist auch der Fall, wenn bspw. ein Disagio vereinbart wurde, denn der nicht in Anspruch genommene Teil des Disagios wird dem Kreditnehmer zum Kündigungszeitpunkt erstattet.[1140]

- Kriterium 1 greift bei zum Vertragsabschluss nicht erwarteten vorfälligen Kündigungen und dabei vereinbarten Vorfälligkeitsentschädigungen in der Regel nicht;[1141] ggf. kann aber Kriterium 2 einschlägig sein.

Hinsichtlich Kriterium 2 gilt mithin Folgendes:

- Eine Trennung von Kündigungsrecht und Basis-Schuldinstrument ist nicht vorzunehmen, sofern eine bei Kündigung fällig werdende Vorfälligkeitsentschädigung dem Gläubiger maximal einen Betrag in Höhe des Barwerts des Zinsverlusts erstattet. Der Zinsverlust bestimmt sich gemäß IAS 39.AG30 (g), indem der vorzeitig getilgte Nominalbetrag mit der Zinssatzdifferenz multipliziert wird. Letztere wiederum entspricht der positiven Differenz aus dem Effektivzinssatz des Basis-Schuldinstruments und dem Effektivzinssatz, den der Kreditgeber am Rückzahlungstag erhalten würde, wenn er den vorzeitig getilgten Nominalbetrag in

---

[1138] Vgl. KUHN/SCHARPF (2006), Rz. 3431; SCHABER u.a. (2010), S. 90 sowie das Beispiel in DELOITTE LLP (2011b), S. 228f.

[1139] Eine vollständige oder teilweise Kündigungsmöglichkeit besteht zunächst für den Fall, dass die Zinsbindung vor dem Rückzahlungszeitpunkt endet und kein neuer Festzinssatz vereinbart wurde. Das Darlehen kann dann frühestens zum Ende der Zinsbindung unter Einhaltung einer Kündigungsfrist von einem Monat gekündigt werden. Nach Ablauf von 10 Jahren nach dem Erhalt der Kreditsumme ist eine vorfällige Kündigung in jedem Fall (d.h. auch ohne dass das Zinsbindungsende erreicht wurde) mit 6-monatiger Kündigungsfrist möglich.

[1140] Vgl. hierzu LÖW (2005c), S. 552; PWC (2008a), S. 424; KUHN/SCHARPF (2006), Rz. 3432; SCHABER u.a. (2010), S. 91f.

[1141] Vgl. SCHABER u.a. (2010), S. 90.

einen ähnlichen Vertrag über die Restlaufzeit des Basis-Schuldinstruments anlegen würde.

- Für die in Deutschland üblicherweise vereinbarten Vorfälligkeitsentschädigungen wird in der Regel Kriterium 2 zutreffend sein, d.h. eine Trennungspflicht von Kündigungsrecht und Basis-Schuldinstrument ergibt sich normalerweise nicht. Lediglich von der Verzinsung losgelöste oder den Zinsverlust des Gläubigers überkompensierende Entschädigungszahlungen führen zur Abspaltung.[1142]

6.7.6.4 Zinsderivate

Ein eingebettetes Derivat mit Basisobjekt Zinssatz oder -index, welches den Betrag der ansonsten auf Grund des verzinslichen Basis-Schuldinstruments zahlbaren oder zu erhaltenden Zinsen ändern kann, ist gemäß IAS 39.AG33 (a) eng mit dem Basisvertrag verbunden, es sei denn,

- das zusammengesetzte Finanzinstrument kann derart erfüllt werden, dass der Inhaber im Wesentlichen nicht alle seine Einlagen zurückerhält (Kriterium 1), oder

- das eingebettete Derivat kann zumindest die anfängliche Verzinsung des Basisvertrags des Inhabers verdoppeln, und es kann sich eine Verzinsung ergeben, die mindestens das Zweifache des Marktzinses für einen Vertrag mit den gleichen Bedingungen wie denjenigen des Basisvertrags beträgt (Kriterium 2).

Die Vorgaben beziehen sich auf in Finanzverbindlichkeiten eingebettete Derivate, die als Basiswert einen Zinssatz oder einen Zinsindex haben, wodurch die zu zahlenden Zinsen des gesamten zusammengesetzten Instruments beeinflusst werden. Derartige eingebettete Derivate sind trennungspflichtig, sofern entweder Kriterium 1 oder Kriterium 2 zutrifft. Wird eine verpflichtende Abspaltung gemäß Kriterium 1 verneint, muss also zusätzlich das Kriterium 2 überprüft werden.[1143]

Über Kriterium 1 ergibt sich eine Trennungspflicht, wenn für den Inhaber die Möglichkeit einer Negativverzinsung nicht ausgeschlossen werden kann, d.h. dieser sein eingesetztes Kapital nicht in jedem Fall zurückbekommt und er damit keine Kapitalgarantie hat.[1144] Eine Kapitalgarantie und demzufolge nach Kriterium 1 keine Abspaltungspflicht liegt vor, sofern das Schuldinstrument zum Nominalbetrag zurückgezahlt wird. Ferner kann eine Kapitalgarantie auch bestehen, falls eine Zinsuntergrenze vereinbart ist.

[1142] Vgl. dazu SCHABER u.a. (2010), S. 91.
[1143] Vgl. dazu die Prüfschemata in RÜFFER/SEND/SIWIK (2008), S. 450; SCHABER u.a. (2010), S. 102.
[1144] Vgl. hierzu SCHABER u.a. (2010), S. 103.

Kriterium 2 beinhaltet zwei Prüfschritte (Prüfung auf anfängliche Renditeverdopplung; Prüfung auf Marktrenditeverdopplung über die Vertragslaufzeit), wobei nur die Erfüllung beider Bedingungen zu einer Trennungspflicht führt.[1145]

Für Nicht-Banken kommt IAS 39.AG33 (a) ggf. für folgende Schuldinstrumente zur Anwendung:[1146]

- Anleihen, deren Verzinsung nach Ablauf einer Festzinsperiode in eine variable Verzinsung gewandelt wird und die später wieder einer festen Verzinsung unterliegen (so genannte „Zinsphasenanleihen");

- zunächst festverzinsliche Anleihen, die in der Folge hin zu einer referenzzinsabhängigen (variablen) Verzinsung wechseln;

- Anleihen, deren Zinskupons sich aus einem vom Marktzinssatz abweichenden festen Zinssatz zuzüglich eines anteiligen, variablen Referenzzinssatzes zusammensetzen;

- Anleihen, die einen festen Zinskupon ausschließlich für die Anzahl der Tage vorsehen, an denen sich ein bestimmter Referenzzinssatz innerhalb einer vorab festgelegten Bandbreite oder unter bzw. über einer bestimmten Schwelle befindet;

- variabel verzinsliche Anleihen, die mit einer Zinsbergrenzungsvereinbarung ausgestattet sind;[1147]

- Anleihen mit vertraglicher Fälligkeit, deren Verzinsung sich im Zeitverlauf einfach oder mehrfach erhöht bzw. vermindert; darunter fallen so genannte „Stufenzinsanleihen" sowie Anleihen mit Step-up-Klausel;[1148]

- inflationsindexierte Anleihen (▶ 2.4.2.3).[1149]

[1145] Vgl. SCHABER u.a. (2010), S. 103. Für Beispiele zur Durchführung dieses zweistufigen Tests vgl. RÜFFER/SEND/SIWIK (2008), S. 451-455; SCHABER u.a. (2010), S. 104-107; DELOITTE LLP (2011b), S. 237-239. VARAIN (2008), Rz. 68 zufolge kann die Rendite auf Basis der Methode des internen Zinsfußes (siehe dazu Abschnitt 2.1.5) bestimmt werden.

[1146] Vgl. dazu und auch weiterführend KUHN/SCHARPF (2006), Rz. 3502-3507; SCHABER u.a. (2010), S. 107-111. Laut KUHN/SCHARPF sind die hier aufgeführten Sachverhalte überwiegend nicht trennungspflichtig.

[1147] Auf dieses zusammengesetzte Derivat (siehe dazu die Ausführungen zur Behandlung mehrerer eingebetteter Derivate in Abschnitt 6.7.6.7) ist sowohl das Kriterium des IAS 39.AG33 (a) als auch das Kriterium des IAS 39.AG33 (b) anzuwenden, vgl. SCHABER u.a. (2010), S. 109 und S. 112. A.A. dazu GABER/GORNY (2007), S. 327f.

[1148] Ein Beispiel für eine Stufenzinsanleihe oder eine Anleihe mit Step-up-Klausel findet sich in IAS 39.IG B.27 sowie in Abschnitt 6.9.12.1 bzw. 6.7.9.2.

[1149] Für ein Bilanzierungsbeispiel vgl. FREIBERG (2008b), S. 308f. oder PwC (2011a), S. 9037-9040 (9.69.3). Bei der Berechnung der fortgeführten Anschaffungskosten

Hierbei ist zu beachten, dass Vertragsbedingungen, die eine Wandlung eines festen in einen ungehebelten variablen Zinssatz (z.B. 6% fix in EURIBOR zuzüglich 50 BP) vorsehen, nicht als Derivat im Sinne von IAS 39.9 (▶ 3.2.5.1) gelten (da keine Wertänderungen auf Grund eines Basiswerts entstehen) und die entsprechenden Finanzverbindlichkeiten damit keiner Trennungsprüfung unterzogen werden müssen. Gleiches gilt, wenn ein variabler Zinssatz in einen Festzinssatz wandelbar ist, und Letzterer zum Wandlungszeitpunkt aktuelle Marktbedingungen widerspiegelt. Abspaltungspflichtig können hingegen Nebenabreden sein, bei denen eine Wandlung eines variablen Zinssatzes in einen vordefinierten Festzinssatz erfolgt. Derartige Vertragsbedingungen sind anhand von IAS 39.AG33 (a) auf eine Trennung zu prüfen.[1150]

Für die Abspaltungsprüfung als unerheblich erachtet wird es, ob die variable Verzinsung bzw. der Referenzzinssatz einen Fremdwährungszinssatz darstellt.[1151]

6.7.6.5 Zinsbegrenzungsvereinbarungen

Eine Ober- oder Untergrenze auf Zinssätze ist eng mit dem Basisvertrag verbunden, wenn zum Zeitpunkt des Vertragsabschlusses

- die Zinsobergrenze (Zinsuntergrenze) gleich oder höher (niedriger) als der vorherrschende Marktzins ist und

- die Zinsobergrenze oder -untergrenze im Verhältnis zum Basisvertrag keine Hebelwirkung aufweist (IAS 39.AG33 (b)).

Dies betrifft variabel verzinsliche Anleihen, bei denen der Zinskupon nach oben, nach unten oder in beide Richtungen auf eine bestimmte Höhe begrenzt ist – etwa im Fall einer Kreditaufnahme mit EURIBOR zuzüglich 200 BP, mindestens aber 3%.[1152] Mehrere eingebettete Derivate machen ggf. eine Prüfung gemäß IAS 39.AG33 (a) erforderlich.[1153]

---

können die inflationsbedingten Anpassungen entweder über eine Buchwertanpassung gemäß IAS 39.AG8 oder über die Änderung des Effektivzinssatzes nach IAS 39.AG7 berücksichtigt werden, siehe zu diesen Vorgaben Abschnitt 3.8.3.3. Vgl. zu Letzterem auch DELOITTE LLP (2011b), S. 305f.

[1150] Vgl. hierzu GABER/KANDEL (2008), S. 14f. m.V.a. KPMG IFRG LIMITED (2006), S. 11.
[1151] Dieser Ansicht sind GABER/GORNY (2007), S. 325f.; SCHABER u.a. (2010), S. 110.
[1152] Vgl. KUHN/SCHARPF (2006), Rz. 3521 und SCHMIDT/SCHREIBER (2006), S. 448. Vgl. ferner SCHABER u.a. (2010), S. 111.
[1153] Siehe dazu Abschnitt 6.7.6.7.

6.7.6.6 Fremdwährungsderivate

Ein Fremdwährungsderivat, welches Ströme von Tilgungs- oder Zinszahlungen erzeugt, die auf eine Fremdwährung lauten, ist eng mit dem Basisvertrag verbunden (IAS 39.AG33 (c)).

Der zuvor genannte Sachverhalt bezieht sich auf Anleihen, deren Zins- und Tilgungszahlungen in unterschiedlichen Währungen erfolgen (z.B. Doppelwährungsanleihen).[1154] Danach sind derartige zusammengesetzte Instrumente grundsätzlich nicht zu trennen. Hat der Kreditnehmer hingegen ein Wahlrecht zur Rückzahlung eines festen Betrags in 2 unterschiedlichen Währungen (bspw. entweder 100 Mio. € oder 120 Mio. $), so liegt ein abspaltungspflichtiges eingebettetes Fremdwährungsderivat vor.[1155]

6.7.6.7 Behandlung mehrerer eingebetteter Derivate

Mehrere in ein einziges zusammengesetztes Finanzinstrument eingebettete Derivate hat das Unternehmen wie ein einziges zusammengesetztes eingebettetes Derivat zu behandeln, es sei denn, sie beziehen sich auf unterschiedliche Risiken, können jederzeit voneinander getrennt werden und sind voneinander unabhängig (IAS 39.AG29). Folglich muss der Prüfung auf Trennungspflicht eine Analyse daraufhin vorausgehen, ob die eingebetteten Derivate dem gleichen Risikofaktor unterliegen.[1156]

- Ist Letzteres der Fall, müssen sämtliche einschlägigen Kriterien auf das zusammengesetzte eingebettete Derivat angewandt werden.[1157] Besteht auf Grund eines Kriteriums eine Abspaltungspflicht, so ist das gesamte zusammengesetzte eingebettete Derivat gesondert zu bilanzieren. Bspw. muss eine mit Kündigungsrechten ausgestattete Stufenzinsanleihe, deren beide eingebettete Derivate (Abbildung der Zinserhöhung/-senkung, Abbildung der Kündigungsrechte) sich auf das Zinsrisiko beziehen, sowohl anhand der Kriterien von IAS 39.AG33 (a) als auch mittels der Kriterien von IAS 39.AG30 (g) auf Abspaltung hin überprüft werden. Ist nur ein Trennungskriterium erfüllt, kommt es zur gesonderten Bilanzierung des zusammengesetzten eingebetteten Derivats.

- Unterliegen hingegen mehrere eingebettete Derivate unterschiedlichen Risikofaktoren, so sind die Posten einzeln auf Basis der jeweils einschlägigen Risiken auf eine Trennungspflicht zu überprüfen.

[1154] Vgl. KUHN/SCHARPF (2006), Rz. 3531.
[1155] Vgl. KPMG IFRG LIMITED (2006), S. 22; GABER/KANDEL (2008), S. 15; SCHABER u.a. (2010), S. 113f.; DELOITTE LLP (2011b), S. 244; PwC (2011a), S. 5027f. (5.56). Kein Derivat und damit keine Trennungspflicht besteht allerdings, wenn der Rückzahlungsbetrag mit dem aktuellen Kassawechselkurs bestimmt wird.
[1156] Vgl. hierzu und im Folgenden SCHABER u.a. (2010), S. 71f. sowie S. 109.
[1157] A.A. diesbezüglich GABER/GORNY (2007), S. 327f.

6.7.6.8 Bilanzierung

Wird ein Kontraktbestandteil als trennungspflichtiges eingebettetes Derivat identifiziert, ist er gesondert vom Basis-Schuldinstrument als eigenständiges derivatives Finanzinstrument GuV-wirksam zum Fair Value zu bilanzieren (▶ 3.15.3.1). Da die Vertragskomponente dann bereits separat erfasst wird, hat sie keinen Einfluss auf die Ermittlung der Laufzeit und der Cashflows zur Bestimmung des Effektivzinssatzes sowie der fortgeführten Anschaffungskosten (▶ 3.8.3) des Basis-Schuldinstruments. So bleiben bspw. abspaltungspflichtige Kündigungsoptionen bei der Bestimmung der Laufzeit sowie der Zins- und Tilgungszahlungen unberücksichtigt.[1158]

6.7.6.9 Ausweis

Die gesonderte Bilanzierung von Basisvertrag und eingebettetem Derivat verpflichtet nicht unbedingt zu einem separaten Bilanzauweis.[1159] So können beide Komponenten (unabhängig von der Trennungspflicht) wahlweise zusammen oder getrennt ausgewiesen werden. Bei einheitlichem Ausweis ist mithin auch die Fristigkeitseinstufung (kurzfristig versus langfristig; ▶ 3.6.3) für den Basisvertrag und das eingebettete Derivat einheitlich zu beurteilen. Dabei muss auf das Zahlungsstromprofil des zusammengesetzten Instruments abgestellt werden. Für den Fall eines gesonderten Ausweises der beiden Komponenten kann m.E. auch eine abweichende Fristigkeitseinstufung von Basisvertrag und eingebettetem Vertrag sachgerecht sein.

6.7.7 Ausbuchung

Zunächst ergibt sich eine vollständige oder teilweise Ausbuchung bei nicht-hybriden Finanzverbindlichkeiten im Fall der Tilgung durch Rückzahlung (▶ 3.13.2.1): Bei gesamthafter Rückzahlung wird der Posten zum Fälligkeitsdatum vollständig aus der Bilanz entfernt; annuitätisch oder ratierlich zurückgezahlte Bankverbindlichkeiten werden laufend entsprechend der Tilgungshöhe ausgebucht. Eine Rückzahlung kann auch durch die Ausgabe von Eigenkapitalinstrumenten erfolgen, sofern dies durch eine Änderung der ursprünglichen Konditionen vereinbart wird (▶ 3.13.2.3).

Darüber hinaus kommt es bei Änderungen der Kreditbedingungen, die auf Grund eines durchzuführenden Barwerttest wesentlich im Sinne der 10%-Grenze sind, zur Ausbuchung der bisherigen finanziellen Verbindlichkeit in Verbindung mit einer Neueinbuchung (▶ 3.13.2.4; Praxisbeispiel ▶ 6.9.12.1).

[1158] Vgl. dazu das Beispiel in PwC (2011a), S. 9032-9034 (9.65).
[1159] Vgl. hierzu und folgend mV.a. IAS 39.11 und IAS 8.14 FREIBERG (2010a), S. 300; ebenso DELOITTE LLP (2011b), S. 276f.

6 Herkömmliche Bilanzierung und Offenlegung einzelner Sachverhalte

Auch eine vorzeitige Ablösung finanzieller Verbindlichkeiten – z.B. wenn man eine begebene Anleihe vor Endfälligkeit über den Kapitalmarkt zurückkauft oder ein Bankdarlehen abweichend vom ursprünglich geplanten Rückzahlungstermin zurückzahlt – ist als Tilgung im Sinne von IAS 39.39 (Begleichung bzw. Aufhebung der Verpflichtung) zu verstehen und führt damit zur Ausbuchung. Bei einem Rückkauf emittierter Schuldinstrumente gilt dies selbst für den Fall, dass kurzfristig eine erneute Veräußerung (bzw. Ausgabe) beabsichtigt wird (IAS 39.AG58).

6.7.8 Angabepflichten

6.7.8.1 Anforderungen zu Darlehensverbindlichkeiten

„Darlehensverbindlichkeiten" („Loans Payable") werden in Anhang A zu IFRS 7 als finanzielle Verbindlichkeiten definiert, bei denen es sich nicht um kurzfristige Verbindlichkeiten aus Lieferungen und Leistungen mit üblichen Kreditbedingungen (Zahlungsfristen) handelt.[1160]

Für zum Abschlussstichtag angesetzte Darlehensverbindlichkeiten sind Angaben zu vom Unternehmen zu vertretenden Zahlungsausfällen (für Zinsen und Tilgungen) bereitzustellen; diese betreffen (IFRS 7.18):

- Einzelheiten zu den während des Berichtszeitraums eingetretenen Ausfällen;

- den Buchwert der zum Abschlussstichtag ausgefallenen Darlehensverbindlichkeiten; und

- Angaben dahingehend, ob der Ausfall behoben wurde oder die Bedingungen für die Darlehensverbindlichkeiten neu ausgehandelt wurden, bevor der Abschluss zur Veröffentlichung freigegeben wurde.

Für während des Berichtszeitraums auftretende sonstige Verstöße gegen Vertragsbedingungen, die dem Darlehensgeber ein vorzeitiges Rückzahlungsrecht einräumen, sind die gleichen Angaben wie oben beschrieben zu machen, es sei denn, die Verstöße wurden behoben oder das Unternehmen hat die Bedingungen für die Darlehensverbindlichkeit vor dem Abschlussstichtag neu ausgehandelt (IFRS 7.19).[1161] Auch absichtliche Vertragsbrüche

---

[1160] Im Standard wird nicht konkretisiert, was unter „üblichen Kreditbedingungen" („normal credit terms") zu verstehen ist, vgl. SCHARPF (2006), S. 23.

[1161] Das in Verbindung mit dem Verstoß bzw. der Verletzung der Kreditvereinbarung entstehende vorzeitige Rückzahlungsrecht (bzw. die Fälligkeit auf Verlangen des Kreditgebers) führt in der Regel dazu, dass die finanzielle Verbindlichkeit dem kurzfristigen Bereich zugeordnet werden muss, siehe dazu Abschnitt 6.7.3.

gelten als Zahlungsausfälle bzw. Verstöße im Sinne von IFRS 7.18, 19 und lösen damit die entsprechenden Offenlegungspflichten aus.[1162]

Zahlungsausfälle und sonstige Verstöße können die Fristigkeitseinstufung von Darlehensverbindlichkeiten (▶ 3.6.3; 6.7.3) beeinflussen (IFRS 7.IG12).

Die Angaben zu den in IFRS 7.19 genannten Kontraktverstößen betreffen die Nichteinhaltung von bestimmten Vertragsklauseln, womit dem Kreditgeber die Möglichkeit zur Kündigung eröffnet wird (Covenants ▶ 2.4.4.2). Berichterstattungspflichtig sind etwa Verstöße gegen die Einhaltung festgelegter Bilanz- und/oder Erfolgsrelationen. Dem Wortlaut von IFRS 7.19 nach müssen hingegen Verstöße, die nicht zu einer vorzeitigen Rückzahlungsoption, sondern z.B. nur zu einer Erhöhung der Zinszahlungen führen, nicht angegeben werden.[1163]

Im Rahmen der Zwischenberichterstattung (▶ 3.1.1) hat man gemäß IAS 34.15B (i) über jeden Kreditausfall oder Bruch einer Kreditvereinbarung, der nicht bei oder vor Ablauf der Berichtsperiode beseitigt ist, zu informieren.

6.7.8.2 Weitere Anforderungen

Neben den speziell auf Darlehensverbindlichkeiten bezogenen Angabepflichten sind für nicht-hybride Finanzverbindlichkeiten weitere Offenlegungsvorschriften relevant. So müssen die Posten zunächst bei der Bereitstellung der Buchwerte nach Bewertungskategorien (primär FLAC) sowie der Fair Values nach Klassen (▶ 3.4.4.1; 3.4.4.2) einschließlich der diesbezüglich zusätzlichen Anforderungen (▶ 3.8.2.6) berücksichtigt werden. Ferner gehen die Aufwendungen aus nicht-hybriden Finanzverbindlichkeiten (Zinsen, Transaktionskosten, Gewinne oder Verluste aus dem Abgang) in das Nettoergebnis der jeweiligen Bewertungskategorie (▶ 3.14.6) ein. Die nach der Effektivzinsmethode bestimmten Zinsen sind Bestandteil der offen zu legenden Gesamtzinsaufwendungen (▶ 3.14.3).

Bei der Risikoberichterstattung stellen nicht-hybride Finanzverbindlichkeiten wesentliche Posten für die im Rahmen der Angaben zu Liquiditätsrisiken (▶ 5.4.3) zu publizierende Fälligkeitsanalyse dar. Variabel verzinsliche Verbindlichkeiten und solche, die unter Nutzung der Fair-Value-Option erfolgswirksam zum beizulegenden Zeitwert bewertet werden, sind überdies bei der Bestimmung der Sensitivitäten zum Zinsrisiko (▶ 5.4.4.3) zu berücksichtigen. In Fremdwährung notierte nicht-hybride Finanzverbind-

---

[1162] Vgl. KPMG DEUTSCHE TREUHAND-GESELLSCHAFT (2007), S. 44; KUHN/CHRIST (2011), Rz. 125.
[1163] Vgl. SCHARPF (2006), S. 23; IDW (2009a), Rz. 27; VATER (2010), S. 132; ZWIRNER (2011), S. 61; KUHN/CHRIST (2011), Rz. 126.

lichkeiten beeinflussen in der Regel die Sensitivitäten zum Wechselkursrisiko (▶ 5.4.4.4).

Hinsichtlich der Publizitätsanforderungen für in nicht-hybride Finanzverbindlichkeiten eingebettete trennungspflichtige Derivate wird auf den entsprechenden Abschnitt zu den Warentermingeschäften verwiesen (▶ 6.6.6).

Darüber hinaus ist zu beachten, dass für über die Fair-Value-Option als FLFVPL designierte Verbindlichkeiten weitere Angabepflichten bestehen (▶ 3.10.4.3), zu deren Erfüllung es ggf. umfangreicher Berechnungen bedarf.

6.7.9 Praxisbeispiele

6.7.9.1 Emittierte Nullkuponanleihe (nicht-börsennotiert)

Unternehmen P mit S&P-Rating AA begibt am 21.04.X1 über seine Hausbank eine Nullkuponanleihe im Nominalvolumen von 100 Mio. €. Die Schuldverschreibung ist am 21.04.X5 fällig. An die Hausbank muss P eine Provision von 1 Mio. € zahlen. Der beizulegende Zeitwert der Nullkuponanleihe bei Ausgabe wird auf Basis der risikoäquivalenten €-Zinsstruktur bestimmt und beläuft sich auf 83.156,85 T€:

$$\frac{100.000 \text{ T€}}{(1+4,719\%)^4} = 83.156,85 \text{ T€}$$

Einbuchung 21.04.X1

P ordnet die Nullkuponanleihe der Bewertungskategorie FLAC zu; die finanzielle Verbindlichkeit wird erstmalig zum beizulegenden Zeitwert angesetzt. Alle gezahlten Entgelte sind Transaktionskosten und mindern den Passivposten. Buchungen (B = Bilanz):

21.04.X1	Kasse LaR (B)	83.156,85 T€	Anleihe FLAC (B)	83.156,85 T€
	Anleihe FLAC (B)	1.000,00 T€	Kasse LaR (B)	1.000,00 T€

Der Erstbuchwert beträgt somit 82.156,85 T€. Auf dessen Basis und unter Berücksichtigung des Nominalvolumens sowie der Laufzeit bestimmt sich ein Effektivzinssatz von 5,036%. Dies ist in Tabelle 6-49 derjenige Zinssatz, welcher den Buchwert zum 20.04.X5 exakt auf 100.000 T€ fortschreibt. In einem Tabellenkalkulationsprogramm kann der Effektivzinssatz über eine Iterationsfunktion bzw. Zielwertsuche ermittelt werden.

Bilanzierung Q2 X1

Für den Quartalsabschluss zum 30.06.X1 wird der Buchwert der Nullkuponanleihe anteilig um 804,53 T€ (4.137,59 T€ · 70 Tage / 360 Tage) über das Zinsergebnis (ZE) fortgeschrieben:

30.06.X1	Zinsaufwand FLAC (ZE)	804,53 T€	Anleihe FLAC (B)	804,53 T€

Nicht-hybride Finanzverbindlichkeiten 6.7

Der Buchwert des Postens zum 30.06.X1 beträgt somit 82.961,38 T€ (82.156,85 T€ + 804,53 T€).

Praxisbeispiel Nullkuponanleihe: Fortgeführte Anschaffungskosten

Tabelle 6-49

Zeitraum	(1) Buchwert Anfang	(2) = (1) · 5,036% Effektivzinsaufwand	(3) = (1) + (2) Buchwert Ende
21.04.X1-20.04.X2	82.156,85 T€	4.137,59 T€	86.294,45 T€
21.04.X2-20.04.X3	86.294,45 T€	4.345,97 T€	90.640,42 T€
21.04.X3-20.04.X4	90.640,42 T€	4.564,84 T€	95.205,26 T€
21.04.X4-20.04.X5	95.205,26 T€	4.794,74 T€	100.000,00 T€
∑		17.843,14 T€	

Für die zum 30.09.X1, 31.12.X1 und 31.03.X2 endenden Quartale erfolgen Buchwertfortschreibungen von jeweils 1.034,40 T€ (4.137,59 T€ · 90 Tage / 360 Tage). Die entsprechenden Buchungen lauten wie folgt:

Bilanzierung Q3 X1 bis Q1 X2

| 3x.xx.Xx | Zinsaufwand FLAC (ZE) | 1.034,40 T€ | Anleihe FLAC (B) | 1.034,40 T€ |

Zum 30.09.X1 ergibt sich für die Nullkuponanleihe ein Buchwert von 83.995,78 T€ (82.961,38 T€ + 1.034,40 T€); zum 31.12.X1 beträgt der Buchwert 85.030,18 T€ (83.995,78 T€ + 1.034,40 T€) und zum 31.03.X2 lautet dieser 86.064,58 T€ (85.030,18 T€ + 1.034,40 T€).

P berücksichtigt für den Jahresabschluss X1 den Buchwert der Nullkuponanleihe von 85.030,18 T€ bei der Angabe des Buchwerts der Bewertungskategorie FLAC.[1164] Die im 2., 3. und 4. Quartal erfassten Zinsaufwendungen von insgesamt 2.873,33 T€ gehen in das Nettoergebnis der Bewertungskategorie FLAC ein. Außerdem werden die Zinsaufwendungen bei den offen zu legenden Gesamtzinsaufwendungen berücksichtigt.

Angaben JA X1

Überdies muss P den beizulegenden Zeitwert der Nullkuponanleihe für die Angaben der Fair Values nach Klassen ermitteln. Zum 31.12.X1 liegt der risikoäquivalente 3-Jahres-Nullkuponzinssatz bei 4,727% und der 4-Jahres-Nullkuponzinssatz bei 4,928%. Da für die Restlaufzeit von 3 Jahren und 110 Tagen aktuell kein notierter Zinssatz verfügbar ist, wird dieser interpoliert und beträgt 4,727% + (4,928% ./. 4,727%) · 110 Tage / 360 Tage = 4,788%. Es bestimmt sich ein beizulegender Zeitwert von 85.674,85 T€:

– Fair-Value-Bestimmung

$$\frac{100.000 \text{ T€}}{(1 + 4,788\%)^{1.190/360}} = 85.674,85 \text{ T€}$$

P zieht für die innerhalb der Angaben zu Liquiditätsrisiken geforderte Fälligkeitsanalyse den in Tabelle 5-2 dargestellten Aufbau heran (▶ 5.4.3.2).

– Fälligkeits-analyse

[1164] Die Zahlungsmittel finden bei der Bewertungskategorie LaR Berücksichtigung.

Herkömmliche Bilanzierung und Offenlegung einzelner Sachverhalte

Dabei wird der Wert von 100.000 T€ im Zeitband „X4 bis X6" als Tilgung berücksichtigt.[1165]

Bilanzierung Q2 X2

Für den Quartalsabschluss zum 30.06.X2 ergibt sich der Fortschreibungsbetrag aus der Summe aus 229,87 T€ (4.137,59 T€ · 20 Tage / 360 Tage) und 845,05 T€ (4.345,97 T€ · 70 Tage / 360 Tage); Buchung:

| 30.06.X2 | Zinsaufwand FLAC (ZE) | 1.074,92 T€ | Anleihe FLAC (B) | 1.074,92 T€ |

Der Buchwert des Postens zum 30.06.X2 beträgt demnach 87.139,50 T€ (86.064,58 T€ + 1.074,92 T€).

Tilgung 21.04.X5

In der Folge wird analog gebucht. Zum 21.04.X5 zahlt P die Nullkuponanleihe zurück; Buchung:

| 21.04.X5 | Anleihe FLAC (B) | 100.000,00 T€ | Kasse LaR (B) | 100.000,00 T€ |

6.7.9.2 Emittierte festverzinsliche Anleihe in Fremdwährung (börsennotiert)

Unternehmen Q mit funktionaler Währung € und S&P-Rating BBB emittiert am 26.03.X1 eine Anleihe mit einem Nominalwert von 800 Mio. $ und einer Laufzeit bis zum 26.03.X6. Die Schuldverschreibung hat einen Kupon von 6,25% p.a.; die Zinszahlungen von 50.000 T$ p.a. sind halbjährlich jeweils am 26.03. und 26.09. mit Beginn am 26.09.X1 fällig (Zählweise 30/360). Der Fair Value der Anleihe bei Emission wird auf Basis der risikoäquivalenten $-Zinsstruktur[1166] ermittelt; er beträgt 776.470,16 T$:

$$\frac{25.000\ T\$}{(1+4{,}390\% \cdot 0{,}5)} + \frac{25.000\ T\$}{(1+4{,}600\%)^1} + \frac{25.000\ T\$}{(1+5{,}179\%)^{1{,}5}} + \ldots + \frac{(25.000\ T\$ + 800.000\ T\$)}{(1+7{,}219\%)^5} = 776.470{,}16\ T\$$$

Über den beizulegenden Zeitwert wird der Ausgabekurs bestimmt; dieser beläuft sich auf 97,06% (776.470,16 T$ / 800.000 T$). Die an das emittierende Bankenkonsortium zu zahlende Konsortialprovision beträgt 4.000 T$; ferner entstehen im Zusammenhang mit der Emission Börsenzulassungsgebühren und Druckkosten von insgesamt 1.000 T$. Finanzinstrumente in Fremdwährung werden von Q einheitlich zum Mittelkurs umgerechnet.

Einbuchung 26.03.X1

Die Anleihe wird der Bewertungskategorie FLAC zugeordnet und erstmalig zum beizulegenden Zeitwert angesetzt. Alle gezahlten Entgelte stellen Transaktionskosten dar und mindern den Passivposten. Die Beträge sind mit dem am Tag des Geschäftsvorfalls gültigen Kassawechselkurs (Mittelkurs) umzurechnen, der 0,714 $/€ beträgt. Buchungen (B = Bilanz):

[1165] Alternativ wäre es m.E. auch zulässig, den Rückzahlungsbetrag von 100.000 T€ in einen Zins- und einen Tilgungsanteil (16.843,15 T€ und 83.156,85 T€) aufzuteilen.
[1166] Die einzelnen Zinssätze werden nicht aufgeführt.

6.7 Nicht-hybride Finanzverbindlichkeiten

26.03.X1	Kasse LaR (B)	1.087.493,22 T€	Anleihe FLAC (B)	1.087.493,22 T€
	Anleihe FLAC (B)	7.002,80 T€	Kasse LaR (B)	7.002,80 T€

Der $-Erstbuchwert beläuft sich auf 771.470,16 T$ (776.470,16 T$ ./. 5.000 T$). Unter Zugrundelegung dieses Betrags, des $-Nominalvolumens, des Kuponzinssatzes und der Laufzeit bestimmt sich ein Effektivzinssatz von 7,110%. Dies ist in Tabelle 6-50 derjenige Zinssatz, welcher den Buchwert in Spalte (4) zum 25.03.X6 exakt auf 800.000 T$ fortschreibt.

Praxisbeispiel $-Anleihe: fortgeführte Anschaffungskosten in $

Tabelle 6-50

Zeitraum	(1) Buchwert Anfang	(2) = a Effektivzinsaufwand	(3) = b Nominalzinszahlung	(4) = (1) + (2) ./. (3) Buchwert Ende	(5) = (4) ./. (1) Δ Buchwert
26.03.X1-25.09.X1	771.470,16 T$	27.425,75 T$	25.000 T$	773.895,91 T$	2.425,75 T$
26.09.X1-25.03.X2	773.895,91 T$	27.511,98 T$	25.000 T$	776.407,89 T$	2.511,98 T$
26.03.X2-25.09.X2	776.407,89 T$	27.601,28 T$	25.000 T$	779.009,17 T$	2.601,28 T$
26.09.X2-25.03.X3	779.009,17 T$	27.693,76 T$	25.000 T$	781.702,93 T$	2.693,76 T$
26.03.X3-25.09.X3	781.702,93 T$	27.789,52 T$	25.000 T$	784.492,46 T$	2.789,52 T$
26.09.X3-25.03.X4	784.492,46 T$	27.888,69 T$	25.000 T$	787.381,15 T$	2.888,69 T$
26.03.X4-25.09.X4	787.381,15 T$	27.991,38 T$	25.000 T$	790.372,53 T$	2.991,38 T$
26.09.X4-25.03.X5	790.372,53 T$	28.097,73 T$	25.000 T$	793.470,26 T$	3.097,73 T$
26.03.X5-25.09.X5	793.470,26 T$	28.207,85 T$	25.000 T$	796.678,11 T$	3.207,85 T$
26.09.X5-25.03.X6	796.678,11 T$	28.321,89 T$	25.000 T$	800.000,00 T$	3.321,89 T$
Σ		278.529,83 T$	250.000 T$		28.529,83 T$

a Spalte (1) · 7,110% · 180 / 360   b 800 Mio. $ · 6,25% · 180 / 360

Abbildung 6-4 stellt für die ersten Quartale dar, wie die aus der Nominalverzinsung sowie aus der Fortschreibung resultierenden Effektivzinsaufwendungen periodengerecht verteilt werden.

Bilanzierung Q1 X1

Für den Quartalsabschluss zum 31.03.X1 wird zunächst der anteilige Nominalzins für 5 Tage im Zinsergebnis (ZE) realisiert, der sich auf 694,44 T$ (25.000 T$ · 5 Tage / 180 Tage) beläuft. Da zu diesem Zeitpunkt noch keine Nominalzinszahlungen zu leisten sind, muss eine Zinsverbindlichkeit erfasst werden. Umgerechnet mit dem zum 31.03.X1 vorherrschenden Kassawechselkurs (Mittelkurs) von 0,709 $/€ ergibt sich ein Betrag von 979,47 T€. Buchung:

31.03.X1	Zinsaufwand FLAC (ZE)	979,47 T€	Zinsverb. FLAC (B)	979,47 T€

6 Herkömmliche Bilanzierung und Offenlegung einzelner Sachverhalte

Abbildung 6-4 *Praxisbeispiel $-Anleihe: Verteilung der Effektivzinsaufwendungen in $*

	5 Tage 26.03.X1 31.03.X1 Q1 X1	90 Tage Q2 X1	85 Tage 30.06.X1 26.09.X1 Q3 X1	5 Tage 30.09.X1 	90 Tage 31.12.X1 Q4 X1	85 Tage 26.03.X2 Q1 X2	5 Tage 31.03.X2
Nominal- zins	694,44 T$ (5 Tage)	12.500 T$ (90 Tage)	11.805,56 T$ (85 Tage) 694,44 T$ (5 Tage)		12.500 T$ (90 Tage)	11.805,56 T$ (85 Tage) 694,44 T$ (5 Tage)	
Fort- schreibung	67,38 T$ (5 Tage)	1.212,87 T$ (90 Tage)	1.145,49 T$ (85 Tage) 69,78 T$ (5 Tage)		1.255,99 T$ (90 Tage)	1.186,21 T$ (85 Tage) 72,26 T$ (5 Tage)	
∑ (Effek- tivzins)	761,82 T$ (5 Tage)	13.712,87 T$ (90 Tage)	13.715,27 T$ (90 Tage)		13.755,99 T$ (90 Tage)	13.758,47 T$ (90 Tage)	

Ferner ist die Anleihe um die Differenz zwischen anteiligem Effektivzins und anteiligem Nominalzins fortzuschreiben. Dieser Fortschreibungsbetrag beläuft sich auf 67,38 T$ (2.425,75 T$ · 5 Tage / 180 Tage). Zum Kassawechselkurs von 0,709 $/€ umgerechnet ergibt sich ein Betrag von 95,04 T€. Buchung:

| 31.03.X1 | Zinsaufwand FLAC (ZE) | 95,04 T€ | Anleihe FLAC (B) | 95,04 T€ |

Damit werden für Q1 X1 Zinsaufwendungen von 761,82 T$ (694,44 T$ + 67,38 T$) bzw. von 1.074,51 T€ (979,47 T€ + 95,04 T€) erfasst, was exakt dem Effektivzinsaufwand für 5 Tage der 1. Zinsperiode entspricht.

Auch die Anleihe ist zum Stichtag zum Kassawechselkurs umzurechnen; der €-Buchwert beträgt (771.470,16 T$ + 67,38 T$) / 0,709 $/€ = 1.088.205,28 T€. Da bislang ein €-Buchwert von 1.080.585,46 T€ (1.080.490,42 T€ + 95,04 T€) erfasst wurde, entsteht ein Währungsverlust (der Buchwert der Anleihe hat sich währungsbedingt erhöht) von 7.619,82 T€, der ins Währungsergebnis (WE) gebucht wird:

| 31.03.X1 | FX-Aufwand FLAC (WE) | 7.619,82 T€ | Anleihe FLAC (B) | 7.619,82 T€ |

Bilanzierung Q2 X1

Für den Quartalsabschluss zum 30.06.X1 realisiert Q zunächst analog den anteiligen Nominalzins für 90 Tage von 12.500 T$ (25.000 T$ · 90 Tage / 180 Tage). Mangels zu leistender Nominalzinszahlungen muss wiederum eine Zinsverbindlichkeit erfasst werden, die mit dem zum 30.06.X1 bestehenden Kassawechselkurs (Mittelkurs) von 0,725 $/€ umgerechnet wird. Buchung:

| 30.06.X1 | Zinsaufwand FLAC (ZE) | 17.241,38 T€ | Zinsverb. FLAC (B) | 17.241,38 T€ |

Zudem ist die Anleihe um die Differenz zwischen anteiligem Nominal- und Effektivzins fortzuschreiben. Es ergibt sich ein Fortschreibungsbetrag von 1.212,87 T$ (2.425,75 T$ · 90 Tage / 180 Tage). Der zum Kassawechselkurs von 0,725 $/€ umgerechnete Betrag wird wie folgt erfasst:

6.7 Nicht-hybride Finanzverbindlichkeiten

| 30.06.X1 | Zinsaufwand FLAC (ZE) | 1.672,93 T€ | Anleihe FLAC (B) | 1.672,93 T€ |

Für das 2. Quartal X1 werden somit Zinsaufwendungen von 13.712,87 T$ (12.500 T$ + 1.212,87 T$) bzw. von 18.914,31 T€ (17.241,38 T€ + 1.672,93 T€) erfasst, was exakt dem Effektivzinsaufwand für 90 Tage der 1. Zinsperiode entspricht.

Wiederum wird die Anleihe zum am Stichtag vorherrschenden Kassawechselkurs umgerechnet; der €-Buchwert beträgt (771.537,54 T$ + 1.212,87 T$) / 0,725 $/€ = 1.065.862,64 T€. Da bislang ein €-Buchwert von 1.089.878,21 T€ (1.088.205,28 T€ + 1.672,93 T€) erfasst wurde, entsteht ein Währungsgewinn (der Buchwert der Anleihe hat sich währungsbedingt verringert) von 24.015,57 T€:

| 30.06.X1 | Anleihe FLAC (B) | 24.015,57 T€ | FX-Ertrag FLAC (WE) | 24.015,57 T€ |

Die Zinsverbindlichkeit von 13.194,44 T$ (694,44 T$ + 12.500 T$) muss gleichfalls zum Kassawechselkurs am Stichtag umgerechnet werden; der €-Buchwert beträgt 18.199,23 T€ (13.194,44 T$ / 0,725 $/€). Es ergibt sich ein Währungsgewinn (der Buchwert der Zinsverbindlichkeit hat sich währungsbedingt verringert) von 21,62 T€, denn bisher wurde ein €-Buchwert von 18.220,85 T€ (979,47 T€ + 17.241,38 T€) erfasst. Buchung:

| 30.06.X1 | Zinsverb. FLAC (B) | 21,62 T€ | FX-Ertrag FLAC (WE) | 21,62 T€ |

Zinszahlung 26.09.X1

Zum 1. Zinszahlungstermin am 26.09.X1 wird zunächst der anteilige Nominalzins für 85 Tage von 11.805,56 T$ (25.000 T$ · 85 Tage / 180 Tage) erfasst. Q rechnet den Betrag zum am Tag der Transaktion gültigen Kassawechselkurs (Mittelkurs) von 0,699 $/€ um. Buchung:

| 26.09.X1 | Zinsaufwand FLAC (ZE) | 16.889,21 T€ | Zinsverb. FLAC (B) | 16.889,21 T€ |

Mit der Zinszahlung muss die Zinsverbindlichkeit aufgelöst werden. Am 26.09.X1 beträgt der Buchwert der Zinsverbindlichkeit 25.000 T$ (13.194,44 T$ + 11.805,56 T$); der mit dem Kassawechselkurs von 0,699 $/€ umgerechnete Buchwert beläuft sich auf 35.765,38 T€. Da die Zinsverbindlichkeit am 26.09.X1 einen Bestand von 35.088,44 T€ (18.199,23 T€ + 16.889,21 T€) aufweist, ergibt sich ein Währungsverlust von 676,94 T€:

| 26.09.X1 | Zinsverb. FLAC (B) | 35.088,44 T€ | Kasse LaR (B) | 35.765,38 T€ |
| | FX-Aufwand FLAC (WE) | 676,94 T€ | | |

Zudem ist die Anleihe um die Differenz zwischen anteiligem Effektivzins und anteiligem Nominalzins fortzuschreiben. Dieser Fortschreibungsbetrag beläuft sich auf 1.145,49 T$ (2.425,75 T$ · 85 Tage / 180 Tage). Zum Kassawechselkurs von 0,699 $/€ umgerechnet ergibt sich ein Betrag von 1.638,76 T€, der folgendermaßen gebucht wird:

6 Herkömmliche Bilanzierung und Offenlegung einzelner Sachverhalte

Bilanzierung Q3 X1

| 26.09.X1 | Zinsaufwand FLAC (ZE) | 1.638,76 T€ | Anleihe FLAC (B) | 1.638,76 T€ |

Für den Quartalsabschluss zum 30.09.X1 muss noch der anteilige Nominalzins für 5 Tage realisiert werden, der sich auf 694,44 T$ (25.000 T$ · 5 Tage / 180 Tage) beläuft. Wiederum wird eine Zinsverbindlichkeit eingebucht, die mit dem zum 30.09.X1 bestehenden Kassawechselkurs (Mittelkurs) von 0,694 $/€ umgerechnet wird. Buchung:

| 30.09.X1 | Zinsaufwand FLAC (ZE) | 1.000,64 T€ | Zinsverb. FLAC (B) | 1.000,64 T€ |

Zudem ist die Anleihe um die Differenz zwischen anteiligem Effektivzins und anteiligem Nominalzins fortzuschreiben. Dieser Fortschreibungsbetrag beläuft sich auf 69,78 T$ (2.511,98 T$ · 5 Tage / 180 Tage). Zum Kassawechselkurs von 0,694 $/€ umgerechnet ergibt sich ein Betrag von 100,54 T€. Buchung:

| 30.09.X1 | Zinsaufwand FLAC (ZE) | 100,54 T€ | Anleihe FLAC (B) | 100,54 T€ |

Damit werden für das 3. Quartal X1 Zinsaufwendungen von 13.715,27 T$ (11.805,56 T$ + 1.145,49 T$ + 694,44 T$ + 69,78 T$) bzw. von 19.629,15 T€ (16.889,21 T€ + 1.638,76 T€ + 1.000,64 T€ + 100,54 T€) erfasst.

Die Anleihe wird wieder zum Kassawechselkurs am Stichtag umgerechnet; der €-Buchwert beträgt (772.750,41 T$ + 1.145,49 T$ + 69,78 T$) / 0,694 $/€ = 1.115.224,33 T€. Da bislang ein €-Buchwert von 1.067.601,94 T€ (1.065.862,64 T€ + 1.638,76 T€ + 100,54 T€) erfasst wurde, entsteht ein Währungsverlust (der Buchwert der Anleihe hat sich währungsbedingt erhöht) von 47.622,39 T€:

| 30.09.X1 | FX-Aufwand FLAC (WE) | 47.622,39 T€ | Anleihe FLAC (B) | 47.622,39 T€ |

Bilanzierung Q4 X1

Zum 31.12.X1 wird der anteilige Nominalzins für 90 Tage von 12.500 T$ (25.000 T$ · 90 Tage / 180 Tage) realisiert; entsprechend erhöht sich die Zinsverbindlichkeit. Nach Umrechnung zum am 31.12.X1 gültigen Kassawechselkurs (Mittelkurs) von 0,725 $/€ ergibt sich folgende Buchung:

| 31.12.X1 | Zinsaufwand FLAC (ZE) | 17.241,38 T€ | Zinsverb. FLAC (B) | 17.241,38 T€ |

Außerdem wird die Anleihe um die Differenz zwischen anteiligem Nominal- und Effektivzins fortgeschrieben. Es bestimmt sich ein Fortschreibungsbetrag von 1.255,99 T$ (2.511,98 T$ · 90 Tage / 180 Tage). Der zum Kassawechselkurs von 0,725 $/€ umgerechnete Betrag wird wie folgt erfasst:

| 31.12.X1 | Zinsaufwand FLAC (ZE) | 1.732,40 T€ | Anleihe FLAC (B) | 1.732,40 T€ |

Für das 4. Quartal X1 werden somit Zinsaufwendungen von 13.755,99 T$ (12.500 T$ + 1.255,99 T$) bzw. von 18.973,78 T€ (17.241,38 T€ + 1.732,40 T€) erfasst, was exakt dem Effektivzinsaufwand für 90 Tage der 2. Zinsperiode entspricht.

Nicht-hybride Finanzverbindlichkeiten

6.7

Die Anleihe wird wiederum zum am Stichtag gültigen Kassawechselkurs umgerechnet; der €-Buchwert beträgt (773.965,68 T$ + 1.255,99 T$) / 0,725 $/€ = 1.069.271,28 T€. Da bislang ein €-Buchwert von 1.116.956,73 T€ (1.115.224,33 T€ + 1.732,40 T€) erfasst wurde, entsteht ein Währungsgewinn (der Buchwert der Anleihe hat sich währungsbedingt verringert) von 47.685,45 T€. Buchung:

31.12.X1	Anleihe FLAC (B)	47.685,45 T€	FX-Ertrag FLAC (WE)	47.685,45 T€

Ebenso wird die Zinsverbindlichkeit am Stichtag zum Kassawechselkurs umgerechnet; der €-Buchwert beträgt 18.199,23 T€ (13.194,44 T$ / 0,725 $/€). Es ergibt sich ein Währungsgewinn (der Buchwert der Zinsverbindlichkeit hat sich währungsbedingt verringert) von 42,79 T€, da bisher ein €-Buchwert von 18.242,02 T€ (1.000,64 T€ + 17.241,38 T€) erfasst wurde:

31.12.X1	Zinsverb. FLAC (B)	42,79 T€	FX-Ertrag FLAC (WE)	42,79 T€

Für den Jahresabschluss X1 berücksichtigt Q den Buchwert der Anleihe von 1.069.271,28 T€ sowie den Buchwert der Zinsverbindlichkeit von 18.199,23 T€ bei der Buchwertangabe der Bewertungskategorie FLAC.[1167] Zum 31.12.X1 notiert die Anleihe bei 98,58%, d.h. der Fair Value beträgt 788.640 T$ (800.000 T$ · 98,58%); umgerechnet zum am Stichtag vorherrschenden Kassawechselkurs ergibt sich ein beizulegender Zeitwert von 1.087.779,31 T€, den Q im Rahmen der Angaben der Fair Values nach Klassen berücksichtigt. Die in den 4 Quartalen erfassten Zinsaufwendungen von insgesamt 58.591,75 T€ und der sich per Saldo ergebende Währungsgewinn von 15.846,28 T€ sind Bestandteil des Nettoergebnisses der Bewertungskategorie FLAC. Ferner werden die Zinsaufwendungen bei den offen zu legenden Gesamtzinsaufwendungen berücksichtigt.

Angaben JA X1

Zudem gehen die Zahlungen aus der Anleihe in die innerhalb der Angaben zu Liquiditätsrisiken geforderte Fälligkeitsanalyse ein. Q zieht dabei den in Tabelle 5-2 dargestellten Aufbau heran (▶ 5.4.3.2). Die künftigen Zins- und Tilgungszahlungen werden zum am 31.12.X1 gültigen Kassawechselkurs von 0,725 $/€ umgerechnet. Es ergeben sich die in Tabelle 6-51 aufgeführten Werte und Zuordnungen.

*– Fälligkeits-
analyse*

[1167] Die Zahlungsmittel finden bei der Bewertungskategorie LaR Berücksichtigung.

Herkömmliche Bilanzierung und Offenlegung einzelner Sachverhalte

Tabelle 6-51 | *Praxisbeispiel $-Anleihe: Fälligkeitsanalyse (Auszahlungen)*

X2		X3		X4 bis X6	
Zins fix	Tilgung	Zins fix	Tilgung	Zins fix	Tilgung
-68.965,52 T€	0 T€	-68.965,52 T€	0 T€	-172.413,79 T€	-1.103.448,28 T€
(2 · -25.000 T$)		(2 · -25.000 T$)		(5 · -25.000 T$)	(-800.000 T$)

– Währungs-
sensitivität

Die Anleihe sowie die damit verbundene Zinsverbindlichkeit werden auch bei der Bestimmung der Sensitivitäten zum Wechselkursrisiko berücksichtigt. Diese ermitteln sich aus der Differenz des mit dem tatsächlich zum Stichtag gültigen Kassawechselkurs von 0,725 $/€ umgerechneten Buchwerts abzüglich des Buchwerts, der mit einem hypothetischen, um 10% höheren Wechselkurs von 0,798 $/€ (0,725 $/€ · 1,1) oder um 10% niedrigeren Wechselkurs von 0,653 $/€ (0,725 $/€ · 0,9) umgerechnet wird. Für die Anleihe ergeben sich hypothetische Buchwerte von 972.064,80 T€ (775.221,67 T$ / 0,798 $/€) bzw. 1.188.079,20 T€ (775.221,67 T$ / 0,653 $/€); daraus resultieren Sensitivitäten von +97.206,48 T€ (-972.064,80 T€ ./. -1.069.271,28 T€) bzw. von -118.807,92 T€ (-1.188.079,20 T€ ./. -1.069.271,28 T€). Die Zinsverbindlichkeit hat hypothetische Buchwerte von 16.544,76 T€ (13.194,44 T$ / 0,798 $/€) bzw. 20.221,37 T€ (13.194,44 T$ / 0,653 $/€); aus diesen bestimmen sich Sensitivitäten von +1.654,47 T€ (-16.544,76 T€ ./. -18.199,23 T€) bzw. von -2.022,14 T€ (-20.221,37 T€ ./. -18.199,23 T€). Wenn also der € zum $ um 10% stärker (schwächer) notiert hätte, so wäre das Ergebnis um 98.860,95 T€ höher (um 120.830,06 T€ geringer) gewesen.

Zinszahlung
26.03.X2

Zum 2. Zinszahlungstermin am 26.03.X2 wird zunächst der anteilige Nominalzins für 85 Tage von 11.805,56 T$ (25.000 T$ · 85 Tage / 180 Tage) erfasst. Q rechnet den Betrag zu dem am Tag der Transaktion gültigen Kassawechselkurs (Mittelkurs) von 0,709 $/€ um. Buchung:

26.03.X2	Zinsaufwand FLAC (ZE)	16.651,00 T€	Zinsverb. FLAC (B)	16.651,00 T€

Mit der Zinszahlung muss die Zinsverbindlichkeit aufgelöst werden. Am 26.03.X2 beträgt der Buchwert der Zinsverbindlichkeit 25.000 T$ (13.194,44 T$ + 11.805,56 T$); der mit dem Kassawechselkurs von 0,709 $/€ umgerechnete Buchwert beläuft sich auf 35.260,93 T€. Da die Zinsverbindlichkeit am 26.03.X2 einen Bestand von 34.850,23 T€ (18.199,23 T€ + 16.651 T€) aufweist, ergibt sich ein Währungsverlust von 410,70 T€:

26.03.X2	Zinsverb. FLAC (B)	34.850,23 T€	Kasse LaR (B)	35.260,93 T€
	FX-Aufwand FLAC (WE)	410,70 T€		

Darüber hinaus muss die Anleihe um die Differenz zwischen anteiligem Effektivzins und anteiligem Nominalzins fortgeschrieben werden. Dieser Fortschreibungsbetrag beläuft sich auf 1.186,21 T$ (2.511,98 T$ · 85 Tage / 180 Tage). Zum Kassawechselkurs von 0,709 $/€ umgerechnet ergibt sich ein Betrag von 1.673,08 T€. Buchung:

Nicht-hybride Finanzverbindlichkeiten 6.7

| 26.03.X2 | Zinsaufwand FLAC (ZE) | 1.673,08 T€ | Anleihe FLAC (B) | 1.673,08 T€ |

Für den Quartalsabschluss zum 31.03.X2 muss noch der anteilige Nominalzins realisiert werden, der sich auf 694,44 T$ (25.000 T$ · 5 Tage / 180 Tage) beläuft. Wiederum wird eine Zinsverbindlichkeit eingebucht, die mit dem zum 31.03.X2 bestehenden Kassawechselkurs von 0,704 $/€ umgerechnet wird:

Bilanzierung Q1 X2

| 31.03.X2 | Zinsaufwand FLAC (ZE) | 986,43 T€ | Zinsverb. FLAC (B) | 986,43 T€ |

Zudem ist die Anleihe um die Differenz zwischen anteiligem Effektivzins und anteiligem Nominalzins fortzuschreiben. Dieser Fortschreibungsbetrag beläuft sich auf 72,26 T$ (2.601,28 T$ · 5 Tage / 180 Tage). Zum Kassawechselkurs von 0,704 $/€ umgerechnet ergibt sich ein Betrag von 102,64 T€. Buchung:

| 31.03.X2 | Zinsaufwand FLAC (ZE) | 102,64 T€ | Anleihe FLAC (B) | 102,64 T€ |

Damit werden für das 1. Quartal X2 Zinsaufwendungen von 13.758,47 T$ (11.805,56 T$ + 1.186,21 T$ + 694,44 T$ + 72,26 T$) bzw. von 19.413,15 T€ (16.651 T€ + 1.673,08 T€ + 986,43 T€ + 102,64 T€) erfasst.

Die Anleihe wird wieder zum am Stichtag gültigen Kassawechselkurs umgerechnet; der €-Buchwert beträgt 1.102.954,76 T€ (776.480,14 T$ / 0,704 $/€). Da bislang ein €-Buchwert von 1.071.047 T€ (1.069.271,28 T€ + 1.673,08 T€ + 102,64 T€) erfasst wurde, entsteht ein Währungsverlust (der Buchwert der Anleihe hat sich währungsbedingt erhöht) von 31.907,76 T€:

| 31.03.X2 | FX-Aufwand FLAC (WE) | 31.907,76 T€ | Anleihe FLAC (B) | 31.907,76 T€ |

Für die Perioden Q2 X2 bis Q2 X4 wird entsprechend gebucht. Am 01.09.X4 senkt S&P das Rating für Q von BBB auf BB. In den Anleihekonditionen ist festgelegt, dass eine solche Ratingverschlechterung zu einer Erhöhung des Nominalzinssatzes um 50 BP (d.h. statt 25.000 T$ pro Halbjahr müssen 27.000 T$ geleistet werden) führt. Der angepasste Nominalzinssatz muss für die nächste volle Zinsperiode gezahlt werden, d.h. erstmalig für die Zinsperiode vom 26.09.X4 bis zum 25.03.X5.

Ratingänderung 01.09.X4

Zum Zinszahlungstermin am 26.09.X4 wird zunächst – wie bisher – der anteilige Nominalzins für 85 Tage von 11.805,56 T$ (25.000 T$ · 85 Tage / 180 Tage) erfasst. Q rechnet den Betrag zu dem am Tag der Transaktion gültigen Kassawechselkurs von 0,813 $/€ um. Buchung:

Zinszahlung 26.09.X4

| 26.09.X4 | Zinsaufwand FLAC (ZE) | 14.520,98 T€ | Zinsverb. FLAC (B) | 14.520,98 T€ |

Mit der Zinszahlung muss die Zinsverbindlichkeit aufgelöst werden. Am 26.09.X4 beträgt der Buchwert der Zinsverbindlichkeit 25.000 T$ (13.194,44 T$ + 11.805,56 T$); der mit dem Kassawechselkurs von 0,813 $/€

6 Herkömmliche Bilanzierung und Offenlegung einzelner Sachverhalte

umgerechnete Buchwert beläuft sich auf 30.750,31 T€. Da die Zinsverbindlichkeit am 26.09.X1 einen Bestand von 30.360,65 T€ (13.194,44 T$ / 0,833 $/€ + 14.520,98 T€) aufweist,[1168] ergibt sich ein Währungsverlust von 389,66 T€:

26.09.X4	Zinsverb. FLAC (B)	30.360,65 T€	Kasse LaR (B)	30.750,31 T€
	FX-Aufwand FLAC (WE)	389,66 T€		

Ferner wird die Anleihe um die Differenz zwischen anteiligem Effektivzins und anteiligem Nominalzins fortgeschrieben. Dieser Fortschreibungsbetrag beläuft sich auf 1.412,60 T$ (2.991,38 T$ · 85 Tage / 180 Tage). Zum Kassawechselkurs von 0,813 $/€ umgerechnet ergibt sich ein Betrag von 1.737,51 T€, der folgendermaßen gebucht wird:

26.09.X4	Zinsaufwand FLAC (ZE)	1.737,51 T€	Anleihe FLAC (B)	1.737,51 T€

Buchwertanpassung 26.09.X4

Am 26.09.X4 nimmt Q eine Buchwertanpassung auf den Betrag vor, der sich aus dem Barwert der noch ausstehenden Zahlungen, diskontiert mit dem ursprünglichen Effektivzinssatz, ergibt. Zur Diskontierung der Cashflows, die 1 Jahr und länger in der Zukunft liegen, muss der ursprüngliche Effektivzinssatz von 7,110%, dem eine halbjährliche Zinszahlungsfrequenz zu Grunde liegt, zunächst auf einen jährlichen Effektivzinssatz umgerechnet werden (Formel ▶ 2.1.2); dieser beläuft sich auf 7,236%. Der Betrag, auf den die Buchwertanpassung vorgenommen wird, ist 795.969,93 T$:

$$\frac{27.000 \text{ T\$}}{(1+7,110\% \cdot 0,5)} + \frac{27.000 \text{ T\$}}{(1+7,236\%)^1} + \frac{(27.000 \text{ T\$} + 800.000 \text{ T\$})}{(1+7,236\%)^{1,5}} = 795.969,93 \text{ T\$}$$

Da der Buchwert zum 26.09.X4 ohne Buchwertanpassung 790.372,53 T$ (siehe Tabelle 6-50) beträgt, ergibt sich ein Anpassungsbetrag von 5.597,40 T$. Dieser wird zum Kassawechselkurs von 0,813 $/€ umgerechnet; die Gegenbuchung erfolgt im Zinsergebnis:

26.09.X4	Zinsaufwand FLAC (ZE)	6.884,87 T€	Anleihe FLAC (B)	6.884,87 T€

Wie sich die fortgeführten Anschaffungskosten nach der Buchwertanpassung bestimmen, ist in Tabelle 6-52 dargestellt.

Bilanzierung Q3 X4

Für den Quartalsabschluss zum 30.09.X4 wird zunächst noch der anteilige Nominalzins für 5 Tage realisiert, der sich auf 750 T$ (27.000 T$ · 5 Tage / 180 Tage) beläuft. Q bucht eine Zinsverbindlichkeit ein, die mit dem zum 30.09.X4 bestehenden Kassawechselkurs von 0,800 $/€ umzurechnen ist. Die Buchung lautet wie folgt:

30.09.X4	Zinsaufwand FLAC (ZE)	937,50 T€	Zinsverb. FLAC (B)	937,50 T€

[1168] 0,833 $/€ entspricht dem Kassawechselkurs zum 30.06.X4.

Nicht-hybride Finanzverbindlichkeiten **6.7**

Praxisbeispiel $-Anleihe: Fortgeführte AK in $ nach der Buchwertanpassung *Tabelle 6-52*

Zeitraum	(1) Buchwert Anfang	(2) = a Effektivzinsaufwand	(3) = b Nominalzinszahlung	(4) = (1) + (2) ./. (3) Buchwert Ende	(5) = (4) ./. (1) Δ Buchwert
...	...	...	...	...	...
26.03.X4-25.09.X4	787.381,15 T$	27.991,38 T$	25.000 T$	790.372,53 T$	2.991,38 T$
26.09.X4-25.03.X5	795.969,93 T$	28.296,71 T$	27.000 T$	797.266,64 T$	1.296,71 T$
26.03.X5-25.09.X5	797.266,64 T$	28.342,81 T$	27.000 T$	798.609,45 T$	1.342,81 T$
26.09.X5-25.03.X6	798.609,45 T$	28.390,55 T$	27.000 T$	800.000,00 T$	1.390,55 T$
Σ		278.932,43 T$	256.000 T$		22.932,43 T$

a Spalte (1) · 7,110% · 180 / 360   b 800 Mio. $ · 6,75% · 180 / 360

Außerdem ist die Anleihe um die Differenz zwischen anteiligem Effektivzins und anteiligem Nominalzins fortzuschreiben. Dieser Fortschreibungsbetrag beläuft sich auf 36,02 T$ (1.296,71 T$ · 5 Tage / 180 Tage). Zum Kassawechselkurs von 0,800 $/€ umgerechnet ergibt sich ein Betrag von 45,02 T€, der folgendermaßen gebucht wird:

| 30.09.X4 | Zinsaufwand FLAC (ZE) | 45,02 T€ | Anleihe FLAC (B) | 45,02 T€ |

Die Anleihe wird wieder zum am Stichtag gültigen Kassawechselkurs umgerechnet; der €-Buchwert beträgt (795.969,93 T$ + 36,02 T$) / 0,800 $/€ = 995.007,43 T€. Da bislang ein €-Buchwert von 955.798,17 T€ (947.130,77 T€ + 1.737,51 T€ + 6.884,87 T€ + 45,02 T€) erfasst wurde,[1169] entsteht ein Währungsverlust (der Buchwert der Anleihe hat sich währungsbedingt erhöht) von 39.209,26 T€:

| 30.09.X4 | FX-Aufwand FLAC (WE) | 39.209,26 T€ | Anleihe FLAC (B) | 39.209,26 T€ |

6.7.9.3 Emittierte variabel verzinsliche Medium Term Note (börsennotiert)

Unternehmen R begibt am 01.07.X1 eine Medium Term Note (MTN) im Nominalvolumen von 500 Mio. € mit einer Laufzeit von 2 Jahren. Das Wertpapier wird mit dem 3-Monats-EURIBOR zuzüglich 22 BP verzinst, d.h. die Zinssätze werden alle 3 Monate für die folgende 3-monatige Zinsperiode anhand des Referenzzinssatzes neu festgelegt (Fixing-Tage: 29.06., 29.09., 30.12., 30.03.). Die Zinszahlungen sind vierteljährig und nachschüssig jeweils

---

[1169] Der Betrag von 947.130,77 T€ entspricht dem zum Kassawechselkurs von 0,833 $/€ umgerechneten $-Buchwert zum 30.06.X4 von 788.959,94 T$, der sich wiederum aus dem $-Buchwert zum 25.03.X4 von 787.381,15 T$ zuzüglich der Fortschreibung vom 25.03.X4 bis zum 30.06.X4 von 1.578,79 T$ (2.991,38 T$ · 95 Tage / 180 Tage) ergibt.

6 Herkömmliche Bilanzierung und Offenlegung einzelner Sachverhalte

zum 01.10., 01.01., 01.04. und 01.07. fällig – beginnend am 01.10.X1 (Zählweise 30/360). An das emittierende Bankenkonsortium muss eine Konsortialprovision von 3.000 T€ gezahlt werden; in Verbindung mit der Begebung entstehen weitere Gebühren von insgesamt 800 T€. Die MTN wird mit einem Kurs von 100% begeben, was einem beizulegenden Zeitwert von 500 Mio. € entspricht. Der für die 1. Zinsperiode relevante 3-Monats-EURIBOR (Fixing: 29.06.X1) notiert bei 3,332%.

Einbuchung 01.07.X1

Die MTN ordnet R der Bewertungskategorie FLAC zu; der Erstansatz erfolgt zum Fair Value. Alle gezahlten Entgelte sind Transaktionskosten und mindern demzufolge den Passivposten. Es ergeben sich folgende Buchungen (B = Bilanz):

01.07.X1	Kasse LaR (B)	500.000,00 T€	MTN FLAC (B)	500.000,00 T€
	MTN FLAC (B)	3.800,00 T€	Kasse LaR (B)	3.800,00 T€

Der Erstbuchwert beläuft sich auf 496.200 T€ (500.000 T€ ./. 3.800 T€). Unter Zugrundelegung dieses Betrags, des Nominalvolumens, des aktuellen 3-Monats-EURIBOR-Zinssatzes zuzüglich 22 BP sowie der Laufzeit bestimmt sich ein Effektivzinssatz von 3,949%. Dies ist in Tabelle 6-53 derjenige Zinssatz, welcher den Buchwert zum 30.06.X3 exakt auf 500.000 T€ fortschreibt.

Tabelle 6-53

Praxisbeispiel MTN: fortgeführte Anschaffungskosten zum 01.07.X1

Zeitraum	(1) Buchwert Anfang	(2) = a Effektiv-zinsaufwand	(3) = b Nominal-zinszahlung	(4) = (1) + (2) ./. (3) Buchwert Ende	(5) = (4) ./. (1) Δ Buch-wert
01.07.X1-30.09.X1	496.200,00 T€	4.898,83 T€	4.440 T€	496.658,83 T€	458,83 T€
01.10.X1-31.12.X1	496.658,83 T€	4.903,36 T€	4.440 T€	497.122,19 T€	463,36 T€
01.01.X2-31.03.X2	497.122,19 T€	4.907,93 T€	4.440 T€	497.590,12 T€	467,93 T€
01.04.X2-30.06.X2	497.590,12 T€	4.912,55 T€	4.440 T€	498.062,67 T€	472,55 T€
01.07.X2-30.09.X2	498.062,67 T€	4.917,22 T€	4.440 T€	498.539,89 T€	477,22 T€
01.10.X2-31.12.X2	498.539,89 T€	4.921,93 T€	4.440 T€	499.021,82 T€	481,93 T€
01.01.X3-31.03.X3	499.021,82 T€	4.926,69 T€	4.440 T€	499.508,51 T€	486,69 T€
01.04.X3-30.06.X3	499.508,51 T€	4.931,49 T€	4.440 T€	500.000,00 T€	491,49 T€
Σ		39.320,00 T€	35.520 T€		3.800,00 T€

a Spalte (1) · 3,949% · 90 / 360   b 500 Mio. € · (3,332% + 0,22%) · 90 / 360

Bilanzierung Q3 X1

Für den Quartalsabschluss zum 30.09.X1 ist zunächst der Nominalzins von 4.440 T€ im Zinsergebnis (ZE) zu realisieren; da die Zahlung erst zum 01.10.X1 erfolgt, wird eine Zinsverbindlichkeit erfasst:

30.09.X1	Zinsaufwand FLAC (ZE)	4.440,00 T€	Zinsverb. FLAC (B)	4.440,00 T€

Ferner schreibt R den Buchwert der MTN um 458,83 T€ erfolgswirksam zu:

Nicht-hybride Finanzverbindlichkeiten

6.7

| 30.09.X1 | Zinsaufwand FLAC (ZE) | 458,83 T€ | MTN FLAC (B) | 458,83 T€ |

Am 01.10.X1 ist die 1. Nominalzinszahlung von 4.440 T€ fällig; die zuvor erfasste Zinsverbindlichkeit wird ausgebucht:

Zinszahlung 01.10.X1

| 01.10.X1 | Zinsverb. FLAC (B) | 4.440,00 T€ | Kasse LaR (B) | 4.440,00 T€ |

Der für die Zinsperiode vom 01.10.X1 bis zum 31.12.X1 relevante 3-Monats-EURIBOR (Fixing: 29.09.X1) beläuft sich auf 3,465%. Zum 01.10.X1 wird der Effektivzinssatz auf Basis dieses aktuellen Referenzzinssatzes zuzüglich 22 BP, der Restlaufzeit und der fortgeführten Anschaffungskosten zum 30.09.X1 neu bestimmt. Es ergibt sich nun ein Effektivzinssatz von 4,083%, der den Buchwert zum 30.06.X3 exakt auf 500.000 T€ fortschreibt (siehe Tabelle 6-54).

Bilanzierung Q4 X1

Praxisbeispiel MTN: fortgeführte Anschaffungskosten zum 01.10.X1

Tabelle 6-54

Zeitraum	(1) Buchwert Anfang	(2) = a Effektivzinsaufwand	(3) = b Nominalzinszahlung	(4) = (1) + (2) ./. (3) Buchwert Ende	(5) = (4) ./. (1) Δ Buchwert
01.10.X1-31.12.X1	496.658,83 T€	5.069,14 T€	4.606,25 T€	497.121,72 T€	462,89 T€
01.01.X2-31.03.X2	497.121,72 T€	5.073,87 T€	4.606,25 T€	497.589,34 T€	467,62 T€
01.04.X2-30.06.X2	497.589,34 T€	5.078,64 T€	4.606,25 T€	498.061,73 T€	472,39 T€
01.07.X2-30.09.X2	498.061,73 T€	5.083,46 T€	4.606,25 T€	498.538,94 T€	477,21 T€
01.10.X2-31.12.X2	498.538,94 T€	5.088,33 T€	4.606,25 T€	499.021,02 T€	482,08 T€
01.01.X3-31.03.X3	499.021,02 T€	5.093,25 T€	4.606,25 T€	499.508,03 T€	487,00 T€
01.04.X3-30.06.X3	499.508,03 T€	5.098,22 T€	4.606,25 T€	500.000,00 T€	491,97 T€
		35.584,91 T€	32.243,75 T€		3.341,16 T€

a Spalte (1) · 4,083% · 90 / 360   b 500 Mio. € · (3,465% + 0,22%) · 90 / 360

Am 31.12.X1 muss der Nominalzins von 4.606,25 T€ realisiert werden; wiederum wird eine entsprechende Zinsverbindlichkeit erfasst:

| 31.12.X1 | Zinsaufwand FLAC (ZE) | 4.606,25 T€ | Zinsverb. FLAC (B) | 4.606,25 T€ |

Zudem erfolgt die Fortschreibung des MTN-Buchwerts um 462,89 T€; Buchung:

| 31.12.X1 | Zinsaufwand FLAC (ZE) | 462,89 T€ | MTN FLAC | 462,89 T€ |

R berücksichtigt für den Jahresabschluss X1 den Buchwert der MTN von 497.121,72 T€ sowie den Buchwert der Zinsverbindlichkeit von 4.606,25 T€ bei der Angabe des Buchwerts der Bewertungskategorie FLAC.[1170] Zur Publikation der Fair Values nach Klassen wird der Betrag herangezogen, der

Angaben JA X1

[1170] Die Zahlungsmittel finden bei der Bewertungskategorie LaR Berücksichtigung.

Herkömmliche Bilanzierung und Offenlegung einzelner Sachverhalte

sich über den Kurswert des MTN zum 31.12.X1 bestimmt. Das Wertpapier notiert am 31.12.X1 bei 99,98%, d.h. der beizulegende Zeitwert liegt bei 499.900 T€ (500.000 T€ · 99,98%). Die im 3. und 4. Quartal erfassten Zinsaufwendungen von insgesamt 9.967,97 T€ gehen in das anzugebende Nettoergebnis der Bewertungskategorie FLAC ein und werden bei den offen zu legenden Gesamtzinsaufwendungen berücksichtigt.

– Fälligkeitsanalyse

Für die innerhalb der Angaben zu Liquiditätsrisiken geforderte Fälligkeitsanalyse zieht R den in Tabelle 5-2 dargestellten Aufbau heran (▶ 5.4.3.2). Die Werte und Zuordnungen enthält Tabelle 6-55.

Tabelle 6-55

Praxisbeispiel MTN: Fälligkeitsanalyse (Auszahlungen)

X2		X3	
Zins variabel	Tilgung	Zins variabel	Tilgung
-18.425 T€	0 T€	-13.818,75 T€	-500.000 T€
(4 · -4.606,25 T€)		(3 · -4.606,25 T€)	

– Zinssensitivität

Die im Rahmen der Angaben zu Marktrisiken anzugebende Sensitivität zum Zinsrisiko wird durch Multiplikation des Nominalwerts mit einer hypothetischen Marktzinssatzänderung bestimmt; für Letztere legt R einen Betrag von 100 BP zu Grunde. Es ergibt sich eine Zinssensitivität von 2.500 T€ (500.000 T€ · 1% · 180 Tage / 360 Tage): Wäre das Zinsniveau im Geschäftsjahr X1 um 100 BP höher (niedriger) gewesen, so wäre das Ergebnis um 2.500 T€ geringer (höher) ausgefallen.

6.8 Emittierte eigene Anteile

6.8.1 Abgrenzung von Eigen- und Fremdkapital

6.8.1.1 Erfassungsarten von Finanzinstrumenten bei der Emission

Der Emittent eines Finanzinstruments muss dieses oder dessen Bestandteile beim erstmaligen Ansatz entsprechend der wirtschaftlichen Substanz der vertraglichen Vereinbarung und den Begriffsbestimmungen (▶ 3.2) als finanziellen Vermögenswert, als finanzielle Verbindlichkeit oder als Eigenkapitalinstrument klassifizieren (IAS 32.15). Im Fall von nicht-derivativen Finanzinstrumenten hat der Emittent ferner anhand der Konditionen des Finanzinstruments festzustellen, ob es sowohl eine Fremd- als auch eine

6.8 Emittierte eigene Anteile

Eigenkapitalkomponente aufweist (IAS 32.28).[1171] Diese Komponenten müssen getrennt und ebenfalls als finanzielle Verbindlichkeiten, finanzielle Vermögenswerte oder Eigenkapitalinstrumente gemäß IAS 32.15 klassifiziert werden.

Für Nicht-Banken sind die oben genannten Vorschriften primär relevant für die Abgrenzung von finanziellen Verbindlichkeiten (Fremdkapitalinstrumenten) und Eigenkapitalinstrumenten bei der Emission

- von eigenen Anteilen (z.B. bei der Ausgabe von Aktien) sowie
- von Wandel- und Optionsschuldverschreibungen (▶ 6.9; 6.10).

Bei der Emission von Finanzinstrumenten können 3 Erfassungsarten unterschieden werden:[1172]

- Das Finanzinstrument wird zu 100% im Eigenkapital erfasst (z.B. Aktien ohne Kündigungsrecht des Inhabers).
- Die Erfassung erfolgt zu 100% im Fremdkapital (z.B. Einlagen von Personengesellschaften).
- Es handelt sich um ein zusammengesetztes Finanzinstrument, welches sowohl im Eigen- als auch im Fremdkapital erfasst wird (z.B. Wandelschuldverschreibungen; kündbare Anteile mit Ausschüttung im Ermessen des Emittenten).

Begibt ein Unternehmen bspw. am 01.01.X1 Anteile, die vollständig im Eigenkapital zu erfassen sind, und fließen diesem Emissionserlöse von 1.000 € zu, lautet die Buchung wie folgt:

01.01.X1	Kasse	1.000 €	Eigenkapital	1.000 €

Bei vollständiger Erfassung im Fremdkapital werden die Anteile folgendermaßen gebucht:

01.01.X1	Kasse	1.000 €	Fremdkapital	1.000 €

Kommt es sowohl zur Erfassung im Eigen- als auch im Fremdkapital, erfolgt dies in 2 Schritten: Zunächst wird der Emissionserlös vollständig im Eigenkapital erfasst; anschließend ist der Barwert der Zahlungsverpflichtung(en) in das Fremdkapital umzubuchen.

Hat ein Unternehmen etwa Vorzugsaktien begeben, die es nach 10 Jahren gegen Zahlung eines festen Betrags zurücknehmen muss, und liegen die Ausschüttungen ausschließlich im Ermessen des Emittenten, so handelt es

---

[1171] Die Regelung des IAS 32.28 gilt ausdrücklich nur für den Emittenten des zusammengesetzten Finanzinstruments; Vorschriften zur Trennung eingebetteter Derivate aus Sicht des Inhabers enthält IAS 39 (IAS 32.AG30).
[1172] Vgl. dazu und folgend ISERT/SCHABER (2005d), S. 301f.

Herkömmliche Bilanzierung und Offenlegung einzelner Sachverhalte

sich um ein zusammengesetztes Finanzinstrument mit einer Fremdkapitalkomponente (wegen der Rückzahlungsverpflichtung) und einer Eigenkapitalkomponente (auf Grund der Ausschüttung im eigenen Ermessen).[1173] Der Wert der Fremdkapitalkomponente bestimmt sich über den Barwert der Zahlungsverpflichtung (hier: 900 €); der Wert des gesamten zusammengesetzten Finanzinstruments entspricht dem Emissionserlös (hier: 1.000 €); die Differenz der beiden Beträge ergibt den Wert der Eigenkapitalkomponente. Im 1. Schritt wird der Emissionserlös vollständig im Eigenkapital erfasst:

01.01.X1	Kasse	1.000 €	Eigenkapital	1.000 €

Im 2. Schritt gliedert das Unternehmen den Barwert der Zahlungsverpflichtung ins Fremdkapital um:

01.01.X1	Eigenkapital	900 €	Fremdkapital	900 €

Alternativ können die beiden Schritte auch zusammengefasst und direkt wie folgt gebucht werden:

01.01.X1	Kasse	1.000 €	Eigenkapital	100 €
			Fremdkapital	900 €

Auf die Bilanzierung bei 100%iger Erfassung im Eigen- sowie im Fremdkapital wird in den Abschnitten 6.8.3.1 und 6.8.3.2 näher eingegangen. Einzelheiten zur Bilanzierung von zusammengesetzten Finanzinstrumenten, bei denen häufig beide Kapitalformen zum Tragen kommen, lassen sich den Ausführungen zu Wandelschuldverschreibungen entnehmen.[1174]

Auch bei einem verpflichtenden oder möglichen künftigen Rückkauf von emittierten eigenen Anteilen erfolgt die Erfassung sowohl im Eigen- als auch im Fremdkapital auf Basis der zuletzt beschriebenen Buchungsmethodik in 2 Schritten. Allerdings wird dabei keine „klassisch" nach IAS 39 bilanzierte Finanzverbindlichkeit, sondern eine „synthetische" Verbindlichkeit erfasst.[1175] Zur Bilanzierung einer „synthetischen" Verbindlichkeit kommt es immer dann, wenn der Barwert der Zahlungsverpflichtung höher als der Emissionserlös ist.[1176]

Die zur Abgrenzung zu berücksichtigende wirtschaftliche Substanz stimmt in der Regel, aber nicht immer mit der rechtlichen Gestaltung der vertraglichen Vereinbarung überein (IAS 32.18). So haben einige Finanzinstrumente zwar die rechtliche Gestalt von Eigenkapital, sind jedoch als Verbindlichkei-

---

1173 Vgl. hierzu auch ISERT/SCHABER (2005e), S. 358f.
1174 Siehe dazu primär die Abschnitte 6.9.6 und 6.9.7.
1175 Weiterführend dazu siehe Abschnitt 6.8.5. Zur Differenzierung von „klassisch" und nach „Sondervorschriften" des IAS 39 bilanzierten Finanzinstrumenten siehe die Abschnitte 3.3.2.2 und 3.3.2.3.
1176 Vgl. auch SCHEFFLER (2006), S. 57; BIER/LOPATTA (2008), S. 312.

ten einzustufen. Vor diesem Hintergrund stellt sich die Frage, in welchen Fällen das gesamte Finanzinstrument bzw. die jeweils betrachtete Komponente dem Eigen- oder dem Fremdkapital zuzuordnen ist. Das Abgrenzungsprinzip und die dabei Verwendung findenden Kriterien werden in den folgenden Abschnitten erläutert.

6.8.1.2 Abgrenzungsprinzip und -kriterien von IAS 32

Bei der Abgrenzung von Eigen- und Fremdkapital wird auf die Dauerhaftigkeit des Verbleibs der Ressourcen im Unternehmen abgestellt:[1177] Nur wenn sich in Verbindung mit dem Finanzinstrument über die gesamte Laufzeit keinerlei Zahlungsverpflichtungen – d.h. insbesondere weder Abgabeverpflichtungen von flüssigen Mitteln bzw. anderen finanziellen Vermögenswerten noch Tauschverpflichtungen von finanziellen Vermögenswerten oder finanziellen Verbindlichkeiten zu nachteiligen Bedingungen – ergeben können, kann es als Eigenkapital klassifiziert werden; ansonsten stellt das Finanzinstrument Fremdkapital dar (IAS 32.17). Entscheidendes Kriterium bei der Abgrenzung von Fremd- und Eigenkapitalinstrumenten ist mithin, ob mit der Emission eine (mögliche) Verpflichtung zur Rückgewähr bzw. Rücknahme der Anteile eingegangen wurde oder nicht.[1178]

Die Merkmale von finanziellen Verbindlichkeiten und Eigenkapitalinstrumenten enthält IAS 32.11 sowie IAS 32.16 (▶ 3.2.3; 3.2.4). Danach führen bei nicht-derivativen Finanzinstrumenten alle Arten von tatsächlich vorherrschenden oder möglichen Zahlungsverpflichtungen, die durch flüssige Mittel oder Ähnliches zu begleichen sind, zur Erfassung von finanziellen Verbindlichkeiten. Darüber hinaus müssen auch nicht-derivative Finanzinstrumente, die zwar mit keiner (potenziellen) Übertragung von flüssigen Mitteln oder Ähnlichem verbunden sind, jedoch eine Abgabeverpflichtung einer variablen Anzahl von eigenen Eigenkapitalinstrumenten enthalten oder enthalten können, als Fremdkapitalinstrumente eingestuft werden. Das Unternehmen setzt die eigenen Eigenkapitalinstrumente sodann quasi als „Währung" zur Bezahlung ein, denn der beizulegende Zeitwert der variablen Anzahl an Eigenkapitalinstrumenten entspricht zum Zeitpunkt der Vertragserfüllung der Höhe der Zahlungsverpflichtung.[1179]

Liegt ein derivatives Finanzinstrument vor, welches in eigenen Eigenkapitalinstrumenten beglichen werden kann, handelt es sich um ein Eigenkapitalinstrument, wenn das derivative Finanzinstrument nur durch den Aus-

---

[1177] Vgl. ISERT/SCHABER (2005d), S. 301; KUHN/SCHARPF (2006), Rz. 3705; MENTZ (2009), Rz. 55.
[1178] Vgl. z.B. LEUSCHNER/WELLER (2005), S. 261 oder KÜTING/ERDMANN/DÜRR (2008), S. 942.
[1179] Vgl. ISERT/SCHABER (2005d), S. 304 oder KUHN/SCHARPF (2006), Rz. 3745 m.V.a. IAS 32.BC10.

tausch eines festen Betrags an flüssigen Mitteln oder anderen finanziellen Vermögenswerten gegen eine feste Anzahl an eigenen Eigenkapitalinstrumenten zu erfüllen ist (Fixed/Fixed-Prinzip bzw. -Kriterium). Andere (mögliche) Erfüllungsarten führen zur Fremdkapitalklassifizierung.

Die Einstufung eines Finanzinstruments oder einer Komponente davon ist folglich zum einen davon abhängig, ob tatsächliche oder potenzielle Zahlungsverpflichtungen vorliegen. Zum anderen müssen weitere Regeln beachtet werden, wenn das emittierende Unternehmen das Finanzinstrument in eigenen Eigenkapitalinstrumenten erfüllen kann. Auf die beiden Aspekte wird in den folgenden Abschnitten näher eingegangen.

Es ist darauf hinzuweisen, dass mit der Änderung zu IAS 32 „Puttable Financial Instruments and Obligations Arising on Liquidation" bestimmte Finanzinstrumente, die nach dem gerade vorgestellten eigentlichen Abgrenzungsprinzip des IAS 32 Fremdkapital darstellen, mittlerweile ggf. ausnahmsweise als Eigenkapital klassifiziert werden (können). Dies wird an Bedingungen geknüpft, die über IAS 32.16A-16D eingefügt wurden. Abschnitt 6.8.1.5 thematisiert die Ausnahmeregelungen.

6.8.1.3 Zahlungsverpflichtungen

Arten

Bei den Zahlungsverpflichtungen kann es sich handeln

- um solche, die bereits mit dem Zeitpunkt des Vertragsabschlusses fest vereinbart wurden, oder

- um diejenigen, die erst nach Vertragsabschluss entstehen, z.B. dadurch, dass der Inhaber des Instruments Kündigungs- bzw. Wandlungsrechte hat oder externe Ereignisse eintreten.[1180]

Die Zahlungsverpflichtungen können dabei entweder in der Höhe von fest vereinbarten Beträgen bestehen, die während der Laufzeit und/oder zum Fälligkeitszeitpunkt anfallen, oder sie bestimmen sich über den beizulegenden Zeitwert des Finanzinstruments zum Fälligkeitszeitpunkt.[1181]

Kriterium der uneingeschränkten Entziehbarkeit

Nach IAS 32 kann ein Eigenkapitalinstrument nur dann vorliegen, wenn sich das emittierende Unternehmen der vertraglichen Verpflichtung zur Abgabe von flüssigen Mitteln oder Ähnlichem uneingeschränkt entziehen kann; ist dies nicht der Fall, liegt generell eine finanzielle Verbindlichkeit vor (IAS 32.19; Ausnahme ▶ 6.8.1.5).

[1180] Vgl. ISERT/SCHABER (2005d), S. 302f.
[1181] Vgl. ISERT/SCHABER (2005e), S. 358.

6.8 Emittierte eigene Anteile

Bereits zum Vertragsabschlusszeitpunkt fest vereinbarte Zahlungsverpflichtungen wie z.B. Zins- oder Tilgungszahlungen haben damit stets eine Fremdkapitalklassifizierung zur Folge. Dividenden oder andere Gewinnausschüttungen, die im Ermessen der Organe des Emittenten liegen, begründen hingegen nicht die Erfassung einer finanziellen Verbindlichkeit, da dem Emittenten die Abgabe von flüssigen Mitteln oder Ähnlichem nicht vorgeschrieben werden kann (IAS 32.17).[1182]

– bei Vertragsabschluss vereinbarte Zahlungen

Eine uneingeschränkte Entziehbarkeit liegt in der Regel nicht vor, wenn die Entstehung der Zahlungsverpflichtung erst nach dem Vertragsabschluss möglich ist. Hat etwa die Vertragspartei ein Rückgaberecht der Anteile, was bei einer Ausübung des Rechts zur Abgabe von flüssigen Mitteln durch den Emittenten führt, handelt es sich um ein Fremdkapitalinstrument (IAS 32.19 (a)).

– Kündigungs- bzw. Rückgaberechte

Demnach sind kündbare Instrumente grundsätzlich finanzielle Verbindlichkeiten (IAS 32.18 (b)).[1183] Dies ist selbst dann gegeben, wenn der vom Emittenten zu zahlende Betrag auf der Basis eines Indizes oder einer anderen veränderlichen Bezugsgröße bestimmt wird.

Auch im Fall von bedingten Erfüllungsvereinbarungen – bei denen die Abgabe flüssiger Mittel oder Ähnlichem vom Eintreten oder Nichteintreten unsicherer künftiger Ereignisse (oder dem Ausgang unsicherer Umstände), die außerhalb der Kontrolle sowohl des Emittenten als auch des Inhabers des Instruments liegen (so genannte „externe Ereignisse"), abhängig ist – verfügt der Emittent in der Regel nicht über das uneingeschränkte Recht, sich der Abgabeverpflichtung zu entziehen (IAS 32.25). Zu den externen Ereignissen zählen z.B. Änderungen eines Aktien- oder Verbraucherpreisindizes, eines Zinssatzes oder steuerlicher Vorschriften; ferner fallen darunter Änderungen künftiger Erträge, des Periodenergebnisses oder des Verschuldungsgrads des Emittenten. Weisen Verträge solche bedingten Erfüllungsvereinbarungen auf, handelt es sich um finanzielle Verbindlichkeiten, **außer**

– bedingte Erfüllungsvereinbarungen

- der Bedingungseintritt ist realitätsfern[1184] (z.B. gemäß IAS 32.AG28 bei Bezugnahme auf ein extrem seltenes, äußerst ungewöhnliches und sehr unwahrscheinliches Ereignis[1185]);

[1182] Für die Dividendenzahlung an sich muss aber spätestens mit dem Ausschüttungsbeschluss eine Verbindlichkeit erfasst werden, vgl. z.B. THIELE/HUßMANN/SPESSERT (2010), Rz. 189; DELOITTE LLP (2011b), S. 128. Siehe zum Realisationszeitpunkt von Dividenden Abschnitt 3.14.4.
[1183] Siehe zum Begriff des „kündbaren Instruments" sowie zu den Ausnahmen Abschnitt 6.8.1.5.
[1184] Vgl. dazu auch IDW (2011c), Rz. 10; KUHN/SCHARPF (2006), Rz. 3729.
[1185] Bspw. außerordentliche Kündigungsrechte, die an den Wegfall der Geschäftsgrundlage oder Ähnliches geknüpft sind und einen Schutz für „Extremfälle" geben sollen, vgl. IDW (2011c), Rz. 17; SCHEFFLER (2006), S. 39; HENNRICHS (2006),

- der Emittent kann nur im Fall seiner Liquidation gezwungen werden, die Verpflichtung in flüssigen Mitteln oder Ähnlichem zu begleichen; oder

- das Instrument erfüllt die Bedingungen in IAS 32.16A-16D (▶ 6.8.1.5).

Faktische Zahlungsverpflichtungen

Darüber hinaus können auch Finanzinstrumente, die nicht ausdrücklich, sondern nur indirekt bzw. faktisch eine vertragliche Verpflichtung zur Abgabe flüssiger Mittel oder Ähnlichem bedingen, als finanzielle Verbindlichkeiten einzustufen sein (IAS 32.20).[1186] Wenn z.B. ein Emittent die Wahl zwischen der Erfüllung entweder in bar oder in eigenen Anteilen mit wesentlich höherem Gegenwert hat, wird er sich immer für einen Ausgleich über die erstere Variante entscheiden; es liegt eine finanzielle Verbindlichkeit vor.

Stamm- und Vorzugsaktien

Dass die rechtliche Gestalt und die auf Grund der wirtschaftlichen Substanz vorzunehmende Klassifizierung auseinander fallen können, zeigt sich vor allem bei emittierten Vorzugsaktien. So sind etwa solche Vorzugsaktien, die zu einem festen oder festzulegenden Geldbetrag und zu einem fest verabredeten oder zu bestimmenden Rücknahmezeitpunkt zurückgekauft werden müssen oder können,[1187] als finanzielle Verbindlichkeiten einzustufen (IAS 32.18 (a)).

Im Fall von nicht-rückkauffähigen Vorzugsaktien hängt die angemessene Klassifizierung von den anderen mit ihnen verbundenen Rechten ab; sie erfolgt anhand der wirtschaftlichen Substanz der vertraglichen Vereinbarungen und der Begriffsbestimmungen (IAS 32.AG26).[1188] Liegen Gewinnausschüttungen im Ermessen des Emittenten, handelt es sich um Eigenkapitalinstrumente. Wurde hingegen für eine bestimmte Aktiengattung die Zahlung einer Garantie- oder Mehrdividende vereinbart, die unabhängig von Gesellschafterbeschlüssen auszuschütten ist, stellt diese Aktiengattung ein zusammengesetztes Finanzinstrument dar; der Barwert der erwarteten Garantie- oder Mehrdividende muss im Fremdkapital erfasst werden.[1189] Ebenfalls hybriden Charakter haben verpflichtend zurückzukaufende oder vom

---

S. 1256; THIELE/HUßMANN/SPESSERT (2010), Rz. 218. A.A. zu Letzterem indes MENTZ (2009), Rz. 86.

1186 Vgl. auch IDW (2011c), Rz. 8.

1187 Eine potenzielle Unfähigkeit des Emittenten, der Rückkaufverpflichtung nachzukommen (z.B. wegen finanzieller Schwierigkeiten oder Verfügungsbeschränkungen), macht die Verpflichtung dabei nicht hinfällig (IAS 32.AG25).

1188 In IAS 32.AG26 werden dazu beispielhaft einige Gegebenheiten aufgeführt, welche die Klassifizierung einer Vorzugsaktie nicht beeinflussen.

1189 Vgl. SCHEFFLER (2006), S. 45f.; IDW (2011c), Rz. 30; LÜDENBACH (2011b) S. 178; MENTZ (2009), Rz. 119 und Rz. 278; THIELE/HUßMANN/SPESSERT (2010), Rz. 191f.; DELOITTE LLP (2011b), S. 133; LÜDENBACH (2012b), Rz. 15; ERNST & YOUNG LLP (2012b), S. 2954.

6.8 Emittierte eigene Anteile

Inhaber optional zurückgebbare Vorzugsaktien, bei denen die Ausschüttungen im Ermessen des Emittenten liegen; der Barwert des Rückkaufbetrags stellt eine finanzielle Verbindlichkeit dar, der restliche Emissionserlös wird dem Eigenkapital zugeordnet.[1190]

Stammaktien sowie Vorzugsaktien im Sinne der §§ 139 ff. AktG sind mit keiner Verpflichtung des Emittenten zur Kapitalrückzahlung verbunden.[1191] Auch führt der Eintritt eines externen Ereignisses – wie z.B. der Ausweis eines Jahresüberschusses – nicht zu einer Zahlungsverpflichtung.[1192] Folglich stellen derartige Anteile (bzw. das Grundkapital, die Rücklagen, der Gewinnvortrag abzüglich Verlustvortrag, der Jahresüberschuss) gemäß IAS 32 Eigenkapitalinstrumente dar. Gleiches gilt für die Aktien einer „Europäischen Gesellschaft" (auch „Societas Europaea"; SE[1193]) mit Sitz in Deutschland sowie auf das in Form von Aktien handelbare Kommanditkapital der Kommanditgesellschaft auf Aktien, da für diese ebenso die entsprechenden Regelungen des Aktiengesetzes zur Anwendung kommen.[1194]

Auch für das Stammkapital einer GmbH ergibt sich eine zwingende Klassifizierung als Eigenkapital.[1195] Das den Gesellschaftern zustehende außerordentliche Austrittsrecht lässt sich als Schutzklausel für unwahrscheinliche Extremfälle interpretieren; die bedingte Erfüllungsvereinbarung führt damit nicht zur Einstufung als Fremdkapital.[1196] Ferner können Gesellschafter-

---

[1190] Vgl. KPMG IFRG LIMITED (2011), S. 1312 (7.3.230.30); PwC (2011a), S. 7055 (7.81); ERNST & YOUNG LLP (2012b), S. 2954.

[1191] Vgl. dazu und folgend BRÜGGEMANN/LÜHN/SIEGEL (2004b), S. 395; ISERT/ SCHABER (2005b), S. 2051; HEINTGES/HÄRLE (2005), S. 177; KPMG DEUTSCHE TREUHAND-GESELLSCHAFT (2006), S. 75; KÜTING/ERDMANN/DÜRR (2008), S. 943, MENTZ (2009), Rz. 223-225; IDW (2011c), Rz. 59. Vgl. auch BERGER (2011), Rz. 26.

[1192] Selbst bei kumulativen Vorzugsaktien mit zeitlich unbegrenztem Nachzahlungsanspruch – bei denen auch nach Verlustjahren ein Anspruch auf Vorzugsdividende besteht, der in den darauf folgenden Gewinnjahren auszugleichen ist – liegt die Dividendenzahlung weiterhin im Ermessen der Gesellschaft. Diese kann sich der Leistung entziehen; der einzelne Kapitalgeber hat keine Möglichkeit, die Zahlung einzufordern, vgl. dazu KÜTING/ERDMANN/DÜRR (2008), S. 943; MENTZ (2009), Rz. 114. A.A. hingegen KPMG DEUTSCHE TREUHAND-GESELLSCHAFT (2006), S. 76-79; SCHEFFLER (2006), S. 51f., welche bei Vorzugsaktien mit gemäß Satzung vorab zu leistender Vorzugsdividende und Nachzahlungsanspruch eine bedingte Zahlungsverpflichtung sehen.

[1193] Dabei handelt es sich um die Rechtsform für Aktiengesellschaften in der EU („Europa AG"), vgl. z.B. PERRIDON/STEINER/RATHGEBER (2009), S. 367.

[1194] Vgl. KPMG DEUTSCHE TREUHAND-GESELLSCHAFT (2006), S. 71f. und S. 74f. m.V.a. Artikel 9 Abs. 1 SE-Verordnung sowie ebenda, S. 84 m.V.a. § 278 Abs. 3 AktG.

[1195] Vgl. hierzu und in der Folge BREKER/HARRISON/SCHMIDT (2005), S. 472. Vgl. auch HENNRICHS (2006), S. 1256; KPMG DEUTSCHE TREUHAND-GESELLSCHAFT (2006), S. 85; SCHEFFLER (2006), S. 70; MENTZ (2009), Rz. 210-219; IDW (2011c), Rz. 58; BERGER (2011), Rz. 26.

[1196] Vgl. KPMG DEUTSCHE TREUHAND-GESELLSCHAFT (2006), S. 85; SCHEFFLER (2006), S. 39; IDW (2011c), Rz. 17; im Ergebnis auch MENTZ (2009), Rz. 218. A.A. dazu je-

kündigungsrechte vereinbart werden, es bestehen allerdings über § 30 Abs. 1 GmbHG Kapitalerhaltungsvorschriften, die Vorrang gegenüber den Abfindungsansprüchen haben. Somit scheidet eine Auszahlung des Stammkapitals im Fall der Kündigung aus. Gleiches gilt für einen vereinbarten automatischen Einzug von Geschäftsanteilen beim Eintritt externer Ereignisse (z.B. Gesellschafterinsolvenz, Tod eines Gesellschafters). Falls Kündigungs- oder Abfindungsklauseln (ordentliches Austrittsrecht aus der GmbH kraft Satzungsbestimmung) bestehen, müssen hingegen andere Eigenkapitalbestandteile, die § 30 Abs. 1 GmbHG nicht erfasst und die keinen anderweitigen gesetzlichen Ausschüttungssperren unterliegen (wie z.B. frei verwendbare Rücklagen), in Höhe des möglichen Abfindungsanspruchs als Fremdkapital angesetzt werden.[1197]

Ewige Anleihen

Ewige Anleihen (▶ 2.4.2.3), die den Inhabern für eine unbestimmte oder sehr lange Zeitdauer nur ein vertragliches Recht auf Erhalt von Zinszahlungen zu festgelegten Zeitpunkten einräumen (d.h. es besteht für den Inhaber kein Recht auf Rückerhalt des Kapitaleinsatzes), hat das Unternehmen grundsätzlich als Fremdkapital einzustufen (IAS 32.AG6).[1198] Ggf. ist auch die Erfassung eines zusammengesetzten Finanzinstruments (Aufteilung in eine Eigen- und eine Fremdkapitalkomponente) möglich.[1199] Sofern allerdings der Emissionserlös den erwarteten Zinszahlungen entspricht, muss die ewige Anleihe gesamthaft als Fremdkapital bilanziert werden.

Die bei ewigen Anleihen des Öfteren vorherrschende Tatsache, dass die Zinszahlungen an den Jahresüberschuss des Schuldners geknüpft sind, ist nicht ausreichend für eine Klassifizierung als Eigenkapital.[1200] Vielmehr müssen die Zinszahlungen an den Dividendenbeschluss der Gesellschaft gebunden sein und es darf ggf. auch keine spätere Verpflichtung zur Nachholung der Zinszahlungen bestehen.[1201] Nur dann werden die Gläubiger der ewigen Anleihe faktisch den Eigenkapitalgebern des Unternehmens gleichgestellt und es liegt ein Eigenkapitalinstrument vor. Ein einseitiges Kündi-

---

doch BREKER/HARRISON/SCHMIDT (2005), S. 472; THIELE/HUßMANN/SPESSERT (2010), Rz. 196.

[1197] Vgl. auch THIELE/HUßMANN/SPESSERT (2010), Rz. 197. A.A. indes MENTZ (2009), Rz. 217, demzufolge allerdings eine Eigenkapitaleinstufung über IAS 32.16A, 16B (siehe dazu Abschnitt 6.8.1.5) möglich ist, vgl. ebenda, Rz. 220-222.

[1198] Vgl. auch ISERT/SCHABER (2005c), S. 2100; KPMG DEUTSCHE TREUHAND-GESELLSCHAFT (2006), S. 9; MENTZ (2009), Rz. 133; DELOITTE LLP (2011b), S. 107.

[1199] Vgl. dazu SCHEFFLER (2006), S. 46; IDW (2011c), Rz. 29.

[1200] Vgl. dazu und folgend FREIBERG (2006b), S. 28f. Vgl. auch ISERT/SCHABER (2005c), S. 2100; MENTZ (2009), Rz. 133 und anhand von Beispielen Rz. 136-138; PETERSEN/BANSBACH/DORNBACH (2011), S. 240; LÜDENBACH (2012b), Rz. 18f.

[1201] Laut MENTZ (2009), Rz. 133; LÜDENBACH (2012b), Rz. 18 ist letztere Bedingung für die Eigenkapitaleinstufung unschädlich, da sich der Schuldner der verschobenen Zahlungsverpflichtung entziehen kann. Vgl. dazu auch KPMG IFRG LIMITED (2011), S. 1294 (7.3.40.63).

gungsrecht von Seiten des Schuldners ist dabei für die Eigenkapitalklassifizierung nicht hinderlich. Gleiches gilt, wenn der Gläubiger die ewige Anleihe außerordentlich (z.B. im Insolvenzfall des Emittenten) kündigen kann.[1202]

Den Eigentümern von deutschen Personengesellschaften (Offene Handelsgesellschaft, Kommanditgesellschaft) steht nach § 131 Abs. 3 HGB i.V.m. § 723 BGB ein ordentliches, nicht ausschließbares Kündigungsrecht zu.[1203] Da eine Kündigung regelmäßig nicht zur Auflösung der Personengesellschaft führt, ist das Kündigungsrecht mit einem Abfindungsanspruch gegenüber der Personengesellschaft verbunden. Das ordentliche Kündigungsrecht und die damit einhergehende mögliche Zahlungsverpflichtung haben grundsätzlich eine Fremdkapitalklassifizierung zur Folge.[1204]

Anteile von Personengesellschaften

In Bezug auf bereits erhaltene Zahlungen für später emittierte Anteile ist eine Erfassung im Eigenkapital sachgerecht, wenn die Barmittel in keinem Fall zurückverlangt werden können und das Unternehmen somit nur noch eine Verpflichtung zur Lieferung einer festen Anzahl an Anteilen hat. Ansonsten handelt es sich bis zur Emission um Fremdkapital.[1205]

Vorauszahlungen

Nicht-beherrschende Anteile bzw. Minderheitenanteile sind nur dann dem Eigenkapital zuzuordnen, sofern das gesellschaftsrechtliche Eigenkapital des Tochterunternehmens in Einklang mit der Eigenkapitaldefinition des IAS 32 steht (▶ 3.3.6.4). Demnach hat der Konzern die nicht-beherrschenden Anteile an Personengesellschaften dem Fremdkapital zuzuordnen, wohingegen solche an Kapitalgesellschaften generell Eigenkapital darstellen.[1206] Wurde bei Letzteren allerdings ein Beherrschungs- oder Gewinnabführungsvertrag vereinbart, der den Minderheitsaktionären Ausgleichszahlungen oder Ab-

Klassifizierung im Konzernabschluss

[1202] Vgl. LÜDENBACH (2012b), Rz. 20 m.V.a. IAS 32.25. Laut dem IDW (2011c), Rz. 12 greift IAS 32.25 (b) allerdings nicht bei bedingten Rückzahlungsverpflichtungen infolge einer Insolvenzeröffnung, da eine Liquidation nicht zwingend vorliegt.

[1203] Vgl. dazu und folgend ISERT/SCHABER (2005c), S. 2097; LEUSCHNER/WELLER (2005), S. 261 und S. 264; KÜTING/DÜRR (2005), S. 1530; BREKER/HARRISON/SCHMIDT (2005), S. 471; BERGER/GRÜNEWALD/KOLB (2005), S. 83-85; KÜTING/WIRTH/DÜRR (2006a), S. 71; HOFFMANN/LÜDENBACH (2006), S. 1797; HENNRICHS (2006), S. 1254; KPMG DEUTSCHE TREUHAND-GESELLSCHAFT (2006), S. 88f.; SCHEFFLER (2006), S. 48 und S. 101f.; ZÜLCH/ERDMANN/CLARK (2007), S. 228; HALLER/GRÖTZNER (2007), S. 216; LÖW/ANTONAKOPOULOS (2008), S. 263; RÜCKLE (2008), S. 230; MENTZ (2009), Rz. 139, Rz. 152 und Rz. 156; HENNRICHS (2009), S. 1067; THIELE/HUßMANN/SPESSERT (2010), Rz. 198; IDW (2011c), Rz. 48f.; LÜDENBACH (2012b), Rz. 27 und Rz. 29.

[1204] Auch das einem Gesellschafter zustehende außerordentliche Kündigungsrecht würde für sich genommen schon eine Fremdkapitaleinstufung zur Folge haben, vgl. MENTZ (2009), Rz. 86 und Rz. 152.

[1205] Vgl. hierzu KPMG IFRG LIMITED (2011), S. 1319 (7.3.350.20), die einen gesonderten Ausweis der im Voraus erhaltenen Beträge innerhalb des Eigenkapitals nahelegen.

[1206] Vgl. KÜTING/WIRTH/DÜRR (2006b), S. 351.

findungen zusagt (§§ 304 f. AktG), liegt auf Grund der Zahlungsverpflichtung Fremdkapital vor.[1207]

6.8.1.4 Erfüllung in eigenen Eigenkapitalinstrumenten

Kann das Finanzinstrument in eigenen Eigenkapitalinstrumenten erfüllt werden, sind weitere Abgrenzungskriterien zu beachten. Dabei differenziert IAS 32 nach der Vertragsform, d.h. ob der Kontrakt ein nicht-derivatives oder ein derivatives Finanzinstrument darstellt.[1208]

Nicht-derivative Finanzinstrumente

Bei nicht-derivativen Finanzinstrumenten führt die Abgabeverpflichtung einer variablen Anzahl an eigenen Eigenkapitalinstrumenten zur Klassifizierung als Fremdkapital. So hat z.B. die Abgabe von Eigenkapitalinstrumenten im Wert von 100 € oder im Wert von 100 Unzen Gold eine Erfassung als finanzielle Verbindlichkeit zur Folge (IAS 32.21). Besteht hingegen nur die Verpflichtung, eine feste Anzahl von eigenen Eigenkapitalinstrumenten zu liefern, liegt in der Regel Eigenkapital vor.[1209]

Derivative Finanzinstrumente

Im Fall von derivativen Finanzinstrumenten sind alle Kontrakte, die in anderer Weise als durch den Austausch eines festen Betrags erfüllt werden können, als Fremdkapital einzustufen. Dies ist bspw. gegeben, wenn das Unternehmen zur Erfüllung eine feste Anzahl von Eigenkapitalinstrumenten gegen einen variablen Betrag an flüssigen Mitteln hingibt, also etwa bei einem Vertrag, bei dem man 100 Eigenkapitalinstrumente gegen flüssige Mittel im Wert von 100 Unzen Gold liefert (IAS 32.24). Gleiches gilt für einen Kontrakt, der durch eine variable Anzahl eigener Anteile des Unternehmens erfüllt wird, deren Wert einem festen Betrag oder einem von Änderungen einer zu Grunde liegenden Variablen abhängigen Betrag entspricht. So ist bspw. gemäß IAS 32.AG27 (d) eine vom Unternehmen geschriebene Option auf den Kauf von Gold (Short Call ▶ 2.6.2), die bei Ausübung netto in eigenen Eigenkapitalinstrumenten erfüllt wird, wobei sich die Anzahl der zu liefernden Instrumente nach dem Wert des Optionskontrakts bemisst, als Fremdkapital zu klassifizieren.[1210]

[1207] Vgl. SCHEFFLER (2006), S. 121.

[1208] Siehe zur Abgrenzung von originären und derivativen Finanzinstrumenten Abschnitt 3.2.5.1.

[1209] Von der Eigenkapitalklassifizierung ausgenommen sind lediglich Verträge, welche die Lieferung von eigenen Eigenkapitalinstrumenten beinhalten, die als kündbare Instrumente oder Verpflichtungen in der Liquidation über IAS 32.16A-16D ausnahmsweise als Eigenkapital eingestuft wurden (siehe dazu Abschnitt 6.8.1.5); derartige Kontrakte stellen finanzielle Verbindlichkeiten dar (IAS 32.22A).

[1210] Anders als über IAS 32.21 vermutet werden könnte, gilt dies auch, wenn die zu Grunde liegende Variable nicht Gold, sondern der Kurs der eigenen Anteile des

6.8 Emittierte eigene Anteile

Ein in bar oder dergleichen abgegoltener Kontrakt stellt regelmäßig auch dann eine finanzielle Verbindlichkeit dar, wenn der abzugebende Betrag an flüssigen Mitteln oder Ähnlichem auf Änderungen des Marktpreises der eigenen Eigenkapitalinstrumente beruht (Ausnahme ▶ 6.8.1.5). Dies ist bspw. bei emittierten Aktienoptionen mit Erfüllung durch Nettobarausgleich der Fall (IAS 32.AG27 (c)).

Ferner sind Derivate, die einer Vertragspartei die Art der Erfüllung freistellen (z.B. wenn sich der Emittent oder Inhaber für einen Ausgleich in bar oder durch den Tausch von Aktien gegen flüssige Mittel entscheiden kann), als Fremdkapitalinstrumente zu klassifizieren, soweit nicht alle Erfüllungsalternativen zu einer Klassifizierung als Eigenkapitalinstrument führen würden (IAS 32.26). Hat etwa der Emittent einer Aktienoption die Wahl zur Erfüllung entweder durch Nettobarausgleich oder durch den Tausch eigener Aktien gegen flüssige Mittel, liegt eine finanzielle Verbindlichkeit vor (IAS 32.27).

Kontrakte, die nur durch den Austausch eines Festbetrags beglichen werden können (d.h. das Fixed/Fixed-Kriterium erfüllt ist), sind hingegen in der Regel als Eigenkapital zu klassifizieren – etwa eine Aktienoption, die den Inhaber gegen Entrichtung eines festgelegten Preises oder eines festgelegten Tilgungsbetrags einer Anleihe zum Kauf einer festen Anzahl von Aktien des Unternehmens berechtigt (IAS 32.22, AG27 (a)).[1211] Dabei schließen Änderungen des beizulegenden Zeitwerts des Vertrags auf Grund von Schwankungen der Marktzinssätze, die keinerlei Auswirkungen auf den Betrag der bei Erfüllung zu entrichtenden flüssigen Mittel oder Ähnliches haben, die Einstufung als Eigenkapitalinstrument nicht aus.

Über das Amendment zu IAS 32 „Classification of Rights Issues" wird kodifiziert, dass auch Rechte, Optionen oder Optionsscheine, die zum Erwerb einer festen Anzahl von Eigenkapitalinstrumenten zu einem festen Betrag in nicht-funktionaler Währung berechtigen, als Eigenkapital zu klassifizieren sind, sofern das Unternehmen sie anteilsgemäß allen gegenwärtigen Eigentümern derselben Klasse seiner nicht-derivativen Eigenkapitalinstrumente anbietet (IAS 32.11 (b) (i) bzw. IAS 32.16 (b) (i)). Vor der Änderung stellten derartige Bezugsrechte (z.B. das Angebot eines börsennotierten Unternehmens an seine Aktionäre zum Erwerb einer Aktie für je 2 gehaltene Aktien zu einem Betrag in nicht-funktionaler Währung) derivative Fremdkapitalinstrumente dar, da durch die Gegenleistung in Fremdwährung das Kriterium der Entrichtung eines Festbetrags nicht erfüllt war. Das Amendment betrifft allerdings nur kurzfristige und anteilsbasierte Bezugsrechte und hat insofern

---

Unternehmens ist, vgl. MENTZ (2009), Rz. 255; LÜDENBACH (2012b), Rz. 22; ERNST & YOUNG LLP (2012b), S. 2982.
[1211] Siehe zu den Ausnahmefällen Fn. 1209.

keine Auswirkungen auf die Einstufung der Wandlungskomponente einer emittierten Wandelschuldverschreibung; eine analoge Anwendung auf solche Instrumente wird untersagt (▶ 6.9.2).[1212]

Zusammengefasst sind derivative Finanzinstrumente in Abhängigkeit von der Erfüllungsart wie folgt zu klassifizieren:[1213]

- Bei einem „Net Cash Settlement" (auch „Cash for Cash"), d.h. wenn die Differenz zwischen dem Aktienkurs zum Fälligkeitszeitpunkt und dem Ausübungskurs (bzw. Terminkurs) durch Nettoausgleich in Zahlungsmitteln erfolgt, liegt eine finanzielle Verbindlichkeit vor.[1214]

- Ebenfalls eine finanzielle Verbindlichkeit besteht bei einem „Net Share Settlement" (auch „Shares for Shares"), d.h. sofern die Differenz zwischen dem Aktienkurs zum Fälligkeitszeitpunkt und dem Ausübungskurs (bzw. Terminkurs) durch Nettoausgleich in eigenen Eigenkapitalinstrumenten erfüllt wird.[1215]

- Im Fall eines „Gross Physical Settlement" (auch „Cash for Shares"), d.h. wenn kein Nettoausgleich erfolgt, sondern das Unternehmen den Ausübungskurs (bzw. Terminkurs) erhält und gleichzeitig die vertraglich vereinbarte Anzahl an Aktien liefert,

  - handelt es sich um eine finanzielle Verbindlichkeit, wenn entweder der Betrag der Gegenleistung oder die Anzahl der zu liefernden Aktien unbestimmt ist;[1216]

  - liegt ein Eigenkapitalinstrument vor, wenn der Betrag der Gegenleistung und die Anzahl der zu liefernden Aktien feststehen (und damit das Fixed/Fixed-Kriterium erfüllt wird).[1217]

[1212] Vgl. dazu PwC (2011a), S. 7025 (7.41) und S. 7050 (7.79); DELOITTE LLP (2011b), S. 178f.; KPMG IFRG LIMITED (2011), S. 1306f. (7.3.180.70); ERNST & YOUNG LLP (2012b), S. 2984.

[1213] Vgl. dazu ISERT/SCHABER (2005a), S. 2290 bzw. ISERT/SCHABER (2005b), S. 2051f. oder ISERT/SCHABER (2005d), S. 304; KPMG DEUTSCHE TREUHAND-GESELLSCHAFT (2006), S. 30-32; MENTZ (2009), Rz. 258-260; IDW (2011c), Rz. 22-25.

[1214] Berechtigt bspw. bei einer Wandelanleihe ein Nominalvolumen von 1.000 € zur Wandlung von 40 Aktien (der Ausübungskurs beträgt also 25 €) und liegt der Aktienkurs am Fälligkeitstag bei 30 €, ist dies der Fall, wenn der Emittent (30 € ./. 25 €) · 40 Aktien = 200 € in bar leistet. Zusätzlich zu dem Nettoausgleich wird zum Fälligkeitstag der Nominalwert von 1.000 € in bar getilgt.

[1215] Der Emittent im Beispiel in der vorherigen Fn. liefert dann bei Fälligkeit für den Nettoausgleich Aktien im Wert von 200 €, d.h. 6,67 Stück (200 € / 30 €). Ferner leistet er 1.000 € in bar für die Tilgung des Nominalwerts.

[1216] Laut dem IDW (2009a), Rz. 67 muss diese Verbindlichkeit bei der Fälligkeitsanalyse (siehe dazu Abschnitt 5.4.3.2) dem Laufzeitband mit dem frühest möglichen Fälligkeitszeitpunkt zugeordnet werden.

6.8.1.5 Ausnahmeregelungen für bestimmte Instrumente

Kommt das Unternehmen unter Heranziehung der in den vorherigen 3 Abschnitten beschriebenen Abgrenzungskriterien zu dem Schluss, dass ein Fremdkapitalinstrument vorliegt, kann dieses ggf. über die Änderung zu IAS 32 „Puttable Financial Instruments and Obligations Arising on Liquidation" als Eigenkapitalinstrument eingestuft werden. Dazu müssen bestimmte Bedingungen vorliegen. Es wird zwischen 2 Sachverhalten unterschieden:

- kündbare Instrumente;
- Instrumente, die für das Unternehmen nur bei dessen Liquidation eine Verpflichtung zur Lieferung eines Anteils des Nettovermögens bewirken (kurz „Verpflichtungen in der Liquidation").

„Kündbare Instrumente" („Puttable Instruments") sind gemäß IAS 32.11 einerseits solche Finanzinstrumente, die gegen flüssige Mittel oder andere finanzielle Vermögenswerte zurückgegeben werden können. Andererseits fallen darunter auch Finanzinstrumente, die automatisch an den Emittenten zurückgehen, falls ein künftiges Ereignis oder der Tod bzw. Ruhestand des Inhabers eintritt. *Begriff des kündbaren Instruments*

Tabelle 6-56 führt die für kündbare Instrumente sowie Verpflichtungen in der Liquidation vorgesehenen Bedingungen auf, die kumulativ erfüllt sein müssen, damit ein solches Instrument als Eigenkapitalinstrument zu klassifizieren ist.[1218]

Bedingungen zur EK-Klassifizierung von FK-Instrumenten nach IAS 32.16A-16D — *Tabelle 6-56*

Paragraf	Kündbares Instrument	Verpflichtung in der Liquidation
16A (a) bzw. 16C (a)	Im Liquidationsfall muss das Instrument dem Inhaber das Recht auf Erhalt eines proportionalen Anteils am Nettovermögen vermitteln.[1219]	

[1217] Dies trifft – das Beispiel in Fn. 1214 aufgegriffen – zu, sofern der Emittent bei Fälligkeit 40 Aktien liefert und damit der Nominalwert von 1.000 € getilgt wird.
[1218] Vgl. dazu auch SCHMIDT (2008b), S. 435f.; LÖW/ANTONAKOPOULOS (2008), S. 268f.; BÖMELBURG/LANDGRAF/LUCE (2008), S. 144-147; WEIDENHAMMER (2008), S. 214; ZWIRNER/REINHOLDT (2008), S. 326f.; BAETGE/WINKELJOHANN/HAENELT (2008), S. 1518f.; HENNRICHS (2009), S. 1068; MENTZ (2009), Rz. 162 und Rz. 165; MEURER/TAMM (2010), S. 270; LÜDENBACH (2010b), S. 116; LÜDENBACH (2012b), Rz. 31-38.
[1219] Der proportionale Anteil („pro rata share") wird bestimmt, indem man das Nettovermögen des Unternehmens bei Liquidation in Einheiten gleichen Betrags stückelt und mit der Anzahl der Einheiten, die der Inhaber des Finanzinstruments hält, multipliziert.

Paragraf	Kündbares Instrument	Verpflichtung in der Liquidation
16A (b) bzw. 16C (b)	Das Instrument hat der nachrangigsten Klasse von Instrumenten zugeordnet zu sein.[1220]	
16A (c) bzw. 16C (c)	Alle Instrumente in der nachrangigsten Klasse haben identische Ausstattungsmerkmale.	Alle Instrumente in der nachrangigsten Klasse haben für das emittierende Unternehmen bei Liquidation identische vertragliche Verpflichtungen zur Lieferung eines proportionalen Nettovermögensanteils.
16A (d)	Außer dem Rückgabeanspruch gegen flüssige Mittel oder andere finanzielle Vermögenswerte darf das Instrument keine weiteren Zahlungs- oder Austauschverpflichtungen enthalten.[1221]	
16A (e)	Die gesamten erwarteten Cashflows, welche dem Instrument über dessen Laufzeit zuzurechnen sind, basieren im Wesentlichen auf dem Gewinn oder Verlust, der Veränderung des angesetzten Nettovermögens oder der Veränderung der Fair Values des angesetzten und nicht-angesetzten Nettovermögens des Unternehmens.	
16B bzw. 16D	Der Emittent darf kein anderes Finanzinstrument und keinen Vertrag halten, ■ dessen gesamte Cashflows im Wesentlichen auf dem Gewinn oder Verlust, der Veränderung des angesetzten Nettovermögens oder der Veränderung der Fair Values des angesetzten und nicht-angesetzten Nettovermögens des Unternehmens beruhen, und ■ welches bewirkt, dass der Rückfluss (die Restrendite) an die Inhaber des kündbaren Instruments wesentlich eingeschränkt oder fixiert wird.[1222]	

[1220] Dies ist dann gegeben, wenn im Liquidationsfall bei den Ansprüchen auf die Vermögenswerte kein Vorrang besteht und das Instrument auch nicht zuerst in ein anderes Instrument umgewandelt werden muss, um in der nachrangigsten Klasse aller Instrumente zu sein. IAS 32.AG14B-14D enthalten weitere Vorgaben zur Bestimmung der nachrangigsten Klasse.

[1221] Ferner darf es sich auch nicht um einen Vertrag handeln, der in eigenen Eigenkapitalinstrumenten erfüllt wird bzw. erfüllt werden könnte.

[1222] Hierdurch sollen Missbrauchsgestaltungen verhindert werden: Ohne diese Einschränkung könnte man andere Finanzinstrumente oder Verträge abschließen, mit denen sich der Unternehmenserfolg quasi „abschöpfen" und somit begrenzen oder fixieren ließe, vgl. SCHMIDT (2008b), S. 437f.; BÖMELBURG/LANDGRAF/ LUCE (2008), S. 147; MENTZ (2009), Rz. 193; MEURER/TAMM (2010), S. 270. Davon ausgenommen sind Kontrakte, die zu marktüblichen Konditionen mit Dritten

Emittierte eigene Anteile   6.8

Wie bereits erläutert, sind Anteile an Personengesellschaften auf Grund ihres Kündigungsrechts auf Basis des eigentlichen Abgrenzungsprinzips von IAS 32 im Normalfall als Fremdkapital zu klassifizieren (▶ 6.8.1.3). Über die Neufassung von IAS 32 ist ggf. eine Eigenkapitaleinstufung möglich. Auf Grundlage einer detaillierten Analyse der in IAS 32.16A enthaltenen Vorgaben im Hinblick auf die handels- und gesellschaftsrechtlichen Rahmenbedingungen von deutschen Personengesellschaften kommt HENRICHS insgesamt zu dem Ergebnis, dass derartige Anteile in der Regel Eigenkapital darstellen.[1223] Im Folgenden werden die wesentlichen Erkenntnisse der Untersuchung zusammengefasst. Die Schlussfolgerungen decken sich weitgehend mit den über RIC 3 veröffentlichten Stellungnahmen zu Auslegungsfragen in Verbindung mit den Änderungen zu IAS 32.[1224]

Anwendung auf Personengesellschaften

Zunächst wird über IAS 32.16A (a) vorausgesetzt, dass der Inhaber im Liquidationsfall einen beteiligungsproportionalen Anspruch auf den Liquidationserlös hat.[1225] Ein solcher Anspruch ist bei Personengesellschaften über § 155 Abs. 1 HGB gesetzlich verankert.[1226] Werden im Gesellschaftsvertrag für den Liquidationsfall abweichende (nicht-proportionale) Verteilungen kodifiziert – was § 156 bzw. § 158 HGB zulässt – führt dies zur Fremdkapitaleinstufung.[1227] Für die Eigenkapitalklassifikation als unerheblich erachtet wird es indes, dass der Komplementär einer Kommanditgesellschaft im Fall eines negativen Nettovermögens persönlich haftet, da sich IAS 32.16A (a) auf die Verteilung von positiven Nettovermögenswerten bezieht.[1228]

– Bedingung in IAS 32.16A (a)

Auch wenn der Komplementär eine ergebnisunabhängige Vergütung zum Haftungsausgleich erhält, ist dies dem RIC zufolge für die Eigenkapitaleinstufung regelmäßig unschädlich, da die zu Grunde liegende Transaktion nicht auf der Gesellschafterstellung an sich beruht, sondern mit dem Gesell-

---

abgeschlossen wurden. IAS 32.AG14J führt Beispiele zu Instrumenten und Verträgen auf, die der Eigenkapitaleinstufung nicht im Wege stehen.

[1223] Vgl. HENNRICHS (2009), S. 1074. Zu dieser Einschätzung kommen auch SCHMIDT (2008b), S. 439; WEIDENHAMMER (2008), S. 217; ZWIRNER/REINHOLDT (2008), S. 327; BAETGE/WINKELJOHANN/HAENELT (2008), S. 1522 sowie mit Blick auf RIC 3 ferner MENTZ (2009), Rz. 159 und Rz. 194; MEURER/TAMM (2010), S. 275.

[1224] Vgl. RIC (2010a).

[1225] Laut dem RIC stellt die Bedingung in IAS 32.16A (a) auf das vereinbarte Kapital ab; müssen nicht alle Gesellschafter ihre übernommenen Einlagen in voller Höhe auch einzahlen, ist die Bedingung in IAS 32.16A (c) verletzt. Vgl. RIC (2010a), Rz. 7f.

[1226] Vgl. dazu und folgend primär HENNRICHS (2009), S. 1068f.

[1227] Vgl. auch das Beispiel in BÖMELBURG/LANDGRAF/LUCE (2008), S. 145.

[1228] Gl.A. im Ergebnis SCHMIDT (2008b), S. 435; WEIDENHAMMER (2008), S. 215; ZWIRNER/REINHOLDT (2008), S. 326; BAETGE/WINKELJOHANN/HAENELT (2008), S. 1520; RIC (2010a), Rz. 9 bzw. MENTZ (2009), Rz. 170; BARCKOW (2009), Rz. 67, die dies über IAS 32.AG14F und IAS 32.AG14G begründen. Vgl. zudem LÜDENBACH (2012b), Rz. 32.

schafter als Nicht-Eigentümer durchgeführt wird und damit nach IAS 32.AG14F bei der Beurteilung der Eigenkapitaleinstufung unberücksichtigt bleibt.[1229] Die ergebnisunabhängige Vergütung als Nicht-Eigentümer-Transaktion muss allerdings zu Bedingungen abgeschlossen worden sein, die auch gegenüber fremden Dritten üblich wären (IAS 32.AG14I). Ist dies nicht der Fall, hat eine Fremdkapitaleinstufung zu erfolgen.

– Bedingung in IAS 32.16A (b)

Zudem muss das Instrument nach IAS 32.16A (b) der nachrangigsten Klasse von Instrumenten zugeordnet sein, d.h. derjenigen Klasse, die allen anderen Instrumenten in Bezug auf den in IAS 32.16A (a) genannten beteiligungsproportionalen Anspruch auf den Liquidationserlös im Rang nachkommt.[1230] Dies ist bei Anteilen von Personengesellschaften regelmäßig gegeben.[1231] So werden die Gesellschafter bei der Schlussverteilung erst nach allen anderen Gläubigern bedient (siehe § 149 Abs. 1, § 155 Abs. 1 sowie § 161 Abs. 2 HGB). Sieht der Gesellschaftsvertrag im Liquidationsfall für bestimmte Anteile neben dem beteiligungsproportionalen Anspruch am Nettovermögen Vorzugsrechte vor (z.B. eine feste Dividende), kommt für die Anteile eine Klassifizierung als Eigenkapital nicht in Frage, denn sie gehören dann nicht der nachrangigsten Klasse an (IAS 32.AG14C).[1232] Dies führt allerdings nicht dazu, dass auch die ohne Vorzugsrechte ausgestatteten Anteile als Fremdkapital einzustufen sind; vielmehr können alle der nachrangigsten Klasse zugeordneten Anteile gesondert beurteilt werden. Hat der Gesellschafter neben dem Vorzugsrecht einen nicht-beteiligungsproportionalen Anspruch am Nettovermögen, so folgt daraus ebenfalls nicht, dass der Anteil der nachrangigsten Klasse zugehört. Damit ist wiederum eine gesonderte Beurteilung für die übrigen Instrumente ohne Vorzugsrecht möglich.[1233]

– Bedingung in IAS 32.16A (c)

Des Weiteren bedingt IAS 32.16A (c), dass alle Instrumente in der nachrangigsten Klasse gleiche Ausstattungsmerkmale aufweisen; sie müssen bspw. alle kündbar sein, und die Formel oder andere Methode zur Bestimmung des Rückkaufpreises ist für alle Instrumente der Klasse gleich. Daraus lässt sich schließen, dass hierbei auf die vermögensrechtlichen bzw. finanziellen Merkmale abgestellt wird.[1234] Demzufolge sind etwa die zwischen Kom-

---

[1229] Vgl. dazu m.V.a. ein Beispiel in IAS 32.AG14G RIC (2010a), Rz. 10. Gl.A. BÖMELBURG/LANDGRAF/LUCE (2008), S. 145; HENNRICHS (2009), S. 1069; BARCKOW (2009), Rz. 79.
[1230] Hierzu und im Folgenden vgl. HENNRICHS (2009), S. 1069.
[1231] Gl.A. dazu auch bereits SCHMIDT (2008b), S. 435; BAETGE/WINKELJOHANN/HAENELT (2008), S. 1519.
[1232] Ebenso BÖMELBURG/LANDGRAF/LUCE (2008), S. 145; RIC (2010a), Rz. 11 bzw. MENTZ (2009), Rz. 171.
[1233] Vgl. hierzu RIC (2010a), Rz. 14.
[1234] Vgl. dazu und folgend HENNRICHS (2009), S. 1069 und RIC (2010a), Rz. 15-18; MEURER/TAMM (2010), S. 271; LÜDENBACH (2012b), Rz. 34. Vgl. ferner schon

Emittierte eigene Anteile 6.8

plementär und Kommanditisten bestehenden Unterschiede in Bezug auf Haftung, Informationsrechte und Geschäftsführungsbefugnisse für die Eigenkapitaleinstufung irrelevant.[1235] Ferner müssen konsequenterweise auch unterschiedliche Stimmrechte als für die Eigenkapitaleinstufung unschädlich beurteilt werden. Dies ist unstrittig für zwar ungleiche, aber beteiligungsproportional verteilte Stimmrechte.[1236] Aber auch eine überproportionale Stimmrechteverteilung führt nicht zum Fremdkapitalausweis, solange sie nicht tatsächlich ausgeübt wird.[1237] Hingegen ist es laut MEUER/TAMM problematisch für die Eigenkapitaleinstufung, wenn der Gesellschaftsvertrag für die Gesellschafter eine ungleichmäßige Verteilung bezüglich der Ausschüttung des Periodenergebnisses vorsieht. Zudem werden auch abweichende Versorgungsansprüche sowie differierende Vorabentnahme- und Kündigungsmöglichkeiten als für die Eigenkapitalklassifikation schädlich beurteilt.[1238] Gleiches gilt, wenn zwischen den Gesellschaftern eine ungleiche Aufteilung des Liquidationserlöses erfolgt.[1239]

Abfindungsklauseln unterhalb des anteiligen Buchwerts verletzen die Anforderungen in IAS 32.16A (c) laut dem RIC nicht, sofern alle kündbaren Instrumente in der nachrangigsten Klasse identische Abfindungsklauseln aufweisen.[1240] Dem RIC zufolge ergibt sich eine Fremdkapitalklassifikation ebenfalls auch dann nicht, wenn bereits andere nicht-kündbare Finanzinstrumente irgendwelcher Art – wie z.B. ewige Anleihen (▶ 6.8.1.3) oder Genussrechte – als Eigenkapital eingestuft wurden und diese dem kündba-

---

SCHMIDT (2008b), S. 436; BÖMELBURG/LANDGRAF/LUCE (2008), S. 145f.; BAETGE/WINKELJOHANN/HAENELT (2008), S. 1519f.

[1235] Vgl. auch SCHMIDT (2008b), S. 436; BÖMELBURG/LANDGRAF/LUCE (2008), S. 145; BAETGE/WINKELJOHANN/HAENELT (2008), S. 1520; MENTZ (2009), Rz. 174; BARCKOW (2009), Rz. 69 und Rz. 71; MEURER/TAMM (2010), S. 271; LÜDENBACH (2010b), S. 116; LÜDENBACH (2012b), Rz. 34. Hinsichtlich der Haftung wird dies durch das Beispiel in IAS 32.AG14G gestützt.

[1236] Vgl. SCHMIDT (2008b), S. 435; ZWIRNER/REINHOLDT (2008), S. 327; MENTZ (2009), Rz. 174; MEURER/TAMM (2010), S. 271.

[1237] Vgl. explizit RIC (2010a), Rz. 18 bzw. MEURER/TAMM (2010), S. 271f. und ähnlich ZWIRNER/REINHOLDT (2008), S. 327. A.A. MENTZ (2009), Rz. 175; SCHMIDT (2008b), S. 436; BÖMELBURG/LANDGRAF/LUCE (2008), S. 146.

[1238] Vgl. hierzu MEURER/TAMM (2010), S. 272 mit entsprechenden Beispielen. Ggf. kann ein abweichendes Periodenergebnis über IAS 32.AG14F, AG14G als Nicht-Eigentümer-Transaktion interpretiert werden und wäre damit unschädlich. Dies dürfte auch für Versorgungsansprüche der geschäftsführenden Gesellschafter gelten, wenn das Unternehmen die Ansprüche funktionsbedingt gewährt und sie dem über IAS 32.AG14I geforderten Fremdvergleich standhalten, vgl. LÜDENBACH (2012b), Rz. 34.

[1239] Vgl. das Beispiel in LÜDENBACH (2011a), S. 361.

[1240] Vgl. dazu und zur Begründung RIC (2010a), Rz. 30f. Vgl. auch SCHMIDT (2008b), S. 435f.; KPMG IFRG LIMITED (2011), S. 1302 (7.3.110.30).

ren Instrument im Rang vorgehen.[1241] So kann es mehrere Klassen von Eigenkapitalinstrumenten geben, wobei die Bedingung in IAS 32.16A (c) sich nicht auf alle Eigenkapitalinstrumente, sondern nur auf die von der Änderung zu IAS 32 betroffenen kündbaren Instrumente bezieht.

– Bedingung in IAS 32.16A (d)

Darüber hinaus wird über IAS 32.16A (d) verlangt, dass das Instrument außer der Verpflichtung im Kündigungsfall keine weiteren Zahlungs- oder Austauschverpflichtungen bzw. Verbindlichkeiten im Sinne von IAS 32 beinhaltet.[1242] Zu hinterfragen ist also, ob es Gesellschafteransprüche gibt, die – auch wenn das Kündigungsrecht nicht gegeben wäre – zur Fremdkapitaleinstufung führen würden. Dabei muss das Abgrenzungsprinzip von IAS 32 beachtet werden, wonach ein Eigenkapitalinstrument nur dann vorliegen kann, wenn das Unternehmen entweder keinerlei Zahlungsverpflichtungen hat oder es sich diesen uneingeschränkt entziehen kann (▶ 6.8.1.2; 6.8.1.3). Hängen die aus einem Gesellschafteranspruch erwachsenden Zahlungsverpflichtungen ausschließlich von Gegebenheiten ab, die im Ermessen des Unternehmens liegen, wird das Merkmal der uneingeschränkten Entziehbarkeit erfüllt und der Anspruch ist damit für die Eigenkapitaleinstufung unschädlich.

Eine solche uneingeschränkte Entziehbarkeit ergibt sich bei den Entnahmerechten von persönlich haftenden Gesellschaftern (siehe zu diesen § 122 HGB; § 161 Abs. 2 HGB) und Gewinnauszahlungsansprüchen von Kommanditisten (siehe dazu § 169 HGB).[1243] Per Gesetz muss bei Personengesellschaften über die jährliche Gewinnverwendung kein besonderer Beschluss erfolgen; die Gewinnanteile werden unmittelbar den Gesellschafterkonten gutgeschrieben (siehe § 120 Abs. 2 HGB bzw. § 167 Abs. 2 HGB). Das Jahresergebnis ist gesetzlich vollständig auszuschütten; die Bildung offener Rücklagen wird nicht vorgesehen (siehe § 268 Abs. 1 HGB). Im Innenverhältnis hingegen kann – entweder über den Gesellschaftsvertrag oder über individuelle Abmachungen – eine besondere Beschlussfassung zur Gewinnverwendung vereinbart werden (siehe § 109 und § 119 HGB); die offene Rücklagenbildungen ist dabei ebenso zulässig. Sowohl mit als auch ohne besondere Beschlussfassung liegt die Gewinnverwendungsentscheidung letztendlich im alleinigen Ermessen der Gesellschafter. Mit besonderer Beschlussfassung kommt das Prozedere vollständig dem von Kapitalgesell-

---

[1241] Vgl. hierzu und in der Folge RIC (2010a), Rz. 19; MENTZ (2009), Rz. 176; BARCKOW (2009), Rz. 70; LÜDENBACH (2012b), Rz. 35. Gl.A. bereits WEIDENHAMMER (2008), S. 216. A.A. diesbezüglich SCHMIDT (2008b), S. 438f.; LÖW/ANTONAKOPOULOS (2008), S. 270; BÖMELBURG/LANDGRAF/LUCE (2008), S. 146 und S. 148; BAETGE/WINKELJOHANN/HAENELT (2008), S. 1519.

[1242] Dazu und folgend vgl. HENNRICHS (2009), S. 1070f.

[1243] Vgl. hierzu und in der Folge HENNRICHS (2009), S. 1070-1073. Vgl. auch RIC (2010a), Rz. 20-25 bzw. MEURER/TAMM (2010), S. 273f.; MENTZ (2009), Rz. 178-183; LÜDENBACH (2012b), Rz. 37.

Emittierte eigene Anteile | **6.8**

schaften gleich; über IAS 32.17 wird eindeutig klargestellt, dass die Dividendenansprüche vor der Gewinnverwendungsentscheidung nicht als Fremdkapital einzustufen sind. Ohne besondere Beschlussfassung stehen die Entnahmerechte unter dem Vorbehalt einer abweichenden Gewinnverwendungsentscheidung, welche die Gesellschafter bei der Beschlussfassung über die Feststellung des Jahresabschlusses (durch die der Jahresabschluss erst verbindlich wird) treffen können – wodurch die Auszahlungen gleichfalls ausschließlich im Ermessen des Unternehmens sind.[1244] Im Ergebnis müssen die Entnahme- und Gewinnverwendungsrechte wie Dividendenansprüche der Gesellschafter von Kapitalgesellschaften behandelt werden, die einer Eigenkapitaleinstufung ebenso wenig entgegenstehen.[1245] Die über Privatkonten geführten und nach der Feststellung des Jahresabschlusses entnahmefähigen Gewinnanteile von Personengesellschaften sind gesondert zu beurteilen und als Fremdkapital einzustufen.[1246]

Schließlich müssen gemäß IAS 32.16A (e) die über die gesamte Lebensdauer erwarteten Zahlungsströme aus dem Instrument im Wesentlichen auf dem Jahresergebnis, der Änderung des Nettovermögens oder der Änderung des Unternehmenswerts basieren.[1247] Der Begriff „im Wesentlichen" sollte so ausgelegt werden, dass ein Anteil von 50% deutlich überschritten wird, ein Anteil von mindestens 90% allerdings in jedem Fall ausreichend ist.[1248] Die Cashflows resultieren bei einer Personengesellschaft aus den laufenden Gewinnrechten, der Beteiligung am Restvermögen bei Liquidation und der Abfindung bei Kündigung; sie sind gesetzlich und auch regelmäßig über die Gesellschaftsverträge an das Jahresergebnis, die Veränderung des Nettobuchwerts oder des Unternehmenswerts geknüpft.[1249]

– Bedingung in IAS 32.16A (e)

Bei der Beurteilung ist zum einen zu beachten, dass hier nicht auf einzelne Cashflows abgestellt wird, sondern auf den über die Laufzeit insgesamt erwarteten Gesamtzahlungsstrom.[1250] Zum anderen genügt es, wenn die

---

[1244] Vgl. auch MENTZ (2009), Rz. 180. A.A. dazu BAETGE/WINKELJOHANN/HAENELT (2008), S. 1519.
[1245] Dies anders begründend, aber im Ergebnis gleich WEIDENHAMMER (2008), S. 216f. Zu den Erfassungskriterien von Dividendenansprüchen siehe Abschnitt 3.14.4.
[1246] Vgl. dazu und folgend RIC (2010a), Rz. 22, Rz. 25 und Rz. 39 bzw. MENTZ (2009), Rz. 181; LÜDENBACH (2010b), S. 116. Dies betrifft auch Entnahmerechte bezüglich der persönlichen Steuern der Gesellschafter, vgl. dazu RIC (2010a), Rz. 23f. bzw. MENTZ (2009), Rz. 182; MEURER/TAMM (2010), S. 274.
[1247] Vgl. SCHMIDT (2008b), S. 436; WEIDENHAMMER (2008), S. 214; BÖMELBURG/LANDGRAF/LUCE (2008), S. 146; HENNRICHS (2009), S. 1073. Gemäß RIC (2010a), Rz. 29 kann die Bedingung in IAS 32.16A (e) auf zweierlei Arten erfüllt werden: durch den „buchhalterischen Unternehmenserfolg, ermittelt nach IFRS" sowie durch den „ökonomischen Unternehmenserfolg".
[1248] Vgl. SCHMIDT (2008b), S. 436; MENTZ (2009), Rz. 185; BARCKOW (2009), Rz. 74; RIC (2010a), Rz. 26f.; MEURER/TAMM (2010), S. 272.
[1249] Vgl. HENNRICHS (2009), S. 1073; MENTZ (2009), Rz. 185.
[1250] Vgl. hierzu und im Folgenden HENNRICHS (2009), S. 1073f.

6 Herkömmliche Bilanzierung und Offenlegung einzelner Sachverhalte

erwarteten gesamten Cashflows im Wesentlichen auf einer der 3 Bezugsgrößen basieren. Vor diesem Hintergrund müssen die in der Praxis häufig vereinbarten Abfindungsbeschränkungen (z.B. Abfindungen zum handelsrechtlichen Buchwert ▶ 6.8.3.2) als unschädlich eingestuft werden, denn selbst wenn ein Teilzahlungsstrom nicht auf einer der 3 Bezugsgrößen beruht, kann dieses Defizit durch einen anderen Teilzahlungsstrom ausgeglichen werden.[1251] Im Übrigen sind dem RIC zufolge auch mögliche Nicht-Anerkennungen bzw. Anpassungen durch die Rechtsprechung zu berücksichtigen.[1252] Ferner darf die in IAS 32.AG14E enthaltene Formulierung, wonach man die Gewinne und Verluste sowie die Buchwertänderungen gemäß den einschlägigen IFRS zu bewerten hat, nicht so interpretiert werden, als dass etwa der Abfindungsanspruch zwingend über IFRS-Werte zu bestimmen wäre.[1253] Entscheidend ist vielmehr, ob über die Cashflows im Wesentlichen der anteilige Unternehmenswert bzw. die ökonomische Performance widergespiegelt wird.[1254] Dies kann ebenso auf Grundlage von HGB-Werten angenommen werden, da sowohl der HGB- als auch der IFRS-Abschluss dem Prinzip der Pagatorik unterliegen und dadurch die Zahlungen über die Totalperiode hinweg identisch sind.[1255] Demzufolge verletzen sowohl nach IFRS als auch nach HGB ermittelte Buchwertabfindungen die Bedingung in IAS 32.16A (e) nicht.[1256] Gleiches gilt für Abfindungen zum anteiligen Unternehmenswert.

Klassifizierung im Konzernabschluss

Über IAS 32.AG29A wird klargestellt, dass die Einstufung nach IAS 32.16A-16D als Ausnahme zu den eigentlichen Abgrenzungskriterien des Standards zu verstehen ist, die sich nicht auf die Einstufung von nicht-beherrschenden Anteilen bzw. Minderheitenanteilen im Konzernabschluss übertragen lässt. Demzufolge stellen die nicht-beherrschenden Anteile von Instrumenten, die

---

[1251] A.A. dazu LÖW/ANTONAKOPOULOS (2008), S. 269f. und S. 271; BÖMELBURG/LANDGRAF/LUCE (2008), S. 146 und S. 148. Im Ergebnis zustimmend SCHMIDT (2008b), S. 437; WEIDENHAMMER (2008), S. 214f.; BAETGE/WINKELJOHANN/HAENELT (2008), S. 1520.

[1252] Vgl. RIC (2010a), Rz. 29 bzw. MENTZ (2009), Rz. 191; MEURER/TAMM (2010), S. 273; LÜDENBACH (2010b), S. 117 bzw. LÜDENBACH (2012b), Rz. 38. So auch schon WEIDENHAMMER (2008), S. 215; BAETGE/WINKELJOHANN/HAENELT (2008), S. 1520.

[1253] Gl.A. HEUSER/THEILE (2012), Rz. 2837. A.A. offensichtlich BAETGE/WINKELJOHANN/HAENELT (2008), S. 1520; auch LÖW/ANTONAKOPOULOS (2008), S. 269; BARCKOW (2009), Rz. 73; PwC (2011a), S. 7014 (7.24.5); PETERSEN/BANSBACH/DORNBACH (2011), S. 244.

[1254] Vgl. auch SCHMIDT (2008b), S. 436; RIC (2010a), Rz. 37; LÜDENBACH (2010b), S. 117.

[1255] Ähnlich RIC (2010a), Rz. 38 bzw. MEURER/TAMM (2010), S. 273; MENTZ (2009), Rz. 187; KPMG IFRG LIMITED (2011), S. 1304 (7.3.140.30). Kritisch zu dieser Begründung indes BARCKOW (2009), Rz. 75.

[1256] Vgl. hierzu RIC (2010a), Rz. 32-38 bzw. MEURER/TAMM (2010), S. 272f.; LÜDENBACH (2012b), Rz. 38. Gl.A. dazu auch SCHMIDT (2008b), S. 437; BAETGE/WINKELJOHANN/HAENELT (2008), S. 1519f.; MENTZ (2009), Rz. 189-192; BARCKOW (2009), Rz. 76.

Emittierte eigene Anteile

6.8

im Einzelabschluss über die Bedingungen in IAS 32.16A-16D als Eigenkapitalinstrumente gelten, im Konzernabschluss Fremdkapitalinstrumente bzw. finanzielle Verbindlichkeiten dar.

6.8.1.6 Prüfung auf Umklassifizierung

Die Beurteilung, ob nach den Kriterien in IAS 32 ein Eigenkapital- oder ein Fremdkapitalinstrument vorliegt, wird normalerweise nur bei erstmaliger Erfassung bzw. bei Emission vorgenommen (IAS 32.15). Eine erneute Prüfung auf Umklassifizierung des Instruments vom Eigenkapital ins Fremdkapital oder umgekehrt ist jedoch ggf. zum einen geboten, falls sich die zu Grunde liegenden Vertragsbedingungen bzw. die einstufungsrelevanten Gegebenheiten geändert haben.[1257] Zum anderen kann bei kündbaren Instrumenten oder Verpflichtungen in der Liquidation unter Heranziehung der Ausnahmeregelungen eine Umklassifizierung bewirkt werden (siehe vorheriger Abschnitt).

6.8.2 Kategorisierung

Als Eigenkapital klassifizierte, emittierte eigene Anteile fallen nicht in den Anwendungsbereich von IAS 39 (▶ 3.3.6.4) und werden daher auch keiner Bewertungskategorie zugeordnet.

Eigenkapitalinstrumente

Für emittierte eigene Anteile, die Fremdkapital bzw. finanzielle Verbindlichkeiten darstellen, kommt entweder eine Bewertung zu fortgeführten Anschaffungskosten oder zum beizulegenden Zeitwert in Frage. Im ersteren Fall ist eine Zuordnung zur Bewertungskategorie FLAC sachgerecht.[1258] Zum Fair Value bewertete finanzielle Verbindlichkeiten sind nach IAS 39 anhand von „Sondervorschriften" zu bilanzieren.[1259] Derartige Finanzinstrumente werden weder zu Handelszwecken gehalten noch wird auf diese explizit die Fair-Value-Option angewandt – weshalb eine Einstufung als

Fremdkapitalinstrumente

[1257] Vgl. KPMG IFRG LIMITED (2011), S. 1321 (7.3.390.20). Unter letztere Gegebenheiten fällt etwa, wenn sich der Ausübungspreis einer Option im Zeitverlauf fixiert; für weitere Beispiele vgl. ebenda, S. 1321f. (7.3.410.10). DELOITTE LLP (2011b), S. 188 zufolge hat das Unternehmen ein Wahlrecht zur erneuten Einstufungsprüfung einer finanziellen Verbindlichkeit; bei einem Eigenkapitalinstrument ist die Umklassifizierung offensichtlich obligatorisch vorzunehmen, vgl. dazu das Beispiel auf S. 414f. ERNST & YOUNG LLP (2012b), S. 2973 und S. 2976 sehen eine Pflicht zur Prüfung auf Umklassifizierung nur bei geänderten Vertragsbedingungen, bei geänderten externen Umständen besteht hingegen ein Wahlrecht.
[1258] Vgl. IDW (2011c), Rz. 51.
[1259] Zur Abgrenzung zu den „klassisch" nach IAS 39 bilanzierten Finanzinstrumenten siehe die Abschnitte 3.3.2.2 und 3.3.2.3.

FLFVPL eigentlich nicht erfolgen kann. Eine Zuordnung zu einer Bewertungskategorie sollte m.E. daher unterbleiben.

Fraglich ist ferner, unter welcher Bewertungskategorie „synthetische" Verbindlichkeiten zu subsumieren sind, die das Unternehmen beim künftigen Rückkauf eigener Anteile (▶ 6.8.5) zu erfassen hat. Dies lässt sich IAS 39 ebenso nicht entnehmen. In den Bilanzierungsbeispielen in IAS 32.IE5, IE30 kommt die Effektivzinsmethode zur Anwendung; insofern scheint eine Zuordnung zur Bewertungskategorie FLAC sachgerecht.

6.8.3 Bilanzierung bei und nach der Emission

6.8.3.1 Ausschließliche Erfassung im Eigenkapital

Die Bilanzierung von Finanzinstrumenten, die zu 100% im Eigenkapital zu erfassen sind, ist abschließend in IAS 32 geregelt. Bei der Emission werden die eigenen Anteile zum beizulegenden Zeitwert (d.h. in der Regel zum Emissionserlös) ins Eigenkapital gebucht;[1260] sie verbleiben dort in dieser Höhe bis zu einer etwaigen Rückabwicklung (z.B. durch einen Rückkauf der Anteile), d.h. in der Folge auftretende Fair-Value-Änderungen finden keine Berücksichtigung (IAS 32.22, 36). Sämtliche erhaltenen Vergütungen (z.B. das Agio auf eine geschriebene Option oder ein Optionsschein auf die eigenen Aktien des Unternehmens) sind ebenfalls direkt dem Eigenkapital hinzuzurechnen; sämtliche entrichteten Vergütungen (z.B. das auf eine erworbene Option gezahlte Agio) hat man direkt vom Eigenkapital in Abzug zu bringen (IAS 32.22).

6.8.3.2 Ausschließliche Erfassung im Fremdkapital

Bei Finanzinstrumenten, die 100%ig im Fremdkapital erfasst werden, ist sowohl für den Ansatz als auch für die Erst- und Folgebilanzierung IAS 39 einschlägig (IAS 32.23).

Erstbewertung   Die Erstbewertung erfolgt grundsätzlich zum beizulegenden Zeitwert in Höhe des Barwerts des (möglichen) Rückkaufbetrags bzw. Abfindungsanspruchs.[1261] Dabei ist zu beachten, dass nach IAS 39.49 bzw. IFRS 13.47 der Barwert eines (möglichen) Rückkaufbetrags bei kündbaren Einlagen nicht niedriger sein darf als der bei Kündigung den Anteilseignern maximal zustehende Betrag, diskontiert ab dem Tag, zu dem der Betrag bei Kündigung

---

[1260] Vgl. KUHN/SCHARPF (2006), Rz. 3682; IDW (2011c), Rz. 5.
[1261] Vgl. IDW (2011c), Rz. 20. Demnach kommt etwa ein Ansatz lediglich in Höhe des beizulegenden Zeitwerts der Kündigungsoption nicht in Frage.

frühestens zurückgezahlt werden muss.[1262] Eine Diskontierung kann also nur über eine etwaige Kündigungsfrist erfolgen.[1263]

Konkrete Folgebewertungsvorgaben enthalten weder IAS 32 noch IAS 39.[1264] Grundsätzlich kommt eine Bewertung zu fortgeführten Anschaffungskosten in Frage; dafür plädiert das IDW.[1265] In der Literatur wird hingegen auch die Meinung vertreten, dass dies nicht sachgerecht sei. Es müsse stattdessen eine Bewertung zum Fair Value des Abfindungsanspruchs erfolgen, um die (potenzielle) Rückzahlungsverpflichtung an die Gesellschafter periodisch und adäquat anzupassen.[1266] Die Wertänderungen können dabei entweder erfolgswirksam oder bilanziell unter Verwendung von aktiven oder passiven Ausgleichsposten erfasst werden.[1267] Aus der in IAS 32.BC50 (b) enthaltenen Kommentierung zu IAS 32, wonach die Buchwertänderungen der Verbindlichkeit in der GuV zu erfassen seien, lässt sich m.E. keine verpflichtende erfolgswirksame Erfassung ableiten. Auch wird von Teilen der Literatur eine erfolgswirksame Zeitbewertung in der Folge mit Verweis auf IAS 39.49, AG32 nur für Finanzinstrumente als zwingend erachtet, die zum Fair Value zu tilgen sind.[1268]

Folgebewertung

In Deutschland werden die vorher genannten Bilanzierungsvorschriften überwiegend in Verbindung mit Anteilen von Personengesellschaften diskutiert. Solche Einlagen sind stets mit Kündigungsrechten verbunden und demzufolge in der Regel als Fremdkapital zu klassifizieren (▶ 6.8.1.3). Bei Personengesellschaften ist die Höhe des Abfindungsanspruchs gesetzlich

Anwendung auf Anteile von Personengesellschaften

[1262] Vgl. KÜTING/WIRTH/DÜRR (2006a), S. 73; LÖW/ANTONAKOPOULOS (2008), S. 263; IDW (2011c), Rz. 20 und Rz. 50. IAS 39.49 wird über IFRS 13 (siehe dazu Abschnitt 3.1.2) gelöscht und mit identischem Wortlaut in IFRS 13.47 überführt.
[1263] Vgl. HENNRICHS (2006), S. 1257. Vgl. dazu auch LÜDENBACH (2011a), S. 362, der in seinem Beispiel sowohl für die Erst- als auch für die Folgebewertung eine Abzinsung vornimmt über die Zeitspanne vom Bewertungstag bis zu dem Tag, an dem die Abfindungsauszahlung (bei unterstellt wirksamer Kündigung zum Bewertungstag) fällig wird.
[1264] IAS 39.49 bzw. IFRS 13.47 regeln lediglich, wie zur Fair-Value-Bestimmung vorzugehen ist, nicht aber, in welchen Fällen der Wertmaßstab herangezogen werden muss, vgl. IDW (2011c), Rz. 51.
[1265] Vgl. IDW (2011c), Rz. 51.
[1266] Vgl. KÜTING/WIRTH/DÜRR (2006a), S. 70f.; HALLER/GRÖTZNER (2007), S. 216; LÜDENBACH (2011a), S. 362.
[1267] Vgl. KÜTING/WIRTH/DÜRR (2006a), S. 74. Für ein Beispiel zur erfolgswirksamen Erfassung vgl. ebenda, S. 74-76; KÜTING/WIRTH/DÜRR (2006b), S. 351 oder LÜDENBACH (2011a), S. 362; vgl. zur Erfassung über die GuV auch BERGER/GRÜNEWALD/KOLB (2005), S. 85. Beispiele zur Fair-Value-Bilanzierung unter Verwendung eines passiven Ausgleichspostens finden sich bei KÜTING/WIRTH/DÜRR (2006a), S. 76f.; HALLER/GRÖTZNER (2007), S. 218f.
[1268] Vgl. ISERT/SCHABER (2005c), S. 2098 bzw. ISERT/SCHABER (2005e), S. 359 und S. 362.

bzw. im Gesellschaftsvertrag geregelt.[1269] Gesetzlich wird eine Abfindung zum Verkehrswert vorgeschrieben. Im Gesellschaftsvertrag können Abfindungsvereinfachungen bzw. -beschränkungen vereinbart werden. So ist z.B. eine Abfindung zum handelsrechtlichen Buchwert des Nettovermögens oder zu einem nach vereinfachten Methoden (wie etwa dem so genannten „Stuttgarter Verfahren") ermittelten Verkehrswert möglich, wobei die Rechtsprechung Abfindungen unter dem handelsrechtlichen Buchwert grundsätzlich nicht anerkennt.

– *Erstbewertung*

Zur Erstbewertung wird üblicherweise der Emissionserlös, der bei Begebung (näherungsweise) dem Verkehrswert entspricht, herangezogen. Kommt zur Erst- oder Folgebewertung der Barwert des Abfindungsanspruchs in Betracht, dürfte der Diskontierungseffekt in der Regel gering sein, denn bei Personengesellschaften kann die Kündigung gemäß § 132 HGB normalerweise nur für den Schluss eines Geschäftsjahres erfolgen und sie muss mindestens 6 Monate vor diesem Zeitpunkt stattfinden.

– *Folgebewertung*

Wurden keine Abfindungsbeschränkungen vereinbart, werden die potenziellen Abfindungslasten in der Folge nach dem vollen Unternehmenswert (Verkehrswert) bemessen, d.h. es ist grundsätzlich eine Unternehmensbewertung erforderlich.[1270] Wahlweise besteht allerdings auch die Möglichkeit, die Zahlungsverpflichtung über das IFRS-Nettovermögen zu beziffern.[1271] Bei beiden Alternativen kann entweder eine erfolgsneutrale oder eine erfolgswirksame Zuordnung der Neubewertungsrücklage erfolgen.[1272] Erstere Variante führt zur Erfassung eines passiven Ausgleichspostens.

Bei rechtswirksamen Abfindungsbeschränkungen können zur Quantifizierung der finanziellen Verbindlichkeit die über das jeweilige Verfahren ermittelten Beträge herangezogen werden.[1273] So lässt sich etwa bei einer Abfindung zum handelsrechtlichen Buchwert dieser Betrag unter Berücksichtigung noch nicht verteilter Ergebnisse und gesamthänderisch gebundener

---

[1269] Vgl. dazu und folgend BERGER/GRÜNEWALD/KOLB (2005), S. 84; HALLER/GRÖTZNER (2007), S. 216; RÜCKLE (2008), S. 231; BAETGE/WINKELJOHANN/HAENELT (2008), S. 1519f.; RIC (2010a), Rz. 29 bzw. MEURER/TAMM (2010), S. 273; IDW (2011c), Rz. 48.

[1270] Vgl. HENNRICHS (2006), S. 1257. Vgl. auch BERGER/GRÜNEWALD/KOLB (2005), S. 88; ZÜLCH/ERDMANN/CLARK (2007), S. 229; RÜCKLE (2008), S. 230; MENTZ (2009), Rz. 140.

[1271] Vgl. KPMG DEUTSCHE TREUHAND-GESELLSCHAFT (2006), S. 91; LÖW/ANTONAKOPOULOS (2008), S. 263. Als Wertuntergrenze gilt jedoch der handelsrechtliche Buchwert, denn Abfindungen unter diesem sind unzulässig, vgl. LÖW/ANTONAKOPOULOS (2008), S. 263; IDW (2011c), Rz. 52.

[1272] Vgl. KPMG DEUTSCHE TREUHAND-GESELLSCHAFT (2006), S. 95f. Für eine beispielhafte Darstellung der 4 Fälle sowohl für den Einzel- als auch für den Konzernabschluss vgl. LÖW/ANTONAKOPOULOS (2008), S. 264-267.

[1273] Vgl. HENNRICHS (2006), S. 1257.

Emittierte eigene Anteile **6.8**

Rücklagen ansetzen.[1274] Gleiches gilt für Abfindungen auf Basis des IFRS-Einzelabschlusses.[1275]

Falls der Konzern sämtliche Anteile an der Personengesellschaft hält, müssen im Konzernabschluss keine Abfindungsverpflichtungen bilanziert werden, da dieser keine Verpflichtung gegen sich selbst haben kann.[1276] Bei anteiligen Beteiligungen sind hingegen Abfindungsansprüche zu erfassen – allerdings nicht wie im Einzelabschluss in Höhe der gesamten (möglichen) Zahlungsverpflichtung, sondern nur entsprechend des nicht beherrschenden Anteils bzw. Minderheitenanteils. Die Vorgehensweise zur Erst- und Folgebewertung ist für den Einzel- und den Konzernabschluss grundsätzlich identisch.

– Konzernabschluss

In Bezug auf den Ausweis von als finanzielle Verbindlichkeiten klassifizierten Einlagen besteht die Möglichkeit, diese innerhalb des Fremdkapitals in einem gesonderten Posten darzustellen (IAS 32.IE32, IE33).[1277] Kommt eine Fair-Value-Bilanzierung mit erfolgsneutraler Erfassung der Wertänderungen des Abfindungsanspruchs zur Anwendung, wird ein aktiver oder passiver Abgrenzungsposten ausgewiesen.[1278]

Ausweis

6.8.4 Bilanzierung bei Umklassifizierung

6.8.4.1 Änderungen der Vertragsbedingungen bzw. Gegebenheiten

Haben Kontraktmodifikationen oder andere Umstände zur Folge, dass ein Eigenkapitalinstrument nicht mehr die entsprechenden Einstufungskriterien erfüllt, muss es dem Fremdkapital zugeordnet werden.[1279] Die Erstbewertung erfolgt gemäß den allgemeinen Vorgaben zum beizulegenden Zeitwert (▶ 3.9), der zum Zeitpunkt der Vertragsänderung bzw. der geänderten Ge-

Umklassifizierung vom Eigen- ins Fremdkapital

[1274] Vgl. KPMG Deutsche Treuhand-Gesellschaft (2006), S. 90; Löw/Antonakopoulos (2008), S. 263.
[1275] Beispiele dazu für den Einzel- und Konzernabschluss finden sich bei Löw/Antonakopoulos (2008), S. 264f. und S. 266f.
[1276] Vgl. dazu und folgend Löw/Antonakopoulos (2008), S. 266. Vgl. auch Küting/Wirth/Dürr (2006b), S. 358.
[1277] Vgl. auch Kuhn/Scharpf (2006), Rz. 3888. Der Vorschlag zur Bezeichnung des Postens kann mit „den Anteilseignern zuzurechnender Nettovermögenswert" bzw. „Anspruch der Anteilseigner auf das Nettovermögen" übersetzt werden, vgl. dazu auch Löw/Antonakopoulos (2008), S. 263; Lüdenbach (2012b), Rz. 52.
[1278] Der Ausgleichsposten dient zur Zurücknahme der erfolgswirksamen Zeitwertbilanzierung, vgl. Haller/Grötzner (2007), S. 217.
[1279] Vgl. dazu KPMG IFRG Limited (2011), S. 1321 (7.3.400.10) und S. 1322 (7.3.410.20). Vgl. auch Deloitte LLP (2011b), S. 414f. m.V.a. IFRIC Agenda Rejection vom November 2006. Siehe zur generellen Prüfungspflicht Abschnitt 6.8.1.6.

6 Herkömmliche Bilanzierung und Offenlegung einzelner Sachverhalte

gebenheiten ermittelt wird. Im Gegenzug ist das Eigenkapitalinstrument auszubuchen; die Differenz zwischen Eigen- und Fremdkapitalinstrument muss GuV-neutral im Eigenkapital erfasst werden.

Umklassifizierung vom Fremd- ins Eigenkapital

Ergibt sich bei einem Fremdkapitalinstrument auf Grund einer späteren Kontraktänderung unter Berücksichtigung der Kriterien in IAS 32 eine Klassifizierung als Eigenkapitalinstrument, handelt es sich um eine Tilgung der finanziellen Verbindlichkeit bei gleichzeitiger Eigenkapitalemission. Folglich wird die finanzielle Verbindlichkeit am Tag der Vertragsänderung ausgebucht (▶ 3.13.2.1) und erstmalig ein Eigenkapitalinstrument zum Fair Value erfasst (▶ 6.8.3.1); die Differenz ist GuV-wirksam (▶ 3.13.2.2).[1280] Wie man bei einstufungsrelevanten Änderungen sonstiger Umstände (d.h. solche, die nicht auf Vertragsmodifikationen beruhen) vorgehen muss, lässt sich dem Regelwerk nicht konkret entnehmen; der Literatur zufolge kann die Bilanzierung entweder analog zur Wandlung einer Wandelschuldverschreibung bei Fälligkeit (▶ 6.9.8) oder zur Rückzahlung einer finanziellen Verbindlichkeit durch die Ausgabe eigener Eigenkapitalinstrumente (▶ 3.13.2.3) erfolgen.[1281]

6.8.4.2 Kündbare Instrumente und Verpflichtungen in der Liquidation

Kündbare Instrumente oder Verpflichtungen in der Liquidation, die nach den eigentlichen Abgrenzungskriterien von IAS 32 bislang Fremdkapital darstellen, muss das Unternehmen ab dem Datum als Eigenkapital einstufen, zu dem die in IAS 32.16A-16D enthaltenen Konditionen (▶ 6.8.1.5 Tabelle 6-56) kumulativ erfüllt werden (IAS 32.16E). Erstmalig sind derartige Eigenkapitalinstrumente zum Buchwert der finanziellen Verbindlichkeit am Tag der Umklassifizierung anzusetzen (IAS 32.16F (b)). Eine Folgebewertung unterbleibt (▶ 6.8.3.1).

Die Instrumente müssen wieder als Fremdkapitalinstrumente eingestuft werden, sobald nicht mehr alle über IAS 32.16A-16D verlangten Merkmale und Bedingungen zutreffen (IAS 32.16E). Der Erstansatz erfolgt zum Fair Value am Tag der Umklassifizierung; eine etwaige Differenz zum Buchwert des Eigenkapitalinstruments ist im Eigenkapital zu erfassen (IAS 32.16F (a)). In der Folge sind die Instrumente abermals wie Fremdkapitalinstrumente zu behandeln (siehe vorheriger Abschnitt).

Angabepflichten

Wurden kündbare Instrumente oder Verpflichtungen in der Liquidation zwischen Eigen- und Fremdkapital reklassifiziert, müssen der aus jeder Kategorie entfernte und der in jede Kategorie umgegliederte Betrag sowie

---

[1280] Vgl. KPMG IFRG LIMITED (2011), S. 1321 (7.3.400.20).
[1281] Vgl. KPMG IFRG LIMITED (2011), S. 1322 (7.3.410.40).

der Zeitpunkt und die Gründe für die Neueinstufung angegeben werden (IAS 1.80A). Für als Eigenkapitalinstrumente eingestufte kündbare Instrumente bestehen ferner weitere Offenlegungspflichten (▶ 4.1.2.1).

Laut LÜDENBACH kann IAS 32.16F (b) analog für den Fall angewandt werden, dass Vorzugsaktien, die das Unternehmen als zusammengesetztes Finanzinstrument zunächst teilweise als Fremdkapital ausweist (z.B. weil sie eine Garantiedividende gewähren ▶ 6.8.1.3), später in Stammaktien und damit komplett in Eigenkapital umgewandelt werden.[1282] Danach wäre die Umwandlung als erfolgsneutraler Vorgang zu erfassen.

Analoge Anwendung auf nichtkündbare Instrumente

6.8.5 Bilanzierung beim Rückkauf

Beim Rückerwerb eigener Eigenkapitalinstrumente („Treasury Shares") hat das Unternehmen diese vom Eigenkapital abzuziehen (IAS 32.33). Der Kauf, Verkauf, die Ausgabe oder Einziehung von eigenen Eigenkapitalinstrumenten werden nicht erfolgswirksam gebucht. Alle gezahlten und erhaltenen Gegenleistungen sind direkt im Eigenkapital zu erfassen. Ob die eigenen Anteile vom Unternehmen selbst oder von anderen Konzernunternehmen erworben oder gehalten werden, spielt für die bilanzielle Behandlung keine Rolle.[1283]

Kauft das Unternehmen bspw. am 15.05.X1 eigene Anteile für 1.000 € in bar, ist folgendermaßen zu buchen:

| 15.05.X1 | Eigenkapital | 1.000 € | Kasse | 1.000 € |

Rückkaufoptionen auf emittierte eigene Anteile gegen flüssige Mittel erfüllen in der Regel die Definition eines Eigenkapitalinstruments im Sinne des IAS 32, weil der Emittent dadurch, dass der Rückkauf ausschließlich in seinem Ermessen liegt, keine gegenwärtige Verpflichtung zur Abgabe von finanziellen Vermögenswerten an die Anteilseigner hat (IAS 32.AG25).[1284] Die in Verbindung mit derartigen Verträgen gezahlten und erhaltenen Gegenleistungen sind dann ebenfalls direkt im Eigenkapital zu erfassen.

Optionen ohne Abgabeverpflichtung

[1282] Vgl. dazu LÜDENBACH (2011b).
[1283] Von einem assoziierten Unternehmen (siehe dazu Abschnitt 3.3.6.1) gehaltene Anteile des Investors fallen jedoch nicht darunter, vgl. KPMG IFRG LIMITED (2011), S. 1324 (7.3.470.40).
[1284] Eine Verpflichtung kann allerdings entstehen, wenn der Emittent seine Option ausübt, d.h. in der Regel zum Zeitpunkt der Unterrichtung der Anteilseigner über die Rückkaufabsicht.

6 Herkömmliche Bilanzierung und Offenlegung einzelner Sachverhalte

Wird etwa am 15.05.X1 eine Option auf den Kauf von 10 eigenen Anteilen für 1.000 € abgeschlossen und dafür eine Optionsprämie von 5 € bezahlt, lautet die Buchung folgendermaßen:[1285]

15.05.X1	Eigenkapital	5 €	Kasse	5 €

Bei Ausübung der Option ist in analoger Weise wie bei dem Kassakauf oben zu buchen. Wird diese nicht ausgeübt, erfolgt keine weitere Buchung.

In dem Beispiel handelt es sich bei der Option im Sinne von IAS 32 um ein Eigenkapitalinstrument, weil annahmegemäß ein Gross Physical Settlement vorliegt, bei dem der Betrag der Gegenleistung (hier: 1.000 €) und die Anzahl der von der Vertragspartei zu liefernden Anteile (hier: 10) feststehen (▶ 6.8.1.4). Wäre dies nicht der Fall (bei einem Net Cash Settlement, bei einem Net Share Settlement oder wenn das Fixed/Fixed-Kriterium nicht erfüllt ist), so müsste die Option erstmalig und in der Folge gemäß IAS 39 als derivativer finanzieller Vermögenswert bzw. als derivative finanzielle Verbindlichkeit bilanziert werden.[1286]

Optionen und Forwards mit Abgabeverpflichtung

Besonderheiten ergeben sich bei Kontrakten, die einen künftigen verpflichtenden Rückkauf von Eigenkapitalinstrumenten im Sinne des IAS 32 vorsehen oder vorsehen können (IAS 32.23, AG27 (a), (b)).[1287] Solche Verträge begründen den Ansatz einer „synthetischen" finanziellen Verbindlichkeit in Höhe des Barwerts des Rückkaufbetrags,[1288] d.h. Letzterer wird aus dem Eigen- ins Fremdkapital umgegliedert.[1289] Anschließend hat das Unternehmen die finanzielle Verbindlichkeit nach IAS 39 zu bewerten.[1290] Läuft der Vertrag aus, ohne dass eine Lieferung erfolgt, wird der Buchwert der finanziellen Verbindlichkeit wieder ins Eigenkapital umgegliedert.

Eine derartige synthetische finanzielle Verbindlichkeit muss auch dann erfasst werden, wenn die Kaufverpflichtung nur bei Ausübung des Rückkaufrechts durch die Vertragspartei (z.B. durch Inanspruchnahme einer

---

[1285] Vgl. dazu auch die Beispiele in IAS 32.IE12, IE15 bzw. in PwC (2011a), S. 7057f. (7.92) oder ERNST & YOUNG LLP (2012b), S. 3020 und S. 3022; KPMG DEUTSCHE TREUHAND-GESELLSCHAFT (2006), S. 34; DELOITTE LLP (2011b), S. 164.

[1286] Bilanzierungsbeispiele zum Net Cash Settlement bzw. Net Share Settlement finden sich in IAS 32.IE12-IE14 bzw. bei ERNST & YOUNG LLP (2012b), S. 3020f.

[1287] Für Verträge, die unter Berücksichtigung von IAS 32.16A-16D ausnahmsweise als Eigenkapitalinstrumente zu klassifizieren sind (siehe dazu Abschnitt 6.8.1.5), gelten die folgenden Regeln nicht.

[1288] Dies ist auch dann der Fall, wenn der Vertrag selbst ein Eigenkapitalinstrument ist.

[1289] Das Derivat ist bereits von Beginn an so zu bilanzieren, als ob es schon erfüllt bzw. ausgeübt worden wäre; daraus resultiert der Ansatz eines Passivpostens, der zurückgehend auf LEISENRING als „Synthetic Liability" bezeichnet wird (IAS 32.DO1). Vgl. dazu auch ISERT/SCHABER (2005d), S. 302; KPMG DEUTSCHE TREUHAND-GESELLSCHAFT (2006), S. 38.

[1290] Genauere Bewertungsvorgaben existieren nicht, siehe dazu Abschnitt 6.8.3.2.

geschriebenen Verkaufsoption, welche den Inhaber zum Verkauf der Eigenkapitalinstrumente an das Unternehmen zu einem festen Preis berechtigt) zu erfüllen ist. Gleiches gilt, sofern die Anzahl der Anteile, zu deren Rückkauf das Unternehmen sich verpflichtet hat, nicht festgelegt wurde. Insofern ist der Ansatz einer synthetischen finanziellen Verbindlichkeit unabhängig davon vorzunehmen, ob man das derivative Finanzinstrument auf Grund des Fixed/Fixed-Kriteriums zunächst als Eigenkapitalinstrument eingestuft hat oder nicht.[1291] So handelt es sich bei der Verpflichtung zur Erfassung einer synthetischen finanziellen Verbindlichkeit über IAS 32.23 um eine Spezialregelung für Verträge mit physischer Erfüllung in eigenen Eigenkapitalinstrumenten. Kommt diese Vorschrift zum Tragen, ist ausschließlich die nicht-derivative synthetische finanzielle Verbindlichkeit nach IAS 39 zu bilanzieren. Die Erfassung eines (zusätzlichen) derivativen Finanzinstruments unterbleibt, da der Kontrakt ansonsten doppelt berücksichtigt würde. Liegt allerdings kein Gross Physical Settlement, sondern ein Net Cash Settlement oder ein Net Share Settlement vor, muss der Vertrag gemäß IAS 39 als derivatives Finanzinstrument bilanziert werden.[1292]

Ein Unternehmen kauft bspw. am 01.01.X1 für 1.000 € 10 eigene Anteile mit Lieferung gegen flüssige Mittel zum 01.01.X6.[1293] Der risikolose 5-Jahres-Zinssatz beträgt 4,6%, wodurch sich ein Barwert von 1.000 € / (1 + 4,6%)^5 = 798,62 € ergibt, der zunächst so erfasst wird:

– *Beispiel Forward*

| 01.01.X1 | Eigenkapital | 798,62 € | Verbindlichkeit | 798,62 € |

Nachfolgend ist die finanzielle Verbindlichkeit effektivzinsmäßig fortzuschreiben; in Verbindung mit dem jährlichen Fortschreibungsbetrag zum 31.12.X1 von 36,74 € (798,62 € · 4,6%) ergibt sich diese Buchung:

| 31.12.X1 | Zinsaufwand | 36,74 € | Verbindlichkeit | 36,74 € |

Bei Lieferung am 01.01.X6 wird die Verbindlichkeit, welche zu diesem Zeitpunkt fortschreibungsbedingt einen Buchwert von 1.000 € hat, gegen die Kaufpreiszahlung ausgebucht:

[1291] Vgl. dazu BARDENS/MEURER (2011a), S. 480; PwC (2011b), S. 24083 (24.235.8).
[1292] Hat der Emittent ein Erfüllungswahlrecht zwischen Gross Physical Settlement oder Net Cash/Share Settlement, macht IAS 32 laut KPMG IFRG LIMITED (2011), S. 1311 (7.3.210.40) keine eindeutigen Vorgaben. Ein solcher Vertrag kann demnach entweder als synthetische finanzielle Verbindlichkeit oder als derivatives Finanzinstrument erfasst werden. Gl.A. offensichtlich ERNST & YOUNG LLP (2012b), S. 3016f. und S. 3030. PwC (2011a), S. 7067 (7.97) zufolge führen derartige Erfüllungswahlrechte indes stets zur Bilanzierung als derivatives Finanzinstrument.
[1293] Vgl. hierzu KPMG DEUTSCHE TREUHAND-GESELLSCHAFT (2006), S. 47f. Für ausführlichere Beispiele vgl. etwa IAS 32.IE2, IE5 bzw. PwC (2011a), S. 7061f. (7.93) oder ERNST & YOUNG LLP (2012b), S. 3014 und S. 3016; ISERT/SCHABER (2005d), S. 305f.; DELOITTE LLP (2011b), S. 165f.

6 Herkömmliche Bilanzierung und Offenlegung einzelner Sachverhalte

01.01.X6	Verbindlichkeit	1.000 €	Kasse	1.000 €

In dem Beispiel wird ein Gross Physical Settlement unterstellt. Sofern dies nicht zutreffen würde (Net Cash Settlement, Net Share Settlement), hätte man das derivative Finanzinstrument nach IAS 39 zu bilanzieren.[1294]

Die zuletzt dargestellte Buchungssystematik ergibt sich auch bei mittelbaren Aktienrückkaufprogrammen, bei denen das Unternehmen nicht selbst am Markt auftritt, sondern einen Dritten mit der Durchführung beauftragt.[1295] So kann etwa mit einem Kreditinstitut oder einem Broker vereinbart werden, dass es bzw. er innerhalb einer bestimmten Zeitspanne eine festgelegte Anzahl an Aktien des Unternehmens über eine Börse erwirbt und diese anschließend an das Unternehmen weiterleitet. Mit dem Kreditinstitut oder Broker wird dann ein Termingeschäft über den Kauf eigener Anteile abgeschlossen. Sofern der Kontrakt ein Gross Physical Settlement beinhaltet, ist gemäß IAS 32.23 bei Vertragsabschluss eine synthetische finanzielle Verbindlichkeit zu erfassen. Die Folgebewertung kann zu fortgeführten Anschaffungskosten (▶ 3.8.3) erfolgen, d.h. zum Barwert der künftig erwarteten Zahlungsverpflichtungen diskontiert mit dem ursprünglichen Effektivzinssatz. Falls die Aktien zum jeweils aktuellen Börsenkurs erworben und dem Unternehmen mit einer Marge in Rechnung gestellt werden, können sich Schätzungsänderungen ergeben, die gemäß IAS 39.AG8 als GuV-wirksame Buchwertanpassungen (▶ 3.8.3.3) der Verbindlichkeit zu erfassen sind.[1296]

– *Beispiel Optionsgeschäft*

Unternehmen A gewährt z.B. am 01.01.X1 Unternehmen B das Recht zum Verkauf von 100.000 Stück der A-Anteile am 01.01.X2 zum Preis von 10 € pro Stück (Short Put ▶ 2.6.2).[1297] Zum 01.01.X1 beträgt der Kurs der A-Anteile 11 €. Unternehmen A erhält eine Optionsprämie von 50 T€. Die Option kann nicht anderweitig glattgestellt werden. Der risikolose 1-Jahres-Zinssatz beträgt 3,5%; es bestimmt sich ein Barwert von 1.000 T€ / (1 + 3,5%) = 966,18 T€. Die Buchungen von A bei erstmaliger Erfassung lauten wie folgt:

01.01.X1	Kasse	50,00 T€	Eigenkapital	50,00 T€
	Eigenkapital	966,18 T€	Verbindlichkeit	966,18 T€

[1294] Für entsprechende Beispiele vgl. IAS 32.IE2-IE4 bzw. PwC (2011a), S. 7064-7066 (7.96) oder ERNST & YOUNG LLP (2012b), S. 3014-3016.

[1295] Vgl. hierzu und für ein detailliertes Bilanzierungsbeispiel BARDENS/MEURER (2011), S. 479-481. Vgl. dazu auch PwC (2011b), S. 23011f. (23.58-62); DELOITTE LLP (2011b), S. 182f.; ERNST & YOUNG LLP (2012b), S. 2989f.

[1296] Sofern die festgelegte bzw. maximal zu kaufende Anzahl an Aktien nicht erreicht wird, ist die dann verbleibende Verbindlichkeit laut PwC (2011b), S. 23012 (23.62) und DELOITTE LLP (2011b), S. 183 gegen das Eigenkapital auszubuchen.

[1297] Vgl. dazu auch KPMG DEUTSCHE TREUHAND-GESELLSCHAFT (2006), S. 45f. Ein ausführlicheres Beispiel findet sich etwa in IAS 32.IE27, IE30 bzw. bei PwC (2011a), S. 7063f. (7.94) oder ERNST & YOUNG LLP (2012b), S. 3027 und S. 3029; ISERT/SCHABER (2005d), S. 306-308; DELOITTE LLP (2011b), S. 166f.

6.8 Emittierte eigene Anteile

Da die Option ein Eigenkapitalinstrument darstellt, unterbleibt die Folgebewertung. Die finanzielle Verbindlichkeit wird von A zum 31.12.X1 (jährliche Betrachtung) effektivzinsmäßig fortgeschrieben:

31.12.X1	Zinsaufwand	33,82 T€	Verbindlichkeit	33,82 T€

Fall 1: Der Kurs der A-Anteile beläuft sich am 01.01.X2 auf 12 €; Unternehmen B lässt die Option verfallen. Unternehmen A bucht folgendermaßen:

01.01.X2	Verbindlichkeit	1.000,00 T€	Eigenkapital	1.000,00 T€

Fall 2: Die A-Anteile weisen am 01.01.X2 einen Kurs von 9 € auf; Unternehmen B übt die Option aus. Für Unternehmen A ergibt sich folgende Buchung:

01.01.X2	Verbindlichkeit	1.000,00 T€	Kasse	1.000,00 T€

Das Beispiel basiert auf der Annahme des Gross Physical Settlement. Wäre im Optionsvertrag Net Cash Settlement oder Net Share Settlement vereinbart, müsste das derivative Finanzinstrument nach IAS 39 bilanziert werden.[1298]

Zur Verrechnung zurückerworbener eigener Anteile innerhalb des Eigenkapitals (Komponenten ▶ 4.1.2.2) kommen in Anlehnung an den nicht mehr gültigen SIC 16 folgende Methoden in Frage:[1299]

Verrechnungsmethoden im Eigenkapital

- Die Anschaffungskosten der eigenen Anteile werden in einem Betrag bzw. einem Posten vom Eigenkapital abgezogen („One-Line Adjustment", auch „Cost Method").

- Das Unternehmen reduziert die Eigenkapitalkomponenten unter Heranziehung der Verteilung des ursprünglichen Emissionserlöses je Aktie, d.h. es verringert zunächst das gezeichnete Kapital in Höhe des Nennbetrags und bringt die darüber hinausgehenden Anschaffungskosten entweder bei den Gewinnrücklagen oder bei der Kapitalrücklage in Abzug („Par Value Method").

- Alle Eigenkapitalposten werden proportional gekürzt.

- Das Unternehmen verteilt die Anschaffungskosten der eigenen Anteile nach eigenem Ermessen auf die Eigenkapitalkomponenten, wobei dabei

---

[1298] Für Beispiele dazu vgl. IAS 32.IE27-IE29 bzw. ERNST & YOUNG LLP (2012b), S. 3027-3029.
[1299] Vgl. hierzu KIRSCH (2005), S. 10f.; KUHN/SCHARPF (2006), Rz. 342; SCHEFFLER (2006), S. 85; PWC (2008b), S. 1104; CLEMENS (2009), Rz. 81; SCHMIDT/REINHOLDT (2009); THIELE/HUßMANN/SPESSERT (2010), Rz. 261f.; PELLENS u.a. (2011), S. 504; BARDENS/MEURER (2011a), S. 477f.; IDW (2011c), Rz. 41; PETERSEN/BANSBACH/DORNBACH (2011), S. 245f.; LÜDENBACH (2012b), Rz. 78.

der Nennbetrag vom gezeichneten Kapital in Abzug gebracht wird („vereinfachte Par Value Method").

Die gewählte Verrechnungsmethode ist als Ansatz- und Bewertungsmethode stetig anzuwenden (IAS 8.13) und darf gemäß IAS 8.14 (b) nur geändert werden, wenn die Änderung zuverlässige und relevantere Informationen vermittelt.[1300]

Werden bspw. am 01.09.X1 eigene Anteile für 1.000 € (einschließlich Transaktionskosten) zurückgekauft, die insgesamt einen Nennbetrag von 100 € haben und ursprünglich zu 300 € emittiert wurden, ist bei Anwendung der Cost Method folgendermaßen zu buchen:

01.09.X1	Eigenkapital (Abzugsposten)	1.000 €	Bank	1.000 €

Wird die Par Value Method angewandt und erfasst das Unternehmen den die ursprünglichen Emissionserlöse übersteigenden Anschaffungskostenbetrag von 700 € (1.000 € ./. 300 €) in den Gewinnrücklagen, lautet die Buchung wie folgt:

01.09.X1	Gezeichnetes Kapital	100 €	Bank	1.000 €
	Kapitalrücklage	200 €		
	Gewinnrücklagen	700 €		

Alternativ könnte man unter Anwendung der vereinfachten Par Value Method auch die gesamte Differenz aus Anschaffungskosten und Nennwert über die Gewinnrücklagen verrechnen:

01.09.X1	Gezeichnetes Kapital	100 €	Bank	1.000 €
	Gewinnrücklagen	900 €		

Die Erfassung einer Wiederveräußerung von zuvor zurückerworbenen eigenen Anteilen erfolgt in Abhängigkeit der ursprünglich gewählten Verrechnungsmethode:[1301]

- Bei der Cost Method wird der Abzugsposten in voller Höhe gegen den Erlös aus der erneuten Veräußerung verrechnet. Übersteigt der Erlös die beim Rückerwerb erfassten Anschaffungskosten, ist der Differenzbetrag der Kapitalrücklage zuzuführen. Ein etwaiger Mindererlös kann entwe-

---

[1300] Vgl. auch BARDENS/MEURER (2011a), S. 479.
[1301] Vgl. dazu primär MILLA/HANUSCH (2008), S. 525; LÜDENBACH (2012b), Rz. 79. Vgl. auch CLEMENS (2009), Rz. 82; THIELE/HUßMANN/SPESSERT (2010), Rz. 264; BARDENS/MEURER (2011a), S. 478; PELLENS u.a. (2011), S. 504; IDW (2011c), Rz. 42.

Emittierte eigene Anteile | **6.8**

der gegen die Gewinnrücklagen oder gegen die Kapitalrücklage gebucht werden.[1302]

- Im Rahmen der Par Value Method behandelt man die Wiederveräußerung wie eine Neuemission, d.h. der den Nominalwert betreffende Teil des Wiederveräußerungserlöses wird dem gezeichneten Kapital zugerechnet, der restliche Betrag entfällt auf die Kapitalrücklage.

Vom Unternehmen selbst, einem Tochterunternehmen oder einem assoziierten Unternehmen gehaltene eigene Anteile sind gemäß IAS 1.79 (a) (vi) für jede Klasse von gezeichnetem Kapital anzugeben (▶ 4.1.2.1). Werden eigene Eigenkapitalinstrumente von nahestehenden Unternehmen und Personen zurückgekauft, kommen ferner die Angabepflichten in IAS 24 (primär IAS 24.18, 19) zum Tragen (IAS 32.34).

Angabepflichten

6.8.6 Erfassung von Aufwendungen und Erträgen
6.8.6.1 Erfassungsprinzip

Die Klassifizierung eines Finanzinstruments oder dessen Komponenten (Eigen- versus Fremdkapital) ist ausschlaggebend dafür, in welchem Rechenwerk das Unternehmen die mit diesem verbundenen Zinsen, Dividenden sowie sonstigen Gewinne und Verluste zu erfassen hat (IAS 32.35, 36): Aufwendungen und Erträge in Verbindung mit finanziellen Verbindlichkeiten werden in der GuV berücksichtigt;[1303] solche, die in Verbindung mit Eigenkapitalinstrumenten stehen, sind über das Eigenkapital zu buchen. So hat man etwa Dividendenausschüttungen für gesamthaft als Fremdkapital klassifizierte Anteile wie Zinsaufwendungen (bspw. für eine Anleihe) zu erfassen (IAS 32.36).[1304] Liegt hingegen ein Eigenkapitalinstrument vor, werden alle gezahlten Dividenden als Ergebnisausschüttung berücksichtigt (IAS 32.AG37).

[1302] Laut dem IDW (2011c), Rz. 42 sowie PELLENS u.a. (2011), S. 506 ist zunächst die Kapitalrücklage anteilig aufzulösen; reicht diese nicht aus, muss man den übersteigenden Betrag über die Gewinnrücklagen verrechnen.

[1303] Dies gilt gemäß IAS 32.41 explizit auch für Buchwertänderungen von Instrumenten, die zwar einen Residualanspruch auf die Vermögenswerte des Unternehmens begründen, allerdings (z.B. auf Grund dessen, dass sie kündbar sind; siehe dazu Abschnitt 6.8.1.3, 6.8.1.5) Fremdkapital darstellen.

[1304] In der GuV können diese entweder mit den Zinsaufwendungen anderer Verbindlichkeiten in einem Posten zusammengefasst oder gesondert ausgewiesen werden (IAS 32.40).

6.8.6.2 Erfassung von Transaktionskosten

Verrechnung im Eigenkapital

Zum Begriff der Transaktionskosten verweist IAS 32.12 generell auf die entsprechende Definition in IAS 39 (▶ 3.14.2). Transaktionskosten als zusätzliche, der Eigenkapitaltransaktion (d.h. der Ausgabe oder dem Erwerb eigener Eigenkapitalinstrumente) direkt zurechenbare Kosten – z.B. Rechtsberatungskosten, Kosten für Wirtschaftsprüfer und Berater, Registrierungskosten, andere behördliche Gebühren, Druckkosten, Börsenumsatzsteuern – sind im Fall einer gesamthaften Eigenkapitalklassifizierung ebenfalls als Abzug vom Eigenkapital zu bilanzieren (IAS 32.37). Der abzuziehende Transaktionskostenbetrag ist zuvor um alle damit verbundenen Ertragssteuervorteile zu reduzieren (IAS 32.35, 37).[1305] IAS 32 lässt offen, über welchen Posten innerhalb des Eigenkapitals der Abzug vorgenommen werden muss; mehrheitlich wird eine Verrechnung über die Kapitalrücklage als sachgerecht angesehen.[1306]

Die Ausgabe von eigenen Eigenkapitalinstrumenten bedeutet in diesem Zusammenhang, dass dem Unternehmen Zahlungsmittel zufließen. Eine Erhöhung des Eigenkapitals bspw. durch einen Forderungsverzicht oder über eine Kapitalerhöhung aus Gesellschaftsmitteln fällt folglich nicht darunter, d.h. die dabei anfallenden Kosten stellen keine Transaktionskosten dar und müssen somit GuV-wirksam erfasst werden.[1307] Ferner ist zu beachten, dass die Transaktionskosten nur solche umfassen, die bis zur Ausgabe oder dem Erwerb der eigenen Eigenkapitalinstrumente angefallen sind; nachträgliche Kosten finden keine Berücksichtigung.[1308]

Angabepflicht

Der vom Eigenkapital in Abzug gebrachte Transaktionskostenbetrag muss nach IAS 1.106, 108, 109 gesondert angegeben werden (IAS 32.39). Der Anfforderung kann man innerhalb der Eigenkapitalveränderungsrechnung mittels offener Verrechnung oder über einen „Davon-Vermerk" nachkommen. Alternativ besteht die Möglichkeit einer Anhangangabe.[1309]

Kosten eines Börsengangs

Eine Analyse, welche Kosten als Transaktionskosten im Sinne von IAS 32 gelten und demnach nicht GuV-wirksam zu erfassen sind, wird insbeson-

---

[1305] Für ein Beispiel dazu vgl. etwa HOFFMANN (2006), S. 80; LÜDENBACH (2012b), Rz. 68. Letztere Vorgabe wird im Zuge des IFRS-Überarbeitungsprozesses 2012 (Änderungszyklus 2009-2011, siehe dazu Abschnitt 3.1.1) gelöscht. Die Änderung ist rückwirkend anzuwenden für Geschäftsjahre, die am oder nach dem 1. Januar 2013 beginnen (IAS 32.97M).

[1306] Vgl. HÜTTCHE/LOPATTA (2007), S. 2453; MILLA/HANUSCH (2008), S. 525; BARDENS/KLOCKMANN/TAMM (2011), S. 340; KPMG IFRG LIMITED (2011), S. 1327 (7.3.570.10) oder das Beispiel in LÜDENBACH (2012b), Rz. 68.

[1307] Vgl. dazu ADLER/DÜRING/SCHMALTZ (2002), Abschn. 22, Rz. 97; HÜTTCHE/LOPATTA (2007), S. 2448; BARDENS/KLOCKMANN/TAMM (2011), S. 338.

[1308] Vgl. HÜTTCHE/LOPATTA (2007), S. 2449.

[1309] Vgl. hierzu ADLER/DÜRING/SCHMALTZ (2002), Abschn. 22, Rz. 93; HÜTTCHE/LOPATTA (2007), S. 2453; BARDENS/KLOCKMANN/TAMM (2011), S. 340.

6.8 Emittierte eigene Anteile

re bei einem Börsengang vorgenommen werden müssen. Für die Beurteilung wesentlich ist dabei zum einen, ob die Kosten sich direkt der Eigenkapitaltransaktion zurechnen lassen bzw. ob die mit den Kosten in Verbindung stehenden Leistungen ausschließlich dem Börsengang dienen. So wird eine mittelbare Zurechnung bzw. Aufteilung der Kosten auf den Börsengang und auf andere Kostenträger anhand von Verrechnungsschlüsseln nicht als sachgerecht erachtet.[1310] Zum anderen muss im Rahmen der Analyse geklärt werden, ob die Kosten nur auf Grund der Eigenkapitalausgabe entstanden sind: Wären diese auch ohne den Börsengang angefallen, kommt eine Erfassung im Eigenkapital nicht in Frage.[1311]

Die folgenden Transaktionskosten hat man nach überwiegender Literaturmeinung im Eigenkapital zu verrechnen:

– *verrechenbare Kosten*

- die im Rahmen des Börsengangs von den betreuenden Banken oder anderen Beteiligten verlangten Gebühren und Honorare (z.B. Basis- und Incentive-Gebühren, Break-up Fees, Eintragungsgebühren, Notarkosten, Verbriefungskosten, Kosten des Zulassungsantrags);[1312]

- Kosten zur Erstellung, Prüfung und Publikation des Börsenprospekts (z.B. Druckkosten, Kosten für die Einholung eines Comfort Letter);[1313]

- im direkten Zusammenhang mit dem Börsengang anfallende – d.h. nicht den Entscheidungsfindungsprozess betreffende – Kosten für Beratungsleistungen (z.B. für Rechts- und Steuerberatung oder für die Durchführung einer Due Dilligence).[1314]

Die Kosten für Marketing, Investor Relations, Roadshows sowie Presse- und Analystenkonferenzen (inklusive Trainingsmaßnahmen z.B. für Sprachkurse der Führungskräfte) sind hingegen der Mehrheit der Literatur zufolge GuV-

– *ggf. nichtverrechenbare Kosten*

[1310] Vgl. HÜTTCHE/LOPATTA (2007), S. 2450; BARDENS/KLOCKMANN/TAMM (2011), S. 336. A.A. offensichtlich in Bezug auf Marketingkosten und Roadshows KPMG IFRG LIMITED (2011), S. 1326f. (7.3.530.50).
[1311] Vgl. HÜTTCHE/LOPATTA (2007), S. 2450.
[1312] Vgl. ADLER/DÜRING/SCHMALTZ (2002), Abschn. 22, Rz. 90; HÜTTCHE/LOPATTA (2007), S. 2451 und ausführlich BARDENS/KLOCKMANN/TAMM (2011), S. 336f. Vgl. auch MILLA/HANUSCH (2008), S. 525; PwC (2011a), S. 7069 (7.104); KPMG IFRG LIMITED (2011), S. 1326 (7.3.530.20); LÜDENBACH (2012b), Rz. 69; FÖRSCHLE/KRONER (2012), Rz. 464; HEUSER/THEILE (2012), Rz. 2872.
[1313] Vgl. ADLER/DÜRING/SCHMALTZ (2002), Abschn. 22, Rz. 90; HÜTTCHE/LOPATTA (2007), S. 2451; MILLA/HANUSCH (2008), S. 525; BARDENS/KLOCKMANN/TAMM (2011), S. 337; KPMG IFRG LIMITED (2011), S. 1326 (7.3.530.20); PwC (2011a), S. 7069 (7.104); FÖRSCHLE/KRONER (2012), Rz. 464.
[1314] Vgl. BARDENS/KLOCKMANN/TAMM (2011), S. 337; PwC (2011a), S. 7069 (7.104. Dementsprechend sind z.B. Beratungsleistungen hinsichtlich einer künftigen optimalen Kapitalstruktur GuV-wirksam zu erfassen. Vgl. auch HÜTTCHE/LOPATTA (2007), S. 2451; KPMG IFRG LIMITED (2011), S. 1326 (7.3.530.20); HEUSER/THEILE (2012), Rz. 2872; LÜDENBACH (2012b), Rz. 69.

6 *Herkömmliche Bilanzierung und Offenlegung einzelner Sachverhalte*

wirksam zu erfassen und erfordern eine genaue Einzelfallprüfung. Wird bei der Maßnahme z.B. eine zusätzliche Werbewirkung erzielt und hat diese damit auch Auswirkungen auf das operative Geschäft des Unternehmens, ist eine eindeutige Zuordnung der Leistungen, die mit den Kosten in Verbindung stehen, nicht mehr möglich – wodurch eine Berücksichtigung im Eigenkapital ausscheidet.[1315]

Regelmäßig nicht im Eigenkapital verrechenbar sind diese Transaktionskosten:

- Ratingkosten, da sie ausschließlich der Ermittlung der künftigen Finanzierungskosten dienen und somit nicht exklusiv dem Börsengang zugerechnet werden können;[1316]

- Kosten im Zusammenhang mit einem Formwechsel des Unternehmens (z.B. von einer GmbH in eine AG) im Vorfeld eines Börsengangs sowie Kosten einer Börsennotierung bereits vorhandener Anteile, da dadurch kein Zufluss von Zahlungsmitteln erfolgt bzw. damit keine Eigenkapitalerhöhung verbunden ist;[1317]

- interne Kosten (z.B. Personalkosten, Reisekosten), weil sie auch ohne die Eigenkapitaltransaktion anfallen würden.[1318]

Kein eindeutiges Meinungsbild ergibt sich hinsichtlich der Kosten für die Umstellung auf IFRS einschließlich der damit verbundenen Prüfungs- und Beratungskosten (für den Zwischen-, Jahres- und Konzernabschluss inklusive Kapitalflussrechnung, Segmentberichterstattung, Lagebericht). Laut BARDENS/KLOCKMANN/TAMM sind diese zwingend GuV-wirksam zu erfassen, wohingegen HÜTTCHE/LOPATTA zufolge eine Verrechnung im Eigenkapital ggf. möglich ist.[1319]

[1315] Vgl. dazu m.w.V. ADLER/DÜRING/SCHMALTZ (2002), Abschn. 22, Rz. 91. Vgl. ferner KPMG IFRG LIMITED (2011), S. 1326f. (7.3.530.50); PwC (2011a), S. 7069 (7.104); BARDENS/KLOCKMANN/TAMM (2011), S. 337f.; HEUSER/THEILE (2012), Rz. 2872. A.A. HÜTTCHE/LOPATTA (2007), S. 2449 und S. 2451; FÖRSCHLE/KRONER (2012), Rz. 464. Laut KPMG IFRG LIMITED (2011), S. 1326 (7.3.530.20) sind die Kosten für Pressekonferenzen zur Anteilsausgabe GuV-neutral zu behandeln.

[1316] Vgl. BARDENS/KLOCKMANN/TAMM (2011), S. 338.

[1317] Vgl. ADLER/DÜRING/SCHMALTZ (2002), Abschn. 22, Rz. 97; CLEMENS (2009), Rz. 33; PwC (2011a), S. 7069f. (7.107); BARDENS/KLOCKMANN/TAMM (2011), S. 338; ERNST & YOUNG LLP (2012b), S. 3010; LÜDENBACH (2012b), Rz. 70.

[1318] Vgl. ADLER/DÜRING/SCHMALTZ (2002), Abschn. 22, Rz. 91; CLEMENS (2009), Rz. 34; PwC (2011a), S. 7069 (7.104); KPMG IFRG LIMITED (2011), S. 1326 (7.3.530.30); BARDENS/KLOCKMANN/TAMM (2011), S. 338; HEUSER/THEILE (2012), Rz. 2872; LÜDENBACH (2012b), Rz. 69. A.A. diesbezüglich HÜTTCHE/LOPATTA (2007), S. 2450f.

[1319] Vgl. dazu BARDENS/KLOCKMANN/TAMM (2011), S. 337 bzw. HÜTTCHE/LOPATTA (2007), S. 2450f. Erstere begründen dies damit, dass die Umstellungskosten nicht exklusiv auf den Börsengang bezogen werden können. So wird die IFRS-

Beziehen sich die Transaktionskosten insgesamt auf mehr als eine Transaktion (z.B. wenn das Unternehmen ein gleichzeitiges Zeichnungsangebot für neue Aktien und für die Börsennotierung bereits ausgegebener Aktien abgibt), müssen sie anhand eines sinnvollen, bei ähnlichen Transaktionen verwendeten Schlüssels auf die einzelnen Transaktionen umgelegt werden (IAS 32.38). Eine solche Schlüsselung ist nur erforderlich, sofern sich die Transaktionskosten nicht eindeutig den Alt- bzw. Neuanteilen zuordnen lassen.[1320] Die Zuordnung kann z.B. anhand des beizulegenden Zeitwerts bzw. des Emissionserlöses der Anteile vorgenommen werden; bei gleichem Ausgabebetrag der Alt- und Neuanteile entspricht dies einer Verteilung gemäß der Anzahl der ausgegebenen Anteile.[1321] Die auf die Altanteile entfallenden Transaktionskosten sind GuV-wirksam zu erfassen.[1322]

– Schlüsselung auf Alt- und Neuanteile

Die Verrechnung der Transaktionskosten im Eigenkapital wird in der Literatur teilweise ebenso als zulässig erachtet, wenn der Börsengang zum Abschlussstichtag planmäßig noch nicht abgeschlossen und damit zu diesem Zeitpunkt noch kein Emissionserlös zugeflossen ist.[1323] Anstelle der Erfassung im Eigenkapital können die Aufwendungen aber auch aktivisch (als Vermögenswert) abgegrenzt werden.[1324]

– Abschluss nach der Berichtsperiode

Die Kosten einer eingestellten Eigenkapitaltransaktion sind allerdings als Aufwand zu erfassen (IAS 32.37). Vor diesem Hintergrund hat man bei einem über den Abschlussstichtag hinaus verschobenen Börsengang zunächst zu klären, ob die Durchführung der Eigenkapitaltransaktion noch wie ge-

– Abbruch/Verschiebung

Umstellung zwar durch den Börsengang erforderlich, die Verpflichtung zur Erstellung und Prüfung des IFRS-Abschlusses ist allerdings losgelöst von der Eigenkapitaltransaktion zu sehen, da sie für die gesamte Dauer der Kapitalmarktorientierung besteht. Dementgegen schließen HÜTTCHE/LOPATTA die erfolgsneutrale Erfassung von Transaktionskosten nicht grundsätzlich aus. Neben einer direkten Zurechenbarkeit der Transaktionskosten wird allerdings vorausgesetzt, dass der Wechsel auf IFRS nur für Zwecke der Eigenkapitalbeschaffung erfolgt. Zudem dürfen die IFRS-Abschlüsse keine befreiende Wirkung haben, da die Kosten ansonsten auch anfallen würden.

[1320] Vgl. CLEMENS (2009), Rz. 36; KPMG IFRG LIMITED (2011), S. 1326 (7.3.520.60); BARDENS/KLOCKMANN/TAMM (2011), S. 339.
[1321] Vgl. HÜTTCHE/LOPATTA (2007), S. 2452; CLEMENS (2009), Rz. 36; KPMG IFRG LIMITED (2011), S. 1326 (7.3.520.50); PwC (2011a), S. 7070 (7.107); BARDENS/KLOCKMANN/TAMM (2011), S. 339; ERNST & YOUNG LLP (2012b), S. 3010. Dabei sind laut HÜTTCHE/LOPATTA (2007), S. 2452 auch Mehrzuteilungsoptionen zu berücksichtigen.
[1322] Vgl. CLEMENS (2009), Rz. 36; KPMG IFRG LIMITED (2011), S. 1326 (7.3.520.50); PwC (2011a), S. 7070 (7.107); BARDENS/KLOCKMANN/TAMM (2011), S. 339; DELOITTE LLP (2011b), S. 161.
[1323] Vgl. ADLER/DÜRING/SCHMALTZ (2002), Abschn. 22, Rz. 94.
[1324] Vgl. CLEMENS (2009), Rz. 35; KPMG IFRG LIMITED (2011), S. 1327 (7.3.540.20), welche die aktivische Abgrenzung als einzig zulässige Variante ansehen.

6 Herkömmliche Bilanzierung und Offenlegung einzelner Sachverhalte

plant erfolgen kann.[1325] Wird dies als unwahrscheinlich angesehen, so müssen die in der Periode angefallenen (und ggf. bereits im Eigenkapital verrechneten) Transaktionskosten in der GuV erfasst werden. Kommt man hingegen zu dem Ergebnis, dass der Börsengang weiterhin wahrscheinlich ist, besteht das Erfordernis zur Untersuchung, ob die mit den Transaktionskosten in Verbindung stehenden Leistungen auch für den verschobenen Börsengang nutzbar und der Transaktion somit weiterhin direkt zurechenbar sind. Trifft Letzteres nicht zu – was regelmäßig bei den Kosten für die Erstellung von aktualisierten Börsenprospekten gegeben sein wird – hat das Unternehmen die entsprechenden Transaktionskosten GuV-wirksam zu erfassen. Ansonsten kommt wiederum eine aktivische Abgrenzung oder eine sofortige Verrechnung mit dem Eigenkapital in Frage.

6.8.7 Angabepflichten

Abgesehen von etwaigen Anforderungen in Verbindung mit Reklassifizierungen (▶ 6.8.4.2), Rückkäufen (▶ 6.8.5), Transaktionskosten (▶ 6.8.6.2) sowie der sonstigen Vorgaben zum gezeichneten Kapital, zu den Rücklagen sowie zum Kapitalmanagement in IAS 1.79 bzw. in IAS 1.134-136 (▶ 4.1.2.1), ergeben sich für als Eigenkapitalinstrumente im Sinne des IAS 32 klassifizierte eigene Anteile nur theoretisch Angabepflichten (▶ 3.3.6.4).

Eigene Anteile, die nach IAS 32 Fremdkapitalinstrumente darstellen, unterliegen generell denselben Offenlegungsvorschriften wie nicht-hybride Finanzverbindlichkeiten (▶ 6.7.8).[1326] Da sie keine Darlehensverbindlichkeiten darstellen, brauchen allerdings die diesbezüglichen Angabepflichten nicht beachtet zu werden

Als Fremdkapital klassifizierte eigene Anteile sind grundsätzlich auch bei der Berichterstattung zu Liquiditätsrisiken (▶ 5.4.3) zu berücksichtigen. Bei der Fälligkeitsanalyse sollten Instrumente, bei denen zum Abschlussstichtag der Rückgabezeitpunkt bereits feststeht, dem Zeitband zugeordnet werden, in dem dieses Datum liegt. Hat das Instrument hingegen prinzipiell keine Laufzeitbeschränkung und ist zum Abschlussstichtag eine Kündigung noch

---

[1325] Vgl. hierzu und folgend HÜTTCHE/LOPATTA (2007), S. 2452f.; BARDENS/KLOCKMANN/TAMM (2011), S. 339f. Vgl. auch ADLER/DÜRING/SCHMALTZ (2002), Abschn. 22, Rz. 94; CLEMENS (2009), Rz. 35; KPMG IFRG LIMITED (2011), S. 1327 (7.3.540.20). Nach der Berichtsperiode eintretende Gegebenheiten bzw. erlangte Informationen sind dabei als berücksichtigungspflichtige Ereignisse der Berichtsperiode zu behandeln und führen insofern ggf. zu Anpassungen in den Rechenwerken (IAS 10.3, 8).

[1326] Wie bei Eigenkapitalinstrumenten können darüber hinaus auch Angabepflichten im Zusammenhang mit Reklassifizierungen entstehen, siehe dazu Abschnitt 6.8.4.2.

nicht erfolgt, besteht m.E. – mit analoger Begründung wie im Fall von Finanzgarantien, für die noch kein Ausfall vorliegt (▶ 5.4.3.2) – keine Erfordernis zur Einbeziehung in die Fälligkeitsanalyse.[1327]

6.9 Emittierte Wandelschuldverschreibungen

6.9.1 Vorbemerkungen

Bei Wandelschuldverschreibungen (▶ 2.4.2.3) handelt es sich um Obligationen, die mit zusätzlichen Vereinbarungen ausgestattet sind, nach denen die Anleihetranchen in Anteile (meist Aktien) des emittierenden Unternehmens umgetauscht werden können oder müssen. In der Grundform hat der Inhaber ein Wandlungsrecht (Option). Pflichtwandelanleihen sehen hingegen einen obligatorischen Umtausch in Aktien bis spätestens zum Fälligkeitstag vor.

Die Rechnungslegung von Wandelschuldverschreibungen gilt als komplex. Dies ist darauf zurückzuführen, dass

- es sich um zusammengesetzte Instrumente (▶ 3.2.5.2), genauer gesagt um zusammengesetzte Finanzinstrumente handelt;

- die sowohl Eigen- als auch Fremdkapitalkomponenten enthalten (d.h. hybride Instrumente darstellen), welche ggf. getrennt und unterschiedlich bilanziert werden müssen; und

- die ggf. weitere abspaltungspflichtige eingebettete Derivate aufweisen.

In bestimmten Fällen hat man es also mit Finanzinstrumenten zu tun, die mehrere eingebettete Derivate einschließen. Sind Letztere wertmäßig voneinander abhängig, löst dies besondere Angabepflichten (▶ 6.9.11) aus.

6.9.2 Trennung der Eigen- und Fremdkapitalkomponente

Der Emittent eines nicht-derivativen Finanzinstruments muss anhand der Bedingungen des Finanzinstruments feststellen, ob das Instrument sowohl

---

[1327] Laut IFRS 7.B11C (a) sind die Cashflows dem Zeitband zuzuordnen, in dem man frühestens zur Rückzahlung der Schuld gezwungen werden kann. Liegt keine Kündigung vor, so besteht aktuell auch keine Möglichkeit, den Emittenten zur Zahlung zu zwingen.

eine Fremd- als auch eine Eigenkapitalkomponente hat (IAS 32.28).[1328] Diese Komponenten sind zu trennen und als finanzielle Verbindlichkeiten, finanzielle Vermögenswerte oder Eigenkapitalinstrumente gemäß IAS 32.15 zu klassifizieren.

Als typische Beispiele für solche zusammengesetzten Finanzinstrumente werden Wandelschuldverschreibungen genannt (IAS 32.29, AG31). Diese können eine Komponente beinhalten,

- welche für das emittierende Unternehmen eine finanzielle Verbindlichkeit begründet (da der Kontrakt z.B. eine vertragliche Vereinbarung zur Lieferung von flüssigen Mitteln oder Ähnlichem enthält) und

- die dem Inhaber des Instruments eine Option auf dessen Wandlung in ein Eigenkapitalinstrument des Unternehmens garantiert (z.B. über eine Kaufoption, die dem Inhaber für einen bestimmten Zeitraum das Recht auf Wandlung in eine feste Anzahl von Stammaktien ermöglicht).

Die Komponenten müssen dabei in der Regel getrennt werden. Handelt es sich bei dem Wandlungsrecht bzw. der Wandlungsverpflichtung (Wandlungskomponente) um ein derivatives Eigenkapitalinstrument im Sinne von IAS 32 (▶ 6.8.1), ergibt sich dies zwingend aus der über IAS 32.28 geforderten Zerlegung des zusammengesetzten Finanzinstruments bei der Emission in eine Fremdkapitalkomponente (Schuldinstrument, Basisvertrag) und eine Eigenkapitalkomponente (Wandlungskomponente).[1329] Ist die Wandlungskomponente ein derivatives Fremdkapitalinstrument (z.B., weil der Kontrakt über einen variablen Betrag an flüssigen Mitteln erfüllt werden kann), so liegt ein eingebettetes Derivat vor, das auf Abspaltung untersucht werden muss (▶ 3.15.1). Dabei wird man regelmäßig zu dem Ergebnis kommen, dass dieses zu trennen ist. So führen bspw. an externe Ereignisse geknüpfte Abgabeverpflichtungen zur zwingenden Abspaltung des eingebetteten Derivats.[1330] Gleiches gilt etwa, wenn der Emittent im Fall der Ausübung des Wandlungsrechts von Seiten des Inhabers ein Erfüllungswahlrecht (entwe-

---

[1328] Die Regelung des IAS 32.28 gilt ausdrücklich nur für den Emittenten des zusammengesetzten Finanzinstruments; Vorschriften zur Trennung eingebetteter Derivate aus Sicht des Inhabers enthält IAS 39 (IAS 32.AG30).
[1329] Vgl. dazu und im Folgenden auch KUHN/SCHARPF (2006), Rz. 3411f. Unter bestimmten Voraussetzungen kann bereits das Basisinstrument einer Wandelschuldverschreibung als Eigenkapitalinstrument zu klassifizieren sein. Dann wird das gesamte zusammengesetzte Instrument im Eigenkapital erfasst, d.h. eine Trennung der Komponenten erfolgt nicht, vgl. hierzu das Beispiel in PwC (2011a), S. 7022f. (7.34.1).
[1330] Vgl. KUHN/SCHARPF (2006), Rz. 3911.

6.9 Emittierte Wandelschuldverschreibungen

der Hingabe von Eigenkapitalinstrumenten oder Barausgleich im Wert der Eigenkapitalinstrumente zum Wandlungszeitpunkt) hat.[1331]

Eine Wandlungskomponente stellt dann ein derivatives Eigenkapitalinstrument dar, wenn Folgendes kumulativ vorliegt (▶ 6.8.1.4):[1332]

- Es wird eine feste Anzahl von Aktien gegen den (festen) Nominalbetrag der Anleihe getauscht.

- Der Emittent und der Inhaber haben bezüglich der Erfüllungsart des Gross Physical Settlement keinerlei Wahlrechte, die einer Einstufung als Eigenkapitalinstrument entgegenstehen (wie z.B. ein wahlweises Net Cash Settlement oder Net Share Settlement).

Dementsprechend liegt ein derivatives Fremdkapitalinstrument vor, sofern ein Erfüllungswahlrecht besteht oder die Abgabeverpflichtung der eigenen Anteile von einem externen Ereignis abhängt.[1333] Sieht die Wandelschuldverschreibung die Lieferung einer festen Anzahl von Aktien gegen den Erhalt eines festen Betrag in Fremdwährung – und somit eines variablen Betrags in funktionaler Währung – vor (z.B. bei Wandlung in einen Nominalbetrag in Fremdwährung, d.h. die Tilgungs- und Zinszahlungen sind in nichtfunktionaler Währung zu leisten), hat dies ebenfalls eine Fremdkapitaleinstufung zur Folge;[1334] das Amendment zu IAS 32 „Classification of Rights Issues" greift nicht (▶ 6.8.1.4). Unproblematisch für die Eigenkapitaleinstufung ist es laut DELOITTE indes, wenn das zu Grunde liegende Schuldinstrument einer variablen Marktverzinsung (z.B. LIBOR) unterliegt.[1335]

Aus Verwässerungsschutzgründen vereinbarte Klauseln (d.h. solche, die zur Anpassung des Wandlungsverhältnisses führen und damit die Inhaber des Wertpapiers vor aus Kapitalmaßnahmen des Emittenten resultierenden Aktienkursänderungen schützen) stehen einer Klassifizierung der Wand-

---

[1331] Vgl. FREIBERG (2008a), S. 241. Das Wandlungs- und das Erfüllungswahlrecht sind gemäß IAS 39.AG29 als zusammengesetztes eingebettetes Derivat (siehe Abschnitt 6.7.6.7) zu behandeln, d.h. nicht gesondert zu erfassen, vgl. ebenda, S. 242.

[1332] Vgl. auch ISERT/SCHABER (2005a), S. 2287 und S. 2290; KUHN/SCHARPF (2006), Rz. 3411; SCHABER u.a. (2010), S. 85f.

[1333] Siehe zu solchen bedingten Erfüllungsvereinbarungen weiterführend Abschnitt 6.8.1.3.

[1334] Vgl. IFRIC Update April 2005, S. 2. Vgl. auch ISERT/SCHABER (2005a), S. 2288 und S. 2291; PwC (2011a), S. 7025 (7.40); DELOITTE LLP (2011b), S. 147; KPMG IFRG LIMITED (2011), S. 1314 (7.3.270.10, 20); ERNST & YOUNG LLP (2012b), S. 2983 und S. 2985; LÜDENBACH (2012b), Rz. 12. Für ein ausführliches Bilanzierungsbeispiel einer in Fremdwährung notierten Wandelanleihe vgl. PwC (2011a), S. 7051-7053 (7.79).

[1335] Vgl. DELOITTE LLP (2011b), S. 153.

lungskomponente als Eigenkapitalinstrument überwiegend nicht entgegen. Dies ist etwa bei folgenden Maßnahmen der Fall:[1336]

- Aktiensplit, Zusammenlegung von Stammaktien, Neuklassifizierung;
- (außerordentliche) Bardividenden oder Aktiendividenden;
- Kapitalerhöhungen bzw. Ausgabe von Bezugsrechten an Stammaktionäre;
- Ausgabe weiterer Wandlungsinstrumente.

Auch Klauseln, die den Inhaber im Fall einer Übernahme des Emittenten durch ein anderes Unternehmen vor nachteiligen Folgen schützen, sind in der Regel für die Eigenkapitaleinstufung nicht schädlich.[1337] Wurden allerdings Financial Covenants (▶ 2.4.4.2) oder andere Klauseln vereinbart, deren Einhaltung nicht im Ermessen des Emittenten liegen (z.B. die Nichteinhaltung einer vorgegebenen Eigenkapitalquote oder die Unterschreitung einer bestimmten Aktienkurshöhe oder einer Ratingstufe), führt dies zur Einstufung als Fremdkapitalinstrument.

Ferner ist zu beachten, dass die Klassifizierung der Fremd- und Eigenkapitalkomponenten eines wandelbaren Instruments nicht revidiert werden kann, wenn sich die Wahrscheinlichkeit ändert, dass der Inhaber die Tauschoption wahrnimmt (IAS 32.30).

6.9.3 Trennung weiterer eingebetteter Derivate

Zusätzlich zu der Wandlungskomponente des Inhabers können Wandelschuldverschreibungen weitere eingebettete Derivate enthalten, die ggf. abspaltungspflichtig sind. Bei der diesbezüglichen Beurteilung gelten grundsätzlich dieselben Vorgaben wie für nicht-hybride Finanzverbindlichkeiten (▶ 6.7.6).

So sind etwa bei Kündigungsrechten die entsprechenden Kriterien einschlägig (▶ 6.7.6.3). Die Beurteilung, ob eine Kauf- oder Verkaufsoption eng (bzw. nicht eng) mit dem Basisvertrag verbunden ist, muss dabei vor Trennung der Eigen- und Fremdkapitalkomponenten erfolgen (IAS 39.AG30 (g)). Ein Anwendungsfall ergibt sich bspw., wenn Wandelanleihen mit (beding-

---

[1336] Vgl. dazu und folgend IDW (2011c), Rz. 32f. oder auch VATER (2005), S. 59; KUHN/SCHARPF (2006), Rz. 3912; KÜTING/ERDMANN/DÜRR (2008), S. 946; DELOITTE LLP (2011b), S. 149-151; KPMG IFRG LIMITED (2011), S. 1307 (7.3.180.90); PwC (2011a), S. 7029f. (7.44, 45); BERGER (2011), Rz. 50; LÜDENBACH (2012b), Rz. 12.

[1337] Vgl. KPMG IFRG LIMITED (2011), S. 1307 (7.3.180.100); DELOITTE LLP (2011b), S. 151f.; PwC (2011a), S. 7030f. (7.46).

ten) Emittentenkündigungsrechten ausgestattet werden.[1338] Dies liegt etwa vor, wenn der Schuldner die Wandelanleihe zum Nennwert kündigen kann, falls der Aktienkurs multipliziert mit dem festgelegten Wandlungsverhältnis länger als eine bestimmte Zeitspanne über dem Nennwert liegt.

Die zusammengefasste Behandlung mehrerer eingebetteter Derivate (▶ 6.7.6.7) wird über IAS 39.AG29 insofern eingeschränkt, als nach IAS 32 als Eigenkapitalinstrumente klassifizierte eingebettete Derivate getrennt von solchen zu erfassen sind, die finanzielle Verbindlichkeiten (und finanzielle Vermögenswerte) darstellen.

6.9.4 Kategorisierung

Wandlungskomponenten, die das Unternehmen als Eigenkapitalinstrumente im Sinne des IAS 32 einstuft, liegen nicht im Anwendungsbereich von IAS 39; sie werden demzufolge auch keiner Bewertungskategorie zugeordnet. Handelt es sich bei diesen hingegen um Fremdkapitalinstrumente, fallen die Optionen unter die Bewertungskategorie FLFVPL (FLHfT). Weisen die Wandlungskomponenten in der Folge einen positiven beizulegenden Zeitwert auf, werden sie als FAFVPL (FAHfT) kategorisiert.[1339]

Der eigentliche Basisvertrag (Schuldkomponente) stellt eine finanzielle Verbindlichkeit dar und ist daher in der Regel als FLAC einzustufen. Wird auf die Schuldkomponente die Fair-Value-Option angewandt, erfolgt eine Zuordnung zur Bewertungskategorie FLFVPL.

6.9.5 Ansatz und Ausweis

Auch für Wandelschuldverschreibungen gilt die Regel, dass sie zu dem Zeitpunkt anzusetzen sind, zu dem das Unternehmen Vertragspartei wird (▶ 3.5.2). Analog zu den ohne Wandlungskomponenten ausgestatteten Schuldverschreibungen entspricht dies meist dem Tag, zu welchem dem Unternehmen die Geldmittel zugehen. Der eigentliche Basisvertrag stellt in jedem Fall eine finanzielle Verbindlichkeit dar und ist dementsprechend als Fremdkapital auszuweisen.[1340] Auch als Fremdkapitalinstrumente einge-

---

[1338] Vgl. dazu SCHABER u.a. (2010), S. 87. Vgl. auch die Beispiele in PwC (2011a), S. 7037 (7.63) und S. 7042f. (7.69).
[1339] Dies ist nur bei Pflichtwandelanleihen möglich, siehe dazu Fn. 1344.
[1340] Ggf. ist es sachgerecht, innerhalb der Finanzverbindlichkeiten einen Unterposten „konvertible Anleihen" oder Ähnliches einzufügen, vgl. BRÜGGEMANN/LÜHN/SIEGEL (2004b), S. 395; KÜTING/ERDMANN/DÜRR (2008), S. 944 und S. 946.

stufte Wandlungskomponenten werden den finanziellen Verbindlichkeiten zugeordnet.

Beim Bilanzausweis ist normalerweise eine Differenzierung nach der Fristigkeit (Restlaufzeit kleiner 1 Jahr, Restlaufzeit größer 1 Jahr) geboten (▶ 3.6.3). Dabei müssen Schulden grundsätzlich als kurzfristig eingestuft werden, wenn zum Abschlussstichtag kein (oder nur ein eingeschränktes) Recht des Unternehmens zur Verschiebung der Rückzahlungsverpflichtung um mindestens 12 Monate nach dem Abschlussstichtag besteht. Demnach wäre die Fremdkapitalkomponente bei Wandelschuldverschreibungen, bei denen der Gläubiger jederzeit die Möglichkeit zur Wandlung in Eigenkapitalinstrumente hat, stets dem kurzfristigen Bereich zuzuordnen. Dies ist nicht der Fall, denn über IAS 1.69 (d) wird klargestellt, dass die Option einer Gegenpartei, die Erfüllung durch die Ausgabe von Eigenkapitalinstrumenten zu verlangen, die Fristigkeitseinstufung nicht beeinflusst.

Handelt es sich bei den Wandlungskomponenten im Sinne des IAS 32 um Eigenkapitalinstrumente, kommt für sie nur ein Ausweis im Eigenkapital in Frage.

Verpflichtungen zur Saldierung (▶ 3.6.1) mit finanziellen Vermögenswerten bestehen im Normalfall nicht.

6.9.6 Erstbewertung

Der erstmalige Buchwert des zusammengesetzten Finanzinstruments entspricht dem beizulegenden Zeitwert; der Wandlungskomponente (Eigenkapitalkomponente) wird dabei der Restwert zugewiesen, der sich nach Abzug des getrennt für die Schuldkomponente ermittelten Fair Value vom beizulegenden Zeitwert des gesamten Instruments ergibt (IAS 32.31, IE34-IE36). Derivative Ausstattungsmerkmale (wie z.B. eine Kaufoption), die in ein zusammengesetztes Finanzinstrument eingebettet sind und keine Eigenkapitalkomponente darstellen (z.B. eine Option zur Umwandlung in ein Eigenkapitalinstrument), müssen der Schuldkomponente hinzugerechnet werden. Die Summe der Buchwerte beider Komponenten ist beim erstmaligen Ansatz in jedem Fall gleich dem beizulegenden Zeitwert, der für das Finanzinstrument als Ganzes anzusetzen wäre; durch den getrennten erstmaligen Ansatz entsteht somit kein Gewinn oder Verlust.

Schuldkomponente

Der Erstbuchwert bzw. beizulegende Zeitwert der Schuldkomponente (finanzielle Verbindlichkeit) wird über den beizulegenden Zeitwert einer ähnlichen, nicht mit einer Eigenkapitalkomponente verbundenen Verbindlichkeit (einschließlich aller eingebetteten derivativen Ausstattungsmerkmale ohne Eigenkapitalcharakter) bestimmt (IAS 32.32). Konkret entspricht der Erstbuchwert dem Barwert der vertraglich festgelegten künftigen Cashflows.

Die Diskontierung erfolgt zum marktgängigen Zinssatz, der zu diesem Zeitpunkt für Finanzinstrumente ohne Tauschoption gültig ist. Die Finanzinstrumente müssen dabei einen vergleichbaren Kreditstatus haben und bei gleichen Bedingungen im Wesentlichen zu den gleichen Cashflows führen (IAS 32.AG31 (a)). Schuldkomponenten in Fremdwährung hat das Unternehmen zum am Tag der Mittelaufnahme gültigen Kassawechselkurs in die funktionale Währung umzurechnen (▶ 3.12.2).[1341]

Das Eigenkapitalinstrument entspricht der Option (der Verpflichtung) auf Wandlung der Verbindlichkeit in Eigenkapital des Emittenten (IAS 32.AG31 (b)) bzw. auf Bezug von dessen Aktien. Der beizulegende Zeitwert einer Option umfasst ihren Zeitwert und ggf. ihren inneren Wert.[1342] Die Option hat beim erstmaligen Ansatz auch dann einen Wert, wenn sie „aus dem Geld" ist. Wandlungskomponenten in Fremdwährung hat das Unternehmen ebenfalls unter Heranziehung des Kassawechselkurses am Tag der Ausreichung in die funktionale Währung zu transferieren (▶ 3.12.2).

Wandlungskomponente

Transaktionskosten, die mit der Ausgabe eines zusammengesetzten Finanzinstruments verbunden sind, müssen den Fremd- und Eigenkapitalkomponenten proportional zu der Zurechnung des aufgenommenen Kapitals zugeordnet werden (IAS 32.38). Bei der Fremdkapitalkomponente mindern die anteiligen Transaktionskosten den Passivposten. Für die auf die Eigenkapitalkomponente entfallenden Transaktionskosten kommt eine Erfassung in der Kapitalrücklage in Frage.[1343]

Transaktionskosten

6.9.7 Folgebewertung

Der eigentliche Basisvertrag wird als finanzielle Verbindlichkeit in der Folge nach den für derartige Finanzinstrumente geltenden Vorschriften bilanziert, d.h. wie emittierte nicht-hybride Schuldverschreibungen (▶ 6.7.5).

Schuldkomponente

Die Folgebewertung der Wandlungskomponente hängt davon ab, ob diese als Eigen- oder Fremdkapital eingestuft wurde.

Wandlungskomponente

Ist Ersteres der Fall, verbleibt der zum Zeitpunkt der erstmaligen Erfassung residual ermittelte beizulegende Zeitwert der Option (der Verpflichtung) im Eigenkapital und wird dort auch nach der Wandlung weiter in dieser Höhe

– Eigenkapitalinstrument

[1341] Bei Verbindlichkeiten wird nahegelegt, Geldkurse heranzuziehen; zulässig ist allerdings auch die Verwendung von Mittelkursen.
[1342] Dieser Satz in IAS 32.AG31 (b) wird über IFRS 13 (siehe dazu Abschnitt 3.1.2) gelöscht.
[1343] Laut KUHN/SCHARPF (2006), Rz. 1284 können die der Kapitalerhöhung zugeordneten Transaktionskosten auch als „sonstiger Vermögenswert" aktiviert werden.

geführt; sämtliche erhaltenen und entrichteten Vergütungen sind direkt dem Eigenkapital hinzuzurechnen bzw. abzuziehen (▶ 6.8.6).

– *Fremdkapitalinstrument*

Handelt es sich bei der Wandlungskomponente um Fremdkapital, muss diese in der Folge wie ein Finanzderivat (▶ 6.5.5) behandelt werden, d.h. das Unternehmen bewertet sie periodisch zum Fair Value und berücksichtigt die Wertänderungen in der GuV. In Abhängigkeit von der Kursentwicklung der Aktien, die dem Umtausch zu Grunde liegen, kann es nach dem Erstansatz auch zur Bilanzierung eines Aktivpostens kommen, wenn der beizulegende Zeitwert von dem ursprünglich negativen in einen positiven Fair Value umschlägt (▶ 3.6.2).[1344]

6.9.8 Wandlung bei Fälligkeit

Bei Wandlung der Wandelschuldverschreibung zum Fälligkeitstermin wird die Schuldkomponente ausgebucht und im Eigenkapital erfasst (IAS 32.AG32). Eine Wandlungskomponente, die Eigenkapital darstellt, ist weiterhin als Eigenkapital zu führen, kann jedoch von einem Eigenkapitalposten in einen anderen umgebucht werden.[1345] Bei der Umwandlung zum Fälligkeitstermin entsteht kein Gewinn oder Verlust.

Fraglich ist, ob eine solche erfolgsneutrale Behandlung immer erfolgen muss. Hat eine Wandelschuldverschreibung bspw. eine Schuldkomponente mit 10-jähriger Laufzeit und wird dem Inhaber nach 5 Jahren ein jederzeitiges Wandlungsrecht zum Nominalwert eingeräumt, so könnte ein frühzeitiger Umtausch auch als Rückzahlung der Schuldkomponente aufgefasst werden. Dies hätte gemäß IAS 39.AG8 zum Wandlungszeitpunkt eine Schätzungsänderung der künftigen Cashflows zur Folge (▶ 3.8.3.3); der Barwert der Zahlungen entspricht dann dem Nominalwert. Der Differenz zwischen den fortgeführten Anschaffungskosten und dem Barwert der künftigen Cashflows (bzw. dem Nominalwert) wäre durch eine GuV-wirksame Buchwertanpassung Rechnung zu tragen. Laut KPMG ist in der Regel allerdings nicht von einer Rückzahlung auszugehen, sodass sich bei Wandlung normalerweise kein Gewinn oder Verlust ergibt.[1346]

[1344] Dies ist allerdings nur bei verpflichtender Wandlung denkbar; hat der Inhaber das Recht zum Umtausch, kann die Option für ihn keinen negativen Wert und somit für den Emittenten keinen positiven Wert haben.

[1345] Bspw. von der Kapitalrücklage in die Gewinnrücklagen, vgl. HACHMEISTER (2006), S. 75; KÜTING/ERDMANN/DÜRR (2008), S. 946.

[1346] Vgl. dazu ausführlich KPMG IFRG LIMITED (2011), S. 1312f. (7.3.250.30-80). Eine GuV-wirksame Buchwertanpassung ist KPMG zufolge bspw. geboten, wenn der Emittent eine gewisse Zeit nach der Ausgabe ein jederzeitiges Rückkaufrecht hat, dem Inhaber allerdings nach der Ankündigung des Rückkaufs von Seiten des

6.9.9 Frühzeitige Rücknahme bzw. Rückkauf

Wird die Wandelschuldverschreibung durch eine frühzeitige Rücknahme oder einen frühzeitigen Rückkauf, bei der bzw. dem die ursprünglichen Wandlungsrechte (-verpflichtungen) unverändert bestehen bleiben, vor ihrer Endfälligkeit getilgt, werden das entrichtete Entgelt und alle Transaktionskosten für die Rücknahme oder den Rückkauf zum Zeitpunkt der Transaktion in analoger Weise wie bei der ursprünglichen Aufteilung der Emissionserlöse den Schuld- und Eigenkapitalkomponenten des Instruments zugeordnet (IAS 32.AG33).[1347] Alle nach der Verteilung daraus resultierenden Gewinne oder Verluste sind entsprechend den für die jeweiligen Komponenten maßgeblichen Erfassungsregeln zu behandeln, d.h. Ergebnisse aus der Schuldkomponente sind GuV-wirksam, solche aus der als Eigenkapital klassifizierten Wandlungskomponente hat man im Eigenkapital zu berücksichtigen (IAS 32.AG34; Praxisbeispiel ▶ 6.9.12.1).

Alternativ zu der über IAS 32.AG33 beschriebenen Vorgehensweise könnte eine frühzeitige Rückzahlung unterstellt werden. Dies hätte gemäß IAS 39.AG8 eine GuV-wirksame Buchwertanpassung der Schuldkomponente als Differenz zwischen den fortgeführten Anschaffungskosten und dem Rückzahlungsbetrag zur Folge (siehe vorheriger Abschnitt). Im Vergleich zur Behandlung nach IAS 32.AG33 würden sich allerdings keine oder nur geringfügig abweichende GuV-Effekte ergeben. Dies liegt daran, dass der beizulegende Zeitwert der Schuldkomponente zum Wandlungszeitpunkt dem Rückzahlungsbetrag entspricht und somit die Eigenkapitalkomponente einen Wert von 0 hat. Da die gesamte Rückzahlung der Schuldkomponente zugeordnet wird, kommt der Abgangsverlust dem Verlust aus der Buchwertanpassung gleich.[1348]

Falls man die Bedingungen eines wandelbaren Instruments ändert, um eine frühzeitige Wandlung herbeizuführen (bspw. durch das Angebot eines günstigeren Umtauschverhältnisses oder durch die Zahlung einer zusätzlichen Gegenleistung bei Wandlung vor einem festgesetzten Termin), muss die Differenz aus folgenden Beträgen aufwandswirksam erfasst werden (IAS 32.AG35; Praxisbeispiel ▶ 6.9.12.1):[1349]

Emittenten noch die Möglichkeit zur sofortigen Wandlung gewährt wird, vgl. ebenda, S. 1313 (7.3.250.70).
[1347] Siehe dazu weiterführend Abschnitt 6.9.6. Da Transaktionskosten von zusammengesetzten Finanzinstrumenten nach IAS 32.38 den Komponenten proportional zur Zurechnung des aufgenommenen Kapitals zuzuordnen sind, ist so auch bei der Rücknahme bzw. dem Rückkauf zu verfahren.
[1348] Vgl. hierzu das Beispiel in Deloitte LLP (2011b), S. 139f.
[1349] IFRIC 19 kommt bei Wandelschuldverschreibungen nicht zur Anwendung, da die Möglichkeit zur Tilgung in Eigenkapitalinstrumenten bei diesen schon originär gegeben ist, siehe dazu Abschnitt 3.13.2.3.

- aus dem beizulegenden Zeitwert aus der Gegenleistung, die der Inhaber bei Wandlung des Instruments gemäß den geänderten Bedingungen erhält;

- aus dem Fair Value aus der Gegenleistung, die der Inhaber auf Basis der ursprünglichen Konditionen erhalten hätte.

6.9.10 Sonstige Änderungen der Vertragsbedingungen

Modifikationen der Kreditbedingungen von finanziellen Verbindlichkeiten (z.B. Änderungen der Laufzeit und/oder der Verzinsung) führen zur Ausbuchung der bisherigen Schuld in Verbindung mit einer Neueinbuchung, falls sich die Konditionenänderungen über einen durchzuführenden Barwerttest als wesentlich im Sinne der 10%-Grenze erweisen (▶ 3.13.2.4; Praxisbeispiel ▶ 6.9.12.1). Ggf. kann neben dem quantitativen Barwerttest auch noch eine qualitative Beurteilung gefordert sein.[1350]

Im Zusammenhang mit Wandelschuldverschreibungen ist nicht eindeutig geregelt, ob der quantitativen oder qualitativen Untersuchung auf Ausbuchung nur die Basis-Schuldkomponente oder aber das gesamte Instrument (einschließlich Wandlungskomponente) zu Grunde gelegt werden muss. Je nach Auslegung können sich unterschiedliche Bilanzierungsergebnisse ergeben.[1351]

Hat ein Unternehmen etwa eine Wandelschuldverschreibung mit derivativem Eigenkapitalinstrument ausgegeben und erfolgt später per Kontraktänderung eine Umwandlung in eine nicht-wandelbare Anleihe, wird man auf Basis des gesamten Instruments – zumindest unter Heranziehung des qualitativen Tests – zu dem Schluss kommen, dass eine wesentliche Vertragsänderung vorliegt, da sich die Merkmale der alten und der neuen Anleihe substanziell unterscheiden. Die Wandelschuldverschreibung wäre dann komplett (Eigen- und Fremdkapitalkomponente) auszubuchen; gleichzeitig würde eine neue (nicht-wandelbare) finanzielle Verbindlichkeit zum Fair Value zu erfassen sein. Den Gewinn oder Verlust aus dem Abgang der Wandelschuldverschreibung hätte man gemäß den Vorgaben in IAS 32.AG33 (▶ 6.9.9) in Abhängigkeit der Verteilung des Rückkaufbetrags auf die Komponenten zu bestimmen. Wird der Umtausch bspw. am 01.01.X1 zu 90 €

[1350] Siehe dazu die in Fn. 620 enthaltenen Hinweise.
[1351] Vgl. hierzu und im Folgenden das Beispiel in PwC (2011a), S. 8088f. (8.158).

vollzogen und werden zu diesem Datum fortgeführte Anschaffungskosten von 83 € unterstellt, ergibt sich folgende Buchung:[1352]

01.01.X1	Verbindlichkeit alt	83 €	Verbindlichkeit neu	90 €
	Aufwand Ausbuchung	2 €		
	Eigenkapital	5 €		

Wird der Test nur auf Grundlage des Basis-Schuldinstruments durchgeführt, kommt man in dem Beispiel nicht zu dem Ergebnis, dass eine wesentliche Vertragsänderung gegeben ist. Insofern bleibt der Posten zum Buchwert von 83 € erfasst; das Unternehmen muss lediglich die Wandlungskomponente ausbuchen. Der auf Letztere entfallende Rückkaufbetrag wird nach IAS 32.AG33 bestimmt.[1353]

Vertragsänderungen bezüglich der Wandlungskomponente sind in der Regel zunächst mit keinem Cashflow-Effekt verbunden; allein über den Barwerttest wird somit keine Ausbuchung erforderlich sein.[1354] Letztere kann allerdings ggf. als notwendig erachtet werden, wenn die geänderten Bedingungen wesentliche Auswirkungen für den Gläubiger haben. Bspw. ist dies bei einem Wegfall der Bartilgungsalternative KPMG zufolge nicht der Fall; eine derartige Kontraktänderung führt daher nicht zur Ausbuchung und Neueinbuchung. Indes hat man das Wandlungsrecht dann nicht mehr wie bisher als derivatives Fremdkapitalinstrument, sondern als derivatives Eigenkapitalinstrument einzustufen. Das Wandlungsrecht (Fremdkapitalinstrument) wird zum Zeitpunkt der Vertragsänderung einer letzten Bewertung zum Fair Value unterzogen und anschließend in entsprechender Höhe als Eigenkapitalinstrument erfasst. Eine solche GuV-neutrale Umbuchung ins Eigenkapital kann ggf. auch sachgerecht sein, wenn ein ursprünglich variabler Umwandlungspreis ab einem bestimmten Datum fixiert wird und die (zunächst als derivative Verbindlichkeit eingestufte) Wandlungskomponente dann die Merkmale eines Eigenkapitalinstruments erfüllt.[1355]

[1352] Dabei wird angenommen, dass die gesamte Wandelschuldverschreibung zum Zeitpunkt des Umtauschs einen Fair Value von 90 € und das Basis-Schuldinstrument einen beizulegenden Zeitwert von 85 € hat. Auf die Eigenkapitalkomponente entfallen bei Verteilung gemäß IAS 32.AG33 (hier: 85:5) dementsprechend 5 €, auf die Basis-Schuldkomponente 85 € des Rückkaufbetrags. Daraus ermittelt sich der GuV-wirksame Aufwand aus der Ausbuchung von 2 € (85 € ./. 83 €). Bei der Wandlungskomponente wird eine etwaige Differenz zum ursprünglich im Eigenkapital erfassten Betrag über das Eigenkapital gebucht.
[1353] Ebenso ist der sich bezüglich der Wandlungskomponente ggf. ergebende Unterschiedsbetrag aus der Ausbuchung über das Eigenkapital zu berücksichtigen.
[1354] Vgl. hierzu und folgend KPMG IFRG LIMITED (2011), S. 1316 (7.3.290.40-60).
[1355] Vgl. dazu das Beispiel in DELOITTE LLP (2011b), S. 190f. Die Wandlungskomponente kann in diesem Fall entweder als derivative Verbindlichkeit bestehen bleiben oder aber ins Eigenkapital umklassifiziert werden. Gl.A. PwC (2011a), S. 7006 (7.15.4).

6.9.11 Angabepflichten

6.9.11.1 Anforderungen bei mehreren eingebetteten Derivaten

Hat das Unternehmen ein Instrument ausgegeben,

- das sowohl eine Fremdkapital- als auch eine Eigenkapitalkomponente enthält und
- welches mit mehreren eingebetteten Derivaten ausgestattet ist, deren Werte voneinander abhängig sind,

muss es Angaben zu diesen Merkmalen machen (IFRS 7.17).

Eine Offenlegungspflicht ergibt sich nur, wenn alle drei Bedingungen kumulativ erfüllt sind. Damit muss über herkömmliche (Plain Vanilla) Wandelanleihen nicht zwingend berichtet werden, da diese mit dem Wandlungsrecht nur ein eingebettetes Derivat einschließen.[1356] Der Angabepflicht unterliegt jedoch z.B. ein Schuldinstrument mit den folgenden Merkmalen (IFRS 7.BC28-BC31):

- Der Inhaber hat die Option zur Wandlung des Schuldinstruments in Eigenkapitalinstrumente des Emittenten.
- Für den Emittenten besteht die Möglichkeit zur Kündigung bzw. Rückzahlung des Schuldinstruments.[1357] Dies hätte zur Folge, dass die Option des Inhabers erlöschen würde.

Dann existieren 2 Derivate (Wandlungsrecht, eingebettetes Kündigungsrecht), deren Wertentwicklungen wechselseitig abhängig sind. Dies hat zur Folge, dass die Summe der gesondert ermittelten Werte der Fremd- und Eigenkapitalkomponente nicht dem Wert des gesamten zusammengesetzten Instruments entspricht.

6.9.11.2 Weitere Anforderungen

Schuldkomponente

Für die Schuldkomponente gelten grundsätzlich dieselben Offenlegungspflichten wie für nicht-hybride Finanzverbindlichkeiten (▶ 6.7.8). Zur Fair-Value-Bestimmung der Schuldkomponente kann man nicht auf den Kurswert zurückgreifen, da sich dieser auf das gesamte Instrument inklusive Wandlungskomponente bezieht.

Bei der Ermittlung der im Rahmen der Angaben zu Liquiditätsrisiken (▶ 5.4.3) zu publizierenden Fälligkeitsanalyse ist zu beachten, dass die Nominalwerte im Fall der Wandlung vom Unternehmen nicht zurückgezahlt

---

[1356] Vgl. SCHARPF (2006), S. 22. Vgl. auch BOLZ/BECKER (2012), Rz. 189.
[1357] Solche Kündigungsrechte stellen überwiegend trennungspflichtige eingebettete Derivate dar, siehe dazu weiterführend Abschnitt 6.7.6.

werden, sondern es stattdessen (zahlungsneutral) eigene Anteile ausgibt. Gar keine Tilgungs-Cashflows ergeben sich bei Pflichtwandelanleihen. Hat der Inhaber hingegen die Möglichkeit, alternativ eine Erfüllung in bar zu bewirken, müssen die Rückzahlungen anhand der Inanspruchnahmewahrscheinlichkeit der Option geschätzt werden. Hierzu kann das Unternehmen den zum Abschlussstichtag vorherrschenden Aktien- bzw. Optionskurs heranziehen. Liegt die Option bspw. aus Sicht des Inhabers weit „im Geld", wird er diese höchstwahrscheinlich ausüben, wodurch für das emittierende Unternehmen keine Tilgungsauszahlungen entstehen.

Als im Sinne des IAS 32 als Eigenkapitalinstrumente klassifizierte Wandlungskomponenten unterliegen nur theoretisch den Angabepflichten von IFRS 7 (▶ 3.3.6.4). So ist bspw. die Offenlegung des beizulegenden Zeitwerts nur für die Schuldkomponente erforderlich.[1358]

Wandlungskomponente/ eingebettete Derivate

Im Hinblick auf die Angabepflichten, welche bei in Wandelschuldverschreibungen eingebetteten und abspaltungspflichtigen Derivaten (als Fremdkapitalinstrumente eingestufte Wandlungskomponenten und weitere eingebettete Derivate) bestehen, wird auf die entsprechenden Ausführungen zu den Warentermingeschäften verwiesen (▶ 6.6.6).

6.9.12 Praxisbeispiele

6.9.12.1 Emittierte Wandelanleihe mit derivativem Eigenkapitalinstrument

Unternehmen S mit S&P-Rating AA begibt am 01.11.X1 über ein Bankenkonsortium eine Wandelanleihe im Nominalvolumen von 300 Mio. € (Stückelung in Anteile von je 1.000 €). Die Schuldverschreibung hat eine Laufzeit bis zum 01.11.X4 und einen Stufenzinskupon mit Verzinsung von 3,25% p.a. im 1. Jahr, 3,5% p.a. im 2. Jahr und 3,75% p.a. im 3. Jahr (jährliche nachschüssige Zahlung; Zählweise 30/360). Jeder Inhaber erhält bei Ausübung des Wandlungsrechts pro Nominalvolumenanteil 40 S-Aktien geliefert; andere Erfüllungsarten bestehen nicht. Bei Nichtinanspruchnahme des Wandlungsrechts wird das Nominalvolumen zurückgezahlt. Die an das emittierende Bankenkonsortium zu zahlende Konsortialprovision beträgt 1.500 T€; darüber hinaus entstehen weitere Kosten (Druck, Börsenzulassung) von insgesamt 500 T€. Das Bankenkonsortium legt den Ausgabekurs auf 99,75% fest.

Bei dem Wandlungsrecht handelt es sich im Sinne des IAS 32 um ein derivatives Eigenkapitalinstrument, denn bei Ausübung wird eine feste Anzahl von Aktien gegen den (festen) Nominalbetrag der Anleihe getauscht und weder von Seiten des Emittenten noch von Seiten des Inhabers bestehen

---

[1358] Vgl. IDW (2009a), Rz. 38.

6

Herkömmliche Bilanzierung und Offenlegung einzelner Sachverhalte

Wahlrechte hinsichtlich der Erfüllung (Gross Share Settlement mit festen Beträgen). Demzufolge stellt die Wandelanleihe ein zusammengesetztes Finanzinstrument mit einer Schuld- und einer Eigenkapitalkomponente dar.

Einbuchung 01.11.X1

Die beiden Komponenten müssen erstmalig zum beizulegenden Zeitwert angesetzt werden. Der Fair Value des Eigenkapitalinstruments bestimmt sich dabei aus der Differenz der beizulegenden Zeitwerte des gesamten zusammengesetzten Finanzinstruments und des Schuldinstruments. Die Transaktionskosten von insgesamt 2.000 T€ sind proportional auf die beiden Komponenten aufzuteilen.

Der Fair Value der Schuldkomponente entspricht dem Barwert der künftigen Cashflows, diskontiert mit den risiko- und laufzeitäquivalenten Zinssätzen. Tabelle 6-57 zeigt die der Bewertung zu Grunde liegenden Parameter.

Tabelle 6-57   *Praxisbeispiel Wandelanleihe: Bewertungsparameter der Schuldkomponente zum 01.11.X1*

Zeitraum	(1) Kuponzinssatz	(2) Swapzinssatz	(3)* Zero-Zinssatz	(4) = 300 Mio. € · (1) Auszahlung
01.11.X1-31.10.X2	3,250%	4,430%	4,430%	9.750 T€
01.11.X2-31.10.X3	3,500%	4,724%	4,731%	10.500 T€
01.11.X3-31.10.X4	3,750%	5,026%	5,046%	11.250 T€

* Siehe zur Bestimmung Abschnitt 2.1.8

Der beizulegende Zeitwert der Schuldkomponente zum 01.11.X1 beträgt 287.421,89 T€:

$$\frac{9.750\ T€}{(1+4,430\%)} + \frac{10.500\ T€}{(1+4,731\%)^2} + \frac{(11.250\ T€ + 300.000\ T€)}{(1+5,046\%)^3} = 287.421,89\ T€$$

Über den Emissionskurs wird der Fair Value des gesamten zusammengesetzten Finanzinstruments ermittelt; dieser beläuft sich auf 299.250 T€ (300.000 T€ · 99,75%). Damit liegt der beizulegende Zeitwert der Eigenkapitalkomponente bei 11.828,11 T€ (299.250 T€ ./. 287.421,89 T€).

Auf die Schuldkomponente entfallen 96,0% (287.421,89 T€ / 299.250 T€) des Gesamtwerts des zusammengesetzten Finanzinstruments. Daher werden ihr anteilige Transaktionskosten von 1.920,95 T€ (2.000 T€ · 96,0%) zugeordnet. Der verbleibende Betrag von 79,05 T€ entfällt auf die Eigenkapitalkomponente.[1359]

[1359] Es sei angenommen, dass keine Ertragssteuervorteile bestehen, um welche die Transaktionskosten gemäß IAS 32.35, 37 vor Änderung durch den IFRS-Überarbeitungsprozess 2012 (siehe Fn. 1305) zunächst zu mindern wären. Für ein Beispiel mit Berücksichtigung von Ertragsteuervorteilen vgl. CHRISTIAN (2008), S. 82.

6.9 Emittierte Wandelschuldverschreibungen

Die Wandelanleihe wird wie folgt eingebucht (B = Bilanz; EK = Eigenkapital):

01.11.X1	Kasse LaR (B)	299.250,00 T€	Wandelanl. FLAC (B)	287.421,89 T€
			Kapital-RL (EK)	11.828,11 T€
	Wandelanl. FLAC (B)	1.920,95 T€	Kasse LaR (B)	2.000,00 T€
	Kapital-RL (EK)	79,05 T€		

Der Erstbuchwert der Schuldkomponente beläuft sich auf 285.500,94 T€ (287.421,89 T€ ./. 1.920,95 T€). Unter Zugrundelegung dessen, des Nominalvolumens, der Kuponzinssätze sowie der Laufzeit bestimmt sich ein Effektivzinssatz von 5,275%. Dies ist in Tabelle 6-58 derjenige Zinssatz, welcher den Buchwert in Spalte (5) zum 31.10.X4 exakt auf 300.000 T€ fortschreibt.[1360]

Praxisbeispiel Wandelanleihe: fortgeführte AK der Schuldkomponente

Tabelle 6-58

Zeitraum	(1) Buchwert Anfang	(2) = (1) · 5,275% Effektivzinsaufwand	(3) Nominalzinssatz	(4) = 300 Mio. € · (3) Nominalzinszahlung	(5) = (1) + (2) ./. (4) Buchwert Ende
01.11.X1-31.10.X2	285.500,94 T€	15.061,10 T€	3,250%	9.750 T€	290.812,05 T€
01.11.X2-31.10.X3	290.812,05 T€	15.341,28 T€	3,500%	10.500 T€	295.653,33 T€
01.11.X3-31.10.X4	295.653,33 T€	15.596,67 T€	3,750%	11.250 T€	300.000,00 T€
∑		45.999,05 T€		31.500 T€	

S realisiert zum 31.12.X1 zunächst den anteiligen Nominalzins von 1.625 T€ (300.000 T€ · 3,25% · 60 Tage / 360 Tage) im Zinsergebnis (ZE). Da zu diesem Zeitpunkt noch keine Nominalzinszahlung zu leisten ist, muss eine Zinsverbindlichkeit erfasst werden:

Bilanzierung Q4 X1

31.12.X1	Zinsaufwand FLAC (ZE)	1.625,00 T€	Zinsverb. FLAC (B)	1.625,00 T€

Ferner wird die Anleihe um die Differenz zwischen anteiligem Effektivzins und anteiligem Nominalzins fortgeschrieben. Dieser Fortschreibungsbetrag bestimmt sich anhand der Differenz des anteiligen Effektivzinsaufwands von 2.510,18 T€ (15.061,10 T€ · 60 Tage / 360 Tage) und des anteiligen Nominalzinsaufwands von 1.625 T€ und beträgt 885,18 T€:

31.12.X1	Zinsaufwand FLAC (ZE)	885,18 T€	Wandelanl. FLAC (B)	885,18 T€

Für den Jahresabschluss X1 werden die Buchwerte der Schuldkomponente von 286.386,12 T€ (285.500,94 T€ + 885,18 T€) sowie der Zinsverbindlichkeit von 1.625 T€ zur Bestimmung des offen zu legenden Buchwerts der Bewer-

Angaben JA X1

[1360] In einem Tabellenkalkulationsprogramm kann der Effektivzinssatz über eine Iterationsfunktion bzw. Zielwertsuche ermittelt werden.

6 Herkömmliche Bilanzierung und Offenlegung einzelner Sachverhalte

tungskategorie FLAC berücksichtigt.[1361] Die im 4. Quartal erfassten Zinsaufwendungen von insgesamt 2.510,18 T€ gehen in das Nettoergebnis der Bewertungskategorie FLAC ein und sind Bestandteil der zu publizierenden Gesamtzinsaufwendungen.

– Fair-Value-Bestimmung

Die Wandelanleihe ist zwar börsennotiert, der Kurswert kann allerdings nicht zur Erfüllung der Fair-Value-Angaben herangezogen werden, da er auch die Eigenkapitalkomponente einschließt und nur der beizulegende Zeitwert der Schuldkomponente offen gelegt werden muss. Letzterer wird daher unter Heranziehung der aktuellen risiko- und laufzeitäquivalenten Zinssätze ermittelt. Aus der Berechnung ergibt sich ein Clean Fair Value von 287.301,58 T€:

$$\frac{(9.750\ T€./.1.625\ T€)}{(1+4{,}420\% \cdot 300/360)} + \frac{10.500\ T€}{(1+4{,}853\%)^{660/360}} + \frac{(11.250\ T€ + 300.000\ T€)}{(1+5{,}168\%)^{1.020/360}} = 287.301{,}58\ T€$$

Da S bei den Fair-Value-Angaben die Zinsverbindlichkeit in Höhe des Buchwerts berücksichtigt, ist der Clean Fair Value relevant.[1362]

– Fälligkeits-analyse

Zudem gehen die Zahlungen aus der Wandelanleihe in die innerhalb der Angaben zu Liquiditätsrisiken geforderte Fälligkeitsanalyse ein. S zieht dabei den in Tabelle 5-2 dargestellten Aufbau heran (▶ 5.4.3.2). Da der Kurs der S-Aktie am 31.12.X1 bei 27,12 € notiert und bei diesem Kursniveau für die Inhaber eine Wandlung wirtschaftlich sinnvoll ist,[1363] wird davon ausgegangen, dass kein Gläubiger die Möglichkeit zur Bartilgung in Anspruch nimmt. Dementsprechend ergeben sich die in Tabelle 6-59 aufgeführten Werte und Zuordnungen.

Tabelle 6-59

Praxisbeispiel Wandelanleihe: Fälligkeitsanalyse (Auszahlungen)

X2		X3		X4 bis X6	
Zins fix	Tilgung	Zins fix	Tilgung	Zins fix	Tilgung
-9.750 T€	0 T€	-10.500 T€	0 T€	-11.250 T€	0 T€

Bilanzierung Q1-Q3 X2

In analoger Weise geht S für die Quartalsabschlüsse zum 31.03., 30.06. und 30.09.X2 vor. Es wird jeweils ein anteiliger Nominalzins von 2.437,50 T€ (300.000 T€ · 3,25% · 90 Tage / 360 Tage) realisiert:

3x.0x.X2	Zinsaufwand FLAC (ZE)	2.437,50 T€	Zinsverb. FLAC (B)	2.437,50 T€

[1361] Die Zahlungsmittel finden bei der Bewertungskategorie LaR Berücksichtigung.
[1362] Zur Differenzierung zwischen Clean Fair Value und Dirty Fair Value siehe weiterführend Abschnitt 2.1.11.1.
[1363] Ein Inhaber kann für jeden Nominalvolumenanteil von 1.000 € eine Anzahl von 40 Aktien erhalten. Daher wird er sich bei einem Kurs von über 25 € (1.000 € / 40 Stück) für den Anteilsbezug entscheiden.

Der Fortschreibungsbetrag für die 3 Quartale bestimmt sich über die Differenz des anteiligen Effektivzinsaufwands von 3.765,28 T€ (15.061,10 T€ · 90 Tage / 360 Tage) und des anteiligen Nominalzinsaufwands von 2.437,50 T€ und beträgt 1.327,78 T€:

| 3x.0x.X2 | Zinsaufwand FLAC (ZE) | 1.327,78 T€ | Wandelanl. FLAC (B) | 1.327,78 T€ |

Am 01.11.X2 wird die Nominalzinszahlung für das 1. Jahr beglichen, die bis dato erfasste Zinsverbindlichkeit von 8.937,50 T€ (1.625 T€ + 3 · 2.437,50 T€) ausgebucht und der anteilige Nominalzinsaufwand von 812,50 T€ (300.000 T€ · 3,25% · 30 Tage / 360 Tage) realisiert. Buchung:

Zinszahlung 01.11.X2

| 01.11.X2 | Zinsverb. FLAC (B) | 8.937,50 T€ | Kasse LaR (B) | 9.750,00 T€ |
| | Zinsaufwand FLAC (ZE) | 812,50 T€ | | |

Außerdem schreibt S die Wandelanleihe um die Differenz aus dem anteiligen Effektivzinsaufwand von 1.255,09 T€ (15.061,10 T€ · 30 Tage / 360 Tage) und dem anteiligen Nominalzinsaufwand von 812,50 T€ fort. Der Fortschreibungsbetrag von 442,59 T€ ist wie folgt zu buchen:

| 01.11.X2 | Zinsaufwand FLAC (ZE) | 442,59 T€ | Wandelanl. FLAC (B) | 442,59 T€ |

Entsprechend wird in den folgenden Quartalen vorgegangen. Am 01.11.X4 liegt der Kurs der S-Aktie bei 25,04 €. S erhält die Mitteilung, dass die Inhaber 90% des Nominalvolumens in Aktien wandeln werden; folglich erhöht sich die Kapitalrücklage um 270.000 T€ (300.000 T€ · 90%). Die Wandelanleihe wird ausgebucht; aus der 10%igen Bartilgung ergibt sich ein Zahlungsmittelabfluss von 30.000 T€:

Fälligkeit 01.11.X4

| 01.11.X4 | Wandelanl. FLAC (B) | 300.000,00 T€ | Kapital-RL (EK) | 270.000,00 T€ |
| | | | Kasse LaR (B) | 30.000,00 T€ |

Der für die Eigenkapitalkomponente zum Emissionszeitpunkt im Eigenkapital erfasste Betrag von 11.749,06 T€ (11.828,11 T€ ./. 79,05 T€) verbleibt dort, wird allerdings von der Kapitalrücklage in die Gewinnrücklagen umgebucht:

| 01.11.X4 | Kapital-RL (EK) | 11.749,06 T€ | Gewinn-RL (EK) | 11.749,06 T€ |

Alternativ zur Wandlung bei Fälligkeit könnten die Konditionen der Wandelanleihe während der Laufzeit geändert werden, um einen frühzeitigen Umtausch zu bewirken. Dazu folgende Abwandlung des Ausgangsbeispiels: S bietet den Inhabern am 01.10.X3 an, dass sie bei Wandlung innerhalb von 4 Wochen anstelle der zum bisherigen Fälligkeitsdatum vereinbarten 40 S-Aktien pro Nominalvolumenanteil 45 S-Aktien geliefert bekommen. Alle Inhaber nehmen das Angebot an. Zum 01.11.X3 liegt der Kurs der S-Aktie bei 24,12 €. Auf Basis der ursprünglichen Konditionen hätten die Inhaber bei Wandlung einen Gegenwert von 289.440 T€ (24,12 € · 40 Aktien ·

Abwandlung 1: frühzeitiges Wandlungsangebot 01.11.X3

6 Herkömmliche Bilanzierung und Offenlegung einzelner Sachverhalte

300.000 Anteile) erhalten; jetzt bekommen sie 325.620 T€ (24,12 € · 45 Aktien · 300.000 Anteile). Der Differenzbetrag von 36.180 T€ muss sofort als Aufwand gebucht werden (▶ 6.9.9); diesen erfasst S im sonstigen Finanzergebnis (FE). Die Wandelanleihe wird zum 01.11.X3 ausgebucht; sie weist zu diesem Datum fortgeführte Anschaffungskosten von 295.653,33 T€ (siehe Tabelle 6-58) auf. Wegen der vollständigen Wandlung erfolgt die Gegenbuchung ausschließlich über das Eigenkapital. Buchung:

01.11.X3	Wandelanl. FLAC (B)	295.653,33 T€	Kapital-RL (EK)	331.833,33 T€
	Aufw. Abgang FLAC (FE)	36.180,00 T€		

Der zum Emissionszeitpunkt für die Eigenkapitalkomponente im Eigenkapital erfasste Betrag wird zum 01.11.X3 in analoger Weise wie in der Ausgangslage in die Gewinnrücklagen umgebucht.

Abwandlung 2: frühzeitiger Rückkauf 01.11.X3

Auch beim Rückkauf der Wandelanleihe ist ein auf die Schuldkomponente entfallender Aufwand erfolgswirksam zu erfassen. Hierzu eine weitere Abwandlung der Ausgangslage: S bietet den Inhabern an, die Anteile am 01.11.X3 für insgesamt 320.000 T€ zurückzukaufen; das Rückkaufangebot wird von allen Inhabern angenommen. Bei der Transaktion entstehen Kosten von 3.000 T€.

Die Auszahlung für den Rückkauf und die Transaktionskosten von 323.000 T€ muss auf die Schuld- und die Eigenkapitalkomponente aufgeteilt werden. Dazu wird zunächst der Fair Value der Schuldkomponente zum Rückkaufzeitpunkt bestimmt. S könnte ein Wertpapier ohne Wandlungsrecht mit 1-jähriger Laufzeit zu einem festen Zinssatz von 4,125% p.a. emittieren. Da der risiko- und laufzeitäquivalente Zero-Zinssatz ebenfalls bei 4,125% liegt, ergibt sich für die Schuldkomponente ein beizulegender Zeitwert von exakt 300.000 T€:

$$\frac{(12.375 \text{ T€} + 300.000 \text{ T€})}{(1 + 4,125\%)} = 300.000 \text{ T€}$$

Der Fair Value der Eigenkapitalkomponente ist residual zu ermitteln; er beträgt 20.000 T€ (320.000 T€ ./. 300.000 T€). Die Auszahlung für die Transaktionskosten wird den beiden Komponenten anteilig zugeordnet. Auf die Schuldkomponente entfallen 93,75% (300.000 T€ / 320.000 T€) und damit 2.812,50 T€ (3.000 T€ · 93,75%); auf die Eigenkapitalkomponente der verbleibende Betrag von 187,50 T€.[1364]

Mit Berücksichtigung der Transaktionskosten ergibt sich für die Schuldkomponente demnach eine Auszahlung von 302.812,50 T€ (300.000 T€ +

[1364] Wiederum sei angenommen, dass keine Ertragssteuervorteile bestehen, die nach IAS 32.35, 37 vor Änderung durch den IFRS-Überarbeitungsprozess 2012 (siehe Fn. 1305) die Transaktionskosten mindern. Vgl. für ein entsprechendes Beispiel CHRISTIAN (2008), S. 85.

2.812,50 T€); der zu erfassende Aufwand wird aus der Differenz zu den fortgeführten Anschaffungskosten bestimmt und beträgt 7.159,17 T€ (302.812,50 T€ ./. 295.653,33 T€). Buchung:

01.11.X3	Wandelanl. FLAC (B)	295.653,33 T€	Kasse LaR (B)	302.812,50 T€
	Aufw. Abgang FLAC (FE)	7.159,17 T€		

Auf die Eigenkapitalkomponente entfällt ein Auszahlungsbetrag von 20.187,50 T€ (20.000 T€ + 187,50 T€), der wie folgt gebucht wird:

01.11.X3	Kapital-RL (EK)	20.187,50 T€	Kasse LaR (B)	20.187,50 T€

Per Saldo ist für die Eigenkapitalkomponente zum 01.11.X3 ein Betrag von -8.438,44 T€ (-20.187,50 T€ + 11.749,06 T€) im Eigenkapital erfasst. Analog wie zuvor wird dieser nun in die Gewinnrücklagen umgebucht:

01.11.X3	Gewinn-RL (EK)	8.438,44 T€	Kapital-RL (EK)	8.438,44 T€

Einer weiteren Abwandlung liegt der folgende Sachverhalt einer Umschuldung zu Grunde: Am 01.11.X3 vereinbart S mit dem Bankenkonsortium eine Laufzeitverlängerung der Fremdkapitalkomponente der Wandelanleihe bis zum 31.10.X6. Ferner wird festgelegt, dass statt des für den Zeitraum vom 01.11.X3 bis zum 31.10.X4 noch ausstehenden Kuponzinssatzes von 3,75% keine Kuponzinszahlung zu leisten ist. Für das erste Jahr danach beträgt der Kuponzinssatz 1% und für die Kuponzinsperiode vom 01.11.X5 bis zum 31.10.X6 schließlich 2%. Ansonsten werden keine weiteren Vertragsmodifikationen vorgenommen. Bedingt durch die Kontraktänderungen entstehen S Gebühren von 1.500 T€, die es am 01.11.X3 zu entrichten hat.

Abwandlung 3: Änderung der Laufzeit und Zinssätze 01.11.X3

Die geänderten Vertragsbedingungen führen nur dann zu einer Ausbuchung der bestehenden Fremdkapitalkomponente der Wandelanleihe, wenn sie wesentlich sind;[1365] dies muss über einen 10%-Barwerttest überprüft werden (▶ 3.13.2.4). Dazu wird zunächst der Barwert der Zahlungen (aus Gebühren, Zinsen, Tilgung) auf Basis der neuen Konditionen von 266.472,67 T€ wie folgt bestimmt:

$$1.500\,\text{T€} + \frac{0\,\text{T€}}{(1+5{,}275\%)} + \frac{3.000\,\text{T€}}{(1+5{,}275\%)^2} + \frac{(6.000\,\text{T€} + 300.000\,\text{T€})}{(1+5{,}275\%)^3} = 266.472{,}67\,\text{T€}$$

Anschließend ist dieser Barwert mit dem Barwert der noch ausstehenden Cashflows aus der ursprünglichen finanziellen Verbindlichkeit zu vergleichen. Letzterer entspricht zum 01.11.X3 – auf Grund der vorgeschriebenen

---

[1365] Es ergeben sich nur Auswirkungen auf die Fremdkapitalkomponente, da die geänderten Konditionen (Laufzeit, Zinsen) ausschließlich diese betreffen. Würden gleichzeitig Vertragsänderungen erfolgen, die auch die Eigenkapitalkomponente bzw. das Wandlungsrecht beeinflussen, so hätte dies die Ausbuchung und Neuerfassung des gesamten zusammengesetzten Finanzinstruments zur Folge. Vgl. dazu BREH/DÖRSCHELL/HEISE (2010), S. 57.

6 Herkömmliche Bilanzierung und Offenlegung einzelner Sachverhalte

Diskontierung mit dem ursprünglichen Effektivzinssatz – dem Buchwert der Fremdkapitalkomponente in Höhe von 295.653,33 T€:

$$\frac{(11.250\ T€ + 300.000\ T€)}{(1+5{,}275\%)} = 295.653{,}33\ T€$$

Da die Abweichung der beiden Werte über 10% beträgt, muss der Posten ausgebucht und eine neue Fremdkapitalkomponente eingebucht werden. Der Erstbuchwert bzw. beizulegende Zeitwert der neuen finanziellen Verbindlichkeit von 265.949,74 T€ ergibt sich dabei analog wie zum 01.11.X1 unter Berücksichtigung der aktuell vorherrschenden Zero-Zinssätze wie folgt:

$$\frac{0\ T€}{(1+4{,}520\%)} + \frac{3.000\ T€}{(1+4{,}799\%)^2} + \frac{(6.000\ T€ + 300.000\ T€)}{(1+5{,}148\%)^3} = 265.949{,}74\ T€$$

Die Ausbuchung und gleichzeitige Einbuchung sowie der dabei entstehende Abgangsgewinn wird folgendermaßen erfasst:

01.11.X3	Wandelanl. FLAC (B)	295.653,33 T€	Wandelanl. FLAC (B)	265.949,74 T€
			Ertr. Abgang FLAC (FE)	29.703,59 T€

Ferner müssen die gezahlten Gebühren sofort GuV-wirksam gebucht werden:

01.11.X3	Aufw. Abgang FLAC (FE)	1.500,00 T€	Kasse LaR (B)	1.500,00 T€

Für die neue Fremdkapitalkomponente ergibt sich unter Zugrundelegung des Erstbuchwerts von 265.949,74 T€, der geänderten Kuponzinssätze sowie der längeren Laufzeit ein neuer Effektivzinssatz von 5,146% (siehe Tabelle 6-60).

Tabelle 6-60: *Praxisbeispiel Wandelanleihe: fortgeführte AK der neuen Schuldkomponente*

Zeitraum	(1) Buchwert Anfang	(2) = (1) · 5,146% Effektivzinsaufwand	(3) Nominalzinssatz	(4) = 300 Mio. € · (3) Nominalzinszahlung	(5) = (1) + (2) ./. (4) Buchwert Ende
01.11.X3-31.10.X4	265.949,74 T€	13.685,25 T€	0%	0 T€	279.634,99 T€
01.11.X4-31.10.X5	279.634,99 T€	14.389,46 T€	1%	3.000 T€	291.024,46 T€
01.11.X5-31.10.X6	291.024,46 T€	14.975,54 T€	2%	6.000 T€	300.000,00 T€
∑		43.050,25 T€		9.000 T€	

Würde die über den Barwerttest festgestellte Abweichung unter 10% liegen, so wäre keine Ausbuchung vorzunehmen. In dem Beispiel wäre dies gegeben, wenn die Gebühren nicht bei 1.500 T€, sondern bei 4.000 T€ lägen. Sodann müssten die gezahlten Gebühren erfolgsneutral mit dem Buchwert der Fremdkapitalkomponente verrechnet werden. Zum 01.11.X3 würde sich demnach ein Buchwert von 291.653,33 T€ (295.653,33 T€ ./. 4.000 T€) ergeben. Die GuV-wirksame Verteilung sowohl der Gebühren als auch der Zinslast über die neue Restlaufzeit könnte durch Anpassung des Effektivzinssatzes auf 1,951% vorgenommen werden (siehe Tabelle 6-61).

Praxisbeispiel Wandelanleihe: fortgeführte AK der alten Schuldkomponente

Tabelle 6-61

Zeitraum	(1) Buchwert Anfang	(2) = (1) · 1,951% Effektivzinsaufwand	(3) Nominalzinssatz	(4) = 300 Mio. € · (3) Nominalzinszahlung	(5) = (1) + (2) ./. (4) Buchwert Ende
01.11.X3-31.10.X4	291.653,33 T€	5.690,00 T€	0%	0 T€	279.343,33 T€
01.11.X4-31.10.X5	297.343,33 T€	5.801,01 T€	1%	3.000 T€	300.144,34 T€
01.11.X5-31.10.X6	300.144,34 T€	5.855,66 T€	2%	6.000 T€	300.000,00 T€
Σ		17.346,67 T€		9.000 T€	

6.9.12.2 Emittierte Wandelanleihe mit derivativem Fremdkapitalinstrument

Es liegt grundsätzlich derselbe Sachverhalt vor wie im vorherigen Abschnitt. Im Unterschied zur Ausgangslage kann der Inhaber bei Ausübung des Wandlungsrechts jetzt allerdings neben der Lieferung von 40 S-Aktien alternativ auch den Kurswert der 40 S-Aktien zum Fälligkeitszeitpunkt in Form von Barmitteln verlangen.

Das Wandlungsrecht ist als derivatives Fremdkapitalinstrument zu klassifizieren, da bei Ausübung ggf. keine feste Anzahl von Aktien gegen den (festen) Nominalbetrag der Anleihe getauscht wird bzw. durch den Barmitteltransfer ggf. ein Net Cash Settlement vorliegt (▶ 6.8.1.4; 6.9.2). Damit fällt die Wandelanleihe gesamthaft in den Anwendungsbereich von IAS 39.

Bei dem derivativen Fremdkapitalinstrument handelt es sich um ein eingebettetes Derivat, welches ggf. vom Basisvertrag (d.h. der eigentlichen Schuldkomponente) zu trennen ist. S kommt zu dem Ergebnis, dass eine Abspaltungspflicht besteht, weil die beiden Komponenten unterschiedliche wirtschaftliche Eigenschaften und Risiken aufweisen, ein eigenständiges Derivat mit den gleichen Bedingungen ebenfalls als derivatives Finanzinstrument einzustufen wäre und für die Wandelanleihe nicht die Fair-Value-Option genutzt wird.[1366]

Einbuchung 01.11.X1

Das trennungspflichtige Derivat hat zum Emissionszeitpunkt einen negativen beizulegenden Zeitwert; S ordnet es daher der Bewertungskategorie FLFVPL (FLHfT) zu. Die anteiligen Transaktionskosten (TK) sind sofort

---

[1366] Siehe zu den Trennungskriterien für eingebettete Derivate Abschnitt 3.15.1.

erfolgswirksam zu erfassen (▶ 3.9.5); diese werden im sonstigen Finanzergebnis (FE) berücksichtigt. Buchungen (B = Bilanz):

01.11.X1	Kasse LaR (B)	299.250,00 T€	Wandelanl. FLAC (B)	287.421,89 T€
			Wandelanl. FLHfT (B)	11.828,11 T€
	Wandelanl. FLAC (B)	1.920,95 T€	Kasse LaR (B)	2.000,00 T€
	TK HfT (FE)	79,05 T€		

In der Folge ergeben sich für den der Bewertungskategorie FLAC zugeordneten Teil (die eigentliche Schuldkomponente) dieselben Buchungen und Angabepflichten wie im Ausgangsbeispiel (siehe vorheriger Abschnitt).

Das als FLFVPL eingestufte Fremdwährungsderivat muss zu jedem Abschlussstichtag einer Fair-Value-Bewertung unterzogen werden. Aus der Sicht von S handelt es sich bei dem Derivat um den Verkauf einer Kaufoption (Short Call ▶ 2.6.2).

Bilanzierung Derivat Q4 X1

Der faire Wert zum 31.12.X1 wird auf Basis der Volatilität, der Dividende und des momentanen Kurses der S-Aktie (27,12 €), des Basispreises (25 €), des Zinsniveaus sowie der Restlaufzeit über ein Optionspreismodell bestimmt. Aus Sicht von S ergibt sich ein Wert von -2,76 € (innerer Wert: -2,12 €; Zeitwert: -0,64 €) pro Aktie; der Gesamtwert des Short Call beträgt -33.120 T€ (-2,76 € · 40 Aktien · 300.000 Anteile). Die Wertänderung zur Vorperiode von -21.291,89 T€ (-33.120 T€ ./. -11.828,11 T€) wird erfolgswirksam im sonstigen Finanzergebnis (FE) erfasst:

31.12.X1	Aufw. Wertänd. HfT (FE)	21.291,89 T€	Wandelanl. FLHfT (B)	21.291,89 T€

Angaben Derivat JA X1

Für den Jahresabschluss X1 muss zusätzlich der Zeitwert des Fremdwährungsderivats von -33.120 T€ bei der Angabe des Buchwerts der Bewertungskategorie FLFVPL (FLHfT) sowie bei der Berichterstattung der Fair Values nach Klassen berücksichtigt werden. Der Zeitwert wird der Bewertungsstufe 2 zugeordnet, da die Bestimmung über ein Bewertungsverfahren mit marktbestimmten Input-Faktoren (Optionspreismodell mit Marktdaten) erfolgt. In das FVPL (HfT)-Nettoergebnis gehen die erfolgswirksam erfassten Transaktionskosten (79,05 T€) und die Aufwendungen aus der Zeitbewertung (21.291,89 T€) ein.

S nimmt auf Basis der Gegebenheiten zum Abschlussstichtag an, dass alle Gläubiger ihr Wandlungsrecht ausüben und sich für die Lieferung der Aktien entscheiden. Daher wird die Wandelanleihe bei der im Rahmen der Angaben zu Liquiditätsrisiken verlangten Fälligkeitsanalyse nicht berücksichtigt.

– Preissensitivität

Allerdings publiziert S innerhalb der Angaben zu Marktrisiken die Sensitivität zum Preis- bzw. Aktienkursrisiko. Es wird der faire Wert des Fremdkapitalderivats auf Basis eines um 10% höheren oder geringeren Kurses der S-

Aktie bestimmt; d.h. den Berechnungen liegen Kurse von 29,83 € (27,12 € · 1,1) bzw. 24,41 € (27,12 € · 0,9) zu Grunde. Bei +10% würde der faire Wert -5,06 € (innerer Wert: -4,83 €; Zeitwert: -0,23 €) betragen; der Gesamtwert des Short Call läge bei -60.744 T€ (-5,06 € · 40 Aktien · 300.000 Anteile). Da der tatsächliche Fair Value des Fremdkapitalderivats -33.120 T€ beträgt, ergibt sich eine Sensitivität von -27.624 T€ (-60.744 T€ ./. -33.120 T€). Bei -10% ergäbe sich ein fairer Wert des Fremdwährungsderivats von -0,84 € (innerer Wert: 0 €; Zeitwert: -0,84 €); der Gesamtwert des Short Call läge bei -10.080 T€ (-0,84 € · 40 Aktien · 300.000 Anteile). Daraus bestimmt sich eine Sensitivität von +23.040 T€ (-10.080 T€ ./. -33.120 T€). Wenn also der Kurs der S-Aktie am 31.12.X1 um 10% höher (geringer) gewesen wäre, so wäre das Ergebnis um 27.624 T€ geringer (um 23.040 T€ höher) ausgefallen.

Zum 31.03.X2 (1. Quartalsabschluss X2) wird der beizulegende Zeitwert des Short Call auf Basis des Kurses der S-Aktie von 26,14 € und den anderen aktuellen Bewertungsparametern in derselben Weise wie zuvor ermittelt; er beträgt nun -2,06 € (innerer Wert: -1,14 €; Zeitwert: -0,92 €) pro Aktie; der Gesamtwert des Short Call beläuft sich auf -24.720 T€ (-2,06 € · 40 Aktien · 300.000 Anteile). Die Wertänderung zur Vorperiode von +8.400 T€ (-24.720 T€ ./. -33.120 T€) ist erfolgswirksam zu erfassen:

Bilanzierung Derivat Q1 X2

| 31.03.X2 | Wandelanl. FLHfT (B) | 8.400,00 T€ | Ertrag Wertänd. HfT (FE) | 8.400,00 T€ |

Entsprechend verfährt S in den folgenden Quartalen. Bei Fälligkeit am 01.11.X4 liegt der Kurs der S-Aktie bei 25,04 €. Das Fremdwährungsderivat, welches einen beizulegenden Zeitwert von -480 T€ (-0,04 € · 40 Aktien · 300.000 Anteile) hat, wird zunächst letztmalig erfolgswirksam zum beizulegenden Zeitwert bewertet. Da der Fair Value am 30.09.X4 bei -12.000 T€ lag,[1367] ergibt sich eine Wertänderung von +11.520 T€ (-480 T€ ./. -12.000 T€); Buchung:

Fälligkeit 01.11.X4

| 01.11.X4 | Wandelanl. FLHfT (B) | 11.520,00 T€ | Ertrag Wertänd. HfT (FE) | 11.520,00 T€ |

Am 01.11.X4 erhält S die Mitteilung, dass alle Inhaber ihr Wandlungsrecht in Form der Barbegleichung (in Höhe des Kurswerts der 40 Aktien) in Anspruch nehmen. Der Basisvertrag und das Fremdkapitalderivat werden mit dem Geldausgang ausgebucht:

– Variante 1: vollständige Barbegleichung

| 01.11.X4 | Wandelanl. FLAC (B) | 300.000,00 T€ | Kasse LaR (B) | 300.480,00 T€ |
| | Wandelanl. FLHfT (B) | 480,00 T€ | | |

[1367] Der Berechnung liegt ein fairer Wert des Short Call von -1 € (innerer Wert: -0,82 €; Zeitwert: -0,18 €) zu Grunde.

– Variante 2: vollständige Begleichung in Aktien

Würden sich die Inhaber für die Lieferung der Aktien entscheiden, so wären der Basisvertrag und das Fremdkapitalderivat ebenfalls auszubuchen, allerdings müsste das Eigenkapital (Kapitalrücklage) entsprechend erhöht werden; Buchung:

01.11.X4	Wandelanl. FLAC (B)	300.000,00 T€	Kapital-RL (EK)	300.480,00 T€
	Wandelanl. FLHfT (B)	480,00 T€		

– Variante 3: Wandlungsrecht ist wertlos

Falls der Aktienkurs bei Fälligkeit unter 25 € läge, würden die Gläubiger ihre Wandlungsrechte wahrscheinlich verfallen lassen; diese hätten jeweils beizulegende Zeitwerte von 0. S müsste den Nominalbetrag von 300.000 T€ in bar zurückzahlen. Zum 01.11.X4 wäre sodann zunächst die Wertänderung von +12.000 T€ (0 T€ ./. -12.000 T€) erfolgswirksam zu erfassen:

01.11.X4	Wandelanl. FLHfT (B)	12.000,00 T€	Ertrag Wertänd. HfT (FE)	12.000,00 T€

Anschließend würde S den Basisvertrag und das Fremdkapitalderivat wie folgt ausbuchen:

01.11.X4	Wandelanl. FLAC (B)	300.000,00 T€	Kasse LaR (B)	300.000,00 T€

6.10 Emittierte Optionsschuldverschreibungen

6.10.1 Vorbemerkungen

Optionsschuldverschreibungen (▶ 2.4.2.3) sind Anleihen, bei denen der Inhaber zusätzlich zu dem Kauf des Schuldinstruments Rechte erwirbt, die es ihm ermöglichen, Aktien des emittierenden Unternehmens zu beziehen. Da die Anleihe und die Option separat gehandelt werden kann, stellt eine Optionsschuldverschreibung weder ein zusammengesetztes Finanzinstrument gemäß IAS 32 (d.h. kein Instrument mit einer Eigen- und einer Fremdkapitalkomponente nach IAS 32.28) noch gemäß IAS 39 (d.h. keine Schuldverschreibung mit einem eingebetteten Derivat ▶ 3.2.5.2) dar; vielmehr liegen 2 gesondert zu bilanzierende Finanzinstrumente (Schuldinstrument, Bezugs- bzw. Optionsrecht) vor.[1368]

Analog zu der Wandlungskomponente der Wandelschuldverschreibung kann es sich bei dem Bezugsrecht der Optionsschuldverschreibung entweder um ein Eigen- oder um ein Fremdkapitalinstrument handeln.

[1368] Vgl. KPMG Deutsche Treuhand-Gesellschaft (2006), S. 152. A.A. hingegen Küting/Erdmann/Dürr (2008), S. 944.

6.10.2 Klassifizierung des Bezugsrechts

Ein Bezugsrecht ist dann als derivatives Eigenkapitalinstrument einzustufen, falls Folgendes kumulativ vorliegt (▶ 6.8.1.4):[1369]

- Es wird eine feste Anzahl von Aktien gegen einen festen Betrag getauscht.

- Der Emittent und der Inhaber haben bezüglich der Erfüllungsart des Gross Physical Settlement keinerlei Wahlrechte, die einer Einstufung als Eigenkapitalinstrument entgegenstehen (wie z.B. ein wahlweises Net Cash Settlement oder Net Share Settlement).

Demzufolge liegt ein derivatives Fremdkapitalinstrument vor, wenn entweder der erhaltene Betrag, die Anzahl der abgegebenen Aktien oder beides variabel ist. Ebenso sind Optionen, die nicht zum Bezug von Aktien des emittierenden Unternehmens berechtigen, sowie solche, bei denen Erfüllungswahlrechte bestehen, als Fremdkapitalinstrumente zu klassifizieren.

6.10.3 Trennung weiterer eingebetteter Derivate

Auch das Schuldinstrument einer Optionsschuldverschreibung kann eingebettete Derivate enthalten, die ggf. getrennt werden müssen. Zur Beurteilung sind dieselben Vorgaben wie bei nicht-hybriden Finanzverbindlichkeiten relevant (▶ 6.7.6).

6.10.4 Kategorisierung

Bezugsrechte, die im Sinne des IAS 32 Eigenkapitalinstrumente darstellen, fallen nicht in den Anwendungsbereich von IAS 39 und werden daher auch keiner Bewertungskategorie zugeordnet. Liegt indes ein Fremdkapitalinstrument vor, sind die Optionen der Bewertungskategorie FLFVPL (FLHfT) zuzuordnen.

Das Schuldinstrument ist eine finanzielle Verbindlichkeit und wird demnach regelmäßig als FLAC eingestuft. Falls das Unternehmen auf das Schuldinstrument die Fair-Value-Option anwendet, hat dies eine Zuordnung zur Bewertungskategorie FLFVPL zur Folge.

[1369] Vgl. dazu und folgend auch KPMG DEUTSCHE TREUHAND-GESELLSCHAFT (2006), S. 153f.

6.10.5 Bilanzierung

Ansatz und Ausweis

Wie nicht-hybride Schuldverschreibungen und Wandelanleihen sind auch Optionsanleihen zum Vertragsdatum anzusetzen (▶ 3.5.2), was in der Regel dem Tag des Geldmittelzugangs entspricht.

Das Schuldinstrument als finanzielle Verbindlichkeit ist immer im Fremdkapital auszuweisen. Gleichfalls werden als Fremdkapitalinstrumente klassifizierte Bezugsrechte den finanziellen Verbindlichkeiten zugeordnet. Stellen diese jedoch Eigenkapitalinstrumente im Sinne des IAS 32 dar, kommt für sie nur ein Ausweis im Eigenkapital in Frage. Verpflichtungen zur Saldierung (▶ 3.6.1) bestehen regelmäßig nicht.

Erstbewertung

Zwar handelt es sich bei Optionsschuldverschreibungen nicht um zusammengesetzte Finanzinstrumente, die Erstbewertung kann allerdings in analoger Weise vorgenommen werden (▶ 6.9.6):[1370] Der Wert des Bezugsrechts entspricht dem beizulegenden Zeitwert des gesamten Instruments bei Begebung (d.h. dem Emissionserlös) nach Abzug des gesondert für das Schuldinstrument bestimmten beizulegenden Zeitwerts. Der Erstbuchwert des Schuldinstruments ergibt sich aus dem Barwert der vertraglich festgelegten künftigen Cashflows, die Diskontierung erfolgt dabei zum aktuellen Marktzinssatz. Transaktionskosten werden dem Schuldinstrument und dem Bezugsrecht proportional zum Wertansatz zugeordnet. Sofern die Optionsschuldverschreibung in Fremdwährung emittiert wird, sind die Komponenten zum am Tag der Mittelaufnahme gültigen Kassawechselkurs in die funktionale Währung umzurechnen (▶ 3.12.2).[1371]

Folgebewertung

In der Folge ist das Schuldinstrument als finanzielle Verbindlichkeit entsprechend den für solche Finanzinstrumente geltenden Vorschriften zu bilanzieren, d.h. wie emittierte nicht-hybride Schuldverschreibungen (▶ 6.7.5).

Die Folgebewertung des Bezugsrechts (Eigenkapitalkomponente) hängt von der Klassifizierung ab. Handelt es sich um ein Eigenkapitalinstrument, verbleibt der zum Zeitpunkt der erstmaligen Erfassung residual bestimmte Fair Value der Option im Eigenkapital und wird dort weiter in dieser Höhe geführt; sämtliche erhaltenen und entrichteten Vergütungen sind ebenfalls direkt im Eigenkapital zu erfassen (▶ 6.8.6). Falls das Bezugsrecht nachträglich derart verändert wird, dass es nicht mehr als Eigenkapital-, sondern als Fremdkapitalinstrument zu klassifizieren ist (z.B. über die Gewährung von Erfüllungswahlrechten), und hat sich durch diese Maßnahme keine Wertänderung des Derivats ergeben, so muss der im Eigenkapital erfasste Wert zum

---

[1370] Vgl. dazu und folgend KPMG DEUTSCHE TREUHAND-GESELLSCHAFT (2006), S. 154f.
[1371] In Bezug auf Verbindlichkeiten empfiehlt man in der Literatur die Verwendung von Geldkursen; die Heranziehung von Mittelkursen ist jedoch auch möglich.

Zeitpunkt der Änderung erfolgsneutral in das Fremdkapital überführt werden.[1372]

Als Fremdkapital eingestufte Bezugsrechte sind in der Folge wie Finanzderivate zu behandeln (▶ 6.5.5), d.h. periodisch erfolgswirksam zum Fair Value zu bewerten.

6.10.6 Angabepflichten

Für das Schuldinstrument gelten dieselben Offenlegungspflichten wie für nicht-hybride Finanzverbindlichkeiten (▶ 6.7.8). Da bei Optionsschuldverschreibungen Börsennotierungen in der Regel für die Obligation ohne Optionsschein sowie für den Optionsschein allein verfügbar sind, kann zur Bestimmung der zu publizierenden Fair Values meist auf die Kurswerte zurückgegriffen werden.

Bezugsrechte, die das Unternehmen nach IAS 32 als Eigenkapitalinstrumente zu klassifizieren hat, unterliegen nur theoretisch den Angabepflichten von IFRS 7 (▶ 3.3.6.4). Zu den Anforderungen, die für Bezugsrechte mit Fremdkapitalcharakter einschlägig sind, wird auf die entsprechenden Ausführungen zu den Warentermingeschäften verwiesen (▶ 6.6.6). Gleiches gilt in Bezug auf in Schuldinstrumente eingebettete und abspaltungspflichtige Derivate.

6.11 Finanzgarantien

6.11.1 Vorbemerkungen

Im Folgenden werden die Bilanzierungs- und Offenlegungsvorschriften von Finanzgarantien bzw. Bürgschaften (▶ 2.4.4.2; 3.2.5.3) beschrieben, die für den Garantiegeber im Anwendungsbereich von IAS 39 und nicht von IFRS 4 liegen. Wie bereits erläutert wurde, sollte dies bei von Nicht-Banken begebenen Finanzgarantien die Regel sein (▶ 3.3.6.8).

[1372] Vgl. KPMG DEUTSCHE TREUHAND-GESELLSCHAFT (2006), S. 159 m.V.a. IFRIC Update July 2006, S. 7f.

Herkömmliche Bilanzierung und Offenlegung einzelner Sachverhalte

Selbstständige versus unselbstständige Finanzgarantien

Nach IAS 39 bilanzierte Finanzgarantien lassen sich danach unterscheiden, ob diese selbstständig begründet sind oder ob sie unselbstständig anlässlich der Übertragung von Forderungen abgegeben werden.[1373] Für letztgenannte unselbstständige Finanzgarantien gelten spezielle Bilanzierungsvorschriften, wenn diese die vollständige Ausbuchung von Forderungen verhindern oder sie eine Bilanzierung entsprechend des Continuing Involvement bewirken (▶ 6.2.5). Im ersteren Fall (vollständiger Zurückbehalt des Ausfallrisikos) wird die Finanzgarantie gesondert abgebildet; liegt hingegen ein Continuing Involvement vor (Ausfallrisikoteilung und Zurückbehalt der Verfügungsmacht), geht diese im Wert der verbundenen Verbindlichkeit auf (Beispiele ▶ 6.2.5.3).[1374]

Die folgenden Ausführungen betreffen sowohl selbstständig begebene Finanzgarantien als auch solche, die in Verbindung mit einer vollständigen Ausbuchung (durch vollständige Ausfallrisikoübertragung oder Ausfallrisikoteilung mit abgegebener Verfügungsmacht) ausgereicht werden und damit separat anzusetzen sind.

6.11.2 Ansprüche und Verpflichtungen

Im Rahmen einer Finanzgarantie bzw. Bürgschaft entstehen normalerweise die folgenden Ansprüche und Verpflichtungen:

- Der Garantiegeber hat eine Garantieverpflichtung gegenüber dem Inhaber (Garantienehmer) und ggf. eine Prämienforderung an den Schuldner.

- Für den Schuldner besteht ggf. eine Prämienverbindlichkeit gegenüber dem Garantiegeber.

6.11.3 Kategorisierung

Garantieverpflichtung

Begebene Finanzgarantien fallen zwar regelmäßig in den Anwendungsbereich von IAS 39 (▶ 3.3.6.8), sie werden allerdings nicht „klassisch" nach diesem Standard, sondern anhand von „Sondervorschriften" bilanziert (▶ 3.3.2.3) – es sei denn, die Fair-Value-Option kommt zur Anwendung (siehe unten). Es ist demnach fraglich, ob sich daraus erwachsende Verbindlichkeiten bzw. Garantieverpflichtungen überhaupt einer Bewertungskate-

---

[1373] Vgl. zu dieser Differenzierung LÜDENBACH/FREIBERG (2007), S. 650 bzw. LÜDENBACH (2012d), Rz. 207.
[1374] Vgl. dazu auch GRÜNBERGER (2006), S. 90f.; SCHARPF/WEIGEL/LÖW (2006), S. 1500f.

Finanzgarantien 6.11

gorie zuordnen lassen;[1375] m.E. sollte dies (analog wie etwa im Fall von derivativen Finanzinstrumenten, die in bilanzielle Sicherungsbeziehungen eingebunden sind) unterbleiben. Für erhaltene Finanzgarantien (Garantieansprüche) stellt sich die Frage nach der Kategorisierung nicht, da auf diese IAS 39 nicht anzuwenden ist.

Zwar kann die Fair-Value-Option grundsätzlich auch auf Finanzgarantien angewandt werden, für Nicht-Banken sollte dies aber die Ausnahme darstellen; eine Anwendung ergibt sich – wenn überhaupt – nur in Verbindung mit einem Portfoliomanagement auf Fair-Value-Basis gemäß IAS 39.9 (b) (ii) (▶ 3.10.4.2).[1376]

Prämienforderungen und -verbindlichkeiten aus Finanzgarantien fallen bei Nicht-Banken unter die sonstigen Forderungen bzw. Verbindlichkeiten, was regelmäßig zur Einstufung als LaR bzw. FLAC führt (▶ 6.3.2; 6.13.2).

Forderungen/ Verbindlichkeiten aus Prämien

6.11.4 Bilanzierung beim Garantiegeber

6.11.4.1 Ansatz

Der für Finanzinstrumente maßgebliche Ansatzzeitpunkt ist der Tag des Vertragsabschlusses (▶ 3.5.2). Im Fall begebener Finanzgarantien sollte dies regelmäßig dem Zeitpunkt der Garantievergabe entsprechen. Der erstmalige Ansatzzeitpunkt wird also weder über den Zeitpunkt der Fälligkeit der ersten Prämie noch über den Beginn der Laufzeit der Finanzgarantie bestimmt.[1377]

6.11.4.2 Ausweis

Für den Fall, dass der Garantiegeber für die Garantiestellung eine Prämie erhält und er diese nicht bereits bei Vertragsabschluss in voller Höhe erfolgswirksam vereinnahmt, sondern periodisch abgrenzt, sind 2 Ausweisvarianten denkbar:

Brutto- versus Nettodarstellung

- eine Nettodarstellung (d.h. die Prämienforderung wird mit der Garantieverbindlichkeit saldiert ausgewiesen, der Fair Value des Gesamtvertrags ist 0);
- eine Bruttodarstellung (d.h. der Garantiegeber aktiviert die Prämienforderung und passiviert eine Garantieverbindlichkeit).

[1375] So ähnlich ebenso PwC (2011a), S. 6031 (6.84).
[1376] Vgl. LÜDENBACH/FREIBERG (2007), S. 652.
[1377] Vgl. GRÜNBERGER (2006), S. 86; SCHARPF/WEIGEL/LÖW (2006), S. 1496.

6 Herkömmliche Bilanzierung und Offenlegung einzelner Sachverhalte

In der Literatur besteht Uneinigkeit darüber, welche Variante heranzuziehen bzw. überhaupt gültig ist: SCHARPF/WEIGEL/LÖW und WEIGEL/BARZ geben der Nettodarstellung den Vorzug, halten die Bruttodarstellung jedoch ebenfalls für zulässig; laut GRÜNBERGER geht das IASB offensichtlich von der Bruttodarstellung aus, ihm zufolge ergibt sich aus IAS 39 grundsätzlich eine Verpflichtung zur Bruttodarstellung; LÜDENBACH/FREIBERG sehen die Bruttodarstellung als einzige zulässige Variante an, weil die Nettodarstellung gegen das (bedingte) Saldierungsverbot von IAS 1 und IAS 32 verstoße.[1378]

Wahlrecht m.E. fraglich

Die Argumentation von LÜDENBACH/FREIBERG, wonach der Nettoausweis den IFRS-Saldierungsregeln widerspricht, überzeugt m.E. Eine Möglichkeit bzw. Verpflichtung zur zusammengefassten Darstellung ergibt sich nach IAS 32.42 nur dann, wenn zum gegenwärtigen Zeitpunkt ein einklagbares Recht zur Aufrechnung besteht (▶ 3.6.1). Bei einem Finanzgarantievertrag ist dies nicht erfüllt:

- Bei einer drohenden Inanspruchnahme durch den Schuldner kann der Garantiegeber die ausstehende Prämie nicht entgegenhalten;

- weder bei Nicht-Inanspruchnahme der Bürgschaft noch bei Eintritt des Schadensfalls kommt es zu Aufrechnungen bzw. zu Nettozahlungen;

- es bestehen keine gegenwärtigen Vereinbarungen der 3 Parteien, welche Aufrechnungsansprüche begründen würden.

Zu dem Ergebnis, dass die an eine Saldierung geknüpften Bedingungen nicht gegeben sind, wird man außerdem schon allein deswegen kommen, weil der Prämienanspruch gegenüber dem Schuldner, die Garantieverbindlichkeit aber gegenüber dem Garantienehmer besteht (▶ 6.11.2). Insofern stellt die Bruttodarstellung in der Regel die einzig IFRS-konforme Variante dar.

6.11.4.3 Erstbewertung

Bezüglich der Erstbewertung von Finanzgarantien an sich lassen sich IAS 39 keine gesonderten Vorschriften entnehmen; die Garantieverpflichtung ist demnach zum beizulegenden Zeitwert zu erfassen (▶ 3.9.1). Wird eine Finanzgarantie mit einem fremden Dritten zu marktgerechten Konditionen eingegangen, entspricht ihr Fair Value bei Vertragsabschluss gemäß der widerlegbaren Vermutung in IAS 39.AG4 (a) regelmäßig der erhaltenen

---

[1378] Vgl. dazu und zu den Gründen im Detail SCHARPF/WEIGEL/LÖW (2006), S. 1497; WEIGEL/BARZ (2006), S. 608f.; GRÜNBERGER (2006), S. 86f.; LÜDENBACH/FREIBERG (2007), S. 651; LÜDENBACH (2012d), Rz. 210. Laut PwC (2011a), S. 9020 (9.48.2) ist der Ansatz einer gesonderten Prämienforderung zulässig; ferner besteht ein stetig anzuwendendes Ausweiswahlrecht.

Prämie (bzw. deren Barwert).[1379] Falls dies zutrifft und keine Transaktionskosten entstehen (siehe unten), ist also der Saldo aus dem negativen beizulegenden Zeitwert der Garantieverpflichtung und dem positiven Fair Value des Prämienanspruchs zum Erstbewertungszeitpunkt 0.

Die Prämie stellt für die Finanzgarantie quasi den Transaktionspreis, d.h. den beizulegenden Zeitwert der gegebenen oder erhaltenen Gegenleistung, dar. Wurde keine Prämie vereinbart oder entspricht diese nicht den Marktkonditionen, kann der Fair Value unter Berücksichtigung der für Finanzinstrumente vorherrschenden Bewertungshierarchie (▶ 3.8.2.4) alternativ wie folgt bestimmt werden:[1380]

- Der Zeitwert wird auf Basis einer vergleichbaren Garantiestellung ermittelt.
- Das Unternehmen schätzt den Fair Value über den Barwert des erwarteten Inanspruchnahme- bzw. Ausfallbetrags.[1381]
- Die Fair-Value-Bestimmung erfolgt über den Barwert des Zinsvorteils, den der Schuldner über die Garantiestellung hat.[1382]

Da Finanzgarantien in der Folge regelmäßig nicht erfolgswirksam zum beizulegenden Zeitwert bewertet werden, verringern ggf. anfallende Transaktionskosten den zur erstmaligen Erfassung der finanziellen Verbindlichkeit heranzuziehenden Fair Value (▶ 3.9.5). [1383]

Steht der Finanzgarantie keine Prämienzahlung bzw. -forderung gegenüber, ergibt sich bei Einbuchung ein Aufwand in Höhe des Erstbuchwerts (Fair Value abzüglich Transaktionskosten) der Finanzgarantie.[1384]

6.11.4.4 Folgebewertung

Nach der Erstbewertung sind begebene Finanzgarantien generell zum höheren Wert aus Folgendem anzusetzen (IAS 39.47 (c)):

- dem gemäß IAS 37 bestimmten Betrag;

[1379] Vgl. SCHARPF/WEIGEL/LÖW (2006), S. 1497; LÜDENBACH (2010a), S. 89.
[1380] PwC (2011a), S. 9056f. (9.103.1-5) diskutiert diese Methoden im Zusammenhang mit konzerninternen Garantiestellungen, für die keine Markttransaktionen vorliegen. Laut KPMG IFRG LIMITED (2011), S. 1252 (7.1.70.30) dürfte der Fair Value einer an eine externe Partei ohne Prämienzahlung gewährten Finanzgarantie bei Ausreichung indes 0 sein.
[1381] Vgl. zu dieser Vorgehensweise auch LÜDENBACH/FREIBERG (2007), S. 655 bzw. LÜDENBACH (2012d), Rz. 211.
[1382] Vgl. dazu SCHARPF/WEIGEL/LÖW (2006), S. 1501.
[1383] Vgl. hierzu auch GRÜNBERGER (2006), S. 86.
[1384] Vgl. LÜDENBACH/FREIBERG (2007), S. 655.

- dem ursprünglich erfassten Betrag, abzüglich (soweit zutreffend) der gemäß IAS 18 erfassten kumulierten Amortisation.

Nicht von dieser Folgebewertungsvorschrift betroffen sind gemäß IAS 39.47 (a) und (b) Finanzgarantien,

- auf welche die Fair-Value-Option angewandt wird (▶ 3.10.4) und
- die unselbstständig im Zuge der Übertragung von Forderungen abgegeben werden und die dazu führen, dass der Übertragende bzw. Garantiegeber die Forderungen nicht vollständig ausbucht oder anhand des Continuing Involvement bilanziert (▶ 6.2.5).

IAS 37, auf den IAS 39.47 (c) abstellt, regelt insbesondere die Bilanzierung von Rückstellungen.[1385] Diese sind dann anzusetzen, wenn das Unternehmen aus einem Ereignis der Vergangenheit eine gegenwärtige (rechtliche oder faktische) Verpflichtung hat, daraus ein wirtschaftlicher Nutzenabfluss wahrscheinlich ist und die Höhe dieser Verpflichtung verlässlich geschätzt werden kann (IAS 37.10). Ein Nutzenabfluss wird dabei gemäß IAS 37.15 bzw. IAS 37.23 als wahrscheinlich betrachtet, wenn mehr für ihn als gegen ihn spricht, d.h. eine Wahrscheinlichkeit von mehr als 50% besteht. Die Bewertung von Rückstellungen erfolgt zur bestmöglichen Schätzung (IAS 37.36); werden einzelne Verpflichtungen betrachtet, ist das wahrscheinlichste Ereignis als Bewertungsgrundlage maßgeblich (IAS 37.40). Bei wesentlichen Zinseffekten hat man den Barwert der Ausgaben heranzuziehen (IAS 37.45); in der Folge ist dieser Betrag erfolgswirksam aufzuzinsen (IAS 37.60).

Höchstwerttest

Aus IAS 39.47 (c) ergibt sich hinsichtlich der Folgebewertung ein kombinierter Anwendungsbereich von IAS 39/IAS 18 und IAS 37. Es wird ein Höchstwerttest verlangt:[1386]

- Das Unternehmen muss mindestens einen Betrag ansetzen, der dem Fair Value bei erstmaliger Erfassung abzüglich der nach IAS 18 ratierlich zu vereinnahmenden Prämie (soweit vorhanden) entspricht.
- Falls sich über IAS 37 ein höherer Wert ergibt, muss dieser herangezogen werden.

Vereinnahmung der Prämienerträge

Der Folgebuchwert der Finanzgarantie wird also zunächst einmal über die in IAS 18 geregelte Ertragsrealisation beeinflusst. Bei dieser Art von Kontrakten handelt es sich grundsätzlich um Dienstleistungsverträge, womit IAS 18.20-28 einschlägig ist.[1387] Dienstleistungsverträge werden nach dem

---

[1385] Vgl. zu den Grundlagen der Rückstellungsbilanzierung z.B. HOFFMANN (2012c) oder in Form einer Fallstudie HENSELMANN (2007).
[1386] Vgl. LÜDENBACH/FREIBERG (2007), S. 652.
[1387] Vgl. GRÜNBERGER (2006), S. 87f.; LÜDENBACH/FREIBERG (2007), S. 652.

6.11 Finanzgarantien

Fertigstellungsgrad realisiert, sofern die in IAS 18.20 aufgeführten Bedingungen zutreffen. Bei einer Finanzgarantie entspricht der Fertigstellungsgrad der Risikotragung im Zeitverlauf; er lässt sich aus dem Verhältnis der bereits geleisteten Kreditraten zur Summe der vereinbarten Kreditraten, die Gegenstand der Sicherung sind, bestimmen.[1388] Im Fall von endfälligen Krediten wird man also stets zu einer Vereinnahmung der Prämie nach Ablauf der Garantielaufzeit kommen. LÜDENBACH/FREIBERG halten hingegen auch eine ratierliche Ertragsrealisation über die Dauer des Garantieverhältnisses mit Verweis auf IAS 18.24, 25 für möglich, gar geboten.[1389] Ihrer Ansicht nach liegt bei einer Bürgschaft (Finanzgarantie) eine zeitraumbezogene Serviceleistung vor. Damit fehlt es an einer herausragenden zeitpunktbezogenen Hauptleistung, die einer linearen Erfassung entgegenstehen würde (wie in IAS 18.25 beschrieben).

Gehen dem Unternehmen die Prämien für begebene Finanzgarantien mit langer Laufzeit (wesentlichem Abzinsungseffekt) bereits vorschüssig zu, ist neben dem Dienstleistungsertrag zusätzlich ein Zinseffekt zu berücksichtigen, d.h. die Garantieverpflichtung muss zu Beginn zum Barwert erfasst und in den Folgeperioden aufgezinst werden (IAS 18.30 (a) m.V.a. IAS 39.AG5).[1390]

Ggf. Erfassung der Finanzgarantie zum Barwert

Strittig ist in der Literatur, ob beim Verweis auf IAS 37 nur die Bewertungsvorschriften einschlägig sind oder ob auch die Ansatzkriterien des Standards zur Anwendung kommen. Sofern IAS 39.47 (c) sich auf beide Bereiche bezieht,[1391] bedeutet dies, dass eine nach der Ersterfassung gestiegene Inanspruchnahmewahrscheinlichkeit, die unter 50% liegt, keine Buchwertanpassung nach sich zieht. Stellt IAS 39.47 (c) hingegen nur auf die Bewertungsvorschriften ab,[1392] geht bereits ein solcher Anstieg der Wahrscheinlichkeit im Bereich bis 50% mit einer Buchwertanpassung einher.

Ansatzkriterien nach IAS 37?

Bei einer drohenden Inanspruchnahme muss neben der Erfassung einer Rückstellung geprüft werden, ob die Prämienforderung wertgemindert ist.[1393] In der Regel wird mit dem wahrscheinlichen Zahlungsausfall des Schuldners ein objektiver Hinweis auf eine Wertminderung (▶ 3.11.3) vor-

Ggf. Wertminderung der Prämienforderung

[1388] Vgl. dazu und folgend GRÜNBERGER (2006), S. 88.
[1389] Vgl. hierzu und zu den Gründen im Detail LÜDENBACH/FREIBERG (2007), S. 652f.; LÜDENBACH (2010a), S. 89f. bzw. LÜDENBACH (2012d), Rz. 213. Auch laut dem IDW (2011b), Rz. 144 sind Finanzgarantien m.V.a. IAS 18.IE14 (b) planmäßig über die Laufzeit zu amortisieren.
[1390] Vgl. dazu auch GRÜNBERGER (2006), S. 88f.; LÜDENBACH/FREIBERG (2007), S. 653.
[1391] Dieser Ansicht sind GRÜNBERGER (2006), S. 89; WEIGEL/BARZ (2006), S. 609; SCHARPF/WEIGEL/LÖW (2006), S. 1499; KUHN/SCHARPF (2006), Rz. 1423; PwC (2008b), S. 932.
[1392] So LÜDENBACH/FREIBERG (2007), S. 655; LÜDENBACH (2010a), S. 90 bzw. LÜDENBACH (2012d), Rz. 214, die dies damit begründen, dass die Ansatzfrage bereits durch IAS 39 beantwortet sei.
[1393] Vgl. GRÜNBERGER (2006), S. 88.

6 Herkömmliche Bilanzierung und Offenlegung einzelner Sachverhalte

liegen. Der Abschreibungsbetrag ergibt sich nach den für LaR gültigen Vorschriften (▶ 3.11.4.2).

Verwertungsrechte

An das Unternehmen im Fall einer Inanspruchnahme abgetretene Verwertungsrechte aus der Hauptforderung können gemäß IAS 37.37 entweder den Erwartungswert der Garantieverpflichtung mindern oder nach IAS 37.53 als Erstattungsanspruch gelten.[1394] Letzteres setzt voraus, dass der Erhalt der Erstattung bei Erfüllung der Verpflichtung so gut wie sicher ist. Erstattungsansprüche dürfen allerdings nicht bei der Bewertung der Garantieverpflichtung berücksichtigt werden, sondern sind gesondert als Vermögenswert zu erfassen.

6.11.4.5 Ausbuchung

Finanzielle Verbindlichkeiten sind auszubuchen, wenn die vertragliche Verpflichtung nicht mehr besteht (▶ 3.13.2.1). Bei Finanzgarantien ist dies der Fall, wenn sie auslaufen (d.h. das Fälligkeitsdatum erreicht ist) oder gekündigt werden. Auch die Vereinnahmung der Prämienerträge gegen die Finanzgarantie lässt sich als ratierliche Ausbuchung interpretieren. Ferner erlischt eine Finanzgarantie und ist damit auszubuchen, wenn sie in Anspruch genommen wird.

6.11.5 Bilanzierung beim Garantienehmer und Schuldner

Garantienehmer

Beim Garantienehmer besteht eine Regelungslücke und damit ein stetig auszuübendes Bilanzierungswahlrecht; in der Literatur wird mehrheitlich eine analoge Behandlung zu Eventualforderungen vorgeschlagen (▶ 3.3.6.8).

Bei einer Eventualforderung handelt es sich gemäß IAS 37.10 um einen möglichen Vermögenswert, der aus vergangenen Ereignissen resultiert und dessen Existenz durch das Eintreten oder Nichteintreten eines oder mehrerer unsicherer künftiger Ereignisse, die nicht vollständig unter der Kontrolle des Unternehmens stehen, erst noch bestätigt wird. Eventualforderungen sind nicht anzusetzen (IAS 37.31). Sie müssen nach IAS 37.34 bzw. IAS 37.89 angegeben werden, wenn der Zufluss wirtschaftlichen Nutzens wahrscheinlich (d.h. > 50%) ist. Sofern die Realisation von Erträgen als so gut wie sicher (Wahrscheinlichkeit des Nutzenzuflusses > ≈90-95%) eingestuft wird, liegt

---

[1394] Vgl. GRÜNBERGER (2006), S. 89f.; SCHARPF/WEIGEL/LÖW (2006), S. 1499; KUHN/SCHARPF (2006), Rz. 1423.

Finanzgarantien **6.11**

per Definition keine Eventualforderung vor; der Anspruch muss als eigenständiger Vermögenswert erfasst werden (IAS 37.33).[1395]

Ferner können erhaltene Finanzgarantien auch Auswirkungen auf die Bilanzierung von Finanzinstrumenten haben. So sind diese bei der Bestimmung von Wertminderungen abgesicherter Forderungen zu berücksichtigen (IAS 39.AG84); die Forderung wird nicht unter den abgesicherten Betrag abgeschrieben (IAS 39.IG E.4.8).[1396]

Der Schuldner hat gegenüber dem Garantiegeber ggf. Prämienverbindlichkeiten, die entsprechend den Vorschriften zu sonstigen Verbindlichkeiten zu bilanzieren sind (▶ 6.13.3). Die Realisation der Prämienaufwendungen kann – analog zum Garantiegeber – über den Zeitraum der Leistungserbringung, nach dem Fertigstellungsgrad oder nach Ablauf der Garantielaufzeit erfolgen. Da die Finanzgarantie eine selbstständige Leistung darstellt, sind die Transaktionskosten nicht Bestandteil des Effektivzinssatzes des aufgenommenen Kredits (Schuldinstrument).[1397]

Schuldner

6.11.6 Angabepflichten

Die Prämienforderungen des Garantiegebers unterliegen prinzipiell denselben Offenlegungspflichten wie sonstige Forderungen (▶ 6.3.4). Sofern das Unternehmen die nach IAS 39 bilanzierten Garantieverpflichtungen nicht kategorisiert (▶ 6.11.3), finden weder die Posten noch die aus diesen resultierenden Aufwendungen und Erträge bei den Angaben zu den Buchwerten nach Bewertungskategorien bzw. zu den Nettoergebnissen Berücksichtigung. Hingegen müssen sie in die Berichterstattung der beizulegenden Zeitwerte nach Klassen einbezogen werden (▶ 3.4.4.2; 3.8.2.6).[1398] Da das Unternehmen die Prämienerträge in der Regel nicht nach der Effektivzinsmethode vereinnahmt, sind sie als Provisionserträge offen zu legen (▶ 3.14.5).

Garantiegeber

Darüber hinaus ist für den Garantiegeber durch die Ausreichung der Finanzgarantie ein Ausfallrisiko entstanden, das sich aus der Forderung des Garantienehmers ableitet. Demzufolge hat der Garantiegeber innerhalb der Angaben zu Kreditrisiken den Höchstbetrag der Haftung (also den maxima-

---

[1395] Vgl. dazu z.B. SENGER/BRUNE (2008), Rz. 18-21 und Rz. 41.
[1396] Vgl. SCHUBERT (2011), S. 220. IAS 39.AG84 und IAS 39.IG E.4.8 kann hingegen auch so ausgelegt werden, dass nur reale bzw. dingliche Sicherheiten für die Wertminderungsprüfung heranzuziehen sind – womit Finanzgarantien keine Berücksichtigung fänden, vgl. hierzu FREIBERG (2010c), S. 331f.; ERNST & YOUNG LLP (2012b), S. 3185.
[1397] Vgl. SCHARPF/WEIGEL/LÖW (2006), S. 1496.
[1398] Vgl. zu Letzterem ebenso GRÜNBERGER (2006), S. 87; WEIGEL/BARZ (2006), S. 610.

6 Herkömmliche Bilanzierung und Offenlegung einzelner Sachverhalte

len Inanspruchnahme- bzw. Ausfallrisikobetrag) bereitzustellen (▶ 5.4.2.2). Letzterer ist auch bei der liquiditätsrisikobezogenen Fälligkeitsanalyse in dem Zeitband zu berücksichtigen, in dem die Finanzgarantie frühestens abgerufen werden kann (▶ 5.4.3.2).

Weitere Anforderungen dürften für den Garantiegeber nicht relevant sein, da sich wesentliche Marktrisiken aus begebenen Finanzgarantien von Nicht-Banken nicht ergeben. Im Übrigen stehen für derartige Kontrakte nur selten Marktpreise zur Verfügung, über die sich Sensitivitäten bestimmen lassen.[1399]

Garantienehmer

Der Garantienehmer hat im Rahmen der Berichterstattung zu Kreditrisiken nach IFRS 7.36 (b) die dem maximalen Ausfallrisikobetrag entgegenstehenden risikomindernden Vereinbarungen zu beschreiben (▶ 5.4.2.2). Dabei müssen auch Finanzgarantien einbezogen werden.[1400] Ferner können sich innerhalb der Angabepflichten zu Kreditrisiken auch Anforderungen in Verbindung mit Basisverträgen (Forderungen) ergeben, die zum Abschlussstichtag entweder überfällig sind, aber (noch) nicht wertgemindert wurden (IFRS 7.37 (a)), oder mit solchen, die das Unternehmen bereits im Wert gemindert hat (IFRS 7.37 (b)): Die diesbezüglich erhaltenen risikomindernden Vereinbarungen müssen beschrieben werden; sofern schätzbar, sind auch die beizulegenden Zeitwerte der Verträge anzugeben (IFRS 7.36 (c)).

Schuldner

In Bezug auf die Prämienverbindlichkeiten des Schuldners gelten grundsätzlich dieselben Offenlegungsvorschriften wie für sonstige Verbindlichkeiten (▶ 6.13.4).

6.11.7 Garantieverhältnisse im Konzern

Im Konzernabschluss bleiben begebene Finanzgarantien unberücksichtigt, wenn neben dem Garantiegeber entweder der Garantienehmer oder der Schuldner ein Konzernunternehmen ist.

Konzerninterner Garantienehmer

Im ersten Fall handelt es sich aus Konzernsicht um eine Garantiegewährung gegenüber sich selbst. Dem Ausfallrisiko wird schon über die Forderung des konzerninternen Garantienehmers Rechnung getragen. Kommt es zur Inanspruchnahme der Garantie, geht die Forderung auf den Garantiegeber über und besteht somit aus Konzernsicht fort.

Konzerninterner Schuldner

Handelt es sich bei dem Schuldner um ein Konzernunternehmen, ist die dem Garantieverhältnis zu Grunde liegende Verpflichtung (z.B. eine Bankverbindlichkeit) bereits über den entsprechenden Passivposten in der Kon-

---

[1399] Vgl. GRÜNBERGER (2006), S. 92.
[1400] Vgl. auch GRÜNBERGER (2006), S. 85; WEIGEL/BARZ (2006), S. 610; SCHARPF/WEIGEL/LÖW (2006), S. 1496.

Finanzgarantien **6.11**

zernbilanz enthalten. Eine erneute Bilanzierung würde mit einer Doppelerfassung einhergehen und damit nicht berücksichtigen, dass die Rückzahlung nur einmal verlangt werden kann.[1401] Im Einzelabschluss des Mutterunternehmens ist die Finanzgarantie allerdings als Passivposten zu erfassen.[1402] Wie die Gegenbuchung zu erfolgen hat, wird in den IFRS nicht explizit geregelt. Laut SCHARPF/WEIGEL/LÖW soll der Beteiligungsbuchwert des Tochterunternehmens erhöht werden. LÜDENBACH/FREIBERG halten hingegen eine aufwandswirksame Erfassung für sachgerecht.

Falls der zugesagte Garantiebetrag den über den konzerninternen Schuldner passivierten Betrag wesentlich übersteigt, sollte m.E. der Höchstbetrag der Inanspruchnahme beim anzugebenden maximalen Ausfallrisikobetrag (▶ 6.11.6; 5.4.2.2) berücksichtigt werden.

6.11.8 Praxisbeispiele

6.11.8.1 Begebene Bürgschaft mit ratierlich gezahlter Prämie

Bank B gewährt Unternehmen T am 01.01.X1 ein Darlehen von 100 Mio. €, welches nach 5 Jahren zurückzuzahlen ist. Ohne zusätzliche Sicherheiten bietet B den Kredit zu 7% Zinsen an, ist aber bereit, bei Erhalt einer Bürgschaft über den vollen Darlehensbetrag von einem Unternehmen mit nachweisbar sehr guter Bonität den Zinssatz um 300 BP zu senken. Eine solche Eigenschaft weist Unternehmen U auf. Für U ist T ein wichtiger Zulieferer, daher entschließt sich U gegenüber B für T in Höhe der Darlehenssumme zu bürgen. Als Prämie erhält U von T jeweils am Jahresende den Betrag des Zinsvorteils, den T durch die Bürgschaft hat. Bei Gewährung der Bürgschaft entstehen Kosten von 20 T€. Der Bürgschaftsvertrag endet mit der Rückzahlung des Darlehens am 01.01.X6.

U ordnet die Prämienforderung der Bewertungskategorie LaR zu. Die Erstbewertung der begebenen Finanzgarantie erfolgt zum beizulegenden Zeitwert; zum 01.01.X1 entspricht dieser dem Barwert der jährlichen Zinsvorteile von jeweils 3.000 T€ (100.000 T€ · 3%). Zur Diskontierung wird die in Tabelle 6-62 in Spalte (2) aufgeführte Nullkupon-Zinsstruktur zu Grunde gelegt, welche das Bonitätsrisiko von T berücksichtigt. Es ergibt sich ein Barwert von 13.270,86 T€. Die Bürgschaftskosten reduzieren als Transaktionskosten die zu passivierende Finanzgarantie. Buchungen (B = Bilanz):

Einbuchung 01.01.X1

[1401] Vgl. dazu und folgend SCHARPF/WEIGEL/LÖW (2006), S. 1501; LÜDENBACH/FREIBERG (2007), S. 655f.; DELOITTE LLP (2011b), S. 17f.
[1402] Ebenso PwC (2011a), S. 9021 (9.48.6); DELOITTE LLP (2011b), S. 17f.; ERNST & YOUNG LLP (2012b), S. 2875.

6 Herkömmliche Bilanzierung und Offenlegung einzelner Sachverhalte

01.01.X1	Prämienford. LaR (B)	13.270,86 T€	Finanzgarantie (B)	13.270,86 T€
	Finanzgarantie (B)	20,00 T€	Kasse LaR (B)	20,00 T€

In der Folge muss die Prämienforderung unter Heranziehung des Effektivzinssatzes, der 4,227% beträgt, fortgeschrieben werden.[1403]

Tabelle 6-62   Praxisbeispiel Bürgschaft: Fair Value der Finanzgarantie zum 01.01.X1 und fortgeführte Anschaffungskosten der Prämienforderung

Jahr	(1) Zeitindex	(2) Zero-Zinssatz	(3) Zinsvorteil	(4) = (3) / [1+(2)]^(1) Barwert Zinsvorteil	(5) Buchwert 01.01.	(6) = (5) · 4,227% Effektivzinsertrag	(7) = (5) + (6) ./. (3) Buchwert AK 31.12.
X1	1	3,5%	3.000 T€	2.898,55 T€	13.270,86 T€	560,91 T€	10.831,77 T€
X2	2	3,7%	3.000 T€	2.789,74 T€	10.831,77 T€	457,82 T€	8.289,59 T€
X3	3	4,2%	3.000 T€	2.651,66 T€	8.289,59 T€	350,37 T€	5.639,96 T€
X4	4	4,3%	3.000 T€	2.535,04 T€	5.639,96 T€	238,38 T€	2.878,34 T€
X5	5	4,6%	3.000 T€	2.395,87 T€	2.878,34 T€	121,66 T€	0 T€
∑			15.000 T€	13.270,86 T€		1.729,14 T€	

Bilanzierung Q1-Q3 X1   Für die Quartalsabschlüsse zum 31.03., 30.06. und 30.09. ist der Zinsertrag aus der Prämienforderung zeitanteilig zu vereinnahmen; im Jahr X1 entfällt auf jedes Quartal ein Betrag von 140,23 T€ (560,91 T€ / 4 Quartale); die Beträge werden im Zinsergebnis (ZE) berücksichtigt. Die Prämienerträge erfasst U linear über die Laufzeit der Bürgschaft im sonstigen Finanzergebnis (FE); pro Quartal ergibt sich ein Betrag von 662,54 T€ (13.250,86 T€ / 5 Jahre / 4 Quartale). Buchungen:

3x.0x.X1	Prämienford. LaR (B)	140,23 T€	Zinsertrag LaR (ZE)	140,23 T€
	Finanzgarantie (B)	662,54 T€	Prämienertrag (FE)	662,54 T€

Bilanzierung Q4 X1   Am 31.12.X1 werden die Zins- und Prämienerträge analog erfasst; ferner geht die erste Prämienzahlung ein:

31.12.X1	Prämienford. LaR (B)	140,23 T€	Zinsertrag LaR (ZE)	140,23 T€
	Finanzgarantie (B)	662,54 T€	Prämienertrag (FE)	662,54 T€
	Kasse LaR (B)	3.000,00 T€	Prämienford. LaR (B)	3.000,00 T€

Angaben JA X1   Für den Jahresabschluss X1 berücksichtigt U den Buchwert der Prämienforderung und die Zahlungsmittel bei der Buchwertangabe der Bewertungskategorie LaR. Die vereinnahmten Prämien von 2.650,16 T€ gehen in die offen zu legenden Provisionserträge, die Zinserträge von 560,91 T€ in die Gesamt-

---

[1403] In einem Tabellenkalkulationsprogramm lässt sich der Effektivzinssatz über eine Iterationsfunktion bzw. Zielwertsuche ermitteln.

zinserträge ein. Darüber hinaus finden die Zinserträge Eingang in das Nettoergebnis der Bewertungskategorie LaR.

Überdies berücksichtigt U sowohl die Prämienforderung als auch die Finanzgarantie bei den Angaben der Fair Values nach Klassen. Da sich die Bonität von T im Verlauf des Jahres X1 nicht geändert hat, wird auf eine gesonderte Ermittlung des beizulegenden Zeitwerts der Finanzgarantie verzichtet und der Buchwert zum Stichtag herangezogen.[1404] Den Fair Value der Prämienforderung bestimmt U über den Barwert der noch ausstehenden Prämienzahlungen auf Basis der aktuellen risikoäquivalenten Nullkupon-Zinsstruktur; er beläuft sich auf 10.819,97 T€:

– *Fair-Value-Bestimmung*

$$\frac{3.000\,T€}{(1+3{,}6\%)^1} + \frac{3.000\,T€}{(1+3{,}85\%)^2} + \frac{3.000\,T€}{(1+4{,}4\%)^3} + \frac{3.000\,T€}{(1+4{,}6\%)^4} = 10.819{,}97\,T€$$

Im Rahmen der Angaben zu Kreditrisiken legt U zudem den aus der Bürgschaft maximal resultierenden Haftungsbetrag von 100.000 T€ offen. Dieser Betrag geht auch in die liquiditätsrisikobezogene Fälligkeitsanalyse mit dem in Tabelle 5-2 dargestellten Aufbau (▶ 5.4.3.2) in das Zeitband „X1" als Tilgung ein.

Für die Jahre X2 bis X5 ergeben sich entsprechende Buchungen; die Finanzgarantie wird nicht in Anspruch genommen. Zum 31.12.X5 hat der Posten einen Buchwert von 0. Gleiches gilt für die Prämienforderung.

6.11.8.2 Begebene Bürgschaft ohne Prämie

Unternehmen V ist in Zahlungsschwierigkeiten geraten. Es will bei Bank B einen Kredit von 50 Mio. € mit 2-jähriger Laufzeit aufnehmen, bekommt diesen allerdings nur, wenn eine entsprechende Bürgschaft vorliegt. Unternehmen W ist bereit, für die Kreditsumme zu bürgen. Der Fortbestand von Unternehmen V hat für W große Bedeutung, denn V fungiert als wichtigster Vertriebspartner für W. W ist zur Wahrung seiner Geschäftsinteressen sogar gewillt, die Bürgschaft unentgeltlich bereitzustellen. Dieses Angebot wird von V am 15.08.X1 angenommen. Die Wahrscheinlichkeit, dass es zur Inanspruchnahme der Bürgschaft kommt, wird zu diesem Zeitpunkt bereits auf 40% beziffert.

W setzt die Finanzgarantie erstmalig zum beizulegenden Zeitwert an. Da sich der Fair Value weder über eine vergleichbare Garantiestellung noch über den Barwert des Zinsvorteils bestimmen lässt, erfolgt die Schätzung über die Inanspruchnahmewahrscheinlichkeit. Über diese ergibt sich ein

Einbuchung 15.08.X1

[1404] Die Berücksichtigung des Fortführungswerts trägt der Tatsache Rechnung, dass der Fair Value der Finanzgarantie im Zeitverlauf abnimmt. Die Restlaufzeit ist somit ein bedeutender Bewertungsparameter. Vgl. dazu LÜDENBACH/FREIBERG (2007), S. 652.

6 Herkömmliche Bilanzierung und Offenlegung einzelner Sachverhalte

beizulegender Zeitwert von 20.000 T€ (50.000 T€ · 40%), der bereits bei Einbuchung erfolgswirksam im sonstigen Finanzergebnis (FE) erfasst wird (B = Bilanz):

| 15.08.X1 | Aufw. Wertänd. (FE) | 20.000,00 T€ | Finanzgarantie (B) | 20.000,00 T€ |

Bilanzierung Q3-Q4 X1

Zum 30.09.X1 sowie zum 31.12.X1 hat W keinen Grund, seine Einschätzungen bezüglich der Inanspruchnahmewahrscheinlichkeit der Bürgschaft zu ändern. Die Finanzgarantie verbleibt zu beiden Stichtagen in Höhe des Einbuchungswerts in der Bilanz.

Angaben JA X1

Für den Jahresabschluss X1 berücksichtigt W den Finanzaufwand von 20.000 T€ bei den offen zu legenden Provisionsaufwendungen. Zur Erfüllung der Fair-Value-Angaben wird der Erstbuchwert herangezogen, da sich die Inanspruchnahmewahrscheinlichkeit bis zum 31.12.X1 nicht geändert hat. Ferner publiziert W den maximal aus der Bürgschaft entstehenden Haftungs- bzw. Ausfallbetrag von 50.000 T€ im Rahmen der Angaben zu Kreditrisiken und berücksichtigt ihn bei der liquiditätsrisikobezogenen Fälligkeitsanalyse (Aufbau siehe Tabelle 5-2 ▶ 5.4.3.2) als Tilgung im Zeitband „X1".

Insolvenz Schuldner 01.02.X2

Am 01.02.X2 meldet V Insolvenz an; die Wahrscheinlichkeit, dass die Bürgschaft in Anspruch genommen wird, steigt von 40% auf 70%. Der beste Schätzwert für die künftige Verpflichtung ist somit 35.000 T€ (50.000 T€ · 70%); der Buchwert der Finanzgarantie wird entsprechend erfolgswirksam erhöht:

| 01.02.X2 | Aufw. Wertänd. (FE) | 15.000,00 T€ | Finanzgarantie (B) | 15.000,00 T€ |

Inanspruchnahme 31.03.X2

Ende März X2 wird W über die Bürgschaft in Anspruch genommen; W muss die volle Kreditsumme an die Bank B leisten. Die Finanzgarantie wird noch letztmalig erfolgswirksam bewertet und anschließend ausgebucht:

| 31.03.X2 | Aufw. Wertänd. (FE) | 15.000,00 T€ | Finanzgarantie (B) | 15.000,00 T€ |
| | Finanzgarantie (B) | 50.000,00 T€ | Kasse LaR (B) | 50.000,00 T€ |

Angaben JA X1

Für den Jahresabschluss X2 berücksichtigt W den Finanzaufwand von 30.000 T€ bei der Angabe der Provisionsaufwendungen. Der Zahlungsmittelabgang beeinflusst die Höhe des offen zu legenden Buchwerts der Bewertungskategorie LaR.

6.12 Kreditzusagen

6.12.1 Vorbemerkungen

Auf die folgenden Kreditzusagen hat der Zusagengeber IAS 39 und IFRS 7 anzuwenden (▶ 3.3.6.9):

- Kreditzusagen, die als Teil eines Portfolios unter Nutzung der Fair-Value-Option (▶ 3.10.4) oder auf Grund einer Praxis zum Handel bzw. zum Net Settlement in der Vergangenheit erfolgswirksam zum beizulegenden Zeitwert bewertet werden (IAS 39.4 (a));

- Kreditzusagen, die durch Ausgleich in bar oder Ähnliches erfüllbar sind (IAS 39.4 (b));

- Kreditzusagen, die zum Vertragsgegenstand haben, ein Darlehen zu einem Zinssatz zur Verfügung zu stellen, der unter dem Marktzinssatz liegt (IAS 39.4 (c)).

Auf alle anderen Kreditzusagen muss der Zusagengeber IAS 37 anwenden. Für den Zusagennehmer sind nur die in IAS 39.4 (b) beschriebenen Kreditzusagen im Anwendungsbereich des IAS 39.

Obschon Nicht-Banken Kreditzusagen überwiegend als Zusagennehmer eingehen dürften,[1405] wird im Folgenden auch auf die Bilanzierung aus Sicht des Zusagengebers eingegangen. Im Hinblick auf die im Anwendungsbereich von IAS 39 befindlichen Kreditzusagen sind praktisch nur die gemäß IAS 39.4 (b) oder (c) spezifizierten Kreditzusagen relevant, denn Nicht-Banken werden ihre Kreditzusagen weder auf Portfoliobasis verwalten noch damit Handel betreiben, wie dies in IAS 39.4 (a) vorausgesetzt wird. Insofern beschränken sich die folgenden Ausführungen bei den Kreditzusagen, die unter IAS 39 fallen, auf solche im Sinne von IAS 39.4 (b) und (c).

6.12.2 Kategorisierung

Bei den Kreditzusagen gemäß IAS 39.4 (b) handelt es sich in Sinne von IAS 39 um Derivate; sie werden daher der Bewertungskategorie FAFVPL (FAHfT) bzw. FLFVPL (FLHfT) zugeordnet (▶ 3.4.3.4).

Die in IAS 39.4 (c) aufgeführten Kreditzusagen haben zwar ebenfalls einen derivativen Charakter, sie sind allerdings nicht „klassisch" nach IAS 39, sondern anhand von „Sondervorschriften" zu bilanzieren (▶ 3.3.2.3). Ana-

---

[1405] Zur generell geringen Bedeutung von Kreditzusagen für Nicht-Banken vgl. HEUSER/THEILE (2012), Rz. 2408.

log zu Finanzgarantien ist offen, ob die Posten Bewertungskategorien zugeordnet werden können oder müssen; m.E. sollte keine Zuordnung erfolgen.

Auf alle anderen der hier thematisierten Kreditzusagen ist IAS 39 nicht anzuwenden; damit erübrigt sich für sie eine Kategorisierung.

6.12.3 Bilanzierung beim Zusagengeber

Kreditzusagen in IAS 39.4 (b), (c)

– Ansatz, Ausweis und Erstbewertung

Für die über IAS 39.4 (b) und (c) konkretisierten Kreditzusagen gelten für den Zusagengeber grundsätzlich dieselben Ansatz- und Ausweisvorschriften wie für Finanzderivate (▶ 6.5.3). Diese müssen zum Verpflichtungs- bzw. Vertragstag angesetzt werden. Ferner ist eine Fristigkeitseinstufung vorzunehmen. Auch die Erstbewertung wird analog zu Finanzderivaten zum beizulegenden Zeitwert vorgenommen (▶ 6.5.4).

– Folgebewertung

Unterschiede ergeben sich bei den beiden Kreditzusagen im Hinblick auf die Folgebewertung. Die diesbezüglichen Vorgaben entsprechen für die in IAS 39.4 (b) beschriebenen Kreditzusagen denjenigen von Finanzderivaten (▶ 6.5.5), d.h. es erfolgt eine GuV-wirksame Bewertung zum beizulegenden Zeitwert. Für die Folgebewertung der in IAS 39.4 (c) aufgeführten Kreditzusagen gelten spezielle Vorschriften; gemäß IAS 39.47 (d) sind sie nach dem erstmaligen Ansatz zum höheren Betrag zu bewerten aus

- dem gemäß IAS 37 erfassten Betrag und

- dem ursprünglich erfassten Betrag abzüglich, soweit zutreffend, der nach IAS 18 erfassten kumulierten Amortisationen.

Gleichsam wie bei der Folgebewertung von begebenen Finanzgarantien (▶ 6.11.4.4) ist also ein Höchstwerttest durchzuführen:

- Man hat mindestens einen Betrag anzusetzen, der dem beizulegenden Zeitwert bei erstmaliger Erfassung abzüglich der nach IAS 18 ratierlich zu vereinnahmenden Bereitstellungsprovision (soweit vorhanden) entspricht.

- Ergibt sich über IAS 37 ein höherer Wert, so ist dieser maßgeblich.

– Ausbuchung

Auch hinsichtlich der Ausbuchungsregeln kann grundsätzlich auf den entsprechenden Abschnitt zu Finanzderivaten verwiesen werden (▶ 6.5.7). Kreditzusagen sind demnach auszubuchen, falls der Zusagezeitraum ohne Inanspruchnahme überschritten wird oder man sie vorzeitig verkauft bzw. glattstellt.

Kreditzusagen

6.12

Bereitstellungsprovisionen, die das Unternehmen im Zusammenhang mit nach IAS 39 bilanzierten Kreditzusagen erhalten hat, müssen zum Ansatzzeitpunkt des Postens in voller Höhe GuV-wirksam erfasst werden.[1406] Eine Vereinnahmung über die Laufzeit des ggf. gewährten Kredits durch Anpassung des Effektivzinssatzes oder eine ratierliche Erfassung über die Bereitstellungsperiode ist nur für diejenigen Kreditzusagen geboten, für die IAS 39 nicht zur Anwendung kommt (IAS 18.IE14 (a) (ii); IAS 18.IE14 (b) (ii)).

– *Erfassung von Bereitstellungsprovisionen*

Für alle nicht über IAS 39.4 im Anwendungsbereich von IAS 39 befindlichen Kreditzusagen muss der Zusagengeber die Vorschriften in IAS 37 beachten. Solange der Zusagennehmer im Fall von optionalen Kreditzusagen sein Recht auf Kreditgewährung nicht in Anspruch nimmt, liegt zunächst grundsätzlich eine mögliche Verpflichtung vor. Diese resultiert nach IAS 37.10 aus vergangenen Ereignissen, und ihre Existenz wird durch das Eintreten oder Nichteintreten eines oder mehrerer unsicherer künftiger Ereignisse, die nicht vollständig unter der Kontrolle des Unternehmens stehen (wie hier die Inanspruchnahme des Zusagennehmers), erst noch bestätigt. In Abhängigkeit der Wahrscheinlichkeit der Inanspruchnahme durch den Zusagennehmer gilt Folgendes:[1407]

Andere Kreditzusagen

- Schätzt der Zusagengeber die Wahrscheinlichkeit der Inanspruchnahme durch den Zusagennehmer auf 50% oder weniger, aber auf mehr als ca. 5-10%, hat er eine Eventualverbindlichkeit anzugeben (IAS 37.86).[1408]

- Wird die Wahrscheinlichkeit der Inanspruchnahme hingegen auf über 50% beziffert (z.B. weil der Zusagennehmer dies bereits erklärt hat), besteht eine gegenwärtige Verpflichtung. Sodann muss anhand von IAS 37.66-69 untersucht werden, ob für die Kreditzusage eine Rückstellung als „belastender Vertrag" zu bilden ist.[1409] Bei einem solchen handelt es sich um einen Kontrakt, bei dem die unvermeidbaren Kosten zur Erfüllung der vertraglichen Verpflichtungen höher sind als der erwartete wirtschaftliche Nutzen (IAS 37.10). Übertragen auf Kreditzusagen ist die Erfassung einer Rückstellung immer dann geboten, wenn die Summe aus den vereinbarten Zinsen und Bereitstellungsprovisionen unterhalb

---

[1406] Vgl. dazu GABER/BETKE (2011a), S. 16 und S. 18.
[1407] Vgl. hierzu auch GABER/BETKE (2011a), S. 14.
[1408] Für Eventualverbindlichkeiten besteht gemäß IAS 37.27 ein Ansatzverbot. Vgl. dazu z.B. SENGER/BRUNE (2008), Rz. 15 und Rz. 41. M.E. handelt es sich bei Kreditzusagen regelmäßig nicht um noch zu erfüllende Verträge, für die innerhalb von IAS 37 nur die Regelungen zu belastenden Verträgen relevant sind (siehe IAS 37.1 (a), 3) und für die insofern keine Eventualverbindlichkeit angegeben werden müsste, da mit dem Beginn der Zusagenperiode zumindest eine Partei ihren Verpflichtungen (Zusagengeber: Kreditversprechen; Zusagennehmer: Zahlung einer Bereitstellungsprovision) nachgekommen ist.
[1409] Vgl. auch KPMG IFRG LIMITED (2011), S. 1262 (7.1.200.50); ERNST & YOUNG LLP (2012b), S. 2877 und S. 3115.

6 Herkömmliche Bilanzierung und Offenlegung einzelner Sachverhalte

der voraussichtlichen Refinanzierungskosten des Zusagengebers liegt.[1410] Ferner kann für eine Rückstellungsbildung ursächlich sein, dass ein infolge einer Kreditzusage künftig gewährtes Darlehen nicht vollständig zurückgezahlt wird.[1411] Die Ausbuchung der Rückstellung richtet sich nach IAS 39, d.h. sie muss bei Inanspruchnahme oder bei Verkauf/Glattstellung der Kreditzusage aus der Bilanz entfernt werden (siehe oben).

– *Erfassung von Bereitstellungsprovisionen*

Bereitstellungsprovisionen für Kreditzusagen, die außerhalb des Anwendungsbereichs von IAS 39 liegen, sind bei Ausreichung zunächst GuV-neutral zu behandeln.[1412] Wiederum in Abhängigkeit davon, wie die Wahrscheinlichkeit der Inanspruchnahme beurteilt wird, ist anschließend wie folgt zu verfahren:

- Bei einer Wahrscheinlichkeit der Inanspruchnahme durch den Zusagennehmer von 50% oder weniger muss der Ertrag ratierlich über die Bereitstellungsperiode abgegrenzt werden (IAS 18.IE14 (b) (ii)).

- Beläuft sich die Wahrscheinlichkeit der Inanspruchnahme durch den Zusagennehmer auf über 50%, geht die Bereitstellungsprovision in den Effektivzinssatz der künftigen Kreditforderung ein und wird insofern effektivzinsmäßig über die Kreditlaufzeit verteilt.[1413] Endet der Bereitstellungszeitraum ohne Inanspruchnahme der Kreditzusage, ist die Bereitstellungsprovision zum Zeitpunkt der Fälligkeit GuV-wirksam zu vereinnahmen (IAS 18.IE14 (a) (ii)).

Alternativ kann die Bereitstellungsgebühr als Entgelt für eine Dienstleistung aufgefasst werden. Die zur Bereitstellung des Kredits vereinnahmten Beträge sind dann unabhängig von der Inanspruchnahmewahrscheinlichkeit über den Zeitraum der Leistungserbringung als Ertrag zu erfassen (IAS 18.IE14 (b) (i)).

[1410] Vgl. ähnlich VARAIN (2008), Rz. 11; LÜDENBACH (2012d), Rz. 216. Eine Rückstellungsbildung ergibt sich indes gemäß IAS 37.67 nicht, wenn die Vertragsbedingungen eine Stornierung ohne Zahlung einer Entschädigung ermöglichen.

[1411] Vgl. VARAIN (2008), Rz. 11.

[1412] Vgl. dazu und folgend GABER/BETKE (2011a), S. 16 und S. 18; KPMG IFRG LIMITED (2011), S. 1392f. (7.6.50.20) und S. 1443 (7.6.800.10, 810.10); PwC (2011a), S. 9006 (9.15).

[1413] Dies ergibt sich auch gemäß IAS 18.IE14 (a) (i), wonach Entgelte zur Schaffung oder Akquisition von nicht erfolgswirksam zum beizulegenden Zeitwert bewerteten finanziellen Vermögenswerten über den Effektivzinssatz des Finanzinstruments zu berücksichtigen sind.

6.12.4 Bilanzierung beim Zusagennehmer

Für den Zusagennehmer befinden sich nur die über IAS 39.4 (b) spezifizierten Kreditzusagen im Anwendungsbereich von IAS 39, d.h. solche, die das Unternehmen durch Ausgleich in bar oder Ähnliches begleichen kann. Die diesbezüglichen Bilanzierungsvorgaben entsprechen denjenigen des Zusagengebers (siehe vorheriger Abschnitt). In analoger Weise müssen auch etwaige Bereitstellungsgebühren GuV-wirksam behandelt werden; sie sind zum Ansatzzeitpunkt der erhaltenen Kreditzusage als Aufwand zu erfassen.

Kreditzusagen in IAS 39.4 (b)

In Bezug auf alle anderen (nicht nach IAS 39 bilanzierten) Kreditzusagen muss auch der Zusagennehmer grundsätzlich prüfen, ob eine Angabe- oder Bilanzierungspflicht gemäß IAS 37 besteht. Im Fall von optionalen Zusagen wird dieser dabei regelmäßig zu dem Ergebnis kommen, dass zwar eine rechtliche Verpflichtung gemäß IAS 37.10 besteht, er sich ihr aber durch die wahlweise Nicht-Inanspruchnahme uneingeschränkt entziehen kann und somit nach IAS 37.17 kein verpflichtendes Ereignis vorliegt. Damit liegt weder eine Pflicht zur Bildung einer Rückstellung noch zur Angabe einer Eventualverbindlichkeit vor.

Andere Kreditzusagen

Zu einem davon abweichenden Ergebnis wird man hingegen im Fall von nicht-optionalen Kreditzusagen kommen, d.h. wenn der Zusagennehmer den künftigen Kredit verpflichtend zu einem vereinbarten Festzinssatz in Anspruch nehmen muss. Dann sind wiederum die Vorgaben für belastende Verträge (siehe vorheriger Abschnitt) einschlägig. Eine Rückstellung ist grundsätzlich zu bilden, falls der Gesamtbetrag aus zu zahlenden Zinsen und Bereitstellungsprovisionen über den Kosten liegt, zu denen sich der Zusagennehmer aktuell am Markt finanzieren kann.

Hinsichtlich der Erfassung von Bereitstellungsgebühren gelten prinzipiell dieselben Vorgaben wie für den Zusagengeber (siehe vorheriger Abschnitt): Bei unwahrscheinlicher Inanspruchnahme ist der Aufwand ratierlich über die Bereitstellungsperiode zu verteilen (IAS 18.IE14 (b) (ii)); ansonsten hat das Unternehmen die Bereitstellungsgebühren beim Effektivzinssatz der künftigen Kreditverbindlichkeit zu berücksichtigen bzw. nach dem Überschreiten des Zusagenzeitraums ohne Inanspruchnahme GuV-wirksam zu erfassen (IAS 18.IE14 (a) (ii)).[1414]

DELOITTE zufolge soll der beizulegende Zeitwert der Kompensationszahlung, die vom Zusagennehmer an den Zusagengeber geleistet wird, als Vermögenswert (auf Grund des Rechts zur künftigen Kreditaufnahme zu günsti-

---

[1414] Vgl. KPMG IFRG LIMITED (2011), S. 1392f. (7.6.50.20, 30); PwC (2011a), S. 9006 (9.15, 9.15.1). Eine effektivzinsmäßige Berücksichtigung lässt sich ferner über IAS 18.IE14 (a) (iii) ableiten, der sich auf Entgelte bezieht, die bei der Ausgabe von zu fortgeführten Anschaffungskosten bewerteten finanziellen Verbindlichkeiten anfallen.

gen Konditionen) aktiviert und anschließend systematisch über die Laufzeit der Kreditzusage über die GuV aufgelöst bzw. abgeschrieben werden.[1415] Der im Fall einer vollständigen Inanspruchnahme der zugesagten Kreditsumme noch nicht amortisierte Betrag soll dann als Transaktionskosten in den Effektivzinssatz der Kreditverbindlichkeit eingehen.

6.12.5 Angabepflichten

Kreditzusagen in IAS 39.4 (b)

Kreditzusagen wie unter IAS 39.4 (b) beschrieben sind bei den Buchwertangaben nach Bewertungskategorien (▶ 3.4.4.1) innerhalb der Bewertungskategorien FAFVPL (FAHfT) bzw. FLFVPL (FLHfT) zu berücksichtigen; die Buchwerte stellen gleichzeitig die nach Klassen offen zu legenden beizulegenden Zeitwerte (▶ 3.4.4.2) dar. Bezüglich der Fair Values hat man zudem die zusätzlichen Angabepflichten einschließlich der Zuordnung zu den Hierarchiestufen der Zeitbewertung zu beachten (▶ 3.8.2.6). Für Kreditzusagen wird hierbei regelmäßig eine Zuordnung zur Fair-Value-Hierarchiestufe 2 oder 3 vorgenommen werden. Erhaltene bzw. gezahlte Bereitstellungsgebühren sowie die sich aus der Zeitbewertung ergebenden Gewinne und Verluste gehen in das anzugebende Nettoergebnis (▶ 3.14.6) der als HfT eingestuften Finanzinstrumente ein.

Kreditzusagen in IAS 39.4 (c)

Falls das Unternehmen die in IAS 39.4 (c) aufgeführten Kreditzusagen keiner Bewertungskategorie zuordnet (▶ 6.12.2), werden die Posten und die damit verbundenen Aufwendungen und Erträge auch nicht bei den Angaben zu den Buchwerten nach Bewertungskategorien bzw. zu den Nettoergebnissen berücksichtigt. Allerdings muss man sie in die Berichterstattung zu den beizulegenden Zeitwerten nach Klassen einbeziehen (▶ 3.4.4.2).

Risikoangaben

Darüber hinaus sind Kreditzusagen grundsätzlich auch bei den Risikoangaben zu Finanzinstrumenten relevant. Dies gilt ebenso für Kreditzusagen, die zwar nicht nach IAS 39 bilanziert werden, jedoch die Merkmale von Finanzinstrumenten in IAS 32 aufweisen und sich deshalb im Anwendungsbereich von IFRS 7 befinden. So hat der Zusagengeber bei der Angabe des pro Klasse bestehenden maximalen Ausfallrisikobetrags auch (nahezu) unwiderrufliche Kreditzusagen zu berücksichtigen (▶ 5.4.2.2). Für Kreditzusagen, die er nicht durch Barausgleich oder Ähnliches erfüllen kann, ist dabei jeweils der volle zugesagte Betrag maßgeblich. Ferner hat das Unternehmen bei der liquiditätsrisikobezogenen Fälligkeitsanalyse (▶ 5.4.3.2) die Cashflows aus erhaltenen Kreditzusagen einzubeziehen; sie sind dem Zeitband zuzuordnen, in dem der Zeitpunkt liegt, zu dem der Kredit am frühesten abgerufen

---

[1415] Vgl. dazu und folgend DELOITTE LLP (2011b), S. 41f. Letztere systematische GuV-Verteilung soll man auch bei Gebühren für unspezifizierte Kreditzusagen (d.h. Betrag und Zeitpunkt der Inanspruchnahme variieren) vornehmen.

werden kann. Berücksichtigung müssen Kreditzusagen schließlich prinzipiell auch bei der Ermittlung der Sensitivitäten zum Zinsrisiko (▶ 5.4.4.3) finden.

6.13 Sonstige Verbindlichkeiten

6.13.1 Posten

Unter die sonstigen Verbindlichkeiten werden hier primär folgende Posten gefasst:

- Verbindlichkeiten aus Lieferungen und Leistungen,
- Verbindlichkeiten gegenüber verbundenen Unternehmen,
- Verbindlichkeiten gegenüber Mitarbeitern,
- Verbindlichkeiten aus Zinsabgrenzungen,
- Verbindlichkeiten aus Dividenden und Nutzungsentgelten.

6.13.2 Kategorisierung

Nicht-Banken ordnen die vorstehend aufgeführten Posten regelmäßig der Bewertungskategorie FLAC zu.[1416] Eine Einstufung als FLFVPL über die Nutzung der Fair-Value-Option ist zwar generell möglich, dies entspricht allerdings nicht der gängigen Praxis und wird wohl kaum zweckmäßig sein.

6.13.3 Bilanzierung

Der Ansatzzeitpunkt bestimmt sich analog zu allen anderen Finanzinstrumenten grundsätzlich über den Tag, an dem das Unternehmen Vertragspartei wird (▶ 3.5.2). Verbindlichkeiten aus Lieferungen und Leistungen sind allerdings erst anzusetzen, wenn mindestens eine Vertragspartei den Vertrag erfüllt hat, da diese infolge einer festen Verpflichtung zum Kauf von Gütern oder Dienstleistungen erworben bzw. eingegangen wurden (▶ 3.5.3.2). Dies ist regelmäßig der Zeitpunkt, zu dem die Leistung von der Gegenpartei erbracht wurde.[1417] Bei Verbindlichkeiten gegenüber verbundenen Unternehmen und Mitarbeitern wird der Ansatzzeitpunkt normalerweise über

Ansatz und Ausweis

[1416] Dies war etwa bei allen Unternehmen der Fall, die Fn. 1124 enthält.
[1417] Vgl. ähnlich auch HEUSER/THEILE (2012), Rz. 3070.

6 Herkömmliche Bilanzierung und Offenlegung einzelner Sachverhalte

den Tag bestimmt, an dem das Unternehmen den Geldbetrag zur Verfügung gestellt bekommt. Der Ansatz von Verbindlichkeiten aus Zinsen, Nutzungsentgelten und Dividenden richtet sich nach IAS 18.30: Erstere hat man in der Regel unter Anwendung der Effektivzinsmethode zu erfassen; Nutzungsentgelte müssen periodisch in Übereinstimmung mit den Bestimmungen des zu Grunde liegenden Vertrags realisiert werden; Dividenden sind mit der Entstehung der Zahlungsverpflichtung zu erfassen.

Verbindlichkeiten aus Lieferungen und Leistungen werden unabhängig von ihrer Laufzeit immer dem kurzfristigen Bereich zugeordnet (IAS 1.70). Eine Verpflichtung zur Saldierung (▶ 3.6.1) mit finanziellen Vermögenswerten besteht für die in Abschnitt 6.13.1 genannten Posten in der Regel nicht.

Erstbewertung

Bei Verbindlichkeiten aus Lieferungen und Leistungen entspricht der Erstbuchwert dem vereinbarten Kaufpreis der empfangenen Leistung bzw. dem ursprünglichen (ggf. um in Anspruch genommene Skonti reduzierten) Rechnungsbetrag (IAS 39.AG79). Sonstige kurzfristige Verbindlichkeiten – wie insbesondere solche aus Zinsen, Dividenden und Nutzungsentgelten – werden in der Regel erstmalig zu dem Betrag angesetzt, der aus Sicht des Unternehmens in naher Zukunft abfließt.

Wie bei den sonstigen Forderungen bestimmt sich im Fall langfristiger Verbindlichkeiten (mit wesentlichem Abzinsungseffekt) der zur Erstbewertung heranzuziehende beizulegende Zeitwert über die mit dem Marktzinssatz diskontierten künftigen Zins- und Tilgungszahlungen (▶ 6.3.3). Die Vorgaben zur Bestimmung des Zinssatzes gelten dabei entsprechend. Ferner muss der Fair Value unter Einschluss von Transaktionskosten ermittelt werden, d.h. Letztere reduzieren den erstmalig passivierten Betrag (▶ 3.9.5). Posten in Fremdwährung sind zum am Tag der Einbuchung gültigen Kassawechselkurs umzurechnen (▶ 3.12.2).[1418]

Folgebewertung

Für kurzfristige Verbindlichkeiten kann in der Folge normalerweise der Erstbuchwert beibehalten werden. Bei langfristigen Verbindlichkeiten oder kurzfristigen Posten mit wesentlichem Abzinsungseffekt wird der jeweilige Folgebuchwert durch effektivzinsmäßige Fortschreibung des Erstbuchwerts bzw. des letzten Stichtagswerts (Barwertfortschreibung) bestimmt; bei Schätzungsänderungen in Bezug auf künftige Cashflows sind Buchwertanpassungen vorzunehmen (▶ 3.8.3.3). Auch Fremdwährungsverbindlichkeiten werden in der Folge stets erfolgswirksam zum am jeweiligen Stichtag bzw. am Transaktionstag gültigen Kassawechselkurs umgerechnet, da es sich immer um monetäre Posten handelt (▶ 3.12.3.3).

[1418] In der Literatur wird zur Umrechnung von Verbindlichkeiten empfohlen, Geldkurse heranzuziehen; es werden allerdings auch Mittelkurse für zulässig erachtet.

Finanzielle Sicherheiten

Finanzielle Verbindlichkeiten sind auszubuchen, wenn die vertragliche Verpflichtung getilgt wurde (▶ 3.13.2.1). Bei den unter den sonstigen Verbindlichkeiten subsumierten Posten entspricht dies dem Zeitpunkt der Begleichung der Außenstände bzw. der Zahlung der abgegrenzten Aufwendungen.

Ausbuchung

6.13.4 Angabepflichten

Grundsätzlich gelten für die unter die sonstigen Verbindlichkeiten fallenden Posten dieselben Anforderungen wie für nicht-hybride Finanzverbindlichkeiten (▶ 6.7.8). Allerdings wird es sich bei den sonstigen Verbindlichkeiten mehrheitlich nicht um Darlehensverbindlichkeiten handeln, d.h. die diesbezüglichen Angaben kommen nicht zum Tragen. Auch die nach Klassen offen zu legenden Fair Values werden überwiegend nicht zusätzlich zu bestimmen sein, da diese normalerweise weitgehend den Buchwerten entsprechen.

Sonstige Verbindlichkeiten sind prinzipiell auch bei den Angaben zu Liquiditätsrisiken (▶ 5.4.3) zu berücksichtigen. Die entsprechenden Zahlungen werden bei der Fälligkeitsanalyse überwiegend dem frühesten Zeitband zuzuordnen sein. Zins- oder Währungsrisiken, welche die Publikation von Sensitivitäten (▶ 5.4.4.3; 5.4.4.4) erforderlich machen würden, sollten bei den betreffenden Posten hingegen nicht bestehen.

6.14 Finanzielle Sicherheiten

6.14.1 Vorbemerkungen

Neben den in der Regel die Definitionsmerkmale einer Finanzgarantie erfüllenden Personalsicherheiten (Bürgschaften, Garantien) erhalten oder stellen Nicht-Banken auch Realsicherheiten in Form von Barmitteln („Cash Collateral") oder sonstigen finanziellen Vermögenswerten (insbesondere Forderungen und Wertpapiere).[1419] Derartige Sicherheitenstellungen erfolgen etwa im Zusammenhang mit

- dem Verkauf oder der Verbriefung von Forderungen aus Lieferungen und Leistungen (▶ 6.2.5.3), [1420]

[1419] Darüber hinaus werden auch nicht-finanzielle Posten (wie z.B. Vorräte oder Sachanlagen) als Sicherheiten gestellt oder angenommen, vgl. dazu z.B. die GB 2006 von DEUTSCHE LUFTHANSA, S. 142; DEUTSCHE POST, S. 127.
[1420] Vgl. dazu die GB 2006 von DAIMLERCHRYSLER, S. 201; DEUTSCHE TELEKOM, S. 146.

- der Aufnahme von Verbindlichkeiten,[1421]
- der Teilnahme an Versteigerungen (z.B. für Lizenzen),
- dem Handel von Finanzderivaten.[1422]

Nicht-Banken erhalten Sicherheiten z.B. in Verbindung mit

- der Besicherung von Forderungen,[1423]
- dem Handel von Finanzderivaten.[1424]

Die Sicherheitenstellung beim Handel mit Finanzderivaten ist darauf zurückzuführen, dass Banken zur Reduktion ihres Ausfallrisikos die Hinterlegung von Barsicherheiten für Finanzderivate, die negative Marktwerte aufweisen können (wie z.B. Zinsswaps), verlangen. Die Höhe der zu hinterlegenden Beträge hängt normalerweise von der Bonität bzw. dem Rating des Unternehmens sowie von der Höhe der negativen Marktwerte der Finanzderivate ab. Umgekehrt wird eine Nicht-Bank ggf. von einem Kreditinstitut oder einem anderen Kontraktpartner Sicherheiten verlangen, wenn Finanzderivate mit positivem Marktwert bestehen.

Im Folgenden wird auf den Erhalt oder die Bereitstellung finanzieller Realsicherheiten eingegangen. Für die Behandlung von Personalsicherheiten in Form von Bürgschaften und Garantien ist Abschnitt 6.11 relevant. Erhaltene nicht-finanzielle Realsicherheiten wie z.B. Grundpfandrechte, die zur Absicherung von finanziellen Vermögenswerten dienen, stellen nach IAS 39 keine finanziellen Vermögenswerte dar und können in der Regel auch nicht nach anderen Standards gesondert erfasst werden;[1425] stattdessen ist die erhaltene Sicherheit bei der Bestimmung einer etwaigen Wertminderung zu berücksichtigen (IAS 39.IG E.4.1, E.4.8).[1426] So muss bei besicherten, zu fortgeführten Anschaffungskosten bewerteten finanziellen Vermögenswerten gemäß IAS 39.AG84 der (mit dem Buchwert zu vergleichende) Barwert der Cashflows diejenigen Zahlungen berücksichtigen, die aus der Verwertung der Sicherheit resultieren (▶ 3.11.4.2).[1427] Letztere begrenzt damit den zu erfassenden Wertminderungsaufwand.[1428]

[1421] Vgl. hierzu die GB 2006 von BASF, S. 148; DEUTSCHE LUFTHANSA, S. 142 und S. 143.
[1422] Vgl. dazu die GB 2006 von DEUTSCHE TELEKOM, S. 152; E.ON, S. 177; RWE, S. 81.
[1423] Vgl. hierzu den GB 2006 von DEUTSCHE TELEKOM, S. 147.
[1424] Vgl. dazu die GB 2006 von E.ON, S. 177; RWE, S. 191.
[1425] Vgl. zu Ersterem MENTZ (2009), Rz. 29.
[1426] Die separate Erfassung als Vermögenswert über einen anderen IFRS kommt nur in Frage, wenn die Ansatzkriterien des entsprechenden Standards erfüllt sind.
[1427] Für ein Beispiel hierzu vgl. FREIBERG (2010c), S. 330.
[1428] Vgl. DELOITTE LLP (2011b), S. 325.

6.14.2 Kategorisierung

6.14.2.1 Barsicherheiten

Die aus der Stellung von Barsicherheiten resultierenden Forderungen werden regelmäßig der Bewertungskategorie LaR zugeordnet. Gleichfalls ist eine Kategorisierung als AfS möglich, was in der Praxis allerdings kaum feststellbar ist. Noch praxisferner muss man eine Zuordnung zur Bewertungskategorie FAFVPL (Nutzung der Fair-Value-Option) einstufen. *Sicherungsgeber*

Der Sicherungsnehmer klassifiziert die Barmittel wie herkömmliche Zahlungsmittel und Zahlungsmitteläquivalente (▶ 6.1.2). Die in Verbindung mit der Einbuchung entstehenden finanziellen Verbindlichkeiten werden im Normalfall der Bewertungskategorie FLAC zugeordnet; eine Nutzung der Fair-Value-Option (Bewertungskategorie FLFVPL) dürfte sich nicht ergeben. *Sicherungsnehmer*

6.14.2.2 Unbare Sicherheiten

Die Einstufung des in der Regel beim Sicherungsgeber bilanzierten Sicherungsobjekts erfolgt normalerweise entsprechend seiner Art entweder als LaR oder als AfS: Bei Forderungen wird sich überwiegend eine Zuordnung zur Bewertungskategorie LaR ergeben (▶ 6.3.2); für Wertpapiere kommt mehrheitlich eine Kategorisierung als AfS in Frage (▶ 6.4.2). Die Nutzung der Fair-Value-Option (FAFVPL) sollte nicht praktikabel sein. *Sicherungsgeber*

Eine im Fall der Veräußerung oder der Verpfändung des Sicherungsobjekts durch den Sicherungsnehmer entstehende Verbindlichkeit wird normalerweise der Bewertungskategorie FLAC zuzuordnen sein. Kommt es auf Grund des Ausfalls des Sicherungsgebers zur Erfassung des Postens beim Sicherungsnehmer, dürfte dieser ebenso entweder als LaR oder als AfS kategorisiert werden. *Sicherungsnehmer*

6.14.3 Bilanzierung von Barsicherheiten

6.14.3.1 Ansatz

Eine Übertragung von Zahlungsmitteln als Barsicherheit führt beim Sicherungsgeber zum Ansatz einer finanziellen Forderung und zur Ausbuchung der Zahlungsmittel; der Sicherungsnehmer bucht sich die Barmittel ein und erfasst eine entsprechende Verbindlichkeit gegenüber dem Sicherungsgeber (IAS 39.IG D.1.1).

Werden bspw. am 01.01.X1 liquide Mittel von 1.000 € verpfändet, bilanziert dies der Sicherungsgeber wie folgt: *Sicherungsgeber*

Herkömmliche Bilanzierung und Offenlegung einzelner Sachverhalte

Sicherungs-nehmer

| 01.01.X1 | Forderung (Barsicherheit) | 1.000 € | Kasse | 1.000 € |

Der Sicherungsnehmer bucht den Sachverhalt folgendermaßen:

| 01.01.X1 | Kasse | 1.000 € | Verbindlichkeit (Barsicherheit) | 1.000 € |

Der Ansatzzeitpunkt wird in der Regel dem Tag des Geldausgangs bzw. -eingangs entsprechen.

6.14.3.2 Ausweis

Für den Sicherungsgeber kommt ein Ausweis der erfassten Forderung als „Zahlungsmittel" bzw. „Zahlungsmitteläquivalente" nicht in Frage, da eine jederzeitige Umwandlung in Zahlungsmittel nicht möglich ist (▶ 6.1.3). Der Sicherungsnehmer kann die Barmittel jedoch m.E. darunter ausweisen.

6.14.3.3 Bewertung

Die Erstbewertung erfolgt zum Nominalwert. In der Folge werden die beim Sicherungsgeber erfassten Forderungen entsprechend den für sonstige Forderungen gültigen Regeln bewertet (▶ 6.3.3). Für die Folgebewertung der beim Sicherungsnehmer erfassten Barmittel wird auf den entsprechenden Abschnitt verwiesen (▶ 6.1.3). Vom Sicherungsnehmer angesetzte Verbindlichkeiten werden in der Folge analog wie sonstige Verbindlichkeiten bewertet (▶ 6.13.3).

6.14.3.4 Ausbuchung

Der Zeitpunkt der Ausbuchung der beim Sicherungsgeber bilanzierten Forderung richtet sich danach, wann die Rechte auf Cashflows auslaufen (▶ 3.13.1); eine Übertragung des Postens ist in der Regel nicht möglich. Normalerweise wird die Forderung aus der Bilanz entfernt, wenn die Barmittel zum Unternehmen zurückfließen – z.B. nach Ablauf der Laufzeit der Sicherung oder nach der Tilgung der Hauptschuld.

Die beim Sicherungsnehmer erfasste Verbindlichkeit ist bei Rückzahlung auszubuchen (▶ 3.13.2), d.h. wenn die Geldmittel wieder dem Sicherungsgeber zur Verfügung gestellt werden.

6.14.4 Bilanzierung unbarer Sicherheiten

6.14.4.1 Ansatz, Bewertung und Ausbuchung

IAS 39 regelt die Bilanzierung von unbaren finanziellen Sicherheiten im Zusammenhang mit der Ausbuchung von finanziellen Vermögenswerten.[1429] Bei welcher Partei das Sicherungsobjekt erfasst wird, hängt nach IAS 39.37 zum einen davon ab, ob der Sicherungsnehmer das Recht hat, den Posten zu verkaufen oder weiterzuverpfänden. Zum anderen kommt es darauf an, ob der Sicherungsgeber ausgefallen ist oder nicht.

Hat der Sicherungsnehmer das vertrags- oder gewohnheitsmäßige Recht, das Sicherungsobjekt zu verkaufen oder weiterzuverpfänden, muss der Sicherungsgeber den finanziellen Vermögenswert gemäß IAS 39.37 (a) in seiner Bilanz getrennt von den anderen Vermögenswerten neu klassifizieren (z.B. als verliehenen Vermögenswert, verpfändetes Eigenkapitalinstrument oder Rückkaufforderung). Es ergibt sich also ein Aktivtausch. Werden etwa am 01.01.X1 Wertpapiere von 1.000 € verpfändet, ist folgendermaßen zu buchen:

Verkaufsrecht des Sicherungsnehmers

– Sicherungsgeber

| 01.01.X1 | Wertpapiere in Verpfändung | 1.000 € | Wertpapiere | 1.000 € |

Der Sicherungsnehmer erfasst erst beim Verkauf des Sicherungsobjekts den Verkaufserlös sowie für die Rückgabeverpflichtung eine Verbindlichkeit zum beizulegenden Zeitwert (IAS 39.37 (b)). Erfolgt die Veräußerung etwa am 15.02.X1 für 900 € in bar, wird dies beim Sicherungsnehmer wie folgt gebucht:

– Sicherungsnehmer

| 15.02.X1 | Kasse | 900 € | Verbindlichkeit | 900 € |

Kann der Sicherungsgeber das Sicherungsobjekt nicht mehr zurückfordern, weil er nach den Bedingungen des Basisvertrags ausgefallen ist (d.h. etwa im Fall einer Kreditaufnahme, wenn der Sicherungsgeber bzw. Kreditnehmer fällige Zins- oder Tilgungszahlungen nicht leistet), muss er das Sicherungsobjekt ausbuchen (IAS 39.37 (c)). Ist ein solcher Ausfall z.B. am 01.04.X1 gegeben, bucht der Sicherungsgeber folgendermaßen:

Ausfall des Sicherungsgebers

– Sicherungsgeber

| 01.04.X1 | Aufwand Ausbuchung | 1.000 € | Wertpapiere in Verpfändung | 1.000 € |

Fall 1: Der Posten wurde vom Sicherungsnehmer bereits veräußert (wie im Beispiel am 15.02.X1 geschehen). Die beim Verkauf erfasste Verbindlichkeit ist auszubuchen (IAS 39.37 (c)):

– Sicherungsnehmer

| 01.04.X1 | Verbindlichkeit | 900 € | Ertrag aus Sicherungsverwertung | 900 € |

[1429] Siehe zu den Ausbuchungsvorschriften die Abschnitte 3.13.1 und 6.2.5.

Fall 2: Der Sicherungsnehmer hat das Sicherungsobjekt noch nicht veräußert. Es muss zum beizulegenden Zeitwert angesetzt werden (IAS 39.37 (c)). Liegt der Fair Value am 01.04.X1 etwa bei 1.050 €, ergibt sich folgende Buchung:

| 01.04.X1 | Wertpapiere | 1.050 € | Ertrag aus Sicherungsverwertung | 1.050 € |

Demnach wird das Sicherungsobjekt immer vom Sicherungsgeber angesetzt, es sei denn, er ist ausgefallen und muss den Posten deshalb ausbuchen. Die Ansatzpflicht beim Sicherungsgeber gilt im Übrigen auch für den Fall, dass der Sicherungsnehmer nicht das vertrags- oder gewohnheitsmäßige Recht hat, das Sicherungsobjekt zu verkaufen oder weiterzuverpfänden. Dann muss es eben nur nicht neu klassifiziert werden.

Die Erfassung des Sicherungsobjekts beim Sicherungsgeber erfolgt in der Regel zu dem Zeitpunkt, zu dem das Unternehmen die Verfügungsmacht über das Sicherungsobjekt gewinnt. In der Folge wird es nach den für solche Posten gültigen Vorschriften bewertet (▶ 6.4.5) und ausgebucht (▶ 6.4.8).

Beim Sicherungsnehmer kommt es hingegen nur zur Erfassung des Sicherungsobjekts, wenn dieser auf Grund des Ausfalls des Sicherungsgebers zu einer Einbuchung zum beizulegenden Zeitwert berechtigt ist. In letzterem Fall wird der Posten zu dem Zeitpunkt, zu dem der Basisvertrag ausgefallen ist, angesetzt. Die Folgebewertung und Ausbuchung richtet sich dann ebenfalls nach den allgemeinen Regeln (▶ 6.4.5).

Die im Fall des Verkaufs vom Sicherungsnehmer erfasste Verbindlichkeit wird in der Folge nach den für solche Posten gültigen Vorschriften bewertet (▶ 6.13.3). Liegt kein Ausfall von Seiten des Sicherungsgebers vor, hat der Sicherungsnehmer die Verbindlichkeit bei der Tilgung auszubuchen (▶ 3.13.2.1), d.h. bei Rückgabe des Sicherungsobjekts bzw. Rückzahlung des Gegenwerts.

6.14.4.2 Ausweis

Gestellte unbare Sicherheiten können nicht als „Zahlungsmittel" bzw. „Zahlungsmitteläquivalente" ausgewiesen werden, da sich die Posten nicht jederzeit in Zahlungsmittel umwandeln lassen (▶ 6.1.3).

Erfasst der Sicherungsnehmer das Sicherungsobjekt infolge des Ausfalls des Basisvertrags, ist für ihn ein Ausweis als „Zahlungsmittel" oder „Zahlungsmitteläquivalente" möglich.

6.14.5 Angabepflichten

6.14.5.1 Anforderungen bei gestellten Sicherheiten

Zu den vom Unternehmen als Sicherheiten gestellten (verpfändeten) finanziellen Vermögenswerten sind anzugeben (IFRS 7.14):

- die Buchwerte der als Sicherheiten für Verbindlichkeiten und Eventualverbindlichkeiten verpfändeten finanziellen Vermögenswerte, inklusive der Beträge, die gemäß IAS 39.37 (a) auf Grund weitgehender Verfügungsrechte des Empfängers gesondert als begebene Sicherungsinstrumente ausgewiesen werden (▶ 6.14.4.1);[1430]

- Vereinbarungen und Bedingungen der Verpfändungen.

Im Konzernabschluss ist bei den Buchwerten der als Sicherheiten verpfändeten finanziellen Vermögenswerte zwar grundsätzlich auf die konsolidierten Beträge abzustellen. Da die im Konzernabschluss nicht mehr enthaltenen Beträge aber ggf. weiterhin als Sicherheiten dienen, empfiehlt ZEYER bei wesentlichen Sachverhalten, die Beträge unter Angabe des Umstands der Konsolidierung zu nennen.[1431] Hat bspw. ein Tochterunternehmen Forderungen per Globalzession in Höhe von 400 € an eine Bank abgetreten und bestehen davon 200 € gegenüber dem Mutterunternehmen, so könnte im Konzernabschluss der Buchwert von 400 € angegeben werden – mit dem Hinweis, dass dieser nicht dem Buchwert nach Konsolidierung von 200 € entspricht.

6.14.5.2 Anforderungen bei gehaltenen Sicherheiten

Werden finanzielle oder nicht-finanzielle Sicherheiten gehalten, die das Unternehmen ohne Vorliegen eines Ausfalls (Zahlungsverzugs) seitens des Eigentümers der Sicherheiten (Sicherungsgeber) weiterverkaufen oder weiterverpfänden darf, sind die folgenden Angaben erforderlich (IFRS 7.15):

- der beizulegende Zeitwert der gehaltenen Sicherheit(en);

- der beizulegende Zeitwert einer solchen weiterverkauften und weiterverpfändeten Sicherheit und Informationen darüber, ob das Unternehmen zur Rückgabe (an den Eigentümer) verpflichtet ist;

- in Verbindung mit der Verwendung der Sicherheiten bestehende Vereinbarungen und Bedingungen.

[1430] KUHN/CHRIST (2011), Rz. 109 empfehlen, die Angaben entsprechend der Bewertungskategorien aufzugliedern.
[1431] Vgl. ZEYER (2008a), S. 447 und zum folgenden Beispiel ebenda, S. 446.

6 Herkömmliche Bilanzierung und Offenlegung einzelner Sachverhalte

Den zuletzt aufgeführten Angabepflichten wird in der Literatur wenig Bedeutung beigemessen, denn derartige Sicherheiten, die ohne Vorliegen eines Ausfalls des Kreditnehmers verwertbar sind, werden im deutschen Rechtsraum – zumindest was das traditionelle Kreditgeschäft betrifft – als selten vorkommend eingestuft.[1432]

6.14.5.3 Weitere Anforderungen

Die im Zusammenhang mit gestellten oder erhaltenen Sicherheiten bilanzierten Finanzinstrumente müssen bei den Angaben der Buchwerte nach Bewertungskategorien sowie der Fair Values nach Klassen berücksichtigt werden (▶ 3.4.4.1; 3.4.4.2). Ferner gehen die Aufwendungen und Erträge aus der Ausbuchung der Sicherungsobjekte bzw. Verbindlichkeiten in die offen zu legenden Nettoergebnisse nach Bewertungskategorien (▶ 3.14.6) ein.

Darüber hinaus hat der Sicherungsnehmer innerhalb der Angaben zu Kreditrisiken gemäß IFRS 7.36 (b) die dem maximalen Ausfallrisikobetrag entgegenstehenden Sicherheiten zu beschreiben (▶ 5.4.4.2). Außerdem entstehen ggf. Anforderungen in Verbindung mit Basisverträgen (Forderungen), die entweder überfällig, aber (noch) nicht wertgemindert sind (IFRS 7.37 (a); ▶ 5.4.2.4), oder bereits außerplanmäßig abgeschrieben wurden (IFRS 7.37 (b); ▶ 5.4.2.5): Das Unternehmen muss die zu den Risikobeträgen erhaltenen Sicherheiten beschreiben; dabei hat es auch die beizulegenden Zeitwerte der Posten anzugeben, falls sich diese schätzen lassen (IFRS 7.36 (c); ▶ 5.4.2.1).

Weitere Angabepflichten ergeben sich für den Sicherungsnehmer gemäß IFRS 7.38 zu Posten finanzieller oder nicht-finanzieller Art, die er durch die Inanspruchnahme von Sicherheiten erwirbt und welche nach IFRS als Vermögenswerte angesetzt werden können (▶ 5.4.2.1).

6.15 Finanzinstrumente in Verbindung mit Miet- und Leasingverträgen

6.15.1 Vorbemerkungen

Bei Leasingverhältnissen, die in den Anwendungsbereich von IAS 17 fallen, wird zwischen Operating-Leasingverhältnissen und Finanzierungsleasing-

---

[1432] Vgl. BUCHHEIM/SCHMIDT (2005), S. 399; SCHARPF (2006), S. 20f.

Finanzinstrumente in Verbindung mit Miet- und Leasingverträgen

verhältnissen unterschieden (▶ 3.3.6.3).[1433] Aus den ersteren Kontrakten resultieren normalerweise keine wesentlichen Finanzinstrumente-Posten, da die Vertragspartner die periodisch anfallenden Leasingzahlungen lediglich als Aufwendungen bzw. Erträge erfassen. Finanzielle Forderungen oder Verbindlichkeiten können sich somit nur in Verbindung mit der erfolgswirksamen Realisierung von künftig fälligen Zahlungen ergeben. Bei Finanzierungsleasingverhältnissen kommt es hingegen in der Regel zur Erfassung von wesentlichen Forderungen und Verbindlichkeiten. Die Posten zählen zu den Finanzinstrumenten; teilweise müssen auf sie die Bilanzierungsvorschriften des IAS 39 angewandt werden. Darüber hinaus sind derartige Forderungen und Verbindlichkeiten im Anwendungsbereich von IFRS 7 (▶ 3.3.6.3).

Auch bei Forderungen und Verbindlichkeiten, die in Verbindung mit sonstigen, d.h. nicht nach IAS 17 geregelten Miet- bzw. Leasingverhältnissen entstehen, kann es sich um Finanzinstrumente handeln. Ist dies der Fall, müssen die Posten nach IAS 39 bilanziert und bei den Angabepflichten nach IFRS 7 berücksichtigt werden.

Schließlich können Leasingverträge – unabhängig davon, ob sie in den Anwendungsbereich von IAS 17 fallen oder nicht – eingebettete Derivate enthalten, die ggf. zu trennen sind. Besteht eine solche Abspaltungspflicht, kommen für die gesondert zu bilanzierenden Posten zudem die Offenlegungsvorschriften des IFRS 7 zum Tragen.

Im Folgenden wird primär auf die Bilanzierungs- und Offenlegungsvorschriften einzugehen sein, die sich aus IAS 39 sowie IFRS 7 ergeben. Eine detaillierte Beschreibung der Regeln zur Rechnungslegung von Leasingverhältnissen unterbleibt; hierzu muss auf die einschlägige Literatur verwiesen werden.[1434]

6.15.2 Kategorisierung

Forderungen und Verbindlichkeiten aus Finanzierungsleasingverhältnissen sind primär nach IAS 17 zu bilanzieren. Derartige Posten werden daher keiner Bewertungskategorie zugeordnet.

Sofern nach IAS 39 zu bilanzierende Forderungen und Verbindlichkeiten entweder aus nicht im Anwendungsbereich von IAS 17 liegenden Miet- oder Leasingverhältnissen oder aus Operating-Leasingverhältnissen entstammen, ergeben sich für diese grundsätzlich dieselben Kategorisierungsmöglichkei-

---

[1433] Siehe zur generellen Differenzierung der beiden Leasing-Grundformen Abschnitt 2.5.3.
[1434] Weiterführend zu IAS 17 vgl. bspw. KÜMPEL/BECKER (2006).

6 Herkömmliche Bilanzierung und Offenlegung einzelner Sachverhalte

ten wie für sonstige Forderungen und Verbindlichkeiten (▶ 6.3.2; 6.13.2). Nicht-Banken werden die Posten in der Regel als LaR bzw. FLAC einstufen.

In Miet- und Leasingverhältnisse eingebettete und trennungspflichtige Derivate sind der Bewertungskategorie FAFVPL (FAHfT) bzw. FLFVPL (FLHfT) zuzuordnen.

6.15.3 Bilanzierung von Forderungen und Verbindlichkeiten

6.15.3.1 Finanzierungsleasingverhältnisse

In der Regel IAS 17 maßgeblich

Die Bilanzierung von Forderungen und Verbindlichkeiten aus Finanzierungsleasingverhältnissen richtet sich nach den Vorschriften in IAS 17. Davon sind lediglich die folgenden Bereiche **ausgenommen**:[1435]

- Für Forderungen und Verbindlichkeiten aus Finanzierungsleasingverhältnissen gelten die Ausbuchungsregeln des IAS 39.

- Forderungen unterliegen den Wertberichtigungsvorschriften des IAS 39.

Bilanzierung beim Leasingnehmer

Beim Finanzierungsleasing wird der Leasinggegenstand beim Leasingnehmer erfasst. Dieser hat zu Beginn des Leasingverhältnisses eine Verbindlichkeit zum niedrigeren Wert aus dem beizulegenden Zeitwert des Leasinggegenstands und dem Barwert der „Mindestleasingzahlungen" anzusetzen (IAS 17.20). Aus Leasingnehmersicht umfassen die Mindestleasingzahlungen dabei die während der Laufzeit des Leasingverhältnisses zu leistenden Leasingzahlungen (außer bedingte Leasingzahlungen, dem Leasinggeber erstatteter Aufwand für Dienstleistungen und Steuern) sowie zum Laufzeitende ggf. anfallende Kaufpreiszahlungen bei günstigen Kaufoptionen und vom Leasingnehmer oder von mit ihm verbundenen Parteien garantierte Beträge (IAS 17.4).[1436] Zur Diskontierung der Mindestleasingzahlungen hat man den „dem Leasingverhältnis zu Grunde liegenden Zinssatz" heranzuziehen, sofern er in praktikabler Weise ermittelt werden kann (IAS 17.20).[1437] Letzterer Zinssatz ist derjenige Abzinsungssatz, bei dem zu Beginn des Leasingverhältnisses die Summe der Barwerte der Mindestleasingzahlungen und eines nicht garantierten Restwerts der Summe des beizulegenden Zeitwerts des Leasinggegenstands und der anfänglichen direkten Kosten des

---

[1435] Siehe zu den entsprechenden Regeln die Abschnitte 3.13 bzw. 3.11.
[1436] Vgl. dazu z.B. auch WAGENHOFER (2009), S. 298f.; LÜDENBACH/FREIBERG (2012a), Rz. 120.
[1437] Ist dies nicht der Fall, kommt der Grenzfremdkapitalzinssatz des Leasingnehmers zur Anwendung.

Finanzinstrumente in Verbindung mit Miet- und Leasingverträgen **6.15**

Leasinggebers entspricht (IAS 17.4). Es handelt sich demnach um den internen Zinssatz bzw. Effektivzinssatz des Leasinggebers.[1438]

Der Leasinggegenstand wird in der Folge nach den einschlägigen Standards abgeschrieben (IAS 17.27). Sofern hierbei zu Beginn des Leasingverhältnisses nicht hinreichend sicher ist, ob das Eigentum auf den Leasingnehmer übergeht, erfolgt eine vollständige Abschreibung des Leasinggegenstands über den kürzeren Zeitraum aus der Laufzeit des Leasingverhältnisses und der (wirtschaftlichen) Nutzungsdauer. Bei hinreichender Sicherheit des Eigentumsübergangs auf den Leasingnehmer entspricht der Abschreibungszeitraum der Nutzungsdauer des Vermögenswerts (IAS 17.28).

Die vom Leasingnehmer geleisteten Mindestleasingzahlungen müssen aufgeteilt werden in einen Finanzierungskosten- und einen Tilgungsanteil. Die Finanzierungskosten (Zinsen) sind so über die Laufzeit des Leasingverhältnisses zu verteilen, dass über die Perioden ein konstanter Zinssatz auf die verbliebene Schuld entsteht (IAS 17.25). Der Tilgungsanteil verringert die Restverbindlichkeit gegenüber dem Leasinggeber.[1439]

Der Leasinggeber erfasst (als Gegenbuchung zum Abgang des Leasinggegenstands) zu Beginn des Leasingverhältnisses eine Forderung in Höhe der „Nettoinvestition in das Leasingverhältnis" (IAS 17.36). Diese bestimmt sich aus dem Barwert der „Bruttoinvestition in das Leasingverhältnis", wobei zur Diskontierung der dem Leasingverhältnis zu Grunde liegende Zinssatz heranzuziehen ist (IAS 17.4). Die Bruttoinvestition in das Leasingverhältnis setzt sich zusammen aus der Summe der Mindestleasingzahlungen aus Sicht des Leasinggebers zuzüglich eines nicht garantierten Restwerts.[1440]

Bilanzierung beim Leasinggeber

Die erhaltenen Mindestleasingzahlungen sind aufzuteilen in Zinsen und Tilgungen. Den Zinsanteil (Finanzertrag) vereinnahmt der Leasinggeber jeweils so, dass sich eine konstante periodische Verzinsung der Nettoinvestition in das Leasingverhältnis ergibt (IAS 17.39). Der Tilgungsanteil reduziert die Forderung an den Leasingnehmer (IAS 17.40).

Die Werthaltigkeit eines geschätzten nicht garantierten Restwerts, der bei der Bruttoinvestition in das Leasingverhältnis berücksichtigt wird, hat der Leasinggeber regelmäßig zu überprüfen (IAS 17.41). Falls eine Minderung des garantierten Restwerts eingetreten ist, muss die Ertragsverteilung über die Restlaufzeit des Leasingverhältnisses berichtigt werden.

[1438] Vgl. z.B. ADLER/DÜRING/SCHMALTZ (2002), Abschn. 12, Rz. 82.
[1439] Vgl. etwa LÜDENBACH/FREIBERG (2012a), Rz. 130.
[1440] Die Mindestleasingzahlungen des Leasinggebers umfassen die Mindestleasingzahlungen aus Leasingnehmersicht zuzüglich Restwerte, die dem Leasinggeber von einer unabhängigen dritten Partei garantiert werden. Vgl. hierzu etwa PETERSEN/BANSBACH/DORNBACH (2011), S. 319.

6 Herkömmliche Bilanzierung und Offenlegung einzelner Sachverhalte

Ferner hat der Leasinggeber zu jedem Abschlussstichtag zu prüfen, ob objektive Hinweise auf eine Wertminderung (▶ 3.11.3) bestehen. Ein etwaiger Abschreibungsbetrag ermittelt sich über die Differenz aus Buchwert und Barwert der geschätzten künftigen Cashflows, wobei Letztere mit dem ursprünglichen Effektivzinssatz abgezinst werden müssen (▶ 3.11.4.2). Bei der Wertminderungsprüfung ist die Sicherheit aus dem rechtlichen Eigentum am Leasinggegenstand zu berücksichtigen.[1441] In der Regel wird der Forderungsbuchwert direkt reduziert. Der nach einer Wertberichtigung vereinnahmte Zinsertrag muss durch Barwertfortschreibung des Restbuchwerts (Unwinding ▶ 3.11.6) ermittelt werden.

Währungs-umrechnung

In Fremdwährung notierte Forderungen und Verbindlichkeiten aus Finanzierungsleasingverhältnissen sind erstmalig zu dem Kassawechselkurs umzurechnen, der zu Beginn des Leasingverhältnisses (Tag des Geschäftsvorfalls) gültig ist (▶ 3.12.2).[1442] In der Folge hat das Unternehmen die Posten erfolgswirksam in die funktionale Währung zu transferieren, da es sich stets um monetäre Posten handelt.[1443] Hierbei muss der am jeweiligen Stichtag bzw. am Transaktionstag vorherrschende Kassawechselkurs herangezogen werden (▶ 3.12.3.3).

6.15.3.2 Operating- und sonstige Miet- und Leasingverhältnisse

Bei Operating-Leasingverhältnissen verbleibt der Leasinggegenstand in der Bilanz des Leasinggebers, der diesen nach den entsprechenden Standards folgebewertet bzw. abschreibt (IAS 17.49, 53). Die Leasingzahlungen werden vom Leasinggeber in der Regel linear über die Laufzeit als Ertrag erfasst (IAS 17.49). Für den Leasingnehmer ergeben sich erstmalig keine Buchungen. In der Folge erfasst er die Leasingzahlungen linear über die Laufzeit als Aufwand (IAS 17.33).

Die Verteilung der Leasingaufwendungen und -erträge ist damit grundsätzlich unabhängig von den Zahlungsflüssen.[1444] Bei erfolgswirksamer Erfassung vor dem Zahlungseingang bzw. -ausgang kommt es für den Leasinggeber zum Ansatz einer Forderung und für den Leasingnehmer zur Einbuchung einer Verbindlichkeit. Die Posten stellen finanzielle Vermögenswerte bzw. finanzielle Verbindlichkeiten dar und werden entsprechend den für sonstige Forderungen und Verbindlichkeiten relevanten Regeln bilanziert

---

[1441] Vgl. LÜDENBACH/FREIBERG (2012a), Rz. 136.
[1442] In der Literatur wird zur Umrechnung von Vermögenswerten die Verwendung von Briefkursen nahegelegt; es können allerdings auch Mittelkurse herangezogen werden.
[1443] Vgl. dazu auch ADLER/DÜRING/SCHMALTZ (2002), Abschn. 12, Rz. 174 und Rz. 261.
[1444] Vgl. PELLENS u.a. (2011), S. 674f.

Finanzinstrumente in Verbindung mit Miet- und Leasingverträgen **6.15**

(▶ 6.3.3; 6.13.3). Gleiches gilt für derartige Posten aus sonstigen Miet- und Leasingverhältnissen.

6.15.4 Trennung eingebetteter Derivate

Ggf. handelt es sich bei Miet- und Leasingkontrakten um Basisverträge, d.h. sie stellen Komponenten eines zusammengesetzten Instruments dar und enthalten eingebettete Derivate (▶ 3.2.5.2). Letztere müssen getrennt werden, wenn 3 Merkmale kumulativ erfüllt sind (▶ 3.15.1). Dem Kriterium der wirtschaftlichen Verbundenheit kommt dabei entscheidende Bedeutung zu. Eine Abspaltungspflicht besteht immer dann, wenn die wirtschaftlichen Merkmale und Risiken des eingebetteten Derivats nicht eng mit den wirtschaftlichen Merkmalen und Risiken des Basisvertrags verbunden sind.[1445]

IAS 39.AG30, AG33 enthalten Beispiele, in welchen Fällen von einer engen Verbundenheit auszugehen ist und in welchen nicht. In Bezug auf Miet- und Leasingverhältnisse wird dabei klargestellt, dass ein eingebettetes Derivat, das folgende Eigenschaften aufweist, nicht getrennt werden muss (IAS 39.AG33 (f)):

Indexierung

- Es handelt sich um einen an die Inflation gekoppelten Index (z.B. Anbindung von Leasingzahlungen an einen Verbraucherpreisindex, außer das Leasingverhältnis wurde nicht als Leveraged-Lease-Finanzierung gestaltet und der Index ist an die Inflationsentwicklung im Wirtschaftsumfeld des Unternehmens geknüpft).

- Das Derivat basiert auf Eventualmietzahlungen auf Umsatzbasis oder auf solchen, die an variable Zinsen gekoppelt sind.

Die Vorschriften betreffen zum einen Miet- und Leasingverhältnisse, deren Raten anhand eines Inflationsindex angepasst werden.[1446] Daraus folgt, dass eine Trennungspflicht besteht, wenn die Miet- oder Leasingraten an den Index eines anderen Wirtschaftsraums geknüpft sind oder der Vertrag eine Hebelwirkung aufweist. Letztere wäre etwa vorherrschend, falls die Raten über einen Multiplikator an die Veränderung eines bestimmten Inflationsindizes angepasst werden.

Zum anderen fallen darunter Leasingzahlungen, deren Höhe sich nach Umsatzerlösen oder einem Referenzzinssatz bestimmt. Erstere Koppelung an die Umsätze kann sich bspw. im Einzelhandel ergeben; das eingebettete

---

[1445] Die beiden anderen Merkmale müssen dabei auch erfüllt sein.
[1446] Vgl. dazu und folgend KUHN/SCHARPF (2006), Rz. 3561. Vgl. auch DELOITTE LLP (2011b), S. 254-256.

Derivat ist dann nicht abspaltungspflichtig.[1447] Eine analoge Anwendung der Regelung auf aggregierte Größen (wie z.B. Gewinne oder Nettovermögen) wird in der Literatur indes abgelehnt; da eine enge Verbundenheit zu den Leasingzahlungen in der Regel nicht nachgewiesen werden kann, hat man die entsprechenden Derivate überwiegend abzuspalten.

Fremdwährung

Ferner können in Miet- und Leasingverhältnisse auch Fremdwährungsderivate eingebettet sein. Zur Beurteilung, ob eine Trennungspflicht besteht, kann IAS 39.AG33 (d) herangezogen werden. Danach ist ein eingebettetes Fremdwährungsderivat eng mit dem Basisvertrag verbunden und infolgedessen nicht abzuspalten, sofern bestimmte Bedingungen vorliegen (▶ 6.6.3.2). Der Passus bezieht sich allerdings explizit nur auf Basisverträge, die keine Finanzinstrumente (wie z.B. bestimmte Warentermingeschäfte) sind. In der Literatur werden Leasingverträge (im Gegensatz zu den daraus resultierenden Forderungen und Verbindlichkeiten) auch als nichtfinanzielle Verträge angesehen.[1448] Teilt man diese Auffassung, so ist IAS 39.AG33 (d) zur Beurteilung der engen Verbundenheit einschlägig. Damit wäre etwa ein in ein Operating-Leasingverhältnis eingebettetes Fremdwährungsderivat nicht abspaltungspflichtig, wenn die Fremdwährung die funktionale Währung mindestens eines Vertragspartners darstellt.

Ebenfalls keine Notwendigkeit zur Trennung ergibt sich für Finanzierungsleasingzahlungen in nicht-funktionaler Währung, da die damit verbundenen Forderungen bzw. Verbindlichkeiten als monetäre Posten bereits gemäß IAS 21 GuV-wirksam umzurechnen sind (▶ 3.12.3.3).[1449] Verträge, bei denen die Leasingzahlungen wahlweise in verschiedenen Währungen erfolgen können, enthalten hingegen eingebettete Währungsoptionen, die keine enge Verbundenheit zum Basiskontrakt aufweisen und damit getrennt werden müssen – und zwar unabhängig davon, ob sich die Wahlmöglichkeiten auf die funktionalen Währungen der Vertragsparteien beschränken und ob ein Operating-Leasingverhältnis oder ein Finanzierungsleasingverhältnis zu Grunde liegt.

[1447] Vgl. hierzu und im Folgenden DELOITTE LLP (2011b), S. 259f. Vgl. auch PwC (2011a), S. 5032f. (5.66).

[1448] Vgl. LÜDENBACH/FREIBERG (2012a), Rz. 50. Vgl. in Bezug auf Operating-Leasingverhältnisse DELOITTE LLP (2011b), S. 257; KPMG IFRG LIMITED (2011), S. 1476 (7.7.430.20); PwC (2011a), S. 4006 (4.20) bzw. S. 5035 (5.73).

[1449] Vgl. dazu und folgend DELOITTE LLP (2011b), S. 257f.

Finanzinstrumente in Verbindung mit Miet- und Leasingverträgen | **6.15**

6.15.5 Angabepflichten

Forderungen und Verbindlichkeiten aus Finanzierungsleasingverhältnissen sind bei der Berichterstattung der beizulegenden Zeitwerte nach Klassen einschließlich Zusatzinformationen (▶ 3.4.4.2; 3.8.2.6) zu berücksichtigen. Zudem fallen Wertminderungen auf Finanzierungsleasingforderungen unter die Angabepflicht der Wertminderungsaufwendungen nach Klassen (▶ 3.11.4.1).

Finanzierungsleasingverhältnisse

Ferner müssen auf Grund der periodengerechten Erfassung von Zinsaufwendungen und -erträgen angesetzte Zinsverbindlichkeiten bzw. -forderungen bei den Buchwertangaben nach Bewertungskategorien (primär LaR, FLAC) sowie bei den Fair-Value-Angaben nach Klassen berücksichtigt werden (▶ 3.4.4.1; 3.4.4.2; 3.8.2.6).

Die Verbindlichkeiten aus Finanzierungsleasingverhältnissen gehen zudem in die im Rahmen der Berichterstattung zu Liquiditätsrisiken (▶ 5.4.3) offen zu legende Fälligkeitsanalyse ein. Für den Fall, dass die Forderungen und Verbindlichkeiten in Fremdwährung notiert sind, müssen sie grundsätzlich auch bei den Sensitivitäten zum Wechselkursrisiko (▶ 5.4.4.4) berücksichtigt werden.

Darüber hinaus sollten sich keine weiteren Anforderungen ergeben:

- Die in Verbindung mit Bewertungskategorien bestehenden Angabepflichten (Buchwerte, Umwidmungen, Nettoergebnisse) sind mangels Zuordnung zu diesen nicht relevant.

- Zur Sicherheitenstellung kommen Forderungen aus Finanzierungsleasingverhältnissen wohl kaum in Frage.

- Zinssensitivitäten können in Verbindung mit den Posten nicht vorherrschend sein, da eine variable Verzinsung nicht möglich ist (▶ 6.15.3.1).

Für Forderungen und Verbindlichkeiten aus sonstigen Miet- und Leasingverhältnissen, die im Anwendungsbereich von IAS 39 sind, gelten grundsätzlich dieselben Offenlegungsvorschriften wie für sonstige Forderungen und Verbindlichkeiten (▶ 6.3.4; 6.13.4).

Sonstige Miet- und Leasingverhältnisse

Bezüglich der Angabepflichten, die für in sämtliche Miet- und Leasingverhältnisse eingebettete trennungspflichtige Derivate bestehen, wird auf den entsprechenden Abschnitt zu Warentermingeschäften verwiesen (▶ 6.6.6).

Eingebettete Derivate

6.15.6 Praxisbeispiel zum Finanzierungsleasing

Unternehmen X schließt als Leasingnehmer mit Unternehmen Y (Leasinggeber) am 01.01.X1 einen Finanzierungsleasingvertrag über Betriebsanlagen mit einer Laufzeit von 8 Jahren ab. Die Laufzeit des Kontrakts entspricht der wirtschaftlichen Nutzungsdauer der Vermögenswerte. Zum 01.01.X1 weisen die Betriebsanlagen einen Fair Value von 48 Mio. € auf. Vertragsgemäß findet zum Ende der Laufzeit keine Eigentumsübertragung auf X statt; die Betriebsanlagen gehen an Y zurück. Y rechnet damit, dass die Vermögenswerte dann einen Restwert von 6 Mio. € haben; dies wird jedoch weder von X noch von einem Dritten garantiert.

Es werden Leasingraten von 8 Mio. € p.a. vereinbart, die nachschüssig jeweils zum 31.12. zu zahlen sind. Bei dem Leasinggeschäft fallen weder anfängliche direkte Kosten noch laufende Kosten für Dienstleistungen und Steuern an.

Der Leasinggeber Y ermittelt zunächst den dem Leasingverhältnis zu Grunde liegenden Zinssatz (d.h. den internen Zinssatz bzw. Effektivzinssatz aus Sicht des Leasinggebers); dieser beträgt 8,624%:[1450]

$$48.000\ T€ = \frac{8.000\ T€}{(1+i^{eff})^1} + \frac{8.000\ T€}{(1+i^{eff})^2} + \frac{8.000\ T€}{(1+i^{eff})^3} + ... + \frac{(8.000\ T€ + 6.000\ T€)}{(1+i^{eff})^8} \Longleftrightarrow i^{eff} = 8{,}624\%$$

Einbuchung 01.01.X1

– beim Leasingnehmer X

Dem Leasingnehmer X wird der Zinssatz des Leasingverhältnisses mitgeteilt. X bestimmt damit den Barwert der Mindestleasingzahlungen. Es ergibt sich ein Betrag von 44.904,37 T€:

$$\frac{8.000\ T€}{(1+8{,}624\%)^1} + \frac{8.000\ T€}{(1+8{,}624\%)^2} + \frac{8.000\ T€}{(1+8{,}624\%)^3} + ... + \frac{8.000\ T€}{(1+8{,}624\%)^8} = 44.904{,}37\ T€$$

Da der so ermittelte Wert geringer ist als der Fair Value der Leasinggegenstände, wird dieser von X zur Erstbewertung herangezogen. Er bucht die Betriebsanlagen am 01.01.X1 ein und erfasst eine Leasingverbindlichkeit in gleicher Höhe (B = Bilanz):

| 01.01.X1 | Betriebsanlagen (B) | 44.904,37 T€ | Leasingverb. (B) | 44.904,37 T€ |

– beim Leasinggeber Y

Beim Leasinggeber Y werden die Betriebsanlagen im Umfang der Nettoinvestition in das Leasingverhältnis ausgebucht und es wird eine entsprechende Leasingforderung angesetzt. Die Nettoinvestition in das Leasingverhältnis von 48.000 T€ ergibt sich aus dem Barwert der Mindestleasingzahlungen und des nicht garantierten Restwerts; der dem Leasingverhältnis zu Grunde liegende Zinssatz dient als Diskontierungszinssatz:

$$\frac{8.000\ T€}{(1+8{,}624\%)^1} + \frac{8.000\ T€}{(1+8{,}624\%)^2} + \frac{8.000\ T€}{(1+8{,}624\%)^3} + ... + \frac{(8.000\ T€ + 6.000\ T€)}{(1+8{,}624\%)^8} = 48.000\ T€$$

Die Buchung lautet wie folgt:

| 01.01.X1 | Leasingford. (B) | 48.000,00 T€ | Betriebsanlagen (B) | 48.000,00 T€ |

[1450] Über eine Iterationsfunktion bzw. Zielwertsuche kann der interne Zinssatz in einem Tabellenkalkulationsprogramm ermittelt werden.

Finanzinstrumente in Verbindung mit Miet- und Leasingverträgen

6.15

Die für die Folgebilanzierung von X relevanten Buchwerte, Leasingraten sowie die Zins- und Tilgungsbeträge sind in Tabelle 6-63 dargestellt.

Bilanzierung Q1-Q3 X1

X schreibt die Betriebsanlagen in der Folge linear über die Laufzeit des Leasingvertrags ab; die Beträge werden in der GuV in den Umsatzkosten (UKo) erfasst. Zum 31.03., 30.06. und 30.09.X1 ergibt sich jeweils ein Abschreibungsbetrag von 1.403,26 T€ (44.904,37 T€ / 8 Jahre / 4 Quartale). Ferner wird der zeitanteilige Zinsaufwand von 968,12 T€ (3.872,49 T€ / 4 Quartale; siehe Spalte (3) in Tabelle 6-63) im Zinsergebnis (ZE) realisiert; da die entsprechende Auszahlung erst zum 31.12.X1 erfolgt, erfasst X eine Zinsverbindlichkeit. Buchungen:

– beim Leasingnehmer X

3x.0x.X1	Abschreibung (UKo)	1.403,26 T€	Betriebsanlagen (B)	1.403,26 T€
	Zinsaufwand (ZE)	968,12 T€	Zinsverb. FLAC (B)	968,12 T€

Praxisbeispiel Finanzierungsleasing: Bewertungsparameter des Leasingnehmers X

Tabelle 6-63

Jahr	(1) Buchwert 01.01.	(2) Leasingraten	(3) = (1) · 8,624% Zinsaufwand	(4) = (2) ./. (3) Tilgung	(5) = (1) ./. (4) Buchwert 31.12.
X1	44.904,37 T€	8.000 T€	3.872,49 T€	4.127,51 T€	40.776,86 T€
X2	40.776,86 T€	8.000 T€	3.516,54 T€	4.483,46 T€	36.293,40 T€
X3	36.293,40 T€	8.000 T€	3.129,89 T€	4.870,11 T€	31.423,29 T€
X4	31.423,29 T€	8.000 T€	2.709,90 T€	5.290,10 T€	26.133,19 T€
X5	26.133,19 T€	8.000 T€	2.253,69 T€	5.746,31 T€	20.386,88 T€
X6	20.386,88 T€	8.000 T€	1.758,14 T€	6.241,86 T€	14.145,02 T€
X7	14.145,02 T€	8.000 T€	1.219,85 T€	6.780,15 T€	7.364,86 T€
X8	7.364,86 T€	8.000 T€	635,14 T€	7.364,86 T€	0 T€
∑		64.000 T€	19.095,64 T€	44.904,36 T€	

Tabelle 6-64 führt die für die Folgebilanzierung von Y benötigten Buchwerte, Leasingraten sowie die Zins- und Tilgungsbeträge auf.

– beim Leasinggeber Y

Y realisiert zum 31.03., 30.06. und 30.09.X1 jeweils einen Zinsertrag in Höhe von 1.034,86 T€ (4.139,45 T€ / 4 Quartale; siehe Spalte (3) in Tabelle 6-64); mangels eines Zahlungseingangs wird eine Zinsforderung gebucht:

3x.0x.X1	Zinsforderung LaR (B)	1.034,86 T€	Zinsertrag (ZE)	1.034,86 T€

6 Herkömmliche Bilanzierung und Offenlegung einzelner Sachverhalte

Tabelle 6-64 | *Praxisbeispiel Finanzierungsleasing: Bewertungsparameter des Leasinggebers Y*

	(1)	(2)	(3) = (1) · 8,624%	(4) = (2) ./. (3)	(5) = (1) ./. (4)
Jahr	**Buchwert 01.01.**	**Leasingraten**	**Zinsertrag**	**Tilgung**	**Buchwert 31.12.**
X1	48.000,00 T€	8.000 T€	4.139,45 T€	3.860,55 T€	44.139,45 T€
X2	44.139,45 T€	8.000 T€	3.806,53 T€	4.193,47 T€	39.945,98 T€
X3	39.945,98 T€	8.000 T€	3.444,88 T€	4.555,12 T€	35.390,86 T€
X4	35.390,86 T€	8.000 T€	3.052,06 T€	4.947,94 T€	30.442,92 T€
X5	30.442,92 T€	8.000 T€	2.625,36 T€	5.374,64 T€	25.068,28 T€
X6	25.068,28 T€	8.000 T€	2.161,85 T€	5.838,15 T€	19.230,13 T€
X7	19.230,13 T€	8.000 T€	1.658,38 T€	6.341,62 T€	12.888,51 T€
X8	12.888,51 T€	8.000 T€	1.111,49 T€	6.888,51 T€	6.000,00 T€
∑		64.000 T€	22.000,00 T€	42.000,00 T€	

Bilanzierung Q4 X1

– beim Leasingnehmer X

Zum 31.12.X1 nimmt X wiederum Abschreibungen auf die Betriebsanlagen vor und erfasst den Zinsaufwand für das 4. Quartal. Zu dem Zeitpunkt ist die erste jährliche Leasingzahlung von 8.000 T€ fällig. Mit dieser wird die Zinsverbindlichkeit ausgebucht und die Leasingverbindlichkeit um die jährliche Tilgung von 4.127,51 T€ (siehe Spalte (4) in Tabelle 6-63) reduziert. Buchungen:

31.12.X1	Abschreibung (UKo)	1.403,26 T€	Betriebsanlagen (B)	1.403,26 T€
	Zinsaufwand (ZE)	968,12 T€	Zinsverb. FLAC (B)	968,12 T€
	Zinsverb. FLAC (B)	3.872,49 T€	Kasse LaR (B)	8.000,00 T€
	Leasingverb. (B)	4.127,51 T€		

– beim Leasinggeber Y

Y realisiert den Zinsertrag für das 4. Quartal. Über den Zahlungseingang wird die Zinsforderung ausgebucht und die Leasingforderung in Höhe des jährlichen Tilgungsanteils reduziert. Buchungen:

31.12.X1	Zinsforderung LaR (B)	1.034,86 T€	Zinsertrag (ZE)	1.034,86 T€
	Kasse LaR (B)	8.000,00 T€	Zinsforderung LaR (B)	4.139,45 T€
			Leasingford. (B)	3.860,55 T€

Angaben JA X1

– Fair-Value-Bestimmung

X und Y bestimmen für den Jahresabschluss X1 die anzugebenden beizulegenden Zeitwerte der Leasingverbindlichkeit bzw. -forderung über den Barwert der Zahlungsströme. Y berücksichtigt dabei neben den Cashflows aus den Mindestleasingzahlungen auch einen geschätzten Zahlungseingang in Höhe des nicht garantierten Restwerts.[1451] Der Bonitätsrisikoaufschlag muss dem Ausfallrisiko des Leasinggebers Y Rechnung tragen; hierbei ist die Bonität des Leasingnehmers X zu beurteilen. Eine Kapitalmarktanalyse ergibt, dass Investoren in Bezug auf X durchschnittlich einen Credit Spread

---

[1451] Da der Buchwert der Leasingforderung ebenfalls unter Berücksichtigung des nicht garantierten Restwerts ermittelt wird, kann der so kalkulierte Fair Value sinnvoll mit dem Buchwert verglichen werden.

Finanzinstrumente in Verbindung mit Miet- und Leasingverträgen **6.15**

von 300 BP verlangen. Da Y weiterhin der rechtliche Eigentümer der Betriebsanlagen ist und somit individuell ein geringeres Ausfallrisiko hat, setzt das Unternehmen einen konstanten Bonitätsrisikoaufschlag von 200 BP an. Unter Zugrundelegung der risikolosen Zinsstruktur[1452] und des Credit Spread ergibt sich ein Fair Value der Leasingforderung von 47.621,18 T€:

$$\frac{8.000 \text{ T€}}{(1+3{,}55\%+2\%)^1} + \frac{8.000 \text{ T€}}{(1+3{,}75\%+2\%)^2} + \ldots + \frac{(8.000 \text{ T€}+6.000 \text{ T€})}{(1+4{,}90\%+2\%)^7} = 47.621{,}18 \text{ T€}$$

X schätzt das Bonitätsrisiko, dem Y ausgesetzt ist, geringer ein; daher wird zur Berechnung des Fair Value nur ein Bonitätsrisikoaufschlag von 100 BP herangezogen. Der beizulegende Zeitwert der Leasingverbindlichkeit beträgt 45.436,34 T€:

$$\frac{8.000 \text{ T€}}{(1+3{,}55\%+1\%)^1} + \frac{8.000 \text{ T€}}{(1+3{,}75+1\%)^2} + \ldots + \frac{8.000 \text{ T€}}{(1+4{,}90\%+1\%)^7} = 45.436{,}34 \text{ T€}$$

Darüber hinaus berücksichtigt X die Finanzierungsleasingverbindlichkeit bei der im Rahmen der Angaben zu Liquiditätsrisiken publizierten Fälligkeitsanalyse. Dabei wird der in Tabelle 5-2 dargestellte Aufbau herangezogen (▶ 5.4.3.2). Tabelle 6-65 zeigt, wie die Zins- und Tilgungszahlungen (siehe zu diesen die Spalten (3) und (4) in Tabelle 6-63) den Zeitbändern zugeordnet werden.[1453]

– *Fälligkeitsanalyse*

Praxisbeispiel Finanzierungsleasing: Fälligkeitsanalyse (Auszahlungen)

Tabelle 6-65

X2		X3		X4 bis X6		X7 bis X11	
Zins fix	Tilgung	Zins fix	Tilgung	Zins fix	Tilgung	Zins fix	Tilgung
-3.517 T€	-4.483 T€	-3.130 T€	-4.870 T€	-6.722 T€	-17.278 T€	-1.855 T€	-14.145 T€

Nachfolgend wird entsprechend verfahren. Anfang X7 erfährt Y, dass X in Zahlungsschwierigkeiten ist. Deshalb wird nur noch mit der Begleichung der Hälfte der noch ausstehenden 2 Leasingraten gerechnet.[1454] Y muss die Leasingforderung, die zu diesem Zeitpunkt einen Buchwert von 19.230,13 T€ aufweist (siehe Spalte (1) in Tabelle 6-64), auf 12.157,62 T€ abschreiben:

Wertminderung 01.01.X7 beim Leasinggeber Y

$$\frac{4.000 \text{ T€}}{(1+8{,}624\%)^1} + \frac{(4.000 \text{ T€}+6.000 \text{ T€})}{(1+8{,}624\%)^2} = 12.157{,}62 \text{ T€}$$

Damit ergibt sich zum 01.01.X7 eine Wertminderung von 7.072,51 T€ (19.230,13 T€ ./. 12.157,62 T€), die im sonstigen Finanzergebnis (FE) erfasst wird:

[1452] Auf die Darstellung der einzelnen Zinssätze wird verzichtet.
[1453] Die Beträge sind gerundet.
[1454] Den Restwert der Betriebsanlagen schätzt man hingegen unverändert auf 6 Mio. €.

6 Herkömmliche Bilanzierung und Offenlegung einzelner Sachverhalte

| 01.01.X7 | Wertmind. (FE) | 7.072,51 T€ | Leasingford. (B) | 7.072,51 T€ |

Tabelle 6-66 — Praxisbeispiel Finanzierungsleasing: Bewertungsparameter des Leasinggebers Y nach Wertminderung

Jahr	(1) Buchwert 01.01.	(2) Leasingraten	(3) = (1) · 8,624% Zinsertrag	(4) = (2) ./. (3) Tilgung	(5) = (1) ./. (4) Buchwert 31.12.
...	...	...	...	...	...
X6	25.068,28 T€	8.000 T€	2.161,85 T€	5.838,15 T€	19.230,13 T€
X7	12.157,62 T€	4.000 T€	1.048,46 T€	2.951,54 T€	9.206,08 T€
X8	9.206,08 T€	4.000 T€	793,92 T€	3.206,08 T€	6.000,00 T€
Σ		56.000 T€	21.072,51 €	34.927,49 €	

Die in der Folge vereinnahmten Zinserträge bestimmen sich entsprechend der Unwinding-Methodik (▶ 3.11.6) weiterhin auf Basis des ursprünglichen Zinssatzes von 8,624% (siehe Tabelle 6-66).

Ausbuchung 01.01.X9 beim Leasinggeber Y

Am 01.01.X9 haben die Betriebsanlagen – wie zu Beginn des Leasingverhältnisses geschätzt – einen Restwert von 6.000 T€; die Vermögenswerte gehen zurück an den Leasinggeber Y, der die Leasingforderung im Gegenzug wie folgt ausbucht:

| 01.01.X9 | Betriebsanlagen (B) | 6.000,00 T€ | Leasingford. (B) | 6.000,00 T€ |

6.16 Finanzinstrumente in Verbindung mit Unternehmenszusammenschlüssen

6.16.1 Bedingte Gegenleistungen

6.16.1.1 Vorbemerkungen

Bei einem Unternehmenszusammenschluss (▶ 3.3.6.12) muss der Geschäfts- oder Firmenwert bestimmt und bilanziert werden. Dabei sind die Anschaffungskosten bzw. der Kaufpreis der Beteiligung zu ermitteln und den erworbenen Posten sowie in der Regel dem Geschäfts- oder Firmenwert zuzuordnen; dieser Prozess wird als Kaufpreisallokation" oder „Purchase Price Allocation" (PPA) bezeichnet.

In die Anschaffungskosten der Beteiligung geht die an den Käufer übertragene Gegenleistung (z.B. in Form von Zahlungsmitteln oder Aktien) ein; neben bereits fixierten (unbedingten) Beträgen kann diese auch bedingt, d.h. von bestimmten künftigen Ereignissen abhängig sein (IFRS 3.32, 39, Anhang A). Bedingte Gegenleistungen sind zu bilanzieren (IFRS 3.39, 40); aus

Finanzinstrumente in Verbindung mit Unternehmenszusammenschlüssen   **6.16**

Sicht des Unternehmenserwerbers ist zwischen Verpflichtungen und Ansprüchen zu differenzieren:

- Übertragungsverpflichtungen in Abhängigkeit des Eintritts von künftigen Ereignissen bzw. der künftigen Erfüllung von Bedingungen: Erfassung entweder als Schuld- oder als Eigenkapitalinstrument;
- Rückgabeansprüche bei zuvor übertragenen Gegenleistungen in Abhängigkeit des Eintritts von künftigen Ereignissen bzw. der künftigen Erfüllung von Bedingungen: Erfassung als Vermögenswert.

Bei den Übertragungsverpflichtungen bzw. Rückgabeansprüchen handelt es sich in der Regel um derivative Finanzinstrumente im Sinne von IAS 39.9, da Wertänderungen infolge eines Underlying (z.B. Umsatz, Gewinn) erfolgen, keine Anschaffungsauszahlung erforderlich ist, die Verpflichtung bzw. der Anspruch in der Zukunft beglichen wird und entweder Zahlungsmittel, Wertpapiere oder andere Finanzinstrumente Vertragsgegenstand sind (▶ 3.2.5.1; 3.3.6.12). Die seltenen Fälle, bei denen nicht-finanzielle Posten übertragen bzw. erhalten werden und die Bilanzierung deshalb nach IAS 37 zu erfolgen hat, bleiben im Folgenden unberücksichtigt.

Anschließend wird ferner ausschließlich die Bilanzierung und Offenlegung aus Sicht des Unternehmenserwerbers thematisiert. Für den Unternehmensveräußerer existieren mithin auch keine konkreten Vorgaben.[1455] Da meistens die Definitionsmerkmale eines derivativen Finanzinstruments in IAS 39.9 erfüllt sind, wird überwiegend eine Behandlung als derivatives Finanzinstrument geboten sein. So hat der Unternehmensveräußerer bei Übertragungsverpflichtungen des Unternehmenserwerbers regelmäßig einen derivativen finanziellen Vermögenswert zu bilanzieren.[1456] Der beizulegende Zeitwert des Derivats zum Transaktionszeitpunkt beeinflusst den Entkonsolidierungsgewinn bzw. -verlust; künftige Fair-Value-Änderungen des Postens sind GuV-wirksam zu erfassen. Liegt kein Derivat im Sinne von IAS 39.9 vor, kann der Unternehmensveräußerer den Übertragungsanspruch m.E. auch als nicht-derivativen Vermögenswert (als Forderung) zu fortgeführten Anschaffungskosten bilanzieren.[1457] Dies wird in der Literatur allerdings mit Blick auf die Vorgaben zur Ertragsrealisierung in IAS 18 (zuverlässige Bestimmbarkeit des Veräußerungserlöses) teilweise abgelehnt.[1458]

[1455] Vgl. FREIBERG (2009), S. 114.
[1456] Vgl. DELOITTE LLP (2011b), S. 22f.
[1457] Gl.A. offensichtlich DIETRICH/STOEK (2012), S. 187f., die in analoger Weise bedingte Ansprüche aus Mietgarantien mit nicht-derivativem Charakter als finanzielle Vermögenswerte der Bewertungskategorie LaR, AfS einstufen und bilanzieren.
[1458] Vgl. dazu FREIBERG (2009), S. 115.

6.16.1.2 Einstufung einer Übertragungsverpflichtung als Fremd- oder Eigenkapitalinstrument

Bei Übertragungsverpflichtungen muss zunächst geklärt werden, ob ein Fremdkapitalinstrument (bzw. eine finanzielle Verbindlichkeit) oder ein Eigenkapitalinstrument vorliegt. Zur Abgrenzung sind gemäß IFRS 3.40 die Vorschriften des IAS 32 heranzuziehen. Es gilt daher Folgendes (▶ 6.8.1.2):

- Liegt ein derivatives Finanzinstrument vor (Regelfall), welches in eigenen Eigenkapitalinstrumenten erfüllt werden kann, handelt es sich um ein Eigenkapitalinstrument, wenn das derivative Finanzinstrument nur durch den Austausch eines festen Betrags an flüssigen Mitteln oder anderen finanziellen Vermögenswerten gegen eine feste Anzahl an eigenen Eigenkapitalinstrumenten zu erfüllen ist (Fixed/Fixed-Kriterium). Andere (mögliche) Erfüllungsarten führen zur Fremdkapitalklassifizierung.

- Sofern ein nicht-derivatives Finanzinstrument zu Grunde liegt (Ausnahmefall), führen jedwede (mögliche) Zahlungsverpflichtungen, die durch flüssige Mittel oder Ähnlichem zu begleichen sind, zur Erfassung von finanziellen Verbindlichkeiten. Letzteres ergibt sich ferner bei Verträgen, die eine Abgabeverpflichtung einer variablen Anzahl von eigenen Eigenkapitalinstrumenten enthalten oder enthalten können.

Damit sind bedingte Gegenleistungen, die keine Erfüllung in Eigenkapitalinstrumenten vorsehen, stets als finanzielle Verbindlichkeiten zu klassifizieren. Wird bspw. im Rahmen eines Unternehmenszusammenschlusses neben einem festen Kaufpreises vereinbart, dass weitere Barzahlungen erfolgen, falls ursprünglich vom Verkäufer begonnene Entwicklungsprojekte innerhalb der nächsten 10 Jahre nach dem Erwerbszeitpunkt eine Behördenzulassung erhalten, handelt es sich um ein Fremdkapitalinstrument.[1459]

Wahlrechte von Seiten des Unternehmenskäufers oder des Unternehmensveräußerers zur Erfüllung in Zahlungsmitteln oder in eigenen Eigenkapitalinstrumenten führen stets zur Einstufung als finanzielle Verbindlichkeit.[1460]

Sowohl bei derivativen als auch bei nicht-derivativen Finanzinstrumenten hat die Ausgabe bzw. Lieferung einer variablen Anzahl an Eigenkapitalinstrumenten eine Einstufung als finanzielle Verbindlichkeit zur Folge. Dies ist bei vielen bedingten Gegenleistungen gegeben. Zur Lieferung einer variablen Anzahl von Eigenkapitalinstrumenten die folgenden Beispiele:

- Dem Unternehmensverkäufer werden gestaffelt zwischen 0 und 1 Mio. zusätzliche Aktien geliefert, wenn das erworbene Unternehmen in der Zukunft bestimmte Gewinnziele erreicht.[1461]

[1459] Vgl. PwC (2011b), S. 25109 (25.249).
[1460] Vgl. BÖDECKER/GAßMANN (2011), S. 1186.

Finanzinstrumente in Verbindung mit Unternehmenszusammenschlüssen **6.16**

- Es wird unter anderem vereinbart, dass der Unternehmenskäufer 100 Aktien ausgibt, wenn die Umsätze künftig mindestens 100 Mio. € betragen, und dass er 200 Aktien ausgibt, falls die Umsätze im gleichen Zeitraum mindestens bei 200 Mio. € liegen.[1462]

- Der Unternehmensverkäufer erhält 100.000 Aktien des Unternehmenskäufers, sofern im 1. Jahr nach dem Unternehmenserwerb das EBITDA des erworbenen Unternehmens mindestens 200 Mio. € beträgt. Wird mehr als 200 Mio. € EBITDA erreicht, werden in Bezug auf das über 200 Mio. € liegende EBITDA für je 2 Mio. € EBITDA 1.000 zusätzliche Aktien ausgegeben; die zusätzlich ausgegebene Aktienanzahl ist dabei auf 100.000 Aktien begrenzt.[1463]

- Liegt der über die nächsten 3 Jahre erzielte Gewinn des erworbenen Unternehmens über 20 Mio. €, bekommt der Unternehmensverkäufer Aktien des Unternehmenserwerbers im Wert von 50 Mio. €.[1464]

In den folgenden Beispielen wird eine feste Anzahl von eigenen Eigenkapitalinstrumenten geliefert und daher ein Eigenkapitalinstrument erfasst:

- Es erfolgt die Ausgabe von 500.000 Stammaktien an den Unternehmensverkäufer, falls der Gewinn ein Jahr nach der Akquisition bei mehr als 2 Mio. € liegt.[1465]

- Der Unternehmenskäufer liefert 100.000 eigene Aktien an den Unternehmensverkäufer, wenn das EBITDA des erworbenen Unternehmens das EBITDA seines größten Wettbewerbers um 1 Mio. € übersteigt.[1466]

- Die Vereinbarung beinhaltet die Ausgabe entweder von 0 Aktien oder einer festen Anzahl an Aktien.[1467]

Falls die bedingte Gegenleistung mehrere Ziele bzw. Bedingungen einschließt, ist fraglich, ob man den Kontrakt gesamthaft zu beurteilen hat oder ob jedes Ziel bzw. jede Bedingung innerhalb des Gesamtvertrags gesondert analysiert werden muss. BÖDECKER/GAßMANN zufolge kann das Unternehmen diesbezüglich auf die Kriterien in IAS 39.AG29 zur Bestimmung, ob mehrere in ein einziges zusammengesetztes Finanzinstrument eingebettete

---

[1461] Vgl. ERNST & YOUNG LLP (2012a), S. 620.
[1462] Vgl. PwC (2011b), S. 25110 (25.249); ähnlich KPMG IFRG LIMITED (2011), S. 1310 (7.3.200.50).
[1463] Vgl. BÖDECKER/GAßMANN (2011), S. 1186; ähnlich KPMG IFRG LIMITED (2011), S. 1310 (7.3.200.50).
[1464] Vgl. KPMG IFRG LIMITED (2011), S. 1309 (7.3.200.50).
[1465] Vgl. PwC (2011b), S. 25109 (25.249); ähnlich BÖDECKER/GAßMANN (2011), S. 1185; KPMG IFRG LIMITED (2011), S. 1309 (7.3.200.50); ERNST & YOUNG LLP (2012a), S. 620.
[1466] Vgl. BÖDECKER/GAßMANN (2011), S. 1185.
[1467] Vgl. KPMG IFRG LIMITED (2011), S. 1309 (7.3.200.20).

Derivate als ein einziges zusammengesetztes eingebettetes Derivat zu behandeln sind (▶ 6.7.6.7), zurückgreifen.[1468] Danach liegt ein separater Vertrag vor, wenn sich die Ziele/Bedingungen auf unterschiedliche Risiken beziehen, sie jederzeit voneinander getrennt werden können und die Ziele/Bedingungen unabhängig voneinander sind. Ähnlich sehen dies ERNST & YOUNG sowie KPMG, denen zufolge man die Klassifikation für jede Bedingung gesondert vornehmen kann, wenn die Vereinbarung mehrere unterschiedliche eigenständige (diskrete) bzw. unabhängige Ziele/Bedingungen enthält.[1469] Dazu das folgende Beispiel:[1470]

- Es erfolgt eine zusätzliche Aktienlieferung vom Unternehmenskäufer in Abhängigkeit von bestimmten Gewinnzielen, die in den nächsten 3 Jahren nach dem Unternehmenserwerb am 01.01.X2 vom erworbenen Unternehmen erreicht werden müssen:

    - Gewinn des Geschäftsjahres X2 > 1 Mio. €: Lieferung von weiteren 100.000 Aktien;
    - Gewinn des Geschäftsjahres X3 > 1,25 Mio. €: Lieferung von weiteren 150.000 Aktien;
    - Gewinn des Geschäftsjahres X4 > 1,5 Mio. €: Lieferung von weiteren 200.000 Aktien.

- Jedes Ziel bzw. jede Bedingung ist nicht aufeinander aufbauend; wird ein Ziel bzw. eine Bedingung erreicht, muss geliefert werden, unabhängig davon, ob die anderen Ziele/Bedingungen erfüllt wurden.

- Insofern existieren 3 gesondert zu beurteilende bedingte Gegenleistungen; da jeweils entweder keine oder eine feste Anzahl an Aktien geliefert werden, liegen 3 Eigenkapitalinstrumente vor.

Bestehen bei den Zielen/Bedingungen hingegen Abhängigkeiten, muss die Einstufung auf Basis der gesamten Vereinbarung vorgenommen werden.[1471] Dies ist etwa der Fall, wenn

- die Aktienlieferung auf Basis des Durchschnitts über mehrere Jahre erfolgt;

- ein bestimmter Prozentsatz des jeweiligen Vorjahres Gewinns als Ziel/Bedingung ausgegeben wird;

[1468] Vgl. dazu und folgend BÖDECKER/GAßMANN (2011), S. 1186.
[1469] Vgl. ERNST & YOUNG LLP (2012a), S. 620; KPMG IFRG LIMITED (2011), S. 1309 (7.3.200.40).
[1470] Entnommen aus ERNST & YOUNG LLP (2012a), S. 620. Ähnliche Beispiele mit gleichem Ergebnis finden sich bei PwC (2011b), S. 25110 (25.249) und BÖDECKER/GAßMANN (2011), S. 1186.
[1471] Vgl. dazu DELOITTE LLP (2011a), S. 1768; BÖDECKER/GAßMANN (2011), S. 1186.

Finanzinstrumente in Verbindung mit Unternehmenszusammenschlüssen

- die späteren Ziele/Bedingungen verfallen bzw. ungültig werden, wenn frühere Ziele/Bedingungen nicht erfüllt werden;
- die Ziele/Bedingungen zeitlich überlappend sind (z.B. bei einem Gewinn von 1 Mio. € innerhalb von 12 Monaten nach dem Erwerb: Lieferung von 1.000 Aktien; Lieferung von 1.100 Aktien, sofern innerhalb von 13 Monaten nach dem Erwerb ein Gewinn von 1,1 Mio. € erreicht wird).

6.16.1.3 Kategorisierung

Als Eigenkapitalinstrumente eingestufte Übertragungsverpflichtungen (siehe vorheriger Abschnitt) fallen nicht in den Anwendungsbereich von IAS 39 (▶ 3.3.6.4) und werden demzufolge keiner Bewertungskategorie zugeordnet.

Für bedingte Gegenleistungen, die derivative finanzielle Verbindlichkeiten bzw. derivative finanzielle Vermögenswerte darstellen (Regelfall), kommt auf Grund der Zuordnungskriterien (▶ 3.4.3.4) m.E. nur eine Einstufung als FLFVPL (FLHfT) bzw. FAFVPL (FAHfT) in Frage.[1472] Finanzielle Vermögenswerte können der Literatur zufolge auch der Bewertungskategorie AfS zugeordnet werden; laut PwC ist dies die naheliegendste Klassifikation.[1473]

6.16.1.4 Ansatz, Ausweis und Erstbewertung

Bedingte Gegenleistungen sind vom Erwerber zum Erwerbszeitpunkt anzusetzen; die Erstbewertung ist zum beizulegenden Zeitwert (▶ 3.8.2) vorzunehmen (IFRS 3.39). Der Ansatz erfolgt unabhängig von der Eintrittswahrscheinlichkeit der zu Grunde liegenden Bedingung; die Eintrittswahrscheinlichkeit muss indes bei der Bewertung berücksichtigt werden.[1474] Zur Fair-Value-Bewertung existieren keine Ausnahmen, z.B. auf Grund von Undurchführbarkeit oder unzuverlässiger Bestimmung des beizulegenden Zeitwerts.[1475]

Bedingte Gegenleistungen in Form von Rückgabeansprüchen mit Erhalt von Zahlungsmitteln oder anderen Finanzinstrumenten sind als finanzielle Vermögenswerte anzusetzen und auszuweisen; bei Übertragungsverpflichtungen erfolgt der Ansatz und Ausweis entweder als Schuld- oder als Eigenkapitalinstrument (IFRS 3.40).

[1472] PwC (2011b), S. 25196 (25.432) sieht indes eine Einstufung als HfT kritisch.
[1473] Vgl. PwC (2011b), S. 25196 (25.432); HEUSER/THEILE (2012), Rz. 5571 (Fn. 1); implizit auch DELOITTE LLP (2011a), S. 1769.
[1474] Vgl. SENGER/BRUNE/DIERSCH/ELPRANA (2009), Rz. 212; DELOITTE LLP (2011a), S. 1767 und S. 1770; BÖDECKER/GAßMANN (2011), S. 1184.
[1475] Vgl. PwC (2011b), S. 25108 (25.246).

Herkömmliche Bilanzierung und Offenlegung einzelner Sachverhalte

Der Ansatz und die Erstbewertung bedingter Gegenleistungen soll durch das folgende Beispiel verdeutlicht werden:[1476]

- Unternehmen A erwirbt am 01.01.X1 100% der Anteile an Unternehmen B, welches zum Erwerbszeitpunkt ein nach IFRS 3 identifiziertes und neubewertetes Nettovermögen von 4.400 € aufweist.

- Neben dem festen Kaufpreis von 5.000 € wird eine bedingte Kaufpreiszahlung in Abhängigkeit der in den 3 Jahren nach dem Erwerbszeitpunkt kumulativ von B erzielten Umsatzerlöse vereinbart:

    - bis 1.000 € Umsatz muss zum 31.12.X3 kein zusätzlicher Kaufpreis entrichtet werden (Szenario 1);
    - bei einem Umsatz zwischen 1.000 € und 1.500 € ist zum 31.12X3 ein zusätzlicher Kaufpreis von 500 € zu leisten (Szenario 2);
    - über 1.300 € Umsatz ergibt sich zum 31.12.X3 eine zusätzliche Kaufpreiszahlung von 800 € (Szenario 3).

- Die Eintrittswahrscheinlichkeiten der Szenarien werden von A auf 30% (Szenario 1), 60% (Szenario 2) sowie auf 10% (Szenario 3) geschätzt; der risikoäquivalente Marktzinssatz für die Laufzeit vom 01.01.X1 bis zum 31.12.X3 beträgt 5,5%.

- Der beizulegende Zeitwert der bedingten Gegenleistung bestimmt sich aus dem diskontierten Erwartungswert und beträgt 323,61 €:

$$\frac{(0\ € \cdot 30\% + 500\ € \cdot 60\% + 800\ € \cdot 10\%)}{(1+5,5\%)^3} = 323{,}61\ €$$

- Der durch den Unternehmenszusammenschluss entstehende Geschäfts- oder Firmenwert errechnet sich aus der Differenz des gesamten Kaufpreises (5.000 € + 323,61 €) und dem Nettovermögen (4.400 €) und liegt bei 923,61 €.

- Da die bedingte Gegenleistung keine Erfüllung in eigenen Eigenkapitalinstrumenten vorsieht, ist diese als finanzielle Verbindlichkeit einzustufen (siehe vorheriger Abschnitt).

- Zum 01.01.X1 wird wie folgt gebucht:

01.01.X1	Nettovermögen	4.400 €	Bank	5.000 €
	Geschäfts- oder Firmenwert	923,61 €	Verbindlichkeit	323,61 €

[1476] Für ähnliche Beispiele vgl. BERNDT/GUTSCHE (2009), Rz. 159f.; LÜDENBACH (2012f), Rz. 62; HEUSER/THEILE (2012), Rz. 5571f.

6.16.1.5 Folgebewertung

Im Rahmen der Folgebewertung ist zunächst zu beachten, dass für Änderungen des beizulegenden Zeitwerts ggf. die Sondervorschriften in IFRS 3.45-49 zur Konsolidierung mit vorläufigen Werten zur Anwendung kommen. Diese beziehen sich auf Transaktionen, die am Ende der Berichtsperiode, in welcher der Unternehmenszusammenschluss stattfindet, unvollständig sind und insofern auch die Bilanzierung zum Erwerbszeitpunkt nur auf vorläufiger Basis durchgeführt wird (IFRS 3.45). Gemäß IFRS 3.45-49 müssen innerhalb des Bewertungszeitraums, der ein Jahr vom Erwerbszeitpunkt an nicht überschreiten darf, rückwirkende Korrekturen bzw. Ergänzungen an den ursprünglich angesetzten Posten vorgenommen werden (so genannte „Berichtigungen innerhalb des Bewertungszeitraums"). Im Fall von bedingten Gegenleistungen betrifft dies die rückwirkende GuV-neutrale Anpassung des zum Erwerbszeitpunkt angesetzten Geschäfts- oder Firmenwerts. Nach dem Bewertungszeitraum hat der Erwerber die Bilanzierung eines Unternehmenszusammenschlusses zum Erwerbszeitpunkt nur zu überarbeiten, um einen Fehler gemäß IAS 8 zu berichten (IFRS 3.50).

Berichtigungen innerhalb des Bewertungszeitraums

Dass Fair-Value-Änderungen von bedingten Gegenleistungen als Berichtigungen innerhalb des Bewertungszeitraums behandelt werden müssen, ist an die folgenden Voraussetzungen geknüpft (IFRS 3.58):

- Die Fair-Value-Änderungen treten innerhalb von 12 Monaten nach dem Erwerbszeitpunkt ein.

- Sie sind auf Grund von zusätzlichen Informationen entstanden, welche der Erwerber nach dem Erwerbszeitpunkt über Fakten und Umstände erhalten hat, die zum Erwerbszeitpunkt bereits existierten.

Schwierigkeiten bei der Beurteilung bereitet ggf. die zuletzt aufgezählte Voraussetzung. IFRS 3.58 konkretisiert hierzu, dass Fair-Value-Änderungen auf Grund von Ereignissen nach dem Erwerbszeitpunkt, wie die Erreichung eines angestrebten Ziels, eines bestimmten Aktienkurses oder eines Meilensteins bei einem Forschungs- und Entwicklungsprojekt nicht unter die Berichtigungen innerhalb des Bewertungszeitraums fallen. Demnach führen ausschließlich zusätzliche Informationen (Fakten, Umstände), die zum Erwerbszeitpunkt bereits vorherrschend waren, über die das Unternehmen jedoch erst später Kenntnis erlangt, zu GuV-neutralen Berichtigungen.[1477] Es muss sich also um nachträgliche Erkenntnisse handeln, die Aufschluss über die Verhältnisse im Erwerbszeitpunkt geben.[1478] Dazu folgende Beispiele:

[1477] Vgl. BERNDT/GUTSCHE (2009), Rz. 157.
[1478] Vgl. SENGER/BRUNE/DIERSCH/ELPRANA (2009), Rz. 214; PETERSEN/BANSBACH/DORNBACH (2011), S. 432; HEUSER/THEILE (2012), Rz. 5571.

6 Herkömmliche Bilanzierung und Offenlegung einzelner Sachverhalte

- Die bedingte Gegenleistung basiert auf der künftigen Umsatzentwicklung des erworbenen Unternehmens. Kartellrechtliche Auflagen, die bereits zum Erwerbszeitpunkt vorlagen, erwirken die Rücknahme eines Produkts und damit einen Umsatzrückgang.[1479]

- Der Unternehmenszusammenschluss wird auf der Grundlage von vorläufigen bzw. geschätzten Werten bilanziert. Die bedingte Gegenleistung bestimmt sich anhand einer Gewinngröße, die für die Periode vor dem Erwerbszeitpunkt ebenfalls nur auf geschätzter Basis vorliegt. Innerhalb von 12 Monaten wird festgestellt, dass diese Gewinngröße von der Schätzung abweicht.[1480]

Keine Berichtigungen innerhalb des Bewertungszeitraums

Bedingte Gegenleistungen, die Finanzinstrumente darstellen und nicht unter die Berichtigungen innerhalb des Bewertungszeitraums fallen, sind wie folgt zu bilanzieren (IFRS 3.58):

- Übertragungsverpflichtungen, die das Unternehmen als Eigenkapital einstuft, werden nicht neu bewertet und ihre spätere Abgeltung wird im Eigenkapital bilanziert.

- Als finanzielle Verbindlichkeiten (Übertragungsverpflichtungen) bzw. finanzielle Vermögenswerte (Rückgabeansprüche) klassifizierte Posten hat man in der Folge gemäß IAS 39 zum beizulegenden Zeitwert zu bewerten; ein etwaiger Gewinn oder Verlust ist entweder GuV-wirksam oder im OCI zu erfassen.

Zur Verdeutlichung wird das Beispiel des vorherigen Abschnitts fortgesetzt:

- Zum 31.12.X1 beläuft sich der Umsatz bereits auf 700 €; demzufolge nimmt A Schätzungsänderungen der Eintrittswahrscheinlichkeiten vor: diese betragen für Szenario 1 nun 5%, für Szenario 2 80% und für Szenario 3 15%; der risikoäquivalente Marktzinssatz für die Laufzeit vom 31.12.X1 bis zum 31.12.X3 ist jetzt 5,0%.

- Daraus ermittelt sich ein beizulegender Zeitwert von 471,66 €:

$$\frac{(0\,€\cdot 5\% + 500\,€\cdot 80\% + 800\,€\cdot 15\%)}{(1+5,0\%)^2} = 471,66\,€$$

- Die Differenz zum Buchwert der Verbindlichkeit von 148,05 € (471,66 € ./. 323,61 €) wird wie folgt erfasst:

31.12.X1	Aufwand	148,05 €	Verbindlichkeit	148,05 €

- Die geänderten Eintrittswahrscheinlichkeiten geben keine zusätzlichen Erkenntnisse über die Verhältnisse zum Erwerbszeitpunkt und sind da-

---

[1479] Vgl. BERNDT/GUTSCHE (2009), Rz. 160.
[1480] Vgl. HEUSER/THEILE (2012), Rz. 5572.

Finanzinstrumente in Verbindung mit Unternehmenszusammenschlüssen **6.16**

- her nicht als Berichtigungen innerhalb des Bewertungszeitraums zu behandeln.[1481]

- Zum 31.12.X2 wird ein kumulierter Umsatz von 1.200 € realisiert – was zur Folge hat, dass A die Schätzung für die Eintrittswahrscheinlichkeit von Szenario 1 auf 0%, für Szenario 2 auf 90% und für Szenario 3 auf 10% beziffert; der risikoäquivalente Marktzinssatz für die 1-jährige Restlaufzeit beträgt nun 4,0%.

- Es bestimmt sich ein beizulegender Zeitwert von 509,62 €:

$$\frac{(0\ €\cdot 5\% + 500\ €\cdot 90\% + 800\ €\cdot 10\%)}{(1+4{,}0\%)^1} = 509{,}62\ €$$

- Wiederum bucht A die Buchwertwertdifferenz von jetzt 37,96 € (509,62 € ./. 471,66 €) als Aufwand:

31.12.X2	Aufwand	37,96 €	Verbindlichkeit	37,96 €

- Der kumulierte Umsatz beläuft sich am 31.12.X3 auf 1.600 €; damit hat die bedingte Gegenleistung einen beizulegenden Zeitwert von 800 € (Szenario 3 mit Eintrittswahrscheinlichkeit von 100%).

- Der Posten wird letztmalig einer Folgebewertung zum beizulegenden Zeitwert mit GuV-wirksamer Erfassung der Differenz zum Buchwert von 290,38 € (800 € ./. 509,62 €) unterzogen:

31.12.X3	Aufwand	290,38 €	Verbindlichkeit	290,38 €

6.16.1.6 Ausbuchung

Als Eigenkapitalinstrumente klassifizierte bedingte Übertragungsverpflichtungen werden nicht ausgebucht. Bei Einstufung als Fremdkapitalinstrument kommen – sofern ein Finanzinstrument vorliegt – die entsprechenden Ausbuchungsregeln für finanzielle Verbindlichkeiten in IAS 39 zur Anwendung; diese sind auszubuchen, wenn die vertragliche Verpflichtung getilgt wurde (▶ 3.13.2.1).

Im Beispiel aus den vorherigen Abschnitten ist die bedingte Verbindlichkeit etwa bei Begleichung der Zahlung am 31.12.X3 durch den Unternehmenskäufer A wie folgt auszubuchen:

31.12.X3	Verbindlichkeit	800 €	Bank	800 €

[1481] A.A. offensichtlich LÜDENBACH (2012f), Rz. 62, der in einem ähnlichen Beispiel eine GuV-neutrale Anpassung vornimmt. Würde man die Fair-Value-Änderung als eine Berichtigung innerhalb des Bewertungszeitraums interpretieren, so wäre die Differenz zum Buchwert von 148,05 € nicht GuV-wirksam, sondern als Erhöhung des Geschäfts- oder Firmenwerts zu erfassen.

Bedingte Rückgabeansprüche, die finanzielle Vermögenswerte darstellen, hat man gemäß IAS 39 generell dann auszubuchen, wenn die vertraglichen Rechte auf Cashflows auslaufen oder der Posten übertragen wird und die Übertragung die Ausbuchungskriterien des IAS 39.20 erfüllt (▶ 3.13.1). Erstere Verwirkung des Zahlungsanspruchs, z.B. durch Begleichung der Forderung durch den Unternehmensverkäufer, wird der Regelfall sein.

6.16.1.7 Angabepflichten

Für bedingte Übertragungsverpflichtungen, die als Eigenkapitalinstrumente eingestuft sind, ergeben sich nur theoretisch Angabepflichten (▶ 3.3.6.12; 3.3.6.4).

Nach IAS 39 bilanzierte bedingte Gegenleistungen müssen bei den Buchwertangaben nach Bewertungskategorien (▶ 3.4.4.1) innerhalb der Bewertungskategorien FLFVPL (FLHfT) bzw. FAFVPL (FAHfT) oder AfS berücksichtigt werden; die Buchwerte entsprechen den nach Klassen anzugebenden beizulegenden Zeitwerten (▶ 3.4.4.2). Zu Letzteren hat man ferner die zusätzlichen Offenlegungspflichten inklusive Zuordnung zu den Hierarchiestufen der Fair-Value-Bewertung zu beachten (▶ 3.8.2.6). Da die Zeitbewertung bei bedingten Gegenleistungen, die in der Regel auf Basis von unternehmensspezifischen Daten (wie z.B. Eintrittswahrscheinlichkeiten bezüglich Gewinn- oder Umsatzzielen) erfolgt, wird überwiegend eine Zuordnung zur Fair-Value-Hierarchiestufe 3 sachgerecht sein. Darüber hinaus sind die aus der Bewertung zum beizulegenden Zeitwert resultierenden Gewinne und Verluste Bestandteil des anzugebenden Nettoergebnisses (▶ 3.14.6) der als HfT bzw. AfS eingestuften Finanzinstrumente. Bei AfS-Posten ist dabei der im OCI erfasste und der vom OCI in die GuV transferierte Betrag gesondert auszuweisen.

6.16.2 Termingeschäfte auf Unternehmensanteile

6.16.2.1 Vorbemerkungen

In Verbindung mit der Durchführung eines Unternehmenszusammenschlusses oder danach werden des Öfteren Termingeschäfte zum künftigen Erwerb oder zur künftigen Veräußerung von Unternehmensanteilen sowie den damit verbundenen Stimmrechten abgeschlossen. Ist der Unternehmenszusammenschluss bei Kontrahierung des Termingeschäfts bereits vollzogen und wird das erworbene Unternehmen somit zu diesem Zeitpunkt schon beherrscht, handelt es sich um Derivate zum künftigen Kauf oder

Finanzinstrumente in Verbindung mit Unternehmenszusammenschlüssen

6.16

Verkauf von Anteilen der nicht-beherrschenden Gesellschafter (Minderheitenanteile).[1482]

Termingeschäfte auf Unternehmensanteile können Forwards oder Optionen sein. Erstere sehen für beide Vertragspartner eine verpflichtende Erfüllung vor. Bei Optionen ist dies nicht der Fall; hier muss wie folgt differenziert werden (▶ 2.6.2):

- Kaufoptionen: der Optionsinhaber hat die Möglichkeit, künftig Anteile zu beziehen (erworbene Kaufoption bzw. Long Call); der Vertragspartner ist Stillhalter und hat bei Ausübung durch den Optionsinhaber die Pflicht zur Abgabe von Anteilen (geschriebene Kaufoption bzw. Short Call).

- Verkaufsoptionen: der Optionsinhaber hat die Möglichkeit zum Verkauf von Anteilen (erworbene Verkaufsoption bzw. Long Put); der Vertragspartner ist Stillhalter und hat bei Ausübung durch den Optionsinhaber die Pflicht zum Kauf von Anteilen (geschriebene Verkaufsoption bzw. Short Put).

Folglich können dem Unternehmen über erworbene Kaufoptionen (Long Calls) oder über geschriebene Verkaufsoptionen (Short Puts) künftig Anteile zugehen. Geschriebene Kaufoptionen (Short Calls) oder erworbene Verkaufsoptionen (Long Puts) führen indes zum künftigen Abgang von Anteilen.

Die Termingeschäfte stellen Finanzinstrumente dar und sind damit grundsätzlich entweder als nicht-derivativer oder als derivativer Posten nach IAS 39 zu bilanzieren; dabei ist überdies die Spezialregelung in IAS 32.23 zur verpflichtenden Erfassung einer „synthetischen" finanziellen Verbindlichkeit (▶ 6.8.5) zu beachten. Ferner kann ggf. auch eine der Anwendungsausnahmen von IAS 39 greifen – mit der Folge, dass entweder ein Eigenkapitalinstrument gemäß IAS 32 erfasst werden muss oder die bilanzielle Erfassung ganz zu unterbleiben hat. Insofern sind für die Termingeschäfte die folgenden Abbildungsvarianten möglich:

- Bilanzierung als nicht-derivative („normale") finanzielle Verbindlichkeit nach IAS 39;

- Bilanzierung als nicht-derivative „synthetische" finanzielle Verbindlichkeit gemäß IAS 32.23;

- Bilanzierung als derivatives Finanzinstrument nach IAS 39;

- Bilanzierung als Eigenkapitalinstrument gemäß IAS 32;

[1482] Vgl. PwC (2011b), S. 24080 (24.235). Es liegt dann kein nach IFRS 3 abzubildender Unternehmenszusammenschluss vor, sondern eine Eigenkapitaltransaktion, für die IFRS 10 bzw. IAS 27 einschlägig ist, vgl. ERNST & YOUNG LLP (2012a), S. 493.

■ keine bilanzielle Erfassung.

Unabhängig von den zuletzt aufgeführten Abbildungsvarianten fallen die Termingeschäfte in den Anwendungsbereich von IFRS 7.

6.16.2.2 Berücksichtigung bei der Prüfung auf Beherrschung

Bei der Prüfung, ob Beherrschung über ein Unternehmen vorliegt und dieses demzufolge mittels Vollkonsolidierung in den Konzernabschluss einzubeziehen ist, sind sowohl nach IFRS 10 als auch nach IAS 27 ggf. auch die mit dem Termingeschäft verbundenen potenziellen Stimmrechte zu berücksichtigen. Ob eine Berücksichtigung zu erfolgen hat, hängt von den Merkmalen des Derivats sowie von den weiteren Gegebenheiten ab. Das Termingeschäft kann mithin ursächlich dafür sein, dass das erworbene Unternehmen bereits mit dem Vertragsabschluss des Derivats beherrscht wird.[1483] Ist mit dem Termingeschäft ein Verkauf von Anteilen und damit eine potenzielle Stimmrechtsminderung verbunden, erlangt ggf. die Vertragspartei Beherrschung. Aus der Sicht des Unternehmens liegt dann ein Verlust der Beherrschung vor, was eine Entkonsolidierung zur Folge hat.

Mit dem Übergang von IAS 27 auf IFRS 10 haben sich die Regelungen zur Berücksichtigung von potenziellen Stimmrechten bei der Prüfung auf Beherrschung geändert. Auf die Vorschriften wird im Folgenden kurz eingegangen.[1484]

Nach IAS 27 können nur gegenwärtig ausübbare potenzielle Stimmrechte in die Analyse einbezogen werden; ist die Ausübung erst später möglich oder vom Eintritt externer Ereignisse abhängig, bleiben sie unberücksichtigt (IAS 27.14).[1485] Die tatsächliche Absicht und (finanzielle) Fähigkeit zur Ausübung spielt bei der Frage, ob die potenziellen Stimmrechte einzubeziehen sind, explizit keine Rolle (IAS 27.15, IG2). Ebenso irrelevant ist normalerweise, welchen Wert die Option zum Analysezeitpunkt hat, d.h. ob sie z.B. „aus dem Geld" liegt. Fehlt es der Vereinbarung allerdings an wirtschaftlicher

---

[1483] Vgl. dazu die Beispiele in KPMG IFRG LIMITED (2011), S. 78 (2.5.130.20); ERNST & YOUNG LLP (2012a), S. 457; LÜDENBACH (2012g), Rz. 46. Siehe auch Beispiel 7 in Abschnitt 6.16.2.3.

[1484] Vgl. dazu und zu den Unterschieden weiterführend BÖCKEM/STIBI/ZOEGER (2011), S. 404 und S. 407; LÜDENBACH/FREIBERG (2012b), S. 46 bzw. LÜDENBACH (2012g), Rz. 46-56 und Rz. 208-211. Vgl. auch ERCHINGER/MELCHER (2011), S. 1233; ERNST & YOUNG LLP (2012a), S. 326-329 und S. 392-396.

[1485] So etwa, wenn die zu Grunde liegenden Kontrakte Klauseln enthalten, wonach der Erwerb der Anteile erst nach Zustimmung bestimmter Organe bzw. Gremien (z.B. Aufsichtsrat, Kartellbehörden) oder nach Beendigung von anhängenden Klageverfahren möglich ist (d.h. Genehmigungsvorbehalte bestehen), vgl. dazu SENGER/BRUNE/DIERSCH/ELPRANA (2009), Rz. 61; MEURER/URBANCZIK (2010), S. 443 oder das Beispiel in LÜDENBACH (2012g), Rz. 210.

Finanzinstrumente in Verbindung mit Unternehmenszusammenschlüssen

Substanz (z.B. falls der Ausübungspreis so gewählt wurde, dass in jedem möglichen Szenario keine Ausübung erfolgt), scheidet eine Berücksichtigung aus (IAS 27.IG2).

IFRS 10 setzt voraus, dass die potenziellen Stimmrechte „substanziell" sind (IFRS 10.B47); im Rahmen der Beurteilung steht die wirtschaftliche Betrachtung bzw. die Vorteilhaftigkeit der Ausübung der Stimmrechte im Vordergrund (siehe IFRS 10.B48-B50). So ist die Berücksichtigung auch von den Optionsbedingungen (wie z.B. dem Ausübungspreis) und den Interessen des Optionsinhabers abhängig: je deutlicher sich die Option „im Geld" befindet oder der Investor aus anderen Gründen (z.B. wegen Synergieeffekten) profitieren würde, desto wahrscheinlicher liegen substanzielle potenzielle Stimmrechte vor (IFRS 10.B23 (c)). Umgekehrt lassen wesentlich „aus dem Geld" befindliche Optionen darauf schließen, dass die potenziellen Stimmrechte nicht substanziell sind (IFRS 10.B23 (a) (ii)). Ferner muss das Unternehmen nach IFRS 10 faktisch (d.h. ebenso finanziell) in der Lage zur Ausübung sein (IFRS 10.B22). Neben Optionen und wandelbaren Instrumenten nennt IFRS 10.B47 explizit auch Forwards als Quelle potenzieller Stimmrechte; Letztere werden in IAS 27 nicht erwähnt. Forwards können insofern nach IFRS 10 in Ausnahmefällen ursächlich für eine Beherrschung sein; dies ist etwa gegeben, wenn das Derivat zwar nicht zum Beurteilungszeitpunkt, aber noch vor der nächsten Gesellschafterversammlung ausgeübt werden kann (IFRS 10.B24). Ist die Ausübung von dem Eintritt anderer externer Ereignisse (wie z.B. gemäß IFRS 10.B23 (a) (vii) die Erfüllung gesetzlicher Anforderungen) abhängig, hat man die potenziellen Stimmrechte wie auch nach IAS 27 nicht zu berücksichtigen.

Zusammengefasst ergeben sich somit diese Vorgaben:

- Potenzielle Stimmrechte aus gegenwärtig ausübbaren erworbenen Kaufoptionen (d.h. amerikanische Optionen ohne Ausübungsbeschränkungen) sind nach IAS 27 bereits bei Abschluss des Derivats in die Prüfung auf Beherrschung einzubeziehen; nach IFRS 10 indes nur, sofern die Ausübung auch finanziell möglich und ebenso wirtschaftlich sinnvoll (bzw. nicht völlig unsinnig) ist. Berücksichtigt der Optionsinhaber die potenziellen Stimmrechte bei seiner Analyse, hat der Stillhalter (geschriebene Kaufoption) die potenzielle Stimmrechtsminderung spiegelbildlich zur Beantwortung der Frage heranzuziehen, ob für ihn ein Verlust der Beherrschung vorliegt.[1486]

- Da bei geschriebenen Verkaufsoptionen die Ausübung im Ermessen des Vertragspartners liegt, können die damit verbundenen potenziellen Stimmrechte hingegen nach IFRS 10 sowie nach IAS 27 weder beim Abschluss noch während der Laufzeit des Derivats zu einer Beherrschung

---

[1486] Vgl. LÜDENBACH (2012g), Rz. 53, Rz. 163 und Rz. 211.

6

Herkömmliche Bilanzierung und Offenlegung einzelner Sachverhalte

führen. Erworbene Verkaufsoptionen bzw. damit einhergehende potenzielle Stimmrechtsminderungen bewirken demzufolge ebenfalls keinen Verlust der Beherrschung.[1487]

- Gleichsam haben potenzielle Stimmrechte aus Forwards beim Abschluss und während der Laufzeit des Derivats nach IAS 27 keinen Einfluss auf die Frage, ob Beherrschung vorliegt oder nicht; nach IFRS 10 ist dies regelmäßig auch so.

6.16.2.3 Termingeschäfte zum Kauf von Unternehmensanteilen

Überblick

Tabelle 6-67 zeigt im Überblick, welche Erfassungsvarianten sich bei Termingeschäften zum Kauf von Unternehmensanteilen ergeben. Dabei wird von einer physischen Erfüllung ausgegangen, wie dies für einen (künftigen) Unternehmenszusammenschluss erforderlich ist. Wäre ein solches Gross Physical Settlement nicht gegeben, sondern würde ein Net Cash Settlement oder ein Net Share Settlement vorliegen, müsste der Vertrag stets gemäß IAS 39 als derivatives Finanzinstrument bilanziert werden.[1488] Gleiches gilt, wenn der Vertrag neben der physischen Erfüllung wahlweise einen Nettoausgleich vorsieht.

Die bilanzielle Abbildung hängt demnach zunächst davon ab, ob das Unternehmen, dessen Anteile erworben werden, zum Vertragsabschluss oder früher entweder mittels der Equity-Methode bilanziert oder per Vollkonsolidierung (Quotenkonsolidierung) in den Konzernabschluss einbezogen wird.[1489] Sofern eine Equity-Bilanzierung oder Konsolidierung erfolgt, ist des Weiteren zu hinterfragen, ob bereits gegenwärtig der Zugang zu den Rückflüssen bzw. den wirtschaftlichen Vorteilen aus den Anteilen an dem (künftigen) Tochterunternehmen besteht. Dies hängt von den Merkmalen des Derivats und von den sonstigen Vereinbarungen ab, wie in Abschnitt 3.3.6.2 erläutert wurde. Ein solcher Zugang führt dazu, dass mit dem Vertragsabschluss des Termingeschäfts der Erwerb der Anteile bereits antizipiert wird.[1490] Da der Zahlungsausgang erst mit Erfüllung des Derivats erfolgt, kommt es zur Einbuchung einer nicht-derivativen finanziellen Verbindlichkeit.

[1487] Vgl. LÜDENBACH (2012g), Rz. 163.
[1488] Siehe zu den Erfüllungsarten weiterführend Abschnitt 6.8.1.4.
[1489] Zur Abgrenzung von solchen Tochterunternehmen, Gemeinschaftsunternehmen und assoziierten Unternehmen siehe Abschnitt 3.3.6.1.
[1490] Vgl. dazu FREIBERG (2010e), S. 208f.; KPMG IFRG LIMITED (2011), S. 103 (2.5.460.120) und S. 103f. (2.5.461.10); ERNST & YOUNG LLP (2012a), S. 483; LÜDENBACH (2012g), Rz. 167.

6.16 Finanzinstrumente in Verbindung mit Unternehmenszusammenschlüssen

Bilanzierung von Termingeschäften zum Kauf von Unternehmensanteilen   Tabelle 6-67

	Bei Vertragsabschluss weder maßgeblicher Einfluss noch (gemeinschaftliche) Beherrschung	Bei Vertragsabschluss maßgeblicher Einfluss oder gemeinschaftliche Beherrschung		Bei (durch) Vertragsabschluss Beherrschung	
		kein Zugang zu den Rückflüssen	Zugang zu den Rückflüssen	kein Zugang zu den Rückflüssen	Zugang zu den Rückflüssen
Forward Kauf (Long Forward)	keine Erfassung[a] / Derivat[b]	keine Erfassung[a] / Derivat[b]	Verbindlichkeit (antizipierter Erwerb)	„synthetische" Verbindlichkeit	„synthetische" Verbindlichkeit (antizipierter Erwerb)
Erworbene Kaufoption (Long Call)	Derivat[c]	Derivat[c]	Verbindlichkeit (antizipierter Erwerb)	Derivat[e]	Erfassung im EK[f] / Verbindlichkeit (antizipierter Erwerb)
Geschriebene Verkaufsoption (Short Put)	Derivat[d]	Derivat[d]	Verbindlichkeit (antizipierter Erwerb)	„synthetische" Verbindlichkeit	„synthetische" Verbindlichkeit (antizipierter Erwerb)

a sofern IAS 39.2 (g) greift   b sofern IAS 39.2 (g) nicht greift
c derivativer finanzieller Vermögenswert, wenn Ausübungspreis < Fair Value der Anteile
d derivative finanzielle Verbindlichkeit, wenn Ausübungspreis > Fair Value der Anteile
e sofern IAS 39.2 (a) nicht greift, da das Fixed/Fixed-Kriterium nicht erfüllt ist; derivativer finanzieller Vermögenswert, wenn Ausübungspreis < Fair Value der Anteile
f sofern IAS 39.2 (a) greift, da das Fixed/Fixed-Kriterium erfüllt ist

Sieht der Kontrakt künftig einen verpflichtenden Rückkauf von Eigenkapitalinstrumenten im Sinne des IAS 32 vor (d.h. der Erwerb von Minderheitenanteilen über einen Forward oder eine geschriebene Verkaufsoption), muss gemäß IAS 32.23 eine „synthetische" finanzielle Verbindlichkeit (▶ 6.8.5) in Höhe des Barwerts des Rückkaufbetrags angesetzt werden.[1491] Ein solcher Ansatz ergibt sich indes nicht, wenn die Gegenleistung nicht in Barmitteln oder anderen Finanzinstrumenten, sondern durch Lieferung einer festen oder variablen Anzahl an Eigenkapitalinstrumenten des Anteilskäufers (Anteile des Mutterunternehmens oder eines anderen Tochterunternehmens) erfolgt; dann liegt immer ein nach IAS 39 zu bilanzierendes Derivat vor.[1492] In der Folge ist die „synthetische" finanzielle Verbindlichkeit

---

[1491] So wurde vom IFRIC klargestellt, dass ein Mutterunternehmen gemäß IAS 32.23 eine finanzielle Verbindlichkeit zu erfassen hat, sofern aus dem Kauf von Minderheitenanteilen eine künftige Zahlungsverpflichtung resultiert – selbst wenn die Zahlungsverpflichtung davon abhängt, ob die Option von der Gegenpartei ausgeübt wird. Vgl. dazu IFRIC Update November 2006, S. 8 und auch PwC (2011b), S. 24084 (24.235.10); KPMG IFRG LIMITED (2011), S. 103 (2.5.460.10); ERNST & YOUNG LLP (2012a), S. 484f.
[1492] Vgl. KPMG IFRG LIMITED (2011), S. 104 (2.5.461.20), S. 105 (2.5.475.10) und S. 106 (2.5.480.10). Die Erfassung eines Derivat nach IAS 39 ist ebenso geboten, wenn al-

6 Herkömmliche Bilanzierung und Offenlegung einzelner Sachverhalte

zu fortgeführten Anschaffungskosten (▶ 3.8.3) – gemäß IAS 39.AG8 ggf. mit GuV-wirksam zu erfassenden Buchwertanpassungen – zu bewerten.[1493] Falls das Unternehmen eine nicht-derivative („synthetische") Verbindlichkeit bilanziert, wird der Vertrag weder als Eigenkapitalinstrument noch als derivativer finanzieller Vermögenswert bzw. als derivative finanzielle Verbindlichkeit nach IAS 39 erfasst. Ansonsten wäre der Sachverhalt doppelt berücksichtigt.[1494]

Kein maßgeblicher Einfluss, keine (gemeinschaftliche) Beherrschung

Wenn in Bezug auf das (künftig) erworbene Unternehmen bei Vertragsabschluss des Termingeschäfts weder ein maßgeblicher Einfluss noch eine (gemeinschaftliche) Beherrschung vorliegt (d.h. kein assoziiertes Unternehmen, kein Gemeinschaftsunternehmen und auch kein Tochterunternehmen besteht), kann bei einem Forward die Anwendungsausnahme in IAS 39.2 (g) zum Tragen kommen – mit der Folge, dass eine Erfassung des Kontrakts nach IAS 39 unterbleibt. In allen anderen Fällen muss ein derivatives Finanzinstrument nach IAS 39 bilanziert werden.

– Long Forward

Zum künftigen Erwerb von Anteilen über einen Forward das folgende Beispiel 1a:

■ Am 01.01.X1 schließt Unternehmen A mit Unternehmen C einen Vertrag zum Kauf von 100% der Anteile von Unternehmen B für 1.000 € mit Erfüllung am 31.12.X1 ab. Der künftige Unternehmenserwerb kann weder rückgängig gemacht werden noch ist er an Bedingungen oder Genehmigungen geknüpft.

■ Für A greift die Anwendungsausnahme in IAS 39.2 (g) (▶ 3.3.6.12); der Kontrakt muss nicht nach IAS 39 bilanziert werden. Allerdings ist er bei den Angabepflichten nach IFRS 7 zu berücksichtigen.

Treffen die in IAS 39.2 (g) genannten Voraussetzungen indes nicht zu, muss ein derivatives Finanzinstrument nach IAS 39 bilanziert werden. Dazu die folgende Abwandlung (Beispiel 1b):

■ Wiederum wird ein Kaufvertrag über 100% der Anteile von B für 1.000 € abgeschlossen, die Erfüllung erfolgt allerdings erst am 31.12.X5. Ferner ist der Erwerb davon abhängig, ob die Kartellbehörde dem Unterneh-

---

ternativ zur Barbegleichung in eigenen Eigenkapitalinstrumenten erfüllt werden kann, vgl. ebenda, S. 106 (2.5.475.20).

[1493] Vgl. PwC (2011b), S. 24084 (24.235.11). Die zuletzt genannten Ansatz- und Bewertungsvorschriften für „synthetische" finanzielle Verbindlichkeiten hat das IFRS IC in Bezug auf geschriebene Verkaufsoptionen jüngst bestätigt, vgl. Draft IFRIC Interpretation DI/2012/2 „Put Options Written on Non-controlling Interests" May 2012 oder FREIBERG (2012), S. 229f. Laut KPMG IFRG LIMITED (2011), S. 104 (2.5.461.25 und 2.5.463.20) ist es bei geschriebenen Verkaufsoptionen auch zulässig, die Wertänderungen der Verbindlichkeit im Eigenkapital zu erfassen.

[1494] Vgl. prinzipiell BARDENS/MEURER (2011a), S. 480.

Finanzinstrumente in Verbindung mit Unternehmenszusammenschlüssen **6.16**

menszusammenschluss zustimmt. In der Vergangenheit wurden entsprechende Verfahren nach spätestens 2 Jahren abgeschlossen.

- Da die Laufzeit des Termingeschäfts den Zeitraum wesentlich überschreitet, der vernünftigerweise zum Einholen der Genehmigungen und zur Vollendung der Transaktion erforderlich ist, kommt IAS 39.2 (g) nicht zur Anwendung.

- Folglich hat A den Kontrakt als derivatives Finanzinstrument nach IAS 39 GuV-wirksam zum Fair Value zu bilanzieren. Letzterer wird in Abhängigkeit vom beizulegenden Zeitwert der Anteile (dem Basiswert (▶ 2.6.2) bestimmt. Liegt dieser zum Vertragsabschluss bei 1.000 €, hat das Derivat einen Erstbuchwert von 0. Ist der Fair Value der Anteile später größer (kleiner) als 1.000 €, wird ein derivativer finanzieller Vermögenswert (eine derivative finanzielle Verbindlichkeit) erfasst.

- Mit Erfüllung des Forward am 31.12.X5 erlangt A die Beherrschung über B und bilanziert den Unternehmenszusammenschluss nach IFRS 3. Das derivative Finanzinstrument muss GuV-wirksam ausgebucht werden, denn mit einem Unternehmenszusammenschluss verbundene Kosten sind gemäß IFRS 3.53 nicht Teil der Anschaffungskosten des Tochterunternehmens und gehen somit auch nicht in den Geschäfts- oder Firmenwert ein. Liegt der Buchwert des Postens am 31.12.X5 bspw. bei 80 € (derivativer finanzieller Vermögenswert), so ergeben sich bei einem unterstellten neubewerteten Nettovermögen von B in Höhe von 950 € diese Konzernbuchungen:

31.12.X5	Nettovermögen	950 €	Kasse	1.000 €
	Geschäfts- oder Firmenwert	50 €		
	Aufwand	80 €	Derivat	80 €

Bei erworbenen Kaufoptionen ist IAS 39.2 (g) nicht einschlägig, weil die Anwendungsausnahme nur Forwards einschließt. Auch IAS 39.2 (a) kann nicht in Anspruch genommen werden, da keine eigenen Eigenkapitalinstrumente Vertragsgegenstand sind. Dies soll über das folgende Beispiel 2 verdeutlicht werden:

– Long Call

- Am 01.01.X1 schließt Unternehmen A mit Unternehmen C einen Vertrag ab, der A die Möglichkeit zum Erwerb von 100% der Anteile an Unternehmen B gewährt. Die Kaufoption kann von A am 31.12.X2 ausgeübt werden; der Ausübungspreis beträgt 1.000 €. Für das Recht zum Kauf der Anteile zahlt A an C eine Optionsprämie von 5 €.

- A hat den Vertrag zum 01.01.X1 als derivatives Finanzinstrument nach IAS 39 zu erfassen. Die Erstbuchung lautet wie folgt:

01.01.X1	Derivat	5 €	Kasse	5 €

6 Herkömmliche Bilanzierung und Offenlegung einzelner Sachverhalte

- Der Posten muss danach GuV-wirksam zum beizulegenden Zeitwert bewertet werden. Letzterer wird über ein Optionspreismodell bestimmt. Unter Vernachlässigung des Zeitwerts (d.h. nur auf Basis des inneren Werts) hat die Option aus Sicht von A entweder einen positiven beizulegenden Zeitwert (Ausübungspreis < Fair Value der Anteile) oder einen beizulegenden Zeitwert von 0 (Ausübungspreis >= Fair Value der Anteile).[1495] Bei einem Fair Value des Derivats zum 31.12.X1 von bspw. 100 € (d.h. der beizulegende Zeitwert der Anteile beträgt 1.100 €) ergibt sich diese Buchung:

31.12.X1	Derivat	95 €	Ertrag	95 €

- Wird die Option ausgeübt, erlangt A die Beherrschung über B und bilanziert den Unternehmenszusammenschluss nach IFRS 3. Das derivative Finanzinstrument ist mit der Ausübung GuV-wirksam auszubuchen; es kann nicht als Teil der Anschaffungskosten (bzw. im Geschäfts- oder Firmenwert) des Tochterunternehmens berücksichtigt werden (IFRS 3.53). Hat dieses bspw. am 31.12.X2 einen Buchwert von 100 €, resultieren daraus bei einem angenommenen neubewerteten Nettovermögen von B in Höhe von 950 € die folgenden Konzernbuchungen:

31.12.X2	Nettovermögen	950 €	Kasse	1.000 €
	Geschäfts- oder Firmenwert	50 €		
	Aufwand	100 €	Derivat	100 €

- Auch wenn A die Option nicht ausübt, muss es das derivative Finanzinstrument GuV-wirksam ausbuchen (siehe letzte Buchung).

– *Short Put* Sofern das Unternehmen Stillhalter einer Verkaufsoption ist (Short Put), greifen die Anwendungsausnahmen in IAS 39.2 (g) und IAS 39.2 (a) ebenfalls nicht. Dementsprechend hat man auch dann ein derivatives Finanzinstrument zu erfassen, wie das folgende Beispiel 3 zeigt:

- Unternehmen A schließt mit Unternehmen C am 01.01.X1 einen Vertrag ab, nach dem C die Möglichkeit hat, an A 100% der Anteile von Unternehmen B zu verkaufen. C kann die Option jederzeit bis zum 31.12.X2 ausüben; der Ausübungspreis beläuft sich auf 1.000 €. A erhält von C für das gewährte Recht eine Optionsprämie von 5 €.

- Für A ergibt sich die Verpflichtung zur Erfassung des Kontakts als derivatives Finanzinstrument nach IAS 39 zum 01.01.X1:

01.01.X1	Kasse	5 €	Derivat	5 €

[1495] Siehe zur Differenzierung zwischen Zeitwert und innerem Wert bei der Optionsbewertung Abschnitt 2.6.2.

Finanzinstrumente in Verbindung mit Unternehmenszusammenschlüssen **6.16**

- Nachfolgend wird das Derivat einer GuV-wirksamen Zeitbewertung unterzogen; den Fair Value ermittelt A über ein Optionspreismodell. Für A hat die Option auf Basis des inneren Werts entweder einen negativen Fair Value (Ausübungspreis > Fair Value der Anteile) oder einen beizulegenden Zeitwert von 0 (Ausübungspreis <= Fair Value der Anteile).

- Beträgt der Fair Value des Derivats auf Grund eines unterstellten beizulegenden Zeitwerts der Anteile von 900 € zum 31.12.X1 etwa -100 € (derivative finanzielle Verbindlichkeit), ergibt sich diese Buchung:

| 31.12.X1 | Aufwand | 95 € | Derivat | 95 € |

- Wie in den beiden Beispielen zuvor wird das Derivat sowohl bei Ausübung als auch bei Verfall GuV-wirksam ausgebucht; eine Berücksichtigung des Termingeschäfts im Rahmen des Unternehmenszusammenschlusses als Teil der Anschaffungskosten (bzw. im Geschäfts- oder Firmenwert) des Tochterunternehmens ist nach IFRS 3.53 nicht zulässig.

Die zuletzt dargestellten Vorgehensweisen ergeben sich auch dann, wenn bei Vertragsabschluss bereits ein maßgeblicher Einfluss oder eine gemeinschaftliche Beherrschung besteht und noch kein Zugang zu den Rückflüssen aus den Anteilen, die über das Termingeschäft erworben werden, vorhanden ist. In Abwandlung zu den vorherigen Beispielen wäre etwa ein maßgeblicher Einfluss typischerweise dann gegeben, falls Unternehmen A bereits 40% der Stimmrechte in Besitz hätte und über das jeweilige Derivat weitere 60% der Stimmrechte erworben würde. Ein Zugang zu den Rückflüssen wäre bspw. nicht vorhanden, wenn die Vertragsparteien statt eines festen einen variablen Erfüllungsbetrag bzw. Ausübungspreis (z.B. zum Fair Value der Anteile) vereinbart hätten. Bei einem Forward würde der Kontrakt sodann entweder gar nicht erfasst (siehe Beispiel 1a) oder aber als derivatives Finanzinstrument nach IAS 39 bilanziert werden (siehe Beispiel 1b). Im Fall einer erworbenen Kaufoption wäre ggf. ein derivativer finanzieller Vermögenswert zu erfassen (siehe Beispiel 2). Eine geschriebene Verkaufsoption würde ggf. zur Bilanzierung einer derivativen finanziellen Verbindlichkeit führen (siehe Beispiel 3). Mit Erfüllung bzw. Ausübung des Termingeschäfts ergibt sich ein sukzessiver Unternehmenszusammenschluss, der nach den Vorgaben in IFRS 3 (insbesondere IFRS 3.42) abzubilden ist.

Maßgeblicher Einfluss oder gemeinschaftliche Beherrschung, kein Zugang zu den Rückflüssen

Liegt bei Vertragsabschluss ein maßgeblicher Einfluss oder eine gemeinschaftliche Beherrschung vor und hat das Unternehmen bereits Zugang zu den Rückflüssen aus den über das Derivat zugehenden Anteilen, wird der Sachverhalt so erfasst, als ob das Unternehmen die Anteile bereits bei Kontrahierung des Termingeschäfts tatsächlich erworben hätte (antizipierter Erwerb von Anteilen an assoziierten Unternehmen oder an Gemeinschaftsunternehmen).

Maßgeblicher Einfluss oder gemeinschaftliche Beherrschung, Zugang zu den Rückflüssen

– *Long Forward*

Zu einem solchen antizipierten Erwerb in Verbindung mit einem Forward das folgende Beispiel 4:

- Unternehmen A hält 40% der Anteile von Unternehmen B, die A in seinem Konzernabschluss nach der Equity-Methode bilanziert.
- Am 01.01.X1 schließt A mit Unternehmen C einen Vertrag zum Kauf der restlichen 60% der Anteile von B für 660 € mit Erfüllung zum 31.12.X2 ab. Darüber hinaus wird vereinbart, dass die von B ab dem 01.01.X1 erwirtschafteten Gewinne bereits vollständig A zustehen.
- Da A zum 01.01.X1 noch keine Beherrschung über B besitzt, jedoch über den fixierten Erfüllungsbetrag des Termingeschäfts sowie den vollen Gewinnanspruch schon Zugang zu den gesamten Rückflüssen von B hat, berücksichtigt es B in seinem Konzernabschluss weiterhin mittels der Equity-Methode, allerdings ab dem 01.01.X1 mit einem Gewinnanteil von 100%.
- Damit wird der Vertrag so abgebildet, als ob A der 60%-Anteil schon zum 01.01.X1 zugegangen wäre (antizipierter Erwerb von Anteilen an einem assoziierten Unternehmen); weil zu diesem Datum noch kein Zahlungsausgang erfolgt, kommt es zur Erfassung einer Verbindlichkeit.
- Bei der Verbindlichkeit handelt es sich um eine nicht-derivative finanzielle Verbindlichkeit, die im Anwendungsbereich von IAS 39 liegt. Sie wird der Bewertungskategorie FLAC zugeordnet und erstmalig zum beizulegenden Zeitwert bewertet; bei einem unterstellten 2-Jahres-Zinssatz von 4,88% beträgt dieser zum 01.01.X1 $660 € / (1 + 4,88\%)^2 = 600 €$. Buchung:

| 01.01.X1 | Equity-Buchwert an B 60% | 600 € | Verbindlichkeit | 600 € |

- Der Vertrag muss gemäß IAS 28R.14 bzw. IAS 27.IG7 nicht noch zusätzlich als derivatives Finanzinstrument bilanziert werden; durch den Zugang zu den Rückflüssen wird er bereits im Rahmen der Equity-Methode berücksichtigt.
- In der Folge ist die finanzielle Verbindlichkeit effektivzinsmäßig fortzuschreiben; zum 31.12.X1 ergibt sich ein jährlicher Fortschreibungsbetrag von 29,28 € (600 € · 4,88%):

| 31.12.X1 | Zinsaufwand | 29,28 € | Verbindlichkeit | 29,28 € |

- Im Rahmen der Folgebewertung erfasst A am 31.12.X2 einen Betrag von 629,28 € · 4,88% = 30,72 €:

| 31.12.X2 | Zinsaufwand | 30,72 € | Verbindlichkeit | 30,72 € |

Finanzinstrumente in Verbindung mit Unternehmenszusammenschlüssen **6.16**

- Bei Erfüllung des Forward erlangt A Beherrschung über B und bilanziert einen sukzessiven Unternehmenszusammenschluss gemäß IFRS 3.42 (hier nicht dargestellt). Darüber hinaus wird die finanzielle Verbindlichkeit wie folgt ausgebucht:

31.12.X2	Verbindlichkeit	600 €	Kasse	600 €

Ein antizipierter Erwerb kann sich auch in Verbindung mit Optionen zum Kauf von Unternehmensanteilen ergeben; dazu das Beispiel 5:

– *Long Call*

- Unternehmen A hält 40% der Anteile von Unternehmen B und bilanziert diese im Konzernabschluss nach der Equity-Methode.

- Am 01.01.X1 schließt A mit Unternehmen C einen Vertrag zum möglichen Kauf von weiteren 60% der Anteile an B ab. Die Option ist von A am 31.12.X1 ausübbar; der Ausübungspreis beträgt 600 €. A zahlt an C eine Optionsprämie von 5 €. Wiederum wird zudem vereinbart, dass die von B ab dem 01.01.X1 erwirtschafteten Gewinne bereits vollständig auf A entfallen.

- A hat zum 01.01.X1 noch keine Beherrschung über B, indes auf Grund des festen Ausübungspreises und des vollen Gewinnanspruchs Zugang zu den gesamten Rückflüssen von B. Im Konzernabschluss wird B daher ab dem 01.01.X1 anhand der Equity-Methode mit einem Gewinnanteil von 100% bilanziert.

- Folglich antizipiert A den Erwerb der Anteile des assoziierten Unternehmens bereits zum 01.01.X1 mit entsprechender Erfassung einer Verbindlichkeit. Die gezahlte Optionsprämie ist m.E. direkt dem Kauf zurechenbar und somit als Teil der Anschaffungskosten der Equity-Beteiligung zu berücksichtigen.[1496] Somit bucht A wie folgt:

01.01.X1	Equity-Buchwert an B 60%	605 €	Kasse	5 €
			Verbindlichkeit	600 €

- Die finanzielle Verbindlichkeit wird der Bewertungskategorie FLAC zugeordnet und entsprechend bilanziert.[1497]

- Eine zusätzliche Erfassung als derivatives Finanzinstrument scheidet gemäß IAS 28R.14 bzw. IAS 27.IG7 aus, da der Vertrag in Verbindung

---

[1496] Eine GuV-wirksame Erfassung, wie diese beim Erwerb von Tochterunternehmen gemäß IFRS 3.53 vorgeschrieben wird, kommt nicht in Frage, da die Anschaffungskosten in 28.11 (IAS 28R.10) auch direkt zurechenbare Anschaffungsnebenkosten einschließen, vgl. LÜDENBACH (2012h), Rz. 50 m.V.a. IFRIC Agenda Rejection vom Juli 2009. Gl.A. bereits HAYN (2009), Rz. 31.

[1497] A verzichtet – anders als in Beispiel 4 dargestellt – wegen der kurzen Laufzeit auf ein Bewertung zum Barwert mit anschließender (GuV-wirksamer) Aufzinsung.

6 Herkömmliche Bilanzierung und Offenlegung einzelner Sachverhalte

- mit dem Zugang zu den Rückflüssen schon über die Equity-Methode Berücksichtigung findet.

- Bei Ausübung erlangt A Beherrschung und bilanziert einen sukzessiven Unternehmenszusammenschluss gemäß IFRS 3.42 (hier nicht dargestellt). Ferner bucht A die finanzielle Verbindlichkeit wie folgt aus:

| 31.12.X1 | Verbindlichkeit | 600 € | Kasse | 600 € |

- Wird die Option nicht ausgeübt, ist der antizipierte Erwerb der Anteile an dem assoziierten Unternehmen rückgängig zu machen; es entsteht ein Aufwand in Höhe der gezahlten Optionsprämie:[1498]

| 31.12.X1 | Verbindlichkeit | 600 € | Equity-Buchwert an B 60% | 605 € |
| | Aufwand | 5 € | | |

– *Short Put*

Die zuletzt dargestellte Buchungssystematik ergibt sich ebenso bei einer geschriebenen Verkaufsoption, wobei die erhaltene Optionsprämie die Anschaffungskosten der Equity-Beteiligung reduziert und im Fall der Nicht-Ausübung ein Ertrag erfasst wird.

Beherrschung, Zugang zu den Rückflüssen

Sofern zum Vertragsabschluss des Termingeschäfts bereits Beherrschung über das erworbene Unternehmen besteht und gleichzeitig schon der Zugang zu den Rückflüssen vorliegt, ist der Sachverhalt als antizipierter Erwerb von Anteilen an einem Tochterunternehmen abzubilden. Da über den Kontrakt Anteile der nicht-beherrschenden Gesellschafter (Minderheitenanteile) und damit Eigenkapitalinstrumente gekauft werden, hat man gemäß IAS 32.23 eine „synthetische" finanzielle Verbindlichkeit zu erfassen. Ein Ausweis von Minderheitenanteilen erfolgt dann nicht.[1499] Dazu das folgende Beispiel 6:

– *Long Forward*

- Unternehmen A hält 60% der Anteile von Unternehmen B. B wird von A mittels Vollkonsolidierung in den Konzernabschluss einbezogen; zum 31.12.X0 beträgt der ausgewiesene Minderheitenanteil 380 €.

- Am 01.01.X1 schließt A mit Unternehmen C einen Forward-Vertrag zum Kauf der restlichen 40% der Anteile von B mit Erfüllung zum 31.12.X1 für 400 € ab.

- A erlangt bereits am 01.01.X1 Zugang zu den gesamten Rückflüssen von B, denn der Kaufpreis des 40%-Anteils (Erfüllungsbetrag des Forward) ist fixiert und A hat mit C vereinbart, dass alle Gewinnansprüche bis zum 31.12.X1 schon A zustehen.

[1498] Bei Nicht-Ausübung bilanziert A die Beteiligung an B weiterhin mittels der Equity-Methode, allerdings wieder mit einer Anteilsquote von 40%.
[1499] Vgl. PwC (2011b), S. 24082 (24.235.5) und S. 24084 (24.235.12); LÜDENBACH (2012g), Rz. 169.

Finanzinstrumente in Verbindung mit Unternehmenszusammenschlüssen **6.16**

- Demnach liegt der Konsolidierungsanteil von A an B ab dem 01.01.X1 bei 100%, d.h. ab diesem Zeitpunkt werden im Konzernabschluss von A die Minderheitenanteile an B nicht mehr ausgewiesen und alle Gewinne (Verluste) und sonstige Eigenkapitalveränderungen von B entfallen ausschließlich auf A.
- Folglich muss A den Erwerb der Anteile bereits zum 01.01.X1 antizipieren. Hierbei handelt es sich um eine Aufstockung von Anteilen an einem Tochterunternehmen ohne Statusänderung, die gemäß IFRS 10.23, B96 (IAS 27.30, 31) im Konzernabschluss als Eigenkapitaltransaktion zu bilanzieren ist:[1500]

01.01.X1	Minderheitenanteil	380 €	Verbindlichkeit	400 €
	Eigenkapital	20 €		

- Die „synthetische" finanzielle Verbindlichkeit wird erstmalig zum beizulegenden Zeitwert und in der Folge zu fortgeführten Anschaffungskosten (Bewertungskategorie FLAC) bewertet.[1501]
- Da hier die Spezialregelung zur Erfassung einer „synthetischen" finanziellen Verbindlichkeit in IAS 32.23 vorrangig ist, erfolgt keine zusätzliche Bilanzierung eines derivativen Finanzinstruments nach IAS 39.[1502]
- Bei Erfüllung ergibt sich diese Buchung:[1503]

31.12.X1	Verbindlichkeit	400 €	Kasse	400 €

Handelt es sich statt eines Forward um eine erworbene Kaufoption, besteht zwar keine Verpflichtung zur Erfassung einer „synthetischen" finanziellen Verbindlichkeit gemäß IAS 32.23, da das Unternehmen die Minderheitenanteile nicht kaufen muss. Die Buchungssystematik ist allerdings identisch, denn auch hier hat der Zugang zu den Rückflüssen eine Abbildung als antizipierter Erwerb der Anteile an dem Tochterunternehmen zur Folge, wie das folgende Beispiel 7 verdeutlicht:

– *Long Call*

- Unternehmen A besitzt 40% der Anteile von Unternehmen B. Im Konzernabschluss von A wird B nach der Equity-Methode bilanziert; zum 31.12.X0 ist ein Equity-Buchwert von 380 € erfasst, der einen beizulegenden Zeitwert von 400 € hat.

[1500] Vgl. dazu PwC (2011b), S. 24088 (24.235.18).
[1501] Auf Grund der kurzen Laufzeit erfolgt keine (GuV-wirksame) Barwertfortschreibung, siehe zu einer solchen Beispiel 4.
[1502] Eine Nicht-Bilanzierung nach IAS 39 kann auch über die Anwendungsausnahme in IFRS 10.B91 bzw. IAS 27.IG7 begründet werden, nach der IAS 39 für potenzielle Stimmrechte, die bereits bei der Konsolidierungsquote des Mutterunternehmens Berücksichtigung finden, nicht einschlägig ist.
[1503] Vgl. PwC (2011b), S. 24084 (24.235.15).

6 Herkömmliche Bilanzierung und Offenlegung einzelner Sachverhalte

- Am 01.01.X1 schließt A mit Unternehmen C einen Vertrag zum Kauf von weiteren 60% der Anteile an B ab. Die Option ist von A bis zum 31.12.X1 jederzeit ausübbar. Der Ausübungspreis liegt bei 600 €; die von A gezahlte Optionsprämie beträgt 5 €.

- A beherrscht B durch das Termingeschäft bereits am 01.01.X1.[1504] Da ferner vereinbart wurde, dass C ab diesem Datum keine Dividendenansprüche mehr hat, erlangt A in Verbindung mit dem fixierten Ausübungspreis schon ab dem 01.01.X1 Zugang zu den Rückflüssen aus dem 60%-Anteil.

- Demzufolge wird B ab dem 01.01.X1 mittels Vollkonsolidierung in den Konzernabschluss von A einbezogen und Minderheitenanteile werden nicht ausgewiesen; Gewinne (Verluste) und sonstige Eigenkapitalveränderungen von B entfallen ausschließlich auf A.

- A hat insofern einen antizipierten Erwerb der Anteile des Tochterunternehmens zu bilanzieren; im Gegenzug wird eine Verbindlichkeit angesetzt. Im Rahmen des sukzessiven Unternehmenszusammenschlusses erfolgt gemäß IFRS 3.42 eine GuV-wirksame Neubewertung des bereits gehaltenen Equity-Beteiligungsbuchwerts. Die gezahlte Optionsprämie kann nicht als Bestandteil der Anschaffungskosten (bzw. des Geschäfts- oder Firmenwerts) des Tochterunternehmens gelten und muss deshalb GuV-wirksam berücksichtigt werden (IFRS 3.53). Bei einem unterstellten neubewerteten Nettovermögen von B in Höhe von 950 € lauten die Konzernbuchungen wie folgt:

01.01.X1	Nettovermögen	950 €	Equity-Buchwert an B 40%	380 €
	Geschäfts- oder Firmenwert	50 €	Ertrag aus Neubewertung	20 €
			Verbindlichkeit	600 €
	Aufwand	5 €	Kasse	5 €

- Die finanzielle Verbindlichkeit wird in der Folge nach IAS 39 entsprechend der Zuordnung zur Bewertungskategorie FLAC bilanziert.[1505]

- Gemäß IFRS 10.B91 bzw. IAS 27.IG7 hat A kein zusätzliches derivatives Finanzinstrument nach IAS 39 zu erfassen, denn die mit dem Termingeschäft verbundenen potenziellen Stimmrechte werden bereits im Rahmen des Konsolidierungsanteils (d.h. bei der anteiligen Zurechnung des Eigenkapitals und des Gewinns oder Verlusts) von A berücksichtigt.

- Bei Ausübung der Option z.B. am 30.06.X1 resultiert diese Buchung:

[1504] Siehe zu den Hintergründen Abschnitt 6.16.2.2.
[1505] Wegen der kurzen Laufzeit unterbleibt eine Erstbewertung zum Barwert mit anschließender (GuV-wirksamer) Aufzinsung – wie dies in Beispiel 4 erfolgt.

Finanzinstrumente in Verbindung mit Unternehmenszusammenschlüssen 6.16

| 30.06.X1 | Verbindlichkeit | 600 € | Kasse | 600 € |

- Eine Nicht-Ausübung führt dazu, dass A die Beherrschung über B verliert, d.h. B nach dem 31.12.X1 entkonsolidieren und wieder nach der Equity-Methode bilanzieren muss.[1506] Im Rahmen der Entkonsolidierungsbuchungen wird auch die Verbindlichkeit ausgebucht.

Liegen zum Vertragsabschluss bereits Beherrschung sowie der Zugang zu den Rückflüssen vor, ist eine geschriebene Verkaufsoption wie ein Forward gemäß IAS 32.23 mit der verpflichtenden Erfassung einer „synthetischen" finanziellen Verbindlichkeit verbunden. Hierzu das folgende Beispiel 8:

– Short Put

- Unternehmen A hält 60% der Anteile am vollkonsolidierten Unternehmen B; Unternehmen C ist als Minderheitsgesellschafter mit 40% an B beteiligt. Zum 31.12.X0 sind im Konzernabschluss von A Minderheitenanteile von 380 € ausgewiesen.

- Eine am 01.01.X1 abgeschlossene Verkaufsoption bietet C die Möglichkeit, seine gesamten Anteile von B an A zu verkaufen. Die Option ist bis zum 31.12.X1 von C jederzeit ausübbar, der Ausübungspreis beträgt 400 €. Für das Recht zum Verkauf der Anteile zahlt C an A eine Optionsprämie von 5 €.

- A stehen auf Grund einer zusätzlichen Vereinbarung bereits ab dem 01.01.X1 alle Gewinne von B zu. Zum 01.01.X1 hat A damit Zugang zu den Rückflüssen und konsolidiert B infolgedessen zu 100%, d.h. ein Minderheitenanteil wird nicht mehr ausgewiesen und alle Gewinne (Verluste) sowie sonstige Eigenkapitalveränderungen von B gehören ab diesem Datum zu A.

- Der Erwerb muss bereits bei Vertragsabschluss des Termingeschäfts antizipiert werden;[1507] dies führt zum Ansatz einer Verbindlichkeit. Es handelt sich um eine Eigenkapitaltransaktion (Aufstockung von Anteilen eines Tochterunternehmens ohne Statusänderung), die gemäß IFRS 10.23, B96 (IAS 27.30, 31) zu bilanzieren ist. Die erhaltene Optionsprämie wird als Bestandteil der Anschaffungskosten der Beteiligung und damit letztendlich im Eigenkapital erfasst. Es ergeben sich die folgenden Konzernbuchungen:

01.01.X1	Minderheitenanteil	380 €	Verbindlichkeit	400 €
	Eigenkapital	20 €		
	Kasse	5 €	Eigenkapital	5 €

[1506] Vgl. FREIBERG (2010e), S. 209; LÜDENBACH (2012g), Rz. 167.
[1507] Vgl. ERNST & YOUNG LLP (2012a), S. 485 und S. 487f.

6 Herkömmliche Bilanzierung und Offenlegung einzelner Sachverhalte

- Die „synthetische" finanzielle Verbindlichkeit wird auf Basis der Zuordnung zur Bewertungskategorie FLAC nach IAS 39 bilanziert.[1508]
- Die Spezialregelung zur Erfassung einer „synthetischen" finanziellen Verbindlichkeit ist vorrangig; insofern muss nicht noch zusätzlich ein derivatives Finanzinstruments nach IAS 39 bilanziert werden.[1509]
- Bei Ausübung der Option durch C bspw. am 30.06.X1 bucht A den Posten wie folgt aus:

30.06.X1	Verbindlichkeit	400 €	Kasse	400 €

- Eine Nicht-Ausübung führt am 31.12.X1 dazu, dass die antizipierte Eigenkapitaltransaktion wieder rückgängig gemacht wird:[1510]

31.12.X1	Verbindlichkeit	400 €	Minderheitenanteil	380 €
			Eigenkapital	20 €

Beherrschung, kein Zugang zu den Rückflüssen

Besteht bei Vertragsabschluss zwar schon Beherrschung über das Unternehmen, dessen Anteile über das Termingeschäft erworben werden, hat man indes noch keinen Zugang zu den Rückflüssen, gelten in Verbindung mit Kontrakten, die künftige Zahlungsverpflichtungen begründen (Long Forward, Short Put), diese Bilanzierungsvorgaben:[1511]

- gemäß IFRS 10 (IAS 27) sind die Anteile nicht-beherrschender Gesellschafter (Minderheitenanteile) als Teil des Eigenkapitals auszuweisen;
- nach IAS 32 ist eine „synthetische" finanzielle Verbindlichkeit zu erfassen.

– IAS 32 oder IFRS 10 (IAS 27) vorrangig?

Würde man beiden Bilanzierungsvorgaben nachkommen, wäre die künftige Zahlungsverpflichtung im Konzernabschluss doppelt berücksichtigt (als Minderheitenanteil und als „synthetische" finanzielle Verbindlichkeit).[1512] Um dies zu vermeiden, muss einem Standard der Vorrang in der Anwendung eingeräumt werden. Die Entscheidung ist unternehmensspezifisch im Rahmen der Ansatz- und Bewertungsmethoden zu treffen.

– Vorrang IAS 32: Long Forward, Short Put

Bei vorrangiger Anwendung von IAS 32 wird gemäß IAS 32.23 zunächst eine „synthetische" finanzielle Verbindlichkeit erfasst; damit liegt Fremdkapital vor. Insofern kann es sich nicht ebenso um Eigenkapital handeln, d.h. der Ausweis von Minderheitenanteilen scheidet aus. Anders ausgedrückt

---

[1508] Wegen der kurzen Laufzeit unterbleibt – anders als in Beispiel 4 – eine Bewertung zum Barwert mit anschließender (GuV-wirksamer) Aufzinsung.
[1509] Siehe für eine alternative Begründung zur Nicht-Bilanzierung Fn. 1502.
[1510] Vgl. PwC (2011b), S. 24084f. (24.235.16); KPMG IFRG LIMITED (2011), S. 104 (2.5.461.28). Die im Eigenkapital erfasste Optionsprämie bleibt dort bestehen.
[1511] Vgl. dazu und zur folgenden Diskussion ausführlich ERNST & YOUNG LLP (2012a), S. 485-490.
[1512] Vgl. auch FREIBERG (2012), S. 231.

Finanzinstrumente in Verbindung mit Unternehmenszusammenschlüssen

6.16

werden die über das Termingeschäft erworbenen Anteile im Konzernabschluss bereits durch die „synthetische" finanzielle Verbindlichkeit abgebildet. Folglich ist der Minderheitenanteil mit der Erfassung der „synthetischen" finanziellen Verbindlichkeit auszubuchen. Weil kein Minderheitenanteil vorliegt, entfallen der gesamte Gewinn oder Verlust sowie die sonstigen Eigenkapitalveränderungen auf das Mutterunternehmen. Dies bedeutet, dass sich faktisch dieselbe Buchungssystematik wie im Fall eines bereits bestehenden Zugangs zu den Rückflüssen ergibt.[1513] Deshalb kann zur Bilanzierung des Forward auf Beispiel 6 und zur Bilanzierung des Short Put auf Beispiel 8 verwiesen werden.

Wendet das Unternehmen vorrangig IFRS 10 bzw. IAS 27 an, sind laut ERNST & YOUNG 3 Alternativen denkbar:

- Ausweis eines Minderheitenanteils in voller Höhe;
- teilweiser Ausweis eines Minderheitenanteils;
- der Minderheitenanteil wird nachfolgend ausgebucht.

– *Vorrang IFRS 10 (IAS 27): Long Forward, Short Put*

Das folgende Beispiel basiert auf der erstgenannten Alternative.[1514] Die Gegenbuchung zur Erfassung der „synthetischen" finanziellen Verbindlichkeit erfolgt im Eigenkapital des Mutterunternehmens (statt gegen den Minderheitenanteil), wie Beispiel 9 verdeutlicht:

- Unternehmen A hält 60% der Anteile an Tochterunternehmen B (Vollkonsolidierung); der gesamte Minderheitenanteil von 40% entfällt auf Unternehmen C.

- C schließt mit A am 01.01.X1 einen Optionsvertrag ab, über den C seinen 40%-Anteil von B bis zum 31.12.X1 jederzeit zum Ausübungspreis von 400 € an A verkaufen kann; aus Sicht von A handelt es sich also um eine geschriebene Verkaufsoption (Short Put). A erhält als Stillhalter eine Optionsprämie von 5 €.

- Eine Analyse der bestehenden gesellschaftsrechtlichen Vereinbarungen ergibt, dass C auch nach Abschluss des Optionsvertrags die eigentümertypischen Vorteile (Gewinne, sonstige Veränderungen am Eigenkapital) aus dem 40%-Anteil behält und damit A zum 01.01.X1 keinen Zugang zu den entsprechenden Rückflüssen hat. A rechnet sich daher im Konzernabschluss 60% des Eigenkapitals von B zu und weist 40% als Minderheitenanteil aus.

[1513] Vgl. zur Zulässigkeit auch KPMG IFRG LIMITED (2011), S. 103 (2.5.460.110).
[1514] Laut PwC ist diese bei fehlendem Zugang zu den Rückflüssen geboten, vgl. PwC (2011b), S. 24081 (24.235.2), S. 24082 (24.235.5), S. 24084 (24.235.12) sowie das Beispiel auf S. 24089-24091 (24.235.18). Eine alternative Zulässigkeit bestätigt ferner KPMG IFRG LIMITED (2011), S. 104 (2.5.461.28). Auch im Beispiel von DELOITTE LLP (2011b), S. 170f. wird der Minderheitenanteil in voller Höhe ausgewiesen.

6 Herkömmliche Bilanzierung und Offenlegung einzelner Sachverhalte

- Am 01.01.X1 ist eine „synthetische" finanzielle Verbindlichkeit zu erfassen; im Gegenzug wird das Eigenkapital von A entsprechend reduziert.[1515] Die Erfassung der erhaltenen Optionsprämie erfolgt ebenfalls direkt im Eigenkapital von A:

01.01.X1	Kasse	5 €	Eigenkapital	5 €
	Eigenkapital	400 €	Verbindlichkeit	400 €

- Die „synthetische" finanzielle Verbindlichkeit wird nach IAS 39 der Bewertungskategorie FLAC zugeordnet und entsprechend bilanziert.[1516]

- Da wegen der Spezialregelung in IAS 32.23 bereits eine „synthetische" finanzielle Verbindlichkeit zu erfassen ist, muss nicht noch zusätzlich ein derivatives Finanzinstrument nach IAS 39 bilanziert werden.

- Bei Ausübung der Option von C bspw. zum 30.06.X1 bucht A die „synthetische" finanzielle Verbindlichkeit mit dem Zahlungsausgang aus. Ferner ist eine Eigenkapitaltransaktion gemäß IFRS 10.23, B96 (IAS 27.30, 31) zu erfassen (Aufstockung von Anteilen an einem Tochterunternehmen ohne Statusänderung), d.h. der ausgewiesene Minderheitenanteil (hier angenommen mit 380 €) wird gegen das Eigenkapital des Mutterunternehmens verrechnet:

30.06.X1	Verbindlichkeit	400 €	Kasse	400 €
	Minderheitenanteil	380 €	Eigenkapital	380 €

- Im Fall der Nicht-Ausübung ist die Verbindlichkeit über das Eigenkapital auszubuchen:[1517]

31.12.X1	Verbindlichkeit	400 €	Eigenkapital	400 €

– *Long Call* Bei einer erworbenen Kaufoption besteht keine Zahlungsverpflichtung; insofern muss keine „synthetische" finanzielle Verbindlichkeit erfasst werden. Die Anwendungsausnahme in IAS 39.2 (g) greift nicht, weil sie ausschließlich Forwards betrifft. Hat das Unternehmen bereits Beherrschung, allerdings noch keinen Zugang zu den Rückflüssen, ist daher entweder ein derivatives Finanzinstrument nach IAS 39 zu bilanzieren oder aber der Kontrakt wird – vorausgesetzt die Anwendungsausnahme in IAS 39.2 (a) kann

---

[1515] Dazu und folgend vgl. PwC (2011b), S. 24082 (24.235.5), S. 24084 (24.235.12) und das Beispiel auf S. 24089-24091 (24.235.18); KPMG IFRG Limited (2011), S. 104 (2.5.463.20); Ernst & Young LLP (2012a), S. 488.
[1516] Vereinfacht erfolgt hier keine Erfassung zum Barwert mit anschließender Aufzinsung, siehe dazu Beispiel 4.
[1517] Vgl. PwC (2011b), S. 24085 (24.235.17); KPMG IFRG Limited (2011), S. 104 (2.5.461.28). Die im Eigenkapital erfasste Optionsprämie bleibt dort bestehen.

Finanzinstrumente in Verbindung mit Unternehmenszusammenschlüssen **6.16**

in Anspruch genommen werden – als Eigenkapitalinstrument erfasst.[1518] Zur ersteren Variante das folgende Beispiel 10a:

- Unternehmen A hält 60% der Anteile von Unternehmen B; B wird vollkonsolidiert.

- Mit Unternehmen C wird am 01.01.X1 ein Kaufvertrag über die restlichen 40% der Anteile an B abgeschlossen. Die Option kann A bis zum 31.12.X2 jederzeit ausüben und zahlt dafür eine Optionsprämie von 5 €.

- Der Ausübungspreis ist variabel und bestimmt sich über den beizulegenden Zeitwert der Anteile am Tag der Ausübung.

- Analog zum vorherigen Beispiel hat A am 01.01.X1 annahmegemäß noch keinen Zugang zu den Rückflüssen aus dem über die Option beziehbaren 40%-Anteil. Im Konzernabschluss entfallen deshalb weiterhin 60% des Eigenkapitals von B auf A; 40% sind wie bisher als Minderheitenanteil ausgewiesen.

- Eine Bilanzierung nach IAS 39 kann über IAS 39.2 (a) nicht ausgeschlossen werden. Zwar handelt es sich bei dem Kontrakt aus Sicht von A um ein Derivat auf Eigenkapitalinstrumente, da IFRS 10 bzw. IAS 27 die darüber erworbenen Minderheitenanteile dem Eigenkapital zuordnen (▶ 3.3.6.4).[1519] Auf Grund des variablen Ausübungspreises wird das Termingeschäft jedoch nicht durch Zahlung eines festen Betrags gegen die Lieferung einer festen Anzahl an Eigenkapitalinstrumenten beglichen, d.h. das Fixed/Fixed-Kriterium ist nicht erfüllt.

- Demzufolge hat A den Vertrag zum 01.01.X1 als derivatives Finanzinstrument nach IAS 39 zu erfassen:

01.01.X1	Derivat	5 €	Kasse	5 €

- Das derivative Finanzinstrument muss danach GuV-wirksam zum beizulegenden Zeitwert bewertet werden. Aus der Folgebewertung können in diesem Fall allerdings keine (wesentlichen) Buchwerte resultieren, da sich der Ausübungspreis nach dem Fair Value der Anteile bestimmt und somit der innere Wert der Option stets 0 ist.[1520] Dementsprechend entsteht bei der ersten Folgebewertung ein Aufwand in Höhe der gezahlten Optionsprämie:

31.12.X1	Aufwand	5 €	Derivat	5 €

[1518] Vgl. DELOITTE LLP (2011b), S. 37; ERNST & YOUNG LLP (2012a), S. 483f.
[1519] Vgl. auch ERNST & YOUNG LLP (2012a), S. 484.
[1520] Vgl. zu Letzterem FREIBERG (2010e), S. 209; LÜDENBACH (2012g), Rz. 167; ERNST & YOUNG LLP (2012a), S. 483f.

- Bei Ausübung der Option ist eine Eigenkapitaltransaktion gemäß IFRS 10.23, B96 (IAS 27.30, 31) zu bilanzieren. Wird die Option bspw. am 30.06.X2 ausgeübt, liegt dann ein Minderheitenanteil von 380 € vor, beträgt der Fair Value des 40%-Anteils 450 € und hat das Derivat nach wie vor einen beizulegenden Zeitwert von 0,[1521] lautet die Buchung wie folgt:

30.06.X2	Minderheitenanteil	380 €	Kasse	450 €
	Eigenkapital	70 €		

- Im Fall der Nicht-Ausübung der Option muss A einen etwaigen Buchwert des derivativen Finanzinstruments GuV-wirksam ausbuchen.[1522]

Ggf. greift allerdings die Anwendungsausnahme in IAS 39.2 (a). Dazu die folgende Abwandlung (Beispiel 10b):

- Der Ausübungspreis ist nicht variabel, sondern auf 400 € fixiert.
- A kann nun die in IAS 39.2 (a) verankerte Anwendungsausnahme in Anspruch nehmen, da das Fixed/Fixed Kriterium erfüllt wird. Das Unternehmen erfasst das Termingeschäft daher am 01.01.X1 zum beizulegenden Zeitwert bzw. in Höhe der Optionsprämie im Eigenkapital:[1523]

01.01.X1	Eigenkapital	5 €	Kasse	5 €

- Etwaige Wertänderungen aus dem Derivat werden in der Folge bilanziell nicht berücksichtigt.
- Wird die Option ausgeübt, resultiert analog zur Ausgangslage (siehe Beispiel 10a) eine Eigenkapitaltransaktion:

30.06.X2	Minderheitenanteil	380 €	Kasse	400 €
	Eigenkapital	20 €		

- Bei Nicht-Ausübung der Option verbleibt der (in Höhe der Optionsprämie) im Eigenkapital erfasste Betrag dort.
- Ein etwaiger Verkauf des von A an B bereits gehaltenen 60%-Anteils mit Beherrschungsverlust (z.B. eine Veräußerung von 30% der Anteile), der nach dem Vertragsabschluss des Termingeschäfts, aber vor Ausübung

---

[1521] Ein zum Ausübungszeitpunkt vorherrschender Buchwert bzw. beizulegender Zeitwert des derivativen Finanzinstruments ungleich 0 wäre als Bestandteil der Anschaffungskosten der Minderheitenanteile zu berücksichtigen und würde über das Eigenkapital des Mutterunternehmens ausgebucht werden, vgl. ERNST & YOUNG LLP (2012a), S. 484.
[1522] Vgl. ERNST & YOUNG LLP (2012a), S. 484.
[1523] Vgl. hierzu und in der Folge ERNST & YOUNG LLP (2012a), S. 484. Vgl. auch KPMG IFRG LIMITED (2011), S. 106 (2.5.485.10).

Finanzinstrumente in Verbindung mit Unternehmenszusammenschlüssen 6.16

der Option durchgeführt wird, hätte zur Folge, dass die Eigenkapitalklassifikation nicht mehr sachgerecht wäre.[1524]

6.16.2.4 Termingeschäfte zum Verkauf von Unternehmensanteilen

Beim Verkauf von Unternehmensanteilen sind die in Tabelle 6-68 dargestellten Erfassungsvarianten relevant. Wie beim Kauf von Unternehmensanteilen wird dabei unterstellt, dass der Vertrag ausschließlich physisch zu erfüllen ist. Andere Arten des Ausgleichs (Net Cash Settlement, Net Share Settlement, Erfüllungswahlrechte ▶ 6.8.1.4) führen stets dazu, dass der Kontrakt als derivatives Finanzinstrument gemäß IAS 39 bilanziert werden muss.

Überblick

Bilanzierung von Termingeschäften zum Verkauf von Unternehmensanteilen

Tabelle 6-68

	Fixed/Fixed-Kriterium ist erfüllt		Fixed/Fixed-Kriterium ist nicht erfüllt	
Forward Verkauf (Short Forward)	keine Erfassung[a]	Erfassung im EK[b]	keine Erfassung[a]	Derivat[b]
Geschriebene Kaufoption (Short Call)	Erfassung im EK		Derivat[c]	
Erworbene Verkaufsoption (Long Put)	Erfassung im EK		Derivat[d]	

a sofern IAS 39.2 (g) greift
b sofern IAS 39.2 (g) nicht greift
c derivative finanzielle Verbindlichkeit, wenn Ausübungspreis < Fair Value der Anteile
d derivativer finanzieller Vermögenswert, wenn Ausübungspreis > Fair Value der Anteile

Falls über ein Termingeschäft Anteile an einem Tochterunternehmen verkauft werden und die Begleichung durch Zahlung eines festen Betrags gegen die Lieferung einer festen Anzahl an Eigenkapitalinstrumenten erfolgt (d.h. das Fixed/Fixed-Kriterium erfüllt ist), hat man das Derivat überwiegend im Eigenkapital zu erfassen.

Fixed/Fixed-Kriterium ist erfüllt

Bei einem Forward Verkauf kann ggf. die Anwendungsausnahme in IAS 39.2 (g) (▶ 3.3.6.12) einschlägig sein. Diese greift der Literatur zufolge auch für den Veräußerer von Anteilen, wenn sich für den Vertragspartner aus dem Termingeschäft (d.h. für den Forward Käufer) ein Unternehmenszusammenschluss ergibt. In Beispiel 1a im vorherigen Abschnitt ist damit

– Short Forward

[1524] Vgl. DELOITTE LLP (2011b), S. 189f. Stattdessen müsste das Termingeschäft ab dem Zeitpunkt des Anteilsverkaufs als derivatives Finanzinstrument behandelt werden (siehe dazu Beispiel 2). Die Differenz zwischen dem Fair Value des Termingeschäfts am Tag der Umklassifikation und dem zuvor im Eigenkapital erfassten Betrag könnte GuV-neutral über das Eigenkapital gebucht werden.

6 Herkömmliche Bilanzierung und Offenlegung einzelner Sachverhalte

neben Unternehmen A auch Unternehmen C von der Bilanzierung eines derivativen Finanzinstruments nach IAS 39 ausgenommen.

Kommt IAS 39.2 (g) hingegen nicht zur Anwendung, wird das Termingeschäft als Eigenkapitalinstrument nach IAS 32 behandelt. Ein solcher Fall liegt für Unternehmen C in Beispiel 1b im vorherigen Abschnitt vor. Da bei Vertragsbeginn aus dem Forward keine Zahlungen zu leisten sind und das Derivat einen beizulegenden Zeitwert von 0 aufweist, führt C zum 01.01.X1 keine Eigenkapitalbuchung durch. Bei Erfüllung des Termingeschäfts wird der Kassenzufluss im Rahmen der Entkonsolidierungsbuchungen erfasst.

– Short Call

Werden Anteile an Tochterunternehmen über eine geschriebene Kaufoption veräußert und erfüllt das Termingeschäft das Fixed/Fixed-Kriterium, führt dies zur Erfassung der erhaltenen Optionsprämie im Eigenkapital. In Beispiel 2 im vorherigen Abschnitt bucht Unternehmen C wie folgt:

| 01.01.X1 | Kasse | 5 € | Eigenkapital | 5 € |

Nachfolgend ergeben sich zunächst keine weiteren Buchungen. Bei Ausübung der Option wird wie beim Forward Verkauf mit dem Geldeingang der Beteiligungsanteil verringert. Sowohl bei Ausübung als auch bei Verfall der Option verbleibt die vereinnahmte Optionsprämie im Eigenkapital.

– Long Put

In analoger Weise ist eine im Zuge einer erworbenen Verkaufsoption gezahlte Optionsprämie bei Erfüllung des Fixed/Fixed-Kriteriums mit dem Eigenkapital zu verrechnen. In Beispiel 3 im vorherigen Abschnitt bucht Unternehmen C demnach zunächst folgendermaßen:

| 01.01.X1 | Eigenkapital | 5 € | Kasse | 5 € |

Anschließend wird nur noch im Fall der Ausübung der Geldeingang erfasst und der Beteiligungsbuchwert reduziert. Auch bei Nicht-Ausübung der Option verbleibt der ins Eigenkapital gebuchte Betrag dort.

Fixed/Fixed-Kriterium ist nicht erfüllt

Ist bei einem Verkauf von Anteilen an einem Tochterunternehmen über ein Termingeschäft das Fixed/Fixed-Kriterium nicht erfüllt (d.h. der Vertrag wird nicht durch Zahlung eines festen Betrags gegen die Lieferung einer festen Anzahl an Eigenkapitalinstrumenten beglichen), muss in den meisten Fällen ein derivatives Finanzinstrument nach IAS 39 bilanziert werden.

– Short Forward

Ergibt sich für den Forward Käufer künftig ein Unternehmenszusammenschluss und greift für ihn damit die Anwendungsausnahme in IAS 39.2 (g), kann diese auch der Forward Verkäufer in Anspruch nehmen – d.h. eine Bilanzierung als derivatives Finanzinstrument nach IAS 39 erfolgt nicht.

Sofern IAS 39.2 (g) indes nicht zum Tragen kommt, muss der Vertrag nach IAS 39 GuV-wirksam zum Fair Value bilanziert werden. In Abhängigkeit des beizulegenden Zeitwerts der Anteile (dem Basiswert ▶ 2.6.2) ergibt sich

Finanzinstrumente in Verbindung mit Unternehmenszusammenschlüssen **6.16**

später eine derivative finanzielle Verbindlichkeit (Fair Value der Anteile > Ausübungspreis) oder ein derivativer finanzieller Vermögenswert (Fair Value der Anteile < Ausübungspreis). Das Derivat wird bei Erfüllung oder bei Verfall GuV-wirksam ausgebucht.

Auch der Abschluss einer geschriebenen Kaufoption oder einer erworbenen Verkaufsoption auf Anteile an einem Tochterunternehmen führt zur verpflichtenden Bilanzierung eines derivativen Finanzinstruments, wenn das Fixed/Fixed-Kriterium nicht erfüllt ist:

– *Short Call, Long Put*

- Bei einem Short Put entsteht zunächst eine derivative finanzielle Verbindlichkeit in Höhe der erhaltenen Optionsprämie. Diese ergibt sich in der Folge auch, wenn der Ausübungspreis geringer ist als der Fair Value der Anteile. Ansonsten hat die Option einen beizulegenden Zeitwert von 0.

- Aus der bei Abschluss eines Long Put gezahlten Optionsprämie resultiert bei erstmaliger Erfassung ein derivativer finanzieller Vermögenswert in entsprechender Höhe. Falls der Ausübungspreis nachfolgend größer ist als der beizulegende Zeitwert der Anteile, entsteht ebenfalls ein Aktivposten. In allen anderen Fällen ergibt sich für das Derivat ein Fair Value von 0.

Sowohl bei Ausübung als auch bei Verfall der Option muss das Unternehmen die geschriebene Kaufoption bzw. die erworbene Verkaufsoption GuV-wirksam ausbuchen.

6.16.2.5 Kombinationen aus Termingeschäften

Die in den vorherigen beiden Abschnitten diskutierten Bilanzierungsvorgaben gelten grundsätzlich auch dann, wenn bei der Durchführung eines Unternehmenszusammenschlusses oder danach sowohl Termingeschäfte zum Kauf als auch zum Verkauf abgeschlossen werden. Dabei ist jedoch zu beachten, dass derartige Kombinationen ggf. Einfluss auf die Beurteilung haben, ob bereits gegenwärtig ein Zugang zu den Rückflüssen aus den Anteilen vorliegt.[1525] So stellen etwa eine geschriebene Verkaufsoption in Verbindung mit einer erworbenen Kaufoption, deren Ausübungspreise und -zeitpunkte identisch sind, wirtschaftlich betrachtet einen Forward dar. Durch die Kombination ist es wahrscheinlicher, dass ein Zugang zu den Rückflüssen besteht, wie wenn ausschließlich eine geschriebene Verkaufsoption kontrahiert wird.

[1525] Vgl. dazu ERNST & YOUNG LLP (2012a), S. 493 und S. 486; PWC (2011b), S. 24082 (24.235.4) oder S. 24085 bzw. S. 24089 (24.235.17). Vgl. hierzu auch das Beispiel in LÜDENBACH (2012g), Rz. 169.

7 Bilanzierung und Offenlegung einzelner Sicherungsbeziehungen

7.1 Absicherungen gegen Zinsrisiken

7.1.1 Absicherung des Zeitwerts einer festverzinslichen Anleihe gegen Zinsänderungsrisiken mittels Zinsswap

7.1.1.1 Ausgangslage

Unternehmen A mit funktionaler Währung € und S&P-Rating BBB emittiert am 16.01.X1 eine festverzinsliche Anleihe im Nominalvolumen von 100 Mio. €, aus der ihm nach Berücksichtigung von Provisionen und sonstigen Kosten von 500 T€ ein Betrag von 98 Mio. € zufließt. Die Schuldverschreibung hat einen Kupon von 6% p.a. und eine Laufzeit bis zum 16.01.X5. Die Zinszahlungen sind halbjährlich zum 16.07. und zum 16.01. zu leisten, wobei die 1. Zinszahlung am 16.07.X1 fällig ist (Zählweise 30/360). Der Swapzinssatz (entspricht dem Kuponzinssatz für ein Unternehmen mit S&P-Rating AA) für die 4-jährige Laufzeit notiert am 16.01.X1 bei 5,367%. Die Differenz zu dem von A gezahlten Kuponzinssatz von 0,633% stellt den Bonitätsrisikoaufschlag zum Begebungszeitpunkt dar.

Grundgeschäft

A finanziert sich sowohl über variable als auch über fest verzinsliche Posten. Das Verhältnis von fest zu variabel verzinslichen Verbindlichkeiten wird vom Vorstand jährlich neu festgelegt. Da durch die Emission der Anleihe ein zu hoher Festzinsbestand vorliegen würde, schließt A mit seiner Hausbank am 16.01.X1 einen Receiver-Zinsswap mit Anfangsdatum 16.01.X1 und Enddatum 16.01.X5 sowie einem Nominalvolumen von 100 Mio. € ab. Der Kontrakt ermöglicht den Erhalt von halbjährlich nachschüssig 5,367% p.a. fix (Zinszahlungstermine: 16.07. und 16.01.) gegen die halbjährliche Zahlung des 6-Monats-EURIBOR zuzüglich 7,5 BP mit den Fixing-Tagen 14.01. und 14.07. Die variablen Zinszahlungen sind nachschüssig jeweils zum 16.07. und 16.01. fällig (Zählweise 30/360). Für die 1. Zinsperiode gilt der am 16.01.X1 fixierte 6-Monats-EURIBOR von 3,192%.

Sicherungsinstrument

Bilanzierung und Offenlegung einzelner Sicherungsbeziehungen

7.1.1.2 Designation und Dokumentation der Sicherungsbeziehung am 16.01.X1

Die Anleihe und der Zinsswap werden in eine Sicherungsbeziehung nach IAS 39 eingebunden. Tabelle 7-1 enthält die wesentlichen Merkmale, die A bei Designation dokumentiert.

Tabelle 7-1   *Praxisbeispiel Fair Value Hedge Zinsrisiko: Dokumentation bei Designation*

Merkmal	Beschreibung
Art der Sicherungsbeziehung	Fair Value Hedge
Identifikation des Grundgeschäfts	Festverzinsliche Anleihe im Nominalvolumen von 100 Mio. € und Kupon von 6%, der an den Swapkupon von 5,367% angepasst wird
Art des abgesicherten Risikos/ausgeschlossener Teil	Alle Wertänderungen des Grundgeschäfts, die sich aus Veränderungen des 6-Monats-EURIBOR ergeben; das Bonitätsrisiko ist nicht Teil des abgesicherten Risikos
Identifikation des Sicherungsinstruments	Receiver-Zinsswap mit halbjährlichem Erhalt von 5,367% p.a. fix gegen Zahlung von halbjährlich 6-Monats-EURIBOR + 7,5 BP
Risikoart	Zinsänderungsrisiko
Verbindung zur Risikomanagementstrategie	Ziel-Verhältnis von fest zu variabel verzinslichen Verbindlichkeiten für das Jahr X1: 70 zu 30
Prospektiver Effektivitätstest (PET)	Sensitivitätsanalyse: Verhältnis der Wertänderungen des tatsächlichen und des hypothetischen beizulegenden Zeitwerts von Grundgeschäft und Sicherungsinstrument; Bestimmung der hypothetischen Fair Values anhand einer Parallelverschiebung der Zinsstrukturkurve um 100 BP
Retrospektiver Effektivitätstest (RET)	Dollar-Offset-Methode: Verhältnis der kumulativen Wertänderungen von Grundgeschäft und Sicherungsinstrument auf Basis der Clean Fair Values

7.1.1.3 Prospektiver Effektivitätstest am 16.01.X1

Zur prospektiven Effektivitätsbeurteilung wird das Verhältnis der Abweichungen der tatsächlichen und der hypothetischen Fair Values von Grundgeschäft (GG) und Sicherungsinstrument (SI) herangezogen (Sensitivitätsanalyse ▶ 3.16.7.2). Die hypothetischen beizulegenden Zeitwerte werden dabei anhand einer Parallelverschiebung der Swap-Zinsstrukturkurve um +100 BP bestimmt. Tabelle 7-2 zeigt die zur Ermittlung der tatsächlichen Fair Values erforderlichen Bewertungsparameter.

Absicherungen gegen Zinsrisiken

7.1

Praxisbeispiel FVH Zinsrisiko: Ist-Bewertungsparameter PET 16.01.X1 **Tabelle 7-2**

Zeitraum	(1) Tage periodisch	(2) kumulativ	(3) Swapzinssatz	(4)[a] Zero-Zinssatz	(5) Fixing/ Terminzinssatz	(6) = b Auszahlung variabel	(7) = c Zahlung fix
16.01.X1-15.07.X1	180	180	3,192%	3,192%	3,192%	-1.633,35 T€	2.683,50 T€
16.07.X1-15.01.X2	180	360	3,854%	3,898%	4,532%	-2.303,52 T€	2.683,50 T€
16.01.X2-15.07.X2	180	540	4,129%	4,182%	4,697%	-2.385,80 T€	2.683,50 T€
16.07.X2-15.01.X3	180	720	4,403%	4,469%	5,267%	-2.671,22 T€	2.683,50 T€
16.01.X3-15.07.X3	180	900	4,749%	4,838%	6,228%	-3.151,44 T€	2.683,50 T€
16.07.X3-15.01.X4	180	1.080	5,094%	5,212%	6,983%	-3.528,90 T€	2.683,50 T€
16.01.X4-15.07.X4	180	1.260	5,231%	5,358%	6,139%	-3.107,19 T€	2.683,50 T€
16.07.X4-15.01.X5	180	1.440	5,367%	5,506%	6,446%	-3.260,43 T€	2.683,50 T€

a Siehe zur Bestimmung Abschnitt 2.1.8
b 100 Mio. € · [Spalte (5) + 0,075%] · Spalte (1) / 360
c 100 Mio. € · 5,367% · Spalte (1) / 360

Der tatsächliche Clean Fair Value (FV) des Receiver-Zinsswap zum 16.01.X1 beträgt -269,65 T€:

$$\frac{(-1.633,35\,T€ + 2.683,50\,T€)}{(1+3,192\% \cdot 180/360)} + \frac{(-2.303,52\,T€ + 2.683,50\,T€)}{(1+3,898\%)^{360/360}} + \ldots + \frac{(-3.260,43\,T€ + 2.683,50\,T€)}{(1+5,506\%)^{1.440/360}} = -269,65\,T€$$

Für die Anleihe ergibt sich zum 16.01.X1 auf Basis der Swapkurve ein tatsächlicher Clean Fair Value von -100.000 T€ (Zinszahlungen siehe Spalte (7) in Tabelle 7-2):

$$\frac{-2.683,50\,T€}{(1+3,192\% \cdot 180/360)} + \frac{-2.683,50\,T€}{(1+3,898\%)^{360/360}} + \ldots + \frac{(-2.683,50\,T€ + -100.000\,T€)}{(1+5,506\%)^{1.440/360}} = -100.000\,T€$$

In Tabelle 7-3 sind die zur Bestimmung der hypothetischen beizulegenden Zeitwerte benötigten Bewertungsparameter enthalten.

Der hypothetische Clean Fair Value des Receiver-Zinsswap zum 16.01.X1 beträgt -3.404,34 T€:

$$\frac{(-1.633,35\,T€ + 2.683,50\,T€)}{(1+4,192\% \cdot 180/360)} + \frac{(-2.805,18\,T€ + 2.683,50\,T€)}{(1+4,922\%)^{360/360}} + \ldots + \frac{(-3.774,77\,T€ + 2.683,50\,T€)}{(1+6,580\%)^{1.440/360}} = -3.404,34\,T€$$

Für die Anleihe ergibt sich zum 16.01.X1 ein hypothetischer Clean Fair Value von -96.465,93 T€ (Zinszahlungen siehe Spalte (7) in Tabelle 7-3):

$$\frac{-2.683,50\,T€}{(1+4,192\% \cdot 180/360)} + \frac{-2.683,50\,T€}{(1+4,922\%)^{360/360}} + \ldots + \frac{(-2.683,50\,T€ + -100.000\,T€)}{(1+6,580\%)^{1.440/360}} = -96.465,93\,T€$$

Es bestimmt sich eine prospektive Effektivität (EP) von -88,7%:

$$EP = \frac{\Delta\,Clean\,FV\,(hyp./Ist)\,SI}{\Delta\,Clean\,FV\,(hyp./Ist)\,GG} = \frac{(-3.404,34\,T€./.-269,65\,T€)}{(-96.465,93\,T€./.-100.000\,T€)} = \frac{-3.134,69\,T€}{3.534,07\,T€} = -88,7\%$$

7 Bilanzierung und Offenlegung einzelner Sicherungsbeziehungen

Tabelle 7-3 Praxisbeispiel FVH Zinsrisiko: hyp. Bewertungsparameter PET 16.01.X1

Zeitraum	(1) Tage periodisch	(2) kumulativ	(3) Swapzinssatz	(4)[a] Zero-Zinssatz	(5) Fixing/Terminzinssatz	(6) = b Auszahlung variabel	(7) = c Zahlung fix
16.01.X1-15.07.X1	180	180	4,192%	4,192%	3,192%	-1.633,35 T€	2.683,50 T€
16.07.X1-15.01.X2	180	360	4,854%	4,922%	5,535%	-2.805,18 T€	2.683,50 T€
16.01.X2-15.07.X2	180	540	5,129%	5,273%	5,891%	-2.983,19 T€	2.683,50 T€
16.07.X2-15.01.X3	180	720	5,403%	5,550%	6,287%	-3.181,05 T€	2.683,50 T€
16.01.X3-15.07.X3	180	900	5,749%	5,916%	7,261%	-3.667,98 T€	2.683,50 T€
16.07.X3-15.01.X4	180	1.080	6,094%	6,291%	8,027%	-4.050,86 T€	2.683,50 T€
16.01.X4-15.07.X4	180	1.260	6,231%	6,433%	7,162%	-3.618,43 T€	2.683,50 T€
16.07.X4-15.01.X5	180	1.440	6,367%	6,580%	7,475%	-3.774,77 T€	2.683,50 T€

a Siehe zur Bestimmung Abschnitt 2.1.8
b 100 Mio. € · [Spalte (5) + 0,075%] · Spalte (1) / 360
c 100 Mio. € · 5,367% · Spalte (1) / 360

7.1.1.4 Bilanzierung am 16.01.X1 (Emission der Anleihe, Abschluss des Zinsswap)

Anleihe A ordnet die Anleihe der Bewertungskategorie FLAC zu; der Erstansatz erfolgt zum Fair Value. Alle gezahlten Entgelte sind Transaktionskosten und mindern demzufolge den Passivposten. Buchungen (B = Bilanz):

16.01.X1	Kasse LaR (B)	98.500,00 T€	Anleihe FLAC (B)	98.500,00 T€
	Anleihe FLAC (B)	500,00 T€	Kasse LaR (B)	500,00 T€

Der Erstbuchwert beläuft sich auf 98.000 T€ (98.500 T€ ./. 500 T€). Unter Zugrundelegung dessen, des Nominalvolumens, des Kuponzinssatzes sowie der Laufzeit bestimmt sich ein Effektivzinssatz von 6,577%. Dies ist in Tabelle 7-4 derjenige Zinssatz, welcher den Buchwert in Spalte (4) zum 15.01.X5 exakt auf 100.000 T€ fortschreibt.[1526]

Receiver-Zinsswap Da der Receiver-Zinsswap Teil einer Sicherungsbeziehung ist, ordnet A ihn keiner Bewertungskategorie zu. Allerdings wird der bei Einbuchung entstehende Verlust aus der erstmaligen Bewertung zum Fair Value noch wie derjenige eines freistehenden Derivats im Handelsergebnis (HE) erfasst:

16.01.X1	Aufw. Wertänd. HfT (HE)	269,65 T€	Zinsswap Passiva (B)	269,65 T€

[1526] In einem Tabellenkalkulationsprogramm lässt sich der Effektivzinssatz über eine Iterationsfunktion bzw. Zielwertsuche ermitteln.

Absicherungen gegen Zinsrisiken

7.1

Praxisbeispiel FVH Zinsrisiko: fortgeführte Anschaffungskosten der Anleihe

Tabelle 7-4

Zeitraum	(1) Buchwert Anfang	(2) = a Effektivzins-aufwand	(3) = b Nominalzins-zahlung	(4) = (1) + (2) ./. (3) Buchwert Ende	(5) = (4) ./. (1) Δ Buchwert
16.01.X1-15.07.X1	98.000,00 T€	3.222,62 T€	3.000 T€	98.222,62 T€	222,62 T€
16.07.X1-15.01.X2	98.222,62 T€	3.229,94 T€	3.000 T€	98.452,56 T€	229,94 T€
16.01.X2-15.07.X2	98.452,56 T€	3.237,50 T€	3.000 T€	98.690,07 T€	237,50 T€
16.07.X2-15.01.X3	98.690,07 T€	3.245,31 T€	3.000 T€	98.935,38 T€	245,31 T€
16.01.X3-15.07.X3	98.935,38 T€	3.253,38 T€	3.000 T€	99.188,76 T€	253,38 T€
16.07.X3-15.01.X4	99.188,76 T€	3.261,71 T€	3.000 T€	99.450,47 T€	261,71 T€
16.01.X4-15.07.X4	99.450,47 T€	3.270,32 T€	3.000 T€	99.720,79 T€	270,32 T€
16.07.X4-15.01.X5	99.720,79 T€	3.279,21 T€	3.000 T€	100.000,00 T€	279,21 T€
Σ		26.000,00 T€	24.000 T€		2.000,00 T€

a Spalte (1) · 6,577% · 180 / 360   b 100 Mio. € · 6% · 180 / 360

7.1.1.5 Retrospektiver Effektivitätstest am 31.03.X1 (Q1 X1)

A ermittelt die retrospektive Effektivität über das Verhältnis der kumulativen Wertänderungen von Grundgeschäft und Sicherungsinstrument (Dollar-Offset-Methode ▶ 3.16.7.2). Die zur Bestimmung der Clean Fair Values benötigten Bewertungsparameter sind in Tabelle 7-5 aufgeführt.

Praxisbeispiel FVH Zinsrisiko: Bewertungsparameter RET 31.03.X1

Tabelle 7-5

Zeitraum	(1) Tage periodisch	(2) Tage kumulativ	(3) Swap-zinssatz	(4)[a] Zero-Zinssatz	(5) Fixing/ Terminzinssatz	(6) = b Auszahlung variabel	(7) = c Zahlung fix
01.04.X1-15.07.X1	105	105	3,312%	3,312%	3,192%	-952,79 T€	1.565,38 T€
16.07.X1-15.01.X2	180	285	3,708%	3,750%	3,967%	-2.020,88 T€	2.683,50 T€
16.01.X2-15.07.X2	180	465	4,144%	4,199%	4,834%	-2.454,32 T€	2.683,50 T€
16.07.X2-15.01.X3	180	645	4,429%	4,495%	5,197%	-2.635,97 T€	2.683,50 T€
16.01.X3-15.07.X3	180	825	4,795%	4,884%	6,191%	-3.133,04 T€	2.683,50 T€
16.07.X3-15.01.X4	180	1.005	5,120%	5,234%	6,741%	-3.408,16 T€	2.683,50 T€
16.01.X4-15.07.X4	180	1.185	5,354%	5,487%	6,798%	-3.436,33 T€	2.683,50 T€
16.07.X4-15.01.X5	180	1.365	5,480%	5,623%	6,417%	-3.246,02 T€	2.683,50 T€

a Siehe zur Bestimmung Abschnitt 2.1.8   c 100 Mio. € · 5,367% · Spalte (1) / 360
b 100 Mio. € · [Spalte (5) + 0,075%] · Spalte (1) / 360

Der Clean Fair Value des Receiver-Zinsswap zum 31.03.X1 beträgt -608,56 T€:

$$\frac{(-952,79\ T€ + 1.565,38\ T€)}{(1 + 3,312\% \cdot 105/360)} + \frac{(-2.020,88\ T€ + 2.683,50\ T€)}{(1 + 3,750\% \cdot 285/360)} + ... + \frac{(-3.246,02\ T€ + 2.683,50\ T€)}{(1 + 5,623\%)^{1.365/360}} = -608,56\ T€$$

7

Bilanzierung und Offenlegung einzelner Sicherungsbeziehungen

Für die Anleihe ergibt sich zum 31.03.X1 auf Basis der Swapkurve ein Clean Fair Value von -99.613,15 T€ (Zinszahlungen siehe Spalte (7) in Tabelle 7-5):

$$\frac{-1.565{,}38 \text{ T€}}{(1+3{,}312\% \cdot 105/360)} + \frac{-2.683{,}50 \text{ T€}}{(1+3{,}750\% \cdot 285/360)} + \ldots + \frac{(-2.683{,}50 \text{ T€} + -100.000 \text{ T€})}{(1+5{,}623\%)^{1.365/360}} = -99.613{,}15 \text{ T€}$$

Es bestimmt sich eine retrospektive Effektivität (ER) von -87,6%:

$$ER = \frac{\Delta \text{ Clean FV (Ist/hist.) SI}}{\Delta \text{ Clean FV (Ist/hist.) GG}} = \frac{(-608{,}56 \text{ T€}./.-269{,}65 \text{ T€})}{(-99.613{,}15 \text{ T€}./.-100.000 \text{ T€})} = \frac{-338{,}91 \text{ T€}}{386{,}85 \text{ T€}} = -87{,}6\%$$

7.1.1.6 Bilanzierung am 31.03.X1 (Q1 X1)

Anleihe

– Nominalzins

Für die Anleihe wird zunächst der anteilige Nominalzins im Zinsergebnis (ZE) realisiert, der sich auf 1.250 T€ (3.000 T€ · 75 Tage / 180 Tage) beläuft. Da zu diesem Zeitpunkt noch keine Nominalzinszahlungen zu leisten sind, muss eine Zinsverbindlichkeit erfasst werden:

| 31.03.X1 | Zinsaufwand FLAC (ZE) | 1.250,00 T€ | Zinsverb. FLAC (B) | 1.250,00 T€ |

– Fortschreibung

Darüber hinaus ist die Anleihe um die Differenz zwischen anteiligem Effektivzins und anteiligem Nominalzins fortzuschreiben. Dieser Fortschreibungsbetrag beläuft sich auf 92,76 T€ (222,62 T€ · 75 Tage / 180 Tage):

| 31.03.X1 | Zinsaufwand FLAC (ZE) | 92,76 T€ | Anleihe FLAC (B) | 92,76 T€ |

– Buchwertanpassung (Clean)

Die Clean-Fair-Value-Änderung der Anleihe (+386,85 T€; siehe vorheriger Abschnitt) entspricht dem Ertrag, der dem abgesicherten Risiko zuzurechnen ist. Um diesen Betrag wird eine erfolgswirksame Buchwertanpassung (BWA) vorgenommen; die Gegenbuchung erfolgt im sonstigen Finanzergebnis (FE):

| 31.03.X1 | Anleihe FLAC (B) | 386,85 T€ | Ertrag BWA GG (FE) | 386,85 T€ |

Receiver-Zinsswap

Parallel dazu ist die Clean-Fair-Value-Änderung des Receiver-Zinsswap (-338,91 T€; siehe vorheriger Abschnitt) als Aufwand zu erfassen:

| 31.03.X1 | Aufwand Wertänd. SI (FE) | 338,91 T€ | Zinsswap Passiva (B) | 338,91 T€ |

– Wertänderung (Clean)

Der Saldo aus dem Ertrag aus der Buchwertanpassung des Grundgeschäfts und dem Aufwand aus der Wertänderung des Sicherungsinstruments von +47,94 T€ (386,85 T€ ./. 338,91 T€) repräsentiert die Ineffektivität der Sicherungsbeziehung.

Durch die letzte Buchung hat der Receiver-Zinsswap einen Buchwert in Höhe des Clean Fair Value. Der IAS-39-konforme beizulegende Zeitwert ist jedoch der Full (Dirty) Fair Value. Die Differenz der beiden Beträge entspricht dem auf Basis des Zero-Zinssatzes von 3,312% bestimmten Barwert des Saldos der anteiligen Zinsauszahlungen und -einzahlungen aus dem

Receiver-Zinsswap für 75 Tage (16.01.X1 bis zum 31.03.X1). Die Ermittlung des Anpassungsbetrags vom Clean Fair Value auf den Full Fair Value ist in Tabelle 7-6 dargestellt.

Praxisbeispiel FVH Zinsrisiko: Anpassung des Clean Fair Value an den Full Fair Value zum 31.03.X1 für die Zinsperiode 16.01.X1-15.07.X1

Tabelle 7-6

	(1)	(2)	(3) = (1) ./. (2)	(4) = (3) / [1+3,312% · 105/360]
	Zahlung gesamt (180 Tage)	Zahlung für 105 Tage	Zahlung für 75 Tage	Barwert Zahlung für 75 Tage
Feste Seite	2.683,50 T€	1.565,38 T€	1.118,12 T€	1.107,43 T€
Variable Seite	-1.633,35 T€	-952,79 T€	-680,56 T€	-674,05 T€
∑	1.050,15 T€	612,59 T€	437,56 T€	433,38 T€

Die Anpassung vom Clean auf den Full Fair Value wird im Zinsergebnis (als Korrektur des Zinsaufwands) erfasst:

– *Anpassung auf den Full Fair Value*

31.03.X1	Zinsswap Passiva (B)	433,38 T€	Zinsaufwand (ZE)	433,38 T€

Damit bilanziert A den Receiver-Zinsswap zum 31.03.X1 in Höhe des Full Fair Value von -175,18 T€ (-608,56 T€ + 433,38 T€). Die Anleihe weist zu diesem Stichtag einen Buchwert von 97.705,91 T€ (98.000 T€ + 92,76 T€ ./. 386,85 T€) auf.

Insgesamt werden in Q1 X1 Zinsaufwendungen von 909,38 T€ erfasst; dieser Betrag setzt sich zusammen aus folgenden Bestandteilen:

- den Zinsen für den 6-Monats-EURIBOR + 7,5 BP von 680,56 T€ (≈3,267% · 100.000 T€ · 75 Tage / 360 Tage);
- einem Barwerteffekt von 4,18 T€ (437,56 T€ ./. 433,38 T€), der aus der Diskontierung (3,312%; 105 Tage) der Zahlungen für 75 Tage aus dem Receiver-Zinsswap resultiert;
- einem Bonitätsrisikoaufschlag von 131,88 T€ (0,633% · 100.000 T€ · 75 Tage / 360 Tage);
- dem auf die Transaktionskosten entfallenden Effektivzinsanteil von 92,76 T€ (Fortschreibungsbetrag der Anleihe).

7.1.1.7 Prospektiver Effektivitätstest am 31.03.X1

Am 31.03.X1 wird die prospektive Effektivität in analoger Weise zum 16.01.X1 ermittelt (▶ 7.1.1.3).

7 Bilanzierung und Offenlegung einzelner Sicherungsbeziehungen

Der tatsächliche Clean Fair Value des Receiver-Zinsswap zum 31.03.X1 beträgt -608,56 T€; für die Anleihe entspricht dieser auf Basis der Swapkurve -99.613,15 T€ (▶ 7.1.1.5).

Tabelle 7-7 enthält die zur Bestimmung der hypothetischen beizulegenden Zeitwerte benötigten Bewertungsparameter.

Tabelle 7-7 *Praxisbeispiel FVH Zinsrisiko: hyp. Bewertungsparameter PET 31.03.X1*

Zeitraum	(1) Tage periodisch	(2) kumulativ	(3) Swapzinssatz	(4)[a] Zero-Zinssatz	(5) Fixing/ Terminzinssatz	(6) = b Auszahlung variabel	(7) = c Zahlung fix
01.04.X1-15.07.X1	105	105	4,312%	4,312%	3,192%	-952,79 T€	-1.565,38 T€
16.07.X1-15.01.X2	180	285	4,708%	4,774%	4,982%	-2.528,36 T€	2.683,50 T€
16.01.X2-15.07.X2	180	465	5,144%	5,279%	5,956%	-3.015,69 T€	2.683,50 T€
16.07.X2-15.01.X3	180	645	5,429%	5,565%	6,212%	-3.143,39 T€	2.683,50 T€
16.01.X3-15.07.X3	180	825	5,795%	5,952%	7,218%	-3.646,41 T€	2.683,50 T€
16.07.X3-15.01.X4	180	1.005	6,120%	6,302%	7,774%	-3.924,56 T€	2.683,50 T€
16.01.X4-15.07.X4	180	1.185	6,354%	6,556%	7,829%	-3.952,16 T€	2.683,50 T€
16.07.X4-15.01.X5	180	1.365	6,480%	6,690%	7,439%	-3.757,22 T€	2.683,50 T€

a Siehe zur Bestimmung Abschnitt 2.1.8
b 100 Mio. € · [Spalte (5) + 0,075%] · Spalte (1) / 360
c 100 Mio. € · 5,367% · Spalte (1) / 360

Der hypothetische Clean Fair Value des Receiver-Zinsswap zum 31.03.X1 beträgt -3.729,13 T€:

$$\frac{(-952,79\ T€ + 1.565,38\ T€)}{(1 + 4,312\% \cdot 105/360)} + \frac{(-2.528,36\ T€ + 2.683,50\ T€)}{(1 + 4,774\% \cdot 285/360)} + \ldots + \frac{(-3.757,22\ T€ + 2.683,50\ T€)}{(1 + 6,690\%)^{1.365/360}} = -3.729,13\ T€$$

Für die Anleihe ergibt sich zum 31.03.X1 ein hypothetischer Clean Fair Value von -96.259,97 T€ (Zinszahlungen siehe Spalte (7) in Tabelle 7-7):

$$\frac{-1.565,38\ T€}{(1 + 4,312\% \cdot 105/360)} + \frac{-2.683,50\ T€}{(1 + 4,774\% \cdot 285/360)} + \ldots + \frac{(-2.683,50\ T€ + -100.000\ T€)}{(1 + 6,690\%)^{1.365/360}} = -96.259,97\ T€$$

Es bestimmt sich eine prospektive Effektivität (EP) von -93,1%:

$$EP = \frac{\Delta\ \text{Clean FV (hyp./Ist) SI}}{\Delta\ \text{Clean FV (hyp./Ist) GG}} = \frac{(-3.729,13\ T€./.-608,56\ T€)}{(-96.259,97\ T€./.-99.613,15\ T€)} = \frac{-3.120,57\ T€}{3.353,18\ T€} = -93,1\%$$

7.1.1.8 Retrospektiver Effektivitätstest am 30.06.X1 (Q2 X1)

Zum 30.06.X1 wird die retrospektive Effektivität wie zuvor bestimmt; Tabelle 7-8 führt die zur Ermittlung der Clean Fair Values erforderlichen Bewertungsparameter auf.

Absicherungen gegen Zinsrisiken

7.1

Praxisbeispiel FVH Zinsrisiko: Bewertungsparameter RET 30.06.X1

Tabelle 7-8

Zeitraum	(1) Tage periodisch	(2) kumulativ	(3) Swapzinssatz	(4)[a] Zero-Zinssatz	(5) Fixing/Terminzinssatz	(6) = b Auszahlung variabel	(7) = c Zahlung fix
01.07.X1-15.07.X1	15	15	3,162%	3,162%	3,192%	-136,11 T€	223,63 T€
16.07.X1-15.01.X2	180	195	3,330%	3,360%	3,372%	-1.723,38 T€	2.683,50 T€
16.01.X2-15.07.X2	180	375	3,816%	3,859%	4,327%	-2.201,08 T€	2.683,50 T€
16.07.X2-15.01.X3	180	555	4,117%	4,170%	4,765%	-2.419,79 T€	2.683,50 T€
16.01.X3-15.07.X3	180	735	4,492%	4,565%	5,710%	-2.892,64 T€	2.683,50 T€
16.07.X3-15.01.X4	180	915	4,807%	4,901%	6,190%	-3.132,72 T€	2.683,50 T€
16.01.X4-15.07.X4	180	1.095	5,077%	5,192%	6,575%	-3.325,03 T€	2.683,50 T€
16.07.X4-15.01.X5	180	1.275	5,227%	5,353%	6,241%	-3.158,02 T€	2.683,50 T€

a Siehe zur Bestimmung Abschnitt 2.1.8
b 100 Mio. € · [Spalte (5) + 0,075%] · Spalte (1) / 360
c 100 Mio. € · 5,367% · Spalte (1) / 360

Der Clean Fair Value des Receiver-Zinsswap zum 30.06.X1 beträgt +208,54 T€:

$$\frac{(-136{,}11\,T€ + 223{,}63\,T€)}{(1 + 3{,}162\% \cdot 15/360)} + \frac{(-1.723{,}38\,T€ + 2.683{,}50\,T€)}{(1 + 3{,}360\% \cdot 195/360)} + \ldots + \frac{(-3.158{,}02\,T€ + 2.683{,}50\,T€)}{(1 + 5{,}353\%)^{1.275/360}} = 208{,}54\,T€$$

Zum 31.06.X1 ergibt sich für die Anleihe auf Basis der Swapkurve ein Clean Fair Value von -100.451,77 T€ (Zinszahlungen siehe Spalte (7) in Tabelle 7-8):

$$\frac{-223{,}63\,T€}{(1 + 3{,}162\% \cdot 15/360)} + \frac{-2.683{,}50\,T€}{(1 + 3{,}360\% \cdot 195/360)} + \ldots + \frac{(-2.683{,}50\,T€ + -100.000\,T€)}{(1 + 5{,}353\%)^{1.275/360}} = -100.451{,}77\,T€$$

Es bestimmt sich eine retrospektive Effektivität (ER) von -105,9%:

$$ER = \frac{\Delta\,\text{Clean FV (Ist/hist.) SI}}{\Delta\,\text{Clean FV (Ist/hist.) GG}} = \frac{(208{,}54\,T€./.-269{,}65\,T€)}{(-100.451{,}77\,T€./.-100.000\,T€)} = \frac{478{,}19\,T€}{-451{,}77\,T€} = -105{,}9\%$$

7.1.1.9 Bilanzierung am 30.06.X1 (Q2 X1)

Für die Anleihe wird wiederum der anteilige Nominalzins für 90 Tage von 1.500 T€ (3.000 T€ · 90 Tage / 180 Tage) und die anteilige Fortschreibung von 111,31 T€ (222,62 T€ · 90 Tage / 180 Tage) erfasst. Buchungen:

Anleihe

– Nominalzins/ Fortschreibung

30.06.X1	Zinsaufwand FLAC (ZE)	1.500,00 T€	Zinsverb. FLAC (B)	1.500,00 T€
	Zinsaufwand FLAC (ZE)	111,31 T€	Anleihe FLAC (B)	111,31 T€

Die Clean-Fair-Value-Änderung der Anleihe im Vergleich zur Vorperiode von -838,62 T€ (-100.451,77 T€ ./. -99.613,15 T€) entspricht dem Aufwand, der dem abgesicherten Risiko zuzurechnen ist. Es wird daher eine erfolgswirksame Buchwertanpassung um diesen Betrag vorgenommen:

– Buchwertanpassung (Clean)

30.06.X1	Aufwand BWA GG (FE)	838,62 T€	Anleihe FLAC (B)	838,62 T€

7

Bilanzierung und Offenlegung einzelner Sicherungsbeziehungen

Receiver-Zinsswap

– Wertänderung (Clean)

Parallel dazu ist die Clean-Fair-Value-Änderung des Receiver-Zinsswap im Vergleich zur Vorperiode von +817,10 T€ (208,54 T€ ./. -608,56 T€) als Ertrag zu erfassen. Da sich das Vorzeichen des Postens ändert, ist zunächst der Passivposten in Höhe des Full Fair Value (▶ 7.1.1.6) auszubuchen:

30.06.X1	Zinsswap Passiva (B)	175,18 T€	Ertrag Wertänd. SI (FE)	817,10 T€
	Zinsswap Aktiva (B)	641,92 T€		

Der Saldo aus dem Aufwand aus der Buchwertanpassung des Grundgeschäfts und dem Ertrag aus der Wertänderung des Sicherungsgeschäfts von -21,52 T€ (-838,62 T€ + 817,10 T€) repräsentiert die für die Periode erfasste Ineffektivität der Sicherungsbeziehung.

Wiederum muss der Clean Fair Value an den Full Fair Value angepasst werden. Die Differenz der beiden Beträge entspricht dem auf Basis des Zero-Zinssatzes von 3,162% bestimmten Barwert des Saldos der anteiligen Zinsauszahlung und -einzahlungen aus dem Receiver-Zinsswap für 165 Tage (16.01.X1 bis zum 30.06.X1). Tabelle 7-9 zeigt, wie der Anpassungsbetrag vom Clean Fair Value auf den Full Fair Value ermittelt wird.

Tabelle 7-9

Praxisbeispiel FVH Zinsrisiko: Anpassung des Clean Fair Value an den Full Fair Value zum 30.06.X1 für die Zinsperiode 16.01.X1-15.07.X1

	(1)	(2)	(3) = (1) ./. (2)	(4) = (3) / [1+3,162% · 15/360]
	Zahlung gesamt (180 Tage)	Zahlung für 15 Tage	Zahlung für 165 Tage	Barwert Zahlung für 165 Tage
Feste Seite	2.683,50 T€	223,63 T€	2.459,87 T€	2.456,64 T€
Variable Seite	-1.633,35 T€	-136,11 T€	-1.497,24 T€	-1.495,26 T€
Σ	**1.050,15 T€**	**87,52 T€**	**962,63 T€**	**961,38 T€**

– Anpassung auf den Full Fair Value

Es handelt sich um den kumulativen Anpassungsbetrag für den Zeitraum vom 16.01.X1 bis zum 30.06.X1; der Anpassungsbetrag zum 30.06.X1 ergibt sich nach Abzug des Anpassungsbetrags zum 31.03.X1 und beläuft sich auf 528,00 T€ (961,38 T€ ./. 433,38 T€). Die Anpassung vom Clean an den Full Fair Value wird im Zinsergebnis (als Korrektur des Zinsaufwands) erfasst:

30.06.X1	Zinsswap Aktiva (B)	528,00 T€	Zinsaufwand (ZE)	528,00 T€

Damit wird der Receiver-Zinsswap zum 30.06.X1 zum Full Fair Value von +1.169,92 T€ (208,54 T€ + 961,38 T€ bzw. -175,18 T€ + 817,10 T€ + 528,00 T€) bilanziert. Die Anleihe weist zu diesem Stichtag einen Buchwert von 98.655,84 T€ (97.705,91 T€ + 111,31 T€ + 838,62 T€) auf.

Insgesamt werden in Q2 X1 Zinsaufwendungen von 1.083,31 T€ erfasst; dieser Betrag setzt sich zusammen aus folgenden Bestandteilen:

- den Zinsen für den 6-Monats-EURIBOR + 7,5 BP von 816,68 T€ (≈3,267% · 100.000 T€ · 90 Tage / 360 Tage);

- einem Barwerteffekt von -2,93 T€ (962,63 T€ ./. 961,38 T€ ./. 4,18 T€);

- einem Bonitätsrisikoaufschlag von 158,25 T€ (0,633% · 100.000 T€ · 90 Tage / 360 Tage);

- dem auf die Transaktionskosten entfallenden Effektivzinsanteil von 111,31 T€ (Fortschreibungsbetrag der Anleihe).

7.1.1.10 Prospektiver Effektivitätstest am 30.06.X1

Analog wird am 30.06.X1 die prospektive Effektivität ermittelt (▶ 7.1.1.3; 7.1.1.7). Der tatsächliche Clean Fair Value des Receiver-Zinsswap zum 30.06.X1 beträgt 208,54 T€; für die Anleihe entspricht dieser -100.451,77 T€ (▶ 7.1.1.8). Der hypothetische Clean Fair Value des Receiver-Zinsswap zum 30.06.X1 beträgt -2.949,26 T€; für die Anleihe ergibt sich zum 30.06.X1 ein hypothetischer Clean Fair Value von -97.273,94 T€. Auf die Darstellung der Bewertungsparameter und der Berechnung wird verzichtet.

Es bestimmt sich eine prospektive Effektivität (EP) von -99,4%:

$$EP = \frac{\Delta \text{ Clean FV (hyp./ Ist) SI}}{\Delta \text{ Clean FV (hyp./ Ist) GG}} = \frac{(-2.949{,}26 \text{ T€} ./. 208{,}54 \text{ T€})}{(-97.273{,}94 \text{ T€} ./. -100.451{,}77 \text{ T€})} = \frac{-3.157{,}80 \text{ T€}}{3.177{,}83 \text{ T€}} = -99{,}4\%$$

7.1.1.11 Bilanzierung am 16.07.X1 (1. Zins- und Ausgleichszahlung)

Am 16.07.X1 leistet A die 1. Nominalzinszahlung der Anleihe von 3.000 T€; die über die beiden vorherigen Quartale erfasste Zinsverbindlichkeit von 2.750 T€ (1.250 T€ + 1.500 T€) wird aufgelöst. Ferner ist der anteilige Nominalzins von 250 T€ (3.000 T€ · 15 Tage / 180 Tage) zu realisieren:

16.07.X1	Zinsverb. FLAC (B)	2.750,00 T€	Kasse LaR (B)	3.000,00 T€
	Zinsaufwand FLAC (ZE)	250,00 T€		

Außerdem muss die Anleihe um die Differenz zwischen anteiligem Effektivzins und anteiligem Nominalzins von 18,55 T€ (222,62 T€ · 15 Tage / 180 Tage) fortgeschrieben werden:

16.07.X1	Zinsaufwand FLAC (ZE)	18,55 T€	Anleihe FLAC (B)	18,55 T€

Aus dem Receiver-Zinsswap wurden für den Zeitraum vom 16.01.X1 bis 30.06.X1 Korrekturen des Zinsaufwands von 961,38 T€ im Zinsergebnis erfasst (▶ 7.1.1.9). Die auf den verbleibenden Zeitraum von 15 Tagen entfallende Zinsaufwands-Korrektur beläuft sich auf 88,77 T€ (1.050,15 T€ ./. 961,38 T€) und wird wie folgt erfasst:

| 16.07.X1 | Zinsswap Aktiva (B) | 88,77 T€ | Zinsaufwand (ZE) | 88,77 T€ |

A bucht den Zahlungseingang aus dem Receiver-Zinsswap von 1.050,15 T€ (2.683,50 T€ ./. 1.633,35 T€) folgendermaßen:

| 16.07.X1 | Kasse LaR (B) | 1.050,15 T€ | Zinsswap Aktiva (B) | 1.050,15 T€ |

7.1.1.12 Retrospektiver Effektivitätstest am 30.09.X1 (Q3 X1)

Zum 30.09.X1 wird die retrospektive Effektivität wieder über das Verhältnis der kumulativen Wertänderungen von Grundgeschäft und Sicherungsinstrument bestimmt. Tabelle 7-10 führt die zur Ermittlung der Clean Fair Values erforderlichen Bewertungsparameter auf. Daraus geht hervor, dass der für die Zinsperiode vom 16.07.X1 bis zum 15.01.X2 relevante 6-Monats-EURIBOR (Fixing am 14.07.X1) bei 3,074% liegt.

Tabelle 7-10   *Praxisbeispiel FVH Zinsrisiko: Bewertungsparameter RET 30.09.X1*

Zeitraum	(1) Tage periodisch	(2) Tage kumulativ	(3) Swapzinssatz	(4)[a] Zero-Zinssatz	(5) Fixing/ Terminzinssatz	(6) = b Auszahlung variabel	(7) = c Zahlung fix
01.10.X1-15.01.X2	105	105	3,192%	3,192%	3,074%	-918,46 T€	1.565,38 T€
16.01.X2-15.07.X2	180	285	3,454%	3,490%	3,630%	-1.852,29 T€	2.683,50 T€
16.07.X2-15.01.X3	180	465	4,079%	4,135%	5,082%	-2.578,26 T€	2.683,50 T€
16.01.X3-15.07.X3	180	645	4,307%	4,371%	4,920%	-2.497,43 T€	2.683,50 T€
16.07.X3-15.01.X4	180	825	4,729%	4,819%	6,342%	-3.208,47 T€	2.683,50 T€
16.01.X4-15.07.X4	180	1.005	4,945%	5,049%	6,017%	-3.046,16 T€	2.683,50 T€
16.07.X4-15.01.X5	180	1.185	5,132%	5,249%	6,278%	-3.176,73 T€	2.683,50 T€

a Siehe zur Bestimmung Abschnitt 2.1.8
b 100 Mio. € · [Spalte (5) + 0,075%] · Spalte (1) / 360
c 100 Mio. € · 5,367% · Spalte (1) / 360

Der Clean Fair Value des Receiver-Zinsswap zum 30.09.X1 beträgt +517,89 T€:

$$\frac{(-918{,}46\,T€ + 1.565{,}38\,T€)}{(1 + 3{,}192\% \cdot 105/360)} + \frac{(-1.852{,}29\,T€ + 2.683{,}50\,T€)}{(1 + 3{,}490\% \cdot 285/360)} + \ldots + \frac{(-3.176{,}73\,T€ + 2.683{,}50\,T€)}{(1 + 5{,}249\%)^{1.185/360}} = 517{,}89\,T€$$

Für die Anleihe ergibt sich zum 30.09.X1 auf Basis der Swapkurve ein Clean Fair Value von -100.710,40 T€ (Zinszahlungen siehe Spalte (7) in Tabelle 7-10):

$$\frac{-1.565{,}38\,T€}{(1 + 3{,}192\% \cdot 105/360)} + \frac{-2.683{,}50\,T€}{(1 + 3{,}490\% \cdot 285/360)} + \ldots + \frac{(-2.683{,}50\,T€ + -100.000\,T€)}{(1 + 5{,}249\%)^{1.185/360}} = -100.710{,}40\,T€$$

Absicherungen gegen Zinsrisiken

Es bestimmt sich eine retrospektive Effektivität (ER) von -110,9%:

$$ER = \frac{\Delta \text{ Clean FV (Ist / hist.) SI}}{\Delta \text{ Clean FV (Ist / hist.) GG}} = \frac{(517{,}89 \text{ T€}./.-269{,}65 \text{ T€})}{(-100.710{,}40 \text{ T€}./.-100.000 \text{ T€})} = \frac{787{,}54 \text{ T€}}{-710{,}40 \text{ T€}} = -110{,}9\%$$

7.1.1.13 Bilanzierung am 30.09.X1 (Q3 X1)

Für die Anleihe wird der anteilige Nominalzins von 1.250 T€ (3.000 T€ · 75 Tage / 180 Tage) und die anteilige Fortschreibung von 95,81 T€ (229,94 T€ · 75 Tage / 180 Tage) erfasst:

Anleihe
– Nominalzins/ Fortschreibung

30.09.X1	Zinsaufwand FLAC (ZE)	1.250,00 T€	Zinsverb. FLAC (B)	1.250,00 T€
	Zinsaufwand FLAC (ZE)	95,81 T€	Anleihe FLAC (B)	95,81 T€

Die Clean-Fair-Value-Änderung der Anleihe im Vergleich zur Vorperiode von -258,63 T€ (-100.710,40 T€ ./. -100.451,77 T€) entspricht dem Aufwand, der dem abgesicherten Risiko zuzurechnen ist. Um diesen Betrag wird eine erfolgswirksame Buchwertanpassung vorgenommen:

– Buchwertanpassung (Clean)

30.09.X1	Aufwand BWA GG (FE)	258,63 T€	Anleihe FLAC (B)	258,63 T€

Parallel dazu ist die Clean-Fair-Value-Änderung des Receiver-Zinsswap im Vergleich zur Vorperiode von 309,35 T€ (517,89 T€ ./. 208,54 T€) als Ertrag zu erfassen:

Receiver-Zinsswap
– Wertänderung (Clean)

30.09.X1	Zinsswap Aktiva (B)	309,35 T€	Ertrag Wertänd. SI (FE)	309,35 T€

Der Saldo aus dem Aufwand aus der Buchwertanpassung des Grundgeschäfts und dem Ertrag aus der Wertänderung des Sicherungsgeschäfts von 50,72 T€ (-258,63 T€ + 309,35 T€) repräsentiert die Ineffektivität der Sicherungsbeziehung.

Der Clean Fair Value muss wie in den vorherigen Perioden auf den Full Fair Value angepasst werden. Die Differenz der beiden Beträge entspricht dem auf Basis des Zero-Zinssatzes von 3,192% bestimmten Barwert des Saldos der anteiligen Zinsauszahlungen und -einzahlungen aus dem Receiver-Zinsswap für 75 Tage (16.07.X1 bis 30.09.X1). Die Ermittlung des Anpassungsbetrags vom Clean Fair Value auf den Full Fair Value ist in Tabelle 7-11 dargestellt.

Die Anpassung vom Clean auf den Full Fair Value wird im Zinsergebnis (als Korrektur des Zinsaufwands) erfasst:

– Anpassung auf den Full Fair Value

30.09.X1	Zinsswap Aktiva (B)	457,82 T€	Zinsaufwand (ZE)	457,82 T€

Damit wird der Receiver-Zinsswap zum 30.09.X1 zum Full Fair Value von +975,71 T€ (517,89 T€ + 457,82 T€) bilanziert. Die Anleihe weist zu diesem

Stichtag einen Buchwert von 99.028,83 T€ (98.655,84 T€ + 18,55 T€ + 95,81 T€ + 258,63 T€) auf.

Tabelle 7-11 *Praxisbeispiel FVH Zinsrisiko: Anpassung des Clean Fair Value an den Full Fair Value zum 30.09.X1 für die Zinsperiode 16.07.X1-15.01.X2*

	(1)	(2)	(3) = (1) ./. (2)	(4) = (3) / [1+3,192% · 105/360]
	Zahlung gesamt (180 Tage)	Zahlung für 105 Tage	Zahlung für 75 Tage	Barwert Zahlung für 75 Tage
Feste Seite	2.683,50 T€	1.565,38 T€	1.118,12 T€	1.107,81 T€
Variable Seite	-1.574,50 T€	-918,46 T€	-656,04 T€	-649,99 T€
∑	1.109,00 T€	646,92 T€	462,08 T€	457,82 T€

In Q3 X1 wurden insgesamt Zinsaufwendungen von 1.067,77 T€ erfasst. Wie sich diese zusammensetzen, lässt sich Tabelle 7-12 entnehmen.

Tabelle 7-12 *Praxisbeispiel FVH Zinsrisiko: Aufteilung der Zinsaufwendungen in Q3 X1*

	01.07.X1 bis 15.07.X1 (15 Tage)	16.07.X1 bis 30.09.X1 (75 Tage)	Gesamt
EURIBOR + 7,5 BP	136,10 T€ (≈3,267% · 100 Mio. €)	656,04 T€ (≈3,149% · 100 Mio. €)	792,14 T€
Bonitätsaufschlag	26,38 T€ (0,633% · 100 Mio. €)	131,88 T€ (0,633% · 100 Mio. €)	158,26 T€
Transaktionskosten	18,55 T€	95,81 T€	114,36 T€
Barwerteffekt	-1,25 T€ (-4,18 T€ + 2,93 T€)	4,26 T€ (462,08 T€ ./. 457,82 T€)	3,01 T€
		∑	1.067,77 T€

7.1.1.14 Prospektiver Effektivitätstest am 30.09.X1

Gleich wie zuvor wird die prospektive Effektivität anhand einer hypothetischen Parallelverschiebung der Swap-Zinsstrukturkurve um 100 BP ermittelt (▶ 7.1.1.3; 7.1.1.7; 7.1.1.10). Der tatsächliche Clean Fair Value des Receiver-Zinsswap zum 30.09.X1 beträgt +517,89 T€; für die Anleihe entspricht dieser auf Basis der Swapkurve -100.710,40 T€ (▶ 7.1.1.12). Der hypothetische Clean Fair Value des Receiver-Zinsswap zum 30.09.X1 beträgt -2.230,15 T€; für die Anleihe ergibt sich zum 30.09.X1 ein hypothetischer Clean Fair Value von -97.723,78 T€. Auf die Darstellung der Bewertungsparameter und der Berechnung wird verzichtet.

Es bestimmt sich eine prospektive Effektivität (EP) von -92,0%:

$$EP = \frac{\Delta \text{ Clean FV (hyp./Ist) SI}}{\Delta \text{ Clean FV (hyp./Ist) GG}} = \frac{(-2.230,15 \text{ T€} ./. 517,89 \text{ T€})}{(-97.723,78 \text{ T€} ./. -100.710,40 \text{ T€})} = \frac{-2.748,04 \text{ T€}}{2.986,62 \text{ T€}} = -92,0\%$$

Absicherungen gegen Zinsrisiken

7.1.1.15 Retrospektiver Effektivitätstest am 31.12.X1 (Q4 X1)

Zum 31.12.X1 erfolgt die Bestimmung der retrospektiven Effektivität in analoger Weise. Die zur Ermittlung der kumulativen Clean Fair Values erforderlichen Bewertungsparameter enthält Tabelle 7-13.

Praxisbeispiel FVH Zinsrisiko: Bewertungsparameter RET 31.12.X1 — *Tabelle 7-13*

Zeitraum	(1) Tage periodisch	(2) kumulativ	(3) Swapzinssatz	(4)[a] Zero-Zinssatz	(5) Fixing/Terminzinssatz	(6) = b Auszahlung variabel	(7) = c Zahlung fix
01.01.X2-15.01.X2	15	15	3,262%	3,262%	3,074%	-131,21 T€	223,63 T€
16.01.X2-15.07.X2	180	195	3,383%	3,414%	3,422%	-1.748,30 T€	2.683,50 T€
16.07.X2-15.01.X3	180	375	3,817%	3,859%	4,268%	-2.171,75 T€	2.683,50 T€
16.01.X3-15.07.X3	180	555	4,283%	4,344%	5,292%	-2.683,48 T€	2.683,50 T€
16.07.X3-15.01.X4	180	735	4,548%	4,621%	5,409%	-2.741,78 T€	2.683,50 T€
16.01.X4-15.07.X4	180	915	4,877%	4,973%	6,321%	-3.197,91 T€	2.683,50 T€
16.07.X4-15.01.X5	180	1.095	5,069%	5,178%	6,130%	-3.102,44 T€	2.683,50 T€

a Siehe zur Bestimmung Abschnitt 2.1.8
b 100 Mio. € · [Spalte (5) + 0,075%] · Spalte (1) / 360
c 100 Mio. € · 5,367% · Spalte (1) / 360

Der Clean Fair Value des Receiver-Zinsswap zum 31.12.X1 beträgt +635,33 T€:

$$\frac{(-131{,}21\,T€ + 223{,}63\,T€)}{(1 + 3{,}262\% \cdot 15/360)} + \frac{(-1.748{,}30\,T€ + 2.683{,}50\,T€)}{(1 + 3{,}414\% \cdot 195/360)} + \ldots + \frac{(-3.102{,}44\,T€ + 2.683{,}50\,T€)}{(1 + 5{,}178\%)^{1.095/360}} = 635{,}33\,T€$$

Für die Anleihe ergibt sich zum 31.12.X1 auf Basis der Swapkurve ein Clean Fair Value von -100.838,13 T€ (Zinszahlungen siehe Spalte (7) in Tabelle 7-13):

$$\frac{-223{,}63\,T€}{(1 + 3{,}262\% \cdot 15/360)} + \frac{-2.683{,}50\,T€}{(1 + 3{,}414\% \cdot 195/360)} + \ldots + \frac{(-2.683{,}50\,T€ + -100.000\,T€)}{(1 + 5{,}178\%)^{1.095/360}} = -100.838{,}13\,T€$$

Es bestimmt sich eine retrospektive Effektivität (ER) von -108,0%:

$$ER = \frac{\Delta\text{ Clean FV (Ist/hist.) SI}}{\Delta\text{ Clean FV (Ist/hist.) GG}} = \frac{(635{,}33\,T€./.\,-269{,}65\,T€)}{(-100.838{,}13\,T€./.\,-100.000\,T€)} = \frac{904{,}98\,T€}{-838{,}13\,T€} = -108{,}0\%$$

7.1.1.16 Bilanzierung am 31.12.X1 (Q4 X1)

Für die Anleihe wird der anteilige Nominalzins von 1.500 T€ (3.000 T€ · 90 Tage / 180 Tage) und die Fortschreibung von 114,97 T€ (229,94 T€ · 90 Tage / 180 Tage) erfasst:

Anleihe

– Nominalzins/ Fortschreibung

31.12.X1	Zinsaufwand FLAC (ZE)	1.500,00 T€	Zinsverb. FLAC (B)	1.500,00 T€
	Zinsaufwand FLAC (ZE)	114,97 T€	Anleihe FLAC (B)	114,97 T€

7 Bilanzierung und Offenlegung einzelner Sicherungsbeziehungen

– Buchwertanpassung (Clean)

Die Clean-Fair-Value-Änderung der Anleihe im Vergleich zur Vorperiode von -127,73 T€ (-100.838,13 T€ ./. -100.710,40 T€) entspricht dem Aufwand, der dem abgesicherten Risiko zuzurechnen ist. Um diesen Betrag wird eine erfolgswirksame Buchwertanpassung vorgenommen:

| 31.12.X1 | Aufwand BWA GG (FE) | 127,73 T€ | Anleihe FLAC (B) | 127,73 T€ |

Receiver-Zinsswap

– Wertänderung (Clean)

Parallel dazu ist die Clean-Fair-Value-Änderung des Receiver-Zinsswap im Vergleich zur Vorperiode von 117,44 T€ (635,33 T€ ./. 517,89 T€) als Ertrag zu erfassen:

| 31.12.X1 | Zinsswap Aktiva (B) | 117,44 T€ | Ertrag Wertänd. SI (FE) | 117,44 T€ |

Der Saldo aus dem Aufwand aus der Buchwertanpassung des Grundgeschäfts und dem Ertrag aus der Wertänderung des Sicherungsgeschäfts von -10,29 T€ (-127,73 T€ + 117,44 T€) repräsentiert die Ineffektivität der Sicherungsbeziehung.

Wiederum muss der Clean Fair Value an den Full Fair Value angepasst werden. Die Differenz der beiden Beträge entspricht dem auf Basis des Zero-Zinssatzes von 3,262% bestimmten Barwert des Saldos der anteiligen Zinsauszahlungen und -einzahlungen aus dem Receiver-Zinsswap für 165 Tage (16.07.X1 bis 31.12.X1). Die Ermittlung des Anpassungsbetrags vom Clean Fair Value an den Full Fair Value ist in Tabelle 7-14 dargestellt.

Tabelle 7-14

Praxisbeispiel FVH Zinsrisiko: Anpassung des Clean Fair Value an den Full Fair Value zum 31.12.X1 für die Zinsperiode 16.07.X1-15.01.X2

	(1)	(2)	(3) = (1) ./. (2)	(4) = (3) / [1+3,262% · 15/360]
	Zahlung gesamt (180 Tage)	Zahlung für 15 Tage	Zahlung für 165 Tage	Barwert Zahlung für 165 Tage
Feste Seite	2.683,50 T€	223,63 T€	2.459,87 T€	2.456,53 T€
Variable Seite	-1.574,50 T€	-131,21 T€	-1.443,29 T€	-1.441,33 T€
∑	1.109,00 T€	92,42 T€	1.016,58 T€	1.015,20 T€

– Anpassung auf den Full Fair Value

Es handelt sich um den kumulativen Anpassungsbetrag für den Zeitraum vom 16.07.X1 bis zum 31.12.X1; der Anpassungsbetrag zum 31.12.X1 ergibt sich nach Abzug des Anpassungsbetrags vom 30.09.X1 und beläuft sich auf 557,38 T€ (1.015,20 T€ ./. 457,82 T€). Die Anpassung vom Clean Fair Value an den Full Fair Value wird im Zinsergebnis (als Korrektur des Zinsaufwands) erfasst:

| 31.12.X1 | Zinsswap Aktiva (B) | 557,38 T€ | Zinsaufwand (ZE) | 557,38 T€ |

Damit wird der Receiver-Zinsswap zum 31.12.X1 zum Full Fair Value von +1.650,53 T€ (635,33 T€ + 1.015,20 T€ bzw. 975,71 T€ + 117,44 T€+ 557,38 T€)

Absicherungen gegen Zinsrisiken **7.1**

bilanziert. Die Anleihe weist zu diesem Stichtag einen Buchwert von 99.271,53 T€ (99.028,83 T€ + 114,97 T€ + 127,73 T€) auf.

Insgesamt werden in Q4 X1 Zinsaufwendungen von 1.057,59 T€ erfasst, dieser Betrag setzt sich zusammen aus folgenden Bestandteilen:

- den Zinsen für den 6-Monats-EURIBOR + 7,5 BP von 787,25 T€ (3,149% · 100.000 T€ · 90 Tage / 360 Tage);
- einem Barwerteffekt von -2,88 T€ (1.016,58 T€ ./. 1.015,20 T€ ./. 4,26 T€);
- einem Bonitätsrisikoaufschlag von 158,25 T€ (0,633% · 100.000 T€ · 90 Tage / 360 Tage);
- dem auf die Transaktionskosten entfallenden Effektivzinsanteil von 114,97 T€ (Fortschreibungsbetrag der Anleihe).

7.1.1.17 Angaben im Jahresabschluss X1

Für den Jahresabschluss X1 berücksichtigt A den Buchwert der Anleihe von 99.271,53 T€ sowie den Buchwert der Zinsverbindlichkeit von 2.750 T€ bei den Buchwertangaben (▶ 3.4.4.1) der Bewertungskategorie FLAC.[1527] Zum 31.12.X1 notiert die Anleihe bei 101,52%, d.h. zur Publikation der Fair Values nach Klassen (▶ 3.4.4.2) wird ein Betrag von 101.520 T€ (100.000 T€ · 101,52%) herangezogen. Die in den 4 Quartalen erfassten Zinsaufwendungen (für die Nominalverzinsung und die Fortschreibung) von insgesamt 6.183,40 T€ gehen in das anzugebende Nettoergebnis (▶ 3.14.6) der Bewertungskategorie FLAC ein. Ferner werden die Zinsaufwendungen bei den offen zu legenden Gesamtzinsaufwendungen (▶ 3.14.3) berücksichtigt.

Bei A sind die Aufwendungen und Erträge aus den Buchwertanpassungen des Grundgeschäfts sowie aus der Wertänderung des Sicherungsinstruments nicht Bestandteil des Nettoergebnisses; auch die im Zinsergebnis erfassten Anpassungsbeträge des Sicherungsinstruments vom Clean Fair Value an den Full Fair Value gehen nicht in das Nettoergebnis ein (Begründung ▶ 3.14.6). Der bei der Einbuchung erfasste Verlust aus der Fair-Value-Bilanzierung des Receiver-Zinsswap von 269,65 T€ wird allerdings zur Bestimmung des FVPL (HfT)-Nettoergebnisses herangezogen.

Zur Erfüllung der für jede Art von Sicherungsbeziehungen bestehenden Angabepflichten (▶ 3.16.5) fasst A die bei der Designation dokumentierten Merkmale (▶ 7.1.1.2) zusammen. Außerdem legt das Unternehmen offen, dass der Receiver-Zinsswap zum 31.12.X1 einen Fair Value von +1.650,53 T€ aufweist. Letzterer wird im Rahmen der qualitativen Angaben zu beizulegenden Zeitwerten (▶ 3.4.4.2) wegen der Verwendung marktbestimmter

---

[1527] Die Zahlungsmittel finden bei der Bewertungskategorie LaR Berücksichtigung.

7 *Bilanzierung und Offenlegung einzelner Sicherungsbeziehungen*

Input-Faktoren (Swapzinssätze, EURIBOR-Zinssätze) der Bewertungsstufe 2 zugeordnet.

Da es sich um einen Fair Value Hedge handelt, müssen darüber hinaus die in X1 erfassten Gewinne und Verluste aus der Zeitbewertung des Sicherungsinstruments von per Saldo +904,98 T€ sowie die Gewinne und Verluste aus der Anpassung des Grundgeschäfts um das abgesicherte Risiko von saldiert -838,13 T€ offen gelegt werden (▶ 3.16.8.1).

Fälligkeits-
analyse

Die Zahlungen aus der Anleihe gehen ebenso wie diejenigen aus dem Receiver-Zinsswap in die innerhalb der Angaben zu Liquiditätsrisiken geforderte Fälligkeitsanalyse ein. A zieht dabei den in Tabelle 5-2 dargestellten Aufbau heran (▶ 5.4.3.2). Tabelle 7-15 zeigt die für die Sicherungsbeziehung berücksichtigten Werte und Zuordnungen.

Tabelle 7-15 *Praxisbeispiel FVH Zinsrisiko: Fälligkeitsanalyse (Ein- und Auszahlungen +/-)*

X2		X3		X4 bis X6		
Zins fix	Zins variabel	Zins fix	Zins variabel	Zins fix	Zins variabel	Tilgung
-633 T€	-3.322,80 T€	-633 T€	-4.855,23 T€	-949,50 T€	-9.042,13 T€	-100.000 T€
(2 · -3.000 T€; 2 · +2.683,50 T€)	(-1.574,50 T€; -1.748,30 T€)	(siehe X2)	(-2.171,75 T€; -2.683,48 T€)	(3 · -3.000 T€; 3 · +2.683,50 T€)	(-2.741,78 T€; -3.197,91 T€; -3.102,44 T€)	

Zinssensitivität

Zur Darstellung der Marktrisiken bzw. Sensitivitäten bezüglich des Zinsrisikos (▶ 5.4.4.3) bedient sich A der BPV-Methodik (▶ 2.1.11.4), wie sie auch bereits bei der Bestimmung der prospektiven Effektivität zum Einsatz gekommen ist (▶ 7.1.1.3; 7.1.1.7; 7.1.1.10; 7.1.1.14). Der tatsächliche Clean Fair Value des Receiver-Zinsswap zum 31.12.X1 beträgt +635,33 T€; für die Anleihe entspricht dieser auf Basis der Swapkurve -100.838,13 T€ (▶ 7.1.1.15). Der hypothetische Clean Fair Value des Receiver-Zinsswap zum 31.12.X1 bei einer Parallelverschiebung der Zinsstruktur beträgt -2.125,16 T€ (+100 BP) bzw. +3.456,86 T€ (-100 BP); für die Anleihe ergibt sich zum 31.12.X1 ein hypothetischer Clean Fair Value von -98.059,31 T€ (+100 BP) bzw. -103.713,01 T€ (-100 BP). Auf die Darstellung der Bewertungsparameter und der Berechnung wird verzichtet.

Die Wertänderung des Receiver-Zinsswap bei hypothetischer Parallelverschiebung der Zinsstruktur beträgt somit -2.760,49 T€ (-2.125,16 T€ ./. 635,33 T€) bzw. +2.821,53 T€ (3.456,86 T€ ./. 635,33 T€), diejenige der Anleihe +2.778,82 T€ (-98.059,31 T€ ./. -100.838,13 T€) bzw. -2.874,88 T€ (-103.713,01 T€ ./. -100.838,13 T€). Die jeweiligen Salden der beiden Beträge von +18,33 T€ (-2.760,49 T€ + 2.778,82 T€) bzw. -53,35 T€ (+2.821,53 T€ + -2.874,88 T€) stellen die Sensitivitäten zum Zinsrisiko dar: Wäre das Zinsniveau um 100 BP höher

Absicherungen gegen Zinsrisiken

(niedriger) gewesen, so wäre das Ergebnis um 18,33 T€ höher (um 53,35 T€ geringer) ausgefallen.

7.1.1.18 Prospektiver Effektivitätstest am 31.12.X1

Anhand der bereits für die Sensitivität zum Zinsrisiko ermittelten tatsächlichen und hypothetischen Clean Fair Values (siehe vorheriger Abschnitt) bestimmt sich eine prospektive Effektivität (EP) von -99,3%:

$$EP = \frac{\Delta \text{ Clean FV (hyp./Ist) SI}}{\Delta \text{ Clean FV (hyp./Ist) GG}} = \frac{(-2.125,16 \text{ T€}./.635,33 \text{ T€})}{(-98.059,31 \text{ T€}./. -100.838,13 \text{ T€})} = \frac{-2.760,49 \text{ T€}}{2.778,82 \text{ T€}} = -99,3\%$$

7.1.1.19 Bilanzierung am 16.01.X2 (2. Zins- und Ausgleichszahlung)

Am 16.01.X2 leistet A die 2. Nominalzinszahlung der Anleihe von 3.000 T€; die in den beiden Quartalen zuvor erfasste Zinsverbindlichkeit von 2.750 T€ (1.250 T€ + 1.500 T€) wird aufgelöst. Darüber hinaus ist der anteilige Nominalzins von 250 T€ (3.000 T€ · 15 Tage / 180 Tage) zu realisieren:

16.01.X2	Zinsverb. FLAC (B)	2.750,00 T€	Kasse LaR (B)	3.000,00 T€
	Zinsaufwand FLAC (ZE)	250,00 T€		

Zudem muss die Anleihe um die Differenz zwischen anteiligem Effektivzins und anteiligem Nominalzins von 19,16 T€ (229,94 T€ · 15 Tage / 180 Tage) fortgeschrieben werden:

16.01.X2	Zinsaufwand FLAC (ZE)	19,16 T€	Anleihe FLAC (B)	19,16 T€

Aus dem Receiver-Zinsswap wurden für den Zeitraum vom 16.07.X1 bis 31.12.X1 Korrekturen des Zinsaufwands von 1.015,20 T€ im Zinsergebnis erfasst (▶ 7.1.1.16). Die auf den verbleibenden Zeitraum von 15 Tagen entfallende Zinsaufwands-Korrektur beläuft sich auf 93,80 T€ (1.109 T€ ./. 1.015,20 T€) und wird folgendermaßen erfasst:

16.01.X2	Zinsswap Aktiva (B)	93,80 T€	Zinsaufwand (ZE)	93,80 T€

A bucht den Zahlungseingang aus dem Receiver-Zinsswap von 1.109 T€ (2.683,50 T€ ./. 1.574,50 T€) wie folgt:

16.01.X2	Kasse LaR (B)	1.109,00 T€	Zinsswap Aktiva (B)	1.109,00 T€

7.1.1.20 Retrospektiver Effektivitätstest am 31.03.X2 (Q1 X2)

In analoger Weise wie zu den Quartalsabschlüssen in X1 erfolgt die Bestimmung der retrospektiven Effektivität zum 31.03.X2. Die entsprechenden

7 Bilanzierung und Offenlegung einzelner Sicherungsbeziehungen

Bewertungsparameter enthält Tabelle 7-16, aus der sich entnehmen lässt, dass der für die Zinsperiode vom 16.01.X2 bis zum 15.07.X2 relevante 6-Monats-EURIBOR (Fixing vom 14.01.X2) bei 4,152% liegt.

Tabelle 7-16   *Praxisbeispiel FVH Zinsrisiko: Bewertungsparameter RET 31.03.X2*

Zeitraum	(1) Tage periodisch	(2) Tage kumulativ	(3) Swap-zinssatz	(4)ᵃ Zero-Zinssatz	(5) Fixing/ Terminzinssatz	(6) = b Auszahlung variabel	(7) = c Zahlung fix
01.04.X2-15.07.X2	105	105	4,282%	4,282%	4,152%	-1.232,88 T€	1.565,38 T€
16.07.X2-15.01.X3	180	285	4,694%	4,759%	4,976%	-2.525,44 T€	2.683,50 T€
16.01.X3-15.07.X3	180	465	5,374%	5,468%	6,458%	-3.266,72 T€	2.683,50 T€
16.07.X3-15.01.X4	180	645	5,056%	5,124%	4,197%	-2.136,14 T€	2.683,50 T€
16.01.X4-15.07.X4	180	825	5,040%	5,106%	4,980%	-2.527,62 T€	2.683,50 T€
16.07.X4-15.01.X5	180	1.005	5,202%	5,282%	6,000%	-3.037,56 T€	2.683,50 T€

a Siehe zur Bestimmung Abschnitt 2.1.8
b 100 Mio. € · [Spalte (5) + 0,075%] · Spalte (1) / 360
c 100 Mio. € · 5,367% · Spalte (1) / 360

Der Clean Fair Value des Receiver-Zinsswap zum 31.03.X2 beträgt +269,14 T€:

$$\frac{(-1.232,88\,T€ + 1.565,38\,T€)}{(1 + 4,282\% \cdot 105/360)} + \frac{(-2.525,44\,T€ + 2.683,50\,T€)}{(1 + 4,759\% \cdot 285/360)} + \ldots + \frac{(-3.037,56\,T€ + 2.683,50\,T€)}{(1 + 5,282\%)^{1.005/360}} = 269,14\,T€$$

Für die Anleihe ergibt sich zum 31.03.X2 auf Basis der Swapkurve ein Clean Fair Value von -100.424,76 T€ (Zinszahlungen siehe Spalte (7) in Tabelle 7-16):

$$\frac{-1.565,38\,T€}{(1 + 4,282\% \cdot 105/360)} + \frac{-2.683,50\,T€}{(1 + 4,759\% \cdot 285/360)} + \ldots + \frac{(-2.683,50\,T€ + -100.000\,T€)}{(1 + 5,282\%)^{1.005/360}} = -100.424,76\,T€$$

Es bestimmt sich eine retrospektive Effektivität (ER) von -126,8%:

$$ER = \frac{\Delta\,Clean\,FV\,(Ist/hist.)\,SI}{\Delta\,Clean\,FV\,(Ist/hist.)\,GG} = \frac{(269,14\,T€./.-269,65\,T€)}{(-100.424,76\,T€./.-100.000\,T€)} = \frac{538,79\,T€}{-424,76\,T€} = -126,8\%$$

7.1.1.21 Beendigung der Sicherungsbeziehung

Die retrospektive Effektivität liegt nicht mehr innerhalb der geforderten Bandbreite von 80-125%. Die Sicherungsbeziehung erfüllt daher nicht mehr die Anwendungsvoraussetzungen (▶ 3.16.6) und ist zu beenden (▶ 3.16.9).[1528] A bestimmt den Effektivzinssatz auf Basis des Buchwerts der

---

[1528] A hat zur Effektivitätsbeurteilung keine Toleranzgrenzen (siehe dazu Abschnitt 3.16.7.2) definiert, über die sich eine Fortführung der Sicherungsbeziehung begründen lassen würde.

Absicherungen gegen Zinsrisiken

7.1

Anleihe zum 16.01.X2 von 99.290,69 T€ (99.271,53 T€ + 19,16 T€) neu; dieser beträgt jetzt 6,263%. Die Anleihe wird in der Folge auf Basis dieses neu bestimmten Effektivzinssatzes fortgeschrieben (siehe Tabelle 7-17).

Praxisbeispiel FVH Zinsrisiko: fortgeführte Anschaffungskosten der Anleihe nach Beendigung der Sicherungsbeziehung

Tabelle 7-17

Zeitraum	(1) Buchwert Anfang	(2) = a Effektivzinsaufwand	(3) = b Nominalzinszahlung	(4) = (1) + (2) ./. (3) Buchwert Ende	(5) = (4) ./. (1) Δ Buchwert
16.01.X2-15.07.X2	99.290,69 T€	3.109,30 T€	3.000,00 T€	99.399,99 T€	109,30 €
16.07.X2-15.01.X3	99.399,99 T€	3.112,72 T€	3.000,00 T€	99.512,71 T€	112,72 €
16.01.X3-15.07.X3	99.512,71 T€	3.116,25 T€	3.000,00 T€	99.628,96 T€	116,25 €
16.07.X3-15.01.X4	99.628,96 T€	3.119,89 T€	3.000,00 T€	99.748,84 T€	119,89 €
16.01.X4-15.07.X4	99.748,84 T€	3.123,64 T€	3.000,00 T€	99.872,49 T€	123,64 €
16.07.X4-15.01.X5	99.872,49 T€	3.127,51 T€	3.000,00 T€	100.000,00 T€	127,51 €
Σ		18.709,31 T€	18.000 T€		709,31 T€

a Spalte (1) · 6,263% · 180 / 360   b 100 Mio. € · 6% · 180 / 360

Der Receiver-Zinsswap hat zum 16.01.X2 einen Buchwert von +635,33 T€ (1.650,53 T€ + 93,80 T€ ./. 1.109 T€). A entschließt sich, das Derivat zu halten; es wird daher der Bewertungskategorie FAHfT zugeordnet:

Receiver-Zinsswap

| 16.01.X2 | Zinsswap FAHfT (B) | 635,33 T€ | Zinsswap Aktiva (B) | 635,33 T€ |

Die sich in den nachfolgenden Perioden ergebenden Wertänderungen aus dem nun freistehenden Receiver-Zinsswap werden über das Handelsergebnis erfasst.[1529]

7.1.2 Absicherung der Auszahlungen aus einem künftigen variabel verzinslichen Darlehen gegen Zinsänderungsrisiken mittels Forward-Zinsswap

7.1.2.1 Ausgangslage

Unternehmen B mit S&P-Rating BBB liegt Anfang X1 für die nächsten 36 Monate eine Kreditzusage über ein Volumen von insgesamt 200 Mio. € mit Verzinsung zum 12-Monats-EURIBOR zuzüglich 125 BP (Fixing jeweils 2 Tage vor Beginn der 1. Zinsperiode; Zählweise 30/360) von seiner Hausbank vor. Mitte April X1 beschließt B, seine Auslandsaktivitäten auszuwei-

Grundgeschäft

[1529] Für ein Praxisbeispiel dazu siehe Abschnitt 6.5.9.2.

Bilanzierung und Offenlegung einzelner Sicherungsbeziehungen

ten. Es wird ein Investitionsbetrag von 50 Mio. € ermittelt, der dem Tochterunternehmen am 21.10.X1 bereitgestellt werden soll. Zur Finanzierung will B auf die Kreditzusage der Hausbank zurückgreifen; die Rückzahlung der aufgenommenen Mittel soll am 21.10.X3 erfolgen.

Sicherungsinstrument

Da B mit einem Anstieg des Marktzinsniveaus rechnet, wird am 21.04.X1 ein Forward-Starting-Payer-Zinsswap (▶ 2.6.3.1) mit einem Nominalvolumen in Höhe des geplanten Investitionsbetrags abgeschlossen. Der Kontrakt endet am 21.10.X3 und beinhaltet den Erhalt von jährlich nachschüssigen variablen Zinsen auf Basis des 12-Monats-EURIBOR (Fixing-Tage: 19.10.X1 und 19.10.X2) und die nachschüssige Zahlung von jährlich 5,5% festen Zinsen (Zählweise 30/360). Die 1. Zinsperiode geht vom 21.10.X1 bis zum 20.10.X2, die 2. Zinsperiode vom 21.10.X2 bis zum 20.10.X3.

7.1.2.2 Designation und Dokumentation der Sicherungsbeziehung am 21.04.X1

Das Darlehen und der Forward-Zinsswap werden in eine Sicherungsbeziehung nach IAS 39 eingebunden. Tabelle 7-18 enthält die wesentlichen Merkmale, die B bei Designation dokumentiert.

Tabelle 7-18 *Praxisbeispiel Cash Flow Hedge Zinsrisiko: Dokumentation bei Designation*

Merkmal	Beschreibung
Art der Sicherungsbeziehung	Cash Flow Hedge
Identifikation des Grundgeschäfts	Alle Zinszahlungen aus einem künftig abgeschlossenen variabel verzinslichen Darlehen im Nominalvolumen von 50 Mio. € (erwartete Transaktion) mit Verzinsung zum 12-Monats-EURIBOR + 125 BP
Art des abgesicherten Risikos/ausgeschlossener Teil	Wertänderungen des Grundgeschäfts, die sich aus Veränderungen des 12-Monats-EURIBOR ergeben; das Bonitätsrisiko ist nicht Teil des abgesicherten Risikos
Identifikation des Sicherungsinstruments	Forward-Starting-Payer-Zinsswap mit jährlichem Erhalt von 12-Monats-EURIBOR gegen Zahlung von jährlich 5,5% fix
Risikoart	Zinsänderungsrisiko
Verbindung zur Risikomanagementstrategie	Entscheidung zur Designation von Sicherungsbeziehungen gegen Zinsänderungsrisiken wird auf Basis der von Treasury durchgeführten Prognosen zur Marktzinsentwicklung getroffen

Absicherungen gegen Zinsrisiken

7.1

Merkmal	Beschreibung
Prospektiver Effektivitätstest (PET)	Critical Terms Match (IAS 39.AG108): Wesentliche Bedingungen (Nominalbetrag, Laufzeit, Zinszahlungs- und Zinsanpassungstermine, Referenzzins) von Grundgeschäft und Sicherungsinstrument sind identisch
Retrospektiver Effektivitätstest (RET)	Dollar-Offset-Methode (Benchmark-Ansatz): Verhältnis der kumulativen Wertänderungen des Sicherungsinstruments und der Barwerte der abgesicherten Zahlungen aus dem Grundgeschäft auf Basis der Full Fair Values

7.1.2.3 Bilanzierung am 21.04.X1 (Abschluss des Forward-Zinsswap)

Der Forward-Zinsswap muss erstmalig zum beizulegenden Zeitwert bilanziert werden. Tabelle 7-19 enthält die dazu erforderlichen Bewertungsparameter.

Praxisbeispiel CFH Zinsrisiko: Bewertungsparameter Forward-Zinsswap 21.04.X1   *Tabelle 7-19*

Zeitraum	(1) Tage periodisch	(2) Tage kumulativ	(3) Swap-zinssatz	(4)[a] Zero-Zinssatz	(5) Termin-zinssatz	(6) = b Auszahlung fix	(7) = c Einzahlung variabel
21.04.X1-20.10.X1	180	180	3,562%	3,562%	3,562%		
21.10.X1-20.10.X2	360	540	4,608%	4,634%	5,158%	-2.750 T€	2.578,77 T€
21.10.X2-20.10.X3	360	900	5,018%	5,050%	5,678%	-2.750 T€	2.839,20 T€

a Siehe zur Bestimmung Abschnitt 2.1.8
b 50 Mio. € · 5,5%
c 50 Mio. € · Spalte (5)

Der Fair Value des Forward-Zinsswap zum 21.04.X1 beträgt -81,12 T€:

$$\frac{(-2.750\ T€ + 2.578,77\ T€)}{(1 + 4,634\%)^{540/360}} + \frac{(-2.750\ T€ + 2.839,20\ T€)}{(1 + 5,050\%)^{900/360}} = -81,12\ T€$$

Da der Forward-Zinsswap Teil einer Sicherungsbeziehung ist, ordnet B ihn keiner Bewertungskategorie zu. Der bei Einbuchung entstehende Verlust aus der erstmaligen Zeitbewertung wird jedoch noch wie derjenige eines freistehenden Derivats behandelt und im Handelsergebnis (HE) erfasst. Buchung (B = Bilanz):

21.04.X1	Aufw. Wertänd. HfT (HE)	81,12 T€	Zinsswap Passiva (B)	81,12 T€

7.1.2.4 Retrospektiver Effektivitätstest am 30.06.X1 (Q2 X1)

B ermittelt die retrospektive Effektivität über das Verhältnis der kumulativen Wertänderung des Sicherungsinstruments und der kumulativen Änderungen der Barwerte der abgesicherten Zahlungen aus dem Grundgeschäft (Dollar-Offset-Methode, Benchmark-Ansatz ▶ 3.16.7.2). Die zur Bestimmung der Full Fair Values benötigten Bewertungsparameter sind in Tabelle 7-20 aufgeführt.

Tabelle 7-20 *Praxisbeispiel CFH Zinsrisiko: Bewertungsparameter RET 30.06.X1*

Zeitraum	(1) Tage periodisch	(2) Tage kumulativ	(3) Swapzinssatz	(4)[a] Zero-Zinssatz	(5) Terminzinssatz	(6) = b Auszahlung fix	(7) = c Zahlung variabel
01.07.X1-20.10.X1	110	110	3,642%	3,642%	3,642%		
21.10.X1-20.10.X2	360	470	4,464%	4,483%	4,728%	-2.750 T€	2.363,81 T€
21.10.X2-20.10.X3	360	830	5,008%	5,038%	5,767%	-2.750 T€	2.882,31 T€

a Siehe zur Bestimmung Abschnitt 2.1.8
b 50 Mio. € · 5,5%
c 50 Mio. € · Spalte (5)

Der Fair Value (FV) des Forward-Zinsswap zum 30.06.X1 beträgt -245,68 T€:

$$\frac{(-2.750\ T€ + 2.363,81\ T€)}{(1+4,483\%)^{470/360}} + \frac{(-2.750\ T€ + 2.882,31\ T€)}{(1+5,038\%)^{830/360}} = -245,68\ T€$$

Die abgesicherten Zahlungen aus dem Darlehen haben zum 30.06.X1 einen Barwert von +245,68 T€ (Zinszahlungen siehe Spalte (7) in Tabelle 7-20):

$$\frac{(-2.363,81\ T€ + 2.750\ T€)}{(1+4,483\%)^{470/360}} + \frac{(-2.882,31\ T€ + 2.750\ T€)}{(1+5,038\%)^{830/360}} = 245,68\ T€$$

Zum 21.04.X1 lag der Barwert der abgesicherten Zahlungen aus dem Darlehen bei +81,12 T€ (Bewertungsparameter siehe Tabelle 7-19):

$$\frac{(-2.578,77\ T€ + 2.750\ T€)}{(1+4,634\%)^{540/360}} + \frac{(-2.839,20\ T€ + 2.750\ T€)}{(1+5,050\%)^{900/360}} = 81,12\ T€$$

Es ergibt sich eine retrospektive Effektivität (ER) von -100%:

$$ER = \frac{\Delta\ \text{Full FV (Ist/hist.) SI}}{\Delta\ \text{Full FV (Ist/hist.) GG}} = \frac{(-245,68\ T€./.-81,12\ T€)}{(245,68\ T€./.81,12\ T€)} = \frac{-164,56\ T€}{164,56\ T€} = -100,0\%$$

7.1.2.5 Bilanzierung am 30.06.X1 (Q2 X1)

Da die Sicherungsbeziehung zu 100% effektiv ist, wird die gesamte (kumulative) Fair-Value-Änderung des Forward-Zinsswap im Vergleich zur Vorperiode von -164,55 T€ im Eigenkapital erfasst (▶ 3.16.8.2):

Absicherungen gegen Zinsrisiken **7.1**

| 30.06.X1 | CFH-Rücklage (OCI) | 164,55 T€ | Zinsswap Passiva (B) | 164,55 T€ |

7.1.2.6 Retrospektiver Effektivitätstest am 30.09.X1 (Q3 X1)

Die retrospektive Effektivität wird am 30.09.X1 wie zuvor über das Verhältnis der kumulativen Wertänderung des Sicherungsinstruments und der kumulativen Änderung des Barwerts der abgesicherten Zahlungen aus dem Grundgeschäft bestimmt (Bewertungsparameter siehe Tabelle 7-21).

Praxisbeispiel CFH Zinsrisiko: Bewertungsparameter RET 30.09.X1 — *Tabelle 7-21*

Zeitraum	(1) Tage periodisch	(2) kumulativ	(3) Swap-zinssatz	(4)[a] Zero-Zinssatz	(5) Terminzinssatz	(6) = b Auszahlung fix	(7) = c Zahlung variabel
01.10.X1-20.10.X1	20	20	3,872%	3,872%	3,872%		
21.10.X1-20.10.X2	360	380	4,509%	4,514%	4,546%	-2.750 T€	2.272,95 T€
21.10.X2-20.10.X3	360	740	5,152%	5,173%	5,873%	-2.750 T€	2.936,26 T€

a Siehe zur Bestimmung Abschnitt 2.1.8
b 50 Mio. € · 5,5%
c 50 Mio. € · Spalte (5)

Der Fair Value des Forward-Zinsswap zum 30.09.X1 beträgt -287,41 T€:

$$\frac{(-2.750\ T€ + 2.272,95\ T€)}{(1+4,514\%)^{380/360}} + \frac{(-2.750\ T€ + 2.936,26\ T€)}{(1+5,173\%)^{740/360}} = -287,41\ T€$$

Die abgesicherten Zahlungen aus dem Darlehen haben zum 30.09.X1 einen Barwert von +287,41 T€ (Zinszahlungen siehe Spalte (7) in Tabelle 7-21):

$$\frac{(-2.272,95\ T€ + 2.750\ T€)}{(1+4,514\%)^{380/360}} + \frac{(-2.936,26\ T€ + 2.750\ T€)}{(1+5,173\%)^{740/360}} = 287,41\ T€$$

Die retrospektive Effektivität (ER) beträgt -100%:

$$ER = \frac{\Delta\ Full\ FV\ (Ist/hist.)\ SI}{\Delta\ Full\ FV\ (Ist/hist.)\ GG} = \frac{(-287,41\ T€./.-81,12\ T€)}{(287,41\ T€./.81,12\ T€)} = \frac{-206,29\ T€}{206,29\ T€} = -100,0\%$$

7.1.2.7 Bilanzierung am 30.09.X1 (Q3 X1)

Da die Sicherungsbeziehung wiederum zu 100% effektiv ist, wird die gesamte Fair-Value-Änderung des Forward-Zinsswap im Vergleich zur Vorperiode von -41,73 T€ (-287,41 T€ ./. -245,68 T€) ins Eigenkapital gebucht:

| 30.09.X1 | CFH-Rücklage (OCI) | 41,73 T€ | Zinsswap Passiva (B) | 41,73 T€ |

Somit sind zum 30.09.X1 im Eigenkapital Verluste von 206,28 T€ (164,55 T€ + 41,73 T€) erfasst.

7.1.2.8 Bilanzierung am 21.10.X1 (Aufnahme des Darlehens)

Am 21.10.X1 geht B die Darlehenssumme zu; die für die 1. Zinsperiode vom 21.10.X1 bis zum 20.10.X2 relevante Notierung des 12-Monats-EURIBOR am 19.10.X1 beträgt 4,322%. Der Kredit wird der Bewertungskategorie FLAC zugeordnet und erstmalig zum beizulegenden Zeitwert bewertet; dieser beläuft sich auf 50.000 T€. Da B in letzter Zeit eine Reihe von Geschäften mit der Hausbank abgeschlossen hat, fallen weder Gebühren noch sonstige Kosten an. Somit ergibt sich ein Effektivzinssatz von 5,572% (12-Monats-EURIBOR zuzüglich 125 BP). Das Darlehen wird erstmalig wie folgt gebucht:

21.10.X1	Kasse LaR (B)	50.000,00 T€	Darlehen FLAC (B)	50.000,00 T€

7.1.2.9 Retrospektiver Effektivitätstest am 31.12.X1 (Q4 X1)

Analog wie zuvor wird die retrospektive Effektivität über das Verhältnis der kumulativen Wertänderung des Sicherungsinstruments und der kumulativen Änderung des Barwerts der abgesicherten Zahlungen aus dem Grundgeschäft bestimmt (Bewertungsparameter siehe Tabelle 7-22).

Tabelle 7-22 *Praxisbeispiel CFH Zinsrisiko: Bewertungsparameter RET 31.12.X1*

Zeitraum	(1) Tage periodisch	(2) Tage kumulativ	(3) Swap-zinssatz	(4)^a Zero-Zinssatz	(5) Fixing/ Terminzinssatz	(6) = b Auszahlung fix	(7) = c Zahlung variabel
01.01.X2-20.10.X2	290	290	4,292%	4,292%	4,322%	-2.750 T€	2.161,00 T€
21.10.X2-20.10.X3	360	650	5,246%	5,277%	6,062%	-2.750 T€	3.030,86 T€

a Siehe zur Bestimmung Abschnitt 2.1.8
b 50 Mio. € · 5,5%
c 50 Mio. € · Spalte (5)

Der Fair Value des Forward-Zinsswap zum 31.12.X1 beträgt -313,36 T€:

$$\frac{(-2.750\ T€ + 2.161\ T€)}{(1 + 4,292\% \cdot 290/360)} + \frac{(-2.750\ T€ + 3.030,86\ T€)}{(1 + 5,277\%)^{650/360}} = -313,36\ T€$$

Die abgesicherten Zahlungen aus dem Darlehen haben zum 31.12.X1 einen Barwert von +313,36 T€ (Zinszahlungen siehe Spalte (7) in Tabelle 7-22):

$$\frac{(-2.161\ T€ + 2.750\ T€)}{(1 + 4,292\% \cdot 290/360)} + \frac{(-3.030,86\ T€ + 2.750\ T€)}{(1 + 5,277\%)^{650/360}} = 313,36\ T€$$

Es ergibt sich eine retrospektive Effektivität (ER) von -100%:

$$ER = \frac{\Delta\ Full\ FV\ (Ist/hist.)\ SI}{\Delta\ Full\ FV\ (Ist/hist.)\ GG} = \frac{(-313,36\ T€./.-81,12\ T€)}{(313,36\ T€./.81,12\ T€)} = \frac{-232,24\ T€}{232,24\ T€} = -100{,}0\%$$

7.1.2.10 Bilanzierung am 31.12.X1 (Q4 X1)

Da die Sicherungsbeziehung zu 100% effektiv ist, wird die gesamte Fair-Value-Änderung des Forward-Zinsswap im Vergleich zur Vorperiode von -25,95 T€ (-313,36 T€ ./. -287,41 T€) im Eigenkapital erfasst:

31.12.X1	CFH-Rücklage (OCI)	25,95 T€	Zinsswap Passiva (B)	25,95 T€

Ferner sind die anteiligen Zinsaufwendungen für das Darlehen von 541,72 T€ (50.000 T€ · 5,572% · 70 Tage / 360 Tage) im Zinsergebnis (ZE) zu realisieren. Weil zu diesem Zeitpunkt noch keine Zinszahlungen geleistet werden müssen, wird eine Zinsverbindlichkeit erfasst:

31.12.X1	Zinsaufwand FLAC (ZE)	541,72 T€	Zinsverb. FLAC (B)	541,72 T€

Da die erwartete Transaktion zum Ansatz einer finanziellen Verbindlichkeit führt, sind die im Eigenkapital erfassten Beträge in Berichtsperioden, in denen das erworbene bzw. übernommene Finanzinstrument das Ergebnis beeinflusst, in die GuV zu transferieren (▶ 3.16.8.2). Dies ist mit der Erfassung des anteiligen Zinsaufwands für das Darlehen geschehen. Dementsprechend wird auch der Verlust aus der 1. Ausgleichszahlung des Forward-Zinsswap von -589 T€ (-2.750 T€ + 2.161 T€), die am 21.10.X2 fällig ist, anteilig ins Ergebnis überführt. Es ergibt sich ein zu realisierender Betrag von -114,53 T€ (-589 T€ · 70 Tage / 360 Tage):

31.12.X1	Zinsaufwand (ZE)	114,53 T€	CFH-Rücklage (OCI)	114,53 T€

Im Eigenkapital wurden bis zum 31.12.X1 Verluste von 232,23 T€ (206,28 T€ + 25,95 T€) erfasst, nach Abzug der Umbuchung in die GuV von 114,53 T€ ergibt sich ein OCI-Bestand von 117,70 T€.

Insgesamt hat B in Q4 X1 Zinsaufwendungen von 656,25 T€ erfasst, dieser Betrag setzt sich zusammen aus:

- den Zinsen für den 12-Monats-EURIBOR von 420,19 T€ (4,322% · 50.000 T€ · 70 Tage / 360 Tage);
- der Differenz zwischen dem Festzins aus dem Forward-Zinsswap und dem Zins für den 12-Monats-EURIBOR von 114,53 T€ (1,178% · 50.000 T€ · 70 Tage / 360 Tage);
- einem Bonitätsrisikoaufschlag von 121,53 T€ (1,25% · 50.000 T€ · 70 Tage / 360 Tage).

7.1.2.11 Angaben im Jahresabschluss X1

Für den Jahresabschluss X1 berücksichtigt B den Buchwert des Darlehens von 50.000 T€ sowie den Buchwert der Zinsverbindlichkeit von 541,72 T€ bei

7 Bilanzierung und Offenlegung einzelner Sicherungsbeziehungen

der Angabe des Buchwerts der Bewertungskategorie FLAC (▶ 3.4.4.1).[1530] Seit Kreditaufnahme hat sich das Bonitätsrisiko von B nicht geändert. Daher entspricht der Buchwert von 50.000 T€ dem Fair Value des Darlehens; der Betrag wird zur Angabe der beizulegenden Zeitwerte nach Klassen (▶ 3.4.4.2) herangezogen.

Der für das Darlehen im 4. Quartal erfasste Zinsaufwand von 541,72 T€ geht in das zu publizierende Nettoergebnis (▶ 3.14.6) der Bewertungskategorie FLAC ein und wird auch bei den offen zu legenden Gesamtzinsaufwendungen (▶ 3.14.3) berücksichtigt. Nicht Bestandteil des Nettoergebnisses sind hingegen die aus dem Eigenkapital in die GuV umgebuchten Verluste, da diese aus dem Sicherungsinstrument resultieren (Begründung ▶ 3.14.6). Der bei Einbuchung erfasste Verlust aus der Fair-Value-Bilanzierung des Forward-Zinsswap von 81,12 T€ wird allerdings beim FVPL (HfT)- Nettoergebnis berücksichtigt.

Zur Erfüllung der für jede Art von Sicherungsbeziehungen bestehenden Angabepflichten (▶ 3.16.5) fasst B die bei Designation dokumentierten Merkmale (▶ 7.1.2.2) zusammen. Zudem gibt es im Anhang an, dass der Forward-Zinsswap zum 31.12.X1 einen beizulegenden Zeitwert von -313,36 T€ hat. Im Rahmen der qualitativen Angaben zu beizulegenden Zeitwerten (▶ 3.4.4.2) wird dieser der Bewertungsstufe 2 zugeordnet, da marktbestimmte Input-Faktoren (Swapzinssätze, EURIBOR-Zinssätze) Verwendung finden.

Um den speziell für Cash Flow Hedges bestehenden Offenlegungsanforderungen (▶ 3.16.8.2) nachzukommen, beschreibt B die Tatsache, dass die Zinszahlungen aus dem Grundgeschäft am 21.10.X2 und am 21.10.X3 fällig sind und die Zinsaufwendungen periodenanteilig erfasst werden. Außerdem wird publiziert, dass im Jahr X1 Verluste von insgesamt 232,23 T€ ins OCI gebucht wurden und ein Verlust von 114,53 T€ vom OCI in die GuV (ins Zinsergebnis) überführt wurde.

Fälligkeits-analyse

Die Zahlungen aus dem Darlehen sowie aus dem Forward-Zinsswap gehen in die innerhalb der Angaben zu Liquiditätsrisiken geforderte Fälligkeitsanalyse ein. B zieht dabei den in Tabelle 5-2 dargestellten Aufbau heran (▶ 5.4.3.2). Tabelle 7-23 zeigt die für die Sicherungsbeziehung berücksichtigten Werte und Zuordnungen. Die variablen Zinszahlungen aus dem Darlehen werden unter Zugrundelegung des aktuell gültigen 12-Monats-EURIBOR zuzüglich 125 BP (5,572%) bestimmt.

[1530] Die Zahlungsmittel finden bei der Bewertungskategorie LaR Berücksichtigung.

Absicherungen gegen Zinsrisiken

7.1

Praxisbeispiel CFH Zinsrisiko: Fälligkeitsanalyse (Ein- und Auszahlungen +/-)   *Tabelle 7-23*

X2			X3		
Zins fix	Zins variabel	Tilgung	Zins fix	Zins variabel	Tilgung
-2.750 T€	-625 T€ (+2.161 T€; -2.786 T€)	0 T€	-2.750 T€	+244,86 T€ (+3.030,86 T€; -2.786 T€)	-50.000 T€

Zur Darstellung der Marktrisiken bzw. Sensitivitäten zum Zinsrisiko (▶ 5.4.4.3) bedient sich B der BPV-Methodik (▶ 2.1.11.4). Dabei wird die Wertänderung des Forward-Zinsswap bei einer hypothetischen Parallelverschiebung der Swap-Zinsstrukturkurve um +100 BP bestimmt. Die zur Ermittlung des hypothetischen Fair Value erforderlichen Bewertungsparameter zeigt Tabelle 7-24.

Zinssensitivität

Praxisbeispiel CFH Zinsrisiko: hyp. Bewertungsparameter Forward-Zinsswap 31.12.X1   *Tabelle 7-24*

Zeitraum	(1) Tage periodisch	(2) Tage kumulativ	(3) Swap-zinssatz	(4)^a Zero-Zinssatz	(5) Fixing/ Terminzinssatz	(6) = b Auszahlung fix	(7) = c Zahlung variabel
01.01.X2-20.10.X2	290	290	5,292%	5,292%	4,322%	-2.750 T€	2.161,00 T€
21.10.X2-20.10.X3	360	650	6,246%	6,285%	7,069%	-2.750 T€	3.534,73 T€

a Siehe zur Bestimmung Abschnitt 2.1.8   c 50 Mio. € · Spalte (5)
b 50 Mio. € · 5,5%

Der hypothetische beizulegende Zeitwert des Forward-Zinsswap zum 31.12.X1 beträgt +207,29 T€:

$$\frac{(-2.750\,\text{T€} + 2.161\,\text{T€})}{(1 + 5,292\% \cdot 290/360)} + \frac{(-2.750\,\text{T€} + 3.534{,}73\,\text{T€})}{(1 + 6{,}285\%)^{650/360}} = 207{,}29\,\text{T€}$$

Da die Sicherungsbeziehung zu 100% effektiv ist, stellt der Unterschiedsbetrag zum tatsächlich am 31.12.X1 vorherrschenden beizulegenden Zeitwert (▶ 7.1.2.9) von +520,65 T€ (207,29 T€ ./. -313,36 T€) die Sensitivität zum Zinsrisiko dar. In analoger Weise wird die Sensitivität bei einer Parallelverschiebung der Swap-Zinskurve um 100 BP nach unten ermittelt; es ergibt sich ein Wert von -480,99 T€.[1531] Wäre das Zinsniveau also um 100 BP höher (niedriger) gewesen, so wäre das Eigenkapital um 520,65 T€ höher (um 480,99 T€ geringer) ausgefallen.

[1531] Auf die Darstellung der Berechnung wird verzichtet.

7.1.2.12 Retrospektiver Effektivitätstest am 31.03.X2 (Q1 X2)

Für den 1. Quartalsabschluss X2 wird die retrospektive Effektivität wie in X1 ermittelt. Die dazu benötigten Bewertungsparameter enthält Tabelle 7-25.

Tabelle 7-25 *Praxisbeispiel CFH Zinsrisiko: Bewertungsparameter RET 31.03.X2*

Zeitraum	(1) Tage periodisch	(2) kumulativ	(3) Swapzinssatz	(4)[a] Zero-Zinssatz	(5) Fixing/ Terminzinssatz	(6) = b Auszahlung fix	(7) = c Zahlung variabel
01.04.X2-20.10.X2	200	200	4,722%	4,722%	4,322%	-2.750 T€	2.161,00 T€
21.10.X2-20.10.X3	360	560	5,628%	5,663%	6,162%	-2.750 T€	3.081,02 T€

a Siehe zur Bestimmung Abschnitt 2.1.8
b 50 Mio. € · 5,5%
c 50 Mio. € · Spalte (5)

Der Fair Value des Forward-Zinsswap zum 31.03.X2 beträgt -270,11 T€:

$$\frac{(-2.750\,T€ + 2.161\,T€)}{(1 + 4,722\% \cdot 200/360)} + \frac{(-2.750\,T€ + 3.081,02\,T€)}{(1 + 5,663\%)^{560/360}} = -270,11\,T€$$

Die abgesicherten Zahlungen aus dem Darlehen haben zum 31.03.X2 einen Barwert von 270,11 T€ (Zinszahlungen siehe Spalte (7) in Tabelle 7-25):

$$\frac{(-2.161\,T€ + 2.750\,T€)}{(1 + 4,722\% \cdot 200/360)} + \frac{(-3.081,02\,T€ + 2.750\,T€)}{(1 + 5,663\%)^{560/360}} = 270,11\,T€$$

Die retrospektive Effektivität (ER) beträgt -100%:

$$ER = \frac{\Delta\,Full\,FV\,(Ist/hist.)\,SI}{\Delta\,Full\,FV\,(Ist/hist.)\,GG} = \frac{(-270,11\,T€./.-81,12\,T€)}{(270,11\,T€./.81,12\,T€)} = \frac{-188,99\,T€}{188,99\,T€} = -100,0\%$$

7.1.2.13 Bilanzierung am 31.03.X2 (Q1 X2)

Erneut wird am 31.03.X2 die gesamte Fair-Value-Änderung des Forward-Zinsswap im Vergleich zur Vorperiode von +43,25 T€ (-270,11 T€ ./. -313,36 T€) im Eigenkapital erfasst:

31.03.X2	Zinsswap Passiva (B)	43,25 T€	CFH-Rücklage (OCI)	43,25 T€

Außerdem werden die anteiligen Zinsaufwendungen für das Darlehen von 696,50 T€ (50.000 T€ · 5,572% · 90 Tage / 360 Tage) realisiert. Da zu diesem Zeitpunkt noch keine Zinszahlungen zu leisten sind, erfasst B eine Zinsverbindlichkeit:

31.03.X2	Zinsaufwand FLAC (ZE)	696,50 T€	Zinsverb. FLAC (B)	696,50 T€

Wie zum 31.12.X1 wird auch für Q1 X2 der Verlust aus der 1. Ausgleichszahlung des Forward-Zinsswap von 589 T€ (-2.750 T€ + 2.161 T€), die am

21.10.X2 fällig ist, anteilig in die GuV transferiert. Der zu realisierende Betrag beläuft sich auf 147,25 T€ (-589 T€ · 90 Tage / 360 Tage):

| 31.03.X2 | Zinsaufwand (ZE) | 147,25 T€ | CFH-Rücklage (OCI) | 147,25 T€ |

Im Eigenkapital wurden bis zum 31.03.X2 Gewinne und Verluste von per Saldo -74,46 T€ (-117,71 T€ + 43,25 T€) erfasst, nach Berücksichtigung der Umbuchung in die GuV von 147,25 T€ ergibt sich ein OCI-Bestand von +72,79 T€.

Insgesamt werden in Q1 X2 Zinsaufwendungen von 843,75 T€ erfasst; dieser Betrag setzt sich zusammen aus:

- den Zinsen für den 12-Monats-EURIBOR von 540,25 T€ (4,322% · 50.000 T€ · 90 Tage / 360 Tage);
- der Differenz zwischen dem Festzins aus dem Forward-Swap und dem Zins des 12-Monats-EURIBOR von 147,25 T€ (1,178% · 50.000 T€ · 90 Tage / 360 Tage);
- einem Bonitätsrisikoaufschlag von 156,25 T€ (1,25% · 50.000 T€ · 90 Tage / 360 Tage).

Für das 2. und 3. Quartal wird entsprechend verfahren wie in diesem und dem vorherigen Abschnitt beschrieben.

7.1.2.14 Bilanzierung am 21.10.X2 (1. Zins- und Ausgleichszahlung)

Am 21.10.X2 leistet B zunächst die 1. Zinszahlung für das Darlehen. Die in den 4 Quartalen zuvor aufgebaute Zinsverbindlichkeit von 541,72 T€ + (3 · 696,50 T€) = 2.631,22 T€ wird aufgelöst. Ferner ist der für die 1. Zinsperiode verbleibende anteilige Nominalzins von 154,78 T€ (50.000 T€ · 5,572% · 20 Tage / 360 Tage) zu erfassen:

| 21.10.X2 | Zinsverb. FLAC (B) | 2.631,22 T€ | Kasse LaR (B) | 2.786,00 T€ |
| | Zinsaufwand FLAC (ZE) | 154,78 T€ | | |

Darüber hinaus überführt B den (bisher noch nicht realisierten) anteiligen Verlust aus der 1. Ausgleichszahlung des Forward-Zinsswap von 32,72 T€ (-589 T€ · 20 Tage / 360 Tage) in die GuV:

| 21.10.X2 | Zinsaufwand (ZE) | 32,72 T€ | CFH-Rücklage (OCI) | 32,72 T€ |

Die Zahlung des Ausgleichsbetrags aus dem Forward-Zinsswap erfasst B wie folgt:

| 21.10.X2 | Zinsswap Passiva (B) | 589,00 T€ | Kasse LaR (B) | 589,00 T€ |

7 Bilanzierung und Offenlegung einzelner Sicherungsbeziehungen

Die Buchungssystematik setzt sich fort, bis die Sicherungsbeziehung mit der Fälligkeit des Forward-Zinsswap (sowie der Tilgung des Darlehens) am 21.10.X3 beendet wird.

7.2 Absicherungen gegen Währungsrisiken

7.2.1 Absicherung des Zeitwerts einer festen Verkaufsverpflichtung gegen Währungsrisiken mittels Devisentermingeschäft

7.2.1.1 Ausgangslage

Grundgeschäft

Unternehmen C mit funktionaler Währung € ist Hersteller von Flugzeugen. Am 19.07.X2 schließt es einen Vertrag über den Verkauf von 30 Maschinen im Volumen von 240 Mio. $ ab. Der Kontrakt sieht die Lieferung der Flugzeuge am 16.02.X3 vor. Die Zahlung erfolgt in $ und ist am 16.04.X3 fällig.

Sicherungsinstrument

Um negative Folgen aus der Fluktuation des $/€-Wechselkurses zu verhindern, schließt C mit seiner Hausbank zeitgleich mit dem Eingehen der festen Veräußerungsverpflichtung ein Devisentermingeschäft (DTG) ab. Der Derivatekontrakt beinhaltet den Verkauf von 240 Mio. $ am 16.02.X3 zum vereinbarten Wechselkurs von 0,733 $/€. Letzterer entspricht dem fairen Terminwechselkurs (Mittelkurs) zum 16.02.X3.

C rechnet Finanzinstrumente in Fremdwährung für Bilanzierungszwecke einheitlich zum Mittelkurs um. Bei den im Folgenden genannten Wechselkursen handelt es daher stets um Mittelkurse.

7.2.1.2 Designation und Dokumentation der Sicherungsbeziehung am 19.07.X2

Die feste Lieferverpflichtung und das DTG werden in eine Sicherungsbeziehung nach IAS 39 eingebunden. Tabelle 7-26 enthält die wesentlichen Merkmale, die C bei Designation dokumentiert.

Absicherungen gegen Währungsrisiken

7.2

Praxisbeispiel Fair Value Hedge Währungsrisiko: Dokumentation bei Designation — **Tabelle 7-26**

Merkmal	Beschreibung
Art der Sicherungsbeziehung	Fair Value Hedge
Identifikation des Grundgeschäfts	Feste Verpflichtung zur Lieferung von 30 Flugzeugen am 16.02.X3 im Volumen von 240 Mio. $
Art des abgesicherten Risikos	$/€-Wechselkursrisiko, das sich aus der Lieferungsverpflichtung (Umsatzerlöse in € sind ggf. geringer) ergibt
Identifikation des Sicherungsinstruments	Devisentermingeschäft zum Verkauf von 240 Mio. $ am 16.02.X3 zum Terminwechselkurs von 0,733 $/€; die Zinskomponente gilt nicht als Sicherungsinstrument
Risikoart	Transaktionsbedingtes Wechselkursänderungsrisiko
Verbindung zur Risikomanagementstrategie	Minimierung signifikanter Risiken, die aus Transaktionen in Fremdwährung entstehen, über entsprechende Sicherungsmaßnahmen
Prospektiver Effektivitätstest	Critical Terms Match (IAS 39.AG108): Wesentliche Bedingungen (Nominalbetrag, Laufzeit, Wechselkurs) von Grundgeschäft und Sicherungsinstrument sind identisch
Retrospektiver Effektivitätstest (RET)	Dollar-Offset-Methode: Verhältnis der kumulativen Wertänderungen von Grundgeschäft und Sicherungsinstrument auf Basis der Kassakomponenten

7.2.1.3 Bilanzierung am 19.07.X2 (Abschluss des Devisentermingeschäfts)

Das DTG muss erstmalig zum beizulegenden Zeitwert angesetzt werden. Die hierfür benötigten Bewertungsparameter zeigt Tabelle 7-27.

Praxisbeispiel FVH FX-Risiko: Bewertungsparameter des DTGs 19.07.X2 — **Tabelle 7-27**

Zeitraum	(1) Tage	(2) €-Zero-Zinssatz	(3) Terminkurs	(4) = 240 Mio. $ / (3) $-Ausgang	(5) = 240 Mio. $ / 0,733 $/€ €-Eingang	(6) = (4) + (5) Saldo
19.07.X2-15.02.X3	207	3,934%	0,733 $/€	-327.421,56 T€	327.421,56 T€	0 T€

Zum 19.07.X2 hat das DTG hat einen beizulegenden Zeitwert von 0. C dokumentiert den Zugang in einem Nebenbuch. Da das Finanzderivat in eine bilanzielle Sicherungsbeziehung eingebunden wird, erfolgt keine Zuordnung zu einer Bewertungskategorie.

7 Bilanzierung und Offenlegung einzelner Sicherungsbeziehungen

7.2.1.4 Retrospektiver Effektivitätstest am 30.09.X2 (Q3 X2)

Am 30.09.X2 liegt der Kassawechselkurs bei 0,735 \$/€; die Zero-Zinssätze für die verbleibende Restlaufzeit der Sicherungsbeziehung (135 Tage) betragen 3,923% (€) bzw. 4,389% (\$). C bestimmt die retrospektive Effektivität über das Verhältnis der kumulativen Wertänderung des Sicherungsinstruments und des Grundgeschäfts auf Basis der Kassakomponenten (Dollar-Offset-Methode ▶ 3.16.7.2). Die zur Ermittlung der Fair Values benötigten Bewertungsparameter sind in Tabelle 7-28 aufgeführt.

Tabelle 7-28

Praxisbeispiel FVH FX-Risiko: Bewertungsparameter RET 30.09.X2

Zeitraum	(1) Tage	(2) €-Zero-Zinssatz	(3) Kassa-kurs	(4) = 240 Mio. \$ / (3) \$-Ausgang (SI)/ \$-Eingang (GG)	(5) = 240 Mio. \$ / 0,733 \$/€ €-Eingang (SI)/ €-Ausgang (GG)	(6) = (4) + (5) Saldo
01.10.X2-15.02.X3	135	3,923%	0,735 \$/€	-326.530,61 T€	327.421,56 T€	890,95 T€
				326.530,61 T€	-327.421,56 T€	-890,95 T€

Der Fair Value (FV) des DTGs auf Kassabasis zum 30.09.X2 beträgt +878,03 T€:

$$\frac{890,95\ T€}{(1 + 3,923\% \cdot 135/360)} = 878,03\ T€$$

Für die künftige Verkaufsverpflichtung bestimmt sich zum 30.09.X2 auf Kassabasis ein beizulegender Zeitwert von -878,03 T€:

$$\frac{-890,95\ T€}{(1 + 3,923\% \cdot 135/360)} = -878,03\ T€$$

Es ergibt sich eine retrospektive Effektivität (ER) von -100%:

$$ER = \frac{\Delta\ FV\ Kassa\ (Ist/hist.)\ SI}{\Delta\ FV\ Kassa\ (Ist/hist.)\ GG} = \frac{(878,03\ T€./.0\ T€)}{(-878,03\ T€./.0\ T€)} = \frac{878,03\ T€}{-878,03\ T€} = -100,0\%$$

7.2.1.5 Bilanzierung am 30.09.X2 (Q3 X2)

DTG

Das DTG wird am 30.09.X2 zum beizulegenden Zeitwert bilanziert. Zur Fair-Value-Bestimmung muss der aktuell gültige Terminwechselkurs herangezogen werden, der 0,736 \$/€ beträgt:

$$0,735\ \frac{\$}{€} \cdot \frac{(1 + 4,389\% \cdot 135/360)}{(1 + 3,923\% \cdot 135/360)} = 0,736\ \frac{\$}{€}$$

Die der Fair-Value-Bewertung zu Grunde liegenden Parameter sind in Tabelle 7-29 enthalten.

Absicherungen gegen Währungsrisiken

7.2

Praxisbeispiel FVH FX-Risiko: Bewertungsparameter des DTGs 30.09.X2 *Tabelle 7-29*

Zeitraum	Tage	(1) €-Zero-Zinssatz	(2) Termin-kurs	(3) $-Ausgang	(4) = 240 Mio. $ / (3) €-Eingang	(5) = 240 Mio. $ / 0,733 $/€ Saldo	(6) = (4) + (5)
01.10.X2-15.02.X3	135	3,923%	0,736 $/€	-325.969,24 T€	327.421,56 T€	1.452,32 T€	

Für das DTG bestimmt sich zum 30.09.X2 ein beizulegender Zeitwert von +1.431,26 T€:

$$\frac{1.452,32\,T€}{(1 + 3,923\% \cdot 135/360)} = 1.431,26\,T€$$

Im Vergleich zur Vorperiode ergibt sich eine Fair-Value-Änderung von +1.431,26 T€ (1.431,26 T€ ./. 0 T€). Da die Zinskomponente nicht Teil der Sicherungsbeziehung ist, wird die auf die Kassakomponente zurückzuführende Wertänderung von +878,03 T€ (siehe vorheriger Abschnitt) über das SI-GuV-Konto im sonstigen Finanzergebnis (FE) erfasst; den auf die Zinskomponente entfallenden Teil berücksichtigt C im Handelsergebnis (HE). Die Buchung lautet wie folgt (B = Bilanz):

30.09.X2	DTG Aktiva (B)	1.431,26 T€	Ertrag Wertänd. SI (FE)	878,03 T€
			Ertrag Wertänd. HfT (HE)	553,23 T€

Die auf das abgesicherte Risiko des Grundgeschäfts zurückzuführende Wertänderung entspricht der Fair-Value-Änderung der Lieferverpflichtung auf Kassabasis von -878,03 T€ (siehe vorheriger Abschnitt). Da die Wertentwicklung negativ ist, wird eine Verbindlichkeit eingebucht:

Lieferverpflichtung

30.09.X2	Aufwand BWA GG (FE)	878,03 T€	Lieferverpfl. (B)	878,03 T€

7.2.1.6 Retrospektiver Effektivitätstest am 31.12.X2 (Q4 X2)

Am 31.12.X2 liegt der Kassawechselkurs bei 0,779 $/€; die Zero-Zinssätze für die verbleibende Restlaufzeit der Sicherungsbeziehung (45 Tage) betragen 3,875% (€) bzw. 4,314% ($). Die retrospektive Effektivität wird wie zum 30.09.X2 über die kumulativen Fair-Value-Änderungen auf Kassabasis bestimmt (Bewertungsparameter siehe Tabelle 7-30).

Der Fair Value des DTGs auf Kassabasis zum 31.12.X2 beträgt +19.241,06 T€:

$$\frac{19.334,27\,T€}{(1 + 3,875\% \cdot 45/360)} = 19.241,06\,T€$$

7 Bilanzierung und Offenlegung einzelner Sicherungsbeziehungen

Tabelle 7-30 *Praxisbeispiel FVH FX-Risiko: Bewertungsparameter RET 31.12.X2*

Zeitraum	(1) Ta-ge	(2) €-Zero-Zinssatz	(3) Kassa-kurs	(4) = 240 Mio. $ / (3) $-Ausgang (SI)/ $-Eingang (GG)	(5) = 240 Mio. $ / 0,733 $/€ €-Eingang (SI)/ €-Ausgang (GG)	(6) = (4) + (5) Saldo
01.01.X3-15.02.X3	45	3,875%	0,779 $/€	-308.087,29 T€	327.421,56 T€	19.334,27 T€
				308.087,29 T€	-327.421,56 T€	-19.334,27 T€

Für die künftige Verkaufsverpflichtung bestimmt sich zum 31.12.X2 auf Kassabasis ein beizulegender Zeitwert von -19.241,06 T€:

$$\frac{-19.334,27\ T€}{(1+3,875\%\cdot 45/360)} = -19.241,06\ T€$$

Die retrospektive Effektivität (ER) beträgt -100%:

$$ER = \frac{\Delta\ FV\ Kassa\ (Ist/hist.)\ SI}{\Delta\ FV\ Kassa\ (Ist/hist.)\ GG} = \frac{(19.241,06\ T€./.0\ T€)}{(-19.241,06\ T€./.0\ T€)} = \frac{19.241,06\ T€}{-19.241,06\ T€} = -100,0\%$$

7.2.1.7 Bilanzierung am 31.12.X2 (Q4 X2)

DTG Wieder wird das DTG am 31.12.X2 zum beizulegenden Zeitwert bilanziert. Der aktuell gültige Terminwechselkurs beträgt 0,7794 $/€:

$$0,7790\ \frac{\$}{€}\cdot\frac{(1+4,314\%\cdot 45/360)}{(1+3,875\%\cdot 45/360)} = 0,7794\ \frac{\$}{€}$$

Die Bewertungsparameter enthält Tabelle 7-31.

Tabelle 7-31 *Praxisbeispiel FVH FX-Risiko: Bewertungsparameter des DTGs 31.12.X2*

Zeitraum	(1) Ta-ge	(2) €-Zero-Zinssatz	(3) Termin-kurs	(4) = 240 Mio. $ / (3) $-Ausgang	(5) = 240 Mio. $ / 0,733 $/€ €-Eingang	(6) = (4) + (5) Saldo
01.01.X3-15.02.X3	45	3,875%	0,7794 $/€	-307.919,14 T€	327.421,56 T€	19.502,42 T€

Für das DTG bestimmt sich zum 31.12.X2 ein beizulegender Zeitwert von +19.408,41 T€:

$$\frac{19.502,42\ T€}{(1+3,875\%\cdot 45/360)} = 19.408,41\ T€$$

Im Vergleich zur Vorperiode ergibt sich eine Fair-Value-Änderung von +17.977,15 T€ (19.408,41 T€ ./. 1.431,26 T€). Da die Zinskomponente nicht Teil der Sicherungsbeziehung ist, wird wieder die auf die Kassakomponente zurückzuführende periodische Fair-Value-Änderung von +18.363,03 T€ (19.241,06 T€ ./. 878,03 T€) über das SI-GuV-Konto erfasst. Die Differenz der

Absicherungen gegen Währungsrisiken **7.2**

beiden Werte von 385,88 T€ stellt die im Handelsergebnis zu berücksichtigende Wertänderung der Zinskomponente im Vergleich zur Vorperiode dar. Buchung:

31.12.X2	DTG Aktiva (B)	17.977,15 T€	Ertrag Wertänd. SI (FE)	18.363,03 T€
	Aufw. Wertänd. HfT (HE)	385,88 T€		

Die auf das abgesicherte Risiko des Grundgeschäfts zurückzuführende Wertänderung entspricht der kumulativen Fair-Value-Änderung der Lieferverpflichtung auf Kassabasis von -19.241,06 T€ (siehe vorheriger Abschnitt). Zu erfassen ist die Differenz zu dem in der Vorperiode eingebuchten Betrag von -18.363,03 T€ (-19.241,06 T€ ./. -878,03 T€), d.h. die Verbindlichkeit aus der Lieferverpflichtung wird entsprechend erhöht:

Lieferverpflichtung

31.12.X2	Aufwand BWA GG (FE)	18.363,03 T€	Lieferverpfl. (B)	18.363,03 T€

7.2.1.8 Angaben im Jahresabschluss X2

Für den Jahresabschluss X2 berücksichtigt C beim anzugebenden Nettoergebnis (▶ 3.14.6) die auf die (von der Sicherungsbeziehung ausgeschlossene) Zinskomponente entfallenden Aufwendungen und Erträge von per Saldo +167,35 T€. Nicht Bestandteil des Nettoergebnisses sind hingegen die sich aus den Buchwertanpassungen des Grundgeschäfts sowie aus der Wertänderung des Sicherungsinstruments ergebenden Beträge (Begründung ▶ 3.14.6).

Zur Erfüllung der für jede Art von Sicherungsbeziehungen bestehenden Angabepflichten (▶ 3.16.5) fasst C die bei Designation dokumentierten Merkmale (▶ 7.2.1.2) zusammen. Außerdem wird der beizulegende Zeitwert des DTGs von +19.408,41 T€ zum 31.12.X2 publiziert. Im Rahmen der qualitativen Angaben zu beizulegenden Zeitwerten (▶ 3.4.4.2) erfolgt dessen Zuordnung zur Bewertungsstufe 2, weil in das Bewertungsverfahren marktbestimmte Input-Faktoren (Zero-Zinssätze, Wechselkurse) eingehen.

Da es sich um einen Fair Value Hedge handelt, müssen darüber hinaus der im Jahr X2 erfasste Gewinn aus der Zeitbewertung des Sicherungsinstruments von 19.241,06 T€ sowie der Verlust in gleicher Höhe aus der Anpassung des Grundgeschäfts um das abgesicherte Risiko angegeben werden (▶ 3.16.8.1).

Das DTG hat zum Jahresabschlussstichtag X2 einen positiven Marktwert; C berücksichtigt es daher nicht bei der im Rahmen der Angaben zu Liquiditätsrisiken zu publizierenden Fälligkeitsanalyse (▶ 5.4.3.2). Dabei wird die Verkaufsverpflichtung ebenso wenig einbezogen, weil sie kein Finanzinstrument ist.

7 Bilanzierung und Offenlegung einzelner Sicherungsbeziehungen

Währungssensitivität

Zur Darstellung der Marktrisiken bzw. Sensitivitäten zum Wechselkursrisiko (▶ 5.4.4.4) werden die Auswirkungen bei einer hypothetischen Veränderung des Wechselkurses um +/-10% untersucht, d.h. man unterstellt Kassawechselkurse von 0,8569 \$/€ (0,779 \$/€ · 1,1) bzw. 0,7011 \$/€ (0,779 \$/€ · 0,9). Die fairen Terminwechselkurse betragen somit 0,8574 \$/€ bzw. 0,7015 \$/€:

$$0,8569 \frac{\$}{€} \cdot \frac{(1+4,314\% \cdot 45/360)}{(1+3,875\% \cdot 45/360)} = 0,8574 \frac{\$}{€} \qquad 0,7011 \frac{\$}{€} \cdot \frac{(1+4,314\% \cdot 45/360)}{(1+3,875\% \cdot 45/360)} = 0,7015 \frac{\$}{€}$$

Da die Sicherungsbeziehung zu 100% effektiv ist, können sich Sensitivitäten nur aus der ausgeschlossenen Zinskomponente ergeben. Zur Bestimmung wird die tatsächliche Wertänderung der Zinskomponente mit der hypothetischen Wertänderung der Zinskomponente verglichen; die Differenz stellt die Sensitivität dar.

Bei tatsächlich vorherrschendem Wechselkurs beträgt die Wertänderung der Zinskomponente im Vergleich zur Vorperiode -385,88 T€ (siehe vorheriger Abschnitt).

Der beizulegende Zeitwert der Zinskomponente bei einem hypothetischen Wechselkurs von +10% beläuft sich auf +152,13 T€:

$$\frac{(240.000\ T\$ /0,8569\ \$/€)./.(240.000\ T\$ /0,8574\ \$/€)}{(1+3,875\% \cdot 45/360)} = 152,13\ T€$$

Zum 30.09.X2 lag der Fair Value der Zinskomponente bei +553,23 T€ (1.431,26 T€ ./. 878,03 T€; ▶ 7.2.1.4; 7.2.1.5). Somit beträgt die hypothetische Fair-Value-Änderung im Vergleich zur Vorperiode -401,10 T€ (152,13 T€ ./. 553,23 T€). Es ergibt sich eine Sensitivität von -15,21 T€ (-401,10 T€ ./. -385,89 T€).

Bei einem hypothetischen Wechselkurs von -10% ist der beizulegende Zeitwert der Zinskomponente +185,94 T€:

$$\frac{(240.000\ T\$ /0,7011\ \$/€)./.(240.000\ T\$ /0,7015\ \$/€)}{(1+3,875\% \cdot 45/360)} = 185,94\ T€$$

Die hypothetische Fair-Value-Änderung im Vergleich zur Vorperiode beträgt -367,29 T€ (185,94 T€ ./. 553,23 T€). Die Sensitivität liegt bei +18,60 T€ (-367,29 T€ ./. -385,89 T€).

Wäre also der € gegenüber dem \$ um 10% stärker (schwächer) gewesen, so wäre das Ergebnis um 15,21 T€ geringer (um 18,60 T€ höher) ausgefallen.

7.2.1.9 Bilanzierung am 16.02.X3 (Lieferung; Fälligkeit des Devisentermingeschäfts)

Am 16.02.X3 werden die Flugzeuge planmäßig ausgeliefert. Der Kassawechselkurs liegt bei 0,805 \$/€, sodass C Umsatzerlöse von 298.136,65 T€

7.2 Absicherungen gegen Währungsrisiken

(240.000 T$ / 0,805 $/€) realisiert. Da die Zahlung erst zum 16.04.X3 fällig ist, wird eine Forderung erfasst:

| 16.02.X3 | Ford. L&L LaR (B) | 298.136,65 T€ | Umsatzerlöse | 298.136,65 T€ |

C bewertet das DTG letztmalig zum beizulegenden Zeitwert; der Fair Value beläuft sich auf +29.284,91 T€ (-298.136,65 T€ + 327.421,56 T€). Im Vergleich zur Vorperiode beträgt die Wertänderung +9.876,50 T€ (29.284,91 T€ ./. 19.408,41 T€). Da die Zinskomponente nicht Teil der Sicherungsbeziehung ist, wird genauso wie zuvor die auf die Kassakomponente zurückzuführende periodische Fair-Value-Änderung von +10.043,85 T€ (29.284,91 T€ ./. 19.241,06 T€) über das SI-GuV-Konto erfasst. Die Differenz der beiden Werte von 167,35 T€ stellt die im Handelsergebnis zu berücksichtigende Wertänderung der Zinskomponente im Vergleich zur Vorperiode dar. Buchung:

| 16.02.X3 | DTG Aktiva (B) | 9.876,50 T€ | Ertrag Wertänd. SI (FE) | 10.043,85 T€ |
| | Aufw. Wertänd. HfT (HE) | 167,35 T€ | | |

Ferner muss zum 16.02.X3 auch ein letztes Mal der beizulegende Zeitwert der Verkaufsverpflichtung auf Kassabasis bestimmt werden; dieser beläuft sich auf -29.284,91 T€ (298.136,65 T€ ./. 327.421,56 T€). Es wird die Differenz zu dem in der Vorperiode eingebuchten Betrag von -10.043,85 T€ (-29.284,91 T€ ./. -19.241,06 T€) erfasst:

| 16.02.X3 | Aufwand BWA GG (FE) | 10.043,85 T€ | Lieferverpfl. (B) | 10.043,85 T€ |

Anschließend bucht C den gesamten Buchwert der Verkaufsverpflichtung aus. Dies führt zu einer Anpassung der Umsatzerlöse in entsprechender Höhe:

| 16.02.X3 | Lieferverpfl. (B) | 29.284,91 T€ | Umsatzerlöse | 29.284,91 T€ |

Damit werden insgesamt Umsatzerlöse von 327.421,56 T€ vereinnahmt. Dies entspricht dem zum (über das DTG vereinbarten) Wechselkurs von 0,733 $/€ umgerechneten $-Auftragsvolumen.

Schließlich wird das DTG glattgestellt und damit die Sicherungsbeziehung beendet. Die Buchung lautet wie folgt:

| 16.02.X3 | Kasse LaR (B) | 29.284,91 T€ | DTG Aktiva (B) | 29.284,91 T€ |

7.2.2 Absicherung künftiger Auszahlungen aus einem Warenkauf gegen Währungsrisiken mittels Devisentermingeschäft

7.2.2.1 Ausgangslage

Grundgeschäft

Unternehmen D mit funktionaler Währung € ist Hersteller von Elektrogeräten. Im November X1 wird geplant, von einer britischen Zuliefererfirma Elektrokleinteile für die Produktion im Frühling X2 zu beziehen. Der Warenkauf hat ein Volumen von 60 Mio. £. Mit der Lieferung rechnet D Anfang Mai X2. Die britische Zuliefererfirma gewährt zur Begleichung des £-Rechnungsbetrags ein Zahlungsziel von 1 Monat.

Sicherungsinstrument

Um negative Folgen aus der Fluktuation des £/€-Wechselkurses zu verhindern, schließt D mit seiner Hausbank am 11.11.X1 ein Devisentermingeschäft (DTG) ab. Der Kontrakt beinhaltet den Kauf von 60 Mio. £ zum vereinbarten Wechselkurs von 0,706 £/€ am 02.06.X2. Letzterer entspricht dem fairen Terminwechselkurs (Mittelkurs) zum 02.06.X2.

D rechnet Finanzinstrumente in Fremdwährung für Bilanzierungszwecke einheitlich zum Mittelkurs um. Die im Folgenden aufgeführten Wechselkurse stellen demnach stets Mittelkurse dar.

7.2.2.2 Designation und Dokumentation der Sicherungsbeziehung am 11.11.X1

Der künftige Warenkauf und das DTG werden in eine Sicherungsbeziehung nach IAS 39 eingebunden. Tabelle 7-32 enthält die wesentlichen Merkmale, die D bei Designation dokumentiert.

Tabelle 7-32   Praxisbeispiel Cash Flow Hedge Währungsrisiko: Dokumentation bei Designation

Merkmal	Beschreibung
Art der Sicherungsbeziehung	Cash Flow Hedge
Identifikation des Grundgeschäfts	Künftiger Warenkauf (erwartete Transaktion) Anfang Mai X2 im Volumen von 60 Mio. £
Art des abgesicherten Risikos	£/€-Wechselkursrisiko, das sich aus dem Bezug der Waren (Vorratsposten und die damit verbundene Verbindlichkeit in € ist ggf. höher) ergibt
Identifikation des Sicherungsinstruments	Devisentermingeschäft zum Kauf von 60 Mio. £ am 02.06.X2 zum Terminwechselkurs von 0,706 £/€; die Zinskomponente gilt nicht als Sicherungsinstrument

Absicherungen gegen Währungsrisiken 7.2

Merkmal	Beschreibung
Risikoart	Transaktionsbedingtes Wechselkursänderungsrisiko
Verbindung zur Risikomanagementstrategie	Minimierung signifikanter Risiken, die aus Transaktionen in Fremdwährung entstehen, über entsprechende Sicherungsmaßnahmen
Prospektiver Effektivitätstest (PET)	Sensitivitätsanalyse: Verhältnis der Wertänderungen des tatsächlichen und des hypothetischen beizulegenden Zeitwerts von Grundgeschäft und Sicherungsinstrument auf Basis der Kassakomponenten; Bestimmung der hypothetischen Fair Values anhand einer Änderung des £/€-Kassawechselkurses um +10%; Modellierung der Wertänderung des Grundgeschäfts mittels eines hypothetischen Derivats
Retrospektiver Effektivitätstest (RET)	Dollar-Offset-Methode (hypothetisches Derivat): Verhältnis der kumulativen Wertänderungen des Sicherungsinstruments und der Barwerte der abgesicherten Zahlungen aus dem Grundgeschäft auf Basis der Kassakomponenten

7.2.2.3 Bilanzierung am 11.11.X1 (Abschluss des Devisentermingeschäfts)

Das DTG wird am Tag des Abschlusses zum beizulegenden Zeitwert bilanziert; Tabelle 7-33 enthält die für die Bewertung erforderlichen Parameter.

Praxisbeispiel CFH FX-Risiko: Bewertungsparameter des DTGs 11.11.X1   *Tabelle 7-33*

Zeitraum	(1) Tage	(2) €-Zero-Zinssatz	(3) Terminkurs	(4) = 60 Mio. £ / (3) £-Eingang	(5) = 60 Mio. £ / 0,706 £/€ €-Ausgang	(6) = (4) + (5) Saldo
11.11.X1-01.06.X2	201	3,027%	0,706 £/€	84.985,84 T€	-84.985,84 T€	0 T€

Bei Einbuchung hat das DTG einen Fair Value von 0. D dokumentiert den Zugang in einem Nebenbuch. Auf Grund der Einbindung in eine bilanzielle Sicherungsbeziehung erfolgt keine Zuordnung zu einer Bewertungskategorie.

7.2.2.4 Prospektiver Effektivitätstest am 11.11.X1

Am 11.11.X1 liegt der Kassawechselkurs bei 0,704 £/€. Zur Bestimmung der prospektiven Effektivität wird das Verhältnis der Wertänderungen des tatsächlichen und des hypothetischen beizulegenden Zeitwerts von Grundgeschäft und Sicherungsinstrument auf Basis der Kassakomponenten herangezogen. Die tatsächlichen Fair Values weisen jeweils einen Wert von 0 auf. Die hypothetischen beizulegenden Zeitwerte werden auf Basis einer Änderung des £/€-Kassawechselkurses um +10% ermittelt – d.h. der hypothetische Kassawechselkurs beträgt 0,774 £/€ (0,704 £/€ · 1,1). Die Wertänderungen des Grundgeschäfts simuliert D über ein hypothetisches Derivat. Tabelle 7-34 zeigt die der Ermittlung der hypothetischen Fair Values zu Grunde liegenden Bewertungsparameter.

Tabelle 7-34 *Praxisbeispiel CFH FX-Risiko: hyp. Bewertungsparameter PET 11.11.X1*

Zeitraum	(1) Tage	(2) €-Zero-Zinssatz	(3) Kassakurs	(4) = 60 Mio. £ / (3) £-Eingang (SI)/ £-Ausgang (GG)	(5) = 60 Mio. £ / 0,706 £/€ €-Ausgang (SI)/ €-Eingang (GG)	(6) = (4) + (5) Saldo
11.11.X1- 01.06.X2	201	3,027%	0,774 £/€	77.479,34 T€	-84.985,84 T€	-7.506,50 T€
				-77.479,34 T€	84.985,84 T€	7.506,50 T€

Der hypothetische Fair Value (FV) des Sicherungsinstruments auf Kassabasis zum 11.11.X1 beträgt -7.381,74 T€:

$$\frac{-7.506{,}50 \text{ T€}}{(1 + 3{,}027\% \cdot 201/360)} = -7.381{,}74 \text{ T€}$$

Für das Grundgeschäft (hypothetisches Derivat) bestimmt sich zum 11.11.X1 auf Kassabasis ein hypothetischer beizulegender Zeitwert von +7.381,74 T€:

$$\frac{7.506{,}50 \text{ T€}}{(1 + 3{,}027\% \cdot 201/360)} = 7.381{,}74 \text{ T€}$$

Es ergibt sich eine prospektive Effektivität (EP) von -100%:

$$EP = \frac{\Delta \text{ FV Kassa (hyp./Ist) SI}}{\Delta \text{ FV Kassa (hyp./Ist) GG}} = \frac{(-7.381{,}74 \text{ T€}./.0 \text{ T€})}{(7.381{,}74 \text{ T€ T€}./.0 \text{ T€})} = \frac{-7.381{,}74 \text{ T€}}{7.381{,}74 \text{ T€}} = -100{,}0\%$$

7.2.2.5 Retrospektiver Effektivitätstest am 31.12.X1 (Q4 X1)

Am 31.12.X1 liegt der Kassawechselkurs bei 0,716 £/€; die Zero-Zinssätze für die Restlaufzeit der Sicherungsbeziehung (151 Tage) betragen 2,985% (€) bzw. 3,547% (£). D bestimmt die retrospektive Effektivität über das Verhältnis der kumulativen Wertänderung des Sicherungsinstruments und der abgesicherten Zahlungen aus dem Grundgeschäft (hypothetisches Derivat) auf Basis der Kassakomponenten (Dollar-Offset-Methode ▶ 3.16.7.2). Zum 11.11.X1 hatten die beizulegenden Zeitwerte des Sicherungsinstruments und des Grundgeschäfts einen Wert von 0. Die zur Ermittlung der Fair Values zum 31.12.X1 benötigten Bewertungsparameter sind in Tabelle 7-35 aufgeführt.

Absicherungen gegen Währungsrisiken

7.2

Praxisbeispiel CFH FX-Risiko: Bewertungsparameter RET 31.12.X1   *Tabelle 7-35*

Zeitraum	(1) Tage	(2) €-Zero-Zinssatz	(3) Kassa-kurs	(4) = 60 Mio. £ / (3) £-Eingang (SI)/ £-Ausgang (GG)	(5) = 60 Mio. £ / 0,706 £/€ €-Ausgang (SI)/ €-Eingang (GG)	(6) = (4) + (5) Saldo
01.01.X2-01.06.X2	151	2,985%	0,716 £/€	83.798,88 T€	-84.985,84 T€	-1.186,96 T€
				-83.798,88 T€	84.985,84 T€	1.186,96 T€

Der Fair Value des Sicherungsinstruments auf Kassabasis zum 31.12.X1 beträgt -1.172,28 T€:

$$\frac{-1.186,96 \text{ T€}}{(1 + 2,985\% \cdot 151/360)} = -1.172,28 \text{ T€}$$

Für das Grundgeschäft (hypothetisches Derivat) bestimmt sich zum 31.12.X1 auf Kassabasis ein beizulegender Zeitwert von +1.172,28 T€:

$$\frac{1.186,96 \text{ T€}}{(1 + 2,985\% \cdot 151/360)} = 1.172,28 \text{ T€}$$

Es ergibt sich eine retrospektive Effektivität (ER) von -100%:

$$\text{ER} = \frac{\Delta \text{ FV Kassa (Ist/hist.) SI}}{\Delta \text{ FV Kassa (Ist/hist.) GG}} = \frac{(-1.172,28 \text{ T€}/.0 \text{ T€})}{(1.172,28 \text{ T€ T€}/.0 \text{ T€})} = \frac{-1.172,28 \text{ T€}}{1.172,28 \text{ T€}} = -100,0\%$$

7.2.2.6 Bilanzierung am 31.12.X1 (Q4 X1)

Das DTG wird am 31.12.X1 zum beizulegenden Zeitwert bilanziert. Dazu muss der aktuell gültige Terminwechselkurs herangezogen werden; er beträgt 0,718 £/€:

$$0,716 \frac{£}{€} \cdot \frac{(1 + 3,547\% \cdot 151/360)}{(1 + 2,985\% \cdot 151/360)} = 0,718 \frac{£}{€}$$

Die der Fair-Value-Bewertung zu Grunde liegenden Parameter sind in Tabelle 7-36 enthalten.

Praxisbeispiel CFH FX-Risiko: Bewertungsparameter des DTGs 31.12.X1   *Tabelle 7-36*

Zeitraum	(1) Tage	(2) €-Zero-Zinssatz	(3) Termin-kurs	(4) = 60 Mio. £ / (3) £-Eingang	(5) = 60 Mio. £ / 0,706 £/€ €-Ausgang	(6) = (4) + (5) Saldo
01.01.X2-01.06.X2	151	2,985%	0,718 £/€	83.604,24 T€	-84.985,84 T€	-1.381,60 T€

Für das DTG bestimmt sich zum 31.12.X1 ein beizulegender Zeitwert von -1.364,51 T€:

7 Bilanzierung und Offenlegung einzelner Sicherungsbeziehungen

$$\frac{-1.381{,}60\ T€}{(1+2{,}985\%\cdot 151/360)} = -1.364{,}51\ T€$$

Im Vergleich zur Vorperiode ergibt sich eine Fair-Value-Änderung von -1.364,51 T€ (-1.364,51 T€./. 0 T€). Die Zinskomponente ist nicht Teil der Sicherungsbeziehung (ausgeschlossener Teil); daher kommt eine Eigenkapitalerfassung nur für die auf die Kassakomponente zurückzuführende periodische Fair-Value-Änderung von -1.172,28 T€ (-1.172,28 T€./. 0 T€) in Frage. Weil die Sicherungsbeziehung eine Effektivität von 100% aufweist, wird der gesamte Betrag im OCI berücksichtigt. Die Differenz stellt den auf die Zinskomponente entfallenden Teil der Wertänderung des DTGs dar, die D im Handelsergebnis (HE) erfasst. Buchung (B = Bilanz):

31.12.X1	CFH-Rücklage (OCI)	1.172,28 T€	DTG Passiva (B)	1.364,51 T€
	Aufw. Wertänd. HfT (HE)	192,23 T€		

7.2.2.7 Angaben im Jahresabschluss X1

D berücksichtigt für den Jahresabschluss X1 beim anzugebenden FVPL (HfT)-Nettoergebnis (▶ 3.14.6) den auf die (von der Sicherungsbeziehung ausgeschlossene) Zinskomponente entfallenden Aufwand von 192,23 T€. Nicht in das Nettoergebnis geht hingegen der im OCI erfasste Verlust ein, da dieser aus dem Sicherungsinstrument resultiert (Begründung ▶ 3.14.6).

Zur Erfüllung der für jede Art von Sicherungsbeziehungen bestehenden Angabepflichten (▶ 3.16.5) fasst D die bei Designation dokumentierten Merkmale (▶ 7.2.2.2) zusammen. Außerdem wird der beizulegenden Zeitwert des Sicherungsinstruments zum 31.12.X1 von -1.364,51 T€ angegeben und im Rahmen der qualitativen Fair-Value-Angaben (▶ 3.4.4.2) der Bewertungsstufe 2 zugeordnet, da in das Bewertungsverfahren ausschließlich marktbestimmte Input-Faktoren (Zero-Zinssätze, Wechselkurse) einfließen.

Um den speziell für Cash Flow Hedges bestehenden Offenlegungsanforderungen (▶ 3.16.8.2) nachzukommen, beschreibt D, dass die Zahlungen aus dem Wareneinkauf (Grundgeschäft) wahrscheinlich Anfang Juni X1 zu leisten sind und in diesem Monat auch die GuV beeinflussen werden. Ferner wird publiziert, dass im Jahr X1 ein Verlust von 1.172,28 T€ ins OCI gebucht wurde.

Fälligkeits-analyse

Da das DTG zum 31.12.X1 einen negativen Marktwert aufweist, berücksichtigt es D bei der im Rahmen der Angaben zu Liquiditätsrisiken geforderten Fälligkeitsanalyse. Dabei wird der in Tabelle 5-2 dargestellte Aufbau herangezogen (▶ 5.4.3.2). Es ergibt sich für X2 in der Spalte „Tilgung" ein Betrag von -1.381,60 T€ (siehe Spalte (6) in Tabelle 7-36).

7.2 Absicherungen gegen Währungsrisiken

Zur Darstellung der Marktrisiken bzw. Sensitivitäten zum Wechselkursrisiko (▶ 5.4.4.4) werden die Auswirkungen bei einer hypothetischen Veränderung des Kassawechselkurses um +/-10% untersucht, d.h. man unterstellt Kassawechselkurse von 0,788 £/€ (0,716 £/€ · 1,1) bzw. 0,644 £/€ (0,716 £/€ · 0,9). Die fairen Terminwechselkurse betragen somit 0,789 £/€ bzw. 0,646 £/€:

Währungssensitivität

$$0{,}788\,\frac{£}{€} \cdot \frac{(1+3{,}547\% \cdot 151/360)}{(1+2{,}985\% \cdot 151/360)} = 0{,}789\,\frac{£}{€} \qquad 0{,}644\,\frac{£}{€} \cdot \frac{(1+3{,}547\% \cdot 151/360)}{(1+2{,}985\% \cdot 151/360)} = 0{,}646\,\frac{£}{€}$$

Sensitivitäten in Bezug auf die GuV ergeben sich aus der von der Sicherungsbeziehung ausgeschlossenen Zinskomponente. Diese werden ermittelt, indem der tatsächlichen Wertänderung der Zinskomponente eine hypothetische Wertänderung der Zinskomponente gegenübergestellt wird; die Differenz stellt die Sensitivität dar. Bei tatsächlich vorherrschendem Wechselkurs beträgt die diesbezügliche Wertänderung im Vergleich zur Vorperiode -192,23 T€ (siehe vorheriger Abschnitt).

Der beizulegende Zeitwert der Zinskomponente bei einem hypothetischen Wechselkurs von +10% beläuft sich auf -174,76 T€:

$$\frac{(60.000\,\text{T£}/0{,}789\,£/€)./.(60.000\,\text{T£}/0{,}788\,£/€)}{(1+2{,}985\% \cdot 151/360)} = -174{,}76\,\text{T€}$$

Demzufolge beträgt die hypothetische Fair-Value-Änderung im Vergleich zur Vorperiode -174,76 T€ (-174,76 T€ ./. 0 T€). Es ergibt sich eine Sensitivität von +17,47 T€ (-174,76 T€ ./. -192,23 T€).

Bei einem hypothetischen Wechselkurs von -10% ist der beizulegende Zeitwert der Zinskomponente -213,59 T€:

$$\frac{(60.000\,\text{T£}/0{,}646\,£/€)./.(60.000\,\text{T£}/0{,}644\,£/€)}{(1+2{,}985\% \cdot 151/360)} = -213{,}59\,\text{T€}$$

Die hypothetische Fair-Value-Änderung im Vergleich zur Vorperiode beträgt -213,59 T€ (-213,59 T€ ./. 0 T€). Dementsprechend liegt die Sensitivität bei -21,36 T€ (-213,59 T€ ./. -192,23 T€).

Wäre also der € gegenüber dem £ um 10% stärker (schwächer) gewesen, so wäre das Ergebnis um 17,47 T€ höher (um 21,36 T€ geringer) ausgefallen.

Darüber hinaus ergeben sich Sensitivitäten bezüglich des Eigenkapitals, die durch Vergleich des tatsächlich im OCI erfassten Betrags mit denjenigen Beträgen, die dort bei hypothetischen Wechselkursänderungen erfasst worden wären, bestimmt werden. Die tatsächlich im OCI erfasste Wertänderung des DTGs beträgt -1.172,28 T€ (siehe vorheriger Abschnitt). Die der Fair-Value-Bewertung bei hypothetischen Wechselkursen zu Grunde liegenden Parameter enthält Tabelle 7-37.

Bilanzierung und Offenlegung einzelner Sicherungsbeziehungen

Tabelle 7-37 Praxisbeispiel CFH FX-Risiko: hyp. Bewertungsparameter des DTGs 31.12.X1

Zeitraum	(1) Tage	(2) €-Zero-Zinssatz	(3) Kassa-kurs	(4) = 60 Mio. £ / (3) £-Eingang	(5) = 60 Mio. £ / 0,706 £/€ €-Ausgang	(6) = (4) + (5) Saldo
01.01.X2-01.06.X2	151	2,985%	0,788 £/€	76.180,80 T€	-84.985,84 T€	-8.805,04 T€
			0,644 £/€	93.109,87 T€	-84.985,84 T€	8.124,03 T€

Bei einem hypothetischen Wechselkurs von +10% beläuft sich der beizulegende Zeitwert auf Kassabasis auf -8.696,15 T€:

$$\frac{-8.805,04 \text{ T€}}{(1 + 2,985\% \cdot 151 / 360)} = -8.696,15 \text{ T€}$$

Die hypothetische Fair-Value-Änderung im Vergleich zur Vorperiode beträgt -8.696,15 T€ (-8.696,15 T€ ./. 0 T€). Folglich liegt die Sensitivität bei -7.523,87 T€ (-8.696,15 T€ ./. -1.172,28 T€).

Der beizulegende Zeitwert der Zinskomponente bei einem hypothetischen Wechselkurs von -10% beläuft sich auf +8.023,58 T€:

$$\frac{8.124,03 \text{ T€}}{(1 + 2,985\% \cdot 151 / 360)} = 8.023,58 \text{ T€}$$

Somit beträgt die hypothetische Fair-Value-Änderung im Vergleich zur Vorperiode +8.023,58 T€ (+8.023,58 T€ ./. 0 T€). Es ergibt sich eine Sensitivität von +9.195,86 T€ (8.023,58 T€./. -1.172,28 T€).

Wäre demnach der € gegenüber dem £ um 10% stärker (schwächer) gewesen, so hätte sich das Eigenkapital um 7.523,87 T€ verringert (um 9.195,86 T€ erhöht).

7.2.2.8 Prospektiver Effektivitätstest am 31.12.X1

Die prospektive Effektivität bestimmt sich analog zum 11.11.X1 (▶ 7.2.2.4). Der hypothetische Kassawechselkurs beträgt 0,788 £/€ (0,716 £/€ · 1,1). Die entsprechenden Bewertungsparameter sind in Tabelle 7-38 dargestellt.

Tabelle 7-38 Praxisbeispiel CFH FX-Risiko: Bewertungsparameter PET 31.12.X1

Zeitraum	(1) Ta-ge	(2) €-Zero-Zinssatz	(3) Kassa-kurs	(4) = 60 Mio. £ / (3) £-Eingang (SI)/ £-Ausgang (GG)	(5) = 60 Mio. £ / 0,706 £/€ €-Ausgang (SI)/ €-Eingang (GG)	(6) = (4) + (5) Saldo
01.01.X2-01.06.X2	151	2,985%	0,788 £/€	76.180,80 T€	-84.985,84 T€	-8.805,04 T€
				-76.180,80 T€	84.985,84 T€	8.805,04 T€

Absicherungen gegen Währungsrisiken   **7.2**

Die tatsächlichen Fair Values von Sicherungsinstrument und Grundgeschäft auf Kassabasis liegen bei -1.172,28 T€ bzw. +1.172,28 T€ (▶ 7.2.2.5). Der hypothetische Fair Value des Sicherungsinstruments auf Kassabasis zum 31.12.X1 beträgt -8.696,15 T€ (siehe vorheriger Abschnitt).

Für das Grundgeschäft (hypothetisches Derivat) bestimmt sich zum 31.12.X1 auf Kassabasis ein hypothetischer beizulegender Zeitwert von +8.696,15 T€:

$$\frac{8.805{,}04\,\text{T€}}{(1+2{,}985\% \cdot 151/360)} = 8.696{,}15\,\text{T€}$$

Es ergibt sich eine prospektive Effektivität (EP) von -100%:

$$EP = \frac{\Delta\,FV\,Kassa\,(hyp./Ist)\,SI}{\Delta\,FV\,Kassa\,(hyp./Ist)\,GG} = \frac{(-8.696{,}15\,\text{T€}./.-1.172{,}28\,\text{T€})}{(8.696{,}15\,\text{T€}\,T€./.1.172{,}28\,\text{T€})} = \frac{-7.523{,}87\,\text{T€}}{7.523{,}87\,\text{T€}} = -100{,}0\%$$

7.2.2.9 Mitteilung über Lieferverzug am 05.01.X2

Anfang Januar X2 erhält D von dem britischen Zulieferer die Information, dass er den Übergabetermin der Ware nicht einhalten kann. Statt wie bislang geplant Anfang Mai X2 sollen die Elektrokleinteile nun Ende Juni X2 geliefert werden. Damit ist die Zahlung am 31.07.X2 fällig.

7.2.2.10 Retrospektiver Effektivitätstest am 31.03.X2 (Q1 X2)

Am 31.03.X2 liegt der Kassawechselkurs bei 0,711 £/€. Die Zero-Zinssätze für die Restlaufzeit der Sicherungsbeziehung (61 Tage) betragen 2,823% (€) bzw. 3,458% (£); für den Zeitraum vom 01.04.X2 bis zum angepassten Zahlungstermin 31.07.X2 (120 Tage) liegt der €-Zero-Zinssatz bei 2,878%. Die retrospektive Effektivität wird in analoger Weise zum 31.12.X1 ermittelt (▶ 7.2.2.5), wobei bei der Diskontierung der abgesicherten Cashflows des Grundgeschäfts nun der geänderte Zahlungszeitpunkt und der restlaufzeitbezogene Zero-Zinssatz zu berücksichtigen ist. Tabelle 7-39 enthält die zur Bestimmung der Fair Values erforderlichen Bewertungsparameter.

Praxisbeispiel CFH FX-Risiko: Bewertungsparameter RET 31.03.X2   *Tabelle 7-39*

Zeitraum	(1) Tage	(2) €-Zero-Zinssatz	(3) Kassakurs	(4) = 60 Mio. £ / (3) £-Eingang (SI)/ £-Ausgang (GG)	(5) = 60 Mio. £ / 0,706 £/€ €-Ausgang (SI)/ €-Eingang (GG)	(6) = (4) + (5) Saldo
01.04.X2-01.06.X2	61	2,823%	0,711 £/€	84.388,19 T€	-84.985,84 T€	-597,65 T€
01.04.X2-30.07.X2	120	2,878%		-84.388,19 T€	84.985,84 T€	597,65 T€

Der Fair Value des Sicherungsinstruments auf Kassabasis zum 31.03.X2 beträgt -594,80 T€:

7 Bilanzierung und Offenlegung einzelner Sicherungsbeziehungen

$$\frac{-597{,}65 \text{ T€}}{(1 + 2{,}823\% \cdot 61/360)} = -594{,}80 \text{ T€}$$

Für das Grundgeschäft (hypothetisches Derivat) bestimmt sich zum 31.03.X2 auf Kassabasis ein beizulegender Zeitwert von +591,97 T€:

$$\frac{597{,}65 \text{ T€}}{(1 + 2{,}878\% \cdot 120/360)} = 591{,}97 \text{ T€}$$

Die retrospektive Effektivität (ER) beträgt -100,5%:

$$\text{ER} = \frac{\Delta \text{ FV Kassa (Ist/hist.) SI}}{\Delta \text{ FV Kassa (Ist/hist.) GG}} = \frac{(-594{,}80 \text{ T€.}/.0 \text{ T€})}{(591{,}97 \text{ T€.}/.0 \text{ T€})} = \frac{-594{,}80 \text{ T€}}{591{,}97 \text{ T€}} = -100{,}5\%$$

7.2.2.11 Bilanzierung am 31.03.X2 (Q1 X2)

Das DTG wird wiederum zum beizulegenden Zeitwert bilanziert; der dazu benötigte Terminwechselkurs beträgt 0,712 £/€:

$$0{,}711 \frac{£}{€} \cdot \frac{(1 + 3{,}458\% \cdot 61/360)}{(1 + 2{,}823\% \cdot 61/360)} = 0{,}712 \frac{£}{€}$$

Die der Fair-Value-Bewertung zu Grunde liegenden Parameter sind in Tabelle 7-40 enthalten.

Tabelle 7-40   *Praxisbeispiel CFH FX-Risiko: Bewertungsparameter des DTGs 31.03.X2*

Zeitraum	(1) Tage	(2) €-Zero-Zinssatz	(3) Termin-kurs	(4) = 60 Mio. £ / (3) £-Eingang	(5) = 60 Mio. £ / 0,706 £/€ €-Ausgang	(6) = (4) + (5) Saldo
01.04.X2-01.06.X2	61	2,823%	0,712 £/€	84.297,92 T€	-84.985,84 T€	-687,92 T€

Für das DTG bestimmt sich zum 31.03.X2 ein beizulegender Zeitwert von -684,65 T€:

$$\frac{-687{,}92 \text{ T€}}{(1 + 2{,}823\% \cdot 61/360)} = -684{,}65 \text{ T€}$$

Im Vergleich zur Vorperiode ergibt sich eine Fair-Value-Änderung von +679,86 T€ (-684,65 T€ ./. -1.364,51 T€). Da die Zinskomponente von der Sicherungsbeziehung ausgeschlossen wurde, kommt wiederum nur die auf die Kassakomponente zurückzuführende periodische Fair-Value-Änderung von +577,48 T€ (-594,80 T€ ./. -1.172,28 T€) für eine Eigenkapitalerfassung in Frage. Wie aus dem retrospektiven Effektivitätstest (siehe vorheriger Abschnitt) hervorgeht, ist allerdings der kumulierte Gewinn aus dem Sicherungsinstrument betragsmäßig größer als der kumulierte Verlust aus dem Grundgeschäft, d.h. es besteht eine Übereffektivität (▶ 3.16.8.2). Im Eigen-

Absicherungen gegen Währungsrisiken

7.2

kapital wird daher ein Betrag in Höhe der (kumulativen) Wertänderung des Grundgeschäfts von 580,31 T€ (1.172,28 T€ ./. 591,97 T€) erfasst. Die betragsmäßige Differenz zur Wertänderung des Sicherungsinstruments von -2,83 T€ (577,48 T€ ./. 580,31 T€) ist als ineffektiver Teil im sonstigen Finanzergebnis (FE) zu berücksichtigen. Die Wertänderung der Zinskomponente entspricht +102,38 T€ (679,86 T€ ./. 577,48 T€). Buchung:

31.03.X2	DTG Passiva (B)	679,86 T€	CFH-Rücklage (OCI)	580,31 T€
	Aufw. Ineff. (FE)	2,83 T€	Ertrag Wertänd. HfT (HE)	102,38 T€

7.2.2.12 Prospektiver Effektivitätstest am 31.03.X2

Bei der Bestimmung der prospektiven Effektivität wird wie bisher vorgegangen (▶ 7.2.2.4; 7.2.2.8). Der hypothetische Kassawechselkurs beträgt 0,782 £/€ (0,711 £/€ · 1,1). Tabelle 7-41 führt die Bewertungsparameter auf.

Die tatsächlichen Fair Values von Sicherungsinstrument und Grundgeschäft auf Kassabasis liegen bei -594,80 T€ bzw. +591,97 T€ (▶ 7.2.2.10).

Der hypothetische Fair Value des Sicherungsinstruments auf Kassabasis zum 31.03.X2 beträgt -8.229,94 T€:

$$\frac{-8.269,31 \text{ T€}}{(1+2,823\% \cdot 61/360)} = -8.229,94 \text{ T€}$$

Praxisbeispiel CFH FX-Risiko: Bewertungsparameter PET 31.03.X2

Tabelle 7-41

Zeitraum	(1) Tage	(2) €-Zero-Zinssatz	(3) Kassakurs	(4) = 60 Mio. £ / (3) £-Eingang (SI)/ £-Ausgang (GG)	(5) = 60 Mio. £ / 0,706 £/€ €-Ausgang (SI)/ €-Eingang (GG)	(6) = (4) + (5) Saldo
01.04.X2-01.06.X2	61	2,823%	0,782 £/€	76.716,53 T€	-84.985,84 T€	-8.269,31 T€
01.04.X2-30.07.X2	120	2,878%		-76.716,53 T€	84.985,84 T€	8.269,31 T€

Für das Grundgeschäft (hypothetisches Derivat) bestimmt sich zum 31.03.X2 auf Kassabasis ein hypothetischer beizulegender Zeitwert von +8.190,73 T€:

$$\frac{8.269,31 \text{ T€}}{(1+2,878\% \cdot 120/360)} = 8.190,73 \text{ T€}$$

Es ergibt sich eine prospektive Effektivität (EP) von -100,5%:

$$EP = \frac{\Delta \text{ FV Kassa (hyp./Ist) SI}}{\Delta \text{ FV Kassa (hyp./Ist) GG}} = \frac{(-8.229,94 \text{ T€}./.-594,80 \text{ T€})}{(8.190,73 \text{ T€}./.591,97 \text{ T€})} = \frac{-7.635,14 \text{ T€}}{7.598,76 \text{ T€}} = -100,5\%$$

7.2.2.13 Retrospektiver Effektivitätstest am 02.06.X2 (Fälligkeit des Devisentermingeschäfts)

Bei Fälligkeit des DTGs am 02.06.X2 wird letztmalig ein retrospektiver Effektivitätstest (Vorgehensweise wie bisher ▶ 7.2.2.5; 7.2.2.10) durchgeführt. Zu diesem Datum notiert der Kassawechselkurs bei 0,701 £/€. Für den Zeitraum vom 02.06.X2 bis zum angepassten Zahlungstermin am 31.07.X2 (59 Tage) liegt der €-Zero-Zinssatz bei 2,701%. In Tabelle 7-42 sind die zur Ermittlung der Fair Values benötigten Bewertungsparameter enthalten.

Tabelle 7-42 *Praxisbeispiel CFH FX-Risiko: Bewertungsparameter RET 02.06.X2*

	(1)	(2)	(3)	(4) = 60 Mio. £ / (3)	(5) = 60 Mio. £ / 0,706 £/€	(6) = (4) + (5)
Zeitraum	Tage	€-Zero-Zinssatz	Kassakurs	£-Eingang (SI)/ £-Ausgang (GG)	€-Ausgang (SI)/ €-Eingang (GG)	Saldo
02.06.X2-02.06.X2	0		0,701 £/€	85.592,01 T€	-84.985,84 T€	606,17 T€
02.06.X2-30.07.X2	59	2,701%		-85.592,01 T€	84.985,84 T€	-606,17 T€

Der Fair Value des Sicherungsinstruments auf Kassabasis zum 02.06.X2 beträgt +606,17 T€.

Für das Grundgeschäft (hypothetisches Derivat) bestimmt sich zum 02.06.X2 auf Kassabasis ein beizulegender Zeitwert von -603,50 T€:

$$\frac{-606{,}17 \text{ T€}}{(1 + 2{,}701\% \cdot 59/360)} = -603{,}50 \text{ T€}$$

Die retrospektive Effektivität (ER) beträgt -100,4%:

$$ER = \frac{\Delta \text{ FV Kassa (Ist / hist.) SI}}{\Delta \text{ FV Kassa (Ist / hist.) GG}} = \frac{(606{,}17 \text{ T€.}/.0 \text{ T€})}{(-603{,}50 \text{ T€.}/.0 \text{ T€})} = \frac{606{,}17 \text{ T€}}{-603{,}50 \text{ T€}} = -100{,}4\%$$

7.2.2.14 Bilanzierung am 02.06.X2 (Fälligkeit des Devisentermingeschäfts)

Am 02.06.X2 wird das DTG letztmalig zum beizulegenden Zeitwert bewertet. Da die Zinskomponente am Fälligkeitstag einen Fair Value von 0 hat, entspricht dieser dem beizulegenden Zeitwert auf Kassabasis von +606,17 T€ (siehe vorheriger Abschnitt).

Im Vergleich zur Vorperiode ergibt sich eine Fair-Value-Änderung von +1.290,82 T€ (606,17 T€ ./. -684,65 T€). Da das DTG zum 31.03.X2 noch einen negativen Marktwert aufwies, wird der Passivposten ausgebucht und ein Aktivposten von 606,17 T€ eingebucht. Auf Grund der ausgeschlossenen Zinskomponente kommt wiederum nur die auf die Kassakomponente zurückzuführende periodische Fair-Value-Änderung von +1.200,97 T€

Absicherungen gegen Währungsrisiken **7.2**

(606,17 T€ ./. -594,80 T€) für eine Eigenkapitalerfassung in Frage. Dem retrospektiven Effektivitätstest (siehe vorheriger Abschnitt) lässt sich jedoch entnehmen, dass der kumulierte Gewinn aus dem Sicherungsinstrument betragsmäßig größer ist als der kumulierte Verlust aus dem Grundgeschäft, d.h. es besteht erneut eine Übereffektivität (▶ 3.16.8.2). Im Eigenkapital wird daher ein Betrag in Höhe der (kumulativen) Wertänderung des Grundgeschäfts von 1.195,47 T€ (603,50 T€ ./. -591,97 T€) erfasst. Die betragsmäßige Differenz zur Wertänderung des Sicherungsinstruments von +5,50 T€ (1.200,97 T€ ./. 1.195,47 T€) ist als ineffektiver Teil im sonstigen Finanzergebnis (FE) zu berücksichtigen. Die Wertänderung der Zinskomponente entspricht +89,85 T€ (1.290,82 T€ ./. 1.200,97 T€). Buchung:

02.06.X2	DTG Passiva (B)	684,65 T€	CFH-Rücklage (OCI)	1.195,47 T€
	DTG Aktiva (B)	606,17 T€	Ertrag Ineff. (FE)	5,50 T€
			Ertrag Wertänd. HfT (HE)	89,85 T€

Anschließend wird das DTG glattgestellt und damit die Sicherungsbeziehung beendet:

02.06.X2	Kasse LaR (B)	606,17 T€	DTG Aktiva (B)	606,17 T€

7.2.2.15 Bilanzierung am 30.06.X2 (Lieferung; Q2 X2)

Wie Anfang Januar X2 angekündigt, bekommt D die Ware im Wert von 60 Mio. £ Ende Juni X2 geliefert. Da die Zahlung erst später erfolgt, wird eine Verbindlichkeit eingebucht. Die Bilanzposten werden zum am Tag des Geschäftsvorfalls gültigen Kassawechselkurs von 0,697 £/€ umgerechnet. Buchung:

30.06.X2	Vorräte (B)	86.083,21 T€	Verb. L&L FLAC (B)	86.083,21 T€

Bei Sicherungsbeziehungen, bei denen die erwartete Transaktion zum Ansatz eines nicht-finanziellen Postens (wie Vorräte) führt, berücksichtigt D die im Eigenkapital gebuchten Beträge im Zugangszeitpunkt bei den Anschaffungskosten (▶ 3.16.8.2). Zum 30.06.X2 ist im OCI ein Gewinn von 603,50 T€ erfasst (-1.172,28 T€ + 580,31 T€ + 1.195,47 T€). Buchung:

30.06.X2	CFH-Rücklage (OCI)	603,50 T€	Vorräte (B)	603,50 T€

Die Vorräte weisen nach der Buchwertanpassung Anschaffungskosten von 85.479,71 T€ auf. Dieser Betrag setzt sich zusammen aus:

- dem zum über das DTG vereinbarten Wechselkurs (0,706 £/€) umgerechneten £-Auftragsvolumen von 84.985,84 T€;
- dem in X2 kumulativ erfassten Gewinn aus der Ineffektivität der Sicherungsbeziehung von +2,67 T€ (-2,83 T€ + 5,50 T€);

- der sich aus der Wechselkursänderung vom 02.06.X2 auf den 30.06.X2 ergebenden Wertänderung von (60.000 T£ / 0,697 £/€) ./. (60.000 T£ / 0,701 £/€) = 491,20 T€.

7.2.2.16 Bilanzierung am 31.07.X2 (Zahlung der Waren)

Am 31.07.X2 begleicht D die £-Verbindlichkeit aus dem Warenkauf. Der Zahlungsausgang wird zum am Tag der Transaktion vorherrschenden Wechselkurs von 0,686 £/€ umgerechnet; es entsteht ein im Währungsergebnis (WE) zu erfassender Verlust von 1.380,35 T€. Buchung:

31.07.X2	Verb. L&L FLAC (B)	86.083,21 T€	Kasse LaR (B)	87.463,56 T€
	FX-Aufwand FLAC (WE)	1.380,35 T€		

7.2.2.17 Angaben im Jahresabschluss X2

Für den Jahresabschluss X2 berücksichtigt D beim anzugebenden FVPL (HfT)-Nettoergebnis (▶ 3.14.6) sowohl die auf die (von der Sicherungsbeziehung ausgeschlossene) Zinskomponente entfallenden Erträge von insgesamt 192,23 T€ (102,38 T€ + 89,85 T€) als auch den Währungsverlust von 1.380,35 T€ beim Nettoergebnis der Bewertungskategorie FLAC. Die Buchungen der Zahlungsmittel beeinflussen die Höhe des offen zu legenden Buchwerts der Bewertungskategorie LaR.

Wiederum werden zur Erfüllung der für jede Art von Sicherungsbeziehungen bestehenden Angabepflichten (▶ 3.16.5) die bei Designation dokumentierten Merkmale (▶ 7.2.2.2) zusammengefasst. Ferner wird angegeben, dass im Jahr X2 Gewinne von insgesamt 1.775,78 T€ (580,31 T€ + 1.195,47 T€) ins OCI gebucht und dass im OCI erfasste Gewinne von 603,50 T€ zur Anpassung von Vorratsvermögen verwendet wurden. Darüber hinaus publiziert D den in X2 erfassten Gewinn aus der Ineffektivität der Sicherungsbeziehung von 2,67 T€.

Da das DTG zum Abschlussstichtag X2 nicht mehr in Bestand ist, erübrigen sich Risikoangaben.

7.2.3 Absicherung einer Auslandsbeteiligung gegen Währungsrisiken mittels Fremdwährungsanleihe

7.2.3.1 Ausgangslage

Unternehmen E mit funktionaler Währung € und S&P-Rating AA hält einen Anteil am Nettovermögen an Unternehmen F, einem ausländischen Geschäftsbetrieb mit funktionaler Währung $. Zum 15.09.X4 hat dieser Anteil ein Nettovermögen von 350 Mio. $ (Vermögenswerte: 800 Mio. $; Schulden: 450 Mio. $).

Grundgeschäft

Das Beteiligungsportfolio von E umfasst noch weitere Firmen aus den USA. Zu deren Finanzierung wurde am 01.06.X1 eine Anleihe im Nominalvolumen von 1 Mrd. $ mit einer Laufzeit von 8 Jahren begeben. Die Schuldverschreibung wird jährlich mit 6% p.a. verzinst (Zinszahlungstermin jeweils 01.06.; Zählweise 30/360). Beim Erstbuchwert wurden Transaktionskosten von 15.000 T$ berücksichtigt. Die Anleihe hat einen Effektivzinssatz von 6,244%;[1532] die Entwicklung der fortgeführten Anschaffungskosten ist in Tabelle 7-43 dargestellt.

Sicherungsinstrument

Da E Finanzinstrumente in Fremdwährung für Bilanzierungszwecke einheitlich zum Mittelkurs umrechnet, handelt es sich bei den im Folgenden genannten Wechselkursen stets um Mittelkurse.

Praxisbeispiel Net Investment Hedge: fortgeführte AK der Anleihe in $ *Tabelle 7-43*

Zeitraum	(1) Buchwert Anfang	(2) = (1) · 6,244% Effektivzinsaufwand	(3) = 1 Mrd. $ · 6% Nominalzinszahlung	(4) = (1) + (2) ./. (3) Buchwert Ende
01.06.X1-31.05.X2	985.000,00 T$	61.502,32 T$	60.000 T$	986.502,32 T$
01.06.X2-31.05.X3	986.502,32 T$	61.596,13 T$	60.000 T$	988.098,45 T$
01.06.X3-31.05.X4	988.098,45 T$	61.695,79 T$	60.000 T$	989.794,24 T$
01.06.X4-31.05.X5	989.794,24 T$	61.801,67 T$	60.000 T$	991.595,91 T$
01.06.X5-31.05.X6	991.595,91 T$	61.914,17 T$	60.000 T$	993.510,08 T$
01.06.X6-31.05.X7	993.510,08 T$	62.033,68 T$	60.000 T$	995.543,76 T$
01.06.X7-31.05.X8	995.543,76 T$	62.160,67 T$	60.000 T$	997.704,43 T$
01.06.X8-31.05.X9	997.704,43 T$	62.295,57 T$	60.000 T$	1.000.000,00 T$
∑		495.000,00 T$	480.000 T$	

[1532] Auf Basis des Erstbuchwerts, des Nominalvolumens, des Kuponzinssatzes und der Laufzeit lässt sich dieser in einem Tabellenkalkulationsprogramm über eine Iterationsfunktion bzw. Zielwertsuche bestimmen.

7.2.3.2 Designation und Dokumentation der Sicherungsbeziehung am 15.09.X4

Ohne Einbindung in eine Sicherungsbeziehung werden die Differenzen aus der Umrechnung des F-Abschlusses in die Darstellungswährung von E (€) im Eigenkapital des Konzerns erfasst. Währungsbedingte Differenzen aus der Umrechnung der $-Anleihe in die funktionale Währung von E sind hingegen GuV-wirksam. Um entsprechende Verwerfungen zwischen den beiden Rechenwerken zu verhindern, designiert E am 15.09.X4 von der Schuldverschreibung ein Nominalvolumen von 330 Mio. $ als Sicherungsinstrument. Die wesentlichen Merkmale, die bei der Designation dokumentiert werden, sind in Tabelle 7-44 enthalten.

Tabelle 7-44 *Praxisbeispiel Net Investment Hedge: Dokumentation bei Designation*

Merkmal	Beschreibung
Art der Sicherungsbeziehung	Hedge of a Net Investment in a Foreign Operation
Identifikation des Grundgeschäfts	100% des Nettovermögens von Unternehmen F, welches am 15.09.X4 bei 350 Mio. $ liegt
Art des abgesicherten Risikos	$/€-Wechselkursrisiko, das sich aus der Erfassung von Umrechnungsdifferenzen in unterschiedlichen Rechenwerken (OCI versus GuV) ergibt
Identifikation des Sicherungsinstruments	Anteil einer Anleihe im Nominalvolumen von 330 Mio. $; die Anleihe hat insgesamt ein Nominalvolumen von 1 Mrd. $ und einen Kupon von 6%, sie ist am 01.06.X9 endfällig in Höhe des Nominalvolumens zu tilgen
Risikoart	Translationsbedingtes Wechselkursänderungsrisiko
Verbindung zur Risikomanagementstrategie	Minimierung signifikanter Verwerfungen, die bei der Erfassung translationsbedingter Differenzen entstehen können, über entsprechende Sicherungsmaßnahmen
Prospektiver Effektivitätstest (PET)	Sensitivitätsanalyse: Verhältnis der Änderungen von tatsächlichen und hypothetischen Werten von Grundgeschäft und Sicherungsinstrument (Wertänderung des Sicherungsinstruments auf Full-Fair-Value-Basis, Wertänderung des Grundgeschäfts über das Nettovermögen); Bestimmung der hypothetischen Werte anhand der hypothetischen Änderung des $/€-Kassawechselkurses um +10%
Retrospektiver Effektivitätstest (RET)	Dollar-Offset-Methode: Verhältnis der kumulativen Wertänderungen von Grundgeschäft und Sicherungsinstrument; Ermittlung der Wertänderungen des Sicherungsinstruments auf Basis der Full Fair Values; Bestimmung der Wertänderungen des Grundgeschäfts über das Nettovermögen

Absicherungen gegen Währungsrisiken **7.2**

7.2.3.3 Prospektiver Effektivitätstest am 15.09.X4

Am 15.09.X4 liegt der Kassawechselkurs bei 0,824 $/€. Zur Bestimmung der prospektiven Effektivität wird das Verhältnis der Änderungen der tatsächlichen und der hypothetischen Werte von Grundgeschäft und Sicherungsinstrument bei angenommener Veränderung des Kassawechselkurses um +10% herangezogen, d.h. dieser beträgt 0,906 $/€ (0,824 $/€ · 1,1). In Tabelle 7-45 sind die Parameter zur Fair-Value-Bestimmung des Sicherungsinstruments auf $-Basis aufgeführt.

Praxisbeispiel NIH: Bewertungsparameter Anleihe PET 15.09.X4 — *Tabelle 7-45*

Zeitraum	(1) Tage periodisch	(2) kumulativ	(3) Swap-zinssatz $	(4)* Zero-Zinssatz $	(5) = 330 Mio. $ · 6% Auszahlung $
01.06.X4-14.09.X4	104	104			-19.800 T$
15.09.X4-31.05.X5	256	256	4,214%	4,214%	-19.800 T$
01.06.X5-31.05.X6	360	616	4,321%	4,334%	-19.800 T$
01.06.X6-31.05.X7	360	976	4,507%	4,523%	-19.800 T$
01.06.X7-31.05.X8	360	1.336	4,729%	4,756%	-19.800 T$
01.06.X8-31.05.X9	360	1.696	4,918%	4,958%	-19.800 T$

* Siehe zur Bestimmung Abschnitt 2.1.8

Der Full Fair Value (FV) des Sicherungsinstruments zum 15.09.X4 beträgt -350.354,29 T$:

$$\frac{-19.800\,T\$}{(1+4,214\%\cdot 256/360)} + \frac{-19.800\,T\$}{(1+4,334\%)^{616/360}} + \ldots + \frac{(-19.800\,T\$ + -330.000\,T\$)}{(1+4,958\%)^{1.696/360}} = -350.354,29\,T\$$$

Umgerechnet zum tatsächlichen Kassawechselkurs von 0,824 $/€ ergibt sich ein Full Fair Value von -425.187,25 T€; unter Heranziehung des hypothetischen Kassawechselkurses von 0,906 $/€ beläuft sich der beizulegende Zeitwert auf -386.533,86 T€.

Die Umrechnung des Nettovermögens (NVs) der Auslandsbeteiligung (Grundgeschäft) am 15.09.X4 zum tatsächlichen Kassawechselkurs führt zu einem Wert von +424.757,28 T€ (350.000 T$ / 0,824 $/€); den hypothetischen Kassawechselkurs zu Grunde gelegt liegt dieser bei +386.142,98 T€.

Die prospektive Effektivität (EP) beträgt -100,1%:

$$EP = \frac{\Delta\,Full\,FV\,(hyp./Ist)\,SI}{\Delta\,NV\,(hyp./Ist)\,GG} = \frac{(-386.533,86\,T\text{€}./.-425.187,25\,T\text{€})}{(386.142,98\,T\text{€}./.424.757,28\,T\text{€})} = \frac{38.653,39\,T\text{€}}{-38.614,30\,T\text{€}} = -100,1\%$$

7.2.3.4 Retrospektiver Effektivitätstest am 30.09.X4 (Q3 X4)

Der Kassawechselkurs notiert am 30.09.X4 bei 0,800 $/€. E bestimmt die retrospektive Effektivität über das Verhältnis der kumulativen Wertänderungen von Grundgeschäft und Sicherungsinstrument (Dollar-Offset-Methode ▶ 3.16.7.2). Zum 15.09.X4 lagen der Full Fair Value des Sicherungsinstruments bei -425.187,25 T€ und das Nettovermögen des Grundgeschäfts bei +424.757,28 T€ (siehe vorheriger Abschnitt). Die zur Ermittlung des Full Fair Value des Sicherungsinstruments zum 30.09.X4 benötigten Bewertungsparameter sind in Tabelle 7-46 aufgeführt.

Tabelle 7-46

Praxisbeispiel NIH: Bewertungsparameter Anleihe RET 30.09.X4

Zeitraum	(1) Tage periodisch	(2) kumulativ	(3) Swap-zinssatz $	(4)* Zero-Zinssatz $	(5) = 330 Mio. $ · 6% Auszahlung $
01.06.X4-30.09.X4	120	120			-19.800 T$
01.10.X4-31.05.X5	240	240	4,234%	4,234%	
01.06.X5-31.05.X6	360	600	4,327%	4,340%	-19.800 T$
01.06.X6-31.05.X7	360	960	4,529%	4,546%	-19.800 T$
01.06.X7-31.05.X8	360	1.320	4,760%	4,788%	-19.800 T$
01.06.X8-31.05.X9	360	1.680	4,940%	4,980%	-19.800 T$

* Siehe zur Bestimmung Abschnitt 2.1.8

Der beizulegende Zeitwert des Sicherungsinstruments zum 30.09.X4 beträgt -350.793,20 T$:

$$\frac{-19.800 \text{ T\$}}{(1+4,234\% \cdot 240/360)} + \frac{-19.800 \text{ T\$}}{(1+4,340\%)^{600/360}} + \ldots + \frac{(-19.800 \text{ T\$} + -330.000 \text{ T\$})}{(1+4,980\%)^{1.680/360}} = -350.793,20 \text{ T\$}$$

Umgerechnet zum Kassawechselkurs von 0,800 $/€ ergibt sich ein Fair Value von -438.491,50 T€.

Das Grundgeschäft hat zum 30.09.X4 weiterhin ein Nettovermögen von +350.000 T$ (Vermögenswerte: 805.000 T$; Schulden: 455.000 T$). Dies entspricht bei Umrechnung zum Kassawechselkurs einem Betrag von +437.500 T€.

Es bestimmt sich eine retrospektive Effektivität (ER) von -104,4%:

$$ER = \frac{\Delta \text{ Full FV (Ist/hist.) SI}}{\Delta \text{ NV (Ist/hist.) GG}} = \frac{(-438.491,50 \text{ T€}./.-425.187,25 \text{ T€})}{(437.500 \text{ T€}./.424.757,28 \text{ T€})} = \frac{-13.304,25 \text{ T€}}{12.742,72 \text{ T€}} = -104,4\%$$

7.2.3.5 Bilanzierung am 30.09.X4 (Q3 X4)

Für den Quartalsabschluss zum 30.09.X4 wird für die gesamte Anleihe zunächst der anteilige Nominalzins von 15.000 T$ (60.000 T$ · 90 Tage / 360 Tage) im Zinsergebnis (ZE) realisiert. Da zu diesem Zeitpunkt keine Nominalzinszahlungen zu leisten sind, muss eine Zinsverbindlichkeit erfasst werden, die mit dem zum 30.09.X4 vorherrschenden Wechselkurs von 0,800 $/€ umzurechnen ist (B = Bilanz):

Erfassung der Zinsaufwendungen

30.09.X4	Zinsaufwand FLAC (ZE)	18.750,00 T€	Zinsverb. FLAC (B)	18.750,00 T€

Ferner muss die gesamte Anleihe um die Differenz zwischen anteiligem Effektivzins und anteiligem Nominalzins fortgeschrieben werden. Dieser Fortschreibungsbetrag beläuft sich auf (61.801,67 T$ ./. 60.000 T$) · 90 Tage / 360 Tage = 450,42 T$. Zum Wechselkurs von 0,800 $/€ umgerechnet ergibt sich ein Betrag von 563,02 T€, der folgendermaßen erfasst wird:

30.09.X4	Zinsaufwand FLAC (ZE)	563,02 T€	Anleihe FLAC (B)	563,02 T€

Zum 30.09.X4 hat die Zinsverbindlichkeit einen Bestand von 20.000 T$ (60.000 T$ · 120 Tage / 360 Tage). Dieser ist zum Stichtagskurs umzurechnen; der €-Buchwert beträgt 25.000 T€ (20.000 T$ / 0,800 $/€). Es ergibt sich ein (bei E im Währungsergebnis (WE) berücksichtigter) Währungsgewinn von 103,24 T€, denn bisher wurde am 30.06.X4 ein €-Buchwert von 6.353,24 T€ (60.000 T$ · 30 Tage / 360 Tage / 0,787 $/€) und am 30.09.X4 ein €-Buchwert von 18.750 T€ (d.h. in Summe ein €-Buchwert von 25.103,24 T€) erfasst:

Umrechnung der Zinsverbindlichkeit

30.09.X4	Zinsverb. FLAC (B)	103,24 T€	FX-Ertrag FLAC (WE)	103,24 T€

Die Anleihe hatte zum 30.06.X4 einen Gesamtbuchwert von 989.794,24 T$ + (61.801,67 T$ ./. 60.000 T$) · 30 Tage / 360 Tage = 989.944,38 T$. Umgerechnet zum zu diesem Stichtag vorherrschenden Wechselkurs ergab sich ein €-Buchwert von 1.257.870,88 T€ (989.844,39 T$ / 0,787 $/€). Im 3. Quartal X4 wurde die Anleihe um 563,02 T€ fortgeschrieben. Somit weist der Posten zum 30.09.X4 einen Bestand von 1.258.433,90 T€ auf.

Umrechnung der Anleihe

Aus der Umrechnung mit dem Stichtagskurs zum 30.09.X4 resultiert ein €-Buchwert von (989.944,38 T$ + 450,42 T$) / 0,800 $/€ = 1.237.993,50 T€. Es entsteht ein Währungsgewinn von 20.440,40 T€ (1.258.433,90 T€ ./. 1.237.993,50 T€), der wie folgt gebucht wird:

30.09.X4	Anleihe FLAC (B)	20.440,40 T€	FX-Ertrag FLAC (WE)	20.440,40 T€

Die Sicherungsbeziehung ist nicht zu 100% effektiv; es besteht eine Übereffektivität (▶ 3.16.8.2). Im Eigenkapital kann für das Sicherungsinstrument nur ein Betrag in Höhe der (kumulativen) Wertänderung des Grundgeschäfts von 12.742,72 T€ (siehe vorheriger Abschnitt) erfasst werden. Die betragsmäßige Differenz zur Wertänderung des Sicherungsinstruments von

OCI-Erfassung aus dem Sicherungsinstrument

7 *Bilanzierung und Offenlegung einzelner Sicherungsbeziehungen*

561,53 T€ (13.304,25 T€ ./. 12.742,72 T€) ist als ineffektiver Teil im sonstigen Finanzergebnis (FE) zu berücksichtigen. Da E die gesamte Anleihe bereits erfolgswirksam über das Währungsergebnis umrechnet wurde, wird dieses angepasst (Korrektur des Aufwands aus der Währungsumrechnung). Buchung:

30.09.X4	NIH-Rücklage (OCI)	12.742,72 T€	FX-Aufw. FLAC (WE)	13.304,25 T€
	Aufw. Ineff. FLAC (FE)	561,53 T€		

Umrechnung Abschluss Auslandsbeteiligung

E rechnet den Abschluss der Auslandsbeteiligung gemäß IAS 21.39 unter Anwendung der „modifizierten Stichtagsmethode"[1533] in die Darstellungswährung um. Dabei werden sämtliche Vermögenswerte und Schulden von F zum am Stichtag gültigen Wechselkurs in € transferiert und die Umrechnungsdifferenzen erfolgsneutral im Eigenkapital erfasst. Bei der Umrechnung vom 30.06.X4 auf den 30.09.X4 entsteht ein Verlust von 7.226,81 T€, denn das Nettovermögen hat sich durch die Änderung des Wechselkurses von 444.726,81 T€ (350.000 T$ / 0,787 $/€) auf 437.500 T€ (350.000 T$ / 0,800 $/€) reduziert.

7.2.3.6 Prospektiver Effektivitätstest am 30.09.X4

Die Bestimmung der prospektiven Effektivität wird in gleicher Weise durchgeführt wie zum 15.09.X4 (▶ 7.2.3.3); der dabei berücksichtigte hypothetische Kassawechselkurs beläuft sich auf 0,880 $/€ (0,800 $/€ · 1,1).

Der beizulegende Zeitwert des Sicherungsinstruments zum 30.09.X4 beträgt -350.793,20 T$ bzw. -438.491,50 T€ (▶ 7.2.3.4). Auf Basis des hypothetischen Kassawechselkurses von 0,880 $/€ beläuft sich der Fair Value auf -398.628,64 T€.

Die Umrechnung des Grundgeschäfts von 350.000 T$ am 30.09.X4 zum tatsächlichen Kassawechselkurs führt zu einem Nettovermögen von 437.500 T€ (▶ 7.2.3.4); den hypothetischen Kassawechselkurs zu Grunde gelegt ergibt sich ein Wert von +397.727,27 T€.

Die prospektive Effektivität (EP) beträgt -100,2%:

$$EP = \frac{\Delta \text{ Full FV (hyp./Ist) SI}}{\Delta \text{ NV (hyp./Ist) GG}} = \frac{(-398.628,64 \text{ T€}./.-438.491,50 \text{ T€})}{(397.727,27 \text{ T€}./.437.500 \text{ T€})} = \frac{39.862,86 \text{ T€}}{-39.772,73 \text{ T€}} = -100,2\%$$

7.2.3.7 Retrospektiver Effektivitätstest am 31.12.X4 (Q4 X4)

Der Kassawechselkurs notiert am 31.12.X4 bei 0,755 $/€. Die retrospektive Effektivität wird auf gleiche Weise wie zuvor ermittelt (▶ 7.2.3.4). Tabelle 7-

---

[1533] Vgl. dazu weiterführend z.B. GASSEN/DAVARCIOGLU/FISCHKIN/KÜTING (2007).

Absicherungen gegen Währungsrisiken **7.2**

47 enthält die zur Bestimmung des Fair Value des Sicherungsinstruments benötigten Bewertungsparameter.

Praxisbeispiel NIH: Bewertungsparameter Anleihe RET 31.12.X4 — *Tabelle 7-47*

Zeitraum	(1) Tage periodisch	(2) Tage kumulativ	(3) Swap-zinssatz $	(4)* Zero-Zinssatz $	(5) = 330 Mio. $ · 6% Auszahlung $
01.06.X4-31.12.X4	210	210			-19.800 T$
01.01.X5-31.05.X5	150	150	4,354%	4,354%	-19.800 T$
01.06.X5-31.05.X6	360	510	4,583%	4,603%	-19.800 T$
01.06.X6-31.05.X7	360	870	4,889%	4,911%	-19.800 T$
01.06.X7-31.05.X8	360	1.230	5,122%	5,154%	-19.800 T$
01.06.X8-31.05.X9	360	1.590	5,335%	5,381%	-19.800 T$

* Siehe zur Bestimmung Abschnitt 2.1.8

Der beizulegende Zeitwert des Sicherungsinstruments zum 31.12.X4 beträgt -349.851,60 T$:

$$\frac{-19.800\ T\$}{(1+4,354\%\cdot 150/360)} + \frac{-19.800\ T\$}{(1+4,603\%)^{510/360}} + ... + \frac{(-19.800\ T\$ + -330.000\ T\$)}{(1+5,381\%)^{1.590/360}} = -349.851,60\ T\$$$

Umgerechnet zum Kassawechselkurs von 0,755 $/€ ergibt sich ein Fair Value von -463.379,60 T€.

Das Nettovermögen der Auslandsbeteiligung hat zum 31.12.X4 weiterhin einen Wert von +350.000 T$ (Vermögenswerte: 820.000 T$; Schulden: 470.000 T$). Dies entspricht bei Umrechnung zum Kassawechselkurs einem Betrag von +463.576,16 T€.

Es ergibt sich eine retrospektive Effektivität (ER) von -98,4%:

$$ER = \frac{\Delta\ Full\ FV\ (Ist/hist.)\ SI}{\Delta\ NV\ (Ist/hist.)\ GG} = \frac{(-463.379,60\ T€./.-425.187,25\ T€)}{(463.576,16\ T€./.424.757,28\ T€)} = \frac{-38.192,35\ T€}{38.818,88\ T€} = -98,4\%$$

7.2.3.8 Bilanzierung am 31.12.X4 (Q4 X4)

Auch zum 31.12.X4 wird für die gesamte Anleihe zunächst der anteilige Nominalzins von 15.000 T$ (60.000 T$ · 90 Tage / 360 Tage) realisiert. Wiederum muss eine Zinsverbindlichkeit erfasst werden. Nach Umrechnung mit dem zum 31.12.X4 vorherrschenden Wechselkurs von 0,755 $/€ ergibt sich folgende Buchung:

Erfassung der Zinsaufwendungen

| 31.12.X4 | Zinsaufwand FLAC (ZE) | 19.867,55 T€ | Zinsverb. FLAC (B) | 19.867,55 T€ |

Darüber hinaus ist die gesamte Anleihe um die Differenz zwischen anteiligem Effektivzins und anteiligem Nominalzins fortzuschreiben. Dieser Fort-

7 Bilanzierung und Offenlegung einzelner Sicherungsbeziehungen

schreibungsbetrag beläuft sich auf (61.801,67 T$ ./. 60.000 T$) · 90 Tage / 360 Tage = 450,42 T$. Aus der Umrechnung zum Wechselkurs von 0,755 $/€ resultiert ein Betrag von 596,58 T€, der folgendermaßen erfasst wird:

| 31.12.X4 | Zinsaufwand FLAC (ZE) | 596,58 T€ | Anleihe FLAC (B) | 596,58 T€ |

Umrechnung der Zinsverbindlichkeit

Zum 31.12.X4 hat die Zinsverbindlichkeit einen Bestand von 35.000 T$ (60.000 T$ · 210 Tage / 360 Tage). Dieser muss zum Stichtagskurs umgerechnet werden; der €-Buchwert beträgt 46.357,62 T€ (35.000 T$ / 0,755 $/€). Es ergibt sich ein Währungsverlust (der Buchwert der Zinsverbindlichkeit hat sich währungsbedingt erhöht) von 1.386,83 T€, denn bisher wurden €-Buchwerte von insgesamt 44.970,79 T€ (6.353,24 T€ + 18.750 T€ + 19.867,55 T€) erfasst:

| 31.12.X4 | FX-Aufwand FLAC (WE) | 1.386,83 T€ | Zinsverb. FLAC (B) | 1.386,83 T€ |

Umrechnung der Anleihe

Die Anleihe wird zum 31.12.X4 ebenfalls zum Kassawechselkurs umgerechnet; der €-Buchwert beträgt (990.394,80 T$ + 450,42 T$) / 0,755 $/€ = 1.312.377,77 T€. Da bislang ein Buchwert von 1.238.590,08 T€ (1.237.993,50 T€ + 596,58 T€) erfasst ist, ergibt sich ein Währungsverlust von 73.787,69 T€ (1.312.377,77 T€ ./. 1.238.590,08 T€).Buchung:

| 31.12.X4 | FX-Aufwand FLAC (WE) | 73.787,69 T€ | Anleihe FLAC (B) | 73.787,69 T€ |

OCI-Erfassung aus dem Sicherungsinstrument

Die Sicherungsbeziehung ist nicht zu 100% effektiv; es besteht eine Untereffektivität (▶ 3.16.8.2). Der im Eigenkapital erfasste Betrag wird auf den Betrag der kumulativen Wertänderung des Sicherungsinstruments von -38.192,35 T€ (siehe vorheriger Abschnitt) erhöht; da im OCI bislang ein Betrag von -12.742,72 T€ (Verlust) gespeichert ist, ergibt sich ein Anpassungsbetrag von -25.449,63 T€ (-38.192,35 T€ ./. -12.742,72 T€):

| 31.12.X4 | NIH-Rücklage (OCI) | 25.449,63 T€ | FX-Aufw. FLAC (WE) | 25.449,63 T€ |

Umrechnung Abschluss Auslandsbeteiligung

Wiederum rechnet E den Abschluss der Auslandsbeteiligung mittels der modifizierten Stichtagsmethode in die Darstellungswährung um. Auf Grund der Änderung des Wechselkurses von 0,800 $/€ (30.09.X4) auf 0,755 $/€ (31.12.X4) hat sich das Nettovermögen von F um 26.076,16 T€ (463.567,16 T€ ./. 437.500 T€) erhöht. Dieser Betrag wird im Eigenkapital als Gewinn aus der Umrechnung erfasst.

7.2.3.9 Angaben im Jahresabschluss X4

Für den Jahresabschluss X4 berücksichtigt E bei der Angabe des Buchwerts der Bewertungskategorie FLAC (▶ 3.4.4.1) den Gesamtbuchwert der Anleihe von 1.312.377,77 T€. Auch der Buchwert der Zinsverbindlichkeit von 46.357,62 T€ wird für die Bestimmung der Buchwertangaben der Bewer-

Absicherungen gegen Währungsrisiken | **7.2**

tungskategorie FLAC herangezogen. Zum 31.12.X4 notiert die Anleihe bei 102,55%, d.h. der Fair Value beträgt 1.025.500 T$ (1.000.000 T$ · 102,55%); umgerechnet zum Stichtagskurs ergibt sich ein beizulegender Zeitwert von 1.358.278,15 T€, den E im Rahmen der Angaben der Fair Values nach Klassen (▶ 3.4.4.2) berücksichtigt. Die im Jahr X4 erfassten Zinsaufwendungen, die Währungsgewinne/-verluste sowie der am 30.09.X4 auf Grund der Ineffektivität erfasste Aufwand von 561,53 T€ gehen in das zu publizierende Nettoergebnis (▶ 3.14.6) der Bewertungskategorie FLAC ein. Ferner werden die Zinsaufwendungen bei den offen zu legenden Gesamtzinsaufwendungen (▶ 3.14.3) berücksichtigt.

Zur Erfüllung der für jede Art von Sicherungsbeziehungen bestehenden Angabepflichten (▶ 3.16.5) fasst E die bei Designation dokumentierten Merkmale (▶ 7.2.3.2) zusammen. Zusätzlich gibt es im Anhang an, dass der als Sicherungsinstrument designierte Teil der Anleihe zum 31.12.X4 einen beizulegenden Zeitwert von -448.231,79 T€ (330.000 T$ · 102,55% / 0,755 $/€) hat. Ebenfalls veröffentlicht wird der im Jahr X4 erfolgswirksam erfasste Aufwand aus der Ineffektivität der Sicherungsbeziehung von 561,53 T€.

Die Zahlungen aus der Anleihe werden ferner bei der im Rahmen der Angaben zu Liquiditätsrisiken geforderten Fälligkeitsanalyse berücksichtigt. E zieht dabei den in Tabelle 5-2 dargestellten Aufbau heran (▶ 5.4.3.2). Die künftigen Zins- und Tilgungszahlungen werden zum am 31.12.X4 gültigen Stichtagskurs von 0,755 $/€ umgerechnet. Es ergeben sich die in Tabelle 7-48 aufgeführten Werte und Zuordnungen.

Fälligkeitsanalyse

Praxisbeispiel NIH: Fälligkeitsanalyse (Auszahlungen)

Tabelle 7-48

X5		X6		X7 bis X9	
Zins fix	Tilgung	Zins fix	Tilgung	Zins fix	Tilgung
-79.470,20 T€	0 T€	-79.470,20 T€	0 T€	-238.410,60 T€	-1.324.503,31 T€
(-60.000 T$)		(-60.000 T$)		(3 · -60.000 T$)	(-1.000.000 T$)

Zur Darstellung der Marktrisiken bzw. Sensitivitäten zum Wechselkursrisiko (▶ 5.4.4.4) werden die Eigenkapital-Auswirkungen bei einer hypothetischen Veränderung des Kassawechselkurses um +/-10% untersucht, d.h. man unterstellt Kassawechselkurse von 0,831 $/€ (0,755 $/€ · 1,1) bzw. 0,680 $/€ (0,755 $/€ · 0,9). Tabelle 7-49 zeigt die zur Ermittlung der Sensitivitäten berücksichtigten Werte.

Währungssensitivität

Bei einem um 10% höheren Kassawechselkurs bestimmt sich für das Sicherungsinstrument eine OCI-Sensitivität von +41.516,76 T€ (16.067,13 T€ ./. -25.449,63 T€) und für das Grundgeschäft von -42.143,29 T€ (-16.067,13 T€ ./. 26.076,16 T€). Per Saldo liegt die OCI-Sensitivität bei -626,53 T€.

7

Bilanzierung und Offenlegung einzelner Sicherungsbeziehungen

Im Fall eines um 10% niedrigeren Kassawechselkurses ergibt sich für das Sicherungsinstrument eine OCI-Sensitivität von -51.486,63 T€ (-76.936,26 T€ ./. -25.449,63 T€) und für das Grundgeschäft von +51.508,46 T€ (77.584,62 T€ ./. 26.076,16 T€). Saldiert ist dies eine OCI-Sensitivität von +21,83 T€.

Tabelle 7-49 | *Praxisbeispiel NIH: Währungssensitivitäten*

	Tatsächlicher Wechselkurs	Wechselkurs +10%	Wechselkurs -10%
Fair Value SI	-463.379,60 T€	-421.254,19 T€ (-349.851,60 T$ / 0,831 $/€)	-514.866,23 T€ (-349.851,60 T$ / 0,680 $/€)
Δ Fair Value (Ist/hist.) SI	-38.192,35 T€	+3.933,06 T€ (-421.254,19 T€ ./. -425.187,25 T€)	-89.678,98 T€ (-514.866,23 T€ ./. -425.187,25 T€)
Fair Value GG	+463.576,16 T€	+421.432,87 T€ (350.000 T$ / 0,831 $/€)	+515.084,62 T€ (350.000 T$ / 0,680 $/€)
Δ Fair Value (Ist/hist.) GG	+38.818,88 T€	-3.324,41 T€ (421.432,87 T€ ./. 424.757,28 T€)	+90.327,34 T€ (515.084,62 T€ ./. 424.757,28 T€)
ER	-98,4%	-118,3%	-99,3%
OCI-Erfassung SI	-25.449,63 T€	+16.067,13 T€ (3.324,41 T€ ./. -12.742,72 T€)	-76.936,26 T€ (-89.678,98 T€ ./. -12.742,72 T€)
OCI-Erfassung GG (Umrechnung NV)	+26.076,16 T€	-16.067,13 T€ (-3.324,41 T€ ./. 12.742,72 T€)	+77.584,62 T€ (90.327,34 T€ ./. 12.742,72 T€)

Wäre also der € gegenüber dem $ um 10% stärker (schwächer) gewesen, so wäre das Eigenkapital um 626,53 T€ geringer (um 21,83 T€ höher) ausgefallen.

7.2.3.10 Bilanzierung am 15.04.X9 (Verkauf der Auslandsbeteiligung)

In der Folge geht E in entsprechender Weise vor; die Sicherungsbeziehung wird bei jeder Prüfung als effektiv beurteilt.

Am 15.04.X9 veräußert E die Auslandsbeteiligung. Damit wird die Sicherungsbeziehung zu diesem Datum beendet. Die bis dato im Eigenkapital gespeicherten Gewinne und Verluste aus der Umrechnung des Abschlusses der Auslandbeteiligung sowie aus der währungsbedingten Wertänderung des Sicherungsinstruments werden in die GuV überführt (▶ 3.12.3.3). Ab dem 15.04.X9 realisiert E die wechselkursbedingten Umrechnungsdifferenzen aus der Anleihe wieder vollumfänglich erfolgswirksam.

8 Ausblick

Der Prozess zur Neugestaltung der Bilanzierungsvorschriften zu Finanzinstrumenten wurde schon im März 2008 mit Veröffentlichung des Diskussionspapiers „Reducing Complexity in Reporting Financial Instruments" initiiert.[1534] Eine gewisse Dynamik ist dabei mit Beginn der Finanzmarktkrise eingetreten. Trotzdem hat das IASB das Projekt zur Ersetzung von IAS 39 durch IFRS 9 „Financial Instruments" in 3 Phasen aufgeteilt:

- Phase 1: Kategorisierung und Bewertung;
- Phase 2: Fortgeführte Anschaffungskosten und Wertminderung von finanziellen Vermögenswerten;
- Phase 3: Bilanzierung von Sicherungsbeziehungen.

Zu Phase 1 ist zunächst im November 2009 ein erster Standard veröffentlicht worden, der die Kategorisierung und Bewertung von finanziellen Vermögenswerten regelt.[1535] Die entsprechenden Vorschriften für finanzielle Verbindlichkeiten wurden im Oktober 2010 ergänzt.[1536] Seither gilt Phase 1 als abgeschlossen.[1537] Allerdings hat das IASB im November 2011 beschlossen, kurzfristig bestimmte Änderungen an den Regelungen vorzunehmen.[1538]

Die Phasen 2 und 3 befinden sich derzeit im Entwurfstatus. Zu Phase 2 wurde bereits im November 2009 ein Exposure Draft (ED/2009/12 „Financial Instruments: Amortised Cost and Impairment") publiziert.[1539] Ein in Zusammenarbeit mit dem FASB entstandenes und diesen Entwurf ergänzendes Dokument ist im Januar 2011 veröffentlicht worden.[1540] Das IASB strebt die Veröffentlichung eines Re-Exposure Draft für das 3. oder 4. Quartal 2012 an.

[1534] Vgl. zu dem Diskussionspapier ZÜLCH/NELLESSEN (2008); SCHMIDT (2008a); ALVAREZ (2008). Das andere im Ausblick der 1. Auflage dieses Buchs angesprochene Projekt zur Abgrenzung von Eigen- und Fremdkapital („Financial Instruments with Characteristics of Equity") hat das IASB im Jahr 2010 unterbrochen.
[1535] Weiterführend zu diesem vgl. WIESE/SPINDLER (2010); MÄRKL/SCHABER (2010); KUHN (2010); WENK/STRAßER (2010).
[1536] Für Details zu jener Ergänzung vgl. FISCHER (2010b); CHRISTIAN (2011); WIECHENS/KROPP (2011).
[1537] Vgl. ECKES (2010).
[1538] Zu diesem Projekt „Limited Modifications to IFRS 9" soll im 3. oder 4. Quartal 2012 ein Exposure Draft erscheinen.
[1539] Vgl. dazu FLICK/GEHRER/MEYER (2010); BÄR (2010); SCHABER/MÄRKL (2010); SCHMIDT (2010); FISCHER (2010b).
[1540] Vgl. hierzu FISCHER (2011b); HELKE/BÄR/MORAWIETZ (2011).

8 Ausblick

Phase 3 wurde in 2 Teilbereiche unterteilt: Bilanzierung von Sicherungsbeziehungen im Allgemeinen und Hedge Accounting auf Portfoliobasis. Zu Ersterem liegt seit Dezember 2010 ein Exposure Draft vor.[1541] Finale Vorgaben sollen im 2. Halbjahr 2012 folgen. In diesem Zeitraum ist auch die Veröffentlichung eines Entwurfstandards zu letzterem „Macro Hedge Accounting" geplant.

Die zu Phase 1 im November 2009 und Oktober 2010 publizierten Regelungen sollten ursprünglich schon im Jahr 2013 verpflichtend in Kraft treten. Das IASB hat den Erstanwendungszeitpunkt jedoch über ein im Dezember 2011 veröffentlichtes Amendment der Standards verschoben. Nach jetzigem Stand sind die finalen Teile von IFRS 9 zwingend anzuwenden für Geschäftsjahre, die am oder nach dem 1. Januar 2015 beginnen. Eine freiwillige vorzeitige Anwendung ist gemäß den Originalverlautbarungen zwar grundsätzlich zulässig. Innerhalb der EU besteht diese Möglichkeit indes nicht, denn mit der Überprüfung auf Übernahme in europäisches Recht wird erst begonnen, wenn IFRS 9 komplett vorliegt.

Das IASB sieht für die noch ausstehenden Teile von IFRS 9 ebenfalls einen Erstanwendungszeitpunkt zum 1. Januar 2015 vor. Ob der Termin gehalten werden kann, ist fraglich. Das anspruchsvolle Restprogramm lässt daran zweifeln. Selbst wenn das IASB die Phasen 2 und 3 noch rechtzeitig abschließen sollte, könnte es durchaus sein, dass EU-Anwender die neuen Bilanzierungsvorgaben für Finanzinstrumente erst später zwingend beachten müssen – wie dies voraussichtlich bei den neuen Konsolidierungsstandards (▶ 3.3.6.1) der Fall sein wird. Ggf. bleibt uns IAS 39 also noch länger erhalten als befürchtet oder gewünscht.

[1541] Vgl. zu diesem FISCHER (2011a); MÄRKL/GLASER (2011); WIESE/SPINDLER (2011); WÜSTEMANN/BISCHOF (2011).

Literaturverzeichnis

ACKERMANN, ULRICH/JÄCKLE, JOACHIM (2006): Ratingverfahren aus Emittentensicht. In: BB 61 (2006), Nr. 16, S. 878-884.

ADAM, DIETRICH (1996): Planung und Entscheidung. 4. Auflage, Wiesbaden 1996.

ADLER, HANS/DÜRING, WALTHER/SCHMALTZ, KURT (2002): Rechnungslegung nach Internationalen Standards. Stuttgart 2011.

ALVAREZ, MANUEL (2008): IASB-Diskussionspapier zur Vereinfachung der Berichterstattung über Finanzinstrumente. In: BB 63 (2008), Nr. 34, S. 1834-1838.

AMMANN, MANUEL/SEIZ, RALF (2008): Die „Fair Value"-Bewertung von Finanzinstrumenten. In: IRZ 3 (2008), Nr. 7/8, S. 355-357.

APP, JÜRGEN G./KLEIN, JOCHEN (2006): Verbriefungen: Motivation und Strukturen sowie ausgewählte Fragen der Rechnungslegung. In: KoR 6 (2006), Nr. 7-8, S. 487-496.

BAETGE, JÖRG/KIRSCH, HANS-JÜRGEN/THIELE, STEFAN (2011): Bilanzen. 11. Auflage, Düsseldorf 2005.

BAETGE, JÖRG/WINKELJOHANN, NORBERT/HAENELT, TIMO (2008): Die Bilanzierung des gesellschaftsrechtlichen Eigenkapitals von Nicht-Kapitalgesellschaften nach der novellierten Kapitalabgrenzung des IAS 32 (rev. 2008). In: DB 61 (2008), Nr. 28/29, S. 1518-1522.

BÄR, MICHAEL (2010): Darstellung und Würdigung des vorgeschlagenen Wertminderungsmodells für finanzielle Vermögenswerte nach IFRS. In: KoR 10 (2010), Nr. 6, S. 289-296.

BARCKOW, ANDREAS (2009): IAS 32. In: Baetge, Jörg/Wollmert, Peter/Kirsch, Hans-Jürgen/Oser, Peter/Bischof, Stefan (Hrsg.): Rechnungslegung nach IFRS. Stuttgart 2012.

BARCKOW, ANDREAS (2010): IAS 39. In: Baetge, Jörg/Wollmert, Peter/Kirsch, Hans-Jürgen/Oser, Peter/Bischof, Stefan (Hrsg.): Rechnungslegung nach IFRS. Stuttgart 2012.

BARDENS, ANDREA/KLOCKMANN, ISABELLA/TAMM, GUIDO (2011): Kosten eines Börsengangs im IFRS-Abschluss. In: IRZ 6 (2011), Nr. 7/8, S. 335-341.

BARDENS, ANDREA/MEURER, HOLGER (2011a): Kurspflege auf Kosten des Gewinns? In: KoR 11 (2011), Nr. 10, S. 476-482.

BARDENS, ANDREA/MEURER, HOLGER (2011b): Neue Anhangangaben bei der Ausbuchung von finanziellen Vermögenswerten – Änderungen von IFRS 7 (rev. 2010). In: WPg 64 (2011), Nr. 13, S. 618-624.

BECKER, THOMAS/WIECHENS, GERO (2008): Fair Value-Option auf eigene Verbindlichkeiten. In: KoR 8 (2008), Nr. 10, S. 625-630.

BEDAU, JANOS/KRAKUHN, JOACHIM/KRAG, JOACHIM (2010): Anwendungsbereich und Grenzen der Critical Terms Match-Methode. In: IRZ 5 (2010), Nr. 11, S. 491-497.

BERGER, JENS (2008): Die Absicherung von Nettoinvestitionen in ausländische Geschäftsbetriebe. In: KoR 8 (2008), Nr. 10, S. 608-616.

Literaturverzeichnis

BERGER, JENS (2011): IAS 32 – Financial Instruments: Presentation. In: Buschhüter, Michael/Striegel, Andreas (Hrsg.): Kommentar Internationale Rechnungslegung IFRS. Wiesbaden 2011, S. 821-846.

BERGER, RALF/GRÜNEWALD, HOLGER/KOLB, SUSANNE (2005): Zweifelsfragen bei der Abgrenzung von Eigen- und Fremdkapital bei Personengesellschaften nach IFRS. In: PiR 1 (2005), Nr. 6, S. 83-88.

BERNDT, THOMAS/GUTSCHE, ROBERT (2009): IFRS 3. In: Hennrichs, Joachim/Kleindiek, Detlef/Watrin, Christoph (Hrsg.): Münchener Kommentar zum Bilanzrecht, Band 1 IFRS. München 2010.

BEYHS, OLIVER/BUSCHHÜTER, MICHAEL/SCHURBOHM, ANNE (2011): IFRS 10 und IFRS 12: Die neuen IFRS zum Konsolidierungskreis. In: WPg 64 (2011), Nr. 14, S. 662-671.

BIEKER, MARCUS/NEGARA, LILIANA (2008): Bilanzierung von portfolio hedges zur Absicherung von Zinsänderungsrisiken nach IAS 39. In: KoR 8 (2008), Nr. 11, S. 702-714.

BIER, NICOLE/LOPATTA, KERSTIN (2008): Die Bilanzierung strukturierter Produkte und eingebetteter Derivate im Kontext der IFRS. In: KoR 8 (2008), Nr. 5, S. 304-314.

BISCHOFF, JAN (2008): Bilanzierungs- und Bewertungsfragen von Finanzinstrumenten nach IFRS. In: PiR 4 (2008), Nr. 2, S. 39-44.

BLATTNER, PETER (1997): Internationale Finanzierung. München 1997.

BLECHER, CHRISTIAN (2008): Die Regelungen des IAS 19 zu Pensionsverpflichtungen – Eine Beispielanalyse. In: KoR 8 (2008), Nr. 12, S. 754-760.

BÖCKEM, HANNE/ISMAR, MICHAEL (2011): Die Bilanzierung von Joint Arrangements nach IFRS 11. In: WPg 64 (2011), Nr. 17, S. 820-828.

BÖCKEM, HANNE/STIBI, BERND/ZOEGER, OLIVER (2011): IFRS 10 „Consolidated Financial Statements": Droht eine grundlegende Revision des Konsolidierungskreises? In: KoR 11 (2011), Nr. 9, S. 399-409.

BODE, OTTO/FROMME, SUSANNE (1996): Forward Rates: Zur Zinsprognose geeignet? In: Die Bank (1996), Nr. 11, S. 668-670.

BÖDECKER, ANDREAS/GAßMANN, JEANNETTE (2010): Das zweite Annual-Improvements-Project des IASB – praktische Implikationen ausgewählter Änderungen. In: WPg 63 (2010), Nr. 13, S. 682-691.

BÖDECKER, ANDREAS/GAßMANN, JEANNETTE (2011): Anwendungsfragen im Zusammenhang mit IFRS 3 zur Abbildung von Unternehmenszusammenschlüssen. In: WPg 64 (2011), Nr. 24, S. 1179-1186.

BOLZ, NADINE/BECKER, HELMUT (2012): IFRS 7 Finanzinstrumente: Angaben. In: Thiele, Stefan/von Keitz, Isabel/Brücks, Michael (Hrsg.): Internationales Bilanzrecht. Bonn 2012.

BÖMELBURG, PETER/LANDGRAF, CHRISTIAN/LUCE, KARSTEN (2008): Die Auswirkungen der Eigenkapitalabgrenzung nach IAS 32 (rev. 2008) auf deutsche Personengesellschaften. In: PiR 4 (2008), Nr. 5, S. 143-149.

BONIN, CHRISTOPH (2004): Finanzinstrumente im IFRS-Abschluss – Planung grundlegender Neuerungen der Angabepflichten durch ED 7 Financial Instruments: Disclosures. In: DB 57 (2004), Nr. 30, S. 1569-1573.

BRANGER, NICOLE/SCHLAG, CHRISTIAN (2004): Zinsderivate: Modelle und Bewertung. Berlin 2004.

Literaturverzeichnis

BREH, BENJAMIN/DÖRSCHELL, ANDREAS/HEISE, FREDERIK (2010): Umschuldungsmaßnahmen bei zusammengesetzten Finanzinstrumenten: Bilanzielle Abbildung anhand des Beispiels einer Wandelanleihe. In: IRZ 5 (2010), Nr. 2, S. 55-61.

BREKER, NORBERT/HARRISON, DAVID A./SCHMIDT, MARTIN (2005): Die Abgrenzung von Eigen- und Fremdkapital. In: KoR 5 (2005), Nr. 11, S. 469-479.

BRÜCKS, MICHAEL/KERKHOFF, GUIDO/STAUBER, JÜRGEN (2006a): IFRS 7: Darstellung und Umsetzungsaspekte (Teil 1). In: Der Konzern (2006), Nr. 5, S. 363-378.

BRÜCKS, MICHAEL/KERKHOFF, GUIDO/STAUBER, JÜRGEN (2006b): IFRS 7: Darstellung und Umsetzungsaspekte (Teil 2). In: Der Konzern (2006), Nr. 6, S. 423-444.

BRÜGGEMANN, BENEDIKT/LÜHN, MICHAEL/SIEGEL, MIKOSCH (2004a): Bilanzierung hybrider Finanzinstrumente nach HGB, IFRS und US-GAAP im Vergleich (Teil I). In: KoR 4 (2004), Nr. 9, S. 340-352.

BRÜGGEMANN, BENEDIKT/LÜHN, MICHAEL/SIEGEL, MIKOSCH (2004b): Bilanzierung hybrider Finanzinstrumente nach HGB, IFRS und US-GAAP im Vergleich (Teil II). In: KoR 4 (2004), Nr. 10, S. 389-402.

BUCHHEIM, REGINE/GRÖNER, SUSANNE/KÜHNE, MAREIKE (2004): Übernahme von IAS/IFRS in Europa: Ablauf und Wirkung des Komitologieverfahrens auf die Rechnungslegung. In: BB 59 (2004), Nr. 33, S. 1783-1788.

BUCHHEIM, REGINE/KNORR, LIESEL/SCHMIDT, MARTIN (2008): Anwendung der IFRS in Europa: Das neue Endorsement-Verfahren. In: KoR 8 (2008), Nr. 5, S. 334-341.

BUCHHEIM, REGINE/SCHMIDT, MARTIN (2005): IFRS 7: Angaben zu Finanzinstrumenten – Darstellung und Würdigung. In: KoR 5 (2005), Nr. 10, S. 397-407.

BUND, STEFAN (2000): Asset Backed Securities als strukturierte Produktalternative auf den europäischen Bondmärkten. In: Hummel, Detlev/Breuer, Rolf-E. (Hrsg.): Handbuch europäischer Kapitalmarkt. Wiesbaden 2000, S. 686-700.

CHRISTIAN, DIETER (2008): Bilanzierung und Buchung einer Wandelanleihe beim Emittenten nach IFRS. In: PiR 4 (2008), Nr. 3, S. 81-85.

CHRISTIAN, DIETER (2011): Erweiterung von IFRS 9 um finanzielle Verbindlichkeiten. In: PiR 7 (2011), Nr. 1, S. 6-12.

CLEMENS, RALF (2009): § 12. Eigenkapital. In: Bohl, Werner/Riese, Joachim/Schlüter, Jörg (Hrsg.): Beck'sches IFRS-Handbuch. München 2009, S. 429-475.

COENENBERG, ADOLF G./HALLER, AXEL/SCHULTZE, WOLFGANG (2009): Jahresabschluss und Jahresabschlussanalyse. 21. Auflage, Stuttgart 2009.

CORTEZ, BENJAMIN/SCHÖN, STEPHAN (2009): Hedge-Effektivität nach IAS 39. In: KoR 9 (2009), Nr. 7-8, S. 413-425.

CORTEZ, BENJAMIN/SCHÖN, STEPHAN (2010): Messung der Hedge Effektivität nach IAS 39. In: IRZ 5 (2010), Nr. 4, S. 171-178.

DEIHLE, SIEGLINDE/JASPER, THOMAS/LUX, CORINNA (2008): Analyse zu den Pensionsverpflichtungen und -vermögen von DAX- und MDAX-Unternehmen. In: FB 10 (2008), Nr. 11, S. 701-710.

DELOITTE LLP (2011a): iGAAP 2012 – A guide to IFRS reporting (Volume A, Part 2). 5. Auflage, London 2011.

DELOITTE LLP (2011b): iGAAP 2012 – Financial Instruments: IAS 39 and related Standards (Volume C). London 2011.

DEUTSCH, HANS-PETER (2008): Derivate und Interne Modelle: Modernes Risikomanagement. 4. Auflage, Stuttgart 2008.

Literaturverzeichnis

DIETRICH, ANITA/STOEK, CAROLIN (2012): Bedingte Kaufpreisbestandteile und Mietgarantien – die vergessenen Finanzinstrumente beim Immobilienerwerb. In: IRZ 7 (2012), Nr. 5, S. 185-189.

DEUTSCHE BUNDESBANK (1997): Schätzung von Zinsstrukturkurven. In: Deutsche Bundesbank Monatsbericht Oktober 1997, S. 61-66.

DEUTSCHE BUNDESBANK (2006): Bestimmungsgründe der Zinsstruktur – Ansätze zur Kombination arbitragefreier Modelle und monetärer Makroökonomik. In: Deutsche Bundesbank Monatsbericht April 2006, S. 15-29.

ECKES, BURKHARD (2010): Erste Phase von IFRS 9 durch Regelungen zur Kategorisierung und Bewertung finanzieller Verbindlichkeiten abgeschlossen. In: WPg 63 (2010), Nr. 24 (Editorial).

ECKES, BURKHARD/SITTMANN-HAURY, CAROLINE (2004): ED IFRS 7 „Financial Instruments: Disclosures". In: WPg 58 (2004), Nr. 21, S. 1195-1201.

ECKES, BURKHARD/SITTMANN-HAURY, CAROLINE (2006): Die neuen Offenlegungsvorschriften zu Finanzinstrumenten nach IFRS 7 und zum Kapital nach IAS 1. In: WPg 59 (2006), Nr. 7, S. 425-436.

ECKES, BURKHARD/WEIGEL, WOLFGANG (2006): Die Fair-Value-Option. In: KoR 6 (2006), Nr. 6, S. 415-423.

ECKES, BURKHARD/WEIGEL, WOLFGANG (2009): Zusätzliche Möglichkeiten der Umkategorisierung von finanziellen Vermögenswerten. In: IRZ 4 (2009), Nr. 9, S. 373-380.

EISELT, ANDREAS/STEINKÜHLER, JESSIKA/WULF, INGE (2007): Bilanzierung von Pensionsverpflichtungen bei Rechnungslegung nach IFRS. In: KoR 7 (2007), Nr. 11, S. 638-644.

EISELT, ANDREAS/WREDE, ANDREAS (2009): Effektivitätsmessung von Sicherungsbeziehungen im Rahmen des hedge accounting. In: KoR 9 (2009), Nr. 9, S. 517-523.

ELLER, ROLAND/KÜHNE, JAN (2005): Strategien mit Financial Futures. In: Eller, Roland/Heinrich, Markus/Perrot, René/Reif, Markus (Hrsg.): Handbuch Derivativer Instrumente. Stuttgart 2005, S. 269-306.

EPPINGER, CHRISTOPH/SEEBACHER, KATHRIN (2010): Erfassung bedingter Gegenleistungen im Anwendungsbereich von IAS 16 und IAS 38. In: PiR 6 (2010), Nr. 12, S. 337-341.

ERCHINGER, HOLGER/MELCHER, WINFRIED (2011): IFRS-Konzernrechnungslegung – Neuerungen nach IFRS 10. In: DB 64 (2011), Nr. 22, S. 1229-1238.

ERFKEMPER, HANS-DIETER (2002): Absicherung von Marktpreis- und Kreditrisiken durch derivative Instrumente und Risikomitigationstechniken. In: Hölscher, Reinhold/Elfgen, Ralph (Hrsg.): Herausforderung Risikomanagement. Wiesbaden 2002, S. 525-540.

ERNST & YOUNG LLP (2012a): International GAAP 2012, Volume 1. West Sussex 2012.

ERNST & YOUNG LLP (2012b): International GAAP 2012, Volume 3. West Sussex 2012.

ESSER, MARTIN/BRENDLE, MARTIN (2010): Aktivierung von Fremdkapitalkosten nach IAS 23. In: IRZ 5 (2010), Nr. 6, S. 249-252.

ESSER, MARTIN/SCHULZ-DANSO, MARTIN/WOLTERING, INES (2009): Neuregelungen zur Behandlung von Fremdkapitalkosten nach IAS 23 (rev. 2007). In: IRZ 4 (2009), Nr. 3, S. 93-96.

Literaturverzeichnis

EVERLING, OLIVER (2002): Rating für mittelständische Unternehmen. In: Krimphove, Dieter/Tytko, Dagmar (Hrsg.): Praktiker-Handbuch Unternehmensfinanzierung. Stuttgart 2002, S. 961-982.

FISCHER, DANIEL T. (2010a): Der Standardentwurf „Financial Instruments: Amortised Cost and Impairment" (ED/2009/12). In: PiR 6 (2010), Nr. 1, S. 23-25.

FISCHER, DANIEL T. (2010b): Fortentwicklung von IFRS 9 – Financial Instruments. In: PiR 6 (2010), Nr. 12, S. 357-358.

FISCHER, DANIEL T. (2011a): Der Standardentwurf Hedge Accounting (ED/2010/13). In: PiR 7 (2011), Nr. 1, S. 21-23.

FISCHER, DANIEL T. (2011b): Financial Instruments: Impairment – Supplement to ED/2009/12. In: PiR 7 (2011), Nr. 3, S. 81-82.

FISCHER, DANIEL T. (2011c): IFRS 13 – Fair Value Measurement. In: PiR 7 (2011), Nr. 8, S. 235-238.FISCHER, GUNTER/SITTMANN-HAURY, CAROLINE (2006): Risikovorsorge im Kreditgeschäft nach IAS 39. In: IRZ 1 (2006), Nr. 4, S. 217-225.

FLADT, GUIDO/VIELMEYER, UWE (2008): IDW ERS HFA 25: Einzelfragen zur Bilanzierung von Verträgen über den Kauf oder Verkauf von nicht-finanziellen Posten nach IAS 39. In: WPg 61 (2008), Nr. 22, S. 1070-1076.

FLICK, PETER/GEHRER, JUDITH/MEYER, SVEN (2010): Wertberichtigungen von Finanzinstrumenten nach IFRS – Der Expected Cash Flow Approach des ED/2009/12. In: IRZ 5 (2010), Nr. 5, S. 221-229.

FLICK, PETER/GEHRER, JUDITH/MEYER, SVEN (2011): Neue Vorschriften für die Fair Value-Ermittlung von Finanzinstrumenten durch IFRS 13. In: IRZ 6 (2011), Nr. 9, S. 387-393.

FÖRSCHLE, GERHART/KRONER, MATTHIAS (2012): § 272 Eigenkapital. In: Ellrott, Helmut/Förschle, Gerhart/Grottel, Bernd/Kozikowski, Michael/Schmidt, Stefan/Winkeljohann, Norbert (Hrsg.): Beck'scher Bilanz-Kommentar. München 2012, S. 991-1070.

FREIBERG, JENS (2006a): Die Bilanzierung von einfachen Anteilen nach IFRS. In: PiR 2 (2006), Nr. 1, S. 12-13.

FREIBERG, JENS (2006b): Perpetual Bonds – Ewigkeit als zentrales Merkmal von Eigenkapital? In: PiR 2 (2006), Nr. 2, S. 28-29.

FREIBERG, JENS (2007): Schwebende Geschäfte über Güter- und Energielieferungen als Finanzinstrumente. In: PiR 3 (2007), Nr. 8, S. 230-233.

FREIBERG, JENS (2008a): Wechselseitige Optionen bei Wandelschuldverschreibungen. In: PiR 4 (2008), Nr. 7, S. 239-242.

FREIBERG, JENS (2008b): Zweifelsfragen bei der Anwendung der Effektivzinsmethode. In: PiR 4 (2008), Nr. 9, S. 305-309.

FREIBERG, JENS (2009): Ungleiche Behandlung ungewisser Kaufpreisbestandteile beim Erwerber und Veräußerer eines Unternehmens? In: PiR 5 (2009), Nr. 4, S. 113-116.

FREIBERG, JENS (2010a): Ausweis von Derivaten im statement of financial position. In: PiR 6 (2010), Nr. 10, S. 299-301.

FREIBERG, JENS (2010b): Ausweis von Verbindlichkeiten als lang- oder kurzfristig? In: PiR 6 (2010), Nr. 5, S. 142-144.

FREIBERG, JENS (2010c): Behandlung von dinglichen und personalen Sicherungen von at amortised cost bewerteten Finanzinstrumenten nach IFRS. In: PiR 6 (2010), Nr. 11, S. 329-333.

Literaturverzeichnis

FREIBERG, JENS (2010d): Optionen auf Anteile im Spannungsverhältnis von IAS 27 und IAS 39. In: PiR 6 (2010), Nr. 7, S. 206-210.

FREIBERG, JENS (2010e): Vorzeitige Beendigung der Bilanzierung von Sicherungsbeziehungen (hedge accounting). In: PiR 6 (2010), Nr. 9, S. 264-268.

FREIBERG, JENS (2010f): Zweifelsfragen der (Zugangs-)Bewertung bei Vereinbarung bedingter Kaufpreise außerhalb der business combination. In: PiR 6 (2010), Nr. 12, S. 358-360.

FREIBERG, JENS (2011a): Bedeutung der Geld-Brief-Spanne (bid-ask spread) für den beizulegenden Zeitwert. In: PiR 7 (2011), Nr. 10, S. 294-297.

FREIBERG, JENS (2011b): Kasuistik beim hedge accounting von Teilrisiken (portions). In: PiR 7 (2011), Nr. 7, S. 206-208.

FREIBERG, JENS (2012): Behandlung von Andienungsrechten für nicht-beherrschende Gesellschafter (NCI puts). In: PiR (2012), Nr. 7, S. 228-231.

FRIEDHOFF, MARTIN/BERGER, JENS (2011): IAS 39 – Financial Instruments: Recognition and Measurement. In: Buschhüter, Michael/Striegel, Andreas (Hrsg.): Kommentar Internationale Rechnungslegung IFRS. Wiesbaden 2011, S. 1020-1158.

FUCHS, MARKUS/STIBI, BERND (2011): IFRS 11 „Joint Arrangements" – lange erwartet und doch noch mit (kleinen) Überraschungen? In: BB 66 (2011), Nr. 6, S. 1451-1455.

GABER, CHRISTIAN/BETKE, DIRK (2011a): Ertragsvereinnahmung von Bereitstellungsprovisionen auf Kreditzusagen. In: PiR 7 (2011), Nr. 1, S. 13-18.

GABER, CHRISTIAN/BETKE, DIRK (2011b): Rechtskritische Analyse der Ertragsvereinnahmung von Bereitstellungsprovisionen auf Kreditzusagen nach IAS 18. In: PiR 7 (2011), Nr. 2, S. 43-46.

GABER, CHRISTIAN/GORNY, JOACHIM (2007): Bilanzierung strukturierter Zinsprodukte mit multiplen eingebetteten Derivaten nach IAS 39. In: KoR 7 (2007), Nr. 6, S. 323-331.

GABER, CHRISTIAN/KANDEL, ANDREAS (2008): Bilanzierung von Financial Covenants und weiteren Nebenabreden im Kreditgeschäft nach IAS 39. In: KoR 8 (2008), Nr. 1, S. 9-16.

GASSEN, JOACHIM/DAVARCIOGLU, TOLGA/FISCHKIN, MICHAEL/KÜTING, ULRICH (2007): Währungsumrechnung nach IFRS im Rahmen des Konzernabschlusses. In: KoR 7 (2007), Nr. 3, S. 171-180.

GEBHARDT, GÜNTHER/DASKE, HOLGER (2005): Kapitalmarktorientierte Bestimmung von risikofreien Zinssätzen für die Unternehmensbewertung. In: WPg 58 (2005), Nr. 12, S. 649-655.

GEBHARDT, GÜNTHER/STRAMPELLI, STEFANO (2005): Bilanzierung von Kreditrisiken. In: Betriebswirtschaftliche Forschung und Praxis 57 (2005), Nr. 6, S. 507-527.

GILGENBERG, BERNHARD/WEISS, JOCHEN (2009): Die „Zeitwertfalle" – Bilanzierung von Finanzinstrumenten im Spannungsfeld der gegenwärtigen Finanzmarktkrise. In: KoR 9 (2009), Nr. 3, S. 182-186.

GOLDSCHMIDT, PETER/WEIGEL, WOLFGANG (2009): Die Bewertung von Finanzinstrumenten bei Kreditinstituten in illiquiden Märkten nach IAS 39 und HGB. In: WPg 62 (2009), Nr. 4, S. 192-204.

GROßE, JAN-VELTEN (2010): Ablösung von IAS 39 – Implikationen für das hedge accounting. In: KoR 10 (2010), Nr. 4, S. 191-199.

GROßE, JAN-VELTEN (2011): IFRS 13 „Fair Value Measurement" – Was sich (nicht) ändert. In: KoR 11 (2011), Nr. 6, S. 286-296.

GRUBER, WALTER/OVERBECK, LUDGER (1998): „Nie mehr Bootstrapping". In: Finanzmarkt und Portfolio Management 12 (1998), Nr. 1, S. 59-73.

GRÜNBERGER, DAVID (2006): Bilanzierung von Finanzgarantien nach der Neufassung von IAS 39. In: KoR 6 (2006), Nr. 2, S. 81-92.

GRÜNBERGER, DAVID/KLEIN, HEINER (2008): Unwinding (Aufzinsung) nach Einzel- und Portfoliowertberichtigung gem. IAS 39. In: PiR 4 (2008), Nr. 3, S. 99-101.

GRÜNBERGER, DAVID/SOPP, GUIDO (2010): Kredit- und Liquiditätsrisiko bei der Fair Value-Ermittlung. In: IRZ 5 (2010), Nr. 10, S. 439-445.

GRÜNE, MICHAEL/BURKARD, WOLFGANG (2012): Bilanzierung von Debt-Equity-Swaps. In: IRZ 7 (2012), Nr. 7/8, S. 277-281.

GUSINDE, TINA/WITTIG, THOMAS (2007): Hedge Accounting – Anwendungsfälle aus der Praxis. In: Seethaler, Peter/Steitz, Markus (Hrsg.): Praxishandbuch Treasury-Management. Wiesbaden 2007, S. 477-496.

HACHMEISTER, DIRK (2006): Verbindlichkeiten nach IFRS. München 2006.

HACHMEISTER, DIRK (2007): Portfolio-Hedging von Zinsänderungsrisiken nach IAS 39. In: Zeitschrift für Controlling & Management (2007), Sonderheft Nr. 1, S. 75-84.

HACKENBERGER, JENS (2007): Sicherungsbeziehungen im IFRS-Abschluss. In: PiR 3 (2007), Nr. 10, S. 267-275.

HALLER, PETER/GRÖTZNER, HOLGER (2007): Die Bilanzierung von Personengesellschaften nach IAS 32 im Einzelabschluss nach IFRS. In: PiR 3 (2007), Nr. 8, S. 214-220.

HÄNCHE, HENDRIK/HAMMESFAHR, NICO (2007): US Private Placement – Ein Erfahrungsbericht. In: Seethaler, Peter/Steitz, Markus (Hrsg.): Praxishandbuch Treasury-Management. Wiesbaden 2007, S. 195-207.

HANNEMANN, SVEN (2005): Swaps – Produktbeschreibung, Pricing und Bewertung. In: Eller, Roland/Heinrich, Markus/Perrot, René/Reif, Markus (Hrsg.): Handbuch Derivativer Instrumente. Stuttgart 2005, S. 249-267.

HARR, UWE/ZEYER, FEDOR/EPPINGER, CHRISTOPH (2009): Zur Darstellung von Fremdwährungsrisiken im Konzernabschluss nach IFRS 7. In: IRZ 4 (2009), Nr. 3, S. 103-107.

HARTMANN-WENDELS, THOMAS/PFINGSTEN, ANDREAS/WEBER, MARTIN (2010): Bankbetriebslehre. 5. Auflage, Berlin 2010.

HAYN, BENITA (2009): § 36. Equity-Methode. In: Bohl, Werner/Riese, Joachim/Schlüter, Jörg (Hrsg.): Beck'sches IFRS-Handbuch. München 2009, S. 1327-1364.

HEINRICH, MARKUS (2005): Kreditderivate. In: Eller, Roland/Heinrich, Markus/Perrot, René/Reif, Markus (Hrsg.): Handbuch Derivativer Instrumente. Stuttgart 2005, S. 33-60.

HEINTGES, SEBASTIAN/HÄRLE, PHILIPP (2005): Probleme der Anwendung von IFRS im Mittelstand. In: DB 58 (2005), Nr. 4, S. 173-181.

HEINTGES, SEBASTIAN/URBANCZIK, PATRICK (2010): Debt for Equity Swaps und deren Auswirkungen auf die Vermögens-, Finanz- und Ertragslage. In: DB 63 (2010), Nr. 27/28, S. 1469-1471.

Literaturverzeichnis

HEINTGES, SEBASTIAN/URBANCZIK, PATRICK/WULBRAND, HANNO (2009): Neuregelung des IAS 23 „Fremdkapitalkosten" – Alter Wein in neuen Schläuchen? In: DB 62 (2009), Nr. 13, S. 633-639.

HELD, CHRISTIAN/FREIDL, DAVID/KHUEN, FLORIAN (2007): Ausgewählte Fragen zum Zinsmanagement in Industrieunternehmen. In: Seethaler, Peter/Steitz, Markus (Hrsg.): Praxishandbuch Treasury-Management. Wiesbaden 2007, S. 377-393.

HELKE, IRIS/BÄR, MICHAEL/MORAWIETZ, ANJA (2011): Neuer gemeinsamer Vorschlag des IASB und des FASB zur Bilanzierung von Wertminderungen bei finanziellen Vermögenswerten, die in offenen Portfolien gesteuert werden. In: WPg 64 (2011), Nr. 10, S. 453-461.

HENNRICHS, JOACHIM (2006): Kündbare Gesellschaftereinlagen nach IAS 32. In: WPg 59 (2006), Nr. 20, S. 1253-1262.

HENNRICHS, JOACHIM (2009): IAS 32 amended – Eigenkapital deutscher Personengesellschaften im IFRS-Abschluss – zugleich Bemerkungen zur Gewinnermittlung und Gewinnverwendung bei Personenhandelsgesellschaften. In: WPg 62 (2009), Nr. 21, S. 1066-1075.

HENSELMANN, KLAUS (2007): Ungewisse Verpflichtungen nach IFRS. In: KoR 7 (2007), Nr. 4, S. 232-239.

HERMANN, JÜRGEN (2006): Handbuch Factoring. Bonn 2006.

HEUSER, PAUL J./THEILE, CARSTEN (Hrsg.) (2012): IFRS-Handbuch. 5. Auflage, Köln 2012.

HITZ, JÖRG-MARKUS/ZACHOW, JANNIS (2011): Vereinheitlichung des Wertmaßstabs „beizulegender Zeitwert" durch IFRS 13 „Fair Value Measurement". In: WPg 64 (2011), Nr. 20, S. 964-972.

HOFFMANN, WOLF-DIETER (2006): Börseneinführungskosten. In: PiR 2 (2006), Nr. 5, S. 79-80.

HOFFMANN, WOLF-DIETER (2010): Umschuldungen beim Schuldnerunternehmen. In: PiR 6 (2010), Nr. 12, S. 362-364.

HOFFMANN, WOLF-DIETER (2012a): § 4 Ereignisse nach dem Bilanzstichtag. In: Lüdenbach, Norbert/Hoffmann, Wolf-Dieter (Hrsg.): Haufe IFRS-Kommentar. Freiburg 2012, S. 201-223.

HOFFMANN, WOLF-DIETER (2012b): § 8 Anschaffungs- und Herstellungskosten, Neubewertung. In: Lüdenbach, Norbert/Hoffmann, Wolf-Dieter (Hrsg.): Haufe IFRS-Kommentar. Freiburg 2012, S. 345-396.

HOFFMANN, WOLF-DIETER (2012c): § 21 Rückstellungen, Verbindlichkeiten. In: Lüdenbach, Norbert/Hoffmann, Wolf-Dieter (Hrsg.): Haufe IFRS-Kommentar. Freiburg 2012, S. 1017-1113.

HOFFMANN, WOLF-DIETER/LÜDENBACH, NORBERT (2004): IFRS 5 – Bilanzierung bei beabsichtigter Veräußerung von Anlagen und Einstellung von Geschäftsfeldern. In: BB 59 (2004), Nr. 37, S. 2006-2008.

HOFFMANN, WOLF-DIETER/LÜDENBACH, NORBERT (2006): Die Neuregelung des IASB zum Eigenkapital bei Personengesellschaften. In: DB 59 (2006), Nr. 34, S. 1797-1800.

HOMÖLLE, SUSANNE (2008): IFRS 7. In: Hennrichs, Joachim/Kleindiek, Detlef/Watrin, Christoph (Hrsg.): Münchener Kommentar zum Bilanzrecht, Band 1 IFRS. München 2010.

HÜTTCHE, TOBIAS/LOPATTA, KERSTIN (2007): Bilanzierung von Kosten der Eigenkapitalbeschaffung nach IFRS. In: BB 62 (2007), Nr. 45, S. 2447-2453.

IHLAU, SUSANN/GÖDECKE, STEFFEN (2010): Earn-Out-Klauseln als Instrument für die erfolgreiche Umsetzung von Unternehmenstransaktionen. In: BB 65 (2010), S. 687-691.

IDW (2007a): IDW Rechnungslegungshinweis: Ausweis- und Angabepflichten für Zinsswaps in IFRS-Abschlüssen (IDW RH HFA 2.001). Stand: 19.09.2007.

IDW (2007b): Positionspapier des IDW zu Bilanzierungs- und Bewertungsfragen im Zusammenhang mit der Subprime-Krise. Stand: 10.12.2007.

IDW (2008): IDW Stellungnahme zur Rechnungslegung: Einzelfragen zur Anwendung von IFRS (IDW RS HFA 2). Stand: 02.09.2008).

IDW (2009a): IDW Stellungnahme zur Rechnungslegung: Einzelfragen zu den Angabepflichten des IFRS 7 zu Finanzinstrumenten (IDW RS HFA 24). Stand: 27.11.2009.

IDW (2009b): IDW Stellungnahme zur Rechnungslegung: Einzelfragen zur Bilanzierung von Verträgen über den Kauf oder Verkauf von nicht-finanziellen Posten nach IAS 39 (IDW RS HFA 25). Stand: 06.03.2009.

IDW (2009c): IDW Stellungnahme zur Rechnungslegung: Einzelfragen zur Umkategorisierung finanzieller Vermögenswerte gemäß den Änderungen von IAS 39 und IFRIC 9 – Amendments von Oktober/November 2008 und März 2009 – (IDW RS HFA 26). Stand: 09.09.2009.

IDW (2010): IDW Stellungnahme zur Rechnungslegung: Einzelfragen zur Bilanzierung von Fremdkapitalkosten nach IAS 23 (IDW RS HFA 37). Stand: 09.09.2010.

IDW (2011a): Entwurf einer Neufassung der IDW Stellungnahme zur Rechnungslegung: Einzelfragen zur Anwendung von IFRS (IDW ERS HFA 2 n.F.). Stand: 07.09.2011).

IDW (2011b): IDW Stellungnahme zur Rechnungslegung: Einzelfragen zur Bilanzierung von Finanzinstrumenten nach IFRS (IDW RS HFA 9). Stand: 11.03.2011.

IDW (2011c): IDW Stellungnahme zur Rechnungslegung: Einzelfragen zur Darstellung von Finanzinstrumenten nach IAS 32 (IDW RS HFA 45). Stand: 11.03.2011.

IFRS FOUNDATION TECHNICAL STAFF (2011a): Staff Paper IFRS Interpretations Committee Meeting January 2011 (Agenda reference 10).

IFRS FOUNDATION TECHNICAL STAFF (2011b): Staff Paper IFRS Interpretations Committee Meeting March 2011 (Agenda reference 4).

IFRS FOUNDATION TECHNICAL STAFF (2012): Staff Paper IFRS Interpretations Committee Meeting May 2012 (Agenda reference 3A).

ISERT, DIETMAR/SCHABER, MATHIAS (2005a): Bilanzierung von Wandelanleihen nach IFRS. In: BB 60 (2005), Nr. 42, S. 2287-2292.

ISERT, DIETMAR/SCHABER, MATHIAS (2005b): Die Bilanzierung von Einlagen in Personenhandelsgesellschaften, Mezzanine-Kapital und anderen Finanzinstrumenten nach IFRS (Teil I). In: DStR 43 (2005), Nr. 48, S. 2050-2052.

ISERT, DIETMAR/SCHABER, MATHIAS (2005c): Die Bilanzierung von Einlagen in Personenhandelsgesellschaften, Mezzanine-Kapital und anderen Finanzinstrumenten nach IFRS (Teil II). In: DStR 43 (2005), Nr. 49, S. 2097-2100.

ISERT, DIETMAR/SCHABER, MATHIAS (2005d): Zur Abgrenzung von Eigenkapital und Fremdkapital nach IAS 32 (rev. 2003) (Teil I). In: KoR 5 (2005), Nr. 7-8, S. 299-310.

Literaturverzeichnis

ISERT, DIETMAR/SCHABER, MATHIAS (2005e): Zur Abgrenzung von Eigenkapital und Fremdkapital nach IAS 32 (rev. 2003) (Teil II). In: KoR 5 (2005), Nr. 9, S. 357-364.

JENDRUSCHEWITZ, BORIS/NÖLLING, PHILIP (2007): Unternehmensfinanzierung mittels ABS-Programmen. In: Seethaler, Peter/Steitz, Markus (Hrsg.): Praxishandbuch Treasury-Management. Wiesbaden 2007, S. 209-225.

JERZEMBEK, LOTHAR/GROSSE, JAN-VELTEN (2005): Die Fair Value-Option nach IAS 39. In: KoR 5 (2005), Nr. 6, S. 221-228.

KALHÖFER, CHRISTIAN (2004): Reduzierung von Finanzierungskosten mithilfe von Arbitragegewinnen aus Zinsswaps. In: FB 6 (2004), Nr. 4, S. 305-313.

KERKHOFF, GUIDO/STAUBER, JÜRGEN (2007): IFRS 7 – Financial Instruments: Disclosures. In: Vater, Hendrik/Ernst, Edgar/Hayn, Sven/Knorr, Liesel/Mißler, Peter (Hrsg.): IFRS Änderungskommentar 2007. Weinheim 2007, S. 1-27.

KESSLER, HARALD/LEINEN, MARKUS (2006): Darstellung von discontinued operations in Bilanz und GuV. In: KoR 6 (2006), Nr. 9, S. 558-565.

KIRSCH, HANNO (2005): Bilanzierung eigener Aktien nach IFRS. In: Steuern und Bilanzen (2005), S. 9-14.

KIRSCH, HANS-JÜRGEN/KÖHLING, KATHRIN/DETTENRIEDER, DOMINIK (2011): IFRS 13. In: Baetge, Jörg/Wollmert, Peter/Kirsch, Hans-Jürgen/Oser, Peter/Bischof, Stefan (Hrsg.): Rechnungslegung nach IFRS. Stuttgart 2012.

KNOBLOCH, ALOIS PAUL (2005): Über den Aussagegehalt des Jahresabschlusses zur Schuldenlage. In: KoR 5 (2005), Nr. 3, S. 93-105.

KOPATSCHEK, MARTIN (2006): IFRIC 10 – Zwischenberichterstattung und Impairment. In: WPg 59 (2006), Nr. 23, S. 1504-1507.

KÖSTER, OLIVER (2008a): IAS 28. In: Hennrichs, Joachim/Kleindiek, Detlef/Watrin, Christoph (Hrsg.): Münchener Kommentar zum Bilanzrecht, Band 1 IFRS. München 2010.

KÖSTER, OLIVER (2008b): IAS 31. In: Hennrichs, Joachim/Kleindiek, Detlef/Watrin, Christoph (Hrsg.): Münchener Kommentar zum Bilanzrecht, Band 1 IFRS. München 2010.

KÖSTER, OLIVER (2009): Impairment von Finanzinstrumenten nach IFRS und US-GAAP. In: BB 64 (2009), Nr. 3, S. 97-98.

KPMG DEUTSCHE TREUHAND-GESELLSCHAFT (Hrsg.) (2006): Eigenkapital versus Fremdkapital nach IFRS. Stuttgart 2006.

KPMG DEUTSCHE TREUHAND-GESELLSCHAFT (Hrsg.) (2007): Offenlegung von Finanzinstrumenten und Risikoberichterstattung nach IFRS 7. Stuttgart 2007.

KPMG IFRG LIMITED (2006): Financial instruments accounting. London 2006.

KPMG AG (Hrsg.) (2010): IFRS visuell. 4. Auflage, Stuttgart 2010.

KPMG IFRG LIMITED (2011): Insights into IFRS. 8. Auflage, London 2011.

KUHN, STEFFEN (2005): Finanzinstrumente: Fair Value-Option in IAS 39 überarbeitet. In: DB 58 (2005), Nr. 25, S. 1341-1348.

KUHN, STEFFEN (2010): Neuregelung der Bilanzierung von Finanzinstrumenten: Welche Änderungen ergeben sich aus IFRS 9? In: IRZ 5 (2010), Nr. 3, S. 103-111.

KUHN, STEFFEN/ALBRECHT, THOMAS (2008): Bilanzierung von Commodity-Risiken nach IAS 39. In: IRZ 3 (2008), Nr. 3, S. 123-129.

KUHN, STEFFEN/CHRIST, JOCHEN (2011): IFRS 7. In: Baetge, Jörg/Wollmert, Peter/Kirsch, Hans-Jürgen/Oser, Peter/Bischof, Stefan (Hrsg.): Rechnungslegung nach IFRS. Stuttgart 2012.

KUHN, STEFFEN/SCHARPF, PAUL (2006): Rechnungslegung von Financial Instruments nach IFRS. 3. Auflage, Stuttgart 2006.

KÜMPEL, THOMAS/BECKER, MICHAEL (2006): Leasing nach IFRS. München 2006.

KÜMPEL, THOMAS/POLLMANN, RENÉ (2010a): Mikro Hedge Accounting nach IFRS. In: IRZ 5 (2010), Nr. 12, S. 553-559.

KÜMPEL, THOMAS/POLLMANN, RENÉ (2010b): Portfolio Fair Value Hedge Accounting von Zinsänderungsrisiken nach IAS 39. In: IRZ 5 (2010), Nr. 5, S. 231-237.

KÜTING, KARLHEINZ/DÜRR, ULRIKE (2005): Mezzanine-Kapital – Finanzierungsentscheidung im Sog der Rechnungslegung. In: DB 58 (2005), Nr. 29, S. 1529-1534.

KÜTING, PETER/WIRTH, JOHANNES/DÜRR, ULRIKE (2006a): Personenhandelsgesellschaften durch IAS 32 (rev. 2003) vor der Schuldenfalle? In: WPg 59 (2006), Nr. 3, S. 69-79.

KÜTING, KARLHEINZ/WIRTH, JOHANNES/DÜRR, ULRIKE (2006b): Standardkonforme Anwendung von IAS 32 (rev. 2003) im Kontext der konzernbilanziellen Rechnungslegung von Personenhandelsgesellschaften. In: WPg 59 (2006), Nr. 6, S. 345-355.

KÜTING, KARLHEINZ/ERDMANN, MARK-KEN/DÜRR, ULRIKE (2008): Ausprägungsformen von Mezzanine-Kapital in der Rechnungslegung nach IFRS (Teil I). In: DB 61 (2008), Nr. 18, S. 941-948.

KÜTING, KARLHEINZ/KEßLER, MARCO (2009): Bilanzielle Auslagerung von Pensionsverpflichtungen nach HGB und den IFRS durch ein Contractual Trust Arrangement. In: DB 62 (2009), Nr. 33, S. 1717-1723.

KÜTING, KARLHEINZ/MOJADADR, MANA (2011): Das neue Control-Konzept nach IFRS 10. In: KoR 11 (2011), Nr. 6, S. 273-285.

KÜTING, KARLHEINZ/SCHEREN, MICHAEL/KEßLER, MARCO (2010): Planvermögen nach HGB und IFRS. In: KoR 10 (2010), Nr. 5, S. 264-271.

KÜTING, KARLHEINZ/SEEL, CHRISTOPH (2011): Die Abgrenzung und Bilanzierung von joint arrangements nach IFRS 11. In: KoR 11 (2011), Nr. 7-8, S. 342-350.

KÜTING, PETER/DÖGE, BURKHARDT/PFINGSTEN, ANDREAS (2006): Neukonzeption der Fair Value-Option nach IAS 39. In: KoR 6 (2006), Nr. 10, S. 597-612.

LANFERMANN, JOSEF/RÖHRICHT, VICTORIA (2008): Auswirkungen des geänderten IFRS-Endorsement-Prozesses auf die Unternehmen. In: BB 63 (2008), Nr. 16, S. 826-830.

LANTZIUS-BENINGA, BERTHOLD/GERDES, ANDREAS (2005): Abbildung von Mikro Fair Value Hedges gemäß IAS 39. In: KoR 5 (2005), Nr. 3, S. 105-115.

LEIBFRIED, PETER/MÜLLER, LUKAS (2011): Der neue veröffentlichte IAS 19 zur Bilanzierung von Vorsorgeverpflichtungen. In: IRZ 6 (2011), Nr. 7/8, S. 329-333.

LEUSCHNER, CARL-FRIEDRICH/WELLER, HEINO (2005): Qualifizierung rückzahlbarer Kapitaltitel nach IAS 32 – ein Informationsgewinn? In: WPg 58 (2005), Nr. 6, S. 261-269.

LODERER, CLAUDIO/JÖRG, PETRA/PICHLER, KARL/ROTH, LUKAS/WÄLCHLI, URS/ ZGRAGGEN, PIUS (2010): Handbuch der Bewertung, Band 1: Projekte. 5. Auflage, Zürich 2010.

LORENZ, KARSTEN/WIECHENS, GERO (2008): Die Bilanzierung strukturierter Finanzinstrumente nach HGB und IFRS im Vergleich. In: IRZ 3 (2008), Nr. 11, S. 505-511.

Literaturverzeichnis

LORSON, PETER/HORN, CHRISTIAN/TOEBE, MARC/PFIRMANN, ARMIN (2009): Bilanzielle Berücksichtigung von Altersteilzeitverträgen. In: KoR 9 (2009), Nr. 11, S. 649-657.

LOTZ, ULRICH (2005): Die Bilanzierung von ABS-Transaktionen nach International Financial Reporting Standards (IFRS). In: Deloitte & Touche GmbH (Hrsg.): Asset Securitisation in Deutschland. O.O. 2005, S. 29-37.

LÖW, EDGAR (2004): Verlustfreie Bewertung antizipativer Sicherungsgeschäfte nach HGB. In: WPg 57 (2004), Nr. 20, S. 1109-1123.

LÖW, EDGAR (2005a): IFRS 7 – Financial Instruments: Disclosures. In: WPg 58 (2005), Nr. 24, S. 1337-1352.

LÖW, EDGAR (2005b): Neue Offenlegungsanforderungen zu Finanzinstrumenten und Risikoberichterstattung nach IFRS 7. In: BB 60 (2005), Nr. 40, S. 2175-2184.

LÖW, EDGAR (2006): Ausweisfragen in Bilanz und Gewinn- und Verlustrechnung bei Financial Instruments. In: KoR 6 (2006), Nr. 3 (Beilage 1), S. 3-31.

LÖW, EDGAR (Hrsg.) (2005c): Rechnungslegung für Banken nach IFRS. 2. Auflage, Wiesbaden 2005.

LÖW, EDGAR/ANTONAKOPOULOS, NADINE (2008): Die Bilanzierung ausgewählter Gesellschaftsanteile nach IFRS unter Berücksichtigung der Neuregelungen nach IAS 32 (rev. 2008). In: KoR 8 (2008), Nr. 4, S. 261-271.

LÖW, EDGAR/BLASCHKE, SILKE (2005): Verabschiedung des Amendment zu IAS 39 Financial Instruments: Recognition and Measurement – The Fair Value Option. In: BB 60 (2005), Nr. 32, S. 1727-1736.

LÖW, EDGAR/LORENZ, KARSTEN (2002): Bilanzielle Behandlung von Fremdwährungsgeschäften nach deutschem Recht und nach den Vorschriften des IASB. In: KoR 2 (2002), Nr. 5, S. 234-243.

LÖW, EDGAR/LORENZ, KARSTEN (2005): Ansatz und Bewertung von Finanzinstrumenten. In: Löw, Edgar (Hrsg.): Rechnungslegung für Banken nach IFRS. Wiesbaden 2005, S. 415-604.

LÜDENBACH, NORBERT (2006): Bewertung von Anteilen an assoziierten Unternehmen bei Veräußerungsabsicht. In: PiR 2 (2006), Nr. 3, S. 45-46.

LÜDENBACH, NORBERT (2008): Währungsdifferenzen und Währungssicherung im mehrstufigen Konzern. In: PiR 4 (2008), Nr. 9, S. 292-299.

LÜDENBACH, NORBERT (2009): Erfolgsneutrale vs. Erfolgswirksame Wertänderungen bei available-for-sale Zerobond. In: PiR 5 (2009), Nr. 5, S. 148-150.

LÜDENBACH, NORBERT (2010a): Bilanzierung und Ertragsrealisierung beim Bürgen. In: PiR 6 (2010), Nr. 3, S. 88-90.

LÜDENBACH, NORBERT (2010b): Eigenkapital bei Personengesellschaften. In: PiR 6 (2010), Nr. 4, S. 116-117.

LÜDENBACH, NORBERT (2011a): Ausweis und Bewertung kündbarer Anteile an einer OHG. In: PiR 7 (2011), Nr. 12, S. 361-362.

LÜDENBACH, NORBERT (2011b): Erfolgswirksamkeit einer Umwandlung von preference shares in Stammaktien? In: PiR 7 (2011), Nr. 6, S. 178-179.

LÜDENBACH, NORBERT (2011c): Sanierung durch debt for equity swap. In: PiR 7 (2011), Nr. 4, S. 118-119.

LÜDENBACH, NORBERT (2012a): § 18 Fertigungsaufträge. In: Lüdenbach, Norbert/Hoffmann, Wolf-Dieter (Hrsg.): Haufe IFRS-Kommentar. Freiburg 2012, S. 907-956.

LÜDENBACH, NORBERT (2012b): § 20 Eigenkapital, Eigenkapitalspiegel. In: Lüdenbach, Norbert/Hoffmann, Wolf-Dieter (Hrsg.): Haufe IFRS-Kommentar. Freiburg 2012, S. 961-1016.

LÜDENBACH, NORBERT (2012c): § 27 Währungsumrechnung, Hyperinflation. In: Lüdenbach, Norbert/Hoffmann, Wolf-Dieter (Hrsg.): Haufe IFRS-Kommentar. Freiburg 2012, S. 1515-1572.

LÜDENBACH, NORBERT (2012d): § 28 Finanzinstrumente. In: Lüdenbach, Norbert/Hoffmann, Wolf-Dieter (Hrsg.): Haufe IFRS-Kommentar. Freiburg 2012, S. 1573-1793.

LÜDENBACH, NORBERT (2012e): § 29 Aufgegebene Geschäftsbereiche. In: Lüdenbach, Norbert/Hoffmann, Wolf-Dieter (Hrsg.): Haufe IFRS-Kommentar. Freiburg 2012, S. 1794-1837.

LÜDENBACH, NORBERT (2012f): § 31 Unternehmenszusammenschlüsse. In: Lüdenbach, Norbert/Hoffmann, Wolf-Dieter (Hrsg.): Haufe IFRS-Kommentar. Freiburg 2012, S. 1871-2029.

LÜDENBACH, NORBERT (2012g): § 32 Tochterunternehmen im Konzern- und Einzelabschluss. In: Lüdenbach, Norbert/Hoffmann, Wolf-Dieter (Hrsg.): Haufe IFRS-Kommentar. Freiburg 2012, S. 2030-2128.

LÜDENBACH, NORBERT (2012h): § 33 Anteile an assoziierten Unternehmen. In: Lüdenbach, Norbert/Hoffmann, Wolf-Dieter (Hrsg.): Haufe IFRS-Kommentar. Freiburg 2012, S. 2129-2180.

LÜDENBACH, NORBERT (2012i): § 34 Anteile an Joint Ventures. In: Lüdenbach, Norbert/Hoffmann, Wolf-Dieter (Hrsg.): Haufe IFRS-Kommentar. Freiburg 2012, S. 2181-2230.

LÜDENBACH, NORBERT/FREIBERG, JENS (2007): Strittige Fragen der IFRS-Bürgschaftsbilanzierung beim Garanten. In: BB 62 (2007), Nr. 12, S. 650-656.

LÜDENBACH, NORBERT/FREIBERG, JENS (2008a): Flächendeckende Auswirkungen der Finanzmarktkrise auf den IFRS-Abschluss 2008. In: PiR 4 (2008), Nr. 12, S. 385-394.

LÜDENBACH, NORBERT/FREIBERG, JENS (2008b): Wie die Finanzkrise den fair value vom Helden zum Schurken macht. In: PiR 4 (2008), Nr. 11, S. 370-375.

LÜDENBACH, NORBERT/FREIBERG, JENS (2012a): § 15 Leasing. In: Lüdenbach, Norbert/Hoffmann, Wolf-Dieter (Hrsg.): Haufe IFRS-Kommentar. Freiburg 2012, S. 699-823.

LÜDENBACH, NORBERT/FREIBERG, JENS (2012b): Der Beherrschungsbegriff des IFRS 10 – Anwendung auf normale vs. strukturierte Unternehmen. In: PiR 8 (2012), Nr. 2, S. 41-50.

LÜHN, MICHAEL (2009): Bilanzierung derivativer Finanzinstrumente nach IFRS und HGB. In: PiR 5 (2009), Nr. 4, S. 103-108.

MAAS, JÖRG/BACK, CHRISTIAN/SINGER, KLAUS (2011): IFRS 5 – Non-current Assets Held for Sale and Discontinued Operations. In: Buschhüter, Michael/Striegel, Andreas (Hrsg.): Kommentar Internationale Rechnungslegung IFRS. Wiesbaden 2011, S. 206-235.

MÄRKL, HELMUT/GLASER, ANDREAS (2011): IFRS 9 Financial Instruments: Neuerungen beim hegde accounting durch ED/2010/13. In: KoR 11 (2011), Nr. 3, S. 124-132.

Literaturverzeichnis

MÄRKL, HELMUT/SCHABER, MATHIAS (2010): IFRS 9 Financial Instruments: Neue Vorschriften zur Kategorisierung und Bewertung von finanziellen Vermögenswerten. In: KoR 10 (2010), Nr. 2, S. 65-74.

MAULSHAGEN, OLAF/TREPTE, FOLKER/WALTERSCHEIDT, SVEN (2008): Derivative Finanzinstrumente in Industrieunternehmen. 4. Auflage, Frankfurt am Main 2008.

MEHLINGER, CHRISTIAN/SEEGER, NORBERT (2011): Der neue IAS 19: Auswirkungen auf die Praxis der Bilanzierung von Pensionsverpflichtungen – Update zu BB 2010, 1523ff.. In: BB 66 (2011), Nr. 29, S. 1771-1774.

MENTZ, ALEXANDER (2009): IAS 32. In: Hennrichs, Joachim/Kleindiek, Detlef/Watrin, Christoph (Hrsg.): Münchener Kommentar zum Bilanzrecht, Band 1 IFRS. München 2010.

MEURER, HOLGER/TAMM, GUIDO (2010): Neues Eigenkapital durch RIC 3? In: IRZ 5 (2010), Nr. 6, S. 269-275.

MEURER, HOLGER/URBANCZIK, PATRICK (2010): Verträge über Unternehmenszusammenschlüsse im Anwendungsbereich des IAS 39. In: KoR 10 (2010), Nr. 9, S. 443-446.

MILLA, ASLAN/HANUSCH, NIKLAS (2008): Die Abbildung von direkt im Eigenkapital zu erfassenden Vorgängen und deren Steuerwirkung nach IFRS. In: IRZ 3 (2008), Nr. 11, S. 521-527.

MISCHKE, GERHARD/WIEMANN, STEPHAN/ESSER, JÖRG (2007): „Syndizierter Kredit" versus „Bilateraler Kredit" im Rahmen der Darstellung der Liquiditätsreserve. In: Seethaler, Peter/Steitz, Markus (Hrsg.): Praxishandbuch Treasury-Management. Wiesbaden 2007, S. 185-193.

MÜLLER, KLAUS/HOLZWARTH, JOCHEN/LAURISCH, CORINA (2011): IAS 21. In: Baetge, Jörg/Wollmert, Peter/Kirsch, Hans-Jürgen/Oser, Peter/Bischof, Stefan (Hrsg.): Rechnungslegung nach IFRS. Stuttgart 2012.

MÜLLER-MERBACH, HEINER (1998): Sensibilitätsanalyse. In: Busse von Colbe, Walther/Pellens, Bernhard (Hrsg.): Lexikon des Rechnungswesens. München 1998, S. 639-642.

MÜLLER-MÖHL, ERNST (2002): Optionen und Futures: Grundlagen und Strategien für das Termingeschäft in Deutschland, Österreich und in der Schweiz. 5. Auflage, Stuttgart 2002.

NACHTWEY, THOMAS/WÖRNER, GABY (2005): Der deutsche Verbriefungsmarkt – Strukturen und Entwicklungen. In: Deloitte & Touche GmbH (Hrsg.): Asset Securitisation in Deutschland. O.O. 2005, S. 5-19.

ODERMATT, RALPH/PÖTHKE, MICHAEL (2007): IFRS im Bankgewerbe – Aus der Sicht von UBS AG. In: IRZ 2 (2007), Nr. 4, S. 229-232.

OSER, PETER/WEIDLE, CLAUDIA (2012): Konsolidierung von Unterstützungskassen nach HGB und IFRS. In: IRZ 7 (2012), Nr. 2, S. 63-67.

OVERSBERG, THOMAS (2007): Übernahme der IFRS in Europa: Der Endorsement-Prozess – Status quo und Aussicht. In: DB 60 (2007), Nr. 30, S. 1597-1602.

PAA, CHRISTIAN/SCHMIDT, MATTHIAS (2011): IAS 39 Finanzinstrumente: Ansatz und Bewertung. In: Thiele, Stefan/von Keitz, Isabel/Brücks, Michael (Hrsg.): Internationales Bilanzrecht. Bonn 2012.

PAPE, ULRICH/SCHLECKER, MATTHIAS (2008): Berechnung des Credit Spreads. In: FB 10 (2008), Nr. 10, S. 658-665.

PATEK, GUIDO (2007): Rechnungslegung bei Absicherungen von Zahlungsstromänderungsrisiken aus geplanten Transaktionen nach HGB und IAS/IFRS – Teil 2: kritische Analyse. In: WPg 60 (2007), Nr. 11, S. 459-467.

PELLENS, BERNHARD/FÜLBIER, ROLF U./GASSEN, JOACHIM/SELLHORN, THORSTEN (2011): Internationale Rechnungslegung. 8. Auflage, Stuttgart 2011.

PERRIDON, LOUIS/STEINER, MANFRED/RATHGEBER, ANDREAS (2009): Finanzwirtschaft der Unternehmung. 15. Auflage, München 2009.

PETERSEN, KARL/BANSBACH, FLORIAN/DORNBACH, EIKE (Hrsg.) (2011): IFRS Praxishandbuch. 6. Auflage, München 2011.

PODDIG, THORSTEN/DICHTL, HUBERT/PETERSMEIER, KERSTIN (2008): Statistik, Ökonometrie, Optimierung. 4. Auflage, Bad Soden 2008.

POTTGIESSER, GABY/VELTE, PATRICK/WEBER, STEFAN (2005): Die langfristige Auftragsfertigung nach IAS 11. In: KoR 5 (2005), Nr. 7-8, S. 310-318.

PwC (2005): IAS 39 – Achieving hedge accounting in practice. December 2005.

PwC (Hrsg.) (2008a): IFRS für Banken, Band 1. 4. Auflage, Frankfurt am Main 2008.

PwC (Hrsg.) (2008b): IFRS für Banken, Band 2. 4. Auflage, Frankfurt am Main 2008.

PwC (2011a): Manual of Accounting – Financial instruments 2012. Surrey 2011.

PwC (2011b): Manual of Accounting – IFRS 2012. Surrey 2011.

PRITZER, MICHAEL/ZEIMES, MARKUS (2007): Schwebende Fremdwährungsgeschäfte und deren Absicherung durch ein Devisentermingeschäft. In: PiR 3 (2007), Nr. 7, S. 179-183.

PROKOP, JÖRG (2007): Die Einstufung von Warentermingeschäften als Finanzinstrumente nach IFRS. In: WPg 60 (2007), Nr. 8, S. 336-341.

RAPP, MATTHIAS J. (2010): Wertberichtigung auf Kundenforderungen nach dem „incurred loss model". In: PiR 6 (2010), Nr. 2, S. 47-50.

REILAND, MICHAEL (2006): Derecognition – Ausbuchung finanzieller Vermögenswerte. Düsseldorf 2006.

RHIEL, RAIMUND (2012): § 22 Leistungen an Arbeitnehmer, Altersversorgung. In: Lüdenbach, Norbert/Hoffmann, Wolf-Dieter (Hrsg.): Haufe IFRS-Kommentar. Freiburg 2012, S. 1114-1167.

RIC (2007): RIC-Positionspapier: Definition eines Eigenkapitalinstrumentes gem. IAS 39. Stand: 18.12.2007.

RIC (2010a): RIC 3 Auslegungsfragen zu den Amendments to IAS 32 Financial Instruments: Presentation and IAS 1 Presentation of Financial Statements. Stand: 10.02.2010.

RIC (2010b): IFRIC Potential Agenda Item Request: Contingent Considerations agreed for separate acquisitions of property, plant and equipment (IAS 16) or intangible assets (IAS 38), outside the scope of IFRS 3. Stand: 20.08.2010.

RIEDEL, FRED/LEIPPE, BRITTA (2007): IFRIC 10 – Interim Financial Reporting and Impairment. In: Vater, Hendrik/Ernst, Edgar/Hayn, Sven/Knorr, Liesel/Mißler, Peter (Hrsg.): IFRS Änderungskommentar 2007. Weinheim 2007, S. 77-82.

ROESE, BERND/TREPTE, FOLKER/VIELMEYER, UWE (2006): IFRIC Interpretation 9: Neubeurteilung der Abspaltungspflicht eingebetteter Derivate. In: WPg 59 (2006), Nr. 17, S. 1089-1095.

Literaturverzeichnis

ROLFES, BERND (2002): Das Management von Zins- und Währungsrisiken in Industrieunternehmen. In: Hölscher, Reinhold/Elfgen, Ralph (Hrsg.): Herausforderung Risikomanagement. Wiesbaden 2002, S. 541-558.

RÜCKLE, DIETER (2008): Das Eigenkapital der Personengesellschaften. In: IRZ 3 (2008), Nr. 5, S. 227-234.

RUDOLPH, BERND (1996): Möglichkeiten des Einsatzes derivativer Sicherungsinstrumente bei Währungsrisiken. In: Schmalenbach-Gesellschaft – Deutsche Gesellschaft für Betriebswirtschaft e.V. (Hrsg.): Globale Finanzmärkte: Konsequenzen für Finanzierung und Unternehmensrechnung. Stuttgart 1996, S. 49-74.

RÜFFER, NATALIE/SEND, FRANK/SIWIK, THOMAS (2008): Bilanzierung strukturierter Zinsprodukte: Anwendung des Double-Double-Tests unter den IFRS. In: KoR 8 (2008), Nr. 7-8, S. 448-456.

RUHNKE, KLAUS/SCHMIDT, MARTIN/SEIDEL, THORSTEN (2001): Einbeziehungswahlrechte und -verbote im IAS-Konzernabschluss. In: DB 54 (2001), Nr. 13, S. 657-663.

RUHNKE, KLAUS/SCHMIDT, MARTIN/SEIDEL, THORSTEN (2004): Neuregelung bei der Abgrenzung des Konsolidierungskreises nach IFRS – Darstellung und kritische Würdigung. In: BB 59 (2004), Nr. 41, S. 2231-2234.

SAUER, ROMAN (2012): § 39 Bilanzierung von Versicherungsverträgen. In: Lüdenbach, Norbert/Hoffmann, Wolf-Dieter (Hrsg.): Haufe IFRS-Kommentar. Freiburg 2012, S. 2377-2400.

SCHABER, MATHIAS/KUHN, STEFFEN/EICHHORN, SONJA (2004): Eigenkapitalcharakter von Genussrechten in der Rechnungslegung nach HGB und IFRS. In: BB 59 (2004), Nr. 6, S. 315-319.

SCHABER, MATHIAS/MÄRKL, HELMUT (2010): IFRS 9 Financial Instruments: Exposure Draft zu fortgeführten Anschaffungskosten und Wertminderungen. In: KoR 10 (2010), Nr. 5, S. 241-246.

SCHABER, MATHIAS/REHM, KATI/MÄRKL, HELMUT/SPIES, KORDELIA (2010): Handbuch strukturierter Finanzinstrumente. 2. Auflage, Düsseldorf 2010.

SCHARPF, PAUL (2004): Hedge Accounting nach IAS 39: Ermittlung und bilanzielle Behandlung der Hedge (In-)Effektivität. In: KoR 4 (2004), Nr. 11 (Beilage 1), S. 3-22.

SCHARPF, PAUL (2006): IFRS 7 Financial Instruments: Disclosures. In: KoR 6 (2006), Nr. 9 (Beilage 2), S. 3-54.

SCHARPF, PAUL/KUHN, STEFFEN (2005): Erfassung von Aufwendungen und Erträgen im Zusammenhang mit Finanzinstrumenten nach IFRS. In: KoR 5 (2005), Nr. 4, S. 154-165.

SCHARPF, PAUL/WEIGEL, WOLFGANG/LÖW, EDGAR (2006): Die Bilanzierung von Finanzgarantien und Kreditzusagen nach IFRS. In: WPg 59 (2006), Nr. 23, S. 1492-1504.

SCHARR, CHRISTOPH/FEIGE, PETER/BAIER, CHRISTIANE (2012): Die Auswirkungen des geänderten IAS 19 auf die Bilanzierung von defined benefit plans und termination benefits in der Praxis. In: KoR 12 (2012), Nr. 1, S. 9-16.

SCHEFFLER, EBERHARD (2006): Eigenkapital im Jahres- und Konzernabschluss nach IFRS. München 2006.

SCHILDBACH, THOMAS (2005): Was leistet IFRS 5? In: WPg 58 (2005), Nr. 10, S. 554-561.

SCHMIDBAUER, RAINER (2001): Der Deutsche Rechnungslegungsstandard Nr. 4 zur Bilanzierung von Unternehmenserwerben im Konzernabschluss. In: DStR 39 (2001), Nr. 9, S. 365-372.

SCHMIDBAUER, RAINER (2004): Die Fremdwährungsumrechnung nach deutschem Recht und nach den Regelungen des IASB. In: DStR 42 (2004), Nr. 16, S. 699-704.

SCHMIDT, ANDREA/SCHWEEN, CARSTEN (2007): IFRIC 9 – Reassessment of Embedded Derivatives. In: Vater, Hendrik/Ernst, Edgar/Hayn, Sven/Knorr, Liesel/Mißler, Peter (Hrsg.): IFRS Änderungskommentar 2007. Weinheim 2007, S. 65-76.

SCHMIDT, JÜRGEN/REINHOLDT, AGO (2009): Eigene Anteile nach IFRS. In: IRZ 4 (2009), Nr. 2, S. 53-54.

SCHMIDT, MARTIN (2005): Neue Amendments zu IAS 39 im Juni 2005: Die revidierte Fair Value-Option. In: KoR 5 (2005), Nr. 7-8, S. 269-275.

SCHMIDT, MARTIN (2006a): „Cash-flow hedge accounting of forecast intragroup transactions" und „Financial guarantee contracts". In: WPg 59 (2006), Nr. 12, S. 773-778.

SCHMIDT, MARTIN (2006b): Derivative Finanzinstrumente: eine anwendungsorientierte Einführung. 3. Auflage, Stuttgart 2006.

SCHMIDT, MARTIN (2008a): Das IASB-Diskussionspapier „Reducing Complexity in Reporting Financial Instruments". In: WPg 61 (2008), Nr. 14, S. 643-650.

SCHMIDT, MARTIN (2008b): IAS 32 (rev. 2008): Ergebnis- statt Prinzipienorientierung. In: BB 63 (2008), Nr. 9, S. 434-439.

SCHMIDT, MARTIN (2010): Wertminderungen bei Finanzinstrumenten – IASB „Exposure Draft ED/2009/12 Financial Instruments: Amortised Cost and Impairment". In: WPg 63 (2010), Nr. 6, S. 286-293.

SCHMIDT, MARTIN/SCHREIBER, STEFAN M. (2006): IFRIC 9 „Neubeurteilung eingebetteter Derivate". In: KoR 6 (2006), Nr. 7-8, S. 445-451.

SCHMIDT, MATTHIAS/PITTROFF, ESTHER/KLINGELS, BERND (2007): Finanzinstrumente nach IFRS. München 2007.

SCHNEIDER, JÜRGEN (2008): Fair value-Berechnung bei Währungssicherungsgeschäften. In: PiR 4 (2008), Nr. 6, S. 194-201.

SCHNEIDER, THOMAS/DROSTE, MARCUS (2002): Asset-Backed-Securitisation (ABS). In: Krimphove, Dieter/Tytko, Dagmar (Hrsg.): Praktiker-Handbuch Unternehmensfinanzierung. Stuttgart 2002, S. 383-408.

SCHREIBER, STEFAN M. (2007): IFRIC Rejection Notes. In: Vater, Hendrik/Ernst, Edgar/Hayn, Sven/Knorr, Liesel/Mißler, Peter (Hrsg.): IFRS Änderungskommentar 2007. Weinheim 2007, S. 107-128.

SCHREIBER, STEFAN M./SCHMIDT, MARTIN (2008): BB-IFRIC-Report: IFRIC 15 und 16 – Darstellung und kritische Würdigung. In: BB 63 (2008), Nr. 38, S. 2058-2062.

SCHREIBER, STEFAN M./SCHMIDT, MARTIN (2010): Begleichung finanzieller Verbindlichkeiten durch Eigenkapitalinstrumente nach IFRS – Darstellung und kritische Würdigung der Interpretation IFRIC 19. In: WPg 63 (2010), Nr. 12, S. 637-644.

SCHUBERT, DIRK (2011): Gestaltung eines CDS-Vertrags als Finanzgarantie – Anforderungen der ISDA und des IASB. In: WPg 64 (2011), Nr. 5, S. 219-229.

Literaturverzeichnis

SCHULZE OSTHOFF, HERMANN-J. (2009): § 14. Übrige Schulden. In: Bohl, Werner/Riese, Joachim/Schlüter, Jörg (Hrsg.): Beck'sches IFRS-Handbuch. München 2009, S. 543-579.

SCHWARZ, CHRISTIAN (2006): Derivative Finanzinstrumente und hedge accounting. Berlin 2006.

SEETHALER, PETER/HASS, STEFFEN/BRUNNER, MARKO (2007): Ermittlung und Aggregation von Währungsrisiken. In: Seethaler, Peter/Steitz, Markus (Hrsg.): Praxishandbuch Treasury-Management. Wiesbaden 2007, S. 343-362.

SELLHORN, THORSTEN/HAHN, STEFAN (2010): Bilanzierung strukturierter Finanzprodukte vor dem Hintergrund aktueller Entwicklungen. In: IRZ 5 (2010), Nr. 9, S. 397-404.

SENGER, THOMAS/BRUNE, JENS W. (2008): IAS 37. In: Hennrichs, Joachim/Kleindiek, Detlef/Watrin, Christoph (Hrsg.): Münchener Kommentar zum Bilanzrecht, Band 1 IFRS. München 2010.

SENGER, THOMAS/BRUNE, JENS W. (2009): § 32. Konsolidierungskreis, Abschlussstichtag sowie konzerneinheitliche Bilanzierung und Bewertung. In: Bohl, Werner/Riese, Joachim/Schlüter, Jörg (Hrsg.): Beck'sches IFRS-Handbuch. München 2009, S. 1139-1153.

SENGER, THOMAS/BRUNE, JENS W./DIERSCH, ULRICH/ELPRANA, KAI (2009): § 34. Unternehmenszusammenschlüsse. In: Bohl, Werner/Riese, Joachim/Schlüter, Jörg (Hrsg.): Beck'sches IFRS-Handbuch. München 2009, S. 1177-1280.

SENGER, THOMAS/HOEHNE, FELIX (2011): IAS 18 – Revenue. In: Buschhüter, Michael/Striegel, Andreas (Hrsg.): Kommentar Internationale Rechnungslegung IFRS. Wiesbaden 2011, S. 515-567.

STAUBER, JÜRGEN (2004): Voluntary Value Reporting auf Basis der IFRS/IAS. Frankfurt 2004.

STRUFFERT, RALF (2006): Asset Backed Securities-Transaktionen und Kreditderivate nach IFRS und HGB. Wiesbaden 2006.

STRUFFERT, RALF/WOLFGARTEN, WILHELM (2010): Aktuelle Fragen der Bilanzierung von Verbriefungstransaktionen – Stellung von Credit Enhancements durch den Originator sowie Nutzung von Verbriefungen für Offenmarktgeschäfte. In: WPg 63 (2010), Nr. 8, S. 371-380.

SÜCHTING, JOACHIM (1995): Finanzmanagement. 6. Auflage, Wiesbaden 1995.

THIELE, STEFAN/HUßMANN, ANDREAS/SPESSERT, ULF (2010): IAS 32 Finanzinstrumente: Darstellung. In: Thiele, Stefan/von Keitz, Isabel/Brücks, Michael (Hrsg.): Internationales Bilanzrecht. Bonn 2012.

ULL, THOMAS/BÜDDING, FELIX (2010): IFRS 1. In: Hennrichs, Joachim/Kleindiek, Detlef/Watrin, Christoph (Hrsg.): Münchener Kommentar zum Bilanzrecht, Band 1 IFRS. München 2010.

VARAIN, THOMAS C. (2008): IAS 39. In: Hennrichs, Joachim/Kleindiek, Detlef/Watrin, Christoph (Hrsg.): Münchener Kommentar zum Bilanzrecht, Band 1 IFRS. München 2010.

VATER, HENDRIK (2005): Wandelanleihen: Ökonomische Charakterisierung und bilanzielle Abbildung beim Emittenten nach IFRS. In: PiR 1 (2005), Nr. 4, S. 57-61.

VATER, HENDRIK (2006): „Ewige Anleihen": Funktionsweise, Einsatzzweck und Ausgestaltung. In: FB 8 (2006), Nr. 1, S. 44-53.

VATER, HENDRIK (2010): Financial Covenants im IFRS-Abschluss. In: PiR 6 (2010), Nr. 5, S. 128-133.

VON OERTZEN, CORNELIA (2009a): § 10. Forderungen aus Lieferungen und Leistungen und sonstige Forderungen. In: Bohl, Werner/Riese, Joachim/Schlüter, Jörg (Hrsg.): Beck'sches IFRS-Handbuch. München 2009, S. 395-414.

VON OERTZEN, CORNELIA (2009b): § 3. Finanzinstrumente. In: Bohl, Werner/Riese, Joachim/Schlüter, Jörg (Hrsg.): Beck'sches IFRS-Handbuch. München 2009, S. 93-179.

WAGENHOFER, ALFRED (2009): Internationale Rechnungslegungsstandards – IAS/IFRS. 6. Auflage, München 2009.

WALLBAUM, JÖRG (2005): Bilanzierung von Commodity-Derivaten. Lohmar 2005.

WALTERSCHEIDT, SVEN/KLÖCKNER, ANDRÉ (2009): Hedge Accounting gemäß IAS 39: Treiber oder Hemmnis für ein ökonomisch sinnvolles Risikomanagement? In: IRZ 4 (2009), Nr. 7/8, S. 321-324.

WATRIN, CHRISTOPH/HOEHNE, FELIX/LAMMERT, JOACHIM (2008): IAS 27. In: Hennrichs, Joachim/Kleindiek, Detlef/Watrin, Christoph (Hrsg.): Münchener Kommentar zum Bilanzrecht, Band 1 IFRS. München 2010.

WATRIN, CHRISTOPH/STRUFFERT, RALF (2007): Probleme der Ausbuchungsregeln in IAS 39. In: WPg 60 (2007), Nr. 6, S. 237-245.

WEIDENHAMMER, SIMON (2008): Die Eigenkapitalqualität kündbarer Anteile nach dem Amendment zu IAS 32 – Diskussion von Zweifelsfragen. In: PiR 4 (2008), Nr. 7, S. 213-218.

WEIGEL, WOLFGANG/BARZ, KATJA (2006): Finanzgarantien als Beispiel für Probleme im Zusammenhang mit der Bilanzierung nach IFRS. In: Bank-Praktiker (2006), Nr. 12, S. 606-610.

WEIGEL, WOLFGANG/KOPATSCHEK, MARTIN/LÖW, EDGAR/SCHARPF, PAUL/VIETZE, MICHAEL (2007): Ausweis- und Angabepflichten sowie Bewertungsfragen für Zinsswaps in IFRS-Konzernabschlüssen von Kreditinstituten. In: WPg 60 (2007), Nr. 24, S. 1049-1058.

WENK, MARC OLIVER/STRAßER, FRANK (2010): Neuregelung der Bilanzierung von Finanzinstrumenten (IFRS 9). In: PiR 6 (2010), Nr. 4, S. 102-109.

WIECHENS, GERO/KROPP, MATTHIAS (2011): Bilanzierung finanzieller Verbindlichkeiten nach IFRS 9 (2010). In: KoR 11 (2011), Nr. 5, S. 225-229.

WIEDEMANN, ARND (2002): Messung und Steuerung von Risiken im Rahmen des industriellen Treasury-Managements. In: Hölscher, Reinhold/Elfgen, Ralph (Hrsg.): Herausforderung Risikomanagement. Wiesbaden 2002, S. 505-523.

WIEDEMANN, ARND (2007): Financial Engineering – Bewertung von Finanzinstrumenten. 3. Auflage, Frankfurt 2007.

WIEDEMANN, ARND (2009): Financial Engineering – Bewertung von Finanzinstrumenten. 4. Auflage, Frankfurt 2009.

WIEDEMANN, ARND/HAGER, PETER (2004): Zinsrisiko in Unternehmen: Die Entdeckung einer neuen Risikokategorie? In: FB 6 (2004), Nr. 11, S. 725-729.

WIELENBERG, STEFAN/BLECHER, CHRISTIAN (2008): IAS 19. In: Hennrichs, Joachim/Kleindiek, Detlef/Watrin, Christoph (Hrsg.): Münchener Kommentar zum Bilanzrecht, Band 1 IFRS. München 2010.

Literaturverzeichnis

WIESE, ROLAND/SPINDLER, MICHAEL (2010): IFRS 9 Financial Instruments: Neuregelungen zur Umklassifizierung finanzieller Vermögenswerte. In: PiR 6 (2010), Nr. 12, S. 341-347.

WIESE, ROLAND/SPINDLER, MICHAEL (2011): Neuregelungen zum Hedge Accounting (ED/2010/13). In: PiR 7 (2011), Nr. 3, S. 57-65.

WÖHE, GÜNTER/BILSTEIN, JÜRGEN/ERNST, DIETMAR/HÄCKER, JOACHIM (2009): Grundzüge der Unternehmensfinanzierung. 10. Auflage, München 2009.

WÜSTEMANN, JENS/BISCHOF, JANNIS (2011): Der Vorschlag des IASB zur Neuregelung der Bilanzierung von Sicherungsbeziehungen nach IFRS 9. In: WPg 64 (2011), Nr. 9, S. 403-407.

WÜSTEMANN, JENS/WÜSTEMANN, SONJA/NEUMANN, SIMONE (2008): IAS 18. In: Baetge, Jörg/Wollmert, Peter/Kirsch, Hans-Jürgen/Oser, Peter/Bischof, Stefan (Hrsg.): Rechnungslegung nach IFRS. Stuttgart 2012.

ZEYER, FEDOR (2008a): Angabe von Sicherheiten nach IFRS. In: KoR 8 (2008), Nr. 7-8, S. 443-447.

ZEYER, FEDOR (2008b): Der Einfluss von Warenkreditversicherungen auf die Bilanzierung zweifelhafter Forderungen nach handels- und steuerrechtlichen Vorschriften und nach IFRS. In: IRZ 3 (2008), Nr. 3, S. 139-143.

ZEYER, FEDOR/EPPINGER, CHRISTOPH/SEEBACHER, KATHRIN (2010): Ausgewählte Fragestellungen zur Aktivierung von Fremdkapitalkosten nach IAS 23 (rev. 2007). In: PiR 6 (2010), Nr. 3, S. 67-72.

ZÜLCH, HENNING/ERDMANN, MARK-KEN/CLARK, JOYCE (2007): Abgrenzung von Eigenkapital und Fremdkapital nach HGB und IFRS. In: IRZ 2 (2007), Nr. 4, S. 227-232.

ZÜLCH, HENNING/ERDMANN, MARK-KEN/POPP, MARCO (2011): Kritische Würdigung der Neuregelungen des IFRS 10 im Vergleich zu den bisherigen Vorschriften des IAS 27 sowie SIC-12. In: KoR 11 (2011), Nr. 12, S. 585-593.

ZÜLCH, HENNING/FISCHER, DANIEL T. (2006): Wertminderungen im Rahmen der Zwischenberichterstattung gem. IFRIC 10. In: PiR 2 (2006), Nr. 9, S. 175-176.

ZÜLCH, HENNING/LIENAU, ACHIM (2004): Bilanzierung zum Verkauf stehender langfristiger Vermögenswerte sowie aufgegebener Geschäftsbereiche nach IFRS 5. In: KoR 4 (2004), Nr. 11, S. 442-451.

ZÜLCH, HENNING/NELLESSEN, THOMAS (2008): Geplante Änderungen zur Reduzierung der Komplexität bei der Bilanzierung von Finanzinstrumenten nach IFRS. In: PiR 4 (2008), Nr. 6, S. 204-206.

ZWIRNER, CHRISTIAN (2011): Financial Covenants im IFRS-Abschluss. In: IRZ 6 (2011), Nr. 2, S. 59-62.

ZWIRNER, CHRISTIAN/FROSCHHAMMER, MATTHIAS (2011): Aktivierung von Fremdkapitalkosten. In: KoR 11 (2011), Nr. 5, S. 264-269.

ZWIRNER, CHRISTIAN/REINHOLDT, AGO (2008): Einordnung von Gesellschaftsanteilen als Eigenkapital nach IAS 32 (rev. 2008). In: IRZ 3 (2008), Nr. 7/8, S. 325-327.

Stichwortverzeichnis

A

Abgang
  ausländischer Geschäftsbetrieb 262
  Buchung (Praxisbeispiel) 439, 443
  Ergebniserfassung 228, 230, 265, 266
  Ergebniszuordnungspraxis 339
  verfehlter (Angaben) 412
  vollständiger (Angaben) 410
Abgangsgruppe 133
absicherbares Risiko
  bei Net Investment Hedges 296
  Inflation 294
  Teil-Cashflows 294
ABS-Transaktionen
  Ausbuchung 408
  Begriff, Arten 54
  Besicherungsmaßnahmen 57
  Beteiligte, Ablauf 56
  Durchleitungsvereinbarungen 407
  Kosten 58
  Szenarien 407
Abtretung 51, 53
Accounting Mismatch 232
Affirmative Covenants 50
AfS
  Angaben zu Ansatz- und
    Bewertungsmethoden 161
  Ausweispraxis 327
  Buchwertangaben 163
  Folgebewertung 225, 226, 227, 228, 423
  gesonderter Ausweis 325
  Nettoergebnis 282
  Unterkategorien 161
  Wertaufholung im Zwischenabschluss
    252
  Zuordnungskriterien 161
AfSC
  Folgebewertung 425
  Praxisbeispiel 443
  Umwidmung in AfSFV (Praxisbeispiel)
    445
  Währungsumrechnung 228, 264
  Wertberichtigung 227, 251
AfSFV
  Abgang (Praxisbeispiel) 443

  Folgebewertung 423
  Praxisbeispiel 433, 441
  Umwidmung in HtM (Praxisbeispiel)
    439
  Währungsumrechnung 264
  Wertberichtigung 227, 249
Agio *siehe* Disagio
Aktiv/Passiv-Ausweis
  bei Finanzderivaten 448
  bei Wandelkomponenten 580
  Vorgaben 174
aktiver Markt 194
aktivischer/passivischer Saldo
  Begriff, Berechnung 127
  Bezeichnung, Ausweis 127
  Finanzinstrumente-Charakter 128
Akzeptkredit 37
akzessorische Sicherheit 47
Altersstruktur, Analyse der 352, 356
Altersteilzeitvereinbarungen 143
Altersversorgung 139
anhaltendes Engagement 404
Anleihe 39
Anleiheoption 44
Annuitätentilgung 12
Ansatz
  bei Unternehmens-
    zusammenschlüssen 169
  Derivate 167
  feste Verpflichtungen 167
  generelle Regel 166
  marktübliche Käufe/Verkäufe 168
  schwebende Geschäfte 167
Ansatz- und Bewertungsmethoden,
  Angaben zu
  Fair-Value-Option 239
  marktübliche Käufe/Verkäufe 169
  Nettoergebnis 283
  Neuverhandlungen 352
  Wertberichtigungskonto 242, 394
  Wertminderungskriterien 246
  Zuordnungskriterien AfS 161
Anschaffungskosten
  Angaben bei Bilanzierung zu 214
  Begriff, Anwendung 213, 425
  Praxisbeispiel 443

759

Stichwortverzeichnis

Anteile an
  assoziierten Unternehmen (Anwendungsbereiche) 111
  Joint Ventures (Anwendungsbereiche) 111
  Personengesellschaften (Abgrenzung EK/FK) 122
  Tochterunternehmen (Anwendungsbereiche) 111
Anwendungsbereiche
  eigene EK-Instrumente, nicht-beherrschende Anteile 121
  Finanzgarantien 130
  Finanzinstrumente i.V.m. Unternehmenszusammenschlüssen 144
  Forderungen/Verbindlichkeiten aus Fertigungsaufträgen 126
  i.V.m. IFRS 5 133
  Kreditzusagen 131
  Leasingforderungen/-verbindlichkeiten 120
  primäre Finanzinstrumente-Standards 99
  Termingeschäfte auf Unternehmensanteile 116
  Unternehmensanteile, Beteiligungen 107
  Warentermingeschäfte 122
  Wetterderivate 126
Associated Liability 404
assoziiertes Unternehmen 110
aufgegebener Geschäftsbereich 134
Ausbuchung
  bei Abwicklung 399
  bei Umschuldung 269, 591
  bei Verkauf, Verbriefung 399
  im Konzern 397, 413
  Vorgaben 264, 395
Ausfallrisiko *siehe* Kreditrisiko
ausgeschlossener Teil (Cash Flow Hedge) 316
ausländischer Geschäftsbetrieb
  Absicherung gegen Währungsrisiko (Praxisbeispiel) 727
  Begriff 262
Auslandsbeteiligung, Absicherung einer (Währungsrisiko, Praxisbeispiel) 727
Ausleihungen (-reichungen) an fremde Dritte *siehe* sonstige Forderungen
Ausleihungen (-reichungen), Ausweispraxis zu 325, 326, 327
außerbörsliche Märkte 33

Ausweis
  Aktiv/Passiv-Änderung 174
  Saldierung 170
Avalkredit 37

B

Balloon Payment
  Begriff 68
  Erfassung 451, 452
Barsicherheiten
  Angaben *siehe* Sicherheiten erhaltene bzw. gestellte (Angaben)
  Ansatz 623
  Ausbuchung 624
  Ausweis 624
  Bewertung 624
  Einsatz 621
  Kategorisierung 623
Barwert 9
Basis Point Value
  Begriff, Berechnung 25
  Berechnung (Praxisbeispiel) 458, 464, 476, 483, 692, 703
Basispunkt 25
Basisvariable (-wert) 63, 92
Basisvertrag 94
Basiszinsswap 66
Bedingte Gegenleistungen
  Angaben 650
  Ansatz, Ausweis, Erstbewertung 645
  Anwendungsbereich 147
  Ausbuchung 649
  Einstufung EK/FK 642
  Folgebewertung 647
  Kategorisierung 645
Bedingte Kaufpreisbestandteile 149
Beherrschungsvertrag 543
beizulegender Zeitwert *siehe* Fair Value
Benchmark-Ansatz (Dollar Offset) 310, 697
besicherter Kredit 403
Bestandsrisiko 52
Beteiligungen
  Anwendungsbereiche 107, 111
  Begriff 110
  Bilanzierung, Angaben *siehe* Unternehmensanteile
  Ergebniszuordnungspraxis 338, 339
Beteiligungsergebnis 337, 338, 339, 340, 341, 442, 444
Bewertungskategorien
  Berücksichtigung beim Kontenaufbau 331, 342

760

Buchwertangaben 163
  Überblick 155
  Zuordnungskriterien 158
  Zweck(-bestimmung) 155, 156
Bewertungsmethoden (-verfahren) 189
Bilanzgliederung
  Angaben, Erhebung, Kontierung 330
  eigener Vorschlag 328
  Vorgaben nach IAS 1 323
bilateraler Kredit 36
Bonitätsaufschlag 18, 23, 32, 207, 238, 436, 638, 675, 681, 688, 701
Bonitätsgüte 352
Bonitätsrisiko *siehe* Kreditrisiko
Briefnotierung (-kurs) 9, 33, 34, 68, 191, 192, 259, 426
Buchwertanpassung 208, 209, 530
Bürgschaft
  Begriff, Arten 48
  Finanzgarantie-Definition nach IAS 39 97
Bürgschaft, begebene (Praxisbeispiel) 609, 611

C

Callable Bond 44
Cap 74
Cash Collateral *siehe* Barsicherheiten
Cash Flow Hedge
  Absicherung gegen Währungsrisiko (Praxisbeispiel) 714
  Absicherung gegen Zinsrisiko (Praxisbeispiel) 695
  Angaben 303, 318, 701, 718, 726
  Beendigung 321, 706, 725
  Begriff 302
  Bilanzierungsmethodik 315, 698, 717, 725
  effektiver Teil (Bestimmung) 316, 722, 725
  Währungssensitivität 375, 719
  Zinssensitivität 371, 703
Cashflow-Risiko 19, 290, 291
Cashflows *siehe* Zahlungsströme
Change in Fair Value (Dollar Offset) 310
Clean Price (Fair Value)
  Anpassung an Full Fair Value 681
  Anwendung 449, 452
  Begriff 20
Collar 74
Commercial Paper 38, 57, 506
Continuing Involvement 404
Contractual Trust Arrangement 139, 142

Covenants
  Angaben bei Nichteinhaltung 519
  Begriff, Formen 49
Credit Default Swap 60, 97
Credit Spread *siehe* Bonitätsaufschlag
Critical Terms Match 308, 697, 707

D

Damnum 11
Darlehensverbindlichkeiten
  Angaben 518
  Begriff 518
  der öffentlichen Hand 219
Day 1 Profit/Loss
  Amortisation 218
  Angaben 222
  Begriff 217
  Erfassung 217, 218, 416
  Praxisbeispiel 419, 461
Deckungskapital 139
Delkredererefunktion
  Ausfallrisikoteilung 54
  Begriff 52
Derivate
  als Sicherungsinstrumente 298
  Ansatz 167
  Ausweispraxis 326, 327, 328
  Bedeutung 5
  Berücksichtigung bei Fälligkeitsanalyse 363, 458, 464, 469, 473, 476, 482, 692, 702, 711, 718
  Merkmale 59, 92
Designation (Grundgeschäft)
  Aktien in Fremdwährung 295
  Equity-Beteiligungen 294
  nicht-finanzielle Posten 297
  variable Zinszahlungen 294
Devisenkurs 28
Devisenoption 75
Devisenswap
  Begriff 68
  Praxisbeispiel 470
  Währungssensitivität 375, 473
Devisentermingeschäft
  als Sicherungsinstrument (Praxisbeispiel) 706, 714
  Begriff, Arten 71
  Bewertung 72
  Praxisbeispiel 467
  Währungssensitivität 375, 469
direkte Kursnotierung 28
Dirty Price (Fair Value)
  Anwendung 449, 452

761

Stichwortverzeichnis

Begriff 20
Buchungsmethodik 450
Praxisbeispiel 457, 462, 479
Disagio
   Begriff 11
   bei Schuldverschreibungen 40
   Berücksichtigung bei fortgeführten AK
   204, 205, 206, 418, 678
Diskontierungsfaktor 9, 10
Dividenden
   Begriff, Erfassung 279
   Ergebniszuordnungspraxis 338
   Forderungen aus 415
Dollar-Offset-Verfahren (-Varianten) 310
Doppelwährungsanleihe 42
Durchleitungs(-reiche)vereinbarungen
   Bedingungen 400
   Begriff 395
   i.V.m. ABS-Transaktionen 407

E

effektiver Teil (Cash Flow Hedge) 316
Effektivität 304
Effektivitätsbeurteilung
   bei Cash Flow Hedges 697, 715
   bei Fair Value Hedges 676, 707
   bei Net Investment Hedges 307, 728
   mit statistischen Verfahren 312
   periodisch/kumulativ 307
   Verfahren im Überblick 308
Effektivzinsmethode
   Anwendungsbereich, Zweck 205, 275
   Beispiele 208
   Praxisbeispiel *siehe* fortgeführte
   Anschaffungskosten (Berechnung)
   Vorgaben zur Cashflow-Schätzung,
   Laufzeit 206, 207
   zur Amortisation von Upfront/Ballon
   Payments 451
Effektivzinssatz 10, 205
eigene Anteile
   Angaben 572
   Anwendungsbereiche 121
   Ausweis bei FK-Klassifizierung 559
   Bilanzierung bei Umklassifizierung 559
   Bilanzierung bei/nach Emission 556
   Bilanzierung beim Rückkauf 536, 561
   Ergebniserfassung 567
   Kategorisierung 555
   Verrechnungsmethoden im EK 565
Eigenkapital
   Abgrenzung zum FK 90, 534

   Aufbauvarianten 333
   Ausweis, Angaben 331
Eigenkapitalinstrumente
   Begriff 89
   Berücksichtigung bei
   Sensitivitätsanalyse 376
   Erfüllung in eigenen 544
   Tilgung durch 267
Eigenkapitalkomponente
   (Wandelschuldverschreibung) 574
Einbuchungsgewinn/-verlust *siehe* Day 1
   Profit/Loss
eingebettete Derivate
   Abgrenzung zu eigenständigen
   Derivaten 95
   Begriff 94
   bei Erfüllungswahlrechten 574
   bei Finanzverbindlichkeiten 508
   bei Miet-/Leasingverträgen 633
   bei Optionsschuldverschreibungen 597
   bei Wandelschuldverschreibungen 574, 576
   bei Warentermingeschäften 496
   Bilanzierung 285, 288
   Erhebungsprozess 501
   Fremdwährungsderivat (Praxisbeispiel) 502
   Kriterium der engen Verbundenheit 496, 509, 633
   mehrere (Behandlung, Angaben) 516, 577, 584
   Merkmale 94
   Nutzung der Fair-Value-Option 232
   Trennungsprüfung (-kriterien) 284, 503
   Trennungszeitpunkt 286
Einzelwertberichtigung
   bei Forderungen aus L&L 385
   individuelle 240
   pauschalierte 241
Einzelwertberichtigungsanalyse
   (Angaben) 352, 358
emittierte Anteile *siehe* eigene Anteile
Equity-Beteiligungen (Ausweispraxis) 325
Equity-Ergebnis (Ausweispraxis) 336
Equity-Methode 112
Erfüllungstag
   Begriff 166
   Bilanzierung zum (Praxisbeispiel) 434, 439
ermessensabhängige
   Überschussbeteiligung 102
Erstattungen 140
Erstattungsanspruch 389, 606

Stichwortverzeichnis

Erstbewertung
    Berücksichtigung von
        Transaktionskosten 224
    Einbuchungsgewinn/-verlust *siehe*
        Day 1 Profit/Loss
    Wertmaßstab 214
erwartete Transaktionen
    Absicherung gegen Währungsrisiko
        (Praxisbeispiel) 714
    Absicherung gegen Zinsrisiko
        (Praxisbeispiel) 695
    als Grundgeschäfte 292
    als Sicherungsinstrumente 300
    Angaben 319
    Bedingungen 297
    OCI-Ausbuchung 317
EURIBOR
    Begriff 9
    Swapquotierung 34
Eurobond 32
Euromarkt 32
Euronote 38, 506
Eventualforderung 606
ewige Anleihen
    Abgrenzung EK/FK 542
    Begriff 45
    eingebettete Derivate 510
    Einordnung 506
    Finanzinstrumente-Charakter 85
    fortgeführte AK 212

F

Factoring
    Ausbuchung 403
    Begriff 52
    echtes, unechtes 53
FAFVPL/FLFVPL
    Buchwertangaben 163
    Folgebewertung 226, 228, 230, 425, 449
    Nettoergebnis 282
    Unterkategorien 156, 161
    Zuordnungskriterien 161
Fair Value
    Ableitung 188
    Angaben 164
    Begriff 186
    Bewertungsstufen 196
    Input-Daten (Güteabstufungen) 192
    verlässliche Bestimmbarkeit 198, 445
    Wechsel der Bewertungshierarchie 191
Fair Value Hedge
    Angaben 303, 314, 315, 691, 711
    Beendigung 320, 694, 713

Begriff 302
Bilanzierungsmethodik 314, 680, 708
Währungsrisiko (Praxisbeispiel) 706
Währungssensitivität 712
Zinsrisiko (Praxisbeispiel) 675
Zinssensitivität 372, 692
Fair-Value-Bestimmung
    Finanzderivate 450
    Forderungen/Verbindlichkeiten aus
        Finanzierungsleasing 638
    Nullkuponanleihen 521
    Optionsschuldverschreibungen 599
    Wandelschuldverschreibungen 588
    Wertpapiere, Unternehmensanteile 426
Fair-Value-Option
    Angaben 236
    Anwendung 232
    Bedeutung 235
    Begriff, Hintergründe 231
Fair-Value-Risiko 19, 290
Fälligkeitsanalyse
    Bestimmung 464, 469, 476, 482, 522,
        527, 588, 639, 692, 702, 718, 735
    Vorgaben 360
    Zahlungen in Fremdwährung 476, 527
fälligkeitsbezogene Altersanalyse 352, 356
Fertigungsauftrag 126
feste Verpflichtungen
    Absicherung gegen Währungsrisiko
        (Praxisbeispiel) 706
    als Grundgeschäfte 292
    als Sicherungsinstrumente 300
    Ansatz 167
    Begriff 167
    Fair Value Hedge 315, 709
festverzinsliche Anleihe
    Absicherung gegen Zinsrisiko
        (Praxisbeispiel) 675
    Praxisbeispiel 522
festverzinsliches Darlehen (Praxisbeispiel)
    417
fiduziarische Sicherheit 47
Financial Covenants 50, 508, 576
Finanzanlagen (-beteiligungen)
    Ausweispraxis 325
    Bedeutung 5
    Ergebniszuordnungspraxis 339
Finanzderivate
    Angaben 453
    Ansatz, Ausweis 447
    Ausbuchung 452
    Ausweispraxis 448
    Begriff 60

Stichwortverzeichnis

Buchungsvarianten 450
Erstbewertung 448
Fair-Value-Bestimmung 450
Folgebewertung 449
Haltezweck 446
Kategorisierung 446
Posten 445
Praxisbeispiel 454, 460, 467, 470, 474, 480
Sicherheitenstellung 622
Systematisierung 61
Finanzergebnis
  Aufbauvarianten 336
  Gliederungsvorschlag 341
  sonstiges (übriges) 337, 338, 339, 342, 373, 439, 590, 594, 610, 612, 639, 680, 709, 723, 725, 732
Finanzforderungen (Ausweispraxis) 326
Finanzgarantien
  Angaben Garantiegeber 607
  Angaben Garantienehmer 608
  Angaben Schuldner 608
  Ansatz Garantiegeber 601
  Ansprüche, Verpflichtungen 600
  Anwendungsbereiche 130
  Ausbuchung beim Garantiegeber 606
  Begriff 95
  bei Übertragung von Forderungen 404, 405
  Berücksichtigung bei Fälligkeitsanalyse 361
  Beteiligte, Ablauf 95
  Bilanzierung Garantienehmer, Schuldner 606
  Brutto-/Nettoausweis 601
  Erfassung Prämienerträge 604
  Erstbewertung Garantiegeber 602
  Folgebewertung Garantiegeber 603
  im Konzern 608
  Kategorisierung 600
  Merkmale 96, 98
  Negativbeispiele 97
  Praxisbeispiel 609, 611
  selbstständig/unselbstständig begründet 600
  Zinseffekt 605
finanzielle Verbindlichkeiten
  Aufwendungen/Erträge 273
  Ausbuchung 266
  Begriff 88
  Fair-Value-Angaben 164
  Folgebewertung 229

finanzielle Vermögenswerte
  Angaben zur Kreditqualität 351, 354
  Aufwendungen/Erträge 273
  Ausbuchung 264
  Begriff 87
  Fair-Value-Angaben 164
  Folgebewertung 225
  Zuordnungsschema 162
Finanzierungsaufwendungen 336
Finanzierungsleasing (-verhältnisse)
  Anwendungsbereiche 120
  Ausweispraxis (Verbindlichkeiten) 327
  Begriff 58, 120
  Bilanzierung 630
  Finanzinstrumente 629
Finanzinstrumente
  Anwendungsbereiche 99
  Bedeutung 4
  Begriff 85
  Erfassungsarten bei Emission 534
  hybride 505
  Negativbeispiele 86
  originäre (nicht-derivative) 92
Finanzinstrumente i.V.m. Miet-/Leasingverträgen
  Angaben 635
  Bilanzierung Finanzierungsleasing 630
  Bilanzierung Operating-/sonstige Miet- und Leasingverhältnisse 632
  Kategorisierung 629
  Praxisbeispiel 635
  Trennung eingebetteter Derivate 633
Finanzinstrumente-Posten
  Ausweispraxis 325
  Fristigkeitsausweis (-einstufung) 174, 323
  Mindestgliederung 323
Finanzinstrumente-Standards 77
Finanzverbindlichkeiten (-schulden)
  Ausweispraxis 327
  Bedeutung 5
Finanzverbindlichkeiten, hybride *siehe* Wandelschuldverschreibungen (-anleihen), Optionsschuldverschreibungen
Finanzverbindlichkeiten, nicht-hybride
  Angaben 518
  Ansatz, Ausweis 507
  Ausbuchung 517
  Erstbewertung 507
  Folgebewertung 508
  Kategorisierung 506
  Posten 505
  Praxisbeispiel 520, 522, 531

Stichwortverzeichnis

Trennung, Bilanzierung eingebetteter
  Derivate 508
Währungssensitivität 528
Zinssensitivität 534
Fixed/Fixed-Prinzip (-Kriterium) 91, 538,
  545, 546, 562, 563, 642
FLAC
  Buchwertangaben 163
  Folgebewertung 230
  Nettoergebnis 282
  Praxisbeispiel 520, 522, 531
  Zuordnungskriterien 162
Floating Rate Note (Floater)
  Begriff 41
  Praxisbeispiel 531
  Zinsänderungsrisiko 26
Floor 74
Forderungen
  aus Dividenden, Entgelten,
    Zinsabgrenzungen *siehe* sonstige
    Forderungen
Forderungen aus L&L
  Angaben 414
  Ansatz, Ausweis 384
  Ausbuchung 395
  Ausweispraxis 325
  Bedeutung 5
  Bewertung, regelmäßige 385
  Kategorisierung 384
  Wertberichtigung 385
Forderungen gegenüber Mitarbeitern,
  verbundenen Unternehmen *siehe*
  sonstige Forderungen
Forderungsabtretungsrechte 48
Foreign Exchange 28
Forfaitierung 53
fortgeführte Anschaffungskosten
  Begriff 204
  Berechnung 204, 418, 420, 431, 434, 521,
    523, 532, 533, 587, 592, 593, 610, 727
  Berechnung nach Buchwertanpassung
    531
Forward 63
Forward Rate *siehe* Terminzinssatz
Forward Rate Agreement
  Begriff 70
  Buchungsvarianten 450
  Praxisbeispiel 454
  Zinssensitivität 373, 458
Forward-Punkte 73
Forward-Starting-Zinsswap
  als Sicherungsinstrument
    (Praxisbeispiel) 695

Begriff 66
Fremdkapital
  Abgrenzung zum EK 90, 534
Fremdkapitalinstrument *siehe*
  Schuldinstrument
Fremdkapitalkomponente
  (Wandelschuldverschreibung) 574
Fremdkapitalkosten, Aktivierung von 278
Fremdwährung 257
Fremdwährungsanleihe
  als Sicherungsinstrument
    (Praxisbeispiel) 727
  Praxisbeispiel 522
Fremdwährungsderivat, eingebettetes
  497, 502, 516, 634
Fremdwährungstransaktion (-posten)
  Begriff 257, 258
  erstmalige Erfassung 258
  Folgebewertung 259
  Fristigkeitseinstufung
    bei eingebetteten Derivaten 517
    bei Finanzderivaten 447
    bei Forderungen aus L&L 384
    bei Verbindlichkeiten aus L&L 620
    Vorgaben nach IAS 1 174
  funktionale Währung 257
Future 63
FVPL-Nettoergebnis 282

G

Garantie 49
Garantievertrag *siehe* Finanzgarantien
Geld/Brief-Spanne 34
Geldmarkt 31
Geldnotierung (-kurs) 33, 34, 68, 192, 259,
  427
Gemeinschaftsunternehmen 109
Gesamttilgung 12
Geschäftsbesorgungsvertrag 49
Geschäftsrisiko, allgemeines 293
geschriebene Optionen (i.V.m. Own Use
  Contract) 124, 493
Gewinnabführungsvertrag 543
Gewinnrücklagen 334
Gewinnschuldverschreibung 45
gezeichnetes Kapital
  Angaben 332
  Begriff 333
Gleitanleihe 42
Globalverrechnungsverträge
  (-vereinbarungen) 171
GmbH-Anteile (Praxisbeispiel) 443
Gross Physical Settlement 546, 575, 597

765

Stichwortverzeichnis

Grundgeschäfte
   Arten 292
   Folgebewertung 226, 230
   Teilrisiken (-Cashflows) 294
   Zulässigkeiten, Einschränkungen 292
Grundpfandrechte 52
Gruppenwertberichtigung
   (-untersuchung)
   Anwendung 240
   Bedeutung 242
   bei Forderungen aus L&L 385, 389
   statistische Methoden 388
   Vorgaben 386
GuV-Ausweis
   Gliederung 336
   Vorgaben 335
   Zuordnungspraxis 337

H

Handel 162
Handelstag
   Begriff 166
   Bilanzierung zum (Praxisbeispiel) 430, 441
Hedge Accounting
   Angaben 303, 691, 701, 711, 718, 726, 735
   Anwendungsvoraussetzungen 303
   Arten von Sicherungsbeziehungen 301
   Beendigung 306, 320, 694, 706, 713, 725, 736
   Begriff 290
   Designation, Dokumentation 676, 696, 706, 714, 728
   Ergebniszuordnungspraxis 340
   konzerninterne Sicherungsbeziehungen 293
   Notwendigkeit 291
Hedging 289
historische Ausfallquote 387
historischer Vergleich (Dollar Offset) 311
Höchstwerttest
   bei Finanzgarantien 604
   bei Kreditzusagen 614
HtM
   absicherbare Risiken 294
   Buchwertangaben 163
   Folgebewertung 226, 227, 228, 425
   Nettoergebnis 282
   Praxisbeispiel 430
   Umwidmung in AfS (Praxisbeispiel) 433
   Wertberichtigung 227, 247

Zuordnungskriterien 158
hypothetisches Derivat (Dollar Offset) 310, 715

I

IAS 1
   Grundlagen 83
   Regelungswiderspruch zu IFRS 7 324
IAS 18, Grundlagen zu 83
IAS 19, Grundlagen zu 139
IAS 21, Grundlagen zu 83
IAS 32
   Abgrenzungskriterien EK/FK 537
   Amendment 2008 78, 547
   Amendment 2009 78, 545, 575
   Amendment 2011 79, 170
   Anwendungsausnahmen 106
   Aufbau 82
   Interpretation (IFRIC 2) 80
IAS 39
   Amendment 2009 78, 286
   Amendments 2008 78, 179, 293
   Änderungen seit 2003 78
   Anwendungsausnahmen 101
   Aufbau 82
   Interpretationen 80
   Regelkreise 100
IFRS 10, 11, Grundlagen zu 108
IFRS 13, Grundlagen zu 84
IFRS 3, Grundlagen zu 144
IFRS 5
   Ausweis, Angaben 136
   bei Unternehmensanteilen 111, 113
   Bewertungsregeln 135
   Grundlagen 133
IFRS 7
   Amendment 2008 78, 184
   Amendment 2009 78, 197, 198, 359
   Amendment 2010 79, 409
   Amendment 2011 79, 171
   Änderungen 78
   Anwendungsausnahmen 106
   Aufbau 82
   Regelungswiderspruch zu IAS 1 324
   Risikodefinitionen 347
   Wesentlichkeit 81
   Zielsetzungen 81
IFRS-Überarbeitungsprozesse 82
Indexierung 633
indirekte Kursnotierung 28
Industrieobligation 40
ineffektiver Teil (Cash Flow Hedge) 316
Ineffektivitäten, Angaben zu 319, 320

inflationsindexierte Anleihe 42, 514
Interdependenzen (Sensitivitätsanalyse) 369

J
Jahreseffektivzinssatz 8
Joint Venture 109

K
Kapitalmanagement, Angaben zum 332
Kapitalmarkt 31
Kapitalrücklage 333, 565, 579, 589, 596
Kaskadierung 492
Kassa(wechsel)kurs
  Begriff 28, 258
  Geld-, Brief-, Mittelkurs 259
  Heranziehung zur Fälligkeitsanalyse 365
Kassageschäft 31, 59, 168
Kassakomponente
  (Devisentermingeschäft) 72
Kassamarkt 31
Kassazinssatz
  Begriff 16
  Heranziehung zur Fälligkeitsanalyse 362
Katastrophenderivate 60
Kaufpreiseinbehalte 149
Klassen 156
Kombianleihe 42
Kontenrahmen
  Bilanz 331
  GuV 342
Kontokorrent 35
Kreditderivate 60
Kreditleihe 37
Kreditlinien 35
Kreditrisiko
  Angaben 351
  Ausschluss aus Sicherungsbeziehung 676, 696
  Begriff 17, 347
  bei Finanzgarantien 607
  Berücksichtigung bei Bewertung 23
  Berücksichtigung bei
    Effektivitätsbeurteilung 306, 307, 317
  vollständige Übertragung
    (Forderungen) 403
  vollständiger Zurückbehalt
    (Forderungen) 403
Kreditrisikokonzentrationen 349, 350
Kreditrisikoteilung (Forderungen) 404
Kreditsicherungsinstrumente 47

Kreditumschuldung 269, 591
Kreditzusagen
  Angaben 618
  Anwendungsbereiche 131
  Bilanzierung beim Zusagengeber 614
  Bilanzierung beim Zusagennehmer 617
  Differenzierung, Begriff 45
  Kategorisierung 613
kündbare Instrumente
  Abgrenzung EK/FK 539
  Angaben 333
  Bedingungen für EK-Klassifizierung 547
  Begriff 547
Kündigungsrechte 510
Kuponanleihe
  Begriff 41
  Praxisbeispiel 522
Kuponzins 8
Kupon-Zinskurve 14
Kuponzinssatz 7
Kuponzinsswap 65
Kurswert, tatsächlicher 20

L
Lagebericht, Verweis zum/vom 345
LaR
  absicherbare Risiken 294
  Buchwertangaben 163
  Folgebewertung 227, 228
  Nettoergebnis 282
  Wertberichtigung 227, 247
  Zuordnungskriterien 158
Leasing 58
Leerverkäufe 162
Leitzinssätze 9
LIBOR
  Begriff 9
  Swapquotierung 34
Liquiditätsrisiko
  Angaben 359
  Begriff 347
Liquiditätsrisikokonzentrationen 350, 351
Liquiditätsrisikosteuerung 359, 365
Lombardkredit 36

M
Marktrisiko
  Angaben 366
  Begriff 348
  Erhebungsaspekte 379
Marktrisikoarten 369
marktübliche Käufe/Verkäufe

Stichwortverzeichnis

Angaben 169
Ansatzzeitpunkt 169
Begriff 168
bei Finanzderivaten 447
bei Unternehmensanteilen,
    Wertpapieren 422
Bilanzierung (Praxisbeispiel) 430, 434,
    439, 441
maximaler Ausfallrisikobetrag 351, 353
Medium Term Note
    Begriff 38, 506
    Praxisbeispiel 531
    Zinssensitivität 534
Mehrmengenoptionen 494
Mengennotierung 28
Mezzanine Capital 505
Minderheitenanteile *siehe* Nicht-
    beherrschende Anteile
Mindestgliederung Bilanz 323
Mitarbeiterdarlehen, unverzinsliches
    (Praxisbeispiel) 419
Mitglieder des Managements in
    Schlüsselpositionen 233
Mittelkurs 259
modifizierte Stichtagsmethode 732
monetäre Posten
    Begriff 260
    Umrechnungsdifferenzen 261
    Währungsumrechnung 260

N
Net Cash Settlement 546, 575, 597
Net Investment Hedge
    Angaben 303, 735
    Beendigung 321, 736
    Begriff 301
    Bilanzierungsmethodik 319, 732
    Praxisbeispiel 727
    Regelungsgrund 303
    Währungssensitivität 375
Net Settlement
    Ausprägungsformen 123
    Begriff 123
    Durchsetzbarkeit des 492
    Erfüllungsvarianten 487
    faktisch praktiziertes 487
    gewöhnlich erfolgtes 488
    teilweises 492
Net Share Settlement 546, 575, 597
Nettoausgleich *siehe* Net Settlement
Nettoergebnis 282
Nettoinvestition in einen ausländischen
    Geschäftsbetrieb 262

Neueinstufung *siehe* Umwidmung
Nicht-beherrschende Anteile
    Abfindungsverpflichtung 559
    Abgrenzung EK/FK 122, 543, 554
    Anwendungsbereiche 122
Nichtbesicherungsklauseln 50
nicht-finanzielle Posten (Berücksichtigung
    bei Sensitivitätsanalyse) 376
nicht-monetäre Posten
    Begriff 260
    Währungsumrechnung 263
nicht-notierte Eigenkapitalinstrumente
    164, 213, 235, 251, 298
nicht-operative Forderungen *siehe*
    sonstige Forderungen
Nominalzins 8
Nominalzinssatz 7
Normal Purchases or Sales *siehe* Own Use
    Contracts (Exemption)
Notierung 33, 34
Nullkuponanleihe
    Begriff, Arten 41
    Praxisbeispiel 520
Nullkuponzinssatz
    Begriff 7
    Bestimmung 14

O
Obligation 39
OCI-Ausbuchung (Cash Flow Hedge) 317
OCI-Erfassung
    Fälle 274
    i.V.m. AfS-Eigenkapitalinstrument 442
    i.V.m. AfS-Zinsinstrument 434
    i.V.m. Sicherungsinstrument 263
ökonomisches Risiko 30
Operating-Leasing (-verhältnisse)
    Anwendungsbereiche 120
    Begriff 58
    Bilanzierung 632
    Finanzinstrumente 628
Option 63
Optionsschuldverschreibungen
    Angaben 599
    Begriff 44, 596
    Bilanzierung 598
    Kategorisierung 597
    Klassifizierung des Bezugsrechts 597
    Trennung eingebetteter Derivate 597
Over-Hedge 316
Over-the-Counter-Märkte 33
Own Use Contracts (Exemption)
    Anwendung 486, 487, 491

Stichwortverzeichnis

Begriff 123
  bei geschriebenen Optionen 493
  Prüfung 125
  Teilklassifikation 492

P

Paketzuschläge/-abschläge 193
Par-Anleihe 14
Pass-Through Arrangements *siehe*
  Durchleitungs(-reiche)vereinbarungen
Pauschalwertberichtigung 388
Payer-Zinsswap 66, 311, 696
Pensionsverpflichtungen 140
Pensionszusagen 141
Personalsicherheiten 47
Personengesellschaften, Anteile an
  Abgrenzung EK/FK 543
  Bilanzierung bei/nach Emission 557
Pflichtwandelanleihe 43, 573
Planvermögen 140
Portfoliowertberichtigung 241
Preisnotierung 28
Preissensitivität 376, 441, 594
Primärmarkt 31
Problem der kleinen (großen) Zahlen 311
Profilierung 493
prospektiver Effektivitätstest
  (Praxisbeispiel)
    Critical Terms Match 697, 707
    Sensitivitätsanalyse 676, 715, 728
Puttable Bond 44
Puttable Instruments *siehe* kündbare
  Instrumente

Q

qualifizierter Vermögenswert 278
Quotierung 33

R

Ratentilgung 12
Rating 19
Ratingverschlechterung 529
Realsicherheiten 47
Receiver-Zinsswap
  als Sicherungsinstrument 675
  Begriff 65
  Praxisbeispiel 460
  Zinssensitivität 464
rechnerischer (fairer) Wert 20
Reclassification Adjustment 226, 317, 318,
  319, 321, 441, 443, 698, 718, 732
Referenzzinssätze 9
Refinanzierung 175, 507

Refinanzierungsrisiko *siehe*
  Liquiditätsrisiko
Regressionsanalyse 312
Restlaufzeitengliederung *siehe*
  Fälligkeitsanalyse
Restlaufzeitverlängerung 509
retrospektiver Effektivitätstest (Dollar
  Offset, Praxisbeispiel) 676, 697, 707, 715,
  729
Risikoangaben
  qualitative 346
  quantitative 348
  Veröffentlichung, Verweis 345
Risikoausmaß 346
Risikobericht 345
Risikokonzentrationen 349
Risikomanagement 346
Risikovariable
  bei sonstigen Preisrisiken 376
  Index 376
  mögliche Änderung der 369
Rückdeckungsversicherungen 141
Rücklagen
  Angaben 332
  Arten 333
Rückstellungen, Bilanzierung von 604
Rückzahlungsrisiko 291, 294
Rückzahlungsvarianten 12

S

Saldierung
  Angaben 171
  Kriterien 170
Sale-and-Lease-Back-Transaktion 120
Schadensfall (Wertberichtigung) 243
Schuldinstrument
  Begriff 90
  i.V.m. Finanzgarantie 96
Schuldscheindarlehen 39
Schuldverschreibung 39
schwebendes Geschäft 167
Sekundärmarkt 31
Sensitivität zum Wechselkursrisiko *siehe*
  Währungssensitivität
Sensitivität zum Zinsrisiko *siehe*
  Zinssensitivität
Sensitivitätsanalyse
  Angaben 366, 368, 436, 441, 458, 464,
  469, 473, 476, 483, 528, 534, 594, 692,
  703, 712, 719, 735
  Begriff 25
  Erleichterungen 370

Stichwortverzeichnis

zur Effektivitätsbeurteilung 311, 676, 715, 728
Servicing Asset/Liability 396
Sicherheiten, erhaltene (Angaben) 351, 353, 354, 627
Sicherheiten, erhaltene nicht-finanzielle 622
Sicherheiten, gestellte (Angaben) 627
Sicherheiten, unbare
   Angaben *siehe* Sicherheiten, erhaltene bzw. gestellte (Angaben)
   Ansatz, Bewertung, Ausbuchung 625
   Ausweis 626
   Kategorisierung 623
Sicherungsbeziehungen, Bilanzierung von *siehe* Hedge Accounting
Sicherungsinstrumente
   anteilige, getrennte Designation 299
   bei Net Investment Hedges 300
   derivative/nicht-derivative 298
   Designation verschiedener Risiken 300
   interne/externe 299
   Zulässigkeiten, Einschränkungen 299
Sicherungsmaßnahmen 289
Sicherungsübereignung 51
sonstige Entgelte
   Angaben 281
   Bedeutung 281
   Begriff, Erfassung 281
sonstige Forderungen
   Angaben 417
   Bilanzierung 415
   Kategorisierung 415
   Posten 414
   Praxisbeispiel 417
sonstige Verbindlichkeiten
   Angaben 621
   Ausweispraxis 327
   Bedeutung 5
   Bilanzierung 619
   Kategorisierung 619
   Posten 619
sonstiges Finanzergebnis *siehe* Finanzergebnis, sonstiges (übriges)
sonstiges Preisrisiko
   Begriff 348
   Sensitivitäten 376, 441, 594
Sperrklausel 159
Spot Rate *siehe* Kassazinssatz
Spread-Kurven 24
Staatsanleihe (Praxisbeispiel) 430
Staffelanleihe 42
Stammaktien (Abgrenzung EK/FK) 540

Stichtagskurs 260
Stromderivat 60, 62
Stückelung 40, 585
Stückzinsen 20, 21, 277, 434
Stufenzinskupon 585
Swap 62
Swapfestsatz 65
Swapkurve 67
Swapsatz 73
Swaption 75
syndizierter Kredit 35
synthetische Verbindlichkeit
   bei Termingeschäften auf Unternehmensanteile 116, 145, 651, 655, 662, 665, 666, 667, 668
   beim Rückkauf von eigenen Anteilen 536, 556, 562

T
Teilabrechnungen
   Begriff 127
   Finanzinstrumente-Charakter 129
Termingeschäft 31, 59
Termingeschäfte auf Unternehmensanteile 116, 650
Terminkomponente *siehe* Zinskomponente
Terminmarkt (-börse) 31, 33
Terminwechselkurs 28
Terminzinssatz
   Begriff, Bestimmung 16
   Heranziehung zur Fälligkeitsanalyse 362
Tilgungsvarianten 12
Tochterunternehmen 109
Toleranzgrenzen 311, 694
Total Return Swap 61, 97
Trägervertrag 94
Transaktionskosten
   Begriff, Beispiele 274
   bei Ausbuchung 265, 266
   bei Effektivitätsbeurteilung 307
   bei Emission eigener Anteile 568
   bei Erstbewertung 224
   bei Finanzderivaten 449
   bei zusammengesetzten Instrumenten 579, 586, 593
Transaktionsrisiko
   Begriff 30, 290
   Berücksichtigung bei Sensitivitätsanalyse 374
Translationsrisiko
   Begriff 30, 290

Stichwortverzeichnis

Berücksichtigung bei
  Sensitivitätsanalyse 374
Treasury
  Datenquelle für Angaben 347, 351, 365, 366, 379
  Verantwortlichkeiten 2
Treasury Shares
  Begriff 105, 121
  Bilanzierung 561

U

Übereffektivität 316
Überfälligkeit 356
Überfälligkeitsanalyse 352, 356
Übertragungen, Angaben bei 409
Übertragungsarten (Ausbuchung) 395
übriges Finanzergebnis siehe
  Finanzergebnis, sonstiges (übriges)
Umgliederungsbetrag siehe
  Reclassification Adjustment
Umklassifizierung
  Bedingungen 547
  Bilanzierung, Angaben 559
  Zeitpunkt, Prüfung auf 555
Umrechnungsdifferenzen, währungsbedingte
  Erfassung 228, 230
  Ergebniszuordnungspraxis 338
Umschuldung 269, 591, siehe Refinanzierung
Umtauschanleihe siehe Wandelschuldverschreibungen (-anleihen)
Umtauschrisiko siehe Transaktionsrisiko
Umwidmung
  Angaben 184
  Begriff, Ursachen 177
  Bilanzierung 427
  Fälle 178
  Praxisbeispiel 433, 439, 445
Under-Hedge 317
Underlying 61, 63, 92, 93
Unrepräsentativität, Angaben bei 349, 368, 378
Unternehmen 86
Unternehmensanleihe
  Praxisbeispiel 433
  Zinssensitivität 436
Unternehmensanteile
  Angaben 429
  Ansatz, Ausweis 422
  Anwendungsbereiche 107
  Ausbuchung 429

Einzel- versus Konzernabschluss 107
Erstbewertung 422
Fair-Value-Bestimmung 426
Folgebewertung 423
Kategorisierung 421
Praxisbeispiel 441, 443
Preissensitivität 441
relevante Standards 108
Termingeschäfte auf 116, 650
Unternehmenszusammenschlüsse nach IFRS 3 144
Unternehmenszusammenschlüssen, Finanzinstrumente i.V.m.
  Angaben 414
  aus PPA 147, 155, 169, 215, 231, 286, 322
  bedingte Gegenleistungen 147, 640
  Hedge Accounting 297, 318
  Termingeschäfte 145, 650
Unterstützungskasse 139
Unwinding
  Angaben 257
  Bedeutung 256
  Begriff, Buchung, Beispiele 254
  bei AfS-Zinsinstrumenten 424
  beim Finanzierungsleasing 640
  Berücksichtigung beim GuV-Kontenaufbau 342
  unerwartete Zahlungen 256
Upfront Payment
  Begriff 68
  Erfassung 449, 451
Usancen 8

V

Value at Risk
  Begriff 377
  zur Berichterstattung 367, 377
Varianzreduktionsmethode 314
Verbindlichkeiten
  aus Dividenden, Entgelten, L&L, Zinsabgrenzungen siehe sonstige Verbindlichkeiten
  gegenüber Mitarbeitern, verbundenen Unternehmen siehe sonstige Verbindlichkeiten
Verbriefung 31
Verbriefungstransaktionen siehe ABS-Transaktionen
Verfallraten 390
Verfügungsmacht 406
Veritätsrisiko 52

Stichwortverzeichnis

Verletzung von Kreditvereinbarungen 176, 507
Verpfändung 50
Verpflichtungen in der Liquidation 547
Verpflichtungstag *siehe* Handelstag
Versicherungsrisiko 93, 99
Versicherungsvertrag 98
Verstöße bei Darlehensverbindlichkeiten (Angaben) 519
Vertrag
 ähnlicher 489
 Begriff 85
 i.V.m. Finanzgarantie 96
Vertragsänderungen
 Ausbuchung von Verbindlichkeiten 269, 591
 bei Wandelschuldverschreibungen 581, 582
 Umklassifizierung EK/FK 555, 559
Vertragstag *siehe* Handelstag
Vertragsverletzungen bei Darlehensverbindlichkeiten (Angaben) 519
Verwässerungsschutzklauseln 575
Verwertungsrechte, abgetretene (i.V.m. Finanzgarantie) 606
Volatilitätsreduktionsmethode 314
Volumenoptionen 494
Vorfälligkeitsentschädigungen
 Begriff 12
 bei Kündigungsoptionen 211
 bei Umschuldung 269
 eingebettetes Derivat 511
 Erfassung 277
Vorzugsaktien
 Abgrenzung EK/FK 540
 als zusammengesetzte Instrumente 535
 Umwandlung 561

W

Währung, übliche 497
Währungs-Future 73
Währungsoptionsanleihe 42
Währungsrisiko *siehe* Wechselkursrisiko
Währungssensitivität (Vorgaben) 374
Währungssensitivität, Bestimmung der
 AfS-Zinsinstrument 436
 Cash Flow Hedge Währungsrisiko 719
 Devisenswap 473
 Devisentermingeschäft 469
 Fair Value Hedge Währungsrisiko 712
 festverzinsliche Anleihe 528
 Währungsswap 477

Zins-/Währungsswap 484
Währungsswap
 Begriff, Transaktionsschritte, Beispiel, Formen 69
 Praxisbeispiel 474
 Währungssensitivität 375, 477
 Zinssensitivität 373, 476
Wandelschuldverschreibungen (-anleihen)
 Angaben 584
 Ansatz, Ausweis 577
 Begriff 42
 Erstbewertung 578
 Folgebewertung 579
 frühzeitige Rücknahme/Rückkauf 581, 589
 Kategorisierung 577
 Praxisbeispiel 585, 593
 Preissensitivität 594
 Trennung eingebetteter Derivate 576
 Trennung EK/FK-Komponente 573
 Wandlung bei Fälligkeit 580
Warenkreditversicherungen 388
Warentermingeschäfte (-derivate)
 Angaben 500
 Ansatz eingebetteter Derivate 496
 Ansatz gesamter Vertrag 487
 Ausbuchung 500
 Begriff 60, 485
 Bewertung eingebetteter Derivate 499
 Bewertung gesamter Vertrag 499
 Erhebungsprozess 501
 Finanzinstrumente-Charakter 86, 122
 Kategorisierung 486
 Kopplung an Inflationsindex 498
 Praxisbeispiel 502
 Preisgleitklauseln 498
Wechseldiskontkredit 36
Wechselkurs 28
Wechselkursrisiko
 Absicherung (Praxisbeispiel) 706, 714, 727
 aus bilanzieller Sicht 290
 Begriff, Arten 30, 348
 Sensitivitäten *siehe* Währungssensitivität
 Sicherungsart 302
Wechselkursrisikokonzentrationen 350
Weiterleitungsvereinbarungen *siehe* Durchleitungs(-reiche)vereinbarungen
Wertaufholung
 AfSC 252, 425
 AfSFV 251, 424
 im Zwischenabschluss 252

LaR, HtM 249
Wertberichtigung
 Angaben 246, 247
 Begriff, Ursache 239
 Erfassungsarten,
  Untersuchungsprinzipien 240
 Ergebniszuordnungspraxis 339
 Praxisbeispiel 442, 444, 639
 Testhäufigkeit, Erfassungskriterien 243
 wesentlicher/andauernder
  Wertrückgang 245
Wertberichtigungskonto, Angaben zum
 242, 394
Wertberichtigungsspiegel 242, 394
Wertmaßstäbe 185
Wertminderung *siehe* Wertberichtigung
Wertminderungsmatrix 387
Wertpapiere
 Angaben 429
 Ansatz, Ausweis 422
 Ausbuchung 429
 Ausweispraxis 325, 326, 327
 Bedeutung 5
 Begriff 31
 Ergebniszuordnungspraxis 339
 Erstbewertung 422
 Fair-Value-Bestimmung 426
 Folgebewertung 423
 Kategorisierung 421
 Praxisbeispiel 430, 433, 441
Wetterderivate 60
Wirksamkeit 304

Z

Zahlungsausfall
 Angaben 518
 i.V.m. Finanzgarantie 97
Zahlungsmittel/-äquivalente
 Angaben 383
 Ausweispraxis 327
 Bedeutung 5
 Begriff, Beispiele 381
 Bilanzierung 382
 Kategorisierung 381
Zahlungsströme
 Absicherung *siehe* Cash Flow Hedge
 Währungsumrechnung 29
Zahlungsverpflichtungen (EK/FK-
 Abgrenzung) 538
Zählweisen 8
Zeitbänder
 bei Fälligkeitsanalyse 361
 bei Überfälligkeitsanalyse 356

Zeitwertänderungen
 Erfassung 226, 230
 Ergebniszuordnungspraxis 339
Zession 51, 53
Zins, marktunüblicher
 (Kreditausreichung) 221
Zins-/Währungsswap
 Begriff 69
 Praxisbeispiel 480
 Währungssensitivität 375, 484
 Zinssensitivität 373, 483
Zinsabgrenzung 276
Zinsänderungsrisiken
 Arten 19, 290
 Berücksichtigung bei
  Sensitivitätsanalyse 371
Zinsaufwendungen/-erträge
 Angaben 277
 Ergebniszuordnungspraxis 337
 i.V.m. Wertminderung *siehe*
  Unwinding
Zinsbegrenzung 514, 515
Zinsbegrenzungsvereinbarung
 Begriff 74
 eingebettetes Derivat 515
Zinsberechnung 8
Zinsen
 Aktivierung 278
 Erfassung 275
 Forderungen aus *siehe* sonstige
  Forderungen
Zinsergebnis 337, 341, 371, 373, 418, 420,
 431, 434, 451, 521, 523, 532, 587, 610, 637,
 680, 701, 731
Zinsforderung 276
Zins-Future 73
Zinsinstrumente
 Bewertung 20
 Formen 7
Zinskomponente
 Ausschluss aus Sicherungsbeziehung
  707, 714
 Bestimmung 72
Zinsparitätentheorie 28
Zinsrechnungsarten 8
Zinsrisiko
 Begriff 348
 Sensitivitäten *siehe* Zinssensitivität
Zinssensitivität (Vorgaben) 371
Zinssensitivität, Bestimmung der
 AfS-Zinsinstrument 436
 Cash Flow Hedge Zinsrisiko 703
 Fair Value Hedge Zinsrisiko 692

773

Stichwortverzeichnis

Forward Rate Agreement 458
Receiver-Zinsswap 464
Währungsswap 476
Zins-/Währungsswap 483
Zinsstruktur(kurven) 12
Zinsswap
   als Sicherungsinstrument
     (Praxisbeispiel) 675, 695
   Begriff, Formen 65
   Buchungsvarianten 450
   Praxisbeispiel 460
   Quotierung 33
   Zinssensitivität 373
Zinsverbindlichkeit 276
Zinsvorteil 219

Zuordnungskriterien
   AfS 161
   FAFVPL (HfT), FLFVPL (HfT) 161
   FLAC 162
   HtM 158
   LaR 158
zusammengesetztes Instrument
   Begriff 94
   Laufzeit zur Bewertung 503
   Trennungsprüfung (-kriterien) 284
   Wandelschuldverschreibung 573
Zweckgesellschaft 397
Zwischenberichterstattung
   Angaben 185, 200, 247, 519
   Grundlagen 81

Printed by Printforce, the Netherlands